上海圖書館 編　陳建華　王鶴鳴 主編

中國家譜資料選編

詩文卷（下）

梁穎 整理

上海古籍出版社

國家清史編纂委員會·文獻叢刊

侯氏宗譜

栖碧吟序

陳祖綬

去九龍不半里有小墅，名碧山，平疇野望，流水孤村。予友子誦别業也。子誦豪逸不羈，如高霞孤映，明月獨舉，又僻愛邱壑。自登賢書後，每携縑緗萬卷卧讀其中，足蹟不入城市。或狂客勝流、名姬韻士，理棹遡洄，相與討泉石，湎烟雲，昏旦流連，飛觴浮白，鬮韻分題，揮毫落紙，輒人人意得去。余嘗一再過訪，修篁夾路，古木連溪，叢桂小山，便娟幽窈，令人作孟城南垞、鹿柴竹里間想。子誦出《栖碧吟》相示，諷讀未終，蕭然神遠，泠然意消，一何澹永遥深，遺世而獨立也。子誦名家蚤慧，文犀健筆，白鳳雕章，江南壇坫夙推領袖。顧猶數奇落落，久困公車，未獲待詔金馬門、賡柏梁建章之句。盧悲屈問，千古同嗟。然子誦雖老驥伏櫪，寧卜築郊坰，尋盟松竹，盡寄其胸懷於一燈千字、詩卷酒杯以破除磈礧，而必不能齷齪錢刀，折腰官府，作局促轅下駒。此其簡棲遥集、傲骨閒情固已與輞川摩詰把臂入林，視笑千古矣。集名"栖碧"，聊以寫其心遠地偏之況。所謂興來獨往，勝事自知耳。何必絲與竹，山水有清音，詩中景，景中詩，正索解人不得，請還從子誦破古錦囊佳句參之。

同邑門年弟陳組綬題。

碧山莊石雪菴記

侯　霖

碧山莊者，霖六世祖子誦公别業也。石雪菴附於莊左，同時並建，以故居齋名名之。莊今已廢，而石雪菴巋然尚存，以祀子誦公之神，而彦哲公、石臣公與霖曾祖亦孺公昆仲附焉。夫碧山莊爲子誦公讀書談道之區，離騷寫憂之地。公之品學見於傳、載於邑志尚矣。而今是莊也，僅從《栖碧吟》一卷想像於荒煙蔓草之餘。然則石雪菴之存猶莊之存矣。每當承志堂官祭太僕公以後，即致祭於石雪菴。嘗憶先君語曰："昔年逃隱地，今似學逃禪。"太僕祠之重建，則先叔接三承咸吉公之志也。是莊之久圮，志將誰承耶？展謁之餘，輒咨嗟太息而返。今春，竹亭兄率後輩往祭，指視愴然，曰："此非碧山莊舊基耶？當年飛觴浮白，鬮韻分題，放鶴揮絃，携竿蠟屐，登碧山之堂，眺携謝之閣，一時比諸摩詰西莊，香山履道，並開林巒之生面。惜乎，今爲隴畝邱墟矣！"乃顧謂霖曰："是菴也，祖宗神靈所託，遺蹟猶存。恐後日顛末無考，弟謹記之。"霖唯而不敢辭。吁，盛衰，運數也。繼述，子孫也。昔年逃隱地，今似學逃禪。禪耶，隱耶？隱耶，禪耶？吾祖之志得毋有起而繼之者耶？夫滄浪亭而爲大雲菴矣，大雲菴而爲滄浪亭矣。吾烏知石雪菴之不仍爲碧山莊耶？謹書其略，以誌不忘。

嘉慶十九年歲次甲戌孟夏,六世孫霖謹識。

栖香閣詞序

李文媛

聞之鶬飛瑶水而西母傳音,機寢璇宫而皇娥製曲。古誠有作,渺已無稽。若夫泉水寫憂,阿邱望遠,旨麗以則,辭哀不傷。垂女史之書名遺彤管,盛房中之樂譜自唐山。然則入乎風雅,進於歌詩,律承師曠之調,味要易牙之和。水欲其澹,而江心之品實殊;琴取其清,則弦外之音斯遠。至於閨閣雜詠,工巧尤難。今吾觀梁谿顧節母文婉氏《栖香閣詞》,而知巾幗亦有英雄,脂粉無慙記傳也。至若傷懷念遠,悼古思今,意寄白蘋,悲彈紅豆。移宫换徵,悲鳴於月夕花朝;減字偷聲,寄恨於東徐南楚。出天孫之餘錦,彌結深思;爲樂府之指迷,頻移格調。於是低徊惆悵,顧盼沈吟,綺語增纖,孤懷獨覺。轉轆轤之韻,欲與腸廻;弄參差之吹,因之氣鬱。淚將瓊墜,秋共葉飛。滿紙凄凉,頻問梅花之影;一庭沈寂,如參簷蔔之禪。憂非萱草可忘,志豈幽蘭能託。大兄芝齡感其獨日,深傷二髦,死誓危軀示烈,絶粒明貞。鐵石爲心,香溢梅花之賦;松柏比節,秀挺蘭叢之芳。豈可不揚之彤管,翼此坤教乎?乃取其生平所誌,輯而編之。新建李孝廉蘭筠先生尤深古典,頗辨魚蟲,修飾方殷,較訂彌切。由是栖香閣之詞遂行於江右,而妙香室之刻用達於都中。以節母之才,而遭遇之勝如此,必傳於後無疑矣。文媛不揣固陋,謬薦鄙言,標凡櫟於珠林,穢翰墨於金簡,慚愧交集,悚懼畢臻。

山陽女史李文媛歛袵撰。

三十贈言序

吕莊頤

蓋聞禮稱有室,曲誌徵庸。雖非八千歲以爲秋,亦既三十年而曰世。況佳公子翩翩塵外,業守一經;美丈夫皎皎風前,才兼六藝者乎?彝門季氏,上谷名家。方攬揆而弧射容臺,肇錫芙蓉之號;伊傳内弟生於京邸,先外舅適晉儀曹,故取名曰容,尋復以蓉更之。迨就傅而藜炊惠麓,適鍾蘭蕙之英。對客屬文,劉晏允堪華國;憑軒作頌,謝莊端許冠軍。慕中秘之書,芸添鄴架;窺諫垣之草,月照雲亭。已而譽噪諸生,尋且聲蜚學博。朱异之金山碧海,座獨留香;王戎之珠樹瑶林,車仍擲果。阮何争乎南北,依稀大被之姜;李並列夫東西,睥睨同舟之郭。選毫臨晉帖,誰云獻不如羲;按劍講陰符,却笑瑜還生亮。滄洲滿壁飲闌時,戲點丹青;巫峽疎簾夢醒後,閒敲黑白。綺陌鶯啼春雨歇,兩袖携柑;雕梁燕語暮烟收,雙屨蠟屐。玦藏烏玉,墨莊快聚龍賓;琴蓄紫瓊,絃柱能調鶴影。乃者甲逢丙子,居然辰際庚寅。蘇學士之磨蝎平分,屈大夫之孟陬在邇。葭灰初動管,羣占來復於卦爻;柳汁未沾袍,勉託詼諧於杯酒。詩傳稷下,和有聞人;詞數花間,譜從賦手。爰壽諸梨棗,更榮以縹緗。自兹强仕服官,遞將主盟騷雅;即此嚶鳴求友,已足暢敘幽情。予也韉綫無長,安敢望侯芭之問字。然而弁髦弗棄,亦庶幾吕虔之贈刀云爾。

吕莊頤恂令拜草。

鳳翅新阡記

侯鳳苞

出東郭，過亭子橋，直下不半里，有小橋如鳳頸。左右平疇，各一區，斜展如鳳兩翼。隔河相對者，爲吾侯氏世墓。相傳爲鳳凰翅，實則劉巷橋也。自始祖友泉公至文芝公凡七世，宋末歷元明至今五百餘年，喬松數百挺，望之蔚然深秀，土人謂之大松墳。其西數十步曰小松墳者，則先祖抑若公墓也。其地本墓廬，抑若公卒時，虹川公生甫三月。朱太孺人未克葬，即權厝廬中。不數年，廬圮，即葬其處。時虹川公孤苦未成立，不特無力營高敞，即堪輿家點穴、定向、選時日諸術，俱未暇及也。又數年，先母陸、繼母繆相繼卒，亦葬其西。及虹川公宦歸，謀改葬，而術者頗謂地佳不可動。因加封植，立碣表之。顧其地狹甚，朱太孺人卒，啟兆合葬時，已與兩母幽宮緊相接無隙地。虹川公因自營嶂峒灣新阡，議百年後遷兩母合葬。又念繆太孺人卒時窘甚，止得六金以殮，歷年久，宜不可遷。家庭私議未决也，無何，虹川公以丙戌八月卒德州。伯兄迎柩北上，余居家謀葬事，而議者蠭起：謂嶂峒灣有水，斷不可用。柩例不入城，倉卒無計，惟日延地師相視。或云馬鞍塢有吉穴，不得已，定議欲買之矣。忽族兄銓以秋掃墓歸，聞之，見余厲聲責曰："馬鞍塢俗多椎埋，奈何以先人骨置火坑中？祖墓旁尚可用，何置不問，而妄有他圖？"余備陳祖墓無隙地狀。兄曰："四棺合葬固不容，曷不分昭穆乎？頃量度之去松兩株可矣。"余聞之，躍起隨兄往，覆視如言。乃立毀新契，而浮議亦頓息。世墓爲通族發祥地，新塋即吾家發祥地，當葬朱太孺人。時既啟墓道，余親見抑若公棺紫藤遍絡。時隆冬，臥空壙中暖如春。家人争宿其中以守虹川公，亦戀戀於此。特未得昭穆法，不得已改營耳。戊子五月，華太孺人卒，即與虹川公合葬抑若公之昭，與陸繆兩太孺人東西相並，得傍七世先靈，依大父母肘下。兩母不遷而仍得合葬者，非族兄銓一言之力歟？况葬後數十年，平安多子孫，科名不絶。又出郊不數十步即至，得朔望率子弟省視，不特脱馬鞍塢之危險，即嶂峒灣亦何敢望之。爰記之，以貽後人，毋忘兄銓之惠也。銓字建五，壬申舉人，錫之弟。爲童子師，方嚴質慤，有教術，弟姪皆出其門。性喜古玉，罄所得館穀購之，日夕摩娑，雖晦蝕如瓦石者，入手不數月輒光澤瑩然。環玦滿腰帶間，别有寄託，而不牟利。無子，以兄子鶴齡爲後。今爲一族長，年八十餘矣，猶能步遊九龍峯也。嘉慶丙辰鳳苞撰。

勸五河栽柳築堤説

侯　昉

五河，澤國也，縱横僅百里，而水占其半。淮挾七十二山河之水由西南來，薄城，與沱、澮、漴、潼四河合，而出東南焉。南湖天井、香澗、赤龍澗三沖，蔡家、王家、朱家諸湖，復棋布其間。淮河一漲，衆水會合，混茫莫辨。下流雖盱眙可歸洪澤，而浮山、鐵嶺又勒住如咽喉，故十歲九淹。每望洋而坐歎。舊有五壩，數十年來海口淤沙日積，河水日緩，河身日高。堰壩原蓄清水以刷黄，黄高反倒灌以淤清口。清口淤，湖身亦漸高，而水不能下，壩基所以沖塌也。今雲梯關外既築堤以束勢，磨盤埽旁復添堤以分溜，五壩南又開仁、義、禮三新河以洩水。况伏秋盛汛，水正東趨，適壬癸數年來夏秋交日日東風，風與水在海門争道相擊撞，口門淤沙爲之疏開，河水復急，河身漸深，清水暢流。清口亦漸疏消，庶五河之水亦有所歸而不爲患。然不築堤，淝渦水發而淮不能疏，淹靈宿；水大而澮不能容，淹黄河。啟閘而潼沱不能受淹，至雨急漲新，風狂浪湧，不數刻而沿河無窮之地又淹。非壩不爲功。第築壩又莫先栽柳。何則？地平曠無畔岸，風浪大，無計阻當。土疏散不膠粘，樁草少不能堅固。况連歲歉，民不聊生，安望餘力以圖遠。惟栽柳可次第行之。今冬先勸民備齊柳棍，明春各照沿河地普栽六行。依弓尺種，内夾野柳。三年後，即去其濃枝，以作有根之樁。再將野柳兩面密編，中用稭土堅築。柳樹内掘一深溝，其土即以築堤。工不費，且可以洩内水。險要處留門作石閘，量水之大小以時啟閉。至料與費必籌商，通每縣季每畝量豐歉出糧草。各舉公正董事協同鄉保，將所積糧草登册備用。俟柳栽成後，通核確估，籌酌興工。如費不足，先籌築數尺，逐漸加增，總以一丈高二丈寬爲準，庶可期捍衛。總之柳有利息，各照地栽。壩則不分内外岡灣，通力合作，庶苦樂均，無偏畸之患。柳不難栽，祗恐窮丐漁船潛行偷拔，非設法看守，官爲懲治，不能保全。壩不易築，深懼勤惰不齊，始終或異。非嚴立規條，官爲畫一，不能奮勇。費十年官心，積十年民力，瘠土不難轉而爲沃土。倘繼起者踵行不倦，其利可勝言哉！今擬條約於左。

一看地勢。通查縣中沿水地畝。内除高岡水淹不到者不用築堤，其餘最低、次低，凡有水可淹者，柳樹一律普栽。查看時離水遠近，酌量地勢，插定標幟，不得任情挪動，亦不得畏難退縮。其最低者柳棍尤要肥直高大。

一蓄柳棍。樹多怕水，惟柳不怕水。柳棍甚多，搆亦不難。然一時要百十餘萬，恐亦不易，必先一年出示，令各按地畝多寡，預爲備辦。粗直者留極窪及中二行用。兩邊四行，如或短少，先儘外二行栽，逐年添補。三年後即在所栽樹上斫下亦可補插，有多無少。大約六年後即茂盛可觀，亦有利矣。

一栽柳。各照己地按栽，本不甚費力。大約以六行爲率，多則更好。中二行擇高直柳棍，竪隔一弓一株，一弓中又間野柳五枝。横寬四弓，留作堤身，空以填土。旁四行參差間種。外二行可破浪勢，内二行可培堤根。俟三年後，中二行柳離地高過一丈，圍圓大過一尺，即用作樁。去風枝，防其摇動。野柳長至丈餘，即編織如牆，兩面一樣，中用稭土堅築，水來不虞添刷。外二行柳樹外再栽蘆荻以護衛。

一看柳。先出示曉喻窮民，俾知利害再三。百弓搭一軟席篷，置一竹梆；十篷置一鑼。每篷留一人，照五更傳遞巡查。如有偷竊人，即打亂梆，上下數梆人同趕帮拿縛，送架示。不則如看青法，各雇人交伊看守。大約要一年，其費諒不甚大，沿河業佃均出。如公處，亦即令附近居民均攤，日後柳樹即歸看樹居民。

一籌費。栽柳因有利息，各照地種。築堤必通縣合商。内地高岡，水來無不受害。且岡地之邊盡爲灣地，更痛癢相關。既闔邑興此大工，世世子孫之利，有何畛域可分，而不通力合作乎？况非强人所難能者。今擬每保内無論紳耆，公舉出二三公正無私、勤能可靠之人，會同鄉保，查明保内各家地畝歲熟，除高糧出稭外，不拘細雜，各糧每季每畝出净糧二升，交董事收貯備用。如荒，照分數遞減。閘座等費，先行提出，備辦零用均在内開銷。總要至公至當，倘袒狥私弊，即照所私之數倍罰，稟明退去，另保充當。大約柳樹亦要五六年始能齊全，到彼時彙算通同籌辦。

一備料。此地灣土多沙，岡土每枯，性不膠粘。即有野柳編護，非稭料廂築，不能堅實。稭料亦必通縣均商，凡秫每畝但出竿子二個，歲歉量減。

一起土。即在内二行柳樹内離二丈餘挖一深溝，沿河地畝無墳塋阻當，本是棄地，即運溝中之土築壩，近不費工。緊要處留閘門，以時啟閉。溝之寬窄淺深，即照壩之高卑大小。壩以禦外水之入，溝以洩内水之出。儻外水小於内水，内水大可倣畎澮古制自溝放出，内外平。亦可蓄水，如旱并可用水車引入，以資灌溉。

一築壩。俟柳栽齊如式後，彙算各保現有糧草及籌辦壩土丈尺，通同公核，均匀派辦。必須明白工程人會同確估停當，然後酌定規條，擇日興工，尅期趕築。務須一齊動手，不可參差後先，致生怠玩。

一壩成後，每年大雨時行之先，各董事務率同保人查看各壩，如有坍塌滲漏處，加緊修墊。倘水滿，遇狂風暴雨時，尤要着力搶護，可期永遠無遺悮。

伯父勤補公潛心實學，自幼時即以天下爲己任。兵刑禮樂而外，凡星經地志、溝洫河渠，靡不心究。迨司鐸五河，雖未足竟其用，而弊必革，利必興，政績卓卓可紀。其大績尤在栽柳築堤一説，如賈讓治河奏，如酈道元《水經注》，河防大勢，瞭如指掌，依法行之，誠不世利也。道光壬寅端月十日，胞姪楨謹跋。

五邑地濱洪澤湖，十歲九淹。居民恒苦離析。先王父秉鐸是邑，力振其弊，而栽柳築堤之説行，其利甚溥。昔子厚貶永州司馬，人文蔚起；椒山遷狄道典史，政教大行。經濟素裕，不以地限之也。王父出爲名宦，入祀尊賢，雖設施未竟，而民物壹體之懷可想見矣。爰識之以存治績云。壬寅春正月，孫守廉謹識。

惜軒公畫册跋

孫岳頒、高簡、孔尚任、劉德方、梁嘉稷、程岳、汪洋度、秦道然、杜詔、瞿裔綿

粲辰年道兄筆墨深得元人三昧。來遊京師，時相過從。近示畫册，屬余題識。余雖不敢辭，然實未窺繪事萬一，勉綴里句，殊覺汗顔。異日此册流傳，必有誚余淺率未合者。才分所域，固難超軼絶塵也。

長洲弟孫岳頒跋。

高人之胸次不同於俗，而其用意自别，故偶有所作，便足千古。是前賢筆墨所傳者其精神也，豈形似間而遂可謂之畫耶？予嘗謂畫不難於有筆墨，而難於有意思。如無意思，而浪費筆墨。此處當畫一山便畫一山，此處當畫一水便畫一水，真謂之畫畫人耳，其精神安在哉？觀此册，粲翁先生高懷深致，洵不可及。偶一展視，若身在其間，目想情移，真機流動，竟忘其爲畫也。畫至此，斯可謂之畫矣。

吴門弟高簡跋。

依然書劍在人間，手弄煙霞夜不閒。粉本還堪懸殿閣，墨圖從此壓荆關。圍堂竹影幽難近，隔嶺楓林秀莫攀。却惹塵心懷舊隱，白雲司裏展青山。

曲阜弟孔尚任。

羲之遠識湮埋字，杜甫謀猷徒有詩。好在侯生慎筆墨，莫令傳作畫圖師。

同學弟劉德方。

十載無由飲惠泉，展君圖畫興翛然。君身豈是侯嬴後，公子何人爲執鞭。

斷崖韋偃郭熙山，筆底收來尺幅間。却把家山容易別，芒鞋何處遠躋攀。
灞陵弟梁嘉稷。

畫手而今孰擅場，尺縑容我一端詳。梁溪舊有倪高士，似爾難分上下床。
客窻静掩跡蕭疎，供養烟雲自有餘。畫裹看詩余解得，問君慘淡意何如。
一邱一壑意早辦，五日十日貌始成。披圖應接了不暇，疑向山陰道上行。
錫山醞藉人相似，未類黄山景絶奇。雲海茫茫常在眼，鄉思筆興兩迷離。
黄山弟程岳題。

梁溪曾記卸帆遲，簇簇攢頭遞獻奇。忽漫披圖猶彷彿，九龍山下晚晴時。
白雪陽春曲最工，一時傳唱洞庭紅。誰知摩詰尤工畫，山水清音在此中。
月菴弟汪洋度。

千秋逸品倪高士，同里齊名王舍人。前輩風流衣鉢在，今朝拈出又重新。
甥秦道然拜草。

昔余兄次陵好畫山水，每當春秋佳日，招集邑中勝流，淋漓潑墨。惜軒實爲之主盟。時余年纔十四五，固已知惜軒矣。余稍長，酷嗜填詞，又與惜軒爲詞友。其詞跌宕風流，神韻之飛越與畫略相等，然平時雅不以畫名，人亦鮮有知者。是册余於丙子春見之京邸，今復展觀，愈久愈可寶愛。獨念余兄謝世十年，俯仰昔遊，零落殆盡，而惜軒猶以此索題，執管茫然，可爲三嘆也。因賦二絶句。
詞客風流亦畫師，鉛華洗盡出塵姿。青山幾幅都蕭颯，想見江湖落拓時。
舊社飄零幾廿年，家藏粉本絶無傳。爲君重拂鵝溪絹，一度含毫一愴然。
紫綸弟杜詔

詩中有畫畫中詩，摩詰風流儼在斯。會得毫端濃淡處，雲山一幅即吾師。
谷口書名何獨稱，腕中却是有師承。侯生學古能神化，程邈居然繼一燈。
粲辰老世翁先生博極羣書，學通内外，以繪事自娱，兼工漢隸。與余同客金臺，再值邗上，焚香啜茗，風雨無間。丙申首夏，偶過梁溪，又出畫册見示，漫題短句二首，以博一笑。劍門弟瞿裔綿，時年七十又一。

心齋公雪藕圖照題辭

王千仞、趙學敏、秦鳴雷、王寰、吴寶、韓松、侯昉

花向波上開，根從池底見。欲識君子心，冰雪融成片。
泠泠風味清，憑仗玉纖剖。金掌露方滋，此堪消渴否？
涵齋王千仞。

緑陰滿徑，清分渭畝之林；紅影半池，香占濂溪之宅。倚亭亭於初日，誰携謝眺詩來；拂嫋

嫋於春風，如在平泉莊裏。時則西樓雅客，開廣厦以迎凉；東觀才人，乞名園而結夏。賞心則雲水環廬，待話而茶瓜餉客。方山子別來無恙，何妨葛服芒鞋；張山人老去猶閒，賸有樵奴漁婢。鶯鶯尚在，燕燕仍忙。未命烹泉，先教雪藕。削玲瓏之玉，片片皆香；歌窈窕之章，花花欲笑。矧梁溪月上，明生畫竹；山郭梅里，風高凉入。洗梧庭院，吟邊春草。託逸興於蕭騷，扇底桃花，盡餘情之旖旎，都將載酒豪襟，并付添毫韻事。長康筆妙，君誠顧而樂之；包賀詩頑，自覺難爲賦矣。幸此日披圖景行，尚許鯫生。儻他年看竹過門，毋嗤傖父。弁言並列，郢削是呈。

一境清凉別有天，深深佳趣語難傳。閒來手把君圖看，底事從人憶輞川。

點點紅蕖依緑水，娟娟修竹媚清漣。此中有客科頭坐，不是詩仙定酒仙。

蕉衫羽扇日頻過，座有紅兒未放歌。且試淡妝教雪藕，最忘情處綰情多。

塵襟滌盡景誠幽，能事還如顧虎頭。我欲撫床閒指點，隱囊添得更風流。

錢唐趙學敏拜稿

展卷凉風起，宛當年竹深留客，芰荷香細。舊事重拈風韻絶，羨殺夷門高致。不復數、浮瓜沉李。素手擎來珠露冷，碧玲瓏皓腕還堪擬。好領取，箇中味。　城南韋杜繁華地，醉看他、翩翩紈袴，但調冰水。不負片雲頭上黑，合讓浣花詩史。消受得、殷勤纖指。剩有情絲雪不盡，一星星嚥入心窩裏。曾折取，藕花未？

右調《金縷曲》。愚弟秦鳴雷。

竹香荷浄晚風前，正值相如病渴天。不道緑窻能解語，隔簾呼出小嬋娟。

鸚鵡傳言蕩槳回，玉纖擎出翠盤堆。阿誰偷得千年藕，可是瑶池宴上來。

一段冰肌寒澈骨，滿腔情緒繞成絲。倩他分剖光明相，白雪心腸碧玉姿。

閒把青荷當酒筒，玲瓏萬竅總虛空。肯教肺腑容炎熱，愛入清凉世界中。

甸方弟王寰草。

暑雨新收，一曲銀塘，調冰乍逢。悵文園病渴，慵拈繡線，侍兒喚睡，笑唾殘絨。玉腕徐來，游絲輕颺，底事偏縈方寸中。沉吟久，忽一腔離緒，棖觸無從。　當筵削出玲瓏，更汲水憐卿拂拭功。奈慣牽人意，菱絲似帶，輕摇畫槳，蓮粉飄紅。曉露初粘，冷香微墮，纖手看攜未有踪。重尋處，怕隔簾吹去，斷續凉風。

右調《沁園春》。松崖吴寶書。

半塘風静晚凉天，玉節冰房劇可憐。韻絶王孫調水罷，緑窻分付小嬋娟。

一片玲瓏冰雪姿，摘來纖手沁詩脾。而今記取同心意，蓮子花時兩繫思。

年愚弟韓松草。

滿座凉生，徐看展卷。雅稱椶鞋，輕摇蕉扇。人依修竹三竿，心送閒雲一片。瓜應可剖，試聽刀聲；李亦堪沉，非浮水面。時則層冰可踏，皎日方長。傍小池而未能退暑，看芳草而未許迎凉。安得牕前滿緑，階下飄香。留客還隨深竹，調冰恰對芳塘。甘同萍實，寒有蔗漿。爲想放船佳處，遇雨遊時。蟬聲一樹，山影半池。琴清入夜，枰空落棋。爰求妙手爲我圖之，則見荷生水際，藕出泥中。絺巾拭兮淨沾梅雨，并刀切兮響送荷風。羨冰姿之皎潔，擬玉腕之玲瓏。菱笑折腰之碧，杏嗤濕鬢之紅。衣還製芰，帽不資桐。倩彼佳人，雪來似玉。借纖纖之手，摘異橙黄；同裊裊之腰，拂嗤柳緑。笑非劈荔，休吟一騎之詩；雅似採蓮，疑聽扁舟之曲。魚游碧水，人映清潭。林間雲擁，草際煙舍。應其冰桃之獻，不殊玉版之參。貯豈偕乎茗椀，盛奚借夫筠籃。不教解語名花，偏生韋曲；從此催詩好雨，應過江南。攬斯圖也，清籟來時，好風過後。凉疑樹茂早歸，暑豈竹修不受。鮮映榴裙，色侵櫻口。此日芙蓉鏡裏，已嗤冷作秋菰；他年太液池頭，更喜頒來碧藕。

姪昉呈稿。

（清侯倬翰等纂修《［江蘇無錫］錫山東里侯氏七修宗譜》 清光緒六年木活字本）

石琴公論書塾義莊情弊書

侯 煒

紀之三叔祖大人尊前。敬稟者，月初接奉中秋前一日慈諭，盥誦之下，感愧莫名。恭諗福履康强，起居萬福，闔署均各平安，曷深欣慰。

再姪株守頻年，乏善足述，一盤苜蓿，營營半生，苦不得就。幸承二三親友，如子泉、湘舲兩親翁鼎力玉成，外則魯卿、藝芳部友則託莘鉏招呼，得以成此大願。仰托慈蔭，竟登首選。此則念不及此，實出望外。未知選到尚待幾時。但明年賦閒，專靠賣字爲活，殊可慮耳。

今年吾族下闈者七人，未知得有一二否？文運極衰，無怪官運之衰，發達者少也。吾宗法良意美，先代具存。其人存則其政舉，其人亡則其政息，於栽培兩字絶不加意，即如義塾會課久曠。五月中，長者決科未果，曾説到臨塲可將此款經費湊發，以資川用，誠恤全寒士解推之一端。此舉本寓矜恤於激厲之中，仰體我祖宗設立義塾之妙用。無如蔭庭但知收管到自己掌握，絶不顧關係合族之盛衰。但知終日葉戲，絶不問塲前課士之不可廢。不課，又不肯湊發川資，説明塲後回來補考補給，後又絶不提及。何以此局公賬在芙卿處則高談潤論，無瑕不攻，一似大爲吾宗出力幹事者，而今則反不如芙卿之要好也。可知介堂之伺隙嘵嘵者久乎。春秋兩祭，向係將公賬示衆稽查。今則與義莊公賬匿不示人，已數年矣。然而錫城克復已及十年，無論大小百家善後事宜事事妥貼，吾宗亦號大族，水源木本仍未之及，祖宗在天之靈能無恫乎？侯氏之不振也亦宜。表善坊，吾宗所自仿，實吾家之鴈塔也。誰秉國鈞，何以數十年來貴顯者尚未題名耶？爲清白吏子孫，既不能仰體先人之志栽培於前，又不肯因公出力爲讀書人鼓勵於後。豈此區區者義莊、義塾均不暇及耶？抑貴顯者無足爲宗族交游光寵耶？噫！文章不值錢，無怪侯氏之不振也。

姪孫不揣冒昧，於秋祭時倡議查公賬一説。此係立議單，姪孫執筆今已數年，秘不示人。執筆者敢昌言祖宗之前，不敢欺在天之靈也。時則墨林八叔有心規避，蔭庭一味支吾，卻無一人相繼而言者。又議存著堂基地三間，表善坊内三間可以對换。家祠起於表善坊内，一則復本，一則壯觀。忠孝堂陽宅向患前後爲祠堂、大王廟，陰氣太重，住不發，今换之。三元官家亦患牌樓煞氣太重，换住，彼此受用。現在河道已開通，上捐田畝二十文，係陳獨力鬧成，非癡聾不捐木梢，亦不能成事。講風水駁岸上似可生色矣。明年公車決不動念，巨款實在難籌，讓偉人出一頭地，也是一般。今年已十六，毫無消息，看來康了。伏乞訓示時頒。幸甚！幸甚！雲崖大哥到家即大病瘧，今稍好，未之見。此請福好，並乞慈鑒。再姪孫煒謹稟。九月十六日

吾族義莊書塾均先曾祖達夫公重整捐立,殂謝後爲族人攫去。石琴伯此書足見公道昭然。先君九原有靈,當爲吐氣。學修識

古今原始殘著跋語

侯鴻鑑

闡古今造化之奇,原事物創造之始,往往立言人人殊者,理或有未盡然者歟。自兩漢經生箋註疏解,宋儒性理,虚渺奥深,遂使後世學者窮經論性,如入五里霧中。欲精求玄妙,愈覺誤入歧趨矣。明清之際,余十世祖澹泉公研求哲理,綜闡儒佛兩教之精義,發爲深微見道之言,明心養性,覺悟於太湖華藏之山。遺著散佚。迄十二世祖紹衣公承先人之餘緒,闡微妙之奥旨,廣博厚之論著,證圖籍之宏富,仰觀於天,俯察於地,會通夫人,推原與物,搜山海之奇,綜經史之秘,旁證曲引,兼漢宋之微言,由始推終,啟古今之秘鑰,成《古今原始》一書。書凡四卷,鈔藏於家者百餘年。紅羊之劫,半付劫灰。先祖雲崖公從兵燹亂離中僅得手鈔殘著一卷。總其大綱,曰天地人,曰三皇五帝。分其子目:一曰曆,二曰易,三曰分卦,四曰本象,五曰封禪,六曰文辭,七曰璿璣玉衡,八曰城隍,九曰五倫,十曰宫室,十一曰衣服,十二曰飲食,十三曰酒,十四曰耕稼,十五曰醫,十六曰市,十七曰冠冕,十八曰書契,十九曰五兵,二十曰樂。總目二十,其餘則遺佚無存矣。仰先人著作之殘,爲子孫者所宜永遠保存,曷敢闕佚。兹乘續修宗譜之時,敬跋數語,附刊於家乘之中。至原書一卷,仍寶藏於家,謹敬鈔寫而不敢遺也。裔孫鴻鑑謹跋。

鵞湖華氏新義莊記

侯映奎

吾邑素多著姓,而論仁義忠信樂善不倦。修天爵而人爵從者,則以鵞湖華氏爲最。華氏之先自明始遷鵝湖,迄今子姓蕃衍,鉅公碩彦相繼並起,居恒悉遵孝友婣睦任卹之訓。國初特建義莊,所以敬宗收族,賑貧乏而培寒畯,一切規畫至爲詳備。逮芬遠公,念生齒日繁,後難徧給,慨然欲建新莊,而未之逮也。長君春亭先生謹遵遺命,夙夜經營,節家用以濟公需,不數年而即世,繼以贈公耕樂先生暨墨亭先生。當粤匪肆擾之後,物力艱難之餘,壹意興作,併力合謀,卒成父兄未竟之志。故新義莊之成視舊日爲尤難也。語曰:"莫爲之前,雖美勿彰;莫爲之後,雖盛勿傳。"兹新義莊之建,耕樂先生輩創置於前,嗣君子隨内翰與少梅諸君圖成於後,務使實惠均沾,措施悉當,謂非善繼善述歟!夫義莊之制昉於范文正公,行義者咸取法焉。當文正公爲秀才時,便以天下爲己任,而先憂後樂,當不僅爲一族計也。然而恩可類推,施由親始,世未有不能恤其宗族而能功蓋天下、澤被寰區者。故義莊之設在文正公特爲餘事,而其規模宏遠,擘畫周詳,具見於此。由一族以及天下,大臣之用心宜爾也。

惜乎耕樂先生昆仲相繼殂謝,不獲施諸當世,而内翰君偕弟輩承其休緒,拓其遺規,一視同仁,不使一夫失所。吾知其他年功業當不在文正公下矣。而猶自視欿然,不汲汲於榮利,惟是修德行仁,嗇於己而豐於人,培其根以竢其實,其存心立品豈尋常所能窺測歟!慨自世風遞降,宗義不明,往往有履厚席豐,自矜豪舉,而於族人之無告者視同秦越;甚至假義之名,圖利之實,舉前人之良法美意以自便其身圖,斯誠文正公之罪人!以視耕樂先生之兄弟父子,又何可同年而語耶。昔余游鵞湖之濱,見其山水清嘉,其人士多美秀,文章經濟蔚爲國華,固知人傑本於地

靈。要必有二三老成型仁講義以端率從,而於宗族之間實心實事相邺相賙,有以維持於不敝。兹則萃三世之心力克成義舉,使一族受惠於無窮,倣諸仁粟周饑、義門旌里又何愧焉。其本固斯其枝茂,其源遠斯其流長。吾知耕樂先生輩之德澤正未有艾。若内翰君承先裕後,其德量惡可及哉!

映奎謭陋無似,幸與内翰君爲文字交,嘗展謁贈公,善氣逆人,而知其宅心之厚、行誼之高,爲心儀者久之。近得内翰君手書,屬爲之記。予維新義莊之緣起,自有立言大君子次第而表章之。奎何人斯,敢綴巵言,而竊幸其貽謀之盡善,流澤之孔長也。爰附數語以誌慨慕之思云爾。時光緒十二年孟秋之月。 侯映奎謹譔。

王氏百壽圖畫記丙戌

侯映奎

予家藏邵子晉齋所繪《百壽圖》一幅,錯綜變化,精妙絶倫,想見經營慘澹,良工心苦。庚申之難,燬於兵燹,予深爲惋惜。今歲館於華莊,王君曜奎出是圖見視,云此先祖文威公所作,當時有一百十字,蓋取舜年百有十歲之義。後有數字,漫漶不可收拾,因截去數字,以成百數。予諦視良久,與余家邵畫大致相同,設邵畫尚在,可稱雙璧。而乃一存一亡,如豐城寶劍不可復合,蓋亦有數存乎其間耶?予因有感焉。《洪範》五福,先言壽,次言富,繼以攸好德。可知壽亦恃乎富,亦貴有德也。古來大富貴、長壽考、身係天下安危者,惟郭汾陽一人。其他享大年者不可勝數,或身遭坎壈,或子孫凋零,或一身庸碌没世無聞;甚至如馮道生五季之世,自謂長樂老人,廉耻道喪,千載貽羞,曾不如不壽之爲愈也!故知壽雖一致,緒有百端,觀於斯圖,可以恍然悟矣。

誥 子 書

侯家鳳

付秦孺人,遲十年使阿戌讀之。吾五歲入塾,讀書十三,了羣經,習舉業,十八入泮,弱冠食餼。嚴親良師,督教勤至,自經訓文賦,以至詩詞歌曲,未嘗下俗士,制藝尤稱重於人。授徒數年,及門弟子無慮數十百人。黄潄蘭先生體芳、王益吾先生先謙,先後督學,吾省每科歲試輒列前茅,嘗謂人云:"江蘇才士,無錫侯某、通州張謇二人而已。"折節下交,歎賞備至。時吾自待亦不薄,意氣伉爽,頗以致君堯舜自期許,謂獵青紫真如拾芥耳。故大府聞聲延攬,每峻辭以謝,不欲假他途登進也。迨困頓秋闈,十幾年不獲一第,乃信命之實窮。吾粗知性命之學,嘗聞違天不祥,逆命取禍,遂決意不求進取,四方羅致益不輕赴。生平足跡所至,鄉邦而外止於浙、鄂二省。薛叔耘師觀察寧波,王子泉太守爲郡湖北,先後一參幕府。邇後季父牧浙,爲襄庶事,胥所以爲温飽之計,略無用世之心。不圖天靳吾名,并年壽而不吾假,去歲搆疾,肺目交傷,奄至綿惙。自古以來,旦夜循環,無生不死,雖遲速有殊,然自百歲後觀之,回夭跖壽,果何異哉!吾聽命由天,安時處順,自省一生殆無害理之行,内不自疚,外不負人,雖未四十死無憾耳。獨吾家素貧,吾歷年所獲僅供衣食居住之需,曾無錙銖積累。且爾及爾姊妹皆在髫齡,不特無所遺留,且使爾輩自幼蒙孤露之苦,又貽爾母有無窮之累。爾輩何辜而遘斯難!此則遠視淵明猶多遺恨者也。士子以讀書爲學爲本,富貴功名有時與命。吾願爾後成人,寧爲學者而賤而貧,無不學而富而貴。要知心存康濟術學正足救世，不必有位而後澤施。歷觀古來才哲，蒙難遭䟦，原於逆命違時、以戀勢位者爲多。紬繙史籍，隨足鑒戒。此吾晚來所晤，爾後有學，當知非謬。

爾秉質不劣，但能力學，或且有成。顧自昔學者多尚師傳，自非生知，鮮能獨悟。異時取友求師，宜與讀書並重。語云："近朱者赤，近墨者黑。"一生成敗所繫，可不念哉！至於立身處物，聖賢訓誨，簡編具在。但有一言願爲爾告，蓋吾崇聖學，素斥異端，獨於釋家所倡因果之説，不能不嘆爲精妙絶倫，以爲此即聖賢所謂愛人人愛，敬人人敬，及禍福自召之義，誠非餘子荒渺詭怪之談可比。服此無斁，一生行止庶無大謬。語其義理，非一時所盡，俟爾自求之矣。吾少失提，王氏姊恃攜撫字，以迄長成，比罹疾患，並荷季父憐顧，噢咻無微，勿至銜恩長謝，耿耿莫釋。他日圖報，以彌吾闕，尤吾所殷殷望爾者也。

上巳山中喜晴

侯祖德

杖履追歡賦遂初，酒瓶猶自掛柴車。雨晴山鳥能呼客，風暖林花亦啟予。曲水流觴詩欲就，茂林脩禊事非虚。只今四海兵戈偃，好覓人間種樹書。

碧山吟社

侯祖德

路入青山社正南，幾多詞客舊曾諳。峯巒聳處晴猶在，花木依然興自涵。晉代衣冠期再勝，黄初傳派擬重探。道人已訂將來約，游憩還容借石龕。

共喜騷壇繼昔賢，重來杖履向真詮。誼同白首耆英社，地近青山文字禪。景物變遷元有數，人情會晤豈無緣。搜奇抉怪詩家事，雲石依稀勝概全。

同志追歡賦遂初，共看花外駐柴車。雨晴山鳥聲無限，風暖林花豔有餘。激水傳觴情自在，長途塵宦夢應虚。於今最喜兵戈偃，且覓人間種樹書。

春仲愜春游，蘭橈雲外蕩。柳色暗溪頭，煙光起叠嶂。披鼇入山深，尋幽過禪丈。樽酒喜忘形，浪吟得先唱。世鞅從此絶，芳辰幸無曠。

先太僕府君晚年與華補庵、羅弦觴、顧洞陽諸公結社碧山，吟咏累帙，歲久稿佚，偶於雜卷中得詩四首，聊存之以見一斑。孫先春謹識。

按：碧山吟社在惠山之陽，二泉之南。明景泰末秦敬修旭闢其地，爲觴咏之會，凡十人。沈啟周南爲之圖，所謂碧山十老是也。後六十年，旭曾孫瀚修復之，風流再嗣，非復布衣會者：喻郡伯宜人、莫僉憲僉吉、顧副憲與新、徐學諭顯夫、華部郎從龍、錢大尹國章、張司諫舜舉、浦宫贊道徵、施少尹子羽、高大尹文明、王侍御汝玉、華學士子濳、王僉憲仲山、尤京兆懋宗、馮副郎子占、安僉憲子静及先太僕公，凡十八人。見顧榮僖《復碧山吟社序》。十世孫楨謹跋。

贈　壽

侯先春

清比胡威道復尊,閒居真不慕華軒。汀洲芳芷春長緑,庭砌芝蘭早自繁。能以詩書昌世澤,誰如喬木並霑恩。樽前歲歲歌難老,更看孫枝萬里騫。

按:八世祖少芝公爲有明一代諫議名臣,生平著述除諫草外,絶少流連風景之作,讀兹什可見一斑矣。十世孫學愈謹識。

重修宣平縣志告成

侯　杲

萬山奥其區,留此煙雲宅。土風樸且儉,相守老阡陌。居官一事無,南面樂晨夕。因而挈同人,邑乘訂訛僻。登眺相與俱,嘯倣縱攸適。羅織邱壑性,檢點花鳥格。勸農賡村歌,課賦禁月隙。兼索緇黄侶,内影陳所獲。荒址及幽宫,屐齒悉同役。土人固不拘,遇者亦忘跡。或謂雞犬仙,或謂古彭澤。志喜不曰成,楚楚異疇昔。撫之振長笑,天地爲迫窄。玉寙酉穴函,探討恣邈莫。於此詹詹言,聊用啟尋繹。

題署壁畫石

侯　杲

貧吏無錢去買山,一拳飛動伴清閒。煉來五色天能補,緣結三生珠可還。半壁欲邀仙客渡,斗齋疑改落星灣。袍衣向此深深拜,敢讓生公獨點頑。

哭長伯澹泉公

侯　杲

拜别南來未兩期,忽頒經緋泣雙垂。燈前憶昔分餘訓,舊到當年想舊儀。貝葉自歸清界去,銘旌空設後人知。遥遥千里惟心痛,猶子哀思敢賦詩?

寄憶長兄衣澹久羈京師

侯　杲

祖業重新仗我兄,何期受制反由人。折腰數載才惟拙,羈旅頻年篋爲貧。梠水燕山同一夢,珠連花萼各分因。家園松菊聞無恙,放櫂追隨去問尊。

送凌定之歸新城

侯　杲

去去孤帆指葛川，匏樽官舍覺蕭然。千山好句挑雲杖，四海空囊載水船。石徑雨深勞客夢，山城月冷掛飛泉。此行莫道人遥隔，桃李春風只眼前。

梅　　花

侯　杲

萬象屯蒙氣正嚴，寒荄吹破朔風尖。玉階月樹當詩幔，野店霜花颺酒帘。不以鉛華娱俗好，惟資清冷養吾廉。陽春暗地迴和煦，夷惠之間道自兼。

閒　　居

侯　曦

掃月開三徑，鋤煙憩半陂。種魚新水足，題鳳故情癡。裘馬因人熱，林泉與我私。田間復何樂，長穗向風垂。

翠竹編籬密，黄花擢幹微。秋風吹月上，舉網得魚肥。撥櫂向煙渚，掃苔眠石□。此中無限好，揮手弄餘暉。

蒙陰宿店題壁

侯　晰

策蹇龜蒙道，嵐光宿霧迷。柿林斜露屋，山路半成溪。别夢欺殘酒，長征怯曉雞。吟懷殊不減，土壁漫留題。

夜宿田家

侯　晰

漠漠烟光鴈影稀，幾枝衰柳冷巖扉。殘燈積雪寒斟酒，破屋臨風夜補衣。犬吠鄰家雙杵急，漁喧渡口一船歸。田翁不計滄桑變，只羡年來秔稻肥。

鄒黎眉表姪夫婦雙壽

侯　晰

小築山園位置佳，琴樽瀟灑伴煙霞。百年妻妾成三友，自註：有妾金氏，諸郎皆其所出。五世朱陳只一家。自註：自祖母至孫媳，俱娶於侯，已五世矣。鴻案每同吟柳絮，玉臺相並畫梅花。自註：夫婦俱工畫花鳥山水。試看蘭蕊欣初放，滿院香風透碧紗。

長安酒家題壁

侯　晰

豪飲狂吟擬謫仙,醉來長自就爐眠。典衣羞煞黑貂敝,寫幅丹青當酒錢。

跋扇題畫贈友

侯　晰

幾枝錯落大癡樹,一抹淋漓小米山。寫意不煩多筆墨,可知全在有無間。

聊 攝 道 中

侯　晰

薄霧迷離一望賒,曉程月黑亂飛鴉。穡燈遠岸穿林罅,疑是前村賣酒家。

寫浣香圖題贈李芥軒

侯　晰

肥遯雲山寄一椽,門臨流水緑楊邊。牽蘿補屋剛容膝,插棘編籬未及肩。位置筆牀横放榻,經營茶竈曲通泉。羡君清福能消受,應是前生結静緣。

送邵伯劉懷翁移守皖江

侯麟勳

何幸調羹社稷臣,南來剖竹福斯民。庭留冬日暄無告,面冷秋霜杜有因。多士環橋邀雨化,老農鼓腹樂風淳。文章太守揮毫處,衰起昌黎八代新。

一　室

侯文燈

一室澹無事,四簷花雨流。天清時未暑,人老意先秋。學古貶機械,安貧克怨尤。蕭然對殘帙,迂懶孰爲儔。

遊 長 泰 寺

侯文燈

紅樹發秋吟,乘閒愛遠尋。泉聲寒漱石,香氣夜歸林。古屋青蘿掛,殘碑碧蘚侵。低徊不能去,徒抱住山心。

喜海翔至

侯文晟

堂下積莓苔,堂上滿塵埃。老夫卧慵起,日晏門未開。忽聞叩門聲,不知誰客來。顔狀無人識,姓字傳童孩。嗟余總角友,新從萬里回。不見四十年,思君心已灰。白髮兩相持,喜極還生哀。無暇敘一言,且謀治樽罍。

晚憩華藏山房

侯文晟

獨坐逾清曠,湖光澹翠微。鐘連空谷響,鳥共斷霞飛。月色自來户,松陰故落衣。寥寥蘿徑外,曳杖老僧歸。

登半塘閣

侯文晟

高閣攀援到上頭,吴趨勝概望中收。溪橋十里逢山寺,煙火于家接郡樓。楚岫西來龍虎踞,越江西去水天浮。夕陽未忍頻回顧,麋鹿荒城萬古愁。

拈花尋放處西林鄂公句也爲下轉語率成四章

侯　鈞

其　一

拈花尋放處,爲問未拈時。不住三生夢,云何一笑癡。秋風入小圃,春色上高枝。彈指吹高信,悠悠空欲思。

其　二

拈花尋放處,花意復如何? 風定樹猶籟,潭空水不波。及時還自省,非想忽成魔。解識無窮妙,香光静處多。

其　三

拈花尋放處,放處便生春。悟入光明藏,情花苦惱因。寶花當下境,金粟後來身。空外原無際,中天一月真。

其　四

拈花尋放處,珍重爲名花。恰好無多地,吾生自有涯。敢因私雨露,隨分到清華。寄語花前客,妍媸莫漫加。

湖亭秋霽

侯文熺

一亭秋雨過,畫出米顛山。蒼翠滴林杪,潺湲瀉壁間。帆隨返照落,禽帶暮雲還。齋鼓鼛鼛動,歸僧夜叩關。

題雪浪菴

侯文熺

徑曲門何處,尋聲一磬寒。浪翻青嶂裏,雪擁白雲端。禪定香初燼,春花深未闌。名山誰與占,斷送破蒲團。

壬申九月再宿東溪書樓

侯文熺

泛得扁舟自在身,白蘋紅蓼總相親。獨來亭館無生客,静對溪山似故人。植藥按方還待用,積書充棟未爲貧。村南卜得茅齋在,同作無懷老逸民。

山行即事

侯文熺

嫌漫締婚兩度關山。同逆旅,兼旬煙雨伴孤邨。平生有淚無揮處,留與今朝哭寢門。竹隖花房我獨行,架頭書卷尚縱横。但教格調開生面,未許功名屬老成。三斧終慳邀北望,一官虛寄老西清。風流頓盡無須恨,百首新詩定有名。

冷泉關

侯文熺

俯從石罅聽潺湲,轉盼涼生衣袂間。范叔一寒今至此,豈宜再過冷泉關。

重陽後一日潘又岩回南

侯文熺

萱堂衰老近如何,鼓枻蓉湖乞一過。若問重陽新況味,滿城風雨唱驪歌。

山行即事

侯文熺

一徑丹楓覆緑苔，尋幽層上白雲隈。前峯野衲捫蘿出，下坂山童餉饁來。蒼狗無情常變滅，清流作自態瀠洄。平生恒欠長鯨飲，勸客淋漓酒百杯。

忍艸庵度夏寄貽京王二

侯文熺

分將禪舍作書巢，補葺何妨自剪茅。客病最宜親梵莢，家貧只合薦山肴。恰逢花盡荷擎蘂，正苦林疏笋放梢。長吏任教徵税徧，傳呼應不到荒郊。

平望舟曉

侯　洵

濃睡篷窗穩，銜寒鴈一聲。霜嚴朝日淡，波曉静煙輕。有劍行囊壯，無裘傲骨輕。離家竟何適，冉冉又東征。

舟發盱眙望龜山

侯可儀

名山萬古鎮崔巍，砥柱中流石欲飛。落日荒城啼怪鳥，顛風渡口舞支祈。身經久客行囊薄，舟託洪濤性命微。卻憶五湖年少日，白蘋緑柳釣魚磯。

澄懷園見逸鶴圖時余依秦味經司寇於海淀寓園

侯　錫

鷯侶栖遲地，驚看野鶴飛。塵樊欣乍脱，逸翮見先幾。磊落將何慕，飢寒詎解圍。入林應不遠，振羽自知歸。

贈范渭占

侯　錫

人生感氣誼，相與自有真。邂逅始識君，奇才絶無倫。沉静寡言笑，質樸追古人。探其胸中奇，俗福寧足陳。援据有本末，詩才亦清新。贈我蒿里歌，語意多酸辛。讀之不能卒，奉倩已傷神。交情澹如水，竊喜德爲鄰。朝夕時往還，臭味入室親。相見方恨晚，星駕倏及晨。睽隔非雲山，後會亦有因。緑波與芳草，入望波粼粼。

游平山堂

侯 錫

平山堂外舊隋隄，畫舫輕橈滿竹西。翠荇風前牽錦纜，緑楊天半聽黄鸝。揮毫萬字翁非醉，一飲千鍾樓自迷。最是繁華易銷歇，蕪城賦後更休題。

游膠山酌竇乳泉

侯 錫

東山積翠碧雲浮，路入春林徑轉幽。古寺旁依修竹塢，清溪還向小橋流。山僧煮茗延賓話，鴝鵒驚人出隴游。嶺下舊傳多薯蕷，岡前古跡有金牛。荒烟莫問蕭梁宅，蔓草閒尋膠鬲邱。月照蘘泉穿竇出，雲陰萬玉滿庭秋。煙霞日夕瞻佳氣，風雨清川繫客舟。北海樽盈南阮座，高情且爲主人留。

初至興化

侯 錫

遥瞻葱鬱古城堙，近識琴堂化理新。濱水東流清瀲灩，火旗南峙碧嶙峋。心隨漁父亭前月，身作梅鋗嶺上人。堪笑十年彈鋏久，尚依南阮拂征塵。

十載

侯 錫

十載不倚馬，壯志付流水。憶昔游都門，攬轡長安市。大道連狹邪，磬控捷如矢。顧盼公與侯，不作衣褐耻。下榻朱邱間，寧復向許史。雅意執經者，王孫貴公子。雖無豪俠節，詎敢板袍士。破浪溟海中，登眺泰山時。燕齊楚越間，踪跡可屈指。漁陽望邊城，八閩仙霞峙。三湘與洞庭，輕帆復爰止。荏苒歲月遷，龍鍾已若此。垂白何所營，志豈在青紫。争看上苑花，五陵少年耳。顧此衰病侵，努力愛芳芷。

移竹興化署中

侯 錫

上梅官舍楚江天，藏得龍孫籬落邊。必待春雷驚卧起，夢迴還守舊青氈。
不願移根上苑栽，劇憐憔悴傍人來。欣看雨露舒新籜，拂拂干霄蔭緑苔。

除　　夕

侯　錫

弱息誰扶植，憐渠歷苦辛。椒盤度今夕，應説遠遊人。

秋　　日

侯　錫

醴去生猶在，鱸肥翰未歸。秋風千里客，彈鋏是耶非?

太行道上

侯　錫

飢來已覺别離輕，憔悴東歸又北行。茆屋夢醒燈半滅，征鈴聲動月三更。藍輿有路雲心上，鳥道無谿石齒争。回首衆山斜照裏，西風忽起故園情。

遣　　懷

侯　錫

投筆班生計出關，霜侵兩鬢漸成斑。江心浪拍雲中月，驢背人看雪後山。燕市三年塵滚滚，魏風十畝賦閒閒。銷磨壯志惟鉛槧，門外漁樵日暮還。

春郊晚步

侯光第

春光日已暮，策杖過柴門。楊柳隔溪笛，桃花何處村。古風看父老，揖客有兒孫。興盡歸途晚，蒼然煙水昏。

春　　思

侯光第

夢醒鴛鴦帷，鶯啼合歡樹。不解妾傷春，語語留春住。

雜詩二首

侯光第

千金買明珠，禦寒不如襦。百金買寶刀，力田不如鋤。渡河乃舍馬，載重斯求車。用物苟違材，雖貴徒區區。

蒲柳無霜姿，秋落春復萌。蜉蝣無仙骨，暮死朝復生。深波有時沸，崇山有時崩。可憐鬢中絲，一白何時青。

登 錫 山

侯光第

山意正蕭瑟，登臨感慨多。冷雲高不落，秋水淡無波。天外孤帆遠，遥空獨雁過。征南諸將士，消息近如何？

舟 行

侯光第

嬌鳥隔花啼，輕帆渡小溪。岸容頻改樹，麥秀不分畦。流水心俱静，春山黛與齊。風前能睇望，人在夕陽西。

不寐憶家叔萊舟

侯光第

欲睡何曾着，淒然憶旅游。真成千里别，併作五更愁。明月方窺枕，清風竟滿樓。誰將游子意，一夜寄中州。

詠河洲，羞自媒也

侯光第

東風來浩蕩，春思遏高樓。樓中有佳人，白皙肌膚柔。言歸翡翠牀，自掛珊瑚鈎。含情攬明鏡，對影增憂愁。亦知春色好，蘭蕙當階幽。不採蘭易枯，欲採妾自羞。無言空愛惜，獨坐詠河洲。

過武安弔長平坑卒

侯光第

白日欲没風颼颼，妖狐奔突蒼狼愁。馬蹄躑躅不敢進，前有萬鬼揶揄叫嘯聲啾啾。我聞秦人坑趙卒，四十萬命同浮漚。髑髏高似太行雪，碧血迸作汾水流。哀魂怨氣慘不洩，黄泉白骨無春秋。人言黷武鬼神怒，矧殺降卒天人憂。新城之坑止一間，新鬼故鬼嗟同休。嗚呼！新鬼故鬼嗟同休，止戈乃是金湯謀。

銅雀臺懷古

侯光第

落日漳流滴，蒼茫聚劫灰。不堪餘瓦礫，長此没蒿萊。亂世三分鼎，文章一代才。春風歌伎散，遺令使人哀。

社日謁李衛公祠相傳衛公遇龍母於此，因以建祠，有旱則往禱焉。

侯光第

韓山峩峩撑青空，山頭笏立朝靈宫。赫聲濯靈奠兹土，神來神去虚無中。貞觀將相媲三代，就中衛國尤英雄。龍德顯晦不可測，勳勒旗鼎光熊熊。以勞定國固宜祀，胡摭逸事驚頑童。傳聞我公少年日，得遇龍母施神功。手攀蛟螭入雲霧，驅策電母鞭雷公。蚩尤屏翳悉用命，驕陽旱魃潛無蹤。江湖倒流海水立，渾淪一氣包洪濛。其説虚誕未可信，星辰河岳理則同。我來展拜及春社，波波汲汲多村翁。吹簫伐鼓雜歌舞，羭豕肥特粢盛豐。嗟公正氣塞天地，入門彷彿精神通。血食下土職無曠，肅乂時若惟功庸。朝來雲合沛靈雨，肅肅帷帳吹英風。

客中雜詩

侯光第

晨興理鞭策，窗户耿微光。飛篷隨天風，游子去故鄉。去去安所極，輪蹄遍四方。丈夫不自立，俯仰徒悲傷。吞聲出門走，揮淚摧肝腸。

在家有寒暑，出外無冬春。一身不屬我，萬事必求人。談笑依餘光，趨步躡後塵。平原既不作，及此迺迷津。

大隱隱朝市，小隱隱山林。此願兩不諧，憂勞苦交侵。跼蹐覊旅間，舉首發哀音。金紫滿天地，詩書阻纓簪。浮雲戀故山，飛鳥戀故林。請君歸去來，風塵傷我心。

言有二三子，迢遥隔兩鄉。一南一以北，相思苦相望。山行馬蹄傷，水行無舟梁。昔爲芝與蘭，今爲參與商。

郊行即事

侯光第

新漲平添没釣磯，菜花開盡麥苗肥。溪山好處無人識，只有雙雙蝴蝶飛。

楊明府席上口占

侯光第

兩載飄零入洛身，忽逢歌舞一番新。多情莫怨青娥老，猶有空閨未嫁人。

新秋夜坐寄懷表弟吴振裘

侯光第

佳期渺難得,獨坐鼓瑶琴。修竹拂殘暑,池花開夕陰。忽逢北來雁,恐有南中音。相顧不相接,迢迢永夜心。

古風呈連浦

侯光第

兔絲附松柏,裊裊百尺長。蒼蠅逐騏驥,一舉走八荒。微物得所託,意氣争低昂。嗟我如窮魚,鬐鬣難怒張。念昔始讀書,童騃不自量。抗懷嫓臯稷,落筆欺馬揚。興酣激長嘯,得意謳清商。茫茫八紘大,兩目無侯王。荏苒三十年,此意不得將。翻然事遠行,結束游子裝。慈母縫我衣,未縫淚盈眶。意苦語言好,平安早還鄉。弱妻起送我,未語先咽吭。門衰兼祚薄,有弟病在牀。晨昏妾自持,岵屺君莫忘。嬌女未離乳,跣足被裲襠。挽衣攔道哭,問爺走何方?熟知苦無益,清淚交浪浪。一年往東魯,兩載羈大梁。殘茶與冷酒,落莫禁難當。以兹情懷惡,瞻顧生徬徨。長安十二衢,朱門列成行。朝謁閽人辭,揮斥驅牛羊。暮謁主人嗔,凌厲聲礌硠。欲前足不進,欲語氣不揚。短褐難掩骭,粗糲纔充腸。北風蕩層雲,白日寒無芒。掩面出門走,躅躑顛且僵。哀歌動衆笑,丈人獨閔傷。立談抉肝肺,引坐開中堂。愛我笑語温,藹藹如春陽。督我體貌嚴,肅肅如秋霜。我才本醯雞,謂我如鳳凰。我質本碔砆,謂我如珪璋。古道邁流輩,大義扶羸尫。感公用心厚,愧我意態狂。慷慨抒此詞,筆力苦不强。明月不暗投,乃知是夜光。鹽車不困辱,乃能辨驪黄。請看樊籠鳥,得路雲間翔。

送劉五研齋赴粤東幕

侯光第

我已嗟行路,誰教又送行。大風嘶匹馬,落日戀孤征。身老諸侯客,春通百粤城。傷心一樽酒,同負故園鶯。

湖上殘柳詞五首和韻存二

侯光第

幾行衰颯苦無聊,何處蘭橈載碧簫。落日一痕鴉數點,春風閒煞小紅橋。

折盡長條去馬多,更無青眼送横波。漢南司馬真憔悴,老淚西風唤奈何。

鉛山舟中作

侯光第

十年踪跡似飄篷,章貢南來一櫂通。萬樹雲歸山色赭,半江日落浪花紅。舟從出險輕帆穩，人已辭家萬慮空。只有思親兩行淚，等閒流向大江東。

羊城雜詩四首

侯光第

楊柳堪藏白項烏，大江門外試提壺。當江一葉瓜皮艇，知是青溪載小姑。
夜深簫鼓沸中流，碧酒紅鐙處處舟。花樣蠻娘珠樣曲，幾人銷得錦纏頭。
海上風來透體涼，柁樓今夜試新裝。木蘭花後秋蘭早，一朵斜簪茉莉香。
丁字珠簾映水濱，穠花香草媚殘春。自來行樂天涯好，休遣離愁着暮人。

陽 江 道 中

侯光第

行盡天涯景物非，即看村落已全稀。人從斷水橋邊度，雲傍秋山洞口飛。獵獵斜風歌短髮，蕭蕭疏雨怯單衣。等閒莫説高涼近，鳥道重重隔翠微。

夕陽小艇遲行客把蓋看山獨立時陸林漁句也錢御三爲之補圖索題因吟截句以贈

侯光第

客與春波共釣筒，單衣初試立當風。最憐捉鼻微吟處，好句天然似放翁。
船尾斜陽落遠汀，船頭魚唼水花腥。多君冷眼看山色，認取臨江幾點青。
誰是如今老畫師，寫將風采入新詩。同歸訪爾吴興道，記取推篷獨立時。

得家書後感賦

侯光第

征鴻昨夜破雲回，帶得江南信息來。母老饔飧嗟自給，家貧門户傍人開。孑身正似秋風客，混跡翻同避債臺。何日將歸學烏哺，嬰兒容易已成孩。

寄奇麗川察觀

侯光第

十載尚書省，承恩百粤中。海山寒有燄，嶺樹暖無風。執法臨台象，論文見國工。壯猷憑建竪，卓越幾人同。

題惠山文昌宫

侯鳳芝

鑿山開靈宫，低墻補山缺。下有流泉深，澹然静而潔。入山不見山，探奇在一室。高閣忽登臨，檻外峯崒屼。叢桂生石間，根與石爲一。境寂無人聲，遥望雲一抹。悵然憶先人，手痕在石碣。羅漢泉

山　樓

侯鳳芝

樓在危風顛，嵯岈互相拄。山近不覺青，惟見石色古。瀑布循階飛，微雲半牆吐。一瓢欲汲泉，且向竹間烹。

管社山莊

侯鳳芝

小園傍山麓，山勢恍如削。游人行屢迷，奇石互參錯。孤籐嵌陰崖，崖斷石不落。

尚友堂在管社

侯鳳芝

精舍五湖邊，堂前聳絶壁。徐步隨澗曲，一洞杳然深。陰氣森迫人，前歲雪猶積。側身穿峽罅，嵐重無日色。路窮漸有光，洞口亂峯塞。落葉寂無聲，足音響山石。登高瞰波光，何處漁舟笛。

澹甯館在管社

侯鳳芝

高閣何清幽，湖光在簷角。蕭蕭葉響階，俯視千尺竹。閒雲出湖邊，一半抱山足。碎石落空樹，樹包石爲腹。時聞落子聲，劖峯作棊局。長嘯臨碧空，斜陽去何速。

太湖遇風

侯鳳芝

水勢何浩浩，大風起震澤。濤湧欲斷岸，湍流碎石色。連山束兩旁，横波不能溢。萬古蕩其崖，土盡見山骨。回思發棹初，湖面波光碧。歸舟未移時，濤頭已千尺。心白輕江潭，身竟苦反側。歸來卧匡床，猶風是湍激。

輓劉壇武

侯鳳芝

人病苦不生，君病苦不死。清貧士所甘，君獨至於此。憶昔晤君時，談笑喜吟詩。吟詩猶未畢，悲來忽成泣。泣已時復吟，風月皆淒切。回首顧兩兒，托友殊依依。豈知榻前跪，神已忽成癡。君病不肯食，子膠山長跪勸之，卒不食，遂成痴病。載誦輓兄作，追隨喜不遲。輓詩內有"不久相隨之"句。而今應聚首，深慰長相思。

輓孝子膠山

侯鳳芝

父死愧獨生，父餓愧獨食。一死猶依父，還傍殯宮側。壇武卒後，君自縊於殯室柱上。憶君侍疾始，長跪泣不起。意欲勸父食，誰料竟如此。枯樹留新枝，枝折樹亦悲。滅性父所痛，情迫誰復思。自縊氣竟絕，慈母聲嗚咽。明知傷母心，不忍與父別。此去地下隨，奉養永不缺。

題華江小照

侯鳳芝

峭壁立江邊，嶄絕因水漱。波濤入筆底，字骨與人瘦。圖中多畫江景。結想洪濛初，元氣鬱蒼秀。兀坐長松下，翠色滿襟袖。渺然追古人，豈在李潮後。半江善篆書。

登城野望

侯鳳芝

天高覺鳥低，草枯平野濶。日落氣空濛，兩山渾爲一。閒雲渡溪來，人近忽已失。

黄公澗

侯鳳芝

一水畫兩山，澗挾水愈壯。亂石遏其流，石碎浮作浪。下歸小池深，千尺雷聲放。何時居此山，抉土洗青嶂。

題石門白鶴道院

侯鳳芝

三面聳奇峯，缺處危樓補。窗對石門開，牆連岫色古。澗水流不息，洗淨山無土。階前一片雲，散作四山雨。

過天柱灘

侯鳳芝

半日過一山,半日過一石。石激驚波飛,軒窗驟雨滴。一灘分數道,曲折徑愈窄。帆穿細雨中,舟行亂峯隙。惶恐未覺危,玆灘險無敵。

寄紉湘弟

侯鳳芝

噉欖神味清,初嘗乃苦澀。良言亦如之,返思始知益。君少負奇才,剛正具特識。時時箴余過,争論面發赤。事過仍怡然,胸中了無迹。嗟余今遠游,誰復施藥石。君才如芙蕖,曜日彌增色。君性似梧桐,寸枝自孤直。我初本寡言,君喜盡胸臆。我倦君尚談,君語我時斁。誰知一别後,欲言苦無客。惟當勤寄書,彼此慰岑寂。

吴　山

侯鳳芝

輕雲遥擁吴山足,惟見山頭數峯緑。行人傍山無處登,且撥重雲上林麓。初登尚覺山勢平,轉入山背峯縱横。孤亭遠會四山色,一水分作百澗聲。峭崖陡絶疑無路,孤松倒卧作橋度。何年大石從空墜,雙峯突兀擎石柱。高山無臺岩作臺,西湖若帶江疑杯。迴望山腰雲忽霽,歸途歷歷嵐無際。

花　山

侯鳳芝

合抱高松不知數,一逕蒼然夾山路。行人入山不見山,但覺滴翠如煙霧。鳥聲如欲唤人來,澗水惟聞送客去。玆山勢類蓮花含,擘開花底留孤龕。閒階已見踏蒼蘚,净榻忽欲浮青嵐。禪房初盡聳絶壁,一石絶磴五十級。上有寒洞深難尋,裂開一罅光猶黑。

舟上十八灘

侯鳳芝

南贛諸山皆豪族,綿延不斷氣相續。忽然天上來奔濤,界破千山萬山緑。兩岸峯多石爲底,中流浪湧奇石矗。前灘遥望路若窮,輕舟轉出高山腹。長風不盡送孤帆,舟行十里幾回曲。夜來風静灘流平,終夜喧聲夢頻覺。

萬安南去客心驚,兩岸日夜聞灘聲。灘聲直下溯流上,孤舟欲與亂石争。石潛水底時出没,白浪無邊一點黑。有時衆石波面矗,劃破滄流勢相激。濤頭石角了不分,磋磨一線舟行疾。玆山自古稱惶恐,我今一到心胸豁。緑樹還添紅樹煙,近山恰補遥山隙。蘇公已去白雲深,惟有佳句流高岑。

寄心齋仲兄

侯鳳芝

昔君寄跡章江東，歸期每歲垂殘冬。新詩見示不知數，行墨疑有煙霞烘。自媿家居少著述，對此不覺愁吴儂。朅來游粤溯江水，金焦矗立雙芙蓉。十八灘頭水聲急，筠開嶺上雲千里。心空自覺了無物，惟有天地清氣留。吾胸興酣落筆不自主，如水破浪山成峯。好鳥當春不成韻，名花得雨自露紅。無心覓句隨意得，但與蒼煙落日相溟濛。方知當年詩卷亦如此，筆妙未必皆人工。江山得助有張説，山水奇氣來史公。至文是自在天地，得之無迹尋無蹤。每愁力薄苦難到，導余先路能相從。一南一北音書絶，惟有魂夢猶堪通。

平遠道中

侯鳳芝

兩山夾一澗，木杪駕飛橋。山勢因嵐變，林烟得雨銷。夢殘猶可續，景好轉難描。一路肩輿上，輕雲處處飄。

樟樹鎮作

侯鳳芝

百里皆樟樹，濃陰繞一村。諸山翠嶂合，兩岸白雲昏。鷺立沙無際，舟行水有痕。陽明駐兵地，旭日散雞豚。

過吉水

侯鳳芝

山近嵐光緑，低迷草色濃。有時連翠靄，不盡復長松。惟見人行迹，難尋雲去蹤。歐公生長地，水月夜溶溶。

揭陽城秋望

侯鳳芝

遠郭清江外，孤城秋氣中。路侵衰草白，影入晚霞中。海色來天地，濤聲挾雨風。故鄉不可見，東望但溟濛。

題榕城書院寓

侯鳳芝

亭外盡芙蓉，花光帶曙濃。潮來池已滿，霧重石疑封。拂檻多修竹，循牆出古松。無人來唱和，寂寞是吴儂。

登揭陽城

侯鳳芝

榕江抱城闊，江外萬重山。雲霧浮三島，烟花麗白巒。寒潮平復滿，飛鳥去仍還。天水難分處，蒼茫是海關。

題秦震宇精舍

侯鳳芝

一榻蕙千重，人眠花氣中。夢寒非是雨，香遠不禁風。曲澗拖平碧，深林滿落紅。幾聲清磬響，惟覺客心空。

題大樹園精舍

侯鳳芝

净緣浸人心，窗前古木深。山容含雨氣，客語雜禽音。偶爾穿巖際，誰知到水潯。出門回首望，暝色滿空林。

山中槑

侯鳳芝

梅花香不覺，恰在靚中聞。夢外餘清影，窗前滿白雲。

華藏山

侯鳳芝

山色半天青，入山忽已失。惟見水中影，蒼潤嵐可悦。

雨中游西湖

侯鳳芝

湖痕欲入天，有山畫其界。雲起失諸峯，碧落不在外。

歸　舟

侯鳳芝

西風蕭颯覺衣單，萬里空江欲渡難。帆影自隨歸夢轉，山容不爲客愁寒。南朝古寺秋先到，北固遥鐘夜未殘。獨有秦淮一片月，相從直至五湖干。

再得草廬種竹

侯鳳芝

窗前煙雨聽龍吟，好竹新栽翠色侵。習静忽驚殘暑過，讀書還護緑陰深。蕭疏寒影三更月，回薄秋聲萬古心。待得南牆千挺後，幽篁更許坐彈琴。

聞仲兄已到南昌

侯鳳芝

百花洲畔大江濱，不盡雲霞寄一身。高閣自收三楚雨，平湖猶夢六橋春。淒淒芳草懷鄉切，渺渺長波弔古頻。絳帳從今多樂事，秋風乍起便思尋。

寄懷秦震宇

侯鳳芝

心已隨君到廣州，那堪二載尚淹留。靚中天地來清氣，夢外江山入素秋。不盡浮雲看世事，無邊明月帶離愁。何時一棹沿流水，遥數歸程過嶺頭。

步月訪何翰田寓舍

侯鳳芝

烟霄清迥欲無河，散步誰爲唱踏歌。詩興已如微月淡，鄉心争似亂雲多。築沙曲岸疑成石，積水空庭未起波。今日柴門聞剝啄，推敲二字問如何。

海潮日日到清蕖，共逐長流訪客廬。形影三人非白也，風流七子溯黄初。落花幾徧壺中地，映水何殊鏡裡居。塵世勳名都是幻，江山風景未爲虚。

和徐鏡江夜雨原韵

侯鳳芝

榕城偶借一椽居，夜雨垂簾賦子虚。牕擁濕雲迷蔣徑，簷飛瀑布擬匡廬。筆花恰照燈前夢，屋漏還疑醉後書。爲問離愁能幾許，楚騷無那似三閭。

閱先伯兄所寄仲兄手書感而有作

侯鳳芝

手書寄遠意蕭騷，家計艱辛莫代勞。弱草自依松柏蔭，不知霜雪下平皋。
一室無人恨别離，不堪除夕漏聲遲。而今寂寞嗟誰語，惟有涼風動素帷。

湖上别仲兄心齋時兄留浙西，余歸家。

侯鳳芝

兩岸樓臺處處簫，離人惆悵欲歸橈。别君兼别西湖水，夜宿楓橋夢段橋。
游屐同登山萬盤，一朝判袂宿湖干。歸舟仍是來時路，流水無情月色寒。

七　星　巖

侯永泰

何年風雨喧新秋，疾雷急電夜不休。一聲霹靂起天半，七星齊落端江頭。天樞瑶光耀芒色，輪囷屈曲相勾留。玲瓏險怪出萬狀，神工鬼斧窮雕鏤。陰崖萬仞瞰平地，猛獸奇鬼擎戈矛。森然折搏恣拏攫，遠近引控紛傴僂。白雲粼粼捧貝闕，金容玉殿空際浮。峭壁天梯不可躋，含珠危磴猿猱愁。谽谺石室忽旁出，銀隄一道參清溝。蛟螭出没黿鼉立，獅象吼怒奔貔貅。穹窿㫐覆如懸鐘，此身已在黄金甌。飛梁蓮臺若煙篆，靈奇詎必尋丹邱。昔游未徧目已瞑，四年魂夢徒綢繆。擬將置酒滿萬石，攜居絶頂千巖幽。玉皇夜半朝列宿，使星天厩馳驊騮。唤歸魁杓上斗柄，嶺南炎檄來尋求。連雲拔地出海甸，紫微帝座相縈樛。我更攀援上霄漢，側身且作鈞天游。

題周魯賓射獵小照

侯永泰

平原草淺煙朦朧，銀鞍鷹犬紛撞衝。披圖突騎欲飛去，淋漓生動何其工。中有虬鬚古貌者，誰子是耶非耶周魯翁？驊騮叱撥花的盧，少年什伯隨青驄。丰姿盡是世所罕，玉光粉膩桃花紅。山獸山禽避金鏃，駭汗紛飛亂馳逐。人馬怒走撇轡韁，奔逸驍騰勢難束。一騎當先追大麋，麗龜負痛如奔猊。一人翻身睨空碧，手挾雕弓岸巾幘。雁翎疾上透重霄，霜禽有翅青天窄。日日山中射獵來，長髯老子真快哉！丈夫不能異域成功得奇賞，博取茅封似反掌；又不能挾策干君王，九州由我成陶唐。百年戚戚徒自苦，生平壯志空相阻。不如且向陽橋殺巨蛟，更入南山射白虎。

春日雪後同人上西雲際寺

侯永泰

嵐谷晉北鄙，山原地尤僻。人稀煙樹淡，土确桑蔴瘠。閒居古所歡，尋幽遣朝夕。昨支東嶺筇，今着西山屐。行行出城郭，高高指金碧。曲徑走盤螺，凍溪能裂帛。深澗冬冰凝，鳥道春霰積。危崖數十仞，喬松百餘尺。疏散梵王宫，結構探巖石。扶輿藏秀氣，奇景何年闢。南巖崇阿下，長林龍藏宅。北岫最高頂，雲天分一席。賈勇陟孤峯，攜手挽三益。彈丸指城郭，棋局看阡陌。指點春遊人，蟻貫紛絡繹。好風泠然至，吹我煩襟釋。豪情發長嘯，暢慰登山癖。

華藏山寺歲暮偶作

侯永泰

岑寂冬殘有所思，空山伏櫪且隨時。寺分湖月三千頃，殿繞松雲一萬枝。雪掃南窗煨芋火，酒斟東閣伴睬詩。書生何暇林泉事，太息空教壯歲馳。

飛　來　寺

侯永泰

水抱山迴樹蔚蒼，梵宫金碧映暉光。歸猿有洞成佳話，唐孫恪事。趕象爲峯結道場。六世祖事。古殿飛來雲縹緲，殿於梁普通中自舒州上元寺内飛來。二禺仙去笛幽揚。黄帝子二禺入此山採阮俞竹爲笛，俱仙去，内有二禺祠。閒情最愛亭邊瀑，萬斛横吹透體涼。

過 分 水 關

侯永泰

八年衣食走征鞍，此日青袍出嶺南。西下獨遺珠子國，東來三過鱷魚潭。關山有跡憑城取，形勝無妨抵掌談。且把緑釃澆壯志，一鞭斜日照餘酣。

五 里 塘 即 事

侯永泰

百尺高樓接水天，法王宫殿柳隄邊。曾摹三島羣仙境，一閣秋聲半樹煙。

先君子諱日作八月八日

侯　昉

病葉更遇風，孤雁那堪月。失怙心已悲，況復九秋節。痛念父疾時，新涼蘊宿熱。庸醫誤攻擊，五日神已失。含涕欲有言，舌卷不得說。母含哭泣聲，反勸勿悲切。兒女雖幼小，一身堪撫惜。意欲解其哀,張目益慘慄。平生志功名,胡不稍自逸。人今入闈時,父昔蓋棺日。悲聲從西來,階前應蟋蟀。終身抱深恨,愁望何時絶。其一。

秋盡著寒衣,母出父舊服。舊服尚依然,吾父往不復。寒風拂我襟,皎月清我心。終宵不成夢,茫茫何處尋。杜詩父親寫,展卷淚如瀉。幼畏訓誨嚴,不肯依膝下。今縱侍殯宫,追隨亦虚假。樹静風不寧,聊以奉粢盛。庶幾父來享,以鑒慈母誠。其二。

遲伯兄彔歸過期不至

侯　昉

塞外雁南來,霜降期不忒。伯兄悮歸程,終日愁默默。坐立皆不寧,惟問風南北。卜筮瀆再三,言雜不能識。波濤豈云險,望切翻生惑。宵聞擊柝聲,疑是敲門亟。披衣啟竹扉,月光射窗直。

庚戌春心齋仲父公車至駭得先慈凶問道遠信遲因貧病不及奔喪泣血書恨

侯　昉

宵聽妖鳥啼,剪燭無端滅。晨聞仲父至,趨謁容顔戚。亟問家平安,平安應聲咽。含糊語未吐,肝腸盡摧裂。去春叩辭時,繞膝陳臆説。低頭暗淚揮,依違不忍決。爲子圖顯揚,慈容强歡悦。慈容説豈真,兒心更悲切。亦聞遠遊訓,轉輾欲中輟。屈指五旬餘,憂私喜亦竊。況復負米艱,菽水時愁絶。離家未一載,終天恨泣血。烏有反哺誠,羊有跪乳哲。靦顔天地間,貪生愧蠓蠛。寄居廊廡下,背人著縗絰。向南時叩頭,望空偷奠醊。念自少孤後,蘐幃月皜潔。課子兼課女,教育精力竭。傷心鍼與梭,勤苦得家訣。嚴寒受宵冷,溽暑觸午熱。訓誨慈且嚴,兄妹皆成列。恨起浮雲願,虚志生涯拙。除夕慈諭至,但言家清冽。誰知怯弱久,微疴如朽折。朝出心怦怦,歸卧床陧杌。新歲赴春招,諱日猶飲歠。正月十一日。弟妹年尚幼,弱質本薄劣。伯兄亦饑驅,皖江就餔啜。匍匐歸已遲,入門即傾跌。嗟予路更遥,貧病如羈紲。無翅孽何深,腸斷心鬱結。終宵夢不成,欲哭成鯁噎。把玩臨行衣,針痕新補綴。

喜廣庭四弟普入泮

侯　昉

孤松千尺直,盤鬱根乃榮。洪河千里長,屈曲流乃行。吾弟真摯有血誠,失怙之年纔二齡。賦資柔弱行拂亂,安坐無爲災難并。三更把卷倚牆讀,讀倦起立牆忽傾。宵讀牆倒,几硯皆碎。夏雨水漲俯瞰井,翻身落井井水深。轆轤幾轉緣繩上,性命倏忽如銀缾。雨後窺井,泥滑墜下,緣繩上至井眉,繩斷復入,卻仍水面浮,若有人扶,再三救得出。桂開上樹采桂子,隨風飄墜逐葉輕。書齋假山上桂花甚開,高數丈,羣兒上采,弟獨墮下。出門迷路不知返,山涯地角徧招尋。出城失道,直至數百里外尋回。髫年處處受磨折,寒窗獨苦守短檠,人益堅强業益精。純鈎淬乃利,良璞琢始成。造物栽培意良厚,隨材大小爲經營。兩兄饑驅赴燕楚,婉容愉色慰慈心。菽水盡歡定省切,視無形處聽無聲。慘遭大故泣繼血,誓以身殉不欲生。悄出超騰雉堞上,空中旋隕離危城。先慈殯後,登城跳下,隨風入亂草中不死。二十年來屢瀕死，問誰擁護禍不侵。古來純孝半由愚，愚極誠至通神靈，想留吾弟待揚名。芹香染袖奚足賀，乃是萬里之程第一程。

庚戌冬冠芳叔父自粤病回卒於閩哭賦

侯　昉

大父母歿日，叔父纔九齡。昉年亦八歲，朝夕共寢興。慈母同撫育，出入離未曾。衣履長短一，至破認不明。曉吟研花露，宵讀添藜燈。讀罷饒棋趣，就月移秋枰。五鼓興未衰，殘子雜殘星。素性喜讀史，指掌繪地形。氣凌雲漢上，胸藏百萬兵。見人訥不語，一語令人驚。雄談彙今古，英略致太平。下筆追韓柳，恥作鼃蚓鳴。綺歲登黌序，壯年未策名。遨遊赴嶺南，昉時亦北行。一水南北流，如分渭與涇。廿載無刻離，一日遠兩程。形影日漸遥，魂夢宵相迎。誰知此永訣，明訓不再聽。朔風霽發吹，漠漠千古情。憶昔西湖上，山水共品評。蘇堤與白堤，千峯拱一城。搜巖嘯壑谷，上下同猿輕。泛舟斷橋邊，風送欸乃聲。分箋造奇句，片紙萬象呈。新詩日諷誦，遺範入窈冥。無乃造物忌，丰標本瘦生。恍惚疑書誤，反覆淚交并。嶺雲一片來，燕月何凄清。

寄家書有感

侯　昉

離家十一載，日日夢故鄉。二泉九峯間，想像已渺茫。連枝有四人，如雁各翱翔。兩弟傍笠澤，一兄寄瀟湘。隻身覊幽燕，吴楚引領望。千里交相勗，析疑同對床。問答隔數月，鑿枘異圓方。心中事無限，臨楮語不詳。獨坐自沉吟，不覺淚沾裳。況值歲將暮，怯聽宵柝長。

月夜懷兩弟

侯　昉

一片龍峯月，年年冀北看。先秋憂露冷，未曉覺星殘。螢火棲簾滅，蛩聲入夢寒。江南應共憶，不寐獨憑欄。

丁卯秋將司鐸五河留別中都諸友時年四十有九。

侯　昉

十九年來託帝畿，偏隅宣教當南歸。僑居多事嗟珠米，文戰何心戀棘闈。在昔詎生原憲恥，從今也識蘧瑗非。潞河兩岸千絲柳，青眼猶欣運落暉。

雲裏頻看五鳳樓，徘徊未得到皇州。空懷仙侣盈蓬閬，差喜星躔應斗牛。階下敢思排一鷺，淮濱尚許逐羣鷗。文章報國誠難説，慚愧平生志未酬。

道殤孫雙蔭

侯　昉

春樹發萌芽,嫩枝遇風折。春鳥争翱翔,乳燕遇鷹傷。有孫名雙蔭,攜赴澮河任。眉目秀且清,皎月平波浸。舟中常抱弄,時時戲牽衽。伶俐識人意,無醫病頓甚。不食亦不飲,三日口俱噤。如玉忽碎匣,如珠忽沉淵。奪彼慈母手,棄埋古道邊。葬德州蘆蓟屯對面荒地。彭殤孰夭壽,景慘淚潸然。痛念我先祖,道病歿此土。虹川公服闋赴選,自都病回,没於德州。汝乃五代孫,俯愛攜汝去。儻得侍祖娱,繞膝時笑語。

至　五　河

侯　昉

江北復淮北,殘城寄水中。操觚終轗軻,秉鐸傍沱潼。學陋宜褊邑,民淳尚古風。欲求文教振,須障百川東。

澮河大水

侯　昉

淮漲勢汪洋,潼沱兩渺茫。船從城上過,魚向柳稍藏。浪激浮山頂,濤衝鐵嶺旁。憑高望市邑,點點水中央。

流　民　歎

侯　昉

甲戌,江南北大旱,淮北因睢河決口未塞,盡淹廬鳳一帶,民多流徙。余赴皖江,因志途中所見云。

杲日暵如火,老幼提攜走。或圖樂土居,或恃親戚厚。夫荷釜於前,妻擔薪於後。裂裙裹嬌兒,兒啼不絶口。歧路訂相招,徐行共待叟。健步尚如奔,足繭喜未久。熱極思歇涼,前途少枯柳。渴極思飲水,井涸無水取。堯水與湯旱,聖世所恒有。家無擔石儲,窮餓衹自咎。倘得雨露施,歡呼歸隴畝。

茫茫心旌懸,夕陽忽西没。隱隱望前村,昏黑暫投歇。欲借茅簷宿,主人出嗔喝。生死向前行,寧肯蹴爾活。平坦足趦趄,星光辨凹凸。漁燈隔莎堤,燐火棲木末。空船覆岸旁,欲問氣先奪。潛呼聊聚藏,疲極忘饑渴。夜半出觀天,四面皆顯豁。

平明入山竹,峯頂拾松枝。尋澗遠覓水,懸釜數米炊。風來炊煙捲,移谷避風吹。老弱欣團聚,粥糜甘如飴。鳥唤若相催,日梭去如馳。回思昨宵景,心急步愈遲。螺旋上層巔,不覺路嶔崎。曠觀宇宙間,覆我誠無私。而我獨顛沛,饑驅究何之?念彼爲我人,多事哭路岐。

己卯秋豫河漫口黄水下注五河高地深水五六尺屋舍漂流民多移徙檄放麵穀等物九日舟中作

侯　昉

一片洪波兩渺茫，奔流下注勢汪洋。田廬色辨青同白，淮澮波分碧與黄。蔑矣質文知犬豹，難哉芻牧受牛羊。今朝自是登高日，那得高陵免衆殃。

茱菊遺風溯葛仙，推窗四望水連天。哀鴻料理于誰集，皓月高寒獨自懸。亂草埠中尋蔀屋，遠楊影裹覓炊煙。聖心饑溺皆由己，佇見洪恩即日宣。

散放撫邺銀舟中作

侯　昉

遠近災黎處處同，奔趨紆折路難通。聚來四繞烏争合，散去三更雁唳空。古樹高懸看拂浪，破帆斜掛聽呼風。水消漸覺荒邨見，茅屋重修樂庇幪。

水落災黎相率回家喜賦

侯　昉

陡漲同奔各絶蹤，今朝旋里快相逢。向陽且喜羣迎旭，卧雪無愁得禦冬。鼛鼓未聞興百堵，茅簷新整覆三重。夜深寂静無雞犬，碧柳何知照舊濃。

村落猶然水四圍，栖身有地且還歸。凋零亞旅悲離散，患難親鄰泯是非。鞍馬猶排同列陣，茅龍翻幸盡更衣。雨風既避終殘臘，待到春來瑞藹暉。

送三第耀遠南旋

侯　昉

玉女侍投壺，天公時一笑。東海三爲桑，麻姑顔色好。忘情即太上，瞳方不知耄。汝傷我呼庚，我傷汝遠行。災黎慘難捨，狂瀾勢漸平。脱身辭長官，哀鴻共飛鳴。汝今回江南，我暫赴江北。策驢依柳歇，張帆傍蘆食。夢見澮河民，饑寒面深墨。大吏奏至尊，浩浩即沛恩。應調避惡態，偷閒拭淚痕。臨歧莫懊惱，尋歡人不老。無力救窮黎，悲悼增潦倒。江南南岸山，面面開懷抱。

家書至知兒子之翰又赴瀋遼口占

侯　昉

湖雲迷漫隔人寰，憶子情深寡笑顔。十載燕山勞遠夢，夢中又出一重關。

先大父遺詩屏去雕飾，棄絶浮誕，紀哀諸作尤字字出以血誠。及秉鐸澮河，滿目哀鴻，更懷傷抱，故紀災諸作寫出流離景象，不減鄭俠《流民圖》也。右二十三首，非倫常政蹟不録，附之家乘，使後之人有所觀感云。道光壬寅孫守廉謹識。

七九自嘲詩四律乙亥季秋

侯　聶

光陰七九耄將臻，認作曩時幼小身。薄有學租誇强飯，略無疏齒只思蔬。一園緑竹西園有竹二百餘枝。孫枝茂，有孫三人。兩扇黌門子舍親。庚兒增貢捐教。過得今年年八十，聊供剪麵淮城俗要做九，且稱剪麪，未知何據。燕嘉賓。散人自敘寫天真，落拓悠悠志未伸。五載宰官留寫跡，建德三年，安吉二年。一科分校獲珊珍。戊午分校浙闈。下庠倅列叨恩養，小圃棲遲避俗塵。宅後有園，大可二畝，植桑麻萊菓。桃李盈門良自愧，由他非笑不生嗔。

姜生大被約頻頻，司鐸慚非太守倫。弟季方守寶慶。瑣瑣俸齋難欲富，朝朝苜蓿未全貧。閒參老釋心常泰，晚習詩書味轉親。臥覺于于無一事，忘言直比葛天民。

艱危歷盡並酸辛，劫盡偏餘既耄身。老去生涯惟藥餌，晚年頤養只芳醇。步趨扶杖猶稱健，不寐披衣每嚮晨。耳未全聾目亦好，登臺歲歲樂長春。

八旬有感丙子立春日

侯　聶

鳳紀調元報立春，老年心緒便酸辛。十齡失怙嗟予季，父中議公篤於孝友。千里從遊作楚人。隨三胞叔任湖南。雁序追隨思伯氏，熊丸訓迪仰慈親。母過淑人通五經。兒孫自有兒孫福，飽讀詩書不患貧。

八旬晉一口占一律丁丑夏五

侯　聶

九九光陰意欲仙，偶然風中亦堪憐。再生喜玩當頭月，酣夢常吟滿腹篇。夢中常誦五經子史不置。酷暑長齋甘澹薄，每逢六月吃齋一月。炎天清健愛高眠。少年已過忘年老，只願明年勝舊年。

山陽學署淡然居東有椿樹西有萱花天然壽意

侯　聶

長成椿樹欲參天，計歷春秋須八千。當境休談上古事，森森垂蔭快年年。

墻根荒草亂如麻，内有金萱解語花。最愛胭脂真爛熳，摘來充膳勝粲霞。

壬申除夕咏懷用永州刺史清河張渾原韻香山九老會中列第六，年七十七歲。

侯　聶

觀能自在自爲歡，遯世優遊恰冷官。學署大堂題其額曰："依庸齋"，有遯世無悶之意焉，是爲記。杖國例宜拖綺履，呂姪女以繡花朱履相貽。垂綸直欲擬溪磻。自慚薄技無三絶，猶喜隨行有兩難。齒落朶頤如吮乳，心清趺坐静迴瀾。劇憐窮老袍仍緼，深恐兒孫袴欲紈。明日柏觴應滿酌，永州刺史壽同看。

人日立春閒吟仍用前韻

侯　晸

香山勝會古爲歡，步韻而今有冷官。雁序扶笻登惠麓，蛟河垂釣比姜磻。拈毫依樣葫蘆易，素不工詩，只喜步韻。倚枕遞聽更鼓難。年高少睡。自笑生平無崖岸，所遭無復遇波瀾。未遇嫠逆。和怡昆季思同被，老邁情懷類棄紈。春去春來都歷盡，徒添白髮與人看。

春後三日三叠前韻答和汪夢梧魯巖兩學博贈作

侯　晸

人生到處可尋歡，落拓何妨説校官。自歎功名嗤小草，空談展布措安磻。曲慚下里揮豪易，詞涉吟壇學步難。慚我頭顱堪賽雪，愛君舌本若翻瀾。夢翁二次和作，愈出愈奇。茶逢陸羽編經譜，魯翁最喜酒茶。書講康成列綺紈。兩首新詩並斗酒，一杯一讀賞同看。魯翁送來詩兩首，酒一壺。

雨水前一日咏懷四叠前韻仍寄夢魯兩兄

侯　晸

向平願了最爲歡，頤養偏宜落拓官。眼愛賞花常在霧，心同止水幸匪磻。丹能卻老求應易，日縱長繩欲繫難。袖貯清風邀皓月，手無巨柄挽狂瀾。家僮略具供驅策，侍妾休嫌只敝紈。自有兒孫自有福，衰頹莫作馬牛看。

春日咏懷歎五官不靈動五叠前韻呈兩汪老師

侯　晸

衰年諸事不成歡，指使堪傷失五官。心似死灰消爝火，心。身如頑石對溪磻。身。枕邊鬬虎求聞易，耳失聰。棘刺獼猴欲察難。目欠明。華蓋還丹宜數息，鼻。絳宮有水悟觀瀾。口。饑思充腹惟甘藿，飲食。凍畏春寒戀細紈。衣服。倚杖齋房同古寺，餘生合作老僧看。

送四弟赴楚南小金山話别詩

侯　晸

昆季睽違三十春，老來相敘倍相親。乍逢面目方生訝，細認鬚眉始覺真。教子一經應共羨，輸兄二着不生嗔。金山話别君須記，衣錦言旋祝壽辰。送至黄埠墩，一名小金山。

題吴春舫公祖蓉湖攬袂圖

侯　聶

蓉湖駐舄六春秋，兩邑咸欽布政優。清繼隱之家訓著，誨同子産惠聲留。東林汲引寒儒急，北闕恩濃循吏酬。此日攀轅並卧轍，難描輿論口碑流。

陳蕃下榻甫勾留，雁陣驚寒別素秋。詩廢蓼莪忙解綬，囊餘薏苡我歸舟。掛冠我苦催科拙，製錦君真學道優。轉瞬三年來典郡，昆陵父老沐勳猷。兩邑紳爲吴君上"學道愛人"匾額於東林書院。

和淮安府學博汪夢梧述懷原韻

侯　聶

颼颼風雨茂林秋，匏繫蕭齋心自由。老境渾忘宜把酒，豪情隨處當登樓。滄桑劫盡留餘燼，卡税重征尚未休。莫話人間家國事，一官落拓不知愁。

古稀年邁知交少，作客情懷兒女多。憶弟楚南苗窟伍，慚余淮北苜盤羅。策資扶老無僮代，體恨癡肥奈若何。一卷黄庭千日酒，下庠頤養即巖阿。

寄湘南季方四弟七十壽言

侯　聶

瞬經七秩度春秋，極目天涯憶子由。觴捧鳳毛看彩舞，宴聯花萼快登樓。南衡苗靖歌來暮，東里園蕪望乞休。兩箇棋枰一壺酒，壎篪迭唱不知愁。

自誇矍鑠如君少，上壽華封遥祝多。豸服早膺三品貴，雁行小别一年過。名韁莫繫真豪放，宦海雖深奈我何。記取金山分袂語，二泉攜手樂巖阿。

滇南紀事六首

侯　晟

知無初識自髫齡，庭訓殷殷誦六經。兩試未邀芹泮倖，一生空冀桂闈馨。金針善度師多美，余稍長，師事孫、姚二年伯。鐵硯疏功性不靈。應是正途無分入，北行奔走屢披星。丁未奉祖慈北上。

異路風雲捧檄榮，天恩高厚到滇城。癸巳，分發雲南候補。本心不負惟勤職，克己須嚴戒妄行。三任分防輿論洽，竹園右甸副官。兩權獄務禁囚清。常書上考蒙知遇，蒙上司屢次保薦。砥礪廉隅報聖明。

回漢紛紛互鬭場，軍需又奏在雲陽。丙午，雲州劫犯。運籌帷幄慚才短，布散鹽糧幸計長。由景東調辦糧臺。桴鼓頻催兵戰急，牙旂屢報犯殲亡。大功三報雖無益，蒙李制軍咨記大功三次。捷奏酬庸姓字香。

憲檄頻來莫可辭，丁未，先委黑里，後改右甸。孤城重寄豈能支。右甸民心已變，抗官圍城。晟以不勝任辭，林宫保優諭以府道俱保安撫回漢。妻兒漸遠情難割，因地險危家眷留省。童僕相親性不離。家人解華等皆盡心出力。凶惡負隅民俗久，公私掣肘政聲馳。收復范黨，民情始定。上憲俱加晟優獎。持危自有平安策，轉險爲夷遇更奇。

鄰邦劫犯動干戈，保山七哨劫犯民變。兵練長征累我何。由右甸往。戎馬支持筋力竭，鹽糧供應語言多。征兵每多吵鬧。三軍報捷收矛矢，收哨兵軍器。六纛榮旋渡浪河。過浪滄江。奉旨儘先優最渥，得旨儘先補用道。小臣幸得沐恩波。

邊缺三年苦異常，署右甸三年。憲恩調濟幸眉揚。庚戌，調署副官。猓夷屢出巡防急，嘓寇潛來緝捕忙。吴秀階家被劫。咎自因公些拔險，參由牽累及分防。晟費數百金挐獲犯盜多名。解永，因審報遲延，上憲不知已獲犯，是以參出。犯供已解邀開復，蒙上憲詳請開復。重整衣冠勉自强。

大觀樓和秋坪夫子壽詩二則

侯　晟

纔從壽宇聽陽春，前月爲相國八旬賜壽。萬仞匡廬識面真。簪笏辭榮應獨樂，詩書坐擁未全貧。重開緑埜尋耆舊，奉新宋梅生觀察名鳴琦題《九老圖》爲獻。笑題寒槑作主賓。難得招邀粉社侶，相看俱是白頭人。

問年六百有三春，杖履追隨任率真。試手龍公矜白戰，行沽貂佩見清貧。圖中技獻攀雲士，演《折桂圖》傳奇。座上風迴駕鶴賓。雲浦先生以事先去。漫訝逢場戲竿木，康衢原許著閒人。

題戴些山相國均元

侯　晟

三徑言歸閱幾春，雲泥鴻爪認來真。門停軒蓋仙咸集，鉢有饘飿佛不貧。念亭居鄰五臺菴。龕畔拈花參象諦，案頭呵凍試龍賓。抽身卻羨元方早，淮海猶留一俊人。洩廉山司馬。

畫師省識四時春，預借東風爲寫真。時倩程思泉上舍繪圖。笑向松身看勁節，狂呼石友伴長貧。三毫添頰休稱老，五簋烹鮮足饜賓。莫怪持籌居第二，當筵還讓杖朝人。

題萬念亭司馬承紹

侯　晟

亥字書年及好春，林泉頤養任天真。中朝司馬聞名熟，累代長安索米貧。高會高風仍嘯侶，門生門下忝爲賓。余座主金蘭畦尚書，乃丈恪公庚子會試所取士也。龎眉底用扶鳩杖，笑與探花作替人。九人序齒，先生第三。

擘窠腕力尚回春，時爲余書堂額。愛我偏於澹處真。有子克家應濟美，哲嗣小雲時銓，以同知用。甘心賃廡不言貧。銜杯自得酒中趣，入社喜無方外賓。長願江鄉挹風度，轍環莫更逐勞人。先生擬起假入都。

題曹雲浦侍郎師曾

侯　晟

白駒過隙不留春，記向京華別太真。温嶠字。吏隱卅年松尚健，歸裝萬里客都貧。滇池有夢縈還客，秦贅能文作舘賓。時朴園太守與壻劉雨香上舍同寓。此日關河方識面，與君同是過來人。

快雪時晴欲釀春，前一日大雪，是日放晴，後六日即立春也。山礬消息透原真。未祠子郭竈神也。難求富，暫假平泉稍潤貧。泥逕漸融兼訪戴，太羹無算爲娛賓。商量避債臺新築，待覓祛寒送暖人。

題潘悝齋偕淑配張夫人秋窗夜話前圖

侯　晟

一輪秋月影雙雙，夜静無人話北窗。此景此情成往事，潘郎夜夢到吴江。
松風竹月納新涼，絮語纏綿立畫廓。今日園亭依舊在，裝樓祇剩一琴囊。

題第二圖悝齋繼配趙韵卿工詩畫，女兄弟三人皆善詩詞，刻有《蘭陵三秀集》。

侯　晟

三生共有夙因緣，故待新絃補舊絃。對坐宵深無别話，推敲佳句續前篇。
窗前明月對芳顔，共話琴書樂静閒。並展兩圖今視昔，幾疑天上與人間。

寓　言

侯　楨

庖犧始一畫，翕闢分乾坤。圓方各有體，河洛根先天。天道轉若輪，地德瀓如淵。然祇論其德，其體終缺焉。論德地則方，論體地亦圓。覆蓋天之中，亘古常如縣。四面瀛海環，暗與天關連。我欲駕羽輪，凌風翔八埏。

吴淞行弔陳提軍

侯　楨

吴淞江頭夜潮白，吴淞江口烟塵赤。魚龍出没陣雲寒，吹角烏烏攝人魄。欃雲如牛槍雲馬，垣殷天市主吴越。天狗墮地聲如雷，舟山殘缺寶山裂。我朝嶽嶽忠愍公，與賊生死鳴孤忠。春寒衷甲夜不脱，青銅閃日光熊熊。燭龍騰海海水紅，火珠躍起摩寒空。琱弓射天白日落，衣周塘上噴腥風。風迴大海波濤颮，獨戰寒塘氣盤鬱。孤掌空鳴髮倒竪，猛礮洞胸不遑恤。僵立猶持半段槍，氣壯河山志報國。雲霾月黑掩柴塘，鵂鶹夜叫天無光。紅旗翻風海氣涼，婁北天將韜寒芒。大星隕空鬼夜哭，悲風入海聲浪浪。壯哉忠愍以忠死，祠謚哀榮下明旨。死能殺賊爲鬼雄，汗馬勳名炳青史。刲牲伐鼓走祠下，有功德於民則祀。我朝嶽嶽忠愍公，一點丹忱鑒秋水。

福中丞師招赴廬州留别里中諸游舊

侯　楨

迢迢秋夜長，耿耿明河横。涼風起天末，我將有遠行。欃雲斂寒影，戍笛聞悲聲。會當策駑駘,從此事長征。

直道去鄉國,匹馬廬州城。長江風浪險,夜月關山明。羽書正旁午,終軍許請纓。秋宵不成寐,鐙畔寒蛩鳴。

十 里 牌

侯 楨

怪哉三月清明節,楊柳樓臺迷積雪。秣陵關外慘不春,馬嘶芳草愁無人。岳軍如山撼難動,風掣紅旗雪華擁。虎狼萬隊蹋冰行,天塹飛渡夜無聲。大營宵潰氣皆墨,萬里長城壞傾刻。南二乞師向賀蘭,蘭陵夜宴方騰歡。可憐十里牌前水,碧血千秋照青史。

感 懷

侯 楨

閲世滄桑感若何,浮沈人海託鷗波。家山似畫殘方覺,曉夢如雲醒更多。北闕烽煙催鐵騎,西泠風雨泣銅駝。華嚴歷劫銷難盡,且向花前一醉歌。

年來避地隱花龕,醇酒無多睡更酣。東岱峯高看斗北,西神月上憶江南。雲行反手百無語,風逆打頭七不堪。晚節歲寒松柏勁,蒼蒼黛色與天參。

烽火連江泛五湖,烟寒月冷浸菰蒲。箋詩空訂蟲魚譜,釋地流觀山海圖。茅屋經綸虛稷契,草廬事業陋孫吴。斡旋氣運吾何敢,風雨瀟瀟識得無。

身世飄蓬不繫舟,郊原馬角只生愁。窮途寄食誰青眼,野老吞聲已白頭。秋雨空懷茂陵樹,春風不到仲宣樓。何時得上中興頌,載筆浯溪姓氏留。

感 事

侯 楨

問道瑯琊大道王,詔移旌節駐危疆。同時蘇白傳甌越,千古夷齊共首陽。眼底浮雲變蒼狗,尊前浩劫感紅羊。空江閲盡東流水,九曲難迴鐵石腸。

申甫藩宣嶽降神,黍苗膏雨盡懷新。人中鸞鳳思開府,天上麒麟泣老臣。未許雲間翔獨鶴,誰從釜底脱游鱗?翩翩濁世佳公子,回首秦川悵問津。

重經兵燹説杭州,血染平蕪草木愁。半壁江山空故壘,六橋烟柳入深秋。人方挾策依劉表,我已無家作鄧攸。終古錢塘嗚咽水,誰擕强弩射潮頭。

鄂王墳上草青青,一路風吹戰血腥。葛嶺烽煙凄夜月,蘇隄楊柳閃流螢。江間浪湧聞鼙鼓,湖上峯寒失畫屏。回憶臨安歌舞地,招魂哀怨不堪聽。

村 居

侯 楨

世亂遠城郭,郊居卜有隣。到門迎吠犬,漸覺意相親。妻子半離散,筋骸長苦辛。繁花開滿眼,笑我未全貧。

天地慘無色,荒江暗薜蘿。文章棄榛莽,盜賊滿山河。辟世蝸廬窄,勞生鹿夢多。瘡痍愁未復,消息近如何?

聞揚州克復賊竄廬州江中丞宗源殉節詩以哭之

侯　楨

大江橫槊紀南征,日暖龍蛇動曉旌。擁劍雲遮廣陵樹,彎弓風勁合淝營。美人帳下自歌舞,此老胸中有甲兵。翻爲聖朝多雨露,無端碧血灑孤城。

聞官軍元旦收復上海喜賦

侯　楨

黑雲壓陣黄雲催,妖星射落城門開。將軍轉戰斫堅陣,碧血殷地枯蒿萊。蛟龍怒鬬海魚出,靈旗閃閃西風吹。海濱餘孽況未靖,封狼沸噬天戈揮。緑營勁旅盡貔虎,梯雲裂地聞轟雷。粵西健兒好身手,逸賊南竄擒其魁。春寒流血湧黄浦,陰風舒慘登春臺。居民竟復見天日,還愁白骨山成堆。

寄呈梅伯言師兼懷朱伯韓侍即馮魯川比部

侯　楨

騷壇樹幟獨榮名,星斗光芒逼兩京。一代文章韓吏部,六朝人物謝宣城。流觀異籍標心史,高會羣賢鬬酒兵。我亦蘇門狂弟子,秋風慣作不平鳴。

題鍾進士歸妹圖

侯　楨

夜臺隆隆擊銅鼓,鬼母嘷空送神女。冷裝七寶九雛釵,紫玉暈烟土華古。鈿車百兩迎鶯旌,蹇修離合揚神靈。終南門第喜歸妹,穠李夭桃亦世情。

湯將軍畫石歌

侯　楨

將軍英武天所鍾,暮年入道成詩翁。法書名畫兩奇絶,精靈萬古蟠蒼穹。僑寓棲霞琴隱園,東山謝傅將毋同。壺觴醉客慕北海,衣冠柱石宗南宫。誰知狂寇破集慶,騎鯨歸去何從容。將軍耿介有如石,匪石可轉憂心沖。試看畫石獨神妙,尺幅千仞凌華嵩。煙霞烘染小東海,袖中飛墜青芙蓉。胸羅五嶽勢盤鬱,白雲穿破山玲瓏。神工鬼斧鑿混沌,毫端割裂蒿萊峯。虎頭遠裔最好古,英年妙譽傳江東。是畫將軍同鄉顧子楨所藏。手圖令我作此歌,將軍與石長無窮。嗚呼,將軍與石長無窮!

四十述懷八十韻

侯　楨

余生同丙子,磨碣老東坡。舊圃荒松菊,新詩廢蓼莪。有懷恩罔極,不寐夜如何。絳帳青毡擁,寒窗凍筆呵。蝸廬隱東郭,螘穴小南柯。秋夢梁鴻訪,春船范蠡過。烟霞塞庭户,薜荔慕山阿。樊豈蠅能止,門無雀可羅。楹書傳晏子,齏臼悟曹娥。同學傷貧賤,他山慰切磋。文章胸有竹,培養性如禾。數仞宫牆峻,遭逢歷坎軻。騰身無尺木,叩角且高歌。遠岫遲雲出,晴溪入醉哦。岐陽鐫石鼓,金谷考銅駝。封禪登梁父,懷沙弔汨羅。青徐連海岱,江漢溯汶嶓。嵩嶽維神降,淇泉佩玉儺。白門歎寥落,黃土鬱嵯峨。祠廟今猶祭,川原道不頗。江干飲雲子,曰下識蘋婆。冠冕延家澤,簪纓踵世科。神鞭逐騏驥,快劍斫蛟鼉。夢雨空蕭颯,香雲一刹那。憑虚吽閶闔,無地不風波。原憲貧非病,南宫玷孰磨。掃除修竹徑,吟詠海棠窠。元象參祇樹,青牛降曲渦。冰壺邀魄濯,閬苑得春多。銀漢初填鵲,金閨許畫蛾。堂深巢燕子,經熟教鸜哥。窺鏡芙蓉麗,眠花芍藥酡。青琴佐閨閣,紅樹寫坡陀。蟋蟀鳴幽砌,鳧鷖占淺沙。探喉歌緩緩,垂手舞傞傞。問字鍼停刺,催租吏不苛。才難消豔福,詩恰引愁魔。五嶺環烽燹,三河困笠簑。火雲衝霹靂,淫潦助滂沱。世亂嗟投閣,時危學枕戈。經綸未霖雨,盜賊滿山河。義俠嚴城殉,將軍醉尉訶。伏波甘馬革,光弼泣刀鞾。斗印昔金鑄,冰銜紫綬拕。老兵偏矍鑠,繡鐵重摩挲。我愧心從赤,誰憐髩已皤。三年名士刺,半畝碩人薖。諸葛雄韜略,桓寬論鐵鹺。千峯截劍閣,三峽出銅鑼。作賦悲王粲,梯榮笑祝鮀。逍遥住香國,安樂築行窩。勝負棋彈墅,生涯麴釀醝。長纓歌赤驥,烏帽拂青螺。永日壺中駐,高風柳下和。業招丹桂隱,香喜緑橙槎。村小圍黃葉,煙寒濕翠蘿。松喬明秀嶺,瀾倒東回過。深淺褰裳涉,雍容側弁俄。江澄水如練,花暈月篩蘿。飄緲赤城倚,峻嶒白石磋。清尊中賢聖,皓魄看婆娑。仙蠹珍三食,羔羊凜五紽。相神九方馬,帖换右軍鵝。氣欲吞雲夢,衣還襲芰荷。好龍容有自,畫虎總由他。素質施文采,蒼生共癢疴。蟲魚箋鄭譜,屋壁化陶梭。犀管翔威鳳,燕臺策蹇嬴。風雲扶北極,星火證南訛。鄉思抽刀割,吟魂倩馬馱。諸公原袞袞,餘勇自番番。根節皆盤錯,機謀恥娿媕。勤身勵世俗,初服贊委陀。人物追懷葛,圖書篆鳥蝌。鳶飛天趣見,虹吐寶光瑳。真宰參玄妙,兒童任笑嗢。麒麐遭束縛,鴻鵠謝矰礋。登薦人知鶚,無邪頌有騂。年華正强仕,歲月詎蹉跎。述祖繩祖武,春風待振珂。

秦平陽斤二十韻爲王耘輈比部作

侯　楨

祖龍滅六國,虎視何雄哉!二十有六年,刻石琅琊臺。丞相詔狀綰,通侯首王離。同書壹文字,李斯載筆隨。金石爲表經,刻畫臣能爲。鴻文爲蝌蚪,鳥篆鳴雲雷。迄今二千年,咸陽成劫灰。太原有王子,卓識追軒羲。胸羅博古圖,搜奇到偃師。吉金寶周爵,遺器藏商彝。平陽有秦斤,舊聞今見之。和鈞法度量,萬世常昭垂。紀年符琅琊,丞相詔制詞。李斯時爲卿,奚云丞相斯。小儒每咋舌,考古多所識。子氏文尚質,奥義疇能窺。丞相即狀綰,句讀初不迷。復書斯去疾,俾晚作者誰。豈若絳山碑,烈火焚無遺。我爲考其真,觀者慎勿疑。

寒夜讀書偶成

侯　楨

寒燈夜讀漏沉沉，得失殊難愜寸心。降嶽有神疑柏翳，增年自古誤劉歆。武成盡信譏非聖，静女重箋恰誨淫。漫把鴛鴦翻繡譜，儒生何處覓金鍼。

疏星澹月映書樓，録箸丹鉛費校讐。武觀何曾知馭馬，黄姑畢竟是牽牛。騶牙塞北争奇獸，賓爵淮南紀晚秋。不使張華誇博物，銀釭寂寞數更籌。

木落霜高夜氣清，光寒星斗一經横。音參卯柳方言異，體别鉛松古義精。總易雲翔追玉笈，傳書安國僞金城。郊天莫問麒麐鼓，遠味誰知和太羹。

欲掃浮雲廓太虚，研經有味在三餘。涍真獅子怒非虎，衆信公羊夢化魚。博士歌驪譏狗曲，宣尼歎鳳吐麟書。鈞天奏樂天疑醉，黄卷青鐙合啟予。

行　路　難

侯　楨

君不見太行之山横蒼煙，黄河之水來青天。出門四顧空流連，遍地荆棘長綿綿。且斟濁酒休嗟歎，爲君一歌行路難。

賈生磊落民之望，才大寡偶人非常。治安數策上明主，痛哭流涕空自傷。雖云經濟冠一代，竟使出傅長沙王。君不見美人芳草春寂寞，三閭散髪弔瀟湘。

淮陰仗劍隨帝子，漢王得國項王死。一朝被逮下都船，行刑不惜無雙士。古來將相幾遭烹，富貴功名空如此。君不見羊裘獨擁富春山，子陵垂釣桐江水。

行行重行行，風沙萬里迷征程。山高水深不可測，魚龍夜舞行人驚。行人到此心應折，胡笳終夕悲風烈。君不見子陵壯歲使單于，頭白牧羊持漢節。

平生任俠喜武勇，馬上談兵習弓弩。朝斬長橋蛟，暮射南山虎。縱博使財如糞土，明珠輕擲買歌舞。結客仗義何所補，殺人復讐血如雨。吁嗟乎，黄金白璧一朝盡，蓬門寂寞無人問。

狂風蕭蕭長夜寒，杯盤狼籍更聲殘。拔劍斫地爲君舞，願努力兮爲加餐。歌詞未竟淚如線，古來然諾出寒賤。君不見世上人心各如面。

雄 縣 道 中

侯　楨

回首京華壯志消，蘆溝月落馬蹄遥。蒹葭風雨三千里，楊柳烟波十二橋。夢冷邯鄲情黯黯，天寒易水響蕭蕭。燕南趙北多奇士，屠狗英雄漫寂寥。

過泰安登日觀峯

侯　楨

蒼崖望五大夫峯，海上東游謁岱宗。秩祀云亭古壇静，附庸新甫大山宫。烟浮九點神仙窟，雲擁千盤玉女峯。俯視茫茫通一氣，翺翔日觀碧霞封。

癸丑秋懷和唐丈鷺庭原韵

侯　楨

策足難期要路津，淮陰當日倦垂綸。黄陵古廟鳴黄竹，白下秋風起白蘋。汗馬有才留史册，請纓無計靖邊塵。渡河辛苦征南將，枉作春閨夢裹人。

宵深鈴柝寢難安，長鋏侯門不肯彈。斗柄横參秋氣肅，槍雲枕伐夜光寒。酒澆籬菊衣酬白，淚灑西風血染丹。濱海烽煙猶未息，閭閻何日復凋殘。

萬點蒼山獵火紅，秦淮碧水暮烟籠。賦才空自悲王粲，經術何曾齒馬融。遠志飄零憐小草，壯懷寥落感鳴蛩。秣陵秋色渾如舊，極目江天有斷鴻。

夢隔邯鄲繞薊燕，籌邊萬里策安全。武侯魚腹龍蛇陣，尚父鷹揚虎豹篇。勦賊衡陽方解甲，斷流江左又投鞭。秋聲處處驚風鶴，閱世何當學老禪。

春曉游惠山寺憩若冰洞

侯　楨

晨起壓塵市，散步招提境。蒼翠落人衣，隔林見山影。泉流琴筑響，徑幽花木静。雲深古洞寒，石薄危崖冷。忘情情自暢，觸景景彌永。風過聞鐘梵，聲度西嶺□。

偕石民容甫逸衫同游管社山觀楊子淵先生遺鞭

侯　楨

秋風蠡湖濱，探奇到幽壑。澗底踏寒石，濕雲抱山脚。風高尚友堂，簷虚翠聲閣。樹雜山容暗，洞古日色薄。遺鞭鬱奇氣，胸懷何磊落。古人不可期，石天期良約。

己亥冬日偕益子石民重游管社山疊前韻

侯　楨

峭壁枕溪流，名園俯巖壑。斷雲擁山骨，濕烟扶雨脚。湖光墮簷際，石罅補危閣。落日澹寒林，涼風起長薄。短筇倚略約，佳釀傾蠡落。舉酒酬山靈，重踐雲中約。

賀高丹臨運同知入贅寧波富陽人，名鏡。

侯　榕

淑女偏逢君子求，春融冰泮自風流。畫眉儘許低聲問，攜手頻勞温語酬。續佐調羹今小試，才高咏絮結良儔。藍田雙璧成佳會，一片笙歌壓曉樓。

佳期正及海棠天，鳳管鸞簫樂綺筵。大好湖山留粉黛，渾疑簫史會神仙。粧臺詠絮添新句，寶帳流香繞瑞蓮。兩兩瓊枝春意護，且教風物爲君妍。

仙樂初聞秦碧空，舘甥地近武林東。曉妝楊柳眉添黛，春暖桃花頰暈紅。鸞鳳聲教呈瑞靄，麒麟種許奪天工。百年偕老情何限，乍證新盟樂意濃。

早秋泊邵伯鎮即景

侯　榕

一到高郵水愈流，來朝騎鶴上揚州。風生萍末孤帆穩，日落湖邊萬樹秋。千朶草花依岸側，幾家烟火傍河洲。舟中無物能消遣，聊把棋枰當酒籌。同船汪雅伯無事即下象棋。

早秋過大江偶成

侯　榕

滚滚長江日夜流，古來勝地説揚州。經營南北孤舟客，指顧金焦一色秋。千萬桅檣依荻岸，兩三星火認瓜洲。天光水勢遥相映，即景成詩不費籌。

步嚴親原韻賀四叔赴楚南

侯　榕

富貴歸鄉值仲春，性天篤摯在親親。卅年遊宦情非倦，四月瞻依愛倍真。萬里長風曾破浪，一團和氣早除嗔。驪駒復唱行旌盪，水月軒前耀斗辰。

虚度駒光廿五春，而今德範幸身親。素心惟願追隨早，青眼相看銘感真。堂構重新應共賀，弟兄樂敘盡忘嗔。他時榮任湖南日，應記金山話别辰。

乞巧日閒步草堂廡下見花香馥郁荆樹蕭森丹桂發榮碧桃挺秀雁來紅佳麗欲呈雞冠花娟妍可愛即景感懷成七律寄呈四叔父

侯　榕

芬芬丹桂待秋繁，攀折須憑隻手援。一樹荆花含曉露，半缸荷葉射朝暄。
雞鳴應許彈冠慶，雁至渾忘釋褐頻。轉瞬陽和春令布，數枝桃李又盈門。

寄和周葉封姊丈贈别原韻四首

侯　榕

春來卸卻杜陵裝，把晤方欣願可償。屈指秦關時訝迅，相聚百二十天。傾心魏闕仕方强。九霄鵬鶚扶摇志，一曲驪駒離别腸。寄語周郎珍攝好，來年榮任過吾鄉。

計浣征衣值九春，二泉茶敘豈無因。蓬飄莫厭常爲客，株守方知亦悶人。愛我宛然交已舊，願君常寄曲惟新。南轅底事青衫濕，際會來時奔絶塵。

拙作無多未敢誇，青燈坐對晚來霞。雲梯有志高攀桂，露布無難學泛槎。彼此有遊幕之意。倉頡本支慚我輩，姬宗貴胄羨君家。自從話别揚帆去，每恨睽違天一涯。

文光射處斗牛横，行見經綸名世英。燕翼雙飛承過譽，是夏再索得男，贈詩因有“裕得新看添雛鳳”之句。龍睛一點即成名。早膺百里人争慕，來宰三吴我亦榮。藏器待時應共記，風雲遇合快登瀛。

步嚴親吟懷原懷三首

侯　榕

椿萱並茂膝前歡，未似匏瓜繫一官。衙署清閒斟魯酒，精神矍鑠勝姜磻。過庭詩禮誠非易，肯構園林愈覺難。數畝有宫聊蔽日，四方無事慶安瀾。閒情白傅敲詩律，細楷黄庭拓扇紈。轉瞬杖朝開綺席，紫芝雪藕戲同看。

絳帳交聯酬酢歡，時人莫笑是卑官。種花曾謁嚴光祠，秉鐸欣臨漂母磻。鶴算頻添耄耋易，雁行競爽兄弟難。清談風月偏攜酒，壯志風雲欲挽瀾。詩律新奇追李杜，衷懷淡泊厭羅紈。往來更喜揚帆穩，老健精神到處看。

望雨歌癸巳武原作

侯琫森

火繖高張赤龍駛，大河水涸不盈咫。炎燄且逼馮夷宫，無數旱苗枯欲死。有時半空黑雲起，子婦走慰老農喜。萬卉無聲待雨來，須臾風來雨又止。吁嗟乎，一年農事重三時，過三時雨雨已遲。低田猶可人力施，鄉人袖手徒纍欷。去年奇凍雪没脛，今年苦旱又告儆。天意由來重民命，我民何辜罹災祲。毋乃長官失刑政，長官有罪罪長官。敢竭吾情爲民請，其宰上訴天爲開。夜半隱隱聞輕雷，商羊怒逐旱魃去。簷溜如瀑聲喧豗，甘霖遍沛四野足，高低田稻一齊熟。

萬山招隱圖爲任君伯壎作。

侯琫森

男兒不得志，動嗟行路難。讀破萬卷書，少壯心力殫。世無九方皐，良驥伏櫪歎。鍾期不可遇，抱琴向誰彈？豈無王侯門，挾策焉肯干。富貴須及時，倏忽兩鬢斑。所苦世網窄，高蹈思入山。蒼翠疊萬重，猿鶴時往還。揮手自兹去，蹤迹未許攀。俯思人間世，塵霧何漫漫。東海有彦昇，抱負非等閒。示我招隱圖，寄情在林巒。林巒渺何處，一鶚横空盤。秋風振健翮，直上青雲端。含笑謝山靈，貢禹正彈冠。勿更悲遲暮，惻然摧心肝。

李蓺垣守臨江時搆慕萊堂乙酉闈中出郭筠仙題額囑題爲作五古一首蓺垣湖南人字維翰。

侯琫森

臨江好山水，古有老萊子。娱親卻楚聘，避地實居此。斷碣與殘碑，土花蝕蒼紫。欲往溯高風，代遠無可恃。李君秉麾來，于役過岵屺。家有白髮人，不樂離鄉里。目極衡山顛，親舍白雲裏。下車訪遺蹟，棖觸殊未已。爲築慕萊堂，聊寫思親旨。豈維孝思篤，善俗亦在是。世方需異材,君治臻上理。寵榮日以益,令聞日以起。持此當斑衣,還博雙親喜。

題親家華玉亭梧庭玩月圖沃州郵寄

侯琫森

吾鄉有隱淪,傑閣搆清閟。梧桐高百尺,空翠落棐几。華子幽棲處,相距不數里。耿介絶塵俗,高風昔賢企。愛月夜舒嘯,橅桐日徙倚。冰壺一片心,寫入生綃裏。郵筒遠道將,索句不嫌俚。我無大手筆,敢逞雕蟲技。但將肝膈語,持以報知己。世運厄陽九,吾道象占否。而我塵網攖,役役猶未已。何時解組歸,共君斟緑螘。散髮桐花陰,坐看涼月起。

秋日有感

侯琫森

西風一夜冷莓苔,落葉無聲滿徑堆。燕子帶將殘暑去,雁奴銜得早秋來。朱顔暗向閒中老,白髮新從鏡裏催。幸有黄花開晚節,且邀鄰叟倒深杯。

落　　葉

侯琫森

霜信無端冷逼秋,四山無復緑陰稠。要他禿盡林間葉,好讓梅花早出頭。

壽東林山長丁植卿先生八秩

侯映奎

壽域宏開淑景舒,賓筵大啟集瓊琚。蘇門著述晚逾富,潞國精神壯不如。勝事重逢游泮水,是年重游泮水。才名早達列賢書。壬辰領鄉薦。欣逢洛社耆英會,杖履優游賦遂初。

先生風骨最高騫,商皓衣冠古道存。李杜文章傳手筆,顧高理學證心源。春逢元旦凝和氣,人似靈光擅達尊。從識圖書能益壽,世間丹訣不須論。

經術淵深吏治精,在山爲愛二泉清。眼中曾閲滄桑變,胸次還尋泉石盟。天爵豈因人爵貴,文星恰映壽星明。階前戲效斑衣舞,玉樹森森競向榮。

當時元禮溯通家,門外常停問字車。曾向東林趨講席,每從北斗望聲華。名山早定千秋業,老樹還開五色花。愧我日來才思盡,不堪載酒學侯芭。

題祝湘洲司馬遺像手卷

侯映奎

湘洲司馬少有至性,嘗代其父服賈,遠游四方,用知山川形勢。癸丑,金陵失守,揚州、鎮江相繼淪陷。君憤甚,思從軍自效,聞大營礮彈用罄,君因捐貲購鉛丸五萬斛解赴鎮江營次。旋遵籌餉例報捐同知,分江右。將之官,道出九華山,適吴撫吉爾抗阿統軍駐紮山上，君往謁之。忠勇公深器之，目爲奇士，因奏留江南幫辦總統張忠武公國樑軍務。親帶寧波勇五百名，轉戰十餘次，屢挫賊鋒。忠勇公將上其功，因殉難不果。未幾，溧水告急，遂帶勇入城，誓以死守。賊晝夜環攻，君多方守禦，力竭城陷，君猶率衆巷戰，殺賊十餘人，身被重創而卒。僕人某同時遇害。時年三十有二。迄今展君遺像，猶想見其授命時凛凛有生氣焉。作歌以紀之。

生不用封萬户侯，但願死向沙場頭。死忠死義死非死，一死乃足成千秋。偉哉祝君負奇氣，幼耽經史裕經濟。爲親服賈游四方，指畫山川熟形勢。東南半壁横烽煙，鶴唳風聲到處傳。(内)[肉]食者鄙無遠略，坐失千里金甌堅。忠勇桓桓正開府，九華山前建旗鼓。紛紛入幕競談兵，猛將如雲謀臣雨。君方捧檄之西江，惓惓長懷桑梓邦。中丞一見心獨喜，便謂國士真無雙。營門日夜傳羽檄，徵取鉛丸如火急。毁家紓難效於蒐，萬斛輸將助攻擊。慷慨身隨細柳營，自成一隊岳家兵。漂水湯湯陣雲黑，登陴自守此孤城。裂眥但欲吞逆賊，巷戰誰與同戮力。僕真健者相追隨，同時殉主死亦得。丈夫報國須致身，疾風勁草知忠臣。臣盡忠兮僕就義，如此乃足全彝倫。碧血丹心照泉壤，蔓草荒煙空想像。何處堪尋馬革尸，招魂僅有衣冠葬。吾邑死難數鉅公，或邀祠謚極哀榮。如君大節誠無愧，身後遭逢却不同。我觀斯圖三歎息，泰山鴻毛争一刻。嗚呼，泰山鴻毛争一刻，惟君始立人臣極。

讀先祖少芝公諫疏敬書卷後

侯映奎

明季政事何蒼黄，君臣分手裂紀綱。太阿倒柄歸閹寺，堂陛之上踞虎狼。羣臣附和稱同氣，坐使逆燄加披猖。公也一身吐謇諤，獨立烏臺面若霜。明目張膽敢言事，終宵連上數封章。封章彈劾忤中旨，矯詔欲殺殊非常。幸蒙朝廷重詔問，臣冤宜雪臣節彰。下堦攀折堂前檻，欲斬佞臣請上方。言訖重犯批鱗怒，鬚眉弈弈森開張。天子改容不加罪，賜環特遣歸故鄉。解組未必同疏傅，削草何曾學孔光。掛冠旦向南山卧，豹隱相看霧渺茫。滄江正有漁竿在，從此林泉異廟廊。其時東林黨人起，顧高道學名俱揚。終嫌持論太憤激，標榜無端生怨望。始終何裨家國事，激成之禍罹其殃。惟公早凜履霜戒，深思後患爲豫防。斯世未必隆吾道，跡自遠引身潛藏。一時凡鳥聲啾哳，威鳳獨立千仞岡。未幾新皇起踐阼，手誅元惡進忠良。丹詔特呼老臣起，哲人其萎世惋傷。嗟哉，公生不與夔龍列，公死徒留諫草香。循環諷誦肅然起，始覺先人手澤長。想見當時下筆處，縱横血淚流千行。抗疏本無沽直意，片言但欲動君王。無奈天心不可問，大厦將傾力莫當。衹今遺藁多焚棄，僅留十疏傳青箱。疑煩鬼神呵護力，忠魂墨氣久流芳。願書萬本誦萬遍，義與訓誥同參詳。留待千秋作龜鑑，長與日月争煇煌。

家叔祖少宰葉唐公輓詩

侯映奎

山斗巍峨齒德尊，銓衡迭掌記輶軒。三朝雨露沾楓陛，十載田園喜菜根。公歷事三朝，於咸豐元年致仕歸，迄今十載，家居淡泊。心向日華縈舊夢，身騎箕尾矢精魂。時艱賫恨黄泉下，此死何非報國恩。

會列耆英夙望欽，一生知足勵官箴。無心勳業林泉樂，有道文章日月臨。半世常懸孤子淚,九原幸諒老臣心。何堪大樹飄零後,回首靈光感不禁。

和子勤叔祖述懷詩原韻

侯映奎

頻年兵燹奈愁何,脉脉幽衷託素波。城闕三更兵氣重,雲山萬點淚痕多。九秋肅氣盤鷹隼,千里戎裝載駱駝。浪説平生擅風調,側身天地一哀歌。

男兒行

侯映奎

君不見將軍夜起登將臺,高牙大纛紛山隈。倒捲銀河瀉酒杯,飲酣鼻息聲如雷。又不見燕市當年屠狗徒,臨風擊筑意氣麄。良家子女供誅鉏,立取金印輕斯須。嗚呼,男兒筆若牛弩張,破履瑟縮走且僵。何不去學萬人敵,托命芙蓉寶劍梨花鎗。虎頭豹額姿非常,生擒賊寇啖食充肝腸。不爾捐軀赴敵死,尸裹馬革横疆埸。生當努力取封侯,死當殞命爲國殤。

江東行

侯映奎

江東殺氣城頭黑,白晝老魈攫人食。陣雲横立峰崔巍,青天鳥道斷不開。紛紛烏合去復來,鵂鶹夜叫聲聲哀。霜高斫陣揮長戟,戟指流星落如石。饑餐髑髏渴飲血,手挽人頭向空擲。大礮隆隆轟亂山,飛入晴霄了無迹。連屋累棟燒成灰,窮巷蕭條絶行客。伏尸壅江江不流,卻向空江作人立。

題周景溪獨立圖照

侯映奎

我聞宋代濂溪翁,光風霽月在胸中。精研性理得宗旨,通書一卷誰能通。千載而後君繼起,家學淵源闡心史。少耽翰墨揚天葩,英姿卓犖真豪士。獨立蒼茫思不羣,胷次遄遄生風雲。衣裾飄灑絶塵俗,手持瑶草含奇芬。閒中談笑舒經濟,仕而隱者非忘世。得時便爲霖雨資,賞心自在林泉際。憶昔逢君有夙緣,兩情相得各懽然。親承蘭臭識君意,論交有如金石堅。十八年來如轉轂,吾衰已甚同朽木。自憐無翼難奮飛,舊雨不來嗟離索。披圖彷彿晤君顔,鬢眉弈弈骨珊珊。寄懷合在羲皇前,結契當如嵇阮間。始遷南郭隆堂構,鄴架曹倉洵美富。坐擁書城樂有餘,此身應共名山壽。時聞雛鳳鳴鏘鏘,九苞絢爛成文章。轉瞬鵬摶九萬里,快向雲路高翱翔。義方得自趨庭日,共羡王家善作述。瓣香宜接愛蓮人,我景行之聊載筆。

汪符生同轉于役津門詩以贈别

侯映奎

儒生豈必羡高官，腹有詩書眼界寬。仕宦不隨時輩趣，性情常對古人歡。乘風定遂宗郎志，此日還憐范叔寒。十七年前思往事，談詩講藝樂盤桓。予在杭垣與君同硯席者兩載。

壯歲欣聞仕學優，家傳治譜在杭州。尊人芾亭先生歷任德清、海鹽，甚有惠政。從今吴越宣殊績，且向津沽賦壯游。封鮓庭前君自勵，騎鯨海上我言愁。芾翁卒於海鹽官舍，予作輓聯有"騎鯨海上"句。波濤利涉憑忠信，挽粟神倉紀遠猷。君奉檄押運浙漕，乘輪船駛至天津。

讀明史至建文革命有感而作乙酉

侯映奎

燕邸由來善用兵，南都輔政盡書生。建文絶不知軍旅，臨敵猶慚殺叔名。

國破還傳駕出奔，西南流落不須論。貔貅十萬來宫殿，那許君臣出鬼門。相傳燕師至京，惠帝與程濟等從鬼門闖出，並有鐵櫃一函，係劉誠意所置，啟視則有度牒三張，袈裟數件。諸語殊屬荒渺。

姚　廣　孝

侯映奎

黑衣宰相擅經綸，一遇燕王便致身。選置高僧成大事，高皇有意屬斯人。

和尚難爲相可爲，運籌決策自神奇。讀書種子全無用，第一功名姚少師。

方正學先生

侯映奎

痛哭朝端氣激昂，便誅十族也何妨。諸臣勸進功名重，誰似先生姓字香。

草詔當時下筆難，老臣但着白衣冠。生時宜哭死宜笑，留取丹心後代看。

謁方公祠

侯映奎

遜國太倉皇，金川事可傷。公然學姬旦，何處輔成王。鐵筆千秋在，麻衣十族亡。至今階下石，碧血尚流芳。

讀書真種子，報國勵丹忱。淚灑江山改，身甘斧鉞臨。齊黄原失策，景鐵有同心。執簡如南史，千秋節共欽。

春日感懷丁亥

侯映奎

寂寂蕭齋悵獨居，春風從不到吾廬。忽然牕外花枝發，照我衰顔愧不如。

春光去住總無心，茵溷飄零感不禁。只有向陽花木好，斷無餘暖及牆陰。

讀書枉羨漢良平，借箸賢於十萬兵。太息信陵君去也，夷門誰復識侯生。

骨相原無食肉緣，那須搔首問青天。英雄不遇何妨賤，屠狗還將姓氏傳。

殘編從此付秦灰，予平生著作病中悉付一炬。早歲埋頭大可哀。塵海茫茫難託足，人生無命不須才。

十年患病更憂貧，到處相逢白眼人。早識風塵難插足，還留半體作全身。

乞食難吹吴市簫，人間何地可逍遥。黄壚才鬼應憐我，快向巫陽下見招。

半世空將鐵硯磨，而今殘墨也無多。夜來忽得驚人句，信手書來信口哦。

題鄭繼善詩

侯映奎

風流曾接鄭公鄉，詩學當時久擅場。千里征衫辭惠麓，廿年講席憶昆陽。先生主講昆陽書院，廿有餘載。文通自握生花管，長吉相隨古錦囊。我願執經陪杖履，前賢敢詡舊東牀。先生爲叔祖少宰公長聓。

客路風光滿眼前，河聲岱色着吟鞭。琴尊齊下陳蕃榻，詩畫便參摩詰禪。仕宦渾疑蝴蝶夢，才名遠續鶺鴒篇。閒中談笑都風雅，避俗從知吏亦仙。

平生意氣挾風騷，引興何妨醉濁醪。戎馬關山曾論戰，先生屢次隨營督師防勦。元龍湖海尚稱豪。燕臺空作黄金想，先生屢應京兆薦而未售。梁苑争傳白雪高。從識鄭虔三絶妙，詩成珠玉在揮毫。唐人句。

隔歲暌違别緒縈，去夏，先生分郡留宛，奎就聘蘭儀。唐州幸復迓行旌。今夏，奎就聘西淮，赴唐邑重晤。西窗風雨欣同語，南國烽煙喜漸平。近聞金陵克復。詩律已隨人共老，臣心合與水常清。三秋鱸膾添鄉思，共踐梁溪鷗鷺盟。

題曼陀羅館詩鈔

侯映奎

故里悠悠未識荆，而今異地訂新盟。一編拜石真源在，百里栽花治譜成。戎馬關山留戰績，元龍湖海負豪情。由來詩律如軍律，誰似淮陰背水營。

中年詞賦動江濱，幕府森嚴作上賓。好手堪追謫仙步，慧心現出宰官身。才名早獻平淮頌，氣誼相扶大雅輪。兩浙儻修循吏傳，君隨蘇白共三人。

身世曾經浩劫來，珠編幸未委蒿萊。論詩從識江倫意，下榻慚非孺子才。樂甚西湖開放櫂，叨陪北海共銜杯。知君大有江山助，落筆從無半點埃。

一卷争看冰雪姿，長篇短句總相宜。閒來談笑招紅友，洗淨鉛華擅色絲。青眼每將寒士顧,丹心惟有古人知。自慚巴曲難爲聽,敢向吟壇贊一辭。

杏花吟寄景行弟

顧氏宜人

一枝斜掩畫樓西,淡粉凝脂笑靨低。清露濕衣香正冷,朝陽烘淚燕初迷。琅玕響寂無佳句,薜荔風開有舊題。寄語莫添春社思,捲簾愁對雨淒淒。

酷暑忽涼

顧氏宜人

驟涼雨洗新詞濕,潑墨連山誰畫出。長信詩題扇欲捐,文園曲走琴絃澁。翡翠簾櫳碧玉鈎,管籥聲倚晚裝樓。如將大火西流去,繡被濃薰一夕愁。

贈馬夫人

顧氏宜人

秀氣山靈屬女儒,共姜才調類班姑。澹寧居處飄仙桂,玉鏡臺前覆碧梧。理學養成松菊韻,文章教出鳳凰雛。停車爲愛秋光好,共寫閒身入畫圖。

七月前三日過東臯雜記

顧氏宜人

翡翠鈎簾面面開,一梳月映晚粧臺。緑荷擎蓋沾清露,紅蓼含顰襯碧苔。鳷鵲橋頭憐素影,鳳凰釵脚印殘灰。玉樓今夜涼如許,我欲乘風歸去來。

玳瑁雕梁琥珀屏,玉盤香水露華零。梧桐院落垂垂葉,楊柳池塘點點萍。剪燭侍兒描並蒂,穿針嬌女拜雙星。分明身在瑶池上,自製金梭錦字銘。

嫩涼初報亂離天,又向煙波繫畫船。萬户寒砧千點淚,一庭絲雨半窗煙。欲將碧玉簫中怨,吹到飛瓊鬢影邊。桂殿清虚何處去,姮娥猶恨不長圓。

浣衣風月漾晴波,舊葛輕衫换薄羅。畫扇半開兜鳳子,曲屏低語教鸚哥。排愁自解回文句,乞巧空邀織女梭。試問舊時金縷帶,小蠻腰式近如何。

悠悠雛鳳别經年,碧落黄泉兩杳然。紅燭淚隨殘夜盡,緑荷絲斷幾時連。明眸秀髮今生見,小篆金窩再世緣。最是夢來還繞膝,綉裙花褓似從前。

青粉墻頭掛薜蘿,西風殘照又經過。愁窺玉鏡雙眉淺,病掩紗窗半月多。隨俗可能除筆硯,躭幽端合住煙波。薰爐夕剩餘香冷,懶覆瀟湘六幅拖。

花溪月沼苧蘿居,石榻湘紋午夢餘。千點荷珠凝作淚,三秋雁字欲成書。幽閒不待防言鳥,清淡何須吸玉魚。且向碧窗睬月色,韶華堪恨未堪虚。

玳瑁斜梳一握雲,晚妝臺閣倚餘曛。誰教砧杵驚秋影,自數更籌耐夜分。破寂漫傾鸚鵡盞,留香偏惜鳳凰裙。憑教繪作清涼景,半榻琴書半簟紋。

遥山遠岫望中過，夢斷江花寫永和。待挽輕雲翻髻樣，先描湘水製裙拖。高樓錦瑟誰家月，秋浦漁船隔岸歌。作計巧炊薪似桂，無珠可賣屋牽蘿。

睡起頻將鸚䳇呼，畫屏花影不勝扶。無題自贈香奩句，適意閒臨水墨圖。懶扣湘絃弛玉軫，偶敲方響繫珊瑚。重來拾翠樓前過，試問今宵月有無?

一抹秋痕迸晚虹，大羅遥隔水雲東。春波瘦影煙鬟並，夜月淒涼畫舫同。剪燭最憐卿説夢，看花應憶我書空。自從青鳥無消息，赢得愁心似玉紅。

百憂叢聚倦登臨，寂静幽居木葉深。絶粒不難櫂煮字，斷炊何忍便焚琴。埋愁未有容愁地，好賦曾無買賦金。怯自袁安高卧日，任教天氣作秋陰。

一種枝生兩樣花，雲泥原不隔天涯。翠圍珠繞羅敷院，玉映冰清道藴家。伴我索居連夜月，看他封誥七香車。登高醉擁茱萸女，笑指青樓日未斜。

幽居赢得獨看花，坐向行吟對日斜。執拂青鬟閒數雁，擘箋嬌女學塗鴉。零風細雨芙蓉國，冷露凝香桂子家。此景近來消受遍，不妨淪落度年華。

薜荔墻邊御苑枝，淒淒不似倚雲時。經年塵鎖臺前鏡，何日紗籠壁上詩。舊夢風前殘燭淚，愁腸秋後敗荷絲。碧天雲外煙波闊，霜落寒汀雁正悲。

典　　飾

顧氏宜人

鏡裏韶光夢裏憐，不堪重問十年前。沉埋賦雪題花句，漫滅嗔風恨雨篇。業債儘償兒女累，皮囊消盡病愁緣。此生自許淹裝閣，素影餘香伴黯然。

新正病中寄呈諸女伴

顧氏宜人

窮途淚盡剩無聊，勝字平安懶剪描。綺閣如花人婉約，池塘芳草夢迢遥。孤眠對雪難拈韻，獨坐濃香懶畫綃。肯與愁人相對飲，買花沽酒過春朝。

聞娃有適富人幽怨以歿者代爲一慟

顧氏宜人

散朗高情自不儔，何須金屋便無愁。柔鄉豈爲才人設，傾國端成薄命由。身後繁華俱是恨，生前恩怨未能酬。青年忍便埋青塚，應脱秦樓赴玉樓。

仙踪只合住煙霞，也向裝臺泣歲華。鬬草最先輸菡萏，將雛猶自悔蒹葭。紅絲不繫生香骨，黄土偏埋解語花。敲斷寶釵留寶相，莫教來世誤兒家。

悲　　遣

顧氏宜人

一窩雲懶掩裝臺，敢道瑶池暫謫來。天壤未能容薄命，人間空自説多才。拈詩北面琉璃匣，破寂西牕琥珀杯。遣悶獨憐書帶草，忘憂不必滿庭栽。

病中簡故園女伴

顧氏宜人

慵妝不上小妝樓，風動琅玕翠影浮。賦買茂陵囊愧澀，詩題長信扇應羞。雲深霧鎖飛瓊病，瑟冷琴閒蔡女愁。剩有窮途無限淚，滌將塵研待伊酬。

示景行弟

顧氏宜人

謝庭風絮互相賡，獨自飄零每不平。天壤奇才誇有弟，閨中羸質媿稱兄。難從夢裏尋佳句，翻爲貧來負俠名。暫借清明作鐙夕，一年能得幾回并。

又簡景行

顧氏宜人

記得風帆映柳枝，歸來無那蹙雙眉。梨花庭院孤吟夜，芳草池塘憶夢時。俠骨未灰還滯病，落花鋪錦又成悲。故園春色今餘幾，尺素何慳慰我思。

秋　思

顧氏宜人

怨葉飛黄不自支，故園信杳雁來遲。聞砧已幸無腸斷，化蝶還愁有夢知。隔歲裙圍寛素質，深宵蟲韻織愁思。掀簾試與姮娥道，此際清光爲照誰。

寄懷表妹張夫人

顧氏宜人

歡場回首即愁場，歡緒無多愁緒長。明月隨身留故國，西風吹我夢横塘。殘霞淺水連天恨，野草疏花到處傷。芳訊動成經歲隔，不知鱗羽爲誰將。

再歸涇里與弟話舊感賦

顧氏宜人

落魄無家自可憐，舊游回首思綿綿。繁華易去渾疑夢，貧病紛來懶問年。南國河山存古跡，西隣佳麗説遺鈿。平生幾許傷心事，立盡斜陽慘淡煙。

秋日雜感

顧氏宜人

征鴻昨夜度衡陽，簾捲西風透嫩涼。帝子閣中懷故國，仲宣樓上憶家鄉。銷殘俠骨添華髮，典盡春衫剩舊箱。回首去年燈下宴，雁行酬酒媚高堂。

秋暮病中哭仲英

顧氏宜人

庭際西風颯暮秋，殘魂依約滯芳洲。素娥夜永黄花泣，青女霜寒白雁愁。有酒祇堪消逆旅，無緣難奠葬才邱。舊游回首今何在，腸斷秦家明月樓。

病　況

顧氏宜人

愁壓春山鎖不開，迴文小字錦慵裁。衣寬試出腰圍細，淚盡還如蠟燭灰。簾外一番新雨過，樓頭半夜雁聲哀。西風吹起孀閨嫂，卻使青衣問病來。

又是花朝釀雨天，不堪回首事如煙。釵敲翠竹消閒冷，屏掩疏香耐獨眠。十載閒愁殘夢後，一生雙淚落花前。傳言門外春如錦，每到登臨便惘然。

白燕用舊韻

顧氏宜人

夢影梨雲半是非，珠宫玉闕記依稀。裁成素練乘風去，銜得楊花帶日歸。翠羽偶沾蝴蝶粉，舞衫初换雪兒衣。最憐當世無青眼，錯認尋常一樣飛。

水晶簾映見還非，巷陌飄零伴侣稀。柳絮才華林下韻，白頭情感茂陵歸。量珠綴玉堪爲佩，剪雪裁霜試作衣。赤鳳莫來窺異種，高情不向漢宫飛。

素面朝天事已非，六朝裝束記全非。冰綃淡雅霜前見，羽扇風流月下歸。掠水輕煙欹削玉，隔花微雨濕雲衣。窗閒一樣嫦娥影，應照關河夢裏飛。

憶　昔

顧氏宜人

藥砌花臺一歲過，薄妝殘淚悵如何。衰楊照水傷孤影，落葉題詩付逝波。病到深秋腸易斷，香銷獨夜夢偏訛。無端窗外淒風雨，桂子飄零落已多。

木落當牕小閣幽，昔年曾作此妝樓。重來伴侣飄零盡，去後亭臺别樣愁。伆雨催將庭桂老，夕陽淒斷楚天秋。相如四壁差堪擬，可許排愁爲典裘。

西風吹恨上窗紗，露冷空庭桂影斜。無可奈何今夜月，最堪憐惜暮秋花。飛來險韻聊爲笑，檢點空囊怕問家。回首舊游成夢境，可憐飄泊度年華。

此地重來又十年，斷腸回首事如煙。庭臺半屬他人有，花木移栽別苑妍。拾翠怕過閒冷處，梳蟬猶憶舊妝前。小樓依約東風在，露鎖雲迷自黯然。

除　　夕并序

顧氏宜人

入城未幾除夕，解維東還，扁舟風露，回望滿城鐙火，不能無窮途之感。時余年三十有五。

牽蘿補屋賣明珠，綵勝何心换舊符。疏懶未容酬素志，古稀將半媿頭顱。鈿蟬金雁看來盡，裙布荆釵許剩無。誰謂侯門煙火夜，一帆風露泣窮途。

啼珠壓袖不堪量，一片輕帆載斷腸。飄泊行踪如作客，淒涼面目稱居鄉。療饑難煮簪花格，遣病聊裁問影章。此夕是誰惆悵甚，梁鴻愁望正徬徨。

柳　　絲

顧氏宜人

漸舒金線淺籠煙，不似黄楊厄閏年。愁思漫頃征婦淚，風流獨占釣魚船。恰逢鬬草裁爲黛，别有閒情製作箋。莫訝隨風無定所，一枝曾領散花天。

次蓉濱燕中寄韻

顧氏宜人

一自殘啼掩碧紗，更無音問到天涯。牙籤近日俱絲網，嬌女新來學績麻。桂玉急償針線債，布荆頻疊子錢家。相如壁立原非病，懊恨空教老歲華。

雪中有懷蓉濱西泠渡口

顧氏宜人

河山如在畫中看，卻憶西泠渡口寒。柳絮有情羈浪迹，梅花無信報平安。思家慣説遊還倦，痛飲原知興未闌。争似碧紗銀燭夜，剪冰裁雪坐更殘。

覽 古 雜 詠

嚴孺人

留侯循世法，功遂冀存韓。制欲順其理，脱身栖林巒。千載仰高風，潛迹若龍蟠。貢禹俟彈冠，交深義自安。范雎坐飛語，不能全羽翰。復仇歸相印，庶快後人觀。明辨雖有才，未能探道源。李陵降匈奴，一朝催膽肝。悽愴懷故鄉，憂思集百端。毳幕禦風雨，羶酪供盤餐。一背漢廷闕，遂使厥族殘。那言漢恩薄，弔影徒悲歎。静觀此中理，方知居易難。

哭長子

嚴孺人

仗汝扶衰謝,相依昏復晨。一夕别我去,魂逐(汩)[汨]羅臣。雖非古貞亮,詩禮夙昔臻。逝歲戊戌夏,生逢庚午春。有子纔六週,聰慧亦絶倫。玲瓏頗曉事,號哭傷旁人。幼者最嬌小,牽裾日百巡。妻能謹素位,啜菽矢安貧。顧此失所恃,嗚咽氣莫伸。樓東所藏書,縹緗絶纖塵。新籤齊次第,舊册如積薪。黯然觀此書,傷哉見其神。寡言亦如愚,卓犖多清真。規箴絶座右,忽焉喪其身。損友有薛子,係爲中表媚。出入躭燕樂,相邀戲水濱。族姪亦同行,揶揄來鬼神。逸歸便安卧,忍使二命湮。見機能自守,設心寧匪仁。昊天已不惠,搆此大禍因。丹誠隨水逝,傲骨猶嶙峋。吁嗟望汝子,庶矣成席珍。

立春

嚴孺人

何處看春至,庭梅早試裝。物驚節序易,人逐世風忙。鵲噪晴簷日,風傾竹徑霜。小樓閒眺望,山色已蒼蒼。

夏日

嚴孺人

炎暑兼長日,心空樂静便。詩書爲益友,松桂共流年。果綻梅風後,蛟騰時雨前。自憐孱弱質,況復百憂煎。

季秋絶糧

嚴孺人

冷淡呈秋色,風林報早涼。暗塵浮釜甑,飲水陋魚魴。行險生心疚,平懷用意長。虚窗堪坐卧,端不讓羲皇。

雪窗

嚴孺人

積雪明窗外,能無思古人。謝庭飛絮日,天女散花晨。漸減層巒翠,全鋪世界銀。天心純潤物,幽谷自生春。

歸　寧

嚴孺人

歸寧緣舊禮,故社换滄桑。弟在同霜鬢,兄亡糜肺腸。天心容萬物,人意逐興亡。瞻睇慈雲下,恩從日月長。

丙午夏日仲弟避暑觀復堂因憶往年伯兄季弟及堂仲弟同聚於此相樂也今獨仲弟在三人者已長逝矣

嚴孺人

堂牓名觀復,居人儘九思。桐陰涼夏簟,窗敞静圍碁。造化文千首,權衡酒一巵。飄零今日意,俯仰每隨時。

丙午冬陰雨浹旬冰雪乍至嚴寒倍常有至親貧窶者既愧無周急之力深歎其不及之情

嚴孺人

不信由人手,能爲返日戈。樊遲曾學圃,長史舊持柯。難補尋常缺,偏干天地和。綢繆簷外雨,翻作淚痕多。

春日登龍光塔

嚴孺人

登塔遥天净,穿林近日紅。解鞍銀杏雨,繫馬緑楊風。山翠生欄外,湖光照檻中。晚來新月上,疑是水晶宫。

嚴寒閒卧竟日不起

嚴孺人

晝寢三居二,心閒喜退藏。霜天晨擁被,蝶夢午盈牀。准作魚龍卧,奚從鷹隼翔。壺中懸日月,醒夢自無妨。

六　衺　八　首

嚴孺人

徑僻無來客,門閒未掃除。寒花猶點綴,低竹自蕭疏。塵滿殘書卷,音沉雙鯉魚。不因人熱處,嚙雪遠庖廚。

日月昏兼曉,浮生酒一盃。山光明檻外,飛翠入簾來。結習從人染,宗風古聖開。騁懷娱視聽,應不羡蓬萊。

春日堪游玩,迎風坐石闌。荆釵清儉易,梳裹入時難。蟾影深宵望,花枝待曉看。同羣勞枉翰,幽隱近平安。

有意分修短,無營任蹶張。大年嗤蟪蛄,小景足榆枋。榮瘁看游戲,窮通莫較量。庭梅開數點,横影占幽香。

補綻頻添線,輕綃老眼揩。遷移宜泯跡,方位待安排。夷險緣偏鄙,平懷自偶偕。心空能轉物,應用亦無涯。

閒看嘗凝望,飛鴉過女牆。暮晴花綴月,曉夢蝶盈床。對鏡顔非舊,拈題意若亡。輕雲本無定,只是近殘陽。

歲暮渾無事,相從有舊氈。看雲心本性,逐物意關天。攬筆追新夢,聞鐘驚夜眠。鳥啼從旦旦,不用惜流年。

得失空回首,營營六十年。金章慚肘後,玉樹望風前。梅落心仍潔,松凋性不偏。敢言能見過,庶免後人傳。

菊　　花

嚴孺人

潔比藍田玉,清如姑射仙。菁葱炎暑月,綽約暮秋天。金碧明風静,馨香帶月妍。無營貧亦樂,日日醉花邊。

重　　陽

嚴孺人

重九嬉遊日,人情何後先。折花傾緑醑,落帽得佳篇。俯仰成今古,逍遥任歲年。三秋山色好,行樂勝春天。

己未歲暮雜詠四首

嚴孺人

莫問窮通理,年光最易抛。碧天書雁字,清旭畫梅梢。守訓憑詩禮,矜能鄙斗筲。歲徂觀復始,柔緑遍長郊。

生涯奚自慶,稀古遇昇平。落落松高峻,嚶嚶鳥獨鳴。捲簾山色静,清夜畫屏新。莫道渾無事,書城去問津。

故社凋零久,情同意愈親。昔時俯仰迹,今日死生人。書斷雙魚信,筵空四海賓。滄桑看物化,得失向誰陳。

小院疏簾下,裁箋遞短謌。中和知性善,廓落奈才何。衰晚西崦暮,欹傾白髮多。賣珠愁已盡,補屋待春羅。

兩子之柩擇吉於甲子腊月十八日安葬東門外新阡維大姪山如終始周旋余老人蓋中心藏之遂攬筆以記兼作短句告二子之靈

嚴孺人

掌珠辭怙恃，長别往天涯。書卷音容在，庭幃暮景斜。鵾鵬虚可惜，燕雀實堪嗟。彷佛魂歸日，迢迢去路賒。

依膝嘗無所，臨間豈有期。十年螢雪案，三尺墓墳碑。衰謝傷頭白，長貧惟楮儀。一盃聊設奠，滚滚淚相隨。

七 衮 八 首存六

嚴孺人

髪短心何有，年華已古稀。庭烏知反哺，梁燕喜雙飛。孤立奚趨競，忘形絶是非。下愚終守拙，大雅莫相譏。

花萼驚春早，庭梅放最先。委情絲雨後，寫影月明前。寄驛煙迷渡，書傳鶴唳天。親疏零落盡，不必問當年。

咫尺南城路，言歸今已墟。恩深天罔極，薄命我何如。書字看鳴雁，藏書任蠹魚。趨庭無故跡，春草緑于蔬。

衰晚無餘事，焚香閲古書。雀喧知雨過，月上報更初。冰雪明窗净，煙霞暮景餘。寸陰當幼惜，老大莫欷嘘。

寶福雙雛好，庭前戲百回。看花邀撲蝶，對飲學擎杯。朱履明金繡，春衫稱體裁。也能知賀節，拜舞笑顔開。

回首浮生理，窮通未預知。沉潛孫謹行，應對子宜時。畫鼓迎燈早，金魚换酒遲。新正稱歲首，相樂載歌詩。

别映山河園中故居内有百尺樓冰谷居夕佳軒等名兼别花卉

嚴孺人

小苑幽棲不計年，遠山凝緑映流泉。客來冰谷談秋水，窗俯清川放釣船。簾捲長空樓百尺，軒多佳夕月如弦。忽言移室頻惆悵，行止翻疑在夢邊。

庭松徑竹助愁新，説與今朝换主人。生怕鶯啼醒舊夢，無煩燕語絮晴晨。月籠桂影愁行色，雪壓梅魂憶去春。休仗東皇問花信，桃源深處不通津。

己酉仲秋寫意二首

嚴孺人

人情翻覆莫争能，晚起無營似杜陵。道設筌言蕉鹿夢，學傳宗旨法王鐙。心空豈戀頻來鵲，目眩何妨誤拂蠅。自有煙霞憑問訊，休誇游燕酒如澠。

小樓秋爽喜晴晨,清儉無煩犀辟塵。一榻琴書消永日,中窗梅雨報殘春。步兵沉飲悲寥落,陶令行歌樂隱淪。試問古今彈指盡,忘機偏得性情真。

長相思

侯晰

記來時,憶歸時。不語凭闌撚柳絲,無人春晝遲。　寄歡詩,和儂詞。總是相思兩字兒,休教鸚鵡知。

金縷曲送鄒二辭還秦

侯晰

世路浮雲耳。再休題,家園寥落,炎涼如此。五載南冠魂欲斷,醉酒耽詩而已。曾未減、晉人風味。贏得鄒陽豪氣在,寫丹青聊作生涯計。驪唱咽,寒飆起。　一鞭斜日楓林裏。弔興亡、秦川綉嶺,儘供游戲。更喜有妻甘共隱,不灑尋常别淚。好相慰、羊腸迢遞。何處郵亭堪繫馬,續香眉高價長安市。君去也,名成矣。

臨江仙

侯晰

紅藥開殘鶯緑暗,鬭茶深院清幽。呢喃雙燕語風柔。蜨酣人困,慵自整薰篝。　宿醉未消香夢醒,倚闌閒看梳頭。一簾梅雨似新秋。菱花影裏,斟酌遠山愁。

采桑子武陵歸夜泊吴江。

侯晰

分明又是秋江路,短棹煙簑,唱徹吴歌,隔浦漁鐙隱芰荷。依稀柳港維舟處,生怕風波,涼月無多,掩映低篷幾點螺。

滿庭芳

侯晰

竹粉微消,柳綿纔斷。低飛乳燕雙雙。輕寒乍暖,可奈日初長。幾陣荷風梅雨,闌干角、猶帶斜陽。湘簾卷,未拌憔悴,重换藕絲裳。　蘭芽,魚子綻,晚涼時候,移向紗窗。似蕊珠金粟,别樣幽香。回首桐陰深處,纖纖月、催卸殘妝。欲睡也,懨懨情緒,清夢繞池塘。

南　歌　子

侯　晰

花密金鋪暗，香殘玉漏清。小庭簷馬夜琮琤。唤起箇人階下看雙星。

踏　莎　行舟過新豐

侯　晰

幾點歸鴉，一行衰柳，西風落日蒲帆驟。秋江景物已消魂，那堪更值重陽後。　岸峭如山，潮奔欲吼，十千沽得新豐酒。篷窗何處撥琵琶，教人暗濕青衫袖。

卜　算　子楚江舟次

侯　晰

一帶白沙灘，幾箇黄茅店。屋角青青矗酒旗，漁唱江村晚。　小鳥掠晴波，低樹迷荒岸。争向篷窗數戍樓，忘卻家山遠。

少　年　游

侯　晰

短墻青杏箇人家。瀹茗試蘭芽。半榻圖書，幾絲香篆，蕉影緑窗紗。　戲拈湘管臨文淑，點染絶鉛華。水墨淋漓，粉脂零亂，一幅斷腸花。

長　相　思

侯　晰

風淒淒，雪霏霏。風雪間關匹馬嘶，教人生别離。　花飛飛，柳依依。花柳縈春燕壘泥，此時歸不歸。

浣　溪　紗

侯　晰

碧玉搔頭白苧裳，簪來茉莉鬢雲香，最宜低髻坐乘涼。　愛聽秋聲籠絡緯，閒尋春夢語兒郎，一襟風露未歸房。

又

侯 晰

倦怯單衫睡起遲，鶯聲忙煞鬬茶時，耐他風日助相思。　燕翦巧翻紅雨亂，柳絲斜拂緑烟低，一春幽夢斷橋西。

柳 梢 青

侯 晰

所謂伊人，非耶是也，彷彿真真。湘月爲容，幽蘭爲氣，秋水爲神。　墨痕香露氤氲，剛現得、菱花半身。如醉如醒，含顰含笑，疑雨疑雲。

行 香 子自題畫卷

侯 晰

連陌柔桑，夾岸垂楊。隨橋轉、一箇村莊。前臨流水，東繞高岡。以槿爲籬，茅爲屋，紙爲窗。　妻孥皡皡，雞犬攘攘。沿溪藝、百畝香秔。團團竹塢，小小魚航。更有茶山，有蔬圃，有菱塘。

采 桑 子武陵歸夜泊吴江

侯 晰

孤衾不耐薰蘭麝，辜負秋涼。贏得思量，絡緯聲聲織漏長。　茫茫銀漢横空碧，月上東牆。人静西窗，徹夜清輝冷似霜。

滿 庭 芳集句送春

侯 晰

燕子呢喃，宋祁。梨花寂寞，韓玉。玉鑪殘麝猶濃。李珣。秋千影裏，歐陽修。低樹漸葱蘢。元稹。下有游人歸路，王安石。空目斷、柳永。嬌馬華驄。趙長卿。懨懨瘦，李之儀。留春無計，趙彦端。背立怨東風。姜夔。　愁紅，顧瓊。吹鬢影，毛滂。漫天飛絮，向子堙。密密濛濛。張泌。傍池檻徧，蔣勝欲。幽恨千重。黄昇。惆悵曉鶯殘月，韋莊。眠未足、吴文英。欲語還慵。馮延巳。鴛衾冷，柳永。也應相憶，張仙。昨夜夢魂中。李後主。

菩 薩 蠻

侯 晰

海棠露潤胭脂膩，曉奩香裊沈煙細。菱影月般明，春山分外青。　憶來花下路，欲語鶯鸝鵡。何處赤闌干,雙憑夢裏歡。

南　鄉　子醉後題壁

侯　晰

痛飲發狂歌,轉眼韶光似擲梭。肯作尋常兒女態,呵呵,便是風濤奈我何。　蝸角總無多,爭難雌雄一任他。莫到前途行不得,哥哥,回首江山依舊麼?

又和夏若姪韻贈金閶王校書

侯　晰

梅額試粧新,短鬢金貂白練裙。可記疏狂爭擲眼,東門,小立樓頭待看春。　一曲最銷魂,妙舞臨風欲化雲。爲問酒闌微雪夜,何人,倚醉偷偎半臂温。

誤　佳　期

侯　晰

紅樹黄花蕭索,畫裏板橋村落。孤鴻嘹嚦一聲聲,叫破秋雲薄。　隻影有誰憐?霜月穿羅幕。爐香撥盡不成眠,夢也愁擔閣。

浪　淘　沙潯陽江附信

侯　晰

春樹暗潯陽,一抹煙光。檣燈點點水茫茫。何處琵琶初按拍,惱亂柔腸。　若箇是歸航,寄語紅窗,擬從雲夢渡瀟湘。肯負落霞孤鶩句,領略秋江?

蘇　幕　遮

侯　晰

絮花輕,鴛瓦白。冷透疏籬,雀凍梅梢折。颯颯紙窗風欲割。鷟吐鵑紅,染就胭脂雪。
鬱金香,烏玉玦。半盞瓊漿,可療文園渴?爐燼衾寒仍似鐵。忍聽簷牙,冰柱敲殘月。

虞　美　人

侯　晰

銷魂舊事還疑昨,似夢驚飄泊。破窗殘月謝娘家,不記重陽開徧木樨花。　同杯笑飲茱萸酒,刻燭催詩就。吹蘭暗度口脂香,箇是一生愁味悔輕嘗。

雙調南歌子

侯　晣

輭語鎔心鐵，柔腸續意膠。袖香偷擁乍驚抛，約略畫樓雙影燕雛嬌。　少别千年闊，迴看萬里遥。箇中眉眼夢中消，那禁輕魂一瓣落花敲。

閒　中　好集唐

侯　晣

更漏永，馮延巳。無語倚屏風。李珣。紅燭消成淚，温庭筠。淚痕衣上重。顧瓊。

踏莎美人舟泊漢口有懷

侯　晣

閣鎖晴川，洲連鸚鵡，長空萬頃煙光暮。賈帆雲集漢陽城，恰又天涯芳草逼清明。　仙笛乘風，神鴉餞客，黄花低襯遥碧。漢口有黄花地，節近清明，花開徧野，士女嬉游咸集於此焉。江南春色夢中情，一任斷橋楊柳自縱橫。

鳳　頭　釵

侯　晣

憶勞勞，盼迢迢。幽期潛訂是今宵。水溶溶，霧濛濛。銅壺幾轉，畫鼓三通。咚！咚！咚！

影蕭蕭，夢飄飄。依舊梅魂伴寂寥。别忽忽，語喁喁。波心月冷，鏡裏花紅，空！空！空！

調　笑　令煙雨樓

侯文燿

煙雨，煙雨，曾映朱樓歌舞。池邊依舊鷗盟，畫角空餘月明。明月，明月，今古幾番圓缺？

望　江　怨

侯文燿

歡期誤，今夕應將何夕補？鴛被涼生露，摇紅燭，影香還吐。向誰訴，妾命薄于萍，郎蹤輕似霧。

風　中　柳鸚鵡善言，忽無故而死，南宗女師哭之甚哀，余因作此慰之。

侯文燿

緑委紅憔，底事今朝回首。肯思量、解條人否。禪關寥寂，歎心經誰授？唐明皇命貴妃教經以避禍難。琵琶拍、又誰猜扣。琵琶，蔡確婢名，每扣響板，鸚鵡即呼之不已。　人世虚舟，好把死生参透。勸伊行、且消清晝。想歸西土，免牢籠廝守。料應傍、玉瓶楊柳。

月上海棠六

侯文燿

結成石上三生願。怯春三、浪逐三秋換。偷並闌干，避猜疑、倚來剛半。消魂處，夢到巫山恰斷。　陽關三疊添淒怨。一聲聲、唱罷還重轉。那得金釵，展湘屏、兩行分遣。相思苦，十二時中頻判。

滿　江　紅重九自壽

侯文燿

爽氣横空，儘聽徧、蛩聲繞屋。依然又、秋光做也，惱他偏速。歲歲題糕酬舊句，年年對酒尋新菊。謝知交、漫許遞清商，開元曲。　慚羣驥，頻羈足，傷雛燕，輕埋玉。便傾酒五斗，愁還盈斛。世態百端惟冷煖，予懷一日兼謌哭。算不如、學佛不如仙，盟鷗鹿。是歲余有喪孫之□。

望　海　潮渡江

侯文燿

雁來燕去，曉霜殘雪，一年兩渡錢塘。脉脉幽懷，霏霏煙樹，誰同冷暖商量？莫便説興亡。賸惱人風月，錢趙滄桑。迅速家潮，怒濤奔馬總淒涼。　不如歸去家鄉。有蓉湖畫舫，緑綺紅裝。爆竹聲饒。屠蘇沈醉，相思客夢纔償。猶是倚斜陽。憶幾年浪迹，揚子彭郎。歷盡無邊，此際共三江。

沁　園　春江郎山在江山縣之東。傳聞江氏三兄弟仙游化石而去，地以人名，由來久矣。勝國初，予高王父太僕公曾令此地，歸棹道經，賦以誌感。

侯文燿

水驛餐風，山程吸露，愁緒如絲。怪三峰高峙，依然雁序，層巒環翠，儼若追隨。留石人間，仙踪飛去，贏得今朝泣路岐。沈吟久，想天涯兄弟，一樣相思。　官衙榱桷堪悲，是舊日甘棠祖澤遺。悵衣冠如在，徒徵家乘，滄桑幾易，覓盡殘碑。父老無存，子孫念舊，俎豆於今更屬誰？相逢處，儘長歌浩歎，難寫餘徽。

又七夕後一日閨思

侯文燿

河影猶斜，彩雲未散，曉倚裝樓。見金籠珠網，嬌娃鬬巧，玉盤花果，小婢争收。片晌歡娱，百年心事，隱約柔情天際浮。還堪想，想鸞車欲返，步步回頭。　塵緣肯藉人謀，便帝女天孫敢自由。怎七襄初罷，甘爲惆悵；雙星既合，未解攀留。浪子飄零，深閨離恨，遮莫仙凡一樣愁。而今悔，悔從前不合，也學風流。

又冬至日游西湖，同東雷瞿大賦。

侯文燿

西子湖頭，疏狂謝客，舊日曾來。儘香欄粉榭，初除花絮；湘簾翠幕，没點塵埃。萬柳藏烟，千桃散靄，知爲官家近日栽。嬉游處，愧才非江董，題徧蒼苔。　怱怱更惜芒鞋，奈冬盡羈棲無好懷。且不衫不履，閒隨蘭槳；傷今弔古，狂倒桃杯。斷續僧鐘，微茫漁火，妙手新磨一鑑開。空濛句，料勾留未許，儘我詼諧。

又舜威鄒二《詠十姊妹花》十首見示，索和，作小詞答之。

侯文燿

我自狂吟，君惠新詩，茅塞頓開。記海棠殘後，輕盈誰似；楊妃醉了，綽約堪猜。不道伊家，翩翩舞態，恰是昭陽漢殿回。憑癡問，這芳菲叢裹，容我書獃。　若能補滿金釵，便十斛明珠也買來。但翠紅零落，相思難判（下缺）

金縷曲

侯文燿

寂寞潯陽道。更風風雨雨，幾多離抱。忽覩幽香香暗惹，悵殺，空閨人杳。想昨夜、燈前佳兆。階下石榴簪午鬢，向晚粧、茉莉拖鬟好。持此贈，拈花笑。　天涯猛省身將老。最傷心、對花無語，倍增煩惱。已是斷腸腸未斷，又值斷腸之草。塵世網、問誰脱早？豈恨玉人予不見，恨玉人、不見予顛倒。珍珠號，休提了。

又寄懷佝令吕二

侯文燿

世事無可否。儘幾度傷離，忽又幾番聚首。坂上籃輿江上楫，自笑年年折柳。想閉户著書，斗酒對月，逢花心似錦。算清閒、只有君消受。堪羨也，盛名久。　椿庭先我萱堂壽。憶年時、芝蘭香砌，飛觴鼓缶。夾袋人才門第盛，傳世文章真有。料未肯、落他人後。我劍塵生今已矣，更絲絲、兩鬢如何剖。壯懷減，悲游手。

賀 新 涼月詞

侯文燿

最愛中秋月，未經題、瓊樓玉宇，寒生八月。怪底珠多愁歲祲，暗祝今宵有月。好安寢、北堂明月。誰譜霜娥傳怨曲，待看登天柱峰頭月。笑不改，庾樓月。　古今幾見長庚月。不醒而、顛推白也，醉來乘月。收拾雞窗拋雪案，苦讀還期隨月。儘盼着、雲梯懷月。回憶客天涯，阮嬾嵇狂，閱盡千江月。早又伴，團圞月。

天 仙 子

侯文燿

淺淡梳粧疑入畫，紅香半露垂楊下。更多笑語勝人歌，如簧話，真無價，悄向小窗占一卦。

西 溪 子

侯文燿

知是閒愁無寐，欲起翻教成睡。思懵騰，誰憐惜？怎忘得、暗把星眸輕擲。春夢未分明，幾時醒？

又

侯文燿

花月休教沈醉，料得更闌歸矣。記年時，櫻桃瘦。金釵扣、嬌倚畫橈籠袖。舊事滿心頭，夕陽樓。

又

侯文燿

量窄嗔郎捱醉，佯倒郎懷裝睡。强郎扶，羞郎怯。怕郎別、索茗喚郎消渴。夢醒尚偎郎，恁郎當。

點 絳 唇題扇頭櫻桃

侯文燿

顆顆匀圓，赤瑛盤内曾爲壽。問誰染就？嬌點胭脂口。　攀折難禁，小鳥枝頭嗅。拋紅豆。多情纔逗，誤入春桃手。

誤佳期

侯文燿

歲歲韶華已换,何必花朝繾綣。惜花懊和惜春愁,招得東風怨。 閒煞杏花天,妒煞桃花面。百花催信恨綿綿,咫尺巫山遠。

相思兒令題希逸華子畫

侯文燿

幾幅龍綃點染,攤向碧紗窗。看到芳魂銷處,雙臉暈紅霞。 箇箇小鬢堆鴉。更描成、楚岫雲遮。就中天樣恩情,春風知落誰家?

雨中花偕家叔粲辰登武林吴山

侯文燿

一面西湖新樹,一面錢塘古渡。偏我同遊,遲君獨眺,添了蕭蕭雨。 千載英雄成敗處,都付騷人題句。看好景無邊,空濛瀲灧,留與君今譜。

踏莎行

侯文燿

瘦不勝衣,嬌偏勝酒,天然玉骨風前柳。相逢時作浣紗看,知他可記山盟後。 繡閣輕抛,天涯客久,難憑旅夢驚回首。歸來正擬訴離情,離情莫遣明年久。

一翦梅七夕雨窗

侯文燿

看盡年年駕鵲橋。坐也無寥,睡也無寥。私評牛女淚珠抛,會也今宵,離也今宵。 隱約銀河帶雨飄,詩也難描,畫也難描,人間天上總魂消。拙也徒勞,巧也徒勞。

行香子秋夜同圯石張姑丈賦

侯文燿

風自瀟瀟。雨自飄飄。怪秋來、暮暮朝朝。花飛片片,柳賸條條。正天慘慘,雲黯黯,水滔滔。 雁已嘹嘹,燕已寥寥。笑人生、擾擾勞勞。黄昏寂寂,好夢迢迢。尚燈悄悄,意憧憧,影摇摇。

滿　江　紅潯陽道中寄懷長兄

侯文燿

月滿湖山，慨都是、舊曾相識。也不道、逢迎寂静，撫今追昔。風湧江潮浮野岸，日移帆影趨荒驛。數韶華、三十六年來，長如客。　餘子輩，鵬添翮。如公等，馳駒隙。盼茫茫千里，寸心脉脉。搔首一樽歌伏櫪，壯懷未肯埋塵跡。問何時、掞藻試金門，天人策。

又偶聽法音有觸，賦以示内

侯文燿

自笑疏狂，忙碌碌、半生擔閣。撇不去、愁縈心曲，塵勞束縛。庾信詩成樓獨倚，陶潛酒醒杯仍索。記挑檠、睹茗話黄昏，年非乍。　而今事，從前錯。牛衣冷，腰如削。聽金經三昧，問誰先覺。縱喜長安風月好，莫辜于野鶯花約。願同卿、一洗舊時腸，都丢卻。

又乙巳春正二日送敬哲族兄還維揚，余適有晉陵之役，舟次賦别。

侯文燿

君賦歸歟，且先問、重逢何日。分袂處、離懷無限，怕翻新歷。蜀嶺乍回吴嶺棹，廣陵偕作毘陵客。訴平生、真箇斷人腸，空嗚咽。　朱門舊，汾陽宅。黄門第，欣同脈。慨河山邈矣，誰分玉石。馬首莫愁風雪滿，音書早囑頻傳驛。笑天涯、不比此情長，兄須識。

百　字　令贈永康亦神徐大

侯文燿

桃溪深處，問何人瀟灑，鑿開池沼。箕踞科頭君入座，高士風流同調。橘緑柑黄，鱸肥鱠美，休羨江南好。晴空如畫，編籬細竹雲繞。　暗憶湖海飄零，無多管鮑，難覓樽前笑。更苦怱怱明日别，雪壓溪橋行曉。世事浮雲，長安棋局，合向此中老。今朝花徑，豈緣知己重掃。

又贈王校書

侯文燿

春光纔漏，恰人來可意，亭亭如玉。楚楚丰姿塵碌碌，故故道家裝束。紅豆拈輕，紫簫吹緩，腸斷臨風曲。江梅信早，垂陽幾縷催緑。　惆悵睹酒闌珊，珠樓雪滿，雙袖偎人熟。做盡嬌癡還記得，月底燈前偷囑。莫負鶯花，休迷蜂蝶，都付愁千斛。他時重晤，尋芳應住金屋。

菩薩蠻

侯士驤

含情悄倚屏山立，春宵怕見如眉月。眉似月纖纖，愁痕連夜添。　兩枝紅燭並，濃淡人雙影。驀地眼波回，相看還自猜。

浪淘沙

侯士驤

盼到柳條青，已過清明。落花如雨聽無聲。不信一春憔悴意，單爲啼鶯。　斜月滿空庭，香霧冥冥。簟紋如水夜淒清。睡去總然無好夢，卻勝愁醒。

河傳塞下曲，用飛卿體

侯士驤

殘月如玦照平皋，卷地西風怒號。穹廬行炙酌葡萄。呼曹，天寒北斗高。　篳篥聲悲，人醉也，更三打。射虎蘭山下，折飛矰，没石稜。先登馬蹴雲萬層。

蘇幕遮寄懷楊蘿裳，時在蜀中

侯士驤

笑裁詩，閒賭酒。記得相逢，剛是櫻桃候。小院寒生花影瘦。金葉拋殘，忘卻春宵久。　望巴山，遮隴岫。脉脉心情，夢裏空頻逗。開到藥闌紅豆蔻，試問東風，莫道人如舊。

瑶華春雪，次蓉裳先生韻

侯士驤

怕教春見，應背春來，何事隨春墮。紛紛飄灑，留難住、憑仗冷雲縈鎖。團來一掬，貼梅萼、易融香唾。倩東風、熏染須勻，樹樹綴成冰朵。　借他暖玉弓弓，諒深掩重門，對影癡坐。庭心簷角，奈向曉、已被晴霞烘破。苔痕借潤，看緑意、生姿婀娜。恁心情、也逐寒消，秀句飛來難和。

喜遷鶯春聲

侯士驤

夜烏啼了，正一霎消凝，東風催曉。塔院鐘沈，驃綱鐸應，唤起舊愁多少？記否鸜哥饒舌，響板呼來嬌悄。鈴索動，聽輕摇簾押，抵花低笑。　懊惱，芳信杳。消受今番，淒切邊城調。穿緑雛鶯，棲香小燕，共訴朝來寒峭。剛是餳簫遞去，又恰風箏吹到。晴窗裏、把羈人歸夢，做成草草。

南　浦帆影

侯士驤

風正挂蒲高，認中流、片影参差來去。半幅淡相隨，澄暉裏，劃破幾重煙樹。迴摀捩柁，沙灣緑轉痕斜露。鷗倚鷺翹渾未醒，已過蘆碕荻浦。　輭波帖帖輕移，漸微茫遠逐，閒雲飛度。殘照欲低時，江樓畔，應有銷魂人數。離情無據，一痕摇曳留難住。霞斂遥山匳，翠暝颭入，月陰深處。

如　夢　令冬夜

顧貞立

閒撥玉鑪煙篆，陣陣北風吹幔。淅瀝響難休，長共淋鈴淒斷。宵短，宵短，不抵離愁一半。

卜　算　子夜雨

顧貞立

蛩語雜寒碪，欲睡如何睡？翠冷芙蓉小帳空，慵整餘香被。　無賴倚薰籠，多少思鄉意。滴瀝芭蕉一夜聲，盡是愁人淚。

菩　薩　蠻病中不寐

顧貞立

緑楊煙鎖深深院，流鶯驚起花翻亂。無處不堪憐，春二三月天。　愁來無計卻，腰瘦渾如削。爇盡鵲鑪香，難銷此夜長。

滿　江　紅楚黄署中聞警

顧貞立

我本恨人，那禁得、悲哉秋氣。恰又是、將歸送别，登山臨水。一派角聲煙靄外，數行雁字波光裏。試憑高、覓取舊妝樓，知誰倚？　鄉夢遠，書迢遞。又半載，無家矣。歎吴頭楚尾，翛然高寄。江上誰憐商女曲，閨中漫灑神州淚。算縞綦、何必讓男兒，天應忌。

滿　江　紅中秋旅泊

顧貞立

爲問嫦娥，何事便、一生擔閣。也曾來、百子池邊，長生殿角。伴我薄衾孤枕冷，辜他碧海青天約。倩回風、迢遞寄愁心，隨飄泊。　五色管，今閒卻。千石酒，誰斟酌。想天涯羈旅，鬢絲零落。别夢悤悤偏易醒，遠書草草渾難託。判長眠，憔悴過三秋，人如削。

浣　溪　紗

顧貞立

百囀流鶯唤獨眠，起來慵自整花鈿，浣衣風日試衣天。　幾日不曾樓上望，粉紅香白已争妍，柳條金嫩滯春烟。

鵲　橋　仙又六月七日

顧貞立

輕颸乍拂，纖雲幾點，淡淡玉鈎初掛。佳期屈指是耶非？幾度鈿車欲駕。　碧翁相惱，素娥相戲，底事良辰多假。從今寄語與人間，莫浪説，年年今夜。

百　字　令

顧貞立

文窗瀟灑，青梅小、正是牡丹時節。珠箔低垂微雨過，險韻詞成新闋。輕拂烏闌，模陳緑綺，燕子香泥濕。朱櫻初熟，熏鑪茗椀清絶。　消受幾日韶華，幾番風雨，杜宇聲聲泣。門外絮飛花落盡，春去誰能留得。緑葉成陰，荷錢漸長，多少閒蹤跡。兩眉餘恨，至今猶是堆積。

望　湘　人春雨

顧貞立

怪輕風吹夢，細雨黏花，夢裏愁絲難翦。鬟憎香殘，眉驚翠削，淡絶不堪勻染。乍醒還癡，欲眠重起，此情誰見？畫梁絮語，棲香依舊，歸來雙燕。　指點韶光忒賤。又青苔漸長，紅英如霰。記少日游蹤，楚水吴山曾徧。碧玉鄰家，青溪小妹，幾處歡娱堪戀。回首十年舊事，便與暮天同遠。

南　鄉　子東南里華夫人

顧貞立

疏雨滴重簷，鏡裏霜花昨夜添。一片冷雲扶不起，懨懨，粘住濃香莫卷簾。　半响嫩寒嚴，帶減茱萸一束纖。刀尺摧人雙腕弱，摻摻，愁緒如絲懶去拈。

水 調 歌 頭得梁汾弟信即用其書中語

顧貞立

身世原爲客，何必歎離居。東西南北何定，天地一舟虚。夢覺池塘芳草，酒醒曉風殘月，冷暖倚清娱。五六十本菊,三四千卷書。　渡桃葉,尋彭蠡,訪小姑。漢濱拾翠,此際能無佳句乎?萬里題橋司馬,暇日登樓王粲,篷轉古人如。故里莫回首,聊且託雙魚。

浣　溪　紗

顧貞立

風雨妨春苦不寬,開簾怕見嫩紅殘,錦屏深護早春寒。　新嬾一身扶不起,愁痕萬點鏡慵看,空拈斑管寫長歎。

獨坐無聊對簡編,閒題恨字滿花箋,夕陽西去轉凄然。　掩淚低徊裝閣畔,掀簾私語瘦梅前,此時試問阿誰憐。

曉日凝妝上翠樓,惱人春色徧枝頭,湘簾風細蕩銀鈎。　燕子未歸寒惻惻,梅花初落恨悠悠,重門深鎖一天愁。

春　雨　賦以"隨風潛入夜,潤物細無聲"爲韻

侯鳳苞

春如有約,雨本無私。輕纔似露,細不成絲。恰杏花紅處,非梅子黄時。遲日韜而澤應待解,輕雷走而象已占隨。時則乍添新緑,未落殘紅。漲痕尚淺,礎色先融。天低野外,山入畫中。積靄失千重遠樹,峭寒試一剪輕風。初聞淅瀝,易得廉纖。玉輕抛而濺瓦,珠暮捲而侵簾。潤如酥兮細浥,濃似酒兮平添。獨立應吟杜甫,從東或從陶潛。第見千畦碧浪還濃,萬頃緑雲齊濕。黑凝豆莢盈阡,黄染菜花滿隰。潤流黛耜紺轅,濕透青蓑緑笠。浮麥氣以均沾,土含膏而細入。

若乃欄藥争翻,畹蘭低亞。莎拆砌痕,蘚侵階罅。斜粘薜荔半牆净,洗荼蘼一架欲扶。柳起柳眠,恰送花開花謝。韭乍剪而難齊,筍堪挑而未暇。肥梅欲記三春,賣杏初聽一夜。更有鷗浪新添,鷺沙淺印。魚影落以寧浮,鳥飛遲而不進。鶯不成簧,鴉難作陣。蝶粉欲融,燕泥猶潤。又或逸興遄飛,閒吟未訖。凉侵棋局將殘,緩訝琴絲乍拂。書帷静而濕霧初匀,石硯蒸而寒雲猶鬱。應解催詩,寧徒潤物。

至於積陰一洗,霽色疑鋪。水平橋而瀲灧,泉瀉石以縈紆。天放新晴似繪,林藏餘滴成珠。濕翠乍明乍滅,晴嵐疑有疑無。方今短棹紛來,扁舟不繫江浦;初喧君山欲霽,臨流人在鏡中。買酒客來雲際,難禁勝地頻臨。恰值韶光暗逝,響游屐以聲疏,灑征衫而點細。況乎毫端露滴,足下雲生。沐恩波而澤普,醉時雨而心頃。似來湘浦,疑入錦城。晚知潮急,曉失峰横。正是養花之候,試聽賣薺之聲。

雲 無 心 賦

侯鳳苞

忽兮雲起太虚之中,輕還翳月,弱不禁風。問何處飛來,峯峯縹緲;倩何人剪出,葉葉玲瓏。本無心而觸石,乃游戲於晴空。意與俱遲,胸應欲盪。不借吹嘘,無多色相;寧知憶弟,相看詎解。思親獨望,形容自妙。任誇車蓋之名,裁製何煩;不足舞衣之様,乍分遠近。不辨淺深,似

夢寧離。野鶴如羅，不散幽禽。日暮殊未來，佳人空憶；山深不知處，高士難尋。靄靄如春，渾忘詩態；飄飄有氣，詎識賦心。

爾乃本無住着，豈爲遮樓；到處游雲，非關送雨。思豈繫乎故山，歸何辭乎別浦。無端游客，借作梯登；多事詩人，擬將絮舞。偏許拂殘階樹，舒卷何常；未妨逐遍溪風，去來無主。則有静疑生棟，低欲度牆。定如人懶，翻笑渠忙。淡餘河漢，冷任衣裳。偶然點綴，隨意飛揚。水邊乍認魚鱗，天外還垂鵬翼。攜來巫岫，不惹閒情；飛向敬亭，止餘秀色。擬抄作飯，不邀仙子之餐；欲借爲裳，寧倩天孫之織。風名得意，底處看來；月解舍愁，何時銷得。第見行無定質，出無定姿。任唤白衣蒼狗，從誇玉葉金枝。幽石抱餘，定知僻處；孤村擁後，便是還時。養自晴天，山應似抹；來從深處，鳥亦難知。嶺上頻看，本來隨意；山中欲贈，只許自怡。

若乃望堪懷古，停還思友。洞裏烘桃，門前蔭柳。歸堪目送，譜入無絃之琴；起欲坐忘，落向盈尊之酒。逐知還之鳥，倦欲停飛；護如流之泉，清常不垢。維兹出岫閒雲，庶擬歸來逸叟。然而青何爲而干吕，白何爲而起封。似有心於澤物，豈無意於從龍。識獻瑞於軒廷，百官可紀；解舒華於舜陛，八伯相從。豈第呈祥於一室，不思慰望於三農也哉！

神女不過灌壇賦

侯鳳苞

治應璣衡，祥開景慶。雲日增輝，雨風協令。天有象以貺君，海無波而識聖。教隆乎，女識鵲巢之化行；德洽乎，神避膺揚之風勁。昔太公之令灌壇也，地不越江沱汝墳之詠，政已見蒹葭行葦之詩。境與三島十洲而不異，瑞自五風十雨之咸宜。乃有神女立而望之，胡冉冉而不過，豈珊珊以來遲。乍低霧鬢，還駐雲旗。月難逢姊，風未邀姨。訝玉佩聲留，韈凌波而未步；望魚軒影静，鞭掣電以難馳。渾疑洞鎖天台，桃花護處；豈是峯迷巫峽，雲氣飛時。蓋其來挾風馳，去同雨戰。避尚父之威靈，遠姬文之畿甸。非行雨之曾來，豈御風而未善。境應難越，夢或堪通。祈假途於同邑，用遄返乎海東。聲不驚乎岐山之鳳，兆豈應乎渭水之熊。君不行兮夷猶，何爲水裔；子慕予兮窈窕，遠舉雲中。命掌節以前來，召帝師而戾止。初傳一鶴欲返仙山，翻令雙鳧暫離故地。開函谷以非遲，度陳倉而未易。非關竊藥，望皎月以難奔；有類探珠，伺驪龍之偶睡。雖有雨風馳驟之威，不損雲漢昭回之治。第見萍號乍起，屏翳初嘘。鞭豐隆而迴馭，唤阿香以推車。弄珠無偶，拾翠相於；使還有鳥，媵亦名魚。似瑶島初歸，鸞笙吹徹；豈銀河欲渡，鵲駕填餘。本因表海之風，難逃約束；儻過釣溪之石，尤覺趦趄。是惟德化永孚於岐下，威名夙著於渭濱。普涵濡於萬里，聚呵護於百神。想同采芑化醇，漢無遊女；亦是憩棠恩溥，國有正臣。德政堪書，寧數渡河之蝗虎；仁風可扇，不驚入囿之睢麟。今天子光風普被，化日永清。塊既無破，條還不鳴。擢金莖而可飲，調玉燭以逾明。四海沾恩，合風師雨師而效順；百靈受職，統湘妃洛妃以來迎。寧第灌壇布德、神女抒誠而已哉！

無弦琴賦

侯鳳苞

桃花源裏，柳樹蔭中。涼風自北，微雨從東。樂元音之自淡，問逸調之誰同？時讀我書，聊當彈來夜月；少無俗韻，何須奏出松風。盈尊有酒，委懷在琴。應教拂在白石，還宜倚此茂林。

胡乃撫琴自適，解律未深。豈欲辨已忘，自餘真趣；似不求甚解，别有會心。留遺響於衆山，何須動操；寄素懷於流水，誰是知音？玉軫初殘，梅紋已滿。徽剩星疏，柱同雁斷。爪行蟹以無憑，目飛鴻而尚嬾。朱絲之直何爲？太音之希豈但。秋月揚輝，春風扇和。孤雲無侶，好鳥相過。指促而泛音欲起，手調而逸趣偏多。伊余寂寞之音如斯足矣，視彼連綿之奏於意云何？是以鳴琴而往，官彭澤而仍辭；抱琴而來，隱柴桑而亦得。豈無冰繭，不必纏絲；亦有鞠通，空教餐墨。相交於淡，如雲之出以無心；或寄於空，如菊之佳而有色。武陵人之境，疑有疑無；葛天氏之風，若離若即。

若乃一籬楊柳，三徑蓬蒿。石泉欲咽，山月空高。琴裏若能知賀，詩中定合愛陶。似焦尾爨餘，嫋嫋之遺音已歇；豈廣陵絶後，空空之妙手徒勞。爰有劉驥或來，王宏時遇。不關絲竹之聲，饒有煙霞之趣。音流徽外，寫揮送以俱難；聲在指頭，學勾挑而已誤。空餘長嘯，正松間月照之時；剩有微吟，似江上峯青之句。古人往矣，遺徽渺然。琴兮何在？豈僅無絃。依稀落雁之聲，詩吟歸鳥；隱約水仙之操，游記斜川。是羲皇上人無嗤響寂，有松石間意不藉音傳。乃爲之詩曰："笑傲東軒下，逍遥蕪臯上。欣然方彈琴，窮巷寡輪鞅。傾耳無希聲，虚空絶塵想。而無車馬喧，但道桑麻長。

燕許大手筆賦

侯映奎

光昭日月，氣奮風雲。典謨媲美，翰墨銘勳。相業同垂，足繼房謀杜斷；雄才無敵，匪徒宋豔班熏。欣看揮處如椽，競寫十行之鳳詔；定識才能扛鼎，應驚百斛之龍文。維有唐景雲之際，時多著述，競效賡颺。雖詞華兮并茂，恐習陋兮未忘。果孰是名高四傑，藝擅三長。横掃千軍之陣，空騰萬丈之芒。妙腕生春，挾風霜而得勢；靈心獨運，倬雲漢以爲章。而不見燕公張説之文乎？入掌絲綸，潛心墳典。偕宋璟以齊名，證元忠而抗辨。手曾抉漢，詠東壁之圖書；手可扶輪，作中朝之冠冕。似織天孫之錦，有理有條；還探記事之珠，知微知顯。又不見許公蘇頲之文乎？蜚英騰茂，句重語奇。賴平章乎國事，爲文陣之雄師。鳳閣先登，看舍人之新樣；螭蚴儤值，覘良相之丰姿。當年潤色鴻猷，瑞協生花之夢；幾度趨承鸞掖，勤思視草之時。是宜聲華并重，結構争能。揮手則煙雲欲化，落筆則藻采俱增。擲地作金石聲，詞皆瑰麗；立言得江山助，體自端凝。倘教倚馬成篇，洵大材之可用；若謂雕蟲小技，宜大雅所羞稱。且夫儒者不以文藝爲工，人臣當以勳名爲最。誠使宏此遠謨，副兹嘉會。燕則自勵夫精忠，許則勉期夫交泰。將《十漸》、《十思》之疏，遺範猶存；而一心一德之休，嘉猷永賴。材資燮理，妙手則羹可調和；學足匡襄，隻手則廈堪支大。胡乃謀略罕聞，才華自負。贊襄未格夫君心，膾炙徒傳夫人口。若曲江之風度，儗不於倫；似味道之模棱，據非其有。雖身登臺閣，俱懷造鳳之思；而腹鮮經綸，詎有披鱗之手也。孰若我皇朝，化普甄陶，教隆撰述。珥筆者氣欲凌雲，拜手者情殷就日。文高典册，羣驚蘇海韓潮；業富縹緗，兼俱春花秋實。獨冠三唐，著作匪徒争虎榜之名；綜看兩漢，文章我最羨龍門之筆。

石　路

侯　煒

石路鬱嵯峨，蠶叢不易過。愁因中酒少，夢似亂山多。劫運霜加草，澄懷水不波。荆枝喜同調，對榻共吟哦。

寄懷顧八侑笙時客滬上

侯　煒

天慘黑風腥，哀鴻夜有聲。不圖生死地，如得笠車盟。人事已陵谷，天涯尚甲兵。夕陽蒼莽裏，獨立數歸程。

題過子蟾先生東籬賞菊圖

侯　煒

明月一籬詩脱稿，秋風三徑客停車。扁舟載訪先生柳，老圃還留孝子花。

朔　風

侯　煒

朔風獵獵撼窗鳴，似助哀鴻掣怒聲。地滑愁看人踢凍，天寒喜見日初晴。淒涼鼓角餘殘壘，牢落棲臺憶舊城。太息元戎走千騎，大江南北寇縱横。

攜眷渡江無以餬口不得已到揚州投營於旅邸見陶少尹蓮溪壁間登城懷古因和原韻

侯　煒

十載重來問舊游，緑楊城郭認揚州。酒闌燈灺三生夢，草長鶯飛獨客愁。激楚管絃翻曲院，淒涼鼓角起譙樓。繁華轉瞬都非昔，只有寒潮嗚咽流。

惆悵閒花寂寞紅，赤欄橋畔畫樓東。玉鈎還照長城月，金粉空餘冷苑風。鐵騎平原新壁壘，銅駝荒草舊行宫。簫聲那及笳聲壯，吹落欃槍月正中。

題黄子鴻司馬栖雲山館詞稿

侯　煒

杜陵歸去已無家，無數愁懷引暮笳。紅豆詞人調鐵撥，青衫司馬怨琵琶。草成露布潮聲上，唱到刀環月影斜。凄絶曉風楊柳岸，旌旂一片陣雲遮。

和陶蓮溪留别原韻

侯　煒

相逢萍水豈無因，同是天涯飄泊人。烽火連天愁獨客，琴書何地置吟身。事經閱歷功名澹，話到知心肺腑真。共把濁醪消磈礧，感君投贈慰酸辛。

何事干卿淚不乾？客中送客戀江干。窮愁似我謀身易，慷慨如君分手難。躍馬莫輕三峽險，舞雞休畏五更寒。從今添得相思夢，只把新詩子細看。

翁吉卿姑丈從軍邗上節帥出醇邸送行詩箋命和賦呈以和作見示即原韻呈之

侯　煒

天教霖雨濟蒼生，太傅東山夙擅名。丹鳳啣書來北闕，紫騮仗鉞壯南征。淮陰拜將三軍慴，諸葛籌邊一片誠。天上雲璈紀推轂，賢王揮翰餞行旌。

矍鑠精神偉岸軀，虎頭燕頷認前途。人間元老周方叔，天上將軍漢亞夫。望慰雲霓蘇衆怨，功成汗馬壯宏模。會看飲凱酬庸日，詔向雲臺繪像圖。

三 十 述 懷

侯駿烈

過眼韶光似水流，今年三十度春秋。添來馬齒頻增感，聽到雞聲轉惹愁。伍子數奇曾乞食，班超有志竟封侯。形容徒被旁人笑，只道侯郎易白頭。

題 墨 牡 丹

侯駿烈

魏紫姚黄莫漫誇，輕拖淡墨也風華。何須多買胭脂色，寫出人間富貴花。

忽從筆底起樓臺，莫笑先生無立錐。起視人間真富貴，未開時節有誰來？

贈畫友李沛堂

侯駿烈

以畫識君二十年，羡君健筆走雲煙。生涯别有千秋業，不取人間造孽錢。

一帙瑶編識本真，鉛華洗盡見精神。洛陽有紙應須貴，畫苑名留又一人。

冬　夜

侯駿烈

凍樹烏啼怯晚寒，江雲潦亂雪花殘。前村有客攜樽過，醉撥爐灰到夜闌。

江樓賞月

侯駿烈

一江涼月水無聲，何限憑欄吊古情。不覺蕭蕭驚寒柝，城樓風送第三更。

滕王閣看霞

侯駿烈

珠簾畫棟尚依稀，一閣臨江倚夕暉。莊子已隨蝴蝶去，落霞(狐)[孤]鶩自飛飛。

佞　佛

侯元吉

身世茫茫百感增，何當汗漫製行縢。得躭清景終須福，苦逐勞人尚未能。雁蕩秋高雲外笠，龍湫雨過佛前燈。煩君寄語松篁裏，願作寒林晏坐僧。

題教子圖

侯秉鈞

八龍三鳳久垂名，推本端由父教成。莫謂無知童子日，義方一刻可容情？
堂名忠孝豈無因，諫草流傳手澤新。趁此髫齡端蒙養，好將詩禮繼前人。

縣覆遇雪

侯　釗

仲春之月天宜煖，爰何羊角舞於前。縫盡慈母手中線，望我此行猛着鞭。豈料天時多反覆，朔風起兮雨雪兼。未帶羊裘寒士苦，指膚欲裂不成篇。回顧同堂多狐貉，依然股慄呵冰堅。吁嗟乎，不經此番寒澈骨，書生那得列凌煙。

游芙蓉山看賽會

侯　釗

芙蓉山上苔色青，芙蓉山下屋如艇。登山遠望平疇闊，參差古墓似窗櫺。環翠一樓高士宅，淒涼屋角集流螢。紅男緑女多豪富，不知修葺慰神靈。龍王殿下龍潭映，一水盈盈類鶴汀。香花欲乞鬼神助，何事穿針甘毁形。此去歸家事父母，莫嫌老朽眼中釘。笑他不事詩書輩，枉費金錢求歲寧。桑麻遍野人争羡，樂土休逢浩劫經。古蹟何能比惠麓，座中空自説中泠。

哭祖父心泉公詩

侯　剑

歷盡艱難無所歸，幼爲孤子少人依。雞窗空自開茅塞，鶚薦依然困棘闈。子舍多才叨教育，經書有味識精微。可憐一世劬勞甚，天命難回靳古稀。

教子成名即教孫，平生喜聽讀書聲。青衫終老愁加急，絳帳課徒慎且勤。萬事謙恭湖海量，一生謹勅鬼神欽。年高蔗尾何曾噉，雲路扶摇慰太君。

（侯學愈等纂修《［江蘇無錫］錫山東里侯氏八修宗譜》 1919年木活字本）

俞氏宗譜

題宗譜末

俞　漢

我祖相貽德澤長，簪纓奕世喜重光。試看喬木青雲裏，肯棄縹緗道路旁。禮樂百年應受益，詩書一綫自生香。展開圖贊沉吟罷，喜得雲礽道克昌。

見峯公歿兄見嶼公題幡

俞惟賢

身謝乾坤化育，業成農賈生涯。今日偶然一夢，白雲堆裏顔開。

臨歿口占

俞得鯉

六十年來甲已周，上蒼賦我不風流。科場苦盡難消恨，子史窮完莫療愁。十載風塵傷老大，千年譜牒付箕裘。乾坤事業浮雲外，祇思雙親淚滿眸。

題范某小影

俞　增

一舸曾傳范大夫，百年身世屬江湖。憑他鷗鷺争盟長，穩坐蒲團學釣徒。

姑蘇感懷

俞　增

身在姑蘇心在越，愁腸百結情難決。緑楊堤畔少知音，枉有沖天徒淚血。

儒林散士六景詩補遺

原　唱

俞　木

書窗恬憺已多年，喜得通明天賦緣。回薄古今隨念至，蹉跎歲月爲因纏。功名富貴終如夢，道德文章孰罔愆。何是何非何足辨，心知無病即神仙。樂天齋

爲濟行人卧一梁，詩家擬似午橋莊。滿眸合穎分中道，擁扇同心向小堂。斗酒百篇尚李白，終身最樂效劉蒼。飛觴流詠何妨醉，醉後方知翰墨香。若路橋

諸賢賦盡愛蓮文，我自鳴琴静和君。華頂巍巍佳氣現，瑶池蕩蕩異香聞。已經宿世償霖雨，再喜今身結水雲。相問漫言何處是，天邊牛女共相分。愛蓮處

百般妙趣無心得，三教原來總一真。緣息天心氣自息，定神太極道中神。弗諼弗過弗相告，忘欲忘貪忘卻嗔。抱膝林阿真箇樂，何須名利奪其身。三息阿

萬古英雄不自由，全憑富貴歷千秋。沛公所忌陳兵政，光武何曾爲釣鈎。時出時還君莫戀，寒來寒往子無憂。揣摩渭水封侯事，志在蒼生不在周。釣魚磯

銘心紀石效先賢，此地烟霞别樣天。禽鳥不知人坐久，風雲□愛我安然。相忘往事如前世，莫把今生作去年。好似嬰兒能長大，時時舒憩養心田。舒憩石

屬　和

俞世才

自來但識先生面，此日齋頭併識心。一任滄桑千古幻，誰人口向箇中尋。樂天齋

緑蘸平橋斷欲連，横移星斗駕鰲眠。雖然不入漁郎棹，留詠何曾少謫仙。若路橋

君子池塘君子蓮，紅粧緑蓋水中天。風來幾陣香浮動，散卻□愁萬里牽。愛蓮處

可愛幽林三息阿，蒼蒼古木拂雲窩。鳴蜩落照催行晚，誰氏□朝復寤歌。三息阿

不是臨淵羡卻魚，先生此地待何如。要知渭水春山客，只在□竿一展除。釣魚磯

世上紛紛車馬蹟，人生碌碌利名關。無如一片輕陰石，坐看□霞自往還。舒憩石

其　二

俞　治

［相見懽］　幽隱遥知别院，雖素絢。題名豈是尋常誰能伴！　人無尤，心何矛，時披卷。其中樂在任聽彼蒼眷。樂天齋

［巫山一段雲］　拉伴步平橋，不似懸崖墮。青田紫陌新梁鎖，厭舶漁舟火。　爽籟襲行人，豈讓裴公左。早卜芳聲隨地播，舞墨寧止我。若路橋

［望江南］　方沼内，誰種芰荷香。鷗陣不驚穩蝶夢，花魂有約恨蜂攘，弗弗度昏黄。　閒遊覽，碧水門紅粧。當年茂叔何曾癖，今日先生豈是狂，摠爲此蓮房。愛蓮處

［鷓鴣天］　考槃三息自留馨，以永今朝會好音。樹掩苔痕依舊隴，鳥拖烟影過平林。　策扶老，拂長襟，逍遥卻似野人心。行藏用舍阿中樂，未許旁觀識淺深。三息阿

［風中柳］ 沿堤緑草，相對碧浪悠悠。平沙静、野鷺輕浮。穩坐魚磯，一似嚴江叟。閒憑弔，漢代羊裘。 無窮景色，行行曲徑偏幽。依古岸、蛩語驚秋。欲遺塵囂，幾度愛臨流。真堪羡，風月綸鈎。釣魚磯

［晝堂春］ 他山片石寄幽情，長聞幾曲蟬笙。終朝嘯傲白雲輕，那羡浮名。 人心不無浪駭，世路盡是峯横。披襟獨坐待風清，吹破愁城。舒憩石

其 三

俞蘭生

瀟洒書齋盡日閒，何須寄隱謝東山。韜名自喜身無累，得趣渾忘鬢已頒。常道時清歌月醉，閒憑几浄看雲還。茶煙香靄爐中裊，笑展南華一夢間。樂天齋

架石爲梁傍水涯，芳名留記益堪誇。蘼蕪剗盡周行見，池沼穿成韻事賒。風動荷香來社集，柳傳鶯語到隣家。惟君舉足能由是，登眺令人幾歎嗟。若路橋

惜花心競託三春，愛種芙蕖有幾人。水到渠成情自適，夏來葩放席常陳。聯吟有客皆同類，參看惟君是化身。實樹慚余難竊效，每逢醼賞恰相親。愛蓮處

輕雲長鎖緑林阿，位置天然景色多。一徑青蕪凝石藹，千畦翠葉漲煙蘿。風清最愛聯知己，興到無拘獨寤卧。古道深離荆棘遠，箇中滋味任消磨。三息阿

立石河干擬釣臺，先生寄興自頻來。閒鷗結伴浮清渚，古樹分陰覆緑苔。蓑笠偶披煙雨意，綸竿時捲夕陽回。神遊不到長安地，未許蒲輪聘逸才。釣魚磯

考槃阿澗景偏幽，片石留人坐未休。日麗喬林春晝静，露華芳草曉風柔。紅塵爍破平生拙，壯志徒勞歲月留。道蹟仙踪何地覓，寬懷此處即瀛洲。舒憩石

其 四

俞得鯤

沕穆淳風一洞天，有誰遊玩有誰然。齋頭獨得斯須景，月在秋空水在川。樂天齋

水界兩涯杖履邊，君今布石駕平川。往來自得坦然過，羨卻康莊不計年。若路橋

一池碧水漾嬌蓮，常得主人相愛憐。漫喜花容容色麗，更懷香趣趣幽然。愛蓮處

古詩傳誦碩人阿，其樂如何快活多。三息徘徊情自適，卻聞啼鳥徹天歌。三息阿

泮奂林叢煙靄微，攜觴坐釣水邊磯。不貪名利貪天趣，魚躍深淵鳶自飛。釣魚磯

玩遊清景得舒憩，心曠神怡何所思。盤古及今無限事，信知局局是圍碁。舒憩石

其 五

俞蘭生

旭日當窻早，心齋淡自持。焚香嗜古帙，染翰賦新詩。洗耳消塵熱，披襟聽月移。天機常得合，好爵詎思縻。樂天齋

新橋平一徑，秀水亘長流。沼泛青萍翠，堤垂緑柳柔。披星低鵲渡，玩月穩蘆溝。坐覩行行者，口碑載未休。若路橋

謾云謝草翠，次第長新蓮。青蓋凌雲濕，朱華艷日鮮。飛觴相劇飲，分韻各題箋。恍若瑶池際，瓊英香滿前。愛蓮處

恰似崇阿地，登臨别有天。深雲浮柏翠，細雨入花妍。錦石聯幽處，奇峯獨峙前。優游從

此息,倦鳥亦知還。三息阿

獨有林泉興,臨流坐釣酣。浮沉隨世態,取舍聽魚貪。磯上雲飛五,竿頭日映三。嚴陵使復出,相與共高談。釣魚磯

片石蒼苔古,舒懷止此傍。松聲留客韻,柏影拂人香。抱膝閒雲住,長歌流水湯。静觀多自得,名利兩相忘。舒憩石

其　六

俞麒生

胸藴珠璣學自淵,平居常養性中天。雅操恬澹忘人我,心内還除物外緣。樂天齋

碧漢澄淵一徑通,石橋平駕水浮虹。紅塵千里雖無際,道岸攸分咫尺中。若路橋

瓊姿渾不染塵埃,緑蓋紅粧滿鑑開。解語香含君子愛,兩般清趣共徘徊。愛蓮處

雲繞深林水繞阿,碩人休息樂如何。世情夢幻終難測,絶卻塵喧伴薜蘿。三息阿

志抱經綸躭碧流,咸欽再世渭濱儔。幾多欲避風波險,君處波中樂更幽。釣魚磯

儼然片石有黄公,凝帶煙霞傍碧叢。箕踞空餘圯上事,閒雲野鶴寓情衷。舒憩石

其　七

俞　電

散士於今尚六旬,行名無間孰同倫。胸羅二酉珠璣潤,學解三相咳唾新。衾影清清無幻夢,煙霞裊裊破凡塵。揮毫紙上心惟樂,樂在齋頭一味真。樂天齋

不攖名利樂囂囂,坦蕩襟懷過此橋。濃淡雲霞隨往復,去來魚鳥恁逍遥。方塘一片開清鑑,遠岫千重聳碧霄。奔競□□□□役,何如周道樂偏饒。若路橋

草木繁華千萬種,緣何所愛獨香蓮。萌芽爲謝污泥染,色相長衣緑水妍。麗日晴光映古岸,清風臭味入華筵。奚須貌似羣相擬,着眼宜從閒處傳。愛蓮處

碌碌浮生無一息,誰知一息息無窮。一真不鑿心恒泰,萬事忘機性自空。隨境園林皆樂土,怡情泉石盡春風。無煩瑶島金丹藥,身外有身奪化工。三息阿

紛華靡麗非真樂,真樂無如垂釣翁。清水波心毫不滯,塵寰世上將無同。理綸空卷風和月,抛餌驚飛燕避鴻。得意忘魚鈎不事,任言曲直不相蒙。釣魚磯

勳業功名寧不樂,但能知止便無憂。曠懷片石逾三吏,解趣卷阿過十洲。高樹吼風音迭奏,清潭印月影如浮。避塵趺坐消煩俗,心自幽閒水自流。舒憩石

其　八

俞龍官

齋頭静坐撥爐灰,道合全憑橋作媒。滿沼荷香風過遠,深阿詩興雨來催。臨淵歡羨磯邊笑,抱膝幽閒石上陪。最是光陰真好處,徐行免使後人哀。

其　九

俞龍光

安心樂業是奇才,橋度坦然没忌猜。解處滿涯香拂拂,馴阿餘地樂恢恢。欲明富貴魚書秘,得見清閒雲霧開。莫道仙居此地少,蘭芎邑署與金罍。

其十

俞龍見

齋在蓬瀛第幾限，獨梁隨路可圖回。蓮花處處皆相似，阿嶺山山好幾培。魚釣尋常人自有，石坏儘美世間裁。無如六景成佳趣，道味深長振世瞶。

其十一

俞龍章

詩成春色滿書臺，莫棄津梁尺寸材。花發儼然如玉井，林蟠疑是到天台。脱鉤機變虚生禍，静坐無爲空作菑。世上違心俱不做，惟將六景作歡雷。

其十二

俞龍韜

月轉書窗宿斗魁，橋邊夜色正方纔。風飄香處餘清味，露浥林阿漲緑醅。穩坐魚磯影水面，長舒憩石動雲荄。古人秉燭偕乘興，何待南柯一夢槐。

其十三步原韻

潘普恩

歲在屠維大荒落端陽前一夕，夢聞人語曰："汝族與俞氏同修譜牒，嗣祺先生《六景詩》命汝轉屬補鐫，藉免湮滅。"越宿往告，從影堂中尋獲康熙間雕版，多鼠傷，惟先生著作無恙。奇矣！嘗攷崧城潘氏叢書《傳德堂語録》，俞嗣祺先生原名胤登，一名允登，避皇太子諱，改名木，别號儒林散士，嗜吟詠。見世人責人不責己，恕己不恕人，故寓意於樂天齋以處心，若路橋以樂道，愛蓮處以擇友，三息阿以崇易，釣魚磯以警世，舒憩石以知止。每一篇出，争相傳誦。刊有《儒林散士六景集》一卷行世云。

儒林景仰佰餘年，夢裏論詩想夙緣。函谷五千經手纂，揚州十萬薄腰纏。安貧知命誰先覺，寡欲清心自補愆。留得小齋臨大道，《傳德堂語録》云，樂天齋，康熙四年乙巳秋八月建，邑令高之蕙題額。高駢慢詡築迎仙。樂天齋

平治歧途架石梁，幾經艱險履康莊。櫪中老驥歸東市，檻外垂虹映北堂。顧影頻憐眉黛緑，《傳德堂語録》云，先生有二簉室尤氏、吴氏，美而不育。盟心轉笑鬢毛蒼。不分階級馳驅便，溢路猶傳菡萏香。若路橋

松陵把酒每論文，高潔襟懷敢讓君。泛棹濂谿邀伴侶，浣衣冀國妙傳聞。鏡湖倩影移紅日，玉井幽香墜碧雲。梗斷蓬飄今已久，不然秋色《傳德堂語録》云，先生别營儘好園。又云，有繼子二人，曰龍見，曰龍章。話平分。愛蓮處

陰陽變轉微通瀘，泉石清娱替寫真。《傳德堂語録》云，先生倩夏杲繪《行樂圖》，藏於永言室。畚土同埋鸞鳳友，占蓍屢禱社壇神。安排坎卦鍾靈秀，管豁離宫惹怨瞋。翠柏森森無恙在，熟知明月是前身。三息阿

隱同嚴范侶巢由，垂釣磯頭得志秋。《傳德堂語録》云，先生於康熙十八年己未秋七月在九字瀝北築釣魚磯。魚泳清流難引餌，蠅營濁世易吞鈎。苕緩汎宅惟尋樂，汝水吟詩也解憂。任爾風波江上惡，持竿不顧等莊周。釣魚磯

降詔何時特訪賢,媧皇石未補蒼天。支機織女多虚妄,試劍吴王更杳然。澤畔行吟消永晝,林間坐嘯樂餘年。先生早赴修文召,舒憩石在先生塋前。多少雲仍拜墓田。舒憩石

全譜梓印甫竣,潘子少文以夢兆見示,因尋獲《六景詩》雕版,刊入補遺。除原唱外,屬而和者珠璣盈前,美不勝收。兹僅摘録本姓,以重俞氏文獻。而潘子景仰前徽夢裏論詩,具有夙緣,俾得和韻於皕餘年之後,蓋亦足以自豪矣。詩中佚字已據《松陵詩徵》校正,詳見刊誤。己巳夏五,編者附識。

吉夫茂才十筆勾有引

佚　名

昔蓮池大師創《七筆勾》,蓋恐後世學道者爲凡情纏縛,不能專心致志,故於塵俗之事悉令勾去,俾得一心向上,而成真覺之意。至咸豐年間,揚州石天基先生亦有《七筆勾》,乃專勸世人於諸務中之非理不法者,勸令勾去。雖未能學道成真,亦可勉爲正人君子。誠覺世之婆心焉。今余不揣鄙陋,偶成十首,既非勸學道,亦非勉勵世人,乃自述其生平之心術耳。事有不願爲者勾而去之。其中有銀錢衣食數端爲日用所必需,似無容勾而亦勾者,蓋因爾來一貧如洗,饑寒臨身,雖不勾而亦勾也。況余今年七十有三,死期在即,及早勾之,庶懸崖撒手時無一毫繫戀之私,可以瞑目而去矣。是則余之意也夫。

調寄駐雲飛

傲骨猶留,屈節卑躬豈不羞。富貴非長久,貧賤宜安守。休。勢焰莫輕投。何須炙手,媚態甘言,笑壞人人口。因此把附勢趨炎一筆勾。

險惡陰柔,慣與人間作對頭。見面如忠厚,轉背思傾覆。休。暗地弄戈矛。良心太負,鬼蜮虺蛇,世上能容否?因此把毒計奸謀一筆勾。

邪路休游,蕩産傾家最足憂。花柳行爲垢,博奕名聲醜。休。敗子不回頭。貽羞父母,陷阱深淵,豈可等閒走!因此把賭博姦淫一筆勾。

益友宜求,飲食嬉游不與儔。勢利居然有,攻錯何曾受。休。意氣暫相投。甘如醴酒,覆雨翻雲,轉眼隨人走。因此把酒肉弟兄一筆勾。

酗酒堪愁,氣亂神昏不自由。微則私相呪,甚則羣相鬭。休。樽俎起戈矛。蔓延莫救,性命身家,斷送他人手。因此把縱酒行兇一筆勾。

雅片何求,失業荒工大可憂。百體從兹瘦,百病從兹受。休。日夜目熬油。一燈似豆,壯盛華年,老朽非如舊。因此把清水洋烟一筆勾。

健訟非謀,事到公門不可收。起釁咸來嗾,後悔誰來救?休。忍耐最優游。何須稟究,百萬家財,輾轉成空手。因此把訟事争能一筆勾。

國寶通流,分外分文勿妄求。不願將錢守,免得譏銅臭。休。十萬上揚州。何曾實有,去見閻羅,那箇非空手。因此把財寶金銀一筆勾。

夏葛冬裘,命運低時莫强求。裋褐何妨舊,補衲何嫌醜。休。不過禦颼颼。何須錦繡,百結鶉衣,道德稱人口。因此把美服章身一筆勾。

食甚珍羞,淡飯粗茶也要修。美味雖多有,薄福難消受。休。口福不須謀。肥醲毒厚,疏水簞瓢,樂在其中久。因此把盛饌嘉肴一筆勾。

天羅地網誰能曉,糾纏何日了。高跳碧海魚,遠舞青天鳥。我今造成十筆勾,自叨好。

(俞彦彬等纂修《[浙江上虞]崧城俞氏家乘》 1928年孝思堂木活字本)

解嘲詩四疊韻

俞守仁

病染薰香豈是顛,幾將幽恨寫長箋。縱慚壁火無虚夜,卻喜經鋤有壯年。
泉石稱情堪作友,風花無價不需錢。洞庭賦就偏忘誦,命也何須嘆浩然。
嗜酒躭吟也道顛,牢騷空寄短長箋。汪瀾漫欲迴山峽,覆簣寧知計歲年。
嫩葉參差藏巧舌,賓階清淺繡苔錢。錐囊無限相思穎,回首平原淚黯然。
莫謂詩魔不是顛,夢中曾授衍波箋。借書披閲無寧晷,得句推敲不計年。
暮景每輸魚艇月,村沽常欠酒家錢。人生自是行雲耳,舒卷何心總偶然。
疎狂心性漸成顛,筆墨淋漓染素箋。孤憤有懷恒日日,追歡無計只年年。
陶公運甓寧妨政,王衍清談尚諱錢。豈必解嘲效楊子,知言知默信陶然。

書　懷時年七十有七

俞守仁

也争名利幸遭逢,南北東西意氣雄。七十餘年如一夢,歸來猶作信天翁。
信天翁本性存仁,飲啄隨緣不顧身。傍水尋山且行樂,杖藜扶我去游春。

輓秦澹園侍姬葛氏二律時年七十有八

俞守仁

端淑由來是謫仙,澹香樓上續前緣。薄誇顔色温如玉,創見詩篇秀更研。
名士風流真罕匹,佳人才調竟居先。正當琴韻知心處,忽斷多情一柱絃。
甘居澹泊實稱賢,通德玄聆豈偶然。夜月當牕嘗刻燭,春宵賭酒懶高眠。
每思往事心如醉,爲憶多情淚暗漣。玉女修文應赴召,依稀姑射一飛仙。

舊游憶俞慧川

孔昭焕

吟眺清暉思不窮,昔遊如夢幾人同。憶君共躅西山雪,坐聽清猿萬木中。

春夜園亭宴集題贈俞慧川四律

杜開儀

衡宇遥相望,杜公移寓五擔山,與公望衡對宇。天涯竟有倫。春風饒古道,意氣逼陳遵。西郭千峰秀,南屏一練新。茆亭聊小憩,卧看對棋人。公不着棋,而性愛弈客,杜公至,亦從旁卧看。

豈是餐霞侶,誅茆奈可居。依然城市境,彷彿神仙廬。酒裏乾坤大,壺中日月舒。東家無箇事,吟罷帶雲鋤。

卜羨嚴翁寂,學欽楊子精。先民遺故里,後輩復鍾情。地與人俱韻,今非古共傾。忘形無汝我,客至遣猿迎。公久豢二猢猻,甚狎馴。

亭夜雲全黑,青燈竹裏明。揮盃酣搦陣,歸馬欲參横。翻覺鄉心淡,頓忘客緒攖。人生期適意,何必戀蓴羹。

五間樓落成題贈俞慧川

陸士雯

百花深處築吾廬,何用頻煩長者車。蝴蝶夢中誰栩栩,鷦鷯枝上自居居。
臙脂着樹紅初綻,翡翠翻階緑未除。耀眼文章須共賞,莫教衰鬢負生初。

己卯六月二十六日邀同案諸君子觀荷漫賦七絶六首即題贈朝陽

俞肯堂

憶從舞勺賦成童,三試澄江列泮宫。多少賢豪推繼起,關心四十二年中。戊戌至今計閱二十六案,人材輩出,企望無已。

師恩宏論溯文清,學政爲諸城劉文清公。袞袞肩隨爵頂榮。文清以賤名列府庠年幼,勗誨之曰:"少年勵品爲重,前程正遠。"此冠頂時也。三載四門依教澤,堂由拔貢,復承文清考取八旗教習,隨侍三年。幸遇臨雍大典,文清率領聽講獻頌。辟雍聽講頌和聲。

蔚然秦景范季黄中耀文場,老宿成名説鮑日升楊文駿。修短底須增感慨,六人今是魯靈光。

文誦鏁闈徵益壯,寅仲二兄文興豪邁,丙午科鄉試薦卷梓刻。書刊楣額總堪傳。霞章四兄書宗歐柳大字,尤卓然可傳。課孫各喜能繩武,晨夕談心税務前。

少宰第中訪老輩,春帆六兄爲第中最尊行輩,堂同進,稱爲尊兄,每深跼蹐之念。粤游歸後更康强。昨歲自粤西言旋,更可矍鑠。關西夫子傳經健,悦道安貧姓氏香。漱泉大兄"回也不改其樂"題文弁冕錫庠,兹以名師授徒,其境遇彷彿似之。

北里同舟本舊交,朝陽大兄自幼即同硯課業,及進學,即訂同舟赴澄江覆試。相邀采芰泊雲坳。諸君子移舟邀至小金山。素心祗願求三益,别後還愁又塞茅。憶及金匱題。

復謹按:己卯,公年五十八歲,即於是年十一月二十五日病殁。(查墓誌中作二十七日,不知孰是。)先曾祖錦雲公《哭伯兄東疁公》詩註中有云,抵京未閲月,即蒙簡放山東道御史。又云,十月十六日四更,進内奏事。時值雪後寒甚,因此得病,以致不起。公墓誌中,己卯授山東道監察御史,旋没於京邸。綜上各節觀之,公拜御史職僅二三月耳。蓋公於六月下旬尚在里與諸君子歡會,若拜命在六月前,則新授諫官之責,不應驟離職守。是決在六月之後。假定於六月底在里起行,當時自錫抵京,途中無阻,約須匝月。則抵京已在七月杪。註中所謂抵京未閱月,即授山東道御史,則已當在八月下旬。而十月十六即已感寒得病,計公在職能盡力辦事者不及二月。《以工代賑疏》即在十月,公關心民膜,特邀九重諭允。倘令天假之年,其爲民造福者當未可限量。乃不三月而病即不起,豈特吾族之不幸,抑亦國運人材之關係也。惜哉!

又按:公於乾隆四十三年戊戌歲試補博士弟子員。公籍金匱題爲"山徑之蹊間介然用之而成路",第六首結語即本此意。朝陽大兄當即金籍同案第九名。李鳳池第五首中"關西夫子"指錫案第一名楊拱而言,漱泉當即其號也。民國二十八年己卯二月十六日復識。

老將臺灣破賊

俞 堃

年衰力壯志偏豪,上陣猶提斬將刀。破賊威名驚海外,功成麟閣解征袍。

冬雪連旬

俞 堃

臘雪人稱瑞,連旬積不消。民貧難濟急,悶殺老漁樵。

哭壻悲女公壻侯文楷,於道光癸巳正月作故。上有老母,孀居,年已六十有餘,下遺孤女,三歲。

俞 堃

堪憐長女未亡人,堂上孀姑白髮新。孤女不知亡父恨,娘懷時喚阿爹聲。

奉和淡香夫人原韻四絶淡香夫人即東甫伯母也。原韻已失。

俞 堃

鳥啼花笑蝶離魂,暮雨初晴月影門。煮茗坐談忘夜永,漏殘疑是半黄昏。

俠女英雄錦繡腸,尋章摘句笑人忙。鳥雀豈知鴻鵠志,興來度曲舞霓裳。淡香夫人性好吟詠。

人喜芳辰不憚煩,穠花風雨鳥能言。放懷漫訴心中怨,着眼青山看碧痕。

高歌酌酒莫言狂,俠骨豪情那可量。淡香夫人素性好施與,有女孟嘗之譽。歷盡天涯愁不慣,府君轍跡幾遍天下。邗江馳馬拂輕裝。淡香夫人寄居廣陵。

凡祖先之贈答詩詞,本無涉於譜。今附録之者,誠以祖先之著作散佚無存。今所見者誠吉光片羽耳,因附於宗譜之後,末四首并爲加註,以并垂不朽云。鏕謹識。

(俞復纂修《[江蘇無錫]俞氏宗譜》 1939年德蔭堂鉛印本)

姚氏宗譜

太上立德其次立功今無所爲功德也因果而已三代以下惟恐不好名則言功德於今日正惟恐其不知因果也善則降祥不善降殃爲其事而無其報者未之前聞作連珠十二種

姚　燮

賑䘏饑饉

蓋聞朱考亭之昌後，法美社倉；范希文之亢宗，恩隆義産。故隨地餓殍堪隱，咸思求粟仁人；而普天饑債宜償，請效發棠馮婦。

拯救僵凍

蓋聞八年敷土，登魚鼈於春臺；九月授衣，獻狐狸於東國。所以爐堪爇獸，遑云我有輕裘；其如凍可折龜，尚念人無短褐。

撫育嬰孩

蓋惟劍津子多俞字，俞仲寬保赤之功；新息兒以賈名，賈偉節乳烏之報。所以浮屠七級，不敵好生；苟能懷保三年，無慚衆母。

施捨棺槥

蓋聞死無人而不憫，匠有時而亦仁。故一腔朽骨，何忍溝壑終填；而三寸桐棺，庶免蠅蚋見嘬。惸惸落魄，得所棲依；冥冥幽魂，實多銜結。

勸修道路

蓋聞蠶叢鳥道，天涯愴遊子之神；魚腹羊腸，岐路掩征人之袂。固知九廻之險，來往有同憂；一簣之功，聖賢所不廢也。

戒殺生命

蓋惟解網爲心，令嚴數罟；竭澤有禁，愛及鯤鮞。所以鄭相雖受校人之欺，究無妨乎仁術；馮君終罷監丞之釣，大有造於恩波。

設立鄉塾

蓋聞養正惟蒙，仁里呱呱稱子曰；既富方穀，窮簷往往絶書香。所以設黨塾而延師，克成令嗣；驅弟子而之善，不負家兄。

建置義塚

蓋聞南華之嘆髑髏，浮生同夢；西伯之掩胔骼，燐火消形。故卜牛眠以遺子孫，既積德所致；封馬鬣而瘞孤獨，惟見義則爲。

刊刻善書

蓋惟韋編三絶，苦無楮墨便行書；芸火十年，未必校讐皆正字。所以月露風雲之態，貽子孫而不堪；忠孝節義之文，壽棗梨而恐後。

檢拾遺字

蓋聞蟲書鳥篆，義剖精微；緑字赤文，靈昭神鬼。故狼籍而膺譴報，既可知懲；護惜而獲休徵，益當思勸。若沂公之因果，在往事則昭明矣。

藥茶濟困

蓋聞刀圭愈疾，飢渴害心。故盧仝七盌滲脾，所貴分其餘潤，秦緩隔垣見腑，正須霍以良劑。此誠枯槁之甘霖，膏肓之良相也。

燈履便行

蓋聞蠟屐看山，共道登天亦易；夜遊秉燭，誰知浥露惟艱。言念彼昏，實嗟重繭。所以孤燈代月，誠爲一路福星；葛屨履霜，庶慰長途雨雪。

三江閘有序

姚夑

於越水國也，而病于蓄洩。明嘉靖間，刺史湯公諳水利，建閘三江城下，以匯衆流，動支歲課九年而成，民永賴焉。後數十年，蕭公修築傾圮，兼按列宿廣爲二十八洞，立時辰牌測水高下，以事啓閉，厥土膏腴矣。閘之左右兩山對峙，下有石骨相連。湯公獨知之，鑄以生鐵，後立梭墩，上施石梁。梁分三路，版築二重。行其上者如聞轟雷，内外水勢高下丈許。歲旱則巉石嶙峋，拋銀噴雪，亦奇觀也。

一鯨綿亘控陽侯，萬壑齊歸東北流。山海效靈襄懋績，星辰用命焕前猷。濤聲上撼城頭雉，水勢横拋雪裏毬。明德在人知不朽，兩公俎豆已千秋。

勸學二首示開陽諸子

姚　燮

其　一

博物惟嫌少，窮經不貴多。終身精一字，疑埋費千過。探本同觀海，迎機若決河。庖丁無别巧，遊刃竟如何。

其　二

古人期益友，相對息囂情。良會無虚度，冲懷本至誠。鋭思探理窟，清辨豁疑城。一夕同尊酒，千秋慰素盟。

勸 農 二 首

姚　燮

其　一

積雨晨初霽，東郊急勸農。層山青不了，深樹緑加濃。胥溺嗟由己，分憂仗素封。可憐茆屋裏，餘粟問誰儂。

其　二

方災春犉犢，莫辨雨中犂。東作茍無及，西成安可期。愧稱民父母，忍見衆流離。兩袖如何恃，凴軒費百思。

講　鄉　約曹南草。

姚　燮

玉音詮解久成編，三載殷勤朔望宣。寄語鄉耆交勸勉，畊田鑿井戴堯天。

嚴 守 望

三省輿圖接犬牙，喬居羣醜混瑜瑕。須知守望非虚設，莫聽踈虞事後嗟。

戒 鬬 毆

金革如何不去身，輕生鬬很俗相因。懸書覿面多方誡，勿忘寬柔以教人。

祈 晴 雨

噢寒何刻不關心，禱雨祈晴憂患深。到得有秋齊落實，稱觴誰復憶鳴琴。

賑饑饘

頻年霖雨苦爲災，鳩鵠何堪溝壑埋。蠲俸募金炊白粲，一時鼓腹樂春臺。

開河渠

積霪爲患亦多時，相土開渠集衆思。但使後來知潤澤，何愁良法不長垂。

修奎樓

峩然東壁聳奎樓，日久傾頹文教憂。蠲募經年成鳥革，天池振羽已逢秋。

建義學

當年直指重斯文，書院翬飛盛樂羣。有意光前功及半，落成今欲藉諸君。

省繁刑

爲勤撫字拙催科，三載蒲鞭心自婆。贏得交情如水淡，落花一任逐流波。

勸守分

弗負官租累考成，莫因小忿盡無情。臨期片語諄相贈，恕字終身信可行。

渡雙河

姚　燮

一琴一鶴一書囊，兩袖飄然返故鄉。秋老朔風應漸冷，不堪離思結垂楊。

歸鑑湖

姚　燮

千巖萬壑越王居，食有嘉魚出有車。故老來時相問訊，幾竿修竹是吾廬。

周易羣詮合璧告成

姚　燮

其一

圖書一畫啓天心，參伍成文炳古今。五兆却從奇處運，六爻偏向耦中尋。屈伸相感因生利，往復頻乘每抑陰。萬化有源歸太極，寂然思慮不能侵。

其二

百家詮解已如林，擲地聲聲欲出金。炫富競誇殊域寶，投機還讓對鋒鍼。犧皇立象原非奥,鹿洞傳經妙不深。十載篝燈讐校定,帙成緗素待知音。

詠客梅軒

姚　燮

不煩奇巧費人工,樸斲猶存太古風。幽徑肯教塵客到?修林偏有野禽通。月臨竹檻移新緑,雨過苔階點落紅。最喜小軒留獨坐,一番清興結梅翁。

中秋飲客梅軒同西席張南衡孫倩孔曰旦兼示子弟輩時桂花雙樹盛開猶予五十年前手植也

姚　燮

其　一

撚指炎霜四十遷,歸來鬚髮兩皤然。已無緑萼堪爲客,尚有丹葩足引年。對月每慚非庾亮,隨槎且喜有張騫。一巵北海聊同醉,莫負南樓不夜天。

其　二

王謝堂中子弟賢,爲珠爲玉到今傳。每懷捉塵清風滿,喜見團几明月圓。我本菲才依别墅,爾甯無意錫如椽。試看馥郁庭前樹,猶記當初手植年。

庚子元夕包子嚴介仲父祐止季弟贊衡偕諸同人集讌高遷亭

姚　燮

閶闔春回霄漢清,玉盤光透碧紗熒。同人卜晝且卜夜,持書來集高遷亭。高遷故址鄰靈祕,中郎截竹成佳事。干戈百代久灰塵,識者于兹感興廢。先子懷古情獨深,更逢包子稱同心。晚年課學益忘倦,日過荒亭留坐吟。一朝海颶汨天地,塈塗方始忽遐棄。壯懷故欲武前徽,且與讀書酬素志。讀書先尚論古人,經天大節宗彝倫。中郎東漢之國士,遭逢不類戕其身。豪傑遭逢不嘗有,同人遇合良非苟。文章要使泣鬼神,節義還須炳牛斗。只今海角屯烽烟,麒麟閣上繪樓船。布衣不即擁大纛,青燈猶欲凌嬋娟。燈光照徹千門柳,月色雜離映樽酒。高遷訪落在何年,與子逍遥樂亭後。先祖卜居村名亭後。

中秋次贊衡兼正梅谷

姚　燮

秋氣平分閶闔門,玉盤離嶠正黄昏。民勞三載嗟雞肋,吏事今宵托酒尊。骨肉有緣聯異域,炎涼誰復識王孫。天香依舊飄雲外,回首當年欲愴魂。

自　嘲

姚　燮

豈爲婆心屢着鞭，也非王事獨勞賢。宵行緑野三千頃，日送黄虀什伯錢。古道誰人堪自許，世情于我復蕭然。歸來仍是殘書劍，深悔荒蕪舊石田。

甲戌初度

姚　燮

其　一

山縣栽花有七年，黑頭不覺轉華顛。半生迂拙難諧俗，一種清閒却近仙。總使丹砂隨地是，可知冰櫱倩誰憐？今朝慚愧逢初度，黄菊分香繞坐氈。

其　二

高署風清早授寒，無弦空抱不成彈。峰環九老人應壽，座接三台勝可餐。傲骨恰逢籬畔菊，素心曾締谷中蘭。自公喜得還多暇，草就黄庭帶醉看。

初度言懷

姚　燮

賞殘籬菊已交冬，屋瓦凝霜起玉容。弧矢遠期廊廟器，東南久滯斗筲踪。三年栩栩慚遺愛，十畝閒閒待老農。莫笑空囊歸去晚，梅花凍九韻偏濃。

思　歸

姚　燮

東郊三載滯風塵，到得歸田僅一身。教秉寬柔甯作母，心存清白豈辭貧。殘編有用仍還我，雙鶴無緣早贈人。兩岸垂絲牽不住，鄉思先涉大江濱。

歸里數日喜晤自昭弟再用前韻

姚　燮

昧思不啻隔三秋，邂逅相逢訝白頭。笑我馳驅空老大，多君刻苦計弓裘。山陰道上塤篪叟，西子湖邊華蕚樓。但得往來供困乏，何妨絡繹買扁舟。

賀錫之弟弄璋十二月而生

姚　燮

懸壺當七月,受娠已年餘。濶水增賢嗣,堯門起令譽。甯馨光舊德,跨竈讀新書。狂喜何辭醉,將來我不如。

送錫之弟北上

姚　燮

弱冠離鄉井,高堂有老親。小心遊子佩,肆應丈夫身。肉食終凡品,金臺萃異人。臨岐無所贈,數語指迷津。

送爾安姪北上

姚　燮

作客歲云久,新歸治祖塋。孝思天自佑,屯極運當亨。莫以錙銖業,空稽九萬程。此行須努力,拭目看遷鶯。

詠貞女朱氏弟媳

姚　燮

貞女者,先金庭相公五世孫女也,字予族弟天佑。未成六禮,天佑即世。女聞訃音,脱簪毁容,匍匐赴靈,衰絰號慟,誓撫二子一女成人。女中丈夫也,爲賦短章。

其　一

有志何愁命不猶,憑將苦塊作丹邱。已從媒妁通名姓,肯逐脂韋眩去留。哭罷青天終室女,揮殘紅淚障東流。預知清操凌冰雪,媿殺當年賦白頭。

其　二

高堂兩月歎齊傾,兒女相依祖母行。自是藐孤同李密,何緣處子學程嬰。松筠賦性非今日,華表他時永令名。巾幗隊中應有數,短歌聊以誌幽貞。

留 別 贊 衡

姚　燮

雁行十載賦離羣,叱馭何當又遠分。山水大都連蜀道,鄉關直是隔湘雲。春風兩地應無異,明月同懷覺倍殷。共道邊員容易轉,樓頭花萼醉餘芬。

客梅軒再别贊衡

姚　燮

客梅人去一軒留，熟視榱題生百憂。肯搆十年求繼志，分符萬里學封侯。傷心久廢蓼莪咏，舉眼還看華萼樓。世事老成推第一，灌花扶杖儘消愁。

贊衡弟得孫即來韻

姚　燮

開函知爾得佳孫，深喜增光嬀氏門。跨竈自應推祖德，象賢當不愧人言。親朋座滿誰先醉，苜蓿盤空我進食。娱老只今無别事，一經端可裕來昆。

憶贊衡家弟

姚　燮

别後春徂夏，山川日作羣。扁舟慚素飽，半榻想微醺。回雁峯頭月，歸鴻樓外雲。客途驚物候，那得不思君。

寄贊衡

姚　燮

留得清名在，茹荼已一年。每驚新白髮，翻憶舊青氊。詩愧龍標後，書歸雁足邊。故鄉秋色好，菱芡有餘妍。

答贊衡贈言

姚　燮

屈指離家又六秋，頻年冰檗爲人謀。每逢佳節非無酒，纔説稱觴便有愁。顧影自憐成老大，遺書誰可振箕裘。高吟幾度懷華萼，愧少名箋答鳳樓。

十日贊衡初度寄言

姚　燮

卯橋曾訂共携筇，七載猶淹林菁中。宦底鬢毛羞竟白，堂前斑彩喜添紅。丹砂遠佐千秋果，繡帽還乘九日風。莫怪侑椷無别物，新詩一律托飛鴻。

壽 贊 衡

姚 燮

月高風勁暮秋天，柿葉楓林帶露妍。喜見霞空聯錦字，偶來雷澤伴冰弦。南華笑我無書著，東海聞君説酒僊。恰好紫茱方在佩，年年相看醉皤顔。

九日次贊衡

姚 燮

碩果猶存賦得輿，輕携雙袖樂陶如。憑將青眼酹籬菊，早把丹心付麯車。秋水幾年勞蝳夢，東山何地卜樵居。當年一局如堪訪，還向柯西結草廬。

重陽後二日對菊同贊衡

姚 燮

每甘淡泊茹園蔬，此日烹葵頗自如。尊酒不妨古史下，一椽何異野人居。聯吟喜得怡怡句，歸老羞爲咄咄書。獨有黄花偏好我，數枝乘月伴清虚。

次 贊 衡

姚 燮

其 一

半通初解已如僊，況是懸弧又一年。聯句恣情宗杜甫，作書每日學張顛。懷君賓雁寒中侶，笑我秋花霜後妍。三載漆園空説夢，岱山雲影斷還連。

其 二

晨起晴暉結采雲，雁行異地喜同羣。漫誇伯仲同伊吕，弟詩用工部句。曾把珠璣迪見聞。東海無涯新得岸，北山有蕺待成文。一椽買就柯西竹，好共南園樂此君。

送贊衡南歸

姚 燮

常華春暮正翩翻，高興東來訪玉昆。撚指光陰踰半載，感懷時事笑吹塤。一巵把別情何已，千里言歸心自捫。此去河山勞著述，莫教杯酒倦晨昏。

己卯除夕舟次和贊衡

姚　燮

柏酒辛盤幾許存,家人促膝對桑盆。但教霜鬢如常健,徐起朝天省百煩。

新豐舟次和贊衡

姚　燮

其　一

欲向新豐解玉環,扁舟先日度邗關。時逢雨水椒花潤,路入平川荆棘删。已覺春風葩岸柳,不禁歸思遶家山。篙人醉鬧驚殘夢,一曲吴歈半帶蠻。

其　二

枝頭好鳥弄綿蠻,壤接吴趨近越山。和氣早隨春信至,寒威漸被太陽删。賽神旗鼓喧村社,慶節衣冠繞鎮闕。一甕濁醪酧旅況,憑教烏兔轉雙環。

春王九日贊衡有舟中望月詩和之

姚　燮

客舟三度見初弦,指顧傳柑又欲圓。不識虎林何日到,歸心先上大江船。

和　贊　衡

姚　燮

其　一

也因美酒倍思家,琥珀浮光不費賒。況是湖山争入畫,扁舟到處徧春花。

其　二

坐隱終朝倦客情,無錢難近麯先生。黑甜一枕黄(梁)〔粱〕熟,半啓紗牕擁百城。

送賓旭五弟北上

姚　燮

弧矢丈夫志,天涯遊子情。過都須問禁,遇物貴知名。歲月無悠忽,風霜漸老成。周官三百六,隨事可邀榮。

示仲子在玉

姚　燮

兄弟同爲客,米鹽汝獨肩。平安百慮解,勤儉一家仙。世故交遊鍊,書香子姪延。念兹無少歎,深足慰高年。

示宗唐宗周

姚　燮

臨别無多語,諄諄勸讀書。惜陰期有用,考業貴無餘。左右逢皆是,窮通樂自如。雙髫羡頭角,慰我鬢毛踈。

中秋阡署示兒四首

姚　燮

其　一

遥憶秋光滿鏡湖,扁舟一葉駕行厨。高唫雅謔皆成趣,觴政茶經任所須。水面紅菱花下藕,雙螯紫蟹兩腮鱸。醉餘應接曾無暇,漁火村茅總畫圖。

其　二

承恩弱冠早登賢,荏苒流光四十年。苦塊九秋知味少,春官八上用心堅。分氈曾飲三衢水,製錦來烹萬勝泉。贏得雙清堪永夕,應知故苑一般圓。

其　三

叢桂飄香滿座前,重輪一樣照蠻天。官廚有甑冰堪煮,廳事依山吏即仙。清操也因留傲骨,芳聲未肯墜家傳。兒孫自有高閭在,何用環居問好田。

其　四

有美皆王惟所使,誰云林菁少知名。每思赤縣栽花頌,敢負黄堂借箸情。天欲成人偏著苦,月爲同調故留清。一巵不惜陶然醉,恰有溪鮮可作羹。

示　兒　輩

姚　燮

有子堂前振采衣,鬚眉漸覺較前非。一籌當展時難待,百事幾成願早違。清白尚堪遺爾輩,澗槃何用慨知希。引年未得長生訣,虚度春秋越古稀。

示諸孫及重孫輩

姚　燮

老來只合傍朝暾，戲采殊方賴若孫。種玉每慚終抱璞，樹蘭且喜見重蓀。醴泉携取甯無本，芝草芬芳定有根。世事升沉總莫(間)〔問〕，好將庭訓省晨昏。

至日在瓏得遺腹孫拈示

姚　燮

其　一

見信顔舒笑，知兒又得孫。倘令伊父在，猶作後生論。祖訓爾加勉，母儀媳倍敦。他年賡四喜，接踵上金門。

其　二

四孫誠克類，且莫慨無兒。詩禮家傳在，箕裘世業垂。吾衰難及見，爾壽正當時。黽勉承天眷，高高聽甚畀。

其　三

吉日逢長至，甯馨應兆生。已同松柏茂，望作棟梁檠。小字呼天保，嘉名錫復曾。寒暄須著眼，珍重後來英。

其　四

吾生艱際遇，所喜得重孫。况復稱遺腹，能無錫詁言。起家光舊德，報國荷新恩。乃父雖長逝，須令笑九原。

中秋冰玉堂對月有懷贊衡

姚　燮

堂在署中，前令尹王舜衡建。同寅馬蘅原題其前曰“如坐輞川”。蓋烟村釣艇，無不收拾望中也。余因額其中曰“冰玉”云。

喜見當頭月，殷勤坐輞川。開樽愁獨賞，憶弟獨成聯。冰玉千秋鑑，壎篪兩地懸。君恩方湛露，未許乞歸田。

寄自昭弟

姚　燮

別來已不記春秋，聞道榮旋尚黑頭。有母在堂稱節壽，得君繞膝慰箕裘。歸鴻千里詩裁錦,夢蝶三年月滿樓。猛欲掛冠頻握手,湖山佳處棹輕舟。

述　懷

姚　燮

吾道百年在,寸心千古期。孤高終自許,清白畏人知。江草秋風變,山花夜雨垂。何如松柏友,獨表歲寒姿。

哭母不送終

佚　名

恩勤卅載仗親慈,一霎生離死别時。花樹那堪詳燕翼,爲譜事之暨。艸心遽爾痛烏私。暨陽百里稽行客,地下千秋罕見期。去日庭幃猶在告,歸來寂寂面靈帷。

課兒學喫虧

佚　名

天道虧盈俯斗魁,水流就下出巖隈。屈身胯下英雄畧,唾面人前宰相才。逞忿一朝讐已結,傷情片語禍從胎。茫茫塵世山川險,不獨争端爲藴財。

勸世行方便

佚　名

乾坤施濟古亦罕,方便行來隨處功。息事片言有端木,拔人一字是山公。掃除瓦礫行常泰,位置飢寒歲屢豐。隨在留心四箇字,朅來陰隲已無窮。

裕後積陰功

佚　名

陰德由來似耳鳴,是非一念判人禽。殃祥豈爲邀天眷,胞與無非盡我心。彩筆秋酣仙桂綻,華堂春滿緑槐陰。後隆山上多佳氣,聊與兒孫種福林。

(《[浙江]山陰柯西姚氏宗譜》　清存樂堂木活字本)

姜氏宗譜

送侄儒梅孫進賢三秀才之嵊會譜詩

姜　英

族譜由來重萬金，殷勤爲作遠行吟。此行須溯真宗派，笑殺崇韜錯用心。憶我先公曾令嵊，天上郎官宿相應。四方無地不耕耘，耿耿聲名樹佳政。趙家事業忽南渡，金兵遂阻公歸路。目斷淄川何渺茫，宗支散處不相覩。又憶先公參越藩，威名膽落諸獠蠻。一旦功成動人主，封侯不遂嗟生還。近得我公宜一翁，傳來譜牒欣相同。雁行恰是兄及弟，春風攜杖顔如童。卜居去縣三十里，鉅源勝概人稱許。樹德堂前舞綵衣，集義軒中會朱履。又聞宗門諸仲叔，禮數雍容甚恭肅。緯武經文不乏人，奕奕簪纓推舊族。剡川風景真無儔，此日重逢桂樹秋。主賓放浪風塵外，不讓習家池上游。嗟我歸休咸匯側，年來尚可遠行役。有時或放孺塘舟，有時笑着東山屐。安得拜我先公之墓於覆船之山坵，會我宗人於鉅源之溪頭。想能具佳殽出美酒，飲至黄昏不醉不肯休。時正德改元丙寅冬十一月二十日。

述祖德詩

姜天樞

昔謝康樂有述祖德詩，因仿其意，以存典型且自勵也。

我懷先民澤，疏派何迢遥。厥初自姜水，得姓先黄姚。炎漢迄昭代，名德一何劭。世紀允緜邈，望古託風謡。仁甫早擢第，從政陪冬曹。筠州靖榛莽，貞媛被崇褒。祖昌躬懿行，素望在東膠。恩華隕自天，何必非雲霄。太僕英傑姿，才儁氣亦豪。心追良知學，力卻權門招。秉鉞雖見沮，奉公績已勞。王父領羣彦，首疏開東朝。憂深宫府情，昧死彈左貂。卒貰金吾杖，君恩信可邀。先子金馬客，穢史折羣囂。讜論懸日月，簡在登俊髦。秩宗咨伯夷，講席陳唐堯。微言欣納牖，治道成泰交。四世踐丹陛，五葉朱纓影。嘉謨垂册府，清譽洽漁樵。小子嗣先服，守器慚斗筲。悠悠思盛滿，戚戚戒無驕。黽勉奉休烈，庶以永宗祧。

東池别業

姜天樞

會稽數畝宅，滿庭春草閒。乘興出門去，日夕杖藜還。春筍漾新緑，夏雨迷舊山。知章湖一曲，洪景廬半間。共在風塵内，悠然天地寬。

感　懷

姜天樞

春華發嘉樹，落葉返秋林。行行蒲柳姿，感之多驚心。寄身鑑湖曲，托跡越山陰。少壯信美士，佚態恣浮沈。夙昔敦明義，中道失所欽。悵茲將息駕，徒令怨慕深。

園　居

姜天樞

別業息勞臣，承歡奉老親。園林風月好，燧火榆柳新。宴喜來耆舊，行游招隱淪。雪消池放溜，梅折樹先春。游魚咸出聽，鳴鳥下窺人。誰言武陵谷，終古猶比鄰。

卧龍山中修緝書舍

姜天樞

香茅剪作宇，帶草任縈溪。不廢游魚餌，豈誇鸞鳳棲。疏泉通曲沼，鑿磴架危梯。風過繁花落，雨深密樹低。山霽開晴黛，湖瀠暗彩霓。垂菰狎饑鳥，泛藻浴浮鷖。山經此堪讀，還令游躅迷。

蓮　臺　篇

姜天樞

蓬萊高峙耶溪邊，耶溪主人齊種蓮。蓮花蓮葉舒田田，風環日佩相蹁躚。東藩節使文且賢，驅車蓬島紛流連。長鬚擕我尺素箋，招我河朔開錦筵。圜方羅列窮珍鮮，冰漿玉湑槎頭鯿。蠻童矯矯伎部偏，滿堂拂舞開管絃。銀陂相對流湔湔，宛如身在荷花船。我聞蓮臺多列仙，瀛洲萬頃飛紅鱣。荷珠作餌荷鑑圓，蒼頤緑髮猶嬋娟。況兼繞膝陳荀傳，翩翩棣萼同芳妍。圖書東壁燭彩聯，嘉賓式燕笙鏞宣。太史夜候窺星躔，東南賓主真翩翩，效之亦作蓮臺篇。

登香爐峰歌

姜天樞

君不見，會稽之山高際天，千盤鳥道凌蒼煙。香爐一峰亦其亞，下視列岫何芊緜。我乘春風動游興，竹篼輕舉如飛鳶。草深石滑那可步，攀蘿捫蒻未敢前。仙梯雪凍猿猶館，石磴雲封鳥自穿。舍輿命杖度諸險，聳身直上孤峰巔。臨風振袂一舒嘯，何必更泛三山船。憑虛斜瞰不計里，龍宫貝闕如蛟涎。日光倒挂山梗出，瀑水低垂石罅懸。遥攀碧浪三珠樹，俯踏青芝萬頃田。聞道兹山赤帝闕，日圭月璧時相連。蒼水使者今何往，赤文緑字當依然。我欲側身入洞壑，親識浮邱與偓佺。歸來搗就長生藥，太華山頭日醉眠。

卧龍山房歌

姜天樞

昔有吴儂顧辟疆,園林曾筑名山傍。吾鄉高人戴仲若,池館翳然在巖壑。古人偏愛山水游,我今長隱復何求。千巖萬壑由來羨,其中真可營菟裘。誰把兹山號卧龍,南陽諸葛留高蹤。且畊隴畝堪忘世,便結茅廬安固窮。即今卜隱在山麓,傍岫依巖巢比屋。翳日仍移偃蓋松,引泉更剖柯亭竹。穿雲蒔藥緑差差,洗石栽花紅蕤蕤。白日如年長閉關,緑牕窈窕對秦山。滿酌青樽惟樂聖,時窺鴻寶更求仙。丹砂能餉千年鹿,緑字常飛五色鼉。陶家車馬深相避,隔籬又有王宏至。且將三益待諸賢,鶴怨猿驚關不住。

恩放還山

姜天樞

解佩真堪適,投閒返薜門。永懷耽竹徑,隨步有花村。春雪峰全露,宵牕月半痕。生成難報稱,蔬水是君恩。

閒居偶詠

姜天樞

搴芳詎遠涉,静對即怡心。栖托宜嘉樹,忘情是水禽。看霞標逸興,得月慰清音。笑傲誰爲共,投簪洗俗襟。

懷舊

姜天樞

紫禁趨陪日,青門握别時。宦情終寂寞,佳句每招攜。臘酒金花釀,魴魚玉筯肥。當軒遲皎月,翹首動相思。

午節

姜天樞

碧樹倚丹幄,閒亭網絳紗。傾樽酌术酒,袒裼折榴花。暑減宵霖後,月移午漏斜。不須事行役,老去葺煙霞。

暮秋同陳章候作

姜天樞

高坐千峰外,依然八詠樓。寸心自我醒,白眼向人愁。越絶書何在,吴儂語不休。相看成蝶夢,往事付江流。

仲冬夜月

姜天樞

何以攄情素,慇勤註楚詞。大招寧憤俗,小隱不干時。谿刻雖非類,逍遥委不疑。虚牕山對峙,松偃更堪支。

前谿環衆木,夕照影森森。有此千峰月,愛余三徑陰。句因寒得峭,香爲夜燒沉。卒歲了閒事,悠哉興不禁。

蚤春感郊行不果

姜天樞

春霧浥花枝,東風冷不吹。初萌含媚色,嫩蕊折香脂。度曲紅粧少,開樽白墮遲。相將踏青去,那得向年時。

春半越城中,春寒雨後風。岸花新霧濕,堤柳早煙籠。沽酒隨方醉,耽游寄興濃。豔陽何日到,百舌語先通。

春　　半

姜天樞

耶溪一雨過,春漲水禽飛。寒食禁方遠,桃花看亦稀。越姬妝粉豔,塞馬草根肥。莫怯尋芳倦,輕寒尚薄衣。

七月望日吴山作

姜天樞

滿目傷心處,誰能上此山。林聲催落葉,寒影弄風鬟。直北天垂象,圖南路更艱。高霞迷舊望,無語淚潸潸。

登臨祗益愁,愁極又登樓。雨色連江夜,煙容入暮秋。干戈摧雁户,聲教逝滄洲。尚想當年事,五陵處處游。

自是幽棲地,幾人麋鹿儔。北山文未到,西蜀喻曾收。蠟屐隨康樂,飛鳶恥少游。黄塵林外遠,暫此慰淹留。

幽　　嘆

姜天樞

文獻俱凋謝,登庸盡少年。方悲短髩日,不幸折腰年。殊俗難爲侶,捫心私自憐。衡門差足樂,慎莫負林泉。

顧年兄十年不會癸巳仲春重晤武林

姜天樞

感君敦夙誼,契闊不曾疎。尚識先君語,仍貽世講書。高風援逸志,古道範閒居。正值春芳盛,深談信起予。

寒食還姚祭掃

姜天樞

地别十年後,春歸三月餘。愁雲罥松柏,落日感樵漁。灑酒澆黄土,傳煙薦束芻。不須求介子,悲涕已沾裾.

暮春病感

姜天樞

抱病抛春事,自驚久客回。祇因親淚迸,頓使宦心灰。冰雪凄其後,風塵荏苒催。白雲凝望處,眉眼向誰開。

庚子十月展祖墓歸

姜天樞

十月姚江路,扁舟棹自東。寒煙低渡水,朝露冷隨風。具食炊村火,依篷聽塞鴻。還家驚宵夢,祖德思何窮。

涵空閣

姜天樞

殘陽繫檻樹,摇落四山秋。因訪生公石,還同支遁游。微雲凝遠黛,紅葉映晨流。鐘梵空山裏,禪心處處收。

壬寅仲春武林客雨

姜天樞

省會千門雨,西湖二月春。桃花人面舊,柳葉馬蹄新。客渡清明後,朋後旨酒親。迴腸饑饉歲,慚對此遺民。

秋　涼

姜天樞

秋涼多爽氣，令我憶山溪。草木原疏散，煙霞甚解攜。息柯頻對弈，攬勝欲攀梯。假此忘饑渴，悠然負郭栖。

約綺季弟遠歸

姜天樞

異鄉誠信美，故里實因依。江北客游盡，江南逆旅稀。開襟未易得，分袂竟難違。鴻鴈俱南度，盈盈望爾歸。

乙巳春王臥龍山居言志

姜天樞

垂老鑑湖曲，臥龍堪獨棲。爐峰煙靄靄，花徑草萋萋。猿鶴常爲伴，蓴鱸思轉迷。春風時復至，詩酒不教睽。

春　遇

姜天樞

春思鳥啼裏，春游花氣中。杖當隨意策，詩亦與時工。老跡空遲暮，安心在固窮。園林已草草，一嘯任東風。

寄答綺弟

姜天樞

傳來江上詠，倍見鶺鴒心。孰使摶風翼，南飛到海潯。浮雲吴苑遠，秋水洞庭深。歲久遲相憶，鄉書慰好音。

立　秋

姜天樞

暑氣輕衣袂，秋聲落樹梢。坐依蟾月白，吟愛薜蘿交。德業惟三事，行藏在六爻。疏狂吾自喜，不用解人嘲。

元旦初度

姜天樞

鬚髮經春又一新，世情何處不緇塵。閉門謝客惟容我，開口吟詩好向人。婦有甕頭堪着飲，朋來杯底易相親。耶溪一曲東風暖，可待淵明結比鄰。

感懷

姜天樞

寒風吹雨到今朝，多病多愁度寂寥。那有雄心吹短劍，止因洗耳厭遺瓢。千金不惜空留諾，三黜何妨作解嘲。舊事渾忘如隔世，惟餘清夢繞山椒。

暮秋客吴山

姜天樞

落葉疏柯已送秋，澄江夜静薄煙浮。月寒半魄光逾潔，霜氣侵人净不流。山寺高盤仙掌外，客身還夢鳳池頭。驚看烽火千山滿，清嘯何時近十洲。

戊子秋日登先考西樓飲歸有感

姜天樞

南山秋色遠芳菲，舊日西樓一醉歸。夜展青箱横棐几，朝連紅雨掩柴扉。風塵自古多勞攘，時論於今有是非。白浪驚人隨榜進，好從禪榻息危機。

先宗伯墓間秋祭

姜天樞

侍從宸旒事已非，承恩定省願都違。白雲且向隴頭望，黄葉還從塞上飛。短髮又經衰病後，長歌不覺醉扶歸。黄墟赤壤千年事，華表空勞丁令威。

至日獨酌

姜天樞

晴日陽迴葭管新，今朝可有惜陰人。碁因别墅看移屐，酒入鄰廚效漉巾。無恙餘生輕歲月，長休健飯復風塵。登臨祇覺流光異，草木園林次第春。

和春前二日看雪

姜天樞

千峰樓閣倚雲開，乘興招攜畫舫來。剡曲可無高士駕，章華應有大夫才。和歌豈爲陽春誤，載筆還從兔苑陪。喜溢郊原堪獻瑞，預將大有勸仙杯。

贈朱婉鴻

姜天樞

窈窕芳姿鬪麗華，西風寒雨損秋花。盈盈漢水侵眉黛，靄靄湘雲壓鬢鴉。舞袖露嬌擎腕玉，捧樽憨態倚牕紗。多情亦有狂司馬，目送孅阿路未賒。

暮春卧病

姜天樞

蓬萊何處是仙居，越嶠東南舊有廬。芳草擁門宜禁足，落花襯席好攤書。春深有雨寒仍在，霽後無風煖亦舒。病去支離應避俗，那知香翠襲襟裾。

（何錫冕總裁、陳運鵬總纂《[浙江鄞縣]鄞東姜氏世譜》 1929 年崇本堂木活字本）

題九龍山祖墓

姜　寶

彭澤潯陽派本通，九龍山下是吾宗。一村食指千丁聚，两世簪纓八座同。越境松楸猶守護，經年祭掃必親躬。受廛端爲窮源委，入國還期拜令公。

送家廷評同節改服北上

姜士昌

趨朝那可後，漢署遲仙郎。巖月爲行色，江雲滿去裝。丹霄應爾事，白社許吾狂。客倘綸竿問，疎慵意獨長。

共有南陔淚，纔看北闕行。白鷗疑久借，烏鳥自深情。君擬驅王馭，吾殊慕邴生。十年微尚在，肯復狥浮名。

拜興安命作

姜士昌

沅湘更南去，好是粤江潯。不作投荒嘆，仍餘恤緯心。九嶷元自勝，灕水不妨深。千古張衡賦，吾今到桂林。

予丁未入賀以言事待皋國門外善果寺是廿年前休沐地也賦此

姜士昌

郭外招提休沐頻，廿年風物宛如新。偶因憂國攜金鑑，肯惜承恩作逐臣。裝發緹師當罷候，客來丞相故應嗔。亦知明主原無意，天闊滄江一約綸。

寄嶺海同游何匪莪諸君子時逐臣以俸金置學田興安縣荷西粤臺司諸公報可感懷明德爰有是詩

姜士昌

涼生天末水增波，遥念同游離思多。遠道裔夷能見訊，殊方魑魅許相過。清時厚待遷臣甚，乘障其如素食何。養士幸推明主賜，元公明德一爲歌。

過從兄克齋園居

姜士昌

到門初解榻，落日且移舟。不淺酒中趣，況同濠上游。涼風驅緒暑，微月湛新秋。曲徑閒調鶴，空庭静下鷗。蓴羹良自適，薄宦欲何求。歲晏過三徑，還憑緩四愁。

再題從兄克齋園亭

姜士昌

林扉元自近，屐履得頻過。故國看鴻雁，清秋泛芰荷。樓孤青靄入，野曠白雲多。鳥語集叢竹，螢飛罥緑蘿。葡萄新(酒)釀酒，子夜復成歌。行樂朝還夕，長懷梓澤阿。

先宗伯暨先慈祠

姜士昌

憶昔西疇暇，頻從東墅看。園祠名日涉，如奉二人歡。

贈 伯 昇 侄

姜士昌

今日無餘事，惟宜静讀書。千秋孝義傳，肯數漢應徐。

和鳳阿公題九龍山祖墓

姜志禮

瀨水開湖流派通，森森子姓世爲宗。魁三簪笏聲名久，尺五箕裘耕讀同。蕃衍根枝來啟後，慇懃仁讓勉持躬。九龍祠墓千秋烈，一體相期念祖公。

夏飲吉和侄莘圃閣上

姜志珏

修竹干雲一徑開，曲池環抱興悠哉。坐迷煙水齋題舫，幔捲空明鏡作臺。馴鯉窺人吹白浪，野禽呼雨趂黄梅。觴行莫漫拚沉醉，回首斜暉樹杪催。

過元暉侄讀書精舍賦贈

姜志珏

柳巷朱門帶夕曛，别開三徑護元文。高林壓屋仍多月，密竹圍廬不礙雲。砌草着花分筆綵，書床經雨對爐熏。屐痕恐印青莎上，且自端居諷典墳。

題申如侄村居

姜志珏

爲愛林泉偶寄家，回看隱隱白雲遮。晴溪魚暖宜垂釣，春水磯平好漾紗。雨過翠勻千頃麥，風來香散一庭花。隣翁招得前村飲，伴我歸途有月華。

得高待詔信走訊元暉

葛　筠

昨聞高太史，云欲枉軒車。偶得三升酒，兼陳半篋書。寒鴉歸樹後，新月到窗初。正好青燈下，銜杯話闊疏。

還姜元暉詩稿

葛　筠

幾年封識枕中藏，閒取高吟佐客觴。龍劍一朝還碧漢，鮫人半夜泣清湘。吾家孺子皆成誦，曠代詩人孰表章。急寫一編爲副本，莫教空望水中央。

期日生九弟飲日暮不至書此寄之

姜大澄

書課亦已畢,易解亦已觀。若再不飲酒,何異未朝餐。牀頭啟舊醅,待子聊盤桓。望衡非云遠,沸鑪停復寒。聞子向田墅,刈黍奉母歡。嗟予失怙恃,誰與薦春盤。顧念禾黍好,怛焉摧心肝。稚兒候簷隙,衆鳥投林端。秋蟲四野吟,月白風露溥。遥知躑躅歸,道遠衣裳單。

癸丑人日舉孫酬堂侄起龍

姜大澄

憶余年望四,有女曾無兒。迄今甲初週,舉孫已月彌。誰謂兒生早,方免無後悲。早晚齊結實,並荷天地私。恭承垂愛憐,錫之瑶華詞。喜我兆夢蘭,祝我壽期頤。詩狂聊爾爾,玉樹非君誰。尚冀念祖德,盟根相護持。來玉詩有"詩狂樹"等句。

春暮題公符叔適我園

姜大澄

巖築違城市,幽人坐自宜。風和叢蝶報,春老籜龍知。衆葉含新緑,疎花落小池。晴光爛如許,西日又看移。

閱引蘅侄楚游紀

姜大澄

遑遑皆道路,之子不凡材。一覽江山盡,無邊風雨來。行間雲夢闊,天外茝蘭開。愧我床頭易,依棲只草萊。

題華池弟新構沚園

姜大澄

天然成小築,八面水透迤。地僻全魚鳥,林虚静薜蘿。新篁摇月徧,快閣受風多。更架谿橋去,他年□樂窩。

過野田義莊肅展少保公遺像示子翥侄

姜大澄

臨溪開廟貌,祇謁肅心魂。樹暗蛟螭宅,雲深薜荔村。瞻宗同小范,編史紀龍門。肯構吾羣從,誰令風義存。

春日過思德堂題贈藎臣弟

姜大澄

蟄啟修篁徧，龍拏古木遒。家聲兼世德，會與地靈謀。是水皆能曲，無山亦至幽。願言同戴笠，垂釣北谿頭。

佘澤義莊先少保祠

姜大澄

舉宗食舊德，餘惠在湖漘。水廟龍蛇抱，雞碑歲月新。章縫存典則，堦戺雜荆榛。日暮經行客，哀歌薦白蘋。

題畫贈申如弟

姜大澄

野老棲遲十畝間，調琴放鶴白雲閒。偶開半閣正臨水，忽湧一峰何處山。上樹寒煙弄窈渺，隔溪黄鳥鬭間關。林花無意自開落，時有幽人相往還。

六十初度自儆

姜大澄

我生雞骨還鳶肩，尚爾嬉戲駒隙邊。過去鯉庭嘆昨日，著來犢鼻羞前賢。從無内外孫十六，空聞道德言五千。太行嶕嶢踰萬仞，拄杖在手心瞿然。

先慈吴孺人忌辰

姜大澄

年方象勺母年殘，六十年餘陟屺嘆。遺掛拜瞻釵色古，空奩泣認釧金寒。生前温(清)[凊]童心短，今日羶薌儉歲難。祠下雁行同盥薦，易名無望淚偷彈。

店前祖墓新松爲仲玉叔賦有序

姜大澄

仲玉叔德盛年尊，舉宗斂金製錦觴之。叔謂，祖墓松楸不存，吾安用錦，不若鬻小松遍植焉，而墓道改觀矣。予因綴句美之。

濯濯玆□不記年，菁葱誰與護牛眠。肯辭春酒娱黄髮，爲愛松雲灑墓田。靄靄露華枝漸長，猗猗隧道影初圓。即看石馬嘶風處，萬壑驚濤下九天。

甲辰小除余五十初度伊人賀子走詩爲贈即韻賡之

姜大申

半百餘生在,還宜稼圃間。黄情留造物,白髮老青山。世務惟吾拙,天公任客閒。笑看軒冕者,幾日是紅顔。

歲暮逢初度,俄憑玉札來。雖無白衣酒,亦似隴頭梅。以我勤年學,慙君八斗才。東風芳草緑,相約共尋盃。

抱膝依空谷,長餘覔子鐺。梅花支瘦影,黄鳥作新聲。三徑詩閒詠,雙瓢酒細傾。烟塵今已静,隴上好尋耕。

學道情逾淡,謀生事未工。荒村虚夜月,長鋏飽秋風。寄傲陶潛似,耽吟孟浩同。春來幽興極,不夢大槐宫。

寄仲聯弟

姜大申

與君偕出入,而我繫湖湘。談笑非無侣,登臨亦有觴。所嗟知己隔,應恨爲人忙。落落南來雁,孤飛傍夕陽。

寄公符叔

姜大申

别後思君夢裏親,依依猶是向時真。愁心欲寄難憑月,秋色將歸不待人。雁信未遑傳故苑,馬蹄何處踏芳塵。西風一夜吹吴舫,握手堂前笑語新。

題元暉兄吐月樓詩集

姜大申

詩筒酒醆有深情,消受奇書正月明。慙愧阿連無好句,夢回康樂有誰賡。
長途自足騁驊騮,此際鹽車尚未休。憶得吾宗先老子,一綸渭水正優游。
文情疑是漢相如,憔悴猶堪賦子虚。指日上林承帝眷,柏梁前殿曳長裾。
當日元暉爲謝眺,于今謝眺即元暉。新詩不少驚人句,下策横攻足解圍。
年來浪迹正崎嶇,長鋏從人去食魚。此日歸來塵自滿,家聖諱應許近何如。
溯源直接少陵燈,中晚何堪混一層。縱使高岑今角采,知君原不忝同升。

哭穎實弟

姜大申

聲名亦自足江東,五十三年一夢中。欲溯音容憑與道,肝腸如雪氣如虹。

昔年留滯洞庭隈，稠疊音書爲我催。此際茫茫君不見，憑誰寄語望鄉臺。
亭中不見主人回，野鳥空啼亦自哀。多少舊栽桃李樹，可憐寂寞爲誰開？
十日談心一日歧，見時猶自(語)説相思。如今別去無消息，滿眼啼痕君不知。

悼亡室黄孺人

姜大申

坤柔端莱至哉元，介性從無片語喧。豈意九京昭令德，遂令諸子失庭萱。
日長無賴釜生魚，高臥空齋欲著書。忽聽履聲窗外至，一樽清酒慰愁予。
眉攢手瘃怕經冬，猶是金針半夜縫。此際閨中人不見，憑誰爲我護龍鍾。
客來有酒若無肴，寒夜殷勤手治庖。此際空閨無雜佩，不知何以贈知交。
知君命也復何尤，不占歡娱卻占愁。正可幾時安寢食，誰知一日事藏修。
精神不復注丹青，止倩長康寫影形。留記數行占静好，後人于此識儀型。

同家兄允澄游謝公墩憩于樹下

姜彦淳

池房澄踈風，繁音宕瀏水。山露濯澗端，草角刺蒼兕。石骨潔過秋，花音寂如止。松長由根深，峭蒨百尺起。新膏滴翠涼，繚亂游歷子。斂憩憑以觀，于明静之始。

客秋子翥盟兄鬱鬱歸今梅花時來白門相見一笑出小照以示題此解頤

紀映鍾

塞翁失馬焉知福，藏獲亡羊愛讀書。自是姜郎好眉宇，不隨丁酉上公車。

京口望荼峴山尖，山下村名下濞塘，先祖孝廉公邱隴在焉，因感賦

姜彦初

百年捐館望雲巔，碑記長懸墓草前。還説素風能映後，敢誇朴德尚承先。仇家今喜鴟音斷，世業新成棣萼編。老去子虚空獻賦，淚痕忍訴舊顛連。

四十旅次有感呈諸同人索和

姜彦振

客裏逢初度，江頭坐翠微。朔風吹雁過，野艇載寒歸。底事頻愁思，無緣早息機。何須十年後，此日已知非。

偶然成獨步，來往總無因。市酒不堪醉，僧寮强自親。蹉跎思舊日，寥落遇兹辰。最是關心切，倚閭念我頻。

遥臨斗酒閣，獨立月華宫。江水遠逾碧，夕陽斜更紅。東西楊子渡，得失楚人弓。此意誰

能解，還須一轉篷。

近市人煙雜，山扉我獨扃。縛蘆支半壁，剪紙貼疎櫺。覽鏡頭還黑，隨緣意自醒。良常有仙客，應許學長齡。

和仲弟子膺六十自壽韻

姜彦振

一堂雁序推予長，六十先過又五秋。雪剌滿頭難再變，風光隨處喜常留。長吟每爲詩逋急，縱飲何知酒債愁。聞説鈞天有仙樂，塤篪迭奏更無求。

紛紛眼底阿誰親，爾我生來本一身。年老轉思騎竹日，肩隨長作叱羊人。雲從去住山無礙，鶴自逍遥俸不貧。養得天和真可飲，出塵原即在同塵。

慰仲弟子膺疊自壽韻

姜彦振

秦淮水接絳河流，月窟香飄幾度秋。琴自爨餘誰復辨，珠探頷下卻還留。均霑雨露花争發，亦有盈虧月不愁。閒對紫荆浮緑蟻，細將物理一推求。

羨君作客家偏近，我獨遥遥客此身。縱有雲山堪曳杖，可能風雨不懷人。萊羹滋味何嘗淡，書卷生涯未是貧。咫尺相依須擇地，白雲多處絶囂塵。

和内弟姜子膺六十自壽韻

賀　寬

謝庭射雀如前日，律轉星回六十秋。繡褓珠襠君解笑，提戈握印我曾留。圭璋特達從無玷，淡蕩風懷詎解愁。元鬢青矑原未改，期頤眉壽底須求。

太邱厚德維頽俗，元季羣方各立身。既有詩書堪淑世，何妨文繡不如人。家傳鍾鼎咸知重，材擅珠璣豈患貧。棣萼交輝光鞠育，驪駒行踏曲江塵。

奉酬夾齋先生見訪不遇之作

王文清

門外何人看竹來，風塵無奈早相催。高軒未許先期過，羸馬空從薄暮回。爲捧黄麻留紫禁，卻憐白首傍金臺。少微昨夜光如炬，氣象還應射九垓。

奉贈上翁門長先生

莊亨陽

丸丸松柏景山陬，柱史來時紫氣浮。五鹿逢朱都折角，九原起戴亦低頭。周家纖悉疑姬聖諱，魯叟彌縫笑孔聖諱。幸際聖朝明終業，佇看陶淑徧神州。

送夾齋姜先生自禮館還山次留别韻

吴 紱

川澤安漁山著樵，耆儒合就帝廷招。精研力此千鈞努，容納胸如五石瓠。元老徵書頻到野，聘君行笈屢辭朝。來來去去無留滯，健翮飛騰上九霄。

歸與樂志鶴溪濱，京土真成四角輪。返棹何曾嬰好爵，屏居原不染纖塵。僉稱南國徵君里，圖作東窗睡覺人。問世祇餘周易未，遥瞻頭戴華陽巾。

次夾齋先生留别韻即送之南歸

程 恂

肯教粃粺雜登場，萬頃經畬足稻粱。魯壁未聞蝌蚪在，漢廷幾見曲臺荒。百年禮樂歸元會，六曲編摩總舊章。市上千金曾購誦，規模如接衮衣裳。

丹陽東去鶴溪濱，上士長征此息輪。朔雪縱令添白髮，西風猶可障緇塵。從看蘿薜千峰月，自對蘆簾百歲人。他日訪君耆舊里，不知誰倒接䍦巾。

夾齋姜先生八十初度

楊述曾

曲臺珥筆昔年同，今日滄州高隱風。觴泛黄花環玉樹，杖看白鶴對賓鴻。閒吟自葉桐廬鳳，入夢何須渭水熊。獨有丹書歸紫禁，遥瞻拜獻隔江東。夾齋公八十壽聯：溧陽史貽直云：竿拂珊瑚來海上，杖扶敬義獻朝端。桐城張廷玉云：金聲結響桐廬院，鹿洞風規鶴水濱。

題上老先生東窗睡覺圖

官獻瑶

昔日彭澤翁，祇徊臥北窗。亦有程伯子，東窗睡初起。二公千載人，高山恒仰止。一者坐春風，一者對秋水。秋水蕭然清，春風藹而美。元氣流四時，觸目皆天理。推此與物同，心逸自樂只。睡覺互循環，陰陽相終始。迴視跂羲皇，獨善其身耳。所以圖中人，爲此不爲彼。

題上均姜先生東窗睡覺圖

萬松齡

萬籟特沉寂，衆作忽蟬噪。出入盡以機，晝夜神虚耗。正學誰仔肩，先生究閫奥。石渠辨異同，不虚天子召。好學豈知疲，心領静中妙。動静本非二，寧强分夢覺。東窗日已紅，緬懷程明道。

奉題上翁先生睡覺東窗圖

金　焜

長安城中褦襶客，擾擾趨炎朝復夕。輭紅撲面污鬚眉，起趁雞鳴師盜跖。先生不與凡俗同，閉門高臥蓬蒿中。徵書遠辟動天子，經術紛紛重孔公。苕車昨歲來燕市，箋注窮年鑽故紙。長裾無意曳侯門，眼中軒冕皆塵視。恢恢理窟恣翱翔，紛華屏絶心清涼。丹鉛白晝勤勘校，宵來有夢通羲皇。臥徐徐，覺于于，繩床支脚樂有餘。三竿睡足東窗白，枕上高吟萬念虛。

奉題夾齋先生睡覺東窗圖

謝芳連

晚弄明月歸，睡覺已紅日。近午川上行，隨柳村中出。先生意趣何渺綿，夢溪姜子思齊賢。神怡睡足朝日前，京華結契三十年。窮經年少今華顛，一編洛閩俱寢眠。晨曦到榻紅幾箇，日光玉潔誰賡和，畫溪香祖曾同臥。

題上翁尊丈睡覺東窗圖

潘汝誠

誰領閒中趣，虛牕日影偏。白生澄夜氣，紅浴暖朝煙。流水彈琴裏，梅花讀易前。因之窺衆妙，原不傚高眠。

恭題上均先生睡覺東牕圖

謝濟世

濂洛依依夢裏情，從容紅日到柴荆。漁人欲向東牕問，錯認遼陽舊管寧。

敬題上翁老年伯大人睡覺東窗圖

姚孔鈵

蓮花湘簟思黃囷，竹屋蒲團愛黑甜。何似先生深道味，曉窗初覺日烘簾。

題上翁先生睡覺東窗圖

金文淳

宵來有夢到羲皇，平旦常持夜氣良。睡起從容無箇事，半簾梧影畫陰長。
曉色分明覺夢殊，并將心力到吾儒。花間飛遍莊周蝶，直得先生一笑無？

自題睡覺東窗圖調寄西江月

姜兆錫

已歇鍾聲北院，更聞鳥語東窗。翛然一枕臥羲皇，仙馭恰飛海上。萬物與卿動息，四時共汝温涼。畫前有易在何鄉，試玩河圖初象。

嘆自洛川煙鎖，欣逢活水方塘。易詩四子掃榛荒，一鑑來從頂上。猶悵羣經未剖，餘陰歷漢逾唐。雲亭仙谷緒茫茫，誰去日中蔀象。

懷業師家珍伯副榜

姜兆錫

斯文苟未喪，氣機日淵注。紛紛開與落，欻若江上樹。春華朝已披，秋實晚乃具。翩翩盧駱儔，識者能無懼。我憶珍伯師，春風生杖屨。厲行追荀陳，觀書鄙章句。髫齡學不殖，漸漬卒亦裕。譬彼李初平，終獲程門趣。誰者入洛年，空爾騁騏裹。猗歟仰高風，磨杵嘆老嫗。自非汞與礦，曷將九州鑄。

訪澄潔叔

姜兆錫

何處秋林好，村墟帶暮霞。野橋當徑仄，漁艇傍溪斜。地認桃源路，人探谷口家。老翁待烹茗，指點話桑麻。

壽廷基兄

姜兆錫

壽酒開高會，瑶池瑞色留。緑陰香底散，絳蕊雨中浮。宅號高陽里，書傳新息侯。稱觴况多士，帳畔接華騶。

旅次遥祝同懷兄御乾四十初度

姜兆錫

江北江南客屐催，伯淮綺席隔春臺。天涯影落驚歸雁，檻外花深趁早梅。綵服定隨黄髮進，是月家君特薦賓筵。錦帆安傍練塘回。閒庭棠棣摇晴漢，布被家風好更開。

寄伯宜兄隨州暑中

姜兆錫

憶昔辛盤作别筵，良游芳草入新年。湖山舊壤隨侯國，江漢春帆楚容船。高密講堂行處徧,樂安床榻到猶懸。夜光試吊城頭沼,肯令驪珠水畔眠。

焦村金聲惠行舒載建南飛熊廷佐貞吉丹昇諸弟保留武邑義田感今懷昔爰贈以詩

姜兆錫

先賢題建敏中朝,文正高風矗九霄。幾廢猶欣延俎豆,一湮恐致冷蓬蒿。僉人聚壑冤還聚,志士焦心血亦焦。古檜蒼松皆慟哭,秋霜春露只悲號。保祊丹悃萇宏血,扶社悽情伍相濤。不爾白頭兼槁馘,教骨化與形□銷。

哭同懷兄成五

姜兆錫

父兮憶生我,稟氣予獨涼。兩兄抱英異,凜若昆吾鋩。伯也方面頟,千里何昂昂。仲氏長七尺,有發氣必揚。仲氏嘗學劍,倚門非韓莊。挽弓鄙四石,懦士廢若狂。憶昔白門秋,高登演武場。千鈞如握朽,百步猶穿楊。中丞昔嚴武,嘆息生輝光。至今感疇曩,日月彫寒芒。

讀上均姜子哭其兄成五之作

潘之彪

脊令歌在原,孔懷誼何摯。遐哉姜伯淮,古道見同被。吾慨教化衰,德門不可跂。河東三鳳凰,寧非江左懿。伯氏恣魁梧,昂昂千里器。仲氏好骨相,頗嫺黄石祕。況有叔氏才,九萬已雲次。皎皎謝家風,飄飄萊子戲。堂上雙白眉,顧此復何嗜。二豎誠不情,傷哉仲也祟。忽聽吹無篪,雁行一摧翅。叔也嗟同父,人琴兩捐棄。嬛嬛孤與孀,此事復誰諉。作歌告泉臺,一字真一淚。捧讀不忍竟,情文嘆兼至。

和凌煙先生見寄原韻

鄭龍田

承君惠教託絲桐,操縵因知陶養功。不向俗情彈悦耳,聊將異曲奏同工。高山景仰千秋結,流水知音一脈通。明悟頓開如海上,廣陵絶調啟童蒙。

望凌煙先生調寄酹江月

鄭龍田

夕陽斜掛,望先生到也,可于此刻。起舞齋頭從別後,久違卻高人色。促駕迎風,疾行而至,如鳥斯飛翼。穿雲豁眼,自南直透西北。　曾傳確訂音書,幾番諄覆,也定期今日。何事羈留可知我,切切心頭費力。半信旋疑,來乎未必,顛倒猜和測。早來指教,消吾鄙吝茅塞。

冬夜憶親

姜天成

空齋獨立晚風寒,遥憶高堂鬢髮殘。繞膝未能供色笑,含飴應得盡餘歡。雲山遥隔鄉情切,雨雪憑陵歸路難。惟願年來更强健,勞思寤寐暫相寬。

敬題家嚴睡覺東窗圖後調寄西江月

姜允重

是處天機交鼓,他時客感都忘。十洲三島不須杭,但聽晨鐘枕上。　呼吸欲周元會,晦明已判陰陽。舉頭紅日照東窗,現出乾坤法象。

曾佩濂溪圖説,載賡洛水詩章。百年夜氣擴微茫,恰在晨光初上。　長此瞬存息養,管他兔走烏翔。分明太極印東窗,莫負斗闌垂象。

四月十九欽點雲南副考官傳集午門宣旨謝恩恭紀十二韻

姜朝勳

盛代崇登俊,遐方使獨先。文衡六詔地,命涣九重天。師濟隨羣職,馳驅許備員。帙分宸翰采,香襲御爐煙。大典經三載,微忱切廿年。銓曹依斗極,藜閣傍奎躔。待展金風桂,初擎碧沼蓮。人期新雨露,我理舊丹鉛。騏駱遵周道,方舟濟巨川。符啣紅日下,策向彩雲邊。鵬路飛騰喜,鵷行拜舞虔。君恩□覆載,臣志凛冰淵。

鹿鳴宴恭紀十二韻

姜朝勳

榜放滇南曉,名標薊北傳。文章針芥合,姓字日星懸。志屈窮簷士,書升上國賢。玉輝離韞石,珠媚出沉淵。得雨蛟騰漢,横秋鶚戾天。新榮加綵綬,故物謝青氈。方伯開瓊閣,中丞到綺筵。鵷行齊拜舞,髦士共班聯。燕樂笙黄奏,寅清金石宣。欣逢豹變會,同聽鹿鳴篇。涓滴皆君惠,趨承盡夙緣。願符金馬瑞,誌慶彩雲邊。

敬題上均叔祖睡覺東窗圖調寄滿江紅

姜　藻

腹笥便便,東窗坐、懷蛟吐鳳。箋注就、九經遺本,三冬足用。悟後聊同南郭臥,倦餘暫作華胥夢。恰醒來、梧竹映紗櫺,紅輪湧。　琴與史,堪弦誦。風與月,供吟弄。愛蒹葭秋沚,漁歌吹送。吾道虚舟魚鳥化,寸心明水雲霞動。擬洛中、巾杖畫圖中,淵源共。

賀玉田弟登第

姜　藻

璧水清風共採芹，愛君髫齓擅雄文。珠光驟躍千層浪，劍氣遥衝萬里雲。已報蕊宫書上第，竚看花縣奏高勳。風塵余尚青袍舊，慙愧當年冠一軍。

同家兄元起夜話

姜　藻

王氏青箱傳七葉，留遺尚有舊宫袍。五雲曉殿連星漢，雙雁寒塘集羽毛。自聽人情訾雀鼠，豈宜吾道遠詩騷。對床風雨無眠夜，檻外松喧大壑濤。

題晨玉兄書樓

姜　藻

卷軸紛綸聚古今，劉淫杜癖訂同心。鄉嬛煙月爐香静，時有高歌動玉琴。

誰伴幽吟晝檻東，海棠香韻散春風。曉窗自起鉤簾坐，花片吹來詩卷中。

呈豫菴叔祖

姜日章

羡公不與衆芳儔，突兀喬松老更遒。對影何愁霜滿鏡，軒眉尚覺氣横秋。一簾月浸常陪蠹，兩屨雲生不倩鳩。得喪任教流水逝，古人舉似有黔婁。

呈静得叔祖

姜日章

小齋寂寂淨無塵，閒裏風光静裏身。池畔欲尋濠上句，花枝疑綴武陵春。胸無壘塊何須酒，架有圖書豈是貧。蠻觸紛争都不到，悠然一笑答青旻。

人生那用絆浮名，鵬翼還同蟬翼輕。試問秋風憶鱸鱠，何如春日聽鸝聲。夢回午枕茶初熟，客到晴窗花解迎。我欲攜來汶上竹，爲公留釣碧溪璜。

秋夜露坐傷仲兄南依

姜日章

思曼風流不可追，蕭條秋意更增悲。蛩聲泣宇時高下，雁羽驚風忽合離。露浥衣襟和淚濕，月斜屋角帶愁移。幽明路隔憑誰問，恨煞掀翻造化兒。

有懷達可鍾鑒兩弟赴省試

姜日章

生平温飽不關憂,肯作人間汗漫游。荆璞三投終雪淚,吴鈎一出已撑眸。達可已三入棘闈,鍾鑒則初往。插雲山勢樽前踞,翻月江濤枕下流。健筆横秋應記取,賞音有我望刀頭。

八月初九夜雨懷達可鍾鑒兩弟達旦不寐

姜日章

秋雨霏霏怯體羸,棘闈坐守更凄其。抽思常恨三條促,落筆頻驚五漏移。風閃帷燈工射隙,衣沾簷滴暗侵肌。終宵苦憶殊難遣,聽取庭梧淅瀝枝。

題耕織畫册二十首

姜　曾

浸　種

穀種稻爲貴,生則其性然。及時無浸漬,萌芽茁乃先。老翁倚杖看,婦子柴門邊。兩農一何勞,赤足還聳肩。奉種浸溪中,生生理自全。

耕　田

古惟耕以人,漢始耕以牛。時時策其後,牛行不少休。農當時雨後,有事於田疇。晨煙一犂破,翻山烏雲流。課耕倚杖立,隴畝誠優游。

耙　田

時雨亦既降,青青秧已長。水田耕未耙,曷以插我秧。白露渺何處,漠漠迷村莊。帶水策(烏)[烏]犍,四角復中央。兒童聞叱牛,斜倚門閭望。

拔　秧

泥塗共傴僂,拔秧率其侣。一農後詣田,一農向之語。擔秧農在途,問答狀如許。小兒倚擔立,大兒亦凝佇。作苦良自兹,相期穀士女。

插　秧

荆揚穀宜稻,漠漠水田廣。相望各插秧,隔溪還接壤。插秧祝[秧]活,插[秧]祝[秧]長。勿忘亦勿助,操作戒鹵莽。庶幾秀且實,怡然足俯仰。

耘　稻

維兹禾在田,胡爲莠雜處。桀桀爲禾害,莠固所必去。農人夏月中,耘耔偕儔侶。勤力分宜然，焉得避溽暑。婦子來饁耘，慰勞依依語。

溉　稻

旱魃肆其威，炎炎復赫赫。民人病熱多，桔槔停不獲。掘井汲井泉，翻羨通潮汐。安得沛甘霖，栗栗仍看積。旱乾予數經，披圖念疇昔。

刈　稻

田家幸有年，竚生看刈稻。濟濟而挃挃，及時收穫好。遺秉和滯穗，兒童競如寶。衣食以爲端，乃得天良保。爲學先治生，此語或一道。

舂　米

臼杵濟萬民，厥稻化爲米。幾回舂且簸，米色珠光似。勤以底於精，精固從牬始。精益求其精，其功在不已。寧惟米有然，凡事皆如此。

貯　米

多聞學斯博，才識自高大。多積倉常盈，水旱無妨害。逢年廩入多，粒米溢倉外。豐樂誠有象，亦復人霑匄。展畫倚晴牕，悠然心有會。

浴　種

后妃尊且貴，東鄉而躬桑。孰是小民妻，而可蠶事忘？蠶事圖其始，浴種春日長。既浴仍煖之，初生蠶微茫。治蠶須蠶具，曲植與籧筐。

烙　蠶

少女捧蠶筐，爐紅老婦坐。其意取爛蠶，毅然畀炎火。爛蠶留筐中，好蠶壞必果。譬如賢與奸，行事實相左。用賢廁以奸，賢必被奸禍。

飼　蠶

吴蠶三眠起，蠶婦不暇妝。傾家採桑葉，晝夜飼蠶忙。食葉作雨聲，經綸滿腹藏。盈筐復滿箔，爍爍金絲光。指日蠶作繭，早祭馬頭娘。

上　蔟

三眠復三起，蠶老頗不惡。上蔟□纍纍，映日光灼灼。既非壁魚化，亦非野蠶作。蠶婦一月勞，〔繭〕乃懸滿閣。採〔繭〕須何時，蠶婦勞亦樂。

擇　〔繭〕

晴和天氣佳，擇〔繭〕莫閒過。老幼依几立，几側蠶婦坐。如銀絲繭圓，綿繭無幾個。何須一尺長，豈有如甕大。但願繅絲多，舉家相慶賀。

繅　絲

處處竹籬煙，家家繅車響。隣女盼繅絲，繅絲正勞攘。豈望百斤多，連朝撈繭盎。簌簌緒抽揚，不盡纏綿像。三月未賣絲，方繅作衣想。

理　絲

秋涼可理〔絲〕，理〔絲〕銀釭對。縷析而條分，務在疏其類。功深鐵硯穿，心細牛毛耐。絡緯鳴階前，催織寸心碎。舉家夜治[絲]，索睡兒真誖。

織　帛

不蠶則不帛，帛固不易織。舉家操作勤，鳴機夜不息。花樣翻從新，綵縷緯彌力。巧妙秉杼機，所織皆奇特。手爪誰得如，三日斷五匹。

量　帛

織帛帛已多，展向風前漾。光潤藉修治，中數還中量。耀目霞初舒，藻絢有萬狀。帛既盈箱中，稻又登場上。田家當此時，志意真舒暢。

縫　衣

桃夭消息聞，作衣偕擬議。細意熨帖平，剪快針亦利。方做紫羅衫，又裁緑錦帔。假如蠶織休，安得衣在笥。畫册終縫衣，良以勸蠶事。

將去甘泉賦辭

姜朝勳

匏繫巖疆愼繭絲，略同芳草得逢時。慙將名姓投青鎖，愧乏涓埃報赤墀。矗糲久甘因地僻，琴書拚典畏人知。燕關嘉嶺遥瞻望，君父恩深感舊思。

增別同官

姜朝勳

縣庭寂歷似山家，曾爲留賓學種花。獨跋酒酣歌月夜，舟經帆飽望天涯。泉甘煑茗停游屐，訟簡敲詩早放衙。分袂臨岐憑暢飲，心期從此寄蒹葭。

詠謝紳士

姜朝勳

半因公事半論文，入坐荒齋主客分。拾芥津梁推趙德，看花落拓悵劉蕡。鄉村釀□周旋久，官署傾樽笑語殷。我去不愁無召杜，弦歌聲起薄江雲。

遺 慰 父 老

姜朝勳

惆悵征徭四百零，多由凋敝未全寧。柴扉月出無機杼，陶穴風生少户庭。滌圃當秋冰已合，鋤園傍夏韭纔青。十年稔見民依苦，去後猶然望歲星。

送姜鳳阿校士入蜀

周　愛

太史文章山斗高，十年天禄校書勞。黄麻舊視鸞臺草，白馬新翻豸錦袍。萬里秋風清使節，三巴時雨化英髦。九重側席求賢輔，應向池頭想鳳毛。

送陳君務齋歸越中

姜　寶

古人重分袂，一日如三秋。後晤無前期，使我饑欲調。去影已泛泛，居情尚悠悠。雖君善丹青，何以寫我憂。采葑詎可棄，伐木當相求。昔以花時至，花謝君不留。明年花發時，還應思舊游。

初春王方湖中丞於石犀寺招飲辱長篇枉教用韻奉謝

姜　寶

藝苑推摩詰，元搜思入冥。意氣四海空，咳唾春風生。心遠辭問俗，禪關學逃名。有時發清籟，恍似天球鳴。明媚滿篇帙，春山畫中行。多君不鄙夷，許我以同聲。相邀法華界，不作留連情。贈言信多腆，慚愧本無成。童冠偕點瑟，詩禮趨孔庭。燒燭漫引杯，促席共談經。君繫蒼生望，未可戀山靈。輞川縱堪娱，松筠且深扃。策勳幸乘時，耿耿答休明。

惜　　陰

姜　寶

人生問學須及時，學不及時其可追。長江日夜流不歇，滔滔東去無還期。白駒之景正如此，青雲兩鬢常易絲。古人愛及寸與分，而我悠悠乃若斯。既如此生不虚生，胡爲暴而寒間之。日新又新彼何人，湯盤昭揭真吾師。吾人稱爲萬物靈，良以心能念在兹。若與草木同朽腐，安用天地生我爲？少年放浪不勉旃，老向白髮空自悲。世人但解惜黄金，誰解惜陰爲更宜。黄金費盡當復至，歲月冉冉豈我隨。願將人世惜金意，對此流光時三思。

同會沙苞泉宿平坡寺

姜　寶

峻嶺號平坡，相攜試一過。路因馬蹄窄，風爲鳥聲和。地迥瞻天近，宵清得月多。經兹不歡適，幽意待如何。

濟州夜泊

姜　寶

攜樽問林壑，分色在松蘿。異代人應隔，殘碑字未磨。窗虚山吐月，泉溢水增波。明發應東下，何年此再過。

途次贈吴汝山藩幕

姜　寶

夜月一樽酒，秋風萬里程。同爲異鄉客，時話故園情。去住分暄冷，行留任雨晴。世途每如此，不心論虧盈。

送周鳳泉學博移王府教授還蜀

姜　寶

蜀道雖難是故園，詎如江國若蠻煙。青山無主應歸隱，素髮何人似少年。塵世相看渾戰蟻，浮生不用獨爲羶。君今已自拋名利，好教兒郎學草元。

清明日舟泊彭城遇徐石潭貢生

姜　寶

幾載清明愁病裏，今春又值遠行時。長河風雨留征楫，故國松楸繫夢思。爲認東坡殘斷碣，偶逢南郭老經師。對君猶憶金陵道，各爲微名鬢欲絲。

送同節侄孫鄉試

姜　寶

蓮花的的照衣明，湖上相將倍有情。知白未能余守黑，出藍何事爾爲青。屣今以後迎生粲，鞭是誰先着祖生。北道若逢人問子，東家邱已久逃名。

送張雙泉之安溪令

姜　寶

昔年遥憶在南州，幾度相攜上國游。簪筆我承金馬詔，鳴琴君泛玉溪舟。一樽誰共長安月，兩地同違故苑秋。惆悵不堪離别去，客中回首倍添愁。

陳華山憲副失意東歸詩以慰之

姜　寶

瓦礫糠粃孰後先，身名何用慕爲羶。陳思作賦原多藝，李廣封侯獨少緣。世事半生蝴蝶夢，江村三月鷓鴣天。還鄉正遇青春好，閉户看君自草元。

送丁少鶴

姜　寶

少鶴人呼自昔年，爲云宿世是真仙。風神遼海千秋在，道術荆川一派傳。章世有文成虎豹，歷官無意羡鷹鸇。與君别久今仍别，把酒臨岐更惘然。

山　行

姜　寶

緑陰愛欲留，青山行不住。回首聽泉聲，忽焉失佳句。

草元亭

姜　寶

擬易應知吉與凶，此身去就竟夢夢。子雲若果通元理，何用依歸安漢公。

宿棧中

姜　寶

林嵐當户翠屏開，有客停車問酒盃。一夜水聲喧枕上，欲疑風雨滿山來。

鶴林寺賦得院古深藏竹

姜　篪

西來白馬花宫舊，南望青林竹徑賒。贔屭有靈常近佛，瞿曇無色自宜家。琅玕掩映泉光合，蒼翠溟濛塔影斜。忽聽輕風弄幽響，半空新粉落袈裟。

古風懷姜仲文

束 桓

山路稍不用,茅生隨塞之。欲救車薪焚,杯水非所宜。我觀古聖賢,競業恒自持。孜孜寸陰惜,進德無停時。回思昔年少,學業荒於嬉。所志在功名,非有身心裨。年光漸以邁,感慨希宣尼。其如賤且貧,衣食令心移。頻年事婚嫁,一暴寒十罹。幾枉過此生,老至彌傷悲。未甘自暴棄,往往古人思。憐君保明德,古道良在茲。中心竊自幸,厥修有師資。君謂吾可與,不靳提命私。聞昨萃同志,闡古開羣疑。準擬謁君來,苦因風雨羈。山中絶塵擾,了悟應無遺。願言罄所懷,惠我瓊瑶辭。

静坐懷姜養沖督學關中

束 桓

去國吾何有,蕭然一室虛。交游惟野鶩,生計託山蔬。道骨閒中老,凡心定後除。寄言秦隴客,何日問幽居。

同姜仲文汎湖

眭 石

小艇信所適,澄潮霜落初。千流争大壑,萬頃接南徐。杯酒綸竿暇,菰蒲雁鶩餘。何當作漁父,長日此躑躅。

詠 史

姜士昌

翟公昔貴盛,嘉賓溢前墀。倚伏自恒情,盈虛宛相期。客自敬延尉,瞿公但附之。公也大署門,典謁前侄辭。令我長貧賤,物態宜如斯。賤者可復貴,風雨散何爲。寄言汲鄭輩,富貴宜堅持。

楚國有兩龔,杜陵一蔣翁。嗜學恬樂進,蜀國推楊雄。壯歲慕詞賦,雅有相如風。晚好太元理,沈思破溟濛。不量非賢聖,述作思同工。偶然被讒語,投閣何忽怱。末路作符命,乞哀安漢公。向擬易論語,第足紿愚蒙。愧彼三君子,威鳳或冥鴻。

百卉競春華,淩寒幾松柏。舉世重利交,開逕幾三益。古道勿復論,平原猶有客。卿相暨死生,逭逭付一擲。廉頗藺相如,迴車竟莫逆。義重私讎輕,高風冠今昔。末路此義微,轉盼無遺迹。利與害交尋,金石俄遷易。夫何遽遷易,彼本非金石。

志士戒盜泉,餘波恐相及。隱之獨詠言,茲川清堪吸。淄澠自至性,涇渭類漸習。酌彼采薇士,清芬諒遥集。何必滄浪清,塵纓始堪浥。植操孤乃堅,修名久彌立。墨翟車勿疑,楊朱路寧泣。自非上根人,臨流聊停汲。

德操居潁川,采桑彼路側。異彼公儀休,拔葵仍去織。任大勿漁細,屈伸各有域。避世復避名,行止各有則。龍潛貴隱鱗,鳳覽宜戢翼。不慕曲逕榮,庶免失道惑。寄謝南郡生,賢者安可測。

淮陰漂母祠

姜士昌

豪傑未遇時,顛倒可具論。淮陰辱淮市,釜甑生埃塵。漂母胡爲者,饋食良苦辛。既貴不受謝,慷慨乃具陳。本無望報意,祗爲哀王孫。此意曠千古,千古孰等倫?魯連芥千金,高蹈東海濱。彼自奇節士,漂母乃婦人。

再題子房山

姜士昌

椎秦跡大奇,報韓志未已。進履黄石公,脱屣赤松子。智勇真英雄,狀貌婦人耳。安劉賴平勃,翼漢來皓綺。忠漢緣忠韓,烈士薦芳芷。

五日與董思白泛曲阿後湖時競渡畢集

姜士昌

艾服狎漁汀,蘭舟弔屈平。漁父常苦醉,楚臣常苦醒。何來投湘書,及此湖流清。荷花競西來,太史亦東行。霓旌並雲旗,相將泛澄瀛。煙波溯空闊,雲日漾虚明。如張洞庭樂,宛作沅湘行。水勿期太清,士勿期太醒。醒士醉所笑,清流濁所争。蟹螯佐拍浮,魚龍憎濯纓。但取一日適,勿煩千載名。

秋仲與董思白太史登北固山觀很石

姜士昌

兹山如龍盤,孫劉走馬地。二子英雄人,相奇亦相忌。走馬何雄豪,斫石太猛鷙。俱懷雄霸心,各挾并吞志。山中一片石,二子很所寄。電影騰虚空,割據等嬉戲。牧豎暨耕夫,安知千載事。秋仲吾憑高,煙帆渺天際。玉露被高林,萬木盡丹翠。戲語董太史,此是君畫笥。

送諸延之顧季時以言事罷南歸

姜士昌

昨日鄙人初拜疏,蒼茫不識君王意。司農官長盡揶揄,同舍曹郎多引避。諸君握手左掖門,片語相看欲流涕。疏狂幸逢明主宥,拙病自分時人棄。今日三人同上書,九關虎豹紛愁余。忽聞命下已落職,浮雲白日空躊躕。居然布衣見天子,婆娑蹇騎長安市。春風釋褐向金門,此日角巾歸故里。人生失意無好醜,變態浮沉何不有。疏彈已見臣罪多,放廢須知主恩厚。便可攸然返故林,無爲澤畔獨行吟。坐擁百城寧足羨,連牀萬卷日堪尋。林風吾亦思田野,九月行將掛帆下。歸途倘遇顧叔時,爲言吾輩悠悠者。

金　山　寺

姜士昌

煙雨片帆收,閒尋物外游。鳥歸吴苑樹,僧下廣陵舟。海闊寒潮壯,天空木葉秋。江流足禪意,對此共悠悠。

與鄧孺孝周叔夜眭金卿王伯彲謁延陵季子祠

姜士昌

並是東吴地,争傳季子祠。邱墳定何所,衡宇繫人思。獨行垂千古,浮榮任一時。同游狂簡士,感慨共題詩。

末路誰堪問,維舟獨謁君。空山到流水,古渡駐寒雲。釃酒酬高蹈,捫蘿惜斷文。遺風如未遠,吾輩浥清芬。

欲問躬耕事,登臨遠思多。明禋存漢典,歲月薦吴歌。我輩猶塵網,荒祠自薜蘿。昔賢高隱地,簪紱愧來歌。

高嶺鬱蒼蒼,疏林木葉黄。泉聲喧九里,山色近華陽。樂久湮齊魯,祠仍歷晉唐。沈冥千載事,懷古意俱長。

遠市孤煙起,荒城行跡稀。野翁迎客語,山鳥向人飛。自覺林墟古,誰言世代非。延州一祠宇,清並首陽薇。

古碣漁樵護,蒼茫煙霧開。最憐青雀舫,共醉白雲隈。地以尋幽勝,人因弔古來。闔廬何處所,吴苑只荒臺。

招　隱　寺

姜士昌

真隱殊難事,誰與此勒銘。幽人矜密岫,清澗畏塵纓。江僻無帆影,僧稀有梵聲。勿邀出山客,彼或惡山名。

秣日偕道甫訪余司農城西寺

姜士昌

秋日郊原道,偏宜静者心。故人成久别,相見一披襟。立馬看山色,開樽聽梵音。幽懷輸我輩,對此合情深。

攜手共踟躕,行經野寺孤。水能侵曲徑,秋已入平蕪。緣樹圍經榻,青山傍酒爐。追尋殊未已,瞑色下城隅。

謁李忠定公祠

姜士昌

巑岏出泉處，忠定有祠堂。宋社頻傾覆，斯人獨慨慷。投閒憐解鎮，流涕想君王。蘋藻來吾輩，高山詠不忘。

泛湖懷眭金卿王伯骢

姜士昌

秋日泛晴湖，懷君舊酒徒。高文仍泣王，流俗自吹竽。賈誼才難達，陶潛興不孤。還將獨醒意，爲問酒家胡。

再訪鄧孺孝湖中别業

姜士昌

爲愛高齋竹，重聯此地歡。林深黄葉積，山晚白雲寒。洲渚浮天闊，人煙隔水看。自非求仲輩，誰復到湖灘。

與鄧孺孝諸君將登茅山阻雨宿田家

姜士昌

煙霞恣進屐，風雨如山靈。曠埜俱含白，羣峰不放青。鷗飛何渺渺，澗水故泠泠。晚向農家宿，寒扉幸未扃。

宿遷道中觀貧家鬻女

姜士昌

有子豈不愛，家貧且若何。江湖生計少，天地别離多。幼女嗟乖隔，居人恨轗軻。停橈聊問爾，感慨一悲歌。

先宗伯俎豆洛中荷文天瑞暨洛中諸君子敶詞設奠無從祇謝祠下感而有寄

姜士昌

伊洛分藩地，裁看祀典崇。寢謀曾汲孺，興學擬文翁。地是召棠舊，山疑襄峴同。從來風教事，標表待羣公。

重 有 感

姜士昌

豈有燕然客,能成出塞功。空聞悉情鋭,不復返元戎。鳳闕高兵氣,狼河泣斷蓬。漢家思婦月,全照敵營中。

題彭城子房山

姜士昌

漢廷紛集紫芝翁,天路曾師黄石公。烈士何妨如好女,游仙真可薄英雄。河流森漭墟煙外,山勢岧嶤野戍中。惆悵伊人不可見,秋雲寥廓暮霞紅。

送顧叔時謫判桂楊

姜士昌

仙郎何事向天涯,楚水湖山道路賒。總爲主憂深漢室,誰憐遷地過長沙。一時名諫俱承譴,萬里孤臣獨去家。若到杜陵祠北望,好依落日念京華。

謁陳少陽公祠壁有葉侍御奠文

姜士昌

出岫何煩羨入林,昔賢遺廟此重尋。公車輿櫬原奇事,履咥嬰鱗總素心。宋代和戎多覆餗,古來死諫幾青衿。壁間柱史遺文在,賸有清芬留至今。

送博士先生嚴公之日照令

姜士昌

使君前路擁弦歌,祖席寒雲奈别何。春雨千家穆陵郡,春風一騎白狼河。海門西望波濤闊,岱色東來煙霧多。此去壯游應有賦,緘書題寄莫蹉跎。

與鄧孺孝登湖亭河之陽有陳少陽祠

姜士昌

客有拏舟問碧岑,蕭蕭黄葉寺門深。疏林盡入澄湖色,官閣閒聞清梵音。隔岸遠山飛鳥没,半帆青霧夕陽沉。關河指點荒祠在,把酒臨風淚不禁。

與眭金卿游金陵華嚴寺

姜士昌

青山盡日恣幽尋，峭壁崚嶒思不禁。遠寺浮圖雲裏出，帝城宫闕望中深。僧開高閣臨松逕，鳥避寒煙下竹林。濁酒籃輿莫辭適，道旁金碧已消沉。

彭城九里山

姜士昌

重瞳龍準故山河，鐵騎金輿此舊過。我醉欲尋龍戰處，晚山如簇夕陽多。

夔門舟中度歲

姜士昌

正憐老去疾如梭，況復新年客裏過。巫嶺風高猶積雪，瞿塘雨足忽添波。怕燒爆竹驚鄉夢，强泛屠蘇對舞儺。卻喜青春堪作伴，大江東去聽吴歌。

春杪棹舟菩提菴訪友

姜士昌

美人遥駐碧山頭，與客同登訪戴舟。猶喜花前春未盡，更憐天際雨初收。朋儔抵掌談偏劇，衲子翻經誦不休。清興未闌歸棹急，空林回首暮煙浮。

觀音山望湖亭重修落成和王東里明府韻

姜士昌

間來登眺歷崇邱，湖上亭開勢欲浮。葱蒨四山環碧落，巉屼一曲枕寒流。漁歌梵唄皆清賞，望遠憑高一壯游。蓮社重修風物勝，綵毫先唱耀千秋。

福地有靈增勝概，尋芳此日共開樽。簾侵花氣經時馥，座合松陰未夕昏。疋練雲拖連遠岫，亂帆風趁過前村。到來便覺塵緣净，況復身依不二門。

贈姜同節先生

鍾鳴陛

漢署當年領太常，佩聲清切五雲傍。一函諫草丹心炯，十載抽簪白髮長。劍嘯匣中星動彩，珠生掌上月争光。飛熊已入明王夢，指顧徵車到渭陽。

賀邑侯王慕吉考最兼膺薦

姜志禮

飛舄臨湖曲，鳴琴風味仙。無言似桃李，有志笑鷹鸇。得暇節開卷，長貧不愛錢。御屏應特紀，皇路待聯翩。

府江道中有感

姜志禮

逆浪入船平，楓林兩岸迎。水逢新雨漲，山帶晚煙横。上瀨看人力，乘風聽櫓聲。中流堪擊楫，邊圉望澄清。

一艇凌波晚，千崖秀可搴。薰風初入夏，新月忽窺筵。帆影銜星度，槎形犯斗旋。未須愁瘴厲，此景正堪憐。

滇陽登明遠樓示中式諸生

姜志禮

巍樓百丈鬱岧嶢，暇日登臨望眼遥。頭上有天難咫尺，空中無地起塵囂。蛟龍得雨横滄海，鵰鶚因風振碧霄。六詔英雄今入彀，好輸忠藎佐熙朝。

送夏鶴田給諫使琉球

姜志禮

聖朝雨露海東頭，玉節翩翩覽勝游。萬里星槎銀漢杳，三山風馭碧天秋。扶桑曉日迎青瑣，瓊島春雲駐絳騶。聞道南金煩大舶，輶軒何以答宸旒。

閒　詠

姜志禮

乞得身閒已較遲，鏡中青鬢漸成絲。浮名止足原無意，大化栽培豈有私。三徑晚歸香腃菊，一編夜讀火懸藜。北山久矣高眠穩，猿鶴能文不用移。

春日泛湖

姜志魯

小舟掉過杏花灣，白鳥雙雙共我閒。最愛湖西山色好，夕陽西下不知還。

萬頃波光漾晚巒，一聲漁唱起前灘。移橈欲向中流宿，又恐春衫不耐寒。

怡雲先生留酌别後口占一首呈謝節乞賜和

楊兆蓉

生平絶未一相謀，天與良緣促近游。予避暑陽山，忽忽不樂，因作此游。回首閲人曾半國，游歷燕魯皖贛鄂湘豫越，足跡幾半國。同聲笑我説千秋。與世齟齬，擬買山著述，爲諸巨公所竊笑。世無青眼誰能辨，詩有元音久尚留。敢謂前身真太白，先君夢李青蓮來謁而生予，故名予曰"蓮生"。祇公相士勝荆州。一見蒙公垂青。

讀怡雲先生姜氏譜系弁言再賦一首

楊兆蓉

一序衣冠世系華，名臣經學兩傳家。得公大作言霏玉，留我清談酒襯霞。予不能飲，一瀝沾唇，即霞光滿面。座有七旬黄髪叟，庭餘一樹紫薇花。已成棄婦同憐勢，羞效新妝莫漫嗟。公與予談及新學風氣及詞章廢墜，每多感慨，故結筆及之。

和楊鏡芙君贈詩謝留酌原韻

姜循理

相逢邂逅若相謀，鏡君勾留後亭橋，予有譜事罕出。其日適因事往，相見談契。一見傾談宛舊游。筆底新詞傳覺夢，見贈新著，十年夢一書，情詞悱惻。眉間爽氣逼清秋。鏡君神爽，見時正值初秋。敢誇籍氏垂青鑒，原作有"世無青眼橋能辨"句。信愛蓮君醉白留。原作自註：先君夢李青蓮來謁而生，故名曰"蓮生"。記得江都鍾毓地，鏡君江都籍。他年過訪上揚州。

自慚著作乏才華，譜系修成序世家。予在祠堂譜局，鏡君過訪，因以新撰譜序呈鑒。獻我質言邀皓月，勸君小坐酌流霞。半樽淺飲顔酡玉，一席清談舌粲花。鏡君談吐風雅，真似青蓮後身。宗派詩文彈古調，於今失學共咨嗟。鏡君年未三十，絶無新學氣，於今不多得之人。

竹 軒 詩 稿

竹軒先生裔孫克家送來先生詩稿，因限於篇幅，不及備載，擇其在甘肅鄉試爲簾官時所作三十餘絶，多有關科場掌故，特爲刊入，以示來兹。鐵生注。

姜循理

總憲知余藻鑒真，分闈願否預垂詢。自慙半世爲人考，何憚令科一考人。文帥問愿否充當簾差，余應以愿充，乃命方伯下札。

喜奉公文説調簾，賓朋謝絶遠疑嫌。奉札後，即有關防，不許通賓客。房分内外憑何據，召集同官扃試嚴。八月初二日考簾官。

煌煌天使下輶軒，喝道鳴金入督轅。率領羣官齊望闕，跪三叩九謝皇恩。初六日，主考及各大憲齊集督轅，率調簾各官望闕謝恩，然後入闈。

馬驟車馳瑣院來，是何位置費疑猜。一經堂上名先唱，玉尺分持量衆才。内外簾不能預知，由監臨在至公堂點名分派，先點内簾八名，余亦在内。

肅肅齊登衡鑒堂，敬參主考效趨蹌。對行三揖分班坐，高座籤抽第四房。衆簾官至衡鑒堂，與主考對行三揖禮，歸坐。由主考掣籤分房，余得第四房。

繁文縟節不容删，束縛冠裳互往還。分房後，内監試率各房官往拜主考。主考旋來答拜。禮罷歸來思小憩，室如斗大只三間。每房只有四架屋三間。

闈中百物取諸公，剝削侵漁用易窮。供給所送來各物既劣且少。差喜無錢能宴客，迭爲東道席常豐。主考房官互請宴，皆取辦供給所，不出錢而席甚豐，因有主考在坐也。

乞來墨寶互相誇，顔柳鍾王總法家。我未臨池勤學過，也曾握管效塗鴉。初七日，各房官以扇聯等物互求書寫。余亦不能不應酬。

一聞題紙共操觚，好句吟成欣賞俱。自初八日後，主考及房官皆擬試帖。余亦勉成三首。堪笑世情真太薄，明相標榜暗胡盧。

只此朱門兩扇封，外場信息聽無從。料知九轉丹將就，遠寺聲聲動曉鐘。

我曾文戰累虧輸，每恨簾官老眼糊。今日幸叨分校任，肯教海底有遺珠。

酒闌客散漏聲催，恰好頭場卷送來。十二晚收頭場卷五十本，連夜披閲。銀燭高燒勤校閲，有誰佳藝得掄魁？

終夜搜羅心力殫，竟無一卷璧全完。忽來兩號差平正，自幸披榛已采蘭。五十卷中僅得二卷平正者，以備呈薦。

晨興辨色尚熹微，公服登堂筆共揮。我但憑文殷鶚薦，點頭暗裏聽朱衣。十三日，主考及同考官齊至衡鑒堂，當面閲卷呈薦。

苦乏珊瑚鐵網捜，有人向我獻良謀。文風南北相懸甚，取士須當降格求。此係第六房劉至順爲我言者。

自兹略短但從長，手不停披細較量。爲問諸生誰省得，閲文更比作文忙。

交賀中秋禮貌虔，中秋日，主考房官互相賀節。今宵何處不張筵。可憐矮屋三千客，甘省鄉試只三千人。末得歸家對月圓。

已將高等列丹梯，刮垢磨光付棗梨。主考以取中首列各卷送木房删潤登刻。隻手衡持兼斧削，何由雙管能下齊。

風露偏欺第八房，勞余爲作嫁衣裳。第八房陳昌有病，閲存餘卷派各房代閲。分來餘卷雖無幾，余分得十三套。也費精心細考詳。

計收卷數比周天，推轂維殷四十賢。共薦四十餘號。一樹芬芳蟾窟桂，不知公得幾枝妍。

搜才已到二三場，忽睹奇文擅衆長。班馬宏通潘陸麗，齊歸筆底耀光芒。揭曉後，此卷即第四名丁錫奎。

拱璧傳觀衆口推，照憑秦鏡上高臺。各房勸余面呈主考。面呈聖裔正主考係孔祥霖。邀真賞，擊節連稱是雋才。

披沙前已揀黄金，前場此號已列薦刻。到此隨和寶愈欽。奎璧五星雖早定，郊祁易位始安心。前此第四名任承允亦出余房，至此主考與余商定將此卷拔置第四名，以任卷移置十一名。

進賢安得野無遺，冰鑒何妨一再持。閲卷畢後，再將落卷繙閲一過。誰料白圭終有玷，吹毛並不過求疵。

豈是登山賦采珠，榜前忽以馬超盧。祇憑一句將元奪，氣煞房官賈大夫。

定期揭曉月初三，幾輩良宵睡不酣。祇爲雲泥争頃刻，倩人走馬屢窺探。

燈燭排成不夜城，滿堂朱紫悄無聲。寫榜時，内外諸官皆在坐。霎時按卷將封拆，始識賢書諸姓名。

硃墨同時送本房,重煩法眼細推詳。本房將硃墨卷當堂磨勘一遍。一條履歷親書畢,堂吏高提繞四旁。本房以一紙長條書中者履歷,由堂吏送衆官閱過,然後照此寫榜。

氈毹捲榜色鮮緋,伏地恭題筆若飛。以紅毡鋪地,並以紅毡捲榜伏地而寫。寫時將毡放開,寫畢一名,即將毡捲起。留得五魁和有待,後來居上兆先幾。留五魁卷至晚宴後方拆。

下堂且共泛瓊波,海錯山珍滿座羅。知否明朝場外客,歡聲不及恐聲多。

狼籍杯盤席已殘,重歸公座會同官。席散後復登堂。揭開寶匱奇珍見,當作虞廷輯瑞觀。五魁至此方寫。

分將紅録案前呈,朗朗同聽讀榜聲。寫榜已畢,堂吏按名高宣一遍,各房官以紅録對之。礟銃一鳴齊奏樂,旌旗飛擁綵亭行。榜置緑亭,鼓吹旌旗送出。

禮畢紛紛共退堂,棘闈從此撤關防。惟須詳細重磨對,不得隨人出試場。硃墨卷皆須解部,恐犯磨勘,故留場三日,詳加校閱。

簾員兼代主司勞,藍墨毫須一手操。磨對時,有一筆訛誤皆須檢出。藍筆房官自用,墨筆代主考用。洗髓伐毛真有術,幾人握得筆如刀。硃與墨偶有不對處,堂吏能刷之。

出得闈來無幾時,鹿鳴高詠燕賓詩。九月初八日行鹿鳴宴禮。吹笙鼓瑟成嘉會,王國從今好羽儀。

質員蕭索本空囊,亦乞諸隣助束裝。房官例送主考程儀,我向俞崑崖借貸五十金,分别餽之。紙薄人情休笑我,依依遠送到東岡。諸房官送主考皆至郊外而止,惟我與劉讓木直送至東岡坡。

復命齊迴星使緣,何軺分道各揚鑣。異同祇爲談經起,忘卻寅恭作友僚。進呈經文,正主考欲刻丁錫奎五篇,副主考欲刻曾炳煌五篇,互争生隙,分道入京。

摳衣執贄敬升堂,陸續欣看五鳳翔。本房所中五名皆來見過。更喜别家衣鉢受,也稱弟子拜門牆。第九名謝君,係其本房賈公所不敢薦,而余慫恿薦之者。故賈公命其以師禮見我。

(姜可生纂修《[江蘇]丹陽滕村姜氏族譜》 1949年餘慶堂鉛印本)

施氏宗譜

丁酉初夏武陵敬思堂輯譜事竣作長句留别諸翁俾附卷尾亦異時鴻爪雪泥之一證也

施廣譽

都山山下清溪曲，桐梓橋邊森衆緑。輕舟一棹武陵津，步步引人恣瞻矚。武陵深處即桃源，林隙天開露短垣。且喜吾宗耽小隱，村居恰好避塵喧。我來正值春過半，帶雨含煙花夾岸。頻年取次誤花時，到此掀髯誇壯觀。桑畦麥隴敞平疇，西北蔥蘢畫境幽。試訪招提驚絶壑，危橋怪石枕寒流。密蔭篩金枝戛玉，不數新篁閒老木。兒孫个个上青雲，烏鵲紛紛窺白屋。宿酲纔解鳥聲來，格磔鈎輈未許猜。縱使提壺行不得，先生卯酒已三杯。族誼纏綿經帀月，冶亭慚愧生花筆。源流難向外人言，誰爲歐蘇評甲乙。相期忠孝姓名揚，惟兹足增家乘光。長歌珍重臨别贈，一聲欸乃葭蒼蒼。

上田分二十八世廣譽脱稿。

（清施廣譽纂修《[江蘇溧陽]施氏宗譜》 清光緒二十三年敬思堂木活字本）

營源説

施兆麟

先考振宇行七府君，諱炳，字大才，法名通等。皇明隆慶辛未年六月初十日未時誕生，卒於大清順治己丑年十一月初十日寅時，享齡七十有九。厝於酒瓶漕星聚洪君所賣田内，築地以安柩焉。先妣胡氏繼明孺人，生於萬曆辛卯年十月初二日丑時，卒於皇清順治丙申年正月十六日亥時，享臘六十有六，合於先考之厝所。余徧延青烏家歷覽湖山，未獲佳煖。偶與丁君首英過上水姚嶴山曰牯牛，甚愜意，知爲柴氏明登祀山。聞與陳君九齡交善，遂聯爲義親，數日内藉其力而玉成之。嗣别延諸家議論，無一合者。聞大慈印山和尚久留心此道，冒寒戚邀其過慈雲指點焉。曰："好！只是龍身短索。"余此時聆一好字，已快於心，不腹思維其短索句也。越數日，印山和尚語史氏右臣曰："爾與天石莫逆。其姚嶴地大不美，何不力阻厥成。"右臣以實告。余恨印山和尚相與最久，既曰"大不美"，前"好"字胡爲乎來？竟絶跡不登。大慈印山和尚覺其故，對人云："以直言失一得力檀護，當尋一美地以蓋前愆。"適爲大慈之西方果因所推業與號册弗符，親往插號清田，過東陶嶺，目擊福泉陰亥龍奔放，踴躍而出，跌斷十四峰，起伏昂藏，展翅層折。師遂隨龍勢所之，直至童家湖結穴。登覽半晌，以爲發脈亥，而結果又亥，六秀齊映，砂水迎護，無不恰好。詢爲管山朱氏業，命侍者聞於余。即駕舟泛湖抵韓嶺，復乘輿至彼，而觀其形勝，果與姚嵾地相徑庭。遂託閬仙法華長老多方以購之。正穴僅五兩八錢，而餘山另償其價，陸續以次成交。然交價非親面不可。先是買山之時，師權巧云：有師兄從維揚來，欲結茅於此，未嘗露一真消息也。朱氏懷瑜及其弟懷璋皆貧，願鬻之。先授以值，及完足時，余僧儀相見。印山云："此吾師兄。"懷瑜遂問話曰："弟子苦得緊。"余答曰："正要汝曉得苦海無邊，回頭是岸。"瑜遂再拜曰："承和尚指教。"余曰："正要從苦處做起。"印山和尚笑曰："我師兄指示休得忘卻。"別後半月，余擇吉開山。適有朱懷福者亦來啟土，因其妻之母曾有地一方，在予穴之前。余此時露出本來面目。而懷瑜驚相謂曰："此獨非前日指教和尚乎？"余答云："有時恁麼，有時不恁麼。"相笑而款洽之，彼遂竭力慫恿將福親之地亦屬余。嗣後東則買青龍首山，爲朱氏衆業；而白虎山則果因法華二長老業也。穴之内白虎爲朱文峻兄弟業，另購之。穴前屋爲林良能業，亦另重價以就焉。至若莊基地十畝，皆因與華公地並買之，合四面盡羅而致。及精神之勞瘁，拮据之辛勤，不知費若許經營慘淡矣。穴已方圓，而懷瑜之祖父棺皆浮厝於穴之下，契内訂遷，然不能必其速於遷。棺之上有大松覆焉。此松歷數百餘年，蟠結歪斜，枝大而古，儼若神物。然此木不去，則穴前遮碍；伐之，則難爲其朽棺。因虔叩山神曰："若許某營造，借大風從西而倒於東，以避棺之壞也。"不期言未已，而大風從南起，此木倒於山之北。三十人之伐木者盡仆於地，驚相告曰："此神力也！"余私心大奇之。印山和尚爲予擇吉開山，先命備大斧大鋤以爲堅土石鉗地。余怪之而不敢直爲辨難。此時丁君賢易相其成，而下盤定向皆印山和尚自主之也。開至數尺許，而堅土現，似石非石，似土非土。先時之大鋤用之皆壞，工甚苦焉。開至一丈許，而左右果有石鉗，右短左長，蓋收氣在左故也。印山和尚豫定之言悉脗合，無稍舛者。命再掘四尺，果有五色潤土見，且不至五色，而色色俱備，無非紅若珠砂，白則鮮白，黄則金黄之類，見者無不駭異。石鉗若天造地設，只欲稍鑽分寸，而不可得。奇哉！印山和尚何知地下有若斯之土與鉗也。穴后有大石，若五石缸。印山和尚命石工去尺許，欲以槨梁駕其上。工正鑿時，賢易急謂余曰："若去此石，則傷龍矣。"余急求和尚已之，而石工已去尺餘，急命止之。嗣後損丁，皆歸咎於此。棺下皆大磚槨，磚之内又用大磚以襯之，外則炭满三合土。造法之固，無以踰此。自開山以至結壙，皆余親董厥成。此時山海交訌，白氛甚熾。余不惜身命冒險而爲之，親知無不代爲徬徨。余處之裕如，安之若素，而行之若無事也。自厝處近至湖上，出喪儀式，人皆以不動聲色爲余勸。余毅然曰："父母出喪，人子一生大事，鼓樂何可少？"遂多其素旗亭蓋之類。棺至管江，有杜姓者阻余曰："海上有封條，且有九人候棺至。"余厲聲曰："九人在汝家，余今八十餘人送棺，立擒之甚易。"立命返棺，仍以鼓樂向來路引道。杜曰："此何意？"余曰："汝等以海上嚇我，棺應返，當鳴諸官洗此地方，毋悔！"杜倉皇曰："請棺轉，造墳好事，自爲調停。"余曰："調停二字何解？余一身死不足惜，吾兄弟當以致死之故向杜討着落。"杜懼，拜求。因仍大張樂器，至莊，開靈受弔七日，擇於順治之己亥年八月初四壬辰日寅時迎棺入壙，申時上攔土石。點主則徐親翁懋昭也。四課，己亥、癸酉、壬辰、壬寅。坐乾向巽兼巳亥，庚辰庚戌分金。此一役也，余與兄弟櫛風沐雨而覓此地，忍饑耐寒而購此地，冒險涉危而葬此地。余於孝道不能無歉，然爲葬殫勞，庶幾可告無罪於萬一耳。後之子若孫享蔭庇而昌大門閭，焚黄建坊，則俟諸后日。是在廣積陰德，以迓天休，則予營葬源流誠爲無憾云。買山之貲出之余一人，而營葬之費則五房均出。余將此山自買而不歛及各房者，恐後子之孫消長不齊，若爲五房公山，將思旦旦而伐之，誰其禁飭？在余一房已山，則各房不得覬覦山樣。而余之子孫倘有鬻此山者，各房之子孫得羣起而阻執之，留此以爲後日券，庶得長保此土於不朽矣。是爲説。

（袁乃彬纂修《[浙江鄞縣]鄞康施氏宗譜》 1930年彰德堂木活字本）

查氏宗譜

送虔甫弟之任合肥序

查秉彝

别有贈言，古也。吾弟領合肥，爲民父母，光昭先人之緒業，于是乎在。行有日矣，可無言？夫人情親則暱，暱則無畏，故曰朋友切切偲偲，兄弟怡怡。言責難非兄弟事也。吾與弟年相若也，相從最親且愛。吾何言？雖然，聞之弓人之子不習而能弓，庖人之子不習而知味。漢初，公卿得任子弟爲郎，以習聞朝廷典章條貫而備咨故實。當是之時，金張子弟垂貂奕葉，而萬石君家以醇謹稱。然三代而下，惟漢治爲近古，吏稱民安之效，庶幾成康，則亦何負於漢哉！博陸侯秉政時，田延年之子敷對詳明，而自嘆其子孫之不逮禹，竟以驕侈亡宗，而千秋一言取相，習與不習之驗也。語有之，不習爲吏，視已成事。吾試舉吾弟之所習聞、與吾童孺時家庭所習見一二事冗屑近易者，爲吾弟明之而大可舉矣。吾先大父一愚公之孫十有五人，吾弟爲叔父都憲公之所自出，于諸昆爲季，最爲大父之所憐念。一日，嬉遊水濱，悮墮其履。大父厲聲咤曰："兒何來？何事忘其履？小物克勤，斯善成者也。"不怡者數日。其嚴如此。夏月聚螢爲囊，戲以晚讀。吾奉直府君，見而訝之，曰："若曹效車胤囊螢事乎？啓蟄不殺，曷用是爲？割囊出之。有焚膏可繼晷，何必效囊螢之訓？"其仁如此。比長習業舉子。吾弟穎敏絶人，日誦千言。乙酉，吾舉于鄉。弟益自奮起有聲，中甲午榜第七人，同試春官者再。嘗憶會試時，叔父授以羊裘，繫之詩曰："皜皜羊裘三十年，衣鉢更期傳後賢。"裘今具在也。夫一羊裘而三十年矣，復期以傳後，視平仲之儉德何如哉！且叔父清德雅望聞天下，而以毖銘其齋。其言曰："心惟毖乃清，德惟毖乃成。業不毖盈者以傾，言不毖招辱圮名。大哉毖乎，所以參三才而效靈者乎！"南塘之業皆吾大父之所營構，吾叔歷官中外四十年矣，不易一椽。凡此數事，皆吾所習見，弟之所習聞，載諸家乘。人謂猥冗不足紀録，而吾日以書諸紳，比司馬《家範》。弟亦試深長思乎。誠思敝履不棄之慎，居高可以無危；思聚螢不殺之仁，使下可以無虐；思羊裘皜潔之介，以貨賄溝瀆其身知所不忍爲也。惟儉則恭，惟仁則惠，惟慎則毖。毖則不辱，恭則不侮，惠則寡怨于民。四者備而合肥之政從可舉矣。初，弟謁選時，以其幹局身言，上之可得府貳，次之不失爲州，乃以吾引嫌自抑而居此，視漢初之法何如耶？又以令爲親民，其仁易達，可以顯行其志。且邑麗府城，介南北之津路，風流儉質，其民樸野易治。得日就達官長者，庶幾以吏爲師，可以寡過。此毖教之義，而弟優爲者，吾又何言？爲次第先人之訓而序之。

示隆子之官寧國序

查秉彝

今年夏六月，諸子志隆以進士謁選天官，拜寧國理刑之命。隆吾仲兄九一先生子也。先生任南京刑部郎中，致其事凡二年，而隆舉于有司，殆天也！夫天道恒施于其所不足，而人道當慎持其所有餘。兹行勉之矣。初余家食，時隆方就傅，課業舉子，出語已能壓其輩行。顧其體孱然若不勝衣，余甚念焉。居久之，爲歲戊午，領鄉薦，從余聚于京師，則見其廣顙多髯，頎然一丈夫子矣。與之語匡飭身心之要、和宗睦婣之方，下逮歲時烝嘗、米鹽瑣屑之務，罔弗了了。余方幸吾兄有子，吾父有孫，而尤幸其偕吾兒宏立相繼忝竊科名，觀摩劘拂，庶幾無墜于先人緒業，吾過可逭也。無何有寧國之役，則又念其去我之四方，將有長人之任。且刑官也，郡之民命寄焉。于是送之郊而申以詞曰："嗟乎，若聞良工之子乎？不學而能箕，以其得于聞者習也。汝父嘗爲刑官持憲矣，獄情隱鬱之狀，寬嚴仁恕之説，其亦有聞焉者矣。雖然，刑豈易言哉！趙括能讀書，其父莫能難。然不與其善將兵者，以括易言之也。夫兵刑，均之天下之忌器也。匹夫爲天子操三尺，有生人殺人之權者，聽獄之吏是已。諺有之，刻木爲吏，期勿對慘切之禍深也。若慎念哉！且先王之制刑也，以蚩蚩之氓醉飽淫佚，懻忮鬬争，日尋干戈，而逮于死也，故刑以救之。刑者，生道也。而不善用之者，乃言法吏無恩，刑官無後。豈以嫌畏之心重周納之過，多積釁于冥冥者衆耶。吾先人起家進士，嘗三世爲刑官矣。余不敏，理刑楚中。兹復叨陪棘寺，則又刑官也。若曹尚有口食以逮于今，謂非先人仁恕之德將有貽庇于吾後昆者，天其猶未厭乎？是故勿摇其根，其枝將揚，勿涸其原，其流將長。翁孺因之種德，于公以之高門。屠伯無後，郅宗不延，受任同而仁暴異也。若慎念哉！人言寧國介在江臯，民俗簡樸，無大魍魎不可究詰之獄。然其纖嗇而喜争，懻忮而任氣，自古記之矣。獄豈易言哉！有膚受叫號，外若可痛而非其事實者；有形即影真，開釋無竇，而自誣服者；有豪黠憑社而隱，奸蔓難圖者；有猾胥舞文而巧比，密如凝脂而難間者；有轇轕紛挐，誕幻而無首者。非明察之長、仁恕之官、有惨怛之心矜恕之實者，其何以臨之哉！是故飭若儀凖以峻其坊，審若嗜好以觀其向，簡若科章以静其俗。情所可隱，若爲明之；理所可喻，若求釋之；形格勢禁而難解者，若爲平之；同過而異議者，〔若〕爲之亭之。獄在暴桀，勿怠緩以基釁；獄在富厚，勿過爲周納以近名。忿斯抒之，眚斯宥之，噢之休之，敷厥腎腸以告之。明是術者，推而達諸天下可也，奚有於一郡之民哉！夫由一家之積而爲邑，一邑之積而爲郡，〔一〕郡之積而爲天下。匹夫匹婦有不得其平、含哀而籲天者，蟲蝗水旱之災應之矣。是故觀于家而郡邑可知也，觀于郡而天下可知也。若試觀之，吾高曾而下爲羣從子弟者若干人，吾一家也；若祖而下爲若昆弟子姓若干人，吾一身也。牽一髮則身爲之動，拔一毛則心爲之惕。無他焉，氣之所感通也。若念吾宗人思所以保其族，若念吾室家思所以有其廬。是故仁人君子愛己之親以及人之親，愛己之子以及人之子。通于一郡之情，以及于天下國家，爲聖天子操生人殺人之權，行吾惠利羣生之術於盛世，淳厖之治端有助焉，奚直培吾先人長厚之脈以庇若後昆已耶？若歸而覲汝父，當有以益汝，試以吾言諗之何如也。"

祖塋祭田記

查志隆

惟余查氏，肇姓于周姬，發祥于晉安陽令、唐柱國將軍宣國尚書，暨宋殿中侍御、龍圖待制。諸公奕奕，載德相沿，六十餘祼，而入昭代爲最著。以科第顯于昭代者，無慮數十派，而惟園花爲最著。園花始祖仁齋府君由婺源遷園花，墓在龍山東里葉恩橋之滸，松楸不盈百武，而昭穆鱗次，纍纍數十塚。如御醫仲容府君、處士耕隱府君、孚菴府君，俱能積德累行，亢厥家風者也。顧惟舊時不立墓田，子孫挨年祭埽，各展追遠惓誠。迨今世系遐逖，興替靡齊，至有勿克供其禮物者。即朋三攢五，勉强承事，而嗇容已形眉睫間。在今日尚如此，異時淪廢，更何論也！

稽古者，主祭必以宗子，供祭必以墓田。而墓田之制則取祖宗所遺二十分之一，不者合計墓下子孫田畝而均取之。此實尊祖敬宗之首務，且以嚴後防而永令緒也。禮之不行久矣，一時固猝難復古。而封邱在望，風木含情，仁人孝子能不淒依？某竊有深慨焉，迺捐金置墓田若干畝，世掌之宗嫡，收其所入以供祀事。愧駑劣未能光昭令德，惟藉是先世之遺，肇起曠舉，俾麥飯紙錢歲時匪懈，某之願也。尤宗嫡主鬯者之責也。子孫倘有墜廢成業者，通族矢謀攻之毋貸。兹列條約于後，而記其本末如此。余家缺典非一，如祠堂宗譜，種種所宜釐舉，竊有志而未逮，姑徐俟其後，併屬望于宗之同志者。

義田記事

查志隆

某憶弱冠時，先大夫析産以授，進而命曰："若克家，自今日始，余所望若豈豐殖已哉。范文正貧終其身，惟以施貧活族之義遺其子。先賢記之，風流至今。若愼勉旃以副余志。"某奉命唯唯。至釋褐登仕籍，歸拜膝下，請得以曩所授産之半名田三頃草創施貧活族之義，仍餘其半以供仰俯。先大夫殊色喜，曰："是余志也。考記載，文正未貴顯時，有志未逮者二十年。既而位充禄厚，始克終其志。今惟志之得終與不則命也。士君子一念及人，何必禄厚哉？盡其在我而已。"某奉命復唯唯。退而規畫其事，先祭葬，次養生，次教學。自三黨以及鄉閭，凡貧困者，蘄有濟焉。其田則先大夫之遺田，其規畫則先大夫之訓也，某其何力之與有？顧負時戾，早歲乞閒，不能如文正充禄賜之入以終其志，長負先大夫于九原。已矣！所冀幸後世子孫豈無有先大夫志而釋某之負者？兹特條其規畫于左方，勒石家廟，夫亦爲可繼云。

（清查元偁纂修《［浙江］海寧查氏族譜》 清道光八年刻本）

柳 氏 宗 譜

寄趙知微廉使

柳　敬

曾賜元淵冰玉丹，南征六月海生寒。宣威辨説誰爲陸，列守文章孰是韓。溟渤不驚天蕩蕩，烟塵如洗月團團。故家文獻應推召，拭目雲霄一羽翰。

進脩齋爲郝御史公賦

柳　敬

德業增崇欲及時，齋居誰肯進脩遲。功成一簣從吾往，學繼三餘復自期。馬策頻催忘後殿，烏巢重葺貴先知。丈夫久蓄經綸志，正重皇朝大有爲。

贈元善賈公之嵩陽

柳　敬

欲辭翰海尚徘徊，又恐清朝貢士催。猿鶴喜驚天上去，琴書今見日邊回。雲成少室千年雨，風怒松潭萬壑雷。珍重門生迎迓久，芹宫從此講筵開。

哭 子 綸

柳　敬

力疾坐清曉，鴉鵲噪庭槐。咒之何吉凶，惻惻寧自猜。躋險不安席，忽驚家僮來。淚光凝入眼，愁態動傷懷。試問旅途艱，答云有大乖。偕行是柳綸，體染疫痢災。一旬有二日，病極歿長淮。買棺葬其屍，塗山驛邊埋。斯言未及終，使我淚盈頣。一慟還復醒，方寸似飛灰。病窮乃免哭，身老不禁哀。養子望終養，豈期夭童孩。子夏至喪明，仲尼才不才。慈母白髪新，家務況兼該。膝下省定缺，有此天譴回。荆人逝有年，追思眼枯萎。幾夜入我夢，誓欲與子偕。覺轉在空房，寒月落庭階。寂寂夜未央，悠悠思無涯。我今豁所思，輒登望鄉臺。雲飛日將暮，何苦自縈迴。吾道既未窮，奮翮上三台。

别　友　人

柳　敬

沙頭酒盡玉缾空，送客南還别意濃。紅杏碧桃三月景，青燈黄卷十年功。龍魚未躍天門浪，鵬鳥終搏瀚海風。夜晚相思何處切，螢牕殘月五更鐘。

題 愛 日 軒

柳　敬

爲愛高堂日正長，晨昏定省豈能忘。昭迴松柏多生意，煖逐桑榆有耿光。炯炯獨明心似月，融融消却鬢如霜。願將羲馭從今柅，獨照雙親樂未央。

壽司訓趙橋里

柳　敬

滿簪華髮映青袍，館閣文章壓俊髦。天派南流滄海闊，霞光東絢赤城高。書騰一鶚名尤顯，劒躍雙龍氣轉豪。却爲耆英曾厚會，壽君千里豈辭勞。

壽繭叟胡伯仁

柳　敬

一繭藏身忘外求，人蠶眠食老宜休。寸絲縱有經綸志，半世能無衣被謀。作蛹正宜如蝟縮，化蛾應與蝶同遊。文章五色昭人世，且賦公桑到白頭。

憶信臣趙先生

柳　敬

橘里先生汗漫遊，不堪兒女笑相留。踏槐日近空過夏，攀桂風高不待秋。雁塔三千題未得，鳳樓十二擬增修。五經文字藏胸臆，莫負朱衣暗點頭。

題長淮牧監宋公孝思堂卷

柳　敬

遠憶庭闈有所思，一官羈絆復何之。立身能守垂堂戒，矯首空歌陟岵詩。千里雲山長入夢，百年風木有餘悲。蹇予失怙嗟何及，撫卷無言雨淚垂。

過松亭關奉上主帥

柳　敬

日映旌旗露未乾，暫停征騎解雕鞍。萬山雲散松亭曉，五月涼生草屋寒。主將令嚴三尺劍，功臣圖報寸心丹。竚看談笑平□虜，奏凱南歸秋已闌。

冬日永平早行

柳　敬

曉色曈曈映海東，迢迢客路思無窮。雁拖月色家千里，馬踏霜華樹萬封。店小茅柴香泛白，地爐榾柮火煨紅。白頭塞北從征久，又喜南回正暮冬。

峯口遇雪有懷

柳　敬

滕六霏霏遍九垓，曉來一望白成堆。青山緑野顔容改，玉樹瓊林圖畫開。美酒竟無金帳飲，扁舟不見剡溪來。醉吟爲客松亭下，謾撥寒爐鐵筯灰。

松亭偶成疊前韻二首

柳　敬

嵐氣霏微曉未乾，林閒元馬竚金鞍。松風萬籟作秋意，花雨一簾生晝寒。詩案每留吟後稾，藥爐時有煉餘丹。仰高長嘯無窮意，何處登樓可凭闌。

霖雨連朝露未乾，山村逾月憩征鞍。老來客路欣相見，此去詩盟未易寒。秋水紅蓮長映緑，春風化筆自題丹。煩君先報回程日，莫待餘秋氣候闌。

題王僉憲孝思齋

柳　敬

白雲天際日孤飛，遊宦思親未卜歸。千里獨馳憑夜夢，寸心惟欲報春暉。江通巫峽回潮急，日落巴山望樹微。爲國盡忠仍盡孝，清名絶勝老萊衣。

送通判張洪得

柳　敬

家世封侯亦葉孫，讀書垂老鬓如銀。越中久慕才名舊，洛下重聞德政新。正好澄心遵别路，未容清興動思蓴。白頭有幸欣相見，握手論交意更真。

送上琬王先生

柳　敬

束書應詔起巖阿，千里逢君喜一過。北闕賞春初獻賦，南宫喜雨共賡歌。看花此去經梁苑，攀柳相思繞汴河。鄉國久交今絶少，忽驚秀句逼陰何。

出京曉望

柳　敬

四月聯鑣出帝畿，壯觀山水總清奇。醍醐唤飲爐頭女，觱栗吹來馬上兒。翠暗雲山先遠思，玉團花隴入新詩。獨憐風景他鄉異，何日梁園是定期。

遠行述懷

柳　敬

嗟余離故鄉，庭樹三見緑。可望不可追，衷腸耿悲獨。君不見玉顔如花越溪女，自小嬌癡不歌舞。嫁得江東豪富家，日日思歸淚如雨。又不見滔滔不歸東山役，握髮吐哺盡勞瘁。一朝天眷還王朝，建子俾侯開封國。人生窮達賦天遺，雲物依憑如有期。杜陵豈爲吟詩瘦，蘇老寧思食肉肥。我今豁思升大阜，極目山河空返首。膝下嬌兒誰見憐，萱親那得知安否？有弟有弟三年别，想弟思兄心轉切。今年僕至遣雙魚，一鴻遠寄秋江月。嗟我平生居儒素，日久空匱歲將暮。胸中自有百萬資，坦然安舒身爲富。丈夫讀書意氣雄，時來未足誇萬鍾。胡爲鬱紆思無窮，甘心投老吴山東。

鳳山樵隱自題

柳　敬

王質今何在，猶聞斸石聲。風前迴葉舞，雲外一禽横。緑蟻饒人興，青山狎客情。采樵來作侣，朦似面公卿。

易《鳳山樵隱集》

六子相交父母純，精微潔淨更無倫。經傳四聖精含藴，畫出先天妙入神。表表四千餘卦體，融融三十六宫春。清溪滴露研朱客，恐是尋行數墨人。

書

汗簡煙銷費討尋，漢家訓詁滿儒林。豈期萬古千秋後，復見三王二帝心。孔氏壁藏多附會，伏生口授太艱深。考亭去取無遺恨，況復門人有蔡沈。

詩

詩緯詩經各有三，大音誰爲發機緘。聖功昭著終三頌，王化流行始二南。毛鄭形容多草草，吕蘇頭角頗嶄嶄。不圖删定千年後，玉振金聲有晦菴。

周　禮

庶職班班總六卿，聖人布置自天成。一時美意行良法，千古遺書號太平。可怪獻王增外記，不堪新莽盜虚名。誰言制度傷纖悉，宫府規模不厭精。

禮　記

刼火燔經亦有年，曲臺彷彿記遺編。誰將秦漢參周制，我喜曾思得孔傳。法度幸然存一二，威儀徒爾説三千。康成未解分經傳，名物精詳亦自賢。

春　秋

西狩歸來淚滿襟，麟經筆削示人深。一言一字存褒貶，真是真非盡古今。二百餘年天子事，億千萬世聖人心。召陵城濮俱陳迹，依舊乾坤一孔林。

論　語

聖學淵源豈易量，奚分齊魯謾施張。讀時似覺文詞易，積久方知意味長。上知下愚終不變，朝聞夕死儘無妨。若非尼父參天地，學者毋窺數仞牆。

大　學

赫然明命本諸天，推己新民教乃宣。心似鑑空方盡物，身如山立適行權。紀綱條達含精藴，節目分明有後先。賢傳聖經潛玩久，乃知一貫不虚傳。

中　庸

大道須臾未可違，聖賢微旨在操持。不偏不倚存誠處，無過無虧應物時。小惡還成千里謬，至公寧許一毫私。共知百世傳鄒孟，一脈春風自子思。

孟　子

上下交征逐末流，力陳仁義説諸侯。儀秦引搆當時禍，楊墨深貽後世憂。養氣每存毋助長，放心惟恐不知求。吾儒尚有疑非論，所見皆偏恐未周。

易　説

庖犧元不費搜尋，奇自爲陽耦自陰。楚些吴儂皆已見，郢書燕説豈初心。伊川筆底天人備，康節圖中旨趣深。總被晦菴模寫出，朱絃三歎有遺音。

原卦畫

太極陰陽尚混淆，二生爲兩四還交。象儀立後成三畫，貞晷明時備六爻。須信有情皆一本,斷然無物不同胞。等閒寫出先天妙,恨不同時載酒肴。

明蓍莢

大衍神蓍五十莖,體惟虚一用斯行。圓神方知總千變,分掛揲歸成四營。錯綜統包天地數,變通曲盡鬼神情。邇來兩背雙眉語,未審何由得此名。

考變占

讀書當明作易因,玩占觀象果何人。六爻進退時消長,一氣飛潛道屈伸。上下無情惟是變,陰陽不測豈非神。四千餘卦無窮事,只有庖犧善寫真。

學易二首

庖犧學易果如何?信手畫成非有他。陽卦自奇陰卦耦,治時常少亂時多。乾資剛健推原化,坤以安貞保太和。不有邵圖程傳出,聖人心鑑是誰磨。

二氣周流貫六虚,畫成奇耦法天樞。百家技藝分全體,四聖精神萃一書。剖析經文輸正叔,發明圖象讓堯夫。不知市隱成都客,曾見山樵細問漁。

答學者問易

索隱探微亘古今,寥寥千載幾知音。邵圖程傳從渠説,羲畫周經各有心。時有張華方鑄劍,世無鍾子莫彈琴。不從三聖源頭看,枉向諸生筆底尋。

爾雅

博士名官自漢初,未應純是聖人書。發揮五教雖無所,訓詁羣經若有餘。郭氏盛誇通豹鼠,韓公竊笑註蟲魚。九州作貢無遺憾,四極爲言恐涉虚。

題吴江垂虹橋

柳　敬

天垂螮蝀駕長江,地控三吴接大荒。石洞鎖雲秋月冷,玉闌過雨午風涼。五湖浩蕩歸舟遠,四海蒼茫去路長。幾度登臨欲題柱,此身疑似在仙鄉。

河南府梅花堂

柳　敬

中原勝境稱伊洛,伊洛只説梅花堂。我欲登臨訪遺跡,碑刻屹立如堵牆。堂前有梅總非舊,深冬開花如蠟黄。梅花自是江南物,冰作丰姿玉作骨。鐵石肝腸傲雪霜,塵氛不得侵毫忽。前人名堂有深意,揭扁高張墨花麗。堂堂濟濟縉紳翁,肯失冰清歲寒志?由來承宣不乏人,政事文章跡相繼。特達寬和有召翁,累見德業名一世。百室兒童解讀書,千里桑麻足陰翳。父老嘻嘻忘毁譽,衹道河南易爲治。堂經歲久還再新,梅花不見當年春。我今揮毫點蒼玉,從教識得梅花真。大枝崢嶸鐵石屈,小枝參錯花璘珣。蜂蝶無由近顔色,杏桃不得稱比鄰。昨夜霜晴睡初熟，月華照徧天南北。願言四海齊秉梅花心，萬歲千秋奉宣國。

戒 酒 歌

柳 敬

切戒酒兮切戒酒，酒名狂藥汝知否？昔者大禹惡旨酒，天命眷顧國祚久。商受沉湎酒作池，國亡身死良可悲。至哉周王之酒誥，曰毋彝酒惟祀兹。痛戒羣飲至於殺，聖訓昭昭不自察。多少賢達溺其中，却爲三杯豪興發。我亦曾飲豪俠徒，酒酣拔劍争喧呼。一語不合搆讐隙，德足以將天下無。堪歎時人會賓客，往往以酒爲歡伯。今來古往習成風，無酒留人恐貽責。我謂酒能爛肺肝，戒之少飲無何難。古人百拜酒一獻，今人非醉不盡歡。飲酒至醉尤無益，豈但喪身復喪德。從今不爲酒所易，此心已自堅如石。

上大中丞吴公訥

柳 緒

憶昔當年侍講帷，南還勾越隔雲泥。已看劍氣騰千丈，未許瓊林插一枝。補袞政須公輔器，讀書寧負聖明時。嘗修壁水成羈紲，朝夕無由仰範儀。

丙辰中秋踵僉憲顧公韻

柳 緒

良宵三五寓神州，桂子浮香夜不收。銀漢清涵千頃碧，金波冷浸十分秋。南樓酒侶資豪興，東閣離人動遠愁。獨對嬋娟倍惆悵，功名未就雪盈頭。

寄戴彦廣契友

柳 緒

湖海論交契，鄞慈喜接鄰。季真餘格度，安道共雲仍。事業期軒冕，聲華著縉紳。浙東攀桂手，洛下看花人。草聖騫鸞鳳，詩仙動鬼神。文章裨世運，水墨妙天真。特達千人俊，吹嘘六館春。鍾王堪並駕，屈宋許相親。聯榻承規益，篝燈共討論。心知推管鮑，誼重洽雷陳。屹立狂瀾際，棲遲寂寞濱。內司偕集事，南陌惜離羣。顧我還環堵，遲君處要津。未乘金勒馬，争覩玉麒麟。指顧蓬萊近，霑濡雨露新。亨衢馳駿驥，北海擊遊鯤。空闊宜高舉，追思愧後塵。屋梁迷落月，海嶠隔孤雲。耿耿思疇昔，悠悠任屈伸。白鷗空浩蕩，錦鯉竟沉淪。深訝山中璞，難同席上珍。潛心淹簡册，甘分對松筠。屢卜行藏遠，徒興代謝頻。臨風成悵怏，援筆益酸辛。

題望雲思親卷

柳 敬

江東雲，江東雲，悠然出岫本無心。清晨五彩絢堯日，亭午百里施商霖。神功變化不可測，飄飄遠遶金臺側。白衣蒼狗自微茫，車蓋奇峯倏明没。當時一片飛河陽，梁公指顧形神傷。雙親迢遞舍其下，王事靡鹽增彷徨。遊子離親膝，寸心恒記憶。甘脮缺奉承，定省違晨夕。得志情事伸，致君思顯親。遂令千載下，籍籍揚清芬。徐生犖犖金陵客，從事金臺竟南北。公餘目斷楚天雲，幾度心飛淚沾臆。子念親兮固弗忘，好勤勳業登巖廊。舒卷層霄逐鴻雁，飛揚故里生輝光。寧事虚名詑流俗，景仰英賢繼芳躅。佇看清陰分四方，慰彼椿萱享遐福。

題泰興縣僧舍四時山水小景

柳　緒

水秀山明化日遲，漫遊同過浣花溪。争如林下安禪客，春滿人間總不知。
天竺浮圖倚碧空，蘇隄楊柳逗涼風。中流蕩槳参禪客，曾到吴山第幾峯。
一林紅葉繞祇園，野衲棲遲息俗緣。艬棹躊躕向何處，江東日暮起寒烟。
溪山一色白漫漫，幾有幽芳數箇看。策蹇衝寒向何處，前村僧舍解吟鞍。

南崖鐵松圖并序

柳　湘

叔父號鐵松，少失怙，好古力學，食皜邑庠，名冠諸生。讀書車廄南崖，久困埸屋，人咸惜之。余繪圖奉獻，幸哂而教之。

老樹何年拔出崑崙山，山高樹聳迴插雲漢間。月照團團翠陰密，風吹鬣鬣毛骨寒。世人惟知重椅漆，椅漆可以爲琴瑟。誰知此有百煉鋼，魯班神斧加不得。嗟哉特立奇世材，霜雪年年慣經歷。勿爲廊廟之棟梁，勿作擎天之柱石。有時化作虬龍飛，直上九霄撑八翼。

試事南臺吏部考選儒術吏事擢第一

柳　溱

今日天官校藝能，手拈凍筆口呵冰。菲才冒忝居前列，九百人中第一名。

贈竹軒董隱君

柳汝劭

先生住世地行仙，清風在處人皆傳。惟將節操保終始，肯以寒暄爲變遷。於今六十有八載，高軒種竹總瀟灑。晝永涼颸生夜寒，曉布繁陰散春靄。有時結實丹鳳棲，文章五色生光輝。有時或引彩鸞下，湘妃帶翠紛陸離。平安信息日相報，一點紅塵飛不到。鈎簾翠色長自留，拂酒清光不須要。先生與竹同幽貞，託號於兹金石盟。中虚外直秉高節，七賢六逸空齊名。對之可以彈緑綺，調泛清商合宫徵。對之可以供詩篇，颯颯襟懷淨如洗。先生先生竹之匹，冰玉其操挺獨立。庶幾松與梅爲友，歲寒不凋同素質。風晨月夕山之曲，貞筠碧玉幾年緑。别來歲久龍孫多，聳壑昂霄脱塵俗。有時拂衣歸去來，高軒還向琅玕開。擊節載咏淇澳章，心與先生同快哉。

離　憂

柳夢桂

何爲天地寬，使我骨肉散。家人居竹江，父旅瞜城館。吾復遊武塘，干戈路俱斷。遥念當斯時，各有羣戾伴。思之不勝悲，哽咽氣爲短。巢燕更齊飛，坐對離愁滿。

感遇之六并敘

柳夢桂

乙酉秋，監國魯王都會稽，以重兵據守錢塘江口，郡邑莫不設備。先是，嘉善令詹承怙亡越，後宰慈谿，倚石步葉氏爲保護。俄以糧務，與守將張國柱有隙。張輒令步兵數十至公堂縛而鞭之。詹豫令人往石步取救，頃之，石步民持械奔赴，刼詹以歸。張次日統全師抄石步，水旱並發。旱兵由驛路進，水師七十二艘順流而下，泊於竹江，登岸望剡奥入。時值微雨，人皆惶懼，不知所之。師行未二里，見烟光乍起，知旱兵已至，遽返舟揚帆欲去。詹所借衛兵與石步北山裹人見旱兵俱退，料舟師亦去，借追擊爲名，欲乘勢剽掠袁柳人糧物。不料舟尚未動，至後巷忽發炮鼓譟。舟師以爲袁柳人逐己，遂操戈登岸，四向攻殺。一時男女奔竄不及，屍横滿道，前後巷河水盡赤，係累去者不可計數。惟走富鑑橋一路得過橋者皆得不死。須臾火光燭天，自辰迄亥，竹江一村房屋萬間，惟留和德堂、懷德堂及熊和堂數廳耳，餘皆燒燬，無一完棟。此丙戌四月十一事也。余時羈跡魏里，幸脱鋒刃。秋後道通書至，乃始知之，魂膽俱裂，未忍言賦，聊以誌哀。

嗟嗟塵世上，百事不可問。昨聞我竹江，思之良足恟。守將縱狼威，私憤拘邑令。世亂賤儒臣，逃生資百姓。石步四多山，急欲倚爲應。虎弁縱强兵，貔貅勢兇横。雖無克敵能，善自戕民命。水師經竹江，登崖氣莫並。老幼共茫然，欲奔無竇徑。殺戮驟相加，焚擄恣窮逞。赤血滿溝渠，白骨殉灰燼。哀吾故里中，袁柳稱獨盛。雞犬亂村聲，樓臺紛掩映。客處甫二年，頃覺沙場淨。吾家雖脱離，艱苦亦已甚。大父伏深莽，衰慈走古穽。火微天欲明，歸家不可認。一片瓦礫堆，四塞迷煙悶。殘骸交巷陌，哭聲天地震。得生無可生，反以死爲幸。萬刃刳人心，言之不忍聽。欲飛無翅翼，欲住無留策。搔首望天涯，黧雲蔽白日。

自君之出矣

柳夢桂

自君之出矣，憶别已經年。隄柳正青青，花枝多鳴鵑。却因戎馬來，遊子不得還。錢塘分南北，音信終杳然。君身不復知，故鄉更可憐。饑饉雜刀兵，征徭日相連。况復苦婦女，茹草無完煙。四郊多白土，溝壑盡人填。吾復愁君歸，無家向誰園？

早渡曹娥并叙

柳夢桂

余久羈浙西，丙戌冬航海微歸。邑大饑，父客暻城。家中祖父母暨母妻、幼弟待哺嗷嗷。不得已，復躬往臨安貿米，戴月早行，臨津漫賦。

雞聲催客夢，忙步涉江津。負米難須日，呼舟安問寅。烟吞山翠怯，月照柏紅新。遥望石橋上，霜痕未有人。

避兵行

柳夢桂

此己丑十月廿七夜事。是年秋冬，奔竄十有餘次，此夕最苦，書之。

國破小民同，世亂寒儒苦。昨從遠方歸，中途艱莫數。今始得安居，刀兵生故土。時正及黄昏，骨肉聞子午。忙自整衣糧，攜家出蓬户。荷擔急相隨，無力將肩努。禍患何相繩，漫漫天又雨。一步一傾仆，吞聲無敢語。倏忽狂風來，燈滅更成瞽。妻病母尤頹，淚結冤誰吐？幼弟苦無知，哀號尚覓乳。陰霾幸癸生，翻欲資其昨。姑向北山投，何敢憚猛虎。

放歌行

柳夢桂

滄海神龍不可測，嶧陽靈鳳豈嘗識。丈夫生來不徇人，惟有岸然自骨立。寧爲愚賤妒且侵，不受豪華驕與逼。五侯七貴姑莫誇，目中誰辨七香車。謾道黄金多死士，昂然吐氣凌朝霞。興來一飲酒數斛，興來一掃詩累牘。或時踏雪問梅花，或時歌雲窮巖谷，或時攜尊對月呼，脱幘江頭弄絲竹。落紙掃盡千年魔，袖手横睛空萬夫。造化還從筆底生，醉把江山畫作圖。自來貧遇不貧志，紉杜蘅兮衣薜荔。仍欲招雲遊五湖，獨立鰲頭跨龍背。俯探白日仰擎天，縱覽八極隨吾意。放歌猶恨老相催，安能坐愁學死灰。蓬頭跣足何須忌，白白青青一任猜。吁咄咄，世人笑我有顛疾，我笑世人顛不得。人生縱有百年身，不過三萬六千日。

酒銘望古齋集

柳夢桂

爾意如城，惟醉則傾。爾口如瓶，惟醉則横。勿以意是令，勿以口是争，而至爲禍徵。

街頭婦

柳夢桂

柳芽青簇簇，老婦街頭哭。一聲慘人腸，兩聲慘人目。借聞老婦誰？云是公孫族。頻年爲戰争，連家遭荼毒。更有妾身冤，哀哀禍尤酷。夫向陣中亡，子在刀頭戮。去歲失我孫，今歲喪僮僕。八口無一遺，悲苦難具告。破甑依空林，朽株撑敗屋。髮落齒牙單，暮年仗誰育？一語一淚零，語罷聲復續。傷哉老婦身，使我眉頻蹙。倏忽起悲風，蕭蕭鳴野竹。

偶　成

柳夢桂

昔日皆浪吟，何識詩有體。下筆疾如風，雄視蘇與米。尋山覺山深，入水知水底。於今詩亦窮，贏得貧如洗。

友人乞畫隨筆寫成更請題咏漫以敗筆乘興塗之

柳夢桂

信筆鋪雲煙，何計工與陋。長松倚危崖，深樹迷重岫。中有達士行，高卧空宇宙。何處覓伊人，知在山前後。

隱山懷古五首

柳夢桂

董叔達有溪名董溪，此即其汲水處

汩汩清溪長，溪光摇白練。何地鮮清泉，此獨爲所善。以母性之甘，汲汲不知倦。日向此溪中，取水供清嚥。去此千百年，心與水不變。回步有餘思，悲風來水面。

葛稚川有丹井丹臼尚在

石泉時清清，不知時代改。倚闌觀石泉，忽忽若有待。迴步丹井旁，修竹及蘭茝。杵臼生黄埃，問君幾滄海。仙風不可親，感慨成千載。遥望空林端，霞光發奇彩。

謝康樂山麓有祠，上有屐齒岡遺跡尚存

高致空古今，山川猶遺蹟。屐齒當崔嵬，瞻之亘如昔。朝發委宛巔，暮底長明脊。豪唫寄石泉，世事雄一擲。寧爲土人羈，春秋自跼蹐。唫罷松風鳴，一聲山月白。

虞仲寧有墓尚存

山色時青葱，遺風遂千古。不知何林中，勇爲棲人隝。慷慨獨寤歌，逃榮辭簪組。三徵意自如，烟蘿當牖户。長卧此山隈，高懷羞梁父。臨風思渺然，誰復繩其武。

楊安道内有九老峯

青山不解招，何更聞安道。講學此山中，相將有九老。跡媲竹溪賢，名共商山皓。躭幽餐白雲，春秋惟花鳥。辭笏恣餘歡，羞作東山草。高風洵可攀，烟霞常縹緲。

夢遊嵩山

柳夢桂

泉石入膏盲，勝遊來夢寐。振衣嵩山巔，俯仰快人意。雙峯插雲霄，圍巒羣相侍。漠漠紅塵遥，從此耳目異。躡足登石牀，心跡轉幽邃。藤蘿掛斷霞，屈曲盡奇字。長松覆危崖，芝苓饒古柢。曠觀東北隅，白日湧空翠。龍門及三臺，追隨若侯位。南望許由山，突兀勢如刺。壇墠留遺蹟，潁水遥溶滴。長嘯懷古人，清風生薜荔。拂袖當崔嵬，片片雲霞墜。忽下少室西，貝多光尤媚。繁花白於霜，縹緲香風細。轉過緱山頭，隱隱聞仙吹。跨鶴鳴玉笙，憑虚而來至。前者謂王喬，浮邱居其次。授我丹砂囊，錦紋青絲繫。開囊嗜丹砂，兼致玉漿味。飲之宿夢醒，那復知身世。夢盡夢復招，惆悵不能置。何時遂素心，長逝以無累。

晴江夜琴

柳夢桂

清吹生絃下，曠然見古人。恍覺心目裏，别餘天地春。江上月色明，流照湘妃筠。清波相激越，澹蕩煙林新。百靈含真意，風動寒江濱。

秋暮有懷

柳夢桂

落日空山静，涼風古木秋。寒光凝野寺，暮色動江樓。寂寞離人意，蕭條故國愁。無端閒佇立，雁宿蓼花洲。

對　月

柳夢桂

何爲今夜月，偏照驛西樓。素友憑誰在？清光不忍遊。孤琴寒玉几，雙樹入簾鈎。静聽梅花落，江程客思愁。

武塘夜坐

柳夢桂

蕭蕭孤閣夜涼生，獨坐殘燈猛自驚。皓月篩牕梅弄影，輕風過院竹移聲。不堪歲暮同鷗泛，况復更深有雁鳴。心恐家園重入夢，添衣清坐小窗明。

晚歸旅店

柳夢桂

冉冉羣山入暮烟，醉吟皓月獨成篇。春來尚應愁花鳥，興至猶能叶管絃。謾道錦囊居李後，曾將彩筆擅江先。歸途正有僧敲句，海内何人識浪仙。

江山雪霽次二姪駿聲韻

柳夢桂

環流迢遞玉山聯，遥睇晴空沆瀣旋。欹竹聲聞開鳥道，危磯影動見漁船。林深欲破羣巖碧，水急能鳴萬壑元。添得詩人吟白雪，聊呵凍筆和豐年。

對　亦

柳夢桂

静對松窻一局棋，形分黑白兩相持。臨機每到争先處，敲動瓶花落硯池。

旅　夜

柳夢桂

夜雨瀟瀟宿馹亭，愁添鼓角一更更。鷫鷞典盡尊空緑，鸞鳳題殘燈自青。百代乾坤惟戰伐，十年書劍獨飄零。隱溪未遂前人志，古樹煙寒虚翠屏。

遊大隱石室賦贈胡子嵩梅《又新齋詩草》

柳夢桂

曾聞晉代有虞子，三徵不起冠青史。巖穴猶存大隱名，蒼藤碧石霞光紫。永懷高節獨盤桓，淅淅溪聲帶雨寒。骨爲清兮身欲舉，何必當年潁與皤。大隱山水真奇絶，靈運猶然滯遊轍。丹井雲深水尚香，藥徑煙消臼未滅。躭幽嗜寂性所怡，石屋千尋幻復奇。擬向深巖結草閣，攜童長採燕胎芝。自謂素心不可得，清溪何幸逢新識。情同猿鶴愛逃禪，他年許伴青山側。噫嗟世事已如灰，莫負空巖一老梅。

過大姪孫漢臣書齋夜賦

柳夢桂

月落蘆江静，輕風一雁過。盟言符鐵案，壯志冷銀河。坐石思尋菊，臨池欲捲荷。倚闌頻笑語，相對竟如何。

過二姪維使齋頭

柳夢桂

木落秋江晚，風輕草閣寒。故人久未會，旨酒倍交歡。道入琴心古，思添玉漏殘。一身渾似舊，尚自客衣單。

荷 池 玩 月

柳夢桂

長歌一棹涼颸襲，極目層霄曉鏡磨。花氣迎杯飄玉井，蟾光逐水擁金波。羽衣欲動先開葉，象鼻猶傳只帶荷。莫道習池堪醉飲，山公到此更如何。

懷二姪駿聲姪孫元聲

柳夢桂

登樓一望暮雲平，寂寂江村客思盈。蕙帳無由長採蕨，柴門何自復班荊。松楸烟冷秦山翠，薍荻風高越水清。每憶素心誰可得，空留明月自殘更。

無　　題

柳　震

閒將詩句著林泉，始信騷壇自有權。美酒十千娱野客，枯棊三百淡塵緣。雨餘草向牆頭出，歲久藤將屋角穿。爲憶士龍頻過話，囊中常得小吟箋。

登 三 峯 寺

柳　震

樹交危磴立，峯静亂雲收。白髪迎衰衲，蒼藤捲怒虬。野花開石罅，遠樹出松頭。重以浮名累，投閒未得休。

題 萬 壽 山 房

柳　震

嗜静甘違俗，尋山喜就僧。雨餘花徑潤，苔襯石牀平。破夢空潭影，皈心禮磬聲。更憑高處望，雲岫暮縱横。

九日苦雨夜集俊公限韻賦迴文

柳　震

青山暗帶一天愁,雨阻登高興莫酬。螢亂飛時分色暝,角長悲處幾聲秋。冷冷露落含芳菊,漠漠雲迷遠樹楸。亭遶夢魂鄉國遠,萍飄浪逐幻踪浮。

白雲寺二首

柳　震

曲徑層巒一徑通,倏從天外駕飛虹。白雲古寺千巖裏,雨檜風篁萬壑中。日映東林山色曉,鳥歸寒渚夕陽空。虎溪寂寞人蹤杳,何處柴郎叩遠公。

千仞煙蘿次第攀,一春無似我能閒。偶從松下新開徑,尋出人間未見山。青壁蕭鳴知客到,翠灘烟起識僧還。誰將濃雨湖田樹,收拾襄陽潑墨間。

月夜登虞山

柳　震

竹中危磴樹中樓,行盡重陰到上頭。山月正高人半醉,亂蛩吟老萬峯秋。

仲弟珩二十生日

柳　璋

提抱依依二十年,分甘任苦互相憐。爲謀家計離桑梓,暫學經營寄市廛。重恨烝嘗無五鼎,勤將菽水答三遷。期頤耄耋從兹起,莫把韶光不值錢。

咏浙江潮

柳人龍

忠臣飲恨死靡他,炯炯浩氣作山河。橫厲古今若胥濤,呀吴呷越鬱嵯峨。我來江上秋正中,極目遥望海門空。鼋赭逼湧潮頭起,滚滚白日行游龍。頃若轟雷聲震盪,抵突錢塘轉奇壯。砏汃輣軋兀如山,凜然殺氣乘秋王。吸歙寥天勢何雄,奔騰獵獵駕長風。隨波擬上嚴子瀨,須臾迅澓轉鴻濛。淢漏濆瀑觸處驚,豈有伍君怒未平。何乃激成波萬叠,昭昭常揭日月行。端自精誠難泯滅,情寄江潮爲發洩。千載(情)磥砢終何濟,莫笑逃禪兀坐枯。

喜值名藍六月凉,菁林盤磴度長廊。樵歌幽韻和清磬,蓮渚遥風送佛香。百雉城頭山作帶,三台石畔月如霜。我來日夕尋芳躅,惹得詩情又欲狂。

雒誦因緣開士林,煙飛霧結許追尋。殘碑片石清堪語,古履空山蹟未沉。中峯禪師有遺履絶異人。細爇爐香參易畫,閒烹椀茗聽焦琴。蠹成脈望猶無補,學坐蒲團透佛心。

麈尾談空意蘂清,滄桑歷劫感深情。梅花百咏今留韻,中峯曾和馮海粟《梅花百韻詩》。松樹千章舊指名。圓通殿前後舊栽松千株，風來如奏笙簧，因建松樂亭。今已廢。木末當樓親鳥語，人煙吹谷識雞聲。沖霄自比支公鶴，養翮空階試一鳴。

牛鄰城堞半林泉，挈伴來登縹緲巔。隔院簝聲新雨後，殘陽塔影小牕前。湖開圖畫供朝夕，月作賓朋晤水天。儘許啣杯蕭寺裏，懶應成癖可忘年？

棲遲暑月已如秋，滿室雲根雨未收。客少叩門驚吠犬，牀多醒夢怪鳴鳩。薜蘿獨喜終朝放，巖壑堪追舊日遊。曩昔同許子又渠雨皋甥曾來遊此。更待九旻恣眺覽，南屏紅葉滿山稠。

憶昔黄沙遠駕軿，今來紆嶺探江檽。唫蛩四壁傳秋氣，雲嶂千層作翠屏。[illegible]尚存羈客況，支離堪笑病癯形。湖西把釣何時遂，静對瑶琴眼自青。

莫説蘇公共了元，名區總足養靈根。泉流聖水能醫俗，乾道，有僧人善醫，舊稱聖若巖。嶺逼楓林可滌煩。灼灼野花然石壁，啞啞怪雀噪城垣。雲馳已徧南兼北，應借雲居作古園。

臺觀參差倚翠微，爲鄰梓里戀春暉。無心出岫雲仍在，已倦知時鳥亦歸。座客莫猜鸚鵡賦，荒居已製芰荷衣。下方鐘鼎隨煙霧，坐看雙丸日月飛。

訪乾溪宗族修譜志感

柳時來

潁水支分寶化西，當年望族號乾溪。尋源湘畔雲開徑，看竹庭前鳥獨栖。零落煙村鮮舊德，煇煌閥閱謾重題。吐山遺塚埋豐草，一夜南樓聽曉雞。

自乾溪訪蕁湖宗族

柳時來

十里蕁湖古嶺東，湖山周繞畫圖中。翬飛通德聯新第，燕宿烏衣識故宫。愛敬猶存先世澤，衣冠不改舊家風。緣知禮法貽謀遠，一脈重熙見祖功。

武林拂塵菴寫譜别同寓吴友

柳時來

插天禪室别人閒，况有良朋照古顔。放眼湖山杯酒樂，連床風雨一燈殷。文章有價魁多士，閬苑馳名揖上班。係吴翰林再姪。喜拂塵襟雲樹窅，幽窻留許伴僧閒。

北平苦寒

柳　章

道路今春足，鶯花此地寒。敝袍悲客苦，慈母惜兒單。日淡黄烟合，風凋白草乾。何因逢驛使，故國報平安。

都門雜詩

柳　章

客竟成何事，身今向此都。一燈懷舊雨，多病想文無。好鳥春啼月，江潮夜入吴。無因假遠翼，天路一踟躕。

寒夜獨坐

柳　章

久病有何事，藥爐茗椀親。挑檠摹古篆，檢册對前人。寒逼薪灰易，更深鼠下頻。早梅消息動，春事不關身。

哭弟梅厓

柳世綱

三樹荆花茂，先枯最少枝。彼蒼高莫問，衆口惜同辭。世事今生畢，懷才若箇知。年年寒食節，腸斷脊令詩。弟歿於清明日。

縱不登耄耋，何圖卅八亡。禍深魚腹痛，弟因患腹痢，以致不起。累重嫁衣忙。去冬大姪女于歸，弟於病中料理嫁事。顧子頻揮淚，憐兄勉飲湯。宛然情景在，回首倍神傷。

滿目烽烟起，倉皇闔室驚。鼉叢争避地，道光壬寅二月四日，暎夷突入竹江，燒燬南岸石佛菴并柳氏住屋。弟挈家人避入漁溪奥。虎口脱殘生。豈意消霾日，翻爲撒手行。對床憐往事，夜雨夢中情。

無限心傷處，天邊鴈失羣。兒髫不解痛，兄老更何云。昔日憐加飯，今朝莫看雲。殘山與賸水，寂寞伴孤墳。

庚辰秋觀主試入闈

柳人龍

一簇金花藩府團，輝飛何似出朝端。恩開虎榜將歌鹿，詔使龍門得聚鸞。錦繡城中雙旆引，衣冠會裹萬人看。應欣玉署榮名滿，押尺秋闈任露寒。

廣州旅次雜興十首

柳　溥

平生遊歷善高歌，無奈羈愁度嶺多。舊令陽山空宅相，謝甥署始興，見邀來，却傷逝。新居海市作蠻蝸。藍輿關上梅花落，舶趠帆前燕語過。誰謂南方饒勝事，强將行役負烟蘿。

多緣幸值虞思系，晤敍姚陳話故知。指典三、方來兩友。狂至老期猶飲癖，病餘旅邸笑唫髭。評詩月旦風華迥，遊文昌宫，見壁間甲乙詩榜頗嘉。闞海蓬壺蜃氣奇。登華光閣，海上巖壑畢現目前。也算日南稱近獲，竹箱添卷已情癡。

雲窩天不容吾懶，鞭策南交訪休屠。臨澳洋帆如堵列，負山鬼囝作城居。趙佗無事承明獻，陸賈空來囊橐虚。共説風流今已遠，欲尋赤雅當圖書。鄺露有《赤雅》。

少年自悔浮名誤，遊興何辜老去繁。冷嚮交朋賃鶴鼈，閒從社廟閲梨園。浹旬黄氣春常早，一昔飄風天易昏。水土近今成飽稔，寒炎減食緩開門。

已作倦遊成小紀，丙子，塗中歷遊紀事。家山又别事韶陽。婢魚蝤蟹隨時足，黄柚紅柑到處香。年鼓摻撾知歲暮，天雞咿喔恨更長。一帆盡送鄉人去，惟剩蓬頭老僕强。

縈情山水多萍跡，托故江湖作雁臣。規外越星留瘦影，南極星最繁如。越星恒在規外。瀧邊火月度新春。尊前長嘯忘爲客，篋内無書不説貧。此後勿須誇五嶽，柴扉原足養清神。

年來屏俗幸多方，惟有難除癡與狂。寧向安瀾兆姓氏，用潘美預兆南征事。恨無花鄔表津塘。半肩行李稱詩客，一隙天光伴醉鄉。他日若逢同里友，説曾老柳探榑桑。

四千里外泊舟初，縱眺番禺望眼舒。海厓巨艦炮臺等物頗雄壯。土産桄榔麪未啜，清程瀛海步非虚。府中官吏能趨士，瞬裏瓊厓衹蛣居。幸遇家鄉多勝友，談經張末沈周書。張子慎修并沈友雲含。

隔鄰漏板多催夢，近市簫聲聽賣餳。未到羅浮探靈藥，殊慚陳湛薄虚生。謂白沙甘泉二先生。豪雄意氣雲俱往，琴劒風懷性自清。憂樂無端常内鑑，此身鴻雁一毛輕。

鷗盟夙志遯湖西，到此南遊亦寄栖。湯谷何曾見韓碣，文公南海碑。馬留便可識銅鼙。近有伏波子系，時擊銅鼓以享祖。看書無作芸閒蠹，歸老還持山上藜。自號散人應不愧，舊號曲江散人。已從嶺外覓新題。

題雪湖話别圖

柳　章

重湖勝地來名賢，聯襟瞿曇共消夏。荷風松靄恣徑行，段家橋畔雷峯下。流光易駛景亦遷，玉麈飄急歌驪夜。澆别還兼録别吟，買山待辨青山價。尊緑華前螢焰燈，水精域裏蟬聯話。跡隨萍梗固莫憑，眼玩烟雲尚堪把。舊蹟行攜閲世傳，襲藏不逐銀杯化。苦瓜妙繪灭虚撫，意致無殊筆超架。一瀿湖凝千嶂寒，四望皚皚炙研寫。凌兢景色展圖看，卧遊心契禪通畫。判袂揚舲各黯然，璨瑳飛空帆影挂。

（清柳世綱纂修《［浙江］慈谿竹江柳氏興耆録》　清咸豐三年敦倫堂木活字本）

洪氏宗譜

小眉山館初稿序

施康時

溥泉先生久不作詩矣，乃閱數十年而稿成耶？蓋先生稟資警敏，隨心之所之，無不如意。故凡事竟成，非惟詩爲然也。吾嘗憶少時出就外傅，得先生伯仲同學。而先生於課餘輒喜與同人倡和，歲終猶各以詩留別。如是者有年，然後散處東西南北，相見或稀，始不以詩爲酬酢。訊之，則方應試前稿多不存矣。未幾，有聲庠序，旋以體弱不勝矮屋困，去從伯兄西郊經理生産。雖間與予往來，而仍不言詩者，抑又何與？繼而食指日盛，衆務益棼。家素在縣後澄門，隘不能容，乃析爨。伯兄歸故宅，而先生遂野處於峨山渚水間。其地即經理生産舊居也。鄉聯雲燭，江接菁蘭，橋梁堰壩，四達通衢，舟航叢集，市井紛嚣，斯鉅鎮哉！先生之廬退越數十步，若前輞川而後盤谷。入於其中，苑池木石，好鳥和鳴，潛魚戲躍，欣然悠然，隱隱與山館諷誦聲相應答。而外間喧擾杳不以聞。當斯時也，際斯境也，抑或可以自適其適，借景抒情。而復不然者，意先生以基猶未拓，家猶未饒，而子孫猶稍未成立，賴先生心計爲之，故亦不暇及於詩乎？是先生之不爲詩數十年矣。今之爲詩，則自《憐少圖》始。

初先生正室邵宜人生五丈夫子。既喪耦，乃置篴。時先生未及耆也，而子若孫既長而賢，凡事稟請先生指使而已。《憐少圖》者，爲副室費孺人舉第一男子作也。先生既爲詩，而又月夕花朝、酒邊鐙下，隨境所遇，一氣呵成。日寫數篇或數十篇，徧示同人。兹且一憐不已，至於再而三矣。先生之詩日富，而親友異方題和之章亦紛紛積，因各爲數卷而鐫存之。蓋先生自少而壯而老，乃至列屋而居，四世一堂，外内有别，長幼有倫，家務能承，書香克嗣，歷計六十餘載以來如目前耳。而明年且慶七十，其殆降爾遐福惟日不足者也。予故曰：凡事竟成，非惟詩爲然也。稿成，兼屬康時序。予謂詩之體裁鳳西先生語之審，可不贅，但略溯生平之概，與夫數年來作詩之由而一陳之。

小眉山館詩稿序

周喬齡

《記》曰："温柔敦厚，詩教也。"古者風俗淳美，禮樂興行，上自郊廟樂章，下逮里巷謡諺，大率由人心生，而於温柔敦厚之教若影之附形，方圓之就規矩，不求合而無勿合焉。沿及六季，藻繪日富，本真亦漸漓，而選家所録又未嘗不奉是以爲汰存之準。蓋詩體歷時遞變，而詩教則亘萬古而不易也。

表兄洪溥泉封君，少孤力學。既冠，籍諸生。壯，乃旁及端木氏之業，持籌握算，不廢嘯歌。

殆習於士而賈其寄也。今行年將七十矣，口體居室之奉儗於通侯。孫曾森立，諸子皆賢而才。暮子二，尤岐嶷見頭角。故杖鄉而後即敕斷家事勿復問，惟日引衆雛娱嬉庭内，時或酒後耳熱，高枕北窗，與羲皇氏游。興至，則口占一詩，以抒寫其性靈，雅不欲與詞人騷客争雄長，以是油然陶然，無鉥肝雕腎之苦而常有所至樂。兹所存《小眉山館初稿》是已。過而讀者，鮮不謂詩中福人，而予則深知其長者也。蓋溥泉天性寬厚，一生無谿刻之行。遇邑大興作及蠲賑諸善舉，蔑不趨之若救焚拯溺恐後。余性卞急往往與之忤，溥泉鑒予拙誠，大度涵之。予亦服其雅量，迄今數十年無間言。向嘗疑富厚福澤可以倖而致，可以智力取，今觀溥泉，天殆以之報長者，其初固鄭重愛惜，而不肯輕以畀人也。《易》稱"福善"，《書》言"迪吉"，理誠灼然其不誣哉！然則欲知溥泉之詩，觀溥泉之爲人而可矣！欲知溥泉之爲人，還觀溥泉之詩而可矣！温柔敦厚之性藴於中，而和平樂易之音宣於外，洋溢楮墨，無非是物。即不必讀書半袁豹，游蹟徧天下，率其胸臆自足動人目而移人情，使儇薄險膚、叫囂俶怪之徒對之而爽然若失。信乎言者心聲，不容强也。

翁鳳西前輩弁其端曰"不免太傅之俗"，又曰"彷彿乎淵明之真"。真固詩之正宗，俗亦無害爲流别。無他，皆能不悖乎温柔敦厚之旨而已。予故因其説而申之如此。憶予每與溥泉接，如飲醇酒，如挹洪波，頹然心醉，而平日鄙吝之胸漸化烏有。顧結習綦深，三日不見，狂奴故態幾幾不克自持。庶幾讀其詩如見其人，則是集又予之藥石鍼砭也夫！

小眉山館再續稿序

呂　迪

予與溥泉作詩皆五十年。其初，予躭，而溥泉以妨病不肯苦吟。及此晚年，而溥泉之稿之富反十倍予。予名始稍稍挂於其集中。其不數數以詩筒困者，渚上故多詩友，而又一至甬東，則有四明一派名流雋士輒與之唱酬，已作固日增也，客詩録之亦輒裒然矣。初稿、續稿已兩桒而附之，今且再續上版矣。不知客詩仍舊例否？惜乎余之和作更寥寥也。頃伻來索序言。夫予何足以序溥泉之詩。序溥泉之詩者，前有翁太常，今復聞有藕香周先生。藕香，今之皇甫也。則予又何敢贅於其後？然而不敢不應命者，相賞或各有不同也。世之論詩者動曰"性靈"。夫無性靈，安能成篇？三百篇尚矣，下逮漢魏、六朝、三唐、兩宋，以迄元明，體雖因時而殊，而其爲有性靈存焉者則一也。今溥泉之詩吾特賞其無一毫蹈襲摹擬於前人，而獨自成其爲溥泉之詩者也。隨口而出，即景而成，譬如大塊噫氣一天籟而已矣。孰有天籟而不成聲者乎？孰有天籟而人不欲聽其聲者乎？予蓋喜聽之而欲效其一聯半句，則總不可得。媿矣乎，予之亦作詩五十年也！

（清洪大本纂修《[浙江]餘姚洪氏宗譜》　清光緒二十九年續古堂木活字本）

春萼會序

洪時瑗

宗祠既建之明年，歲時之祀事略定，議以清明前十日爲西山公墓祭之期，所以尊始祖而便私祭也。既而以清明正日廟中不可以無事，乃復釀金爲會而祀之。得二十有四人名之曰"春萼會”。夫卉木之茂盛也，本根固而枝葉繁，而惟此花萼相輝，常韡韡然而外見。故《周官》以飲食之禮親宗族兄弟，蓋即《常棣》之詩旨焉。今吾宗法犅立，而斯會也，衣冠濟楚，尤爲一族之選。由是銜華佩實，垂裕後昆，何讓韋家之花樹哉！是則命名之意也夫。謹序。

同治十三年歲次甲戌。

穀詒社序

洪輔昀

我家冬至會，名之曰“穀詒社”，蓋有不敢忘祖之意焉。昔五世祖吉菴公於柱卜碩周四房中，是爲卜房，建宅於本城蔣家塘，後以“穀詒”名堂。《詩》云：“君子有穀詒孫子”，即此意也。遞及高祖考雙湖公、曾祖考佩弦公，俱大振家聲。而佩弦公生祖考輩八人，以忠、肅、恭、懿、宣、慈、惠、和爲房名。詩禮競尚，衿紳相望，洵可稱故家堂構已。至昀輩而又閱五世。今卜房派兄弟相與議曰：“我宗祠始建之時，四大房子姓捐資立春萼會，爲清明祭祖設也，而入會者卜房下居多。然於冬至節僅有始祖西山公祀，辰刻序拜給餅，午刻饔飯而已，於子孫未免歉心。我卜房倡立一會，以慶賀令節，補始祖祀之不足若何？”衆皆曰：“善！”遂將卜房公屋租錢每年撥出若干，以歸冬至會名下。會規始立，未始非敬祖之一事也。昀竊念此會之興全賴先人之有餘業矣，不然，雖兄弟輩同心協力，而向各房捐資興會詎能若是之易。是則“穀詒”兩字之義終不可忘。而知子孫之得以承先，皆由祖宗之善於裕後也。不當佩服斯言哉？昀以此字爲會名，亦望後人式穀似之，而所謂詒厥孫謀者，庶幾相繼於勿替云爾。因不揣粗陋，而略爲之序。

光緒十三年丁亥歲孟冬月。

協編宗譜記

洪輔佺

余家伯考偉堂府君以服賈爲業，於宗族之公事頗有心焉。與余先考俊千府君最友愛。一日謂先考曰：“我始祖西山公，至我輩已歷九世，既無宗祠，又無宗譜，何以繼先緒而裕後裔？兄與弟年俱老矣，盍竭力爲之。”我先考應曰：“然。”遂與家人酌議，願助住屋與族人以建宗祠。事未果而伯考謝世。先考善繼其志，乃稟宗房長而力勸此舉。蓋祠待建，而作譜之念始切已。是時族父維揚公設館余家，子侄輩受其業。先考因與之相咨，維揚公曰：“余亦有心久矣，恨未得其端緒也。昔趙氏伯循曰：王者既立始祖之廟，又推始祖所自出之帝，祀之於始祖之廟，而以始祖配之。夫禮，庶人不得祖天子，生民要自溯厥初。我遷寧始祖行諱尚未備悉，何能追始祖之所自出者乎？曩者族弟璇樞嘗設帳慈邑，聞洪家塘族頗盛，伊始祖亦自徽遷來。遂過而訪焉，而其譜系與我家無涉也。即本城祝都橋洪氏譜亦渺不相關，是以有志未逮。而與余言及譜事，用爲嘆憾。今者屬余立譜，余何能爲？”先考又勸之曰：“我始祖遷寧以前闕之可也。聞諸譜與史通，史貴直書，無容粉飾。譜宜實録，無事彌縫。聖人云：吾猶及史之闕文也。唯其文闕，而史爲可信焉，而譜亦有憑焉。昔歐陽公譜系之學號爲精審，嘗譏司馬氏不能闕疑。而公著唐宰相世系表，於巨族既推其本源，出於某帝某王，又歷敘漢時名賢，相繼不絶，如屈指而數庭樹，略無參差猶豫之辭。後人又譏歐陽氏不能闕疑。然則世之作譜者其敢誇多闘靡爲乎？吾子追敘先世，存其所信，闕其所疑焉可矣。”維揚公應曰：“諾。”

先考遂與之賡續采訪。詎知藁甫起而先考逝世，維揚公亦繼逝。余恐先考之素願莫償，即伯考之隱志未伸，何以對先人在天之靈，不能不亟爲效力。遂請宗長而屬卜房之兄琴軒君續之。琴軒君殁，而又屬琴軒之從弟蕙卿踵成之。蓋前此四大房采訪未盡，其間錯誤殊多，余逐一校閱。又向各房采訪，交蕙卿點竄增補。復請黄明經澮孫先生以總其成，事雖半而功實加倍。今幸矣，得與族人觀厥成矣！而我先人惜未之見也。因歷記其顛末，而不禁感慨係之。光緒十八年歲次壬辰仲秋之月，十世孫輔佺謹識。

（清黄德照纂修《［浙江鄞縣］寧郡洪氏宗譜》 清光緒十八年成志堂木活字本）

胡氏宗譜

環映山記

胡應孚

環映山者，徒邑鄔莊東灣吾伯太學生紫峯公墓之所在也。伯少業儒，兼精醫術。以父年力就衰，兄弟姊妹衆，家計不敷，遂改而業賈，勤苦經營，幸致豐殖。孝友愈至，與人交，久益信。不特與周公瑾若飲醇醪，而於死生貧富之際，尤足徵其氣誼。即徽人汪佳瑞者，寄跡吾陽，素重伯而交善，及歿，伯經理其家事，謀厚其囊橐，送其喪并妾與子歸里。通邑稱之。其他育嬰施棺，修橋修廟，義所當爲者，靡不勇。以故邑侯重其爲人。

聖駕南巡，兩舉伯襄公事，具詳制臺，給匾旌揚。其生平未嘗疾言遽色，即待奴僕亦無忿戾之容。與伯母俱屆八旬，孫曾十數，終日怡怡。歿年七十九，卜葬此山。壬辰春，兄嘉棟邀愚與用明兄拜掃。愚見此山羣峯環映，而墓適當其缺，又與伯號紫峰脗合。愚喜而名之"環映"，兄稱賞之。緣墓途遠，兄恐子孫之久而曠也，將民義舖市房一所，命其五子輪收房租，以充祭掃、修築、墩壙諸費。其租或有無，或多寡，各安分，不得争競，藉詞推托。并命愚記其事於譜，以垂久後之子孫，知山之所由名，記之所由作。當益盡尊祖敬宗之誠，而不可少有玩忽。則伯之德不泯，靈獲安，子若孫亦必愈臻昌大矣。是爲記。

大清乾隆三十七年歲次壬辰初夏之吉，姪應孚拜譔。

記外家闔宅殉難事

孫榮誥

邑廟以南臨河三大宅皆胡姓，余外家也。中爲外祖允傑公居。公四子。三舅學貞僅存，與長子德珮、次德琴設烟肆西門城口，祖業也。其居者三舅母裴氏，係本縣籍後察院人。長媳王，次媳眭。女曰雲寶。姒曰湯則，四舅母也。湯子德瑩，媳蔣。一門雍睦，惟三舅母是從。咸豐庚申三月杪，賊由金陵破圍下，大營潰，張侯死之，城鼎沸。先是，三舅母合舅預蓄砒鴆酒。至是，聽家人共飲訖。斯時，琴已從父先歸，求飲。不許，曰："汝輩係宗祧，徒死何益?"沸騰間，德珮踉蹌入，口噤不聲，手摇顫作賊狀。三舅母知事急，慨然曰："俗所云死勿及者，此其時矣!"顧衆曰："亟縱火，庶無辱，願之乎?"皆曰："願!"則皆蜂擁移積薪。母揮琴出後門覘賊，令德珮、德瑩出前門，亦如之。琴不數步回，則門鍵矣。赶前門，則烟燄自門鏁出耳。聞拉雜聲，竟不知德珮、德瑩出未也。琴仰天號無聲，哭無淚，無路可行。(行)行亦不解何由得免。方議縱火時，宅前夏明俊及妻顔氏并四女覓死未得。至是殆聞火，亦火焉。否則前後相距四進，不如是其速也。左右并同時煨燼。二舅母居右首，則與衆本家投門前河死焉。琴在江北時，爲余言如此。

然憂傷驚恐，琴歸里，亦殞。惟王氏先數日爲母姓接去，故不與，今尚存。

大清同治十一年，歲次壬申季秋上澣，愚甥孫榮誥薰沐謹撰。

伊香保記

胡　湏

伊香保者，日本羣馬縣上野國屬。何必記？以其爲旅行之地也。旅行之地多矣，何必記伊香保？將以得之於伊香保者餉我國人也。

伊香保地質爲火成岩，有温泉，温度較常温高，含有鹽類。人有小疾，浴之可痊。湏始未之信，以其日冒雨行，衣盡濕，稍不豫，試之果然。我國熱河、山東、四川、廣東等處均有温泉，然未有人浴之者。吴下若中泠泉，若惠泉，較常温温度低，供品茶而已。而如伊香保温泉，則爲未出國門者所不及知。即赴日本，而未至伊香保，仍不及知此一事也。

距伊香保約一日里，曰"辨天瀑"者，水由高處傾瀉而下，遥望之如懸空之布，地文學所謂瀑布是也。我國錢塘江於陰曆八月十八日，銀濤白馬，殊呈雄偉，而瀑布則别有奇觀焉。辨天瀑爲伊香保沼支流三瀑之一，其國人木暮八郎碑記有足徵者。此又一事也。

由伊香保神社抵榛名神社，皆山徑。山坡險仄，車不及馳，馬不及奔，非步行莫克臻者。榛名神社屹立山巔，山名九折嶺。登其峰，飄飄欲仙，如在蓬萊第一。此陰曆丁未九月九日事也。先一日，隨從東洋大學校長前田慧雲、教員田中治六等暨同學計五百數十人由東京啟行，適九日登東山，不知者將謂湏效孟嘉故事歟。是役也，一路皆秋，三徑就荒但見晚，楓林紅於二月花。未抵伊香保千明館，雨初霽，夕陽斜照，景色倍常。其國紅葉勝景，夙與春季櫻花並稱。湏不文，未一咏之也。然如司馬子長生龍門，耕牧河山之陽，年二十南游江淮，上會稽，探禹穴，窺九嶷，浮沅湘，北涉汶泗，講業齊魯之都，觀夫子遺風，鄉射鄒嶧，阨困蕃薛彭城間，過梁楚以歸。苧田氏謂龍門之文得於善游，以湏方之，斯爲慙焉。爲此記者，紀其實也。後有作者視之爲修學旅行先導則可，若等之柳柳州《鈷鉧潭西小邱記》、歐陽永叔《豐樂亭記》、蘇子瞻《石鐘山記》《放鶴亭記》，豈記者之本意哉！豈記者之本意哉！

歲在彊圉協洽季秋之月，湏記於日本東京小石川旅次。

（胡湏纂修《[江蘇]丹陽斗門胡氏六修族譜》 1915年翼經堂木活字本）

雪塘公約諸姪課

佚　名

噫，月之二十日，羅學臺去矣。計科考時約距二百五十日，即縣試矣。越五十日，府試矣。再五十日，學臺又按臨矣。設諸姪"四書"仍然不熟，理路仍然不清，將奈之何！夫學生"四書"讀熟，先生逐句講解。果能心領神會，文思斷無不汩汩而來。若未讀熟，雖經講解之後，在館翻書，尚可依稀彷佛。會期一課，塞責一文，先生因文改文，不深苛責其實。學生於題目仍是隔靴搔癢，學問如何能長進？理路如何能明白？及至進場得題，茫然不知上下文，不知朱註、圈外註，則題旨何由清楚？題界如何分明？功名得失猶其次也，倘遇課文而徼幸得手，越日覆試，一聲炮響，兩字扣除，澆盡鵲溪之水難洗雲岫之羞，生死顏面，關係非小。古云："四書"熟，秀才足。《五經》熟,舉人足。作新進者《四書》豈可不熟讀乎? 豈可不求熟解乎? 科試在倏忽間,亟宜朝夕發憤,温熟《四書》,認真功課。諸姪外既得嚴師勤勤訓誨,惟苦爾父早亡,内實無賢父兄督率耳。予愧不能文,背書尚可,今自悔自責。往者不可追,來者猶可及,擬温背《學》、《庸》、《論》、《孟》等,單與爾輩約諸姪互相勸勉,勿貽先人羞。爾之幸亦予之幸也。

雪塘公由錢江舟次書寄子姪

佚　名

予叩辭先人遺像,出福運門,登舟解纜,回顧梅城,目有所見,心有所思,能不黯然。然聊有所解者,譬如若兄若弟終不得聚於存德堂中與諸子姪約,而諸子姪亦不得再覩我兄我弟聚於存德堂立談。嗚呼,音容宛在,目可視,耳可聞,心可思,惟口不能言耳。爾曹豈欺其口不能言者,居心妄作妄爲,居心無父無兄? 今予之回存德堂也,豈非存德堂之父兄使之乎? 且使之痛責汝曹乎? 使之深誡乎? 使之立定章程乎? 則能言父兄之意,實出不能言之父兄者。嗚呼痛哉! 嗣後諸子姪要知口不能言之父兄,莫謂無靈;依牆著壁之父兄,莫謂無用。聖人云:鬼神之爲德其盛矣乎! 夫如是不言之父兄豈不更勝能言之父兄十倍也耶! 願爾曹敬之信之,照定章遵之守之。今而後既得不能言之父兄默佑於内,能言之父兄明察於外。諸子姪協力同心,交勉勤儉,俾學業日裕,家業日饒。非獨可以慰存歿,即嚴紹親友族中有見有聞者,咸稱曰:"胡氏何多佳子弟也! 何胡氏偏多賢子弟也!"豈不榮哉! 豈不快哉! 今予也爲諸子姪預頌之。諸子姪當不以予言爲河漢也。勉乎哉! 勉乎哉!

安定規約敘

佚　名

噫,父母生我兄弟八人,辛勤創業,忠厚開基。及予兄弟漸長,皆能承歡襄贊,恪守庭訓,基業始成。不幸自丙戌至乙巳,父母兄弟先後謝世。而孫曾林立,丁口倍於當年,且子姪已冠者十人。時予遊滬,爲一時惑,勢成騎虎,遂分發江蘇,涖任省會,朝夕從公,不敢稍沾習氣者,蓋心中有父兄在天之靈,目中有子姪十目十手指視,安得不矢勤矢慎,以慰存歿哉! 庸詎知諸子姪才識不足畏怨畏勞,兼之受人愚弄,被累匪輕,又值災歉疊見,人情非昔,生意變常。際此艱難之境,亟宜警飭家店,以冀力挽銀河。奈子姪既不認真刻苦,協力操持,眷屬究竟無知,任意消靡,幾難救藥。於是,有欲棄家而遁者,思分析居者,一則僅顧其身,一則僅顧其室。識見既左,義不容爲。今予倍道回嚴,惟有搶地呼天,號泣於父兄遺像之前。諸子姪皆惶恐哀告,似有愧悔之狀。果然紅爐點雪,尚望振作有期。往者不可諫,來者猶可追。回頭覺岸,捷足坦途。爰將途中預定章程十則出示,衆皆悦從,各願照章辦理。因命熹姪謄正,並述梗概於首,俾諸子姪仰體先人創業之辛勤,百口一心,家可安於磐石,店亦固若金城。安在不爲胡氏百世勿替之根基,爲胡氏百世不替之模範也哉!

(清胡裕燕等纂修《[浙江山陰]胡氏家譜》　清光緒十四年鉛印本)

囑付亮兒

胡果培

余今年七十有二矣,家計苟完矣,有子與孫矣。回首壯年,隨大父遠遊北闕,所謁名公巨卿不一，惜未獲寸進。旋轅後，疊遇丁艱，兒女之債未完，餬口之計日迫，爰棄鄒魯學而習岐黄，得以扶持門户，薄置田園。所謂險阻艱難備嘗之者，不堪縷述。汝年已長成，有室與子，一家大事，汝肩任之，切勿浪蕩廢讀。幸而祖武克繩，則門閭光顯。孝道攸關，此在汝之有志竟成爾。予有所囑者，手録醫書四卷，編爲融會貫通，藁經幾易。此余潛心數十年屢試屢驗，而斟酌集成，汝當珍藏勿褻。其百家諸子雜言，爾曾大父手披而加鉛黄者，亦宜隨時體玩。外此，吾家宗譜於乾隆丙申青暘支南臺秉筆輯修，僭越世次。迨嘉慶戊寅，宗兄景山再輯，訛以傳訛，未能更正。且其間世表之脱略，支派之涣散，景山執以己見，草率告成。後日汝當遍告通族，悉心校核，切勿以敬宗收族要舉而瘼外視之，庶上可對祖宗，下可示子孫。是則余之厚望也。外家張氏祖塋年久不修，幾成平地。汝當高築墳圍，各建碑碣，則於萬斯年祭埽勿致或失。胡氏傳即張氏傳矣。

（清胡東紳纂《[江蘇江陰]澄江香山胡氏宗譜》 清光緒二十九年榮壽堂木活字本）

送石遠老伯榮任南州

葉奕荃

極目康莊展足宜，況逢春事漸佳時。筆飛絳雪真三絶，袖積清風想四知。雙鹿傍輪迎嶽路，萬花映節暗江湄。松門有鏡垂新照，正與神君共吐奇。

送胡業師之任洪州别駕

顧錫純

明揚首簡試監州，驥足仍非百里留。絳帳昔窺經術富，倅車今見吏才優。落霞花晚堪題咏，飛閣春深好勸酬。我欲從遊問名勝，臨風應羨李膺舟。

慶石遠先生榮授南昌别駕

顧錫介

攀花長羨鳳城春，捧檄先怡鶴髮親。尊慈太夫人春秋七十有九。策獻彤廷揚宿抱，錦旋梓里正芳晨。即看身被簪纓貴，始信天祟志氣人。從此恩光來未艾，循良行復動絲綸。

贈石遠胡先生

朱　初

文章飾治頌神君，故宿賢良惠澤深。萩苑才名千載重，章江月皎萬波澄。持籌國計資雄略，贊晝軍儲識重臣。蒼赤謳歌羣鼓腹，循聲洋溢徹楓宸。

安定先生一門節烈歌

徐開任

甲申三月鼎湖昇，白日無光怒氣騰。洛陽帝子登南極，中原翹望義師興。何圖江左無新政，三犬四木操大柄。高皇基業一朝傾，坐視神州更異姓。是時殺氣滿天都，四海其誰有髮膚。萇弘碧血終難化，信國正氣敢自誣。火炎崑岡玉石盡，一門節烈推安定。父官江右守孤城，子在家鄉冒白刃。父子相依一氣通，夢魂歷歷告鞠凶。一綫宗祧誰所寄，託孤不負賴徐公。悲哉府丞終殉國，浩氣成虹不可蝕。仁者有後信有徵，賢母間關能自殖。斷機教子遂成名，截髮留賓衆益親。綿綿瓜瓞永無斁，始信天哀志氣人。

悼石遠先生守節

朱爾彰

振安兄，忠臣子也。康熙壬戌冬，設絳韓溪清梵庵。爾彰扁舟拜訪，爲予言先公孤忠未耀，嗚咽殆不自勝。爾彰聞言感喟，敬賦俚辭追悼之。

明季鬱鴻儒，安定種奇英。妙齡氣方剛，厲志矢澄清。晚年始筮仕，歷歷有政聲。維時丁陽九，大厦勢將傾。一朝烽火集，西江咸震驚。公不忘所學，誓死守危城。城陷以身殉，慷慨赴九京。遺骸靡處所，忠魂白雲迎。浩然游太虚，河嶽與日星。胡爲良史筆，但見紀公卿。舍生報主者，其官乃郡丞。迄今逾三紀，孤忠跡冥冥。使我心感喟，扼腕懷不平。廬山峰峋岃，蠡湖水澄泓。想像公神遊，遥望淚沾襟。

讀廣信郡伯胡石遠先生傳敬賦

葛　醴

遺清文社盡宗工，節義尤推安定公。教倣蘇湖褒祖德，學傳閩建紹家風。監州筮仕流循政，半剌捐軀表大忠。天佑哲人宜有後，鳳毛麟角譽方隆。

題石遠胡先生暨諸貞烈死節事

吴　喬

昔年經耳已增悲，展卷微吟又此時。正氣星辰留傳燬，貞魂珠玉對屏翳。今看家傳俱生仰，後許明書獨出奇。好爲千秋礪名節，砆碑丹桷建雙祠。

敬題府丞公傳後

陳學泗

春夜坐惠初堂中，讀安定四傳竟，酒闌燭灺，風雨蕭騷，不禁欷嘘泣下。感其一門奇節，皆卓卓可傳，不有歌吟，曷抒嚮往。而安定又與余世爲孔李交，賢似振安君以表章家乘再三諈諉，辭弗獲,迺各賦一篇附於卷末。亦耳譚手聽之遺意也。若曰闡幽表微,請竢狐史氏珥筆而書,余則謝不敏。時戊辰穀雨後五日。

往昔甲申年,炎運丁百六。赤眉竊神器,乘輿脱其輻。紫薇光隕妖氛纏,將相兒啼草間伏。萬樹宮花戰血腥,鵂鶹飛上昭陽屋。破碎山河痛黍離,四海蒼生同一哭。晉馬俄遷王室零,建康猶奉小朝廷。國家養士恩澤厚,過江義旅繁如星。就中尤數胡安定,隻手欲障三山崩。平生讀書砥大節,關閩絶學重倡明。臨軒對策冠多士,綰符分理洪州城。是時湖襄米賊熾,浮尸江滸江爲平。安西司馬岸高幘,帥府計畫軍儲盈。馬騰士飽壯敵愾,遂使鸛鶴無呼庚。瘡痍賴以少甦息,賈父杜母真復生。巉疆用武急健吏,黄紙遷擢零陵丞。欻聞失地不能守,信川改倅星軺徵。一官未赴留都没,銅駝荆棘生宮闕。結綺歌殘玉樹花,景陽鐘冷青娥月。南渡君臣同日盡,女媧莫補金甌缺。中流擊楫髮衝冠,萬事倉皇腸内熱。監國空扶朱邸名,勤王誰勒燕然伐。募師元老下章門,相顧欷噓同泣血。纍卵之勢不可爲,誓拚一死心先决。烽火江南暗不開,鄉園存殁徒驚猜。燈昏漏静鬼嗚咽,愛子入夢精魂來。告我城亡嬰白刃,異兆恍惚何爲哉?兒能輕生我寧活,但愁不祀先靈哀。藐兹襁褓存一綫,托孤外舅逃山隈。從今方寸無所戀,竭力捍圉酧涓埃。重圍糧絶守兵餓,礮車轟轟女牆過。丙戌四月城夜摧,南屏峰前大星墮。孤城萬死罪當誅,國破君亡無一可。望闕再拜行自裁,六軍擁入霜臺鏁。此身可殺不受辱,丈夫有骨誰能挫。慷慨全歸三尺羅,浩然正氣綱常荷。吁嗟乎,東海田,南朝李,鬚眉烈烈何魁壘。後來文山與止水,到今香名嘖人齒。公非守土臣,願爲封疆死。乃知食人之禄捐其軀,聖賢亦貴成仁耳。君不見晉家侍中齊司空,千載薰蕕照青史。

上饒司馬歌爲玉峰石遠先生作

胡　渭

上饒司馬人中龍,詞塲辟易千人雄。傳經絳帳生徒盛,篝火青藜神鬼通。是時國運丁百六,蟻賊紛紛不可撲。耻將章句鬬文儒,願逐戎行撼青犢。烈皇側席憂時艱,網羅英傑搜空山。承平資格方一破,佳士當前輒霽顔。先生名譽冠太學,妙選經神供啟沃。一章講義當天心,兩度承恩對宸幄。選曹需次得南昌,别駕題輿滿路香。那知燕薊遭顛覆,無路攀髯從烈皇。陪京建國聞新命,典午零陵官一進。湖湘阻絶烽火驚,改倅上饒兼守印。天兵南下鼎社遷,秣陵禾黍更堪憐。孤臣誓與城俱碎,慷慨登陴氣凜然。羸師餘燼難收拾,軍府南冠被囚縶。萇弘瘞血竟無存,温序思歸終不得。家鄉歷盡兵火危,愛子捐軀夢早知。間關數口歸荒里,宗祏全憑四歲兒。遺清舊社司風教,潛德幽光久彌耀。絶命遥同正氣歌,忠魂可食睢陽廟。鎮海黄公諱道周,與公邂逅盟千秋。倉皇克踐平生約,不媿吴中第一流。

讀胡石遠先生傳敬賦

王喆生

先生安定之耳孫,世居西鹿爲清門。鴻才直壓香山座,健筆能追秋浦魂。領袖膠宫稱祭酒,埋頭席帽隱丘樊。時危當宁需才急,曠典書升始翥騫。筮仕屏星雖晚達,洪都烽火早飛翻。服官清白蒼黎仰,報國忠貞碧血尊。視死如歸慷以慨,舍生取義逝猶存。遺孤幸保邀天佑,節母全還賴父恩。録成琬琰争傳慕,我亦挑燈頌勿諼。但得汗青書李愷,何必人皆王偉元。

思重年長兄辱示家傳純忠苦節久光册府小子何人敢爲稱道顧以論世知人有懷尚友通門後學尤屬瞻仰輒成俚句竊附詠歌之末

王　晦

我與胡生交，已閱數寒暑。今兹客岱東，晨夕相晤語。示我忠節編，令我淚如雨。大父丞信州，丁時並典午。國難不可支，臣心誓守土。長男信阻絶，兵戈遍吴楚。生死兩茫茫，那復計門户。德配朱宜人，有子方在乳。官衙驚夢寐，圍城急鼙鼓。促遣宜人歸，從容赴刀俎。宜人泣抱雛，披荆歷艱苦。空山毒有蛇，當關怒有虎。匍匐湯火中，憂惶摧肺腑。重趼返故廬，入門不忍覩。骨肉横枯骸，蓬蒿没廊廡。仆地欲無生，孤帷轉自拊。斷臂報王凝，緩死存趙武。一經授慈闈，十指疲纂組。丸熊看成立，肯與儕俗伍。母節與臣忠，青史炳今古。生孫况如龍，才名空萩圃。叔寶舊承瓘，審言乃得甫。行將直承明，采章光黻黼。鄙人前致辭，無忘念爾祖。

讀石遠胡先生傳敬頌

鮑　曆

邑先輩石遠胡先生，先王父同社友也。曆生晚不及見先生，從先王父日譜中見先生姓氏。曆又流寓海上，時時以不得見先生後人爲恨。戊辰秋，以試事歸里，得謁其令子振安先生及其文孫表被世兄，因得讀先生暨節母朱宜人傳。大節凛然，炳垂天壤。肅然起敬，用贅數語，附垂不朽，且以誌頌揚之萬一，不自知其言之不文也。

煌煌先生，金石之質。難必者遇，不屈者節。明之末造，兵戈四起。守土之臣，小大失記。先生晚歲，始爲王臣。志在禄養，辭富居貧。筮仕之邦，寔惟江右。役重賦繁，動必掣肘。先生理之，宵旦劬勞。事皆就緒，民安於郊。時當改革，運移明祚。神京失守，大兵南顧。一夫之力，弗能回天。一簣之土，弗能障川。人曰亟降，降則免死。公曰不然，有死而已。城陷之日，端坐正襟。從容就義，不負臣心。猗嗟先生，大節不奪。青史之光，並明日月。維我王父，與公同里。生復同時，相得甚喜。曆生也晚，莫覩典型。哲人既萎，孰爲老成。遡厥芳軌，油然而感。頑廉懦立，小子之範。先生之節，百世不磨。思而不見，我懷如何。

頌文學幼淵先生

陳學泗

男兒誦詩書，務識忠孝理。忠完孝亦完，君父無彼此。砥柱扶人綱，仔肩植天紀。勿負七尺軀，戴髮而含齒。借問汗顔生，何如截舌死。苟能敦大節，萬古常存耳。賢哉安定門，不殊蕩陰里。嚴親殉社稷，視死猶敝屣。家駒甫汗血，身與城俱圮。寸禄尚未沾，青袍薄於紙。胡爲慷以慨，含笑隨箕尾。足沾鯉庭訓，仁義夙根柢。志在不可奪，萬鍾亦難徙。體膚還所生，肯受淤泥滓？峩峩馬鞍峰，湛湛章江水。兩地遥相望，貞柯樹喬梓。卞盱不辱身，袁粲真有子。清風灑六合，可以激頹靡。

讀幼淵公傳敬賦

丘翔升

君不見金章墨綬争朱紫，但曉全軀保妻子。況屬諸生無半綸，誰甘爲國不避死。憶昔有明傷陸沉，烽煙滿地干戈尋。此日逃亡鳥獸散，偷生苟且空成擒。我思幼淵胡公烈，名儒奮袂守崑堞。力不能支山河陷，悲歌慷慨氣不折。鐵石耿耿貫心胸，白刃甘蹈何從容。尊人抗節殉江右，妻兒駢首攖雪鋒。馬鞍山頭公之墓，至今松柏寒雲護。陰風烈烈泣鬼神，丹衷碧血其誰顧。竊訝讀書自謂賢，猝臨國難輒塌然。一門忠孝固有種，千秋大節垂簡編。

賀蓼邨入泮

邱鍾仁

胡子推文伯，拔螯屢先登。策名始今日，鬱久道乃興。買駿由知己，從兹雲路騰。相成感意氣，何惜三折肱。

又

李王佳

君不見桃李花，陽春三月矜穠華。開向枝頭無幾日，浮榮片片隨泥沙。又不見松柏枝，飽歷風霜有歲時。異質堪爲梁棟用，一朝採取來工師。早達晚成原一轍，眼前何足分優劣。人事難歸意料中，智不如愚巧遜拙。君才自昔推英妙，落筆光芒争四照。余也詞埸相後先，論心謬許稱同調。咸謂冲飛瞬息中，扶摇天半凌長風。何事浮沉逾十載，依然鎩羽栖蒿蓬。白璧黄金致身易，寒微欲奮知何地。男兒三十不成名，仰空搔首愁雲閉。君言遇合終有命，摧殘不減緼摩興。屈首寒燈學益工，見聞争欲知名姓。去年相馬來孫陽，櫪下一顧驚非常。加以羈絡施剪拂，從此捷足能騰驤。今秋挾策踏省門，手腕欲脱眼欲昏。抱瑟雖工終不愛，吹噓已負徒啣恩。人世遭逢亦偶爾，失何足悲得何喜。藏器由來貴待時，六月之息其暫耳。願君慎保歲寒質，爲棟爲梁俟他日。莫學三春桃李嬌，一事不成空逞色。

又

李宗灝

十年抱屈向誰論，今日忻看咏采芹。臯比談經交讓席，兔園摇筆獨凌雲。未逢鍾子琴空撫，幸遇孫陽驥出羣。從此翻然脱櫪去，追風千里欲隨君。

送蓼邨遊楚二首

徐杏輔

春寒方繚峭，之子獨長征。柳葉催行色，桃花照别情。楚天孤客遠，漢水片帆輕。徒抱河梁恨,無能唱渭城。文章向有價,遇合豈無因。幕府舊相識,謂開府丁公。琴堂夙見親。謂漢陽張公、黄岡錢公。武昌三月路,雲夢十分春。正足供遊攬,奚囊句幾新。

送蓼邨先生北行

俞兆晟

疏梅香放壓繁英,差比名流骨相清。奕世忠魂青簡在,一時佳句筆花生。依劉有地心仍壯,入洛逢人眼倍明。燈火帝城期隔歲,天街携手聽瑶笙。

爨桐無計作琴材,猶羡黄金郭隗臺。愧我殊方偏惜别,如君健翮漫啣哀。侵霜小騎衝寒去,潑瓮新醪向臘開。此際江鄉蓮幕客,謂秬卣兄。臨風應笑故人來。

又

胡世楫

雁叫汀州字幾行,薄寒孤客整行裝。未展壯志催長駕,欲表先猷歷遠方。遊屐乍看湘渚月,征衫又染薊門霜。到時驛路梅花放,一曲陽春入帝鄉。

壬申仲夏漢陽署中逢蓼邨先生五十初度辰詩以贈之兼述鄙懷故詞多蕭瑟非敢云奉祝也

李遥章

干謁非君志,饑驅亦自珍。煙雲吴苑夢,蘭芷楚江春。游歷憑吾道,棲遲仗故人。謂漢陽。一杯聊共適,且莫話艱辛。

五十非遲暮,因君祇自傷。余齒稱長。况孤枕畔月,更益鏡中霜。處士風流泯,昔王邱墓荒。歸帆同挂得,江路不愁長。約同歸里。

和前韻

張曾愈

千里飛車蓋,驚來席上珍。詩吟鄂渚月,酒醉武陵春。異地欣同志,今時見古人。如何亦老大,添甲倍酸辛。

半百非云邁,蹉跎寔可傷。一編空案雪,五試老鋒霜。舊籠參苓備,謂受知丁制臺。新莊桃李荒。謂謝遣生徒。莫嫌作客苦,養翮候風長。

又

曹潢

卓犖推名彦,含章祇自珍。青緗先世澤,先生爲宋文定公後。碧血九原春。尊大人明季宦南昌,殉節廣信。至孝能忘我,先生負土葬兩世,至家廢。孤忠欲問人。江右宦楚,諸公先生輒奉尊大人傳誌求其表章。扁舟江漢上，寒暑不辭辛。

百歲今方半，無爲遲暮傷。楚江懷漫剌，越砥礪鋒霜。千里駒堪羨，先生多令子，長君推時髦。三冬學未荒。共摶羊角上，聯翼趁風長。

又

張介眉

君本無雙士，常懷希世珍。新詞高白紵，古調入陽春。守道能忘我，干時肯狥人。知非方自勵，那敢却艱辛。

遊歷年當艾，驅馳因自傷。單瓢幾歲月，寶劍屢風霜。博學追先緒，鴻文啟大荒。待聽金馬詔，磚影日方長。

又

周文煊

前朝忠藎後，一字已堪珍。爲憫先公節，長傷異地春。篇章明世德，碑版乞時人。旅寓晴川逈，他時記挹辛。

客邸逢初度，騷人黯自傷。天邊怕見月，鏡裏旋添霜。地主賢相並，壺觴政未荒。唱酬多大雅，歌雜采菱長。

又

張士騆

不顯遭時價，何妨冠世珍。獨憐幽徑草，謾憶上林春。步屧乘高興，聲聞動遠人。新詩吟弗厭，椒桂有餘辛。

返照桑榆在，云胡遲暮傷。名雖稱草莽，字尚挾風霜。極目秋雲變，愁心野日荒。從教歌自放，莫恨夜何長。

又

凃　煜

雲杜瞻安定，京山，名雲杜。峩然道自珍。贈言追郢雪，屬和媿陽春。襟帶能超俗，文章不讓人。扁舟秋正爽，延挹問庚辛。與余同庚。

至孝甘荼蓼，孤忠異代傷。尊公先生殉節信州。江縈九折夢，劍冷五更霜。翮健天應近，秋高月不荒。懸弧期大業，破浪激風長。

又

曹　治

學到知非日，分陰更自珍。初爲江漢客，從識帝城春。先生擬由楚入都。登眺增奇句，行藏獨異人。萍逢皆故里，相與慰艱辛。

窮達尋常事，蹉跎莫自傷。且啣杯底月，休説髩邊霜。桃李蹊仍在，松筠徑未荒。竚看宣室召，前席遇方長。

又

李爲憲

廿載傾心久，相親倍見珍。高懷當曉月，藹氣接芳春。魂夢悲先節，關河作遠人。欣逢添算日，觴酒慰艱辛。

半百原非少，如公且莫傷。詞鋒還競鋭，鬢髩未生霜。須就風雲遇，寧愁松菊荒。相逢漢水後，京雒路方長。先生擬自楚入燕。

又

潘衍祚

聲價南金重，儒林久共珍。鴻名高四海，大德壽千春。富貴不因世，窮愁豈泥人。浮湘聊作賦，殊未覺劬辛。

屠龍技已就，遲暮亦何傷。白槿朝榮日，黄花晚茂霜。登雲應有待，寡過願無荒。續史傳經義，千秋羡子長。

又

潘國祚

白眼看塵世，浮華豈足珍。多君年半百，古道自生春。文采江山助，風流我輩人。羈愁誰共遣，一爲訪迂辛。

人生會有遇，遲暮漫悲傷。細草全依露，孤標獨傲霜。流光嗟野馬，心事滿鴻荒。一啖如瓜棗，仙樓日月長。

漢署偶值賤誕多惠佳句亦敬次二章非敢自壽聊以述懷云爾

胡溶時

杖策遠行邁，非因不自珍。悲尋彭蠡夢，予訪江右宦楚諸公，求其表章先子忠節。醉想洞庭春。彈鋏𡡉孤客，投桃媿故人。一尊吟永日，相與數庚辛。

吾生雖半百，觸撥暗神傷。轉眼驚波浪，撏髭滿雪霜。不知顏巷陋，何惜陸莊荒。前路那堪問，茫茫煙水長。

楚遊贈行

錢　永

巾水平新漲，凌晨發棹謳。荷風催兩槳，蒲雨濕孤舟。先緒青編在，章江碧血流。經過一回首，悽惻淚難收。謂令先尊先生殉節江右。

又

涂　煜

才擅三吴品自奇，江南楚北一囊詩。當年節義嚴冰雪，尊人爲信州司馬，殉節。此日文章重鼎彝。把臂喜談湖海士，定交媿贈草堂貲。醉君不用金龜換，新有梅花酒兩瓻。時錢明府餽南酒二甕。

又

譚孫蕤

海陵家世舊多賢，勁節高標絶比肩。彭澤忠魂懸日月，謂尊大人廣信公。婁城義氣薄雲天。謂君門守正諸公。孤兒淚灑篇章外，謂先生。志士悲留筆墨前。謂奚朱諸公。披對荒齋情思急，一江風雨亂啼鵑。讀《安定家傳》感賦。

奚囊襆被楚江春，傾蓋招提意氣新。不是尋幽來下里，何知彈鋏有賢人。力驅薄俗心元古，雅重神交誼獨真。長夏匆匆分手去，肯將歲月老風塵。奉送東歸。

又

譚之炎

暫爲巾水客，還憶玉山春。世路誰知己，才名豈誤人。别離愁日晚，解贈惜家貧。惆悵天南望，因君淚滿襟。

一水牽情遠，孤帆帶雨遲。分襟偏此日，把手更何時。岸岸花披霧，郵郵柳挂絲。無傷歸路杳，早晚慰親知。

寄　祝

徐杏輔

半百年華髩未斑，高才奚止冠吴關。學當造極登峰後，譽重三君八俊間。我道不隨世道轉，今人如覩古人顔。慙余馬齒忝同歲，百尺崇樓何處攀。

落落孤踪寄楚天，故人蓮幕祝遐年。時振兄客漢陽張明府署中。歌成白雪推郢曲，酒泛紅霞對漢川。碧血一腔先世澤，青錢萬選後昆賢。知君回首懸弧處，西望洪都意惘然。振兄生南昌官舍。

燕臺送别

李王佳

薊門霜老菊花開，有客長歌歸去來。誰道馬卿工作賦，始知狗監獨憐才。路經青海千峰出，人渡黄河一雁哀。我亦辭家歎飄泊，送君落日倦登臺。重陽後六日送南歸。

題廬山瀑布圖

朱用純

振安賢親丈以道炤索題。覽其自作小傳，梗概蓋已畢得，無庸更贊一辭。金君爲畫廬山瀑布，振安謂深得吾思親意。蓋尊大人宦江右殉國難，而振安生於官舍也。因賦廬山之瀑四章，以極致其明發之衷，而令似表被之所以聿懷祖德者，亦在於此。辭曰：

廬山之瀑兮，雷轟電逐兮。百折不回兮，念我先德兮。　廬山之瀑兮，穿雲出谷兮。以養庶物兮，念我鞠育兮。　廬山之瀑兮，我懷何極兮。萬事可能兮，逝者不復兮。　廬山之瀑兮，流爲百瀆兮。無替詒謀兮，繩繩世篤兮。

題蓼邨父子匡廬望江圖

徐開任

振安胡世兄，先業師石遠先生之季子也。難兄三人，並邑諸生，俱已謝世。先生宦江右，得世兄時年踰六旬。殉節之日，世兄甫四齡。長能刻苦淬勵，世其家學，而令似又髫年掞藻。先生不亡矣。見其父子小照，賦詩以贈之。

積學吾師艱一第，兒孫今喜得嶙峋。天成忠孝從王事，世信詩書澤後人。老屋三間爲舊業，寒燈一盞是傳薪。平生世講知多少，衹爾還看意誼真。

又

錢中諧

若有人兮髩絶倫，玉山高出並嶙峋。家傳大節袁門誼，世號多才王氏筠。詩廢蓼莪含至性，道存喬梓見先民。試看頰上三毫在，不少斜簪與墊巾。

又

李　枘

少小芸窗共校讐，縱横文筆遜無儔。雙蹄蹔伏鹽車下，六翮終凌大海秋。倚樹不驚玄鶴集，思親常對白雲流。一經舊德傳來遠，竚喜青晴入鳳樓。

又

姜遴

乃公大義照丹青，似爾人文亦典型。好古情深黄卷在，思親泣斷白雲停。争傳驥子能繩武，轉盼鵬程欲矯翎。試展畫圖饒逸興，高山流水自泠泠。

又

葉湜

汩汩江水疑飛雪，叠叠廬山欲送青。却嘆此時苔石坐，衹看空際白雲停。披襟豈是甘高隱，散髮原非傲獨醒。猶喜瓊枝能挺植，煙霞陪侍當趨庭。

又

奚濤

振安道兄屬題小像，已綴數言於别紙，復乘餘興再賦短章，并祈教正。

知君不用買山錢，半幅雲濤助浩然。爲愛高深携鳳子，松嵐秀處欲淩煙。

又

王晨

爲寫思親問别山，九江南下武陽關。楚猿遼鶴年年淚，只在奔潮挂瀑間。

又

范必英

風神磊落稱高名，至性深湛托寫生。自歎長爲無父子，人傳令子是青晴。萬里雲霄斂翼時，潸然廢讀蓼莪詩。忠魂何處招難得，尺幅廬山日日隨。

又

朱湛

余與振安道兄爲通門世講，蓼莪之痛尤如一焉。兹以小像索題，見其有賢子侍立，因賦二絶。

圖像匡廬爲憶親，千尋銀瀑淚痕均。儂雖同病猶難比，腸斷窮泉一獨民。鶴氅科頭似入禪，郎君玉立竚飛騫。豈如彭澤嗟天命，却向山中問白蓮。

又

徐履忱

人道于思是此翁，瞳神秋水玉玲瓏。江潮似帶孤臣憾，望斷潯陽九派東。舊里曾停問字車，敢云孔李是通家。衮師小字韓冬鳳，漫比傳經擁絳紗。

又

沈朝初

望重河汾孰似君，青箱繼美有龍文。誰知安定關心事，只在廬山一片雲。忠孝傳家世德優，科頭野服更風流。只緣胸次饒丘壑，不肯曳裾近五侯。

又

莊永言

文采翩翩本象賢，還携玉樹占風前。生平大有飛騰志，偶向林泉一騳然。

又

徐　鍧

與君氣誼倍相親，上下雲龍摠一身。開卷忽驚無別贈，定然風采異他人。

又

金嚴慎

穆穆淡如素，蒼然見古心。濡毫静秋水，把臂入雲林。酒熟賓朋集，書成歲月深。謦容呼欲出，豪氣溢清襟。

又

徐杏輔

與子生同年，瞻寒在夙昔。古道照人倫，素心盟金石。文譽馳江東，壓倒元與白。玉堂天際開，遲我青雲客。令子汗血駒，弱冠名籍籍。文彩翔鳳鸞，丰儀耀圭璧。不愧詩書裔，綿此忠孝澤。遥望金馬門，父子同獻策。

賀表被入泮

徐與喬

君才灼爍五雲邊，芹藻徵歌方少年。譽滿江東窺鳳彩，風高冀北待鵬搴。文章庭授欣繩武，忠孝家傳美象賢。會見彤庭端拜賦，宫袍先賜近爐煙。

又

葉奕芑

玉雪名公子，根蟠世澤長。蜚聲聞上苑，肄業在宫牆。鵬翼秋風健，馬蹄春草香。可知時念祖，邁種發其祥。

又

李王佳

英年萩圃肆馳驅，乍喜探驪已獲珠。室有遺經承祖德，家傳絶學謝時趨。輝山共識連城璧，下坂初騰汗血駒。裘馬翩翩空滿目，羡君登進與人殊。時開新例，遊庠者濟濟。正額僅四人，表被名居第二。

又

劉 葳

崑岡産玉舊相傳，特達應推子自然。志不窺園方鍵户，才能售世早揚鞭。文章未盡家聲遠，風格還徵世德綿。豈爲葭莩私頌美，故家子弟讓誰賢。

又

李宗灝

翩翩風度擬珪璋，頖壁初開芹藻香。世澤芬芳推行誼，清時聲譽藉文章。紀年還並終生少，挾策尤兼賈傅長。更喜照顔無薄態，深沈積學待飛黄。

賀表被婣姻

錢中諧

安定家聲世澤傳，烏衣裘屐最翩翩。述昏初著秦嘉賦，娶婦纔酬何遜篇。春日桃花方照灼，秋風隼羽自騰騫。西豪子弟多英俊，硯匣琉璃五色鮮。

又

葛雲藹

雅度英姿譽早傳，豈徒玉樹皎風前。奇文霞蔚篇如錦，新賦雲蒸筆似椽。燕爾會歌麟趾振，榜花行兆桂枝鮮。翩翩共道仙郎好，佇看飛鳴正妙年。

題表被撫松圖小照

奚　濤

朱顔緑髩如雲客，仙家結束無人識。岸然道貌豈尋常，偶爾盤桓高獨立。石邊有松松有君，氣韻生動還儻俶。煙霞初不碍功名，願托風流與泉石。他年折得上苑花，松耶石耶姑棄擲。

又

葉方蔚

疏髯瘦骨出風塵，野服飄然似羽人。指道是仙剛不信，玉皇香案謫來新。風格稜稜美丈夫，振衣便合躡雲衢。他年重倩丹青手，寫入瀛洲學士圖。

又

何陸愷

霽月襟懷秋水神，箇中難寫是天真。王郎破墨圖君面，玉樹臨風迥出塵。謫來仙侣貌清癯，喜伴雲松看鶴飛。他日玉堂展卷笑，黑頭蚤製遂初衣。

又

葉　湜

繪形誰不戀麒麟，埜服何端類隱淪。石畔松根孤鶴共，靈臺嬴得淨無塵。綵筆行看傍紫薇，雄才未許傲荆扉。只應讓與儂家住，卧聽松濤看鶴飛。

題表被宅相濯足萬里流圖

朱用純

士志貴遠大，士品貴芳潔。此非高隱圖，特異塵塗轍。人生萬里程，始步難蹉跌。便當拔汙泥，介焉終其節。萬鍾有弗受，三公有弗屑。縱令江漢濯，何難與比絜。胡甥正年少，希尚何卓絶。勉哉素履往，竊爲吾道悦。

表被年表行樂像濯足萬里流也集句奉贈

何陸愷

人生志氣立，陶翰。曠然諧遠尋。常建。濯足弄滄海，李白。見君萬里心。李白。點筆操紙爲君書，岑參。見君文章亦如此。岑參。請君臨深莫相違，杜甫。咫尺應須論萬里。杜甫。

乙亥八月思重年長兄聞尊公年伯訃音奔歸漫賦奉送并正

劉家珍

桐風焦雨夜霏霏，忽漫踉蹌送爾歸。極目遥天隨雁影，傷心去國是麻衣。西山夕照愁無限，東澥秋潮淚欲飛。此後眠餐須鄭重，莫教憔悴向慈幃。

記得相依海岱東，年來膠漆幾能同。騎驢共踏橋門月，買酒時酣野店風。好事兩人都草草，銷魂一別太匆匆。解嘲有語君知否，依舊鬑鬖無恙中。

表老年兄見訪以日暮不及會晤而返貽詩致意依韻奉答録請正之

曹有爲

我客城東門，萍踪已多滯。良友稱神交，姓氏久相遞。有事辟廱間，倏爾接光霽。安定與延平，謂李汝良年兄。吐屬更親切。從此結交深，投合無繆戾。前月過高齋，經義問真諦。我願從之游，何惜叩門繼。幾日采蕭葛，常使心旌曳。忽傳文數篇，如花開水逝。別有天地焉，而復風雲厲。最後讀長歌，味沁寒香砌。禮豈我輩設，况是緣情制。爾我忘形骸，乃可忘人勢。惟有真相忘，謂之真相契。興到即過從，莫論往來例。

病中承表老年長兄顧問知即有山左之行詩以送之

張　翽

病起多君慰寂寥，那堪話別更魂銷。人生聚散風飄絮，吾輩升沈鹿覆焦。詎信士元甘百里，且同阮籍醉今宵。引杯看取雙龍劍，自有星文動斗杓。

小詩恭呈表翁年長兄先生教政

劉祥生

著書久已積名山，刻苦文章博一官。豈以功名干富厚，都從德性勵艱難。抱懷今古權高卧，放眼乾坤縱大觀，浩浩雲程風度遠，蒼龍神化躍長安。

天涯聚首慶彈冠，攜手新知似舊歡。紫電清霜澂學問，光風霽月浴詞壇。到來問字逢韓愈，偶聽清言識謝安。話到金臺增感慨，一聲高嘯碧天寒。

小詩奉祝思重先生

張　睿

華誕金臺泛紫杯，桃花特地爲君開。是日小院桃花盛開。風吹不散春常在，月下如同海上栽。交到忘形真我輩，文能乂手見天才。他年際會騰騰上，計取追歡此日來。

己卯余客京師得晤表老胡先生今歲聚首歷下益親道範叠韻奉贈并祈正之

吴　瀚

薊門幾度歷暄寒，江左風流集古懽。一别繁霜生短鬢，重逢明月話長安。祖生慷慨催鞭早，孟博澄清並轡難。更羨芳修多遠思，羣峰深處倚欄看。

春日兖州官署賦贈表老長兄生日并求和教

王　晦

十載風塵鬢未華，不愁生日客天涯。名區最數靈光殿，淑景初逢穀雨花。長命酒從今夕醉，超羣髯自昔人誇。知君翹首江南路，雲彩還成五色霞。太夫人大壽亦在今年。

叠前韻奉政

王　晦

臣不如人感歲華，因君話舊思無涯。忠泉萬里猶餘井，夢筆三春併作花。賦草久知京洛貴，酒兵休向故人誇。客中湯餅饒風味，預想朱櫻爛似霞。

奉祝表老先生即和樹百世兄韻

吴　瀚

採浥金精與月華，何妨詩酒作生涯。五千道德曾聞訣，咫尺長安遍看花。弧揭龍門男子志，祥徵熊寢里人誇。白雲寫倩今朝望，應向崐山起赤霞。

里言恭壽思老同學長兄兼請斧正

賈式金

與君同年生，日月我居後。肩隨若弟昆，指授儼師友。伊昔未謀面，同處海一隅。叶。煙火百里餘，波濤三江口。君時鋭若錐，掉鞅敢深稡。余亦懷鉛刀，文塌驟同軌。叶。良工入藍山，襍佩採瓊玖。顧慙碔砆姿，瑜瑾共琢剖。荏苒二十年，槐黄厭奔走。耰鋤肆芟夷，去草襍禾莠。知音偶牙曠，爨下非至寶。叶。拂拭同棄置，小勝亦何有。矧余貧且困，靦覥守敝笱。得寸即爲榮，担囊涉遠道。叶。京國馳譽髦，成均奏矇瞍。去家三千里，始與君邂逅。叶。羈跡類飄蓬，鄉心泫攀柳。緇塵撲面飛，紅顔變衰醜。君能賈餘勇，屢蹶氣彌陡。寶劍淬鷫鷞，龍文暗星斗。張雷不可遇，扃匣夜頻吼。携之走齊魯，摩挲長在手。蔓草問靈光，宫牆瞻曲阜。聯吟陋撚髭，縱飲誇戰拇。穀雨媚陽春，花風數鹿韭。懸弧及良辰，青髩猶未老。叶。君才十倍丕，遠到固自取。况今策名初，要已懸墨綬。余雖齒相若，如木亦已朽。行當耦沮溺，谷口老十畝。期君摶扶摇，一洗三北詬。耕佬有餘閒，寄詩爲君壽。

秋杪再與思兄話别賦此求正

王　晦

今日真言别，離情倍黯然。雙垂爲客髩，一直下江船。知己無多箇，交君近十年。西風幾回首，鴈字寫霜天。

題思重先生闈卷末

王　晦

海内才名盛，如君得幾人。珠光明月浦，劍氣躍龍津。家學傳心印，儒宗寶席珍。荆山終剖璞，何用感沉淪。

科第無輕重，文章有淺深。處囊經鍊鐵，躍冶不祥金。臺失塵中駿，聲希爨後琴。春華争採擷，嘉樹晚成陰。

玉　山　行

朱立誠

玉山山色秀天半，産得瓊瑶鎮赤縣。藉錦懷褐不足論，但看光氣凌霄漢。我家宅相康侯裔，生來令質超凡品。温温四座春風吹，矯矯孤標物外致。乃襣西江灑碧血，乃翁唤世丹青揭。父老咸知積善長，蒼天不負錫奇傑。荷衣宛宛佩蘭芷，披簡抽毫空傍擬。鶤鴻遼廓藪澤斷，前明復所後文止。憶予駑鈍忝渭陽，序年却合肩隨行。少小意興頗豪舉，酒酣挾榮思頡頏。是時天子重文學，每簡鉅儒秉揚搉。先後凡閲三數公，相看國士殊不溥。高陽宗伯號龍門，月旦偏推我與君。文傳寰宇名流屈，句達巖廊哲匠驚。兩人自命不徒爾，篆刻雕蟲曷足數。壯夫騰躍不終蟠，須養頷珠作霖雨。誰知雲路多顛躓，閶闔不開帝閽倚。譙譙予羽慣摧殘，君已高騫復垂翅。俯仰星霜三十載，風塵面目仍無改。君交空自滿長安，予跡茫茫踏雲海。回首當年共馳騁，幾人封侯佩金印。數奇李廣老馮唐，有言尚口誰能信。蠻觸予今已悔争，行從塞上歸躬耕。出處知君有定算，暫携書劍走紅塵。百里花封亦善國，一抒儒效還�息。予歸先掃玉山坡，遲君並坐瞻文筆。

思重道長兄用嘉定王樹百世兄韻留别同人次原韻奉正

吴　瀚

留語殷殷甚，離情倍黯然。路尋楊子渡，人上木蘭舡。孝笋生冬月，榮萱祝大年。時正歸祝尊慈太夫人。高陽何日會，星聚復經天。

小詩二首奉送思重先生伏祈郢正

朱　芾

心期三益友，惜别九秋時。同里渾初識，芳型劇可師。帆懸胥浦渡，棹發魯連祠。荻岸花飛雪，霜江柳剩絲。斜風銜去雁，新月冷吟髭。小技將奚適，高才任所之。相望倍惆悵，懷袖誦君詩。

今夕知何夕，離堂樺燭然。笑傾千日酒，計買下江船。剥笋猶殘臘，探梅豈隔年。此中真意味，遥妒向吴天。

里言奉送思翁表母舅南旋

徐德俶

知是營棋墅，歸心獨浩然。情依霜後菊，夢繞雪中船。白鶴巢千尺，斑騅殢一年。河梁重回首，漠漠暮雲天。

别緒如香篆，縈紆火細然。秋風隨去雁，夜月送歸船。劍不彈長鋏，詩方詠大年。故山青似玉，松幹老霜天。

次韻奉送思老先生南旋并請誨削

徐賚鼎

經秋頻送客，羈緒轉紛然。徑冷看花屐，溪迴載月船。敲詩猶昨夜，酌酒判今年。前路如相憶，披襟各自天。

到日江鄉好，黄花三徑然。醉揮松下麈，閒放柳陰船。惟别縈新夢，相逢定隔年。吴綾須早辦，賓雁滿霜天。

清署即事襍詠七律四首録呈思翁世長先生教正

彭　阯

一室雙槐暑氣清，暫依偃署感交情。南湖共憶荷花放，東閣頻開竹葉傾。不羡鷹鸇名赫赫，願爲鸞鳳政平平。我來早聽碑盈口，百里人傳豈弟聲。

午長揮汗熱如何，聞道銜炎客遠過。琴室有書來北闕，時朱瑞書自都至。槐庭無夢幻南柯。開襟且把風前酒，倚席還聽醉後歌。恰喜半規新月上，小窗濃緑納凉多。

幸借琴齋一夕留，天涯親串敘綢繆。時徐太守伯厚赴武定任，過署留宿。宦遊萬里趨滇國，客况三旬滯頓邱。燒燭漫憑鼓舞醉，聯床且話死生愁。聞范深源作古，王子應之回禄。相期我亦歸心切，秋水黄花泛小舟。訂期九日。

睡餘無事獨從容，叉手閒看蟻穴封。藥爲濟人方自驗，孫長康惠藥。詞題消夏和還慵。三令弟以新詞見示。風清四載祠賢尹，聞士民正建生祠。雨足三時慰老農。時禱雨而應。静倚庭槐瞻暮景，夕陽初下動疏鐘。

五律四首

彭　阯

避暑清豐好，蕭齋愜予懷。科頭披白苧，跣足曳青鞋。瓜剖東陵美，歌思南國佳。六時眠食穩，幽興與君偕。

避暑清豐好，深居似入林。捲簾看樹色，倚枕聽禽音。殘卷消長晝，微雲起遠岑。官農祈雨切，我亦望甘霖。

避暑清豐好，披襟夜若何。空庭得月早，虛館受風多。浴罷携茶至，更深擊柝過。已知秋意近，搔首望銀河。

避暑清豐好，淹留月有加。我忘身作客，君治邑如家。獄長三春草，庭開一樹花。公餘頻話舊，感慨醉流霞。

拙詠八章呈大兄教正

胡汝聽

勝賞彭宣結駟先，夏殘我亦寄澶淵。南來欲結王生襪，北去難追祖逖鞭。幸有雙槐消溽暑，還憑半卷吐青蓮。邊敬昭三弟以佳詞賜教。分甘淇水尋常事，日覲清廉第一賢。合屬士民競以匾晉顏曰清廉第一。

孝廉船繫在何方，欲問三銓事渺茫。蹇足人還思北闕，壯遊君獨向南疆。聞基士由中州南還。調和小試烹鮮早，契闊多時話舊長。晏起客床無別事，紅裙貪看有蠻裝。放衙時有首土妓者。

七弟材如三弟材，長篇短句並奇哉。詞同王建多鮮豔，敬昭《憶江南》、《臨江仙》諸調皆艷麗奪目。賦比揚雄更剪裁。七弟成積亦以長賦惠示。偶逐雙丁纏驥尾，早看三鳳冠龍媒。東西參觶何常有，獨步淇原軼衆才。

遲暮丰裁剩幾人，計然籌畫倍精神。能將犀照推兄弟，孫長康昆季任事，上下都稱清慎勤。雅有冰操賀主賓。淇水湯湯流素節，秋山歷歷起清塵。明年割愛分良友，誼屬同懷情更親。頗有預聘之意，不識肯割愛否。

避暑清豐好，雙槐夾路傍。影遮紅日遠，枝動碧花香。鵲噪催朝爽，蟬鳴送晚凉。分符家孟地，清蔭及同行。

避暑清豐好，甘瓜沁骨寒。紅移榴火照，蜜作蔗漿看。已下何曾箸，還加廉頗餐。南皮思舊侶，此味并忘難。

避暑清豐好，署鐘分外幽。黄昏破客夢，子夜遣征愁。遠近隨風静，高低傍月流。宵傳同禁院，不獨景陽樓。

避暑清豐好，主人友愛深。冰桃欣錯落，雪酒快頻斟。浴罷閒嘗茗，公餘對撫琴。六時眠食穩，此句倡自基士。竊比有同吟。

和彭二清署即事四首

胡　欽

垂簾寂寞喜雙清，剝啄頻增舊雨情。千里故人逢久别，百花新釀熟初傾。彈琴樹底鳴猶澁，説劍燈前吼不平。獨有一椿聊慰藉，山城贏得溢循聲。

初疑天意竟如何，烈烈心憂旱魃過。祈雨敢徒憑廟祝，望雲無復盼庭柯。驚傳簷溜翻盆缶，乍聽田籌共和歌。又報故知冠蓋集，近來好事孰争多。正久旱得雨。

空谷跫然孰惠留，清齋朋酒足綢繆。滇南太守弭龍節，徐武定邊過訪。白下才人説虎丘。彭詩、范王二子皆蘇人。雪藕一盤聊獻壽，村歌半部且消愁。共言星聚應難得，明日還看郭李舟。

清談半晌語春容，冰署蕭然苔蘚封。衙鼓三聲催晝永，露芽一椀起春慵。閒披案牘呼從事，急趁滂沱早勸農。極欲親承郭有道，秋山暮靄已聞鐘。

和納言弟四首

胡　欽

銷夏新詞瀨水先，高吟老弟更淵淵。品題故是懸精鑒，疲駑何嫌猛着鞭。四載觸藩棘裏絮，八篇寫照舌生蓮。畏知堂畔餘清賞，慙愧前人譽後賢。傳稱清畏人知者即宰豐邑，余顔堂曰"畏知"。

今病曾傳有古方，欲將前路問茫茫。姓名絡繹疲三事，運米入闈，皆經奏請。原野驅馳歷四疆。大有閒情吟落照，苦無煖席試偏長。衝炎魏北歸來晚，明日澶淵又束裝。昨自天雄歸，又奉檄委監賑開州。

異樣鸞箋出蜀材，助修五鳳亦佳哉。兄吟弟和詩清絶，浙水吴山體别裁。天上碧桃元有種，溪邊紅葉固多媒。雙凫日下朝天近，會見夔龍集異才。納言與三七弟近以詩文唱和。

酷憐年少不如人，投老登場倍愴神。四壁苦無餘長物，二難猶幸集嘉賓。謂二孫。空羣冀北邀真賞，匹練吴門看絶塵。公孝自今經品目，讓他成瑨獨交親。君欲預聘，敢不見許。

恭祝思翁老寅臺千春

吕　炯

東吴清望迥無前，製錦畿南已四年。花滿一城人似玉，凫飛雙舄令爲僊。楓宸待卜金甌字，蓬島先開玳瑁筵。早晚徵書來日下，庚星高並福星懸。

恭祝思翁老夫子

楊夢俊

春明三月放桃花，初度芳辰燦紫霞。四野共瞻歧是麥，盈盤何用大如瓜。鳴琴衛水風光霽，鶴舞秋山雨露賒。喜得登龍今有日，傾心爲御李膺車。

又

杜 楷

千年間氣誕真人，吏治風流孰與倫。花縣鳴琴鳧作舄，漆園紀曆歲同椿。草茅共醉春光暖，桃李還沾化雨新。奏最登升應指日，佇看丹詔下楓宸。

真我父母歌

胡汝聽

大兄之官清豐歷四年矣。愚因謁選無資，特控大邦思抽豐焉。孰意登其堂，四壁清曠，並無長物。聆其言不異舌耕寒素，初甚腹非，以爲半生攻苦，幸得一席，何復自苦乃爾。及書院將竣，拉幕友閒步觀成，歸途仰瞻，頭門顔曰"清廉第一"，載窺堂額，又曰"真我父母"。因喟然歎曰："與其侵肥一己，而怨聲四起，何如藏富斯民，而口碑載道。"遂告諸友，明歲倘獲一地，當以是爲師。既作五七言律詩八章，以咏清廉，復戲爲斯歌廿餘韻以誌頌禱，并佩異日箴銘於不朽。

真我父母懸諸堂，賢令廉名耿清光。五風十雨天時良，左藿右粥民其康。父老鼓腹歌路傍，小兒竹馬快騰驤。漚麻婦女携筐筐，讀書義館聲悠揚。秋山屹峙風洋洋，淇水瀠洄流湯湯。四境無虞盡康莊，鳴琴一室坐中央。官曰恩斯勤斯撫字忙，民曰父兮母兮怙恃雙。欣爾官民樂無疆，嗟子游騎嘆息長。游騎何爲歎息長，秋風蕭蕭無以壯行囊。前乃嘆息後徜徉，如此居官姓氏香，安定後裔永芬芳。天子書屏入廟廊，含飴弄孫多且疆。

秋山書院歌

胡 欽

仲尼獲麟千載後，太史採風不復有。紫陽鹿洞障狂瀾，大雅扶持數誰某。清豐自古衛都鄙，土物心臧風俗厚。淳麗朘削漸陵遲，文囿蕘牆遞馳蹂。我來正值運休明，糾合仳傐發墨守。手披庠序芟茂草，義塾星旗錯千耦。講讀次第護元氣，佩蘭樹蕙蓄百畝。偶出西郊訪舊踪，指顧金堤酌朋酒。離離芳草欝綿芊，落落長松間杞柳。豁然天地闢晴朗，可歌可弦呼僚友。座中右軍盛讚歎，謂王觀察。左右劻勷復二叟。謂張生爾坤、楊生夢俊。遂捐薄俸買廢地，木載牛車土擔負。經營布置越二稔，歷落周遭闢户牖。開門一望鑑池清，滿座圖書資譚藪。童冠風浴無不可，縱未備具已八九。吁嗟文武道豈墜，後生何必輸黄耇。不薄邊隅棄鄙迂，博約兼施歸善誘。從來俗吏苦拘束，周孔詩書擲敝帚。偶題風雅已攢眉，誠意正心堅瞀口。我今破例爲此舉，將母背影疾却走。所望大賢繼宰邑，整頓門牆振綱紐。廩餼庖廚次第增，德行文章裒舉首。前接濂洛後關閩，六籍笙簧垂不朽。

題書院詩

楊夢俊

高館初開景物幽，樓臺月榭彩雲浮。池深應有伏龍卧，林静豈無雛鳳遊。千載文章堪共賞，百年事業倩誰酬。琴書相伴不知老，一片雄心雪滿頭。

庭院幽深路轉移，遶堤蒼翠老松枝。西隣廟古日沉早，東近城高月上遲。樹裏鳥鳴拭淨緑，溪邊魚躍漾清漪。眼前沂舞風流在，不管人間知不知。

贈　　別

胡好賢

春色將闌柳絮飛，故園堪卧對斜暉。數年共喜朋簪合，一旦先知宦轍非。沙麓雲山增悵望，龍城風雨倍神依。惟期奏績鶯遷早，慰我相思解渴饑。

賀思翁老寅先生榮陞并正

黎式儀

重門深掩避寒冬，又聽徵書過別封。笑我守株仍待兔，羨君出海竟爲龍。琴聲尚繞秋山月，馬首先看報國松。若到金臺須寄語，而今郭隗已衰容。

恭送胡夫子來遲

曹文純

重繭遥將立雪誠，誰知旌旆已先行。鱣堂無限徘徊意，旅夢猶聞笑語聲。喧傳攀卧頓邱陽，宛若當年借寇芳。獨恨採薪來倍晚，春明不及送行裝。

里句奉憶恭呈誨正

曹文純

一從内擢去琴堂，隔絶雲泥歲月長。渺渺心隨南國月，悠悠夢逐北宸霜。金鋮發篋常披玩，玉尺持衡奉表坊。遥憶和衷交泰處，幾回翹首意飛揚。

賀思翁年寅先生榮誕并政

傅兆槐

卓識鴻章早軼羣，彤廷鷺序挹蘭芬。籌添桃圃娱晴日，酒泛瓊漿映彩雲。共仰嘉謨推國士，快抒偉略答明君。綢繆此際依清範，好趁春光振遠聞。

奉贈思翁老先生

韓孝基

大儒家學濟時身，出入明光計國均。向在花封推召杜，今於星署仰裴荀。西京文字豪舒彩，北海聲華度飲醇。幸忝通門承咳唾，每因懷舊話從新。

書呈思翁老先生教正

李聯級

乍離海嶠到蓬池，丹地承恩聯轡馳。安國傳經多士仰，澹菴著節滿庭推。俯慙薄笨隨車後，遥指雲霄竊管窺。漫道策名從此始，指迷還望作箴規。

小詩恭賀一亭老長兄先生弄璋之喜即求誨正

李克敬

喧傳户部户懸弧，老蚌新生照乘珠。萬卷圖書今有主，百年弓冶正相須。預知他日煙霄路，可念當前玉雪膚。待我身康兼得馬，來聽英物泣呱呱。時余在告，又失馬，故試啼有待也。

里言奉賀思翁寅老先生舉子之喜並求教正

洪　澤

文褓都成彩，翔鸞引鳳雛。藍田今得玉，合浦應還珠。喜氣聯香署，光風入座隅。君家秋實好，蕃衍萬千株。

丙午重陽送别

康五瑞

同朝金闕五雲開，恩詔初頒幸許回。黄萼滿園鶺序列，青峰一路馬頭迴。家傳組綬輝虞部，國藉經綸展玉臺。此去致堂遊緑墅，著書還待九重催。

恭步原韻奉送一亭老先生榮旋即求郢削

李克敬

虚爲出岫未歸雲，幾見勳名有半分。故國長年悲斷梗，帝鄉還復歎離羣。歸來竹馬疑前夢，老去猗蘭念舊薰。洋水玉山饒赤鯉，因風信息可常聞。不勞卜筮問前程，坎止渠流任運行。除却銜杯吟古句，即憑求友聽嚶聲。奇文疑義將誰證，白露蒼葭自愴情。奏盡哀絲孤管調，嘉賓何處共吹笙。目送歸鴻慘别離，上林可有借棲枝。得風絮葉争軒翥，失路藩籬鎮翅垂。半世功名悲鑄錯，一生精力誤毛錐。會須草就張衡賦，不過分年隔歲期。壯志蹉跎已盡消，待驅鷄狗入煙霄。自知平地登天路，底怕高灘滯晝橈。道德映陽成緑字，醇醪上面暈紅潮。會稽太守成何事，争似哦經老採樵。

丙午秋日玉峰老伯得假歸里率成俚句二章志別言懷録呈教削

梅毅成

先人卅載共師門，風雨連床酒一樽。轉眼晨星空碧落，獨觀魯殿焕清暾。文章聲價雞林重，政績廉明粉署存。後學方欣承顧盼，那堪拜別賦離言。濫竽金馬幾星霜，百歲功名半已荒。文史任清同咽露，稻粱謀拙異隨陽。蒹葭江畔迎風緑，橘柚山坡耀日黄。松下數椽歸未得，羨公吟嘯白雲鄉。

思重弟假後以出關圖相示涉筆書此并以贈行

胡允幹

仗劍踏步去，飄然獨出關。今君安所之，拂袖入深山。精悍猶在目，何爲就寬閒。問君君不答，長嘯歸青灣。匣中三尺耿牛斗，虎頭原是封侯班。不然南山北山耳，肯隨老子同癡頑。丈夫飄灑固如是，薄雲爽致誰能攀。

秋卿胡先生晉廣信府名宦祭畢爲詩六絶以弔之

舒　濂

北極沉淪況故山，山沉猶聽水潺潺。身未死時家已死，事詳誌中。闔門相遇尾箕間。

譙樓危坐慘雲環，國爾忘家天步艱。歎息死兒還入夢，事詳誌中。先生無夢到崑山。

譙樓未死死幽間，改節寧愁富貴艱。事詳誌中。自是求仁仁已得，寸心不媿孔和顔。

四旬三易立朝班，多少當途儘厚顔。天外信州如指掌，孤忠偏植水雲間。

叠山烈烈並文山，尚有廣成吴下間。侯廣成亦闔門殉節，爲公同里。正是有隣不孤立，從兹祀典耀塵寰。

黄公道周。志節與公班，同道趨援不等閒。事詳誌中。成敗在天人事盡，雖然一死重如山。

步月徘徊復長歌以咏之

舒　濂

月如鏡，不須磨，偏是黌宫得月多。寒影凛凛難久立，何人倚月發浩歌。浩歌一曲無人聽，上有明月下山河。山河無奈多變更，忠臣到此如之何。無如何也只有死，一死猶足快心窩。月中天，人鬼寂，仰天長嘯身猶慄。胡公有靈聽我歌，歎我遭逢太平適。願爲良臣不願忠，此語真足壞世風。遭逢一聽天之命，良與忠兮寧不同。忠臣無望標青史，舍生取義而已矣。後世俎豆薦馨香，揆之始願不及此。但是浩然宇宙間，明月在天亦在水。日月逝，隨時過，買酒無錢顔不酡。吾今奠公品亦薄，知公諒我此心婆。忠魂七十八年晦，一縷馨香奏大羅。

過廣信弔石遠胡先生

吕 熊

僚屬皆逃盡，孑身倡義師。一官兼七篆，百戰守孤陴。氣壓屏山壯，風過弋水悲。秋原埋碧血，荒塚竟誰知。

哭端水兄

顧錫介

萬事忘情一醉鄉，無人能識次公狂。種來百卉香盈砌，歷過名山句滿囊。逢世全疏因酒懶，謀身多拙爲碁忙。故交惟我相隣並，言念平生泣數行。

哭存餘姊丈

顧錫介

髫年室余姊，遂爲文字交。出入每同載，細事必分勞。比隣共談笑，靡間昏與朝。飲量不一勺，爲客傾佳醪。窮困常晏如，著書掩蓬蒿。伯氏宦豫章，從遊不辭遥。經歲始一歸，歸囊漸豐饒。計拙守圍城，鐵馬渡長濠。應似籠中禽，鼓翅蹋天高。骨骸委路塵，遊魂竟誰招。余病留殘喘，思君獨長號。依依三十年，一旦永相抛。世事苟如此，時刻壓漂摇。傷生洵堪悲，久視亦何聊。

輓存餘先生

朱曾傳

崑山城下月如水，崑山城上鼓聲死。忠臣北望拜神京，諸生報國恩如此。憶昔天兵下畿甸，軍書紛錯馳羽箭。朝廷豈無將帥才，君獨布衣思抗戰。手提烏合數百人，男兒意氣終難伸。淅米矛頭向城闕，忠肝淒惻感三軍。三軍救援苦不來，崩騰飛礮聲如雷。陰風獵獵吹鬼魂，沙塲一戰捐塵埃。孤城已失勢難支，殺人血肉如縻糜。國家之亂誰爲始，英雄數盡遭艱危。熒熒鬼火游野田，白楊蕭蕭飛紙錢。龍髯一去無消息，三月春深哭杜鵑。吁嗟乎，由來烈士非殉名，君臣義重生死輕。天心何故私成敗，九鼎茫茫泗水平。沉沉原野慘月色，隴頭流水聲汩汩。酒酣爲君歌國殤，天地爲我轉蕭瑟。

輓存餘、幼淵二先生

顧秀升

逆闖之變，神京失守，國滅鼎遷。其時封疆重臣、專閫大帥不克以身殉之者多矣。乃區區一諸生，而能挾孤憤，倡大義，至於殞身殉難而後已。此誠希世之奇節也。緬維石遠胡公抗節不屈，死守孤城，蹈國亡與亡之義。而難弟存餘、叔子幼淵二先生復能見危授命如此,安定一門何多忠義耶！口占二律紀之。

存餘先生

儒生懷大義,殉國蚤盟心。壓卵威雖重,當車怒獨深。常山舌已斷,柴市血猶淋。念此忠烈操,長歌淚滿襟。

幼淵先生

翩翩少年士,忠憤乃如斯。痛惜神皋陷,空將半壁支。膝金終不屈,血劍復何辭。一室同趨義,高風青簡垂。

奉輓蓼村道長兄二律

徐杏輔

積行勤修邁古賢,無端仙去絶塵緣。傳家舊著忠貞譜,訓世新裁功過編。鵩鳥賦成年半百,鳳毛音斷路三千。煢煢孤寡將何托,况值洪波浸稻田。

風雨交情久更真,每當相見話殷勤。連年疾病君憐我,予大病二載,時時垂問。幾卷詩篇我愛君。客歲以《燕遊草》見示。搜篋那堪逢舊札,開尊誰共賞奇文。生芻本屬南州物,莫閉重泉哭不聞。

哭萬懷弟四首

胡欽

吾弟之卒也,以甲戌四月二十二日,又五月初二始得凶問。南望長號,哀慟欲絶。即思搦管一弔吾弟,而悲來填膺,不能驟下,兼之寓中紛遝,無可置硯,亦無從抒寫余懷也。月杪赴館,喘息稍定,乃始和淚濡毫,共得四章。非云詩也,聊以道吾之真情。特録寄歸,焚之靈前,以當一哭,餘筆墨所不能盡者,唯有臨風飲泣而已。

雁行中斷最傷神,埋玉堦前愴倍真。數卷依稀尋舊蹟,一朝離别作陳人。室餘小弱伶仃女,堂有長貧斑白親。翹首天南歸路遠,欲排閶闔問高旻。

縱然時命合邅迍,酷罰何因及此人。孝友一生君已死,迂疏半世我誰陳。情多欲結鴒原草,聞弟以不及見我爲恨。淚灑難銷雪窖塵。歎息形容尋不見,祗疑魂夢或相親。

饑軀無那作勞薪,弟守庭闈儘絶倫。誰料丁寧臨别日,翻爲生死永離辰。空閨繐帳風悲嘯,旅館青燈暈獨呻。却悔北來先匝月,憑棺不得一沾巾。

同氣分形本一身,猶留我在未全泯。張儀有舌何曾困,伯道無兒可當真。弟撫三房姪爲子。薄剩虀鹽盈窶數,早知冰櫱比松筠。遼東丁令歸來否,好語千年泉下人。

丙申臘月二十三日春朝合葬先考妣於吴縣西山真珠塢祖塋之右哀記一章

胡鏘

哀哉父母不得見,流光迅疾如飛電。二十餘春椿樹摧,九年杳杳萱親面。兩棺久厝舊宅中，嚣塵湫隘虞生變。晨夕思將黄土歸，賣身未克心神顫。幸也先人善有餘，去年兄宰清豐縣。薄禄初膺不忍飡，孝思純篤營埋先。一官羈縛桑梓遥，付託權將子弟遣。縷晰條分指示詳，身留宦邸神猶踐。謹遵約束次第行，棣棣威儀無敢擅。自謀工作及臨壙，所如皆獲天心眷。最是黄金入匱時，晴明風景春和絢。閃鑠紅輪照碧空，屏翳掃盡閒雲片。萬籟無聲山色清，瀲灔湖光凝素練。野人觀者如堵牆，停眸嘖嘖佳城羡。盡道因緣難復難，克昌厥後於斯奠。吁嗟乎，我父生平德誼優，文章孝友人争傳。慷慨和平真意多，孜孜爲善曾無倦。祇爲親求馬鬣封，十年踏破蒼山徧。勞苦饑寒不自珍，銖絲累黍留營繕。拮据功成得此塋，怡然蔬布何忻忭。我毋佐之力且勤，斬斬無俟旁人倩。有時肘掣未舒融，典衣并不留珠釧。嗟哉父母德厚深，分明報施應圜轉。今日雙依祖父傍，神靈擁護祥光現。天道由來不可欺，周行星斗無虚纏。綸誥旋看下九重，仙魂永慰慈雲殿。所悲鏘也三十餘，頭顱如許身貧賤。承先負罪髮難擢，痛心有愧貽謀善。宗緒輝煌藉伯兄，騰騫合讓邦之彦。搶地呼天泣白裼，何年得報親勤劬。

（清胡溶時纂修、胡欽補修、胡照等增修《[江蘇]崑山胡氏世譜》
清雍正六年説敦堂刻本　配嘉慶十九年增修寫本）

祖望世兄作古遠莫一聞旬日内甫知不勝悼歎因爲二律一以奉挽一以奉慰兼求誨正

曹文純

蘭蕙春來正欝葱，狂飈一夜損芳叢。芸編飄拂篝燈冷，笑語依稀子舍空。花縣人悲寒雁月，琴堂淚灑半簾風。綺筵回憶明珠照，幾度酸心叫碧穹。

天道由來不可知，仁人多抱刃腸悲。堂前戲綵雖無影，地下修文定有期。伏枕暗驚盈卜淚，失珠休擬報崔詩。爲言蟾桂秋風早，新子還多舊子孳。

題蓼邨父子小影 調寄雀聲雙

傅爲楫

詞壇文陣拔赤幟，誰建中原旗鼓。壁壘千尋摩劍氣，君是人中龍虎。三千縞帶，十二珠槃，儘風流。江左掀髯，長嘯俯仰，山川今古。　莫道青衫依舊。庭前玉樹，次第才人，譜入洛登瀛天上路。看甲子，從頭數。螭陛雙飛，鳳池同雋，記取斑衣舞。畫圖重展，面目依然阿堵。

又 調寄滿庭芳

李王佳

摛錦才華，千雲意氣，十年詞苑稱雄。滿門桃李，披拂盡春風。何事寄懷曠遠，揮短扇、箕踞長松。重巘下，澄波百頃，挹取滌心胸。　堦前，還足羡，一枝玉樹，秀絶江東。看扶摇轉盼，健翮摩空。暇日趨庭應對，執經侍、詩禮雍容。掀髯笑，天倫樂事，常在畫圖中。

題一亭出關圖調寄甘州遍

徐葆光

平生志，長劍倚天高，拂征袍。虎頭燕領，飛行萬里，玉門塞外又班超。　投筆去，印垂腰。奮髯百里，初試奔軼絶塵遥。還金闕，咫尺近雲霄。借豪曹，樓蘭電掃，西域款關朝。

自題望雲圖小影

胡　照

乙亥長夏，葛子西槎過余，爲作小影，頗神似。余歎曰："繪貌矣，能繪我心乎？"西槎乃補斯景，代寫余之心曲。然余之心終有不能代寫者，爰作長歌聊以當哭云。

南山有喬木，維梓拱其旁。根深柢亦固，託體同山岡。嗟余生也晚，不識父行藏。但言三楚去，遥遥天一方。後有雁書至，云已脱名韁。入山希遐舉，不復理歸航。父年五十，生余未周歲，即往遊楚。至余六歲，始一歸。旋即復出，閱八年，寄書區判家事，云往終南從赤松遊矣，遂不復返。哀哉母與子，旦夕淚霑裳。念昔黄向堅，萬里涉南荒。彼亦人子耳，尋親返吴閶。胡天獨我阨，蹩躠行不良。既無追風足，蹀躞走荆襄。又無凌霄翮，横飛度漢陽。耿耿抱長恨，夢寐不能忘。父果從赤松，當在白雲鄉。翹首望白雲，鑒兒一寸腸。

題望雲圖小影

王學浩

一片莪哀託望雲，靡瞻那不念恩勤。髫齡失怙誰憐我，白首思親僅見君。萬叠楚山青靄靄，半潭湘水緑沄沄。此情此恨何終極，寫入丹青得幾分。

夢裏尋親萬里回，楚山何處白雲隈。顛連莫荷天慈厚，罔極常懷生我哀。子夜啼烏曾反哺，丁公化鶴未歸來。望穿淚眼無消息，忍使庭萱獨自開。

又

吴　棟

春草附秋蓬，樂得餘陰翳。草短未齊腰，蓬飛向空際。相依只有北堂護，春暉雖好何由暄。寸心一任埋霜雪，孤根那得離邱樊。吾友胡明經，有父不獲事。父心渺白雲，兒心空鼠思。化鶴難歸丁令威，繭足肯讓黄孝子。無奈天窮衛縶不能走，只有高才堪與鑿齒友。偶草元文解客嘲，獨抱遺經憐株守。楚天空濶江雲深，瞻望長馳一片心。繪圖略仿梁公意，寫怨直壓遊子吟。鳲有羽兮集栩，烏銜土兮成墳。嗟圖中人兮憔悴，獨終古兮望雲。

又調寄百字令

王學洙

白雲深處，寫哀思一片，縈迴鬱結。聞説丁公曾化鶴，試問歸來何日？五嶽嵯峨，九江縹緲，多少神仙窟。望穿淚眼，那堪聞耗俱絶。　任使雪滿秦關，煙迷楚岫，生我思難割。夢裡尋親經萬里，幾度驚魂仆蹷。神鑒空憐，天高莫訴，此恨憑誰説。烏啼子夜，聲聲忍聽嗚咽。

又

吴　模

白雲生空山，來往無定所。偶然作伴仙人軿，何心復戀山頭土。友爲風，子爲雨，雨行常與春風俱。沾溉桃李芳春圃。　乃心憶雲雲不歸，散如摶沙難復聚。難復聚，心獨苦。山高高兮衡陽，水浩浩兮湘浦。吁嗟乎，圖中之人兮徒延竚。

又

陸　珣

一掬思親淚，瞻雲私自憐。五湖三畝外，七澤九江邊。夢斷昇仙境，情虚刻木緣。長歌望天末，忍誦蓼莪篇。

又

程芝筠

仙人遠乘白雲去，孝子朝朝望白雲。白雲飄飄去何所，長將涕淚灑斜曛。從來至孝天能格，仙之人兮豈不聞。佇看風吹雲脚轉，雲光仍復照榆枌。

（清胡溶時纂修、胡欽補修、胡照等增修《［江蘇］崑山胡氏世譜》
清雍正六年説敦堂刻本　配嘉慶十九年增修寫本）

韋氏宗譜

采　茶　歌

韋　潮

上山采茶踏雲霧，采茶下山倚雙樹。烹茶雅愛六一泉，不管松蘿與日鑄。舊時直入桃花源，雞犬人家村外村。仙人不遇遇道士，落花無味香無痕。即今邀我入山去，豈是緑雲垂脚處。三霄滴落露滿山，收拾一籃足饜飫。昔有龍井茶，白雲是我家。更有蜀州品，雀舌爲我芽。我生不與盧陸伍，那識此中味甘苦。一旗二槍信手擎，猶恐歸來了無補。明月明，清風清，爐烟裊裊如有情。人爲烹茶隱修竹，我爲采茶聽谷鶯。禽言唤我行不得，我解禽言入山北。茶能解渴渴轉迫，不論供佛供主賓，須辨新茶味香色。

采　桑　曲

韋　潮

蠶女喜采桑，采桑成衣裳。朝爲采桑起，夕爲采桑忙。頭蓬不暇梳，郎今在何方？郎去我心切，郎歸蠶欲僵。屋角兩三樹，小姑比我長。一摘露盈手，再摘雲滿筐。持筐道我歸須早，勿使蠶饑絲乃好。樹頭間關黄鳥鳴，收拾鳥聲人懷抱。歸來急切唤小姑，小姑信手密密鋪。葉高一尺絲一兩，蠶心其即儂心乎？問蠶食幾葉，料蠶熟何日。吐絲孃孃繭盈盈，踏遍緑陰此才歇。未幾隔竹鳴繅車，車頭無髮簪好花。今日響比鄰，明日聽儂家。儂家治絲如治麻，更有小姑髻兩丫。不供官府供女娃，但願采桑桑又芽，來年直比今年加。

插　秧　辭

韋　潮

風正和，再乍晴，牆頭布穀鳴聲聲。赤脚踏水水既盈，緑秧滿把汙泥清。兀坐老農緑陰處，松花落頂足箕踞。立苗欲疏手欲輕，鑿鑿農書有證據。大田插盡又小田，隔籬呼飯柴門邊。麥飯一盂酒一甕，未餐先到神祠前。賽神踏過蒼苔路，隻手攜筐撥烟霧。隣家割麥我插禾，宜雨宜晴各驚顧。犢向隴頭戲，犢母林下眠。身著布衣短，頭戴笠影圓。那識陰陽與甲子，但説插秧某日始。農家作主聽老翁，亂苗惡莠人人同。不芟莠稗難爲功，老翁歸去斜陽紅。

繅 絲 行

韋 潮

黄鳥鳴，蠶事成，繅車軋軋喧雷聲。繭之大兮大於甕，繭之白兮白似珩。大姑小姑心如妾，典盡衣裳買桑葉。低昂葉價都不論，但欲功成雪羅叠。羅成千尺有限長，妾心無限不可量。今年蠶比去年好，明年絲比今年强。鄰家道我獨辛苦，一年半年織當户。家貧租稅有額輸，一例農桑入官府。郎行身上衣，不知藍縷非。一縷一絲剩不足，戍邊人遠徒嘘欷。况今鹿鹿踏雙脚，汗流脊背雨珠落。繭成滿簇絲滿筐，贏得幾錢實囊橐。今日繅絲成女紅，踰時洴澼供老翁。何當織女明蒼穹，天孫雲錦臨清風。

先 嚴 墓

韋 潮

門户休嫌小，恨茭亦頗真。塘低收局水，沙轉護龍身。隙地蠲租稅，亡琴作比鄰。與先伯父墓近。幸無修墓事，得罪九原親。

橋蔭悲風日，吾纔弱冠過。買山欣及見，計值尚無多。堂斧終完固，牛羊慎譴呵。龍鱗今漸長，典守誡摩挲。

讀書不認真嘆

韋 潮

媿我年華七十餘，到今遑想佩金魚。縱然經史都無用，稍有閒時肯廢書？
憶自稱孤二十餘，供餐老母也求魚。功名念切嫌宵短，敢惜膏油負案書？
生平恨不足三餘，漫説長江釣巨魚。此後一竿如許我，閉門還讀十年書。
看到時流學有餘，輒彈劍鋏嘆無魚。我家莫藐經芬德，優孟衣冠當讀書。
青氊以外一無餘，糜粥虀鹽辨魯魚。我輩遇窮不到此，贏糧還買未看書。
嚼得芸編味有餘，也還風木泣皐魚。支持户門無他術，十載寒窗萬卷書。

燈下看書嘆

韋 潮

聖賢與我隔千秋，我竊儒名競上流。事雜那堪長閉户，夜分不惜再添油。心期日日相師友，髮憾星星倍校售。可嘆得來三昧少，空鑽故紙笑蠅頭。

點書卷末記意

韋 潮

偷閒便把兔毫操，豈有長竿釣巨鼇。事到健忘知老至，書防錯記輒心勞。每關大節加評點,敢爲先民示貶褒。衰髩尚猶勤展閲,後生世守一編牢。

自　審

章　潮

面山兀坐午餐餘,自審微軀自寫予。齒力但宜新長菜,眼光猶勝欠明書。似憐蓬髩霜來晚,爲愛蒲編日落徐。惟有心田全不改,禮耕義種筆爲鋤。

重見吴蓼埜師詩草記事有感

章　潮

師諱國鴻,蓼埜其號也。以明經授學博,未赴而卒。余從遊十五年,生平獲益師也。觀詩中所記夢,畧知品學兼全者。以生前道腴凝聚爲殁後精神,宜迄今四十四年不散云。

人生不百年,文字足千古。況我蓼埜師,學行紹鄒魯。每登翰墨場,當者仆旗鼓。著作何便便,球琳積元圃。一切古近體,時賢擯廊廡。老宿賞鑒之,法律杜工部。前輩周暄圃、盧霽堂兩先生嘗有此言。信如梅宛陵,窮而後可取。詩草名井蛙,敘言弁諸簿。杏香余徒也,邑庠名世銘。其從孫,書蘗雜旁午。異哉夜夢中,泉靈訴心苦。一編精血痕,肯令化臭腐。持以告吾兒,謂珠返合浦。我今復見斯,見詩如見祖。鄭重金玉音,破綻謹修補。晏甫師長孫,邑庠諱安仁。兹已亡,孰爲剞劂主。噫嘻燕國公,後嗣少繩武。夫子鑑吾言,字字由肺腑。試爲珍藏之,精英燦壁府。不隨桃梗流,禹碑卓岣嶁。我眼猶未花,編次按年譜。

避難玉山吟

章　潮

既無亞夫之權鎮細柳,號真將軍不辜負。又無大名的是鄭康成,下黄巾拜屈羣醜。豺狼賊夥紛如麻,荼毒生靈積山阜。計惟挈族如奔曹,來向層巒複嶺走。玉山山高不可方,借巢一枝聚鷇㲉。行比蜀道難,峙比太行厚。黄泥嶺,蜿蜒三磨壓邶畝。巍峩崒嵂難於上青天,詰朝躡足唐婆又。計程一百四十里,舉家三十有餘口。輾轉信宿抵溪灘,近天尺五同仰首。弟兄等輩歡笑迎,勸儂寬飲軟脚酒。輝山一體偕之行,余于四月間,寄居樟村毓藍姪家百餘日,故挈之同行。輝山,其别字也。老成會面頌黄耇。又有崑山族弟鏘之號。聯袂來,咲説登高九月九,適于是日稅駕。也似龍山落帽否?昔來爲我賦白駒,戊午夏,曾避寇于此。今復衝雲逐蒼狗。同詠嘉州華樹歌,行人安穩慰父母。吁嗟官軍心可誅,進不三步輒退後。飽我君國糧,棄城輕瓦缶。獨有漳州兵勇雄虎貔,願整天威即在此辛酉。我欣有託保身家,凡屬有生皆九有。安得四方履險其如夷,相與麥飯豆羹遍某某。商嶺芝,華峯藕,抑或種種入吾手。遇雖轗軻志不撓,庶幾令人仰若泰山與北斗。樓高伸臂摘星辰,得此位置更誰偶。

彜三百十三允安公殉難序

吴　良

嘗讀四子書，至殺身成仁，舍身取義，竊爲予姻兄佾生韋允安有焉。兄生於道光丙申年七月十一日子時，諱雍堯，字協勳，行彜三百十三，實爲明經丙書公長孫，飲賓步昭公冢嗣。孝友成性，聰慧過人，受書不數年，文章詞賦即朗然可誦。未弱冠，步昭公染足疾，不良於行，内外大小諸務身任之，皆井井有條。其與鄉鄰交，凡事必裁諸義。義合則激昂相赴，不合則毅然不阿，直不難以生死決者，此見於遇常者然也。洎咸豐戊午秋，粤賊擾鄰境，辛酉踞吾城，閤邑皆爲賊藪。其時，犯罹鋒鏑、斷脰碎軀者，殆難屈指數。而兄以親在故，紆徊避難，與二三兄弟離城北約二十里許，衣食粟米財物皆被賊掠。由是奔叩東鄉，告貸於世戚程姻，得粟十餘石。以坐縻山崩，不及期年，而囊橐仍復枵然。是時，季弟甫離襁褓，仲弟年弱冠，有以服賈請者。兄謂年少不可遠遊，乃自潛行僻路，負米百里之外。詎知賊蹤徧野，竟被擄於諸暨道中，旬有餘日，曾寄有回書，附詩八章。首二章慰親，次囑弟善事親，其下四章則囑孺人代爲教子養親。署尾云："如不得脱，惟有自盡，斷不從賊。"今觀所言，早置此身於度外矣。厥後烽煙四警，消息梗斷，存亡兩未可卜。適有人自賊中逃歸，曾見其如景清罵賊而死，始知其已亡也。時年僅二十有八。嗟乎，兄豈好爲輕生哉！而顧見危授命，甘心殉難者，正孟子所謂"所欲有甚於生，故不爲苟得；所惡有甚於死，故患有所不避"也。向非忠義秉於性生，其能慷慨捐軀，從容仗節如斯其烈哉！癸亥春，寇退。邑城設採訪總局，李閣部春臯先生嘉其義，爲列名具册申詳各大憲，奏請入昭忠祠享祀。當事不謹，遺失於途，後欲復申之，晚無及矣。予悲閣部之有志未逮也，忠義之湮没弗彰也，恒欲書諸策以示來兹。適其子則先從予遊，語及此不勝悽惋，遂録爲篇，俾他日採風者得有所稽覽焉。是爲序。

旹光緒八年歲次壬午中秋月，姻弟吴良頓首拜撰。

（韋徵英等纂修《[浙江東陽]東眷韋氏家乘》 1919年木活字本）

倪氏宗譜

倪氏族譜歌

秦鳳梧

倪之胙土郳武公，周南螽螽綿斯螽。郳邱之封如邾鄘，三帛五玉來從東。泰山梟繹連龜蒙，盤根百里糾喬松。奈何干戈日尋事，翦伐故國喬木爲蒿蓬。喜君獨邃古行義，矯矯健羽翔冥鴻。籍談不識先世業，君修譜系春風融。深山大澤剖銀甕，雷封百里從羆熊。由漢以來迄今日，源流千載常疏通。文子文孫聲聞隆，振振麟趾綿姬宗。豕魚剔去汗充棟，撐我巨眼如王戎。不蹉一字史筆同，再登雍睦儒家風。春秋義例甚嚴謹，卓哉筆力摩蒼穹。我觀今日梅李封，讓王分胙來此中。君攜闔族住百世，一源天稷真岐豐。九華西走盤游龍，太湖擊撞翻鴻濛。千溪萬崦時變現，却遶君宅明青桐。青桐樹底坐箕踞，翩翩吐氣垂長虹。相尋剡子説先代，共言倪氏天王宗。我歌此歌玉右訌，喤喤世響慚鐘鏞。却喜民之初生自沮漆，他日綿綿瓜瓞傳無窮。

時萬曆二十九年辛丑一春望後，濟源弟秦鳳梧拜呈倪雲堂先生政。

（清倪臨承等纂修《［江蘇無錫］梁溪倪氏宗譜》　清光緒二年清閟閣木活字本）

凌氏宗譜

步蓮溪僊韻二首

凌庠

桃花片片武陵春，誰識元關幻裏真。柳岸依然良夜月，不知何處覔高人。

暗洩元關洞裏春，漁郎到處定誰真。若非暗引瀛洲路，那得蓮溪降異人。

自述四首

凌庠

養拙迂愚本浙民，祖遷荆水自咸淳。餘杭石瀨家聲舊，陽羡蓮溪事業新。九葉雲礽俱學稼，百年支派素安貧。相傳世隱寧終隱，積德流光啟後人。

養拙迂愚詩酒狂，不爲浮薄等炎涼。辛勤世守耕桑業，清白家傳禮義方。心地春融茅屋穩，性天雲浄菜羹香。自從叨沐菁莪化，深愧無猷展一長。

養拙迂愚拙似鳩，媿無智巧覔封侯。糊塗寫字書無體，踈略行文理不周。世故炎涼疵自守，持身窮達闇於謀。堦松歲暮猶蒼翠，不與春花作匹儔。

養拙迂愚困守株，恥隨時俗競奔趨。窮通識透求雖遂，貴賤機明理不殊。屢屈棘闈因懶散，久淹芹泮爲庸愚。等閑故舊休予哂，未必屠龍手段輸。

自題小像

凌庠

柏軒揮筆寫吾真，身外誰知更有身。黄卷勞形癯似鶴，烏紗籠髮白於銀。拙思養拙心嫌巧，吟類蛩吟句自新。嘗竊儒官三載俸，今爲林下一閒人。

蓮溪八詠有序

凌庠

乙酉之春三月上巳，予嘗散步蓮溪，見夫風日暄妍，淑氣和暢。樹影摇金，水光漾碧。牧唱漁歌，互相贈答。啼鶯語燕，上下飛鳴。觸景興懷，因時寄興，緣標其目，分爲八詠。敢云追蹤詩伯千古風流，聊以一室嘯歌，幽輝半榻耳。

蓮溪隱居其一

幽居此地意何如,一似江村水竹居。帶雨初移庭下梓,看花纔放岸邊渠。酒酣夜卧窗間月,睡起朝翻架上書。車馬門前聲寂寂,青山重疊面吾廬。

新橋酒肆其二

隱約晴虹跨碧流,兩三茅屋緑楊洲。槽傾紅雨桃花落,甕注清香竹葉浮。黄鳥飛鳴芳樹裏,青簾摇曳柳梢頭。依稀風景年年在,纔見春光又暮秋。

雲徑漁歌其三

春風濯足泛桃花,落日前塘唱採茶。野調悠揚歸别浦,清歌欸乃過平沙。載將明月來蓬底,驚散眠鷗避釣槎。昨夜聲聲呼客去,不知何處是吾家。

姚莊牧笛其四

笛弄輕風花塢春,數聲嗚咽隔溪津。嬌葩着雨脂初潤,細柳含煙眉乍顰。一曲吹殘驚過雁,數聲響徹感征人。昨來聽得陽關調,夜月徘徊伴此身。

煙山曉雲其五

扶輿鍾秀紫雲峰,曙色稀微瑞靄封。彩練匀鋪星未落,霞光直射露猶濃。無心出岫歸三島,有意爲霖涌六龍。近日商巖甘澤少,一聲雷震慶時雍。

山莊晚步其六

杖藜閑步興靡窮,景色韶光迥不同。楊柳渡頭風自北,桃花溪上水方東。放開眼界山川外,撥動詩情草木中。日暮鳥還啼不住,晚霞相映滿堤紅。

横塘野渡其七

閑居隨意步溪皋,野渡舟横繫不牢。淺水淙淙籠夜月,微風習習漾輕濤。望中迷影春千樹,興到斜拖漲一槁。短棹無人自來往,隔堤鶯語絮叨叨。

坂陸農耕其八

野曠春風漲碧紋,田家初暖事紛紜。緑蓑帶得西山雨,黄犢犁開北壠雲。安樂肯求三釜貴,從容不負半生勤。歸家醉卧茅簷下,鼓腹謳歌到夕曛。

荆 溪 十 景并序

凌 庠

吾邑溪山明麗,秀甲江左。其最著可結覽者無如十景:福地張公,遥映周侯祠側;錫飛南岳,試烹花浪溪邊。月照蛟橋之岸,雲繞龍池;碧凝玉女之潭,煙籠相寺。更兼雪滿疏村,峰含疊翠。能勿觸境興懷,情深繾綣。雖雕蟲小技,固知貽笑前人,然學步邯鄲,惟不虚曠覽之意云爾。

張公福地

繚曲深沉别有天，雷書開闢已千年。燃燈影步青蘿月，剪燭聲傳碧洞泉。路隔紅塵騾有跡，丹還紫府竈無煙。東風啼徧春山鳥，疑是仙歸奏管弦。

周侯古祠

榱桷凋零祠尚留，將軍古宇在蒿坵。石梁翠滴朝霞秀，古墓煙迷夜月愁。虎帳風寒花自落，蛟川血濺水長流。模糊石碣殊難記，碑額猶存篆孝侯。

陽羨茶泉

清波淡蕩泛流霞。試品春先穀雨茶。瓊液生香浮雀舌，冰壺注玉浸金芽。酥添滑擬仙人掌，茗戰邀嘗蒙頂花。最是火前頻愛惜，碧泉陽羨共争誇。

蛟橋夜月

芳渚晴開荇藻紛，臨橋桂魄氣氤氲。光籠遠嶺星河迥，色映長溪涇渭分。片石劈開清浦月，扁舟摇碎碧天雲。蛟龍隱隱潛深窟，濤涌流泉隔岸聞。

龍池曉雲

山凝瑞靄列奇峰，境别塵凡迥不同。鬟髻層層池畔起，煙雲漠漠嶺頭籠。形從幻裏尤成幻，色向空中更屬空。隨到上方參禮罷，曉煙和霧日初紅。

銅峰疊翠

憑眺荆南過石亭，銅峰削玉聳滄溟。層巒雨洗青螺髻，疊嶂天開翡翠屏。黛色秀凝千嶺碧，霞光彩映萬山靈。分明一幅王維畫，醉後相看眼倍青。

玉潭凝碧

玉女潭稱第一流，清溪錯認到瀛洲。淺涵月影夜臨鏡，側浸山光朝洗頭。壁落飛霞驚宿鷺，潭經乍雨起浄鷗。泉舂石碓聲聲韻，疑是僊姑拾翠遊。

國山煙寺

遨游直上白雲巔，爲叩立扉過澗邊。峭壁倒懸飛紫霧，奇崖横揭瀉紅碧。遥山一角雲中寺，古樹千重世外天。閑話老僧(倍)[陪]客坐，晚鐘纔罷月娟娟。

畫溪花浪

花落煙脂茜色浮，輕風片片點中流。深紅嫩緑米家畫，穠抹淡粧西子頭。載酒舡從蓬島去，釣漁人在武陵游。何時得解塵纓濯，來與鷗盟杜若洲。

洴浰雪蓑

風雪飄零饒臘殘，漁舟渾在白雲端。銀鋪敝衲還攜網，玉結輕蓑漫着竿。錯認梅花思索笑，翻訝柳絮不禁寒。水天到處殊難辨，一片溪山畫裏看。

漁

凌隆春

斂跡煙霞傲五侯，片帆短棹緑楊洲。春歸洛浦珠爲餌，影泛湘江月作鈎。唱晚響窮彭蠡磧，歌殘聲斷洞庭秋。持竿莫道生涯賤，渭水蟠溪是一流。

樵

凌隆春

羨爾辛勤悴此身，奔馳常負半肩薪。踏殘秦嶺十崖雪，樵斷巫山一段春。落跡岩阿時困頓，經營塵世暫沉淪。知君瞬息登雲路，豈許蹉跎藴太真。

耕

凌隆春

韶光迢遞任優游，務本生涯不外求。耒耜翻雲墾北壠，桔槔戽水灌西疇。豐凶難卜恒憂歲，勤苦應知乃有秋。陌上龐公莘野尹，與君異世是同儔。

牧

凌隆春

郊原緑滿長煙莎，相喚相呼出澗坡。短笛無腔風外度，寒蓑不脱月中過。曲肱且學王章卧，叩角應思甯戚歌。騎馬怎如牛背穩，鵲橋歲歲渡銀河。

（清凌榮甲等纂修《[江蘇]陽羡凌氏宗譜》　清光緒十八年燕貽堂木活字本）

唐氏宗譜

贊倡修族譜引

唐徵玖等

祖宗之世澤所以常留天壤間、歷久而愈新者，非後人不能表彰之；後人非賢者，亦不能表彰之。蓋其事有二難：聞見不周，蒐羅不廣，則嘉言懿行盡附之若泯若滅之間；即聞見廣矣，蒐羅至矣，而或慳吝守財，未具大過人之識，亦徒托寤想間。此表彰之難，亦如先人締造之艱也。吾族舊有譜牒，明末兵燹之餘，頗多散失。戊辰年，族之克繩公、又章公始創草譜。雖未及告成，而於先後世系稍爲編輯。五十四年，而光公、佐臣公念祖德之將湮而首事之無人，乃慨然欲終乃事。於是遠稽近考，詳查各派。其編修而訂正者，則光公事也。捐金五十兩以供梓價，則佐公事也。次年，克繩公亦捐金五十兩。大乾公亦量力捐輸，共勷厥美。迄今四載，譜牒幸成。雖户衆之合志勠力，而先後倡修者之功不可没也。嗟乎！後之視今亦猶今之視昔，前人之世澤賴諸公能表彰之；則諸公之世澤，後人亦必有表彰之者，當與祖德并重不朽云。

徵玖、徹宗、悠旺手撰。

勸修族譜俚言

唐啟緒、唐大任

家之有譜，猶國之有史，不可緩也。國無史，則歷朝帝王授受、享年修促，以及盛衰治亂、臣庶忠奸，何由而别。家無譜，則歷代祖宗源流名字行派，以及墳墓山向、子姓賢愚，何由而分。甚矣，譜之不可不急爲修也明矣。

我族居潭歷宋元明清四世，今十有九傳。痛自明末癸未八王兵燹，延至盛朝順治己丑屠城，屯下南路九都故廬灰燼，舊譜遺忘，雖有一二老成，悉難善繼善述。幸而世澤宏深，越五年甲午，十四派孫諱銓，字君衡，叨中鄉試，爲一邑開科。是時十二派先大人諱之序，字公贊，慮世遠年湮，舊章忘失，倡族重修家乘。由是廣搜博採族内斷簡殘篇及傳聞記憶，彙成草譜。幾欲壽之棗梨，又因户口雖繁，星羅棋布，以致累年積歲托諸空言。後康熙十三年，吴逆蹂躪，至十八年恢復。二十三年甲子，有暕房祖基恒産二百餘畝，偶爲近隣周氏盗買，構訟於官。荷族中先達特生公、次革公、玉寰公、仰楚公、君卿公、瑞楚公、席珍公、君燮公諸君子反周爲唐，公給原價，贖作公田。二十六年丁卯，遂將本基建造公祠。明年戊辰，復荷國學克繩、邑庠幼章二公，續編世系。今二十八載，未謀剞劂。揆厥所由，一以族中之乏通顯，一以族内之多玉石。不然，何近年之陳、吴、文、郭次第報竣争先？若以梓匠費用維艱，訪之同舟不下三百餘兩。與其喜建新舊之二祠，曷若急修源流之一譜。蓋祠無百年不毁之木石，譜有萬代不朽之典型。今緒等衆議,本祠值年經管三年租税祭祀,質之先輩,除餉祀外,逐年剩有餘貲,昭分現存次第當年之手。故不揣愚陋,預捐些微,妥倩梓人鐫刷草譜格式二十册,每册計一百頁,遍發通族房長二十人。煩善爲勸諭,親筆書載本支私祖考妣名字、姓氏及生没葬年月日時、墳墓山向、地名,并現在子女嫁娶名姓,詳明備録。草譜卜某月某日各房長攀赴舊祠交投,以便酌量授梓。伏願吾族合志同心,一倡百和,備衆志成城,聚腋成裘。勿以愚爲好事,勿令隣人嘲笑,則庶幾矣。謹告。

皇清康熙五十四年歲次乙未孟秋月穀旦,十三派孫啟緒十六派孫大任同具。

肇修譜牒祝文

唐紹堯等

時維皇清康熙御極之五十有五年,歲在丙申季秋月朔日丁巳越祭日庚午,編修第十三世孫紹堯、十七世孫定逢暨倡修、督修孫徹宗、大任、則鼎、祖譽等,謹以剛鬣柔毛清酌庶饈之儀,敢昭告於晉昌堂上吴宗楚祖諸神主位前,而言曰:"恭維我祖,陶唐啟緒,吴楚流芳。自桐葉之褒封,開晉昌之舊邑。歷虞夏商周,而祀典弗替;越唐宋元明,以垂裕無疆。猗歟,凌煙閣上莒國風高;煌乎,天子庭中直臣望重。遡往牒固知先烈濟美,讀遺書猶冀後嗣發祥。幸先大人之手澤尚存,致予小子之心思既竭。特集子姓,取棃棗於九月;爰鳩良工,謀剞劂於中旬。俾陶唐昭穆,百世攸分;庶吴楚源流,萬代如見。肅啟祖靈默佑,式瞻刻日慶成。謹告。"

任 事 記

唐映樞

樞生也晚,猶幸得逮事予曾祖鄉飲大賓。君卿公年九十猶耳目聰明,精神勁旺。凡上世傳家規範,及世系統緒,每於燕間絮語不休。大約予族歷以忠厚孝友傳家,雖焜耀不逮他族,而子姓蕃衍寖昌寖熾者,皆歷代祖宗積行之留貽也。自元迄今,歷年三百有餘,歷世一十有九,由芳、源二祖分支以後,目今自有服以至服盡之人,歲時伏臘,無不生慶死弔、吉凶與共者。雖不敢方之義門浦江,而睦婣任卹之風猶有存焉。歲乙未,予族祖克繩、族叔佐臣及予兄大乾等,追念上世親睦芳規,宜重修譜牒爲急,衆議僉同。爰斂費鳩工,付之剞劂。其統系則斷自華祖始,華祖以上居南昌洗馬池者不得而知也。其三世祖如仁孫者,自明永樂時以武職出宦滇中,知其始而不知其終,存之以俟後人。其間荷天之祐、有忠孝節烈敦倫行義足以光家庭而備採風者,則各爲本傳,以紀實行。其家規條約,則參之律令。其生娶没葬,稽考記載,以免世代湮遠,杳不可知之憾。是役也,倡舉輯稿則自克繩、佐臣、大乾諸公,會計出入則有逌立、揖遜、運泰、復旦、永鮮、闇悦、科先、乃弼、匣先、繼儒、調槳、丕武、鵬飛、丙會、作霖、乃文、堯臣諸公,其督修則有而光公,編次則有人遠、植三、克新、超羣、宗盛、于盤、德山、晉侯、尊九、楚瑯、嶽南諸公,校閱則有百周、添作、振先、公俊、奇生、公弼、任南、玉先、經緯、公儉、大伍、添爵、國治、公斐、振先、添燦、小儉、贊明、舒直、瑞甫、錫鼎、日承、子武、諦珍、金聲、蜀師、開周、滋美、系堯、清人、德人、方昇諸公,徵文則有子鬯、羽豐、殿拜諸公,而不肖樞亦得與從事焉。嗚呼,一父之子,衍而至於千百人,以千百人之異面異心,而合謀闕慮如出一人一心者,不可謂非祖宗之遺教在人也。樞不文,其能已於一言以暢予一時欣喜之情,而并爲我後人無窮之詔告耶!

時皇清康熙戊戌季冬月穀旦,十七派映樞斗菴氏譔。

重修老祠傳帖

唐鼎鳳等

竊惟世德作求，期善作與善述；孝思不匱，冀肯構與肯堂。故修譜牒，以溯源流。尊卑式敘，必整宗祠，以妥靈爽，陟降攸憑。況我族屬房長諸公，祖功宗德，先澤猶存。孝子慈孫，名賢輩出。光昭既往，檐如輪，榱如奂，已展鴻緒于當年；慶裕將來，鳥斯革，翬斯飛，賴覩重新于此日。慨自年華屢易，因以人事乖方。雖苾芬既舉，止將舊制因循。致廟貌空垂，未聞新規創建。鼓閣鐘亭，崇牙欲墜。朱甍碧瓦，棟折堪虞。數仞之墻已頹，巨室之責誰嗣？嗚呼，悼前賢之不作，幸後裔之丕承。因告同宗，共勷盛舉。今擇仲秋之吉，興工朔旦之期。將煌煌鉅製，不日成功；奕奕規模，千秋巍焕。入陶唐之室，非復茅茨家風；登晉昌之堂，豈猶土堦舊蹟。務先事以端慎，庶貽謀於孔長。每房計費百金，翹候德音立至。

康熙五十五年歲次丙申孟夏月穀旦。倡修：鼎鳳、映樞、輔殿、蔚、映元。

（清唐昭起等纂修《[湖南]湘潭唐氏七修宗譜》 清光緒二十八年立本堂木活字本）

榮華富三大支淥口聯族記

唐澤承

自孫總理聯合世界民族之説一倡，風會爲之大開，人心爲之趨向。如是，社會上聯合之風相繼而起，或聯國族焉，或聯家族焉。所謂聯族者何？聯以義，聯以情，一脈相承，繼離而合，繼涣而萃，敦本也，溯源也。譬如一本散爲萬枝，即以萬枝奉爲一本也。一源分爲萬派，即以萬派奉爲一源也。惟家亦然，始則一人之身，散爲千萬，即以千萬奉爲一人也。然後知親親、尊尊之義，一視同仁。親者同知其所愛尊者，同知其所敬，不介而符，不謀而合。此天理之自然，非人力之所强致也。懷舊者感鄰笛之聲；作客者親土音之操。同在異鄉異地，尚知相近相親，豈有同本同源之祖鬱鬱久居泉壤，而不能廟食千秋，一旦聯以族，建以祠，而不樂然從之者乎？我唐氏系出江西豐城之海源祖，生當元世之際。子孫宦游各地，羈旅西東，歷明清兩朝之盛，派別支分，各修譜牒，各立支祠，而春秋之祭祀未及克享焉。獨至民國丙子，祖之系下仁榮支裔有曰愚醒者，感時局聯國聯民之説，見同宗之涣散，不禁慨然興曰："欲求團體之牢固，莫先於合潭醴兩邑之族而聯之。"立言之間，一唱百和。三房禮富祖裔，我房義華祖裔，遂共推領袖，嬴糧景從。乃卜勝地建祠。旋得淥口房屋大棟，修之葺之，焕然新之，而爲總祠焉。斯祠也，規模宏富，屋宇高華。後而山岳，層巒疊嶂，勢如奔騰，儼若祖宗之鍾靈毓秀也。前而湘水吐納江山，氣象萬千，儼若賢豪之奮發崛起也。左右水陸中外交通，輪船鐵路如龍虎騰驤，儼若子孫之文經武緯簪纓輻輳也。妥先靈於斯，篤宗族於斯，雖曰人心之踴躍，實祖宗之德遠矣。世未有無德而興，相繼而長者也。造業之祖行修於身，功及於物，天乃昌其後以報之。故子孫之興廢，即視其先功德之大小以爲修短之數。蓋后稷啟周祚至八百而奏之王。商亦六百祀。觀於往事，而天可知矣。國之與家，大小雖殊，其義一也。我海源祖自元迄今，傳世近三十，歷年近百，禋祀之湮，餒似若敖之鬼。一時廟貌昭彰，憶我祖冥溟之靈，洋洋乎如在其左右，其爲父子兄弟薈萃一堂，樂敘天倫，馨香弗替，誠千載之盛軌矣！嗚呼，天之所以報吾宗者，不亦厚哉！雖然，吾於聯族之舉反覆思之，其爲義大矣。今日可聯家族，異日豈可不由家族而進聯國族，由國族而進聯世界民族者乎？

二十二派孫澤承謹撰。

滄雲橋記

唐先鏐

夫以水之匯合羣流也，其勢大，其力雄，既當其衝，必病於涉。於此而欲成，徒杠與梁。衆擎乃舉，獨力難支。此蔡襄之造萬安橋，捐貲以千萬計也。乃有不吝豪資，不歌將伯，以千萬人來往之橋成於一人獨致之力者，則惟我族之十五世滄雲祖焉。鏐嘗驅車至大衝溯水源，一自枏竹塘，一自長山口，一自雪花坳，一自生基坳。奔騰澎湃，至學堂壩而一會。兩岸沙礫，湍激瀾迴，厲揭俱窮，浩瀁莫測。當大雨時行，洪濤怒作，杠逐浪以奔馳，客臨流而躑躅。雲祖慨然曰："此地險也，即天塹也，自混沌鑿破便有此水。數千萬甲子中，懷利濟之心者，不知幾許恒河沙數，卒之道謀無成，莫建津梁者，何哉？大抵畏勞而吝財故耳。男子當爲天下奇，縱不獲向長江大河造寶筏慈航度一切苦厄，覩此絶港斷潢，奈何不思所以安全之！老夫性剛才拙，安能向守錢虜低首下心，沁沁晛晛，博青蚨數貫耶？"爰出私橐之金，作中流之柱，鞭他山之石，登彼岸之人。形如偃月，名曰"滄雲"。亦猶召伯慈仁，亭名"召伯"焉耳。今過斯橋，見夫溪波彌漫，如滄江之長流也。橋柱巍峩，如滄洲之永鎮也。晨雞初唱，到此閒如踏雲關。明兔將升，望前途如登雲陸。近之與白碧橋并峙，遠之與翟家橋同功。乃邑乘備誌橋梁，而斯橋不與，豈採訪者之未周耶？抑亦滄雲祖陰行善事，不欲使功紀於書，名垂於世耶？然而人戴其德，天降之祥，功成辛苦，澤及子孫。異日者司馬遂題橋之志乘，來駟馬高車騎驢，暢覓句之懷，賞遍良辰美景，豈惟是橋不朽，祖之名亦與之俱不朽哉！是爲記。

二十一世族侄孫先鏐敬撰。

（唐述春等纂修《[湖南]湘潭唐氏敦本堂七修譜》 1942年敦本堂木活字本）

夏氏宗譜

偕心圃儀卿爲譜事詣杭州
偶游宗陽宫伯新公遺跡如在悵然有作

夏憲曾

我公有心人，條貫明譜學。古禮重綴食，姓防亂宗瀆。英國傳派遠，搜輯徧疏屬。猶恐滄海珠，若敖聞夜哭。峩峩宗陽宫，道流耀符籙。公緣繫姓事，抱譜三年宿。桂林分他鄉，異籍夥同族。長蘆石城下，到處寄游躅。得詳復歸杭，秉筆成實録。考訂由一手，鈔纂管親握。文武古衣冠，赫然照人目。追摹諸祖容，繪事本軼俗。康熙閲今世，吾宗牒頻續。緊公遺一帙，寶重如球玉。公以畫名。馮墨香《國朝畫識》、陶凫亭《越畫見聞》均著録。譜所手寫繪者，今僅存一部，藏余家。眇眇余小子，蟄居猶蝸殻。遵奉祖妣言，與事參簡牘。珊瑚收鐵網，疏漏恐滋慝。象罔求遺珍，何嫌途僕僕。爰邀共事者，問渡之江曲。訪族抵武林，此心多棖觸。琳觀巍在望，念公增肅穆。我儕敢比公？轅駒都局促。擕手吴山頂，神情猶往復。攝影同三人，曾合拍一照，計三紙，分擕而歸。憑高恣遠矚。龕赭兩海門，雙輪迭轉轂。此中有公馭，日月長沐浴。

光緒三十有二年歲在丙午夏四月上澣，二十八世憲曾初稿。

（清夏憲曾等纂修《［浙江上虞］桂林夏氏宗譜》 清光緒三十三年明德堂木活字本）

與内舅祖楊聖翼書

夏宗瀾

恭稔舅祖大人碩德喬年，太和在抱，一門之内，山斗鴻儒，松筠勁節，彪炳竹帛旂常。而舅祖一身更以懋學砥行醇厥修，抱璞韞櫝勵其節。媲美可云二難，鼎峙真成三絶。耄猶矍鑠，羣推陸地神仙；富而撝謙，不羡山中宰相。物望所屬，邈焉罕儔。至瀾，舉家尤荷帡覆。憶自弱歲，得附親末，實懵無所知。迨至壯年，奔走萬里，立文定夫子之門，備蒙教誨裁成，如聾忽聰，如瞽克視。此大有造於身心者一也。先父崇祀鄉賢，至雍正年間，奉旨通行查核。文定公知之，特許作傳，以垂不朽，且爲永留崇祀之助。此則生死肉骨，大有造於家門者二也。彼時枯守一經，業已絶意仕宦。乃明經之選首列薦章，濫厠師儒一席。祖父兩世貤贈，皆沐覃恩。飲水思源，均由鴻造。此則吹枯起廢大有造於爵命者三也。即至覆餗褫鞶，託身無所，而數年館穀，仍飽硯田，癖類書魚，貪逾倉鼠。此則衣租食税，大有造於生計者四也。乃德重於邱山，而報者卒鮮輕塵之積。其爲愧負，百喙奚辭？然酬報視其力，而銘勒存乎心。自列門牆，實不敢一毫欺背。凡所以盡力於服勤之年，而服教於心喪之後者，捫心自問，冀可以質吾師於地下而已矣！

蓋瀾之去官，舅祖亦既聞其故矣。其自爲謀則拙，而爲君師謀則忠。無玷師門，雖滅頂而不悔。至北雍、上谷，兩厠饘堂，恪守淵源，期與生徒遞相推衍。近日讀文定公之書，遵文定公之訓者，指不勝屈矣。即諸當事非不勤延攬之風，多下問之雅，終以不能少變師説而止。何者？在三如一，死生以之，見利而遷，恥同降敵。瀾之自矢如此，亦何敢以瀆清聽，然反覆躊躇，有不得不仰懇於舅祖之前者。蓋天下無無父之子，亦無無師之弟。瀾之叨愛至矣。但鄉賢一志，聞舅祖有“不具題不載”之議。先父實未具題者，坐此一言，已受屏斥矣。猶憶先父進鄉賢日，有宵人頗進阻撓之計。舅祖諭之曰：“前事已過而不留，近日新成姻好，此言非所願聞。”瀾聞之，即踵門叩謝，今猶感激。何舅祖之爲德不卒也。夫不愛其父而猶愛其子，則視其子爲無父之人。子受人之愛，而不能懇人以愛子者愛其父，則子已不可爲子。瀾受愛既深，而又不忍忘其父，則惟有匍匐痛哭，披誠瀝血，懇求舅祖大人推平日覆庇之恩，俾先父亦蒙盼睞之德耳。然而，持前議者必曰：“舅祖非有私怨，存公道也。”瀾不知所謂存公道者爲功令耶？爲通例耶？爲公論耶？之三者，瀾請得而詳言之。鄉賢崇祀，在雍正五年以後未有不具題者。雍正五年以前本有題咨兩項：題固奉旨，咨亦奉憲。而咨者十居八九，題者十無一二，以題難而咨易也。迨至五年，通行查核，督撫加看，以允宜從祀，覆部彙題，奉旨依議，則奉憲者已奉旨矣。蓋欽部案件已奉上諭，行查則部咨督撫。督撫大者覆題，小者亦必覆咨部科。部中必題覆取旨，然後結案，斷未有上諭行查，而不咨不題，不奉旨依議而可沈擱者。今欲以未經具題，槩置不録，由前言之則蔑憲，由後言之則違旨，未見其於功令有當也。至修志之例，則瀾習聞之，習見之矣。現在《畿輔通志》及各郡州縣志，前日劉中堂進京時，盡以見賜，約二十種。其鄉賢諸公子孫多有在書院肄業者，詢之，則皆未具題者。其最章著有三家：一爲永年申忠愍；一爲清苑張光禄；一爲完縣金御史。申則具題，張、金兩公則未具題者，而俱崇祀，俱入志，且俱載明史。在史臣纂修猶不以題不題分别去取，矧郡縣志耶？夫縣志記載從詳，自郡志而上以漸而畧。有載於郡縣志而不列一統志、省志者矣，未有一統志、省志既載，反見遺於郡縣者也。先父雖寒微，荷蒙我朝闡幽顯微之典，一統志、省志具載姓氏列傳，而區區縣志秉筆者必欲與朝廷抗，是遵何例哉？至於公論，則不以先父爲是者，志局中人耳，而亦有力争者。若不争者，則皆被憲訪。以今觀之，諸人果善耶？不善耶？至于出力爲先父具呈，及爲先父作傳記者，其人果善耶？果不善耶？懸揣通邑紳衿，其推重信服者，既翕然而同聲矣。而疑先父者，則曰“誦五經作佛經爲奉邪教”。夫以五經爲佛經，誠不可也。然此出於諸友之奉行不善，先父之命不爾也！先父之命不爾也！先父命諸子曰：“遇忌日，不得作佛事，但就室中設我位。諸子俱朗誦五經一過，死而有知，必欣然聽之。”古人所謂“思其嗜好者”是。不肖輩至今奉命不敢違，此奉佛乎？不奉佛乎？惟當日親友當先父初喪來喪次，誦五經畢，文人技癢，各經作贊一首，向柩前白之。此爲多事，然未嘗如釋道所謂拜跪而節以魚鼓者。以此爲先父罪，是以死後親友之過舉文致前人也，而可乎？前日文定公爲先父作傳時，亦嘗詢此事，瀾亦如此答。文定公曰：“是可釋然矣。”故傳中開端便有“愛厚嫌忌”等語，且語瀾曰：“予此數語，所以釋前之疑，解後之惑也。”至敘人宣力河防，省侍嚴慈處，則又語瀾云：“此余生平最得意事，爲他人所不可得者。”至歷敘先父立功施惠等事，則又曰：“此段極關係做鄉賢，要有實事，不可畧也。”嗚呼！言猶在耳，何敢一日忘之！而近日則又有疑此傳爲代作者。不知文定公之親筆現在，謄稿者則有表叔，用圖書者則劉六先生。天日在上，鬼神難欺。瀾誣其師，則在瀾爲不弟。瀾一人之身，既欲陷以不孝，旋又疑其不弟，是可忍，孰不可忍！蓋當日作傳，轉出於文定公之意，緣當日奉部文查勘，瀾日夜憂煎。文定公語瀾云：“此時並祀諸人亦賢否混雜，誠得一立言足重之人論定表章，則足以不朽。”語畢而散。瀾竊揣云：夫子肯作傳矣。將入請，而六先生至書室，曰："大人欲爲尊翁老先生立傳。先生何不懇求。"於是，即隨入叩，懇文定公。許之。然猶直至瀾辭歸之前月，始屬稿。稿成，猶斟酌再三。彼時，有靖太史號誠合者見草稿，欲有所贊助。文定公輒不肯，語瀾云："我之用意誠合未悉也。"其鄭重如此。今瀾既刻傳於講授，後復與劉中堂、吕司農兩書後合刻，以備藝文志之採擇。總之先父一生學行實衆，著於鄉評。邑志之載不載，瀾性命以之，一息尚存，不肯但已。今冬明春，必定到家。事若不成，斷難自立於天地。然必諄懇於尊前者，誠不可有差遲之迹稍見於師門也。受恩而不感，瀾爲喪心。舅祖不能釋然，則必有遺憾於瀾也。是以首敘受恩之重，繼述不忍背負之實，中明鄉賢志應載之故，終白先父受誣之冤，與文定公作傳之據。統望一垂覆盆之照，曲賜憐憫之慈。俾先父不見棄於高門，而瀾亦得始終蒙舅祖之愛，則海涵地負，不足以喻恩誼之宏深；而結草銜環，亦無能當報酬之十一。情急淚迸，語不擇音，南望匍叩，仰乞台慈。瀾臨稟不勝激切，傳記呈覽。

祖燿按：乾隆十年，叔祖震軒先生在保定蓮池書院時，與楊聖翼先生書。聖翼，名名世，廪貢生，候選訓導，係楊文定公次弟。先是，曾祖父調元府君，於康熙五十年，合邑紳士孔毓璣、湯大輅等五十餘人開具行實，呈請學使銅仁張公元臣，懇予崇祀鄉賢祠。荷飭，由縣府司申詳，隨據儒學縣府遞詳至司緣藩臺金公。雖以所開事蹟堪膺崇祀，但尚宜俟年久論定，再行結報。故至康熙五十八年，又據通學衿士於肯播王學琦等十九人，以儒宗歷久論定，再籲學使昆明謝公履厚核準崇祀，仍由縣覆勘，於康熙五十九年製主入祠。雍正五年，通行查核，案牘稽延，概未核報。雍正十年，文定公在滇聞之，用是爲立鄉賢傳。此書中詳敘作傳之由，與文定公不輕下筆，立意措詞之處，其一片鄭重周摯之懷。伏讀傳文，證以是書，想見前輩人古誼公心，風流猶可挹也。燿嘗聞諸先人曰："文定公幼即負笈吾家書塾，歷多年。曾祖父暨曾叔祖遵路公皆同學。文定公少曾祖父九歲，長遵路公二齡，故與遵路公年均相得，而推服曾祖父學業尤至。及爲諸生，砥礪切磋，講論無閒。通籍後，以制藝與曾祖父制藝合刻行世。雖以文定公弟聖翼先生齗齗於其間，不能有閒於世好也。然則曾祖父之學問品誼，惟文定公知之最深，故揚扢爲最詳。而此書中聖翼先生所謂"前事已過而不留"者，其即指合刻制義之事歟？乾隆八年，邑令高苑蔡侯澍開局修邑志，秉筆者始爲吴恂若震，繼爲蘇逸濱士宏。是二人者，素以善刀筆招摇，而蘇尤。兩以訟師拿治，身歷犴陛，書中所謂"皆被憲訪"之人是也。嘗攷吾邑鄉賢之祀，起於明成化，至國初尚無題咨入祠之制，祇據邑人公議論定，請有司主之耳。康熙中，始有題咨兩項。雍正年乃定例，一出於題。至邑諸舊志所載崇祀鄉賢諸公，其列傳本散見分類各門，亦從無特立鄉賢傳一門之體。蔡令修志時，志局諸人忽發宇宙内志書所無之新裁，創立鄉賢一門。凡有位於祠，不論其人之爲忠節、爲孝義、爲政事、爲文學，併而傳焉。而因援具題之令，謂非是則不入傳。特摘其近世崇祀者十三人，喧騰口説，曾祖父不幸羅織其中。而蘇且囂然逞其訟詞，刻之志内。殊不思不憑公論，但具題而即入傳，則所有崇祀自楊文定公係奉旨外，從前諸公具題者誰將？無一之宜傳矣！顧不得不紛紛傳之，非其自矛盾耶？時又有趙曦明、嚴學誠者，欲求入志局，亦嘗附和其説，而終不得入。聖翼先生蓋首志事之人，年復高邁，於是慫恿之以爲倡助。而曾祖父因有文定公著傳，礙其傳信，遂造此傳代作之誣。及志蔪成，而又慫聖翼先生，并號召後進少年目未識前輩之徒，以志事失實，聯名上控，將志銷毁，議復別修。兼申前説，以洩其求入志局而不得之憾。此震軒先生所以寄是書也。書言"謄稿者，有表叔"，即文定公嗣子聖翼先生長子，名應詢，字蒼毓者也。"用圖書者，有劉六先生"，即文定内弟，字御乘者也。靖太史誠合者，名道謨，文定公閒居滇南日，客其行館，與公講學者。劉中堂，武進劉文恪公於義。

吕司農，桂林吕公熾。二公皆有書文定公所作傳後文。是書寄到之時，聖翼先生即未見文定公親筆傳稿。其子蒼毓及劉御乘現在宜，無不向問，豈不知作傳之真確？乃後編《文定公集》，竟置是傳不録。豈猶抱前嫌，及是書之或搪突耶？然震軒先生亦自寄書後，又歷數載始歸，所云“今冬明春”殊未及也。及至家，則别脩之議已久寢，而人亦云亡，蓋遂無從理論云。燿恐後人讀是書，未得其由，莫測所謂，世遠年湮，將滋荒謬，故畧其實如此。

勸學説

夏敬梓

天下何物可以益智？曰惟書。天下何事可以賞心？曰惟讀書。自結繩之代至今數千餘年，聖賢相繼，闡道垂謨，而斯文既顯且備。凡治亂興亡之故，禮樂刑政之原，以及天地山川民物之變化，不可窮究者，罔不載在簡策。又推之制器尚象之屬，纖悉靡遺，萃而藏之，則一室已具今古，而黄農非遠，海澨非遥，惟所領取。然而人束書不觀者，以未知事此之樂也。人情莫不欲有以娱耳目，故可聽可觀者，不覺外慕而情爲之移。然聲過耳不留，而玩好亦僅堪寓目，而不適於用。若博觀載籍，探賾索微，將不出户庭而宇宙可喜可愕、奇聞壯觀之事絡繹奔赴几席。一旦觸物興感，則俯仰上下，語出可驚天地之窄，思通亦笑鬼神之愚，有莫名其浩浩之故者。其於外慕相去何如也！雖然，不於此泳游，則不見可樂；不見可樂，將苦於扞格，而見異思遷，故欲求其樂者。若入室焉，必進履，而後見其中之所有，求所以入門者而已矣。若升高焉，必攀躋而後極天下之大觀，求所以造極者而已矣。諸弟皆有志者，尚未知書之可以益智，可以賞心，而領取其略也。願勉旃，毋外慕。

與某書

夏敬梓

月日某再拜致書某兄足下：某與兄誼等同胞，相與不尚文飾。且幼即共塾，勸善規過，自昔已然。蒙兄之過愛，而不敢以薄道待兄也，故敢以言進。今夫養生爲人子之職，此凡爲子者盡知之。知之而不即孝養者，或謂力不從心，吾將有待。迨時異境遷，輒悔之而無及。一夕曠乃職，終身痛厥心。某竊歎無貽後悔者之鮮也。即如某兄弟七人，某與次弟所已成立。先君分撥田畝，俾稍知稼穡之艱難。某方圖播穫以奉我二人，不數年而先君即世。疾中數日之葬養，彌思彌歉，彌歉彌悲。子道之乖，擢髮難數，往往椎心傷骨，痛悔靡極。伏念吾兄砥節勵行，某誠佩服有素。然尚有不足於兄者。以吾兄之子職，竊謂亦猶未逮。某夕某因有所感發，念己之終天抱恨，直陳鄙見，以示切磋。吾兄謂久有此志，奈力綿未克從心，容當惟力是視。某覩愧交并，自憾悔心之莫償，而竊多兄之聞義能徒，不至貽後悔也。越數日，某復造階問尊公安，一似吾兄尚未勇於踐論者。豈謂歲月甚長，不妨存斯志以待力之優耶？嗟夫！人生少得七八旬者，況尊公玉體違和，再閲寒暑，即奉養亦無幾時，尤屬吾兄有懼無喜之秋也。尊公僅得吾兄一人，爲吾兄謀功名，立家室，畢生之心悉瘁於兄。孝養之責誰爲分任？某以爲急宜殫不匱之思，備物盡志，寢食不離，以娱高年衰病，庶幾誠意流洽，而尊人乃神怡情適，積恙自此潛消，吾兄可無愧純孝矣！不若是，將日給之拮据，一日九迴於病者之衷，而疾且益甚。即北堂亦焦勞過迫，神氣於以頓衰，皆吾兄有以致之，某實患焉。某聞春秋之義責備賢者，品誼如兄而不以純孝是勗，是褻視吾兄也，寧再瀆焉。若不納諫，非某罪也，其亦已矣。雖然，兄固非不樂聞過者也。傳曰："唯善人能受盡言"，願吾兄鑒某之前車，而無貽後悔，幸甚！

尹儒姪入都詩册序

夏敬秀

丁亥初冬，予從兄二銘先生之子焞將遊都門暨陽書院。山長黄萊坡先生首贈之以詩，同好之屬而和以壯其行者，裒然成帙。焞以示予，且謂予不可無一言以贈。予曰："予何言？子之行亦有所不得已者哉！夫以子父母壽康，又新得子，天倫之樂事備矣。何行如之？而且入則有琴書之娱，出則受師友之益，而又何行？則今日之行若可已，而不可已者。何哉？蓋有父命之重焉。" 吾從兄向遊學，屢至京師。當代之達尊長者咸慕其才，而重其有孝德也，樂與爲布衣交。從兄亦以道相勗，而忘其位與富，故其交久。而親今老矣，倦於行，仰屋梁而著書，泊如也。而每一念及平生之好，未嘗不慨然神往。爰命焞爲我北行，問諸故人之在京師者。必固請之，其必有以教我，弗謂我老而棄我也。既卒事，其遄歸。焞謹受命。予所云"不得已於行者"其在斯歟？顧予知是行非浪遊矣，而亦不可謂非壯遊。夫其道塗之所經，與志意相激發，所謂極天下之大觀而無憾者。雖少時隨行之所涉歷，而今日見之，當又有大異於昔者。於以發性靈而助文章之奇氣，爲他日對策大廷、俯拾青紫之左券者於是乎在。壯哉此行。

予碌碌守邱園，頃又丁内艱，風木傷心，煢煢骨立，固不作京華之夢久矣。今見吾子之行，如櫪中疲馬，忽見千里駒之將絶塵而奔也，亦將仰首嘶鳴，勃勃焉，竊不禁壯心一動者。又烏得不爲子勸駕？然吾聞古之人一日之養，三公不與易。子之行，父命也。見父之執，致命而退已耳。其或緣此而狃于名，滯于利，得毋心動于噏指乎？予何言？亦道其不得已之故，而申以從兄之命，曰，其遄歸而已矣！

歲荒紀畧示二弟均三弟典

夏翼朝

乾隆五十年乙巳夏，數月不雨。大江南北赤地千里，嘉禾不榮，莜麥鮮實。四郊之民謀餬口者，往往鬻子質女，備極顛連困苦之狀，而卒無解於餓死，數爲之也。吾家故貧，既無半畝之田足資饘粥，復無親戚之屬足通有無。時大父年老，授家政於大人。人人筆耕硯耘，歲入無幾，仰事俯育，豐歲猶有竭蹷憂，況值此桂薪珠粒之時耶？際此困苦而卒能室家保聚，相生相養，無疾痛夭札之傷，瞻日月之末光，慶庭闈之樂事，非吾祖宗在天之靈保護而默佑之，吾父母委曲而維持之，何以有此。由乙巳至今十有餘載矣，五穀時熟，日長炎炎，人幾享豐亨之樂，而忘饑饉之患。乙巳之荒也，余年已過十齡，家庭困頓難堪之狀猶有能言之。而二弟猶在髫齡，三弟甫離襁褓，曩昔之事間有遺忘，是不可不即其畧而誌之也。

是歲大人授經於黄氏。黄宅在太平橋之西，衡宇故相望也。大人自食其力以訓諸生。諸生束脩之獻三十有餘兩耳，而旨甘之奉，饔飧之謀，與夫夏葛冬裘，慶弔應酬諸務，均取給於三十餘兩之中，已不啻無米之炊矣。況物價騰涌，斗米售錢五百有三十，柴百斤亦售錢二百有八十。素封之家方且擁膏腴，鍵囷廪，冀幸於天之不雨，以求十倍之利。甚者出其贏餘，收市井之蓄積，厚一己之蓋藏，儲之也富，出之也徐，以爲必獲利如某某者，而吾始克售也。當此之時，閭閻小民終日飢餓不能謀半菽之飽，削樹皮，食土塊，以僥倖不死。其間，年老氣弱，質虚抱疾之人，輾轉填溝壑者，日以凡幾。生民何辜，而竟罹此厄哉？吾家雖不至於此極，蓋亦危矣。其初荒也，麥價尚賤，精麤價殊。麥之粉有三品：白爲上，黄次之，皮爲下。當其枵腹待哺，雖極粗糲，甘之如飴。吾母體素弱，且多病，茹苴啜苦，日以憔悴。間有甘脆可適口者，每分余與弟輩食之。秋杪冬初，荒象倍著，或累日不舉火，刈瓜苴，採野菜，間雜以黄麵少許，煑而食之，莫不熙熙自得，幸今夕之有以果吾腹也。竈突無烟，夕陽未匿，闔户就寢，聞梵寺鐘聲，幾疑天曙。明月如晝，照我牕櫺。清夢乍醒，伏枕不寐，貧而能樂，其何以堪。余猶憶短衣垂橐出北郭外負蹲鴟五六斤以歸。吾母所食無多，卒至熱發氣脹，卧牀蓐者累日。豈蹲鴟爲禍之烈竟若此歟？良由飢苦憂鬱，日久月深，積漸所由然也。十月之末，設平糶米局於元妙觀中，定價每升二十有五文，即今所充軍餉之米也。城中無論大小户，不惜典衣棄産，以貿是米者日以萬計。吾家無牀頭金，升斗所需日不暇給。時檢青箱舊書、并大人手録者十有餘種，廉其值而售之，慶宿飽者旬有餘日耳。而薄寒中人，凉颸蕭颯，蟲吟四壁作感喟聲。外祖母謂朝曰："爾曷不叩縣閽見邑宰，謀所以潤涸轍者乎？昔韓愈窮而上書，冀分閤下一朝之享，而不得疑其摇尾乞憐者。古誠有之，今亦宜然。"朝敬諾，因往見邑侯錢塘醒園吴先生。先生令吾邑者有年，乙巳春，朝應童子試，得遊其門牆，并詢家世甚悉。當朝之見先生也，先生温語拊之，問學業外，即謂朝曰："饑饉洊至，君家素無負郭，何以資生。"朝因畧舉前狀告之，而未敢盡述也。先生又曰："余今定升合，平米價，局設於元妙觀中，距君家咫尺耳，而亦曾糴是米乎？"朝應之曰："未也。"於是先生欷歔太息，命左右支俸銀若干貨米若干，飭臺隸舁至於家，而屬朝無予薄犒焉。斯時家中自兩大人外，莫不感忭而相謂曰："賢侯活我！"越明年，麥復歉收，窪下之田旋爲雨所浸損，以故黍稷穜稑價咸倍於平時。是年，余隨大父受經，獲免凍餒。弟輩侍兩大人於膝下，其辛苦亦難言之。幸兩弟皆幼慧，能得大人歡，而大人亦喜其欣欣無憂戚之色也。

五十自敘寄内

夏宗瀾

我屬鄉賢第五子，掌珠愛惜矜無雙。少小頑劣偏穎悟，髫齔頭角先崢嶸。慣從膝下問奇字，拈題信手成文章。每與七哥對天誓，欲以忠義酬君王。年甫十二失吾父，煢煢在疚危巢傾。冀聞庭訓那可再，鴻文詎覆微言扃。延師督課賴母氏，十寒一暴殊荒唐。成童以後畧奮勉，漁畋六籍勤囊螢。暇即潑墨摹古帖，點乙史乘塗丹黄。韻文駢體畧檢點，出口往往鏗天鯨。十九居家訓兩姪，博弈遊戲徧擅場。親踈遠近歎且笑，是不才子墮書香。二十一歲邀天幸，兩獲冠軍遊膠庠。是秋授室得嘉耦，淑麗不復誇姬姜。家貧硯田覓衣食，授徒遠適青來莊。學知不足教知困，補綴掇拾腹漸彭。節間入門拜慈母，慈母强笑含悽惶。不忍幼子曠定省，懷安又恐饑無糧。承命掩涕勉赴館，翻屬新婦康姑嫜。歲在癸卯母七袠，恩沾太后賜吴綾。壽筵方暖秋氣冽，二豎爲祟潛膏肓。辭館回家侍湯藥，絶粒刺血呼穹蒼。泣言兒壯母病棘，母命願以兒命償。醫謝無能乃請禱，母言禱則物命戕。禱亦如醫須對證，我今欲禱汝其聆。方今大旱野如赭，嗷嗷赤子餓且僵。我苦有食不下咽，彼則能食慳粃糠。若使若輩盡得食，我病雖殆其可禳。受命鬻産以爲倡，力薄哀顲同志幫。縣官與我師弟契，叔父樂善衆所稱。告之縣官及叔父，勸捐出貲儲稻粱。設廠作糜環四境，主者叔姪衆弟兄。饑民攜妻繈厥子，飽啖饘粥熙穰穰。我廠北涸獨僻遠，豪右自大殊披猖。謀嗾其黨敗乃事，挾梃蝟集思擊搒。我以羽扇揮蚊蚋，還開藥籠收葠苓。朝搆干戈暮玉帛，反爲我用惟所令。富家巨室胥用勸，車牛負擔輸金籯。民以大和法倍肅，出入以度喧譁屏。直待天子詔賑貸，此役方竣復北堂。母言我病終不起，活人無算目可瞑。哀哉鮮民何怙恃，寢枕草土皆偷生。含殮喪祭必以禮，不用巫覡絶道僧。南州孺子潘楊戚，延我課子即我甥。逾年乃父羅城宰，歿于官署逋尚縈。琢瑜聞訃急奔赴，相邀共舫趨羅城。我止一子暨兩女，長始學走幼褰綳。我妻提抱送我别，欲語不語淚滿眶。爾時少年重意氣，掉臂不顧行塵颸。吴山越水等閒過，瘴雨蠻煙次第攖。湘竹留斑牽舊恨，豐城石匣發新硎。逋臣殘碣羅池廟，故國斜陽獨秀坪。哀臨旅櫬公私迫，千瘡百空勞支撑。官帑已清行李乏，再思將伯馳夜郎。中途我病瀕于死，琢瑜毁性信莫偵。强起前行到百色，水土惡毒吁可矜。高躋天頂下幽谷，猺獞面目多猙獰。店無牀几樵蘇爨，蛇蟠蟲熾山氣腥。陸路斷續水光膩，懸絲一命危晨星。石門已過險稍脱，鬼門進出兩南寧。昆明池上中丞府，道南先生關西楊。我父之友我舅舅，薪傳獨接李文貞。許我登龍遂入室，細嚌鼎實斟天漿。甘逾遺嬰飫湩乳，樂於霞舉嬉蓬瀛。竭才仰鑽立卓爾，胷中光怪走風霆。易詩兩經授受切，條記語録尤分明。枯楊生稊霜雪重，天威不測雷轟轟。臣心可白臣節著，從之遊者常惺惺。瀌瀌浮浮久見晛，丁丁伐木求鳴嚶。宫子九敘徐蒙克，彭儲梅蔣錢秦王。金蘭臭味水乳合，結契豈待啢血盟。蒙克景東作郡守，土莊典佃紛告争。參將梁彪獻條議，官買此田收粳糯。租息供軍充䘏賚，大吏許可守敬承。我聞此議苦口諍，朝廷置守活窮氓。景東山多田地少，土莊之外皆瘠荒。若將此租輸省會，便同正供必取盈。江南賦税稱最重，此租較彼數倍增。不遇水旱尚死徙，況乃年饑穀不登。烏蒙造反焰方烈，此亦土府聲相膺。迫之挺走急何擇，蜂蠆辛螫莫予荓。守乃大悟白大吏，逢彼之怒以勢淩。辭不獲命謀諸友，謂我治劇力所能。關西亦云汝宜往，即日就道心徬徨。到署問我策安出，答以民悦事即成。朝廷所發惠濟項，但取常息以䘏兵。請就營將所定議，酌其租價權低昂。彼于典價案年減，租則惟其舊貫仍。我今減價亦減租，畝米斗五利已贏。上中下則遞損益，盡免雜派改折徵。計畫已定諭典佃，誓神出示布欵誠。景民始疑卒大悦，鄉愚從此出火湯。府境西有四鹽井，惰煎誤課銷無方。促我遄往主其事。一切調劑惟所營。減價緝私恤災眚，詳請近地通販商。召募書役立經制，四井畫一建鹽倉。三月鹾政有成效，猓婦歡喜蹙眉䕶。辛正蒙克攝蒙守，我往借箸規模宏。視事七日守先返，留我蒙署提其綱。征糧抽税籌鹽莢，積弊盡剔纖翳澄。一月收足一年賦，不以片紙煩村甿。牽車服賈但額手，鹽商煙户尤奔忙。典賣借貸得錢鈔，易鹽火速如追亡。我本代庖代庖者，士民愛比召伯棠。郡有兩紳號鄉表，互爲婚媾享遐齡。後以猜嫌致崖異，誓不相見十載强。至此兩家共相約，暫釋私怨陪客卿。遊必聯鑣燕同席，令其諸子遊門牆。孝秀由來聲氣合，慇勤載酒浮船觥。復有緇黄方外友，追陪杖策上崚嶒。新守已來交代楚，豐碑贔屭樹於黌。特製安車代馬力，傾城祖道喧郵亭。官紳士商及胥吏，鄉耆保甲趨踉蹌。十里五里一頓置，湯泉祓濯猶供張。遊踪得此最饕餮，共云先生乃鸞凰。在後我官太學日，公車附遺草檳榔。是諸父老敬傳語，邊民食德殊未央。始信民不負官長，官不愛民真豺狼。清河中丞走書幣，介紹重煩陳臯江。我返景東不肯就，蒙克慫恿爲束裝。暫依蓮幕掌奏記，任我出入無猜防。狂直久已契夙昔，遞答塤篪合圭璋。禮隆意厚空所挾，其他參佐不敢望。自念鱓堂作都講，墜緒可續道可凝。春風坐我夜雪立，追隨不啻影附形。邇來傭書違几杖，進退出處兩無憑。請於關西省祠墓，勞錫華衮揚幽芳。清河慰留屢贐餞，一年之約重叮嚀。湘則紉蘭沅擥茝，岳陽赤壁恣揚舲。到家五月十三日，相逢疑夢喜轉驚。子女弟姪少者長，通名莫辨眸屢睜。日夕親串訴契濶，風潮大作海沸騰。濱江田廬半漂没，浮屍纍纍盈溝塍。嗟我桑梓忍恝視，匍匐往救誠芒芒。粟帛銀錢棺與席，不期而集載艅艎。親至各沙賑兼瘞，隄岸衝決無梁杠。

赤足涉水且滅頂,沽塗那復笑裸裎。臭不可避狀難看,我亦真成頳尾魴。往來郵助計五次,埋掩六百四十零。費出公捐力衆舉,尸其事者敢怠遑。民之秉彝誠必動,會舉同善堂育嬰。鍊石思補天地缺,旁求蜾蠃負螟蛉。始以人謀繼帝賚,官田取給事可恒。家居兩年家益窘,靖江講席煩持衡。邑令鍵關嚴考録,班聯玉笋燦珩璜。發其豐蔀去泥滓,心源濬汲泉淙淙。一應鴻博兩鄉試,將得乃復淆渭涇。僨軍自分牖下老,聖主御極階泰平。急起楊公掌邦禮,典樂教胄先天潢。以人事君君有命,薦章首列不肖名。草茅披褐見天子,師儒之官國子丞。筮仕即遇覃恩誥,祖父亦邀稽古榮。感激直欲糜頂踵,顧惟臣職忝是懲。更以銜環報清德,芻蕘葑菲心力并。惡言不入昌言炳,相我夫子張觚稜。君恩師誼幸無負,忤權賈禍分所應。天不慭遺哲人萎,龍蛇有讖奠兩楹。闕西之後合河繼,推心置腹資贊勷。上言賢士關太學,齋分經事法可型。肄業期滿明黜陟,帝曰俞哉著爲程。欽此懸格布條例,各治一事明一經。立教先自講授入,我實領袖六館英。皋比坐擁絳帷啟,諸生聽受得未曾。鴻濛鑿破闢坦道,浸潤周浹表裏瑩。天子右文躬視學,鸞旂風輭天日晶。絲衣爵弁展而待,釋奠先師薦德馨。賢關大啟步輦入,璧雝鍾鼓蛟鼉鳴。大哉王言口講解,平章位育昭穆清。圜橋觀者以萬計,約束演習推東廳。喇嘛教習求備數,揮(斤)[斥]不使玷簪纓。禮成樂備受燕賚,身衣文繡豢豹腥。京察計吏慎甄别,特蒙卓薦階初升。小臣屢得覲殿陛,恩叨非分常戰兢。朝夕督課且三載,人文蔚起咸烝烝。合河奉命督直隸,泰山踵武旋和羹。謬許練達見倚任,小叩大擊響應聲。豈知緩急不可恃,衆怨排擠落陷坑。追惟此禍本無妄,慎勿爲好語可銘。其時諸生紛報滿,内有五子實駿龍。昔人有言自隗始,薦之可以懸鵠正。泰山相公大首肯,推賢進士吾能勝。大少司成盡署奏,敷公銜恤息在牀。入直拜章已有日,隴西猷豫思變更。師徒齊集圓明苑,泰山口奏聲清泠。太學五生合保舉,謹與偕來俟外廷。老臣病足難疾走,李祭酒老敷守喪。敢以實告取進止,恭聞天語尤煌煌。敷公服滿帶引見,聖旨孰敢弁髦將。敷公不肯作舉主,恐因濫舉罹厥殃。始以遷延繼沮壞,傳集廳堂會兩廂。誕告諸生此保舉,汝輩不與應且憎。人各有心幸早白,一人不服事即停。行止在汝衆口決,面從退言余必懲。衆言此舉極公當,五人經義金玉相。事以速成疑必僨,多士昂昂望彙征。相將拜手謝且賀,颺言太學自此興。敷公陽諾謀轉亟,因於首事尋斧戕。爬搜瑕垢不能得,試員雙俸隙可乘。撿舉留中靳不下,特命微臣陳實情。司成大驚顩首相,監丞回奏非故常。綸扉轉達重奉旨,詢其居官否與臧?司成因得肆汙衊,寒氊一席鴻毛輕。投北投昊怨貝錦,于樊于棘憎青蠅。空有何蕃能仗義,泰山袖手徒倀倀。綸音憲典束高閣,章縫短氣憂鼠癢。妻兒啼號急遽遣,學徒追送寒露瀼。薄遊上谷訴辛苦,合河倒屣逾垂青。百畝蓮池開講院,亭臺羃壢盈縹緗。北方學者仰師範,所賴立之表與坊。我念育才重身教,容貌辭氣罔不莊。經學俗儒久晦蝕,擬於長夜懸一鐙。寸陰是惜終日戒,講論記注言無哤。布帛皆成雲錦製,甲乙煩操月旦評。東軒宫保椒房重,開府保定揚麾旌。知我解館懇維縶,再横經席尤專精。春華秋實各有得,更喜稚子遥趨庭。典舉賓興奏絲竹,禮行祭菜羅豆登。六年荏苒隙駒過,送子入學排天閶。畫虎不成再刻鵠,探頤令師洛下閎。曰婦終鮮立錐地,爰溯伊洛遊大梁。道經保定舊遊在,感激攀挽聲雷硠。王子明九掃館舍,雉膏獸臘工烹湘。同門累日置高會,花開設劇燒銀釭。知我南行尚垂橐,各致資斧供篚筐。臨歧父子重分手,弟子奔騖疑飛蝗。道旁觀者歎息泣,師生氣誼誰頡頏。更有石李十數子,來自别縣遠送迎。悠悠去長路,蕭索愁風霜。崑玉徐君聖九戚,汴城欵我留雞窻。西蜀嚴君舊東道,代擇館地光州良。賓主既接馬戒道,季夏淫雨半月滂。舟行陸地觸高樹,淮流倒灌憂桑滄。翻從江南達州治,新磨金鏡理珠囊。乞得鑑湖觀水月,紛來理窟搴帷裳。振衰起廢邑無小,鹵莽積習爲一匡。彼都人士少所見,義門江夏差錚錚。冬間偶慰尊鱸思，滿擬來春整旆幢。豈知此約竟畫餅，轉輾飄泊來楚疆。禾黍油油懷寢廟，松楸鬱鬱緬先塋。諸姪貧困不能振，諸兄凋喪兩姊孀。病妻弱子異南北，後生兒女俱夭殤。二女適人幸得所，皆鮮妯娌嗟伶仃。族姻朋友半中落，伏櫪戀棧難高驤。希文有志何時遂，不憂失馬即亡羊。腸迴九轉坂曲折，淚瀉千頃波汪洋。籠中翮早鍛，韔内弓未勍。早衙聞遠角，宵眠對短檠。虎豹豈厭蒙霧露，鯤鵬終是憶滄溟。依人莫笑繞指柔，磨厲還標百鍊剛。靡草死盡秀松柏，旨供唾棄珍桂薑。王公之尊可面折，卿相之貴可理降。詞源三峽可口吸，龍文百軸可手扛。轍迹迴環四萬里，桃李栽培十五邦。入洞而遊獲白鹿，脱韝而去騫蒼鷹。名山大川縱歷覽，不及鄉閭悦且康。肺腑之戚自膠漆，休文尤屬丈人行。茗椀詩筒羽箭箙，賭碁别墅布楸枰。釣臺之臺足懸餌，黄田之田足力耕。籬邊爛熳種杞菊，澤畔行吟采荃蘅。樹滋行食報，積善有餘慶。膏深光始沃，身屯道乃亨。芰荷薜荔以爲衣，桂粟竹實以爲粻。羲和夸父以爲御，玉虹金繩以爲韁。朝發扶桑夕玄圃，頃刻攬轡馳八紘。歸來仰首叩天闕，靈臺徑寸通百靈。從來己大物自小，吾道自足高莫京。有酒此日解鷫鷞，有馬此日騁驌驦。妻能鼓琴子捧觴，醉歌一曲金玉鏘。音諧律吕噎笙簧，按節起舞陋優倡。溻烏西没還東昇，窮上反下旋句萌。中流一柱須孤擎，著述思就名山盛。敬木守之念罍瓶，凜乎臨淵履薄冰。從善如登惡若崩，不敢毁傷先懷刑。承歡不用羞三牲，色養善養踰鼎烹。矢詩不多堪載賡，他年述德信可憑。戊辰春暮風吹檽，風雨颯沓愁難聽。鑪香乍爇鐙光熒，神志飛越肝膽横。午夜書此詒瑶瑛，韜以重錦維諸肱。

祖燿按：叔祖父幼輼多材，及遊楊文定公門，理學既深，聞見益擴，故其才極大，當時如浙西杭世駿，浙東齊召南，名高鴻博，然視之無不及。而卒不能如諸人之遇者，蓋以字體奇崛，詩文俱學昌黎、少陵，非時所好耳。此詩共五百五十六句，末有疊韻二十四句，通計二百九十韻，氣韻則韓之南山意，體則杜之北征，而敘述更爲恢廓，真煌煌大篇也。生平行歷具在於斯，後人得不寶諸！結處"瑶瑛"，乃叔祖母祝字也。

圖畫正宗歌

夏一駒

丹青南北分兩派，南宗北宗始唐人。天機渲淡右丞出，金碧輝映二李因。幹馬神俊表天廐，昉女豐肥傳禁宸。荆關浩蕩逞縱横，董巨平淡得天真。秀潤營邱色可掬，雄厚華原勢絶倫。河陽雲山蔚然起，意師造化無纖塵。湖州寫竹厭人意，數尺千尋腕有神。海嶽第一稱逸品，煙雲變滅繼友仁。清麗誰如大年絶，豔逸首推千里純。靈奇師古學難似，清幽無咎南枝春。房山閒逸松雪復，一峰逸邁叔明新。倪迂勁古吴蒼莽，雲西蓮道並奇珍。衡山冲雅高人意，白石蒼深渾古醇。一洗凡骨六如勁，細臻毫髮十洲匀。叔平仲昭各超妙，白陽青藤筆爲鄰。友石品高謝人役，瀟灑自適焉知貧。幼文蒼秀不多得，泰蜀來作荆蠻民。掛一漏萬收不勝，搜羅剔抉忘苦辛。家雞野鶩還須辨，春蚓秋蛇豈雜陳。毆盡野狐存正派，畫禪葉葉歸清醇。

題琴川龐氏一姑兩婦遭焚詩

夏柔嘉

閱人成世蜉蝣侣，義烈遺芳足千古。蘭摧蕙折死猶生，蕭敷艾榮何足數。刼數茫茫誰得知，搔首問天天不語。祝融回禄果有靈，胡乃殃及夫子履。龐君淑配錢孺人，相夫廿載何辛勤。

一朝遘禍正而斃,誄成血淚孫子荆。徐錢兩媳娩鍾郝,一家雍睦宜膺福。自古夢夢嗟彼蒼,顔殤麟死尼山哭。融風煽燄何不仁,崑岡玉燼芝同焚。阿夫昨夜入城去,嗟哉予子相隨行。髮膚焦爛豈不恤,可奈摧燒及匱祏。譆譆出出火裏烏,夜來西塘市上呼。阿婆赴火抱木主,二婦慷慨從其姑。掃開狼籍煙煤地,三尺凜凜有生氣。燒刼灰存片骨香,陽冰淚寫三墳記。行人太息稱女宗,冰天黯慘來悲風。君不見伯姬守正待姆死,宵不下堂垂魯史。又不見孝女迎潮抱父屍,黑夜碑題幼婦辭。他年綽楔家聲振,始識天心有時定。義姑孝婦不勒銘,一編女史爲誰青?

家書後附一律

夏南學

百八鐘敲月影遲,雲鬟香霧費相思。無官且服清涼散,有客誰憐岑寂時。量窄不嫌儂愛酒,心靈可許子能詩。萱幃同侍應加飯,記取榴紅第一枝。

都門寄内

夏南學

每憶循陔色笑迎,情懷風格喜雙清。頻年子職疎慵甚,猶賴能調遺母羹。
年年别酒酌離筵,愁鎖眉尖映翠鈿。聞説此行宜吉利,强將笑語一嫣然。
泥金夢斷春官罷,初署頭銜作選人。嫁得書生無好狀,五花空擬貯絲綸。

矢志年二十六,外子病殁。諸逋盈門,藐孤在抱,感而賦此。

朱佩蘭

君辭塵世去茫茫,天上人間各一方。輾轉傷心魂欲斷,不知痛淚幾多行。
命之修短本難儔,撒手家人冥漠遊。回首音容猶在目,那堪班竹已驚秋。
債卷山堆付隻身,園廬已盡屬他人。强雷薄命猶需索,世態炎涼獨愴神。
太息孤雛苦未知,嗣今學膳望何資。長吟當哭聯消恨,百折迴腸十二時。

和大姊時客保定擬共南歸

朱佩蘭

針餘無事對花吟,静聽涼蟬噪遠林。海燕將歸辭舊壘,塞鴻何處報新音。幾番葉響催詩緒,一片碪聲搗客心。簾押低垂風正定,笑携棋局到庭陰。

讀上海戴懷貞女史傳書後

朱佩蘭

女史通文字,善針黹,未嬪而孀,往事翁姑,以節孝聞。

輛迎痛恨失關雎,矢志冰霜賦遂初。一片孝思明大義,千秋名節上奇書。操同松柏寒能見,香似梅花冷亦舒。莫謂螟蛉難式穀,崢嶸頭角定充閭。

題丁淑媛遺照

朱佩蘭

淑媛爲南滙丁君一峯之令媛,擅詩畫,早世。其母程味蔬女史夙鍾愛之,持影索題,勉賦兩絶,以誌惋悼。

一幅冰綃寫九原,玉顔細認黯銷魂。圖中無限傷心句,白雪淋漓總淚痕。
玉關人去北堂思,更惜聰明筆一枝。最是不堪雙棣萼,淒然猶憶對燈時。

大姊北上未幾即歿詩以哭之

朱佩蘭

百緒千愁若箇知,痛心酸鼻强爲詩。魂兮何處歸來也,無限斜陽歲月遲。
淒風冷雨夜迢迢,冥路誰從伴寂寥。回憶當年愁阿母,啼痕紅染杜鵑梢。

夏日有感

朱佩蘭

清風拂拂襲輕裾,兩部蛙聲月滿除。羲易静參知否泰,藏經細譯識盈虚。家貧敢怨無恒産,世態驚看失太初。癡到人間無似我,布衣典盡置兒書。

(夏彦保主修、夏厥謀纂修《[江蘇]江陰夏氏宗譜》 民國源遠堂木活字本)

郵寄弟鶴溪

奚　賓

葉落新秋日，雀銜初夏書。幽山叢秀桂，槐市擢迂樗。聊慰門閭望，欣瞻雲日裾。神馳千里外，慷慨意堪攄。

丁酉自題桃園圖

奚　賓

嗟余拙且老，一生半潦倒。披圖憶疇昔，臚列都可道。十六學作文，晝夜恣論討。二十成文章，泮水采芹茆。棘圍博一薦，食餼徒酣飽。四十學作詩，平仄頗通曉。六十歲進士，冷官空訓導。回首少小時，喜讀猗蘭操。癡兒與余同，耕釣從所好。山妻無别業，課女蠶織早。繪此桃源圖，闔宅慶相保。運蹇仲先折，孟也夫婦夭。於今剛六六，撫此諸孤藐。幾度泣顔回，頭顱雪同皓。苦調一再彈，守拙頗煩擾。瀟散本來予，花落任多少。

題鶴溪二弟萬松嶺肖像

奚　賓

稽古采芑賦，方叔出禦侮。阿弟力未愆，能文亦能武。矢志在請纓，豈敢憚險阻。琴堂作保障，于役持斤斧。弟於途中自行樵蘇供爨。行行渡深澗，閃電驚醜虜。撫劍髮衝冠，萬竅松聲怒。恨不列戎行，一鼓除跋扈。圖此示後人，餘勇尚可賈。

赴任湖南留别承勉齋三兄

奚　寅

一笑相逢話舊游，别來風味淡於秋。吟高雲嶺心怡悦，譜盡煙霞筆捲收。愧我塵鞅同縛驥，知君逸性狎浮鷗。何時得謝簪纓會，細雨斜風共鈎舟。

自題萬松嶺獨立圖

奚　寅

從軍滇西，遍歷山險。所刻記程詩約略盡之。此圖特萬松嶺下馬問渡處耳。因題絶句三首誌之。

萬松嶺下水潺潺，秋老梧桐脱葉殷。下馬獨尋西去路，更無行客過空山。

兩岸猿啼虎叫羣，鵝鴟松頂喚斜曛。濤飜陰壑雪千尺，按劍先衝鵞鸛軍。

此去哀牢列嶂多，滄江天半起横波。懸崖瀑布尋常事，笑語髯奴策馬過。

題沈德宏先生像贊

奚　寅

浩乎其氣，藹乎其容。福澤洪厚，蘭桂芳叢。立品端嚴，既有儀之可像；宅心醇謹，復泛愛之無窮。宜隆恩之載錫，施聞譽於厥躬。

乙酉春壽沈雄圖世講六十

奚向宸

白首知交只數人，華堂拜祝正陽春。梅花似亦多情甚，幾朵争開拱誕辰。

樸誠醇謹本完人，隨地和平六十春。堪笑俗情徒狡譎，機關用盡誤良辰。

秋　柳

奚　銓

西風輕拂漢宮衣，當日夫人是也非。遠路應悲神寂寞，辰亭猶憶夢依稀。斜陽流水烏鴉集，暮雨寒雲黄葉飛。莫怪臨歧倍惆悵，故園寥落意多違。

李少雲二尹招飲口占

奚鳳輝

事業蹉跎三十春，偶然橐筆走風塵。不應消盡英雄氣，看劍須添酒萬巡。

軍次周口感賦

奚鳳輝

一載從戎感故鄉，郵亭春晚更凄涼。無端聽得摧歸唤，多少征人盡斷腸。

江　行

奚鳳輝

歸舟一棹出清溪，穩渡江南路不迷。隔浦潮生雙槳活，垂天雲壓片帆低。青山似笑征人老，白下空聞蜀鳥啼。今夕只應蘆港住，斜陽已到小村西。

答承君曜珊承君自毘陵至沙川，致書詢予近況。

奚鳳輝

重放吴江棹，沙川夜渡船。致書詢往事，憶別計經年。酒膽仍如故，詩腸竟索然。何時同剪燭，風雨共流連。

喜聞諸軍膠河合圍寄丁觀察

奚鳳輝

齊魯遭狼毒，膠河設虎牢。沙飛千嶂合，陳列五雲高。朔氣森邊寨，軍聲壯海濤。凱歌應早奏，丹詔慰勳勞。

散　步

奚鳳輝

平原堪適性，散步意悠悠。牧笛歸殘照，詩心警暮秋。溪深魚自樂，林密鳥争投。與世浮沉外，閒情問白鷗。

午　日

奚鳳輝

蘭湯浴罷已斜陽，比户歡聲歡舉觴。十二街中游女遍，髩邊都插夜來香。

任城軍次同子務話舊詢游秦淮往事

奚鳳輝

當日名場盡戰場，風光回首最凄涼。自從折戟沉兵後，畫裏樓臺半夕陽。
長亭揖別憶中州，濟水重逢話舊游。休道秦淮風景好，一輪斜月冷孤舟。

早　　春

奚鳳輝

鶯啼燕語兩相關，春日林泉一味閒。閉户不知芳草色，東風吹緑到窗間。

夜　　歸

奚鳳輝

依山落日亂棲鴉，昏夜歸來月未華。新僕到門還不識，問儂此是阿誰家？

六月望夕對月有感

奚鳳輝

幾經戎馬易春秋，壯志消磨願未酬。風景一年今欲半，天涯又見月當頭。

離　　家

奚鳳輝

還家匝月又登程，兒女牽衣暗失聲。臨出門時幾回顧，似多言語未分明。

答李墨卿

奚鳳輝

自笑君平數亦奇，行藏不使故人知。歸來檢點囊中物，剩有臨岐贈别詩。

舟中寄懷子務

奚鳳輝

清和時節柳如煙，别後情懷悵隔天。再到名山應有句，重開詩社待何年。風塵留遍鴻泥跡，餽贈翻叨鶴俸錢。此日小舟人獨坐，難將愁思遣樽前。

全椒道上

奚鳳輝

歸時匝月又天涯，皖水吴山道路賒。偶見故人忘作客，慣投旅店便爲家。每逢幽景詩懷壯，爲遣閒愁酒量加。莫道前途消息遠，荒城隱隱暮雲遮。

桃谷園感作

奚鳳輝

聞道名園别有天,有一洞天之稱。蹇驢行過小橋巔。過小倉山即是。忽開幽境禽聲變,不斷荒臺草色鮮。盤谷空教尋地主,仙源重訪誤魚船。景物全非。落花一任游絲罩,飛逐東風亦可憐。

雨花臺弔古

奚鳳輝

山横水繞抱層臺,臺上登臨眼界開。半壁荒涼誰整頓,百年興廢獨徘徊。荒營戰骨埋芳草,古刹殘碑鎖緑苔。臺下報恩寺竟成焦土。寂寞野花誰是主,不堪風雨夜猿哀。

書　　懷

奚鳳輝

四十年華轉瞬間,未成事業鬢先斑。開樽且醉杯中月,閉户常游畫裏山。當道自來青眼少,此心素共白鷗閒。近來何物消愁思,一卷新詩手自删。

登金陵鼓樓有感

奚鳳輝

重興樓閣與星齊,拾級登臨共客躋。萬古長流江浩蕩,六朝空剩塚高低。故宫寂寞胡猿嘯,遠戍荒涼蜀鳥啼。多少興懷何處寄,蔣山日落暮煙迷。

步田君月村秋懷疊韻

奚鳳輝

西風倒捲亂雲飛,狼籍黄花掩短扉。千里邊聲寒畫角,九秋日色冷戎衣。樓蘭未死潛師渡,張翰何緣返棹歸。同是天涯征戍客,與君相聚復相依。

烽煙到處逐塵飛,膠水音沉悵客扉。匝月心勞成畫餅,諸軍防守膠河,逼賊登萊,期在一鼓蕩平。乃該逆偷渡海口逸出,匝月心勞,竟成畫餅。千家涙灑盡沾衣。空嗟高廟藏弓久,猶冀西山秣馬歸。天末涼風驚歲晚,哀鴻滿堵失瞻依。

題仇晴霞隔水樵圖

奚鳳輝

身世浮沉年復年,不求名利總神仙。未知何處風波少,聞道前溪别有天。

病起即事有感

奚鳳輝

蓼花開盡菊花天，綠滿窗前色正妍。識是阿儂多病骨，肯教彭澤理歸鞭。山雲出岫連還斷，池月驚風缺又圓。事業未成空惆悵，如絲兩鬢感青年。

步雪珊弟原韻

奚鳳輝

遥望江南無恨情，海天闊處水澄清。多情最是城頭月，如此江山送我行。

塞　　外

奚鳳輝

一斛珍珠滴滴金，臨江仙侶惜光陰。情深夜月青衫濕，塞外長懸故國心。
登高日日望鄉關，故國音稀道路艱。濁酒不消鄉思遠，夢魂飛過萬重山。

吉林旅居有感

奚鳳輝

蕭蕭蘆荻洲，征雁幾聲秋。破户風穿壁，開窻月上鈎。不經塵世險，焉識古今愁。往事休堪憶，客懷似水流。

自 題 小 像

奚鳳輝

稚子問余何事游，非干名利度春秋。崎嶇道路身經歷，世界浮沉眼底收。當道誰嫌青眼少，江山空對白頭羞。最憐三徑荒涼久，歸去還將夙願酬。

題　梅　花

奚鳳輝

亭亭不語倚欄干，幾日西風徹骨寒。驛使如今音信杳，燈殘月落夢江南。

吉林和龍峪寄故人承楚香蓉坡二君

奚鳳輝

事業誰非夢一場，飢來驅我亦堪傷。劇憐行役關山夜，薄命休嗟道路長。山外有山皆是路,夢中無夢不還鄉。傷秋怕聽秋聲起,惱煞西風徹夜狂。

作客休登江上樓,樓高易見月當頭。漫思舊雨如萍散,空逐韶華似水流。歸夢驚風醒半路,寒蛩夜月泣三秋。男兒莫道封侯易,誤盡頭顱説壯游。

旅居即事有感

奚鳳輝

忽聞前村哭聲哀,問説兒夫久不歸。兒女飢寒情何戚,淚灑如雨兒夫出。聞聲我亦淚如雨,我亦離家已多時。高堂白髮豈無思,游子今年五十三。白髮高堂八十五,奄奄一息在牀(第)〔笫〕。病危能否轉平安,三月至今淚未乾。吉凶未卜無消息,我亦欲歸歸不得。心中如焚愁如織,諺云養兒計防老。有子如此不若無,吁嗟人生不如烏。

過黎雅道中

奚文蔚

苦雨凄風入雅黎,春光滿眼總迷離。馬行峻坂加鞭穩,城傍荒山啟鑰遲。野店寒煙蒸不托,茅亭小灶煮來共。梅花已盡春將老,此地猶存一兩枝。

書　聲

奚紹聲

凝静幽齋值歲餘,編開晤對古人初。每從尚論通心契,願學咿唔讀父書。謞刊豕魚風入座,音流金石月盛廬。名山自古生名世,何但青緗富五車。

博覽羣編坐絳帷,琅琅聲出匪夷思。肯諧蟀語蟲吟意,好譜金鏘玉戛詞。一片承平高閣迥,三餘況味夜燈知。螢窗雪案辛勤歷,應識漸鴻卜羽儀。

劍　飛

奚紹聲

出匣干將鋭莫當,精瑩浩氣吐鋒鋩。影交閃電星辰動,志薄長虹肝膽張。歐冶雙雙騰瑞彩,豐城作作耀寒芒。相期共遂澄清願,兵燹銷爲日月光。

金陵懷古用王半山原韻,七律四首

奚紹聲

誰將天塹劃長江,十萬雄師氣未降。王謝風流今不再,蔣鍾瑰傑古無雙。黄塵空逐前途馬,緑綺惟餘廢苑牕。指點臺城煙柳處,莫尋舊夢醉春缸。

潘陸才華譽海江,而今臨眺意難降。曾看挾浪龍奔六,空賸巢林燕語雙。步散金蓮留蘚石，歌餘玉樹度松牕。堪胸塊壘知多少，澆盡秦淮酒一缸。

疇把絲繩暗度江，浮梁乍濟百城降。君王神武銀歸萬，將帥威仁劍賜雙。畫像何人懸别室，圖書一榻對寒牕。至今征虜亭邊路，賸有飛花撲玉缸。

贏得愁如水一江，玉樓瑶殿影流雙。銀笙吹徹情誰識，金劍沈埋氣早降。鼾睡已難容卧榻，旅魂空自鎖雕牕。消凝萬古興亡恨，聊酹花閒酒滿缸。

詠江陰古蹟七律六首

奚紹聲

清機園

到此都蠲俗慮煩，清機園是萬春園。蒼苔雨霽花無語，翠竹風和鳥不喧。倚檻停琴招遠籟，傍池煮茗悟來源。使君玉尺高懸處，暢寄靈襟月滿軒。

纖墩湖

一墩中峙萬波平，聞説當年此放生。魚漾晴漪歸樂國，燕涵活色入春城。人家夾岸靡蕪夢，煙雨孤洲杜若情。空有衣冠瘗王子，不須姓與謝公争。

小桃源

凌波閣俯大江濱，三百桃花占麗春。剛訝種榆通碧落，翻疑裹核絶紅塵。杯邀魏晉之閒客，石卧羲皇以上人。爲語南陽劉子驥，于今朝市果非秦。

浮遠堂

羣峰深處足勾留，下瞰奔趨萬里流。縱酒江隨心共遠，憑欄天與影俱浮。南來鎖鑰原終古，東望滄桑又幾秋。爲問勝游誰似此，平山遥指古邗溝。

松風亭

萬頃松風一小亭，觚稜三角入蒼冥。雨過四面花生徑，煙散重簾翠接廳。鶴夢驚巢空颯颯，琴音入指静泠泠。夜深莫作濤聲壯，恐有蛟鼉出水聽。

香雪閣

自從鄧尉霏香雪，此處重逢傑閣開。金帶家聲垂數葉，緑華品格絶凡材。掛枝海月移冰檻，封樹江雲度酒杯。曾與逋仙留舊約，故園待植萬株梅。

青龍江訪蘿月山房二首七律

奚紹聲

一櫂扁舟泛福泉，煙波深處白鷗眠。遺民共説陶彭澤，舊隱來尋葛稚川。茅屋雲閒安屩履，梧溪風静入琴絃。藤蘿月色今無恙，鶴浦烏涇雨惘然。

清銜端合署山人，仙骨由來不染塵。海上鯨張翻落日，山中龍卧樂長春。惟知菽水能供魯，别有桃源足避秦。席帽宛然衣鉢在，江頭誰是最閒身。

送慎之五兄赴吉林

奚紹聲

一囊琴劍向遼天，水陸經程定幾千。料得琿春春色好，碧奇緑喜迓行鞭。

一曲琵琶酒一杯，燕雲盡處鯉書催。試看金線河邊柳，疑是陽關笛裏來。

芝産葠苓處處皆，卻於故土效多乖。惟他長白山前水，不減江鄉風味佳。

層巒環拱水朝宗，啟運山頭王氣鍾。識得官家垂創意，風雲從虎亦從龍。

寄慎之五兄

奚紹聲

陽關曲送謁金門，陡濕羅衣白苧痕。愁倚欄桿望漢月，畫堂春老憶王孫。此言我哥在外思念伯母之懷憶游子。

一點春光一寸金，小桃紅處醉花陰。笛家吹徹城頭月，賺煞欄桿萬里心。此指客思。

别怨縈迴十二時，最高樓上望雲涯。瀟湘夜雨丁香結，大有華胥引夢思。此則弟之致念耳。

消息遥催雪玉驄，雙雙燕子舞春風。金河傳到王孫信，卻望江楳一萼紅。此則悵望玉音，取驛使寄梅之意。

塞姑解舞拂霓裳，淮甸春歸柳色黄。且上小樓酹江月，貂裘换酒醉紅妝。此亦尋常客況耳。

杏園芳徑怨三三，緑意紅情别緒酣。駐馬聽謌金縷曲，海天闊處夢江南。此亦鄉思耳。

畫錦堂銜荷葉盃，閒中好興醉蓬萊。無愁可解遐方怨，萬里春唫歸去來。此言無事乃歸耳。

雪楳香裏送征衣，雙雁兒回乳燕飛。離别難教留客住，塞垣春好綵雲歸。道途遼遠，恐往返動必經年耳。

别意難忘唱柳枝，長相思是酷相思。黄鶯兒報紅窗睡，春霽知君入塞時。此從返棹言之耳。

丁酉自詠

奚紹翰

柴門雖設不常開，風捲花枝掃緑苔。酬志可能投筆去，多愁翻自讀書來。事煩無計逃塵網，金盡難修避債臺。地僻知交寥落甚，頻澆塊壘試新醅。

修竹檐前十萬竿，憑君日日報平安。風塵矮屋悲張衮，燈火孤窗樂杜寬。慢把文章論顯達，還仍家世守清寒。浮雲變幻原無定，竚立花陰且静觀。

送春詞

奚紹翰

東皇指日駕歸驂，騷客詞人酒半酣。爲問何時能返斾，明年消息在江南。

梅點圖中紅滿樹，桃開壺裏綠成陰。翻疑蜂蜨知離恨，故故憐芳問水潯。
樹裏鳴鳩唤曉晴，枕邊怕聽曉鍾聲。知君此去應無恙，幾許山程與水程。
記得當時柳上歸，而今轉教古人違。未曾多種絲絲柳，倩與風前綰夕暉。

祭　詩

奚紹翰

都應消瘦爲詩篇，設祭殷勤説閬仙。好爇心香祝心願，明年吟興勝今年。

埋　硯

奚紹翰

何人鐵硯竟磨穿，卻恐兒童志易遷。聊爾埋藏當種玉，芝田即是在書田。

供　梅

庚戌辛亥，館於金臺之張公祠。每當殘臘，後園梅花盛開。愛其色香味俱佳，因率成六首，以當記念。

小齋忻睹雪霜姿，道是東風第一枝。紙帳輕籠揎袖後，銅瓶斜倚捲簾時。篆縈爐畔香初動，影落卮中蜨未知。爲報留聲休吹謝，窗前長對慰相思。

嚼　梅

奚紹翰

大嚼從無到雪香，者番絶勝飲瓊漿。高吟秋水留甘永，漫咽春風引興長。辨味尚存三寸舌，沁芳曲入九迴腸。何當與問和羹事，調燮先教鼎鼐嘗。

問　梅

奚紹翰

愛花轉覺爲花猜，解語端應是此梅。消息那能春早報，羅浮又有夢重來。替誰遠驛頻通贈，笑我何時始占魁。一事緣君作疑案，石腸相國擅清才。

品　梅

奚紹翰

格高韻勝更清寒，特立孤山不可干。人説輿臺桃李杏，天教領袖竹松蘭。綠華芳影冰霜迴，縞袂仙風水月寬。開向百花頭上去，可容俗眼再相看。

寄　梅

奚紹翰

故人睽隔路迢遥，地角天涯兩寂寥。千里香風隨夢遠，一枝驛使黯魂消。癯仙此去通芳訊，清友如逢記灞橋。斜日江南成苦憶，好教傳語慰無聊。

憶　梅

奚紹翰

爲憶瓊枝開未開，人情螮意兩相催。遥知嶺上春先到，曾否江南信早回。對鶴天寒同偃蹇，巡檐肩聳獨徘徊。故鄉風景依然在，是否香魂入夢來。

乞巧詞

奚紹翰

今夕是何夕，人世争乞巧。兹事相流傳，仙説同縹緲。搔首問天孫，七襄巧多少。能否給大千，慰彼素心禱。我道才一石，曹謝分已了。何況寸縷絲，擅絶極分秒。鍼神與線技，傭中足佼佼。咄哉月宫娥，擣素總荒渺。織錦伊何人，惟見數星小。習尚每如此，俯仰思悄悄。

反乞巧詞

奚紹翰

巧拙由天定，不可求而獲。孔壬帝所懲，鮮仁聖所斥。失巧抑何損，得巧復何益。吁嗟世人愚，鬬智紛役役。鸚舌與鶯喉，龍雕與轂炙。口蜜而腹劍，豺虎而鬼蜮。許少神馭運，終南宦徑闢。暮夜工乞憐，吴市陋乞食。諂脅佞媚容，有靦視罔極。更有獷獠儔，附緣般倕跡。機械多變詐，所性付戕賊。寄語乞巧者，惺惺而自惜。持此還雙星，莫漫冥搜索。守吾拙天成，明黜聰亦塞。汒穆泯識知，終古順帝則。

弔焦先生墓

奚紹勛

故人長謝解宫袍，坏土於今没野蒿。介節清風難泯滅，舜溪水遠鶴峰高。

題是孝子仲明先生墓

奚紹勛

曾從殘簡讀遺文，今日來瞻孝子墳。道脈常留秦嶺月，高風不讓舜山雲。愧無醴酒三杯奠，祗有心香一瓣焚。碑碣摹挲增惆悵，滿林黄葉下紛紛。

過海烈婦祠

奚紹勛

罡風折玉太無情，長此鵑啼夜月明。驛路於今存廟貌，百年雖死亦如生。

秋　興

奚紹勛

夕陽敲斷漢宮碪，黄葉蕭蕭下暮林。不待南來征雁唳，也難消卻望鄉心。
西風蕭瑟老朱顔，同輩相傳奪錦還。我是鹿門詩弟子，小山丹桂讓人攀。

夢與周少琴登鶴峰

奚紹勛

夢裏逢君莫當真，與君一别更誰親。韶光難買二三月，煙景復遭百六辰。岸柳輕盈過客恨，山花零亂故鄉春。重游鶴嶺知何日，雞黍待儂作主人。

消　夏　詠

奚紹勛

佳樹成陰覆緑苔，小亭午過夢初回。忽聞一縷春風送，知是荷花映日開。
家住山隈復水隈，葛衣稱體正新裁。飯餘掠地清風起，好句應教白雨催。

白　荷　花

奚紹勛

卸盡鉛華體自香，亭亭玉立滿銀塘。漁郎枉道無嬌色，那辨神仙是素妝。
陣陣薫風翻水新，宓妃月夜現全身。淡妝卻是儂真面，不買胭脂媚俗人。

小墨池記

奚殿璋

古瞟城秦氏，吴中望族也。宅於城南門中。丙午歲，余獲交於元和徐受之直刺。直刺與秦氏有戚誼，因就館焉。設硯於園間小屋，下臨池水，舊有題額曰“小墨池”。池邊多樹木花草，飛鳥上下。池東隱然有一小亭，破瓦頹垣，彷彿得其遺跡。春夏之交，繁陰蒼翠；秋冬雪月，舉目一色。風雨晦明之間，俯仰百變。余甚樂其僻静，得秦生元熙、元澄昆仲講學其上。左圖右史，朝吟夕詠，宴如也。墨池余不知仿於何時。曩者晉王羲之慕張芝臨池學書，亦名其池曰“墨池”。厥後，教授王盛學舍臨池，大書“晉王右軍墨池”六字，以示一能不遺，爲諸生勗。然則池以墨名，或者秦氏先人亦如王右軍之精於書法，援以竊比古人與？抑慕王教授之風，藉以昭示將來耶？不然，何以後起之賢，人才之多，儒林文苑，彪炳一時，且不徒以書法見長也。余不信一墨池之貽厥孫子，乃若此其源遠而流長，蓋必有裕乎墨池之外者，而墨池特其寄跡焉耳。余習聞夫秦氏好施善與人同積功累仁，由來者漸，匪伊朝夕矣，洵在德不在池也。秦生昆仲感而囑記於余，余不敢辭譾陋，爰濡筆而爲之記。

追悼荆室夏孺人

佚　名

幽閑貞静行超然，孝敬翁姑每在先。愧我無能承菽水，婦供子職共稱賢。
主持内外十餘年，病到臨危尚掛牽。酒醒更殘回首想，頻番累我不成眠。
釵分鏡破幾廿年，偕老緣慳悵苟延。辛苦同嘗偏早去，至今令我淚潸然。

侍家大人登惠麓雲起樓

奚廷瀛

扶杖尋幽境，登臨石徑通。疑來塵世外，别有洞天中。煙雨詩情遠，樓臺畫意工。一山最勝處，閒坐聽松風。

黄　花　崗

奚廷瀛

浩蕩江風弔國殤，黄花點點映斜陽。從知碧血真無價，今日高崗土尚香。

過衡山縣城懷鶴溪公

奚廷瀛

巍峩一嶽柱南天，起伏山城萬井煙。此是先人棠蔭地，輕車回首倍流連。

清明後一日感賦時寓吴門

奚廷瀛

煙景乍過百六辰，韶光冉冉委芳塵。劫餘書劍供浮白，野有萑苻廢踏春。燕雀處堂憐阿蒙，鷺鷥作態笑庸人。旅居别有愴懷事，麥飯久無獻兩親。

西 安 旅 夜

奚廷瀛

念家山破月如丸，匝地烽煙愁眼看。料得今宵小兒女，燈前也解憶長安。

白門秋日有感

奚廷瀛

蕭疏黄葉漸凋零，落日悲笳不可聽。九世何心忘故國，三年有淚灑新亭。雲迷闕塞楚氛惡，風過郊原戰血腥。獨上高樓幾悵望，鍾山暮色黯然青。

偕曼雲探梅鄧尉

奚廷瀛

萬梅花裏入山程，撲面香風夾路迎。爲語蒲團曾有願，他年心跡證雙清。山僧慈舟招余夫婦看梅，憩立墓山還元閣，出手卷屬題。寺中舊有宋文敏公牧仲一蒲團外，《萬梅花圖》今尚存。

五 十 初 度

奚廷瀛

風雲變幻苦蹉跎，五十無聞感逝波。歷劫漸悲良友少，傷心應比古人多。鵬搏豈息培風翼，駒過思揮返日戈。猶有壯懷堪問世，不教杯酒共消磨。

游 崑 山 作

奚廷瀛

名園佳木已成陰，祠訪三賢何處尋。舊有顧亭林、歸震川、朱柏廬三賢祠，今廢。今日興亡正事急，愧無懷抱對亭林。亭林公園。震川墓上化荆榛，一代文章跡已陳。見説婁江靈秀地，坫壇重振更何人。歸震川墓。

（奚廷柏主修、奚廷瀛等纂修《[江蘇武進]焦溪奚氏宗譜》
民國三十七年崇本堂木活字本）

孫氏宗譜

拜掃先塋

孫世儀

莽蒼東郭門,兩岸緑楊樹。移舟迤北去,緋桃欹引路。春風吹五兩,相送橋邊駐。鬱鬱青松深,是我先人墓。回頭卅載餘,謦咳在寐寤。時忘老大身,如嬰恃調護。一覺忽若失,惸憂積誰訴。手掬一抔土,悽愴帶濡露。羹饌雜時新,所嗜亦羅布。念兒比就衰,凡百失故步。非久快瞻依,泖下差無苦。孫曾賴濟濟,靈乃綿福祚。方當春氣和,式飲此清酤。奈兹榜師催,煙雲愁薄暮。撥櫂翟家灘,殘陽横古渡。

先慈辰日

孫世儀

嚴霜零兮飄風堀,梅魂甦兮寒香發。慈親上壽及兹辰,想像扶鳩垂鶴髮。鶴髮兮扶鳩,偕余考兮翩其來游。顧余兮綵舞亟,撫余兮憐辛苦。酒既旨兮飲斯,掬芳肴兮代進之。靄從容兮臨庭墀,惜流景兮動儼思。孫曾兮濟濟,御輕軒兮猶然以喜。悵往事兮爲兒傷心,兒婦相從兮四載於今。頹陽忽傾倚鄧林,捧觴載薦兮余懷沈沈。楮煙飄蕭亂寒星,愴余魂兮噩夢醒。臨風三酹兮淚涔淫,吁嗟吾母兮百齡。

先慈諱日

孫玉樹

泰山有嘉樹,上與青雲齊。枝枝濯晨露,葉葉含華滋。有鳥巢其巔,羽毛金色芝。鳳皇生九子,一一好丰姿。母食九子哺,母飛九子隨。嗟我有父母,常思百歲依。一朝捐我去,十年兒獨居。饔飧不充口,誰復念兒飢。袴襦不蔽身,誰念兒無衣。人皆有父母,皇天竟有私。徒見冬日促,不見春日遲。

文靖公詩鈔序

錢兆鵬

吾通生才地也,而求其德言兼懋、顯晦咸宜者,在勝國則有陳梧岡先生,在本朝則有孫漁曹先生。夫梧岡掇巍科,膺膴仕,敭歷中外垂三十載,偉績豐功,載在國史。先生屢困場屋,鬱鬱以諸生老，似未可同日語矣。然而禹稷顔子，異地皆然。此固於所養卜之，不以窮達論也。竊聞梧岡之未遇也，蓽門圭竇，淵淵出金石聲，不以遺佚而怨；既遇也，不以聞達而喜。始則政府方急私，而獨不以私請；繼則政府方急才，而又不以才衒。歸田後，杜門謝客，惟日與二三知己布韤青鞵，吟風弄月以爲樂。人亦忘其爲二品外僚、三品京卿也者。迄今讀其詩歌，温厚爾雅，穆如清風，廟堂間有山林氣象焉。如梧岡者，達可也，窮亦可也。設以梧岡處先生之境，其亦必樂先生之樂已。先生天資純粹，學問閎深，澹泊寧静，喜怒不形於色。人與相接，自然矜平躁釋，鄙吝都消，而和而不流，動必以正，凜然不以三公易其介焉。生施廣譽，没受大名。至今里中五尺童子，無不知先生爲通儒，爲端人者。使先生而掇巍科，膺膴仕，吾知其杜朋黨之漸，嚴義利之防，一如梧岡之不以私請也；且知其尚身教不尚言教，重禮齊不重刑齊，一如梧岡之不以才衒也；至於汲引後進，嘯傲林泉，登高作賦，志和音雅，則先生之所至固已不愧前人矣。故曰：易地則皆然也。

今夫言者，心之聲也。心氣花誕者，其聲流散；心氣順信者，其聲順節；心氣鄙戾者，其聲嘶醜；心氣寬柔者，其聲温好。是故躁人之辭多，吉人之辭寡，仁義之人其言藹如也。蓋嘗觀漢魏以來之作者，大抵凌夸恣傲，睥睨倨慮，挾盛氣以遻衆物，雖窮情極變，抉隱鈎深，而放浪詼譎、脱去繩束者爲不少矣。先生沖雅惠良，不以才智先物，厚自處而薄責人，有君子長者風。是以發爲文章，無泰肆淫靡之習，無剛悍苛促之音，約乎禮而不迫，優於興而不放，文質相宜，花實各得。一時誦其詩、讀其文者雖或不知其用意立法之至，亦悦其有和平之聲，洋洋乎其可愛玩而詠嘆也。

惜也，先生與梧岡居同里，而生不同時也！假令起梧岡於近時，相與飲酒賦詩，徜徉於山水間，豈不相得益彰、並稱瑜亮哉！鵬向者嘗求梧岡先生遺稿序而藏之矣。若先生大集，則諸長君蔚原之請而未果也。項自燕山歸里，蔚原復以爲言。鵬學業日益廢，志氣日益衰。通故生才地也，今之肆力於詩古文以争長壇坫者，猶大有人在，而獨斤斤焉以命鵬何也？豈不知鵬之不肖而謬以此事相推歟？抑以鵬知先生爲最深，而遂不計其學術之廢、志氣之衰歟？雖然，鵬既序梧岡遺稿矣，則於先生不敢辭也。異日合訂兩先生集，以垂久遠，俾後生小子私淑而有得焉。庶幾知兩先生之所以不朽，而鵬於鄉前輩中獨推重兩先生爲德言兼懋，顯晦咸宜，其言爲不忘也已。社愚侄錢兆鵬。

（孫匯澧等纂修《［江蘇南通］新安遷通孫氏家乘》 1927 年石印本）

掃　墓

孫慎行

煙郊一望草初青，痛哭重泉兩歲經。何日新松更千尺，東風回首鬢星星。
摧咽猶驚昨歲魂，弟兄相對共聲吞。東風晝起人歸遠，燕麥青青鳥雀原。

掃 墓 作

孫慎行

斑鬢蕭蕭苦易侵，白楊況復感人深。父兄相繼來何促，子女方慳信轉沉。何事能爲百歲計，無時不動九泉心。松楸在望須臾遠，歸路西風痛獨吟。

過善權山先人讀書處

孫慎辭

不將煙雨作空濛，誰踏吴山最上峰。哀壑暮雲流黯黯，虚巖倒石翠鏦鏦。天垂玉柱通靈氣，泉漱金亭和梵鐘。回首煙巒傷往事，凄其荒草碧羅封。

影堂瞻先儀

孫慎辭

影堂瞻拜静無聲，祗有春禽隔樹鳴。昔日音容何處是，一簾花落晚風輕。

與弟師儉書

孫巽撰

吾弟頗憶幼時耶？弟自長安歸，余兩人猶童子耳，衣斑斕之衣，綰兩丸髻，吹蘆笙竹笛以爲戲。今幾時耶，吾弟已鼓雲霄之翮，直待時而舉耳。而予也，學書不成，請纓無路，煢煢几硯間，一無表異。奄忽歲時，年齒漸長，靦然成人之列。嗟乎！如余尚何言哉！每風雨之夕，申旦不寐，上念祖父作室未終，洎乎老母苦節令德罔極未報，流光易逝，歲不吾與。興思及此，未嘗不掩面流涕，至于不能自已。或有解予者曰："子夏不云乎，死生有命，富貴在天。子何見之不廣耶？"余曰：否，否。吾族自燕山侯以來世有顯人。太僕公以前毋論已，太僕之後中衰者二世，迨文介公起而振之。其少時勤學之狀與歷仕之節，吾祖嘗爲余道其詳。文介没，未幾，吾叔父又起而振之。叔父之前祖德有未光，家門有失墜，叔父之責也。在叔父以後者，假使不克自振，是誰之過歟？其敢以命自解歟？雖然，予無復可望矣。吾弟年少有壯志，能自奮于所爲，將余所謂其人耶？古來非常之人必有非常之志。大禹，聖人也，而惜分陰。陶士行，豪傑之士也，而運甓自勵。是故，志立則貧賤之人可以立身揚名；志不立則富貴之子必至辱身賤行。吾弟將謂聖賢豪傑之所爲，果聽之天耶，抑聽之人耶？夫天定固能勝人，人定亦能勝天。若以命自解，則是富貴者可以不自力而坐享其成，貧賤者可以不自好而坐守其困也。豈其然哉！豈其然哉！縱其理固然，揆之學者之志，則有大不可者。昔弟曾爲吾言家居紛雜，欲請于叔父，避跡深山，與一二同志探賾古今，爲不朽之事業。此志極佳。夫居家患不決，不決則力不奮；居家患不苦，不苦則業不深；居家患不純不静，不純不静則間斷而不能專精。古之賢人猶且入聞聖道而悦，出見紛華靡麗而悦，而況人非聖賢，安能志乎此不移於彼哉？百工居肆以成其事，自昔然矣。能如是乎，與弟偕往！嗟乎，光陰駒隙，古人所悲。幼者之忽爲成人，安知壯者之不遂至于老耶？釋今不學，老大徒傷。《詩》曰："我日斯邁，而月斯征。夙興夜寐，無忝爾所生。"吾益時時望之。

（清孫自式原編、孫咸續修《[江蘇]毗陵孫氏家乘》 乾隆四十八年木活字本）

秋杪旅次

孫鍾灝

澄净天初霽，旅游途夜看。月明千渚共，鷹過一峰單。故邑人離久，暗楓時已殘。爐吹松火濕，壺滴酒聲乾。醉淺愁猶在，名羈歸正難。夜分燈既燼，清夢望江干。

仲秋夜行留宿潭雲寺

孫鍾灝

蒼芒過月渡，蕭瑟轉蘆濆。鳥漏發深竹，蛩騷寫古墳。自悲心繫重，猶逐世塵紛。望寺趨僧火，開荆入白雲。道源鐵磬合，真界木魚分。聰性淡然出，空香何處聞。

賀友放還詩

孫鍾灝

聖世多賢俊，隱才任釣屠。放歸廣覆載，寂寞賜江湖。跨犢入樵徑，攜朋對酒罏。解饑開藥圃，得句質琴奴。沙净息鴻聚，松深立鶴孤。素心如可寄，不必問榮枯。

秋卧見月光在牕復起簷下坐因懷聶二北驥聶四淇兼傷聶三政新去世

孫鍾灝

爲月被衣起，臨風抱瑟看。西奔河影淡，東過雁聲單。良友同清照，他山隔渚寒。别樽春日遠，攜手此時難。人逝文章厄，天哀草味丹。祈魂接我夢，話續舊窗歡。

秋晚飲惠山亭

孫鍾灝

層巒增晚秀，已值秋深時。騷客來尋景，孤亭可入詩。波光摇素榻，對影濕清巵。舊約今應踐，攀躋覺自遲。

新篁

孫鍾灝

參差新竹多新景，便可拈將入畫圖。隔檻疏陰侵半榻，臨溪嫩緑染雙鳧。纖根裊裊穿雲竇，細葉瀟瀟滴露珠。從此子猷清興遠，頻來吟嘯漫踟躕。

露洗梧竹凉，山空意清越。披襟登釣臺，捉竿弄明月。

春夜山參六言

孫鍾灝

簪紱何干達士？喧囂不到山家。茗碗翠沾松露，詩牋紅點桃花。

（清王以銓纂修《［江蘇雲陽］辛家巷孫氏重修族譜》 清同治八年富春堂木活字本）

杭州寄家中諸兄弟論修譜書

孫鼎烈

新正悤悤，首途迄今兩閲月矣。族譜一事，人人有樂觀厥成之心。兒輩歷次函告徵稾，麤有頭緒。排纂匪難，成編似計日可待，而猶遲遲審慎者，蓋别有在也。昔湘鄉曾氏家譜，以曾子十五世孫漢關内侯據爲南州始遷之祖。《廬陵集》歐陽公與曾子固書，敘曾氏自述世德，則云曾元之曾孫樂爲漢都鄉侯，至四世孫據遭王莽之亂，始出都鄉而家豫章，世次侯封與此不同。譜殆因歐公指駁，故改之耳。文正公少時嘗私怪據事蹟不見他書，舊譜於何取徵。今吾始祖慎齋公，唐咸通中官金吾上將軍，位從二品。歐陽公《唐宰相世系表》偓相昭宗在懿宗後三十年，時代甚近，而公名不見於表，其可疑一也。唐天寶中，置緣邊八節度使，專制軍事，行則建節符，樹六纛，外任之重無比焉。公前後數十年孫簡爲河中節度使，又爲河南節度使。孫德昭爲静海節度使，又爲安南節度使。偓父景商、兄儲，且父子相繼爲天平軍節度使，孫氏建節屢見史書。公父子兩世節鉞，獨不見於帝紀，其可疑二也。公從康承訓平交趾蠻，臨軒不聞策命之文，凱還不受論功之賞，即承訓傳中絶不一見，其可疑三也。舊譜載公家傳，稱交趾既平，河南盜起，奉詔討賊，兼鎮新安。讀《懿宗本紀》咸通十年正月，命康承訓充徐泗行營招討使，領十八將，分董諸道之兵七萬三千一十五人，進軍攻徐州。奉詔討河南賊，當在此時矣。乃無專閫之命，又不在十八將之列，其可疑四也。昭宗末造，婺、睦、宣、歙諸州屢爲强鎮吞併竊據，公既坐鎮，當日作何措置，其可疑五也。遞檢新舊兩書，官閥勳階，戰功事蹟，名不一著。其可考者，獨明凌迪知《萬姓統譜》所載數語，《尚友録》引之。《圖書集成》氏族彙考又引《尚友録》。按《萬姓統譜》雖收入《明史·藝文志》，但其書採摭譜系記傳多至二百五十種，蒐羅較廣，論者謂其厖雜牴牾，亦以騖廣而生。所録猶僅僅止此，且與譜載不符。幾何不與南豐同見詆於歐公乎？且敕書載前威武軍節度使，考乾寧四年升福建都團練觀察使，爲威武軍節度使，終唐之世惟王潮及弟審知相繼拜命。懿宗以前無威武軍也。此無可疑者也。繆誤相沿，而公之勳閥事蹟不窮源溯本得一確實考證，開卷便無從下筆。數月以來，訪求諸書，悉心搜討，僅《安徽通志》，弘治、嘉靖《徽州府志》，及近世嘉慶《休寧縣志》諸本載有孫萬登仕唐金吾上將軍，從嶺南道節度使康承訓平蠻凱旋，道經海寧，愛風土之勝，遂家黎陽之唐田。則平蠻一段事實稍免無徵不信之嫌。公家黎陽，乃流寓，非建牙作鎮地也。又公建天王堂，後改審坑菴。嘉靖間，改菴爲金吾勳祠。萬曆間，禮部劄付并祀都御史忠烈孫燧。餘姚人，明殉宸濠之難。有明中葉去公未遠，畊釣之所遺，閭里之所式，耆耈之所述，子孫之所守，載在志乘，累代相傳，或可塞歐陽公之問難。至公之薨已在唐祚將移，新安伯之號一見於《嘉靖府志》，而未詳贈自何代。後見休寧族人所記，有明贈新安伯，國朝配享武子，建祠蘇州之語。則受贈當亦嘉靖時事。蘇州武子祠，嘉慶十一年山東督糧道孫星衍偕翰林院庶吉士孫爾準等即虎邱一榭園改建,載《蘇州府志》。星衍爲之記,見《岱南閣集》。祠燬於兵,而志記皆不及配享諸人,事難徵實。新安本支譜載公後裔代有簪纓,然獨楚望公有進士題名碑可考,有宦蹟載在各志可證。《常州府志》且闕而不登,其他則無傳焉。公子敏既爲嶺南道節度使,公流寓於徽,其子孫即爲土著,并不入休寧宦業諸傳,又不見史書及私家記載。舊譜録《新安名族志》一篇,旁註載入《徽州府志》。玆考前代府志無之,其文亦非志體。宋羅願《淳熙新安志》收入四庫,爲當世所稱,氏族一門僅登七姓,固爲簡略。《休寧志》收六十六姓,多引陳櫟《新安大族志》、鄭佐《新安名族志》,吾孫氏不登焉。志稱自明迄國朝乾隆中葉,草市孫姓科第仕宦極盛,厚村亞之。何以先世略無紀載?《新安名族志》一書遍搜不獲,舊譜所登疑即明季曹叔明《休寧名族志》而增益之耳。即此數端,已窮數月心力,僅稍有依據。不知者但謂修譜一役始難於徵藁,繼難於集款。玆採訪已什得八九,編纂之事體例既定,子侄之稍知文法者優爲之。鄉村小姓皆修宗譜,世家大族與夫文人學士之著作,所以異於鄉村小姓者,固在彼不在此也。自宋迄今,譜式不外歐蘇縱横二例,而前明李崆峒、高宗憲以及國朝汪鈍翁諸名人所輯家譜,凡可採擇一二者,見輒手録,以廣取材。至集款似非難事,容定稿再議。此舉發軔在四十年前,寸累銖積,隨時搜録。丁稿尚不虞闕略,而鄙人詳審遲徊之心有不僅此者,爰詳舉以質諸諸兄弟,庶其有以助予。已亥三月初十日。

宗祠記書後

孫鼎烈

宗祠之法昉於朱子,與始祖廟異。宗祠祭高祖而下四代,親盡當遷,始祖則不遷。伊川冬至祭始祖,乃厥初生民之祖,其高祖而上逮夫受姓之祖,皆於立春祭之。紫陽初依行,後覺似僭,作宗祠祭四世而止。世遂謂始祖廟爲天子諸侯之制,大夫士當祭,古無明文。然殷制大夫固有太祖廟也。本朝秦文恭公長於説禮,酌古今以廣其例,大夫士之祭始無嫌於僭。故吾邑專建分建凡四十八祠,編給祭銀,列於祀典,亦聽其子孫世祭。吾族始祖之廟復何嫌,顧以宗祠名。且宗有五有四,朱子宗祠特宗其繼别者耳。大宗之適,世世相承;次適之適,世奉其宗,祭於私家,故理而不亂。宗法數千年廢矣,朱子之世已不能盡行。蓋古者宗子命於朝廷,今制公卿以下不得立宗子,無世官,無世禄。宗始祖之適夷於氓隸,亦有採樵負販,如安溪所云輕而賤之已。素者欲使統攝一族,主其祭祀,且使族人咸奉若人之高曾祖禰,而有官禄者反退居支子不祭之列。此高安朱文端所以有瀆祖之譏,臨川李穆堂侍郎極論宗子主祭之失也。即揆諸禮不下庶人,亦未爲宜。況吾族始祖之宗遠在新安,繼别之宗轉徙陡山,其在孟里皆小宗耳。即欲復古宗法,已無宗子。於是沿元季以來陋習,合羣宗而聚之於祠,而繼高之宗,繼曾之宗,繼祖之宗,繼禰之宗,人自爲宗。即人各有高曾祖禰,就今日言,數已千計,三楹之中何地能容?又安問同堂異室、同室異龕之制乎?稽亭此記曲爲之説,謂宗祠古之祧,而今之夾室。不思由廟而遷之謂祧,夾室乃藏宗祠遷主之所。序有先後,奈何混而一之。且言遷主所藏而不爲未遷之主謀。此則傅會經義,强經就我,而不自知其戾者也。然則將如之何?曰:正始祖廟之名,以始遷之祖配以先世有官禄者,與夫德行道藝有聞於時者祔。擇族之長且貴與賢,祭則主其獻奠。合族以食,序以昭繆,别以禮義。仍有合於禮經同姓從宗合族屬之義。而繼高、繼曾、繼祖、繼禰諸宗,各舉私祭於其家,亦猶行古之道也夫。

墓祭瑣言序

孫鼎烈

《周禮》:墓大夫掌凡邦墓之地域爲之圖。古金石例,墓圖作方石碑,先畫墓圖,内畫墓樣,各標其穴某人,嵌之祭堂壁上。後世世族修輯家譜,遂立墓圖一門。

吾孫氏遷孟里,傳世十七,塋墓不能悉載。余修壬寅譜,仍舊例,凡可考者各著葬地、都圖、畝號於譜,并用形家法以羅經分方隅,不立專門。抑聞諸禮,古不墓祭。古人於墓之禮,但奔喪去國二事。是以至於墓皆有哭泣哀傷,而祭者吉禮也。顧亭林《日知録》:曾子問:宗子去在他國,庶子無爵而居者,祭如之何?孔子曰:望墓而爲壇,以時祭。此古人墓祭之始。漢承秦制,諸陵設園寢,於是歷代有天子上陵之禮,甚如後唐莊宗每年寒食出祭,謂之破散。歐陽公《五代史》:寒食,野祭而焚紙錢。蓋即謂此。士庶之家襲而行之,寖成風俗。至《朱子家禮》著寒食、墓祭之儀。《家禮》一書,朱子門人已疑其依託,後世議者尤多。本朝秦文恭公蕙田《五禮通考》,謂陵祭墓之禮無述焉,然冢人墓祭爲尸,成周初已行之矣。東郭墦間,戰國時盛行之矣。蓋上世嘗有不葬其親而虆梩,而宅兆,而封樹,踵事遞增,孝子之心有加無已。先人體魄所在於此,而不用吾情,吾惡乎用吾情?芻樵採之斤斧,狐兔之窟穴,歲時省眎。雖非制禮之本經,而出於人情所不忍,言禮者亦從而許之。緊維我高曾已下生齒繁衍,春秋展墓,老幼恒七十餘輩,值祭或數年一輪,或數十年一輪。如仙人塢阡曾王父王父之親,就余親兄弟之身,一百二十年值祭始辯,輪轉既疏,諸事遂易疏漏。丁丑歲,偕伯兄刊有墓祭章程,僅高曾數代始遷而下八世闕焉。仲兄亟以爲言,命子侄仿曩例詳考彙訂曰《瑣言》,不厭瑣屑,取詳備也,付諸梓以惠宗人。庶輪祭者執册以求,如中夜幽室之有燭,弗慮茫乎無措已。旁支私祭,繁簡異宜,家各不同,弗辯及。

(清孫鼎烈纂修《[江蘇無錫]孟里孫氏家譜》　光緒二十八年木活字本)

翁州十詠

孫弘均

居嘗每太息,議論慨以慷。忠義甚勇決,自謂世莫當。一旦臨事變,氣奪魂魄喪。百計巧避脱,袖手徒徬徨。孰能冒險阻,内腸復截腸。我來彭湖上,至今仰耿光。有如曹將軍,身被七十創。焚舟誓必死,肝膽各催傷。卒破鯨鯢窟,飲馬至扶桑。其功也如此,未知誰與行。縱使爲已功,姓氏亦已香。而乃竟不居,瀟灑淡若忘。我懷孟之反,千載有餘芳。崇勳不伐

吾怪孟嘗君,世稱能下士。及觀荆公言,雞鳴狗盜耳。雞鳴狗盜雄,區區何足齒。卒拔强秦難,驅車回田里。所賓雖非賢,得效已若此。而況君子儒,食客,胡可比。今得處囊中,脱穎自此始。寄語楚元王,無忘穆生醴。禮賢下士

昔者病斯世,鯨鯢踞海窟。豈無百畝田,滿目成藜蕨。爾來復舊疆,狼煙已銷歇。于是闢汙萊,投戈親耕垡。畎畝頓生春,無復蓬蒿没。借問人將誰,云是三山傑。開墾田地

王公爲設險,海島駐旌旗。孤山本絶遠,風雨更淒其。一望惟榛棘,交游盡鹿麃。所以征戍子,長念及瓜時。將軍官就此,勤勞不敢辭。鳩工即庇材,大小隨所宜。大者充梁棟,小者作

門楣。次第告成功,歡聲浹熊羆。從今語少婦,不用苦傷悲。改造營房

昔聞李將軍,擊牛嘗享士。亦有鄭監門,繪圖告天子。遐哉古人風,而今已亡矣。市上買新絲,烹鮮輙自喜。鎧弩作饔飧,肉食罔知恥。誰爲司牧者,忍令其若此。君侯殊不然,春風拂桃李。三軍胥解甲,歸民若流水。于古或有之,今也那堪比。撫卹兵民

海濱留餘孽,霸踞關梁絶。白日揚洪波,出没無定跡。行人不敢窺,當恐恣饕餮。哀哉賈與商,那堪遭磨折。自從君侯來,雄師威兩浙。波濤永不揚,刁斗竟不設。八月倭奴來,百寶森然列。何以忘險阻,只爲無譏訐。嘉惠商賈

名爲百里邑,而無九仞墻。崎嶇類蜀道,屈曲似羊腸。可憐吾赤子,一旦委遐荒。所以大將軍,目擊爲心傷。緣山增粉堞,鑿險治周行。從此遵王路,萬載固金湯。虎踞丹山上,蛟龍孰敢張。築城除道

漢文嘗賜絮,周文嘗埋骨。區區豈市恩,功與乾坤揭。大雅久云亡,此風已銷歇。陰房鬼火青,鶉衣禦鷸發。民也竟何辜,毋乃政之缺。我公真父母,目睹心思竭。施棺兼施棉,春風被南越。大化有終時,此恩無淪没。施棺施棉

夏景方曦赫,乾封又在兹。阿香何處也,玉女竟焉之。今朝復何幸,欣逢傅説來。叶音黎。自有瓶中雨,不用白鵝兒。須臾倉廩開,法雨注東陲。懷哉董江都,蛇醫寧非癡。陽春今有脚,不數硯山碑。禱雨賑饑

四明多古剎,名山推落伽。斷崖驚鳥雀,穿浪走龍蛇。一望何嵂崒,煙雲麗彩霞。自從兵燹後,猿鶴變蟲沙。寂寂樓臺冷,蕭蕭風雨加。哀哉丈六身,不能保髻了。幸際昇平日,慈雲覆海涯。將軍不好武,偏入法王家。今古真希有,絶勝優曇華。永作金剛衛,應當天雨花。助興普陀

近舍竹枝詞十首

孫　蔚

前後沙堤大小街,懸洲聚處最清佳。南湖緑水紆迴繞,舴艋横撑不用排。

喉道穿城令水通,氣喉最近嶽宫東。鄞江祠宇臨流建,文閣參天勢更崇。

青龍潭近白龍潭,未有龍潛皎鏡涵。一到春初連夏末,燒香船隻滿東南。

照水彎環獅了橋,沿橋小店酒簾挑。對河沙樸十圍大,鸛鶴棲來影動摇。

清渠一道六橋通,謝氏園林杳靄中。古塔燒餘形突兀,雷峰夕照賞心同。

閥閱交推四府前,家聲端賴後人賢。而今學士橋邊地,聞説將開小有天。謂黄東井司馬。

養疾幽居已十年,栽花種竹小神仙。春來最是東風好,大石溪聲到枕邊。大石碶隔城數里,遇東風,溪聲聒耳。

細草平鋪措大營,四時操演左營兵。往觀只候鑼聲發,蠻觸相争也有情。

斐園聞有竹千竿,啞叟攤書緑蔭寒。邇日經過惟種菜,休官陶令佐盤餐。謂李斐廬。

扶筇時過五臺基,尚有黄家飲馬池。試問園亭荒廢盡,小樓誰下讀書帷。今王董北憑居于此。

(周葦漁纂修《[浙江鄞縣]四明章溪孫氏宗譜》 1928 年敦本堂木活字本)

被 纓 集

孫椝著、李逢春評

紀 水

新溝口　蘇家嘴　建義口　范公堤

崇禎四年,新溝口決三百餘丈,蘇家嘴決一百五十餘丈,平地水深七尺,雨水三尺。屋地高者及墻之半,低者及簷,極低者没脊。樹僅見杪,民皆作護堤,守廬以居。幸盗賊尚少,惟風波險惡,溺死者無算。拆屋爲船,賣衣爲網以漁,絶無魚。崇禎五年,新溝口已塞,蘇家嘴浮沙淤滿水衝,建議口連決數百丈,平地水添丈餘。盗賊蠭起,民無守志,遂逃去。時多漁,以盗故,不敢漁。

范公堤原障海潮,河決水滿,鑿堤洩水,因衝開數百丈,倒撼城頭,晝夜響如雷。此堤不築,即決口俱塞,海潮湧漲,鹵水過田,其害尤甚,并恐城不可保。

紀 溺

義救

崇禎四年八月三日,大風。王志盛等見波中一船顛危如桔槔,幾覆,依稀百餘人呼號擾亂。嘆曰:"必死矣! 吾不忍見,盍往救。"及近,見止數十人,踴躍争渡。亟止之曰:"舟小不能容,皆渡則俱没,奈何?"有父讓其子曰:"爾先往,我死有爾在,但善事爾母。"兄讓其弟曰:"子先往,我死有子在,爾尚無子,但善視吾兒。"哭聲與怒濤俱亂,因渡其半登岸。衆泣拜曰:"兒輩得生,忍眼見吾父兄死耶! 幸未覆,懇再救數人。"志盛等已力憊,鼓鋭復往,皆得渡。父子兄弟俱生,泣且喜,羅拜救者。

勇於救溺,是真見義必爲者。

援樹

夏馬爲夏璉僕,素勤幹。大風波漂屋去,馬與鄰人乘舟護之。舟漂去數里許,忽觸樹,馬援樹上,鄰人與舟俱激開距數丈許,爲水底敗垣所膠,得不溺。樹爲風撼,枝盡折。號鄰人救,哀懇備至。鄰人肝膽摧裂,然恐舟移則俱没,相對泣,不能救。馬與訣曰:"生平無惡,一旦死此,命也。我妻我子誰婦誰兒? 此生不復再見矣! 歸告主人,願以他世相從。"至一晝夜,曰:"我筋骨已碎,不能支。"撒手自墜水死。

相視不能相救,徒切哀呼何益?

屍連

周莊水没廬,遷徙去。舟載十一人,餘幼男幼婦二人,以小舟繼於後行,遇風纜斷,小舟漂去。衆泣曰:"必溺矣!"轉瞬不見。去二百里,遇救,宿其家。次早,有屍浮於門,觀之,則牽連不絶者十一屍,乃周莊之舟於覆溺時恐屍漂散不聚,各以繩帶相繫結。父子、夫妻,或抱或挽,身死而手不釋。

死且不欲散,況生離乎?

縛樹

李玉舟遇風抱樹,自度力不能久支,乃解衣帶縛身於樹上。撼一日夜不墜,遥見有舟行,氣憊不能呼，以手招之。不見，以裙布招之。舟中人見樹杪若酒簾，近之，解縛。氣幾絶，渾身筋骨如斷，卧病月餘方起。

樹亦能救人。

蛇樹

王廷謌，府學生，淮安人。舟没抱樹，忽仰見樹上蛇數百條，異色相間，盤結如斗大，皆怒目吐舌，欲噬狀。懼不敢上，欲捨樹，又恐逐波漂去，居水中，據樹一夜，後得救，幸未傷。

蛇亦懼水，非不傷人，恐自傷也。

屍溺

淮城東門外至車家橋，皆鹽民露宿處。遇雨雪，死者日數十屍相枕籍。地主不容葬，葬必納地租銀三錢。死者每夜至河邊推入水，聽其流去。

不溺死，死仍溺。

紀　饑

面裂

人饑，則嘴尖，面黄，眼圓大。甚則腫，久則面自裂，流清水死。

語云破臉，信然。

扳柱

宋升行至街，抱柱不動。問之，不應。及甦時，曰："非此柱，則仆不能起矣。"

此猶陳仲子三日不食，耳無聞，目無見也。

賣女

顔氏年五十，止一女，十歲，極憐愛。饑甚，鬻於巨室。恐女知，紿以親故家。及至，啖以餅餌。女嬉甚。婦泣曰："兒勿嬉，是爾主家。今以後，兒作婢，不得似作兒時矣。須勤謹，勿饕惰以招箠楚。"因拜其主母并臧獲等，曰："貧養嬌兒，是余二年前果實飼大者，乞少減鞭笞，但圖冥報。"女牽母裙泣，至暮不放手。母陽怒曰："不鬻爾，歸去餓死。"急推仆，拂衣出門去。

此初鬻時事也。其後凍餒日深，哀苦相習，父母賣之惟恐不售，兒女去之惟恐不速。人心幾絶，不忍重紀。

賣兒

趙完妻韓氏止一子，數日不炊。鬻兒得粟，辰炊，意博一飽。及熟，婦具三人碗箸，誤若平時兒在也。呼兒食，不見，遂痛哭廢食。余昔有詩云："雙手抱兒向兒哭，賣兒買米煮成粥。粥熟呼兒不見兒，傷心忍食孩兒肉？"

慘　極

撻兒

張毓靈止一子，鬻後數日，忽逃歸。泣曰："主人楚毒甚，膚肉皆裂。兒寧死不復往。"父痛幾絶，忽思曰："主人以誘拐訟我，奈何？"勸兒往。不聽，强怒撻之。兒牽衣踊泣，愈撻愈甚。見者皆心傷。

此時人心未泯，猶知奉法。

攫餅

乞者見餅，遽攫去。逐之，以杖擊其首，但噎餅不避擊。擊未已，餅已盡入口。

俗云,饑餓難忍。信然!

自經飢寒死者無算,紀不勝紀,特紀因飢縊死者。

顧隆家小康,好義樂施,不留餘蓄。崇禎四年,水,罄産,尚能自給。五年春,拮据牛種,意得逢年,以補去歲之缺。及水又至,嘆曰:“我忍俟鵠面鳩形,枵腹僵卧死耶?”遂自經。

父經

劉用止一子,至孝,乞得食,悉歸養父,自忍飢。父問:“食否?”曰:“已飽。”父見其日瘦,曰:“兒瘦我肥,是我食兒肉也。兒死,我安賴? 曷若我死以存兒。”遂自經。

即絶口不食,恐兒亦未必能存。

妻經

張遠妻陸氏止一子,度不能并活,商曰:“盍鬻兒? 兒得食,我兩人籍兒以活,便計也。”鬻於市,得千文,乃棄妻遠去。妻嗷嗷待,至暮不見夫回,遂自經。

棄妻賣兒者不可勝紀,舉此一端,以概其餘。

乞怨

乞者偶入門,門者批之出。且行且泣,曰:“何日塞決口使我歸? 何日塞決口使我歸?”不怨批者。

不怨批者,將誰怨?

紀　食

食糠

古有食糠者,多作餅餌炊熟食。今到手,即以舌舐嚥之,雖苦猶甘。有土者稍澁,每升錢二十文。無土者,二十五文。

食糟

糟以蒸黄酒者爲美,熟米故也。次即白酒。惟燒酒糟有礱糠拌於中,最難食。然得即嚥之,不嫌粗糲。

食草

草皆可食,惟荼苦蓼辣,最難食。鹽境遭水患無寸草,出水外或食淮人麥青,每遭譴責。

食蘿蔔菜

淮城東門外多種蘿蔔,每出土棄其葉。鹽民拾食者幾千人。主人思利,每百斤賣錢二三十文,以作虀粉,稱佳蔬,和粟更可作粥。

食鹽蒿

鹽蒿生海邊,狀若稗,微小,黑色,味鹹,可食。但不能多得。是年,荇藻蓴蘆皆稱美味,不可勝紀。

食泥苔

以苔包泥食,滑而易咽,食之至大便不通而死。

食鰕皮

張得仁至其親家,具餅進。問所食葷素,曰:“歲苦,安得葷?”及食,乃鰕皮。

食屐皮

季雲三日不食,以鼓皮煮食之,屐上皮亦煮食。

思食至此,苦矣!

馬食木

馬食粟與草，飢極，食枯蘆，囓屋柱，至斷。

牛囓尾

牛饑，食繫鼻繩，後相咬尾。

狗彘食人食，今人食狗彘食矣。決口不塞，必人將相食也。

紀　義節義甚多，此僅據見聞者紀之。

死全

朱得春妻孫氏素賢淑，貧窘甚。夫謂之曰："合則俱死，分則兩全。爾謂之何?"妻曰："寧死不從命。"又數日，卧不能起，忽曰："節義廉恥，人有同心。我且屈身活爾，但得值即他往，不可一刻遲。"遂嫁之，一入其家，即自刺死。果覓前夫索錢，不得。

全身遠害、爲夫謀者至矣，可稱智節兩全。

生待

郁存義，妻杜氏，歲荒，屢欲遣嫁。妻不從，因棄之遠去。妻乞於市，人曰："若棄爾，盍依人?"曰："凶歲當有豐時，人離當有合時。夫雖棄，猶夫也。我懷二心，將與郁氏廟絶矣。且待來歸。"

義溺

殷尚義妻李氏，美姿容，生一兒一女。飢甚，夫約其鄰與妻通，得錢數十文。妻知之，候夫出，繫兒女於床，自溺死。

感棺

吾族人孫潢，鹽城縣學生。父死，葬祖塋之側。洪水衝棺起，漂去，遍覓不得。誓曰："不見父棺，即自溺。"次日，一棺横舟側，觀其題識，父棺也。

棺隨波漂，何止千萬。浮沉無定，從何辨認? 非孝感不至此。

紀　盗

沙溝鎮

袁邵莊大盗數千人，素爲亂四境。飢民入其黨六千人，所過莊鎮如洗。崇禎四年閏十一月初三日，五百餘人至沙溝，沿門席捲，劫七十餘家，殺曹春等數人。十四日，又復至。衆憤激，鄭照、朱張子等敵，殺盗五十三人。懼復仇，通鎮四千家多逃去，炊煙幾絶。

岡門鎮

岡門，三千多家。盗至，鄉兵擒十數人，殺之，生埋其一。懼復仇，俱逃去。

安豐鎮

安豐，千五百家。大盗連劫二次，火炮傷者數十人，俱逃去。

此鹽邑三大鎮也。人俱逃，則無不逃之處矣。

湖埊莊

崇禎五年七月初十日，有米十餘艘，從高郵往廟灣。官兵護送至湖埊。平明，盗船百數號，從東南揚帆來，將近莊，列陣以待。官兵具火炮迎戰，連發，傷盗數人。一賊持長鎗，往來舟上如飛，官兵屢取之不得。活擒賊二人，賊少怯。復踞船上岸，從上風縱火焚屋。煙起眯目，賊遂勝，殺兵數人，劫所擒者割級以示。至申刻，各飢，始解，未盡劫去。炮聲聞水上數十里，各莊俱膽落奔逃。

此後賊益熾，未有敢犯其鋒者。

擄妻

魏成新娶妻，將入門，被賊擄去，逼之，不從。賊曰："以衣物來贖。"得贖資，復肢解。

慘　極

搶棺

尤禮，賊至其家無一物，怪問之，曰："被劫六次矣。"見一棺欲取之。禮曰："母年八十，旦夕死，寧殺我，毋暴母屍。"賊曰："事不難。"殺其母，搶棺去。

奪舟

孫浴，住唐橋。族百餘人，數爲賊困，計偕遷。各以舟載老幼及資囊，將發，盜至，推老幼入水，搶舟去，無一物存留。是日，賊船一百二十號，每號十數人。沈莊、劉莊、季莊、皮莊、孟皮李莊，相望二十餘里，皆賊船相連結，金鼓炮聲振天，如長江水操。鄉間不復有居民矣。

夜行

葛條，鹽城縣學生，懼盜(畫)[晝]劫，不敢行，乃夜歸。比曉，遇盜，覆其舟，盡没之，死者九人。

(畫)[晝]行不敢，夜行不得，奈何?

易舟

趙南挈家逃難，恐遇賊，將所蓄藏舟底不及見處，以泥塗之。盜果至，但劫其衣物去。南私喜，頃盜復來奪舟。泣曰："老幼數口，水深無舟，必盡没死，奈何?"盜以已敝舟易之去。賊卒不知所藏，南亦不以告。

黄金不發命窮人。

紀　居

土窟

淮城東門外澗河岸差高，鹽民依岸鑿空爲土窟，覆以蘆葦，塗以泥，高四尺，鞠躬出入，可坐不可立。以地爲床，以土爲灶。炊則煙滿窟，目不能開。雨雪滿頭面，加以煙煤土汁，黄黑相雜，如鬼形。岸有高低，窟因之魚鱗雁次，凡五六層，東去數十里，計千餘家。

土坑

力不能爲土窟者，平地掘深尺許，掊土兩旁，其上覆以蘆蓆捲簾，如蚯蚓鑽入，可卧而不可坐。灶在外，如遇雨雪，則身卧冰水中，不霽不炊煮。

恐霽，亦未必炊煮。

無釜

沈德貧甚，家無釜，每炊必候鄰炊後借用。有憐之者予以釜，復賣之，後但食糠，毋須釜。

到可無生塵之誚。

賣屋

屋三楹，計木植、磚瓦、工作，原費百金者，可得值十之二三。除船脚價分其半，地租牙用又分之，惟求速售，遲則價俱盡。

拆賣

一屋十餘金,歲歉鮮買者。或一柱一樑,或數椽,聽買者便。賣盡,食亦盡。

販賣

淮民有射利者,因其不得售且乏日用,多方謀買,以賤價得之,轉賣與他人,獲重利。

勒賣

屋有欲賣者,射利之徒即與之定價。價輕不願售,延至數月,不敢有增價再買者,卒歸其人,聽勒減價數。

劈賣

屋材之價與爨薪等。薪尤易售,故畫楝雕梁皆劈碎賣。

賣木主

張庸,先世宦於粵。年飢,持祖父木主賣作爨薪。

賣鞋

一男持婦人大脚破布鞋賣之,到處無人受。

傳奇賣髮,可見不誣。

販稍

錢氏鬻於人,問所居,曰:"清江浦。"及入舟,載遠去,登岸,見十數婦皆鹽城人。驚曰:"胡爲至此!"始知爲販稍者。誓不從,内有三婦亦不從,剝衣受笞,至死仍不從。販稍者曰:"既不從,送爾歸。"至僻處,殺之以儆餘婦。

窩囤

鹽民賣兒女,尚望逢年再圖完聚,知爲販稍者,必不忍售。淮有奸民作窩囤,假淮人買之,轉賣販稍者,獲重利。

萬曆乙卯、丙辰年,東省諸城蝗旱,日照等處販婦女往南省賣者無算。今豈天道好還耶?但北往南衣食易習,南往北難習。窩囤,鬼門關也。有世道之責者,盍禁諸?

冰害

崇禎四年十二月,冰合一月,廣長數百里。凡村居無從糴穀,死者無算。故五年悉遷徙。

冰合,常也。以凶年合一月,變也。使無冰,則旱路通,何至死,故云變。

樹葬

凌雲父死無棺,且皆水,無葬處,槀葬樹上。

死無葬身處,不誣。

牛易

何爾進以舟載牛,偶失篙,舟横欲没。見鄰舟有餘篙,以牛易之。

牛貴於篙,命貴於牛。易者,算計不失。

紀 異

汛泉

崇禎四年,唐橋支姓家屋中汛出水,人以爲泉脈,可作井,不知爲洪水之徵。

潮吼

崇禎四年三月,潮夜吼,若萬馬西來。

大魚

崇禎四年五月,一大魚從射陽湖入澗河,河狹不能容,水噴薄高丈許,捕者不敢近。將至車家橋極高處,始回入湖。後河決,水漲處如魚所至之處而止。

淘河

崇禎四年五月,一淘河飛立於縣堂之脊。人謂必大水。萬曆二十一年亦然。

淘河,水鳥,不登陸,故有此占。

水獸

崇禎四年二月,湖中得一物,羊頭,魚身,鱉足,欲殺之,恐爲禍,投水中。

角鱔

崇禎四年三月,一小兒鬻鱔於市。有一鱔,角長寸許,眉上多白點,買放水中。

水墻

洪水將入海,海拒不納,望之如墻,高丈許。

啞媾

解騰妻潘氏,生一女,年十歲。舟行遇風,女漂去。遇救者留於家,問姓氏,啞不能言。居月餘,欲返其父母,不可得。因妻其子,成婚之次日,女忽能言。鄰人聞之,曰:"吾女也。"蓋其父母遷於鄰亦月餘,聞其女聲,始知之。非啞不婚,是亦宿緣。

卜者

劉繼,興化縣人,善卜。崇禎四年六月初旬,有田百餘畝,禾稼甚盛,計可得米一百斛,欲質於人,祇求三十金。人怪之。卜者曰:"月將晦,當大水。"其家有粟數十石,高度尺以上。指之曰:"水必至此。"後果分寸不爽。次年,禾苗更盛,仍以質人。曰:"今歲水增三尺。"衆不信。官聞之,怒謂其妖言惑衆,杖三十,枷一月,罰粟二十石。枷未釋,而水已至矣。

惜乎,不問其決塞之期。

紀　賑

賑濟

崇禎初,鹽城疊遭水災。百姓死於飢寒、盜匪及流離失所者,已如上所紀各事,猶復催徵不已。榘等呈懇漕撫李公待問,特疏題請蠲賑,親往投牒。李公閱之,曰:"先生爲桑梓謀,何若此苦心也!當爲圖之。"榘又遍謁道府各廳,亦具呈以告。皆曰:"候院批行照辦。"獨司理王公與榘密議曰:"賑米不日即到,惟恐有侵欺、假冒、重複、私票諸弊,不可不查覈。而且被災之民惟鹽城極苦,不能與他縣等視。"籌畫數晝夜,至嘔血數升,方辦妥。及放賑時,無擁擠受笞仆者。鹽民每人給熟米三升,不在官賑數内。其他縣草草將事,無熟米,且多犯前弊。乃知好事必賴好人爲之。鹽城數千人得以全活者,王公之德也。

安鹽民

鹽民乞食依於淮民宇下,受屈辱不堪言狀,動則駡曰"冒奴"。有姚秀才光遠,因買菜被淮之負販小人褫其衣辱之,鳴之王公。榘謂王公曰:"鹽民因水荒到此求生活,實出於不得已,所謂在矮簷下,不敢不低頭也。今不分貴賤,一概凌辱,既離本縣,又逼離本府,行將焉往乎?別州縣之民有父母之子也,鹽城之民無父母之子也。逃難於此,即以老公祖爲父母矣。若不憐救,則窮民哀哀誰告乎?姚生忝列膠庠,固不應負販小人凌辱,而且荒年之衣豈易辦哉?"王公爲之動容,因責負販者二十板,押令賠姚生衣。是後,凡有訟者,不責鹽民,而責淮民。鹽民賴之以安。

漕糧改折議

天啟四年甲子，予登賢書。六年丙寅，喪母。邑侯楊公世禄號守之來弔。予往城謝之，止於宋丞相陸公祠内。楊公來拜，謂余曰："老先生於貴縣公事無不關切，且洞晰了然。今有最難處事請商之。昨暮，漕撫部院檄行縣，謂今歲蝗旱，鹽邑更荒，漕糧較他縣獨多，知必無措，可將無礙銀兩預買米備徵，不致臨時有誤。今本縣庫中有分毫可挪借者否？此老先生所深知者。敢問何以教我？"余曰："今歲百姓望蠲免者衆，不望改折，提及徵比，弟不敢言。"楊公曰："蠲折乃朝廷事也，一縣官能自主乎？蠲是必不可得者，折亦恐未必得。"余曰："請無望朝廷之折與蠲，另思從長計議之策可乎？"楊公曰："弟不知計從所出矣！"余曰："老父台試思，鹽城之民罄瓶鉢椀盂傾而出之，能有此三萬七千米乎？賣兒鬻女，雖得銀在手，米從何糴？弟聞湖廣之米價六錢，鹽城之價七錢。以湖廣之米充鹽城之糧，非不改折而改折乎？但不易致，尤不可報大户之名。只合禮請鹽民之殷實者，以情告之，以利動之。正米之外，聽其自糴私米，不限以數。且須從漕撫部院請給批牌，不納鈔税。私米既多，富民獲利平糴，又利貧民。有不願往者聽，必無不願往者矣。米到即於上活囤住，對船兑運，又免下河水脚之費。"楊公曰："吾今夜得安枕矣！"余恐所言或誤，乃問縣之年老多識者。皆曰："仁人之言，其利溥哉！吾鹽之人當尸祝之也。"余竊喜此議一行，足省一縣二萬金，存活者必甚衆。次早拜别楊公至縣前，突有百餘人喧呼曰："如此荒年，不勸縣官蠲免，但言改折，是害鹽民也。"竟欲甘心於余。余避之。旋有里老禀縣官曰："孫春元之議爲鹽民福，何言害也？"又有各鄉民聞之，俱具呈請如孫春元之議。卒如議行，公私兩便，貧富皆安。余受詬詈亦甘之矣。

呈請漕院李公待問特疏題請蠲賑

本縣自去年黄河衝決，水在樹杪，屋沉水底。百姓死於飢寒、死於盜賊與爲盜賊者，以數萬計。其餘逃散、鬻賣者不可勝紀。所僅存者，食草，食木，食苔，食泥，以至食敝屐之皮、敗鼓之皮，如槼《被纓集・荒年紀事》所載者，更難盡述。閲本縣户口册，原有二十餘萬，延喘至今，止賸一萬八千有奇，十去其九矣！幸蒙老公祖軫念民瘼，築塞新、蘇二決口。民喜更生，復賣妻女乞食稱貸，少得牛種，擇地之高且腴者，鹵莽滅裂種之，以望有秋。不意黄河之水又從天上來，東補西漏，縱極人工，難回天意。加之颶風淫雨，海嘯鯨翻。九十一坊里之中，并無寸土寸草。水勢較過於去年，民又不如去年有屋可賣，有物可賣，有子女可賣矣。相率爲盜，白晝殺人，去年以爲異者，今年以爲常。孰是有資生之計者？即或有之，亦必不能安於故土，其勢必至盡散而後已。民盡散，則錢糧何從徵？錢糧無徵，則縣治何以立？恐縣官亦避罪而遠舉矣。夫以祖宗數百年之沃土，完納京邊糧餉將及十萬，其有裨於軍國不少。一旦付之水濱，恐亦有不可者矣。況府治十一州縣，惟山、鹽二縣錢糧獨多，能完且早，每藉以補他縣之不足及考成之數。今無鹽城，如失一臂，其關本府亦甚切也。即今糟米一事，去年幸借糟庫萬金，今還完否？能復借否？新舊兼徵，民不毆於洪水，抑又毆於徵比矣。伏乞憲恩預疏特題，不在各州縣災傷之例，先求大發帑藏，設法賑救，使民得苟延殘喘，稍立脚根。然後錢糧再議蠲議折，隨時區畫，俾一縣不至盡廢。上爲朝廷保全疆土，下活無數生靈，其顯功陰德，當必永垂於萬世矣。

梁垈鄉勦匪記

佚　名

民國二年癸丑夏五月，南京第二次革命。盜匪乘隙蜂起，擇肥攫噬。鹽邑梁超、梁性等倡亂於安豐鄉，陳小獅子等聚衆於秦南鄉。惟梁垈鄉地瘠民貧，無垂涎者。不幸舊曆八月六日晚，突有匪六七人，由阜向南路過本鄉大雲山寺投宿，見地勢險要，遂據爲巢穴，僅三日間，嘯聚三百餘人。該寺東濱東唐河，南、北、西三面皆水田。寺内有樓，登高眺遠，村落可數。匪於寺旁掘濠築壘，爲拒敵官兵計。附近牲畜稻穀搶劫一空。地之遠者，匪魁倪鵬飛、楊子炎等遣人送名片，開令某出百元，某數百元，甚有千元者，限三日送到。不送者，焚其居，殺其人，毋赦。於是全鄉大震。適余由浙初回，駭問吾鄉前無匪，今何若是之多？僉稱，光復時，某董設局於該莊，招用地痞鄭士才、高獻之等十數名爲局丁。該董出入局所，局丁舉鎗爲禮，遠行至街市，荷鎗橐橐隨從，儼然一軍官也。由冬至春，餉皆業户供給。後知他市鄉皆無此辦法，餉遂不出。局丁始解散，或爲兵，或爲匪，或爲私梟。至此，皆歸回，與匪結合。某董置不問，故猖獗若此。余不深信，以爲鄉董負全鄉責任，當必密牒呈縣。城内緝私營馮團長子炎、清鄉團梁團長健卿，皆素有交情，斷無有不來援救者。詰朝（即初九日），余往鍾家莊探問消息。某董遣使邀曾君步洲、陳君吉人、姜君植杉，往該莊議事。余囑步洲等回告。候至昏暮，步洲踉蹌入門，曰："大事壞矣！我等至該董家坐猶未定，有衣白色軍裝者十三人各持鋼鎗至。初見甚驚駭。該董獻茶延之上座，細審之，乃即前局丁某某也。仍稱該董爲局長，謂：'我們從前在局保護地方，各業户除不感情，反斷絶糧餉，逼我們大家離散。今幸又革命，正是我們出頭的時會。請局長從我們去，情願孝敬乾俸。'該董答曰：'梁垡鄉人無情無義，誠如君等所言。但此時主張未定，客在此，不必多言。'匪又請借路，該董笑曰：'路是人共走的，何必借爲？'匪遂辭去，臨行謂該董曰：'貴莊駐防之清鄉兵於我們最反對，務速令迴避，見必擊之。'該董立命閉局門。匪遂放鎗示威而去。業户孫寶聚之子在田刈稻，被匪擄去勒贖，無敢問者。現該董已準給快鎗四桿，洋二千元，請匪保護該莊。今日招呼我等，意欲南三團亦照伊辦法。我等辭以歸回開會再爲復命。此係所見之實情也。"余問："該董有呈文到縣否？"步洲笑曰："子之迂也！渠如有文呈縣請勦，何至又與匪説和。聞匪欲分黨據毘盧庵，朝暮即至。君將若之何？"余聞此言，如霹靂震耳，躊躕終夜，未能寐。欲招集百十人，先將庵保守，各帶鎗械，虚張聲勢，使匪不敢遽來。即來，亦必先探我之虚實。我趁此時，暗請湖垡市董左君一山星夜赴城告急，約三日内，救兵必到。諒匪烏合之衆，未必敢與官兵拒敵，則鳥獸散矣。但人從何招？鎗從何來？熱心辦事，倚託何人？左思右想，非陶君碧雲不可。蓋其家距毘盧庵相近咫尺，利害最爲切身。保守毘盧庵即不啻保伊門户。伊素不問事，而且所居之地又屬湖垡市。料匪必不介意伊能暗中佈置，則事無不濟矣。詰朝（十一日），余着人邀請陶君，并告知吕君潤卿等。吕君曰："先生之計誠佳，其如鞭長莫及何？"余曰："事急矣！譬如舟行江海中，艙内忽有漏洞泛水，急以泥草塞之；寧得謂塞之不及，而坐以待斃乎？"植杉勸余趨避，不必與匪爲讐。倘事不成，徒以身命殉之，未必有人知感。余謂："既居梁垡鄉，忝負衆望，不能爲地方籌劃一策，遽先衆人逃走，固無顔面自處。況時届中秋，水田乾涸，人牛不敢歸耕，來歲秋成無望，大家同受其害。我只得盡人力以聽天生死命也，何問他地方知感與否？"植杉又曰："陶某非能任事者，設有間阻，將奈何？"言未畢，而陶君至，聞余言，喜甚。謂："匪來毘盧庵，豈惟鄙人恐慌，即左家莊、蕩洋莊亦無不恐慌者，特無策以應之。今先生能設計以安地方，誰不樂從？鄙人家有鋼鎗八桿，合兩莊共十八桿，其餘前後膛舊鎗更多，即招呼百十人，亦非難事，鄙人皆能承任。惟借鎗及請左市董往城，非先生具函不可。"余立草數札予之，臨行囑曰："匪偵探甚多，余之生命繫於君手，請秘密勿洩。"陶君曰："先生苦心爲地方，天必鑒之，請自珍重。"遂去。余將返，某董遣使邀余飯，謂陪顔松濤。余力辭未往。蓋顔松濤者，即顔小龍，係某董族戚，與倪鵬飛等同在幫，各樹一熾。其黨羽有鎗數十桿，在阜邑墁塌崙得洋二千元，保護倪姓全莊。鵬飛人多鎗少，欲往奪之。適該董請小龍爲代表，往大雲山與鵬飛等接洽,遇諸途,始知其圖己也,遂奔回開仗。小龍大敗,被鵬飛等搶去快鎗數十桿,倪姓莊房燒燬俱盡,倪五房之孫并遭慘殺。惡耗傳來,無不慄慄危懼。余令步洲往探消息。行至該莊,哭聲震地,皆謂某董舉家逃走,匪必立至,紛紛覓船搬徙。步洲至某董家,果然空無一人,見窗隙燈光微露,趨視之,某董收拾行李,將欲與其弟偕行。步洲以余佈置之法告之。某董請自往高作招呼清鄉兵,準明晨到庵。余信以爲真。詰朝(十二日),余到莊候之。日傍午,有人告余曰:"某董逃矣!適見其船户來莊購食物,已向南去,何曾往高作哉!"未一句鐘某董果在卜家舍,招呼植杉邀余同往。至則船已行矣。尋至陶家舍,遇陶君碧雲,問昨日事辦否?曰:"辦矣。"心稍安。問某董何往?曰:"頃在此,稱有病。問予可曾委人請兵否?予未以實告。伊見有牽牛者,駭曰:匪來矣!急解纜去。行尚未遠也,請追之。"余曰:"追之何益?"追者返曰:"不知去向矣!"陶君留余至其嬸母家飯。余由晨至午,勺飲未入口腹,饑甚。杯箸方陳設,門外忽譟曰:"匪劫李家舍矣!"陶君辭歸,其嬸母家亦慌亂,余遂偕植杉返。腹餒氣虚,汗濟濟下,兩足幾不能舉。蹣跚至鍾家莊,植杉作糜,留余食。箸甫舉,又來報曰:"某董來矣。船在昆盧庵,請速會談。"余憤極往責之。對曰:"昨晚本欲往高作請清鄉兵,轉恐步洲之言不實,反與匪爲仇。茲在路聞姜營長已到湖垦,故特回來報告。"余微哂曰:"承情極矣!非爾報告,余何得知。"瞥見艙内有新紅帛牌位,問何物?答稱是伊母木主,不忍被匪焚燬,故攜出。予問爾祖爾父木主何不同攜出。該董囁嚅,無以對。突有送信者奔喘至。拆閲之,乃余族裕康和來函也。云稱周嵐軒先生請姜營長往建陽,予恐誤梁垦事務,速來,遲則無及。余遂僱船偕步洲、碧雲同往。鼓棹如飛,行至神臺莊後,遥見兵艘過橋,揚帆西駛。余與步洲登岸追之,爲溝所阻。令船户鳧水過溝,追至蕭家堰,呼後船停止。前船聞吹號亦下帆。余情急淚下,謂姜營長曰:"敝鄉千百家生命財産望君救,奈何棄不顧?"姜營長曰:"此來專爲貴鄉事,適風逆,不得去,乘順風到建陽,頃刻即達。今晚與周董事會談,明日清晨起椗抵高作,登岸步行至貴鄉。午前必到,斷不負先生之熱忱也。"其時,日已西墜。碧雲、步洲皆隨船返。余因家眷在湖垦,暫留一宵,心摇摇如懸旌。詰朝(十三日),搭船至左家莊。左君一山及吾友惺宇昆仲,見予驚喜,曰:"君從何來也?人衆鎗械久已齊備,聞君逃走,未敢發。君何來遲也?"予曰:"非予逃走,乃另有逃者。"遂領衆步行,距昆盧庵約里許,人衆擁集庵前,笛號聲盈耳。予意謂清鄉兵到。遥見一班人來迎接,請余速行留夏連長。余問:"既來,又何要去?"皆曰:"昨晚該董復與匪和定,今晨到庵,命其弟驅迫夏連長回高作。曰毋誤我兄事。夏連長憤極,若非南團人留之,當已早行矣。隨後又來一班人,謂匪有偵探,被清鄉兵拿獲。某董求夏連長釋放,隨令其人通報倪鵬飛等,謂孫某不準和,意欲移禍於君。"衆皆切齒,請將該董絆留,勿令縱去。比余至庵,該董已歸回矣。其時,姜營兵已抵姜家灣。予一面安排清鄉兵及左家莊人衆,分駐昆盧庵及曾氏宗祠;一面遣人迎接姜營長住東鄭莊家祠,分付酒食供應。忽謡傳匪向南來。夏連長禦之,問何處扼要。衆以喬家舍對。左家莊人欲偕往,夏連長止之曰:"臨戰場必手眼靈快,土鎗固不合用,人多反易攪亂,請有快鎗者從之。"皆不聽,遂同去。予奔走疲憊,欲稍歇,轉念姜營長到東鄭莊,予爲地主,不可不往見之。行經喬家舍,見夏與左互相齟齬。夏連長告余曰:"姜營長命我兵爲鄉導。我兵鎗皆舊式,不能當前敵。幸陶、左諸君有快鎗,不過一時借用,乃一桿不肯借,是忍視我死而不顧也。我輩以血肉之軀保護貴地各家身命財産,并非爲自己保護。縱恐鎗有損失,我團長應當賠償。蓋我們是本地人,非他處客兵可比也。"余因其言辭正當,不好推卻,只得向陶、左情商。詎未及啟齒,而衆皆退走。軍士大憤,追呼令停步,初意不過欲放空鎗以嚇制之,繼乃各不相下,勢將決裂。予駭極,奔立中間,號泣呼曰:"君等皆爲勦匪而來,匪未勦而自相殘害。匪若乘隙攻擊,全鄉必無噍類。與其受匪屠戮，莫如先將我鎗斃。”詎兩造仍不讓。余又向陶、左跪求曰：“諸君不肯借鎗，不過恐鎗損失耳。即每桿價值百元，亦不過一千八百元。余有薄産，情願以印契抵之。”陶、左方俯允。麕立清單，開明鎗碼及子彈數目。苦無坐櫈，就爬斗上舖置紙筆，跪於地書之，良久乃清，兩腿麻木不能起立。扶之歸回，喘息甫定，忽憶軍士長夜露宿，不能枵腹從公，復到鍾家莊各磨坊，令蒸饅頭乾餅。皆云餘麵無多，倉卒難辦。又着人到鴨户家購鴨蛋數千枚，煮熟，覓船送去，始返。余由初九日起，以勦匪自任。恐匪報復，不敢在家宿，或匿於草堆之下，或伏於田墓之間。此刻官兵已到，家人勸余休息。東方既白，偵探來報曰：“匪夜逃矣！”心稍慰，將欲就枕，步洲、植杉等船來，請余往勞軍士。行至半路，見大雲山火起。余以爲姜營長欲杜絶後患，心甚喜。復前行，煙燄漲天，大殿後樓火亦起。俄而棟宇傾覆，火鵲紛飛。余心尤喜，捨舟登岸，步行至寺前，見姜營長一手扭夏連長衣領，一手以佛蘭林手鎗示之。夏連長汗流浹背，面無人色。余急向前，問何故？姜營長曰：“我奉命勦匪，未燒菴也。適有某董云，此菴係唐時所建，爲鹽阜六團半公共之廟宇。今被該部兵燒燬，若起交涉，我何能負此重責？如不將該部兵交辦，我即以軍法處夏連長。”其殺氣騰騰見於面，猙獰可怖。植杉從後牽余衣，欲使余勿問。余以事關重大，不能漠視，遂自任曰：“此我令焚燬也，各事有我擔任，與君無涉。”姜營長始釋手。究其火之來由，并非清鄉兵所放。當夏連長被逼時，該部兵六十人已將鎗子登膛，欲擊殺姜營長。其時匪猶伏匿河東未去，與昨晚在喬家舍借鎗互鬬相同。若不遇余銷解，匪必乘機而入，其禍曷堪設想！當姜營長兵初到時，適上岡緝私營王營長亦來至唐河東勦匪，生擒匪首陳玉清，焚燒匪巢俱盡。加之清鄉兵士兵齊集，計共千餘人，聲勢壯甚。匪故膽落夜逃。梁垫人之不遭劫戮，亦倖矣哉！凱旋至東鄭莊，犒饗軍士飯畢，余請會姜營長，辭不見。蓋左君一山在湖垫準給軍費一百元，囑余到家交付。余歸，聲明陳、吕諸君并親立據認償。其時陶君碧雲準借六十元，王君德齋借四十元，已經約定籌辦，詎至取欵時，陶君忽背約，其兄弟只出二十元，再多一文無有。果不出姜植杉所料。余心憤甚，然轉念此次之功，陶亦與有力焉，遂忍未與較。越三日，起田畝捐，首先以二十元償之，未知陶君自覺何如也？余因陶君短少四十元，正躊躕無以對姜營長，忽又有左君石橋率多人至，向余索鎗，氣勢洶洶，似報怨者。夏連長露宿一夜未曾交睫，兼被姜營長脅迫，驚魂喪魄，委頓不能起；軍士猶在東鄭莊浴堂未回。余再四請求稍緩，石橋堅不允。不得已，遣人招呼軍士返，照單檢交。留飯，不肯擾，臨行，欲放鎗激怒軍士。余跪求石橋，乃已。至二更時，德齋始送交四十元，合陶氏兄弟二十元，共六十元，何能見營長。歸回想湊齊，老妻責余自惹煩惱，被余詬駡，衹搜出十九元，尚欠二十一元無措。余思保護梁垫即是保護陶、左諸家，除不見感，乃反受此困難，不覺呼冤痛哭。燦西叔岳再四勸慰。時已三更，欲邀步洲向往東鄭莊，辭以頭痛。予遂獨行，涼風透骨，寒露沾衣。至該莊東橋口，守夜者阻之，謂營長已安息，明日來見。余告以到某董家籌欵，始放人。蓋余預防欵不足數，早囑該董設法籌備。該董酣睡榻上，其弟呼之起。余問欵已籌否？答稱欵存范家墩，吴君長生已往取之。余問何欵。伊稱昨日與匪和，范大來準定三百元，於今晨交匪。幸匪夜遁，此欵尚存也。俄頃，吴君來，謂尋范某未遇，俟明日再往尋之。余曰：“姜營長能久待乎？有錢與匪則易，要錢辦公則難。人情刁狡何至于此？請挾范某同來，以日出爲限。”吴唯唯而去，詎知黄鶴不復返矣。時已更盡，一燈熒熒，坐以待旦。該董泣語余曰：“匪初來時，氣勢澎漲。吾恐官兵未必能撲滅，兼見東溝朦朧各董與匪和有利益，所以仿照其辦法，準給匪洋二千元，鎗四桿，求匪保護。不料姜營長到匪即逃散。等候姜營長去，匪必又來，責吾背約，向吾索洋索鎗，則吾性命危矣。必留姜營長在此，閉塞河口，方可有備無患。聞該營明日拔回鹽城，如何得了！”余曰：“此不足慮，匪如再來，則再逃避，有何不可。”頃又復請余曰：“性命至重，爾何不面留伊。”復就榻卧。其弟跪泣曰：“吾兄弟知罪矣。譬如大門，小孩子不能開，必求大人開之。故留姜營長，非大人不可。”余因其意誠，遂正告之曰：“留何難爾。令鄉約招呼男婦多人，持香跪河岸。余領爾兄到船見之，許以酬勞，準予請奬。彼等軍人所求之不得者，吾可料其必留。”該董雀躍起，曰：“請求照辦。”余謂非百元措齊不可。該董立即補出二十一元，請余帶領謁見。姜營長故意留難，及見一百元捧出，又聞酬勞奬功等語，喜笑顔開。問余昨夜三更時來乎？通宵未眠，辛苦極矣。余問何以知之？曰：“守夜者告也。先生對於地方如此熱心，我等軍人亦以保護地方爲天職。貴鄉既有善後事留辦，無論十日、二十日，敢不惟命是聽。”某董愁眉頓展，立起謝之，復蹙額曰：“善後事莫急於閉河口。敝莊人皆逃亡，無供使役奈何？”姜營長曰：“吾聞君先逃走，然後衆人效之。昨到貴莊閲看，四面水田，要路有限。若於屋内壁鑿竅，見匪來即放鎗擊之。只要有兩桿鎗輪流使用，即可斃匪於數里之外，何況有四桿乎？此乃防身保家之至寶，君奈何凖給與匪乎？君家這樣好房屋，是先人心血剏造。君欲委棄與匪燒燬，君何以對先人。我勸君速召莊户歸回保護，匪即復來，勿懼也。”某董唯唯而退。甫登岸，即呼鄉約曉諭莊衆速歸，遲則重辦。余笑謂曰：“董事辦人誠然不難，獨不慮其反唇相稽乎？”時姜營長已留定。余回昆盧庵會陳、吕諸君商議籌辦軍費及善後事宜。發廣告，每畝捐錢三十文。衆業户争先恐後，比赴櫃完漕尤踴躍。路途見者無不口誦阿彌陀佛，喜慶更生。三日間皆繳清，計共一千二百餘千。衆人交余經管，余避嫌不收，卒送交該董開支。核算犒餉酬勞及閉溝各費，實用不足九百千文，其餘無從查考矣。事定後，某董語人曰：“匪在北面，我故意説和，教他不注意於南面，好讓南面人辦事，方得成功。”聞者無不匿笑。

是役也，全鄉保全無恙，無不額手稱慶。惟余獨抱杞憂。蓋曹營長未駐防以前，朦朧東溝集鎮俱被匪踞佔，(婪)[焚]劫行旅客商，敲吸舖面業户，甚至設卡收捐，擄人勒贖，各有黨羽數百人。該地不肖紳董又甘心爲虎作倀，荼毒地方數月之久。聽其盤踞，未有能解散之者。獨我梁垡鄉一舉而匪盡奔竄，又無大兵駐守，豈能保匪不復來乎？疊次開會，召集全鄉業户，力勸購鎗操練自衛。且丁寧告誡之曰：“匪所狠者鎗也。我若有鎗，匪何足懼？此次飽受驚恐，花費金錢無算，諸君當引爲前車之鑒。往者不諫，來者可追，亡羊補牢，猶未晚也。”各業户皆以余言爲然。迨日久玩生，竟無有一家購鎗者。匪果第二次復來。幸大雲山已焚燬，無窠穴可依。梁團長禦之，幾爲匪所傷。鎗斃官兵二名，地方復又震恐。適清鄉團總局副辦管際清先生來城開會，勸各市鄉購鎗，準親到南京代辦，每桿定洋十五元，俟鎗發下再補交十五元。陳君吉人、吕君潤卿等疊次具函到城，請予設法挪款，本利歸伊等擔任。(信函存在。)予隨在城挪六百元繳清鄉局，給予收證。迨鎗發下，欵竟無人歸償，至今追討未清。並保衛局墊購鎗彈一百餘元亦未歸趙。公事難辦如此。事後敘功請奬，團長、營長、連長、排長各奬敘有差。余不言功，功亦不及。民國四年，推選余爲保衛團團總。任職三年，未受分文薪水，公費皆己解囊。任用鄭甥淦廷爲保董，遵章辦理，寓兵於農，操練純熟，疊與匪敵，皆獲全勝。匪畏鎗多，不敢入境，縣長沈公升伯嘉許爲二十五市鄉之冠。至今梁垡猶利賴之。當余辦匪時，熱血潮湧，祇知有地方，絶不自顧身家。彼時幸匪未知悉，後屢欲報仇。余避居於城累月，若非曹營長將匪類誅盡，余其能免禍乎？余一生勇於任事，不存顧慮之心，類如此。而卒倖保全無恙，或者有天相歟？然余生平自信者，亦惟有天而已。某董與余至戚，受業於余，余故隱其名。

王將軍鐵鎚歌

孫　檠

王百度，字介石，本邑人，以文生舉武科。初爲崇明守備，後陞劉河營游擊，被賊害。奉朝命，以其弟百聖署兄職。賊魁顧榮投誠，授職把總。百聖報兄仇，袖鐵鎚擊殺之。後免罪，仍以本職用，堅辭不受。

鐵鎚歌，歌入雲，崇明血戰王將軍。將軍上馬飲數斗，將軍報國心不朽。一騎平踹入重圍，報國心雄擒賊首。轅門點鼓騎馬來，堂上讙呼賜巵酒。黄金不入賊計窮，賊窮死戰將軍忠。矢絶猶呼弓在把，中賊暗算馳歸馬。有弟吞聲向兄前，不報兄仇骨肉假。三年利劍磨之心，一磨一淚滄海深。仇人就撫太倉道，手無寸鐵心思小。買得鐵鎚不及看，決脰衝胸吴可沼。仇人有冠左手持，仇人有頭右手撩。彼仇顱裂卧道旁，恨鎚不盡猶徬徨。斯時觀者膽欲落，束身請死鎚有傷。豈不知，軍門白晝殺人難，我有兄仇心中慙。豈不知，仇有黨羽三百人，報仇何妨血濺身。殺人者死此常法，烈士怨深誰不察。兄報國恩報仇，鐵鎚貯之太倉州。後人手足不相顧，卻來壁上看吴鈎。

月　夜

孫　檠

一月横天滿，秋聲斂夜林。有懷千世遠，獨立五更深。耳目寒於水，山河重欲沉。載歌賡復旦，望古一沾襟。

鬻　兒　行

孫　檠

風淒淒，雨瀟瀟，爨煙寂寞兩三朝。去年水澇今年旱，官租私負何曾饒。身無完衣肌膚露，日不再食形容焦。椎子索食牽衣哭，左支右調情無聊。門外青衣接踵來，税糧徭役并相催。男子但云怕箠楚，婦人密説且逃開。又戀家鄉不忍離，商量割愛鬻嬰兒。嬰兒生長纔十歲，豪家買去與緡錢。育養何難棄何易，貧兒不異犬與豜。兒聞相别淚不乾，母見兒行號蒼天。捫胸頓失僵復起，悲風流水聲潺潺。夫反勸妻休痛哭，輸租供役分當然。及到使官門，遷延不引見。府胥索秤頭，隸卒需酒饌。浮費十二三，追呼猶未已。俯仰有誰憐，愁生不如死。死者無覺亦無憂，生者饑寒竟流徙。君不見田間溝，饑殍枯骨無人收。草根木皮都食盡，誰思極救出奇謀？

題伯父東海公小像調寄滿江紅

孫一致

野服芒鞋，誰善寫、黄門仙吏。分明是、冰雪之姿，江湖之氣。林下於今有一老，淮陰自古無雙士。看浮雲、身世百年箇，真如寄。桑海换，金烏逝。荆棘滿，銅駝睡。任放浪形骸，逍遥天地。雯閣琴樽隨嘯傲，石梁煙水盛經濟。更何須、獨醒學三閭，空憔悴。

孫東海先生索和老梅詩

劉沁區

古幹楂枒似石堅,孤芳早已占春先。不辭歲晚冰霜劇,爲歷年多雨露偏。剩許竹松成伴侶,任教桃李競暄妍。黄蜂紫蝶非相識,香在寒巖凍壑邊。

弔孫德求

宋　曹

悲馬回嘶碧水粦,提戈豈爲作王賓。箕囚不欲全枯魄,周粟何能强餓人。滄海壯添秋戰骨,魚龍懽擁舊朝身。驚濤怒觸城陰晚,草色年年緑不匀。

德求公係明諸生,殉難。本吾同族,因搜捕甚急,故未敢載譜。

壬子水災(外十一首)

孫一致

沈没桑田盡,奇荒計五年。淮揚都是水,湖海不分天。舟宿浮生蹙,巢居野哭懸。直將憂因淚,洒到聖明前。

聞淮郡大水望鄉信不至

音書寂歷路漫漫,客舘秋風晚更寒。聞説淮南頻苦雨,卻愁海上又狂瀾。當年物力誅求盡,此日瘡痍補救難。蠲恤幾番勞旰食,哀哀鴻雁可能安。

河北蝗時聞淮南大水。

共道去冬饒大雪,卻驚今夏轉多蝗。魯史不諱書年月,唐宗寧使食肺腸。河北黍苗亘地盡,淮南波浪稽天長。從來荒政無奇策,魂斷行舟愁故鄉。

送張俊升副憲遷兩浙觀察

春發長河彩鷁開,江門曙色隱崔嵬。斧霜威肅東南甸,豸繡名高内外臺。曾任監察御史。執法新推觀察使,匡王久仗濟時才。即看浙海鯨波偃,揮灑湖山問酒杯。

奉輓父執思莊徐公

野色荒荒細草平,親朋遠送北邙行。每懷風節悲泉壑,爲説桑麻痛老成。鄉國漸開寒食淚,松楸時動夕陽聲。我來瀝酒盡一哭,今古蕭蕭空死生。

聽金匀白山人彈琴

善彈不在指,善聽不在耳。所以無弦琴,寂然觀太始。異哉八十翁,於中得其理。響流白下風,清落秦淮水。悠悠千古音,知者復誰是。

癸丑五月大水

田家力盡苦乘春，入夏無多水患頻。河上六年悲瓠子，淮南七邑付波臣。繪圖時抗監門疏，發粟應思矯詔人。此後不惟農業棄，樵漁何地更容身？

讀《沈烈女傳》

沈家孀母沈君桐峰妻王氏。抱完節，膝下有女性尤烈。婉娩時嫻《内則》篇，列女之傳都曉徹。父存曾爲女相攸，笄年許字書生薛。書生不禄忽云亡，女聞訃至心摧裂。避人飲淚只吞聲，處子難向慈幃説。從容就死殉綱常，怡然引繩自裁決。夜臺有日照肝腸，凜凜正氣飛霜雪。山或騫崩泉或竭，烈女精誠永不滅。

都門寄懷宋處士射陵

吾友號射陵，窮居薄粱肉。矯然不得意，忠孝寄歌哭。蕭蕭庭北林，於中結茅屋。劃地縱横陳，春秋足野蔌。自言仕進疏，此供老母禄。母年踰八十，短髮驚心目。雖云四方志，忍違水與菽。以兹守故廬，白眼照幽獨。崎嶇方寸生，不平見初服。搔首看蒼天，日月虚轉轂。獨憐有心人，爛熳食庸福。我今燕市游，三載空鹿鹿。感君頻寄書，慷慨露腸腹。行墨真有神，見君在尺幅。何時或顧予，訊君荒徑菊。風雨别後多，變色論疇夙。

寄王處士筠長時詔舉隱逸。

空谷幽林物外游，青溪白石自無求。悲歌獨下蒼生淚，匡濟誰分聖主憂。太華十年曾詣闕，南陽三顧亦終侯。治安有策常虚席，莫漫逃禪老射州。

喜唐陶菴先生自漣水歸

風清大海早潮迴，木落高城秋色摧。燕子空巢愁别去，故人華髮喜歸來。傳經無復千時想，對奕徒悲濟世才。頻過小齋堪永日，好將懷抱向君開。

贈唐陶菴先生

早投簪紱遂幽襟，飽卧煙霞足浩吟。衣履獨存耆舊色，鬚眉真見老成心。天涯故國憂方切，夢裏華胥感自深。聞道欲歸仍遠適，雲山何處許追尋。

題平成公生平一局全圖

楊　琰

從古高人傳空谷，志士策勳在華屋。烟霞軒冕别性情，懷抱兼之翁所獨。生平一局繪丹青，大雅風流耀耳目。我聞山中宰相陶宏景，愛聽松濤登絶頂。我聞陸地仙人黄初平，叱石成羊皆幻境。達觀妙悟適相同，漁樵牧讀神領會。一鞭蹀躞長安道，冰雪清神震燕趙。帶綬翩翩鵷鷺隨，愛農不薄田間老。吏隱貽謀思盡善，公餘勗課書千卷。團圞慶集滿庭芳，機杼一家言笑宴。更看龍章璀璨萃霞芬，政績循良清慎勤。瀟湘雲水無限情，景仰荀淑頌神君。

出 都 圖

羅澤坤

一官分發赴長沙，捧檄何嫌道路賒。此去臨民作父母，早傳心事到冰衙。

課 農 圖

楊 琰

湘羅一片春水生，野田出没秧針平。聖朝敦本重農業，守土應作勸農行。平成先生涖兹土，巾車過處相軒舞。嘘嚅撫字已多年，耕鑿恤民力食苦。殷勤繪作勸農圖，村男村婦聲喧呼。官清胥吏不得擾，舉酒相與勞勤劬。稱盛事，稻粱須拜農家賜。此圖留與後人看，當知稼穡非容易。吁嗟乎，當知稼穡非容易。

榮 陞 圖

桂文明

堂開射鴨興翩翩，枳棘非棲百里賢。藻鑑直澄湘水底，恩膏并峙嶽山巔。四休安樂高千古，八詠謳歌戴二天。從此芳名垂王泐，遥懸北斗照長年。

德 政 歌

張尚晉

官如父，民待撫，父勤撫字民安堵。當年借寇戴恩深，此日靴留風近古。父兮父兮誰接武？

賀 封 誥

李文郁

久聞欒伯姓名芳，通籍年來遂顯揚。百里分符膺鳳誥，五花耀彩捧龍章。湘皋露浥蘭風静，玉笥雲籠綬帶長。重念君親期報稱，恩榮拜賜著循良。

歸 農 圖

王 基

循聲遍百里，雅韻洽琴堂。久擬歸田賦，菟裘營故鄉。

又

王　基

開樽孔北海,躡屐謝東山。脱爾名韁外,高風詎等閑。

又

王　基

我亦宦游人,征途厭旁午。退老有同心,握手江之浦。

又

孫芑薌

歸來小隱住湖干,問柳尋花心自閒。晴日扶筇催佈穀,野田泥滑水雲寬。

又

張祖東小樓

飈風激天漢,抗志凌雲衢。恢宏萬里略,不願終庭除。何以古賢相,皆有乞歸疏。豈依妻子樂,功成謝紫朱。曾聞東平尉,杯酒佐清娱。高風自超越,瀟洒絶八區。大隱寄朝市,豈必薄邱隅。卓哉勵清操,退隱課兒書。看君芝蘭室,俯仰何于于。吾知千載下,不減郭元瑜。

閑　居　圖

張廷禄

雙桐聳百尺,翳翳垂清陰。高人憩其下,草閣恣幽尋。好風拂莎徑,遐瞻動微吟。静參得至理,塵累誰能侵。我欲擕紫瓊,爲君弄清音。俯仰各有適,同盟物外心。

漁　隱　圖

陳肇熊

庚寅小春,余泛舟洞庭,將游岳陽,平成少府出此圖索題。閲之,與余自繪歸隱小照相同,因喜而賦之。

我亦林泉遁跡人,相逢話舊更相親。余曾祖宰鹽城,與令祖學士公交厚,所書卷幅猶珍藏笥篋。春江景物渾如許,願去移舟作比鄰。

題一局圖

張樹霖

人生落塵網，不可醫者俗。人生涉世途，最難饜者欲。先生仕而隱，意致隨所屬。榮蹇風雪中，坦然無局促。綰綬坐堂皇，欲然常不足。垂老賦歸田，素志遂初服。當官如劇場，變態等棋局。寫照入畫圖，留題錯珠玉。我乃浪游子，櫜筆走楚蜀。歸裝卸甓湖，息影寄鹽瀆。醒眼看醉迷，澄懷屏繁縟。非仕亦非隱，無榮亦無辱。爲公憶平生，余亦寫心曲。續貂留小詩，思古遠瞻矚。振筆雙桐軒，微風解炎熇。

又

金意誠

宦海多風波，世事如棋局。布子宜在先，安分常自足。先生付達觀，得隴弗望蜀。功成身即退，塵網無拘束。漪漪湘水清，辭歸遂初服。蒔花聊自娱，種竹能醫俗。安樂有行窩，鑑湖留一曲。笑他微逐者，不成類刻鵠。我今展遺圖，仿佛親芳躅。拈筆寫蕪詞，慚愧非珠玉。

又

周繹山

雅度翩翩逈出塵，當年曾現宰官身。至今遺愛甘棠詠，争説羅湘吏治醇。
畫圖十幅總新鮮，寫盡生平俗慮捐。宦海茫茫能勇退，高風奚愧晉陶潛。

詠炭

孫苞薌

西風一夜雪成堆，送暖移寒望爾陪。造化一爐同鼓鑄，良材百煉詎心灰？腐陳經掃皆煨燼，元氣新焙未復回。用盡十分真火候，恥因人熱幾徘徊。

感時

孫和衷

暮四朝三類養狙，甘心受豢保頭顱。漢儒宋學皆亡國，墨雨歐風盍早圖。黨禍終成文字獄，待時尚隱渭濱漁。可憐海外青年會，多少徉狂作酒徒。

庚戌冬月奉浙撫增委令密查三衢吏治初一日出候潮門乘輪由錢塘江起行

孫大鵬

朝聽航輪汽笛催，束裝門出候潮開。溯錢江上去千里，看越山多第一回。訪古直尋姑蔑地，衢州即春秋時姑蔑。奔波羞見子陵臺。會當過渡風潮急，未許收帆泊水隈。

初二日由桐廬改登公司船赴嚴州過七里隴見嚴子陵釣臺有感

孫大鵬

嚴陵山下水滔滔，七里灘頭浪幾篙。信説峰巒皆錦繡，《方輿紀略》：嚴陵山在桐廬縣，清奇秀麗，號稱錦峰繡嶺。欲尋祠墓已蓬蒿。雲臺空讓功臣畫，渭叟何嘗氣節高。若羨先生甘隱遯，維新安得有人豪。

初三日，由嚴州解纜行，滿河石子，鑿鑿粼粼，色分黄黑白，大小相間。每過一灘，必數人挽之。李白詩："聞説金華渡，東流五百灘。"非虚語也。

晚宿蘭谿距金華五十里

孫大鵬

出門歲暮悵蕭條，況復山遥與水迢。一路灘聲喧極浦，滿河石子礙輕舠。源頭水急迅於箭，刮面風寒尖似刀。蒿目時艱期共濟，敢云王事獨賢勞。

初四由蘭谿換民船赴衢州水淺灘多船愈難行

孫大鵬

纔到灣頭又轉灣，繞灘斜越水潺潺。翻花浪激中流石，吐絮雲封暮雨山。荏苒歲華容易逝，浮沉宦海幾時還。勞勞終日風塵下，卻羨鳧鷗比我閑。

水　碓

孫大鵬

其法：横流疊石，蓄水激衝，碓機不須人挽而轆轤自轉，能舂稻麥、甘蔗等物。杜詩："山碓水能舂。"余今始見之。水流被石遏阻，聲喧數里外，稍不注意，船即膠滯石上。

横流疊石礙船行，措碓能舂法亦精。機巧只圖私利益，水聲怒作不平鳴。

初十日晚泊招賢聞隔岸魯土有學堂扶病步行二里許始至其地

孫大鵬

强扶病起怯霜寒，露宿風餐行路難。大陸將沉期共挽，匹夫有責況居官。五年國會定基礎，四海波翻愁倒瀾。君相憂勞民疾苦，浮生一日敢偷安？

十一日寓常山城隍廟見棲鴉飛雁有感

孫大鵬

呼羣覓食向南飛，日暮尋巢老樹依。我恨離家千里遠，一年不得一回歸。
宵深霜重逼人寒，路遠天遥不可攀。卻怪勞勞天末雁，爲何飛倦不知還？

常山董事徐建熊談及地方自治籌款爲難問外國辦事費用何出余以雜種稅特别稅所得稅各項名目告之徐問租稅如許之多何以人民不怨余曰此由實業發達也德國福爾鏗造船廠執事者萬人克虜伯炮廠六萬人柏林電機廠三萬餘人每人每日工資數元數角不等即(柚)〔抽〕取所得稅一項已足供地方辦事之用況更有其他之各稅乎吾聞德國籍斯烏衣孖路地方人口二十九萬每年稅捐八千萬呼路洋唔自立市面積約三十里歲入三十三萬二千餘馬克吕伯雷僅十六七里即警捐亦有十六萬此非民人富足曷由得此我國四百兆民無業可營勞力者爲人傭工自餬其口而不足尚能抽稅以辦地方之自治乎鄙人入常山境訪問物産茶葉柏子桐子蓮子甘蔗高(梁)〔粱〕玉黍之類所在皆有惟竹木獨産於芳村餘山盡皆荒廢豈土性不宜種木歟抑人力未能墾闢歟昔英佛羿之地不毛後考察土質宜種蘿蔔遂成富區撤里司平原地極枯薄經化學家試驗以鳥糞培埅百穀暢茂可知地無肥瘠惟在人工轉移耳考常山地域古屬揚州禹貢載稱厥草惟繇厥木惟喬而所貢者亦有木與筱簜君如集資倡辦森林吾料常山二十年後必無曠土豈獨芳村一隅稱富哉因口占二絶贈之

孫大鵬

常山一望盡荒山，共説貧民生計艱。惟有芳村獨饒富，橘茶竹木地無閒。
全球各國重森林，財用源從實業尋。地本揚州舊禹域，十年樹木盡成陰。

十六日去常山至華埠董事李魯卿邀余游華嚴寺其寺有八景題詠甚多李君抄録成帙請余留題余遂草率塞責

孫大鵬

螺山聳秀

一峰獨高聳,羣山繞其足。黛髻擁蒼螺,翠厓嵌碧玉。雨洗佛頭青,影浮波面緑。迴旋天際蟠,隔斷紅塵俗。

紫竹浮雲

脩篁高百尺,瀟灑滌塵襟。微風動逸響,長夏有清音。此竹獨殊異,浮雲無古今。蒼翠色皆紫,將毋普陀岑。内供觀音堂。

梧桐棲鳳

鳳鳥不出世,恥同烏鵲飛。飢食梧桐實,暮擇梧桐棲。鳳德高難擬,桐音知亦稀。相期巖壑隱,我佛受皈依。

石井三星

詩句三星詠,繆綢在户多。何時沉石井,終古伴伽陀。照面清無滓,澄心静不波。呼僧抱甕汲,瀹茗試如何。

洞天丹桂

丹桂生洞天,枝榮花葉細。蘭蕙氣同芳,春秋年不計。金粟證前身,木樨悟真諦。心清聞妙香,静與道相契。

孔渡樵歌

孔川舟自横,孔渡人嘈雜。落日半山啣,樵歌一路合。牧笛和未終,寺鐘遥相答。萬籟静無聲,晚風吹颯颯。

楓林夕照

道旁多古楓,圍高數十丈。霜染一林丹,風動疏枝響。返景照斜陽,餘暉覆繡壤。有客看山來,停車坐相賞。

月印芳塘

皎皎塘上月,盈盈塘畔水。水印月留痕,月明水無滓。天高秋氣清,風定浪紋細。曾憶西湖游,三潭亦如是。

余至一處索書者不暇給所餘紙幅悉擱置寓所臨行題(璧)〔壁〕而去

孫大鵬

曾聞能者乃多勞,我本無能實可嘲。筆墨苦人如索債,莫嗤文敏夜偷逃。

二十八日抵開化該縣西依卧佛山爲城無西門山有廟宇供卧佛像故名

孫大鵬

開化山以卧佛名,卧佛長眠不得醒。佛前燈火琉璃暗,寒蛩唧唧蝙蝠鳴。我佛何不放光明,光明普照開化城。長夜黝黝終必曙,我佛休常閉眼睛。

開化遭粤匪至今北門猶瓦礫成堆因感而賦此

孫大鵬

咸同寇匪肆猖狂,刦運横遭開化場。五代時舊名。元氣至今猶未復,北城瓦礫尚荒凉。
當時武備未曾修,任賊長驅毒四流。爲問近時陸軍部,練兵能否固金甌?

月波亭懷古亭在金錢山上,今已廢圮。

孫大鵬

物换星移幾度秋,月波亭趾已荒坵。欲尋朱子題詩處,惟見金溪水自流。金溪,在金錢山下。

開化縣吴令常山縣王令皆因賠累求辭職
浙江州縣缺大半如是若不早定公費恐宦途無敢問津矣

孫大鵬

愛民勤政總無私,邑宰聲名衆口碑。王、吴皆稱賢令。一任未終賠累巨,真教廉吏不能爲。
考績唐虞法早傳,周官大比定三年。爲貧而仕貧尤甚,豈是朝廷禄養賢?

由開化復回常山周君岱宗招飲

孫大鵬

回車又到定陽城,小别重逢倍有情。客邸爲君留一宿,酒樓招飲夜三更。暢懷止可談風月,座客皆徐姓,故引用徐勉故事。識面何須問姓名。余奉使密查所贈紳士,聯款皆非真姓名。明日木棉山上路,赴江山必由此嶺經過。又隨孤雁向南征。

聞文山巖爲朱子講學處書案猶在余紆道訪之至其處乃荒山也

孫大鵬

出郭不三里,文巖即此間。考亭前講學,書案賸煸爛。地僻行人少,雲封古寺間。先生如不到,千古只荒山。

木棉嶺高數十丈輿夫攀躋而上喘息汗流余心憫之下輿步行五里許路始平坦

孫大鵬

木棉高聳出層巒,輿舁如登蜀道難。我緩步行猶力軟,看人肩重我何安?乾坤父母衆同胞,貧苦堪嗟力食勞。喘汗當教略停憩,愛人分應是吾曹。

十二月初六日抵江山縣寓居舊學署現已改爲學校顔曰江山小學堂毛紳西峰請余作楹聯余援筆書云人傑地靈江山毓秀邦幹家楝庠序初基衆皆嘆服以爲切合留飲數日敘述江山歷史及近時狀況且云恐有後患勉成四十韻

孫大鵬

江山浙上游,贛閩壤相接。屏障倚東南,仙霞高巀嶪。仙霞山有仙霞關,爲入閩要道。昔史浩督閩時,築石路三百六十級。地僻山多荒,盜寇營巢穴。思患不預防,後車蹈前轍。我讀江山史,請爲江山説。明季寇亂橫,礦靛尤驁桀。蔓延至國初,鄭賊將鄭之豹。楊楊文管。相頏頡。九仙當其衝,蹂躪災尤切。康熙甲寅時,耿逆三藩之變。又猖獗。幸賴李文襄,平定烽火撤。休養二百年,承平四五葉。粵匪忽西來,全城遭破裂。青湖至峡口,一任賊喋血。此猶外寇來,洶洶勢難遏,試看十年前,庚子之一劫。初因米價昂,匪率衆擒奪。匪首劉家福,縣署革役也,率夥搶刼劫青湖章姓米行之米,價值萬餘金。追捕不加嚴,劉匪與捕役私通,故難緝獲。膽玩禍乃烈。烏合逞鴟張,狼貪復豕突。玉石崑岡焚,城未破,而官先潛逃,匪遂據城,大肆焚殺。草菅人命折。影響及三衢,衢州官被戕,常山城亦破。禍幾延兩浙。豈無守土人,如何容餘孽?現聞東南鄉,居民又兀鶍。辣腿竹損敲,滑頭花會列。鬼蜮沙暗含,鼠狐計詭譎。道途伺攫金,猙獰持械鐵。日夕天未昏,行旅路幾絶。富者避兇鋒,遠徙家室挈。懦者受欺凌,魚肉任噬囓。伏莽兆興戎,此患非草竊。況又邪教崇,拜空多黨結。現有向空禮拜,口誦大學,名空中教,又名大學教。藉戒煙爲名,四處佈散。入教者皆光頭,衣藍布衫,稱呼爲兄弟。據云福建傳來。涓涓成江河,現象可預決。現象何由成,詳詢得始末。山僻少交通,西南兩面皆深山,與贛閩相接。風氣多錮蔽。林礦利未開,民困窮無業。士習訟爲師,學識程度劣。提倡教育人,怨謗交媒櫱。廩生毛雲鵬開辦學堂,已用數千金,提撥書院賓興款項,被誣爲革命黨。自治未萌芽,警察徒虚設。月費五百千,巡士不踮崗。坐此諸弊端,人心日刁敝。欲弭亂無形,教養不可缺。綢繆未雨天,及時桑土徹。

十二日束裝赴湯溪勸學所長毛君酉峯教育會長毛君成仁高等學校校長楊君效蘇設席爲余餞行酒終賦別

孫大鵬

三衢迢遞路難行，千里鶯鳴求友聲。真個詩文同骨肉，出門到處有逢迎。
訪詢政俗與民情，閱盡雲山路幾程。我是浮沉江海客，萍跡到處不留名。

十四日由江山起行沿鹿溪過雙塔嶺晚泊大溪灘宿竟夜水聲潺潺不能寐

孫大鵬

雙塔峰過日已殘，泊舟夜宿大溪灘。光摇渡口漁燈暗，凍漬冰天布被寒。曙色早催人睡起，瀨聲不許客眠安。計程百里衢州路，風逆船行欲速難。

衢江夾岸多山不知其名

孫大鵬

奉使三衢八百程，載途雨雪不停征。舟行江上無人問，多少青山不識名。

偶　　感

孫大鵬

去歲今朝在學堂，詞鋒筆陣各争長。牛刀欲試無雞割，龍角空成尚蟄藏。雨雪風霜勞跋涉，油鹽柴米費籌昂。若非命蹇即才短，守素何須問彼蒼。

各縣所辦新政無不腐敗藉此名目收括民捐良堪痛恨

孫大鵬

不求根本只皮毛，寸木岑樓妄比高。新政人材皆國蠹，各般經費盡民膏。補天無術空憂杞，立地求成等揠苗。莫怪賈生書痛哭，滿腔熱血向誰澆？

二十六日回省行經舊路有感

孫大鵬

去時江上曉楓丹，歸路仍經舊處灘。四十日行水陸遠，一千里冒雪霜寒。山川訪問知通塞，刑政施行辨猛寬。遊歷亦能增識見，此行莫作苦差看。

庚戌花朝同學沈芷珊大令三十弧辰戲贈七絶二首

孫大鵬

花封管領宰官身，玉樹丰姿更出塵。休怪郎腰花比瘦，原來生日是花辰。
綺苑開筵集衆香，百花仙子競稱觴。他時我訂羣芳譜，合列君名姊妹行。

題浙江法政學堂監督業師許鄧起樞夫子鐵製花屏四幅

孫大鵬

春　蘭

九畹芬芳手自栽，長埋野草溷莓苔。靈根幸籍湘沅託，夫子係湖南湘鄉籍。凡艷羞争桃李開。屈子離騷空寫怨，美人遲暮未心灰。國香終有昇庭日，端賴春風化雨培。

葡　桃

離離披拂晚風柔，爛紫葡萄壓架稠。上苑根移從大宛，夜光杯滿憶梁州。虬枝得勢非無地，馬乳成時易感秋。未識牟尼千百串，早朝能否獻螭頭。

菊

風風雨雨到重陽，高會何人醉一觴。碎影細篩三徑月，直莖常傲五更霜。天生素稟靈和氣，秋老偏争晚節香。好句競傳韓相國，黄花到底殿羣芳。

梅

廣平心本鐵同堅，鑄就梅花一幅懸。咫尺孤山争冷艷，謫居瑶島亦癯仙。生成傲骨難諧俗，被拂春風亦有緣。從此玉堂清賞供，枝南枝北各争妍。

重陽後二日法政學堂補考適值陰雨連綿十數日始考畢

孫大鵬

少壯蹉跎老，雄心感漸磨。一燈長閉户，萬事付流波。異地親朋少，重陽風雨多。家人催早睡，時已四更過。山色忽晴霽，連陰五六天。初期方考畢，一醉樂陶然。問世才慚短，名心老益堅。雞鳴催早起，誰讓着先鞭。

題通州孫式之茂才仗劍遠行圖

孫大鵬

男兒生當亂世秋，懷抱利器正堪投。遠紹班超傅介子，蕩平異域博封侯。近效伊藤大隈伯，功成名耀五大洲。天不從願斯已矣，那能窮居欝欝終山邱。壯哉古郥吾宗有傑士，憂時愛國心如繫。歐風亞雨雜沓來，甲午一挫庚子繼。拔劍斫地鳴不平，請纓一展終軍志。舉步大踏出門行，竇劍横腰策在手。上馬先傾數斗酒，豪氣直上凌霄斗。據鞍顧盼精神抖，隻身俯仰天地寬。殘月曉風一路受，登吴山，臨越水，訪臨安，吊檇李，霸圖王氣悵銷沈，莽莽風塵誰知己？蹉跎坐嘆吾老矣。吁嗟乎，古今英雄多如此，烈士暮年心未已。寄聲珍重莫浪使，待時出匣氣吐豐城紫。

仝　　上代李篤生作

孫大鵬

夷氛未靖干戈擾，燕雲慘淡憂心擣。誰夷鄯善沼先零，班超已謝充國老。先生攘臂請長纓，終軍豪氣微懷抱。腰横秋水匹馬影，嘶風直入無人境。犂彼突厥庭，羈彼單于頸。男兒到此志方逞，行裝爲我束書琴。關山萬里好馳騁，奚童侍婢解逢迎。祝君此去事竟成，一晉瑶爵酒，再晉華冠纓，漫道題稿只長卿。去時誰識霍去病，他日歸來笳鼓競。生子當如孫仲謀，家風素爲阿瞞敬。誰知繩武有傳人，天生豪傑自具充閭慶。

贈别沈縣長升伯去任

孫大鵬

同是驚濤歷險人，君何宦海尚沉淪。故宫瓦雀悲禾黍，大地銅駝莽棘榛。爲拯斯民出水火，不辭勞瘁溷風塵。三年荒政勞宵旰，雨露頻沾萬物春。

怕上新亭折柳枝，陽關疊唱倍神馳。婦人孺子知君實，掃地焚香愛左司。遺愛甘棠庭有蔭，去思衆口路皆碑。定知郭伋重來日，多數兒童竹馬騎。

學 堂 教 習

孫大鵬

撫孤守節事皆難，況復年輕家道寒。誓願丹心盟白水，備嘗艱苦比梅酸。百千萬折腸幾斷，一十七年淚未乾。兒育鞠成母棄世，空憐夜半胆和丸。

孺人守節教子讀書修脯不足典簪珥以給之

孫大鵬

已勒貞珉節共欽，更裒行略廣徵吟。採風分應吾曹事，報德堪憐孝子心。定有瀧岡題墓表，愧無椽筆表徽音。幽光日久終須發，況昔環溪世澤深。宋章元崇先生讀書於杏城溪，世稱爲環溪先生。

速記學堂畢業生送教習孫君回里臨行賦詩贈别代羅生作

孫大鵬

自從負笈到泉唐，雨晦風瀟共一堂。敢詡驊騮逢(白)〔伯〕樂，愧無才藻比君章。灌輸瀛海東西學,栽種門墻桃李芳。聚晤莫嫌期會少,斗山瞻仰日方長。

紀常州過慕劬先生孝行事略

孫大鵬

先生名爍,字謹言,號慕劬。其孫名鏡涵,字漢槎,現任縣視學。

孝爲仁之本,本立而道生。昔賢有明訓,今人誰力行?卓哉過善士,至孝本天真。讀書殫理學,卓犖冠羣英。瓶罄悲親老,家貧鮮弟兄。棄儒而服賈,貿易事經營。母系出名門,母儀人共仰。蘭蕙秉芳姿,鍾郝何多讓。相夫奉高堂,饍饈晨夕養。門户力支持,婦功日無曠。運逢家道衰,所處皆苦況。翁死備棺衾,竭力營喪葬。澗藻薦馨香,風木增悽愴。姑病又垂危,扁盧無處訪。禱卜籲神祇,厠牏親滌濯。七載如一時,甘苦有誰諒。室罄釜生塵,途窮隅坐向。歸寧在母家,親戚相依傍。邁父年八旬,衰老身多恙。湯藥勤護持,家務代摒擋。衣不解帶眠,起盼晨光亮。勞勞井臼操,碌碌年光放。子幼未成年,中途槖砧喪。岑寂守空幃,悽慘薤歌唱。年少命不辰,衰老復何望。豈料蔗回甘,吉人得天相。潛德發幽光,門祚衰復旺。冢嗣性篤誠,生男皆倜儻。季子擅岐黄,金丹消癘瘴。四世慶同堂,此猶未足尚。最奇是次君,出家空塵障。行脚遍天涯,佛教聯蒙藏。會名黄卍字,奇相驚獨創。興此慈善團,功德尤無量。偉人生不凡,盛名中外仰。大孝重顯揚,僧俗同一樣。母壽慶八旬,精神猶健壯。非有大德人,安能邀福貺。玉樓起笙歌,翟茀耀仙仗。珠履客三千,少長各分行。舉酒共稱觴,衆賓意歡暢。我亦醉一吞,謂是延齡釀。

哭曹營長鑑堂被匪鎗害

孫大鵬

借寇曾攀欲去轅,何來噩耗突傳喧。妖氛未息將星殞,砥柱先傾駭浪奔。海甸萬家哀有泣,故城千里夜歸魂。捐軀本是男兒事,休向秋風拭淚痕。豪傑古稱燕趙士,爲民爲國一身忘。淚傾淮海波濤湧,血染沙場草木香。李廣不封原有命,睢陽效死足流芳。千秋廟宇争崇拜,勳業寧須文虎章。

和金鞠逸同年六十述懷原韻

孫大鵬

歸來白髮半盈頭,我早無心戀宦游。回想功名皆幻夢,自慚身世等浮漚。屢驚風險神愈定,光復時,余任湖州分府,兼辦烏鎮釐捐,被人誣陷歸回,勳匪又受危險。欲脱塵煩志未酬。最好化身漆園吏,不知是蝶是莊周。羨君教育受家庭,棣萼聯芳蘭桂馨。學究天人三策富,宦游秦魯衆山青。棠遺愛稱郇召,清濁何人辨渭涇。可惜服官年甫届,罷歸空應少微星。

君任曹嶧兩縣時年未五旬鼎革歸田不仕

孫大鵬

世道凌夷廢紀綱,後來世局更茫茫。朱楊未闢騰邪説,黑暗何時見曙光。争攬兵權爲得計,問誰醫國有良方。維持孔教修崇殿,每念知交泣數行。

令兄蓮溪先生與余交最厚先生主任孔教會會長獨出資數千緡修造殿宇甫告成而先生已棄世讀君詩至目斷天空折雁行之句感念舊交潸然泣下

孫大鵬

交情泛泛豈皆真,合志同方有幾人。默驗行藏如一轍,早知泉石訂三生。君與余同縣、同案、同年、同爲縣令,又同時罷官。年來舊雨無多在,老去新詩更入神。安得百年常聚首,舉杯邀月共相親。

賀金君蓮溪同年重游泮水

孫大鵬

天生福澤與精神,三達尊俱備一身。宦海名場推巨擘,如來金粟證前因。八旬待晉岡陵頌,九老同遊泮水春。鼉鼓鸞旂遵舊典,龍頭争羡老成人。

南菁肄業者求知,貢樹香分第一枝。乙酉拔貢。兩試殿廷膺上選,八旗子弟奉臯比。朝考,取八旗教習。交遊半屬封疆吏,職守何妨兵馬司。廿載風塵京洛寄,文章經濟重當時。

一官外放到天涯,昭化蓬溪政績賒。萬灶謳歌春有脚,五營統帶士無譁。捐廉爲活災黎命,爲法寧邀上憲嘉。畢竟報施天不爽,一門福蔭競榮華。

宦遊已倦賦歸田,匪患頻仍歉歲連。散粟變安兵士譟,傾囊賑濟壑溝填。重新聖宇將傾殿,培育貧兒入學年。更有節堂兼義塚,保存撫卹意拳拳。

考槃問詠碩人邁,時勢誰揮返日戈。儕輩惟君存碩果,逸民偕我老巖阿。海濱艷説耆英薈,魯泮重經感喟多。人瑞吾鹽稱獨盛,香山洛下比如何?

和金鞠逸同年逸園宴鞠分韻得自字

孫大鵬

落月滿空梁,涼風天末至。感此懷舊遊,相期邈難致。忽來詩見招,約我重陽醉。欣喜愜素懷,屆期策蹇騎。逸園門早開,賓朋已薈萃。酒榼與詩筒,主人置俱備。險韻分尖叉,飛觴輪坐次。風雨應節期,籬鞠解人意。主客皆盡歡,此會良不易。憶昔少壯時,功名志未遂。奔走歷風塵,一行慙作吏。君游泰岱間,我整之江轡。各在天一方,十年不相值。皓首賦歸來,舉目各驚異。時事慨亂離,中國正内鬨。狐鼠城社憑,銅駝荆棘蔽。南北復争訌,終爲漁人利。政黨亂之階,共和成夢囈。安德魯陽戈,揮返日西墜。厭世薄浮名,君與我同志。退老菟裘營,公之逸園與余之定静院,先後落成。委心任時勢。氣誼共苔岑,結交重文字。君燕樂嘉賓,幸不我遐棄。

如宴桃李園,如列耆英會。酒盡興正酣,放懷無一礙。爲樂須及時,後會何年再。後會縱有期,年華流水逝。一歲一重陽,人生無百歲。惟彼曠達者,不爲塵俗累。俯仰天地寬,身世蜉蝣寄。肥遯本所甘,悔吝從何自?

和逸園四詠

孫大鵬

笑俗樓

身似蜉蝣天地間,託居何必定箕山。樓頭風月供談笑,海内詩文數往還。長嘯一聲空眼界,高登百尺俯塵寰。焚香静坐南華讀,簾捲西窗夕照殷。

漉酒軒

曠達人争説乃公,罷歸無復問窮通。杜康長醉百憂解,陶令高情一樣同。藉引壺觴消歲月,爲栽松鞠翦蒿蓬。閑來把酒桑麻話,綽有羲皇以上風。

停雲徑

修竹當窻映碧紗,通幽曲徑自欹斜。雨餘夾道鋪蒼蘚,客到呼童掃落花。門外停車多長者,座中題壁盡方家。世人漫道終南捷,處士争傳陳白沙。

邀月臺

掃卻閑愁似亂絲,登臺獨酌酒盈巵。碧天無際三更夜,皓月當空一覺時。滄海變遷增感慨,星河寥闊隱參差。遥憐玉魄冰壺濯,爲問嫦娥知不知?

定静院醒鐘銘

孫大鵬

此鐘鑄時,正新舊國會争立、南北政府交閧之秋也,故以醒鐘名之。

東方白,天欲明。蟲薨飛,雞亂鳴,卧獅酣睡唤不譍。主人夢,夢何處?尋發人猛省是鐘聲:醒!醒!醒!

千金亭懷古賦以"一飯之恩何敢忘之"爲韻。楊大宗師歲取詩古第一名。

孫大鵬

試望淮壖,有亭特出,畫棟飛雲,珠簾映日。俯臨流水湝湝,仰聽清風瑟瑟。是誰建築?久嗟宿草荒蕪。有客登臨,但見殘碑葎崒。與母墓相鄰八里,通曲徑之三三;合約臺并峙千秋,數雕欄兮一一。淮人告余曰:此千金亭也,係漢時之所建。漂母性慈,王孫境困。適邂逅而相逢,挈壺飱以奉獻。遂乃淪浹肌髓,感銘方寸。笑擷羹之邱嫂,有何顔對百錢;拜受賜於新王,只爲恩深一飯。可嘆窮途落魄,憐才幾見裙釵?誰能太上忘情,處世不談恩怨?後人建亭以表之,三弓地闊，千古名垂。高臨枚里，近接缽池。傑閣巍峨，前對元王廟宇；平原矚望，西連陸羽茶陂。驅車來跨下橋邊，欲訪少年前事；有井在文通塔下，相傳漂母留遺。漫云時代甚遥，幸此亭猶在也。悵望古人不見，欲鑄金以事之。吁嗟乎，枚皋亭莽荆棘矣，步隲亭埋荒域矣。萬柳亭斜日匿矣，招隱亭斷煙塞矣。代遠年湮，苔封蘚蝕。覩兹淒涼，同堪太息。而吾獨徘徊於淮水之濱，躑躅於斯亭之側。一則以情殷推食，具隻眼能識英雄；一則因義重啣環，誓終身不忘大德。夫以千金至重也，披沙質煉，試石光磨。分三品於禹貢，餽百鎰於孟軻。壽爲魯仲連，贈滿籯而不惜；書懸咸陽市，出重價而何多。除非市駿金臺，招賢禮士；何屑藏嬌金屋，買笑徵歌。試看金購左車，遂即燕齊并下；豈若金投瀨水，不知名姓爲何。向使婦愚莫識賢豪，壯士徒悲坷坎。等薄情之蘇嫂，餓不爲炊；同寄食於闍黎，飢無與噉。盤飧不餽，僖負羈何德堪酬；簞食莫施，趙宣子無恩可感。安得亭臺建立，永百世而流傳；何來金碧輝煌，供游人之眺覽。韓侯廟聲靈赫濯，誰曰不宜；漂母祠俎豆馨香，當之曷敢？又使登壇之功既奏，封王之願已償。感恩情兮雖重，迨富貴而輒忘。母不言功，安得介推禄賞侯如背德，誰爲宅里表揚？縱然坐擁金貲，徒諾慚乎季布；空嘆交深金石，終見禽於漢王。迄今望亭雲而憑弔，覩亭榭而堪悲悵。昔人兮已去，緬高義兮莫追。論者謂滅楚之功雖大，背漢之罪難辭。豈知念淮干一飽之恩，尚思酬報；受國士無雙之遇，何忍相欺？若能言聽蒯通，何至爲彼婦所縛也。可恨冤沉鐘室，有誰舉此亭以辯之？

賦得燕子歸來社雨寒得歸字五言八韻。

孫大鵬

舊日堂前燕，窺簾今又歸。曉風寒料峭，新社雨霏微。尚認香巢在，休疑綵縷非。梁空泥自落，路滑客行稀。酒任鄰翁醉，門尋故主飛。薄應憐翠袖，濕欲到烏衣。柳影穿時瘦，花枝潤處肥。呢喃何處去，桑柘隱柴扉。

（孫海南等纂修《[江蘇鹽城]孫氏宗譜》 1923年樂安堂木活字本）

徐氏宗譜

題族譜詩

潘　臨

相彼徐譜，科第煌煌。有斐雲礽，書香彌昌。其一
相彼徐譜，貞節年年。有斐雲礽，封章自天。其二
相彼徐譜，孺山峩峨。有斐雲礽，百世不磨。其三

頌徐氏家乘詩

吴　鯨

徐宗受姓夏商前，源溯南州世澤延。浙水遠遷開巨族，孺山重望仰名賢。身投水火貞心定，筆挾冰霜薦牘傳。先世芳徽堪耀乘，後人珍重守遺編。

拜祖父墓詩

徐　圓

諸父才華冠，天胡不假年。溪源埋玉處，忍聽夜啼鵑。

（清徐福清等纂修《[浙江安吉]徐氏宗譜》　清道光二十六年木活字本）

苦雨文

徐元獻

成化十有五祀夏五月戊辰，徐子讀書於家之洞然堂，見壁壤溽潤，柱礎滋溼，巾衣起黴，簡帙交結。凡著於物者，皆蒸然氣鬱也。曰雨其將作。越二日庚午，東旭方昇，飛雲障之，其色如緇衣，如元甲，如煤炲，周布於太虚，無寸碧矣。須臾，風霆競鼓，龍電争馳，海波盡立，晝天若暮。滂沱者颯然而至，萬里瀉銀河之水，四檐垂瀑布之泉。須臾，東枯者西潰，底涸者面溢。予乃斂衽以待，意斯雨之甚而易霽也。奈之何後庚三日不止，後甲三日又不止。宵晝之間，有翻盆者，有飛絲者，綿綿焉，淋淫踵至。陂塘之水灌溢靡歸，湯湯浩浩。高土慮濡，堅垣支摧，豐屋防毁。汙邪甌窶之野，宿麥未登，稺禾莫藝。農夫借耰鋤而難措，婦子抱溼薪而無炊。舉皆駢頭對目，相與怨咨而疑天漏。悲夫，泣民之此苦，我心念之。

竊謂方今清夷之世，雨之來也，宜時奚恒，宜靈奚霪，宜甘奚苦，宜潤物奚破塊。昧昧思之，求其辨而不得，乃悶然隱几而卧。夢與天府諸神風伯雨師、祝融豐隆等遇，讓之曰："上帝畀汝以化工之權育萬類，惟其節雨矣：宜暘暘矣，宜雨雨之。〔雨之〕過也，於風乎解，而雲不可助之；暘之過也，於雲乎制，而風不可散之。是維汝司，亦惟帝心。乃今狂霖害農，汝雨師恣縱其權而妄行之也，其罪大。爲之助者，汝豐隆宜有罪。莫之解者，汝風伯亦有罪。汝祝融自閟其暘，不耀其光，又惡得無罪。"言既。神亦俯首靦顔，謂余曰："帝之柄也，吾輩安得顓？"余曰："假若而言，今之下土民怨升聞，若輩亦既知之矣。知之，而不訴於帝何也？豈化工之權徒取若輩能餐霞吸露，逍遥乎廣寒清虚之府而已耶？爲我亟寫琅函，獻之玉案，掃除陰潦，勿爲民墊。不然帝其汝罰，汝兹曷悔？"已而覺，乃爽然自異，曰："是夢也，神惡乎在？豈皆吾心之神矣乎？"遂筆之於書云。

捕鼠説

徐洽

始予來京師時，倉卒促裝，附舟之便者以行。蓋無可負之笈，可鼓之篋也。就邸踰月，乃貿一竹籠，周緻完好，蓋物之舊而新整者也。凡旅居之紙筆與供客之果茗，無不蓄焉。凡與予周旋者有日矣。始居僧寺，寺之鼠竊米穀以食，而弗之損；繼移居陳，陳之鼠竊菱芡以食，亦弗之損也；繼又移居唐，唐之主家以鞠麪爲業，鼠羣聚焉。遷延入於客居，而卧榻爲之不寍。予處淡薄中，曾無餘粒足以厭其欲，而又適有鄉閭凶荒之報，惡其擾擾有以重吾憂也，畜小狸奴以防之。鼠怨且怒，於是益猖而熾，未夕羣行，隨物則齕。而向所謂完器者，首受其傷。蓋其貪(狼)〔狠〕陰毒之性，違所欲則生激；其狡獪饞慝之資，見可侵則愈暴，勢固然也。予悼惜良久。唐老見予有不怡之情，乃别授予一狸。秋仲三日，予時讀書方歛，昏也。鼠志既肆，不待羣而出。二狸奴者，一犄一角，始捕一鼠，而甘食焉。竊惟盛衰相倚，消息循環。設使是鼠常安其穴而不爲吾物害，則無事於狸奴之畜；或食其餘，而不以得志肆，則又豈爲狸奴捕耶？然使自今知所警而少戢焉，吾人當有安静之望，雖不知所警而漸遠焉，吾物尚有完好之期也。所謂盛衰消息之理，或有必然者。但古刺黠鼠，吾恐狸奴氏之不能盡其技也。噫，鼠一孽也，有爲衣冠之害者，有爲廟社之害者，不止吾一物而已。又況糾結如蛇蚓，瑣細如蟣虱，爲鬼魆狐蠱，爲陰賊狼很，其回互隱伏，閃縮狡獪，不可方物。先儒以之喻陰柔倚伏之小人者，皆鼠類也。是皆有害於人物，有損於元氣，有乖於覆載生成。厥類實繁，而吾人之處此，良亦難矣。思患而預者，可無道哉？

厲志寡過約説

徐晉錫

余自幼多病，母趙孺人以中年舉育之艱，多方調護。而吾父倬章公以家傳儉約之素，每事參商。纔七齡吾父即帶至雲亭曹氏舘中，怙而兼恃，教育無間。年十六，娶高氏。四載，即失耦，重二人焦勞。再娶李氏，孝謹無間言，出子迎禔、迎禎。自迎禎繼出，吾母即代李鞠育。迎禔丰姿異敏，四齡教之成誦，爲祖父母所鍾愛。乃天限之，李氏僅歸吾門八載，而迎禔六歲，匝月間，母子俱歿於痘，幾裂吾父母之腸。未及期，而吾母痛亡撫幼，舊病頓發，年五十有四，於庚午九月謝世。家中相繼而亡者數人。吾父於是辭館還家，舉目無親。父子偶離，形單影隻。吾父又爲擇婚於陸,不敢違而從命焉。出子迎祐,顛沛之餘,吾父慮我之荒於學也,館歸,訓勉有加。乙亥遊庠,吾父稍以舒眉。奉命兩次鄉試。詎天不假年,庚辰三月辭世,時年六十有八。以後銘吾父之遺訓,仍應試七次,而終無一遇。是吾運之偃蹇,不克顯揚遂志,罪莫逭矣。獨吾生平所以厲志而寡過者,聊爲自敘,欲以身試者交勉乎後之人也。蓋承祖宗之微緒,業産寡薄,爲作家計,不得不以讀而兼耕。三餘從事案頭,夏秋芒甚,每出而助田功所不及,借以監督,而不及者輒多媿厲。一入城市,知交或哂之曰:"君得毋從田間來者耶?"余應之曰:"固也!特念古聖人耕莘野,古賢相耕南陽。我學之而自愧遠不逮耳,耕何病焉!"家中日用槩從節儉。康熙十八、十九兩年,水旱奇荒,家家懸罄,餓莩遍野,慘景宛然在目。雖在富室館中,時惜物力艱難,戒以奢靡。嘗留有餘,俾之可繼。一切生養之物,雖粗賤者,未必美觀適口,亦暫可以應用充饑。所謂不貴異物而賤用物,蓋爲此也。抑又襲祖宗之忠厚,聲勢孤弱,爲立身計,慎言爲最先。"惟口出好"、"斯言之玷",古訓昭然。所深戒者,訐陰私而談閨閫,既恐旁有中傷,結仇生釁,又烏知白晝之中,不有神明鑒察。損人損己,莫甚於是。至於無益之閒談,枉費精神,尤所不取。其遇人有紛争之莫解,美事之中阻,出片言以勸慰玉成,間亦有之。其次莫要於慎行。大德不踰以約,鮮失聖賢之論著矣。所刻厲者,敦本擇交,良以人生大節,孝友爲重。雖吾父半生在館,母氏没齒長齋,逮存之日,孝道多缺。况鮮兄弟,畢世煢煢。然而歲時致祭,僾見愾聞,不與如不祭。適遇喜慶,眷屬紛集,竊念父母在時禮數之詳慎,告誡之諄切,今昔頓殊,人各盡歡,私爲飲泣。若夫生平相與,曾無苟且,益友當親,損友當絶,早爲決擇,毫無寬假。是以中年學業不廢,殊有進益,得之切琢者居多。我今年踰花甲,所遭極凡有之不齊,始覺怨天不敢,尤人不可,自怨自尤不必。只隨分以自安,常將不如我者比以自消遣,恒以勝於我者爲師,以自濯磨。寬餘地以處己身,謹約樣以示子孫。謙和兩字,終身受用不盡。倘能三復前言,厲志寡過,胥得之矣。至其他一生舉動,爲人必忠,與交必信,臨財毋苟,雖未能而常願學。若夫好生爲壽之基,敬字爲貴之基,惜五穀爲禄之基,數者,雖極倥傯時爲留意,未嘗忽忘也。

公諱晉錫,字兆蕃,號東維。生平端方嚴毅,肝膽過人,鋤强扶弱,而更有功族黨。凡自敘中所以訓勉後人,字字皆本躬行。自道而實有未盡乎此者。其處己儉約也,雖遇縣府考試,悉皆徒步往來。故因附舟而得遇薛慎宧先生於毘陵道次,拈題揮寫,片刻而成,脱稿呈政,亟加契賞,遂成莫逆。後九躪棘闈,而同舟共寓者無不惟公是賴。里中如子文王公、鶴書吴公、錫九華公輩,尤以道義相契厚,無不敬禮而争致座右。諸生有頑梗不率教者,麾之惟恐不速。時爲鄉里排難解紛,曾不受人財賄。即此一節,每嘆後人之遠愧弗如也。抑又聞之,康熙年間,有漕規陋習,惟公則介介不取也。但凡二三至親契友爲之代輸,而不肯令受吏胥之虧。一日,吏逞奸雄,視公蔑如也。公忿然不平,鳴之道憲,立將漕總記書痛懲示衆,合邑稱快。公之肝膽過人,鋤强扶弱,大類如此。又梧勝祖塋豐碑柱石皆有明數百年物,而黠匠鉤連不肖子孫,貨以爲橋梁用。公與族人控諸當道,無不正之以法,而柱礎得仍爲祖塋故物。至若吾宗譜牒,經族人兩次修輯,俱中道而廢。及公出,與二三宗老降心抑氣,遍及通家故舊考訂遺文,四閲寒暑,而譜帙告成。然心力之勞瘁,資斧之匱乏,百孔千瘡,已有不可勝言者!公之有功於族黨也,又如此。孫男敬承總角時從公受書,賦姿愚魯,至煩公斥責。次年壬子,挈帶於姑氏。詎意天不假年,至二月二十五日,而公捐館。爾時敬承饑飽未知,又安識天之高、地之厚。公既殁,親舊無能爲公傳者。數十年來,愚不自揣,竊欲繼公之志,增修家乘。今已鳩工設局,而公傳缺如,殊深隱痛。近於李氏親舊篋中得公自敘《厲志寡過約説》一首,係公親筆。捧讀之下,涕淚交迸,痛幸兼至,亟爲手録,附以平日父兄尊長及姻親故舊所口誦而耳聞者數端,附載於末,用以丐當世之有能爲公傳贊者,冀垂不朽云。

(清徐倫皋等纂修《[江蘇江陰]梧塍徐氏宗譜》 清光緒三十二年木活字本)

跋朱西洲詩畫後

徐　鵠

山間避世輕榮辱,眼看時事如碁局。梧月松風閒往來,更傍西洲結茅屋。洲前樹色曉蒼蒼,洲外寒沙煙漠漠。胥水繞其南,胥山亘其北。薜荔春深一徑通,抱膝孤吟常自足。乞花自栽,買牛自牧。酡顔鶴髮老山林,憐君本是陶朱族。陶朱好賢更好文,富甲吾鄉書滿櫝。但向鷗江理釣絲,那知紫陌驅塵轂。桃源寫出胸中奇,筆跡雅淡殊不俗。我昔讀書東溪樓,曾來邀我舟中宿。春堤芳草夕陽西,小槽呼酒嘗新緑。知君授業有奇方,麟趾鳳毛相繼續。喬木春風世澤新,誰云賢者多寂寞。

遊寧海寺

徐　鵠

白雲秋水菊花天,客子尋遊夜未旋。不向衡門嗟闃寂,且從僧院話虚圓。高楓暗逐霜華落,清調誰將玉笛傳。借得山房高臥穩,野人去住只隨緣。

述　懷

徐從治

我本蓬蓽士,一生多憂患。少小勵風節,不惜嘗艱難。自從釋褐來,服官三十年。甲子忽已週,黑頭今皤然。筮仕宰桐邑,洪水驚狂瀾。郎署不久羈,一麾守東偏。兗妖抗王師,受命毋遷延。率先戰戈里,殲之兩伏山。鄒滕既已復,嶧紀亦復完。露布飛神京,半載始離韋。方伯必召虎,豈曰我獨賢。堂有白首親,捧檄得生還。長恐缺甘旨,耕彼南山田。王風遭板蕩,迫我驅幽燕。薊門上變告,定亂九首懸。旋復來青齊,時事痛何言。晉秩位蘭臺,懷禄多慙顔。帶甲照濟水,忍見六邑殘。大東萊子國,千里無突烟。爰率八千騎,深入孤城間。四面起邊聲,矢石如飛丸。鑿穴可旋焉,雲梯齊巒巔。前後七十戰,何時築京觀。男婦日夜哭,五日纔一餐。城中糧久絶,援師竟不前。抗疏報天子,撫議猶諓諓。裹外兩相隔,遣吏夜出關。邇來三上書,望闕涕潺湲。豈爲惜微軀,黔首實可憐。守死乃我分,把劒問長天。

入萊州城被圍作

徐從治

崇禎五年春,帝命師中錫。俾撫大小東,星言事羈靮。於時二月朔,告警馳羽檄。叛軍無安巢,掠地恣所歷。萊牧實要衝,羣兇首矍踼。雖有防守臣,敝甲同袒裼。詔許駐青州,欲往寸心惄。萊民亦吾民,不忍付焦溺。單車指危邦,夫豈尚沽激。須臾寇果臨,疾風走沙礫。孤城露南隅，三面受鋒鏑。雲梯匪一層，地道發重甓。捷如猱升木，多於螘緣壁。穴以積熏尸，臺縱火燔荻。相隨八十騎，騎騎奮長矜。自顧一書生，乃當萬人敵。援兵絶蜉蚍，礟石轟霹靂。誰與生厲階，失計遂貽慼。一星餤不撲，燎原衆斯惕。兩葉生不除，須用斧柯折。奈何肉食謀，議撫不議擊。養癰久必潰，累卵危終殈。哀哉此邦人，何讎委虺蜴。效死職所甘，智已窮墨翟。

寒食郊行

徐同貞

二月春寒未減衣，嫩晴天氣日熹微。桃花落盡水初漲，燕子來時筍正肥。林外酒人浮白去，莎邊遊女踏青歸。却嫌輸與東京路，尚欠郊原綵索飛。

春日讀書山中

徐贊宸

隴上紫雲飛，陂池接翠微。山礬香未歇，石鞠種還稀。拂水呢喃燕，緣牆薜荔衣。門前清露重，幾架溼薔薇。

贈從兄梅臣七十長歌

徐豫貞

南龍秀結崑崙尾，秦駐三峯矗天起。山下溪流孺子門，草堂舊是南州里。吾家伯父通江公，高潔古樸無與同。只今諸子誰最肖，兄也綽有先人風。由來意氣輕封殖，心眼寥寥抱通識。平生談笑吐心胸，至性天然去雕飾。昔年隨父謫劒門，山城麥飯甘淡泊。抗議當時扼巨魋，兄實爲之贊籌畫。歸來復作帝京遊，擬欲獻策干王侯。風塵澒洞不得志，還家且復營菟裘。清幽自愛秦溪水，誅茅結隱溪上頭。草堂數間園數畝，鳥飛魚躍心悠悠。今年吾兄年七十，足跡希聞到城邑。不巾不韈踏原疇，田父相逢乂手揖。諸郎濟濟盡孝愛，不須富貴堪自立。饘粥能供豈厭貧，父子兄弟常和翕。吾兄吾兄樂如何，興來自作長短歌。稱心而言佳者多，詩家體勢空紛羅。朅來剛逢初度日，弟也賦此呈胸臆。笑指秦峰落酒杯，萬古青青照顏色。

秋日晏集族姪山莊

徐豫貞

清江木落生素波，塞鴻夕下西風多。碧草連山盡秋色，野橋紅葉相經過。馬睾峰頭白雲駐，馬睾峰下空煙樹。阿咸小築傍雲林，開宴留余三日住。筵前勸酒《鬱輪袍》，徵歌劇飲争雄豪。曲罷不知海月白，洗盞重呼更移席。竹林清嘯寫奇懷，滿山叢桂連芳夕。四座風流映一時，水東亭上坐題詩。賞窮花月争摇筆，領取江山入酒巵。

題從姪韓奕深柳讀書堂小影

徐豫貞

石橋灣環跨溪腹，楊柳拖煙醮波綠。草堂何處遮不見，坐石臨流一編讀。窄衫露頂手羽扇，作達形骸了非俗。傍有奚奴送酒壺。胸中磈礧澆宜數。不知所讀是何書。數卷漢史良已足。不然痛飲發高聲，悲歌耳熱離騷熟。風神蕭散殊甚肖，仲容故有青雲目。人生窮達亮有時，邱壑何妨置榮辱。牙籤不乏尊不空，俯視百城真碌碌。何人爲此作長歌，乃是汝家老癡叔。

辛酉元日書懷示澹園姪

徐豫貞

四十今朝是，蓬門歲序更。懶貪村舍僻，貧愛俗緣輕。鄰曲兒童鼓，江風蝶鷂箏。百年渾野興，休覩二毛驚。

始訪得第三世祖墓於石屋山之麓感賦

徐豫貞

不盡松楸感，荒邱一拜初。殘碑埋姓字，壞道雜畦蔬。衰草斜陽入，秋風古木疏。誰能念先澤，霜露獨躊躇。

過族叔恥齋公墓作并序

徐豫貞

公倜儻不羈，頗涉書史，對人言不肯作鄉語。人皆笑之。明嘉靖中，海上被倭寇。公父遇害，發憤以布衣走京師，上書闕下。世廟大奇之，立召見，與語大悦，勅光禄賜飯，下其書總制胡公宗憲，俾參軍謀。累奏績效，幕府欲上其功。公謝曰："某爲父報仇耳，他非所冀也。"竟拂衣去。公奇氣高節，有古烈士風，而人多以狂目之，没世無傳，亦可慨已！豫過其墓下，因追賦之。

蒼松勁柏盡南枝，想見當年磊落姿。脱輓客同婁敬説，拂衣功似魯連辭。儘教鄉里嗤狂士，豈許奸雄目可兒。寂寞一抔無斷碣，平生忠孝竟誰知。

今歲秋闈吾家羣從應試三十餘人無一雋者書此示之

徐豫貞

槐花風裏催文戰，羣從紛紛載筆馳。頗有幾人推健者，俄看一榜盡遺之。詩書豈爲求名設，孔孟都成裨販資。得失總來堪一笑，重陽且對菊銜巵。

大步山晚眺山去舍西里許，高五十餘丈，隤然培塿耳。先祖封公葬此，長松數千章，陰蔭一山，遂爲勝地。

徐豫貞

近水拳山不厭登，時時來坐一峰平。雲過遠嶺渾無跡，風得長松别有聲。葉脱露巢村數點，笛横歸犉月初生。柴門斜隔寒溪小，慣踏芒鞵略彴行。

遣　懷

徐豫貞

浮名漸喜絶招尋，卓犖羣書静古今。閲世始知聞道淺，閉門真覺住山深。窗邀好月當琴榻，酒送奇懷到竹林。滿眼浮雲看富貴，千秋誰識綺園心。

甲子冬至日作

徐豫貞

蕭然令節閉茅茨，撫景傷懷我亦癡。世上總無如意事，囊中頗有快心詩。榻容高卧貧方得，山唤頻遊老不辭。短日喜逢長至及，畦蔬桑落儘堪持。

送家兄之任岳陽

徐豫貞

吴帆挂月渺然分，不得相隨到楚雲。夢裏若傳春草句，爲予題贈洞庭君。
瀟湘雲夢接巴城，計日孤帆定幾程。白首生涯王事在，莫將清淚滴猿聲。

題從姪婦虞安人玉映樓詞稿後

徐豫貞

玉映樓中詠雪姿，香奩饒有謝家詩。自從手付秦灰後，留得人間十六詞。
春風摇曳海棠絲，麗句真堪付雪兒。欲問昔時焚草意，敬姜以外少人知。

立秋日集拙宜園

徐拔慧

碧梧一葉傳新令，相約賓朋到舊亭。泉石載更餘古木，滄桑幾歷剩流螢。生涯且付杯中緑，心事難邀眼底青。莫怪狂奴仍故態，秋風蓬鬢嘆飄零。

九日同彭羨門舅氏登秦駐山

徐兆扈

追陪杖履上秦峰，歲序俄驚令節逢。戲馬臺空留故事，祖龍祠在想遺蹤。殘碑斷碣叢衰草，玉鴈金鳧咽亂蛩。三十六沙何處是，隔林斜日下寒舂。

柬寄滄浮家叔

徐景穆

家住秦溪畔，寒流正遶門。白雲低碉户，黄葉冷山村。徑僻稀來往，詩成細討論。何時攜艇子，煙月泛初昏。

讀先司馬公傳感賦

徐景穆

一卷遺編不忍看，孤臣抗節起悲酸。戍樓刁斗魂應在，秋草郊原血未乾。自是臣心多慷慨，極知國步本艱難。睢陽千載空成恨，齧指依然怨賀蘭。時督師劉，贊畫張皆主撫議，援兵不進。

黄沙白骨已成塵，竹簡蘭臺跡未湮。魂魄猶思除猰㺄，殉難時有厲鬼殺賊之語。姓名端可勒麒麟。褒忠自昔多殊典，繩武於今有幾人。嘆息尚書勳烈盛，門庭衰落一儒巾。

懷仲兄梅一五弟子扶同客都門

徐景穆

東風寒食杏花前，别浦帆飛憶去年。芳草緑平煙際路，寒波鏡淨雨中船。愁縈獨繭人將老，望斷雙魚月幾圓。惆悵夜窗頻夢切，淮南薊北兩茫然。

題外父少宰公百花詩卷後

徐景穆

廿年宦跡逐京華，三徑歸來老樹斜。一段平章閒巨手，可能心事寄名花。

題東明上人孝節彙編

徐賡元

適彼茅菴，如陟屺山。追念聖善，心不遑安。卅載苦節，蹈刃如甘。哀我失恃，羨爾承歡。先慈朱於乙酉八月廿三殉節，迄今三十年矣。余兄弟思罔極莫報，請上人修懺申薦，適母八十，故及之。時見白髮，夕膳晨餐。爰咨奇行，實人所難。乃父葉君，有長者名。絜身以事，色養以真。捧湯侍疾，刲股療親。世人莫知，神鑒其誠。胡天不弔，遽亡斯人。煢煢妻子，泣下霑巾。卓哉馬母，顔色雲英。

維哺其孤,終守其貞。毁容截髮,大義乃成。及子長時,學宋蓮池。錫歸故里,教起人思。中心孔疚,寫懷維詩。逢母八十,屬予贈之。南陔有咏,柏舟有詞。萃于一編,讀之漣洏。

遊　徑　山

徐之麒

騁懷聊極目,四顧渺飛煙。披襟空翠襲,到處雜花鮮。廓然方寸地,流憩任所便。凌厲白雲裏,盤旋青霞巔。芥子納須彌,斗室容大千。

蕭然環堵中,曠懷何處吐。倏聞山客過,幽情欲起舞。幸未筋力疲,良友復相鼓。人經萬緑陰,山翠上眉嫵。追維約勝遊,爾時方夏五。

疏雨過前溪,風勁沙路乾。山田灰潑雪,厓草氣蒸蘭。石橋遠澗落,激湍琴筑彈。驕陽飛不到,客子憩便安。千畝脩篁下,冷冷秋色寒。

與友人共卧

徐之麒

良晤當今夕,挑燈溯往年。生涯雙齒屐,遣興七條絃。醇語傾心醉,寒宵抵足眠。相期在何許,來會入春前。

拙宜園唱和贈楊晚研妹丈

徐之麒

攬勝偏宜巧著亭,香風吹徧汎餘馨。羲之餉橘霜前帖,莊叟觀魚濠上經。霽色流空人亦淡,山光如拭眼爲青。此間静坐宜長嘯,鸞鳳舒音絶可聽。

樓船海上問瀛洲,仙者從來未易求。偶爾水涯空極目,依然陸地有虚舟。小停洞口桃花棹,準擬山陰雪夜遊。石磴紆迴人跡遠,唯聞雨過響溪流。

雜　　興

徐　泓

年來離索强支持,獨酌悠然也樂時。午夢初醒頻試茗,曉窗常寂數題詩。風簾鳥語聲相送,月榭花陰影暗移。只有殘碁消勝負,平分一子笑還癡。

憩雲菴即事

徐盛全

我愛憩雲菴,詩僧皎貫侶。摳衣陟前軒,山水共仰俯。翠岫列畫屏,明湖鑒林羽。老禪自束縛,良久乃出户。清言滌煩襟,秀色撲眉宇。瓢攜匡山雲,屐帶越溪雨。匡筍淡而腴,越茶甘更苦。悠然對吴山,少啜亦揮麈。

河南道中

徐盛全

中原大道直如髪,今古勞勞此問津。柳帶亂飄鞭尾雪,麥波遥送馬蹄塵。未分名利争馳驟,别有謳吟答苦辛。偶爾片雲閒出岫,也隨流水逐征輪。

呈滄浮從叔祖

徐大曾

高卧山林與世遺,臨風寫抱有新詩。重尋杜老沈雄句,不拾西崑纖豔詞。一卷孤吟聊自賞,半生絶調少人知。平章風月誰堪任,天放閒身作主持。

京國遨遊歷幾年,歸來興味託林泉。菊松三徑無多地,梅鶴孤山又一天。斷肉何須并斷酒,逃名却喜更逃禪。不污城市囂塵色,深羨高人自在眠。

碎首孤忠事可哀,東遊不爲看山來。誰憐碧血滄桑後,獨感青燐劫火迴。舊典中湮嗟北海,新祠重啓壯東萊。千秋椽筆揚先烈,忠孝詩人良史才。公因及門吴秉謙守萊赴署,得修忠烈祠祀。

晴窗見新燕有感

徐始亨

春王十日雨不休,連朝差喜晴暉現。牆外殘梅留暗香,簷邊曉露零清硯。婺山縹緲白雲横,緑柳垂垂細於線。忽看小几落香泥,紅衿翠羽沾花片。笑君到處即天涯,也同久客歸鄉縣。余亦年來愧宦遊,明知破壘偏留戀。故園遥望隔江湖,相親只有雙飛燕。

贈友人山居雜興

徐始亨

琴聲何處發,縹緲出幽林。謖謖松風細,淙淙石澗深。開門延野鹿,留飯與山禽。以此爲經濟,閒雲識此心。

田家雜詠

徐始亨

其一

日色一何驕,臺笠聚簇簇。老農困桔槔,帶睡蔭喬木。唤醒倦難支,稚子致饘粥。顧盼笑且言,釀酒何未熟。

其　二

晨起向東皐，平疇添嫩緑。欲覓釣魚竿，鄰家乞新行。曲徑繞垂楊，其中隱野屋。雲在清溪頭，月向茅簷宿。

與任羽高姪婿小飲

徐辰角

愧他蘇老去錢塘，曾荷王郎過水鄉。王郎，東坡姪婿，嘗過先生於吴興。適館暫爲華髮伴，吟詩莫學少年粧。素襟同領秋光爽，凶歲應知菜味香。且作尊前無事飲，任渠舉世自炎凉。

寄示從姪黄在書年洪舒弟兄兼詢庶常晉叔京邸

徐辰角

城東喬木蔭茆茨，劫過滄桑利舊枝。遏末封胡偕挺秀，蘭苕翡翠各標奇。劉家四世如同爨，馬氏三才盡白眉。寄語遥天鴻北向，獨傳丹訣到蓬池。

將有婺川之行示崗嵩兩兒

徐辰角

荒田數頃久成空，家計能無不諱窮。温飽也知非爾福，耕桑還欲望年豐。一椽舊業須堂構，時葺老屋未竣。卅載知交荷始終。朱景南學正邀余偕行。數月歸程難預卜，雪中留印倦飛鴻。

澧署寄家兄

徐和亨

衡峰雖近隔瀟湘，鴈帛曾無到岳陽。遥望庭萱隨日茂，還期巖桂發秋香。白雲紅樹情千里，楚水吴山天一方。寄語北堂須自愛，莫因倚望九迴腸。

哭黄在姪

徐　濬

盼爾飛鳴慰遠思，何期凶問到京師。誰知訣絶分離語，即在河頭小别時。
宿慧人誇絶世姿，淋漓墨瀋擅臨池。無端一夜東風惡，吹折庭前玉樹枝。
羣從惟於爾最親，每逢酒後話酸辛。回思笑語依稀在，不信傳來一紙真。

關山見梅花有感

徐南珍

醉翁亭上寒梅老,古幹扶疏枝相抱。傳是歐公手植梅,石闌培土周圍繞。遊人過客日紛紜,不是花時亦有情。斧斯香骨枝環泣,問是州官厭送迎。我來一見深惋惜,淒涼詩句曾留壁。迄今甲子閱五年,重遊欲問花消息。正值花開爛漫時,春寒猶喜北枝遲。日暮風狂我僕痡,一宿郵亭惱夢思。破曉驅車向西去,崎嶇且上關山路。回首歐亭隔幾山,暗香髣髴林間度。土牆缺處見梅枝,玉面冰心塵外姿。道旁驛使無從折,管領春風只自知。名花江北希難覩,醉翁亭外空經過。惆悵佳人無見期,相逢傾蓋欣如故。肩輿軋軋下山根,花似羅浮夢後身。今夜月明何處宿,叩門應是縞衣人。

牡丹花下小飲次韻

徐南珍

骨豔香非俗,人高話轉清。花前曾有約,春暮最關情。酒吸雲霞色,詩聯錦繡城。更期婪尾會,無奈杜鵑聲。

貞　女　詩

徐南珍

兩樹瓊枝花未開,風前忽報一枝摧。千行淚海都成血,萬疊愁山總似灰。可與人言非劇恨,欲回天意是真哀。蒼皇早定從容志,孤往何須決擇來。

白楊郊外夕陽橋,一慟離魂不可招。燭以淚流膏易燼,花因根斷蘂先凋。延津歸去雌雄劍,精衛飛來早晚潮。十載心情千古事,碑陰黃絹有新標。

淮陽送張昆冶還鄉

徐南珍

欲送君行倍黯然,故園回首旅情牽。高堂日暮思遊屐,稚子風前問客船。歸路雲山總易好,愁邊花草不生妍。音題得趁仙槎便,曉夢先程到硤川。

答李緣聞元韻

徐南珍

陳編賺我作陳人,筆墨誰云若有神。於世間如眉在面,此行空有舌隨身。漸消意見低從俗,小有文章錯認真。莫漫言愁愁轉劇,舊時霜鬢任添新。

答胡天岫元韻

徐南珍

卧聽秋風又幾回，秖今羞説杜羔才。桐經爨火空餘尾，霜壓花房不起臺。櫪馬相看隨北去，溟魚誰信向南來。憑君暖律吹寒谷，滿地愁陰積未開。

秋夜書懷

徐南珍

燈火初添暑盡收，敲風戛雨坐生秋。心交欵欵兒楊孔，眼界睜睜豎項劉。是玉何須悲楚國，非錢那復話揚州。縱横今古須臾事，戍柝聲聲報曉籌。

九　日

徐南珍

擬作登高眺遠人，予懷散滌借佳辰。生憎朝雨還連夜，辜負秋光似惜春。早後甦花扶倦久，霜前斷鴈唤愁頻。行藏自是關天意，破帽何須笑復嗔。

自六合過來安至滁州欲訪歐亭梅不果

徐南珍

高下坡陀路寂寥，來安小邑入南譙。畫中雪意新茆屋，句裏詩材舊板橋。花信幾番剛到柳，麥田二月總無苗。西南林壑應重到，欲問梅花不自聊。

冷泉亭

徐南珍

洗却眉間幾斗塵，泉亭小坐石爲茵。静看流水如佳客，笑指名山作故人。翠草自摇詩入夢，緑陰盡展畫留春。今宵且息登臨屐，漱齒重遊好拂晨。

西湖雜詠

徐南珍

雨入花朝又一旬，西湖花事幾分春。粉牆深鎖林和靖，贏得梅妻學避人。

偶　占

徐南珍

花凍鶯寒暖意微，兼旬風雨閣春暉。湖雲更自癡於我，咫尺家山不解歸。

吳 山 眺 望

徐嘉勳

登臨曾有約，此日得探幽。木落千林晚，煙横一徑秋。湖光平遠岸，山色入高樓。指點蓬瀛近，還思跨鶴遊。

八 十 述 懷

徐嘉勳

百年底事幾光陰，八十年來灰此心。鳳閣何曾延白髮，鶉衣只合笑青衿。世情變幻參棊局，病况消磨借醉吟。羡却畫圖傳九老，香山可許結知音。

秋懷同慕閑賦

徐觀文

其　一

天青浮雲空，露凝殘葉罅。秋色爲誰妍，牽牛花滿架。

其　二

樹杪秋容晚，夕陽返空谷。心定聞妙香，閒把道經讀。

初 夏 閒 居

徐觀文

採藥堪尋樂，幽居惜病身。年因增益減，書得故還新。不厭雙扉小，仍耕一硯貧。清泉和明月，對此寫精神。

秋　夜

徐雙珂

西風落木鴈南征，孤館長吟夜正清。半榻古書懸客夢，一庭明月動碪聲。吳山處處思張翰，楚草年年怨屈平。静對巖扉秋已老，殘燈黄葉迴含情。

秋夜述懷

徐人麟

霜落梧桐葉漸凋,秋風秋雨作寒宵。菊如有意初含蘂,月似知情半吐嬌。好句每從閒裏得,愁腸多向醉中消。吟蛩知我年來味,夜夜床頭破寂寥。

昨冬偕舍弟書年抵都與葉舍人超宗同寓宣武門外今秋予移巷北與錢香樹作鄰越半載舍人亦來寓有詩見貽因同香樹次韻答之

徐煥然

卜鄰如置棊,未穩何妨易。非爲便身圖,冀足安硯席。憶昨衝雪來,裘敝齒脱屐。舊徑擬重尋,多君肯割宅。一椽可蔽軀,位置差不迫。藤蘿垂深蔭,棟宇無華飾。聯床惟弱弟,萍泛轉遊跡。煢然顧影居,聊以鳴燕息。君家忠孝裔,清節承世德。英年篤行誼,誠懇無僞色。但憐針芥投,忘彼屋廬窄。事會忽復乖,蛩駏愁離析。家具我先攜,分張兩悽惻。天憐未斷緣,巷北亦來適。奔走喜童僕,商搉靡朝夕。平生抱微尚,敢遽求賞識。感君不遐棄,下交稱善擇。方期古道敦,庶以慰孤寂。

春日從家大人郊遊至海上次沈繩遠韻

徐煥然

海國宜春望,輕煙籠遠沙。溪香度梅柳,浪急上魚蝦。碧樹看垂餌,青旗喚賣茶。悠然隨杖履,緩步樂年華。

哭黄在兄

徐煥然

十八年前淚共含,我綏兄歿十八年矣。那知箕尾竟同驂。黄泉兄弟還相好,白髮嚴慈更不堪。風雨一樓雙寡鵠,衰麻三尺兩孤男。傷心忍見飄風發,地老天荒未足談。

汪謹堂同年招飲次王艮齋韻

徐煥然

大雅扶輪喜見君,閒招静侣賞奇文。不容塵滓撓秋水,只許澄懷對曉雲。月底新詩雙璧合,樽前名士一江分。嗟予駑足追難及,未敢長鳴慕逸羣。

除夕守歲京邸次趙學齋同年韻

徐貼蕃

兄弟篝燈心共論,長年風景憶家園。辛盤菜甲貧家味,柏葉椒花堂上尊。自涉宦途多缺略,不禁鄉思歷寒温。天涯寂寞還相對,强事今宵笑語喧。

古　意

徐龍媒

裹足山城二十年,春日讀書夏種田。秋風應試棘闈裏,欲與英雄同著鞭。其奈揚帆風未順,囊底無錢顔色笨。蠢奴不解主人意,猶怨夜無酒排悶。滇南大賈多黄金,八絲廣緞裁作衾。又道新來納顯職,不藉詩云與子曰。既欲權門拜座師,又欲青樓求美妾。人生樂事任意爲,跌宕風流快無比。却笑儒生徒四壁,晦明風雨翻書籍。

感　懷

徐願學

得失知前定,勞逸何不均。儘有得於逸,徒勞失其身。瞻彼南山鵲,營巢何苦辛。鳩也不安拙,占此蔽昏晨。人情尤澆薄,横逆起纖塵。始嗟終復笑,不忍擢髮陳。報施如翻浪,日月速轉輪。何妨忘得失,長結醉鄉鄰。

書懷次澹庵伯韻

徐願學

園居光景好,落照霽來明。雲影迷峰影,書聲間樹聲。小池能縐浪,隙地不抛耕。高卧東窗下,閒聽鳥弄晴。

晚　眺

徐願學

憑欄舒遠目,村墅結煙霏。木脱千山瘦,天高一鴈微。蕭蕭秋意老,鹿鹿壯心違。不盡登臨興,蒼茫送落暉。

哭亡女

徐願學

猶記孩時慧便殊,于歸敬戒奉兒夫。誰知三十年前事,博得今朝淚眼枯。
一男二女最鍾情,愛惜如珠望長成。遺幼堪憐剛四歲,夢呼阿母兩三聲。

觀　潮

徐思誠

碧海蒼茫四望遥，瀾迴湍急勢方驕。誰將天上秋河水，併作人間八月潮。
中秋潮汐勢瀠洄，萬里波濤動九垓。極目滄溟銀浪白，破空疑是雪山來。
氣吞雲夢吼秋風，千頃汪汪水拍空。欲覓蓬萊何處是，三神山在浪花中。
誰將强弩射奔濤，沙捲秦山駭浪高。我欲長竿數百尺，坐來東海釣金鼇。

咏　懷

徐震修

登山不厭勞，把酒不辭醉。慷慨對春風，渺渺多愁思。智士守蓬廬，寧以憔悴異。燕雀戀高枝，安知鴻鵠志。桃李吐凡豔，諒非松柏類。物理有如此，人何下其智。

四月十六日謁先忠烈祠

徐震修

家聲久不振，先澤嗟猶存。入祠展拜想風節，正氣直。欲旋乾坤。自從筮仕傳經濟，聲名赫奕傾人世。桐城早樹甘棠德，濟南共沾霖雨惠。當時豪貴多横行，磊落不爲權勢制。平妖奇烈著先聲，豈料變故紛難計。山東大半豎賊旗，舉朝驚駭多憂危。議和議撫不議剿，惟公百戰相撑持。風雲變態天地晦，大星隕落露光怪。想當憑城誓衆時，英雄殺賊何慷慨。兩邦遺孑薦馨香，廟貌巍峩　聖澤長。智勇早已冠朱謝，功名直欲争許張。只今憑弔傷懷抱，先業淒凉盡荒草。惟餘嘆息在空堂，悲風落日西門道。

感　興

徐亨臨

儒冠偏誤我，跡滯太行中。未遂青雲志，將成白髮翁。高談思古昔，瘦骨傲英雄。乘興看山去，秋花白勝紅。

遣　懷

徐亨臨

獻璞投珠知昨非，吴雲南望幾時歸。無魚不用頻彈鋏，有酒何須更典衣。黑白兩奩消夜炧，栩蘧一枕忘朝暉。平生傲骨依然在，羞向英雄嘆式微。

述懷和熊明府韻

徐亨臨

兩癖多慚學柳州，柳子厚自以好辭、工書爲二癖病。上書幾度故園秋。只緣飢渴添離緒，豈愛關山賦遠遊。乂手快隨敲句客，側身輕似下湍鷗。他時悟得邯鄲枕，悔把功名夢裏求。

辛卯棘闈報罷感賦

徐亨臨

門衰若箇得舒顰，指擬秋來雨露均。才短自難攀桂月，眼明也恐失輿薪。吟詩遣興徒慚我，酌酒驅寒不讓人。却憶紫陽情最重，時封懸榻竟如陳。朱明府送行詩有"懸榻欣逢徐穉坐"句。

拙宜園雅集

徐　藻

略彴緣溪曲，悠然觴詠亭。林深人面緑，山聳佛頭青。題竹寫懷抱，看泉識性靈。同來今舊雨，一笑總忘形。

讀書偶題次拨如兄韻

徐　蘭

逢年那敢怨天公，鹵莽由來坐自窮。無有足時填井雪，不離故處逆船風。已因欲速成遲鈍，亦爲貪多少貫通。縱使便同袁伯業，可能補得半生功。

敢希經術飾虛聲，舊徑何人肯再行。蠹簡有靈醫俗骨，古方何路活蒼生。蘇詩:"欲活蒼生在讀書。"誠知隻字難輕到，也要終身得暫明。從此一編勤秉燭，不辭風雨到三更。

除夕書懷次暉吉韻

徐　蘭

飲徹屠蘇歲已更，懷鄉心事入平明。羞言衣錦歸南國，貪聽絃歌滯武城。客債不隨寒色減，愁苗偏逐曉風生。白頭老母思無極，霜落烏啼夢不成。

元旦疊前韻

徐　蘭

青衫慘淡未全更，怕看春光刺眼明。客路三千迷曉夢，酒兵十萬陷愁城。癸庚呼處無長策，甲子輪來過半生。頭腦冬烘渾未醒，漫言水到自渠成。

人日前三日遣懷次暉吉韻

徐　蘭

舊年萍跡又今年，旋思縱横春色邊。駑馬自悲猶伏櫪，遊魚空羨笑臨淵。才名自分居王後，傲骨羞聞唤觸前。獨慕蘇家兄弟好，不羣詩思各飄然。

孺子亭口占

徐　蘭

孤嶼秋風落日斜，憑欄有客獨咨嗟。不知漢室誰祠廟，猶喜亭名屬我家。

憶大女文媖

徐　蘭

五歲能吟五字詩，十齡解誦十眉詞。最憐緑蔭窗前坐，笑臉呼爺問字時。

憶次女宜媖

徐　蘭

衣裳楚楚絶纖埃，索笑牽帷繞鏡臺。花朶愛占椎髻子，也能學母畫眉來。

郊墅雜賦

徐復培

其　一

高隱學牆東，人疑避世翁。柴門流水入，石路小橋通。緑樹鳩啼雨，空場犢卧風。不須問地脈，别有一壺中。

其　二

乍習田家事，腰鐮陌上行。懶無出世意，閒有看山情。種秫醪初熟，穿渠藕已生。無人識姓氏，何用更逃名。

其　三

闢地成蒿徑，偏宜仲蔚居。耕煙紅杏候，釣水緑楊餘。草色遲幽蝶，橋痕簇細魚。一枝聊可寄，容膝即吾廬。

春日寄懷南村叔

徐紹鎬

道誼千秋重，離懷五夜深。琢磨呈寶玉，陶鑄遇良金。閉户留春住，虚齋待月臨。相期不相見，剪燭酒頻斟。

庚寅元旦作

徐紹鎬

陋巷深居七十春，飽看世事一番新。庭前松竹兩相對，依舊心情伴主人。

步伯父後峰自嘲之作

徐　泰

新築東湖半畝廬，老翁胸次坐來舒。静看軒冕如殘葉，却笑輕肥是蠹魚。詩似和鸞調徵角，髮欺野鶴帶清疏。林中倘許添吟席，洒埽南窗再讀書。

從嫂黄孺人閫範詩

徐養惠

自古稱婦德，厥惟勤内則。卓哉吾先嫂，半兼嚴父職。溯昔歸吾兄，好合比琴瑟。連月事姑病，晝夜鮮甯刻。衣不暇解帶，髪不暇梳櫛。相夫餘卅載，吾兄常旅食。長子就市廛，終歲已遠出。用霖。次子去授學，又不常侍側。作霖。相對兩幼穉，煢煢度終日。米鹽屢告匱，兩手勤紡織。粗糲甘自咽，賓祭無差忒。庶幾征夫返，焦心藉安息。一朝訃音至，慘怛情何極。追念先世業，勗夫攻學術。箕裘緜詩書，不在求禄秩。歷盡艱辛境，怡然泯怨色。四子並成立，諸孫亦岐嶷。蔗境日漸臻，共稱享安吉。孰知賢母志，處亨仍默默。夷險無憂喜，總欲齊家室。一生寡言笑，莊重不雕飾。淑慎既有餘，雍睦亦罔失。婦德至於斯，合族重矜式。舊證陡然作，期頤竟莫必。聊述慘淡事，將付彤管筆。

丙辰十月既望哭果亭叔父

徐作霖

大節本在三，師固居其一。驚聞泰山頽，中心劇慘切。嗟哉我夫子，師弟緣叔姪。顧念猶子恩，黽勉勗無失。憶昔辛丑年，弱齡甫十七。吾父遊晉陽，伶仃孰憫恤。相顧發惋歎，命就弟子列。執經厠絳(悵)〔帳〕，愚魯愧立雪。耳提與面命，導引夕繼日。春誦復秋絃，膏火藉賙恤。春風時煦拂，化雨滋弱質。薰陶越兩載，心地開茅塞。時有北門憂，朝夕愁据拮。遂往江夏寓，叮嚀戒無逸。問年方弱冠，成敗殊難必。訓迪喜多方，仍得披卷帙。荏苒閲數春，舊業難纘述。失怙號蒼昊，煢煢苦孤子。延譽里黨間，得藉推挽力。下榻東城東，溯源叨培植。魯賢司衡文，一芹始采掇。庶幾屬望心，聊以見喜悦。迄今十六載，一一奉典則。追隨年復年，恩義有始卒。回溯我師範，卓然推俊傑。六德與六行，事事踐其實。處己必以正，待人必以直。不染俗紛華，立志矢清潔。浸淫典籍中，窮年常兀兀。藝苑早馳名，文壇足欽式。歷試拔前茅，名賢競相識。屢薦不能酬，一第竟難得。聲價固自在，何必計通塞。承前思啟後，義方盡心力。亭亭兩玉樹，一朝俱萎折。孀媳擎孤兒，覩之心膽裂。提攜僅幼子，晨昏共寢食。年將及周甲，心血兩耗竭。金風乍退暑，瘧鬼弄寒熱。傷哉二豎侵，醫藥竟靡及。相對獨歔欷，支離憐病骨。朝夕侍牀(第)〔笫〕，執手道永訣。一朝赴玉樓，相隔僅三月。姪也被恩深，能不增怮怛。涕泣視含殮，音容從此絶。回念平生親，恩遇難再得。誓不負明訓，立志希前哲。恩篤孔懷誼，期以報厥德。

咸陽觀稼樓

徐葆甫

萬頃鱗塍縱目堪，山光水色碧於篸。遥聞叱犢秧初插，静聽鳴鳩雨正酣。春樹迷離思渭北，杏花時節語江南。明年夜月懷人夕，何處重聞篴弄三。孫桂山善吹笛。

倚欄遠眺興偏饒，宿雨初收暑未消。繞郭荷花開十里，環城渭水隔三橋。野生衆緑平疇暗，山露尖青暮色遥。更喜政清塵事少，放衙静坐滌煩囂。

城上高樓聳女牆，好風吹起稻花香。遥村人影遮秋樹，近水砧聲送夕陽。野色頻年隨草换，嵐光帶晚入衣涼。無田預料歸田事，何處臣家八百桑。

無端城市起樓臺，竟似山屏四面開。卓午雞聲春酒熟，横空雁陣夕陽來。樹留秋葉寒猶嫩，花有冬心冷亦胎。最好北風天釀雪，擁鑪覓句意徘徊。

四十述懷

徐槐廷

我今年四十，無聞已可知。茫茫問前路，喟然一何悲。惜昔垂髫日，徒知遨以嬉。十三蘐堂背，朝夕何所依。有衣傍夜浣，有米向晨炊。中饋瑣屑事，一身而兼之。更遭同室變，日夜坐憂危。不義終自斃，坐險爲平夷。幸侍椿庭側，父嚴兼母慈。以養復以教，出入相追隨。二十舉茂才，抗顔爲人師。孜孜燈火夜，勉勉風雨時。嘗鑄桑公硯，嘗引季子錐。廿七始娶婦，門户賴支持。廿八得食餼，黌序聲名垂。棘闈屢登薦，被黜在主司。一朝椿庭萎，幾廢蓼莪詩。卅七登賢書，莫慰反哺思。家中無健婦，膝下祇幼兒。含淚出門去，相期步天墀。一應禮部試，既登復遇麾。餬口出居庸，雄關歷險巇。出塞復入塞，饑驅徒自嗤。忽忽韶光改，悠悠歲月馳。一編仍未棄，兩鬢已成絲。五更夢乍醒，心中常自疑。束髮讀詩書，温飽非所期。轉瞬忽蹉跎，奮迹今已遲。窮達固有命，造物亦無私。獨坐聽晨鐘，脈脈欲問誰。

書鶴山署聯云頭上有青天無虐無戕事事防鬼神糾察眼前皆赤子以養以教心心切父母恩勤余非敢云然聊以自警云爾

徐槐廷

纔試烹鮮手,難同俗吏爲。志存賢聖學,事懍鬼神知。吾既能温飽,民應念渴飢。句題聊自警,常願切仁慈。

隨葉宫保至韶關獲犯甚多日事研訊每憶求生不得之句爲之惻然

徐槐廷

案牘紛來積幾層,桁楊重典恐難勝。求生不得心何憾,救死無由迹可矜。論事敢寬三尺法,原情莫詡片言能。可憐人命同螻蟻,或是前冤洗未曾。

余因韶關從戎敘功擢用同知得旨俞允感賦

徐槐廷

投筆從戎意氣豪,酬庸何幸聖恩叨。冰銜輝映邀殊寵,玉詔傳宣敘舊勞。百里繭絲慚製錦,三年鞅掌憶同袍。回看壁壘陰森處,猶動鬚眉説寶刀。

壬子辛酉兩科余已充考官矣今壬戌科又奉調入簾敢云老眼無花自與諸生結文字緣也

徐槐廷

何必文章衆所推,偏教三次擢英才。人從暗裏虚心索,我自雲中洗眼來。此日儘堪羅俊傑,辛酉、壬戌皆補行前科,故得士倍之。明年誰許到蓬萊。識途老馬人争羨,回首名心已久灰。

歸　田

徐槐廷

光陰彈指古稀年,去住無心任自然。容我山中延歲月,閱人世事盡雲煙。宦途況味真如蠟,田舍風光别有天。最是江南三月好,一帆穩渡鬱林船。余於乙丑三月卸順德縣事,即於丙寅三月歸里。

登秦駐山望海歌

徐人傑

秦山蒼蒼横海角,下瞰東海駭奔洑。洪濤一線天外來,有客登臨時極目。振衣高踞山之巔,洶湧澎湃列眼前。素練混庉擊雷鼓,日精盪漾扶桑懸。喧騰萬怪都惶惑,對此不覺心超然。

君不聞祖龍鞭山石流血，迴旌駐蹕此山岊。一時意氣雄且豪，山川草木驚風烈。人事興亡指顧間，千秋碧海撼青山。松杉祠廟空如許，童女樓船竟不還。須臾前事那堪數，潮去潮來自今古。長風獵獵吼狂瀾，波光雲氣互吞吐。大開眼界小九州，欲窮方丈探瀛洲。安得洞賓作遊伴，一聲長嘯海山秋。

書　　懷

徐人傑

英氣全銷傲骨存，孤懷落落任乾坤。有求難應羞言俠，欲報無才怕受恩。塵事十年餘感慨，清貧兩字付兒孫。紛紛鄰鬭何干己，種藥栽花自閉門。

書李忠定公奏議後

徐人傑

何曾一柱可擎天，泥馬偏安數使然。忍聽兩宫淪朔漠，不思孤注擲澶淵。文章金石餘忠憤，海嶠風沙感歲年。猶勝岳家三字獄，棲霞松柏黯愁煙。

春　　柳

徐人傑

何處依依最可憐，板橋流水夕陽邊。蒙他青眼才三月，老我韶光又一年。晴拂釣絲濃颺緑，曉臨祖帳遠含煙。天涯多少傷春客，誰撫長條不黯然。

落　　花

徐人傑

一年花事霎時休，雨雨風風冷若秋。屋角餘香猶繞樹，天涯芳草獨登樓。春如可買千金值，詩不能排萬斛愁。擬把錦囊盛豔骨，臙脂零落已難收。

東皇妙手本空空，萬種芳菲一夜風。三月韶光流遠水，六朝金粉憶離宫。峽雲散處何心戀，紫蝶尋來有夢通。無限穠華飛不盡，夕陽猶見半枝紅。

同人北郭探梅

徐人傑

林塘仄徑自灣環，幽勝風情絶似山。城市不離三里外，人家都在萬花間。一年攬景無多好，半日尋春也是閒。忽轉忽迴探未盡，行吟直帶暝煙還。

雪　彌　陀

徐人治

暫借瀛州白玉塵,寒山面目現來新。能留本色方成佛,自抱冰心但笑人。眼界光明忘我相,天花遊戲亦良因。豪華夢幻誰能覺,好向空中去問津。

白　桃　花

徐人治

露井初開怯嫩寒,無言玉骨倚珊珊。相逢人面妝宜素,誤入仙源雪未殘。春色洗除妖豔易,紅顏修到白頭難。重來卻動劉郎感,鬢影蕭疎一例看。

登　橫　山

徐人治

閒來尋古趣,路入翠微叢。蕭寺歸雲碧,荒臺落照紅。磎流松影外,人坐鳥聲中。恨不攜樽酒,陶然醉晚風。

題自畫山水

徐人治

阻斷人寰十丈塵,溪山四月有餘春。晚晴幽客渾無事,聽水聽風坐澗濱。
秋來江上多風雨,林下茅龍蚤補衣。處士入山琴劍在,白雲留住竟忘歸。

秋日述懷和沖甫姪韻

徐元章

蒼天無語日空呼,如此胸懷孰慰吾。僅識詩書宜世詘,不知機械總心粗。魚潛池水殃難避,蟲到霜天劫豈無。試看浮雲多變幻,門前平地即崎嶇。

答人問小桃源室

徐元章

兵戈擾擾俗塵喧,平地狂瀾勢欲翻。閉得柴門安小隱,心無魏晉即桃源。

野老歌

徐元章

野老貧窮守破屋，累世耕耘得飽腹。今年塘壞苗半枯，秋來篩礱不满斛。虎吏着佃催納粮，傾家出輸猶未足。妻子躊躇走空室，艱難朝暮無饘粥。高呼庚癸乞比鄰，明歲鋤犁斷種穀。含愁走看田主門，場前榆樹皮已剝。吁嗟乎，野犬山魈尚欲食人肉。

梅園夜讀

徐元章

春到隔牆園，梅花開滿户。抱屋成雪海，幽香亦太古。攜來未讀書，好向鐙前補。疏影上簾櫳，明月豁眉宇。吟聲天半高，花落飛香雨。

鸕湖新月

徐元章

新月明湖水，湖水天欲接。招來友二三，棹舟望紫硤。好山幾疊青，塔影篷背壓。漁舍鐙漸明，客舫歌互答。我本有癡癖，長嘯倒芳榼。

甲申十一月三十日西陵差旋易州道中曉行

徐用儀

山徑崎嶇土脉乾，重裘不敵曉霜寒。炊烟初上村居近，木葉全凋野色寬。北望神京詒燕翼，西來王氣識龍蟠。海隅何日干戈靖，宵旰方廑繼述難。

十七日自竇店早發晚宿淶水中途遇雪

徐用儀

雞唱荒郊夢已殘，晨光未辨上征鞍。月痕淡照千山静，天影低圍萬頃寬。村舍清幽聞犬吠，雲霄空濶見鵰盤。陽生子半葭灰動，昨夜子刻交冬至。雪意方濃驟作寒。

廿三日謁陵閲工

徐用儀

整肅衣冠促曉裝，煙雲縹緲近仙鄉。朝暾初上萬山紫，蔓草全枯滿目黃。四面岡巒途曲折，百年松柏氣深藏。天留福地神呵護，追溯先朝德澤長。

戊子仲夏題恭親王歌唐集句圖

徐用儀

世事紛紜如棋局，卅載光陰彈指速。聊將歌詠答昇平，歲月寬閒願已足。憶昔儤直承明廬，追隨珥筆治軍書。上贊宸謨建奇策，下羅賢俊占連茹。幺麿掃蕩資羣力，甘泉奏捷烽煙息。遠收西域鞏金甌，夾輔勳勞書竹帛。陳迹追尋事轉疑，對酒當歌須及時。不求身畫凌煙閣，但願情怡得月簃。鑑園花木饒幽趣，荷凈竹深曾覓句。昔年曾命題《竹深荷凈圖》册子。更從故紙得佳章，妙手天成難學步。清詞麗句翦裁新，恍如歷歷數家珍。壓倒唐堂香屑集，毫端奔湊若通神。吟壇筆陣標新幟，驅策羣才如使臂。王楊盧駱列材官，指揮進止皆如意。萃賞軒中日月長，古人相對足徜徉。塤篪迭奏添豪興，醇邸時有唱和。耆舊聯吟付錦囊。謂佩蘅師相。地鄰十刹聞清磬，繞屋流泉心不競。微塵世界等虛空，一念菩提堪印證。原題有"煩惱身須色界空"之句。萃錦吟成歲一編，新詩賡續自年年。天孫組織衣無縫，豈必前賢勝後賢。

已亥五月擢授總憲六月兼攝太宰再題同心蘭三絶

徐用儀

小草曾經傍玉墀，九天湛露久培滋。奇花昔歲先呈兆，幸際南薰解慍時。

憶昔曾登清肅堂，察院堂額名。十年前已荷恩光。辛巳年曾署副憲。何期重訂蘭臺譜，科道官册名曰《蘭臺譜》。兆應同心十瓣香。

柏府除書甫拜恩，藤廳又認舊巢痕。恰符花萼重臺瑞，稠叠絲綸下九閽。

十一月廿五日擢授兵尚紀恩恭賦

徐用儀

昔曾再到午清軒，余曾兼署兵侍三年，實任二年。"午清軒"，堂額名也。三度重來認爪痕。身歷五官逾十載，愧無塵露答君恩。

祖澤追思華鄂樓，八世祖贈尚書星魯公舊居宋亭里，有華鄂樓故址。尚書清節溯詒謀。不才未有匡時策，何日能紓宵旰憂。

庚子年聖上三旬萬壽凡文武一品大臣年逾七旬皆得恩賞臣蒙賜蟒袍一件福字一方紀恩恭賦

徐用儀

年逾杖國古稱稀，竊禄慚披一品衣。闓澤覃敷先尚齒，數行温詔出綸扉。

奎藻輝煌錫福多，宫袍絢爛沐恩波。熙朝人瑞邀天語，諭旨有"熙朝人瑞"之語。願祝升恒獻詠歌。

屢至秦駐山訪十二世伯祖滄浮公墓未得

徐用福

秦駐峯頭幾度來，逃菴遺跡付蒿萊。宗支不祀留餘憾，公爲星魯公長支，今止。墓道迷茫苦費猜。垂世尚傳千首稿，笑春惟剩一枝梅。今逃菴爲張氏祠，緑梅一枝，尚爲公手植。欲題石碣酬公願，誰指詩人土一坏。公遣懷云："他年墓道誰書石，題曰詩人倘或堪。"

癸巳九月初旬竹隱盧蕙蘭忽開一蒂三花詩以誌異

徐用福

庭院秋深百卉殘，簾前香草獨禁寒。良辰剛遇重陽節，嘉瑞初開品字蘭。得氣如徵連理兆，同柎忽見並頭攢。籬邊黄菊堪爲伴，不與羣芳一例看。

非同佛國現優曇，疑是台星列斗南。何必騷辭滋畹九，恰宜詩詠粲英三。形如鼎峙祥雲護，瓣若珠聯曉露含。竹裏精廬堪小隱，花神應許下停驂。

庚子春夏間山東直隸團民延義和之名並雜白蓮教仇殺教民王公貴近欲借以驅除西教各國起兵攻陷天津進逼京師書志憂憤

徐用福

天開殺運到朔方，禍機潛伏在蕭牆。楊墨之教漸歇寂，幻出天主來重洋。中原聖教自中正，忽以怪誕蔑倫常。愚民趨附實無知，莠民團集尤披猖。欺良壓懦恃勢燄，蔓衍遍地到窮鄉。彼族袒護曲爲直，官莫能理怨莫償。積忿成仇四響應，西來教士奔踉蹌。五月初起，焚燬電線、鐵路，旋焚教堂，殺教士、教民。日本書記杉山彬、德國使臣克來德，均被兵團所殺。義和拳名視兒戲，妖人妄語喧廟廊。戰衅忽開誇幻術，生靈塗炭爲國殤。敵攜猛烈列低礮，礮名列低，聞烟即仆，公法禁用。彼國惡拳匪，偶用之。西人流毒天降殃。津沽失險宫闈震，決疑定策臣恐惶。五月十九日，大沽炮臺失守。二十，召集王大臣決疑定計。端郡王載漪、貝勒載濂、載瀅，協辦剛毅、徐桐，尚書崇綺、啟秀，侍郎溥良，力主用兵。尚書立山、徐用儀，侍郎許景澄、閣學聯元、太常寺卿袁昶，均力陳不宜開衅。老成苦爲宗社計，力言起衅謀非臧。觸怒王公指妄奏，誰爲禍始惟趙剛。端王、莊王等均以團民爲忠義，趙舒翹、剛毅力贊其説，太后信之。特簡廷臣通使命，鼾聲猶肆榻之旁。五月二十至廿三日，連派立山、徐用儀、許景澄聯元至英、俄、美使館，言和卻兵。美使恭順，許爲調停，餘皆不馴。天威赫怒命攻伐，困鬬能無兩俱傷。廿四日，派榮相禄即攻使館，未破。朝廷仍下靖亂詔，終云保護語煌煌。六月□□日，忽下詔保護使館。皇言寬大柔遠服，國書下逮到八荒。頒國書與各國。奈何信勿豚魚格，忍令偏師戎失行。董福祥軍門練兵入都，肆行殺掠，並攻使館。兵輪四集煙雲黑，殺氣瀰漫烏日黄。四十年前東南劫，元氣未復民猶創。厄運匆匆轉冀北，乾坤震動事茫茫。江南半壁長城倚，斗北三台實保障。長江以南及浙、閩、兩廣由盛宣懷會同督撫與各國領事立約，各不相擾，民始得安。鍾山砥柱劉越石，漢水廻瀾張子房。南洋劉峴帥，兩湖張香帥。欲以玉帛化干戈，老謀端賴鄴侯長。合肥李傅相。可奈蚩尤弄潢池，用邪棄正誰主張。慘殺魏絳絶和議，七月初三日諭，將許景澄、袁昶正法，都下人冤之。誰秉國鈞害忠良。豈真以一能服八，英、俄、德、法、美、義、奥、倭。欲混車書定一匡。勢成孤注憂空擲，漫比周公破斧斨。端郡王專國事，任意殺戮。愁看燕北秋風起，全局安危問彼蒼。七月十四立秋日作。

爲先兄宫保公營葬得地

徐用福

繭足山中帀一年，居然尋得好牛眠。穴高星拱陰陽合，虎抱龍回左右纏。地接先塋依戀近，天教後葉拜瞻便。千秋華表尋常事，忠骨沉埋獨可憐。

邵灣訪邱將軍上儀墓不得感賦

徐用福

縣官衙外碣嶙峋，官好堪稱第一人。國破何甘居逐臭，將軍逃職隱邵灣，躬耕擔糞。人問將軍，臭否？答云："世有甚于糞臭者。"峰青不見此遺民。將軍故職長逃顯，妻子同居豈厭貧。黄土一抔何處覓，思公應作此山神。志稱葬邵灣小山。

哭印鈺妹三十二韻

徐用福

破曉聞啼鴉，在道聲嗚咽。哀鳴果何爲，疑有生死訣。昨聞吾妹病，痰升氣塞窒。凝神向西方，趺坐持戒律。心空識本來，出塵志專壹。無言似有言，會意聲不出。越早再趨視，氣絶如蟬脱。慟哭知何爲，落日涕流溢。念我同胞四，父母共提挈。介弟方筮仕，忽爾中年卒。長兄久宦京，爲國盡其節。今妹悟澈去，我獨影蕭瑟。憶昔襁褓時，掌珠時愛惜。及長初識字，鐙前窺書帙。十六經亂離，合巹在倉猝。夫婿顧虎頭，武林舊婚結。航海赴穗垣，隨宦嚴親膝。柔婉承歡顔，旨得一棒喝。遂爾考内典，泛覽禪家説。我父告歸田，骨月愁離别。旋亦挽車至，悲哉雙親殁。兵燹失故枝，再造艱難室。娱園與竹隱，比鄰實咫尺。開徑朝夕過，時聞廣長舌。園林植慈竹，方卜高堂悦。豈知春萱萎，藁砧又摧折。自此禮接引，五戒尤持切。參佛到天目，心地悟活潑。莊嚴分經臺，捐資造昭明分經臺。前生似恍惚。今也神飛去，定能貫指月。清晝聞啼鳥，欲灑杜鵑血。紫姑守靈前，園亭空闃寂。

送印鈺妹靈櫬歸葬武林大青嶺楊梅庵旁留下進山十里。

徐用福

未到重陽雨既零，纖塵淨洗啟雲軿。神鬼天上游穹碧，骨送山中到大青。六十光陰如一夢，四三手足賸單形。兄弟妹同胞四人，今惟余一人。今朝執紼招魂去，地下相逢不久經。

八十自述

徐用福

六十一年又戊申，重游泮水舊章循。未成一簣機先兆，偏阻三場數有因。枉説掄元終可望，驚心寇警忽來頻。己未科鄉試，余因病第三場不到，首藝刻入闈墨。主司批云：“合座傳觀，可魁多士。三場不到，惜之。”憶戊申入泮試題，未成一簣，與余功名之阻若有預兆。己未以後，粵匪擾亂浙江，播遷無定，遂荒舉業。於今已改求才典，閲盡滄桑世局新。

日月駸駸八十春，平生往事等勞薪。六年游學常瞻岳，咸豐初年游學杭州，依外舅陳琴齋先生，寓西湖詁經精舍，得覽湖山之勝。五試秋闈誤中秦。戊午科中副榜。烽起虎城堆白骨，庚申粵匪陷杭城，以湖上攢基厝棺，堆高越人。家移粵嶠避紅巾。辛酉二月廿七日，海鹽失守。余先於是月初攜眷由澉渡紹小住，得探禹穴，登蘭亭，瞻右軍像，讀曹娥碑。無何聞警，即走甬上，登白鼈殼船赴滬，附輪舟抵粵。記曾穩渡滄溟濶，喜到龍山侍二親。時先嚴宰順德。

昔聞奏捷到京畿，暫別庭幃遠道歸。同治甲子六月，克復金陵。先嚴命回里省墓，七月到家。檇李旌旂猶色耀，姑蘇麋鹿已蹤稀。偶逢親故家無所，欲問田園事更非。重憩敝廬嘉樹蔭，雖經砍伐尚芳菲。

椿庭倦宦賦歸田，清俸留貽屋數椽。丙寅，先嚴告歸，後即置吕氏住宅。祠建近宗推遠祖，丁卯，余奉先嚴命，建家祠於邵灣祀先祖愛僑公，上推至十一世祖。光緒丁亥，余又建始遷祖美卿公祠於城中百可園，下推至十世祖。莊承先澤效前賢。丁亥，置城中繆氏基，仿范文正建莊撥田贍族，皆先人節儉遺資生息成立。大成改飾宫牆焕，文廟草蕪塵積，余集捐修葺之，並捐歲修經費，改觀一新。小惠蒙頒綽楔連。己亥乙巳，兩次捐本邑善堂欵項，並捐義莊一萬貫，不欲請獎。承前撫軍聶仲芳中丞雅意，奏陳蒙賜旌兩坊。勉竭公私緜薄力，西銘胞與讀終篇。

束手偏灾苦雨暘，綢繆未事備凶荒。築塘捍海頭銜晉，吾邑塘工坍圮甚多。余屢牘上請大府修築。丁亥興工，修復千丈、三澗寨等處矮石塘。雍正間，所建塊石圮盡，力請改爲條石塘二百丈，今始得安。余辭會辦而仍佐理，工畢入告，賞加内閣侍讀銜。援案疏河聖藻揚。禾中苦旱，余檢乾隆間舊牘，請疏泖河。戊戌，議疏濬，以原估需十餘萬金中止。嗣委余擇要疏通，用銀一萬八千兩有奇工竣。奏聞，傳旨嘉獎。自後泖水早達内河，農田得資灌溉。名達宸聰顔有喜，辛卯，撫軍劉景韓中丞入覲。上垂詢塘工，劉公以用福會辦事事核實對。聖顔喜悦。堂成衆善法求良。吾邑向有同善堂一間存施棺。辛巳，余籌捐建十六楹，在城之中衢，名曰“衆善堂”。辦理施棺、掩埋、恤嫠、施藥，並附創捐義塾。無心出處如雲淡，利濟空懷幸壽康。

小園叠石肖煙鬟，辛卯，建竹隱廬。述祖清芬師竹顔。先祖於總舖巷宅後栽竹，前有秀野堂、師竹齋。運甓有心人已老，杜門辭客自求閒。鳴鳩失侶棲常獨，先室陳宜人癸巳逝世，余即移居竹隱廬避喧。序雁分飛痛不還。先兄宫保公，丙子服闋回京，補鴻臚寺少卿。己亥，擢至兵部尚書。庚子，因拳匪受禍，不得生還，傷哉！感逝情還聊自遣，率真惟憶白香山。

題春明聯雨圖即以録别

徐用康

席帽京塵載酒行，知交歷歷念平生。蕭齋茗盌旗亭笛，第一難忘話雨情。
題襟舊數苔岑契，點筆今成主客圖。十五年來一彈指，祗餘清夢落江湖。
狼藉征衫認酒痕，書生風味宰官身。披圖最憶曾遊處，萬叠西山幾故人。
琴樽此日又成别，絲竹中年易感秋。翦燭篷窗話疇昔，珠江夜雨木蘭舟。

送同譜弟某别

徐用康

青年漂泊在江城，一笑相逢意便傾。自顧生涯常作客，苦無才調愧爲兄。霜天步月寒無影，燈火聯吟夜有情。恠底昨宵唐棣發，知余同氣已聯盟。庭中唐棣忽開一枝。

霜落高秋木葉殷，留君無計淚潸潸。何堪橘緑橙黄候，又送孤舟一棹還。日暮江湖餘涕淚，天寒風雪滿關山。臨歧握手無多囑，早寄魚書慰别顔。

一聲風笛動高秋，無限離情擾客愁。樽酒强爲知己勸，片帆難與故人留。青山影落舟何處，紅樹枝低水亂流。極目蕭條楓葉晚，望君爲上夕陽樓。

一番離合起相思，獨坐高齋刻漏遲。殘月疏鐘人静候，西風落木雁來時。心當遠别愁無奈，詩到情深淚不知。記取梅開重聚首，莫教負約誤前期。

題孫霞峯茂才清二十至五十小影畫册五頁

徐師謙

我家一弓園，窣地桐陰緑。巢鳥枝頭鳴，池魚嬉水曲。偶坐一撫琴，清音間林竹。叢桂香未歇，深柳書可讀。亭壁滿詩章，倚欄客寓目。先世曾餐英，閒庭蒔秋菊。至今短籬下，西風送芳馥。不意此光景，入君讀五幅。卅載事幽討，轉憶韶華速。少年善文詞，晚歲羅卷軸。編圖如編詩，詩意分年録。緬彼畫中人，掀髯娱小築。鶴書猶未徵，消受清閒福。

偶　　成

徐師謙

七十年來心力殫，拊髀歎愧列衣冠。衹因衰病游嘗阻，雖有兒孫老未安。歲月虚過成事少，兵荒連遇處身難。瀛寰擾擾誰銷甲，話到滄桑不忍看。

秋風争得少年名，志自無成枉識荆。空話萡盤饑莫療，不翻花樣錦無成。蓬瀛過遠人難到，鷗鷺常閒我共盟。子早生孫孫有子，夜窗喜聽讀書聲。

萃科歲與族人同，芹采連年詠泮宫。捧檄微員艱樂土，摶霄弱羽墜罡風。時逢戚友文多達，人聚昕宵興不窮。杯酒燈前聊飲餞，名看誰噪浙西東。

隱居何地是山林，瀉俗紛紜悵自今。屢任怨勞忘衆口，不辭排解有婆心。晚晴莫説霞成綺，秋老徒看菊定金。無事園亭姑静坐，韶光暫駐發長吟。

黑水洋觀日出歌

徐　森

明月無光星斗没，黑水之洋黑如墨。夢中忽聞同伴呼，燭龍銜出扶桑國。余時披衣起徬徨，大風獵獵吹面凉。倏見半輪浮水面，有如雞白含雞黄。三隱三現光未定，海水無波平如鏡。須臾羲御湧全身，百道金蛇互飛迸。大魚人立漚鳥翔，鼇睛閃閃争光芒。此水由來深無底，燃犀一照神怪藏。飛輪激水去如電，海上三山望應見。慌惚千門萬户開，曈曈日曉羣仙醮。長年三老驅抽蒲，此輩慣迎三足烏。可惜不解詩人語，滿目江山一字無。余家久住滄海上，秦駐白塔環相向。鷹窠之頂觀日出，吟伴招邀神先王。衹今萬里乘長風，坐見紅雲捧日紅。男兒肯伏牖下老，狂歌欲凌東海東。

放歌行

徐　森

人生上願作神仙，丹成飛上峩嵋巔。碧眼紫瞳年復年，下視滄海變桑田。其次文通武略嫻，手轉否泰旋坤乾。寰海鏡清王道便，功成遺像圖凌煙。胡爲矻矻守青氊，頭童齒豁心彌堅。孔道不絶如綫延，六經重懼秦火燃。海外別出新奇編，佉盧云比倉頡賢。蟹書旁行體聯蜷，捧之尊若雲篆箋。東鄰大賈工貿遷，飆輪南廣北幽燕。窄襟短服效夷言，都薄儒冠不值錢。吕望垂釣磻溪邊，葛生躬耕南陽原。英雄未遇皆孤寒，鷃雀安知鴻鵠騫。且斟白酒酡朱顔，高歌淥水搔華顛。大器晚成理固然，不然笑拍洪崖肩，御風逍遥游八埏。

七十述懷七律四章

徐清履

桑田海水逐流光，一笑公然七十霜。清白傳家承祖澤，歧黄略擅慎醫方。余畧諳醫道，每爲人視疾，不敢苟且從事，差堪自信。幼時早失萱堂蔭，余六齡即失恃。燹後虚留博士香。余於兵燹後丙寅年補行乙丑科試，游庠。鴻爪雪泥真轉眴，前溪帆影指斜陽。

登科頻盻捷泥金，鎩羽名場感不禁。余屢困秋闈，始納粟入仕。愔自助邊登仕版，敢因薄宦昧儒箴。新硎謾詡操刀手，癸巳在武進任一年，士紳感情頗洽。晚節休存戀棧心。余因二兒、三兒相繼在吴筮仕，遂于己亥年呈請退歸，隱居里門。多謝毘陵諸父老，錯留遺愛到棠陰。戊申，三兒署武進篆。時地方士紳猶有稱道余之治績者，聞之甚愧。

勇退無知趁急流，還期兒輩紹箕裘。皖江吴郡同觀政，阿大中郎各借籌。大兒在皖省任水陽十年。二兒在蘇省任宜興六年。三兒署武進年餘。均尚克勤厥職，余心稍慰。就養差堪娱老圃，倦游時復泛歸舟。余前年至水陽、宜興、常州各處就養。適因經理沈蕩鼎升典務不能久假。計年已合懸車例，好把閒蹤押鷺鷗。

申江風景勝吾鄉，帶水常通一葦杭。爲育菁莪時作客，壬子春，大兒、三兒在滬創辦民國法律專門學校，僑寓滬上。余亦時來游玩。恰逢弧帨且稱觴。當筵戚友欣題句，賤辰之日，親朋畢集，并蒙惠賜佳章，揄揚過當，愧甚。侍坐孫曾喜列行。余有孫八人，曾孫三人。世事至今無可説，聊將行樂趁榆桑。

四十述懷五律四章，時在水陽官舍。

徐之槐

攬揆逢初度，匆匆四十秋。賓朋欣集履，父老爲添籌。戊申四月，余四旬初度，承水陽紳耆來署慶祝稱觴，頗爲盡歡。悔逐衙官誤，余屢試不售。丙申秋，納職巡檢，需次皖省。慚無德政留。余於丁未年俸滿留任，迭蒙金寶圩各團贈送德政牌傘，惶愧之至。艱難天地日，蝸角寄蜉蝣。

歷數生平事，從頭憶舊時。讀書愁善病，折節晚從師。余自幼多病，十齡外始攻心讀書。芹藻芬芳擷，塤箎唱和隨。余於丁亥科試入泮。二弟、三弟己丑、壬辰先後游庠。鯉庭環請訓，詩禮著門楣。

京兆傳家學，賢資内助良。余娶張氏已十六年，勤儉操勞，頗資内助。尊卑無間語，兒女更成行。久病操家政，余遊宦皖江十有餘年，張氏久患流疽，竟未醫愈。瀕年抱病隨行，備形困苦。搓丸教子方。豚兒今長大，遠學志重洋。大兒肇江在上海浦東中學校及上海萬國函授學校肄業，俟畢業後，尚擬游學外洋。

皖公山色好，赢得一官安。余到省未久咨補水陽缺，今已八年矣。愛日高堂健，父親、母親、生母在鹽康健，家報時通，尤爲欣慰。豐年合境歡。水陽風俗勤樸，近年田禾豐登，合境安寧，公牘甚簡。衝衢羈宦轍，水陽鎮爲蕪湖、寧國往來要道，時有達官過境，應接頗繁。結習笑儒冠。焉得宏仁術，同登壽域寬。

夏日病起

彭孫瑩

午睡抛書帙，閒庭病起時。蟬聲催夢斷，花影傍簾移。驟雨荷香發，微風蕙氣吹。晚看煙景媚，落照更相宜。

送陳姊之錦縣時值上巳

彭孫瑩

雙旌千騎鳳城遊，修禊良辰惜别愁。此地送君聊對酒，他鄉作賦獨登樓。津亭柳色縈分袂，驛路風光占上頭。去後莫嫌遼塞遠，河陽花滿佇歸舟。

送婉如大姪媛北上

彭孫瑩

秋風吹雨滿江城，此去雙帆指帝京。明月每懸千里夢，白雲定起故山情。離筵一醉難爲别，飛棹頻追莫挽行。却憶鳳城春色好，期君早晚報瓊英。

避亂村居

彭孫瑩

徑僻茅門枕碧流，蒼茫景色望中收。蘿懸敗壁千林暮，樹隱寒村萬壑秋。城郭蕭條戎馬驟，家園蕪没菊松愁。不堪東望烽煙急，滿眼塵氛接戍樓。

丙午除夕

彭孫瑩

雪意欲消寒未散，椒盤守歲共題詩。流光荏苒驚衰鬢，家計蕭條憶往時。銀燭影殘催臘盡，銅壺聲杳報春遲。眼前兒女空成立，一夜燈前有所思。

蘇堤弔古

彭孫瑩

湖上重來記勝遊，兩峰相對舊神州。雲横鷲嶺春陰薄，雨鎖虹橋晚樹秋。故國煙波猶濺淚，西泠風月總含愁。蘇公往蹟堪憑弔，惟有江山萬古留。

春雨　點絳脣

虞兆淑

梅綻芳菲,垂楊煙外低金縷。韶華憔悴,生怕廉纖雨。　繡户淒凉,蝴蝶雙飛去。愁如許,夢魂無據,還在秋千路。

西湖送别小妹　採桑子

虞兆淑

輕舟短泊西湖路,把酒樽前。别恨緜緜,愁折將離憶去年。　此情此景如何道,碧水遥天。故國雲煙,萬里鴻飛去渺然。

庭前玉蘭爲風雨摧損　浪淘沙

虞兆淑

花氣隔重簾,風雨淒然。辛夷初放小庭間。記得年時花共月,一樣芳妍。　春嫩不禁寒,雪壓闌干,高枝擬託問青天。差喜今年開較晚,却又闌珊。

閨怨　南鄉子

虞兆淑

花鳥逼重簾,斗帳香消起尚寒。雙玉暖偎羅袖薄,春衫,倚徧銀屏轉畫欄。　惆悵掩雙鸞,檢點春工事事闌。斜抱雲和閣膝久,愁彈,架上棠梨開又殘。

閨情和韻　燭影摇紅

虞兆淑

試捲珠簾,憑欄慵起東風暖。媚紅深裏喚流鶯,芳樹間尋遍,時見春歸滿院。嘆佳時、紗廚空掩。閒依露井,甜對丁香,盈盈粉面。　惆悵庭臺,東風幾陣揚花滿。金錢卜盡海棠飛,迢遞音書斷。悶損棲梁紫燕,暗消魂、月明人遠。愁中佳約,鏡裏流年,那堪頻换。

新　柳

徐妙清

輕黄淺碧映波紋,淡埽新娥瘦一分。紫笛嫩寒吹暮雨,紅亭小蝶舞春雲。燕姬雙帶香初結,蠶妾三眠草易熏。應是陌頭多惹恨,畫眉夫婿故殷勤。

鴨緑池塘草正齊,碧雲剪剪映長隄。流澌破緑冰堪織,梅乳含酸眼欲迷。拾翠玉人矜鬥草,踏春遊女漫留題。風流才子章臺畔,纔唱青青黛已低。

缸　蓮

徐宜芬

異種移來出藕塘，田田翠蓋映紅裳。不須玉井誇仙品，猶勝靈池鬥豔粧。曉露半融沾粉溼，晚風輕度襲衣香。鴛鴦繡罷停針線，好倚闌干納早凉。

種　萱

徐人雅

北堂萱草慶長春，著意栽培雨露新。種得忘憂偏惹恨，拓窗無日不思親。

秋　窗　吟

徐人雅

閒來倦繡擲金鍼，病起纖腰瘦不禁。風撼庭柯驚夜半，雨淋簷鐸感秋深。茶煙芋火添幽趣，斷雁寒螿動苦吟。小婢摘來盈把菊，鬢雲自笑不勝簪。

遣　懷

徐人雅

彩筆長辭鏡裏描，亂頭粗服度昏朝。好花總有埋香日，何必風狂雨又驕。

憶　夫　子

徐人雅

重泉無路恨漫漫，溼盡羅衣淚不乾。夢裏不知身是夢，分明攜手話平安。

（徐丙奎等纂修《［江蘇海鹽］豐山徐氏重修家乘》 1915 年刻本）

詠祠堂詩二首

徐基樹

獨占中湘勝，先人拔劍爭。南州綿世澤，東海振家聲。滉漾長湖繞，輝煌畫棟成。倚欄翹首望，月桂一枝横。

繞藩多種竹，青藹映朱軒。消盡三庚暑，招來百鳥喧。秀松遮古壁，老柏蔭崇垣。稽首焚香祝，孫枝樹樹繁。

四樂吟

徐志篤

小引

窮達何常，瀟灑各足。浮沉靡定，興趣長存。故名利紛紜，處廟廊而念擾；倘世情淡泊，居畎畝而情怡。探尋無俟他求，取舍緣於性分。篤也遇合殊疏，志空懸於上進；餘閒自適，蹟不等於拘迂。畏世路之崎嶇，因而省言省事；冀家道之久遠，止是勤讀勤耕。素位而行，胸次恒形其浩蕩；隨分自守，早夜衹見其安舒。欲伸雅懷，爰成拙句。敢索同人之和，聊爲自警之資。

耕田樂

世事總虛懸，百千計，衹徒然。謀生上策，莫如守分力田。憶祖先，十畝稻田居址邊。自身勤課，越陌度阡。鄰家飲醉，歸來一枕高眠。我亦殷勤囑僕，邇時播種，鋤雨犂烟。堂上供甘旨，妻兒飯吃衣穿。願皇天，屢錫豐年。倘有剩粟，變活囊錢。即行方便，救濟茶顛。

讀書樂

休嫌性拙迂，開蒙昧，破痴愚。别無妙法，惟有閉户讀書。奈何乎，馳馬度劍日歡娱。書田文苑，棄置勿趨。此中况味，實與膾炙無殊。敢云識量超凡(夫)，牙籤鄴架，韓柳歐蘇。窗前閒玩賞，胸襟倏爾寬舒。度諸居，呫嗶咿唔。塵氛謝絶，他更無虞。神怡心曠，無限悦愉。

静養樂

心地須明朗，聽自然，休妄想。費盡機謀，何如安分涵養。嘆凶黨，横噬鄉愚肆欺枉。較短争長，巴蛇吞象。天網恢恢，咎□捷如影響。參透此關心淡蕩，坐卧優游，獨來獨往。退步學癡呆，何必風塵鞅掌。尋幽敞，詠歌自賞。默坐焚香，無人擾攘。瀟灑裕如，真箇清爽。

教子樂

勿謂小年紀，成人事，自幼始。不教而善，羡人家不凡子，賴祖禰，諸兒繞膝相依倚。師友薰陶，淑慎爾止。此日姑寬，他時靡所底止。還忌驕淫與奢侈，稍有微疵，正色直指。勤讀十年書，否則躬親耒耜。紅塵裏，紆青拖紫。兒輩庸材，恐難比擬。菽水承歡，我心則喜。

中元祀先感懷十首

徐志篤

節屆中元，時維七月。蕭蕭風木，聽來使我傷神；滚滚原泉，看去教人念祖。篤也叨境遇之平安，沐前人之惠澤。迴憶平生事業，如醉如迷；更逢世路崎嶇，非砥非直。奈樊蠅之莫白，偶然對主攄題；畏市虎之難堪，不禁撫時致恨。懷思不少，慨嘆偏多。拈一韻以剖衷，賦十首以見志。言皆實際，敢祈列祖之潛通；語屬真情，更冀同宗之曲諒。爰誌譜末，以昭來嗣。

其　一

中元時節祭羣先，惆悵幽明各一天。緬想祖功宏罔極，綣懷宗德浩無邊。詩書訓子芳規在，勤儉傳家世澤綿。渺渺音容無處覓，中庭奠酒淚空懸。

其　二

方奠椒漿列几筵，塵寰未久又言旋。五肖良會真千載，一滴癡思到九泉。創業有功堪啓後，肯堂無力愧光前。六旬老母焚香畢，瞻顧兒孫一黯然。

其　三

憶昔趨庭聆父訓，也曾負笈侍名賢。功名豈爲緣難遇，通顯非關命有權。白雪歌來分雅俗，青錢選去隔天淵。而今未了縑緗債，空負高堂望眼穿。

其　四

登樓一望萬家烟，何處春歌復夏絃。花下裁詩聊自遣，月中敲句竟誰詮。礙人頑石江頭立，刺目瘦藤嶺上牽。最是寂寥難度日，幾回惆悵對山川。

其　五

無端身世苦相牽，塵事紛紛怎棄捐。惹怨只因公道慣，招愆多爲熱心偏。箕裘未忍隳先業，經史還應訂舊緣。自分守株消歲月，敢云安樂擬前賢。

其　六

散步江濱意悄然，風波慣打岸頭船。滿腔心事向誰説，一片衷腸只自憐。不是人情多好惡，總疑天道有偏全。孑然中處操奚術，退步常懷道德篇。

其　七

崎嶇世路重周旋，權變經常我亦然。傾蓋何須分厚薄，談心端的辨强妍。久嗟時命人情險，只爲公平衆怒遷。百忍宏模憑物侮，一心循理自天憐。

其　八

天生微命使單傳，左右支吾若履淵。渺渺雙雛俱去膝，孩孩四子漸隨肩。匪材遠避防鮑臭，哲匠頻親佩韋絃。倘識之無能揖讓，我身不恨老林泉。

其　九

勞思中夜未成眠，庭訓諄諄敢負愆。流俗不甘隨好尚，世情未敢失周旋。閒來適意書千卷，興至寫心詩幾聯。若問家常生活事，兒曹猶服舊桑田。

其　十

一氣流通易感宣，滿堂奠別觸情牽。慈顔暫老祈多壽，稚子無知可象賢。未必化衣同布帛，敢云焚楮當金錢。酌來杯酒情何極，欲接仙車俟隔年。

（徐先發等纂修《[湖南]湘潭花石徐氏八修族譜》 民國二十五年文苑堂木活字本）

曙湖詩草

徐隆炳

和葉大敏庵書懷即次原韻

情性鍾山水，吾人自有真。如何爲世役，致使魚鳥嗔。蒔花兼種竹，優遊物外身。園小開三徑，擬與彭澤鄰。終日門常掩，幽居隔紅塵。抱甕頻自灌，得趣忘苦辛。佳卉幸扦活，愛惜等殊珍。寄情聊嘯傲，吾亦甘清貧。秋菊競紅紫，幽艷如佳人。田園得自息，時泰頌堯仁。興來輒吟詠，了無一句新。讀書笑魚蠹，射策愧卻詵。與物期無忤，和氣養如春。守道莫若拙，存德貴穆忞。度年逾强仕，宗匠未陶鈞。切偲來良友，其交淡以親。辭氣真超邁，行迹非隱淪。植品何表表，二儀稟清純。精神本强固，時欲守庚申。瑶章忽見答，朗誦摇朱唇。雄文原無匹，清詞亦罕倫。篇中言地理，奥妙復精勻。青囊探秘笈，尋穴窮崖垠。瀧岡旋卜吉，貴可掌絲綸。人謂龍圖出，我歎龜書湮。勸君無貪得，慎勿延雜賓。相宅惟洛食，古聖亦問津。百川東注海，衆星拱北辰。此理顯復隱，苦思空卧薪。何以樂吾道，無欲希天民。性命參造化，莫向子平詢。稟氣分清濁，遭遇有亨屯。不能達帝闕，且自卧荒闉。順風颺鴻毛，涸轍困游鱗。得時則駕耳，頭角露嶙峋。運蹇身放廢，江畔泣靈均。我欲訴真宰，酌酒波粼粼。術數有何據，財官漫指陳。人生如蜉蝣，日月轉雙輪。妄念縈名利，最易耗其神。淡泊自明志，願以道爲紃。知命亦造命，福禄快遄臻。入山采薇蕨，涉水垂釣緡。萬事皆前定，何必苦問因。玩世忘貴賤，結緣齊燕珉。異地多俗眼，豪富連婚姻。冠蓋雄道路，士氣屈不伸。願君歸故里，詩禮勉遵循。躬耕兼磻釣，抗志渭與莘。卷懷本吾事，文質自彬彬。

舒丈杏甫爲余畫山水立幅作長歌以贈之

天下幾人畫山水，道子已去誰能肖。峯巒特兀波濤翻，嘉陵頃刻歎神妙。螺鬟層列翠靄吞，春光明媚日有曜。千山雨過浄無塵，萬木陰濃巖窅窱。中有瀑布千丈懸，雪花噴薄風號竅。駕空石梁無人行，時有仙人來長嘯。我願從之乘天風，踏徧蓬萊與壺嶠。那知世人多凡骨，俗士難邀安期召。蜀江巫峽懶追尋，且到嚴灘來垂釣。烟波縹渺溪水寒，日落餘暉石磯照。空山霜葉亂翻鴉，楓林景晚恣遠眺。長松落雪寒有聲，梅花欲放風料峭。扁舟破浪一葉輕，兩岸猿禽亂啼噭。數間茅屋枕清流，歸來高卧待明詔。意匠經營何慘澹，對此浮白飲未釂。咫尺具有萬里勢，恍見雲烟筆端繞。我雖不識畫圖趣，(晝)[畫]中佳境頗能心會而意料。元氣磅礴復淋漓，世間丹青見之一齊束手稱年少。壯哉，此老胸羅五嶽吞四海，獨與古人賡同調。十日一水五日石，能事詎容輕心掉。興來提筆拂素箋，使我縱觀欲狂囂。懸之四壁當卧遊，身入名山君莫笑。

梅江宿别

著屐登歸舟，篷窗獨卧遊。帆輕風力健，艣重水聲幽。雲雨溪山暝，江天草樹秋。停篙一回望,離緒總悠悠。

秋　江

我欲乘長風,登舟眼界空。宦情雲樹外,詩思酒杯中。兩岸幽花碧,孤村落日紅。秋江無泊處,隨意任西東。

山　居

散步下荒塘,臨流羡野航。巖花空自艷,池草暗生香。晴久人思雨,風尖夜欲霜。山居多好景,閒坐話斜陽。

登柳汀超然閣

傑閣三層峙水濱,登臨且喜趁芳晨。城横煙樹天初曉,山繞晴嵐氣已春。一色湖光迷睡眼,百年塵夢寄閒身。闌干倚久風生袂,疑是蓬萊洞裏人。

九月十七夜同舒杏甫明經觀天寶社

豐年報賽亦尋常,争奈連宵舉國狂。簫鼓喧天催夢覺,笙歌徧地倩人忙。月光朗映燈光燦,露氣濃侵酒氣涼。畿甸被災兒女哭,肯將浮費賑饑荒。

哭同姓從孫

病入新春禍已胎,忘生貪飲亦奇哉。姪病,火鑠金,而不肯戒酒。方期奪錦争先得,豈料脩文早召回。四渡錢江同我去,兩行枯淚爲誰來? 而今冷落西關路,天意茫茫不可猜。

新居漫興

先大夫於粤匪擾後僑居城南,常思還歸湖西。且因寓居無樓,取《爾雅》"裒、鳩、(樓)[摟],聚也"之義,擬名曰"裒鳩",言將度地鳩工以成樓耳。歲己亥,余始克卜居於舊宅煙嶼樓之後,敬以"裒鳩"顔其樓,非敢云成先志,亦聊以示後之人。

屢徙家園已再傳,敢誇喬木等鶯遷。宅還舊里懷豐沛,人到新居憶惠連。久别月湖環屋外,重看煙嶼峙樓前。安排一局消長夏,日與知交話晚年。

西　湖

門前依舊水平鋪,絶妙風光入畫圖。誰識少年游釣處,竟成垂老養痾區。友朋談笑娱今我,天步艱難誤腐儒。時上西幸太原。直北關山空悵望,輕舟一葉下西湖。

聞英俄諸國攻陷北京,大學士徐桐等死難

强鄰偪處力難支,漫説驅除此一時。邪教若能殲大敵,拳民未必懾王師。兵災從古非天降,國病於今乃自爲。誰使翠華西幸陜,諸君雖死罪焉辭。

走筆問范文雲孫

細雨廉纖織,衷懷悶不開。楸枰明且净,佳客肯重來。

小　園

小園一角是吾家，春事雖闌興肯賒。香色滿前君領取，曉來紅槿晚荷花。

午　眠

池荷映日立亭亭，高樹成陰緑滿庭。劇愛新蟬聲唱一，午眠簾下夢初醒。

春日感事

辛夷開後小桃紅，簫鼓船歸夕照中。海運不通真恨事，布帆何日挂天風。

其　二

浸秧節已近清明，望杏瞻蒲課雨晴。遥憶海疆屯戍卒，小民多少廢春耕。

（徐述堯纂修《[浙江鄞縣]大墩徐氏宗譜》　民國二十一年思本堂木活字本）

畢氏宗譜

企先樓記

畢郁

企先樓何爲而作也？吾族姪勝榮思其親民威而不可得作也。民威，氣義之士，鼎吕重於鄉。没之日，識者猶悲之，况於爲之親戚者歟！樓去墓數十弓，截然山峙，早晚瞻謁，俯仰興思良宜。問請予記。予憮然曰："子於先體慎重如此，於先德慎重可知。没猶用其情如此，則生能用其情可見。推是意也，直欲起其親於泉臺。登斯樓而樂之，然後慊於心，大有關於倫紀，非細故也，記之良是。"

嗟夫！親也者，吾身之天地也。天生乎吾，吾親生我，我之天也。地養乎吾，吾親養我，我之地也。蓋親爲吾身生養之天地。然天地之性莫貴於人，人之行莫大於孝，孝尤莫大於存没，各竭以禮。故生則敬而養之，死則仰而思之。養固孝也，思亦孝也，君子於親固無所不用其極焉。是故朝焉於斯，暮焉於斯，高山仰止，景行行止，企之思之，若或見之，善心猶存，惡念不作，雖不揚于人曰："吾於親也……"是於親也。暮焉於斯，朝焉於斯，斁法亂紀，虧禮傷教，思之企之，或莫然之，善心不存，惡念斯起，雖揚於人曰："吾於親也……"非於親也。此又爲人子者當慎其獨焉。

嗚呼，吾之身，親之身也。知思其親，是爲知有其身。故將爲善，思貽父母令名，必果。將爲不善，思貽父母羞辱，必不果。此心思之力所爲大也！或曰："人死則寬升而魄降，思爲無益。"是不然。死生人鬼，一理而已，斯氣流行不少間斷。人子於親，思則氣聚而爲神則存；不思則氣散而神不存。故爲墓於郊而封溝之，爲廟於家而蒸嘗之，所以存其神而聚其氣也。企先之樓烏能已乎！雖然，古人"羹墻見堯唐"，堯，堯耶？見吾心堯耳。蚤夜思舜虞，舜，舜耶？思吾心舜耳。如此斯可以語企先之旨矣。樓廣尺若干，深若干。前後軒窓豁如，几案明潔，《孝經》列傳，具陳左右。時或登樓，誦大雅之詩，詠《蓼莪》之章，孝心油然而生。俾後之人則而象之，仰而觀焉，瞻祖烈之猶存，俯而思之，惧己德之弗類，痛自克治必也。處爲良士，出爲明臣，庶幾企先之名爲称情也哉！予於勝榮同出中散大夫後，而長陔於予閔川族又最近，不敢溢美，姑用以勉。勝榮持身端謹，善繼述，尊賢睦族，能世其家。觀其企先名樓，是知倫紀之重者，宜附書之，用教鄉人。時正德己巳夏六月既望，太學生閔川畢郁書。

（明畢濟川主修、畢郁纂修《[河南]新安畢氏族譜》 清鈔明正德四年刻本）

袁氏宗譜

惠山用施愚山登惠山頂韵

袁廷吉

危嵐半傾天,孤峯獨擎斗。游人倦躋攀,至此一昂首。俯瞰石門道,昔前今已後。抗懷六合間,何者實深厚。泰華恒衡嵩,遥遥若連肘。若以真宰觀,恐亦一陵阜。而我居其中,游矚蔽林藪。踀蹐方未遑,睢盱復何有。天風故驚人,吹石滿山走。

雨後野眺

袁廷吉

一雨洗積囂,萬彙潑濃緑。行吟出郊垌,悠然豁心目。好鳥弄輕簧,殘花媚林薄。山容何嬋娟,亭亭潤如玉。依稀雲中君,煙鬟試新沐。又疑苧蘿女,含愁黛微蹙。秀色逼眉宇,遥契結幽獨。客懷苦調飢,對此良厭足。招手語山靈,晨夕寄青矚。看山當遊山,勝侶吾誰屬。謝公幾兩屐,笑爾徒碌碌。

芳洲畫舫曲

袁廷吉

芳洲溶溶碧波膩,畫舫摇摇綵雲麗。錦衾繡被壓春愁,夢醒時時聞酒氣。曉匳窺鏡自躊躇,似此温柔玉不如。願得春風鎮相守,年年吹煖芳洲柳。柳絲宛轉結同心,芳洲之波變成酒。

温泉用東坡白水山韻

袁廷吉

長鞭怒馬逞驕縱,擾擾黄塵暗愚弄。漫隨濁世變炎涼,那識仙源訪岩洞。道旁温泉一鑑開,爲款行人息征鞚。照影應驚鬢髮蒼,解衣暫拂飛塵重。德水微聞沁五香,古剌居然傾百甕。灌頂醍醐真洒落,著體晴雲自活動。昔聞華清洗凝脂,祕密未許凡人共。貴戚空争粉碓錢,襄王枉殢陽臺夢。何如此池居僻壤,來者不迎去不送。頓教貧士破寒酸,不待東風解嚴凍。安得此泉千萬頃,有脚陽春隨地涌。俗塵滌盡换肌骨,不跨驊騮跨鸞鳳。

題陳園湖石

袁廷吉

一片鬱林石，崚嶒映碧澂。心虚如妙友，骨立學枯僧。埜鳥啄蒼蘚，幽花牽古藤。英英豐艸上，時有白雲興。

菓湖舟次

袁廷吉

水色兼山色，蓬窻不斷青。客懷傷折柳，身世感浮萍。落日濡須塢，春風長短亭。江豚來往處，烟靄接滄溟。

詠　菊

袁廷吉

百卉凋殘黯繫思，東籬消息故遲遲。孤標自結茱萸契，臭味難教蛺蝶知。只覺相看宜有酒，乃容入座竟無詩。靈均去後秋懷冷，莫向花前讀楚辭。

清霜瑟瑟染寒英，爛漫枝頭五色深。儘有烟霞供笑傲，不須風雨費沈吟。芳園桃李誇行輩，空谷芝蘭識素心。只道秋光甘冷淡，也應旖旎勝華林。

籬落蕭疎塹結廬，得逢二仲且相於。奇方已自携鋤采，月令還教特筆書。三徑風神高若此，一秋詩骨瘦何如。怪他雨後蟲聲滿，似把迷陽和接輿。

悲秋無那且銜杯，難得相逢笑口開。白社殷勤尋老圃，黄金珍重築高臺。解歌銅斗原奇士，肯住柴桑亦雋才。一事差償遲莫恨，不教零落委蒼苔。

對　酒

袁廷吉

對酒當歌座上頭，鯫生多事説悲秋。十年漫詡三都賦，一醉能消萬古愁。長鋏頻彈偏意索，接羅倒著亦風流。千金散盡何須惜，蘇季囊中有敝裘。

黮黮秋懷對濁醪，薄醺未許便酕醄。遊仙郭璞空元悟，落魄揚雄費解嘲。刻棘雕蟲慚瑣屑，食梅衣葛欠粗豪。誰知倦眼惺忪處，一夜霜華染鬢毛。

九度名場壯志銷，雲霄一羽感飄飖。思如蜀道千盤曲，愁比春江五夜潮。故紙無靈休更乞，新花有樣懶重描。阮郎磊塊還依舊，那得酥醾百斛澆。

舟中望金山

袁廷吉

船頭突兀見烟巒，濕翠空濛露未乾。紺碧樓臺妖蜃現，陰森窟宅老龍蟠。怒濤作雨飛蓬背,清磬和雲出樹端。一線雄潮千尺浪,景純墳畔雪花寒。

暮春即景

袁廷吉

英落成陣點窗紗,尚有煙光麗物華。嫩綠漸抽書帶草,淺紅初染馬纓花。風能醉客朝朝困,山解留春面面遮。何事鵑聲啼不住,旅懷此際最思家。

讀漢史雜詠

袁廷吉

尊親周道風何古,嫚駡儒冠意已媮。不信漢王真大度,苦從邱嫂記恩讐。
黄石何須訪隱君,紫芝一曲自高情。從來四皓無人識,却訝兒家羽翼成。
陳豨已叛淮陰族,苦把安劉望後人。只道弓藏高鳥盡,不知雌雉解司晨。
拔山氣盡且哀歌,偏爲虞兮感慨多。一個美人拋不得,八千子弟定如何?
中興大業劉文叔,絶代佳人陰麗華。底爲金吾生艷羨,當年始願本非賒。
高蹈江湖烟水寬,羊裘醉擁客星寒。當時尚有牛君直,只少磯頭一釣竿。

送查大如江南歸

袁績慶

山雲擁空岫,絢作赤錦文。長風起半空,倏忽東西分。人生聚散竟如此,千里關山生尺咫。記得酴醾開,倒屣迎君來。梅花香滿樹,日暮送君去。君去不可留,使我長含愁。我來燕都少知已,几席隨君色狂喜。君才超邁勝風雲,俯視塵中盡餘子。蒲萄酒,叵金羅,興酣拔劍斫地同悲歌。與君不堪一日別,千里煙波將奈何。君言還家夢,夜夜行萬里。青山霜葉子規啼,覺後歸心一朝起。燕雲漠漠,長路漫漫。暮雪欲下,酸風送寒。望君去兮不見,歎余歸兮寡歡。青燈無光夜沈寂,獨坐空齋長太息。相思只有夢隨君,行過江南復江北。

舟行雜詠四首

袁績慶

十載離鄉夢,三秋買棹回。舟移村樹遠,帆帶夕陽來。渚沚昏烟集,菰蒲瞑色催。故鄉從此近,心事轉徘徊。

楓葉紅於染,波痕緑似油。雨餘人影健,風細蓼花秋。市近魚蝦賤,村遥樹木稠。停橈臨古渡,浩宕狎溪鷗。

眺望横塘路,蒼茫急暮潮。天長雙雁語,夜静一舟遥。沙鳥眠前浦,漁罾網野橋。憑窗人不寐,歸思正寥寥。

風轉星辰動,冥濛夜氣凝。浪飛平岸雪,月落大河燈。短笛鄰舟客,殘鐘古寺僧。明朝泊何處?千里夢蘭陵。

登柏山用昌黎山石韻

袁績慶

霜林落後煙光微，兩三水鳥招人飛。山深徑絶不知路，斜陽衰草牛羊肥。殘碑石鼎遍高塚，羊腸屈曲游人稀。深秋湖水漲霄漢，山葉剝落啼猿饑。攀籐扶磴向古寺，老僧見客開禪扉。苔縈倒壁佛幢暗，灰爐繚繞香烟霏。窗開波影眩吟目，帆檣錯落紛如圍。寒泉百道走山半，水雲隱隱生人衣。年來自覺墮塵俗，此際眺望無人譏。暮鐘遠度昏煙起，獨上扁舟泛月歸。

韓莊道中

袁績慶

漸近淮南境，秋光更可憐。酒旗低映水，山色淡於煙。落葉霜林瘦，斜陽塔影偏。一番新畫稿，都在蓼花邊。

野鷗飛不起，時向水中行。霜月秋無跡，奔湍夜有聲。漁舟雙槳疾，蟹舍一燈明。遥憶長安道，歸魂夜夜驚。

秋海棠

袁績慶

宛轉啼腸宛轉魂，西風吹斷月黄昏。烟凝草閣秋留影，雨洗苔階夜掩門。瘦到欲扶香有韻，清如孕水淡無痕。蕭疎屋角知誰似，病骨詩愁許共論。

一重香霧一重綃，染得胭脂暈絳潮。如此幽魂真絶世，可憐弱質不禁銷。愁深倩女知秋冷，夢醒重欄借月描。最是小窗摇曳處，憑人看煞不藏嬌。

雪意

袁績慶

陰雲潑墨天沈沈，凍雀不語投寒林。凄風吹簷鶴(塊)〔魂〕瘦，積火半冷爐灰深。梅花凝香雪花起，水色迷茫暮煙裡。登樓悄望人不歸，一角斜陽弄青紫。

到芮城署

袁績慶

甫從兵革脱危機，又向天涯浣客衣。路繞山川鴻有影，巢空林木燕無歸。十年作客謀誠拙，八口依人計更非。回首江鄉何處是，暮雲常向嶺頭飛。

感　作

袁績慶

不經盤錯境，那識世情難。顧我身如寄，求人齒更寒。放懷天地窄，託興酒杯寬。鍊盡驊騮骨，天將任鉅艱。

感　遇

袁績慶

良驥畜天廄，胡然事奔走。鹽車上太行，蹀躞庸奴手。有時一長嘯，萬馬齊俯首。意氣非不豪，時人終否否。

黄鵠摩長空，因風折其羽。低徊歧路側，稚子互嘲侮。豈無飛鳴志，展轉乏儔侶。健翮終淩雲，凡禽何足數。

飲河止滿腹，巢林在一枝。當世無孟嘗，彈鋏亦胡爲。席珍掩奇采，瓦礫同紛披。寶劍藏純鋒，拂拭光陸離。國士與衆人，惟在識者知。一飯不忘德，千古覥襟期。

患難交處易，富貴相與難。習習谷風章，今古同辛酸。人生重信義，烜赫若指彈。一朝聲勢去，冷眼皆旁觀。惟有同根人，相與共悲歡。巖巖太山石，棲惻摧心肝。

庭樹不盈尺，三載已成林。爲問主人意，栽培有苦心。扶疎出牆屋，忘彼昔日陰。胡地多飄風，蕭瑟日以深。喬枝太危聳，摧折徒悲吟。不如植根本，終古常森森。

牝雞擅司晨，青蠅集籓棘。羣陰煽方處，陽威淒以息。老狐善柔媚，含沙射鬼蜮。不鳴雁恐烹，徘徊斂羽翼。覔赴稻(梁)〔粱〕謀，相摧何太急！

烈士尚義氣，俠客明恩讐。纍纍千黄金，漉漉仇人頭。誰作萋斐語，賢智一網收。吁嗟三字獄，千古冤猶留。胡爲潔白體，誣以混濁流。浮雲蔽日月，雲退光彌周。悲憤動胸臆，躍躍飛吴鉤。

大海蓄衆流，崇山納羣壤。惟其氣量宏，是以魄力廣。塊然一隅地，蕃廡集草莽。羣英藉栖息，晨夕苦鞅掌。園禽隱林木，振羽習幽敞。健兒挾飛彈，窺樹積危想。落落守素心，抱道豈能枉。

月夜有憶

袁績慶

貧賤相依久，離懷更渺然。愁生雲起處，心逐雁歸前。客院籠輕霧，深閨怯晚烟。同看山頂月，又是幾回圓。

莫作儒冠婦，年年有別離。望殘樓上柳，催老鏡中絲。碧草綿新夢，飛花戀故枝。莫言兒女小，已是解相思。

意園漫興

袁績慶

泰署依山而成，中多隙地。余鑿池築亭，徧植花竹，隨意成園，名曰“意園”。

衙齋自昔枕山坳，隨意成園學結茅。松檜青遮天半面，園有雙檜軒。芙蕖紅泛水三篙。亭遮風葉猿争宿，屋傍雲根鶴共巢。惟有緣天留客處，四圍聽雨種芭蕉。

清流咫尺小橋西，曲折闌干眼欲迷。貪引月光芟樹密，愛看山色築牆低。一池碧暈紅鱗集，萬木青葱白鳥飛。鎮日訟庭無一事，坐臨叠嶂静忘機。

碧桃初放畫簷前，乳燕翻飛水榭邊。春煖客來花四壁，晝長人静柳三眠。風傳豔影抽紅蓼，雨洗殘妝卸白蓮。最是筵開重九日，賓朋齊醉菊花天。

軒臨中隱敞吾廬，梅影横斜畫有餘。敢道閒身荒吏治，尚憑餘力課兒書。年豐自覺官民樂，政簡何嫌法律疎。莫謂宦游萍梗泛，此中安穩當家居。

登挹翠亭

袁績慶

山城放衙早，步上山南亭。亭高百尺餘，環顧羣山青。萬瓦起暮光，遠樹煙冥冥。歸鳥亂夕陽，游魚散浮萍。縱此俯仰觀，萬物同忘形。倚檻一長嘯，獨鶴梳霜翎。

留别邑中諸君子即用董君乃畬所贈原韻

袁績慶

頻年歸夢繞江城，忽遂衷懷暢遠行。守拙早知難協俗，罷官轉覺有餘情。清流自昔遭時謗，濁酒終宵對客傾。此去一琴并一鶴，好將踪迹慰嚶鳴。

箕風畢雨意云何，六載相依别恨多。僅許政刑非畏日，敢誇黎庶沐恩波。半園松菊憑誰寄，一棹蓴鱸且自哦。難徧郊原訴離緒，諸君努力共研磨。

近於九仙殿購菊數種詩以誌喜

袁績慶

典衣先付買花錢，秋士迎來九月天。耐冷應知惟我共，傲霜端不受人憐。疎枝驟折因遭雨，瘦影相扶欲化烟。且喜近辭彭澤宰，東籬常伴聳吟肩。

由甌乘輪旋里誌感

袁績慶

廿載名場學折腰，歸帆片影渡寒潮。漫思松菊尋三徑，且喜妻孥共一舠。身外榮華原是夢，胸中塊壘可能消？坐看萬頃銀濤湧，排遣何須濁酒澆。

徹夜輪翻不住聲，更教逐客夢魂驚。一官縱被風聞誤，萬姓難逃月旦評。不信是非憑口說，要知毀譽在心平。邯鄲已識黄(梁)〔粱〕味，願向漁樵樂此生。

抵里無屋可居暫僦孫氏故宅即呈潮生長兄

袁績慶

還鄉休説買山錢，卜宅猶難覓數椽。仰屋我同流寓客，託居誰識地行仙。一枝暫寄風前影，三宿何來夢裡緣。遥向鶺鴒原上望，高牆畫棟接雲烟。

(袁勵恭等纂修《[江蘇常州]毘陵袁氏族譜》 1924年存經堂木活字本)

栗樹山墓田訟案碑記

佚　名

蓋聞創業固難，而守成亦不易。故昌後端望象賢，而開先尤藉詒燕。我祖自明初落業于下五都四甲，歷四百餘年，經十七代，樹德樹人，彬彬稱勝。因族居河畔，故名其地曰“袁家河”。亦名以義起，而地以人重也。世際滄桑，族亦式微，則先人所創之鴻基半消磨于强悍之蠶食，僅有各處墳山歷葬祖骸，公蓄公禁，迄今掛掃無異。詎遭田鄰謝九經恃監符身，藉田角相連，輙生佔害。於二十六年十月内，將我族歷葬祖塋之木魚、栗樹二山之中截派開塘，號稱注蔭激。控劉憲，迨至庭訊，佔情畢露。當押謝九經填塘還族，各管各業，審結事寢。謝謀佔未遂，不遵縣斷，揑情控府，批縣查勘。謝止知袁族係落屯之業，無契券可憑，而不知奉丈之丈册及完餉之印串自難磨滅。庭訊之下，啞口無供。劉憲據情實詳府憲，奉批：既據看明，荒坪在兩山之中，東北與謝田相連，西與王田連界。坪内並無餘田五分填没復開形跡，乃謝九經揑情妄控，希圖翻案。本應懲儆，姑念到案供明，俯首服罪，從寬免究。餘如詳取結，飭遵繳各契發還，圖存。謝姓具結。事寢，案據人等同族議勒石鐫銘，以垂永久，庶祖宗之骸骨不遭戕害，而强悍之覬覦不復猖獗矣。至若光大乎祖禰，克篤于成烈，是又望于後之善繼善述者。是爲記。乾隆二十九年歲次甲申仲冬月上澣穀旦公立。

(清袁澤熉等主修、袁遠卣等纂修《[湖南湘潭]中湘袁氏五修族譜》清宣統3年玉仁堂木活字本)

蛟水紀災

徐榮椿

光緒己丑七月，天降霪雨，江浙兩省俱大水。二十七日夜二更，北風加烈，大雨如注，至二十九日初昏方止。維時邑南諸山出蛟之多不知萬幾，霎時罔阜崩裂，水勢騰涌，高起數十丈。風狂怒號，雖萬鈞巨石，投空如撤細物。泥沙堆積，平地墳起與邱陵等。棺槨破空浮出縱横，與波濤相上下。距竹渡三十里梓嶺地方，一家數口甫就寢，水驟湧至，同時淹斃。近山村莊屋廬飄没無算，溺死者亦往往有之。余時方館竹渡袁氏宗祠，村居濱江，水潦易降。至是平地水深五六尺，一望瀰漫，村落就淹，居人不勝其魚之恐。有乘筏而徙於高阜者，有阻水不得食而飢餓輾轉待斃者。秋稼乏收，朝廷準免是年田税十分之一，以恤時艱。今年秋，袁君琴川偕其族人纂修家乘，設局於其宗祠，得與余共晨夕。閒相與談，次及是，以爲春秋之例，凡爲災則書。今蛟之爲災也大矣，竊取斯義，用紀大略如此。

章奥上記

徐宗泗

余自甲子庚午上榜，尋落，求其故而不得。紛紛風水之議起矣。隆慶辛未春三月，亡室桂氏患弱證卒。余方鬱鬱家卧，適家奴走報江津阻風，一老叟獨立船頭指點："好大風水，可惜印破文星，不利"云云。余大驚詫，延入中堂，左顧右盼，指天畫地，旁若無人。過靈几前，因叩是何風水乃爾。彼摇手蹙額云："全未，全未，殆有甚焉！其在十月之交乎？"余始而駭，繼而疑，大率此輩誇誕恐喝以衒神奇。酒未半酣，而風静潮至，别去。不甚信也。忽秋半，先妣寢疾，得毋若叟言且驗乎？十月平旦，果爾長逝。方悔須臾半席之談，不詳推吉凶趨避之，自急令蹤跡之楚久矣。蓋陳姓，號金溪，黄梅人也。懷堂孫方伯爲黄州守，邀求葬地，故至慈，自是纔一相及，從之未由。萬曆甲戌八月燕邸回，家奴偶會於途，蓋不認其爲陳叟矣，叟顧認之。余不勝喜躍，使者相望，促而致之。道故追懽，意氣款洽。見其齒脱，每肉爛煮，見其頽老，出入肩輿，彼此殊恨相見晚也。居頃之，方以地請。彼乃偏袒起舞，仰天長笑曰："烟海茫茫，何地可尋。咄嗟，孫公子，孫公子！天與不取，豈非其地主乎？我齒久落，到玆二年，今日於君一飽，何可無報！"輒攜我偕行，指示仙人坦腹形，蓋今奥穴也。余兩人從山頂私語，不意崖旁樹影有丐户竊聽。將機就計，即呼前來，乃夙負我者，因吐心腹，已饒舊負，事成另加厚賞。次日，輒同山主傳吏到宅，地不方丈，用價二十四兩，暗價一十二兩，雙手書券，交我而去。連城十五，商於七百，何以易此？嗟乎，孫方伯求之數年而不得，我不日成之而有餘。孫方伯千里聘之而不獲其報，我一飯飽之而即收其功，豈天意良有在乎？抑家大人之德之所致也。丈夫意氣相投，彼以利啖以勢嚇者，則何益矣。凡我子孫，尚永思之，尚敬慎之。

章奥中記

徐宗泗

陳金溪之言章奥也，不數日而得之。諸宗親莫不酌酒相賀先太淑人之福也，寧有如此吉壤，而不刻期下壙安妥者乎？而詎料其有不然者。是夕，仲兒茂英甫十二歲，侍寢鳳溪公，忽夢紅袍玉笏端坐中堂，撫摩其頂而謂之曰："汝名位不我下，我居此，何驚動我爲？"大呼而寤。鳳溪公聞之，默然將已。余謂石工諸業已在山，何得中止？然此機當祕，何可輕洩。乃對金溪詐言，玆穴雖佳，顧非我欲。姑下丈許，開金井何如？金溪力争不得，大怒，以爲好地做壞，豈主人無福耶？抑不用吾謀，恐重謝也。竟分袂散去。由是四方來觀，咸嘖嘖稱賞金溪之言良是，何以是穴爲非。余生平酷嗜堪輿家言，凡地師至，輒往章奥試閲。萬曆丁亥，江右徐元谷獨識余意，謂必有託而避焉。不然，此穴奚宜定哉。乃下羅盤，針爲亂飛。元谷跪念數呪，倏然平定。笑謂余曰："下有古冢，稍過一棺，便兩相得。"遂移前穴上之開數尺許，隔舊冢二尺，得券磚，唐李尚書公墓也。千數百年後，精爽尚爾赫赫，非山川之靈而何？用是神人胥慶，遐邇喧傳，非陳叟莫啟其端，非徐君莫竟其緒，非贈公莫享其福，非封公莫通其玄，非大參公莫洩其祕。得天得地得人，所謂得全全昌者，非耶？爰勒之記，示我後人，永永無斁。萬曆十五年丁亥臘月下浣。

章奥下記

徐宗泗

章奥之初縱横不過十餘丈，乃土堆纍纍，充塞無容足處。前後左右，四分五裂，蓋數十家焉。及余經始，更目爲奇貨。鄰豪葉四八、陸三八俱以貲雄一鄉，不復校直，於我祭臺下，葉據其東，陸據其西，三分鼎足。而中閒數十家耽耽虎視，垂涎無厭，莫之肯售。後葉四八以素横窩訪，直指使者欲致死。是時，郡守蔡諱昜，號肖兼，余向來以文墨相知，不啻骨肉。葉四八以重賄營求，余麾之再四。尋以是山契來。余念此天所以哀余之孤，而了未竟之緒也。即以情告蔡師，頗有難色，既而沈吟曰："尊公墓道必由，且卧榻安容别涸。活一人而貽子孫千百世之利，嗟乎，三尺吾當爲汝親屈矣。"無論余父子舉手加額稱慶，識與不識僉謂葉心本欺天，爲袁氏良厚矣。時萬曆癸未八月也。居無何，余將由鳳凰山過章奥。甫出門，忽一輕佻惡少喧呼而前曰："極大便宜事，特來奉承。"詰之，則云："四面祖山皆爲豪叔陰謀到手，獨我中央數十丈視爲几上肉久矣。我以生平積怨深怒，重直不與，情愿輕之送宅，多寡唯命。"問叔爲誰？即陸三八也。余笑而謂曰："彼於我章奥山傍費竭心計，我若汝受，是明圖報復，淺之乎，其爲丈夫矣！且千年宗誼，安得以一朝之忿棄而投我？後日相見甚難，汝思吾言，汝當自己。"陸三八聞之，矯首頓足，翻然悔曰："世有盛德若此，我非人也。"即自袖契到宅，竟領價而去。嗟乎，方余不受若山，夫亦一時所，詎意陸雖小人乎亦富而豪者，乃悟報之速也。乃知忠信豚魚可孚，彼以勢力智計籠絡恐喝抑末矣。自是傍數十家轉相感動，曰："山靈有主，以葉陸之富，非天實爲之於袁氏乎何有？"相率視原直差倍俱售，而混一之勢成矣。然土堆纍纍仍故也，於祭臺更加雜出。不得已令善閒者厚與移遷費，俾十去五六。業已訂盟，諏日開掘。平明肩輿未半途，一人憤氣洶洶，怒眸睜睜，舉步高而且奔，竟扯余轎，擲昨所與金錢云："不遷，不遷！"跳躍而走。余從容大笑，令僕連呼，手指金錢謂曰："汝誤矣！汝誤矣！我昨所與憑中某某交付，汝今獨手交我，若告官司，將誰知證？此必强梁設計詐害，汝何愚也！且我穴已定，汝墳在祭臺，不遷何害？若年命不利，利而後遷未遲。"是人如醉方醒，稽首稱謝："大人言是，倘非積善之家，幾爲羣不逞所害。"即索金錢故物，大詈前畫策人。羣不逞聚謀，驚服大德，我輩愚不知也。於是留酌，加醴肉厚犒，大小歡洽，迄今混然合一矣。子孫瞻拜墓下，烏知前人創造用意勤勤懇懇若斯。槩其大指，其委曲纖微尚有不能盡記者。萬曆二十二年甲午三月。

見陽公於甲子、庚午、己卯三次激賞，未卜一科，因之酷信堪輿。今讀三記所述，爲先人營葬幾費心血，現在子姓繁衍，科甲蟬聯，皆生發於此地，子子孫孫實永賴之。五世孫學沆敬誌。

重建剡奥墳菴記

徐宗江

本八明遠府君柳氏惠莊安人葬於剡奥。左則恭六府君柳氏，德臧孺人附焉。右則恭十一府君郭氏，德淵孺人附焉。拜壇下，左則洪十一府君張氏，慈懿孺人附焉。父子祖孫相聚一原，昭穆不紊，儼然在生之日也。春秋祭享固設於家，而清明祭掃則必於墓。是以山麓有墳菴之建，以爲子孫受釐之所。是菴屋也，止有尚有闕文。二間半坐於南首，恭六房、恭十一房、恭十六房均得。厥後恭六房買恭十一房應得三分之一。其北首二間(平)〔半〕原係周百四賣與奥口袁九房，恭六房復轉買之。是恭六房得六分之五，恭十六房得六分之一。奈年遠傾頹，不可以居住。屋人凌貴九來告，於天啟六年秋盡行拆卸。方伯公以自己所買敏二房廳屋，連左右共五間，削其垢塵，易其蠹朽，委洪六房六三官董其役。擇本年十月初十丁酉日移建於舊址，本山不取一木焉。革故鼎新，巍然焕然，可以永久。伊誰之力？子子孫孫當奕世而不忘也。雖然，山川常不改，棟宇有時更。吾自幼年拜墓即覩此屋，不識起於何時。逮今七十餘歲，乃見其弊，復覩其新。後世賢達子孫能遵承先志，嗣而葺之，則此屋可與此墓並峙於綿遠矣。天啟六年歲在丙寅十一月初，本八府君六世孫宗江謹記。

方伯文海公塋記

徐宏勳

余讀先王父《燕貽記》云："自甲子庚午己卯上榜，尋落，求其故而不得，紛紛風水之説起矣。"王父既篤信形家言，所扦先隴若章奥、史奥、黄奥，皆從蓬蒿荆棘中草創經營。所與交地師若陳金溪，若徐元谷，若徐蓮塘，皆楊曾伯仲也。蓮塘與王父交更久，爲言葉奥一山在章、史、黄諸奥之上，顧時未可圖，未敢睨視而躡問焉。時先君子已宦遊，獨先伯父邵越公侍王父，記蓮塘言，穴當柿樹之下，他人未與聞也。越二十餘年，蓮塘之子劍沖復自江右過訪。維時王父即世，先君子在廬相與互印前言，入奥諦視，手繪一圖。予侍先君子，見圖穴正在奥山之麓山莊籬落之間，彷彿如親見焉。於是葉氏稍中衰矣。而時未可圖，猶故也。越十年，乃漸以淩替。先君子自滇南解組歸，葉氏之子忽有以奥中莊屋售者。先君子額手曰："天賜也！"贏價酬之。自後葉氏兩奥諸家争先授券，以及卞、姚諸姓連界錯址者，無勿競售於先君子。而奥之中央自巔及麓，以及莊屋田園幾成混一矣。時萬曆戊午己未間也。獨惜劍沖早世，不復再來。所繪山圖往復漫置散帙中，遍搜勿獲焉。適先伯父邵越公自吴門解組歸，與先君子抵掌，躍然謂蓮塘曾祕示穴處，試覓之。命屐入山，松林鬱然，獨不見所謂柿樹者，悵然而返。先君子曰："山且售矣，穴焉往乎？"又復廣延地師，筍輿芒履，往來山奥，無虚歲月也。諸師執見，東西指點，迄未有當者。越甲子，先慈馮太淑人一病仙遊，權厝山莊。明年，地師龔映川江右人也，尋龍艮亥之間，指穴過西高及山腰之半，與劍沖所圖山麓者殊不類。余私心竊訝之，顧先君子爲政，勿敢輕議也。墓既封矣，越己巳，地師朱衷素來，亦江右人也，極詆映川之謬，另取到頭盡氣指穴。過東下鍤，鏗然皆沙石也，朱遂茫然無措手處。先君子恚甚，乃命迴鍤稍西，忽見松根之下茯苓纍纍。先君子大喜曰："松脂融結，地氣所蒸，豈非天點耶？"遂改遷結穴焉。時余在京邸，先君子馳書告余，以爲大慰。越辛未，余被謫旋里，登山掃墓，見新遷之穴彷彿山麓籬落之間，以爲真蓮塘指點、劍沖繪圖處也。然而明堂殊覺偏倚，龍虎亦多缺陷。豈向所極許在章、史、黄諸奥之上者，僅爾爾耶？穴再遷矣，雖私心竊訝之，而益勿敢輕議也。越癸酉，先君子病逝，開壙合葬。月在嘉平雷復井温之後，陰寒滿穴，若冰凌雪窖然。余始大怪天點之非，然而倉猝之間計無奈矣。既合葬，余心怦怦不自釋也。每地師至，必雞黍款留，登山覆閲。僉言龍脈之真而結穴之誤。金陵葛君撰一説示余語尤詳悉，且云不速遷將有大咎。余心益怦怦不自釋也。顧無如子姓繁衍，議論參商，每一舉念，其難其慎，荏苒垂十年矣。辛巳臘底，鶺鴒抱痛，乃始悔禍，決計爲遷穴議。以示諸仲叔季，顧猶唯唯否否，未敢執咎者。無何，歲且除矣，雨雪瀌瀌，逹壬午元旦不止。余既決計,乃偕葛君暨兒輩冒雪入山,集匠石畚鍤以竢。越宿,忽大開霽。余仰祝蒼蒼曰:"天乎以地賜先君子在此日乎?"葛君乃用倒杖之法,取中定穴,稍過西南去茯苓天點不數武,有一大樹幾盈抱者。砍仆之,結篳廠焉。一切祭告之事先期夙戒,諸仲叔季後先到山。初三日昧爽,斬草開土。平明掘下二尺餘,而真色現,有如花蕊者,有如黍實者,有如黄赤石脂者,有如金銀爐底者。兼旬雨雪之後,堅燥如暵。又掘二尺餘,而大樹根出,根下煖氣勃發,如炊甑然。問樹何名?僉曰野柿也。嗚呼異哉!數十年後東西搜索而不得者,蓮塘獨於數十年前蓬蒿荆棘之内指點預定,謂非楊曾再世乎?至是,諸仲叔季乃始相對驚嘆,悔卜遷之不早也。茯苓封墓同時並啟,穴内陰寒較昔年更甚。蓋地脈不真,原無煖氣,而當年結搆,人事更多未全,磚石浸潤,泥淖淋漓,再越數年詎不幾化土乎?而諸仲叔季益復相對欷歔,痛卜遷之不早也。是日也,天道晴明,人情踊躍。丑而興工,巳而結穴,酉而下壙。工無若此最速,而時日之叶吉無若此,最奇且巧者。蓋至是,而余十年怦怦之衷乃始釋也。不寧惟是,先君子殫半生之心力經營壤土,一誤於龔映川,再誤於朱衷素,咤茯苓之佹合,迷柿樹之玄機,承訛集舛幾二十年,而乃始洩丹穴之奇,協黄虛之兆。從此千秋萬禩,先君子與先太淑人含笑無遺憾也。漠漠泉臺,隧而相見,與先王父伯父共印蓮塘指示之言爲不虛云。余仰藉先靈,克襄大事,追溯往昔,留詔來茲,遂援筆而爲之記。

竹江紀難

徐蕙芳

歲辛丑八月下旬,英逆蹂躪寧郡。寧人曰:俟大兵之來,皇上遣揚威將軍宗室奕經剿辦。迄今歲壬寅二月,逆夷突入慈西之竹江,攻擊屯兵。我師敗績。居民流離驚竄,有不幸而遇害者。先是,原任典史李某,鄞縣人,奉揚威將軍令統領鄉勇千四百名,分七隊,號虎嘯軍。於正月廿六日,由梁湖移營至竹渡,駐劄南岸石佛亭,餘卒俱屯北岸彭王廟文武殿、袁柳宗祠諸處,設火攻船三十隻,礮船六隻,戰船四十餘隻。火攻船以百官船載薪加以松香、桐油、火藥等物,水勇二人駕之,每日每名給錢三百文,臨時給洋銀三十員。礮船視火攻船、戰船有差。廿九日會剿,先一夕下令解維,兵皆不發,以銀未給。故又令以舟至丈亭,先賞半數。比至而但發印票,衆軍皆譁。時至三鼓,猶趦趄不進。五鼓後,各軍已集寧郡,而虎嘯軍至半途聞槍礮聲潰散。午後,正高高祖南津公墓祭分胙畢,漸聞凶耗。適仲父從車廄歸奔,告我父曰:"勢急矣!我兵敗,逆夷必追至竹渡。其殆乎!我等盍去諸?"於是奉父命,先挈姪兒避上津橋祖母舅家。又至堰頭雇肩輿二乘,舁老母及妻女暫避外母家。又送嫂君至祖母舅家。予本健步,至是兩足乃憊甚。晚刻,陰雲四合,遠見來船燈火煒煌。巡哨者誤爲夷船,大呼曰:"賊兵至矣!賊兵至矣!"村人昏夜逃遁,若崩厥角。及諦視來船,知爲敗兵。李以巡哨之言不實,執而笞之。至二月初四日,果有逆夷火輪船兩艘駛入竹江,見有軍營,矢礮齊發。士卒盡潰,居民中槍死者三人,傷者一人,礮轟斃者三人。一馬姓媍死爲更慘。石佛亭縱火焚毁。夷船遂入慈城,副將朱貴率所部力戰死,子殉之。初五日,復有杉板船三隻,自慈城至竹渡搶掠財物。我家亦被累。明日,夷船始退。是役也,幸賴鬼神之靈,罹害者少。正月中旬,宗祠神寢夜分輒喧擾不已。廿九日,東南方又有黑眚。識者知禍之不旋踵也,相率而去者甚衆。其不去者得巡哨訛言以激之,或亦冥冥中使之然歟?而我家又賴仲父豫爲之計,人口得保無恙云。

重訂壽溪集跋

徐鼎勳

道光乙酉長夏曝書，檢書簏得遺集一帙，顔曰《壽溪集》。取揭而觀，乃我先世仲溪公所著，每欲求之而不可得，何其幸哉！是集輯於康熙辛丑，邑侯樊含青先生與吴門陳南棠先生實序之，迄今百有餘年，屢遭回禄，更爲蠹蝕，散佚良多。其僅存者，獨卷首序文、目次、墓志、家傳若干篇。嗚呼！存什一於千百，安在其滿吾志哉！顧猶幸而獲此也，不然公之著作，其委原皆歸蔑有，良可慨也。今特釐正重鈔，雖其閒闕略不可復覯，而編殘簡斷，略見一斑，尤足以證先人之手澤云爾。謹序數言而識於簡末。第六世孫鼎勳敬識。

東湖掃墓記

徐鼎勳

東湖爲吾郡名勝，二靈相映，四牖迴環。近眺緑埜之峯，遠泝赤塘之奥。昔之人命儔嘯侣，俯察仰觀，蓋有以也。其地若史氏墓者，稱尤勝焉。靈秀獨造，稟之石腴，陰陽相成，輔以雲氣，自是冠纓世濟，科第繩承，則與我鼻祖正獻公墓相隔一山，同傳千古者也。正獻公墓在穆公嶺旁。其右上爲光禄公墓。奠四世之牛眠，封千秋之馬鬣。神碑名貴，翁仲形尊。揆厥由來，蓋七百有餘歲矣。正獻公爲宋季名賢，世居郡城鑑橋。厥後子姓蕃衍，散處鄞慈。鄞有南袁支、大堰支、沙家山支，而竹江一支爲尤盛。族人以先塋恢復，定期每年二月十六日聚族會祭。先二日晚刻，放櫂而泊於甬江。十五日，在郡潔具牲醴。傍晚，從陶墅堰而上，一夜可至大堰頭也。昔王荆公宰鄞，盡心水利，濬治此湖，界分三縣，水灌七鄉。程時叔所謂舟行若乘氣凌空，不知身在塵世，非親歷其境不能道也。於此而知東湖之巖阿深秀，澗壑幽微。過陶公之山，人烟稠密。山下忻氏族繁，相傳爲陶朱公後。謁葉母之墓，風物崢嶸，祠宇重開，争頌無量之壽。史氏墳莊牓曰“無量壽莽”。浮屠高峙，俾塞兩堰之流。其地有上水、下水二堰。挈伴以行，舍舟而陸，由溪橋東折而上爲德善橋。橋口山尖，豐碑屹立。路皆彈石，峪亦生苔。自此而東二十五里爲鹽場大嵩，北行五里許則爲緑埜奥。先尚書謚正肅，廣微公墓在焉。其前有廟曰靈佑，乃村中史姓所剏建也。過此，從大路盤迴詰曲更數折而至穆公嶺，嶺下東口則吾袁氏墳莊在焉。住莊者陳氏二昆，相率守塋供奉香火。癸巳春，予偕族人往謁，嘗作《東湖吟》以紀事。次年族姪茗莊又促予往，相與蠲誠，戒旦鼓櫂敦行，同舟者凡五人也。會當上冢之辰，適值花生之日，合尊促膝，挂席談心。共徵文詠之遺，並美松楸之蔭。揚新碑於愛奪，復古墓於銷沈。或者藉寵名山，幸免薜蘿之笑；繼聲雅奏，得聆山水之音。他日一枝柔艣，三尺枯筇，重訪前遊，再踐夙約，程涂可紀，導引何難。爰書之以詔來者。

道光十四年歲在甲午三月朔旦。

粤匪紀難

徐福昌

髮逆之變，擾亂十六行省。其竄入我郡邑者，特餘股耳，而害已有不可勝言者。同治元年壬戌四月十二日，官軍用英吉利兵破賊於郡城，羣賊率驚竄去，境内獲安。繼以兵輪不見追駛，賊復猖獗，自餘姚突入邑西，大肆焚掠。余聞驚，亟奉老母挈眷攜具避寓山居，而日於村之傍近處潛行往來，伺賊蹤跡。有江長毛者，實車廒僞卡帥。月之二十日晡時，該賊揚帆而來，率衆入村，延食弗就，聲言要打先鋒。打先鋒者，即賊刦掠之别名也。言訖，揮衆掠取人家物。薄暮，蜂擁登舟，望丈亭西去。村人恇懼，策其復來，遂乘夜奔避，扶老攜幼，哭泣之聲不絶於路。蓋去者大半，餘則顧戀室家，不能決計以行。次朝，賊果至，多被其戕害。是日也，我宗祠遭燬，併及村中居宇十有餘區，諸户財物席捲一空云。

（袁兆塀纂修《[浙江]慈谿竹江袁氏宗譜》 1923 年惇叙堂木活字本）

貢氏宗譜

謁宣城祠墓記略

貢　震

震以乾隆十三年十一月謁選吏部，得建平令。竊自喜近祖宗邱墓，又與宣城祖村不遠，瞻拜有日矣。明年春抵任，間有宗人來署，得悉祖村祠祀規模。震又數以事至南鄉，過吾祖廣陵侯墓下，瞻拜之情彌切。十七年冬，既調靈璧，乃得詣南湖謁祠墓者，非敢懈也。前此作吏日淺，信義未孚於建民，密邇宗族，恐滋物議，故遲之耳。既往行禮畢，則考其山川，按其譜牒，與宗人相見。觀其禮意之周摯，風俗之醇和，慨然念吾祖宗貽謀遠而子孫之食德無窮也。吾宗自遷居江陰後，與宣城慶弔不通者三百餘年，水木本原，杳不聞其消息。震既得見而聞之矣，敢不述其梗慨，爲吾江宗族告乎？且吾輩子孫有不容已於宣城之祖墓者，又不可不共知之也。

謹按：祖村在南湖西南去麻姑山十里。麻姑之陰岡阜以百數，蜿蜒聯屬，直抵湖濱。祖村南西北三面林麓環抱，溪澗之水由村前匯於湖。湖水漲則汪汪千頃，與村相連。甃石梁於村東，以束其勢。水落則石梁以東十里平蕪，直接建平之新溝嘴。村中有總祠，又有支祠。總祠在東，通族之所共也。祀始祖以下二十二主，非學問人品卓然可傳者，雖顯貴不得與。而吾江陰始祖之主則在焉。支祠二：一在村中東，六房之祖也；一在村西，西四房之祖也。木主無算，東西兩宗之子孫皆入焉。村中古屋毁於明季兵火，而尚書舊第門扁巋然獨存，葢廣陵侯府也。解元欽坊亦完整無恙，南漪書塾已廢爲圃。當年勝蹟，剩有流觴臺，在舊第後。自此北望，轉而西南，喬木參空，清流如帶。此祖村風景之大概也。宣城始祖仕宋，扈蹕南遷，六傳而爲廣陵侯南漪公士濬，生四子：長縣尹松，即今東西兩宗十房之祖，子孫萬餘丁，散居姑山漪水間，大小村百有二。宋元明三朝，仕宦之盛，文章德業之隆，甲於江左，即今稍陵矣。而秀者讀，樸者耕，山居者樵，澤居者漁，各有常業。聰聽祖考之彝訓，無游惰，無强梁。萬金之家麤衣糲食，與貧乏者均勞苦，通有無，族盛而不流，近代世家中未之有也。其次教諭棠，衍花園一支，僅僅奉祀不絶。三翰林學士奎，生宗伯師泰，兩世忠孝，著聲當代。《雲林》、《玩齋》二集，後世談詩者奉爲楷模。丁元之末造，宗伯卒於浙之海甯，遂葬焉，祠墓尚存，子孫則不嗣矣。其四郎中，封宣城縣，男桌生三子，吾江陰始祖其中子也。長翰林待制師道，理學名家，再傳而盡。季録事師剛，生司業穎之。司業最賢，族望甚重，後嗣十餘家，並居湖濱，漁網是業。宣譜稱郎中之族尚盛於江陰，而司業後裔奄奄數人耳。又曰：廣陵侯四子，唯長房今衍東西兩宗；而彼三宗者，漸次衰微。山川氣運之所限，有不能逃者，必有孝子仁孫置義田以贍之，開義學以教之，庶其有瘳乎？安得有范文正之德、之才、之位，而與議之。葢明季時本支大勢已如此，此吾族古今盛衰之大概也。

宣城始祖以下並葬村西諸阜，至廣陵侯而葬建平之交洪山，所謂楊墅坊者也。其山東南嚮，中一峯爲主山，侯葬其上。左一峯爲青龍，以嶺脊分界。右一峯爲白虎，乃屬他姓。一峯在前，隔冲田里許，是爲照山，亦以嶺脊爲界。照山之麓，澗水三道，會爲一溪，由墓前西北流四十餘里，經麻姑山之東入南湖。墓後爲靠山。靠山之後岡阜有四田三冲。左接青龍，右連白虎，皆主山之餘氣游衍而融結者也。青龍山前則爲中山庵，子孫展墓居停於此。凡此，皆侯所自營也。中山庵成，侯嘗有詩紀其事云："老夫預作長眠計，楊墅坊頭故宅開。遠澗近田分繞護，前峯後壟競追陪。曾經郭璞攜書至，也學劉伶荷鍾來。冢上更思風雨蔽，他年松柏手親栽。"當時名賢題詠，載於宣譜者甚富。山禁採樵，斧斤不入者不知幾何年矣。藤蘿轇轕，登陟爲難。冢右古松一株，高十丈許，圍可二丈，相傳是侯手植。其他輪囷離奇之木不可枚數。元翰林學士歐陽元奉勅撰神道碑，屹然墓左。其文隸，漫漶不可讀。後隴界址不清，頗爲建民侵佔，日削月朘。連年結訟公堂，銀兩爲之消乏。十年前，公議買石爲界碑六十，編刻花甲，藏之祖村六年而不敢上，深慮清界之難，而訟端由此愈滋也。十四年春，族人議以清明前派子孫運石立界。議已定矣，猶未知震之已涖建平任也。及期而至，則知之，族人喜出望外，以爲廣陵侯在天之靈有默爲啟佑者。即集本地鄉保山鄰，公同定界，甲子碑起自龍山之麓，上至嶺脊中分，而右轉高高下下越岡隴，包冲田，至白虎山之左，折而下，以盡於癸亥碑。是役也，族中竭力者數百人，而十九世元昊，二十世勛經理之勞尤多。然按譜牒與明代魚鱗册所載，山之失業者多矣。此非一朝一夕之故，今不能悉復其舊者也。是年冬，甲戌、乙亥兩碑復爲争業者毁。震時在宣城提調科試事，族人有來具呈者，余仰原與鄉保，諭令復還，并立議禁以息其事。訟之不興，於今三年矣。江陰始祖葬木竹塘冲，附於所自出。郎中公之兆在村西十里許，封而不樹。其山今爲東宗第四房之孫執業。少南半里爲華蓋山，吾始祖長兄待制葬其宜人於此。族人稱吾始祖妣三，孺人之墓在焉。按之兩處譜牒，似有未合，今亦無碑碣可考。待制墓又在南三里許，吾始祖季弟録事與其子司業之墓，並在祖村至交洪之中途，離祖村三十里。録事之墓地名中山。司業之墓地名班溪。郎中公之子，長房既絶，末房亦式微。通族倡議，置産爲此兩房之祖立石表墓，歲致祭。惟郎中公與吾始祖之墓雖一體展拜，而碑石未立，衰草寒煙，夕陽荒冢，行路傷嗟，況爲之後裔者乎？此則吾江始祖與始祖祖父昆弟冢墓之大概也。

今年九月震卸建平事，以十月初十日謁祖祠墓於南湖。先至楊村，東宗第三房所聚居也。去祖村不二里，廣陵侯與夫人畫像在焉。展拜畢，宿其公堂。明日至祖村，謁總祠，次兩支祠。震於宣城之族爲二十二世，族人自十八世至二十六世俱有在列者。震拜總祠，宗人則序以世而同行禮。支祠則皆答拜於旁。執事趨蹌之節，與吾宗不甚差池，而儀文有加隆者。餕餘畢，遂謁墓。先木竹塘冲，次華蓋山，次待制之墓。將往，則請祝版於祠，舁以香亭，導以鼓樂，羊豕及庶羞在後。至墓，則聲砲而後行禮。宣、建舊俗皆然，不獨吾宗也。是夕，還宿祖村。又明日，往交洪，宗人同往者十數輩。每過大村，必步行。家人持名帖假道，其主人或遣使致辭，或衣冠出而迎送，禮貌甚恭敬。蓋宣城湯、沈諸大家舊宅俱在於是，與吾宗累世姻好，彼族先達過吾祖村者無不如是，彬彬禮讓之俗，猶有前輩流風，吾黨弗如也。道經録事、司業兩公之墓，皆詣拜謁。午後至交洪。先一日，宗人往備物，至則既具。展墓行禮畢，周視山界。宗人言六十碑悉如初。還宿中山庵。又明日，傳集近地居民，給以酒食，與之約，日後勿侵犯吾祖墳墓。是時，震以交代未清，本州臨縣，不能久留，先與宗人别。震之未至南湖也，以十六金致宗人備祭。至是，族人所費乃至百金，又蒙餽贐，恩誼之厚，禮節之隆，令人受之且感且愧。

嗚呼，江陰去宣城五百里耳。有明中葉以前，彼此服屬俱未遠也。按宣譜：司業公與吾二世祖魯道公往來京師，篤兄弟之好。厥後，唐山公有金臺别吾祖月樓公詩，月樓公又有雞冠詠

(似)〔擬〕翰林宗伯姪玉甫。而二山公之爲浙江布政司參議也,喜宣城宗人往修尚書墓,特飭海甯縣遣官致祭。累世宗盟,不爲不篤矣,而未有親詣宣城謁祖宗祠墓者,豈以宦遊四方,能邂逅於燕越數千里之外,而鄉邦則反疎濶乎?小子震行能無似有愧前人,乃得作吏建平,瞻桑梓而撫松楸,何其幸歟!夫亦祖宗之庇蔭者遠也。抑宣譜又有言曰:臬嗣在本宗甚微,而江陰、武進二族甚盛。今以元甫爲始遷之祖,更當推及栗祖爲所自出之祖,則報本追遠之義始備。吾嘗言之二山,其後不果。今宗人復以爲言。按禮稱别子爲祖,繼别爲宗。吾江既以郎中公次子爲始祖,則但當繼始祖爲小宗。而又推所自出於郎中公,以侵大宗之職,稽之於禮,疑其未當。然今日大宗既絶,而小宗之在宣者又甚式微,郎中之祀不絶如縷。以始祖之心爲心,則江陰之子孫有不能恝然者。且吾始祖雖有後於江陰,祀事無缺,而墳墓之附於所自出者,兩世皆未立碑。四百年來,本支子孫無人拜掃,歷年更久,誰復有能過荒原而知爲誰氏之墓者乎?震自交洪還,司業公後又復來建,諄諄以立石表墓爲言。震既無所辭,而通族又以交洪山界雖清,不免日後争執,徵文以紀其事。夫前日之復碑,吏職也。今日之爲文,子孫分也,震又有不能辭者。方今迫於吏事,刻期赴靈,勢不暇及,俟明年借閲宣城全譜,撰文刻石,以副宗人之望,以盡子孫之心。尚冀吾江宗族,以公田餘積爲郎中公兩世置産,付宣城小宗奉其祭祀,世世無闕,此尤震所深望,而亦凡吾江陰始祖之子孫義不容辭者也。乾隆十七年十一月十三日,泊舟皖江記。

與貢大令文闓書

項　樟

今歲夏秋被災,宿、靈、虹尤甚。弟往來其間,目擊災黎攜家奔竄,多在汴堤之上。葢汴堤之南北皆水,東抵虹之界溝亦水,西抵宿境,上接河南。惟由靈璧大店可以至固鎮,而南去澮河、新馬及鳳邑之五鋪,重重隔水。此等窮黎並無渡舡之錢,而就近俱係災地,乞食亦難。是以攜男挈婦,趦趄不前,深爲可憫。弟意各屬託親信之人,裝客商模樣,於本境汴堤之上,遇災民大口捐給二十文,小口十文,隨散隨走。每日一遍,密行撫卹,總不露在官一字。以十日爲度,水自稍退,而小民亦得資助,可以前往就食。大約百金上下,將來歸於賑務開支。此亦急救災黎之一法。吾輩讀書於此處着意一分,則民受一分之賜,諒老長兄均有同心也。並望賜覆,兼候不一。

復貢大令文闓書

項　樟

日前承賜書二册,筆力精當,與古爲徒,珍之以當鴻寶。而匾額六字,更見精神團結,非大家不能也。緣風塵奔走,愧未裁謝。適蘧使來,更惠時物。覺近日民間抑欝之氣可以藉此宣幽振滯,而扇揚之餘清風拂我,感尤至也。兹藉使旋,附呈茶硯二種,聊以伴函,匪云報也,希叱存。弟署中近來親友越多。前以段世兄託薦邵君者,不過三十金上下間,號件書稟,頗能當任,未知曾達到否?尚望留意至未?賑及議濬河道,始終爲民造福,則又老長兄素志然也,毋庸瑣致矣。並候近祉,統照不一。

與文闇老學丈先生書

冒春榮

曩者,吾友史歷亭於子丑歲間從京師南旋,與僕同館韓江,談論日下交游人文之盛,極稱老先生人品學問,風雅軼倫,而書法鼎足鍾王,尤其餘事。且似黄公興之説諸葛君,竟不能去口。僕已知其爲才人,爲學者,心慕之,誠每形諸夢寐,而末由一親謦欬。比年訪舊鳳郡,屢下官齋之榻,於太守公座間聯、幀,案頭小册,展玩妙楷,益人神智。復讀《建平存藁》、《廢淫祀》、《禁溺女》、《雙井記》、《孝子傳》諸篇,文筆高潔,既造古人。至《論舊志》六十七則,尤爲海内志家之南車也。則稔閣下爲循吏,爲良吏,益信歷亭之取友豈徒然哉。於是結一大痞塊於胸中,亟欲瞻對,庶不負此浪遊。今夏文旌因公駐郡,幸屢得把晤,可了十餘年願見之私。奈索書肆應,兼之座客紛雜,未獲略陳固陋於左右。區區之心時切,既見而莫可必矣。

曾聞閣下急民飢溺之餘,纂修邑志。靈璧既無成書,邑人又少究心於掌故者,文獻無徵,任是職者不亦難乎?閣下數年間爬羅抉蒐,不倦不怠,恐濫恐遺,此種苦心有何古人?近見守土者視志事爲具文,聽其廢而不問;或迫於當事之督辦,以耳爲目,藉人操筆,又多鹵莽不諳。故吾鄉前輩云:事有若迂緩,而實切於政務者,郡邑志是也。然非博綜之識,則難於上下古今爲兼該;非直方之操,則易於愛憎取舍爲予奪;非經濟之學與惻怛之心,則易秦越人肥瘠視民瘼。惟閣下仁心爲質,而才力學識又足以副之,將見江左稱地志之善本,不在羅端良《新安志》、范致能《吴郡志》之下矣。何時可蕆事,得窺全帙,或先示以凡例、分類條目,聊慰飢渴。是所深望也!僕久擬撰一序奉贈,呈技班門,殊深悚懼。容當静慮成之,鈔呈匠削。

别來久欲一通竿牘,懶慢殆過嵇生。兹因段步兄來,略悉近履安順爲慰。傳諭索鐫名印,俟覓好手爲之,不敢辱命。冬後僕擬往山左,援止而止,未獲遽去,天各一方,不克共數晨夕。冀眠食珍攝自愛,頻望德音,臨池曷任引領之至。

再與文闇閣老先生書

冒春榮

前接手諭,虚奬踰涯,自抑何過甚耶?昔朱子守南康,初下車,即詢郡志,驗民風,以施政教,當時以爲知務。近歸安陸廖度氏宰儀真,見邑志不善,即欲修訂。未三年而徵行,遂克期成書,去取不苟。其自序云:"後來者以是書爲合體例,謂之邑志可也。否則爲陸氏藏稿亦可也。"可知賢有司之於邑志所當先務矣。來教云所論建志數十則,意在人人共解,非爲文章以問世。夫人所共解,即天地間之至文,何必似南陽樊氏《絳守居園記》不解不知爲奇特耶?且古文之所以稱古者,乃在意義,非特詞句。即唐宋名家亦多平近,無復詰屈抑末,以此損其古意耳。又云榮以此爲他人所不能知,是薄待天下士。此亦有説,世不乏才,人握靈蚍,家抱荆玉,日試萬言,倚馬可待,而獨於此事少諳。

明時《武功縣志》,乃康對山手纂,後世遂珍若異書。國朝雍正年間,吴門沈氏且重鐫以行。榮亦購求數年,始得一覽,適成康氏一家言耳。忘却邑宰之主修,惟自抒論議,此於體例未免有乖。近有《烏程縣志》,出自杭堇浦世駿之筆。藝文附見各志是矣,後復彙爲一編,紊其體例,又何故耶?康與杭素恃才,其狂不可及。若以才人之著概以爲佳,是寶夏后氏之璜而忘其考也。

世多耳食，幸閣下留意焉。至云《靈璧縣志》萬不能成，可知先生非費盡心力，不爲此決絶語。在鄙意，僅就所聞所見蒐輯成編。史有闕文，古未爲嫌。若徒以文獻無徵而中道自阻，豈因病噎而竟廢食耶？先生具能爲之才識而不爲，是真萬不能成矣。《疆域》、《城池》二篇，把讀數過，尚未静慮潛玩。以其筆墨精妙，竟欲乾没，容妄附評點，副墨以報，未知可否？石印已檢到，縈牽於瑣瑣，不克返舍。即日有人往揚州，作書寄去，囑友代鐫，必不敢辱命。但此君工書能詩，鐫筆尤擅專家，嗣容畧陣其梗概。得閣下於晝暖墨融時賜之一書，石雖纍纍，亦易致耳。雪凝三尺，撥火炙硯，率筆裁復，無次無倫，伏冀鈞鑒。衝寒籌餞，惟眠食自愛。公餘之暇，頻望德音，臨緘無任引領。

（《[江蘇江陰]龍砂貢氏家乘》 清木活字本）

連氏宗譜

庚申被難記

佚　名

咸豐十年庚申二月十九日辰時，粤賊陷杭州。先是，賊據金陵者八年矣。被害之區，南北幾遍。將帥用兵，皆主守土，故賊至則先籌防堵，賊退則冒功收復，至積習相沿，牢不可破。朝廷命浙江省設籌防協防局，紳董其事，募兵守禦，要皆無業游民，上下相蒙，不知其無用也。二月中旬，徽州有警信，而安吉、孝豐一帶，賊已潛踪矣。十八日晚，偵探者或言賊至良者(下缺)

時賊由前湖門登陴直入。其時民望俱歸段廉使光清。向使段廉能率其廣艇佐翼駐防，則數千賊衆不難驚而使走也。乃計不出此，而遁東渡江矣。駐防將軍又不知營外虚實，閉門而守。賊衆進城，自上至下，焚殺擄掠，死者十二萬有奇。予家居城中，當仁錢兩邑交界處，豐樂橋炭橋一帶，又與花市營相近。二月三十，賊來築壘攻營，旋去。三月初一，則缸兒巷一帶，賊大蹂躪。初至余家，搜刼笥囊。時余家相依爲活者二十二人，賊初曳余表弟孫穎泉去。穎泉泣，予亦代求，不允。余曰："見幾而作可也。"賊去後，復來，索食，予囑僕人與之。賊率衆至，時内姪女龔二姑首先自盡。余妹亦先避躲天花板内，賊不知也。二舅嫂汪氏自投於七石缸内。余妻龔氏求速死，余引之出，將投炭橋河。三兒阿沖哭曰："娘娘，你不要死。我不要死。"正旁皇間，有避難者從後門出，余叩首而托之，使率吾妻若子他處躲避，意在不見其死也。二内姪女亦獲救未死，問余姑母何在？余引之亦從後門出，與吾妻相遇而避矣。而余不知也。回屋内，復令丁媪抱四兒阿銓出，命之曰："可逃則逃。"又命陳媽抱小女京姑出。余乃自引麗女、守女、森兒、煒兒出，使伏於河沿磡下。思欲復引予兄出，而賊又從後門入矣。乃復呼兒女入屋，躲於朱家廚下。復回屋，視家人則一空矣，缸中龔二嫂身冷氣絶矣。及將上燈，而龔二嫂又在空屋中矣，一面發痙，一面尋衣。余詢其故，知水缸被賊敲碎，水流盡而自活耳。乃衣之衣，使之避於王家空屋内，旋亦尋吾妹與之圍坐一夜。月樵之妾錢氏亦以投河被救，同坐在黑樓上。是夜也，譬如籠中之雞，釜中之蟻耳。二舅嫂遂問吾女何去。余實倉促不及記憶矣。次早，賊又至王宅搜羅。於是龔二嫂至後門投河。吾妹亦欲投河，而賊又至，乃復求速死法。吾語妹曰："欲速死，莫如刀。吾忍心斫骨肉？不死奈何？適求尋鴉片烟。"而吾妹云某處有乾者，乃取之，茶調與之。不須臾，而吾妹曰："吾已如酒醉。速扶我至牀。我死之後，汝其以四子阿銓爲吾兒。汝其速出，勿再在家也。"余曰："四兒阿銓，昨晚囑丁媪抱出，在對門焦土隙中露宿一夜。今早丁媪抱歸。賊見之，促丁媪炊飯。余見之，囑丁媪抱逃，并缸縫中尚有洋六元，已囑伊藏好，并囑伊可逃則逃。其生母及兄妹大約已死。此子亦未必保。如能保，則必嗣爲汝子；如不能保，則次兒阿煒尚躲在朱宅廚下，我必令嗣爲汝子也。我家阿哥是不能逃者，我焉能舍阿哥而他走。且前室所生四兒女尚在身邊，余焉能逃。我未及爲汝擇配，是我終身之憾也。汝既不受辱，而視死如歸，吾必以弟兄視汝也。”言訖，爲之正簀，而吾妹已昏然不醒人事。時龔二嫂之妾錢氏在側，亦取吾妹所吞鴉片之餘瀝而甘之。吾妹手指尚有吞賸金戒指，亦復剪而分吞之。正幸吾妹之速死也，頃間，賊又至，曳余出，紿余爲醫病也。方出大門，見路上屍首無算。有聲如鵝者，有呼“阿育”而直叫者，有圓旋如雞甫割而翼撲地者，滿地皆血。賊曳我至間壁陸宅，將以繩縛余而索財物。謂余曰：“汝家可有財帛否？”余曰：“吾家笥篋已被汝輩刼盡矣。”此賊臉上有“天國太平”四字。會有老賊過之，余曰：“汝如不信，可問此公。”老賊亦頷首曰：“他家我兄弟們已去過矣，已無財物矣。”陸宅屋内有人爲賊殺雞，若與吾素相識者，呼予而進之，附耳而與余言曰：“你若要脱身，則必向王爺説某家富有，可隨我去，便可保全矣。”予不可，曰：“我自己性命且不保，焉可貽害人乎？”此公乃自批其頰曰：“我要好，反錯矣！”繼又告余曰：“王爺們如叫你吃飯，必吃乃可，不吃反疑。”未幾，賊果復問曰：“汝既爲醫，當知誰是富户。”余曰：“我爲醫，只管人家性命，不管人家財物。”賊又曰：“汝必知之。”余曰：“我杭人有名無實。要説有錢，大家像有錢的；要説没錢，大家没錢的。”賊見辭氣不遜，怒目而視曰：“再做索可也。”時陸宅屋梁上有藍檀索已早縣矣。此索已縛人至死矣，余不知也。會有賊手握數鷄，從陸宅屋檐落樓，將出走，臉上刺字賊因走上搶鷄，余因此遂遁歸。至家視吾妹，則已死矣。予方哭時，賊又進曰：“汝家女人會尋死，難道我不會殺汝乎？你還要哭？”余曰：“我的人，我的屋，難道不許我哭？”正相對話間，適吾兄在傍，又駡賊矣。自賊至我家，我兄屢駡賊，賊屢以刀斫之。始而闔家哀求，謂我兄本有瘋病也。繼而人漸少矣，至是則僅我一人也。賊舞刀斫我兄，我一面哀求，而一面禁止，抱賊腰而以手奪其刃。我兄且駡且哭，幸而皆杭州土語，賊不知也，羣笑而去。我視兄指有傷痕，囑令勿再駡。然私心自計，賊聞我兄駡，必殺我兄。若殺我兄，我必殺賊。我豈可敵賊乎？性命須臾耳。時三月初二午時也，賊正餐飯，曳余出曰：“且喫飯，且喫飯。”余佯應之，而以手略團飯食之。因囑僕人爲我兄飯。飯頃，有天台羅姓賊向余索桑皮紙，余與之，羅賊將此紙包洋錢一封而去。未飯之前，廳上桌上有洋錢幾封，未幾，不見矣。飯後，賊取所虜桂圓、花生，羣坐而食之。見有賊從外至，令兩人進内，將繩索縛吾妹屍出，但縛其四肢，而頭則倒懸。余見之，趕上奪駡，力不勝也。羣賊亦拉我進，我聲益厲，賊以刀嚇我，亦不避也。先是，賊屢以刀傷我頭，刺我胸，又屢以磁碗擊我面，碗落我手而不碎。又佯以洋鎗彈之，彈丸到地而已，時并未知洋鎗有帽子也。後天台羅賊又來索紙，羣賊乃譁然曰：“洋錢必此妖所藏。”余曰：“我自己的被爾輩刼去矣。我豈要汝物乎？”先是，鄰居沈星堂笥内有於潛縣民壯號衣，賊搜得之，以爲此處必有妖。妖者，賊呼本朝官也。天台羅賊亦同搜妖。天台羅賊初進門時，即至胡肇棠屋内，自稱不願爲賊，而實則奸淫尤甚。佯有剃刀在身，而搜刮處凢兇惡。胡肇棠問之，知爲天台羅賊，或曰魯姓。羅賊取所虜洋銀，衆賊未之見。正尋妖時，適廳屋旁圓洞門邊有兩徽賊，年可廿餘歲，狀貌如弟兄，身邊所掛，腰間所插，手中所持，無非刀也。刀柄中亦有刀。初但取刀以戲，及羣賊尋妖，則此賊指余曰：“此即妖也，拿去宰了。”隨斫隨曳。初斫頭，礡礡有聲；次斫脚，亦不自知倒地也。但覺項上有肉落地，眼稍猶見之。瘡口血流如水，漉漉有聲。初猶睜眼視此二賊，想我魂隨去索伊命，繼則昏昏無所見矣。方賊曳我出時，我只想家已毁盡，惟二親未葬，該死。及昏昏無所見時，則但覺欲溺不溺，陽縮如蠶鈕，而玉門氣結，如有水條散週身，右手便能活動。睜眼一看，天離我身僅尺許耳。我身側卧處，離我家衹廿餘步，在陸宅高坡脚邊。方兩賊斫我時，我自知必死矣。初斫處皮開肉裂，血流如注；其繼也，并不知疼痛，但覺熱血淋冷肉；其最後一刀，是横刺喉管，痛不可忍。時新换硬領，我頸受刃時，疼極而縮，賴以未破咽管。及既蘇後，又不能動，復閉目者久之。有衆賊騎過之，我自知刀斫未盡死，將遭馬踏死矣。乃耳聞鈴聲，而馬似迂步過矣。復睜眼,盡力匍伏扒至朱家門首。鄰人朱九以余爲不能死耳,呼吾兒及學生王成俊出,使來送終。王成俊出,則又被賊斫其頭。我聞其呼"阿育"聲,料其又死耳。已而,天台羅賊止之,得不死。朱九又告予曰:"汝放心去。"予曰:"喉管未斷,尚可救我。"少頃,則朱九與其兄朱金老,其母舅任大,三人同舁我至伊處黑房牀上置之,呼僕陪我。此僕是陳大替工,怕死之至,躲於牀下。四兒女侍牀側,取身邊所帶參,呷而喂之,泣而呼之。如是者一夜。我呼朱九,求伊看我兄死否?及至我家,不見也。朱九又告我,汝妹屍骸知已焚燒矣。予思妹生乎無過,何以至此?至天明,則又求朱九看我兄云。至我樓上,見我兄,呼之不應,身尚動也。至旁午時,賊復進屋搜羅,并朱九、朱金亦復被刃傷矣。未幾而賊遁,亦不知其何去也。三月初三,張玉良援兵至。故賊一虜而去,出正陽門則萬餘人矣。午後,河下小屋内有人通知,吾妻及沖兒尚在。即呼人領之歸。吾妻告我曰:二保已投河。我亦告伊吾妹已殉難。正告語間,有陸宅鄰人來問:"汝家有女子,吾家已救起,可去領回。"方意其是龔二姑也,及扶回,則吾妹。妹見我泣,我見妹喜,精神爲之一振。時予方卧於朱家黑房内,妻子等即在此居坐者三日。屋中什物,鄰人搬虜一空。四兒阿銓,丁媪抱歸。京女亦有人救起,同陳媪歸。一家十人尚有性命,龔二嫂與其女則各盡節孝,成貞魂矣。其妾錢氏,輾轉未死。計相依爲活二十二人,竟少其三。表弟孫穎泉,意其必回家也,而不知已斫死於枝頭巷口矣。及初五日,乃兄劬菴來踪跡之,見其鞋,始獲其尸。伊族伯孫海慶例斂之。初六日,予始歸家調治,面大於斗,聲如虎吼。與人言語,則略見其形,而覿面不能細視。雖聞其聲,而若隔屋數重。頭顱頸項,肩髃腿脛,凡傷數十處,不自知其骨碎筋斷也。逮至八月間,創痕始平,而腦後鋭骨已劈破矣,腿上脛骨震碎者,亦絡續鉗出不少。

(《[浙江上虞]連氏宗譜》 清光緒初抄本)

郭氏宗譜

香山古塋公案

郭文江

國初，宣教文九公以紅巾入寇，避難香山之北，遂遭石阨，不得出。後人因以爲石塚，今在古塘王家墳内。萬曆甲午，騰川府君倡義修之，而今又以傾圮，即祭掃亦缺矣。香山南墓始於行三、忠三兩公，但無所記認。惟信四、元五兩公則有商三元碑碣於其側。自元五公生六子，爲六分，次第分葬，以後幾百餘人，子孫俱葬此三十畝之山，可謂紊亂極矣。後人焉得不衰乎？昔有商、錢、顧三狀元碑文，被墳鄰張邦毁没其一，僅存其二，亦已損傷，字已模糊。聊想像其詞章，附録於譜。至松柏堂屋侵毁無存，盡成荒塚，歲時祭掃，實不堪茂草之悲。復有不肖子孫，又從而斬伐之，固知祖墓之讎不獨一張賊矣！謹録墳山供招於左，以俟後之賢者起而修葺之。

本郡穆太府龍岡於萬曆六年七月初六日審單

審得張邦源係江陰人，其基址與郭生應龍祖墳前後連界。邦誤聽堪輿之説，陰地與陽基彼盛則此衰，故常加侵害，邦之爲謀亦愚矣。張鳳，郭宅守墓之人也，而以强盜告江院。松樹，墳中之物也，而令人砍取在家。郭忠之告蓋亦萬一不容自已者矣。邦又乘朱松、朱華之死，而以人命出告兵道。及審勘山廝鬧之日，乃六月十六也。朱松死於七月二十一日，朱華死於八月十一。即使情真，已出限外，天下豈有如此之人命哉！本以江陰之民捏稱常熟之籍，其意蓋止於關提害人，而不知其終之不可逃也。忠之告邦衹爲墳山、樹木耳；而邦之告忠，一以强盜，一以二命，意以不如此則其禍不烈，其計不遂，然則邦之爲心亦險矣。况據里排呈詞，過惡種種，真異常之刁徒，地方之大蠹也。擬之坐誣之條，不允當乎？

時同事者周見心、樊此由也。周墓在東，樊墓在西，皆受其荼毒。而今邦之子孫俱以爲盜死，墓業又轉而他人矣。天理不容，若爲我祖父除不共之讎，惡人之報其不爽若此。崇禎戊辰清和之朔文江特筆。

嚴墓辯

郭文江

余七十年來隨祖父祭掃，未聞有嚴姓瘞我墓中。忽于崇禎八九年間，姓嚴名接者來尋祖墓，杳無憑據，冒認我墓中無嗣三塚，以爲嚴寺正公父子三穴，頗有祭掃之意。尚狐疑未決也，接死，其子嚴邦、嚴國等遽以爲真，交結勢宦，構同庠虎，設大烹于山樓宴衆，邪立墓碣，相率祭拜。此千古未有之奇，忘廉喪恥之所爲也。至于毁墻成訟，尤爲笑端。余貧朽莫敵，而口誅筆(代)[伐]，人莫我競，因撰此辨，以示後人謹守，毋與力争，毋爲利誘。蓋祖宗五百年之陰宅僅恃一點真心衛之。

余聞蒿菴嚴公，諱本，字志道者，乃當代名賢，江邑望紳也。持身清白，其卻金頌德事載諸邑志。令子肅，教授王門。夫豈不知墓典壙内有誌，壙外有碣。即士庶猶然，況堂堂寺正乎？先臨湘令真率公墓在顧山之南，今經二百餘年矣。每見侵毁于墳仇，訟牒現證，而商文毅、錢太史題碣尚存，歲時祭掃。嚴墓無聞，豈賢寺正而乏壙誌題碣哉？縱寺正爲郭館甥，袛有與郭并墓之理，而無借葬郭墓之理。袛有同宗各别之理，而無兩姓混葬之理。山以南，山以北，如王如周，墓塚井然也。今據嚴氏傳曰："寺正公娶郭安人。安人父曰廷玉，母曰劉。廷玉之先來自北京，曾爲常熟州牧。而劉又有官千户名安者。"予譜自汴南渡來，從未有牧常熟娶劉姓千户之女。先臨湘令嫡侄名珍，字廷玉，生於洪武三十四年辛巳。據嚴來翰云："寺正生于洪武元年，永樂初以明經領薦，入朝選刑部，轉大理。"豈女夫而長婦翁三十四年？女夫入朝而婦翁僅在襁褓？此理之不待辨而自明者也。先臨湘令曾因寺正公求譜序于張太史洪，想當時爲同宦交，而非爲姪孫壻。安人雖郭姓，而非同宗。安人父雖廷玉，而非吾宗廷玉。安人葬雖或顧山，而斷非與余族合爲一墓。向來翰第云據里中父老之言，雖有所疑，不能竟寘之漠然，尚欲請正其是非。今則更飾嘵嘵不根之説，更造無影排陷之計，并前日之疑而曲掩之。吾誰欺？欺天乎？嚴氏又曰："寺正葬于前，郭墓成于後。"夫余墓自元代卜葬始，寺正歷仕永樂、宣德間，寧得以前葬誣乎？訪墓固孝子順孫之事，千秋不朽之業。余始祖名宦公墓在黄山迷失者六十年，幸以祖傳之語徵之鄰墓之言，且又得地中埋碣，始信以爲真。愚謂嚴氏欲得廷玉之真，須考常熟之邑志。欲辨祖墓之真，須驗壙中之誌石。里中無二百歲父老，安得輕聽而冒他家無嗣之荒塚以爲祖宗也。余又哂嚴氏之認墓，半爲貪殘之勢宦操其柄，半爲好事之庠虎弄其權，協謀聚訟，理法蕩然，廉恥蕩然。倘遇當道執法賢能大人親自發勘，開驗壙中，如無誌石，如非寺正，則嚴氏頑民已矣。其扛幫者面目何施？罪案何逃？愚故爲晚年好静，衰族人微，有所不平，特發此辨，以垂示云。

崇禎十七年甲申春王正月穀旦，七十一朽文江書于警悟草堂。

（清郭用賓等纂修《［江蘇江陰］澄江郭氏宗譜》
清光緒八年楊舍陳墅宗祠木活字本）

陳氏宗譜

簡大寧令胡朗菴

陳廷幹

明德新民事,學人許檐揚。毋吝匪躬心,而負蒼生望。起敝在足食,勤課慰農桑。先生經濟才,何難致安康。矧逢天子聖,宰臣舉俊良。梅公曾吏此,今已遷侍郎。

葺屋答仲修侄韻

陳廷幹

吾性厭矯飾,敦樸聊自足。因之葺敝廬,堅好即吾屋。門對黄山開,青排峯六六。雙溪近接籬,清泉映疎竹。茅堂觀聿新,未勞重下築。憶昔相燕貽,風雨久櫛木。一瓦與一椽,何莫非遺福。俯仰任優游,棲遲安寤宿。詩酒託生涯,魂夢無蕉鹿。只此已稱心,富貴何須祝。

客中感懷

陳廷幹

昔游六峰時,山水誇奇絶。知交有二三,觴詠曾不輟。何期薊北游,夢魂傷孤孑。相看帝城中,大半人江浙。幾輩面目更,幾人腔有血。品地殊高低,世情冷暖别。嗟我黄山翁,跡疏不附熱。砥礪在廉隅,壯志多銷滅。往事動追思,奚啻心如結。豈嘆身似蓬,獨悲鬓成雪。

山居吟

陳廷幹

不厭逢迎處,山前與水前。長流清意遠,幽谷道心全。

山居吟

陳廷幹

閑去不吟難度日,夜來無酒卻愁眠。爲問山人何可得,半憑風月半憑錢。

游山偶成

陳廷幹

奔走風塵年未百，婆娑白髮殊常格。抖擻精神躡高峰，峰高正好挺窮脊。長嘯一聲聲通天，觸起峰峰雲化碧。躭游之志老不降，遑恤家餘無擔石。君不見，驥伏櫪下首昂昂，悲鳴有誰强相迫。又不見，沍寒守歲松蒼蒼，如龍如虬不改昔。物物有情聽元穹，元穹何處非仁澤。且就峰頭萬斛泉，一洗平生塵垢跡。

送春

陳廷幹

把酒餞殘春，春歸何處去。杜宇一聲聲，落花留不住。

山夜獨坐

陳廷幹

山庭新月上，竹逕晚風過。世味同秋淡，詩情入夜多。

除夕與吴澹懷賦

陳廷幹

今宵除舊臘，旬日又新春。歲月何曾老，升沉不待人。

花月吟步定山韻

陳廷幹

小徑花開滿，空庭月上初。不謀今夕醉，反覺主人疎。

送友人徐玉符

陳廷幹

萬物貪同類，人生苦别離。霜楓紅似血，點點是相思。

祝沈斯昭

陳廷幹

人同黄菊淡，心與白雲閒。此即長生術，何須煉丸還。

梅

陳廷幹

耐冷原非傲，孤高自絶塵。一枝清到骨，香韻益相親。

山宿夜起觀釣

陳廷幹

客眠殊不寐，啓户夜中看。萬壑三更月，千峰一釣竿。

富口塘晚泊

陳廷幹

夜静江如練，風迴水侶秋。斜陽留客宿，明月解人愁。

九　日

陳廷幹

日曉風全息，何愁帽落山。高登千仞石，放眼看塵寰。

白門閑眺

陳廷幹

六朝山色千峰秀，曲岸週遭徧埜花。過渡人擔魚入市，出城車載女還家。

詠蟬和張五玉韻

陳廷幹

蟬聲嘒嘒樹枝頭，羡爾知時早報秋。笑我年來甘淡泊，亦如飲露復何求。

題刺蘗園卧松

陳廷幹

風雨頻經不記秋，虬枝滴翠影幽幽。年來不作參天勢，錯節盤根卧古邱。

寄劉東郊時余在楚劉在閩

陳廷幹

廿載交游别帝京，幾番遠憶夢魂驚。七閩風雨三湘月，多少猿聲與雁聲。

歸途口號

陳廷幹

一朝歸去覺身輕，望裏煙雲夢裏情。俯仰江天無限意，青山緑水遞相迎。

南臺阻雨

陳廷幹

兩岸潮聲入夜流，猿聲凄咽斷雲頭。天涯游子思歸切，一葉浮踪又滯留。

南臺曉發

陳廷幹

曉來鼓棹出通津，花映蓬窗客裏春。好鳥呼晴聲更媚，平添耳目一番新。

題鞠翰青小照

陳廷幹

誰説浮生是幻身，披圖想見畫中人。丹青久識先生孝，筆底全摹孺慕神。

春雪寄山家

陳廷幹

殘梅有月花難辨，新柳無煙樹不分。天爲三農徵大有，故教六出兆紛紛。

暮春日口占

陳廷幹

滿目花光漸減神，一分零落一分春。乾坤不教山川老，物候偏驚代謝頻。

懷　友

陳廷幹

自問天涯幾舊游,老年相别夕陽愁。平生白眼無窮淚,不是知心不肯流。

見　雪

陳廷幹

六出花初見,紛紛糝北窗。堅難爲玉匹,潔可與梅雙。狂態因詩發,寒威仗酒降。空山堪寄傲,何必釣寒江。

山園獨坐

陳廷幹

隨意園林坐,柴門任啓關。日晴花色麗,風定竹聲閑。流水鳴幽壑,微雲淡遠山。空庭悦鳥性,飛去又飛還。

過湯嶺訪友

陳廷幹

攀躋纔到頂,一望又深山。古木懸崖出,閑鷗涉水還。披雲穿石徑,入竹見柴關。忽聽清音妙,幽人歌樹間。

過龍門嶺

陳廷幹

此徑何年闢,巉崖一削齊。青浮平野闊,翠列遠山低。下嶺疑天小,穿雲覺路迷。鐘聲何處發,隱隱入長谿。

同蘇友燕白門閑眺分賦

陳廷幹

天適游人意,朝來送好風。晴生新雨後,暖在半春中。花發三山舊,冰消六代空。浮沉今古事,總拾入詩筒。

秦淮散步

陳廷幹

客中何處去,出即到溪濱。桃葉當年渡,秦淮此日春。煙波浮畫舫,歌吹戀游人。時事分今古,風光歲歲新。

訪隱者

陳廷幹

山轉峰迴處,籬頭水一涯。竹疏雲補葉,梅老雪添花。叩户奚童出,言師去路賒。想因談道合,旬日未還家。

曉行

陳廷幹

出店即迷路,不知西與東。蟲聲殘月裏,馬足冷霜中。禿樹忽驚眼,荒雞何處風。回思在鄉國,曉睡正朦朧。

初度日宿康莊

陳廷幹

信宿康莊驛,勞人初度時。如何今日酒,不似故園巵。野店天涯客,愁腸醉裏詩。頭顱多少髮,兒女促成絲。

岳墓

陳廷幹

墓樹猶南向,千秋正氣雄。精靈依紫極,忠血染丹楓。華表秋風裏,豐碑落照中。朱仙魂未返,應識夜臺空。

過金陵

陳廷幹

衰年還作客,白下又重經。春草含宮怨,江風帶鋏腥。波光千古碧,山色六朝青。堪羨凌空雁,飛鳴入杳冥。

舟過靈巖

陳廷幹

棹入靈巖下，渾迷上下游。帆迴山亦轉，煙亂雨初收。塔射千尋碧，江澄一鏡秋。回頭望瓜阜，已隔數重洲。

山莊詠梅

陳廷幹

湖上無清淚，山中有隱淪。生來耽雪月，性本絶風塵。天轉鴻濛氣，人游太古春。一從高士去，誰復與爲鄰？

晚眺有懷觀察李孝水

陳廷幹

明月懸峰頂，松蘿掛寺前。鐘撞山腹響，雲抱石頭眠。不慣尋幽賞，安能結静緣。青蓮如在伴，應有好詩篇。

淮陰侯

陳廷幹

棄項終成漢，安危一握中。戰攻驚帝子，談笑藐王公。既謝蒯通説，應追范蠡風。至今千載下，憑弔惜前功。

閻御史冕侯遠歸話舊誌喜

陳廷幹

此際還疑夢，相逢可是真？别離縈寤寐，風雨減精神。深契緣非偶，重攜意倍親。莫言近時酒，不醉遠歸人。

燕市雪中買醉

陳廷幹

莫作他鄉看，浮生總客身。恰逢燕市雪，且醉洞庭春。滿酌吟瑶海，遲歸步玉塵。仰天發一笑，誰認過來人。

村居述懷示子

陳廷幹

吾祖從南渡,綿綿及此身。居依黄嶽舊,詩誦白華新。敦樸傳先世,留餘付後人。臨安非宋有,僻壤自長春。

門繞雙溪水,山環面面村。投閑非寄隱,垂老得安存。鋤出朝尋藥,漁歸晚覓樽。家貧憐子拙,猶識問寒温。

才技殊長短,休踪漢季良。風輕斜燕子,月暗隱漁梁。山水中多趣,詩書内有香。螢窗須努力,莫負百年光。

微風起萍末,冷處過來知。一自還山後,渾忘泣路歧。髮長難繫日,父在易爲兒。試聽新雛燕,呢喃學語時。

我伯恩同父,生成戴二天。看烏知反哺,垂白負重泉。血盡孤墳淚,心期隔世緣。汝曹應記取,傳語遠相憐。

瘠土耕還讀,書聲接紡聲。歷山遺韻遠,潁水續流清。巖雪經冬積,溪風入夜晴。呼童攜箒去,掃墓待春生。

寄帝予侄

陳廷幹

力食同妻子,耕田事二親。尋歡娱晚節,覓暇釣溪濱。羹酒高堂宴,鶯花愛日春。長安多少客,屺岵老風塵。

懷寧聖貽

陳廷幹

别來添白髮,風雨倍傷神。縱使書能達,何如面對親。雲看愁裏暮,鶯聽夢中春。最是關心處,天涯老故人。

只憶君顔老,渾忘我鬢霜。斜陽將近暮,殘夢自歸鄉。蓮幕床頭月,燕臺客裏觴。廬龍四百里,一載苦參商。

元日

陳廷幹

行年增一歲,日月任環循。富貴何須祝,平安衹自珍。青山存古意,緑水見天真。溪上惟餘雪,梅花早識春。

抵　家

陳廷幹

幾作還鄉夢，今朝歸始真。鄰來驚老客，孫反問何人。喜見溪山舊，欣嘗芋栗新。但言到家好，不必説風塵。

冬夜與妻兒酌

陳廷幹

煖酒消寒夜，圍爐共酌時。年衰容婦拙，丁少慣兒痴。外侮柔能禦，家貧儉可持。先人遺訓在，傳述不勝悲。

草堂春暮

陳廷幹

南華方讀罷，散步水雲村。溪上紅花落，巖前緑葉繁。年光閑日月，春色老乾坤。白鶴歸松杪，青山景又昏。

山夜起視

陳廷幹

聳聽不能寐，披衣急啓扉。瀑光隨電失，山勢逐雲飛。香冷花經濕，聲狂樹作威。倏時寥廓甚，明月一天輝。

謝孝廉董石虹

陳廷幹

年少佳公子，只愛水雲居。潑墨唐時畫，揮毫晉代書。清閑人事淡，高曠宦情疏。不厭予哀拙，過門便駐車。

劉東郊見過

陳廷幹

浮生難百歲，攜手重相親。況復飄蓬客，同爲失路人。行藏歸石硯，髀肉老風塵。一勺西江水，安能濟涸鱗？

春日經隱者居

陳廷幹

憑高一望好桑麻，不是尋常百姓家。門掛緑陰新柳色，人眠香裏古梅花。懸崖峭壁連書屋，曲逕疏籬傍水涯。豈向繁華求活計，百年身世寄煙霞。

登金陵城樓

陳廷幹

六朝佳麗已全非，客思茫茫對落暉。陵賸幾松鴉尚繞，臺空千載鳳何歸。風流王謝沉烏巷，金粉江山餘翠微。塞雁不貪吴地暖，春來依舊背南飛。

客石梁贈潘稼堂太史

陳廷幹

太史風流憩石梁，避炎卻愛遠公房。宦途歲月偏疑短，佛子乾坤衹覺長。幾片冷雲封古壁，一聲清磬出修篁。喜逢日社分題詠，消受薰風到夕陽。

還山誌喜

陳廷幹

雙溪碧繞草堂開，極目風光笑不才。如此佳山偏不住，卻教失路始歸來。醉扶鳩杖尋詩料，閑把漁竿上釣臺。最喜妻兒能伴老，有無隨分樂蒿萊。

西湖春游

陳廷幹

南遷人物盡爲燐，湖上依然爛漫春。花鳥不知憐劫火，笙歌猶自狎游人。六朝煙柳探新色，孤嶺寒梅訪舊身。覽古獨懷林處士，高風千載未曾泯。

客山寺寄迮醒夫

陳廷幹

鷺社盈盈望冶峰，論心何日復相逢。無宵不作愁中夢，有酒難澆别後胸。鳥宿霜林驚落月，龍潛秋壑冷芙蓉。故人若問淹留客，竟日孤吟到晚鐘。

訪明府夏蕙知不值

陳廷幹

别來春去又三天，涉訪偏慳此日緣。不是采芝山谷裏，多因放鶴野雲邊。黄鸝唤友聲初急，紅葉翻階色正妍。題就新詩歸路晚，沿溪松月送余還。

秋日優貢李墨痴見訪適鄉魁李宇山亦至墨痴作畫宇山賦詩暢飲扺暮拈韻以記

陳廷幹

荒齋鎮日坐來枯，二妙過余興不孤。皴就霜峰秋入畫，敲成仙句紙盈珠。山因留客舒籬菊，月爲開樽上井梧。如此相逢不醉去，恐教風物笑吾徒。

懷鞠翰青

陳廷幹

論到文章語亦迂，傷心舊好厄泥塗。幾年白眼踪狂客，一席青氊冷宿儒。髀肉生來空嘆老，硯田耕盡不償租。何時相對開霜匣，擊劍高歌醉酒壚。

草堂秋夜

陳廷幹

老桂花開滿院香，一樽相對興何長。秋分古徑炎初減，露濕空庭夜乍涼。明月縱人游作畫，青山容我醉爲鄉。浮生莫負良辰樂，轉瞬頭顱便著霜。

草堂春曉

陳廷幹

深山春意滿林塘，早起披衣過短廊。出谷新鶯頻送語，貪花粉蝶尚眠香。葉添嫩緑含朝露，枝落殘紅失曉粧。造物栽培原有别，肯教風雨妬芬芳。

山居答翰林楊鹿友書問

陳廷幹

八行書到問行藏，好友關情繫念長。自喜有樽容我醉，不知何地許人狂。溪邊把釣千崖静，花裏安眠一枕香。野老生涯聊復爾，爲君裁報倩鴻將。

藍湖訪觀察李孝水

陳廷幹

溪山滿目一孤村，舍此襟懷何處論。小小板橋通石塢，重重花樹到柴門。琴彈流水聲初落，壚炙香醪氣乍温。剪燭西窗頻話舊，百年身世幾乾坤。

山居九日

陳廷幹

香迴小院晚風斜，秋在山家不用賒。已誤青雲歸緑塢，莫教白髮負黄花。籬邊佳興思彭澤，醉裏豪情讓孟嘉。門外奇峰三十六，登高處處有煙霞。

雪霽偕季耘滄酌廬燦賓齋頭分賦

陳廷幹

茫茫世事漫生嗟，浩落襟期未有涯。一席之中皆韻友，三人以外衹梅花。庭餘豔雪供詩料，樽滿香醪浸月華。好夜不須高秉燭，更殘觴詠興尤賒。

旅邸言懷寄六峰同社諸子

陳廷幹

别來筆墨未全荒，縱歷艱難益自强。滿酌較寬今日量，豪吟不減昔時狂。天涯白髮催游子，夢裏黄花看故鄉。迢遞六峰歸舊好，一回相憶一迴腸。

客中答方伯李定山書問

陳廷幹

骯髒襟懷何處鳴，尺書聊寫别來情。炎涼歷遍心逾淡，成敗經多氣盡平。秋老蓴鱸初入思，夢無蕉鹿復何驚。明春歸棹靈岩過，攜手芳原好聽鶯。

贈張式文世兄

陳廷幹

故國迢遥道路難，一身羈旅嘆泥蟠。胸藏白雪難消熱，座有青氊不禦寒。塵海翻瀾愁裏度，家山殘菊夢中看。自聞歸騎秋深後，吟到蓴鱸字亦酸。

客都門寄旅棠朱夫子

陳廷幹

砧杵聲聲坐不歡,程門回首悵長安。當年立雪渾忘冷,此日驚秋覺倍寒。紅葉西山添別夢,黄花南國幾時看。封書遥倩霜前雁,不道天涯客路難。

答劉東郊晤後即别原韻

陳廷幹

此日長安相對吟,三年重見舊知音。風塵容易添衰鬢,歲月艱難煉苦心。野店醉來離恨滿,江鄉歸去暮寒深。無端緒觸濛濛雨,歧路西風又濕襟。

客夜與廣文羅山甫對酌

陳廷幹

與君相對倍相親,況值秋高夜色新。擊缽聯吟燕市月,銜杯遞勸洞庭春。已教富貴歸時傑,莫把風流讓古人。得失難憑何足計,詩囊常滿漫愁貧。

同侍郎沈若愚南旋高唐州道中分賦

陳廷幹

日日飛霜日日晴,天心卻合遠歸情。塔懸曉月城頭影,葉落秋風客裏聲。破寂還須詩共賦,衝寒端賴酒頻傾。休文矍鑠誰言瘦,放馬高唐又一程。

金陵道中

陳廷幹

藍輿來去幔高張,到處花飛撲面香。兩日軟紅離白下,一帆輕碧掛丹陽。春翻桃浪光吞吐,樹映江天影混茫。卻喜歸途風景好,莫虚吟興與清觴。

寄翰林楊鹿友

陳廷幹

高懷久抱白雲心,對酒看山只寄吟。夢静繁華皆淡寞,情閑城市亦山林。花間握管鈎鵞帖,月下登樓繫雁音。我欲歸來買半舫,與君同釣緑楊陰。

都門元日

陳廷幹

正朔初頒第一天，長安風景换新年。人喧車馬千門早，春入皇都萬物妍。環繞西山籠瑞氣，輝煌北闕擁祥煙。生逢盛世原非偶，縱客天涯亦宴然。

舟次寄孝廉湯駿公

陳廷幹

扁舟清夜静無塵，隨意蒼葭與白蘋。岸近始知風在樹，帆移恍覺月依人。一天詩思江邊酒，幾載交情客裏身。此去柴門高卧穩，應勞魂夢遠相親。

山居自述

陳廷幹

溪上茅堂水接籬，素鷗雅與素心期。籠窗皓月容常玩，排闥青山可自怡。閑去摘花頻釀酒，興來拂石便題詩。近年空覺漁樵樂，釣雨擔雲事事宜。

晤鎮源上人

陳廷幹

桑田滄海不勝嗟，三十餘年瞬息華。疇昔有緣曾共硯，於今何處更爲家。蒲團薊北天涯月，荆樹江南夢裏花。不信各天人亦異，吾仍短褐爾袈裟。

客中簡朱岳青夫子

陳廷幹

巾車一動一惶然，背指鄉山又幾年。絶不待人惟歲月，最堪樂志是林泉。無塵始復生初性，有夢還非静裏天。記得授詩曾切語，别來鄙吝想應憐。

過吉水

陳廷幹

峽江吉水萬安連，來去舟航總宴然。潮漲不侵城郭近，山多豈礙縣官賢。昔經兵火哀鴻雁，今喜桑麻遍野田。肯飲清泉勤撫字，不妨高枕一琴眠。

贛 州 府

陳廷幹

建春門外大江流，帆落千檣晚泊舟。燈火連天翻水面，煙雲繞堞卧城頭。市歸人影三更月，岸度鐘聲五夜秋。客裡不勝民物感，幾經離亂幾經愁。

七旬家讌示二子

陳廷幹

初度年年客遠天，可憐今日預家筵。歸來正值陽春候，思去空悲杖國年。得學老萊親不在，每傷大被夜無眠。平生抱恨無窮日，百歲難教一宴然。

九日與方子步逵項子仲和登雲中觀海亭

陳廷幹

老病扶笻陟磴難，心交相訂且追歡。無風吹帽秋還暖，有句題糕興未闌。白首每嗟燕市隔，黄花今喜故山看。歸來幸握同人手，踏遍雲中路幾盤。

十 上 長 安

陳廷幹

九上長安意未休，空囊又走古神州。縱教齊瑟無人好，終信焦桐有日休。松歷冰霜方見節，竹經風雨定鳴秋。一竿還去投瀛海，不獲鰲歸不棄鈎。

述懷次李南暉韻

陳廷幹

歲月何須較短長，往來今古任茫茫。吟情起處詩偏易，飲興來時酒更香。自喜閑心清似水，渾忘老鬢白於霜。匡牀一枕塵囂絶，蕉鹿從何到睡鄉。

山 居 三 首

陳廷幹

寂寞山窗世事疏，不知城市近何如。撩人詩興牀頭酒，耐我交情架上書。幾炷清香宵静後，一簾紅日夢回初。昔年風雨長安道，茅店雞聲早上車。多感溪山愛冷人，卻容泉石養吾真。岩前門擁雲千頃，榻上秋高月一輪。賞菊已過重九節，探梅又近小陽春。老來贏得精神健，俯仰優悠物外身。柴門時有白雲封，前後溪連六六峰。鷗鳥傍人情漸狎，山嵐過雨態逾濃。傾樽偶爾成新句，煉藥還須覓舊蹤。始信故園堪送老，半生南北漫攜笻。

山居偶成

陳廷幹

茅堂雙繞碧溪流，一杖家山可自由。藥採雲深歸釀酒，菊看籬畔獨吟秋。清閑有味因詩得，好夜無眠爲月留。自信老來身益健，不將辛苦寄蜉蝣。

潄六齋雅集王公錫胡爾琪曹千之分賦

陳廷幹

半世豪情托酒杯，況逢同調共徘徊。主因愛客飛觴急，梅爲留賓破臘開。歌罷陽春天欲暝，琴鳴流水月初來。平生勝事貪留戀，耳畔憑他禁漏催。

抵　家

陳廷幹

胸中得失兩全捐，舊日溪山在眼前。静坐恍如僧入定，遠歸不啻客登仙。雨晴三徑花留月，春暖雙溪柳宿煙。風景依稀仍是昨，天涯浪跡亦多年。

還家閑步偶成

陳廷幹

舉頭自可辨閑忙，故國溪山淚兩行。憶昔驅車争曉渡，而今曳杖聽寒螿。霜天秋踏楓林晚，花塢春行屐齒香。更問前途知事渺，如斯亦足了年光。

述　懷

陳廷幹

不敢嫌衰便自安，浮生一日一盤桓。詩吟月落心方足，花看春殘興未闌。得酒喜同兒淺酌，持琴愛與友清彈。歸途倘遇青山晚，信宿聯床作夜歡。

送太守史公垂南旋

陳廷幹

白頭浪跡愧吾生，又向都亭送遠行。相别相逢皆客路，秋聲秋色總離情。江城歸去黄花滿，旅館愁來皓月明。嘉會不知何日是，迢遥南北暮雲横。

生　日

陳廷幹

又值陽春客裏天，心傷夢白已三年。歲逢七十重加七，老欲旋歸豈易旋。石硯多因前世分，京城未了此身緣。一竿他日黄山下，莫把雙溪當渭川。

壽仲修侄六旬

陳廷幹

梅花開遍草堂春，喜爾初週甲子新。滿目雲山娱故老，兩溪煙水供閑人。愛吟不惜推敲力，買醉何知計算貧。我亦白頭空谷老，相期隨分樂天真。

春生草木稠

陳廷幹

一番風雨一番晴，催就三春色色榮。野徑草芳春滿地，郊原林茂緑遮城。穿花粉蝶偏藏翅，囀柳黄鸝好度音。天地生材同化育，静觀寧不甚分明。

貧居示子

陳廷幹

甑冷炊寒未是奇，願懷松柏獨凋遲。甘貧幸賴過庭訓，垂老羞生越分思。憐子漁歸謀得酒，課孫功罷樂忘饑。此中一段天倫趣，足慰雙雙髮并絲。

初春山莊述懷寄同社諸子

陳廷幹

雪消風煖景初恬，夜静花香月一簾。詩酒之中原有癖，溪山以外總能廉。近來春樹頻驚眼，時喜幽禽競噪簷。獨訝蓬門苔滿徑，碧痕不破轉生嫌。

齊東張氏妯娌雙節嗣君各一長鶴籙官知州次鳳籙官别駕既建坊旌表復徵詩誌美因爲之贈

陳廷幹

姊姒同心歷歲寒，而今贏得白頭看。閨中矢志成雙節，地下修文慰二難。課子不殊熊膽訓，充閭争羡鳳毛攢。未亡人抱移天恨，不爲恩榮淚便乾。

夢省親

陳廷幹

罔極從來莫可報，蓼莪幾廢百年傷。承歡得侍音容背，孺慕徒教夢思長。家業式微多歲月，客身飄泊苦糟糠。此情抑鬱能誰語，歌枕空飲淚幾行。

輓劉東郊

陳廷幹

誰能招起舊詩豪，重把長安共酒澆。話坐春風三逕煖，酣吟夜月百愁消。生前氣誼同金石，身後文章空謝陶。浩浩江聲長淼淼，巍巍山影永遥遥。

答翰林張敏公話舊原韻

陳廷幹

昔今時事不相同，鎖盡雄心感慨中。匣裏青萍長卧月，櫪頭老驥獨嘶風。斷流何處題紅葉，不雨空教望彩虹。南北馳驅人易老，霜華羞對舊絲桐。

七旬初度讌客

陳廷幹

谷邃山深少客過，倦游此日卧煙蘿。已慚壯歲無些補，更值稀年奈老何。僻境漫勞車馬到，堆盤休笑野蔬多。今朝莫遽輕辭去，賓盡村醪主作歌。

都門除夕

陳廷幹

垂老重來客帝邦，饑驅自笑一身忙。四年除夕燈前影，千里溪山夢裡鄉。今歲風光餘半夜，明朝春氣肇三陽。遥知此去家庭讌，二子含悲勸母觴。

春日客中送同鄉歸里

陳廷幹

芳草王孫思已遲，喜君裘馬故園歸。心寬路覺家鄉近，客久情知世事非。蘆笋正嘗江上味，山梅空憶雨中肥。枌榆社友如相問，春日新詩舊日衣。

還山後有作

陳廷幹

客裹歸來静掩扉，出山心事已相違。委心林壑嫌今晚，因首風塵笑昨非。兩屐花深春踏塢，一竿月下夜垂磯。煙波曾隔塵寰遠，猶恐哀鴻向澤飛。

寄　弟

陳廷幹

懷抱時牽舊薜蘿，淹留京國嘆蹉跎。征鴻又見鳴秋矣，老驥其如伏櫪何。愛客不嫌沽酒貴，贖衣翻恨典錢多。遥思故里諸昆弟，曾念天涯一阿哥。

秋江夜月吟

陳廷幹

萬頃茫茫夜正秋，羈人望月坐高樓。光涵清濁皆生色，影任浮沉豈逐流。但許魚龍窺窟底，不容雲雨到江頭。倘教舟楫當余濟，浪急風狂亦卧游。

山居感懷二首

陳光憲

春光最易送人懷，偏避迴流絶澗隈。傲岸心如蹲怪石，清寒骨可勝孤梅。雲連遥海千山暗，風卷長空萬壑哀。此景此人原兩得，不須更逐錦花堆。

其　二

吹嘘無與假春風，留我黄崖獨撫松。大壑雲深埋虎豹，寒江波淺滯魚龍。閑觀對坐枝頭鳥，静數遥來枕上鐘。石面題詩都已徧，山靈漫許緑苔封。

宿黄山陳光憲宅

湯燕生

世故相看各未怡，到門秋色浸寒巵。接輿有婦知偕隱，安道生兒亦茹芝。插漢奇峰環左牖，霾雲絶壑近東籬。憐余芒屩初登頭，曳杖相隨作導師。

重陽節寄廣文李玉田

陳國衡

素心相望隔山鄉，問訊惟憑字幾行。最是不堪離索嘆，無邊落木又重陽。

送蕭大徙官六安

陳國衡

蘭譜誼深十八年，一朝判袂悵離筵。朋交戀戀贈詩句，囊橐蕭蕭乏酒錢。握手他年人更老，登舟此去吏應仙。從今休厭抱關冷，只要官聲到處傳。

十一月初十翠微禪院清集

陳國衡

故人頻見召，勝地又重過。郫酒偏宜粹，山肴不厭多。禪心兼醉意，清話雜狂歌。夜半歸來晚，寒斜月一梭。

游青牛溪

陳廷勅

新秋來爽氣，拉伴度危巖。徑仄驅人返，潭聲呼我前。捫蘿遺短杖，掃石動寒煙。欲共忘言侶，相遲到(墓)[暮]天。

碧溪草堂畫竹

陳廷勅

衡門兩板屋三楹，谿上幽居分外清。最愛日晴風細細，半窗竹韻雜書聲。

黄山

陳瑞芳

築室黄山麓，來往黄山中。山隨雲近遠，青霄擲銀虹。登陟徑屢絶，怪石欺蒼穹。初如行谷底，豁然白日通。給司羣峰亂，星斗宿簾櫳。溪邱與容成，懷古生清風。

蘭竹石

陳瑞芳

滋蘭九畹春無價，種竹千竿夜有聲。近學高僧頻説法，畫中添箇石門生。

偕諸同人游翠微禪院漫成四絶

陳文鋭

柏楓落盡竹松青，未到禪房憩廢亭。即此已成仙境界，過橋更恐脱凡形。

其　二

曲徑引人深復深，入深何幸有同心。要知到此不容易，旬日相邀始得尋。

其　三

三兩僧人立寺前，客來旋去汲新泉。似知詩欲添佳話，幾碗山茶手自煎。

其　四

奚奴背上酒忽罄，且去松間倒一缾。只要此心無障礙，何忍醉裏誦真經。

送崔雪堂官中州

陳盛美

故人作宦向嵩陽，千里郵筒難寄將。他日推敲詩未就，更從何處覓商量。詩人多半作州官，別駕青衫分外寒。一語贈君須記取，風流莫爲簿書殘。

新　　秋

陳盛美

睡足晨興自起扉，薄涼時節欲添衣。蕭疎竹徑逢秋早，冷落柴門到客稀。習氣未除詩有癖，稻粱初熟鶴無饑。山人何事多憂思，腰帶年年減舊圍。

七月十二日寫風竹寄李田九兼誌別

陳盛美

風吹竹影紙窗明，拈筆寫來百感生。一與故人相别後，小齋兩度聽秋聲。

赴部銓發廣文次公叔暨同堂叔侄兄弟共十三人餞行贈詩

陳盛美

桃李芳園樂事多，竹林清宴亦時過。家山更有好泉石，甘就風塵意若何。雖云松下可吟哦，矮屋抬頭興幾何。畢竟廣文官最好，文章事業不蹉跎。

諸友送行詩多不能徧和聊賦二絶

陳盛美

疊唱陽關客欲行，匆匆倚馬和難成。門前一帶新楊柳，嫩緑依依悵别情。關山夜月征人夢，花鳥春風故國心。此去三千途路遠，卻從何處聽鄉音。

次韻曹心香孝廉贈行

陳盛美

到處春光好,其如别思何。長征違故舊,佳節負清和。月色檣頭冷,風塵馬首多。感君重意氣,代我唱驪歌。

開　船

陳盛美

漸遠鄉關路,初違骨肉親。開船心若失,回首望徒頻。大塊春三月,孤舟我一身。平生多意氣,到此竟難論。

阻風羊巷夢别

陳盛美

石尤留客不教行,夢與家人話别情。忽聽荒村犬亂吠,篷窗燈火欲三更。

夜泊山塘聞歌

陳盛美

七里山塘路,燈船徹夜明。水光兼月色,人語雜歌聲。帶笛風俱遠,臨觴韻轉清。悠揚聽未已,若待小詩成。

自京赴官閩省請假歸

陳盛美

夙有邊州志,今從海徼行。不知孤宦苦,翻覺一身輕。況自鄉山過,更多故舊情。兒曹聞此信,應日計歸程。

信去後又感

陳盛美

展墓松楸戀,懷鄉桑梓親。預傳雲外信,猶繫日邊身。客路難爲别,歸裝愈覺貧。何時臨翠水,得暫浣征塵。

望見黄山慚感而作

陳盛美

未受風塵慣，孤征分外難。八千歸路遠，卅六故山寒。應笑勞人俗，不如舊日安。慚顔愁近對，遥望起長歎。

到　　家

陳盛美

前溪煙靄望依稀，猶認苔荒舊釣磯。茅屋香秔炊正熟，楓墩晴葉客初歸。兒曹見面欣無恙，孫輩挽鬚喜欲飛。更有鹿門偕隱者，殷勤爲我拂征衣。

留別諸同好

陳盛美

草木正摇落，故園菊亦殘。山中違舊好，海畔就微官。瘴兩撑船急，蠻煙策馬寒。也知行路苦，不敢自求安。

度仙霞關

陳盛美

衡要東南地，仙霞氣勢雄。雲光連海畔，山色入閩中。半嶺通流水，高禽在下風。自憐塵土客，行役去悤悤。

客中感懷

陳盛美

羈旅真匏繫，飄零悔遠游。宦情冷似水，詩思淡於秋。夜雨添鄉緒，荒雞動客愁。何當溪上去，重整釣魚鈎。

十一月因公赴閩清舟行月夜感賦

陳盛美

天高孤月迴，清影照船頭。故國應逢雪，此邦恰似秋。泉懸千澗急，風緊萬山愁。我亦嗟行役，中宵掉未休。

由閩清回至南台又從永福往還

陳盛美

水程三百路非遥，柁轉帆迴興暗消。卻憶山居無事日，布衾高卧穩清宵。冬江水暖緑如春，又有丹楓映水濱。妒煞閩南風景異，未能消受作閑人。

寒　食

陳盛美

芳草天涯客裡身，今朝底事倍傷神。二千里外逢寒食，五十年來耐冷人。故國鶯花三月暮，異鄉風物一番新。不堪壯志銷磨盡，只賸餘豪對酒頻。

午節集友人寓齋

陳盛美

萍蹤薄宦海之濱，邀泛蒲觴節又新。落落天涯皆逆旅，茫茫宇宙幾詩人。銷磨未盡骨猶傲，畛域全泯話始真。潦倒一般同失路，異鄉兄弟倍相親。

自榕城赴任漳潮重洋邊境留别諸寅好

陳盛美

迢迢征路接風烟，未到臨歧先黯然。舊雨重逢難計日，新詩互唱定何年。疏慵如我官宜冷，瀟洒幾人吏似僊。大抵一般同感慨，枉抛故業悔從前。

漳潮署中除夕

陳盛美

故國雲山外，殘年瘴海邊。一身孤似鶴，萬念寂如禪。薄宦頻除歲，浮生未了緣。歲時歸去好，兒女慰華顛。

春夜遣懷

陳盛美

滋味官途薄，逢迎禮節疎。窮愁應有命，著作尚無書。竹葉開新釀，梅花憶舊廬。暗香浮動處，消息近何如?

贈蕭明府

陳盛美

瀟洒賢明府，家同孟宅鄰。波光漢水闊，山色鹿門匀。詩爲多情富，官因好客貧。把杯連夜話，風雅許相親。

寄西郫參軍

陳盛美

相逢意氣舒，相違懷思切。那堪千里遥，復此經年別。瑶華時時來，一片婆心熱。一讀一迴腸，百讀衷腸結。海濱氣候殊，秋中爲夏月。飛夢繞高齋，蕉窗明且潔。披襟當窗坐，涼風吹不絶。

酬同宗見贈

陳盛美

微官不足繼家聲，慚愧吾宗期許情。鞅掌風塵徒鹿鹿，欲從何處立功名。

九月朔接到游戎明府二君和中秋詩復寄三絶

陳盛美

三人分領海邊秋，雨打紅蕉滴滴愁。何日公餘聯幾席，鑪香茗碗鬥詩籌。新詩和到恰新晴，海日初生霞正明。但看詩如瑶島浄，便知心比玉壺清。欲把風流繼武昌，二公高詠足相當。耽吟我也饒清興，只恨譙樓欠一觴。

與黔陽家明府夜話

陳盛美

潁泉一脈本源同，江左黔南萬里通。投轄高情湖海氣，挑燈蕭寺説家風。

得熊記室書賦答時海氛不靖，余帶領兵役在口防堵。

陳盛美

故人難聚首，海上正風波。寂寞相思甚，羈離奈老何。一身横短劍，四壁倚銛戈。忽接瑶箋信，知君雅意多。

上元夜同諸公宴司馬衙齋

陳盛美

元夕成嘉會,風流羡使君。曠懷同霽月,逸興入晴雲。坐久燈頻剪,情濃酒復醺。更歡民俗盛,鼓吹徹宵聞。

瓊筵無俗客,蓮幕盡佳賓。酬酢知情洽,詼諧見性真。雄談揚劍氣,高詠動梁塵。酒罷同看月,渾忘老病身。

頻日同諸公宴集司馬衙齋觀劇

陳盛美

綺筵連日響笙歌,新製霓裳絳雪羅。擎酒宛然紅袖好,對花争奈白頭何。冰壺雅度香山并,蓮幕風流公瑾多。試看夜闌燈灺候,畫屏舞影尚婆娑。

十二月八日酬薛書記

陳盛美

新詩互唱歲寒天,冷淡偏多翰墨緣。三復琳琅清絶句,幾令俗吏欲飛仙。

王書記以手録伯氏明府詩見示因題其後

陳盛美

誰把遺詩次第編,文章政績與俱傳。棣堂畢竟多辛苦,寒夜孤燈手自箋。

喜　　雨

陳盛美

赫日如火不可當,山田龜坼難插秧。農夫相見齊相嘆,聞者爲之焦肝腸。我隨大尹三齋宿,稽首祈禱心誠惶。邑小倍艱籌荒政,土瘠安能厚蓋藏。惟期甘澍及時降,緑蓑滿野水盈塘。今朝倏爾沛然下,田父相慶喜有望。還須三日灌注深,新苗早秀卜豐穰。轉盼勞農行阡陌,車前風送稻花香。

五月六日明府公招同諸君子集衙齋觀劇

陳盛美

琴軒雅集玳筵張,賓主相歡樂未央。更是使君饒逸興,酒籌歌板細商量。新歌一曲踏謡娘,檀板敲來字字香。恰值端陽時節好,榴花只恐妒霓裳。青蒲緑酒水晶杯,翠袖褊褼試捧來。座客醉餘狂盡發,不知舞扇爲誰迴。山城霖雨日紛紛,簷溜管弦相間聞。水足郊原禾已秀,歌聲正好遏行雲。

五月出郭勸農

陳盛美

肩輿緩緩出郊坰,南陌東阡行又停。正是新晴天氣好,嘉禾千畝一齊青。鈞天聽罷聽田歌,唱出農家樂事多。耕鑿一般同上古,康衢擊壤較如何。酒肴瓜菓出官廚,載向田間勞汝劬。終歲勤勞一日醉,稻花香處互相扶。家住黄山有薄田,於今蕪廢幾經年。看他植杖而芸者,觸我歸心一慨然。

錦湖家明府見過賦此留飲

陳盛美

投轄吾家有舊風,相逢况復素心同。莫言瘠宦難留客,射鴨傳尊氣尚雄。

爲袁明府畫蘭竹并題

陳盛美

冷宦十年夢一場,夢中晚境好商量。江南處處多蘭草,歸去春山自在香。畫竹畫成剛性質,寫蘭寫出瘦精神。荒齋寂寞寒於水,筆硯宜人絶點塵。

將卸永定尉篆留别紳士暨同宗諸名士

陳盛美

烏紗擲去此身輕,底事將行未忍行。紳士多賢民俗古,清宵回憶最分明。投轄家風舊有聲,驪歌欲唱不勝情。潁川一脈源來遠,派别支分萬里清。晏湖魚鳥鳳山雲,茶熟香温酒半醺。記得公餘閑領略,客來同賞話殷勤。掛帆此去話何年,回首東溪覺黯然。衰柳數行腸九轉,相思惟有託魚牋。

别 諸 同 寅

陳盛美

寅好同心氣誼長,臨歧不覺費思量。風前短笛含凄韻,好似當年别故鄉。山帶愁容水有情,花添别恨鳥無聲。清霜也解離羣苦,染得丹楓淚血成。

和諸紳士贈别四首

陳盛美

聽徹陽關感慨深,三年攝篆鬢霜侵。春蘭秋菊都無似,慚愧諸公白雪吟。

水綠春溪楊柳新，物情偏戀退休人。詩情更比物情好，三復臨風不厭頻。
雅傳門客知詩畫，廉到丁胥也潔身。但得誦君清絶句，不妨范甑日生塵。
且將錦什押行裝，一路春風馬首香。歸到山中無事日，牙籤玉軸好珍藏。

永邑士民爲余安設長生禄座余自愧薄德寡能奚克當此賦謝

陳盛美

愛我願長生，感兹誠意篤。嗟余爲政拙，且感且慚恧。余心戀此邦，終朝若轉轂。欲別不忍別，欲聚非麋鹿。浮生歲歲老，春酒年年緑。安得覓丹砂，浸酒三百斛。大家歡會飲，齊登長生籙。

清明日瑞金縣放艘泊謝坊

陳盛美

恰值清明天忽晴，好風好水布帆輕。崖深鳥静山無語，湍激船欹石有聲。千樹垂楊牽客思，一灣芳草愜歸情。佳辰畢竟休孤負，落日停(撓)〔橈〕酒更傾。

二月十五永定起程三月十五始至吴城

陳盛美

幾番過雨幾番晴，客裏光陰夢裏情。水驛山程行一月，桃花風暖到吴城。

過馬當山即王子安夢水神助風之地。

陳盛美

焚香稽首祝諵諵，癡念從來不忌貪。願效子安傳故事，好風送我到江南。

還山與老弟深甫共話誌喜

陳盛美

兄弟欣俱健，相逢意倍親。十年重聚首，萬里一歸人。霜鬢狂猶在，雨窗話更頻。家園真箇好，怎肯老風塵?

六袠家讌漫成長句二首

陳盛美

花甲初週菊正妍，杖藜徐步晚香天。歸田喜有樵耕侶，閱世欣多翰墨緣。常對好山如入畫，偶逢佳句欲登僊。兒孫家讌團圞坐，勝是笙歌祝綺筵。宦海飄蓬曾幾更，波濤千尺近身平。艱危歷盡胸猶壯，齒髮凋殘氣獨盈。老未忘懷時念舊，生難久世卻多情。晏湖鼓吹官齋日，終愧士民愛我誠。

五旬初度感懷

陳正洪

碌碌浮生届艾年，傾樽正值一陽天。債生兒女無樓避，庭剩詩書滿架懸。足下青雲殊杳杳，頭中白髮莫翩翩。衰顔久被沉痾困，差喜清癯骨尚堅。

冬 夜 書 懷

陳正洪

天寒歲暮客愁新，彈指年華近六旬。吃遍人間辛苦味，磨殘世上坎痾身。舉頭明月應憐我，撲面狂風最惱人。多病于今慙老廢，可能衰草更逢春。

暮 春 苦 雨

陳正洪

滴滴檐聲晝夜來，春光九十雨中摧。花飛陌上沉紅錦，水浸階前長緑苔。濕霧連空陰未散，愁眉竟日鎖難開。清和佳節明朝至，應見黄山霽色催。

清 水 河 夜 泊

陳正洪

犬吠孤村夜，蟲鳴兩岸秋。片帆何處泊，隨雁到蘆洲。

除 夕

陳一諒

冬知今夜盡，客問幾時還。感起心中事，愁生夢裡山。梅花添白髮，椒酒上紅顔。處處忙除夕，風光怪我閑。

春 日 即 事

陳一諒

草堂無客到，獨步玩芳菲。柳襯朝煙媚，花經夜雨肥。閑情歸一杖，老景戀雙扉。吟就濃研墨，清香滿硯飛。

六十初度

陳一諒

小春初度隔鄉關，嶺綻梅花客未還。鴻雁聲中催白髮，黄塵影裏負青山。尋常酒有三杯興，六十年無一日閑。遥念鹿門偕隱者，應憐兩地共衰顔。

客夜閑吟

陳仁諒

檢點從前事事空，一樽月下夜吟風。縱教鳥寄高枝上，卻愧蟲吟片紙中。客底歡場容易過，人身大事了難窮。試看滿徑花争豔，轉瞬芳顔非舊紅。

山居偶成

陳仁鑑

山空天地别，游息已年年。不見閑中我，何知静裏天。虚堂雲出没，芳逕草綿芊。前後雙溪水，聲聲到耳邊。

寓齋對春

陳仁鑑

九十春方盡，今纔過二旬。梅含晴雪豔，竹放晚煙新。無酒難尋醉，有詩不爲貧。回思舊泉石，端的負佳辰。

游翠微禪院有感先師心空和尚賦此紀游

陳仁鑑

多年不踏黄山路，今日重來意黯然。佛子滿堂無舊識，金身對面有前緣。一峰山色無窮翠，萬古麻衣不老禪。追感吾師開示夜，棒頭曾喝夢中天。

園菊爲鄰家驢所敗恠而嘆之

陳仁鑑

閑窗終日懶觀書，静愛秋芳映野廬。何意數枝陶令菊，無端盡供浩然驢。橋邊有雪君堪踏，籬畔無花我索居。寄語長鞭須策問，幽香細嚼味何如。

雨後山中閑步

陳本望

偶坐深林下，微風習習來。吹散山中雲，人意隨山開。

秋日閑吟

陳本望

百室忙秋穫，風光我獨閑。幽窗無一事，隨意看黄山。

秋日客窗書懷

陳本望

旅雁驚寒唳遠空，客身撫景嘆飄蓬。一窗夜雨燈花碧，萬井秋霜木葉紅。白髮漸催文思減，青氈不耐病魔攻。村居此日冬猶未，席上先生火已烘。

其二

從今蝸角莫争名，恐引詞壇笑暗生。手把蒲蘆依舊畫，胸無花樣出新程。挽弓誰是穿楊技，對壘長爲避舍兵。夙志未償身已敗，感時空碎唾壺聲。

（陳仁梅等纂修《［浙江太平］仙源陳氏族譜》 1920年敦本堂木活字本）

重建宗祠記

陳尹清

孟子曰："君子創業垂統爲可繼也。"創業固難，繼志亦不易。時代之變遷、子孫之賢不肖有非意料所及者。觀於宗祠之興而廢，廢而興，可徵矣！溯自梅村遷至海塘鄉陳家塘以來，歷世十八，歷年五百，原建祠屋十二間，棟桴輪如，堂廡秋然，規模宏敞，具見昔人計劃之週。

民國二十六年五月，國府圈用飛行場，責令遷讓。復由國府勘定章墅廟前農田爲祠基，由秋成、根林諸叔父監工督運，拆卸材木則藏之根林空屋中，儲藏收拾，煞費苦心。不意事變突起，浩劫驟臨。陳家塘飫受轅轢，族衆温飽尚感不足，遑論建祠。至二十七年冬，由二十三世孫尹清、公明等商諸族分長，創議重建宗祠，招標承包水木作。投標者計十二家。當衆開標，水作得標者爲厚餘臧某，木作爲駱家塘駱某，訂立承攬。於二十八年正月二十三日舉行奠基禮。突有周姓族人出而阻止，申言有礙周姓風水，及不宜建築在社廟之前，請鄉先生理直，迫令遷地。建築伊始，阻梗横生，祇得停工。迭經族分長暨尹清、公明等交涉，是年冬始告結束，公定廟東秧田爲祠基。於是仍招臧某繼續工作，反被峻拒。不得已，乃另招周某承包，與駱某合作。涓二十九年十一月二十八日上樑，初不意木作受臧某之煽惑，故意延諉，規避不見。時尹清執教鞭於常郡，聞之而怒，還鄉，鳩集族人自動上樑，并改請徐某承包，始克勰力進行。工程將半，解約之水作臧某仗乃師莊氏之勢,報新閘警察分駐所逮水作周某。尹清回里省親,即由警士二傳提到案,并嚴責周某擅奪包工。尹清乃與之據理力争,繼訪臧某之師,陳述經過,幸明事理,斥臧某,命其道歉,并償損失,事乃寢。

全部工程至三十年清明節始行告蕆。自經始至落成,一切襍務監工等重任,悉由二十二世孫燦明、二十三世孫尹孚等任之,勞勩不辭,有足述者。我祠磚石材木,罹變多半遺失,選材維審。建正屋五楹,中妥先靈。東爲客堂,西爲賬房。左二間爲庖廚。堂之前闢一大院,綴以花木,圍以短垣。祠基永奠,廟貌重新。計費國幣玖伯餘元,悉由公明、尹清等墊支。對外則由尹清折衝,盤根錯節,卒底於成。寔寔枚枚,忻頌閟宫。尹清因創辦縣立韋墅廟小學一所,俎豆聿陳,弦歌不絶。他日蔭濃桃李,化敷菁莪,固列祖之素志,亦我祠所賜也。

兹逢續脩家乘,爰記重建之始末,藉知我祠之難乎爲繼者,非敢緩也,際世變,經波折,其成實艱。繼繼繩繩,尚其勉旃!是爲記。民國三十三年歲次甲申三月上浣,二十三世孫尹清拜識。

(陳全泰等主編、陳尹清等纂修《[江蘇武進]陳氏家乘》 1944年延慶堂木活字本)

國山重修譜詩

陳 善

華胄遥遥復纂修,德星光動國山頭。家聲振自唐丞相,德澤原從漢木邱。一本萬殊歸實録,大支小派會同流。過庭蘭桂涵清秀,葉葉飄香上帝州。

國山譜成詩

朱 密

枝泒遥承漢太邱,千年舊譜爲重修。誥存宋日家來晉,宗法蘇洵表仿歐。先祖勳功遺世業,後人養德襲箕裘。鄉閭感化光名教,仁孝聲傳永不休。

葉溪續修譜詩

沈廷貴

詩禮相繩不記年,於今復喜後人賢。傳家譜牒來西晉,繼世衣冠守舊氊。宗族尊卑知有序,燕毛長幼集怡然。難兄難弟重修續,泒别支分識本源。

葉塘莊谿重修族譜成詩

徐應瓏

家住莊谿已七朝,簪纓奕葉勢猶饒。紫荆越世風霜古,橋木參天黛色驕。聲譽昭昭懸日月,德星耿耿聚清霄。桑田滄海從渠變,文範清名永不銷。

(清陳荷蓮主修、陳濬纂修《[江蘇宜興]陳氏宗譜》 清光緒二十四年德星堂木活字本)

公置祭田喜而成詩

陳明紅

我族分離久，於今復一方。孫子日益衆，祖靈亦何長。憶昔避徭害，自邵走漣湘。烏鵲盡南飛，燕離王謝堂。始寄草衣橋，逆旅復倉皇。回首家門遠，散失莫可詳。水以盈科進，得寸尺可望。又歷幾多年，真武山之陽。謀生計日多，奉先禮已忘。寒天迴塞雁，夜月感秋霜。樹静風不停，中夜起悽愴。今年與族衆，矢志合宗祊。不以道路歧，不以他務妨。遠不百餘里，近或在一鄉。本源如不竭，日流日汪洋。願言置祭田，告廟祈永康。可分猶可合，事存亦事亡。粢盛差可供，年年烝與嘗。懸祀數百年，始獲休烈光。書之家乘後，後嗣其永昌。

前　題

陳明緋

族大恒難合，吾宗幸未離。雲居經數世，星聚正多時。列祖歆粢盛，諸孫去楚茨。他年門若大，增置更何辭。

前　題

陳明良

撫今追昔幾何年，列祖靈長歷數遷。勿謂合宗非舊地，須知收族在心田。一旬春雨初播種，百載秋霜共告虔。指點孫兒毋失墜，馨香長此達宗先。

前　題

陳明宗

三春化雨到西疇，下隰高原處處周。回首高曾靈爽在，千年播越一年收。

前　題

陳道衮

不腆蒿萊欣奉祀，每年霜露共瞻靈。孫謀倘得齊無忝，甘雨和風歲歲馨。

前　題

陳道亮

嘉栗親承德亦嘉，階前孫子盡無譁。春來處處濡甘露，長我粢盛謝歲華。

禁舞問題宣言

陳俊真

十月二十七日,上海各大學聯合會由上海各大學校長組織。執委會決議要案文曰:嚴禁學生入舞場跳舞。議決與市政府合作共同查禁,犯者予以嚴懲。至其施行辦法,謂由市府派警輪流往各舞場巡查,遇有學生在場跳舞者,立加逮捕。且各學校派員赴舞場日夜視察,遇見學生即記名報告該校當局,予以嚴厲之處分,不稍寬貸云云。於是各方矚目,禁止大學生跳舞竟形成一重大之社會問題。夷考跳舞一事初係先民之禮樂,孔子之世且有干羽之舞,而西洋之舞蹈亦爲高尚之藝術,包含娱樂運動交際各方面之意義。晚近,歐風東漸,我國各地舞場次第林立,尤以上海一埠爲甚。酒紅燈緑之間,左擁右抱,悉呈豪華。揮霍無量之金錢,换取暫時之肉感,用意既殊,流弊立現。誘人墮落,莫此爲甚。際此國難嚴重,民族垂危,決非國人宴酣歌舞之秋。且自蔣委員長提倡新生活運動以來,舉國上下一致奉行,不遺餘力。不與舞女跳舞,懸爲新生活公約之一條。我上海各大學學生素主自愛,尤能深體斯旨,不敢稍懈。同人等一向安分求學,凜此時艱,無不勤勉逾恒,何暇分心外騖,更何暇涉足舞場哉!惟間有不知潔身自好之輩涉足其間,縱屬難免,究係少數。竊維各處舞場其能盡知舞客之職業否?每夜舞客之吐納抑曾作精確之統計否?而大學生之出入其間者,究有幾何?於此有不得不言者。西裝革履之漂亮青年,并非大學生之標幟,而混跡舞場者,如洋行公司之職員,以及政府機關之人員等亦多。西其裝而革其履,與大學生并無二致,欲加識别,殊非易易。據聞,一般紈袴公子、浮薄少年,冒充大學生之頭銜,藉博舞女之歡心者,亦不乏人。依斯情理上之推測,或即社會誤解多數大學生跳舞之基因歟。夫沉迷於跳舞場中卜晝卜夜醉生夢死者,大有人在。而大學生之涉足其間者,僅係個中之滓渣,蓋已彰彰明甚矣!雖然師長之於學生猶父兄之於子弟,學校當局對於少數跳舞之份子儘可施以勸導訓戒,乃至警告除名,此固爲其職權範圍之内事也。倘由市府派警逮捕跳舞之學生,在租界内能否行使職權似有問題。跳舞且屬私德行爲,究非犯罪可比。遍檢違警罰法以及現行刑法之條文,絶無跳舞者得加逮捕之款。蓋法無明文規定者不罰,此係天下之通例。倘欲干涉舞客,固不能獨責大學生也。同人等非爲跳舞之大學生辯護,蓋理之所當然者耳。至於各校派員舞場日夜偵查,事本窒礙難行。蓋各大學學生少至數百,多至數千,同學之間猶患不盡相識,遑論教授職員倍蓰其事而功效難見,終其極恐祇一紙具文而已。是各大學聯合會之決議似有堪供斟酌之處,而我多數之大學生横遭此種非議殊覺難忍。自兹厥後,報章迭載,輒復盡力渲染,過甚其詞。輿論界對於大學生之全體辨明黑白,立論尚有餘地者,固非絶無僅有。而一般人士不察時,竟一筆抹煞,痛肆攻擊,一若以爲跳舞乃大學生之特徵者,以致輕下同流合污之判斷,尤屬所在多有。是不啻侮辱我全國大學生之名譽與人格,是可忍也,孰不可忍也!同人等目擊心傷,不能自已,深信不施表白,必以爲全體大學生已加默認,將造成不可磨滅之印象。其種種之誹謗與詈罵,直接既足以摧殘大學學生之出路,間接更足以葬送整個民族之前途。是故不得不作沉痛剴切之表示,以正視聽而明真相。孟子曰:"予豈好辯哉!予不得已也!"至於禁止跳舞之本身,就原則論,同人等未嘗不具深切之同情。顧一般禁舞辦法多爲皮相之談,隔靴搔癢,無裨實際。同人等不敏,願作積極之建議,謹擬五端,聊充芹曝之獻。第一,深望政府要人、社會領袖、商界名流,尤其大學教授與校長,絶對不入舞場,躬行實踐,以身作則。庶幾風行草偃,方能收普遍倡導督率之功。倘一方面開舞場,出舞刊,捧舞星,選舞后,他方面又空談禁舞,是何異祇許州官放火,不許百姓點燈！更何異於抱薪救火哉！第二,深望教育部能於最短期間規定各級學生制服之式樣質料,則概以國貨爲限,通令頒發全國大中小學,依法製備。學生無論在校内外,皆須一律穿著,以示整頓而資識别。則我大學生之裝束既歸一致,自爲社會另眼看待,是否出入於跳舞場中,更可一望而知矣。第三,深望各校當局反求諸己,擴充設備,提倡學術,普及體育,嚴格軍訓,使學生如處春風時雨之中,無意離校外出。同時增設正當之娛樂,如映演教育電影,舉行音樂會、展覽會,組織旅行團、參觀團等。是皆足以調劑身心,增長見識,而解除青年煩悶之指導,尤屬不容緩圖。第四,深望各校學生之家長對於學生之近況時加垂詢。我大學生中修德束躬潛心向學者固屬多數。微聞少數同學家境富裕,間有難免趨於奢侈之途。惟冀家長甄别各校之情形,預算各生求學必需之費用而節制之。如年給平均四五百圓之譜,則必無餘資以供揮霍也。第五,深望我全體大學生今後咸抱絶大之决心,激濁揚清,示敦朴爲天下先。凡偶曾游觀舞場者,自當迷途知返,裹足不前;向未涉足舞場者,尤當誓不跳舞,永矢勿諼。倘有怙惡不悛,仍入舞場者,我大學生更當自動檢舉,指爲害羣之馬,有玷全體之名譽而設法剷除之。夫事實勝於雄辯,是非難逃公論。能如是,深信世人對於大學生之誤解定將涣然冰釋,而我純潔之大學生必能博得社會人士之同情也。當此國難期間,内憂未消,外侮益亟,國人允宜如何警惕,知所自愛,卧薪嘗膽,以圖自强。我大學生負有復興民族之重大使命,尤應淬厲奮發,勇往邁進,撥雲霧以見天,挽狂瀾於既倒。職責所在,義毋庸辭。顧上海爲文化之總匯,亦中外觀瞻所繫,一舉動間輒爲全國之表率,流風所披,影響至深。是故戒除跳舞之人既以大學生始,而禁絶跳舞之地請以上海市始。抑且社會惡習所當取締者,不勝枚舉,豈僅跳舞而已哉！謹此宣言。

(陳隆瀘等纂修《[浙江鄞縣]四明倉基陳氏宗譜》 1934年遺忠堂木活字本)

言　善　録

陳鼎銘

恭三行年五十有九,而精神氣體疲敗若八九十者,心危之,且愁病交加,痛苦纏綿,無快適之一日,則不能無鳴哀言善之時也。生死至常,聖愚同盡,汝等勿以爲不祥而諱之。余青氈冷寂,白首坎坷,想少年志願竟成夢幻虚空,奚事非水,何心不灰,豈尚怕死貪生哉！特不料今日一事無成,反多喪其所應得者,夫何使我至於此極也！然不願之中猶有所願焉,誌而行之,勿使泉下更有餘悲也。

人生無貴賤,可以棄禮,無須臾可以越禮。禮由情生,禮以義起,取其稱,取其宜而已。不稱不宜,何以謂禮？家中所藏棺具係他人之物,奪人所好,生平不爲,況木。若以美,前人有議,於余不稱,即爲不宜。且余作宦四方,安保正於邱首,則異方之美醜奚定哉？若瞑目家鄉,即擇其次於家藏二等則安矣。

吾鄉俗見,壽衣定要綢緞,又要多至十九重、十七重而不止者,然又貪其賤價,有綢緞則麤疏希爛不顧也。此豈非徒慕浮名哉？余以爲,堅緻之布,豈不愈於麤疏之綢哉？但俗錮已深,爾等總要用綢。余兹擬綢定要好,宜減其重數,上十一,下九,斯爲稱也。總宜先期豫製。棉綢先洗去漿,手枕及菱角枕亦洗去其糊漿。若光景變遷,新者不能豫造,即現成舊穿的去釦縫帶,更爲親切。其靴帽他具不用糊漿者，尤宜加慎。含玉用小塊。花卉絲棉作枕而已。棺中不滿，底鋪火乎石，灰草碎塞之。漆以石灰拌塗，加以松脂，不憂蟲蟻蛀蝕，多至七重而止。壽身即將獨立圖張掛，不必再畫冠蟒，其題贊豈不親切於冠蟒哉！豈不體面於冠蟒哉！將危，先期數日，招請親友之親厚者到卧房，談敘辭别，或便飯小點供給。至死後，則不煩來弔，家人不必過於悲哀，滴數行淚而已。氣聚則生，氣散則死，屈伸消長，天地之所以流轉萬物者，無古今皆然也，奈何驚以爲異，而疑之哉！若僧家浮屠，道家禮懺，不經之事，朝例章明，自應不設。開喪從俗例，成服二七三七。成服外二日開弔，至四五六七等七，俱無庸設奠。即壺酒斤肉，並可不必。訃帖末刻：諸親友聯軸祭儀，概不敢領。爲一生無益於人，無善可述，豈可反擾謝諸親友乎？況有自輓聯對，可以張掛；更將此聯對亦附書於訃帖之末，令諸親友略見余心。枉生一世，志願雖大，至今日而無可奈何也！若此者儉以成禮，吾家尚易於措辦，可無煩諸親友之贈賻多儀也。數月後即歸葬於芋坑，極遲以一年爲限。棺翣不必過飾，送葬無煩過多。還葬而反，無他費也。

至於祭禮，則舉世多缺略而不講。余欲以祭禮教孝，以死祭之孝動人生事之孝。事死如事生，事亡如事存。其愛敬有發於不自已者。至忌日，早起，拂拭神龕、椅棹，安設舊日之裳衣宗器。先上香，薦茶飯。至人齊物備，擇族中之文雅者贊禮。各子孫以素衣冠肅拜，子婦孫婦及願與祭者，男女分班序位肅拜，俱附主祭者，拜後二跪六叩。饌品至少十品，至多十六品，此外加豆加籩無限制，飯稻菜蔬時食不拘其數。三獻爵，三獻饌，俱各分三次行之。主祭上案前俯伏，讀祝文畢，拜興復位。焚祝文，奠爵，送神。主祭及各子孫各子婦孫婦俱二跪六叩，焚冥，具禮畢。至於年節及春秋霜露之思，尤願我子孫振興損益而行之者。

恭三又囑次兒時雨、長孫貽訓。寶官、貽智尚少，不更事，至長亦當以此究玩之。余前曾撰家規若干條，十餘年來汝等屏棄不道，兹復何言，而忽又諄諄告語者，爲先賢有將死言善之訓。爾等俱經遺過，或且聞此言，能俯聽而敬從也。汝兄弟嫡出二人，庶出一人。長時中欲探余於臺灣，至廈門中暑歸逝，帶家眷共五人俱大病而回。宗元嫡堂弟亦中暑歸逝。雖有些微宦囊，所得不償所失，迄今有餘痛焉。汝長兄既死，庶弟又出繼，則唯時雨一人擔當余之志事矣。雖長兄有子貽訓，奈以幼歲失恃，繼且失怙，縱容習慣，情性偏强。余見時雨特多讓他，所以不至於大乖離者，以時雨善視長兄面上故也。時雨若能常持此心，則善矣。貽訓今後當體汝叔看汝父面上扶翼汝成就。汝須待汝叔如父，變成和順恭敬之人。汝叔見汝如此恭順，相親相愛，亦變成慈愛和粹之人。更望推而至於待人，一言不敢詈人，若詈人彼必還口於我，是我自詈也。一動不敢打人，若打人彼必還手於我，是我自打也。況彼或卑下，即不敢還口還手於我，而使彼蓄怒匿怨，啟釁結仇，變生意外，豈不後悔無及乎！汝兄嫂孤寡無出，實可憐憫，待之應比汝兄在世之時尤當篤摯。貽訓亦當事之如親生，思此亦係汝父之妻。汝母既死，此即無異汝之親生母也。事事周密，克諧以孝，則繼母之心待汝亦如親生，即汝父在泉下之心亦安矣。芝生雖出繼，錦官雖女孩，皆當思汝父之血脈，其所出之母有異，汝父視之爲子則無異也。後來芝生光景易過，錦官適人亦平順過日，自不必説。若有參差不齊，汝當周恤厚遇之。推之凡我族人，俱是我祖宗之子孫，則往來酬酢，須有一種真情厚意待之。即親戚故舊無不皆然。至於外人路人，亦係天地所生，同處覆載之中，與我同體。我何德而獨處豐，彼何孽而獨處嗇，亦當發其惻隱慈愛之心。此語近世之蒙瞶者皆指爲迂腐不急於事情，然民胞物與，天下事無非我分内之事，雖窮而在下，無所設施，亦當豫養以天地生人萬物一體之仁心。後來若出仕做官，始不失其本心，自然有一段痌瘝乃身若保赤子意思。推而行之，即爲天下一家，中國一人，直到無窮地步矣。爾等讀書人若尚以爲迂腐，則他途出身、不讀書而居官者宜其隔視民瘼，刻剥民財，喪心昧良，無所不至矣。爾等若能遵守余言,余將含笑地下,雖死猶生也。

(陳遵楷纂修《[福建閩侯]桐城陳氏遷閩支譜》 1920 年團蔭堂油印本)

觀譜有感

陳叔剛

支湖西,柳陰陰,鸜鵒名山古到今。鼻祖桑弛蓬矢地,耳孫喬木故家心。更無別姓爭墩住,獨有封章沐寵深。重輯前朝舊宗譜,支流散失費追尋。

又

陳師禹

獨憐家乘久凋殘,世遠人亡補綴難。屈指兒孫踰數百,助成無一動長嘆。

又

[題]遁　庵

支派分來自潁川,到今知得幾千年。前朝俊傑應無數,今日窮通識未全。同姓根源居遠近,四方瓜瓞更緜延。我今作譜書來歷,要使兒孫百世傳。

又

[題]遁　庵

歲月乘除慨逝川,太邱餘韻憶當年。遠鄉墳墓雖遺失,昭代封章尚保全。譜系重修才譾薄,鸜山居趾地連延。世湮人往循遺跡,補綴支流續舊傳。

又

[題]敬　齋

奉觀先牒動遐思,潁水傳來續舊支。一脈祖孫無異姓,千年昭穆似同時。雲礽固守烝嘗廟,誥勅猶存綸綍辭。我願闔門崇孝敬,君親烏可負恩私。

贈敬齊侄重修宗譜

陳循五

編摹宗譜見才優,不憚勤勞費講求。合族從今名分正,百年應爲子孫謀。詞章敏捷追前哲,敬義操存邁品流。此後茫茫難逆料,未知何代得重修。

贈陳子墨花續修宗譜篤志可嘉

謝梓林

扈蹕南遷數百年，潁川子姓極繁沿。雲廬在在千家聚，世緒茫茫一線延。譜欲重修誰着手，君因獨力任仔肩。急公不敢辭辛苦，尊祖敬宗出性天。

又

謝梓林

公心措事勿旁牽，德怨由人意悉捐。節取增删昭大義，訛正豕亥校陳編。雖無將伯偕來助，豈爲勤勞嘆獨賢。浩大功程偏迅速，刻期一月已成全。

恭詠潁川老譜

陳宏瑞

分封賜姓始胡公，賓作王家禮數崇。彩鳳呈祥占太卜，奎星聚耀著文風。先人德業雲山外，繼世淵源筆墨中。沐手薰香繙譜葉，殷殷遠企愜幽衷。

恭詠鸎山新譜

陳宏瑞

從龍南渡卜蘭塘，累積仁功五世昌。祖德馨香千百祀，宗支派别十三房。紅絲一一推原本，洛數生生不亂行。最讀泥封瞻繪像，兒孫何日得重光。

（陳士莪等纂修《[浙江餘姚]鸎山陳氏宗譜》 1922年德星堂木活字本）

陶氏宗譜

往後蕭訪祖系

陶元鼒

我陶氏自堯佐公始立宗譜，嗣後再修於松巖公，三修於建儒公，四修於季昭公。康熙己卯，公重修於南蘭，因往後蕭訪祖系而作此。千載遺踪帝子棖，棖，兩楹間也。梁武帝，晉陵人，後蕭其故里。迄今蕭氏未全淪。不知此地幾興廢，猶説當年舊里鄰。聞道宗支有先後，先上昌公爲梁武帝館甥，後伯六公從宋高南遷。常將涇渭細咨詢。遥遥伯六綿瓜瓞，謹溯由來譜族人。

詠懷六首調點絳唇

風聲鶴唳，高堂自古嗟予季。山盟海誓，怨慕終身淚。　友于兄弟，忘恰錢和幣。青春事，白頭凝睇，誰會衰顔意。

憶吾年少，未克成人親已老。無良太狡，夙夜增煩惱。　心兢意悄，惕勵誰人曉？懷常抱，先人肇造，庶把宗祧紹。

予年最幼，愛敬同堂左右手。千金烏有，冒死甘心受。　持循不苟，勇智思仁守。君知否，綢繆户牖，禦侮曾資某。

兒孫既小，六十三年身又老。婚姻未了，旦暮增煩躁。　病狂顛倒，不識天能保。心悄悄，小子有造，恰待何人考。

憂心慄慄，一世盡從愁裡老。孝思難了，吾願兒曹曉。　弟兄和好，外侮終稀少。綿蠻鳥，柳陰樹杪，婉轉歌聲巧。

如何是好，只在志堅勤學早。返躬内考，存心當又好。　安全難保，天命非人曉。吾雖老，諄諄誨道，聽我無藐藐。

（陶邦楨等纂修《［江蘇武進］陶氏宗譜》　1916 年務本堂鉛印本）

陸氏宗譜

偶筆紀事三則

陸文衡

順治二年乙酉閏六月，本朝兵南下。吴江武舉吴日生名易，與陳某、沈某聚衆肆擾。十一日，居民嚚避。十三日，陳某率黨將各官長及邑紳有力者捦去。我父繼川公聞警，避湖浦祖塋。十六日，轉避四都。二十三日，本朝兵到，吴江城破，余家被掠一空。七月初四日，吴易縱刦四鄉。繼川公被擄，勒贖。眷口均先逃四都墳屋。余其時在東洋附近屠守泉家，聞報駭痛。十二日，湖浦墳屋爲沈某焚燬。十六日，東洋被兵，屠居不能住。是晚，經朱成攜避於徐純所家。十七日，由徐轉送朱悦田家。一日三遷，驚報疊至。時囊橐罄盡，急欲集資以贖老人，苦於急難成數。十八日夜，我母宋夫人託夢，示以方略，乃得設法雜湊，輾轉託送闕文。二十一日，繼川公始從吴易處逸出，而病已不支，竟於是晚卒於四都墳屋。幸壽壙早成。二十三日，葬於主穴。二十五日，徐升探蹤而至，乃知其詳，一痛幾殆，急欲奔殉，而邏者四出，人人欲得甘心。無路可前闕文。二十七日，吴華來，告以前夢闕文。八月初一日，紫電趣入郡，童僕有至者。初六日夜，李昌闕文。夜行闕文。按至圩涇塘，始見天日。闕文。去并及其長女，幸至四都。闕文。二十一日，闕文。衡散得脱，然收回所寄諸物已百不得一矣。闕文。爲之導也。九月，吴華又來。知八月十八日方得入城，距城破時已兩月。處處翻動，惟此隙地如故。乃知我母於冥冥中有護持之力也。惟國亡而未俱亡，父死而未俱死，直無以爲人，無以爲子矣。能不痛哉！能不恨哉！一則

天啟丙寅，璫禍正烈。余守福州海道，王二溟談及家鄉周蓼洲逮繫追贓，備諸楚毒，至爲淚下。使賫四百金助之，可稱長者。子轉道駐武林，陶元暉以山東贓案行原籍追繳，株累數十家，呼搶不聞。撫公陸鳳臺相對太息，心知其冤，而無如何。幸沈宏所攝東撫疏請蠲豁，得旨俞允，脱纍纍多人於獄，其隱德更大。予謂二公之後必昌，天決不夢夢也。二則

丁酉，北京科場事發。少司馬張天植、太僕卿孫百齡輩父子俱被嚴譴。其廷鞫之日，伊子張閎孫蘭茁供稱其父營求關節，而手授之。義方當不若是。雖蒙寬典，不至斬絞，而籍没流徙終不能免。豈自教其子以殺其軀乎？教子者，言動當督以正，勿納於邪。功名寧處其迂，勿流於巧。保世亢宗之道不外是矣！三則

（陸迺普纂修《［江蘇吴江］平原松陵陸氏宗譜》 民國十三年刻本）

重修嘉興宣公祠記事

陸德昌

禾郡之宣公祠，非特我陸氏子姓孝思不忘，亦司土者崇奉前賢而加之意也。由唐以歷宋元，屢易其地。明景泰二年，郡守舒公奏令有司春秋致祭，載在祀典，乃益增重矣。而祠自靈光坊移建於報忠坊者，則嘉靖之十七年也。其歷代重修所有碑版之文，皆出名儒鉅公，并收誌乘，可覆而按。惟是正德年間，有劉陸瑜、劉陸祥等冒主祠事幾不可問，吾子姓豈能無罪？然其時我鵬墩世章公諱錦者，力鋤非種，爲之控理定案給帖，實據昭然。厥後相繼主祠事者，有子奇公復加整頓。雖我鵬墩自伯玉公建祠以來，各奉烝嘗，而嘉禾祭産仍係輪收。至此，始派撥一十六畝于鵬墩祠内，所以善經理而期世守也。迄於今，恪循故事，罔敢失墜。而郡城祖祠歷蒙各憲示禁防護，繕葺以時。恭遇聖天子三次南巡，嘉秀縣主輪辦。至乙酉之春翠華重幸，兩邑侯預爲詳請宣公後裔捐修。于是我鵬墩與景賢、奉賢三支各捐金若干兩，鳩工備料，榱桷丹艧，焕然一新。爰繪有祠圖，前面牌樓木柵，次頭門，次儀門，進而大殿。正中設宣公主像，兩旁祔主，則各支備列。而余遷祖所自出之祖諱桂、字廷芳公之主在焉。所有祠旁各佃基租公議三支輪收輪管，以備整修祠宇之費。是歲秋戊祭畢，共立議單，條例明載，各執一紙，用垂久遠。因濡筆而紀其事，具述由來，以告後之人，尚其念祖而知祠之在禾郡者，我鵬墩支下已三致意云。

嘉郡宣公祠建置始末記

陸洪疇

我祖宣公祠本在嘉禾城東宣公橋側。世傳公所生之地祖宅在焉。橋以宣公名，誌不忘也。唐故有懷忠祠，石晉時，吴越王元瓘奏立郡學於此。至南宋高宗建炎初，太守程俱始作公書院於鴛鴦湖上，中廢。孝宗淳熙四年，郡守東平吕正己修建于文廟西北隅，東萊吕祖謙記。後漸毁壞。理宗紹定中，陳倅塤於柳氏園建公祠堂。景定癸亥，又以祠堂爲書院。度宗咸淳甲戌，郡守俞安裕作先聖殿於書院之左。及元世祖至元丙子，燬於兵。公像故存，土人白於郡，迎置於宋相賈似道太初堂，遂以堂爲書院。成宗大德九年，濟南趙魯爲山長，病其簡陋，復擴之。詳見牟公巘記。柳氏園故址因是久廢爲墟。泰定中，有僧賄學官請佃而建庵焉。時郡人王玭爲山長，争之，不能得。至順帝至正十四年，宣徽院判海岱劉公貞受命爲嘉興路總管，用推官方道叡言，命有司督僧撤庵歸地，書院復舊，西爲宣公祠。詳見青田劉基記。後四年，復遭兵燹，遂即郡庠設主祀之。越三年，青龍庚子，郡守繆思恭暨經歷茅君毅復拓太初之基，前祀先聖，後祀宣公，後又移於城南隅。前明太祖洪武五年，同知府事劉澤民修之，禮致前山長王玭之子鈞掌教，而以公十六世孫應奇主祀，錢唐陳彦博記。此皆從祀於先聖者也。及宣宗宣德五年，欽差巡撫吴浙大理寺卿胡槩字元節重建祠堂，置造祭器，釐正田畝，立碑以供世祀。請記於臨江金幼孜。於是公有專祀矣。然祠下碑田坐落水鄉，去祠寫遠，召募佃種，僅足供歲輸，一逢歲儉，祀事遂闕。景帝景泰三年，知嘉興府事舒敬以公忠節請於朝，欽遵支給官錢以修祀事，請記於河南薛瑄。武宗正德四年，靈光坊書院東隙地已增設按察分司，基地狹窄，上官着將三賢堂廢址令管祠自行蓋造，暫住十四年，給帖。本支二十二世裔孫錦字世章者主祠事。世宗嘉靖十七年，别駕張本潔自靈光坊移建於報忠坊嘉興縣學故址。寓書南海吴鵬記之。公自是始祀於此矣。其祠下碑田亦即於是時理派分管。萬曆九年,仰興公控司給帖,永免徭役,與奉賢、景賢二支迭主祠事,相延不改。

迨我皇朝定鼎以來,不廢舊典,春秋上戊,委員致祭。我景賢、奉賢、希賢三支子姓相率趨助,未敢隕越。恭逢列聖南巡,疊邀遣祭。太上皇帝欽賜褒額,不勝榮幸。我子孫德薄材庸,無以報效鴻恩,惟有感愧交并而已。歷年以來,祠宇坍圮。前乾隆乙酉重修,幸三支公捐繕葺,立有成議。逾明年丙戌二月,嘉興府教授凌、訓導張以我支聖瞻及景賢、泰源、奉賢、仲亨稟請,履勘清理侵佔祠旁餘基,丈得實地一十八畝三分九釐二毫,詳奉府主鄒檄飭秀水縣備案。嗣於嘉慶四年,復加葺治,仍遵舊約,謹守勿失,以期永久。

疇竊念大宗祠宇自石晉以來鼎歷三遷,年更九百,至今猶得歲叨禮秩,固足見我祖節義文章足以感發後世,而亦歷朝以來幸邀天眷,及賢有司護持之力居多。今上即位之六年,允御史吴傑奏,特旨從祀東廡,崇儒術而闡幽光,洵千古未有之曠典。凡在後人,宜何如忭戴者。吾宗亦尚能聞風興起,集議捐金大修祠宇,俾得復其舊觀,庶幾知所先者矣。因敘其歷代廢興革復之故,以爲記。

重修禾郡宣公祠記事

陸振之

皇帝嗣位之六年,詔允御史吴傑奏,唐臣陸贄著從祀文廟東廡,列於隋臣王通之次。命下之日,海内守土諸臣奔走將事送主釋奠,罔有不恪。典至鉅也,恩至渥也。而嘉郡爲公桑梓之邦,向有祠廟。瞻謁之餘,宲窗榱桷,陊剝不治,像設之威,黕昧無色,階墄夷,庭木翳,其何以揭虔而妥靈?宗人鈺暨乃兄銘慨然倡于衆曰:"祠祀之弗修,吾子孫之罪也。今若玆曷敢不上承德意,以勉圖厥功。"爰聚衆諮諏,躬任董率,復考舊章。(知)[至]乙酉之春,翠華重幸。我希賢支曾與景賢、奉賢二支協力捐修,故用以書招振及族叔祖釗、族叔漢鑅至祠,襄理醵貲經始。于是我希賢支首先輸金百,數月之間,遠邇響應,闔族和會,費不勞而集,鳩工庀材,須臾而興。大殿則撤而新之。木之朽蠹者與瓦甓之缺漏者,置弗用。垣墉必固,欄楯必周,軒敞崇閎,炳然焕然。改塑公神像,易其龕。儀門已圮,復創作焉。計大殿爲間者五,儀門爲間者三。又以奉祀生僅棲祠旁數椽,率借居殿上,褻越弗敬,公出貲若干緡,貿西北樓房壹所,俾寄頓眷屬,恭奉香火。石門河步設之柵,以謹啟閉。碑亭兩廡齋堂擬續爲之,未遑也。肇工於道光丙戌七月,落成於是年九月。宗人鈺乃大集族之人,舉行祀事,籩豆有序,登降有儀,咸有愾乎聞見之思焉。既祭而燕,不才振起而揚言曰:"吾祖之祀自故明來久已列在秩宗矣,然論者終以不得配食廟庭爲憾。聖天子彰微闡幽,舉千百載未舉之闕典,洵所謂但使聖賢之相契,即如臣主之同時矣。是役之興,吾族人其亦感而思奮乎!伏願自今以往,爲人臣者勵以忠,爲人子者教以孝,庶幾仰酬聖恩於萬一,而亦得以慰吾祖在天之靈,匪直以廟貌之隆赫示觀美已也。"僉曰:"然。"遂退而私記之,以告吾後人。

嘉郡宣公祠祭田記

陸振之

嘉郡宣公祠向有祭田三十一畝,或云三十畝,舉成數也。查祠内胡概宣德五年祭文碑石,下段載有祭産五則號段畝數,後註助田人姓名。猶可見是田之由來。蓋祠堂即名書院,諸生以時肄業其中。田租之入，一以供祭祀，一以資廩膳。明初書院盡廢，其田即專歸祠内奉香火。胡公既重建祠堂，置祭器，復釐正田畝，刻之貞珉，以垂永久。追舒敬奏請支給官錢修舉祀事摺内聲明，今雖有田三十一畝，坐落水鄉，與廟相離寫遠，召人佈種、討租、納糧、供輸之外，不能辦祭云云，則已上塵天聽矣。正德十四年，有劉陸瑜、劉陸祥等冒主祠事。我希賢支世章公諱錦者告，蒙分巡楊行取前來嘉府給帖著令，碑田三十畝併書院一應房屋俱與管業。是時之田猶未分管也。後萬曆十年，嘉縣編派里役，我仰輿公即子奇復控，道批府審明給帖，永免差徭。帖文内載：有陸宣公祠宇一所，先年額賜贍祭，碑田三十畝，遞傳宗孫陸子奇承管一十六畝，陸道乾承管一十四畝，各分立户，贍辦春秋二祭香燭之資，俱有奏帖存證等語。今奏帖已失，未詳何時始分。按道乾係嘉善奉賢支人，曾以書丐吴公鵬爲張别駕本潔作《改建祠堂記》，事在嘉靖十八年。則田之分亦當在嘉靖時矣。又考正德十五年嘉府禁約告示内云：擇立陸錦承奉香禋，原典廢田畝，亦令贖回管業。帖文既謂遞傳陸子奇等，或即在是時分管亦未可定。丙戌秋，振以修祠勸捐事偕至善邑，詢訪碑田有無。據云雍正時，有任太守者借本支祠下田若干畝，連是田售出，湊墊虧空，後復任，未一月遽卒，因是舊時祭田無存者。則此一十四畝久已不可考矣。惟我希賢支承管之一十六畝，至今現在。每年隨鵬墩祠值祭，經收辦糧，向係定有規約。春秋二戊值祭者，必邀同族人往嘉郡祠内助祭，否則議罰。此足徵前人立法之善，不忘所自出。是以乾隆乙酉，嘉、秀兩邑侯詳請後裔捐修祠宇，我希賢支出與景賢、奉賢二支協力繕葺。至道光丙戌，宗人醵金改造，我支復首先踴躍倡捐，蓋稟承前人遺意，罔敢隕越云。今其田不無荒瘠，完賦之外，所餘無幾。而念前朝額賜贍祭之隆恩，賢有司歷來保護之至意，與吾祖宗經理世傳之勞績，俱於此可見，宜何如敬守弗替者。爰因重修宗譜，特載筆記之，使他日猶得考其大略焉。

樵川官舍夜聞海警

陸九韶

官燭燒初短，臺烽報又聞。徒然縻寸禄，何以答明君。屢下天邊詔，虚傳海上軍。誰懷憂國念，一爲掃塵氛。

擬宣公忠州道中作

陸九堯

試問忠州路，猿啼三兩聲。溪深卧槎擁，日暮遠山横。遠道寧辭險，微軀敢惜生。天王自明聖，臣罪責猶輕。

登望海樓感賦

陸維垣

誰知地老天荒後，揮涕依然上此樓。如畫江山原不改，可憐故國已全休。

秋夜聽雨有感

陸調鼎

淅瀝檐聲促晚涼，空庭竹籟似瀟湘。無邊秋氣驚林葉，不盡寒蛩惱客腸。自廢蓼莪傷陟岵，幾艱菽水愧高堂。蒼茫何處呼天問，欲舞鳴雞夜未央。

樂真堂賞桂同人小酌

陸調鼎

清光滿院露華重，叢桂開樽興自濃。月色家家清夜氣，花香處處淡秋容。笑談不待笙歌沸，適意何須禮數恭。傾倒自應拚盡醉，那知皓魄落西峰。

乙丑除夕

陸調鼎

落拓乾坤裏，心閑便得安。百年當自遣，一夕有餘歡。梅影疎疎動，霜風颯颯寒。辛盤聊共醉，醉笑楚猴冠。

自慨

陸調鼎

霜催萱草痛高堂，回首垂髫幾斷腸。爲問閭門誰倚望，那禁血淚灑蒼茫。
嗟哉阿父已先殂，風木悲深眼早枯。丁巳九秋餘恨在，忍聽墻外有啼烏。
早夜低徊暗自傷，我生身世竟茫茫。一經豈遂冥鴻志，半是癡呆半是狂。
貧不依人品亦佳，敝衣落拓世誰諧。春風幾負扶搖信，竟自棲遲東海涯。
花下閑吟逸興多，薰風吹促醉顔酡。矇矇雙眼看人世，莫憶頻年唤奈何。
阮籍還應泣路窮，筆耕偏是研田空。不如拋卻殘書本，一笠青山獨往中。

示諸弟侄

陸克諧

吾宗凋敝極，後起竟何人？所賴羣英輩，能回大地春。品宜如器重，思欲奪花新。勿學輕浮子，嬉游溷俗塵。

宗譜告成恭紀五古一章

陸德昌

維水亦有源，支流爭屈曲。維木亦有本，柯榦紛交錯。人生天地間，奚啻水與木。其始本一家,後乃成著族。支派于焉分,譜牒因之作。非惟明世系,亦以紀先澤。我宗受姓初,傳自平原陸。中間數千載,纓緌常緜屬。武功遜抗隆,文賦機雲博。八貂羅省掖,六相處臺閣。其餘盡彪炳,數之當更僕。卓哉我宣公,聲靈尤赫濯。上不負天子,下不負所學。忠貞惟自矢,斯言豈欺俗。迢遞十六傳,裔孫曰伯玉。韜真以養晦,不爲浮雲縛。篤志慕幽遐,翻然來海角。事業付東籬,行藏同北郭。煌煌世家牒,裝訂儼成軸。子孫代相守,寶之若符録。菊莊與其彙,兩公稱老宿。先後共纂輯,其意在敦睦。日月俄變遷,簡策將摧剥。緜緜瓜瓞繁,或恐紊昭穆。人不知所出,何以别物畜。歐公爲是言,誠哉當三復。愧予韈線才,一長無足録。志在述家風,文采慚潘岳。冒昧學操觚,寸衷常瑟縮。敢誇造鳳樓,竊恐添蛇足。留以備稽考,庶免醬瓿覆。吁嗟祖德遥,繼起杳難卜。譬之强弩末,不能穿綺縠。從此共振拔,勿復甘衰落。誦弦行且盛,簪紱尋當續。捉筆紀短章,詩成還拭目。

修譜有感

陸德昌

祖宗功德炳如丹,譜牒從教仔細看。春礿秋嘗新俎豆,唐封宋爵舊衣冠。家聲已覺流徽遠,世業常悲繼起難。駟馬門高深有望,只今誰是謝庭蘭。

萬榦千枝總一根,須知同姓古來敦。清芬欲與陳宗祖,遺訓難忘淑子孫。三鳳二龍名未墜,八貂六相績猶存。休嗟末派淪滄海,好把詩書繼甲門。羅隱詩:正憂末派淪滄海。

舊德鋪揚愧未工,區區學業類雕蟲。書成稍慰承先志,才拙難誇裕後功。莫謂簪纓非故物,從知忠孝是家風。先朝祠宇昭然在,瞻禮猶堪振瞽聾。

舌耕三世困寒氊,先大父秉鐸建德,先君爲諸生,至不肖已三世矣。憔悴青衫每自憐。報國文章思學士,立朝風格想忠宣。人惟法祖爲難耳,家有餘師豈舍旃。駿骨鳳毛我竊愧,纘承還望後嗣賢。

蘇堤弔古

陸德昌

萬頃平湖蕩畫橈,長堤摇曳柳絲飄。雲嵐白日高三竺,風雨黄昏暗六朝。水上鷗羣還泛泛,亭前草色自蕭蕭。東皇有意桃千樹,爛漫春深十二橋。

錦塘如帶卧煙波,畫舫中流載酒過。秦望半懸滄海樹,越人猶唱苧蘿歌。星辰夜静涵清鏡,鳧鷖春深起緑莎。獨立風前重迴首,隔林蕭瑟暮煙多。

幾層古堞抱山開,煙水蒼茫極望哀。落日徘徊高士墓,長江遥映越王臺。樓頭畫角臨風急,嶺上征雲帶雨回。愁絶鷓鴣聲斷處,獨餘樹色暗莓苔。

村居漫興

陸　塏

不與豪華卻與閑,老天許作小神仙。已饒户有千竿竹,莫慮家無二頃田。處處看山躭野趣,時時沽酒了詩緣。猶嫌未脱塵寰境,欲買簑衣上釣船。

秋　山

陸　塏

雨洗山容净，風高雲影低。一拳插霄漢，萬壑飲虹霓。絶壁疏林占，懸崖曉霧迷。欲尋樵子徑，落葉滿前谿。

秋　水

陸　塏

匹練長空合，光涵萬頃遥。秋懷方渺渺，極浦更迢迢。不雨平低岸，因風漲小橋。蘆花與楓葉，寒色正蕭條。

小　立

陸　塏

翛然獨立寄清閑，富貴浮雲願已删。猶怪熱心消不盡，虚名往往落人間。

同人偶過西林庵朗先留飲

陸　塏

春事幾闌珊，無聊日看山。鐘聲定茅屋，松色掩禪關。邀友尋詩去，逢僧載酒還。飲酣滯歸步，明月印前灣。

元　旦

陸　塏

歲朝無事掩柴關，秃筆題詩笑我頑。客到但憑童僕懶，興來不放酒杯閑。梅花破臘開空谷，爆竹連村接市闤。已入新年人事緩，更無俗慮可云删。

硤川古松

陸　塏

硤川東山有古松，參天黛色何蒼蒼。大可合抱長十丈，槎枒屈崛勢怒張。不知經歷冰霜幾千載，而成蒼龍之精老不僵。猙獰鱗甲走霄漢，盤旋雲氣遮日光。我愁擔簦難着脚，乍來一望心生涼。松雪澗底落碎玉，松風天半鳴笙簧。山靈因之亦增色，不凋不巧長爲萬木王。

早秋坐雨次楊鑑雪韻

陸　塏

怕惹閑愁懶更休，葛衣坐透早涼秋。酸風苦雨愁連夕，曲水殘山阻勝游。無事卻因詩作祟，多情肯與酒爲仇？故人有約仝棲遁，扣角何須更飯牛。

查丈望齋見過詩以贈之

陸　塏

散髮坐林下，清風來徐徐。遐思古今事，搔首重踟躇。忽聞尨吠聲，有客來吾廬。長揖無所語，但檢奚囊書。龍蛇飛舞出，錯落盤中珠。淋漓性所適，瀟灑神與俱。一唱復三嘆，我鄉真夙儒。搜奇千百載，腹笥收無餘。考訂必明備，非以供乘除。豈復巖窟士，動即生次且。窮愁薄生産，著書聊自娱。翁起古人後，復與今人殊。古人善牢騷，今人失迂拘。不偏又不倚，天地之清虚。而我慨今古，願爲先生徒。

王氏敬義堂席間晤高君毅可語及成鏡山房舊事追憶成詩

陸　塏

縱横往事意軒軒，醉踏禪關夜不眠。石壁影翻杯底月，山房有石倒懸如壁。寺鐘聲送隔溪船。迄今話舊情如此，況復當年興躍然。敬義堂前重把袂，一回相感一相憐。

早春漫興謝友人

陸　塏

瞥見春光感歲華，幾回躑躅漫驚誇。鶯啼南陌千門曉，雪作東風一夜花。不盡雄心頻看劍，無端愁思欲乘槎。故人知我來相慰，且共開樽岸幘紗。

懷菊寄楊鑑雪

陸　塏

冷淡秋光芳信遲，登高不見菊開時。一天微雨忽添潤，此日疏籬應滿枝。載酒前曾尋好約，看花今已最相宜。南園小集同君醉，隔歲高吟又及期。南園爲王眉巔别業。

復集西林庵同鑑雪作

陸　塏

每到僧寮興倍濃，聯吟詩思未全慵。一樽便作終宵計，兩度曾經此地逢。山雨欲來風獵獵，林花盡落草茸茸。祇嫌夜短歡難極，相約明朝再放筇。

秋日楊鑑雪徐季常邀過西林庵不果詣墨齋金氏書舍小酌

陸　塏

擬託西林足,翻登處士堂。黄花剛吐蕋,紫蟹乍經霜。朋好無新舊,尊開共頡頏。憐余初病起,不敢醉郎當。

病愈感懷

陸　塏

久卧繩床洵可憐,一生窮達總由天。貧宜養拙原無事,病益躭詩乃夙緣。高枕尚思完舊約,空囊何計慰凶年。親朋謝絶休須問,爆竹聲中早起眠。

送　春

陸　塏

不關風月已多年,一任韶華屢變遷。最是春歸如過客,客中送客轉凄然。

題查葑湖鵬湖櫂歌五首

陸惟垣

寫盡風光水一涯,恰疑仙客泛河槎。鸕湖已被君家占,又占鵬湖到我家。初白老人寄竹垞翁有"我占鸕鷀浦"句。

小齋課罷且裴裒,一望蒼茫倦眼開。遥指彩虹橋外路,桃花流水鱖魚臺。

菱角菱腰總是灣,湖頭日日共舟還。閑鷗野鶩應相識,笑道先生學作頑。

何妨是處掛吟瓢,澤國秋來景色饒。欲酌寒泉同薦菊,宣公祠外更停橈。

平生我本狎煙波,短調無腔信口哦。一櫂夷猶蘆葦裹,從今换唱竹枝歌。

旅夜有感

陸茂增

晚花涼月映新鮮,無意流連卻不眠。自分金針誰度與,拚教鐵硯且磨穿。精靈耿耿先人在,前一夕,夢見先父示余句云:要知天下無難事,莫道世間無好人。身世茫茫寸念懸。家祭他鄉空望北,儒風依舊困寒氈。

哭翠臺侄名鎮五,與余交素忘形,卒時年僅二十有八。

陸茂增

乍過上巳節,訪君新煙夕。後會訂有期,凌晨訃音迫。夢中驚坐起,疑信參胸膈。頃知傳者真，撫膺乃慟絶。一片平素心，昨來成永訣。痛深無定時，含悲思疇昔。與君共周旋，乃在舞勺前。增六齡隨先父學，始見侄，侄長余四歲。相見便依依，握手情纏綿。我知君鳳質，君不我癡嫌。暫時傷萱折，中路嬰自憐。其年嫂張孺人卒。嗣後各分手，君學淬龍泉。下帷獨勵志，别我或經年。庭訓日殷殷，焠掌殫苦辛。既成青雲器，涸淵未縱鱗。宗黨各翹首，行垂華國聲。吁嗟命之衰，文采足喪生。去年折雁行，君淚常盈盈。侄以去春亡其弱弟，客坐談及，未始不淚下。玉樹今復摧，誰與贖百身。抛卻雙親老，有孩尚襁褓。一病入膏肓，雄心定未了。呼天天無情，令我迴腸繞。吞聲此長别，黯然褫魂魄。愁聽鵑啼紅，愁對草凝碧。破涕撫遺孤，庶幾傳一脈。

夏五偕朱表叔慕園陳半圭吴亞白登吴山自傷前事賦詩誌感

陸茂增

孤館久羈滯，嘉賓忽云至。聯袂登吴山，一徑入空翠。峰雲含宿雨，煙樹開新霽。憑臨最高頂，各各呈詭異。江湖左右攬，極目天無際。神志爲飛揚，豪情亦何既。棖觸思前事，興盡悲還繼。憶余入學年，游歷先人侍。午日錢塘門，畫船鬬儇媚。捧觴勸飲醻，扶杖恣流憩。轉眴風木悲，恍如曩昔事。今故忽變遷，能無隕涕泗。孤兒成立難，常恐半途廢。去去勿復陳，所仗苔岑契。

得半圭書讀寄朱瓠村晉泉兩君及晴巖弟作次韻奉答并示諸君

陸茂增

我初聞君名，相識自庚子。合志喜同方，吾道應在此。門徑闢紫陽，淵源溯闕里。共思適義路，心情常遥企。世俗尚炎涼，争盡錐刀利。墜緒恐難延，念之欲涕泗。我人生世間，貴圖遠大器。敢不屏聲華，要惟崇氣誼。閑邪誠自存，聖訓須時識。從俗防詭隨，立身戒厓異。以君挺特姿，不難飛尺鯉。富貴自在天，此心終如水。何如訂金蘭，相與尊踐履。諸朋跡或暌，畢竟同兹理。所期各努力，教我更何以。

聞將揭曉作詩自贈

陸茂增

仙桂何曾平地開，苦心竟未動天哀。休論骨相虞翻賤，卻讓文章李益才。寂守青燈甘旅食，歡承白髮杏泉臺。忘情塞上翁堪侣，酕醄衹應數舉杯。

半圭見過兼同王坤爲昆季夜話分韻得修字

陸茂增

結交二十載，意氣針磁投。車笠十數輩，屈指子爲尤。私淑程朱學，志與千古謀。窮年攻理窟，博覽及墳邱。愧我荒寸陰，上坂駕駑輈。譬如服田者，懸耜安有秋。星辰天一方，鬱鬱空牢愁。漂泊憐依人，聚散若浮漚。聯袂吴山道，分手西湖舟。抗懷一長嘯，傲氣凌滄洲。良會思如夢，再約横山頭。病骨珊然瘦，欲往恨阻修。相逢乃今日，相見益綢繆。不辭村醪薄，園蔬愈珍羞。夜話恣今古，剪燭忘更籌。青箱二妙來，談詩快遐搜。引杯欲舞劍，分韻且拈鬮。慚作邯鄲步，願與同志酬。

喜鑑蓉侄至别後卻寄兼呈令兄少白

陸茂增

傭書依家祠，繞砌一水緑。秋風力疾深，閉户常棖觸。離愁渺難破，何幸聞剥啄。阿咸故交深，相見爲刮目。豁然沉痾起，論文泉萬斛。述君先人詩，琳琅猶積軸。豪氣河海吞，高義雲天屬。後塵笑齊梁，瓣香誰敬祝。乃兄能繼起，寡和成高曲。瀟灑脱利名，淳璞去雕琢。惆悵廿年前，僑居傍茅屋。舌耕有餘暇，過從不厭數。決疑剖胸臆，常剪三更燭。情深逾投膠，語多若炙輠。一朝辭我行，旋返故山麓。到處有逢迎，長征牽衣服。經濟不得伸，奔走徒鹿鹿。神交縱未疏，良晤難屢續。況以多病軀，株守慚雌伏。一枝十載棲，不辰仍蹇剥。有心血常嘔，有筆花常禿。與君卻再逢，此會更越宿。惝恍夢魂驚，一笑破涕哭。君才無不有，豐玉荒年穀。遇艱感自長，會稀别毋速。日暮去匆匆，何時傾醽醁。歸與問訊兄，瞻望倚修竹。

放榜前二日口號

陸茂增

一番鏖戰博浮名，莚榜躊躇欲放辰。地下築成城枉死，料應多是棘闈人。

九日齋中有感

陸茂增

恨不登高放遠眸，蕭然風景報清幽。老年入世偏驚暮，獨客思家又值秋。菊縱未開留晚節，書無可著抱窮愁。劉郎漫笑題糕拙，便欲題糕也合休。

春 日 書 懷

陸壎如

儘多弱柳繞書堂，彷彿柴桑處士莊。好鳥争春如共語，繁花烘日欲留香。興來獨步尋田叟，醉後閑吟卧石床。俯仰衡茅幽賞足，超然名利兩相忘。

寄 印 浦 叔

陸鎮五

横空夙慕天邊鶚，蹇足羞同轅下駒。須識我生存遠略，莫愁人世有窮途。琴鳴花底胸懷曠，劍躍床頭膽氣粗。寄語秋風好自愛，從來家國要匡扶。

與許夢椽順庵朱雨亭賞菊小飲

陸鎮五

閑庭秋老浄無埃，雜坐歡呼亦快哉。村酒儘容終日醉，菊花都爲故人開。飛霜入户衣初授，剪燭當筵景易催。角韻闘詩情未已，莫教風雨委蒼苔。

秋　懷

陸素生

横笛悠揚落葉深，天高地逈雜疎砧。海環閩粤昏宵旦，山峙龍罏肅古今。淫雨輒能摧殖物，金風直欲殺雄心。千秋一隕歸州涕，百代重追摇落吟。

花溪龍漾雨悠悠，莫是英雄血淚流。塊壘難鎔千琖緑，天公似爲一人秋。劍花拂去青霜冷，虹影消來白日愁。牢落或關文字致，書生從古幾封侯?

庾信江南哀喪亂，杜陵夔府抱辛酸。可憐時命耗奇氣，卻憶松筠耐歲寒。十月霜高吴地闊，九天風緊澌江蟠。泬寥氣候憑陶寫，魯酒秦箏苜蓿盤。

大　風　嘆六月十八夜

陸素生

乾隆辛丑夏六月，五旬不雨民咄咄。桔槔聲亂河之干，盼望雲霓等飢渴。夢夢天心如一豁，崇朝滂沛苗齊活。厥時方慶免寒餓，相邀把酒團圞坐。福非福兮禍終禍，黄昏大風吹雨過。石烏玉鐸都打破，巉巖雷崩海嶽立。坤乾罔辨東西誤，初如貔虎之叫嗥山谷，又如蛟螭之振起坎坷，横於堯之九年之水，烈於羽之三月之火。室傾樹倒難悉數，偷眼看天天亦墮，東村西舍遍叫呼。大衆鼓慄如揚簸，余亦縮縮不敢卧。長劍熒燈百尺樓，涕洟特爲蒼生憂。不然一身我何有，破我屋兮寧用愁? 壬午年間風拔松，相仍凶歉未登豐。官逋私債交催逼，從此民生日蹙窮。朔方今歲大興戎，健兒雲屯倉儲空。羽書馳轉輸急，何當遭旱復遭風。木緜黍苗悉摧折，無論租税莫之給。將求餬口亦乏缺。民乎，民乎，爾居壞兮爾食又絶。爾與其死於荒兮寧死於劫，茫茫一夜頭如雪。

九月鑑蓉弟往衢州經虎林便道訊予甫叙别況爲榜人促行感賦

陸素生

待見都將别怨論，來同電閃去星奔。如何逆旅逢兄弟，姜被曾無一夜温。

江蓼江楓淚灑紅，蒼茫客路各西東。錢塘白浪仙霞雪，一樣勞勞有唳鴻。

即　興

陸素生

不妨蹭蹬越年年，少白山人殊浩然。待鶴衣披松頂露，聽鶯身坐柳間煙。酒徒散落誠非昔，詩膽縱横又勝前。愛向小窻疎竹裹,自吟自醉枕書眠。

何曾勢利芥吾胸,貪住花溪小小峰。長此賤貧渾不覺,疎於應接本來慵。詩尋南北橋邊路,夢斷東西院裏鍾。余家南閘、北閘二橋跨隔岸,東林、西林兩庵夾左右。還學天隨浮艇子,桃花煙水渺無蹤。

自　嘲

陸素生

酒方持戒勸仍醉,詩屢招嫌觸又吟。三十年來寥落意,不應依舊薄黄金。

古劍行爲查南廬作

陸素生

古來大勇寧憑物,劍氣在我不在鐵。莊生説劍最奇妙,奚落頭蓬與鬢突。似言干鏌都可廢,含意於中特不説。我謂氣勇果蓋世,天必有錫扶壯烈。嫖姚將軍稱善戰,衝撞亦賴花叱撥。雲林海嶽工圖畫,狼毫鴿眼一時集。未聞專諸徒手搏,貫甲直透吴僚脊。燔鋼太阿目未見,曩昔曾經三太息。南廬公子好奇士,金石骨董富陳設。昨者初從湖上歸,蜿蜒一物出拂拭。按鐔抽鋒未及半,欻如金電閃復滅。瞋目奮掣露全神,朗晃白龍飛舞出。料量長短無三尺,背似瓜皮面似雪。舉室但覺寒森森,斜立遠視不敢逼。銛利何必試篠簜,氣餤先足摇魂魄。本來我已學逃禪,觸起心頭一段熱。當時鑄造豈偶然,定擊雷公下太乙。因何倥偬失留名,徒令摩抄不令識。流傳不知幾千載,縱横幾濺仇家血。想其濡縷殺人時,不許人間著奸慝。天地鬼神爲護呵,至今完好無虧缺。先是骯髒落市廛,日遭賤賈相弄媟。兹來傍依文史間,位置殊非絳灌列。聞言夜半時磨戛,似恨光芒猶未泄。咄嗟志士忍眼前,韜晦養真不輕發。驀然蟄起震愚頑,雙手倉皇掩莫及。鋒善試者尤善藏,人物雖殊理則一。夫人七首軻浪擲,卒之身名俱敗裂。馮驩侯門輕彈鋏,千古純鈎慘顔色。劍乎劍乎爾少安,須鑒前車毋蹈轍。世間魑魅總紛紜,何處不堪以指髮。但逢睚眦事區區,寧向床頭寄岑寂。而翁況復意慨慷,造物正以爾肇錫。元龍豪氣待蓬勃,國士遇卿會有日。何當秋冬好時節,雪花墮地月華白。前列虬髯後大孃,主人酬我盡一石。掉臂與爾共掀騰,一笑豪强頭似核。

月下獨酌

陸素生

飲酒不計無,月出不待呼,吾身忽現影,是影究非吾。一身化兩身,影詎非賓乎。愛與影斟酌,輒傾白玉壺。草樹濛四野,長身竹柏梧。稍稍夜風起,萬影争來扶。張口吸白露,咳唾顆顆珠。清寒砭髓骨,我酒忽已蘇。始知歌舞地,風月得其麤。顧影復嘆息,飄蕭蒼髭鬚。一杯雖在手,此意良已孤。起舞影凌亂,啞啞尾畢逋。

夜　興

陸素生

草草生涯晚，茫茫壯盛初。文章難降抑，世故易生疎。徙業思售劍，防飢學種蔬。燈前呼稚子，細與説耰耡。

十月晦夜哭内

陸素生

隔壁輒聞兒怪哭，嗚聲漏聲斷還續。胸膈碎裂毛髮森，瑟瑟帷風一燈緑。感汝入門後，婉娩復端儀。側身事舅姑，躞蹀事事宜。稔知家屢空，操作無休時。虀臼經寒仍蚤碓，剪刀帶病總長持。看承兒女最深情，不愁多累翻生喜。市梨覓棗費金錢，夢寐猶聞呼爾汝。未見長成心血枯，十載勞勞甘如此。一朝捐棄復何因，生者難生死竟死。嗟我生小常病瘖，老母艱虞獨自乳。多因哺食起中宵，每爲縫衣酸十指。迄今娶婦子復子，鞠育之任可已矣。忽將襁褓累衰親，三十年前事復始。向因家食殊艱辛，自分東西南北人。青鸞未照分離影，黄壤先埋黯淡春。寒雞急，殘缸滅，墨漆天光仍未白。攬衣起坐不復眠，四壁寒蟲泣幽咽。

於斯閣書懷

陸素生

五更忽惆悵，顛倒著衣裳。虚閣一延覽，高旻正莽蒼。詩存窮甲子，醉入古洪荒。爲囑床頭劍，無煩夜有光。

檢先大人集

陸素生

乾坤清氣獨能攄，并不文章到老疎。四十年中遭獨苦，五千言外血無餘。面墻已負周南訓，努力難成太史書。垂白一燈猶夜織，吞聲未敢輒欷歔。

送南盧之京口

陸素生

尊前一爲鼓雲和，别思何如夜雨多。騏驥驍騰輕萬里，十年羸馬獨婆娑。

鄉心應逐浙江流，白髮寒燈共一樓。酒醒京門殘月曉，極天煙樹是瓜洲。

坐悶寄查春園

陸素生

莫認有心都食肉，直是無聊乞佛粥。蝸舍湫隘蜎頸縮，跳躍鼯鼪化蝙蝠。羅羅光怪不敢吐，便畫胭脂那合俗。多君慰藉絶可憐，幽淵潛珠璞藏玉。茂先縱識雷焕劍，時人或目曹交粟。姑將得失付粲然，園遶蝶魂蕉覆鹿。細煙沈水活火荼，韻事親試閒婢僕。譬如弈棋愧弗如，私心且願射鴻鵠。

雪夜璵城道中寄張笠溪

陸素生

飛溜落洮淞，沙開匯水通。風天帆有力，雪夜酒無功。壯志收繮馬，虚名印爪鴻。思君回短楫，何似剡溪中。

客夜感懷

陸素生

誰遣愁爲不速賓，常教我作不眠人。未開家信情知苦，屢起衣稜病怕真。荒埭無雞添夜永，客居如燕逐年新。平生默計應惆悵，便卧江湖雪滿巾。

歸舟

陸素生

不記陂塘不記灣，峯陰壓艙近鄉關。年年亦爲黄金出，不信歸船只載山。

送查梅史之慈湖

陸素生

客無遠近總非家，歲歲氈衫裹細沙。多恐君身是芳草，東風吹後便天涯。
珍錯朝朝獻海鮫，續成赤雅寄非遥。雙魚莫是江珧柱，不上西風乍浦潮。

易號詩

陸素生

余號少白三十載餘，比見時下署號者不一，其人豈二字有足重耶？人取我可棄，人襲我當遜，乃易爲夷白云。

如何劉更生，書録簽臣向。道卿同郊榜，戲問庠何狀。名字隨變更，自古曾無妨。頗憶少年時，即以精白尚。自署當銘儆，荏冉虞老壯。濯磨身皜皜，及此景光旺。朅來見私印，紛雜如相況。藺或長卿慕，邕豈中郎貺。異苔可同岑，義合非孟浪。珉琬果可垂，名世甘心讓。未全改初志，但示不相抗。言徵不稱在，聊避雷同謗。雀蛤似兩物，枳橘化一餉。今吾想故吾，姑作隔世曠。矧兹文筆在，仍未嗒然喪。改弦一再彈，新聲定奇創。祇恐互嚴莊，人口難防儻。

自題戀莊圖圖乃吴查客老人寫贈

陸素生

開門圖畫日日新，渲染暮樹烘朝雲。化工借地爲稿本，容知非畫乃其真。先生撫景寫不得，賴詩刻劃稍傳神。山莊有客時往還，川原啖發天機關。道子落墨極神幻，重谿複嶂相回環。白袍鞾帽頎而長，曾聞右丞貌襄陽。如何蓊叢林樾末，科頭不見狂夫狂。想應醉眠不知處，室邇未妨人渺茫。閑窻静對還迷誤，此境何方欲遥赴。豈知即是在山泉，頭白爲漁此中住。魚忘江湖雲忘岫，真有匡廬不識趣。比來客裹初攜得，活現家山袖中出。天涯在在是蘧廬，何處離愁上眉色。

客　夜

陸素生

孤館黄昏倍悄然，家庭笑語亦無緣。吴山月色無邊好，錯向離人眼際圓。
偏是愁多酒易消，披衣依舊坐終宵。算來客夢原難著，不爲錢塘夜半潮。

登攬勝閣

陸素生

靈鷲拳西竺，長江劃越東。潮來三折白，日落四山紅。王霸餘苔碣，寢園易梵宫。獨臨危閣上，作賦擬王公。

六十初度

陸鉅元

五十題詩墨未乾，流光轉瞬十年寛。閑思老友邀杯酒，頑約兒童把釣竿。物不妄求隨分樂，貧能知命得心安。如今猜透塵寰夢，一卷南華仔細看。

夏日閑居

陸錦雯

住得深林愛寂寥，閑無車馬絶塵囂。遶廬祇種千竿竹，風自頻來暑自消。
小筑池亭五畝餘，徜徉盡日得相於。閑情總在苔磯上，半看荷花半釣魚。
一灣緑水瀉銀河，兩岸青山擁翠螺。雲散恰當明月上，雨收正值晚風多。

冬暮即事

陸錦雯

寄身擇得一枝安,久處艱難也合歡。風竹夜疑檐馬響,雪峰晴當畫屏看。況餘梅影横窻瘦,更有鐘聲到枕寒。種種幽情堪自遣,莫愁人事有千般。

倪宅看菊

陸錦雯

金剪疏英翠剪枝,晨霜暮雨自能支。芳名種種書牌記,瘦影離離倩竹持。客爲耐閑相對久,花因避俗故開遲。偏教逸士躭幽趣,香韻由來世少知。

六萬戍橋懷古

陸錦雯

世傳遠祖伯言公曾駐六萬兵于此,開闢土壤,教民稼穡,遂有東武武原之地。後人德之,立廟于花溪東市,曰陸司空廟,去橋僅百弓,至今洗馬池尚存。

祇見桑麻兩岸青,誰知當日駐雄兵。山雲疑展旌旗影,海水如騰鼓角聲。父老壺漿無戰苦,將軍裘帶有賢名。賣刀買犢春耕好,從此烽烟萬古清。

禾中歸舟風雨大作

陸錦雯

夜半胡然返客橈,鄉園南望路迢迢。寒生枕上天難曉,事到心頭酒易消。掀浪暗風偏怒吼,打篷急雨更蕭條。也應愁煞孤眠客,自詠新詩慰寂寥。

詠菊

陸錦雯

冷香披拂滿衣襟,插帽歸時伴醉吟。高士本無塵土面,美人猶有素秋心。遥憐三徑荒將盡,久寄東籬感已深。余客外二十餘年,家園盡蕪。恰似瘦來霜作骨,蕭蕭風雨漫相侵。

滸墅關

陸錦雯

鎖斷江湖路萬千,白頭津吏索青錢。賺他笑我無奇貨,幾本殘書壓米船。時往買米。

詠　菊

陸錦雯

去年賞識又今年,喜見花枝復放顛。我自清寒花自瘦,相逢故態兩依然。

雪　行

陸錦雯

灞橋驢子剡溪舟,奇景都從醉眼收。自覺年來風骨冷,偏能耐得此中游。

春日雲間有約訪古阻雨不果

陸錦雯

頓覺春寒聳兩肩,濕雲又冒九峰顛。出游有興天偏阻,歸計無聊客孰憐。滿腹未除湖海氣,半生多結兩風緣。此行不載圖書具,赢得人呼是米船。

家少白有花溪十景詩短章繼和録四

陸錦雯

淡水急東流,低横板橋東。時有漁丈人,醉唱前溪曲。幾陣荻花風,吹來聲斷續。板橋漁唱
花雨灑佛龕,苔壁面講席。老禪讀楞嚴,焚香逗山隙。一鶴下來聽,依人立空碧。石碧經聲
列以仙佛宫,山靈也從俗。多養凌雲枝,勝種藍田玉。清游結伴來,笑指鬚眉緑。妙果新篁
崆峒復峒崆,二名互相似。剩有仙人廬,豈是廣成子。煉就瓊華丹,烘得林葉紫。峒崆紅葉

舟行即目

陸錦雯

桔槔聲亂夕陽天,牛背驅來汗一鞭。只有老僧無箇事,寺門閒立看犁田。

口號答友

陸錦雯

山迴龍尾繞柴門,前有魚池後竹園。若問敝廬何處是,花溪市北第三村。

登沈山

陸顧源

翠磴紅墻壓水隈,參天一塔表崔嵬。泠泠鐘鼓雲間出,歷歷帆檣樹杪來。小市人煙寒碶鎖,

中天霽色夕陽開。登臨無限平生志,豈但區區作賦才。

夕眺同芝塘弟

陸顧源

春光駘蕩小溪灣,攜手同行放眼間。兩岸桃花紅不斷,夕陽明處鳥初還。

途中遇雨

陸洪疇

客路本離憂,歸遲阻小洲。草痕添萬緑,暮色入孤舟。雨急蟬聲緩,風多木葉稠。黄昏何所憶,應有倚門愁。

送蕙津大兄之燕

陸洪疇

琴劍飄然路萬重,嫁衣鍼線足三冬。燕山原是徵才地,應識雲間陸士龍。

鷄聲茅店又疏砧,客路星霜父母心。莫道晨昏妻子在,夢兒亭畔總相尋。

感事

陸洪疇

古人重交契,道義自有方。并巷相徵逐,富貴誓不忘。縞紵尚如此,何況在同堂。嘆息今世薄,比比參與商。兄弟兼友生,禍乃出蕭墻。連理枝南北,枯菀兩分張。南枝已憔悴,北枝尚蒼蒼。北枝傲南枝,南枝苦低昂。忽遭風雨夕,竟欲兩相傷。追思相結時,何故情不長。同謀反成隙,念之欲斷腸。誰生此厲階,長舌肆猖狂。此意不必論,立言貴有常。自古有田氏,從今鄙鄭莊。男兒生世間,休詠豆箕章。

道上感懷

陸洪疇

道上看山色,春心尚未闌。傭書耗歲月,涉世過艱難。寧被頑童笑,休令識者嘆。年年家計拙,且索酒杯寬。

崎嶇行

陸洪疇

家住錢塘窄復窄,醜然狡獪如山積。富貴肝膽共相許,三三五五門下客。堪嘆人情太輕薄,於今一一異往昔。當時勢盛争相附,吹竽鼓瑟喧門庭。道旁遠見走相迎,挽車勒馬問丁寧。片言出口羣唯諾,無意舉止奉儀型。頤指争奔走,奉命不敢停。自言我與君,死生長相親。那知一旦家道索,裘敝黄金日益促。窮巷秋風只自知,苔深木落滿墻屋。閉門寂寂斷人踪,多少知己誰脱輻。捫心從此悔前非,日暮青山倚修竹。世路崎嶇本如是,且展殘編尋了局。君不見,蘇秦富貴與貧賤,人生安得不逐逐。丈夫志氣在千古,何足與世争榮辱。西施且任負薪回,嫫母衣錦眩世俗。

四十述懷

陸洪疇

去故圖新心計違,入春詩酒遣愁圍。日長似歲添新句,夜冷如秋覔舊衣。風俗不殊家較近,禮文猶是境偏非。閑中無事長憑檻,耐看鶯花鬬夕暉。

平生最拙是謀生,況復家居懶送迎。抱硯自慚承祖業,歸田滿想課兒耕。羈棲無定悲王粲,婚嫁何年了向平。今是昔非休嘆息,如絲兩鬢日盈盈。

轉眴浮生四十餘,艱難潦倒度居諸。眼昏衹爲鈔書病,事錯皆由稟性徐。髮短秋來看種種,齒摇春至更疏疏。從今無復争長短,傍水依山樂所居。

恰愛吾廬近水隈,隨時散步任徘徊。偶租隙地添栽竹,欲置閑田遍種梅。雨恐濕書先補屋,裘難换酒尚銜杯。花磚日影遲遲上,最喜新晴霽色開。

寂寂幽居好學禪,每尋芳草記年年。一村花柳偷閑地,半畝衡茅自在天。飯晚不妨憑婦嬾,課餘僅可聽兒顛。從前亦有求名意,今作花光草色緣。

古風簡泑山侄

陸洪疇

大廈需輪囷,輪囷非凡質。挺秀幾星霜,還煩匠氏詰。干將與莫邪,芒鍔淬厲出。宋弓待九年,楚璞尚三泣。役物恐戕真,攝生貴專一。念我在昔時,致身悔無術。愛博昧自量,執業苦不力。喜事慣謀人,人已兩成失。翩鎩笑鸒鶡,力怯困鬼蜮。但存心春和,又怪口弦直。徙突徒懇懇,貝錦頗緝緝。元髪今欲素,六尺恨未立。五内戰雖勝,興言心猶惻。短書經歷來,葑菲或可拾。爍金衆口多,折軸羣輕集。挺鹿則走險,銜結必懷德。剛壯羊羸角,高明鬼瞰室。廉藺善用下,龜龍善用蟄。私竊勵此義,慚未守雌黑。摇摇寸心懸,願陳君子側。

五十述懷

陸洪疇

五十蹉跎歲月淹,長卿多病久懕懕。攻愁春酒仍頻減,催老霜髭暗自添。已少英雄誇鵠起,敢將衰朽學鷄廉。追前慮後傷心處,取次揮毫信口占。

出門每每苦風波,静裏偷閑歷坎軻。率我真時嫌禮簡,受人憐處怕恩多。樹知老矣難重茂,刀本鉛如不用磨。豈是袁安能守拙,得過且過竟如何?

捨己耘人總是癡,當年瑣尾力難支。早隨女嫁衣憐薄,且任奴逃價不追。忍耐苦甘安命舛,糊塗恩怨惜門衰。半生玩愒終無賴,惟有青燈結素知。

碌碌乾坤一腐儒，等閑贏得睡工夫。作詩隨意休求譜，讀易無功未解圖。天本多寒人附熱，世方好紫我憐朱。莫嫌酒後狂歌妄，花樣平生著著輸。

布衣愧乏魯連才，蕿落風塵百事哀。匣劍頓茫難射斗，鑪香餘燼已成灰。禦寒有術身偎被，排悶無錢眼看杯。堪笑前車猶未戒，貪天仍敢妄相猜。

莫輕行

陸洪疇

莫輕乘船船易覆，莫輕騎馬馬折足。世間何處非畏途，禍非禍兮福非福。君不見，太行湖海在目前，昨日嬉笑今日哭。

自覺

陸洪疇

酬應年來懶，人情(迴)〔迥〕異初。欲求心不負，自覺計多疏。病濕難除酒，貪貧尚讀書。此身過半百，何日侶樵漁。

内子週甲未届帨辰兒女輩以新正團聚庭闈預爲稱觴率吟以贈

陸洪疇

嫁得黔婁僅紡磚，量鹽數米記年年。畢生選懦誰云健，一味支吾漫道賢。菽水艱難徵十指，衣衾襤縷耐孤眠。從今痛定還思痛，回首當初倍黯然。

屈指來歸四十春，冬烘事事最悲辛。饑寒繞膝啼嬌稚，湯藥留心侍老親。白髮丹鉛猶寄食，全家骨肉盡依人。何須舉案齊眉祝，落拓依然笑此身。

哭大兒二首

陸洪疇

祚薄常申儆，緣慳屢費辭。苦思能幹蠱，誰識竟成癡。鶴豈鷄羣立，松非培塿滋。操勞空已矣，慘罰痛如斯。頗被旁觀笑，翻償忌者私。撫棺生似夢，舐犢死嫌遲。婦見心先碎，孤攜力勉支。吞聲聊當哭，得句豈吟詩。

和宋樗里見懷元韻

陸洪疇

一自識荆後，憬若聞未聞。磨甎冀作鏡，失律思成軍。家世本放翁，跌宕尤范羣。猗歟吾少白，後起復揚芬。硜硜樗蒲質，襪線何足云。譜牒述舊德，筆硯幸未焚。特以才望淺，未敢定斯文。何況風雅才，語未脱塵氛。納交名士籍，觀摩志殷殷。渾忘爾與汝，何愁合與分。怕走城市場，且匿溪河濆。世俗慣揶揄，雌黄口紛紜。願言託知己，高義薄層雲。

數　定

陸洪疇

天道總平分，循環不改轍。雨暘亦遞遭，風雷相激越。冬暖每春寒，夏涼或秋熱。人事豈可料，物性難臆決。堇榮向日姿，菊耐傲霜節。遲速固有因，久暫從此别。役役徒爲爾，趨避誰巧拙。舌柔亦有爛，齒剛反不折。總期寸心存，彼蒼自昭雪。

述　意

陸用霖

古人貴真實，今人尚雕琢。豈惟尚雕琢，方寸起五嶽。世風遞升降，祇在華與樸。立身自有以，硜硜守其慤。涉世仗忠信，何用露圭角。炎涼勢所趨，習染防未覺。勿笑古人愚，勿學今人薄。今人不必憎，古人或可作。

與弟三十韻

陸用霖

東方魚名鰈，南方鳥名鶼。比目與比翼，離之不兩全。即如爾我是，少小長隨肩。初七及下九，嬉戲畫堂前。總角同入學，咿唔手一編。雙親顧而喜，笑口爲咍然。分以青鏤管，授之銀泥箋。從此下帷苦，蹤跡不暫捐。日則連几讀，夜則共榻眠。縱橫論文藝，涉獵評古先。鎖院忽扃試，攜手上小船。旅館無伴侶，姜被益拳拳。花開吴山道，月出明湖邊。扣舷歌屢和，倚策韻頻聯。所恨不努力，曾未得騰騫。高堂何以慰，相勸復相憐。翻然歸去來，不如隱林泉。秋風聽鳴杼，春雨看種田。傷哉萱草萎，老父幸長年。晨朝請沃盥，夕釣供盤鮮。天倫有餘樂，會食慶團圓。既無别離苦，亦少愁緒牽。即今各老大，頷下髭鬚鬑。至性諒無隔，歡悰應更添。縱使廣結納，冠蓋盡翩翻。欲求爾我外，豈復有三焉。何況交游寡，祇此骨肉緣。我固無爾遠，爾亦弗我嫌。不慕喬二子，服藥并昇仙。願爲紀與諶，將車時周旋。

池上納涼

陸用霖

日落四山陰，好鳥時一鳴。深林暮氣横，池水蕩空明。風從東南至，步屧微涼生。披襟三四輩，流螢照人行。荷香隔岸溢，鄰笛誰家賡。夷猶足延賞，心跡喜雙清。朋儔有同契，笑語若爲情。東山月未上，星斗横殘更。

余今年七十有九内子年八十同人於新正枉顧稱觴并貺詩文見祝賦此誌謝兼示後人

陸用霖

薄暮桑榆迫此辰，生來幸作太平民。名場困頓休言命，生計迂疏不厭貧。變態人方趨世局，坦懷我自任天真。明知衰朽原無用，鼓腹同游大地春。

白日堂堂去不回，澄心觀化亦悠哉。敢誇家世多長壽，先大母金孺人年九十五，先君年九十。偶荷乾坤養散材。撫己何堪當介雅，薦辛祇欲共銜杯。重思十九年前事，合席歡騰笑語陪。庚寅新正，戚友爲先君九十稱觴，時余年正六十。

漸看孫曾膝下羅，老妻白髮亦皤皤。家無仕宦驚心少，室有琴書樂事多。涉水登山仍眺覽，灌花栽竹且消磨。余少習形家言，性又喜蒔花竹。癡翁到老餘佳興，信口時爲擊壤歌。

魯墟舊籍本農氓，余家自山陰遷彭湖，放翁曾云，先世本魯墟農家。古樸遺風世幾更。但願息心耕且讀，休求非分利和名。蓬茅可隱身真貴，蔬布能安夢亦清。祗此自怡還自足，後人慎勿笑餘生。

五雲山神廟

陸濟舟

一廟高峰占，香煙晝欲暝。江山增氣概，草木附精靈。祈子酬燈愿，求財卜筈經。堪嗟來往客，擾擾幾時醒。

春　游

陸濟舟

一帶垂楊滿水涯，春游是處盡堪誇。緑波影裡人雙槳，黄鳥聲中雨萬家。欲把清樽思藉草，爲貪佳句更尋花。鄉村籬落風光好，遲我停笻到日斜。

看菊有懷許梅圃

陸濟舟

不隨羣卉鬬青紅，秋色疏籬鑄幾叢。須識清癯原本質，恰宜寒素是家風。嘉名曾記先生錫，君下榻余家時曾爲品定。異種還憑造化功。可惜今朝誰與賞，濁醪空滿一樽中。

秋晚村居漫興

陸濟舟

結茅占得小溪灣，霽色今朝好啓關。隔岸楓林都落盡，螺青一抹見遥山。
秋高稻熟露光晞，拴拴金鐮手自揮。餘穗兒童難盡拾，任他黄雀滿田飛。
小艇延緣夜幾巡，一星星火滿江濱。尖團幾串連螯縛，早起門前喚賣人。

每到秋來照眼明,滿園橙橘實初成。筠籃摘盡黄金顆,放得枝頭樹樹輕。
江村夜半寂無譁,横笛何方起水涯。隔浦老漁知未睡,一帆明月傍蘆花。
故人相訪到郗莊,敦樸田家禮意長。紫芋紅菱風味好,滿浮大白勸君嘗。

秋　夜

陸濟舟

秋深入夜薄寒生,一點殘燈斗室明。抱膝吟成蟲四壁,支頤讀罷月三更。閑看庭樹参差影,静聽江潮出没聲。節近題糕風景異,明朝預擬看山行。

中秋看月

陸濟舟

客裏看秋月,天高分外明。況當三五夜,愈覺一輪清。把酒新儔侶,吟詩古性情。故園庭下桂,應有暗香迎。

述　懷

陸濟舟

老親何自得歡然,濩落平生亦可憐。處境每多束手日,讀書幾見出頭年。田園將盡征偏急,筆墨頻荒病又纏。我欲遣愁遣未得,休猜無事惹情牽。

冬夜同人小酌

陸濟舟

雨雨風風十月天,筵開暖閣意陶然。客來不速原同調,會出無因亦夙緣。角藝慚爲門外漢,倒觴且作酒中仙。手彈紅燭不知倦,莫問囊中自有錢。

學　詩

陸志泗

五十年來始學詩,蒼顔白髮未嫌遲。自憐得意清狂處,怪煞山妻笑我癡。

五十述懷

陸志泗

四十九年事已非,如今不復羡鵬飛。攜樽野外尋花賞,杖策山間帶月歸。愛詠詩歌書檢屢,因抛塵俗客來稀。此時獨笑諸君貴,脱卻荷裳换紫衣。

中秋寄友

陸志泗

去年今夜賞西樓，萬籟無聲一色秋。今夜西樓重醉月，風光可似去年不？

七十初度

陸志泗

堪笑衰年種石田，家貧兀自興陶然。園蔬味美思兼品，布被情長愛獨眠。篋尚留書原未蠹，琴徒懸壁任無弦。門前塵事無由擾，儘我高吟且放顛。

老　病

陸志泗

老病醫無藥，行爲事事差。耳中能發語，眼底屢生花。白髮真難掃，青年不再華。喜兒扶我出，薄暮看殘霞。

自題野語亭拙稿

陸志泗

野語亭邊野草香，野人胡亂作詩忙。野情不受人拘束，野話荒唐亦不妨。

客　夜

陸曙東

披衣起坐乍驚秋，中夜思量默自籌。涼月一窻蟲四壁，何人可説客中愁？
年年計拙爲謀生，落魄依然百不成。有子難從師教讀，無田幸免吏催征。
浪跡平生意若何？朱門彈鋏且休歌。此身一似梁間燕，是否明年宿舊窠。

癸巳冬葬先父母暨先大兄於祖墓側感賦

陸曙東

爲卜佳城祖墓旁，關心誼切叔芝塘。芝塘叔素精地理，屢以此事催促，葬時更爲定穴。負來蟻術封初定，報到烏私願莫償。惟冀先人魂魄奠，敢祈後世子孫昌。寄言執紼諸親族，風露奔馳德豈忘。

示女弟

陸振之

嗟我無兄弟，煢煢與世殊。況當腸斷後，遺爾弱齡孤。燈火常依讀，虀鹽解入廚。閑愁渾未識，牕外樹啼烏。時先季父已于上冬下世。

秋夜有懷

陸振之

暮靄忽已歇，沿流溯幽景。池草暗深碧，點點疎螢冷。清虚敞高閣，坐覺煩慮屏。萬木鬱蒼然，〖寂無人境。有風颯颯來，皎月散林影。衆籟一時作，入耳秋聲併。之子不可見，妙悟空獨領。悵望極天末，玉繩對瑶井。

家秬村從父以九日見懷詩寄示謹步原韻

陸振之

萍踪蹤飄泊各西東，澤畔行吟道豈窮。白雁天空兼暮色，黄花人瘦又秋風。登高彭澤無樽酒，得句吴江有落楓。寂寞天涯誰是伴，家山辜負夕陽紅。

悼亡十絶録四

陸振之

謝公最小偏憐女，夫壻黔婁更不如。今日凄涼搜蓋篋，羅衫鈿帶也無餘。内子爲胡穰園先師季女。
多病多愁了此生，藥罏經卷夏秋更。紙窻風緊燈如豆，髣髴猶聞咳嗽聲。
持齋長願禮花鬘，應是前身鹿女班。生世故教無繫戀，不留兒女在人間。
苦辛手爪歷朝昏，製作征袍表裏温。織素故人今已去，一絲絲有血啼痕。

同人游湖天暝欲雨泊舟西冷橋側望對面南屏諸山出雲頃刻變幻雷峰一塔隱見不常俄而風雨交至狂喜賦此

陸振之

一峰吐雲乍蜿蜒，一峰紅日猶在巔。日光儵掩紛欲黏，前峰後峰雲相連。雨氣空明似窒圓，饙餾萬竈蒸濃煙。南屏突湧亭亭蓮，峻嶒孤塔霄漢懸。疾風狂捲暗遮天，咫尺不辨何有焉。黑雲翻墨白拖緜，良久浮圖始露肩。湖光倒映崖樹穿，須臾騰繞復變遷。迷離但見矗微尖，忽明忽滅心目眩。胡涓切。幻戲疑有飛空仙，雨隨風勢急點添。如珠走盤四角旋，亂雲滚滚渡湖先。繁聲已到山橋邊，琤瑽百道鳴流泉。鳳林晚鐘催客船，篷窻滴瀝争言旋。回看天青山便娟，雨所不到故依然。在天大叫發狂顛，作詩一笑君勿嫌。

湖樓曉起

陸振之

忽自驚殘夢,推窗曙色分。春聲多在樹,湖氣白於雲。落拓琴書在,飄零雁鶩羣。隔溪知有寺,煙際一鐘聞。

自題半花小圃齋壁

陸振之

小築衡茅近水涯,幽居清興儘堪誇。檢書有味翻因犮,飲酒無心偶爲花。榻設常迎朝旭暖,簾鉤便借緑陰遮。園丁早起來相告,雨過荒畦好種瓜。

短籬門小不須開,境少喧譁地少埃。閑覓釣竿删紫竹,自添瓶水折紅梅。兒窺棋久茶先呷,婢識詩成飯未催。苔徑有人聞剥啄,阿誰還送素縑來。余嘗偶作水墨蘭竹,每有乞者,竟弗能拒。

浮萍篇

陸振之

飛絮化浮萍,蕩漾在澗壑。浮萍復作花,不憶楊枝落。君今出門去,游戲京與洛。青樓大道旁,鳴筝相娱樂。翩翩狎年少,寶馬黄金絡。空房起涼風,獨夜淚盈握。三星耿户牖,微軀念誰託。願逐雙飛翼,道遠傷謡諑。丈夫自有志,吁嗟妾命薄。庭前一尺布,污泥難再濯。高山有泉水,冬夏長不涸。

三十感懷

陸振之

烏飛兔走太忽忽,三十韶華一擲中。只有雄心餘射虎,更無新樣學雕蟲。事從作後方知誤,句到工時最怕同。苦恨年年頻壓線,被人背指笑冬烘。

縱談上下五千年,炯炯雙眸見獨先。落拓屢遭時輩訕,孤高不受俗人憐。病多識盡君臣藥,貧至誉無子母錢。我是空中參妙諦,何須梵筴更逃禪。

垂髫虚譽日紛紛,旗鼓詞壇樹一軍。余十一歲時,曾著論數萬言,謬爲諸先生賞識。長大不堪多白眼,頭顱如此況青雲。幾經閲歷都增學,詎信功名只論文。慚愧親恩無以報,祈年手把瓣香薰。

意氣公然類灌夫,奚須世路嘆崎嶇。腐儒眼孔原來小,壯士心腸到處粗。犬吠柴門驚索債,符傳鄰伍訝催租。高吟拍案都休顧,此事區區豈溷吾。

歲饑感賦

陸振之

古有藏富術,所以民不饑。三年一年蓄,豐裕恒在兹。今者競奢侈,窶人擬豪貲。婦稚來田間，往往衣文綈。尋常洽比樂，輒復羅盤匜。生計嘆日促，物力因以疲。頻年遇荒饉，天道有如斯。爲政貴在豫，慎弗蹈後時。見弊乃救弊，所補亦已遲。誰言一寸縷，而非織女機。誰言一粒粟，而非農夫脂？

醉中放歌

陸振之

從古神仙必英雄，英雄原是神仙作。君不見，留侯晚從赤松游，當年入關真王佐。又不見，衛公兵法開唐代，歸來卻向深山卧。何人采藥慙空行，爲少功德遍羣生。始知大道在濟世，區區不在金丹成。蟄龍蟠屈在田野，興雲致雨無不可。丈夫有時激昂軒天地，四海蒼生一肩荷。有時翻身萬慮空，枯坐窮巖餐松果。蓬萊宫闕有人開，天上斷無無情者。此中舒卷默由心，轅駒局促乃非我。茫茫千古一紅塵，蠻争觸鬬無了因。惟有英雄傳其名，神仙葆其真。何似英雄神仙一身有，於己於人兩無負。天生此才信奇傑，柔肌脆骨那能久。要當食肉而飛侯，萬里鐘鼎銘勳期不朽。功成便須拂衣去，身與偓佺、彭祖同長壽。焉能一飲一啄等螻蟻，昂藏七尺但奔走。吁嗟乎，英雄亦難爲，神仙不可期，不如醉倒生前一杯酒。

寫　　懷

陸振之

遼海誰知己，風霜一短袍。生涯猶有舌，世事任如毛。酒重愁難減，囊空氣愈豪。茫茫增百感，俯仰首頻搔。

曉起同人遊龍山過東林庵不入

陸振之

寒篁森緑玉，時復一禽語。塢裏有人家，茶煙散幾縷。拾級歷盤紆，攜樽歡儔侶。石奇供目翫，布列皆可數。峯巒獅伏蹲，翔翥鳳斜舞。雜花紛泫露，滿地散如雨。境幽神自移，路轉勇先鼓。白雲何空濛，漸向林間吐。彷彿見紅墻，一角露孤嶼。逶迤遠過橋，寂歷深閉户。惟有誦經聲，泠泠出平楚。塵蹤不敢敲，曰歸遵水滸。

送人遊富春

陸振之

畫眉聲裏雨初收，垂柳垂楊掛别愁。一幅蒲帆剪江去，青山無數落船頭。

書許硯農表丈爲余家所作天倫樂事圖後

陸振之

人生結交徧海寓，不如骨肉長團聚。當年處順亦尋常，及至失時始悟苦。墜歡斷夢渺難追，展圖涕下紛如雨。惟昔家君曠逸姿，一泉一石甘自怡。同心衹有吾季父，友愛食息無分離。此唱彼和李家集，弟勸兄酬杜老巵。座中佳士堪屈指，往往快墨留淋漓。猶憶壬申春二月，鶯啼别苑攜笻隨。花間玉椀乍分茗，松下文楸旋賭碁。小子侍立閑無事，授以蠻箋催賦詩。許君適來舐筆寫，如見談笑偕娱嬉。浮雲變幻須臾耳，竹林腸斷歌蒿里。從兹嚴親日就衰，聯床聽雨常嘘唏。寥落琴樽樂事虚，凋零門户隱憂始。傷哉高陽骨亦寒，人壽河清難久俟。作圖之人不可尋，矧此精靈復何在。撫今思舊心忡忡，幽憤直欲排蒼穹。鵂鳴屋角一燈緑，捲紙颯颯來悲風。

溪　行

陸振之

不覺西風冷，吹來上小船。野雲低著水，叢竹亂生煙。即物殊佳爾，懷人更邈然。猶餘疏蓼在，紅出一鷗邊。

懷家鷺亭叔祖於山東

陸振之

河流轟百道，岱色鬱千盤。有客經年去，蕭蕭匹馬寒。旅顔雙鬢改，歸計一身難。花發鄉園日，門閭早倚看。

大水不能出户獨坐一室删訂詩稿慨然有作

陸振之

淫霖日夜苦無休，況值幽憂疾未瘳。烈士暮年悲兩鬢，文人末路想千秋。賈書董策原無用，島瘦郊寒也自愁。莫怪編成增感慨，他時未識屬誰收？

深閉衡門鎮寂寥，咿唔聊復度昏朝。無多生産災偏甚，有限才華老亦銷。附尾羞隨名士後，稱心且作太平謡。從人評泊從人笑，祭爾先將濁酒澆。

歸家有感

陸振之

爲學愧不力，青衿徒株守。依依庭闈樂，誰識亦難久。昔從武林歸，輙奉高堂酒。嚴親顧之喜，剌剌語在口。主文寬與嚴，能拔真才否。題目僂指數，首列記誰某。末乃詢小子，汝名在先後。再令呈帖括，披覽置座右。今日復歸來，恍惚重回首。儼然几榻陳，音容渺何有。入門慘無言，吞聲對子婦。子婦曾不知，但怪顔色苦。循階下庭除，獨立若有佇。忽見籬下菊，枝枝葉盡俯。吾父夙所愛，灌溉手培土。歲寒有同情，菊亦繁英吐。時於琴書暇，開樽速儔侶。一自人已去，憔悴委荒圃。微物爾何心，頗似傷舊主。矧此烏鳥私，涕綆下如雨。

哭芝塘叔祖

陸鼎生

從來植福在忠厚，敦行畢竟能裕後。公爲我家祖父行，老成典型傾心久。里居雖隔音問通，平時往來詢安否。曾憶去春登華堂，俚言共祝齊眉壽。賜誦抒懷一卷詩，公有《述懷》詩四首。高風落落誰與耦。況值春秋蒸嘗時，隨人宗祠同拜手。族誼殷勤訓迪深，我與我兒常領受。方期今歲復開筵，再躋公堂酌大斗。不料一别成千古，歲在己酉月在丑。天上共驚少微沈，人間忽見松柏朽。庭前叢菊手自栽，更無主人來對酒。欲訪方輿地理精，已失當今郭璞叟。擬參上乘證禪心，虚無寂滅復何有。傳家幸賴世澤長，叔兮弟兮俱孝友。

道中即事

陸思勖

蒼茫初極目，放棹任幽尋。水闊風偏急，山高日易陰。未逢沽酒店，且作扣舷吟。何處清音奏，泉聲若弄琴。

最樂山莊十景詩録五

陸思勖

長空黛色認迷離，一柱亭亭勢欲攲。隱約林疏山缺處，分明煙散日高時。晴雲扶影秋偏逈，夕照塗金晚益奇。最好倚窻閒眺望，倪迂淡筆畫中詩。晴嵐塔影

江村一曲水迢迢，賸有幽情未易描。殘柳寒塘誰問路，夕陽秋浦有停橈。片時獨立勞相望，對岸何人便欲招。打槳荻蘆深處去，愁看河渚影蕭蕭。前溪唤渡

一林黄葉路三叉，隱隱歸人出水涯。倒荷枯枝拖雨重，半兜破笠掠風斜。微聞隔樹行歌緩，忽值摩肩笑語譁。去去柴門原不閉，績麻兒女共當家。越岸歸樵

數椽茅屋緑迴環，獨倚欄干意自閒。破曉春聲初鬧候，長林寒色欲沉間。扣門客到如聞吹，攜酒人來悮看山。是處濃陰遮不斷，儘他上下語緜蠻。煙樹鳴禽

遠浦煙光暮欲交，尚餘霽色映荒郊。一溪春水環漁舍，十里斜陽在柳梢。小艇有人歸古渡，破簑隨處掛衡茅。江鄉即景多詩料，只怕年來興易抛。漁村返照

石泉暮歸

陸思勖

一雨欣初霽，歸途野色昏。人煙皆傍樹，籬落自成村。負耒農初返，投林鳥不喧。隔溪蒼翠裡，咫尺是柴門。

雨後游秦山

陸思勛

舉頭東望霧冥冥,曲磴盤旋次第經。風急帆如飛野蝶,潮來山欲化浮萍。繁花兩岸春纔半,啼鳥空林雨乍停。嘆息祖龍遺蹟渺,千秋跨海想威靈。

侍大人登巢居閣看對山雲影同小魯弟作

陸思勛

孤山兀立湖當中,千秋高卧一逋翁。梅花已落鶴不來,巢居有閣高瓏瓏。對面看山此最好,憑欄仰望嵐翠重。是時方交夏五月,雲氣獝詭多奇峯。開合動盪不可測,忽作長蛇忽蛟龍。一片横遮青山失,非霞非霧山頂籠。日脚倒射疏處漏,萬縷金絲掛碧空。何來清風捲又盡,依舊崖側撑長松。山自凝然雲自幻,我來杖履適追從。出語羞澁不敢吐,摹寫景物難爲工。九原處士合相笑,笑我歸去還怱怱。

談仙嶺

陸思勛

登高遠眺暮雲微,疊嶂如屏列四圍。湖氣忽然蒸樹白,潮聲直欲撼山飛。臨風古戍催殘角,隔嶺歸樵擔夕暉。踏破芒鞋空訪古,不知何處叩仙扉。

初夏偕小魯游碧雲寺次其原韻

陸思勛

碧雲深鎖寺門松,迤逦層巒路幾重。滿磵花流三日雨,隔林風落一聲鐘。還勞衲子詩牌乞,更覔樵夫石徑從。此是人天幽絶處,閑聽清梵禮金容。

題小魯鵬湖櫂歌三絶

陸思勛

由來生小狎菰蘆,風景還勞仔細摹。莫笑效顰朱竹垞,儂家家世本鴛湖。
采菱艇子逐波浮,生長漁家不識愁。昨夜月明誰和曲,笛聲吹出滿湖秋。
雨晴水漲小沙洲,何處凄迷動暮謳。我是鷗兄君鷺弟,相將同上釣魚舟。

秋日過友人書樓即目

陸思勛

我來訪舊雨初收,徙倚長空儘放眸。海内交情同作客,檐前風景正宜秋。僧攜雙屐欲歸寺,雲挾一山飛入樓。對此不妨同嘯詠,勾留盡日豁羈愁。

幽　居

陸思敏

未與人世隔,所居已深窅。殘萼落庭前,馳景明岫表。忽聞一禽鳴,緑陰如未曉。枕石自高眠,幽夢墮茫渺。

侍大人至花溪訪祝瘦梅師將歸瘦梅師招集同人游妙果山謁祝虚齋先生墓過真聖殿小憩大人有作敬次元韻

陸思敏

沂雩風浴趣,小子亦同羣。聯步尋幽徑,憑欄倚夕曛。澗寒疑有雨,樹古易生雲。隔院鐘聲動,翛然息衆聞。松石籠寒煙,蒼蒼此地偏。人閒皆入畫,境僻即游仙。薦菊清風在,餐芝小住便。玆來陪訪戴,何減剡溪船。

西 湖 雜 詠

陸思敏

行遍蘇堤路未遥,青山影裏馬蕭蕭。桑畦一片連荷蕩,欲訪當年裏六橋。
步屧芳塘故故遲,扶筇最好夕陽時。萬松影合金湖暝,一路鐘聲到净慈。
水平山遠畫中春,宫殿前朝蹟已陳。嘆息趙家歌舞地,秪今惟有草如茵。
傍晚湖山景更殊,回頭指點在歸途。樓臺金碧斜陽亂,一幅荆關著色圖。

夏 日 山 莊

陸思敏

高樹晚涼偏,臨風有嘒蟬。雨從前夜過,秋入草堂先。石鼎宜烹茗,藤牀愛撫弦。隔隣人語雜,乍返釣魚船。

侍大人校刊宗譜有懷族中諸先輩

陸思敏

魯嚴公諱調鼎諸生有氣節

勁節高風世所欽,立身不受俗塵侵。傾家只爲師生誼,公中歲貧甚,僅餘田七畝,業師祝某婦亡無以斂,公知之,持其券畀之,俾轉鬻焉。饋粟難移鐵石心。同姓某求通譜,載粟數十斛饋公,公怒叱之去。四壁蕭條寧自餓,公家常數日不舉炊,終不干求人。一生潦倒尚高吟。吴山朱與錢山董,踪跡應從兩地尋。公館省城朱氏、夾山董氏,各十數年。

行原公諱克諧官建德司訓有文名

毬墩不住住彭墩，卜宅難忘骨肉恩。公嘗卜宅毬墩，念弟無依，歸而合構數椽居焉。白髮聯床攜弱弟，青燈傳硯有文孫。公孫心齋公隨公至建陽學署六年。授經秦水門墻盛，公館鶴駕橋查氏數十年，及門甚盛。秉鐸嚴陵德望尊。一自鄭公老去後，式閭誰復到江村。

心齋公諱德昌諸生善行草書

水竹清幽謝海橋，公家謝海橋。草廬子合此逍遥。公晚自署草廬子。閑中風月消棋局，世上煙雲付酒瓢。譜學矜嚴看晚歲，公晚年續修宗譜。文壇跋扈憶垂髫。撫摩手蹟今猶在，飛舞龍蛇逸興饒。家藏有公手書行草横幅二。

步源公諱塏上舍生善詩

不貪上舍彈冠易，查望齋先生贈公句。但愛名山着屐便。務觀詩成真自放，公詩宗放翁。季疵茶熟合稱顛。公有茶癖，時稱茶顛。招邀觴詠多儔侶，嘯傲煙霞近市廛。小築巒莊容我隱，巒莊，公所居村名。峰峰環抱儘幽偏。

卬浦公諱茂增歲貢生學行兼優遠近宗之

百年族運有誰扶，砥柱中流藉楷模。理學淵源窺鹿洞，隱居教授繼鵝湖。秋風幾度霜蹄蹶，公九赴棘闈，五薦不售。化雨頻年宿草蘇。猶有后山訂同調，花溪南北兩醇儒。公與陳半圭先生爲張楊園之學。

翠臺公諱鎮五諸生青年績學年祇二十八

負笈朱門倒屣迎，公業師朱耕膏先生目爲後來之雋。五經一見爲心傾。同學許公順龕嘆其文爲天才。從知才望超同輩，争奈文章悮畢生。攬轡范滂原有志，嘔心李賀竟無名。應爲吾族嗟衰落，棟折誰將大廈撑。

少白公諱素生布衣以詩名與同里查梅史南廬時號龍山三才子

文光萬丈貫長虹，吟社當年唱大風。公開東山吟社于龍山之麓，梅史爲之序。世目士龍爲隱鵠，人稱此鳥是翔鴻。醉侯合署雲溪子，詩伯應推桑苧翁。小謫塵寰六十載，幾曾青眼到三公。

耕芳公諱洪疇遺詩甚夥宋樗里極稱賞之

門巷蕭條近水濆，先生終日意何云。胸多塊壘憑詩寫，面挾風霜借酒熏。小閣來青棲託便，來青閣，公所居。一燈垂白校讎勤。公喜鈔書，老猶不倦。騷壇誰是知音者，惟有吾鄉宋友文。

（清陸振之纂修《［浙江海寧］海昌鵬坡陸氏宗譜》　清咸豐四年刻本）

高氏宗譜

贈高君湘卿有序

萬道昌

高君湘卿，戴林舊家也。少負才名，應童子試，輒列前茅，而數奇不偶，落落數十年未博一衿。士人多惜之，而君若有不豫色然，故作俚歌以慰之。

蒼天冥冥不可知，世路茫茫何所之。嘯清風兮步明月，空悲今古淚如絲。憶昔寒窻十載讀，氣宇昂昂脱塵俗。偶作篇章寄情思，一篇脱稿如金玉。四方名士争往來，春風桃李沐栽(倍)[培]。縱使雲程未展翼，當時莫不憐君才。君不見孔門七十士陋巷如愚推顔子。寥寥千古著高風，屈指于今誰似此？惜君壯志未全灰，回首少年眉不開。秋風雲雁遞君信，與君共醉菊花杯。

贈雲湘高君有序

萬道昌

予與雲湘先生爲總角交，見其文有大家氣息，雄健奔放，常郡余保燮夫子所深許者也。而數困于場屋，遂棄舉子業而隱于家。予亦有苗君之癖，欲焚筆硯。適去歲張友强予應試，忽遇先生于場中，兩相咤異，知先生亦爲友所强。噫，馮婦見之，定當把臂入林也。笑述此事，兼賦俚言一章以贈。

新知情雖好，故人意更長。總角盟心友，依依不能忘。君少生華胄，氣宇正昂昂。作文華豪放，灑灑復洋洋。偶歌詞與賦，佳句貯錦囊。天生如此才，胡爲名不揚？斂跡避城市，高卧白雲鄉。青燈伴經史，緑野課農桑。頻呼良友飲，一飲累十觴。十觴亦不醉，慷慨類清狂。何時壯志動，躍足望大荒。展起雙飛翼，空際任翱翔。寄語天邊月，兩處照離腸。

（清高步瀛纂輯《[江蘇武進]毘陵戴墅高氏宗譜》
清光緒六年報本堂木活字本）

崔氏宗譜

崔氏十二景

程文繡

龍御上乘

龍門嶺，在崔氏陽宅之東，卸脈爲基，上下十餘里，勢甚高峻。巽峰塔，順治癸巳年建，在關門外鼓山上。旁有七松書屋，塔影松聲，蕭然遠俗。

疊巘嶙峋萬仞岡，奇形蜒蜿肖龍翔。雲移亂石蒼鱗動，風捲千松翠鬣長。俯卧南陽鍾秀氣，仰騰霄漢耀神光。靈蛟若遇春雷震，化作商霖澤八荒。

鳳儀高岡

宅前有鳳山峙伏，上有佳城毓秀。

一峰毓秀屹然奇，形勢争傳儼鳳儀。日映葩光如展彩，風傳籟韻似鳴岐。瑞翎時向梧岡隱，修尾恒疑竹徑棲。應産靈雛名世出，天朝覲德兆雍熙。

黄山壁立

黄山，三十六峰翠聳層霄，爲基址朝對。

黄嶠崿巘擁蓬萊，六六峰聯翠作堆。巖雨初晴眉黛濕，嶺雲乍過畫屏開。忽看雪羽孤飛鳥，點破風崖一片苔。登眺層霄京闕近，文嶼炳焕應天臺。

白石玉韞

白石尖，在宅後黄沖。巒岡蜿蜒，阡陌繡錯。舊有白石山房，爲瑶讀書處，今址已廢，猶存黄山古松一株，虬枝偃蹇。

磷磷白石勢殊雄，地設天成造化工。雪竇胎珠山吐月，霜巖韞璞氣成虹。暖煙淡鎖琉璃潤，香靄寒籠璧玉叢。攻取誰能呈卞獻，連城重價應時逢。

霧巖豹變

宅後來龍，名曰霧山。自石岡山來，高五百丈，東接龍門嶺，西接三折嶺。樹林陰翳，佳氣葱蘢，舊多梵刹。集慶菴在霧山腰半，與蓮花峰遥對。每逢秋霽雲鋪，一目千里，恍有蜃樓海市之觀。龍王殿在霧山下，禱雨最驗。明邑令馬維銘記大參崔公師訓，題云：峰頂繞雲霞，自去自來爲道友；松梢懸日月，常明常覺是禪燈。明皇殿在霧山麓，宋嘉定間建。

層巒窅峭鎖雲端，彷彿氤氲豹隱山。曉霧滿巖藏氣肅，秋風遶谷怒聲寒。蘭泉吐溜噓涎潤，苔徑披煙染體班。一變彪文成炳蔚，獻才世出瑞相關。

盤瀑虹垂

磨盤峰在水口西，上有清泉。時出一峰插漢，雲霧蒙頂即雨。天氣清爽，頂上望九華長江數百里外在目前。

懸崖瀑布瀉清流，渾似晴虹瀊未收。低傍磨盤斜飲澗，曲通巖壑遠涵秋。恍疑霓影凌霄漢，尤訝神光貫斗牛。行見至和昭景貺，釀爲甘醴獻皇州。

大礄古渡

浮塘在文昌閣下，寬廣約四五畝，窅深莫測，中多游魚。水潦不漲，乾旱不竭，左右田數百畝，里人每資以灌溉。旁有兩石橋。河水發源黄海，出密崖關，入金鐘潭。

僊源古渡建斯礄，砥奠中流疊砌高。勢峙鯨鯢吞巨浪，狀横蝃蝀壓洪濤。月明波湛頻閒翫，雨漲春潮兑涉勞。謾説架梁先德溥，世觀題柱誕英髦。

釣臺遺跡

在三折嶺黄泥巷下。溪邊石臺形如絲竿垂釣。將軍墓在釣臺畔。

百尺絲竿倚釣臺，幽人隱處絶氛埃。宛同嚴子桐江景，儼勝姜公渭水洄。暫約煙雲脩六物，未隨軒冕羨三臺。何時得遇姬周獵，化作飛熊入夢來。

湘潭皎月

一名香潭，在釣臺下，水勢停蓄，深不可測。二三月間，山花映流，丹崖碧水，悦人心目，游者忘倦。

湘潭源濬通滄海，銀漢雲收月上時。萬里乾坤開寶鏡，一川波浪浸玻璃。玉蟾冷沁冰壺窟，仙桂香飃太液池。嘯問姮娥如許折，廣寒端可借雲梯。

高阜晴雲

宅後高山在霧山之右，因地高，故名高菴。修篁静翠，古樹扶疏，遠望河流，宛然如帶，明嘉靖間建。

峭壁奇峰峻欲飛，興雲翕歘護巖扉。如明似暗依朝旭，乍淡還濃映落暉。有意從龍爲雨去，無心伴鶴放晴歸。施霖更喜蘇枯槁，多少瞳氓望解圍。

宇亭光霽

八角亭在水口之西，萬曆間崔公憲造，號太宇亭。續崇禎四年應兆建，改名六角樓。村首萃秀亭，太學生虞臣建，余督學題額。下街水口閣，乾隆間州司馬焕文造。

步上雲梯眺碧空，恍然身似出樊籠。落霞飛鳥靈臺外，霽月光風太宇中。花獻文章鶯獻曲，山呈圖畫澗呈虹。八窗佳景怡情處，縱使蘭亭趣亦同。

祠祀顯承

祠宇高爽，風氣攸凝，南拱黄山，有若屏畫。隆慶丁卯年建，副使查鐸記。

崔家祠裏奠瓊觴,傑棟飛甍錫扁芳。唐相精英昭衮黼,明賢濟楚萃冠裳。箕裘喜紹雲礽盛,禋祀應誇俎豆光。科第蟬聯傳世顯,丕承祖德薦蒸嘗。

總詠十二景迴文倒讀

靈鍾嶽肖鳳和龍,壁立巍峰聳碧空。晴霧繞山巖變豹,瞑雲聯阜瀑垂虹。明臺釣月寒潭濬,白石環橋古渡通。亭宇霽光風景美,顯承祠祀世尊崇。

(崔森編《[安徽太平]僊源崔敦五堂支譜》 1929 年木活字本)

張氏宗譜

星　　海

張斯桂

乙亥之冬，予在金陵督幕。沈幼帥之二公子星海者，戲以其名命題，囑予代譔八股文一篇，限九百字之長。予以辭不獲已，遂草率完卷，聊博一粲。

名有以星海稱者，人必天空而地闊也。夫星在天而成象，海在地而成形，二者不相兼也。因而名之，非天空地闊者乎？

且聖人在上，星輝雲爛，海晏河清。一時好雨好風，遵路者拱星於北；省耕省斂，被澤者遵海而南。休哉，何其盛也！士生斯世，鍾靈河嶽，上應列星，際會風雲，同仁溥海。所以策勳者如月之從星；策名者如川之歸海。然皆取譬之詞，而非命名之意也。

而今乃有以星海名者，其故何哉？今夫麗乎天者，日月之外則有星；附於地者，江河之下則有海。星固不易察也，海亦難爲言也。有雄才大略者，胸羅星辰，氣吞江海，方將膺使命，探河源，遠而至於星宿海焉。此星海之名所由來也。

吾且分而論之，而後合以觀之。謂其命坐天星而名之乎？則東啟明，西長庚，確有主名之所屬，乃渾稱之曰星，豈其燦爛星眸，先有珠聯之兆？謂其生長海疆而名之乎？則左瑯琊，右碣石，自有實地之指名，乃統言之曰海，豈其淵涵海量，難於蠡測而知？夫羲仲占星鳥則宅嵎夷，和叔占星昴則宅幽都，是言星者，兼言地而未嘗及海也。星而係以海也，非星河之橫亘，中隔女牛；非星漢之迢遥，平分箕畢。仰而觀亦俯而察，水天一色，若人其何以爲情乎？所惜者，芝蘭結契，通臭味而錯落星稀；棣鄂聯輝，如手足而遠居海角爾。伯夷居東海，久傳遜國高風；太公居北海，以待新朝雨露。是言海者，兼言天而未嘗及星也。海而附以星也，非同雲海於黄山，眼花亂舞；非同雪海於隂嶺，肌粟生寒。思其義，亦顧其名，上下同流，此說不求甚解矣。所幸者，寢則在御瑟琴，戒旦於星明月出；食則不驚匕鬯，登筵有海錯山珍。

爾其父則星列上台，洋溢四海而名播，兕觥可介壽也。何幸千里從遊，來問三朝寢饍，況復含飴繞膝乎？昔也，西江開府帝子之閣中，侍晏助將一夜好風；今也，南都建牙秦淮之河上，逍遥領略六朝勝蹟。不居，然公子翩翩，歷盡山陬海澨也哉。其母則星沈寶婺，脱離人海而升天，烏私猶未報也。今則，三年服闋，博取一路功名，不將含笑瞑目乎？賦渭陽而贈佩，我送舅氏，記與林放同宗；度湘水而館甥，吉占丈人，傳語李聃爾祖。復何論姻婭，瑣瑣不啻棋布星羅也哉！

況乎當日者，入檽星而遊庠序，從此宦海筮仕，魁庶士而空冀北之羣；倘令異日者，嘒小星而抱衾裯，竊恐醋海汪洋，謫室人而有河東之吼。予也，螢火不與星月爭輝，勺水不與湖海同量。行將夙星言之，駕作海上之遊。所願護我福星，何妨戴月披星而去，路過少海，相逢梯山航海之人。以待來年,載占吉月,擬覲帝星於黼座,慚無府海之經綸。質諸星海,然耶?否耶?

追悼曲并序

張汝釗

昔先王父客蘇杭,娶庶祖母宓氏歸。幽嫻貞静,貌亦娟潔,鄉黨咸稱之。後王父没,庶祖母長齋繡佛,種花栽竹,好讀書,喜遊山水。以予憨跳類男孩,鍾愛特甚。嘗爲予言,其昔遭洪楊亂,父死賊手,己身流落爲農家養女事,唏嘘悲慟。予亦爲之泣下。去冬臘月,予因事留寧城一日,而庶祖母即於是日去世。其僕婦告予曰:"當老夫人彌留間,呼汝名。爲其左右曰:'阿釗負笈遠方,粗衣惡食,頻年奔走,席不暇暖。今爲其寒假之第二日,度輪船已抵埠矣。倘果能今日來,我尚得見其一面。我望其不爲事羈,逗留城中,至晝猶及返家也。'言訖而没。"悲夫!夜涼無事,悵觸前情,心痛肝摧。自恨好遠遊,喜讀書,使白髮老人臨終難謀一面,悔何及矣!乃賦長句以誌哀。

山北幽人四壁空,庶祖母爲浙江山北人,其父爲清季名士。奇書萬卷羅胸中。繞膝行吟惟一女,冀他傳經續阿翁。女生聰穎神仙屬,玉骨冰肌不染俗。荷鍤晨種琪草香,提甌晚汲晴波緑。三年讀盡周南詩,託月烘雲製艷詞。小小蘭香分果候,盈盈碧玉剖瓜時。五陵年少貴公子,争委紅羅與紫綺。蓬户雖知妙合歡,天涯難覓真連理。無何鸛陣起北溟,秋風瘦鶴唳華亭。紅羊焰煽黄巾毒,烽火熾天碧血腥。賊兵鐵騎猛如虎,錦繡山河成糞土。銀屏珠箔棄泥沙,傑閣崇樓委榛蕪。女家煢煢只數人,烽煙起處難容身。一肩行李斜陽道,欲覓桃源去避秦。茫茫身世悲寒素,仄徑沙灘泥濘步。烏啼落月宿荒祠,蛩咽淒風過古墓。殘山賸水洛陽城,一騎突出刀槍鳴。紅巾首裹虎頭帽,白羽腰横燕尾翎。見翁肩頭有財帛,飛身下馬投鞭策。劫爾衣裳奪爾錢,斷汝頭顱碎汝骨。翁聞此語怒火衝,峻辭詈駡不肯從。賊人懷恨刀飛白,老父含悲血濺紅。女觀慘劇痛摧骨,決志黄泉伴白髮。躍入滄波灩澦灘,長居清淨魚龍窟。醒來一夢轉大羅,老婦數人語氣和。謂有男兒漁碧水,網來女子出清波。汝當母我可避禍,也是前生良好果。曉起同登三泖船,夜來共織一燈火。女聽此語淚汍瀾,生固傷心死亦難。感姆仁慈聊自活,尋翁殘骸待平安。風流大父稱文吏,公暇常遊餘杭地。西子湖頭逢素娥,葛翁嶺上癡謝尉。千金爲聘百輛迎,紅顔白髮結同盟。碧紗籠月春調瑟,絳袖添香夜鬬枰。纖手調羹奉大婦,柔聲悦色侍箕帚。明眸皓齒艷鄉鄰,淑德懿行誇戚友。春往秋來年復年,此情過眼如雲煙。瘦腰一把庾郎病,藥籠三更倩女憐。罡風起處塵緣絶,碧落黄泉成永訣。好夢難隨蝴蝶通,淚珠長泣杜鵑血。白楊瑟瑟近黄昏,偷賦楚詞自招魂。寫來長句復短句,半是墨痕半淚痕。從此鉛華洗膏澤,冬來衣黑夏衣白。寸心已逐曲江水,貞志當如北郭柏。長齋繡佛懺前因,木魚鐵鉢敲清晨。紅樓繡户長閉關,古佛青燈結比隣。諸孫輩中最我愛,親攜彩筆畫眉黛。可憐落葉已摧殘,還想名花長灌溉。讀書喜我聲琅琅,放學歸來賞筆牀。常怕穿針願念佛,每因逃學匿經堂。歐化東漸新學識,異鄉負笈方攻書。風花有句憑誰賞,寒暖無人只自憶。去冬臘月雪花飛,俗事留城不得歸。一紙書來腸欲斷,三更魂返夢依稀。入室搴帷撫棺哭,哭聲悲慘振林木。淒風動壁燭摇欄,冷月睇窗漏點續。

孫女汝釗謹誌。

慈東馬徑張氏方輿形勝志

張錫堯

縣治之東三十里有馬徑郙者，其命名之義不知出於何典，終不可考。前輩夏聲公雖有《馬徑地名辨》一條，載於家乘，亦謂吾族地名馬徑不知仿於何時。是前人既無明證，後人何容穿鑿，闕之可也。

其地東南里許與鄰邑鎮海毗連，西北相距三里，與同里、莊橋、童姚等郙接壤。我張氏自宋南渡始遷於此，聚族而居者由來舊矣。郙中形勝爲各郙之冠。地之方位坐乾而向巽。宅第整整，隙地稀少。大抵坐向本向者居其大半，而坐艮向坤者亦有之。至如大河前抱於巽隅，支河後環於乾方。其陸地相聯貫者，惟離方一隅而與鄰郙穆姓相連，所謂近在咫尺，雞犬相聞，守望相助者也。郙以內，逢橋建柵，遇陸編籬，四圍環繞，宛然如城郭。宵小遁跡，居民安枕，較諸他處之盜賊滋熾、一夜數驚者，相去奚啻天壤哉！

環郙八景，父老相傳即龍舌鳥語、積翠夕照、俞橋暮鐘、陸堂古蹟、陳園鶯聲、西港獨釣、倒橋殘雪、瓦窰遺趾是也。此八景者，雖非名勝可比，而僻處鄉隅，亦一方之奇者也。他若虎山東蹲於蛟門，龍山北伏於海隅，象山南踞於鄰封，獅山西峙於本邑。登高而望四方，諸山懸青獻碧，如玉屏外障，岡嶺四合，隱然如大環。獨闕其東一面，而滄溟迴浸，潮汐吞吐，魚龍翔躍，海舶雲集，汽笛風聞，皆足以壯勝地之觀，而方輿之所爲志也。

二十一世孫錫堯譔。

（張宏訂等主修《[浙江慈谿]慈東馬徑張氏宗譜》 1926 年永思堂木活字本）

曹氏宗譜

讀譜雜詠

佚　名

武惠圖像

君王有意懷勳舊，特詔丹青爲寫真。觀像題詩陶學士，盈庭配饗宋功臣。清廉厚德描難盡，武惠遺容畫入神。廿四人中喬梓列，謂始祖國華公同子賓臣公俱在景靈宮廿四功臣之列。寵榮何止在姻親。

清慎家風

凱旋授相荷恩褒，清慎傳家閥閱高。憐惜生靈頻戢衆，勾當公事敢言勞。曾居敗屋還疏牖，漫笑胡床與緼袍。有宋將才推第一，行軍從未犯秋毫。

椒房后族

前朝慈聖出吾家，女耀門楣世所誇。宋仁宗光獻皇后，係始祖武惠王孫女，即二世祖玘公之女也。事詳本傳。德冠椒房光竹帛，輝增玉樹繞蒹葭。母儀佐治宫闈肅，父族追封衮服華。懿訓親承詩案了，眉山枯管更生花。蘇軾以詩繫獄，賴后釋之。後軾聞后升遐，哭有輓詞二章，其致盡哀。原詞已録於上。

桂苑仙班

君王孝養禮優隆，面舅如朝慶壽宫。寵給朱衣雙引後，榮游御苑九閶中。會逢天上蟠桃盛，技擅人間樂律工。以上俱見公伯公本傳。鍾吕二師來顧問，指心證道得仙風。見《芥子園畫譜》。雖不明舉其名，但以意核之，則惟公伯公爲近是，非附會也。

靈壽家聲

起家靈壽溯淵源，周室淵親宋室藩。周太祖貴妃張氏，係始祖國華公從母也。北面祗供臣子職，東床累拜帝皇恩。謂二世祖諱珝公，尚秦王女興平郡主。又四世祖公雅公，尚魯國大長公主也。位兼將相兒同父，世襲簪纓祖迄孫。遥想當年鍾秀地，流風餘韻至今存。

姚江宦澤

吾姚吏治古來優，賢尉如公更寡儔。盛世鐘鳴靈壽第，清宵鼓聽舜江樓。才稱葉縣黄山谷，山谷爲葉縣尉，見《資治新書初集·庶政二》。績著武城言子游。召舍甘棠遺愛永，天教宦裔浙東留。

道塘祖宅

十里人煙一望迷，道塘南北復東西。義原鄉内新鶯集，清慎堂前舊燕棲。奕奕簪纓千載遠，綿綿瓜瓞四房齊。旁支由此遷虞邑，世系淵源尚可稽。上虞湖東支係十世祖諱素公之後。具詳附卷。

圩地宗功

先人赤手築塘堤，嘉道間，宗人議創圩堤，而苦無經費，乃捐長生工，令子姓築塘若干丈，例於祠中立神牌一位，以資獎勸。當日刱始之艱如此。次第圍成地數畦。五十畝爲一畦。蓋每築一坵，必得地二三百畝也。子母隨沙永爲例，明季推官周進隆始筑新塘，劃分界限。凡塘以南爲軍民共利，北係灶丁獨業，名曰子母隨沙，又稱柳條丁。祖宗遺澤遠能稽。盈千累百祀田廣，吾祠祀産現有四坵，共計一千三百餘畝。立甲編丁官册齊。查排塘官册許東一二分兩灶，雖間有零星小丁，而曹丁居多，約計六十餘丁。每丁横闊二弓，不惟甲段可稽，而祖宗名諱亦歷歷可考，洵至寶也，故特録登雜記。幸合四分歸統一，狂瀾從此戢鯨鯢。光緒初，祠事乏人善理，以致祠産四分五裂。甚有倡議每房各建小祠以便肥私者，殊爲悖謬。歲甲午，欽同宗長汝才公妥籌善後條規，公舉賢能一人總理，十數年來頗稱安静。

思遠古龕

勳臣扈蹕久思旋，争奈歸程遠數千。爲念故鄉頻入夢，聊營小院静参禪。梵燈黯淡心先灼，祖墓荒涼望欲穿。盡説會龍菴即此，不知修改幾何年。

報恩舊蹟

隨駕南來故土離，深恩罔極報無期。虹腰穩度酬高厚，雁齒匀排濟險危。横跨歧流舟楫便，斜臨住宅步趨宜。欲尋舊蹟今何在，八字橋頭一望知。報恩橋在横港之北原，係横橋後人於横港之上再建一直橋，與横橋相接，適成八字形，故名。

寒家累世業農。先大父恒心公見余弱不好弄，苦志培植。然以家計窘乏無力購書，故幼時止讀五言《神童詩》一本，此外，如唐宋名家之詩、古文辭概未寓目。壯歲後，惟日餬口四方，無緣得近翰墨，復何敢以失學之筆妄效東施之顰耶？惟迴憶先大父當日篝燈課讀，諄諄以闡揚祖德相勉，余謹受之不敢忘。歲乙未，謬膺宗房鈞命，從事譜牒，因見先世有嘉言懿行足以矜式後人者。每思因事命題，託爲歌詠，以抒摛藻揚芬之志。無如力索枯腸，終難成句，耿耿久之。一日偶取報恩橋舊譜閲之，見有雜詠五首，均係七言律詩，未詳作於何時，并不記其諱字。要之闡幽揚隱，頗有古作者風，非徒吟弄風月者可比。雖題目之參差，詠詞之鄙俚，未免貽笑通人，然欲從而棄之，殊不忍先賢手澤之就湮也。於是謹將原詠録呈騷壇大雅，懇賜名筆删修，壽諸棃棗。其有事屬典雅，并關祠中掌故者，間抒己意，謬爲續貂，以補原詠所未及。計今昔共得十首，至何者爲原詠，何者爲補吟，則以前後兩題務求對偶之工，幾致錯綜參互眉目難分矣。此豈余之故增蛇足以誣古人歟！祇以今日者舊譜之失修已久，遺編之散佚良多，幸有吉光片羽之可珍，不得不網而羅之，搜而輯之，以俟異日輶軒之續耳。乃或猥以筆墨之荒蕪，遂置若弁髦，豈余小子修譜之職哉！又豈先大父諄諄相勉之心哉！光緒戊申無射月，南宅房二十六世孫仰欽謹識。

（清曹仰欽修《[浙江]餘姚道塘曹氏宗譜》 清宣統元年清慎堂木活字本）

梁氏宗譜

光業堂落成暨諸父老聯壽大慶名號繁多,未及悉載。

梁同新

嘗謂百川異流而同源,故濫觴之初必加濬;羣山分巒而合脈,故蛇蟺之始必加崇。蓋物必有所自厚,厥自斯衍孕者,宏也。其於人也亦然。崇專祠,妥宗祏,盥薦四時無或失,則昌熾壽富無爽應焉。吾宗之蕃於粵者衆矣,樵以西族尤夥。若永安公一派,其最著也。余與其子姓恒以時事相往來。壬辰館選後歷宦途,遂契闊。今春郵書來言,新祠告竣,將以庚戌子月奉主升幄,兼爲諸父老週甲慶,而問序於余。典至鉅也,慶甚洽也。余維賢宗家乘,宋始祖永安公自嶺歷閩,由閩宦粵,擢廣州清海同知,惠政及民,賢聲丕著。解組後,僑寓南海西門,遂隸籍焉。生四子:長明遠,次明翰,三明達,四明韓。玉樹齊名,滿門簪笏,其積厚流光已見於此。後徙宅於樵西丹竈鄉,命四子環居近地,故得孔懷世篤,雍睦不渝。吾知其保世滋大,歷久彌光,正未有艾也。然向者大宗之寢坍塌,後久未建復。前人屢謀之,卒未集。客臈,萃衆料量,擇地于丹溪之陽,倚文巒,面清漲,跨丹井,脇樵峰,形勢既臧,庀材鳩工,畢數旬而蕆事。於是庭寢有奕,棟桷有舄,斎斎皇皇,洵可以妥先靈矣。

其子弟以爲,是役也,經營督飭,久而不怠,聿成堂構,惟諸父老之力,是宜捧觴上壽,以祝遐齡。此聯壽之舉所爲際宗祠之慶而共慶之也。余考壽者,酬也,所以酬有德也。夫德之所成,莫要於尊宗而裕後。今崇建專祠,不忘發祥之始,俾爾後嗣永申昭格之誠,是即諸父老之德也。況乎酡顔鳩杖,有幹有年;或則志飲縑緗,性耽泉石;或則雲鋤下潠,瓜種青門,通虞俗之貿遷,事周官之販殖。聯緑鬢以婆娑,會朱顔而矍鑠。以德致壽,罔有不欽。用能仰慰列宗,俯諧羣季,端其矩範,爲閭里倡。宜其俗樸風淳,家給人足,六鑿不攘,心與天游。是皆父兄之教,先子弟之率謹,故能尊尊親親,而爲是升香洗盞之慶也。於斯時也,薦欽之後,桃酒維馨。堂以上,杖履雍容,尊卑以齒者,秩秩如;堂以下,班衣抃舞,長幼以序者,濟濟如。加以襟裾滿座,簪履盈門。諸父老際此盛會,其必娛心悦志,酌三萬六千觴而未有已。彼古人所稱香山九老,洛下耆英,何以易此! 方今聖天子御極維新,加惠耆老,賜之肉帛。諸父老幸沾盛典,他日朝廷禮重乞言,必有扶杖應之者。以視康衢逸叟,鼓腹而游;絳縣老人,數甲而往。古今人相去豈遠耶? 余既嘉其報本之隆,而又樂其引年之典。將見詒謀弗替,濟美彌長,科第蟬聯,純嘏并錫。斯聯壽之舉,繼繼綿綿也。京華引睇,南極星輝。謹泐巵詞,以侑康爵。

時道光三十年歲次庚戌仲冬中澣穀旦,賜進士出身、湖南提督學政、翰林院編脩、國史館總纂記名、御史京察一等、前内閣中書加五級宗愚弟同新頓首拜撰。

沙棠角房聯壽序

曾 萼

祝恭大碩德鶴松翁、洽濬翁、桂平翁、雲集翁等聯壽序

曩余以筮仕得粤之電白，令獲交於洽濬梁先生。時先生年逾六旬，公餘之暇，爇燭劇談，漏下數十刻，猶危坐引滿，議論衮衮不倦。蓋先生體性堅强，曉習文法，吐決如流，當機立辨。余故拙於吏治，藉先生提挈，弗曠於官閱十年。余自嘉應州任告養旋里，迄今五易裘葛。先生年愈高，德彌邵。因與族中諸老聯舉康爵，繇札徵言於余。余惟國家治平百有餘年，物阜民康，伏臘歲時，肥羜以速諸父，所以敦人倫，厚風俗，俾各親其親，長其長，進斯世於安全富壽之域。古先王教成於鄉國，士大夫修明夫吏治者，道如是足矣。然余謂鄉黨中聚族而居，比閭相接，禮讓相先，此非獨薰陶於朝廷之教化，涵濡於祖宗之積累，亦當時之二三耆老相與提撕引翼，聯屬卑幼，然後可以綴人之情而導之以禮。今梁氏之族其杖鄉、杖國、需次以杖於朝者，余雖未瞻芝宇，而余與先生周旋者匪伊朝夕矣，君子之鄉固多善士耆英之會，不乏高賢，則夫諸老之篤厚流光、綿先澤於勿替、裕後昆於無窮者，亦可得而推也。繇此而前，弄南海之明珠，侶西樵之白石，壽考康寧之福，方日引而月長。行見聖天子惠養高年，肉帛之頒有加靡已。將《易》所云"幽人貞吉"、《詩》所云"眉壽無有害"者於是乎在，能勿爲諸老預賀耶！介眉之辰，吾知子弟當必鞈韝鞠脮，肅肅雍雍；父兄當必浮白飛觴，融融洩洩。余則山澤之癯，遠隔閩嶺，遥瞻南極而神馳。謹敘素心而談舊，歸之先生，以爲侑觴之獻。

時乾隆四十六年賜進士出身、誥授奉直大夫、原任廣東直隸嘉應州知州、前知廣州府佛山同知、高州府電白縣事、壬午科廣東鄉試同考試官、閩中曾萼頓首拜撰。

吉贊房聯壽序

佚 名

國家承平日久，太和元氣洋溢宇宙，必有文人蔚起，而耆年老壽亦遂應運而生。然往往見於世家大族，爲其世德積累之厚，足以承受而無愧。如吾族吉贊房賢兄弟侄孫曾諸君是已。謹按家乘：貴房始祖永安公原籍福建蒲州，歷官至秘閣校理，擢陞清海同知。致仕後，留居省郡西門内紙行街，復擇居沙棠角，裔及大村。越八世，而志剛公始居吉贊，遂爲廣之南海人。自是而後，則有大琦、大輸、如松、如柏、式金、廷柱、國裕諸先公，代之巍科顯名。延至昭代，則揆長大兄研究經傳，所著《四書五經備旨》、《合旨》諸書，海内傳誦。閣學仇公、學使裴公、糧憲蔣公，咸相推許。有"著述名世"之額，可謂一代儒宗。邇者瑞徵則九袠開一，東源振樵、西浦則八袠開一，奏廷、仰高、西濤、德漢、西沛、浩然、樵蒿、爵公、振廣、甫廉、振東、南輝、南樞、南喬、贊中、甫慶、樵逸則七袠開一，合計二十餘人。世之所稱多壽，又孰有更盛於此者耶？族衆製錦稱慶。秉銓、東源兩長兄寓書屬予序言。予懸車歸里，久疏筆墨，然同屬千乘侯宗支，每歲春秋禋祀，獲敘宗誼，義不容謝不敏。因思今上紹承郅治，太和之氣溢爲文人。諸先公既已鵲起於前，諸後進自必蟬聯於後，不待言矣。若乃耆年老壽，應運而生，莫不鶴髮童顔，坐享糜寧，壽固難以歲月計。而膝前玉樹拖紫紆青以大顯揚者，又豈待蓍龜而後決哉。然非自始祖以來世德相承，何由膺兹嘉運。斯固宗人之樂爲稱慶者。矧余嘗忝内史家門内，談美盛事尤當力爲彈揚，遂詳

序以復兩長兄之命，且編爲諸君進觴。

時雍正九年歲次辛亥端月穀旦，賜進士出身、敕授文林郎前内閣中書、告就山西平陽府解州平陸縣知縣、調繁潞安府屯留縣知縣、癸卯丙午兩科本省鄉試同考試官愚弟迪頓首拜撰。

丙申年四房聯壽序

梁志文

吾家由宋而來，自永安公分爲四大房宅於樵山之下居焉。自四房分爲數十房，歷年九百，傳世二十有二，瓜緜瓞衍。先疇舊德，守業耕讀，祖澤不墜，熙熙繩繩，秩秩如也。樵山爲吾粵望，衣冠靈氣，醞釀鬱積，磅礴無際。吾四房鄉其中，南村沙岸之間葛洪之丹竈在焉。其水可飲，其秀可餐，故其派衍而益繁，其人仁而多壽。今上御極二十餘年，孝養之盛，昭著海内，羣生沾濡，洋溢方外。吾家南海舊族，沾被風化，耆碩潛德，於斯爲盛。鄉人士相與稱觴娛樂，高年行聯壽禮。聯壽，古義也，即古禮也。蓋禮以義起，《儀禮・鄉飲》《鄉射》諸篇備詳升降揖讓之節。所謂以禮導民，疏而親之，涣而萃之，歲時伏臘，敬老長長，穆然三代之餘風焉。孔子曰："吾觀於鄉而知王道之易易也。"此其義也。後人援天保九如之詩，華封三祝之歌，箕疇五福之誼，踵而增華，放而皆準，天下大抵無慮皆進壽言矣。今以敬老之誠，寓鄉飲之意，奉上壽之觴，一舉三善，則禮雖先王未之有，可以義起也。宗譜脩成，即以仲冬吉日舉行斯禮，父老怡怡，子弟肅肅，親其疏，萃其涣，敬其老，長其長，熙然以和，繩然秩然以序，穆然其風之純也。美哉，斯禮也，吾家其毋忘祖澤哉！是爲序。

賜進士出身、誥授中憲大夫吏部主事考功稽勳清吏司行走、沙棠角房二十三傳志文百拜謹撰。

民國甲子四房聯壽序

梁志文

志文客京師，伯璇叔公書來，約同倡修族譜，莘村、星垣董其事。譜成，有聯壽之舉，而志文爲文祝之。

聞之《周官》紀虞夏之初，鄉飲酒有禮；《月令》屆春秋之際，社宰肉必均。是以吹笙叶詩，歌白華而教孝；洗爵奠斝，祈黄耇以引年。所以尊親親，厚風俗也。我梁氏烏氏傳後，燕翼承先。地望素高，家風彌遠。鳳樓作賦，幼便能文；鴻廡著書，老當益壯。況復南海盛衣冠之氣，西樵爲名勝之區。丹竈凝煙，尚有葛洪之印；水簾捲雨，曾識紫姑之仙。吾宗稟山水之靈，被詩書之澤。士食舊德，農服先疇。路人欽通德之門，閭巷有同功之火。一經教子，能繼書香；三代斯民，猶存直道。家誦清芬之録，世藏譜系之書。故修譜有六十年、三十年之例，聯壽有三獻爵、五獻爵之文。計自丙申至今甲子，花甲前及一周，荔實近逾兩紀。惜時爲哲，笑鬢毛之已摧；數典敢忘，幸緡繩之猶在。

志文憶曾作序，增感前塵。今昔異趨，萬方同慨。粵自歐風東漸，漢祚中興。八瀛之海水飛波，萬里之風雲變色。山河依舊，復睹漢官之儀；日月再光，還我黄神之冑。無如制憲則珠盤不定，黨界則赤幟争鳴。凡我伯叔兄弟，默運匠心，飽經世變。與潮流而俱進，因時會爲轉移。老去功名，付諸兒輩；閑來棋局，晝自孺人。春燈占角觝之棚，千觴醉月；秋雨赴雞豚之社，五兩衝泥。雖東海桑田無由貯望，而南陽菊水信可延齡。我父老地上行仙，世間人瑞。萫蒓之草寧獨無心，松柏之身自然堅定。志文遠游日久，音問闊疏。偶逢南客，爲訊梅開；試問東方，已知桃熟。憶兒時之游釣，風景不殊；嘆人海之浮沉，田居最樂。猶幸故園無恙，方排日以爲歡；遥知即事多欣，話明年之誰健。今日燕毛序齒，鶴髩簪花，揚觶升階。賓主盡東南之美，飛觴滿座；羣季開桃李之筵，一望七十。有二峰如山，作頌五人，四百有餘歲。韻事成圖，信仁里之休徵，極清門之盛事。

志文以爲，睦婣敦俗，可期世界人同；結誼聯情，即爲民族主義。禮失則求諸野，道易盍觀於鄉。言念父母之邦，寧忘弟子之職。撫祠堂祭器，不覺思鄉；讀家廟碑文，悠然追遠。緬懷高會，竊寄文言。敬祝我父老，美意延年，能仁益壽。千春行樂，八公跨紫府之鸞；七日爲人，百福錫紅旛之燕。此後，三十年爲世，開四房奕葉之祥；八千歲爲秋，媲上古大椿之壽。謹序。

有清故吏通議大夫、進士、吏部考功司員外郎二十三傳志文拜撰。

（梁樂章纂《[廣東]南海西樵梁氏家譜》 1924 年鉛印本）

梅氏宗譜

重修家乘紀事詩

梅枝鳳

蕃植亘有根，人生原一派。祭川先祭河，有始迺有卒。析流雖萬殊，溯源無差別。吾家受姓初，遐哉陶復穴。綿邈及炎漢，僊尉著介節。屢疏不一報，易名晦踪跡。有美多雲礽，班班昭簡册。避亂各東西，碁布羅家牒。五代貞明間，宣掾始著蹟。文肅勛望隆，都官詩名赫。羣從登蘭臺，名門崇閥閲。猗歟宋仁宗，誥敕頻忝竊。是時歐文忠，特筆譜先澤。始漢僊尉公，二十有五葉。後起迭修明，操觚代有哲。歐牒祕未窺，承系或漏缺。闕修又百年，無人殫糾輯。予廼首孚號，兼賴衆心翕。惟以蚊負山，曷勝先後責。蒐尋獲古編，沿流始清白。摩娑三五載，朝夕不遑輟。以此忘夙疴，靈爽或來格。嫡系垂一綫，劃爲前後策。前始南昌尉，後始宣掾籍。原委分前後，詳略頗有説。儼如二曜懸，繼照明如揭。蹇予老蓬茆，蔑由光祖烈。藉此盡區區，庶幾釋憂戚。願言後來者，念兹毋或斁。

遷章務望及中公墓紀事詩時雍正七年

梅一珏

古道不修墓，敢復輕言移。我章務始祖，墳傍大河湄。謁彼木頭塘，歲祀享無遺。歷宋及皇清，七百年於兹。天時云屢變，地脈詎無虧。滄桑陵谷間，大造是主持。愴哉我祖塋，亦漸就險危。舉族皆呼籲，百計莫能支。頻年思易兆，今乃獲所宜。卜吉云何處，姜王宅西畸。先啟曉公藏，孔太君後之。兢兢復業業，尚恐神勿離。幸如金玉質，千載有餘骴。羣舁諸新域，誌石謹以隨。馬鬣封還固，牛眠自屬斯。青松樹之背，面購田通逵。寒食時拜奠，保護勿差池。爰成此拙句，留取後裔知。

五日柏山偕河北獻功同觀新譜雨後飲作

梅汝鈞

世澤留遺會慶堂，更新舊牒有餘芳。原泉着雨朝宗遠，古柏垂枝庇蔭長。共酌梅溪蒲遺興，還憑亭檻艾聞香。雲開楚楚雙羊景，得句隨書頌寶章。

九月朔祀會慶堂展謁先都官墓有感

梅作楫

千古真知唯醉翁，豐碑殘刻是遺踪。年年酒奠黄花節，寒雁聲悲天地空。

因譜新成偶誌

梅朝宗

其　一

展閲新編祖德優，豐功偉烈耐人求。兒孫克踐先賢跡，詩伯風聲永不休。

其　二

百二年來譜牒修，支分派别數從頭。先人遺澤今猶在，滚滚長如江水流。

其　三

濟濟同堂喜氣生，和衷集事賴羣英。而今告廟功能畢，鼓樂虔誠慶樂成。

庚子九月赴敘倫堂觀祀主

梅期慶

吾宗號巨族，人心頗不齊。營廟三十載，神靈無所棲。每當四時祭，衆口呶呶矣。事過即已忘，何人曉大義。幸有老成存，呼號繼前志。精魂有所歸，靈爽賴以依。再拜瞻神主，子孫永弗違。所願門第盛，長此有光輝。

景梅亭懷范柏軒太守

梅期慶

其　一

亭圮荒涼落照遲，范侯遺愛子孫思。要知千載風塵吏，此去滔滔更有誰。

其　二

青山華表鶴歸年，長是清明細雨天。舊日甘棠今已邈，一回登眺一纏綿。

展閱新修譜牒將次裝訂喜而有作

梅 枬

其 一

親親一脉溯高曾，手展芸編喜不勝。百二十年嫌太晚，再遲文獻恐無徵。

其 二

東西兩岸各成邨，幾度商量倐又翻。爲告後人須世守，毋忘祖訓即慈孫。

秋日謁先都官墓有感

梅 枬

都官塚上野花香，拜奠親澆酒一觴。千載抗行惟子美，九原知己是歐陽。松楸無恙豐碑在，俎豆常歆宿草藏。未識何時收族衆，重來修復舊祠堂。

（梅朝宗等修《[安徽宣州]宛陵官林梅氏宗譜》 清宣統二年木活字本）

盛氏宗譜

中秋月下酌

盛焜明

月波蕩漾金樽裏，五色流光燦如綺。一酌一傾三百盃，觸我詩腸不能已。君不見，銀河一水湝天腰，淵底蛟龍何敢起。丈夫意氣鞭五嶽，誰肯低頭拾青紫！又不見，廣(零)[寒]宫殿此宵開，桂枝歷亂人争摧。世事紛紛總難問，不知混沌幾時來。

天漢謡贈霍邑侯維華

盛燦明

坐嘯比窻涼，清光徧户牖。趁此清光奇，蓬蓽甯枯守。乘槎直上崑崙巔，濯足天潢動星斗。俯看風捲不盡之浮雲，則聞砯滈泙湃之濤吼。欲行不行多徬徨，洄波逆棹且停手。舉頭一望燦無涯，年來河畔漲銀沙。玉童持斧斸瑶草，龍馭犁頭耕彩霞。天帝不肯輕饒税，羣仙齊種碧蓮花。花開幽艷香滿溆，我欲攀之贈織女。織女梭，掛塵埃，支磯石，生莓苔。見説昔年曾奔牛郎去，于今三載猶未回。樓閣流輝徒奪目，廊腰負手空徘徊。嗟乎哉，兹境之遊難可再，自有張騫今幾代？深費沉吟審真假，明月在，青天在，遠樹蒼茫山靉靆。

閒往洞庭

盛大境

出門隨所遇，乘興獨攜笻。石觸波聲碎，雲歸壑影重。亂帆荒落照，一鳥就孤松。早晚酬身事，移家住碧峰。

秋夕竹聲

盛大境

寂寂對寒燈，隱隱聞剝啄。漸從西南來，不辨北窻竹。啟窻探虚光，盈盈繞茅屋。惜此靈偉氣，傍人簷下宿。

山中對雪

盛大境

一敞雙扉訝莫鳌，遠峰零落近峰奇。竹輸清節甘垂頸，梅妬輕盈漫鬭姿。有曲應嫌難和調，無燈正是讀書時。漁翁蓑笠煙波繞，猶自寒江舞釣絲。

春　雪

盛大境

抹卻乾坤萬象孤，一函浩氣貯冰壺。依雲殊混吴門練，傍水虚充合浦珠。笠澤萋菁浮杳靄，洞庭葱翠掩模糊。詩情是處皆如許，何必揚鞭策凍驢。

天道吟倣邵康節體四首之一

盛　堅

天道無非一自然，自然之外别無天。勿忘勿助同消長，隨捲隨舒共轉圜。聚感殊形因氣異，分靈滯窒爲途偏。吾曹事業當觀省，狼籍飛光最可憐。

落花吟

盛　乾

無計留春唤奈何，飄紅偏向院前過。空遺蛺蝶枝頭舞，慚愧流鶯暗裏梭。萬片香魂歸碧落，一林錦雨濕青莎。樽中剩有澆花酒，獨對西風悵絲蘿。

秋夜感懷

盛　乾

用舍行藏不自由，文章戰策兩須休。清風著意來含笑，明月無心亦感秋。螢伏疏櫺瞰獨静，蛩潛破壁向人愁。明朝好共五湖客，蓑笠漁竿釣一舟。

落　梅

盛　觀

惆悵看花花不支，老梅樹下費人思。寧招素雪清霜妬，不耐狂蜂浪蝶欺。淒咽江城愁弄笛，徘徊客邸爲尋詩。料應骨格超凡俗，總染塵埃亦不緇。

遠浦歸帆

盛以聖

江口芙蓉花正開，江頭明月照愁(杯)[懷]。含情欲訴江心月，隱隱郎船江面來。

洞庭秋月

盛以聖

天光無際水悠悠，一點青山浪裏浮。詩思欲乘秋氣爽，晚風吹上岳陽樓。

春　感

盛鳳起

楊柳隄邊繫寶鞍，山桃樹下列杯盤。筆花亦逐陽春放，更有何人著眼看。

秋　牕

盛鳳起

翠逼林梢倒影晴，晚香微度篆煙輕。雲拖雨脚横窻過，猶逼梧桐三兩聲。

南村故老手植素蘭

盛　鋭

高隱遺芳澤，幽蘭絶點塵。白華歌孝子，緑葉譜騷人。獨茂憑誰采，無瑕祇自珍。素心遥隔斷，吟罷轉傷神。

菊　影

盛　鋭

掩映疏籬畔，秋容淡欲無。全身方託隱，逸態總難圖。弄月憑人賞，凌風祇自娱。横斜梅共瘦，得句仿林逋。

望　江

盛　璋

大江滾滾自西來，向海朝宗去不回。波挾魚龍飜日月，天開圖畫竦樓臺。千秋形勝悲陳跡，六代繁華驗劫灰。風青安瀾渾一氣，憑高縱目獨徘徊。

金　　山

盛　璋

山勢崔嵬透碧穹，迴闌曲樹互玲瓏。鐘聲暮濕江豘雨，塔影晨飄海燕風。上將當年思戰烈，老龍獨夜聽談空。往來幾度推篷看，恍惚舟行罨畫中。

登燕子磯

盛　璋

磯名燕子矗崔嵬，側足登臨萬象開。疊浪遠從岷峽下，諸峰争向石城回。魚龍氣咽秋風迅，樓閣光寒暮雨來。指點六朝興廢跡，憑闌極目思悠哉。

桃　葉　渡

盛　璋

桃葉復桃葉，風流不可即。晚來寒浪生，誰向渡頭涉。

别同舟諸子

盛　璋

三年連(袂)[袂]無多日，一旦分蹤又失羣。聚散從來同泛梗，或名只是等浮雲。秦淮畫閣閑斟酒，風雨孤舟細論文。自此臨岐揮手去，江東渭北寄殷勤。

寒　　夜

盛　璋

窮陰杪冬盡，晚來氣倍寒。朔風號古木，飢氣索空盤。爐滅嫌衾薄，宵長望曉難。冥心遣百慮，輾轉愧無端。

游圓妙觀

盛　璋

寶殿崔嵬透碧霄，傾城雜遝鬧元宵。諸天供上朝元閣，也向人間破寂寥。

贈徐生花燭詩

盛　璋

麗日晴和桃李妍，綺羅簇簇繞歌筵。恰遵周制親迎禮，好似秦風出贅年。徐生就婚彌月同歸。

卻扇爭裁新樂府,流鶯催曉艷陽天。須將繡閣張郎筆,掃取三千奪錦還。

題談芸輔獨立圖

盛 璋

掉頭天外矚九州,(決)[泱]漭一氣何處投。醯雞兀齪槐蟻幻,蠻爭蝸角空相仇。陡脱三千大世界,蒼茫獨立上上頭。談子磊落青雲士,窮經嗜古誰堪侔。中歲鼓盆同莊老,枯楊不諳暗内修。潛虬當蟄埋風雨,老鶴息翮恣優游。一朝畫圖開生面,儼似趨庭見尼叟。東西南比無所依,上天下地渺難儔。塵寰擾攘不到眼,胸襟豁達朗如秋。一空百空萬象冥,富貴名利更何求?談子談子誠磊落,來今往古何時休。披裘獨坐富春下,辟穀思從黄石游。高人奇士竟安在,滄海一粟能長留?君今卷卻斯圖去,冥心返視窮雕捜。靈臺徑寸向何置,況乃七尺等浮漚。悟得無生海天闊,勝向圖中兀立不?

京口阻風

盛 璋

帆落京江口,風高鐵甕城。功名爭利涉,宦學兩無成。波挾魚龍壯,天空鸛鶴横。徒懷破浪志,境險困前征。

登金山

盛 璋

往來幾度欲登難,此日停橈得縱觀。檻外水天憑一氣,望中日月走雙丸。微茫瓜步分遥邇,指顧蓬瀛鬱屈盤。清磬一聲諸妄寂,坐來身世渾無端。

登雨花臺

盛 璋

聚寶門外長千里,有臺高矗層霄起。云是當年説法場,繽紛花雨紅塵裏。我來憑眺日正中,秋風瑟瑟鳴飛鴻。長江虹繞望無極,鍾阜虎踞俯長空。金城迢遞雄天塹,萬户承平稱富贍。寶塔嵳峨舊報恩,遥從臺下傳清梵。前代曾聞靖難兵,北來飛渡石頭城。金川門啟煙霧塞,遜位宫中大廈傾。方景諸臣操峻節,斷頭抉舌餘風烈。英靈同向此中埋,天不雨花常雨血。煙雲變滅往事移,只有山川無盡時。興懷弔古情無限,回首重崗引步遲。

恭輓沈歸愚夫子

盛 璋

仰止宫墻二十年,周情孔思倍怡然。主持風雅篇章盛,遲暮功名歲月鮮。九老品題經聖主,上命圖在廷九老,先生居首。大名垂耀邁前賢。山頹此日逢重九,先生重九日殁。應向蓬(菜)〔萊〕

會列仙。

黄瓦歌爲黄任農賦

盛　璋

鍾山石城互盤踞，秦淮中貫清溪附。有明王氣繼六朝，開疆闢宇金湯固。華蓋承天起矗雲，雕梁繡柱明朝曛。帛縷参差耀金碧，鴛鴦翡翠區難分。當年威震踰九牧，鑿趾雕題盡臣伏。晨朝萬國拜冕旒，赭黄盤龍映黄屋。禁禦憑臨列虎貔，五營七校森持持。游塵陰氛尚難到，盜環(杯)〔抔〕土何能爲？一自幽都飛燕起，金川門發應由裏。可憐一炬化煙雲，結綺臨春盡如燬。江山破碎宫闕殘，京畿比徙絶鳴鑾。荆棘叢生鬼燐出，斷垣敗瓦空盤珊。屈指興亡載四百，禁城虹繞徒赫奕。殿礎從教没草(菜)〔萊〕，碧瓦相攜供枕籍。黄君嗜古兼好奇，一見心賞情癡迷。興發空囊竟買得，珍重不異古鼎彝。嗚呼！銅雀臺，望仙閣，歌伎詞臣競歡樂。歡樂幾迴新，千秋成寂寞。銅駝金馬泣荒榛，桑田滄海幾揚塵。方黄景鐵血化碧，歷刧澄泥《一統志》安樂宫瓦皆澄泥爲之，可作硯。世倍珍。摩挲剔蘚開生面，斷紋隱隱紛蒽蒨。紀甗虞蜼虚見聞，斑駁何如此完善。俯仰前朝一瞬中，精光奕奕同黄琮。勸君攜歸作枕莫作硯，恐有紫雲霹靂騰蛟龍。

風阻燕子磯與徐子上琛舟中對酌放歌

盛　璋

江肫吹浪風颼颼，燕子崒嵂波面浮。白下舟迴阻鼓棹，磯邊繫纜三日留。問何爲是棲棲者，挾策魚貫隨輩流。軒騰無那竟點額，夜光明月空悠悠。朝來洶涌〔波〕濤壯，水天上下迷滄洲。鸛鶴横空時一叫，黿鼉跋浪汗漫游。風灑雨打苦瑟縮，幸有知已來同舟。坐向篷窻訴情愫，開襟浮白鎖牢愁。爾我總角相識早，尋章摘句工雕搜。囊錐何處得末見，班筆徒向空中投。男兒封侯會有志，乘風萬里横九州。何事跼促效轅下，羈孤相對同楚囚。否則退耕南山頭，我負子戴恣優游。春花秋月可共賞，攜笻蠟屐百不憂。飲罷重斟天漠漠，寒蘆蕭摵鳴深秋。回顧鄰舫聲悄寂，扣舷狂吟氣轉遒。人生百年應有盡，乾愁促戚何時休？君不見三國六朝空相仇，白衣蒼狗等浮漚。區區拾芥何足謀，纔遭按劍生怨尤。明朝風定隨沙鷗，酌看金焦還唱酬。

觀龍舟競渡

盛　璋

姑蘇城外金閶門，比走虎阜西江邨。百貨喧闐萬商集，五日競渡從崩奔。龍舟紛逐紛交錯，翠羽金支光煜爚。寶蓋層層畫槳催，鐃鼓中流相間作。繡閣瓊樓兩岸分，紅羅紫綺燦如雲。珠簾掩映波紋麗，金鼎氤氳蘭麝芬。海若馮夷空自舞，宛轉猶龍互吞吐。有時鼓棹發謳吟，(噴)［噀］薄隨風散如雨。嗚呼！懷石(汩)［汨］羅投，衆醉獨醒等杞憂。龍堂貝闕無消息，角忝綵鷁空悠悠。禁煙三月稱寒食，飲菊登高避災厄。今人歡樂古人哀，哀樂循環曷有極！往事陳陳何足懷，繁華相逐莫相猜。過眼浮雲恍似夢，且斟蒲酒共徘徊。

石壁廢寺

盛章杲

不憚山坡險，緣尋石壁奇。澗流春徑滑，峰壓寺門欹。廢殿縈蛛(綱)[網]，頹墻走野貍。無僧香火斷，頻眺意遲遲。

馬西巖囑題停琴佇月圖二首

盛章杲

好事皆如夢，披圖爲黯然。琴聲聽已斷，月影看仍圓。小玉留時愛，明珠去後憐。遺容期不朽，珍重對年年。桐影天香下，真真喚欲醒。指憐弦上冷，眉憶鏡中青。寂寂聽無語，空空視有形。知君心醉處，應念蕙花馨。

懷吴江馬西巖

盛章杲

霜氣洞庭横，懷君夜夢清。此時多塞雁，何處不秋聲。詩興遠於水，漁歌響入城。趨庭皆樂事，迥別旅人情。

宿館中艇齋枕上偶成

盛章杲

風吹窻竹疑篷響，月照庭階似水明。清絶五更殘夢裡，一行霜雁櫓摇聲。

吴蘭槎歸話嶺南風景

盛章杲

天涯驚喜識歸蓬，見説羊城景不同。入夏千家蕉葉雨，迎涼五月荔支風。海浮島國陰晴異，嶺隔寒暄造化工。別有花林春酒味，可憐容易醉顔紅。

寄書王少霞内弟

盛章杲

關北三秋客，城東一片心。今朝書乍寄，昨夜夢先尋。日暮親年老，天寒歲月深。仲宣樓上倚，應有短長吟。

襍　　感

盛章杲

光陰堪惜復堪憐，書劍飄零不换錢。客況最難銷子夜，人生容易過丁年。新詩每向愁中得，舊雨頻來夢裏聯。差喜故園無恙在，緑簑黄犢擬歸田。

客舍逢西園四兄作

盛章杲

同是天邊雁，偶然一合羣。村醪且共醉，離緒不須云。對影情忘倦，侵窻雪正紛。鄰鐘夜半起，疑是故園聞。

贈徐覞園

盛章杲

寫盡千山與萬山，縱横筆致邈難攀。平生車馬關山跡，都在人間卷軸間。
丰神落落髩斑斑，幕府歸來不出關。除卻哦詩無别事，一天風雪卧空山。

香　溪　曲

盛章杲

同住香溪溪水頭，門前溪水總同流。如何妾意與郎意，偏逐飛花兩處愁。

愁

盛章杲

何處愁偏重，途窮歲月窮。西風驢背上，落日雁聲中。獨宿黄陵廟，重過白帝宫。思家渾不寐，憶遠有人同。

閨　　情

盛章杲

紗窻日色曉融融，臨鏡低徊玉頰紅。樓外襍花三百樹，春來樹樹嫁東風。

漱石山房庭中疊石如齋首唱索和

盛章杲

真山看不足，山勢復庭限。愛旁孱顔坐，閑將書卷開。茶煙雲幻出，簷雨瀑飛來。拳曲梅根古，還緣近砌裁。

小　樓

盛章杲

春雨連朝路未乾，小樓閑倚畫闌干。桃花一簇如人面，消得青青柳眼看。

冬日早起

盛章杲

風喧牕紙裂，日出簷冰折。飢雀顧無人，空庭啄殘雪。

詠　月

盛章杲

樓前月上弦，堦下妾生憐。入夜能留影，深情豈待圓。心知盈有闕，感爾照無偏。直到關山外，清輝一樣妍。

寄　内

盛章杲

多病憐余亦念卿，無貪夜績坐深更。料知檢得寒衣補，昨夜秋風已入城。

偶　成

盛章杲

入夢人如玉，穿簾月似紗。一秋詩思艷，常對海棠花。

人生五十句

盛章杲

人生五十似重陽，風雨陰晴未可量。及早邀歡謀一醉，時光只剩菊花黄。

題美人圖

盛章杲

匝户絲絲楊柳風，班騅聲遠畫樓東。分明聽雨西窓下，擁髻無言燭影紅。

予有武昌之行感而賦此

盛章杲

悲秋悲不盡,又動遠離愁。衰柳連城碧,寒江繞郭流。猿聲啼斷岸,月影落孤舟。別有長征雁,依依何處投。

江　柳

盛章杲

江岸多栽柳,家家滿緑陰。不牽游子棹,空繫美人心。別浦新愁重,章臺舊恨深。長隄回首處,樹樹夕陽沉。

采石磯夜泊望太白樓

盛章杲

千秋詞賦地,萬里一停舟。人坐危磯月,猿啼獨樹秋。水光環曲檻,山色上高樓。太白今何在,長江空自流。

江　夜

盛章杲

落葉蕭蕭動地愁,西風江岸泊孤舟。天心月皎星疑失,篷背寒侵露欲流。漁火聚歸瓜渚市,戍笳吹起潤城秋。美人應作天涯夢,鴻雁休驚入畫樓。

江　行

盛章杲

十日江行好,朝朝畫裡過。微雲雁點小,踈柳夕陽多。帆白輕於鳥,山青翠似螺。篷牕無所事,偃仰費唫哦。

蕪湖關起早

盛章杲

蕪關停孤棹,早起獨彷徨。欲曉山生色,將殘月剩光。風喧千樹葉,人立一船霜。百曲長江水,縈洄似客腸。

秋日道中書懷

盛章杲

雨密雲濃落水秋，片帆偏作遠行游。美人深夜樓頭夢，孤客西風江上愁。雙鯉有書何處達，一身飄泊幾時休。從今擬把無窮恨，付與寒潮順流水。

小　孤　山

盛章杲

孤峙秀芙蓉，驚疑劍削鋒。峰危惟度鳥，雲濕不聞鐘。碧樹山腰合，丹霞樓角封。大江横截斷，日夜起蛟龍。

廬　　山

盛章杲

廬山層嶂合，羅列翠如屏。地界九江白，天開五老青。香爐供宇宙，瀑布鬪雷霆。直造雲深處，匡君尚有靈。

江 行 中 道

盛章杲

西風天半急，兩鬢忽驚秋。客夢隨潮去，孤帆帶雨收。江豚翻赤壁，山鬼嘯黄州。回首家山遠，憑誰好附郵。

聞　　雁

盛章杲

玉宇無塵萬籟清，嘹嘹哀雁度蕪城。驚回孤客江南夢，引動深閨塞北情。似向天邊呼舊侣，忽來郊外唤秋聲。關心偏我凄涼甚，楚尾吴頭事遠征。

武昌舟次懷戴氏二甥東昌

盛章杲

秋冷篷窻百感生，懷人有夢到阿城。天涯間隔江兼海，南比飄零舅與甥。顧我風霜愁獨苦，憐伊手足聚多情。武昌今夜凄涼月，應向關山分外明。

八載相思書久絶，五千迢遞恨如何。霜欺短鬢孤猿往，月帶疏星一雁過。黄鶴笛聲催遠棹，太行山色繞長河。不知何處重相聚，轉嘆年華似擲梭。

晴川閣

盛章杲

高山對峙崢嶸勢，古閣横空霄漢浮。地接蜀吴天萬里，源分江(污)〔沔〕水雙流。亂螢星斗窻前落，立馬帆檣檻底收。愁聽西風黄鶴笛，一聲吹起洞庭秋。

湖郪即目

盛章杲

春波渺渺疊千重，雨過林巒濕翠濃。湖艇聲喧如放鴨，山僧面皺但看松。散場雞犬争朝食，隔舍夫妻互夜舂。灼灼桃花開滿塢，深藂衰髩映天穠。

自笑

盛章杲

自笑衰年但索居，性情迂懶利名疏。鏡中白髮先春至，病後朱顔仗酒舒。有犬可牽須嫁女，無衣再典罷收書。一竿鎮日溪邊釣，消得頭銜是老漁。

寂寞

盛章杲

寂寞春牕怨寡儔，孤唫倚檻上簾鈎。叢花笑日欲迎客，野鳥謌林若勸愁。酒券未償許再貰，壺籌無算任閑投。來朝天氣依然好，準擬呼童出郭游。

來鶴菴爲西山精舍住持竹逸上人喜與士流接雲客吴君解囊修葺講堂築尋詩地諸君子皆有贈句余因和之

盛章杲

結得清吟方外交，不辭幾度訪西郊。醉邀明月敲僧院，静愛春雲護鶴巢。兩板小橋通曲徑，滿園新籜解芳苞。春來不廢花開日，擊鉢吟聲出樹梢。

眼花

盛章杲

忽訝天花墮，轉疑泡影身。開當新病起，看許老年頻。摇落飄難定，模糊認未真。恠他一朵朵，只似霧中春。

詠蟹蝶一首

盛章杲

左手曾持伴酒樽,夢回栩栩費猜論。不知彭越今生骨,錯認韓憑舊化魂。郭索行來增媚態,翩翩飛去帶霜痕。泥鄉沙穴省回首,一任徘徊集粉垣。

過迂里訪李仙槎題贈幽居

盛章杲

路轉青山接緑渠,幽迴問訊到幽居。稱迂里自能趨樸,遠市人皆好讀書。十畝桑陰遮屋角,一庭草色上階除。風流未邈論前輩,指點稽經舊草廬。

種菊和竹房主人

盛章杲

灌水腰頻折,分根背欲駞。有苗肯棄置,列品不同科。池上塵囂遠,籬邊風雨多。相期勤愛護,一日一迴過。

又二首

盛章杲

選種分明似選詩,只論品格不争奇。別裁僞體親風雅,用杜句。他日還應續補遺。
陶家遺種恣搜尋,甲乙評題苦用心。借問淵明歸去後,而今誰最是知音。

雪霽竹房省軒虎山橋步月

盛章杲

凝陰睍未消,冷月照斕潔。同興來耐寒,鼓舞踏晴雪。野逕轉山橋,兩岸人踪滅。寒重肢交戰,風利膚欲裂。籠袖不敢開,欲語怕伸舌。但覺净心胸,笑彼塵世熱。天地成銀甕,俯仰真清絶。笑指銅坑口,一角冰壺缺。人夢正酣甜,誰解吾儕悦。明當入山去,還與梅花説。

畫鬼圖

盛文濤

似人非人彼何人,丹青描出醜怪身。若嘑若笑不一狀,暗裏揶揄戲復瞋。憑物作祟乘厲氣,斷魂殘魄類劫塵。阮瞻論無驚突出,德如冷諷轉逡巡。負豕躬沙狡而譎,嘯梁瞰室現又泯。嘻嘻咄咄態變幻,此種技倆何足陳。只因未逢正法眼,任爾縱橫僞亂真。披圖相視爲一粲,詎特若輩多乖倫。

秋　夜

盛文濤

蕭齊夜氣静，獨坐覺涼生。風露虛無影，草蟲暗有聲。更深萬籟寂，月到一牕明。恍入空巖裏，何來塵世情。

小蝸廬自遣

盛文濤

掃卻莓苔静氣融，竹梧清爽俗塵空。寬閑歲月樊籠外，恬澹襟懷陋室中。入世寡諧惟閉户，敲詩有味且吟風。烹泉品茗平生事，老我虀鹽敢憚貧。

自楓江歸舟至瀆川

盛文濤

一棹西津去，前途幾曲灣。不知減碧水，衹覺繞寒山。水脱煙雲淡，田空邨落閑。十三橋畔處，帆逐塞鴻還。

題　鶴

盛文濤

骨瘦崚嶒毛羽輕，洞門深閉獨含情。乘軒無分原何恨，只願松巔老此生。

題沈竹坡指迷圖

盛夢熊

山重水複最深幽，欲去仍留悵阻修。炊黍已教成往夢，墮甑從此冀回頭。非關捷足須登岸，縮貴中央不繫舟。望裡前途憑指點，先迷後覺復何求。

題孫琴舫攜琴訪道圖

盛康莊

竹杖芒鞵得得行，白雲深處萬峰迎。九霞秘籙他年就，菱角全磨到玉京。
一片幽情託素琴，高山流水覓知音。置身物外空天地，到此應無俗慮侵。
明知玩世避人寰，磊落襟期鬢未班。訪道何如還守道，塵心化處即蓬山。

八十自感

盛康莊

墮落寰區已八旬，行藏回首黯傷神。衰年敢作偷安客，多壽誰爲養志人。儘有孫曾娱暮景，苦無生計療清貧。何如汲取五湖水，洗卻胸中萬斛塵。

漫言奉道并參禪，下筆還將素志傳。貧不求人由性傲，老能無病得天憐。柳花亂點難成絮，榆莢頻抛莫問錢。留此老身緣底事，餘霞盼到夕陽邊。

予年已八十矣，幼好筆墨，每見前人佳詠，諷誦不倦。鍼黹餘閑，漫爲效颦。數十年來積成卷帙，名曰《頤養》，雖未舉以示人，然薄有清名，已爲彼蒼所忌。晚境頹唐，不堪回首。書此以誌榮枯之感。道光庚戌年暮春，静岑老人自記。

偶閲徐翼所家訓取其當用不用四語因成五十韻以示諸子

盛　烈

嗟余失怙，尚在幼冲。獨行踽踽，禦侮無戎。恪遵慈訓，稍殖南東。向平多累，婚嫁未終。析産爲八，僅給飧饔。冀爾昆弟，惟友惟恭。有災匡救，有闕彌縫。務協乃力，務和乃衷。勿行腹誹，得失面攻。勿相推諉，甘苦必同。狎斜羣小，避其牢籠。明師益友，受其磨礱。手不釋卷，學業自充。口不絶吟，揣摩必工。志希附鳳，技薄雕蟲。繩其祖武，振我家風。何以居室，惟肅與雍。何以居心，惟恕與忠。滿則招損，大在有容。即如恒産，力作惟農。子子孫孫，世食其庸。待以苛刻，何若寬洪。所患憒憒，難作家翁。舞文臧獲，偷閑賣傭。前車可鑒，必親必躬。而今而後，弊始絶蹤。古諺云云，不癡不聾。以辭害意，缾罍其空。莫糶新穀，謹視揄舂。衣不妨敝，嗜何可濃。卜居安分，寧隘無崇。冠婚有節，寧儉毋豐。享祀必潔，其敬僮僮。乾餱不愆，其樂融融。公庭勿謁，國課蚤供。居安思危，年不屢逢。耕三餘一，若旨御冬。愚者有備，與智同功。徐氏家訓，簡要名通。中摘二韻，開我心胸。當用不用，惟吝之凶。可省即省，乃儉之宗。治生切務，實在其中。神而明之，受益無窮。述以戒爾，詞復言重。善用斯術，可期素封。聽之藐藐，自棄悾蒙。弗克負荷，貽笑吴儂。窘迫號人，飯後之鐘。壯不努力，晚悔奚從。

題吴天琪繼配盛氏節孝録

盛際虞

撫孤成立事非常，況有孀姑病在牀。湯藥丸熊憑十指，酸辛此際耐思量。

嫁女婚男願可償，兒承甘旨婦承筐。無端中道摧雙美，淚眼從教枯敬姜。

兩世孤兒并一身，何堪頭白未亡人。始知松栢貞常在，閲歷春秋過八旬。

畢生苦志未相酬，端賴文孫爲闡幽。五十五年如一日，巍峨綽楔仰千秋。

登華嚴方塔

盛　瑶

四檐鈴鐸聽丁當，直近天邊興欲狂。好是此身高自寄，看他下界衆人忙。
七級崢嶸勢壓空，吴山越水望堪窮。彈丸卻笑江城地，盡在憑欄指點中。

瓶　梅

盛　瑶

春光乍放晴，寒氣撲簾押。不知何處香，逗似花破甲。忽爲梅相思，小歷閑情劫。卻訝奚僮手，一枝瘦且怯。插入膽瓶中，接之如素狎。想見月明時，曲曲疏籬夾。人幽花愈幽，紙窗宛巖峽。東風澹宕來，清興更彌洽。

示　兒

盛坤吉

詔勉曾何益，爲人在自求。熱心防有誤，知足總無憂。學古歸中道，趨時入下流。持躬與涉世，一失玷千秋。

冶春詞

盛奎章

碧紗窗下掛簾鉤，少婦誰家倚畫樓。怪底游人忙不了，爲他一步一回頭。

采菱曲

盛奎章

吴儂家住越溪邊，夜漾菱塘月色鮮。放到中流忽停槳，不教劃破鏡團圓。

四十述懷四首即題小照

盛國椿

光陰如過客，四十忽平頭。縱有百年壽，那堪歲月流。壯懷仍蠖屈，事業尚雲浮。莫問窮通理，忘機且狎鷗。十年羈薄宦，守拙未嫌貧。嬾捧之官檄，重懷泉下親。畢生虚禄養，涉世枉勞薪。賸有承先志，慎旃持厥身。娱情耽竹石，夙好在圖書。擬自開三徑，因之讀五車。科名心早謝，著述願無虚。解得此中趣，平生樂有餘。泛宅西泠住，湖山作散仙。一家團數口，五斗戀多年。繞膝兒雖劣，齊眉婦尚賢。同懷欣特健，長此樂堯天。

題吴興吴葭生姻丈劫餘草

盛鍾岳

回首雙溪一櫂游，曾蒙青眼快勾留。昏黄袖出新詩本，始識奇才超俗流。咸豐庚申冬，避難雙林，與丈把晤，出示所著《依緑軒全集》。廿年心血寫詩情，筆底曇花觸處生。擊鉢興豪何所似，多多韓信將雄兵。全集二十六卷，計詩有萬餘首。

知君無日不吟哦，萬緒千愁發浩歌。積卷拋殘分兩地，訴天此恨奈如何。湖州失守，全集拋棄城中。

清角聲高迥不同，箇中三昧得唐風。莫嫌多少傷心事，歷盡時艱詩愈工。草中有《菰城被難詞》三十首，哀豔動人。

題劉伯符大令畫梅

盛春海

冰雪爲神玉爲質，尺幅淋漓揮大筆。横空疏影月當窻，傲骨珊珊誰與匹。曾伴孤山處士來，冷艷相依春滿室。幾經歲月重磨鍊，占得〔人〕間香第一。

題沈某采蓮圖

盛春海

風懷杜牧占三生，綽約凌波避復迎。棹入中流花四面，衣香人影不分明。

半捲蝦簾午夢醒，盈盈隔水倍關情。停橈心事君知否，花底鴛鴦不敢驚。

題程同轉守箴堂藏書目

盛春海

程君同轉真益友，鉛槧終年不釋手。晝字惟知三代前，觀書不及嬴秦後。片石時摹岣嶁碑，鴻文腕底龍蛇走。性更好古似曹杜，博物能將真贋剖。偶然示我鄴架籤，爲道析薪弗克負。先疇硯紫氊猶青，萬軸琳瑯靡不有。一經浩劫歷紅羊，玉檢金泥覆破瓿。先生投筆即從戎，血染猩紅蛟龍吼。鼙鼙鼙鼓催戰雄，露布功成傳獲醜。天子右文秘閣開，網羅百籍珍兕卣。脱卻征袍换紫袍，一燈風雨供消受。處充棟宇出汗牛，勝入名山探二酉。吁嗟乎，藏金滿篋田千畝，姓名不足記某某。何如柱下遺宏文，傳家衣缽栽培厚。先賢遺訓凛四箴，永爲古巢程氏之世守。

落花四首

盛春海

水是瓊樓蘭蕙芳，那(看)[堪]風雨吼沙場。飄憐遠道魂無主，潔逐清流水亦香。門巷重經迷舊夢,音容猶在泣斜陽。文姬寥落明妃怨,畢竟當年欠主張。

瞥眼芳菲滿徑空,幾回惆悵畫欄東。漫猜結子陰成緑,猶憶同心綰繫紅。寂寞無言甘墮地,綺羅有淚泣飄蓬。最憐匆促分飛去,一面緣慳夢未通。

春深到處盡啼鳩,似訴柔腸萬斛愁。金谷筵空圍錦障,玉樓人杳下簾鈎。明知離合緣前定,不信繁華水迅流。重過芳庭人悄悄,依然明月照當頭。

從前情事兩蹉跎,百日韶華一瞬過。命薄竟歸沙叱利,形銷空泣馬嵬坡。天心磨折歡顔少,人事離奇别淚多。剪紙招魂何處是,獨將濁酒掃愁魔。

呈俞勁叔

盛春海

當年一顧重孫陽,桃李才憑玉尺量。知己彈冠懷貢禹,爨音入聽感中郎。君曾校文于孫少宗伯葆元幕中。唐于是歲入震庠。千金詩價雞林購,君主同文館講席。七子聲名鶴市揚。君少與姚則明孝廉等結茗社,時稱七子。後移眷吴門。吴中朱酉生閔生沈諸前執舊有七子之目。丁卯橋邊回首望,那(看)[堪]立雪隔門墻。謂許揖青先師。

身世浮萍寄海濱,異鄉知己倍相親。門還有客名非隱,坐到無言意益真。摩詰天機雲潑墨,襄陽詩思月爲鄰。君詩宗王孟,兼工山水。點頭自笑同頑石,端賴生公説法神。

秋日感懷和何子右明府元韻

盛春海

霜飈一夜度空林,落拓江湖感乍臨。世事圍棋無定局,風塵挾瑟少知音。歸田漫擬張衡賦,擊楫空懷祖逖心。願挽銀河長洗甲,征衣不復擣寒砧。

驚秋一葉下疏林,勝蹟他鄉記共臨。佛氏因緣參絮果,騷人情緒寄桐音。牽絲未了三生願,入夢遥通一點心。桑落酒澆愁未破,何堪夜静聽鳴砧。

送俞勁叔歸吴門

盛春海

同是飄零作客悲,那堪折柳送君時。一燈無語蛩吟怨,兩地相思兔魄知。張翰高情蒓菜味,陶潛歸興菊花詩。計程恰值團欒節,憶否天涯有别離。

江南風景近如何,虎阜獅林弟過□。香徑猶留歸燕影,石湖閑聽摸魚歌。袖籠詩草新題徧,蕊報燈花喜氣多。料想金釵符暗卜,扁舟遥望洞波庭。

中秋步月感懷

盛春海

依人王粲獨登樓,瞥見冰輪滿地浮。夢裏相思燈下影,不知今日是中秋。

弦管吹開夜未闌,澄波萬里照團欒。誰家歡樂誰家怨,兩樣情懷一樣看。

廣寒宫裏憶當年，碧海青天思渺然。一曲霓裳成絶調，當頭依舊十分圓。

晚步閑徵水調歌，金蓮韻事漫蹉跎。蟾宫縱有梯雲在，此夕分明愧素娥。

追哭慕廬七弟江

盛春海

悽絶荆花痛拆枝，旅懷棖觸淚如絲。茱萸插徧人何在，腸斷維摩九日詩。

舊約連床二十年，一燈風雨苦相煎。早知劍影如流電，生悔當初着祖鞭。弟幼敏性動而内行醇謹。予督責甚嚴，始終怡受無怨，每一念及，爲之泫然。

折臂争傳肘後囊，神鍼妙用説長桑。那堪度盡人間苦，篋裏空存不死方。弟因境累，棄儒學岐黄術，輒效病時，猶强起視診，不忍擯絶。

狼烟四起朔風寒，無米誰憐巧婦難。不獨分梨兼讓棗，趨庭猶憶勸加餐。

病膏支離暗自傷，弟病時常自切脉，知不起，輒背人飲泣。强將好語慰高堂。劬勞未報身先死，夢繞庭闈更斷腸。

兩地饑驅未息肩，予于壬戌年就館申江。雁行分手各淒然。誰知話别河梁後，畢世空留數日緣。甲子歲，因弟病回里相見，僅數日卒。蹣跚病體屈難伸，展轉重茵倍苦辛。若使夜臺還負痛，燎鬚煮藥有何人。

紅塵撒手痛長離，凄斷雙親更益悲。衹恐白頭枯淚眼，萊衣未忍話當時。

倉皇戎馬淚闌干，歷盡崎嶇賦急難。殺賊未成身遽死，傷心不覩漢衣冠。

飄泊江湖感舊蹤，莫釐回首白雲封。招魂剪紙今何處，望斷青青七二峰。

（清盛鍾岐纂修《［江蘇吴江］平江盛氏家乘初稿》
同治十三年吴中十賢祠刊印木活字本）

己卯九月二十九日余喪母未朞季子慧德遽殀時譜牒尚未告竣漫成三章以志痛

盛春海

人生修短命何如，百歲光陰一擲梭。我侍慈親逾五十，兒兮侍我六年多。燈灺寒窗獨坐時，霜毫欲下又凝思。那堪草罷哀親誄，又賦西河哭子詩。預擬來年進學堂，命名紹渭早排行。異時賢裔重修譜，好把斯兒註幼殤。

續修宗譜雜感

盛春海

入土猶難保百年，祖宗長望後人賢。不然祭掃多疏略，一任新阡占舊阡。無錫風俗，山糧俱係墳佃完納。子孫數年不祭掃，即割餘地轉售他姓。譜載，尚樸公葬龍山馬鞍塢體字號山，一百二十畝，祔葬數十塚，至今已無片壤屬盛，殊可痛恨！營利思酬罔極恩，心傷老父已無存。陋他千里求財者，不爲雙親爲子孫。《無錫縣志》：盛文珪行鹽於粤，父喪訃至，鹽值千金未入，棄之遽歸。曰：營利以養親也，親亡安用利爲？喜卹貧乏，不念舊惡。子即都御史顒也。身居順境便驕矜，子弟澆風最可憎。覆桶列殽工對飲，高情傳誦大中丞。《無錫縣志》：盛中丞顒長厚，不忘故人。有鄰叟余積業箍桶，公少相與識，及爲副都御史還，往訪。予值其祀神，因留飯其家，無席，覆桶而布饌焉，對飲至醉而别。雲泉莊與壽安堂，片瓦無存址亦荒。寄語族中佳子弟，建祠休議各分房。壽安堂在惠山北。雲泉莊在冰壑公墓旁。康熙乙丑，徙邑城湯巷。後裔不能無榮枯，惟合族建祠方能久遠。園亭卜築水之涯，冰壑歸來玩物華。惆悵百年三易主，只今有巷屬吾家。《無錫縣志》：後樂園即方塘書院。都御史盛顒罷山東巡撫歸，取白水蕩以營之。塘廣三十畝，一望芰荷魚鳥，渺然巨浸。飛梁曲榭，參差布列。中爲清風茶市，與其子弟辟從門彝爲樂。園故有古柏一株，宋時物也。顒既殁，歸尤府丞魯，增益宏麗，又爲曲堰，以節水。雨至，飛流竟日作琴筑聲。後屬王司務業，遂廢。《無錫山水志》：白水蕩在盛巷西，廣三十餘畝，北與蔡園池水接。舊傳有蛟穴，深不可測。時雨盛漲，出忠安廟東溝道下倉前新河。按：白水蕩東民居稠密，其中已無盛姓者，而土人猶呼盛巷。十萬家貲静齋公。二品官，冰壑公。當年聲勢壓鄒安。鄒望安國，前明豪族。自遭家屬揚威後，嫡派旁支一例寒。相傳冰壑公殁後，有友人恍惚遇之。公謂之曰：余生平爲官無大過，惟家屬倚仗聲勢多作非禮非義之事，吾亦與有(貴)[責]焉。恐子孫無昌大者，言訖不見。語固(慌)[荒]誕，豈其或有然歟？何以式微若是也。冰壑英姿迥不羣，懲奸抗疏氣干雲。指劾石亨事。桃花塢上今憑眺，不見前朝諭葬墳。公葬惠山北桃花塢羌字號山三十畝。乾隆初年，已被豪家鄒姓侵奪墳前餘地，糾訟數年，府斷立碑排界，僅存數畝，今併尺地無有矣。予意欲修復，獨力難支，尚望合族相助成功爲幸。敭元才藝絶塵寰，健筆凌雲孰敢攀。九試冠軍終不第，空留名姓在人間。敭元公諱鑾，九試冠軍，十三試棘圍，名重三吴。著有《代箸》、《三子口義》、《天問》、《地問》、《人問》等書行世。門人私謚通元先生，至今膾炙人口。郯府微員宗道公，舍人敢代李封翁。舜柯山上留荒塚，幾墮豪家幻術中。宗道公，諱治。譜載於舜柯山主穴。道光元年，有典商李灝欲謀墳前餘地爲壽壙，因冒認爲宋時李夔之墓，勾挽其族，舉監生員二十餘人捏詞霸奪。余與之争訟三年，然後結案。清白留貽不厭貧，耕田鑿井太平民。息間公諱㬊。後尤衰弱，老二房支。剩有開原鄉名。十數人。族遠寧甘視越秦，今番修輯倍艱辛。一回採訪千回卻，不念先人與後人。寄語鄉居美少年，不攻書便學耕田。試看出外營財者，見慣奢華浪使錢。愚謂子弟生在鄉間須知稼穡艱難，若作客行商，每致折閲。俗云：食在口頭，錢在手頭。其不浪費者幾希。莫道攻書易致窮，不攻書豈業常充。試看寄食侯門者，祖父原來小富翁。愚謂人既有飯吃，須教子讀書，俾稍知禮義，不致放蕩。縱使家業中落，猶得訓蒙度日，不失爲衣冠中人。要兒識字議從師，難弟難兄計較貲。最喜先生自炊爨，六時功課不多時。讀書全在黄昏早起，若開門授業，生徒必多，日間嘈雜，日暮放歸，難於獲益。苦惱文章不值錢，庸才未許立人前。須知初學完篇後，尚要加工五六年。鄉間或有聰俊子弟勉强完篇，父兄信以爲文人，彼亦自以爲才子，其實半塗而廢。以上數條，是鄉居陋習，余不覺痛切言之。嫡派浿湖手自編，長房强半是單傳。當時竊喜邀天幸，不謂今兹我亦然。先人手澤易銷磨，四百年中一刹那。覓得家傳《冰壑集》，時望公著。殘編斷簡已無多。《水石詩篇》漢臣公著。《代箸》言，敭元公著。《廣陵年稿》春谷公著。總無存。嗟余才力難周到，收拾遺亡待後昆。西園詩句未能安，底事災梨譜内刊？蚓竅蠅鳴難問世，漫思留與後人看。

(清盛德裕纂修《[江蘇無錫]勾吴盛氏宗譜》 同治十年敦本堂木活字本)

許氏宗譜

澤洲公致漢陽同族書

許汝原

常州許氏九三公下二十三世孫汝原頓首啟，漢上諸伯叔大人暨兄弟諸侄閣下：同族子姓，天涯遠隔，會晤爲難，翹企何似！汝原閱先人歷修支譜内有康熙六十一年八月，蒙尊處十八世户部嵩瞻公諱之豫譔序，囑致胞伯祖方亨公諱元基修譜，并有致魯東公挾正墓碑書，又致先祖山立公諱玉基囑篆圖章書。一序兩書，俱刻在譜牒。讀之猶見前人至性至情一體往來之誼，迄今倏忽九十載矣。彼此不通音問，地與時違，非盡由人事也。現在先大中丞公諱鼎臣以下子孫僅數十人，均爲寒儉，原汝恐懼日甚，夢寐難安。于嘉慶八年，竭力用聚珍板續修成譜，至大小墅、東西鈕未能合修，亦屬恨事。今有敝襟丈李君復來爲漢陽太守西席，因其來楚，託帶新譜一部訪交諸族尊查閲，庶得知常州近年子孫多寡，亦差慰先司農公在天之靈。今漢郡吾族應亦有續修之譜，望惠賜一部，即由漢陽府署李舍親處寄來。彼此互存支譜，後之人尚得有所考也。恭肅問候漢上諸伯叔大人暨兄弟子侄輩安好。臨穎依馳，汝原再拜。嘉慶十六年辛未三月

漢陽梅村公復書

許鐘元

漢陽許氏九三公二十二世孫鐘元頓復，澤洲賢族侄暨諸尊閣下：族姓遠隔，覿面維艱，佳耗忽傳，忭舞奚似。念自九世祖分支以後，及十四世祖始遷漢陽，斯時吴楚相距道里雖遥，世數伊邇，彼此關注之情尚未十分睽隔，以故十八世祖嵩瞻公留宦京師，尚得與尊處方亨、魯東、山立諸公殷勤致意，簡札遥通。後海槎公守宜昌郡，亦嘗至漢延訪同宗，意圖親睦。嗣是而後，世逾遠，情亦逾隔。要亦處乎時數之適然，非人力所得而强也。漢陽支譜之修始自寧友公，數傳迄今，按譜而稽，子孫見在者不過百數十人，列仕版者不數覯，讀書備弟子員者亦僅十數人，惟嵩瞻公一支衹存一綫。覩此支譜寥落，先族叔介黄公竊慮之，於嘉慶五年遂將原譜重加修輯，九年始成。然其心終以不能付之刊刻爲恨。元等每念及我常州舊族，其門庭發越，譜牒風想象焉耳。正翹企間，忽辱令親心陔李君賁臨，承頒手札，兼惠新譜一書。元聚族衆開函敬讀，乃知新譜成於嘉慶八年，而漢陽支譜亦即成于嘉慶九年，且二十六世字派竟有遥遥相印者。自非我祖在天之靈暗中主宰，又安能若是不謀而合也。更見其中圖畫瞭然盡善盡美，不禁頓足起舞，拍掌稱奇。以足下累積辛勤，獨成大功，是真能以一身而慰藉乎先靈，更能以一身而啟迪夫後裔也。視漢陽支譜草草，若斯對之，益增愧赧，奚堪與爲比並。乃蒙諭諄切，意欲彼此互换一書，共昭明晰。此其用意周密，彌深感激，又何敢以方命滋罪，只得權將寫本上呈，俟異日竭力刊刻

成書，付便郵再行賫投。肅此奉復，所有繕寫漢陽支譜一本，仰希查閲，即候文祉。并請諸族尊先生福安。臨楮依依，曷勝翹切。鐘元再拜。嘉慶十六年小陽月

（許祖堅等纂修《[江蘇武進]夫椒許氏世譜》 1941年永思堂木活字本）

勸人勤儉

許　源

人生總要勤儉，勤儉則貧者轉而爲富，不勤儉則富者轉而爲貧。古之大禹位列九重，尚且克勤克儉，况在小民，田園稀少，衣食艱難，安得不勤儉乎？勤業之法，第一在起得早，睡得遲，使一日得兩日之工，一人做兩人之事。日積月累，數年來家業自然起發。古人云，"一年之計在於春，一日之計在於寅"是也。我觀世之人其不能自立者輒怨夫命。殊不知非命也，乃人也。語云："大富天命，小富勤儉。"可知惟大富之人，如開當之人及鹽商、木客等，方可決之于命，其他衣食之人，或有或無，則皆本之于人。假令其命甚好，亦未見財神爲之送寶，究因其人勤儉而致也。假令其命不好，亦未見惡鬼爲之退財，究因其人不勤儉而致也。試看勤者，種田十餘畝，尚帶養豬牛，尚帶做生意。是較惰者多一二倍進款，安得不衣食俱豐乎？惰者只種得五六畝，或三四畝，且不能兼做别樣生涯，是較勤者無一半出息，安得不衣食不周乎？且種田第一要種得熟，熟則十畝便有廿畝之收，不熟則十畝不及五畝之收。一樣完糧納税，一樣車水鋤田，而所收不及于人，則是人盡豐年，我逢歉歲，難免飢寒立至矣。倘能先盡一己之勤，更率家人妻子個個皆勤，如此而猶凍餓，天下決無是事也。然勤而不儉，則所進不供所出，仍至飢寒。語云："喉嚨深似海，吃斷斗量金。"又云："破衲頭，無價寶。補上又補年年好。"所以，士庶之家布衣煖，菜飯飽，於願足矣。斷不可愛奢華，喜美麗，以有限之財供無窮之用。不特衣食要儉，即一切雜用總要節省。吾里姚月軒先生訓子弟云："人之于財謂當行當用。"然當行當用猶恐偶有浮費，惟當行當用之處而猶不肯輕用，斯爲得儉用之道。如今世之人欲消災，則請僧道偕來念經拜懺；欲卻病則聽師巫邪説，退鬼求神。究之死生有命，富貴在天，此等都是邪教，不必從也。至於嫖賭逍遥之事未盡革除，酒色財氣之端不爲儆戒，或好吃懶做，或浪蕩閑游，或静坐茶坊，或醉歸酒店，或逢場做戲，或設局聽書，或終日着棋，或閑時唱曲，或愛捉秋蟲，或喜提籠鳥，種種荒淫之事，不惟擔擱工夫，抑且花銷財物。既不能勤，又不能儉，雖素有家財者，亦將銷散，况家無餘蓄者乎！由是有恥者將爲餓莩，無恥者變作小人。或敗我聲名，或詐人物件。以致妻孥受困，親戚貽羞，是萬人所唾罵之人也。今勸少年人乘時努力，及早回頭。竭十指之拮据，致一家之富足，將五更而即起，至半夜而方眠，手足胼胝猶思操作，精神奮發不畏劬勞。如此則貧者不至於貧，富者益增其富。上可以爲祖父增光，下可以爲兒孫創業，豈非天地間一至樂之事也哉！特是勤儉之人筋骨已疲，精神易困，若於房幃之内不能力去淫心，則筋骨之疲者益至于疲，精神之困者愈形其困。外證則疽生於背，膿血淋漓；内證則癆損其神，夢魂顛倒，正恐入泉臺之路與鬼爲鄰，安能駐塵世之途禱神獲效。是則色之爲害匪淺鮮也。吾願人清心寡慾，留無恙之身軀；卻色延年，養太和之血氣。庶幾不愆膂力，勤者可以益矢其勤；無碍形骸，儉者可以常行其儉。其欲求夫身家之飽煖，不有甚易者乎？

訓 子 書

許 源

朱柏廬之格言，語垂寶訓；余蓮村之日記，律作金科。物理胥通，無違天理；福田欲益，先種心田。創業之方，不外克勤克儉；貽謀之善，要惟爲士爲農。利固宜興，弊尤貴革。覽前人之矩矱，作後世之楷模。詳者雖詳，略者仍略。余將發先賢所未發，再示金鍼；言故老所欲言，别成玉律。可惡可羞之事，我難悉數；於心宜懲宜戒之端，人或願聞其目。其一則鵶片宜戒也。一呼一吸，面對燈檠；三起三眠，身依床褥。脂膏灼盡，實爲疾病之源；津液熏枯，漸致尫羸之象。久服則牙關變漆，遲餐則眼淚抛珠。未死而已入死機，雖生而絶無生趣。莫出昏迷之境，長居醉夢之鄉。病起煙痨，雖痨不怨；名爲煙鬼，與鬼爲鄰。況屢費金錢，每致室人之交謫；漸虚寶藏，俄同季女之斯飢。其一則賭博宜戒也。擲錢是戲，懷寶而來。求緣木之魚，等喪家之狗。玲瓏骰子，嵌紅豆以相思；奔走村夫，夢黄粱於致富。悖入依然悖出，空勞腹内之戈矛；多赢不敵多輸，頓失目中之財寶。由是田廬不保，倉廪俱空，親朋見笑，妻妾含愁。我爲吞餌之魚，此日不堪回首；彼作噬人之虎，爾時立見銷魂。其一則女色宜戒也。慾海無騰身之日，迷津有失足之時。或歌有女如雲，或夢美人行雨。精神已痿，骨髓俱枯。瘦沈約之腰肢，老潘郎之面目。安有再生之路，命斷蛾眉；將登枉死之城，壽無鶴算。正色尚然如此，邪緣更不可干。既欣有室有家，胡可踰墻踰里？鬼神降罰，削貴人之籍，詎能復步玉堂？天地難容，失富者之財，豈得再營金穴。其一則詞訟宜戒也。忍能免禍，争則終凶。心含不白之奇冤，面尚羞紅於上訴。污吏亂刑名之律，顛倒是非；奸胥貪賄賂之多，混淆曲直。争同鷸蚌，身羈荆棘之叢；令若鷹鸇，魄褫桁楊之酷。只爲鼠牙雀角，遂勞意馬心猿。案牘頻投，徒以蒼黄而自亂；囊錢立罄，依然皂白之不分。惟恕之以情，遣之以理，乃可以敦里鄰之好。專事包荒，息虞芮之争，無容買直其他。酒則祇盈三爵，莫亂心神；弈則久卻一枰，無勞念慮。鬬則勿矜膂力，性命難輕；游則勿瘁形骸，身軀自健。勵姱修，則進一步更進一步，乃見精深；處横逆，則忍三分再忍三分，斯爲退讓。去無窮之積弊，安本業乃非擾以他端；留有用之工夫，讀古書更可兼通雜藝。誠以爲醫爲卜，均能聊救饑寒；即令學圃學農，亦復不憂凍餒。

彼夫告誡之規條莫盡，擴充之意理胥明。人果能反以三隅，我何必告爲再瀆。然而世有害人之流弊，人趨左道於異端，亂明明白白之心，作怪怪奇奇之語。即如師巫之邪説，每以求神退鬼枉費錢財；僧道之浮詞，又將禮懺誦經妄稱功德。究之死生有命，非紙錢楮鏹可賂；冥司禍福由天，非佛咒仙經可回。上帝蓋欲不生疾病，只須戒酒色、慎風寒；倘期共沐休祥，惟在革愆尤、培德義。勿爲享祭而降福，勿爲失禮而降禍，夙佩斯言；積善之家有餘慶，積惡之家有餘殃，無忘此語。彼閻王正直，必不使幽冥厲鬼擅作威權；況天帝靈明，又何容變幻游魂妄加災禍。且夫賢關必達，義路宜遵。黜邪爲崇正之基，去過即立功之地。從此學詩學禮，不涉歧途；希聖希賢，咸歸坦道。革净白蓮等教，師從紅杏尋壇。不煩求佛求仙，只在盡倫盡理。在家庭爲肖子，在鄉黨爲端人。大節無虧，小心自凛。欲盼功成名就，視履考祥；還須敏事慎言，聿修厥德。事吾父母，彌殷烏哺之情；和我弟昆，早合雁行之序。刻刻周規折矩，時時誠意正心。正己如斯，詎致復慙衾影；爲人若此，庶幾可質天人。呼二子在前，以一言相囑。倘得繩其祖武，自然蔚有儒風。無怠無荒，其難其慎。雝雝肅肅，戰戰兢兢。《虞書》云：“滿招損，謙受益。”《曲禮》曰：“無不敬，儼若思。”是皆益在身心，信可銘諸肺腑。欲勵圭璋之雅望，畢生勿憚躬修；頻將金玉之名言,此日再爲體味。

訓女書

許　源

課兒乃父道之常,訓女係母親之任。施衿結帨,臨别贈言;織紝組紃,任勞不怨。必敬必戒,往送之門,無非無儀,早宜其室。果得先聆母教,何須更受父言。然而汝母早亡,誰人勤誨?不得不以父道而兼母道,女翁而作女師。爰宣繡閣之金言,心摩手揣;更著瓊閨之寶訓,面命耳提。其一則人倫宜盡也。孝吾父母,順彼翁姑。烏哺有情,雞鳴戒旦。婦職何殊子職,女心祇向親心。至敬夫則鴻案相莊,方爲淑女;訓子則熊丸督教,不忝前人。勵四德於當躬,流光閨閣;守三從以篤志,宜爾室家。其一則節操宜堅也。静女其姝,狂童早絶。勿擲潘安以果,勿窺宋玉於牆。琴非惑以求凰,禮自守乎奠雁。莫謂女貽彤管,輒詠狐綏;本非人約黄昏,致驚尨吠。望到高唐之觀,不爲暮雨而朝雲;居歸小院之中,胡敢迎風而待月。其一則事功宜課也。蘩猶可採,桑更宜求。蠶織無休,蟹匡是績。有時辟纑易粟,有時抱布貿絲;有時摻手縫裳,有時凝眸添線;有時爲絺爲綌,有時采藻采蘋。彼挽共鹿車,一身勞瘁;此繡披鴛錦,十指勤劬。時而提筐出饁,固欣餬口之堪資;時而把剪來裁,益覺章身之有具。其一則烹飪宜調也。試宰肉之刀,溉烹魚之釜。厨下以添薪爲計,甑中非無米而炊。羅數盞之酒漿,椒馨可頌;陳一甌之饘粥,虀味須增。春維月下之糧,不患載飢載渴;剪到雨中之韭,還須或炙或烹。倘使嘉客頻來,羣賢畢至。則疏食菜羹,固已見功於井臼;嘉肴脾臄,更堪獻技於庖廚。且夫婦德女工,千端萬緒,悉心而計,屈指難窮。胡不舌且先捫,胡必齒猶復啟。然而大端雖悉,細行宜諳。勿入廟燒香,勿迎神賽會。勿釁生妯娌,勿争起婦姑。勿以冶容而誨淫,勿以長舌而好辨。鄰將入室,户定頻開;賊或踰墻,門須早閉。燃竈薪之火,刻刻隄防;熄爐炭之煙,時時檢點。其餘瑣務,尚須一概頻勞;此外繁文,正可三隅立反。若此者,閨儀足式,閫範彌嚴。教於公宫,教於宗室。孝等緹縈之女,敬同冀缺之妻。不矜妝豔梅花,壽陽貌美;莫詡詩吟柳絮,謝女才高。要惟夫義而和,婦柔而正。論敬姜之勞逸,畢生是究是圖;舞子仲之婆娑,此日必懲必戒。果能如是,汝母在九原之下,歷數載之遥,當亦以爲慰我心期,并得如吾志願。

勸人子宜孝

許　源

入門先要敬爺娘,服事勤勞奉酒漿。此是堂前真活佛,何須别處再燒香。
從來大孝感天公,養育深恩報不窮。倘使親前心忤逆,彌陀念盡也空空。

勸兄弟宜友

許　源

兄弟均從一本生,兄須友弟弟恭兄。絲毫小利休相競,忍耐同居最有情。
伯仲相偕在一門,枕邊休聽室人言。同心協力成家計,好樣還堪示子孫。

戒 鴉 片

許 源

鴉片洋煙出海隅，人多吸食太糊塗。熏來臟腑津應涸，灼盡脂膏隨亦枯。半醉半醒沉苦海，多愁多病困窮途。最憐一盞燈先照，宛似床頭死未蘇。

戒 賭 錢

許 源

一生勤儉始爲賢，切勿逍遥愛賭錢。萬寶輸完徒自悔，千金敗盡有誰憐？無衣只恐兼無食，賣屋偏教再賣田。白虎青龍骰子響，定成餓莩喪黄泉。

戒 貪 色

許 源

空即色兮色即空，心經一語醒愚蒙。須知萬惡淫爲首，且把三綱勵渺躬。美縱如花情勿戀，年方少艾夢難通。況教耗盡精神後，孽報重重更不窮。

戒 看 鬼

許 源

偶爾風寒病染身，愚民退鬼復求神。紙錢焚化災猶重，經懺宣揚福未臻。僧道浮言何足聽，師巫妄説本非真。破財若果堪延壽，帝室官家不死人。

戒 争 訟

許 源

人生度量總宜寬，訟到衙前膽亦寒。只恐紛紛逢猾吏，安能個個是清官。頻施枷鎖刑堪懼，縱有銀錢用易完。忍耐終身争可解，無災無難慶平安。

戒 醉 酒

許 源

淡泊凝神養性天，不爲酒困志彌堅。杯擎只許盈三兩，價積何堪費十千。勿以糟邱爲樂境，休將麴部等貪泉。醉能致病先宜戒，莫謂囊中尚有錢。

戒貪財

許 源

讀罷詩書復種田，一生命運總由天。晉文返璧誠堪法，楊震辭金更可傳。大道生財貧不困，亡身殖貨壽難延。一心記取先賢語，勿賺人間作孽錢。

訓婦女俚言特用粗言俗語，使婦女上口即解。

許 源

閨門德行不堪無，孝順公婆敬重夫。性格温柔心地好，人人景仰作規模。
婦人淑慎又温恭，從父從夫子亦從。此是三從真德行，斷須牢記在心胸。
玉潔冰清偶染塵，有何面目見鄉人。要知節義從來重，且守清清白白身。
一到天明即起身，何嘗懶惰慣因循。富人自此長堪富，貧者由來不久貧。
穿衣喫飯事非輕，説到飢寒陡覺驚。各樣營生都要學，防荒防難總關情。
婦人勤苦作生涯，織布彈綿及紡紗。鞋襪裳衣都可做，豈惟針黹繡名花。
粉黛胭脂色色誇，釵標金鳳髻蟠鴉。何如十指尖尖巧，白晝求桑夜績麻。
家中清潔自增光，掃地驅塵拭桌忙。更有一言須記取，梳頭揩面洗衣裳。
家中料理更須周，夥計營生也代謀。田裏栽禾場種菜，百般事務在心頭。
一生總要做人家，物力艱難果不差。惟有客來休冷淡，卻宜沽酒又煎茶。
常防賊盜到鄉村，看守家庭勿憚煩。一到黄昏勤檢點，前前後後總關門。
火燭凶殃更要防，小心謹慎在柴房。竈門燈盞烘缸内，色色般般勿可忘。
曬衣户外卻當心，風要吹來雨要淋。更恐小人偷竊去，頓教失物恨難尋。
百般物件要收藏，安放箱籠記勿忘。若要曬來還可曬，休云霉爛也無妨。
厨房飲食貴豐饒，飯要煮來菜要燒。倘備嘉殽供上客，也須各樣會烹調。
柴米油鹽醬醋茶，般般總要做人家。莫教困苦飢寒到，始悔當時用度奢。
妯娌當如姊妹親，同心協力一家人。終身忍耐終身好，到老同居各盡倫。
丈夫情性偶然昏，總要閨中勸一番。勸到回心能改過，災消禍去福臨門。
公婆伯叔小姑娘，總要調和在一堂。説話先須能忍氣，見財切勿做私房。
東鄰西舍到門來，總要高聲叫一回。有禮敬人人亦敬，揩臺抹櫈也應該。
夫妻禮法總須遵，相待由來本似賓。衽席之間宜有節，勸夫且自保精神。
留得精神壽自長，免成癆瘵惹災殃。且堪求富兼求貴，百歲齊眉到老康。
偶然疾病奈如何，勿聽師娘鬼話多。且自求醫求妙藥，死生有命語非訛。
朔望清晨一炷香，謝天謝地謝三光。惟求堂上公婆健，更願夫君到老康。
入廟燒香不算修，求仙求佛總空求。不行善事惟求福，枉自奔波磕破頭。
異日生兒帶笑看，殷勤保護最艱難。小兒若要求安穩，常帶三分飢與寒。
兒小扶持法貴諳，坐車立桶共摇籃。睡來定要頻遮蓋，不使風來病女男。
閨中零用偶然無，可問公婆可問夫。切勿背人偷米麥，暗中出糶太糊塗。
東鄰女伴日相陪，是是非非説幾回。你且深藏三寸舌，休將言語惹凶災。

第一爲人要正經，那堪偷取物零星。村鄰兒女長來往，也要隄防入户庭。

勸孝賦以“幼時全賴我親恩”爲韻

許　源

鳩杖扶衰，兕觥介壽。慈竹平安，靈椿聳秀。祝五福而拜以明虔，備三牲而養原須就。極瞻依之力，心慕夔齋；憶怙恃之勞，翼同鳥覆。在此日恩思鬻子，誰人不慕親親；溯曩時喜甚添丁，我父只知幼幼。蓋以人子之幼也，載生載育，恩斯勤斯。非父母誰爲保抱，非父母誰與扶持？免懷則三年而可，哺乳則一刻難離。猶且慮其凍，猶且慮其飢。物賜佳兒，不止長年之粥；線添慈母，真爲續命之絲。寢之床，弄之璋，先有占熊之夢；屬於毛，離於裏，孰非舐犢之時。及其長也，子原須教，師必擇賢。望其顯揚志遂，望其陶淑情專；望其芸編盡覽，望其蕊榜高懸。又復爲之求嘉偶，締良緣，雀屏選，燕侶聯。協鳴鳳之占，論婚有日；訂委禽之禮，授室華年。願子婦團欒，未敢稍辭況瘁；爲兒孫計畫，要皆曲與安全。乃何以爲子者性甚凶頑，情多狡獪，色未愉愉，容非藹藹。歡不承菽水之供，舞不習萊衣之繪。養猶未進雞豚，膳豈復求魚膾。蘭陔莫補，本無養志之誠；草昧何知，詎以守身爲大。未克纘戎乃祖，行原每至辱先；倘教忝爾所生，品或遺譏無賴。孝道未彰，勸規無惰：勸其視膳也，瓶捧緑醅；勸其問安也，門依青瑣；勸其昏定晨省也，意念彌真；勸其夏凊冬温也，力行惟果。慕孝思之不匱，惟舜爲然；法孝養之無虧，若曾則可。此日叨陪鯉對，常思欲步前人；清晨凛以雞鳴，敢詡是誠在我。恪遵風教，純任天真。孝宜如周公之達，孝宜如考叔之純。萃太和於一室，懷明發於二人。負薪亦可服勞，何傷乎賤？啜菽也堪作膳，奚慨乎貧？象賢盡人道之常，劬勞欲報；燕喜遂天倫之樂，笑語相親。迨至蓼莪涕隕，風木聲喧。食每追思藜藿，景初不覩椿萱。葬則馬鬣崇封，銜哀窀穸；祭則犧尊敬設，慨想本源。念及此也，曷不於矍鑠之時，追隨爾室；曷不於康强之候，入侍寢門。曷不思燕翼之貽，矢念自徵夔慄；曷不盡烏私之養，寸衷莫負鴻恩。

勸悌賦以“世間至難得者兄弟”爲韻

許　源

雁序相聯，鴒原默契。念及同胞，潸焉出涕。仰讓産之薛包，法同居之公藝。囑伊後嗣，萃和氣於蕭牆；幸我先人，普餘輝於苗裔。勿以形骸而隔，相偕總見其怡怡；休傷手足之和，無害遠徵於世世。

夫以弟之有兄也，艱難足共，休戚相關。稱以先生之號，列於長者之班。内外賴之提挈，晨昏相與往還。絶無尨吠之憂，比安共慶；本有鴈行之樂，巽順非頑。式相好，無相猶，蔭在椿萱之下；我無虞，爾無詐，棲居花萼之間。

乃何以臭味難同，參商不類。語無燕笑之親，詩以猱升而刺。天生之羽翼俱傷，内具之肺腸各異。鴞有毁巢之毒，豳國陳情；象懷浚井之謨，歷山墮淚。鬩墻致釁，宛然忿起仇讐；同室操戈，詎復情聯昆季。甚至憂同司馬，偏教弟亦云無；奈何恨欲哇鵝，適值兄從外至。

是則悌道之莫明也。天倫未篤，風教難寬。勸其性情相契，勸其骨肉無殘。勸其隅坐也改容以斂，勸其隨行也緩步偏安。勸其燕毛也，燕酣酬酢；勸其序齒也，序次團欒。仲氏以伯氏爲尊，定貴禮隆一本；乃弟與乃兄相洽，方堪名重二難。

明長幼之倫，循弟子之職。騂弓無翩反之虞，鳩杖竭追隨之力。孔懷未敢忘情，既翕正堪作式。或如手，或如足，豈至乖睽；一吹壎，一吹篪，無憂孤特。田氏睹紫荆之茂，析居仍未離居；竇家攀丹桂之榮，相得正非易得。

且夫分所宜悌者，不止伯兄也。即諸父之尊嚴，先生之高雅，而亦未敢疾行，必須拜下。顛危則杖可扶鳩，奔走則車堪駕馬。介繁祉則稱以兕觥，頌維祺則洗陳爵斝。素以肩隨之禮，是究是圖；并將齒讓之風，心藏心寫。願蒼黄而入侍，庶幾得其所哉；惜斑白而服勞，是乃安乎老者。

而況與吾作伴，先我所生。胞胎相并，年齒難輕。彼擅金昆之譽，此成玉友之名。義門共推乎陳氏，争産奚儆乎普明。閉户自撾，責以繆彤爲法；推田相讓，訟由延壽而平。是真蔓草難圖，被害不同乎太叔；更使豆萁無煮，相煎早戒乎寡兄。

雖屬分形，實爲同體。既敦長長之情，又盡親親之禮。覩龍鍾而心自堪憐，祝鮐背而首還頻稽。肆筵設席，愆免乾餱；執豆儐籩，情逾甘醴。聽同根之句，魏文帝因此傾心；歌常棣之詩，魯周公爲之隕涕。要必陟岡而望弟，方不棄乎兄；尤須同被而眠，兄始頻依乎弟。

戒色賦以"房術誤人不少"爲韻

許　源

迷津勿入，邪徑先防。宜閉魯男之户，無踰仲子之牆。夢醒襄王早離巫峽，情深神女詎戀高唐。協懿氏之占，自成鳴鳳；奏相如之曲，未敢求凰。開户迎風，莫踐張生之迹；登樓望月，休偷韓掾之香。第一關儘力打開，正欲希賢入室；無雙品終身保定，休云招我由房。

夫以婦之有正色也，樂以鼓鐘，友惟琴瑟。男正位乎家，女正位乎室。聊呈半面之妝，莫擅畫眉之筆。清心寡慾，庶幾血氣無虧；竭力保身，詎致膏肓有疾。賦螽斯之揖揖，妻妾同心；慶麟趾之振振，兒孫繞膝。自此緑窗人静，詠南國之好逑；更教紅燭夜闌，闡東萊之藝術。

乃何以役於邪色者，美羡荼雲，遇欣草露，色膽彌狂，慾心無度。聞西子而神傾，睹南威而意慕。頓覺容衰潘岳，長此昏迷；縱教腰瘦沈郎，猶難覺悟。蛾眉螓首，大開枉死之城；性斧情斤，總作傷生之具。閉緑珠於帳裏，禍基不是福基；伴碧玉於帷中，一誤猶然再誤。

況乎彊彊者鶉，奔奔者鵲。子國子嗟，頻勞目送；孟姜孟弋，總效眉顰。或踰園而踰里，或涉洧而涉溱。絆舟楊柳枝邊，願甘同夢；閉户枇杷花裏，樂以忘身。此則責不寬於師友，罰尤降自鬼神。應貴者，金榜難題，不入科名之選；應富者，銅山立倒，漸成坎壈之人。

然而陰騭休虧，靈丹可乞；志貴清貞，心宜密勿。回頭則我意先誠，失足則余懷常鬱。渡情波以寶筏，仰仗靈仙；拯慾海以慈航，願憑古佛。戒嚴於外色，先力拒彼姝；戒守於中色，更心懲尤物。薄倖名何須贏得，漫賡"其樂只且"；風流債未敢借來，莫道"爾思豈不"。

是則雖有杏臉争迎，柳腰競嫋。婦甚妖嬈，女賡窈窕。而君子則體自安安，心猶悄悄。不思金屋之蓮香，詎戀錢塘之蘇小。善報非誣，休徵可表。鴛鴦之福禄宜賡，龍馬之精神有兆。淫心早去，要同老子長生；浩氣常充，勿使病魔暫擾。莫謂縛蠶作繭，情絲之固結偏多；休言搗麝成煤，心火之爇香不少。

戒　賭　賦以"眼前敗過幾多人"爲韻

許　源

燕僻貽譏，鳩功無僝。情本昏昏，顔徒赧赧。侵漁本是求財，駑馬果然戀棧。借債莫能償債，典盡寒衣；贏多不敵輸多，鬻完恒産。一擲漫矜膽大，家中金盡馬蹄；千緡不復腰纏，囊内錢無鵝眼。

夫以賭之共好也，財源莫濬，利鎖常牽。進門出門，各殊其號；大局小局，分掌其權。左有青龍，别成象數；右排白虎，也是蟬聯。竭狙詐之能，無非喝雉；密狼貪之計，竊欲附羶。財真擲盡萬千，狎客萃舍南舍北；戲本名傳雙陸，貪夫來村後村前。

似此徒事戲游，未嚴勸戒。百千萬鏹，悉被銷沉；二十一門，盡皆險隘。鬬牌則昕夕相從，擲寶則晨昏靡懈。財賄兮俱空，田廬兮盡賣。百鎰吞聲而失，囊已無錢；萬金唾手而亡，臺難避債。歧途誤入，最憐浪子無歸；利藪窮探，反致家聲立敗。

況乎賭場競聚，品行喪而内念不端也；賭博成豪，正業廢而壯心已挫也。好賭者去而來，來而去，長此沉淪也；屢賭者輸而贏，贏而輸，終歸窮餓也。利澤難沾，愁城莫破。營財轉至喪財，好貨依然無貨。鬬相思於紅豆，骰子常抛；夢富貴於黄粱，金夫列坐。始則貸錢莫惜，爾時立見奇窮，繼則棄産如遺，何日始能悔過？

然而業已全非，理原不韙。力期後效，意本孜孜；誓改前愆，情原亹亹。須識戒心常凜，别有師承；莫教賭友成羣，更傷比匪。貪心懲創，勿爲吞象之蛇；罔念消融，詎等慕羶之螘。志在貪泉之外，卻教志不終昏；身超苦海之中，莫謂身其餘幾。

由是賭風改革，賭興消磨。爲士者期攀仙桂，爲農者願植嘉禾。爲賈者心勤貿易，爲工者力任切磋。閟白鏹之精光，自知珍惜；鑒烏曹之流弊，勿復觀摩。休同封豕之貪，且效相如璧返；勿效牧豬之戲，自同季子金多。

倘使未開覺路，久困迷津，呼盧不止，局戲常親。則悖入依然悖出，僇貧反至傷貧。惟君子情思革故，志切鼎新。游戲之端，允宜束手；摴蒱之技，勿致勞神。定然克儉克勤，富家大吉；更喜有嚴有翼，皇路頻遵。積鄧氏之銅山，財自豐於爾室；富郭家之金穴，利更普於同人。

戒吞鴉片洋煙賦以題爲韻

許　源

有物焉，如膏之常凝，如藥之可賣。食雖多而不肥，嗜有癖而難瘥。病真浹髓淪肌，誰與發聾振聵。憐伊玉體，本無百煉之剛；費盡金貲，空負一生之債。失足煙霾之地，幾如苦海長淪；回頭煙霧之鄉，敢以迷途爲戒。

夫以洋煙之共好也，氣能蠱腦，香欲迷魂。狀似酕醄之醉，情如夢寐之昏。雙手頻擕盤，豈銘夫殷代；一身穩卧榻，應下似陳蕃。奏煉藥之奇功，務求精熟；試弄丸之妙技，不憚紛煩。從今三起三眠，陡覺神怡心曠；任爾一呼一吸，直同霧吐雲吞。

再搏再煉，愈服愈加。火候十分，紅鑪噴雪；瓊膏一捻，丹鼎流霞。傳釋氏之燈，光明大啟；斑湘妃之竹，嘘吸彌嘉。倘教炙手熏心，無異焚身之象；偶爾呼朋引類，還如銜尾之鴉。

然而鳩毒宜除，燕安毋戀。吸而成癖，諒有悔心；醒而若迷，還須革面。久服則齒如鐵暗，漸異尋常;遲餐則淚似珠拋,那堪昏眩。蒿目毒,如蠱蠆,衹緣鬻自蠻夷;傷心命寄蜉蝣,共道害由鴉片。

其足以損人軀命也,氣將蕭索,病入膏肓。盡鑠精神於龍馬,難賡福禄於鴛鴦。定知枯槁衰容,鬢斑潘岳;漸至支離病骨,腰瘦沈郎。劇憐銷爍形骸,未克室家締造。回想蹉跎歲月,不禁涕淚汪洋。

其足以敗人家貲也,早已廛空三百,非徒價費十千。萬鎰之資,或以煙飛而散;千緡之富,半因煙吸而捐。日計少而月計多,頓銷國寶;食者衆而用者鉅,莫賸囊錢。人誚家徒壁立,我悲室似罄懸。倉箱之菽粟俱空,衹悵家難舉火;朝夕之饔飧不繼,更教竈斷炊煙。

惟君子志切鼎新,情思革故。清心不復,迷心一誤無容再誤;急圖富貴,鴻寶堪儲立致勳名。鰲頭獨步,煙土何嘗入口。休云一醉一醒,煙塵莫復沾脣;漫説半吞半吐,養太和之血氣。信能永著其風規,留無恙之身軀,要可自全其天賦。

戒訟賦以"必也使無訟乎"爲韻

許　源

有忍乃寬,能容是實。那堪構以心兵,更復利呈刀筆。惟從爾室盟心,不向公庭屈膝。犯而不校,何須鬬起虎狼;忿且先懲,奚敢争同蚌鷸。若使氣陵桑梓,得無負疚彌深;倘教刑遠桁楊,敢謂此生可必。

夫以人之有訟也,兆本爲凶。民斯爲下書,竟成丹衣還服赭。理則乍暗乍明,言則半真半假。衹因雀角鼠牙,致類心猿意馬。片言未折,頓教囊澀成空;兩造俱傷,果爾淚流如瀉。俯首受鞭笞之辱,彼人是哉;屈身居囹圄之中,是吾憂也。

況乎結訟者,很或如羊,鬬還類蝗。愬其被累,痛等剝膚;鳴以不平,怨真切齒。詎知猾吏舞文,奸胥昧理。貪囊未飽,依然聽審難期;賄囑稍疏,仍自私刑不止。由是此傷蕩産傾家,彼悼鬻妻棄子。縱使脂膏已竭,猶無衡鑑之高懸;劇憐骨肉俱殘,尚以鞭箠爲足使。

三思自審,百忍宜圖。忘其身,及其親,弊懲至聖;恕以情,遣以理,訓稟純儒。戒其好訟也,毋行險道;戒其健訟也,莫入歧途;戒其聚訟也,訴休未實;戒其久訟也,控不堪誣。刑本無干,何致貲財浪費;忍能有益,不將賄賂頻輸。永清訐告之風,知曲直混淆之盡釋;大擴涵容之度,信是非顛倒之皆無。

忠恕是行,詭隨毋縱。洞察雖嚴,海涵是重。鴟張悉化,案牘無勞。犴獄胥清,刑書莫誦。縱多外侮,奚煩舌劍之交争;儘可包荒,勿再心機之誤用。自此冤無不白,坦懷詎復尋仇;而今忱盡輪丹,有過衹須自訟。

彼夫唆訟者,施其詭計,殃及無辜;眢財覓利,爾詐我虞。是是非非,理皆倒置;虛虛實實,事有懸殊。惟爲父兄者,戒其子弟,爲師長者戒其生徒。謂勿被此網羅,須臾擾亂;謂勿信其簧鼓,頃刻模糊。庶幾訟獄俱清,德之良高也明也;并使訟庭永静,世之治巍乎焕乎!

恤寡賦并序

許　源

偶閲余蓮村新刻《日記故事》,内載儲范氏養衰姑撫孤子以守節,又有王克明捐資財給米帛以恤寡。竊思窮民無告，寡婦尤甚。范氏之貞，王生之惠，均係可法可傳之盛事，不勝欽仰興發，遂援筆而賦之曰：

念彼寡婦兮，鏡破難圓，閨空謹閉，命薄蛾眉，容羞鳳髻。登山懷化石之心，古井有無波之誓。傷錦衾之獨處，蘞蔓云何；流彤管之芳徽，松筠操勵。

節如令女，志比陶嬰。昔日于歸雖賦，此時偕老難盟。詠寡鵠而心悲，雙飛未忍；聽離鸞而腸斷，一曲初賡。烏雲剪以輕刀，早已甘心待死；皦日誓將同穴，本來無意偷生。乃有親隣勸語，父老垂情。或則慕其姿色，或則示以寵榮。謂再抱琵琶，偏多雅趣；謂重調琴瑟，莫負生平。謂紗浣溪邊，自可仍隨少伯；謂琴彈月下，何妨更就長卿。然而矢志靡他，自是婦人之義。倘使從心所欲，斷非女子所行。記當年斑竹蕭疏，啼斷湘妃之浦；看此日黄花憔悴，哭傾杞婦之城。

況乎阨窮可憫，孤苦堪悲；辟纑易粟，抱布貿絲。廚下勞添薪之計，釜中停無米之炊。何有何亡，荼心備閲；克勤克儉，蔗境難期。聽鳴雞而奉養，無虧節婦，兼爲孝子；緊舐犢而提撕，不懈慈親，即是嚴師。念伊煢獨堪哀，固屬閨幨令式；緬彼孝慈克盡，尤爲巾幗良規。

於此任其湮没，不與旌揚，雖得一時著美，未能百世流芳。則閨門爲王化之原，何以鴻名克著；婦女爲人倫之始，烏能駿烈彌彰？惟君子宜揚大節，闡發幽光。或乞顯官額書金版，或求聖主名列寶坊。或營節孝之祠，徽音不朽；或輯府州之志，盛德難忘。或緬彼閨儀，詩文歌詠；或編之族譜，傳序鋪張。庶幾游女嫦娥，雅慕乾坤之令節；并使貞魂烈魄，可同雲漢之爲章。

他若寡之至貧者，節雖等乎松之堅，境自同乎蓼之集。既無鴛偶同飛，祗類鮫人飲泣。庚呼誰諾，翠蹙眉低，辛苦備嘗，珠抛淚濕。於是知其寒之當恤也，爲賦無衣；於是知其饑之當恤也，爲歌乃粒。時而錢貽蚨血，頻深援手之思；時而金餽馬蹄，聊救燃眉之急。

婦於此寂珩璜之雅韻，矢鐵石之堅心。哀雁莫嗷乎澤，求凰不戀夫琴。將見鸞鏡長封，無由藻耀；鳳釵永折，不復花簪。此時姬可稱貞，卅載之鴻聲莫晦；異日女還諡愍，九重之鳳詔堪欽。更有表微之官宰，好德之儒林，或石鏤蛟螭，共覩穹碑之卓立；或箋題鸞鳳，别爲佳傳以披吟。若非恤之者，悉與安全，何自名高苦節；若非恤之者，曲爲成就，焉能筮以甘臨也哉。

惜　字　賦以“聖賢遺跡須珍重”爲韻

許　源

鳥篆足珍，龍書是敬。字宜寶若兼金，字本藉資考鏡。塗鴉染墨，青簡留貽。選兔揮毫，紅塵拭净。墜等沾泥之絮，意自隄防；飄同落地之花，心先戒儆。巽志闡西陽之典，弁髦勿棄於吾儕；師承肅庚拜之文，綱領咸推夫古聖。

夫以書之有字也，羲皇創始，倉史開先。八卦由馬圖而畫，六書以鳥跡而傳。蝌蚪成形，文標彩簡；龜龍足式，篆以丹鉛。從兹仙史猶龍，言歸道德；由是聖人垂象，教備經權。字成楮國之功，既可學詩學禮；字得管城之助，還當希聖希賢。

乃有不知惜者，鸞箋碎裂，蠹簡紛披。字或寫於棐几，字還題在門楣。委地筆花，誰爲收拾；凝塵楮葉，總是迷離。覆作醬瓿，詎愛揚雄之妙製；投諸溷廁，徒憐李賀之歌詩。忽經屋漏而蝸涎，傍壁盡皆紙碎；竟至函封而蠹蝕，盈箱靡有文遺。

況教字抹丹黄，字淆黑白。濤牋寫就，擲在塵途；班扇題來，棄於砂磧。地踐隨苔衣俱爛，土掩蟫編；竈炊與琴木同焦，火灰兔册。更或揭粘墻壁，經風而字已無形；那教罅補窗櫺，被雨而字尤滅跡。

然而字乃聖經賢傳，字爲帝典王謨。字本可傳可法，字宜是究是圖。惜此龍文，字皆辨别；惜乎鳳篆，字未模糊。勿令鼷鼠偷銜，鄴侯有架；莫任蠹魚竊食，陸氏盈厨。向螢案而搜羅，自幸斯文未喪；集蚨錢而收買，還賡我友印須。

孰爲善有同心之士，孰爲裒成集腋之人。拾取徧行西塾，購求早約東鄰。將欲付之一炬，何妨費以千緡。墨倏化雲，烏鰂之幻形不異；鑪初點雪，紅羊之小劫方新。輕灰悉入鯨波，共向舟中而穩渡；餘燼何堪狼籍，幾同席上之奇珍。

緣是文苑宏開，書田廣種。惜翰墨之因緣，惜文章之錯綜。如劉家文塚，瘞塚堪銘；如李氏錦囊，括囊可用。將見名成有日，路從月府而登；善可格天，步向雲梯而縱。總由字拾泥塗之内，先偕尺璧以韜藏；字搜瓦礫之中，更類千金之慎重。

（清許源纂修《[江蘇]毘陵許氏宗譜》 光緒十七年福善堂木活字本）

黄氏宗譜

菊花十九首有序

黄毓祺

詠物，賦體也。要以譬喻而得明曉，亦比體也。春花比美人，秋花比高士，豈在色香間論哉！元公目此花爲隱逸，夫亦其性情然耳。有謂某花形似若何、命名若何者，幸勿出此詩示之。

冬心寥落向誰論，雅正斯爲獨立人。不見疏疏三兩蕋，羣花塞默少精神。蠟瓣西施
悠然入骨是寒清，山遠烟微起暮情。秀色有無難可飽，九華空復笑泉明。月下西施
修翎整整復斜斜，肯受尋常耳目加。獨立徘徊君自悟，古人微尚在黄花。黄鶴翎
閑庭瘦影舞婆娑，磊落如人野意多。舉世自張鶉鷃網，雲中白鶴豈能羅。白鶴翎
寒花淡淡立幽軒，静對能空物性喧。四座微聞聲嘆息，主人蕭寂獨無言。玉嬋娟
佳色繇來莫可名，夕陽彩翠甚分明。誰知别有娟娟意，最是空庭白月横。錦嬋娟
遠性偏于静者宜，天然秀整是風期。結廬人境堪怡悦，不分高山有紫芝。紫牡丹
冥心不共世低昂，白露淒然水面涼。乞與錦袍空錯落，無人識得老佯狂。錦雀舌
蕭然暫對破人顔，一卷茶經紫翠間。縱使秋霜鷹爪健，何如此種意閑閑。紫雀舌
此花不愧淺深紅，得性那能與俗同。他日倘尋高士傳，相逢只合唤黄公。鶯羽黄
但令骨性介然孤，意色何須淡若無。昨夜中庭閑徙倚，枝枝撑月是珊瑚。大紅毬
平遠荒寒木葉稀，秋容不戰自然肥。忽驚身在蘆花岸，耳畔蕭蕭有雁飛。蘆花粉
奇姿能艷復能幽，志意堅貞不可求。舉面向人先自赤，風前無語小低頭。醉楊妃
參差顔色斬然新，晨夕同條共隱淪。爾我欲分無處所，人間何物得疏親。二喬
中肖把坑立墻陰，益信文人有碎金。風似翦刀時劈面，空霜不覺又盈襟。金翦碎
朝來忽覩淡粧新，濃抹將毋色未真。自是中心無所向，不忍今昔現分身。褪紫白
居然冰雪自操持，正是神人綽約姿。笑殺海棠多作意，一生不博浣花詩。海棠嬌
特留貞静殿空林，艷色須從背面尋。無限風流歸藴籍，不令人見一何深。水紅毬
歲晚憐君不我遐，門前老樹正槎枒。小山空自歌招隱，夜静人間落桂花。木樨毬

甲申紀事

黄毓祺

白水朝來應赤符，攀龍附鳳盡魁梧。傳聞舊輔收東郡，想像遺民拜鼎湖。羣盜淹留秦月冷，前鋒辛苦漢軍孤。時來裂土誇身手，精鋭摧堅定有無。刺鎮將之怯賊，持兩端也。

四起黄雲暗戍樓,憑南北望淚交流。積尸原野饑烏集,失主沙場病馬愁。牛李當年如異國,石尤今日正同舟。細思喪亂因公等,珍重金陵古帝州。憤馬左諸臣之搆難速亡也。

乙酉紀事

黄毓祺

五更吹角夜吹笳,無復秦淮舊酒家。小雪今朝仍李實,嚴霜昨夜尚荷花。漁陽世事唐天寶,江左人心晉永嘉。太息乾坤皆反覆,敢云吾道故龍蛇。

(黄亮邦編《[江蘇江陰]月城黄氏宗譜》 1917 年古杏堂木活字本)

彭氏宗譜

邵陽掃墓

彭華璨

自昔派分湘水濱，尋源正好快今晨。糧惟預裹禽先躍，路不曲從馬亦馴。亭嶺斜陽初信客，法華茂草夙根春。道傍休叙故鄉話，話到故鄉仍是新。

跋山涉水恰經旬，古木無風動石麟。江右重遷來八葉，墓傍連理蔭同人。先靈有感世非遠，再拜無言情獨真。想到暌違恨未了，子規聲裡雨頻頻。

邵陽掃墓

彭華琛

遠隔親親久暌宗，相思誰限路千里。百年坵冢依猶在，三世音容何處逢。大業光前如重任，陰靈啓後應榮封。我來敢托先人庇，莫使先人墓棘壅。

清明掃先嚴墓

彭詩頌

潑火煙新曙色開，椿靈墓上酒澄杯。分經甲乙班聯讀，過渡風潮夢裏來。泣血紅霑桃錦浪，熱心淡付楮錢灰。呼兒述祖言難盡，片石何曾代口碑。

先嚴七旬冥誕

彭詩頌

二十年前往事傷，蓼莪詩廢頌如罔。橋山悵望春秋老，蘭砌栽培日月長。清酤頻揮盈淚雨，斑衣自顧滿頭霜。蟠桃未及存時獻，七秩空陳萬壽觴。

（彭詩伯主修、彭禮復纂修《［湖南邵陽］華秀彭氏三修族譜》
1948 年華秀堂木活字本）

萬氏宗譜

壬辰譜成告祖文

萬廷琯

恭惟列祖，派衍豫章，喬遷荆楚。自聿來胥宇，逮兹已三百餘年。溯厥初生民，于今才一十七世。著籍，則由陂邑而岡邑，而江邑，環羅凡幾邑，料丁不下數千；别派，則由大宗而小宗，而同宗。追本各分宗，數典敢忘萬一。顧欲共牽瓜瓞，先期詳列本支。故禮必統之有宗，而法惟備乎一譜。奈德厚光遠，兩朝來代鍾達禮孫子勤思收族以敬宗。而族大支繁，數邑中不無莫識宗祊，僅屬編氓之知禰。詢以世次，半未上心。欲與考詳，全難措手。以故家云世矣，卒因譜尚闕焉。兹者十四世孫以下孫曾等深恐世遠益湮，浸致信傳益疑。爰自十世以下，謹依“别子爲祖，繼别爲宗”之義，用于一宗，獨悉而繼祖、繼禰，庶幾統緒繩繩。自十世以上，業成杞不足徵、宋不足徵之傷。惟有一脈相承，而爲穆爲昭，聊俾源流井井。念遠祖已詳，其昆弟慨無從紀，昆弟之子孫顧一宗方萃夫雲礽，不亟圖繫雲礽于宗祖，乃成支譜，用告先靈，恐涉垂違。敬疏義法：宗禮久廢，適庶亦同祖所宗；嗣法惟親，孫曾或間代以嗣。爲人後者既有後，于所後亦許身自歸宗。無嗣亡者，雖久亡而勿亡，必議繼爲主祀，不忍子死。其父姬妾雖無出，必存，不敢廢。溺於殤，中下，雖宗子不後。畧原禮意，祇冀情安。謹用明宣，尚其降鑒。

一家言跋

萬希洙

叔父蒿渠先生嘗欲裒集先世來文字，號《一家言》。商之從叔南泉先生，躍然願爲襄事。洙少時側聞此議，頗知喜且愛三字，取義甚精，熟識不忘。厥後兩叔屢以爲言，洙亦時以間請，卒未竣事。今蒿渠叔已下世，而南泉叔又主講諸省書院，勢未暇及。竊不自揣，欲踵行之。以齒近五十，精力衰頓，兼之寡識，僅以意畧爲蒐輯。前者不可得見也，自八世始抵十四世，其九世亦闕。十五世後，登其亡者，書義十有九卷，經義一卷，詩古文詞等十有七卷，合三十七卷，凡一千七百八十九首。揆諸兩叔本旨，未審奚似，亦聊完當日之議，使此三字不至高閣云爾。洙案，國初笠翁李氏以《一家言》名集，他如二方、二徐、王氏六子、儲氏六子，諸刻皆此意，然或有制義而無雜著，有雜著而無制義，或止一人而不及其他，止數人而收之不廣。以此相衡，庶幾稍爲快慰者歟。顧吾族布居江夏、黄陂、黄岡三邑，今但于黄岡特詳。倘更搜索以補其遺，併合三邑後來之作，彙爲續編，則私竊有志而又以望諸同族者也。是役也，起仲春，迄冬季，不問寒暑，無問朝昏，凡十有一月。其邪許之助，則諸弟姪不可誣，而立天、中素尤任事云。

往予與楷林兄纂輯《一家言》，口吟手披，暇則談及族事之當先者，猶憶兄嘗告予曰：“目前族事莫大於豎碑修譜。"乾隆壬辰,偕予輩四三人纂輯譜稿四卷。今予再加補訂開雕,墓碑以次豎立者,詳諸譜。譜内内編詩古文詞,爲《一家言》之所未備者十八九。搜補之,仍然《一家言》之遺意也。兄今下世已二十九年,謹書跋尾以誌人琴之感。喦注

蘇伯大兄哀詞七首有序

萬爾昇

伯子亡三月餘,余未忍一日忘之也。垂首凝眸,形影斯在,謦欬欲來,則昨日之淚爲妄,而堂上之具非真與?嗚呼,予於此紛紛冥器何哉,見之不堪,置之無從,是用含愴致痛,聊效杜體,作此七歌。

有　棺

有棺有棺踞堂前,手足覿面起山川。山川不阻游人路,此中一去幾時還。嗚呼,伯子千唤不我應,苟識予聲强一聽。胡爲出亦不見顔色,入亦不見顔色。使我朝夕縈繞七尺間,欲求一隙相看永不得。一歌兮歌此木,無情覆人幾骨肉!

有　紙

有紙有紙剪作幡,招招予美去復旋。倚門遥望是何人,孤魂辛苦向誰邊。嗚呼,伯子别離何草草,團團不如故鄉好。去時歡喜滿堂顔,來時一帶寒涼道。可憐四方慘黯誰相依,壯遊已倦胡不歸。二歌兮歌無路,指引長途無迷誤。

有　靈

有靈有靈在靈床,幽魂栖止常相望。念是生平眷戀人,應來繚繞此一方。嗚呼,伯子骨肉不相恤,供享誰能强飲食。甘旨嗜好竟如何,空將涓滴聊相憶。但得今宵風雨忽有緣,依稀若到夢魂前。三歌兮歌誰適,相逢惟此十一字。

有　燈

有燈有燈白日暮,云指泉下幽冥路。吞聲呼吸不自持,那知前途盡雲霧。嗚呼,伯子照死亦照生,今夕遥共此燈明。昔日滿座動屋梁,今朝影裡少一人。可憐旦夕不保黑如墨,人影永從燈影滅。四歌兮歌夜長,世路清晝亦無光。

有　楮

有楮有楮化爲錢,千錢滴滴淚痕圓。黄白無用寄不去,一罏煙燼到重泉。嗚呼,伯子生也無大咎,小鬼何必頻索負。在日用物賤如沙,冥冥親友誰相顧。可憐東風勿吹滿地灰,爲我兄也愛惜此冥財。五歌兮歌此楮,章章果到受用處?

有　帳

有帳有帳和淚濕,云掩孤兒傍棺泣。脱手暌違幾月餘,容易他人勿遽入。嗚呼,伯子有恨向誰洒,兩子依依若膝下。對此六幅鎖幽魂,一片寒光滿堂瀉。可憐帷外相知奠酌人,帷内小

子粗嫻拜跪情。六歌兮歌潺湲,白絲長帶淚痕斑。

有　文

有文有文掛高堂,親朋一哭誰悲傷。嗟今憶昔痛有餘,筆墨淋漓訴一行。嗚呼,伯子此皆至戚人,入門永斷出門迎。平日携手千萬語,今朝和淚數行情。可憐作者勿到傷心處,令我讀之咽哽不成句。七歌兮歌四壁,剪取華藻空相憶。

(《[湖北]黄岡萬氏心齋公宗譜》 1947年木活字本)

葉氏宗譜

譜成口占

葉時森

得姓姬宗水有源，千流萬派各鼇然。渭涇同會清難混，瓜瓞相鉤祚愈綿。
修譜宜同史法嚴，忍教誣祖與忘先。史關千古綱常事，譜係先人百世傳。
南陽族望徧南東，樹大枝分本卻同。天下可知無野葉，敢因顯晦紊吾宗。

題　　譜

葉祖遺

冒祖攀宗顛倒顛，卻思圖譜未相聯。英雄豈盡由門第，富貴何須冒聖賢。青以卻梁稱快事，韜雖拜墓也徒然。分明自有源流在，妄認宗支作話傳。

（清葉棖主修《[浙江]餘姚孝義虹橋葉氏宗譜》　道光七年惇裕堂木活字本）

葛氏宗譜

繪道成墩祖墳圖後序

葛覲南

吾家世居江邑之青暘里，自唐天祐間徙居於此。室廬邱墓，聚族而居，蓋已千百年於兹矣。自北宋以來，簪纓累代，科甲連綿，號稱極盛。而名墓之可考者，稽之邑乘，按之宗譜，如由里山之文康公墓、西地舖之葛尚書墩，寥寥數處。其餘名墓或被人侵佔，或年遠遺失，歷世既久，踪跡茫然，是可慨也！又有因年遠而訛誤者，如先大夫子發公葬小青暘屠墅，先大夫公綽公葬青暘河西，前志俱悮作文定公墓。先叔祖暘亭公一爲釐正。此又以訛傳訛者之幾等於遺失也。古人云：既歸三尺土，難保百年墳。信哉是言！此墳墓圖之所由繪也。

青暘西北隅有道成墩者，世傳許真人得道之地，故曰"道成"。其上有古松數株，翠竹半頃，蔚然深秀。春日光風，桃緋柳緑。遊人登眺，號八景之一。吾祖二十三世輅公始卜兆於其西北。自高高祖以下至吾祖穎仙公、樹孺人，皆葬於兹。巽龍入首，巳亥分金。吾父鳴上公暨樹孺人另葬墳前，主穴向用甲庚，久欲立石於墓，有志未逮。側聞自古地師來荒壠者，輒云此有大地，題詩於墳旁之竹。迄於今，丁財落落。雖吾祖至不佞，三代以來，書香未斷，而困頓南闈，未獲一第。豈風水之説不足盡信歟？抑江南無大地、年月日時有不利歟？是皆未可知也。後世子孫覽斯圖者，核之宗譜所載，知列祖佳城一一可考，庶無前代訛誤之弊，則斯圖未必無小補云。

時大清嘉慶二年桂月上浣，裔孫覲南謹識。

行之公訓子詩

父亡四十四，養真公諱鈞。吾年方十一。孀母與孤兒，母陳氏，三十六而寡。蕭然徒四壁。十二便持齋，三年報父德。布衣不能周，喫飯止醬楪。十三附姑家，張塘橋周氏。不惹人輕忽。十六從張師，指示得其力。受業於約所張公，以大器期之。與尚書静涵公、春元戚先生等結社，會輙居前列。同聦好友多，結義如親嫡。與陸瑞芝、張與階爲之、崔廷起、馮吉甫等結義，盟如骨肉。又張恒初、沈汝明、章爾華允良輩俱稱莫逆交。前程期遠大，誰料小試蹶。一衿甚艱難，府縣遭擯黜。十九完婚娶，配謝侍暘公女。家計又窘迫。三十六母亡，望四附庠末。因字跡模糊，困於場屋。至三十八歲始遊庠。試卷批："不料污泥中有此美玉。"吃盡千萬苦，一世不頭直。我本無田畝，永年多户役。父遺屋數間，孤寡權栖息。屋被族人佔，自住十之一。吾父自買房屋一所，始以弟兄不分爾我，將牛讓諸弟。豈吾父歿後，三叔欺吾年幼，賺去屋契；四叔養恬與七叔養安竟將此屋拆毁改造，踞爲己有。所存僅破屋一間耳。長女歸陳門，次女適章宅。三女嫁孟卿，五旬方嫁畢。吾年五十九，側室生子一。名希亮。子壻陳惟京，情義如嫡血。西山避難歸，依傍次女歇。三女嫁後遭國變,大兵圍困江城。故挈妻妾避亂錫邑西膠山大壻陳惟京家。平定後,因住房被佔,所存者又破損難居,遂寄居次壻章君宣家。君宣户役繁,不得不周急。我漸積舘穀,買田多買瘠。君宣家計日落,見我省衣縮食,稍積舘金,將田抵賣,數年間,共有四十餘畝。君宣初意,本謂吾老年無子,又與同居,日後仍歸故主。豈吾後生子,次女又產亡,因將所賣之田良者自執,而以瘠者推我,累我賠糧。奸佃多賴租,漕糧又緊急。薄收穀又賤,所入不償出。吾年方十三,文義便清徹。吾子今十一,胸中暗如漆。平日恃驕養,全不知稼穡。我今染重病,朝不保其夕。既無親兄弟,又無嫡叔伯。合家多從堂,汝身獨孤孑。我在人難欺,我死誰愛恤。況又不讀書,料汝無出息。忌者多有之,憐者十不一。當此亂離世,動輒陷叛逆。來歷不明人,不可留宿歇。好談朝廷事,邪人乘機入。倘若落其套,粉身且碎骨。訟事休要與,是非不可測。見官如見虎,衙門勿悮入。每見流俗人,争産在毫末。不聽好人勸,涉訟反破業。意氣自用者,一言不投合。口角從玆起,縣門時跪乞。衙役如虎狼,索錢又索食。爲争些微氣,受氣倍千百。得産須吃虧,意氣當忍納。省得一時氣,方免百日厄。不做媒與保,永離煩惱窟。不談人短長,冤仇無自結。出外看婦人,踰墻作淫褻。常有殺身禍,牢牢當記憶。最恨好賭錢,鬬牌與擲色。勿謂遊戲事,賭則近乎賊。甯可處村舘,不可學刀筆。寧可做傭工,吏書不可納。縱然學經紀,宜遠市井習。市井諂佞態,市井鄙俚說。倘若一漸染,大雅譏俗物。宜與端人近,勿與邪人狎。切莫比頑童,頑童下流極。伊訓警淫風,斷斷宜拒絶。尊長不可違,奴婢勿輕責。官糧宜早完,鄰里要和洽。衣服戒華麗,切莫貪口腹。菜飯粗布衣,温飽亦已足。省縮矢節儉,方免溝中瘠。勿好勇鬬狠,勿聽人攛掇。交遊須慎擇,匪友不可結。正言雖逆耳,聽之受其益。便佞縱快心,非騙即是賊。我若一死後,人情非往昔。暗中無頭緒,記賬須明白。我今千萬言,一字一點血。汝若肯向上,接我書香脉。倘或背此言,九泉不相識。

此吾高祖捐舘時諳誡我曾祖者也。前半歷叙其成立之難,及生平創樹之艱。入後閑檢周密,諄復至再,視房相誡屏殆尤篤切。吾家高、曾祖兩代少孤,備嘗險巇,卒能讀書創業。吾祖、吾父又復聰聽彜訓,擴而大之。嗚呼,風矩由來遠矣。庚承先人後歲多故,雖時惕春冰,然遺業漸減。昔賢謂"創難,守尤不易",諒哉! 惟愿吾子孫及族子弟各書一通,朝夕自警,庶不以隕替貽先人羞,而作人之道亦於是乎在矣。勉之! 戒之! 乾隆歲次乙未春正,元孫夢庚謹識。

題葛氏家譜玉倉譜

李　茀

廣陵分派到江陰,百世宗支此可尋。信是衣冠流澤遠,由來水木本源深。文康事業昭先後,英國聲華耀古今。我過定山觀閥閱,芝蘭玉樹正森森。

嚴慎譜牒澄清血脉説

佚　名

或有問於余曰:"譜何爲而作也?"余應之曰:"人之一生,上必有父母,下必有子孫。欲知父母之所自來,則木本水源,渺乎其遠也。欲知子孫之所自傳,則椒衍瓜綿,茫乎其繁也。矧以千百年間之人之事,而欲其歷然在目,瞭如指掌,是所必不能者。此譜之所由而作也。"曰:"然則修譜之法何如也?"曰:"譜者,普也,布列而陳其事也。是以修譜者必考始祖以前出者,書之譜,見本幹所自來。考始祖以後出者,書之譜,見推恩所自起。然後順其枝流,而搜羅其名字,攟摭其年月，務使親疏無遺，巨細畢舉而後已焉。其間有遷徙他郡，或有力能致於本宗而入於譜者；或有力不能致於本宗，雖採訪亦不能及而不入於譜者，則亦仍其世系，闕其子孫，以俟後之人有力能致於本宗、與力能採訪及者，續之可也。至於有不幸而無子者，或以他姓之子爲己子，或以贅壻爲己子，是宜同乎流俗，載於譜牒。"言未既，或人忽莞然而笑曰："子欺余哉！不然何言之謬也。余於譜之所由作，及修譜之法雖未曾聞，其如螟蛉、贅壻不可載於譜牒，則余聞之久矣。蓋父子之天恩，大倫也。祖宗之血食，大事也。今天恩既絶，則血食亦斷，是人生之大不幸，而亦無可如何者也。雖欲以他姓之子而爲我之子，以延我祖宗之血食，而不知人可欺，而天不可欺，吾心可欺，而祖宗不可欺也。故昔者，秦異人幸吕不韋之趙姬而生始皇，論者猶謂秦國宗廟之不血食不在漢高祖入咸陽之後，而在始皇初立之時。其故何耶？亦徒以人之血脉有間不容髮耳！況以他姓之子而祭我之祖宗，謂之諂；以我之祖宗而付之他姓之子，謂之不孝。諂者，大惡也；不孝者，大罪也。一舉而二慝聚焉。人亦有何所逼迫而爲此也。然其所以爲此者，亦徒以不能義命自安，而惑於婦孺之私言耳。是在主修譜者戒之誨之，使彼曉然知大義之所在，悟前日所爲之非，而棄此螟蛉、贅壻可也。而乃主修譜者不出乎此，反爲之隱諱，爲之欺罔，使彼螟蛉、贅壻煌然巍然載於譜牒，如沐猴而冠帶。然此非主修譜者之大罪也歟？必也削其世系，還彼族類，推我族之親者近者而爲彼無子者之後，則亦庶乎其可也。"言既畢，或人即疾趨而退。余亦惘然良久，默然無語，若深有感於或人之言者。蓋余嘗思夫螟蛉、贅壻之人，數十年之前猶有人知其爲某姓之子。苟數十年之後，及其子孫非特人不知其爲某姓之子孫，并其子孫亦不知其祖實爲某姓之子，於是有與其本姓結婚姻者矣。如余同里翁某，其妻周氏之祖，實翁姓子。如此，則非特混淆我族之血脉，而亦紊亂其本姓之倫常，此其謬戾爲何如也？然其螟蛉、贅壻所以修入譜者，皆由倡修譜之人懼集資無由，因開此例，藉以捐索；而彼亦自願捐輸，以免驅逐。始則一誤再誤，繼而百千萬誤。噫，如或人之言，其有見及此歟？不然何言之詳而(碓)〔確〕也。時余族方輯家乘，因以或人之言告於當事者，不知將聽或人之言而正此誤耶？抑將任其誤而更蹈其覆轍耶？是非余之所能逆料者也！然或人之言其何可忘。因次其語而作是説云。

（葛康壽等主修《[江蘇江陰]葛氏宗譜》 1914 年上湖草堂木活字本）

斐氏宗譜

思親感

斐人上

天下之父母無不慈者。微特屬毛離裹，懷抱之恩已同罔極，即由幼而壯，而强，無日不以子爲念。而爲子者顧忽焉忘之，迨事後追維，顧風樹而生悲，撫杯棬而致慨。嗚呼，悟已晚矣，悔無及矣！人情大抵然也。余父自幼勤勞服穡。妣孺人桑蠶紡績，相與有成。連舉四子，男其三也。此間作苦之餘，繼以鞠育乳哺之外，復切提携，德何如之。洎乎甫及成立，延師擇配，無非爲男等計長久也。男不肖，未克攻詩書，博功名，得顯揚以慰其初衷，又未克捧盤匜，備甘旨，潔瀡髓，以頤養夫桑榆晚景。終天抱恨，虚願難償矣。今而後，春露秋霜，徒深怵惕。粢盛虚薦，何若菽水之盡歡。入廟悽愴，究無補當前之快意承顔也。兹值宗譜告竣，敬附數言，以識男畢身之憾。

同治戊辰仲冬之月，男人上百拜謹述。

（清斐淑貞等主修、斐人書等纂修《[江蘇宜興]斐塔斐氏宗譜》
同治七年緑野堂木活字本）

楊氏宗譜

半龜挺秀賦并序

楊崇培

南劍福建延平府。金泉將樂縣。有龜山，宋楊時歸休處也，故世號龜山先生。余慕其倡道東南，向引以贊濟川祖開吾鄉風氣。迨修譜，審視廟堂後山如伏龜狀，乃歎天地生成，默牖余衷者蚤也，爰取名半龜山，而爲之賦。其詞曰：

維堂之峻，倚山之危。陰森葱鬱，嵂崒㕒㕓。望林巒而仰止，覩風景而遐思。伯起之遺澤未湮，祥欲徵夫三鱣；文靖之流風宛在，靈早鍾於半龜。爲先哲而賦形，洵東南天地之秀；就吾家而成象，亦西南山水之奇。

爾乃雨雪霽，童冠偕，戴箬笠，著棕鞋，攀翠厓而撥紫霧，登絶頂以豁幽懷。雲與鳥點綴四邊，偏解人之多管領；古到今涳濛萬象，何造物之巧安排。

其山則連峰天際，挂榜雲中。義嶺繞其北，獅巖踞其東。印山方而作篆，筆峯峭而凌空。玉山浮白虹以閃爍，朗山迎紅旭以玲瓏。歌并日升月恒，壽山長祝於小雅；高過太行王屋，捷山不畏夫愚公。

其水則登瀛有路，砥柱無憂。黄虎小川，河海不擇。涪江巨浪，巴渝合流。遥引帶於嘉岷，數百里外分明脈絡；更問津於河洛，數千年後可悟源頭。所以金泉昔日之歸，道因之而南去；濟川今時之學，派衍之而東遊。

其物産則酒釀文章，善薰蘭室。不貧庾覬，駿亭之珍果千頭；分蔭孔林，連峰之古楷獨出。支山柏翠，森森漢相祠堂；白水桐陰，隱隱楚丘宫室。遥望鋭樓佳氣，依稀蕭照之圖；欣看久亭茂林，彷彿范寬之筆。

其人文則相吉膠庠初步，華山昆友聯儒。夢明學宗道旨，聖瑞財樂義輸。人驥空羣，濟川真能率馬；儒珍在抱，景雲若未懷珠。罵賊者致臣身於草莽，報耆者伸士氣於老夫。渾樸性天，特菴是高愚曾魯之亞；流連詩酒，隨菴是劉伶阮藉之徒。

於是春花競豔，好鳥含和。秋深蘆荻，月上藤蘿。桑麻共話，風雅偏多。扶鳩叟至，騎驢客過。因山明而水秀，爰矢詩以遂歌。歌曰："龜山先生南劍師，龜山崱屴古今知。成名無論高與卑，有仙則名山如斯。我蜀三蘇有峩眉，我邑金華有拾遺。我家山頭有半龜，匪清淑氣而胡爲。閩蜀雖隔天一涯，所謂伊人將在兹。"

（清楊昌邠纂修《[四川]謝洪古繩鄉楊氏族譜》 光緒二十六年三鱣堂刻本）

柳村八詠小引

楊 遴

維兹巖邑，舊有柳村，山川秀麗。居址肇於晉唐，人事清和，文章盛於明。宋欲表彦士貞姬，爰有柳村八詠。舊製頗繁，今存衹半。思整新著往，恐無當於大觀，必遐討旁搜，方可彙爲全册。仰惟台下軼羣才子，振古名流。字字曲江，不數珠璣萬斛；言言龍德，自然雲錦七襄。切景仰者有年，資儀型於此日，不揣録題八詠，并爲開載所由。冀座上諸公振彩敷華，盡人傳頌，篤舊稱先。賤子區區之意非敢自矜，闡幽彰美，達人浩浩之懷諒同所見。繡川楊遴啓。

八詠題解并倡俚言呈教

楊 遴

鳳山聯雲鳳山高踰數十丈，兩翼分護，故以命名。而秀麗崢嶸，常有雲氣掩襲其上。

鳳山高萬仞，上有錦雲生。片片籠來異，層層罩去清。苞應輪艷麗，彩自讓鮮明。旭日争思捧，深深莫與京。

深塘印月深塘在柳村南，水面平濶，中有圓墩，昔時建亭其上。烟波鏡静，上下一色，玩月最佳。

月印深塘水，流光散碧隈。只從天外度，翻訝海中來。龍女神珠現，嫦娥寶鏡開。淪漣堪玩賞，静夜此徘徊。

丁姑鯉化鯉以宋丁姑得名。姑將嫁，父母更字浦江，道經柳村潤口，姑奮身躍水，化爲雙鯉。錫以貞烈，廟祀至今。

相傳化鯉事，當日意如何。烈女悲更字，捐軀赴汨羅。柳村貞魄在，碧潤血痕多。陵谷有時壞，丁姑義不磨。

廬墓孝思孝子諱一泓，親殁，於墓側結廬，泣血三年。寒夜虎來，端坐不驚。事詳家乘邑誌。

築廬依墓側，拂石見啼痕。一日并三載，思亡如事存。禽稱烏有義，獸以虎爲尊。仁孝均能格，千秋自並論。

龜墩古松龜墩上有古松，亭亭高百餘尺。幹不假枝，枝不假葉，有若龍蟠虎踞之狀。

千載龜墩地，標貞有古松。月明巢白鶴，風動吼蒼龍。擁翠堪消暑，經霜自耐冬。矗然靈所萃，何必侈秦封。

環溪釣隱柳村水繞溪環。余高祖諱一澤公因號環溪，年八十餘，嘗把竿長吟以適志，故又號無事釣叟。

環溪雙潤繞，逝者已如斯。隱跡隨波泛，名心逐浪移。桐江絲自異，渭水釣還奇。緬想華綸叟，臨流一寄思。

東林春曉在柳村之東一帶平岡，林木蔥翠，日出烟消，無邊景色，宜於曉春時領之。

東林佳麗地，霽色較偏先。柳帶朝煙緑，桃含宿雨妍。曉霞千片度，春翠四山連。恰是畫圖裏，尋芳幾至前。

層樓夕照樓面西向，結構三層，爲蟠龍居士所建。每至夕照掩映，紫緑丹黄，變幻不測。

殘陽歸遠岸，欲繪恐難工。山色渾深紫，林光自淺紅。丹爐燒檻外，火鏡照墙東。縱目層樓上，悵然憶院公。

柳村八詠

楊邦法

鳳山聯雲

首出羣山起鳳形，彩雲繚繞勢氤氲。風前儼欲憑林舞，雨後渾如負霽升。烟疊翠嵋千嶂夕，霞明丹頂數峯晴。村莊遠近開長峙，人傑遥知地亦靈。

深塘印月

碧空皓魄照平川，一派冰壺上下連。波底風迴蟾影動，寒衢雲散水晶鮮。珠明合浦神初現，玉浸藍田色愈妍。此地徘徊塵境斷，心身如在洞庭天。

丁姑化鯉

一腔變化杳無尋，留得河中雙鯉名。淑女未諧君子配，冰心寧戀錦花城。龜墩地逸神明現，鱗跡聲揚澗水清。應得士民千古頌，至今廟食享長齡。

廬墓孝思

怙恃誰無父母恩，猗歟吾祖獨殷殷。仍前撫字情難補，逝後追隨職未寧。三載豈辭霜與露，百年常切死猶生。蒼茫不盡凄涼處，應有奇徵顯烈心。

龜墩古松

郊原寥廓望平夷，嶙峋松陰覆載奇。不是蒼龍圖負洛，偏如威鳳彩來儀。夕陽照徹孤根老，新月陰涵蓋影遺。千古相傳聲藉甚，丹丘喬木兩相宜。

環溪釣隱

曲水流長一望佳，尚君把釣樂生涯。利名淡視浮雲盡，風月招遊逸興奢。彭澤歸來曾有伴，嚴陵隱去亦忘家。江湖不少垂綸者，韜迹流芳更可誇。

東林春曉

扶桑靄靄海雲浮，迤邐東山一望幽。出谷鳥喧林夢斷，催花風過曙光流。烟横不見楊雄宅，日上初登謝眺樓。爲愛芳晨新霽媚，莫將佳趣等閑遊。

層 樓 夕 照

標豎村莊百尺奇，斜陽掩映暮天西。浮沉閣聳裁雲錦，上下窗虛納翠微。俯仰每教情曠達，登臨長自解凄其。金山相對如賓主，爽氣遥遥襯落曦。

柳 村 八 詠

楊 闓

鳳山聯雲

巍巍崱屴擬丹山，忽起祥雲觸鳳顔。五色無心加五彩，登臨有意願登攀。

深塘印月

何物臨深色倍鮮，月光照灼水中天。幾疑合浦驪龍吐，一點波心一顆圓。

丁姑化鯉

曾傳化鶴令威呼，化鯉乘仙事豈無。一片精靈浮水上，迢迢千載奉丁姑。

龜墩古松

聞道龜墩黛色濃，亭亭偃蓋耐三冬。莫傷化石爲時久，恍惚猶然見古松。

廬墓孝思

廬墓致祥果屬奇，欷歔三載地天知。無窮悲淚歸何處，惟有痕斑苔雜碑。

環溪釣隱

韜光何地是安閑，繚繞村前水一環。興入烟波時下釣，不須香餌效機關。

東林春曉

旭日東升霽色陳，桃銜柳眼正窺晨。踈踈密密凝朝露，勝織洛陽錦繡春。

層樓夕照

傑閣高標聳古丘，殘陽遠照似煙浮。憑闌頓得羲和轡，應仰巍然不夜樓。

柳 村 八 咏

楊德敬

鳳山聯雲

嵯峩聳翠稱西巒，瑞兆文明有鳳觀。朝暮雲霞騰五彩，古今當作畫圖看。

深塘印月

柳水澄鮮月色明，碧空上下渾如晶。波中臺閣驪珠射，夜静登臨愜愫情。

丁姑化鯉

宋室丁姑冰雪貞，寧因花錦戀時榮。道經柳澔龜墩處，河内隱留雙鯉名。

廬墓孝思

我祖性天孝共欽，三年廬墓淚沾襟。但求子職聊無忝，誰識芳名直到今。

龜墩古松

村莊憑弔意何濃，聞説龜墩有古松。隱隱蕭踈藏白鶴，至今老幹化成龍。

環溪釣隱

環溪迴灔覺神怡，水自清香魚自奇。世上炎涼都不管，朝朝呼伴理綸絲。

東林春曉

東山竹木密還稀，旭日初升一帶輝。紫緑班藍千景媚，幽人玩賞卻忘歸。

層樓夕照

欲消午夢上層樓，漸覺金烏已倦遊。開檻西山來爽氣，提壺滿酌減春愁。

柳村八咏

楊永浩

鳳山聯雲

高山堪仰止，鳳舞慶雲生。素練繞頭白，輕烟冠頂清。從龍去且返，歸岫暗還明。勝境由天作，依稀荒治京。

深塘印月

月色深塘好，華光倒燭隈。團團翻海出，皎皎渡河來。水碧輪輝滿，魚潛蟾窟開。西湖堪媲美，玩賞共徘徊。

丁姑化鯉

適浦如求牡，星期可柰何。湘妃沾血淚，柳澗濕紅羅。僊駕歸骸速，金魚顯異多。迴思貞烈處，隨在任人磨。

廬墓孝思

孝思惟不匱，塋側累啼痕。契滴悲親遠，悽愴恨獨存。情真腸欲斷，廬結墓爲尊。痛自終身切，三秋莫淺論。

龜墩古松

平地龜墩起，天培不老松。蒼枝覆緑草，大蔡載蟠龍。背擬期頤壽，節彰寒沍冬。賡歌魯奄有，笑比嬴秦封。

環溪釣隱

流水迴環處，考槃正在斯。學優傷不遇，巧具妙能移。地類磐溪景，才同渭釣奇。暫爲漁者伴，非逞貪人思。

東林春曉

春日東林發，曉光格被先。青浮赤耀麗，紅入翠枝妍。山木露猶濕，晨離彩已連。朝陽明媚處，童冠與偕前。

層樓夕照

疊疊樓房聳，西窻晚色工。門前留去耀，座上納新紅。雲布繡羅彩，光横夏屋東。無私同覆載，增美豈離公。

柳村八咏

楊永湖

鳳山聯雲

靈山何所似，舞鳳接雲生。五色金枝秀，九苞玉葉清。風飄凴日耀，雨洗帶霞明。異彩隨舒卷，千秋瑞帝京。

深塘印月

月到深塘處，容光印曲隈。清漣寶鑑静，蕩漾夜珠來。桂萼隨波轉，菱花對鏡開。廣寒如可到，槎泛幾徘徊。

丁姑化鯉

化鯉丁姑事，潛身奈若何。冰心清碧澗，血淚濕紅羅。靈躍龍門遠，魂飛鮫室多。於今瞻節烈，萬刼應千磨。

廬墓孝思

窀穸音容渺，依廬倍血痕。粉身知莫贖，毁骨幾難存。惟有孩提慕，永懷天性尊。顔烏如可作，純孝與同論。

龜墩古松

地引龜蒙秀，傳培百尺松。蓋空終待鶴，鱗老欲成龍。蒼髯方齊壽，元文共耐冬。靈山疑並戴，那羡五株封。

環溪釣隱

淡淡雙溪水，投綸隱在斯。清風吹浪静，明月逐鈎移。漁利任公遠，逃名嚴子奇。持竿何得失，一望一相思。

東林春曉

極目陽春麗，東林曉最先。日融桃浪暖，烟散柳姿妍。明媚晴光暎，芳菲曙色連。生花如有筆，爲寫錦屏前。

層樓夕照

層樓留晚照，如畫勝神工。彩耀楹披錦，光流檻映紅。金烏沉海北，玉兔升墻東。爲愛桑榆景，吟詩憶謝公。

柳村八咏

楊貞合

鳳山聯雲

層巒何自隔天光，郁郁紛紛觸石揚。卻愛嶙峋開鳳翼，庸知靉靆比凰翔。風飄欲斷吹衣白，霞映還聯曝錦黄。忽覺登山雲路近，從兹覲日喜盈眶。

深塘印月

皓魄中宵一漢揚，溶溶倒印入深塘。影開百尺圓時燦，波動千層碎處將。皎潔渾疑騰璧彩，浮沉始覺淡珠光。臨流且得懷中照，作賦應須仰謝莊。

丁姑化鯉

道術僊才總不符，傳言化鯉即丁姑。稔知花錦隨時盡，頓使金鱗指日殊。踴躍千波同擲劍，浮游一水勝投壺。幽哉點出靈奇跡，莫把龍門向别圖。

龜墩古松

一望干霄蓋影重，由來此地挺蒼容。非遊洛浦形如造，擬向徂來色倍濃。老幹能符千載壽，孤芳恥襲五株封。相知不待嚴寒候，嘖嘖於今頌古松。

廬墓孝思

孺慕原來本性天，因喪廬處幾忘年。吮癰詎踵長魚後，守墓寧知蔡氏先。一念忽深通鶴唳，滿懷有慟藉烏憐。於今髣髴靈何在，依舊精英繞膝前。

環溪釣隱

流泉一曲宛來西，香餌垂綸自石溪。風水飄摇疑偶阻，烟波瀲灔渺何迷。白龍未遇休圖報，紫貝有時任取攜。莫訝徘徊楊柳岸，千年國釣仰青齊。

東林春曉

長陵綠樹抱村横，每喜臨晨曉翠明。嗅響枝頭知立鶴，啼聞葉底覺藏鶯。懷新漸帶朝霞襯，舒秀還含宿露榮。一想茂林春意滿，遲遲旭日又東生。

層樓夕照

光斜何處見充周，奕奕三層對面浮。圓影西移臨勝地，半規東照焕名樓。含山儼得陽戈麾，輝檻還期羲馭留。敢謂附龍看日晚，桑榆一目思悠悠。

柳 村 八 咏

楊永浙

鳳山聯雲

誰道山非鳳，雲聯宛似生。依嵐文彩麗，冒頂羽儀清。勢展沖霄翮，形開映日明。遥思漢境集，千古兩相京。

深塘印月

泯泯深塘水，團團月印隈。桂從沉處現，娥向浪中來。蕩漾金波碎，澄清玉鑑開。相看兩不厭，欲去復徘徊。

丁姑化鯉

聖姑悲改醮，投淵烈如何。苦節徵雙鯉，貞心羞彩羅。湘江同義激，眢井共情多。廟食神靈顯，精光天地磨。

廬墓孝思

仁孝根天性，茅廬染淚痕。悲哀思不匱，朝夕事如存。獸以貞誠感，行爲士族尊。遥遥千載後，誰復問與論？

龜墩古松

聞道龜墩上，亭亭挺異松。婆娑陰似蓋，磈礧突如龍。地小偏宜夏，心堅自傲冬。年深因化去，感慨繫斯封。

環溪釣隱

環繞溪流碧，韜光把釣斯。嚴君同笑敖，陶令共推移。依柳情偏適，臨風興自奇。優游烟水上，理亂更何思？

東林春曉

曙色春偏媚，東林已占先。風光岡外麗，霞彩樹中妍。花態濃和淡，禽聲斷復連。凌晨欣賞玩,信步自忘前。

層樓夕照

薄暮層樓上,乾坤畫自工。斜陽勝五色,傑閣焕千紅。霓繞簷楹裏,霞流軒檻東。登高開勝會,作賦望羣公。

柳溪八詠詩跋

楊夢鰲

稠山本烏傷之佳景,柳水迺義邑之名區。地靈獻瑞,則芳偕錦雲而並麗;天道呈祥,波洄共明月以交輝。鳳山峙於西,深水流於北,崇藪茂於東,層樓聳於南。隱士蔚起,垂綸接姜吕之踵;孝子挺生,孺慕步顔烏之武。龜墩之古松雖杳,金魚之化跡常存。際斯境也,緬斯人也,苟乏佳咏,幾負勝芳。宜乎高賢韻士,頻起賡歌之念;騷客詩人,忽動揚摛之思。前有詞場名宿,後多竹箭異才。即景言情,佳趣每托於好音;觀今思古,伊人宛在乎逸韻。山水盪其心胸,人物深其愛慕。各闢杼機,共臻高妙。彼君子兮,亦既户吟而家賡。凡我同人,能不倡予而和汝。楊夢鰲謹跋。

南窻主人八秩自咏并諸親友酬和詩引

楊夢鰲

予幼承家學,嗜詩書。嘗師事西倉韓翁朱先生。追遊庠後,習吟咏,學書法。詎歲月蹉跎,至乾隆甲申仲春,年臻八十。而朱先生壽且九十有七,精明强固矍鑠。是翁斯言似爲我師詠焉。不佞碌碌,惟此獨遇差堪表異耳。因不禁漫賦《八旬徒弟百齡師》一律志喜也。過蒙宗族暨諸姻友各賜佳章致和,爰令姪德敬編輯載譜,以徵雅誼。是引。

南窻小憩因韓翁朱先生見訪用賦八旬徒弟百齡師一律

楊夢鰲

古稀回首幾多時,猶憶先生素所期。偃蹇南窗八秩弟,端嚴西席百齡師。燈挑藜閣垂明訓,業課芸軒諷古詩。氣誼恒爲僚友篤,恩施都爲子孫貽。緣知德溥臻仁壽,更仰刑于著閫儀。化日優遊忘卻老,百齡前道八旬隨。

又誕旦原韻八言

楊夢鰲

古稀瞬息八旬時,百壽先生遇更奇。昏昧自憐徒老弟,精明喜見積籌師。圖書蠹簡依然舊,懿行嘉言卓爾垂。爲問商山信不遠,師徒眉展次相隨。

和言俱列左方:

吴寧桂坡李秀會老先生稿

立雪程門在昔時，今飄僊袂證心期。年登耄耋推高弟，壽躋期頤屬老師。共賞雄文一脈理，同傾斗酒百篇詩。青藍出色無多讓，豐芑馳聲自燕貽。謾説登臨扶鳩杖，竚聞徵召覲雲儀。稠川且漫標人瑞，待看雙溪步履隨。

南溪陳齊甫稿

南窻寄傲會明時，但了生平不事奇。密溧四知傳舊德，力防三惑有餘師。鬧中演出清閑相，興到吟成覺悟詩。陶徑花開秋色皎，藍田日暖翼謀貽。望隆閭里尊如父，名重膠庠奉若蓍。仁壽自來徵互倚，八旬行卜百齡隨。

聿天黄人倉稿

鴻儒令範著清時，進叩淵源情倍奇。已羨告存推大老，還誇就問有名師。始知仁德膺山壽，一任流年似手蓍。藍謝青成交頌祝，八千代序指椿期。

西園金永森稿

昔從函丈幾何時，青出於藍並壽奇。百歲尚逢八秩弟，八旬還契百齡師。羣英洛社堪描畫，九老香山共賦詩。眷屬各申朝杖祝，恭陳俚語喜相隨。

鳳林王伯栲稿

南極焜煌燿一時，先生弟子並稱奇。杖朝快覩行仙侶，華國争傳狩問師。大德由來臻眉壽，修齡應許擬生蓍。琴書婉轉依然事，物外長懸松鶴期。

珠浦陳能合稿

憶昔擔囊請業時，等閒情誼未爲奇。八旬侍坐真高弟，百歲傳經羨聖師。白首一堂看洛社，青氊兩席誦《毛詩》。漫誇海屋籌難數，綺里東園扶杖隨。

甥孫方鳴謙稿

曾憶東都尚齒時，競圖九老共稱奇。前人聚會同賓客，今日歡歌屬弟師。强力不須憑几杖，高年可與壽苓蓍。賦詩羣祝蟠桃歲，海屋籌添未有期。

旌姪闓稿

持觴稱慶杖朝時，遐祝養蒙百歲奇。皓繼商山欽若弟，齡徵岐夢羨伊師。龎眉拭舊傳清訓，白髮翻新習雅詩。授受高年真箇樂，叨從家學切追隨。

族曾孫彪文稿

有年已告八旬時，入帳猶稱百歲奇。立雪常憐門外弟，明經永慕建陽師。不聞異教長生訓，偏啓同人勒石詩。會裏耆英真果樂，鸞輿就見喜相隨。

從曾孫貞合稿

百齡人瑞現今時，八十親承自古奇。白髮交飛誰辨弟，蒼顔晤對孰分師。傳書未發尊生訓，扶杖先陳祝壽詩。遥憶洛陽耆會樂，何如此際後先隨。

步原韻附祝

楊德敬

伯父今年八秩時，儀型卓卓自多奇。庭除方祝千齡壽，户外欣逢百歲師。霜鬢舊徵徒夙學，童顔仙丈賦新詩。盈眸卷牘如籌積，領略淵源膝下隨。

跋

楊德敬

古稠州夙號人文之藪，讀伯父南窗翁倡和詩而益信焉。伯父嘗從西倉諱暄字韓又朱先生遊，工於吟咏，尤善書法。得其片紙隻字者，如獲異寶。甲申春，壽八秩，而朱先生年將百齡。師徒龐眉皓首，俱稱矍鑠。伯父爰賦《八旬徒弟百齡詩》一律。詩成，吴寧李先生諱秀會者過訪，步原韻一首，而姻朋戚友各攄所長，酬和盈帙。敬適在祠監理譜事。伯父遂命編輯載譜，囑敬爲跋。敬因伯父高年勝事，義不敢辭，因附一律并跋。

時乾隆二十九年甲申七月吉旦，姪男德敬百拜謹跋。

三修宗譜孫福全自述生平亨屯歌序詩俚句

楊福全

治亂循環興衰異，一通一塞迭相至。我生不偶幼罹難，父承瑞府君母樓氏孺人恩深同天壤。共遊泮水采芹香，與弟福春庠生。皷瑟鼓琴噴桂芳。俱育子女。落花水面皆文章，名幸顯兮姓可揚。以上亨境。奈椿壽七十九。萱壽六十八。之並老兮，懷罔極兮烏能忘。哀煢悸兮徒自傷，慎修齊兮復公常。小子詔勤益，時廿二歲。排解鮮詳密。多多集曾孫，耿光宗譜牒。陟屺季毋嗟，同纂宗譜。鳩居謀燕翼。自問才淺疏，兼兹繁擾劇。以上屯境。抛將資斧買經書，翻教男兒課讀子姪。敏居諸。肘見踵決賢關闢，那識榮華温飽予。惜寸分陰企昔先，駒光虚過杖鄉年。枕經葄史伊誰荷，顧視後人肯靳傳。目荒想嗣。雖家霜儉故，囊螢堪慕古。鯉躍仰龍門，羶腥恥蟻附。貧不從俗。甘棄牖下終，飛鳥翔高塢。青雲直上梯，衆山俯嫌低。持身勵志。霄淵争得失，窮達任東西。總賦亨屯。優游玩日偷閒外，工拙胡計隨口唄。

賊退後舞勺時讀書僅九載遂理業糊口日月如梭由廿五仝弟福春均列邑庠歷三七纂譜經四五感懷又浹歲不覺年近耳順矣於得閒多事外輒續賦曩時今兹五言七言絶句律詩總合十六首

楊福全

束髮師庭訓，弱冠獲雋名。年時廿五。欣叨先澤渥，更冀姪男成。

扶鳩時忽届，年五十七。賓飲腹空虚。一字還求識，羣英笑奚如。

鄙陋夫何因，寒窗廑守身。恒思延脈脈，那肯墜頻頻。自嘆。業尚農伊士，心懷物我親。芝蘭階下茂，自慰。滿室喜藏珍。

世事莫蹉跎，流光易搓過。韶時當黽勉，體物卻知和。日上寅恭捧，念君。鵬搏甲第科。思臣。願觀新政者，改制圖治。律協凱旋歌。

少小時年九歲。嘗經匪逆來，二人垂老費栽培。雙親提攜避難。承平舊業稍稍振，勤耕苦讀。欲報春暉日矢催。

義方常佩切胞同，姊兄節烈。壎奏篪吹樂古風。幼弟同心。寶乘素纘三世葺修。歡聯弟，敢辭勞瘁敢辭窮。

兀坐沈沈枉度陰，廿年四十五歲。榛棘簇森森。心日悶欝。敦耕未稔明農事，爲學殊慚入泮林。啓發童蒙忘力倦，授徒課學。推求物理懔言箴。平情和衆。幸逢五九知非近，後起儒人屬望深。

干戈定靖漸涵優，鞠育恩深尚未疇。千古文人千古苦，半生行迹半生愁。讀書不解聖賢業，半塗而廢。居處安知仁義修。好惡不同。真僞分途須辨别，良留弓冶紹箕裘。

簞瓢陋巷志無紛，莘野躬耕道德尊。柳下和光羣可藹，渭濱清節獨能存。文謨武烈千秋憲，舜日堯天百代恩。從此堂皇邦國奠，黎民於變掃塵氛。

平時利欲淡驅馳，雅愛詩書不蹈籬。穌靄春風心自爽，清臨夏竹俗能醫。秋來熨貼寒衣試，冬去偷光鑿壁遲。富貴浮雲情豈矯，樂夫天命復奚疑。

二十載前壽甫友孫緣蘇溪胡品元族女壻與朋僚唱和步韻三題見示於予詩稿迄今尚未寄去久恐遺亡爰憶録之附列於兹後

楊福全

思 柳七絶步前韻

柳堤一碧透山村，對景尋思未有言。好倩春鶯枝頂語，風花作合定情魂。

嘉 柳七絶步前韻

嘉植盈園擬折攀，柳衣染緑等身閒。天生佳質垂垂秀，豔説春光好玉顔。

重到天台見仙子七絶步原韻四首

歡聞仙子結同心，儔到大台並鼓琴。任是巫山簫引玉，他生重卜此生臨。

到此重來問古仙，形容不異舊時年。天台果是成丹地，玉度風標復見憐。

仙子和聲鳳叶凰，天台重到奏宫商。玉容不比尋常色，屢洗塵寰俗慮腸。

仙橋頂上放圓光，重見緣深日月長。暮雨朝雲來又往，天生桂子永流芳。

宣統己酉年仲冬月吉日稿。

俚言八則鑑潭自誌

楊鑑潭

其 一

族修宗譜，余備纂督之數，適年五旬。蒙潘馥聲先生贈以五言長篇，因將自叙。

瞬息光陰五十年，鬢髦頒白任推遷。平生大節胡能礪，清夜寸心祇自煎。進退維艱慚後學，是非莫辨愧先賢。胸中傀儡消何日，一度思量一度延。

其 二

余幼爲祖父南稜公所愛，就塾時不欲加嚴，然屬望至殷。遺命曰：操讀書。

少年大父愛如珠，一脈書香厚望吾。弗惜資財求碩傅，歡言質性不真愚。咿唔頗解知非實，誦讀無方熟亦誣。辜負慇懃心一片，臨危猶急把名呼。

其　三

祖父母相繼逝世，又遭回禄，家計窘迫。父順庭公勞甚，遂舍學力耕，時年方十三也。

喪亂頻仍家業空，雙親勞悴運夢夢。抛書絶望爲修士，吹笛時常伴牧童。野雨一犂簑粘緑，楓晴兩岸担挑紅。田間寥落長如此，誰復關心學問中。

其　四

慈母吴追思祖父遺命，言猶在耳，何忍忘之。年十八，仍命負笈從遊。

躬耕嗟莫慰慈親，不許泥塗了此身。自分應將終草野，從遊又作讀書人。鷄窗向曉吟殘月，驛路隨風逐後塵。得列芹宫年已卅，欲行壯志幾時伸。

其　五

三十一歲遊庠，子弟輩姿稟頗穎，不能延師受業，從學於余。余不得已而應之。

儒生患在好爲師，予也胡然亦蹈之。學不如人何所賴，求偏向我竟難辭。常將古簡和伊語，縱有新機聽自知。幸入門中多得解，盤桓朝夕肯言離?

其　六

年四十，家兄去世。葬畢，賊來。合家逃避，艱苦備嘗。安民後挺身對賊，驟攖其鋒，亦不之害。

先兄葬後遇長毛，扶掖雙親日夜逃。僻處山林攜婦女，慣經溝壑負兒曹。清泉影裏頻三宿，烈火光中走一遭。擾亂年餘真若洗，避人避地幾回勞。

其　七

合家十有六人，只留予與三姪，再爲聘娶。姪俱有男有女。余續王氏，二子亦嬉嬉學走矣。

賊退年荒疾病連，凄涼情緒乞誰憐。合家老少歸烏有，隔歲悲歡判了然。喜見荆殘花復鬧，還看月缺魄重圓。庭除灑掃家風古，堦下芝蘭葉葉聯。

其　八

十年前，捐工堆築水口。遭難後，雙親厝葬金山之陽。今則與姪各居，喜此身又遇昇平也。

歲月重新景象殊，閒談往事笑糊塗。工營柳水忘多少，吉卜金山聽有無。纂譜只知循舊例，居家那識立新圖。不才猶荷昇平福，樂與斯人一道俱。

時同治八年歲次己巳臘月中浣之吉。

鑑潭公六旬自述詩并跋

楊鑑潭

其 一

愚今六旬矣，回憶就塾讀書、伴農耕耨處，常歡承色笑，遇變幸脱艱危，如旦暮事也。桑田滄海，感慨係之。

纔欲察前非，忽忽又六十。日月正如梭，鬚眉都是雪。功名願已虚，學問荒何極。抱膝愛吾廬，撫衷慚爾室。動誤人是非，静閒心出入。杖不事鄉行，家居聊自適。

其 二

道光御極先一歲，即賤庚也。歷五朝矣。仰蒙宗功祖德，家無啼饑號寒，讀《北門》“適我”“讁我”之詩，差堪欣慰。

我生歲庚辰，今年是己卯。花甲已云周，天申何敢道。寒來衣尚温，餒亦飯得飽。索解唤兒童，間遊伴父老。登高鳳山環，臨深柳溪繞。清欲滌塵懷，四知如克紹。

其 三

粤匪擾亂時，年四十有二。閲二年而退。又六年，修祠參譜。今又十年，歲月空延，徒增今昔之感，謂之何哉！

四二遭干戈，五十參譜牒。又經九年餘，全無一善積。俯仰復何言，光陰空自惜。把卷遣幽懷，感時增太息。尚論我古人，姑看他今日。歲去歲復來，老眼花難必。

其 四

膝下三男已亡。繼室王氏生也，均已從師就學，頗解吚唔。暮年無别況，惟此事目賞心遊，尚未肯灰冷耳。

兒輩尚幼沖，不才已周甲。頻年擇師從，計日勤爾學。得莫務貪多，熟真能自達。書香若個延，道味如何樂。看我髪蒼蒼，願汝心潑潑。順耳得妙聞，老興還勃發。

余少時聞有誦柳村許夫人詩者，心竊奇之，輒以未見全集，不得其詳爲恨。歲乙酉，與楊鑑潭夫子相見於黄氏家，始知其世居柳村。因急詢許夫人遺事。伊爲余道夫人之賢且才，且自言嘗從夫人學爲詩。余愈益奇之。居亡何，突以夫人詩若干篇及所自作夫人事畧一通見示。余受而讀之，益信夫人之賢而才，而非鑑潭則夫人幾湮没不傳，乃知鑑潭之有功於夫人而明大誼，爲足多也。今距鑑潭之卒已二載。鑑潭長子以鑑潭自壽詠詩來徵余跋。余以鑑潭梗概畧具自壽詩中，讀者將自得之。因僅誌鑑潭所以報夫人者，以見鑑潭之明大誼加人一等云。

同里後學增生張經鋤拜跋。

大清光緒十五年仲秋月上浣之吉，男德誥、德誠、德孚謹録。

予向作詩喜用溪西鷄齊啼韻有得則别録一帙大約已近百首今三月間應佩程楊兄柳滸學堂之聘其長兄洪治偶以尊人鑑潭先生五十六十自壽詩十數章見示敘髮逆前後經歷事甚詳捧讀之下因併悉其先世楊芾先生著作甚富及楊遴輩倡和柳村八詠詩亦甚夥不覺頓觸溪西吟興適盛族修譜將次告竣遂併書拙作以歸之時己酉八月距鑑潭先生謝世已二十餘年矣

陳 權

山雲潭月共環溪，柳村八詠：鳳山聯雲、深塘印月、環溪釣隱。更好東林夕照西。東林春曉、層樓夕照。事踵感烏奇伏虎，孝子馴虎。人甘化鯉肯隨鷄。仙姑化鯉。四知節共松墩古，龜墩古松。八詠名容柳滸齋。將與金華八詠齊名。況復有人經浩劫，一回懽笑一悲啼。先生自壽詩所述景況甚詳。

幸有高風續錦溪，楊芾先生嘗自號錦溪漁者。長將清白説關西。從今圖籍珍龍馬，時適修譜。無復妖氛驚犬鷄。經髮逆之亂，先生年才四十許。知命允宜臻耳順，見賢自昔重思齊。燕貽曾否將雛鳳，爲識英聲試一啼。先生年六十時，洪治賢昆玉均在童年。

不須多藝羡丹溪，原□陰陽東又西。先生以地理名。得地世昌應筮鳳，談天窗對悟玄鷄。稠川源共朱馮遠，赤水朱馮楊皆著姓。先生家本自彼遷此。唐室才名盧駱齊。遥計令威歸有日，莫儕鶴唳伴猿啼。

春盡無端到柳溪，予以三月十五來堂。教科不管甚東西。新學本非素習。闕疑訛合傳三豕，非義情同戀一鷄。泥已半身埋没着，今年已四十三，讀先生自壽詩，不禁有感也。殿應五臟募修齊。文章游戲有《募修五臟殿疏》。糊塗了事眠初穩，那計晨來第幾啼。予自號酒吾徒，亦曰酒糊塗，向與賢昆玉、令業師樓駿甫先生及黄蘭友、樓虎臣、毛元欽輩詩酒往來，皆以酒爲别號云。

時宣統元年歲次己酉八月，後學陳權伯謀拜稿。

與金華楊伯顯通譜書

楊 芾

芾再拜伯顯隱君先生尊宗丈執事：嘗讀《杕杜》之詩曰："豈無他人，不如我同姓。"有以知同姓之人非異姓之人所可比論也。夫如是則其眷顧之情、洽比之意，施諸同姓視異姓常人宜有間矣。然古之君子雖不以私情而棄其族，亦不以勢利而亂其宗，是以彼無厭斁之心，此無攀援之失，相交以禮，相接以恩。是以同姓之好越數百世如一日矣。

世降俗偷，古道淪墜，牽情狗利者接踵於天下。陶淵明《贈族祖長沙公》之詩有曰："同源分派，人易世疎。""感彼行路，眷焉躊躇。"蓋言長沙公之詩有猶如路人也。杜子美贈從孫濟之詩有曰："所來爲宗族，亦不爲盤飧。……勿受外嫌猜，同(於)〔姓〕古所敦。"蓋言濟之或厭己，兹非所謂棄其族者乎？杜正倫與城南諸杜昭穆素遠而求與同譜，李義府已貴乃言系出趙郡，諸李嗜進者往往尊爲父兄，又非所謂亂其宗者乎？君子於此有不能不憮然而增慨也。然於其間有能卓然自立而不爲世俗之所移者，非好古敦行之君子，其孰能之？惟我楊氏由回圖府君諱遜字伯虎者自開封入吴越，徙家於婺，葬義烏之赤岸蜀山里。子孫分植諸縣，其藴文學、躋仕版者，接踵而起，照耀東南，於是遂爲婺之望族矣。回圖二子：長奉議郎，諱衡；次朝散郎，諱衙。奉議子孫世居義烏，至七八世而益盛。其登朝署，秉憲節，官守令，及佐貳之職者，彬彬數十。起家科第者，蓋十八人焉。朝散生五子，散處金華、武義、蘭谿。其居白砂則諸子之最長者也。舊譜載：大運使者，回圖之六世孫；五知縣爲七世孫；十九司理、廿二提幹，即其八世孫也。是知金華、義烏兩族同出一宗，有弗可誣者。自回圖至今，昭穆之序初未遠也，貴賤之勢非有殊也。固非若杜正倫之通城南，李義府之同趙郡，爲亂其族矣。又可如陶長沙、杜濟之棄其族，取譏於天下後世者哉。

芾也僻處山林，學未聞道，然問嘗奉教於先生長者，而知其概焉。痛念前人世德之光顯，裔胄之昌熾若此。今爲之後者，乃使其盛美昧没而弗彰，族屬泮涣而弗合，豈祖宗之意也哉！於是搜輯家譜之舊，補其故之所闕，增其新之所有，爲楊氏家乘。而凡族人亦歷加探討，因得以敘同姓之好。族兄彦德氏又爲首倡，闢祠堂，割田，祖祀回圖爲始基之祖。聚凡子孫之在義烏者，歲時祭享。不惟足以崇報本之心，且有以惇收族之誼焉。抑家乘之作，祠堂之制，止及吾義烏之族而已。方圖廣而爲一郡之譜，推而及一郡之人。二者皆有志而未能，每思志同道合之人，相與討論而有爲焉。求諸族黨之中，蓋邈乎未見其人也。

側聞執事早遊文懿許公門，清心寡欲，篤志力行，脱略名利之途，沉潛聖賢之道，豈所謂好古敦行之君子者耶？抑所謂志同道合求之而不得者耶？此固芾之之所宜亟走門墻，願接一詞以愜平生之所望者也。顧兹戎馬在郊，兵甲未息，驚魂戰魄日少寧，惴惴焉不得保室家全性命是懼，而且爲是禮文不急之務。不知我者，倘不以爲迂爲騃，則必以爲狂爲惑矣。坐是遲迴歲月，逡巡未敢遽進。然而嘆世事之未涯，悼人生之如寄，念君子之未易遭逢也。以爲失今不爲後悔無及，庸敢上控尺書，展布其心曲。伏惟覽詩人之旨，求古之君子之心，使族屬無遺棄之患，而同姓篤親親之恩，則古道之將喪者自我存之，而不終志於泯泯也，豈不偉哉！雖然，前之所陳特其大略耳。若夫文獻之取徵，禮儀之蒐講，相與有爲而卒其志，則累千萬言猶未能盡也。非覿面不足以畢所懷，不宣。芾再拜。

與楊伯顯第二次書

杨　芾

芾再拜伯顯逸聘先生尊兄長執事：比奉書，尋辱見答，備悉。然有所當論者，遷隅騷屑，奔走驚悸之餘，百爲俱廢，由是未暇云云。兹敢爲執事陳之。向觀家譜，謂婺之楊氏始自回圖府君。而回圖次子朝散郎衎具長子，爲金華白砂鎮祖。雖其裔孫所謂運使、知縣、司理、提幹兩三世者，然其後則缺然無傳焉。竊聞執事世居白砂，而宋代先顯者衆以爲必吾朝散長子之裔也。故敢致書上詢系緒之詳。及得答翰併譜牒觀之，迺知盛族始自九府君，至太中蔭提學通，日就昌大，而運使祖子孫則皆莫之有殊，竊疑焉。蓋家譜又載朝散第二子爲武義宏山劉巖祖。其後有朝散七世孫，曰文華閣待制、兵部侍郎大灋。大灋之子曰知新州逵、將作監丞遵。其從子曰寶謨閣待制、贈龍圖閣學士文簡公邁。又曰太府寺簿璪、通判嚴州敬之、直寶章閣某部侍郎浙東安撫使瑱，又皆邁之子也。今得其譜，官爵、名字皆脗合而無差。譜所載一也，何武義其人悉有，而白沙獨無之，此不可曉者也。載觀盛族譜系，自太中以下始分爲東西二派。太中之上距九府君四世之間，其旁枝俱弗之見，豈亦有散居他所而盛族之譜有弗及録者耶？運使之世，或出於此未可知也。不然，則别有其宗，未有以究其源委耳。抑又有説焉：回圖長子曰奉議郎衡，衡三子曰六府君儀、七府君侃、八府君儼。而執事之始祖曰九府君，以長幼推之，似有兄弟之序。且九府君之四世孫曰提學通，以崇寧五年第進士。我六府君之子曰奉議郎澤。澤無子，以弟遂安主簿茂先嗣。遂安之曾孫曰萊州提舉智，及於六府君爲五世孫，實則四世而已。以世數推之，又似相合，豈九府君者即朝散之長子歟？然此億度之説爾，必有證據，然後可信也。及觀執事六世祖僉判公墓碑，有曰其先自烏傷侯茂。烏傷後爲義烏楊氏，至今班班有人。遠祖自烏傷徙金華。而執事祖父遂以爲華胄實於此乎出，愚則以是與非未可遽明也。何則？家譜載：回圖仕後唐(朝)，五代末自開封渡江，一遷錢塘，再遷富春。回圖二子又自富春遷金華，而長子奉議卜居義烏赤岸，次子朝散五子則散居金華、武義、蘭谿諸縣。婺之楊氏實始於此。又載，回圖之弟曰彪，一名逵，字叔彪。其六世孫爲和武恭王沂中，亦自開封扈駕南渡來居吴中。别譜又謂，回圖之上五世爲唐大曆宰相文簡公綰。綰則漢太尉震之胄也。紀録詳備如此，端非妄談者。芾之五世從祖將作府君忱中撰其父朝奉公家傳，乃舍開封之説，而以回圖爲烏傷侯後。然詳其言，亦非灼然有所據者，似不過以意度之耳。所以然者，豈不曰吾所居之地既爲侯之舊封，焉有人物而非其後裔者乎？故因襲傳聞之論遂以爲然，愚則未敢謂其必然也。抑又考之，烏傷侯傳封三世後有曾孫扶，爲交州刺史。扶二子，曰喬，曰璇。喬、璇《漢書》有傳，郡志所載亦止是而已。自六朝迄隋、唐，烏傷之間，初未聞有顯達爲侯之子孫者。吾宗果出其後，何故上下七八百年都無一二知名之士，至五代乃突然有所謂回圖者興，此尤爲可疑者也。令先世墓碑謂烏傷後爲義烏者是已。宋代楊氏居義烏而顯者，吾宗之外他莫之有焉。其曰楊氏至今班班有人，是所指蓋吾宗也。吾宗之本於烏傷侯與否，且莫得其真僞，則盛族以侯爲之祖者，恐亦渺茫之論爾。愚故曰，是與非未可明也。古者圖譜有局，掌於史官，故族類之别，支屬之分，秩然不紊，而未嘗有異同之可議。後世局廢，士大夫家自爲譜，重之以喪亂，譜軼而不傳者十常八九。於是族類混淆，支屬涣散，而異同之論出焉。然欲離其同而爲異，固不可也；欲强其異以爲同，亦不可也。執事之華宗與我回圖府君或以爲其源皆自烏傷，而華宗又似即爲回圖之系，何以别其異乎？我所載白沙之世不合於執事之譜，而執事之胄我譜又所不載，何以合其同乎？昔黄太史庭堅赴嶺南，道出衡陽，見主簿君益陽黄成之問宗派，乃同四世祖兄弟，喟然念高祖父之兄弟未遠也，而殊鄉異井六十歲而後相識於是，贈詩爲别，以致其意。會稽黄渥與太史皆出於婺州之黄，七世以上失其譜，以年相望與渥相近，復以兄弟合宗。今芾與執事不得如成之之問宗派，即知爲兄弟矣。或如渥之以年相近，以兄弟而合宗，不亦可乎？竊嘗欲廣搜訪合婺屬縣諸族之世系，爲婺州楊氏譜牒，人事顛沛，未遂所圖。近且爲家乘譜，吾義烏之族間及旁枝，且窮其本源，規模頗宏博，議論亦精到，自謂無愧前人，恨未能取正於執事者。他族則姑置之，未暇爲也。家譜又載，朝散第三子爲在城竹馬營祖，第四子爲金華紫巖山下祖，第五子爲蘭谿白水祖。今竹馬營已寂無子孫，紫巖、白水猶有人焉。倘得其譜牒碑誌等究其本始，或吾宗及執事之所自出可以參攷也。執事與兩族居相近，求之必易，誠用心焉，有得以相告，幸甚！幸甚！不備。芾再拜。

被難記略

楊　藻

治亂迭更，治久則亂，亂極復治，理數然也。國朝定鼎以來二百餘年，明良喜起，雖古昔盛時蔑以加矣。道光末年，粤匪起事，滋擾數年。朝廷屢遣大臣調兵征勦，時承平日久，未嫺攻戰，專以招撫爲務，所向無功，害遂及於兩湖，漸至江西、九江等處。咸豐二年春，直入金陵，竟爲所據。首逆洪秀全自稱天王，東南西北各有王號。其下稱天義、天安、天福、天豫、天侯等僞大臣。向榮衛攻不下。賊撥一枝直至天準，爲京兵所襲，大潰，是以頻年不振。然江北諸郡以及江蘇、安徽累累不絶，漸肆猖獗。咸豐九年四月，從江西廣信府犯浙地界，過常山，圍衢州，入處州，直至金華之永康縣。人民驚恐，日夜奔逃。省城撥兵鎮守義邑，紮營於田心莊右。邑侯張公銘鼎畏葸成疾，竟以病辭。幸衢州固守，賊不得志，一夜忽去，地境肅清。時歲在戊午也。越己未庚申至辛酉四月，復自常山攻衢州。蘭溪聚義數萬從湯溪趨金華，知府王公桐、守將張玉良，計議不決，失守。四月十九日，賊入府城。巡撫掉兵守義。統領文大人旗號鮮明，兵勇都著綢緞，耀人耳目。有姓曾者帶兵千餘，直到金華曹宅紮營，爲賊所敗。五月廿八日，脱回義邑。賊於廿九日從南鄉來，一路過西江橋，攻我縣南，一路從東江橋圍下。官軍退蘇溪。賊居城二日，近城十里許，三五成羣下鄉嚇詐，夜間猶來捉人。居民日夜逃遁，吾族多投北避浦邑地面。六月初二日，賊退，鄉下無甚害，然城中一炬過半矣。至南鄉，經過之處，往往焚燒殆盡。上憲遣吴瞎子帶兵萬餘，協同文大人紮營義邑，相持累月。後文大人往守浦城。八月初，賊攻浦邑，遍地打館，到處擄掠，謂之打先鋒。漸至我邑北鄉地面，特吾族村莊未之至耳。凡殷户多移居六都山内，餘皆鷄鳴早起，避前面山坡等處，午後歸營，復回家下。如是半月，廿二失浦城，廿五日大隊到義，不絶如蟻。不及相顧，各自逃生。吾族房屋都爲賊舘，統夜燒門扇器具，火光沖天。廿六日，打仗，官兵失利。廿八九日，賊移舘城中。陳姓者爲首，廣東人也，出諭安民，叫人進貢。人民稍稍回里。吾族始祖大廳東首百有餘間，桂馨堂、慎餘堂、潄潤堂一連六七十間，俱被燒燬。村邊前後左右樹木多掛屍首，浮水面者無塘不有，田内路旁多有尸積。家下飯米酒肉踐蹈如泥，穢氣難聞，毛骨竦然。遂捐資收殮，就地埋葬。安民後，要殷户做鄉官，上户爲軍帥，中爲師帥，次爲旅帥、卒長、司馬。四鄉皆然。又下鄉排卡，要人供膳，日費四五十千。吾族初不順從，竟被捉拿卡内。專探富户，尋釁勒索。見有髮短刺字者，即爲土匪逃犯，鎖押，弔打百般，有銀則放。所異者不論節氣，專以三十日爲一月，并不用閏，年月顛倒。除日有買肉者爲不奉令，弔以勒銀。種種皆土人作祟，令其作虎勢以噬人耳。吾族幸無厚積，克免是禍。然費用浩繁，照糧抖斂，前次每兩捐錢二千，後又每兩議捐五千文。收未盡，數家已如洗矣。卡設川塘方祠内，到城必徑。吾族日夜兵馬往還。吾輩食不甘味，寢不安席，直寄此生於朝露耳。壬戌春正，金華賊帥李世賢僞稱侍王，過義，到東陽，專驅廣東軍前攻衢州。不幸我邑鄉官具帖留之，其罪彌天。東邑拔盡，正月廿四日過吾境。甫食早飯，聲勢遥聞，如山崩地裂，不識所爲。馬到如飛，威鋒凜凜。各自逃生，不及避者都被擄去。北鄉方四十里，打舘一宿。夜半，火光照曜，向北路而走。擄去者令挑担，行不快者殺，逃匿者亦殺，尸横遍野，血流成渠。自此，金華、東陽盡是湖北賊據，惟我邑仍是廣東陳賊也。不幾日，又有姓魯者特設硝廠，四十餘人，係湖北人耳。下鄉打土，叫人盤送，見廟則拆，見牆則敲，但不計多寡，得賄則解。頻聞衢州警嚴，賊攻不下，自相争鬬，爲官兵所敗，潛回義地。陳賊於六月十六夜先殺硝廠湖賊，十七日遍地打舘，都是粤賊。人民逃避紛紛，吾族多避鯉魚山、凰山等處。時稻禾初熟，都被收割存儲，爲久居計。夜巡山脚拏人，有潛歸覓食者，多被拿去。避山二月餘，餓死者不計其數，病死者更覺多人。獨西南二鄉聚義攻打，凡山尖、山阜、山凹，設廠探視。夜則彰燈爲號，日則鳴金聚人。有時被賊燒盡，仍復如舊設法。戕賊之命亦不爲少。忽於八月廿八九日，賊竟棄舘而走，并陳賊軍亦俱遁去矣。旋回里居，村墟寥落，愁雲滿目，陰氣逼人。吾族隔溪前新屋植槐堂一所，堂樓二處，并餘屋燒燬一光。村莊四面尸積如前。越幾日，始謀收葬。經此一番，吾族人已去大半。大略屍於樹者多是男子，浮水面者婦人居多。死吾族屋側者多是外人，而吾族人之死者多在外地。接後湖北姓朱者居義,較廣東略可。有姓何者,文理頗佳,并近人情,凡有兵過,先札預知。十一月,從諸暨來萬餘人馬,停住月餘。吾祖大夫第六十餘間因争館燒燼,無館處盤運一空,拆屋爲柴。吾族仁美堂一帶五六十間,暢齋公祠一所,并散屋矮屋都被拆盡。纔至十二月,拔到金華。凡吾族打舘所留穀米,即行封去,盤居城中。好言相告,遺下者亦幾。癸亥正月十三,賊退回義地,仍避山莊。是夜,火光四起,都已遁去。十五日,得信官兵克復府城,義邑亦克復矣。次早,旋回故里,被燒被拆,俱已墟矣。其存者,家徒壁立,四望蕭條。尸骸滿野,病莫能爲。鳥則啄之,犬則噬之,不幾日,白骨紛紛,散見高下。央人收拾,倏成大堆,不分男女,合爲一隴。況乎村有獸走,野無人行,荆棘滿路,猛獸往往傷人。兼以疾病顛連,饑饉薦臻,死者靡日不有。米貴如珠,人賤如草,婦女只索錢一二兩,上肥田每石兩三千。人人都有病形,個個面無生氣。各大憲運糧賑濟,頒賜棉衣,分穀子,給牛隻,種種惠政迭行。雖杯水莫救車薪,然人民自此踴躍,有復生之象矣。至丙寅丁卯,歲漸豐豫,復覩昇平。兹因重修家譜,藻與其事,聊將被難情形以俚言約畧傳之,載諸譜牒,俾後來者了然世亂之艱苦有如是云。是爲記。

附録被難盡節于後

生員其善,庠名卓松。賊初設卡川塘方宗祠,來莊嚇詐拿人,威猛藉甚,以不供應故也。斯時調理實難其人。卓松恐禍延族内,奮不顧身,挺然直往,恬淡自如。攖其怒也,濟以柔;聞其欲也,持以正。後將加害,乘夜脱回。其不受賊之鋒刃,豈昧昧所能爲哉。壬戌六月,合家逃避分水塘。二子被擄,家人逃散,不屈而死。其爲人也,正直其性,樂易其容,出言不苟,作事有終,不爲威屈,勿與俗同。卓哉雅操,清白遺風。

生員重齒,庠名庚。持身謹慎,處事謙沖。壬戌六月十六夜,天未明而賊至,不及逃避,陷於賊叢。時年六十有奇,鬚眉皙白,體貌巍然。賊亦不加之害,每日觀書以自遣,如是月餘。後賊欲穢珍藏典籍,乃出生平所讀之書并所作之文,對天哭而焚之。賊杖之,焚不釋手,焚盡乃死,杖下人與書俱化矣。

監生思景,質性剛勇,發憤有爲。鄉人之善者好之。咸豐八年正月,重修祖墓堆後塋開裹塘,捐工斂資,不辭勞役。議建果齋祖堂,經畫資斧,生理數年,曲盡其力。大木已得,擇日興工,無何賊至,各自逃遁。聞賊踞城,挺身而出,不避艱險,以解族危。賊欲難滿,凡力所能爲,無不曲爲調護。壬戌六月,避山月餘。一日,恨賊心急,奮然歸里,直至舘中,賊亦不害。後因常中所辦大木賊鋸爲柴,怒形於色,驟攖賊鋒,驅逐館外,出里許,被害而死,痛哉!

生員重洒,庠名翹,博古通今,持論宏遠。不爲清顯之文,是以屢試不售。年四十一,纔入邑庠,教授生(徙)〔徒〕,諄諄以修己待人爲要。粤匪滋擾,據有金陵,每因談及,怒髮沖冠。辛酉,賊踞金華,漸及義邑。妻若子先年早喪,載書數束,歸隱山林,匿不一見。壬戌癸亥正月,賊俱逃遁。二月間謀歸故里,至村西里許後傅莊,寄寓親眷家,自述其略:“孑身避難,隨伴入山,極奔走之勞,求一少人行之處,不計程途。輒至一塢藉甚幽深,時將傍晚,小憩,尋而上之。山峯高聳,危石嵯峩,篆竹紛披。隱隱畧有一隙可乘,側身漸入,中有石洞,頗可容身。彷彿有光,石几、石床,似乎天設。其下有樵夫築室居焉。緩急相濟,賊無大擾。常遊山麓,果熟可飧。擾則雖有逃避山脚,每過而不留,甚得幽趨。”越二日,不病而卒。同治六年,中興有兆訪先生同伴入山之侶,相與復尋是境。如先生所云者間亦有之,而無石洞可藏身以自適。亦有石洞光明可避風雨,往往落在山下湍水之處,非若先生所言之靈秀而幽静也。存其説,以爲後來好遊者留心以訪焉。

生員紹綬，庠名品芬，先年去世。寡妻吴氏。四子：祖念、祖徹、祖似、祖遵。讀書力穡，各循其業。賊至，被殺，被擄，靡有孑遺。壬戌六月，令媳等先遁，氏竟不避。賊至門前，稻禾正秀，田中尚有水蓄，潛入禾内，日久死於泥中，傷哉！

生員品璜妻黄氏，青年守志，教子成名。壬戌六月，賊至，憤往担水塘赴水而死。屍浮水面，識者憐之，置諸岸側，覆以稻草。閏八月，子祖可，庠名育材，自賊脱回，尋見，痛而殮之。時方炎暑，又經二月有餘，面不改容。此誠貞烈之所致，已足垂後世守志者之壼範也。

隆士妻□氏，年三十餘。向住過龍塘莊屋，諒賊不來。賊至，負子而逃，將爲所捉，仝子投水而没。噫！氏本荒莊忙婦，激烈如此，勝於被賊污(尋)〔辱〕者多矣！

祖羣妻王氏，年二十餘。平日不得姑意。賊至時，幾回逃避，不離姑後。壬戌六月，隨姑胡氏到裏堂金塘側，姑病，不能行，失足墜於塘内。氏救不及，亦赴水而亡。此亦節孝之所見端也歟！

重珏妻俞氏，翁光推，年八十餘。壬戌六月，病不能行，卧於密室。氏亦不避，潛伏隱處，四面都爲賊舘。氏同伯(似)〔姒〕駱覓食以奉翁。二氏年皆五十餘。一日，賊令在厨措事，每俟賊食後，竊其餘以奉之。有時或自減其食以爲奉，翁得以不餓。如是者殆月餘，後被讒言，同駱氏一齊遇害。翁無人奉養，亦卒於外。賊退，尋而殮之，屍骸幸無散失。六年，合葬胡婆山下。

思谢女德官，許萬村，未于歸，孝事雙親，愛憐兩弟。賊至，逃避山中，頃刻不離母側，舉動與居家無少弛，屢次皆然。壬戌十一月，賊圍。母病不能行，勸父令三弟福全先避，已則與六歲幼弟福春潛伏母床側，奉事殷殷。一日，躲藏不及，被賊醮見，逼以婚。時母正乏食，誑之曰：“母病無以養，若贈以衣食，則願從。”賊誣給之。即向母曰：“女去就來，請勿念。”隨賊後行，至門前南塘，奮身一跳，投水而亡。孝哉！烈哉！光緒庚寅年，採入節孝貞烈祠致祭。

隆寶女，名珠球，適十一都西河村，于歸有年，已育一子。辛酉八月，賊甫擾浦邑，漸及我義比鄉。女若子來至父家，謀欲與父同避。廿五日，大隊驟至。女不及避，陷於舘中。賊見之，逼以婚，不從。又令人勸之，女堅執如故。後女堂弟書府被擄，來與同舘。賊探知其是伊姊也，令以勸之。書府亦言之再三。女答曰：“爾何言之諄諄乎？”賊怒，若不從，去尋死所。女隨賊後行，其子亦蹇衣從之。至市邊田角，同子殺之。月餘，伊夫來尋妻屍，竟有三首，乃知此女又懷一孕耳。嗚呼！賊匪殘忍如斯！賢哉，女子節烈乃爾！百世而後，猶想見被害時之怒目愁眉。

可喜妻方氏，懷孕數月。辛酉八月廿五日，合家逃避，將往六都山内。氏隨姑後，跬步不離。路遇賊來，合家逃散，與姑仝時被捉。賊將殺其姑以嚇氏，氏曰：“勿害吾姑，吾則願從。”賊釋其姑，帶氏而去。行至塘邊，賊不防，投水而没。姑回家後述其詳細，此不特救姑之命，抑且克全其節。顧安得婦人皆如是之節烈乎！

右録遇難全節數則，俱係實蹟，確有人見。至今言之，凛凛猶有生氣。其無人見激烈以死者，諒不乏人，特無徵不信，概不贅説。爰載記後。後之覽者，須知名節攸關，足以勵風俗而光譜牒也。

時同治八年歲次己巳孟冬月。

（清楊雲巒等纂修《[江蘇]義烏稠巖楊氏宗譜》 宣統元年木活字本）

鴻泥圖記

楊 晨

明湖攬秀

同治丁卯，游學西湖。時薛慰農師主講崇文，孫琴西師掌教紫陽，宏獎風流，萬流仰鏡。予居崇文，薛師目爲玉堂中人。一日，邀孫師過予談藝，同舍生咸驚而屬目焉。薛師欲贅予以侍奉。未能遠婚，辭。孫公即以姪女字予。維時偃武修文，俊彦雲集。湖山秀氣，煇暎後先。遂乃遍游南北山之勝，與諸名流倡和。生平快事，今猶時縈魂夢云。

惠山品泉

丁卯冬，計偕北上，與諸同年自杭買舟，過吴門，泊無錫，遂至惠山品泉煑茗。或言太湖之奇，凌跨吴越逾五百里大觀也。乃由磴道隮其顛，則見烟波渺瀰，遠無涯岸，洞庭包山，出没其中，如浮漚然。山多古松，祠廟鱗次，有錢王所刻經幢。河中有小金山，本一古刹，畫棟雕梁，樓船簫鼓，遂成勝遊。蓋亂後蠶桑之利媲於嘉湖，亦東南一都會也。

鴈蕩探奇

先大夫嘗讀書鴈山，幼時聞其峯巒奇秀，輒飄飄有凌雲意。己巳春，偕袁海帆庶常往遊，度謝公嶺，陟其顛，則千巖競秀，萬壑争奇。于是迎峯奏懷，觸岫延賞，徧探石梁、靈峯、靈巖、碧霄、玉霄之勝，生平所見諸山，無如此之嶔崎巇怪、玲瓏刻削者。觀大龍湫，則一落千丈，他瀑無如此之翻風歕雪、變化萬狀者。觀止矣！蔑以加已！乃由斤竹澗踰芙蓉嶺而出。

甌城選勝

永嘉稱山水郡，人多風雅好遊。江中有孤嶼，寺曰江心。宋高宗文相國嘗航海至此，景物頗佳，惜爲腥氈所染。東山有池上樓，以康樂名。其外山麓，曰飛霞洞，有謝客巖，及五代錢鏵刻篆。巳春來此，適值東甌王神會，施幔張鐙，笙歌絡繹。華蓋山有大觀亭，以及城西曾氏，城東周氏園林，游燕累日。端午，則爲龍舟競渡之戲，衣香鬢影，藻川繢波，亦承平故俗也。

西峴劬書

瑞安臨飛雲江，有龍山，右爲西峴。予就甥館，從止菴外舅游，始爲通今攷古之學。嘗言詩詞小道，不足究心，儒生當務其大且遠者。時以三《禮》及永嘉學派詔之，因與黄仲弢叔容、翼齋内弟同學，極一時師友之盛。仲容隨宦金陵，亦常郵書質證經史疑義。臨行，翼齋邀過盤谷，送至仙巖觀、梅雨潭，鄭重而别。未幾得赴，至今猶耿耿云。

東湖修禊

岳陽劉公守台，削平亂黨，偃武修文，重浚東湖，修復方正學及樵夫祠，立學課士，弦誦大興。湖上故有浣月亭、樵雲閣，荒廢久矣，乃更作之。隄有花柳，水有菱荷，致足樂也。壬申上巳，招同人修禊於此。其後予奏減屯粮諸弊，鄉人供予禄位以配劉公生祠，俎豆莘莘，力辭不獲。乃公去,曾幾何年,又將鞠爲茂草。涉筆至此,不禁感慨係之矣。

冶城詠游

鍾山龍蟠,石頭虎踞,金陵古語也。庚午寓此,琴師以東坡生日招薛慰師、錢子密、張歗山、曾劼剛、唐端夫、戴子高、王子莊,及仲容内兄燕于冶城山館,甚盛事也。石子岡有方正學祠墓,清涼山後爲小倉山。薛師結廬,自比簡齋。若覆舟山有胭脂井,秦淮有桃葉青溪、揮扇渡,古迹最多,足供憑吊。北有玄武湖,西爲莫愁湖,芰荷極盛,臺榭得宜,六朝名勝,洵稱游目聘懷。其後就婚漢陽李氏,亦居城中,從容游覽,間有吟詠,亦所以發思古之幽情,攄懷舊之積念而已。

金焦訪石

焦山在丹徒大江中,遠望如三神山,久爲夢游之境。寺有瘞鶴銘、本刻山麓,不易得,今嵌寺壁,合五石,可全拓。無專鼎或作"無惠"。及諸名流手跡。阮文達所藏書多佚。金山亦在江中,今在南岸,東坡所留玉帶猶存。有御刻詩。甲戌初春,同仲容北上,風雪新霽,聯袂登臨。已而渡揚州,訪文選樓、瓗花觀故址。又出郭,覓紅橋、玉勾斜、平山堂、竹西、二十四橋諸處,亦足以抒懷古之幽情云。

宣南消夏

甲戌,禮闈報罷,待試中書。黄卣香、吴玉粟二比部約爲消夏之局。同鄉十人各選勝地治具徵詩,若萬柳堂、陶然亭、松筠菴、楚畹、拜石山房、憫忠、長春、大甯、龍樹、慈仁、龍泉諸古刹。游詠殆遍,一木一石可以寄興者,無弗至焉。惟十刹海外導玉泉,内通禁苑,荷芰稻畦,仿佛江南風景。予招諸君往游歸,飲於謝公祠。及今追憶,渺如天上矣。

皖北同舟

丁亥冬,將北上,仲容招至皖城,館於琴師縣署。時方彙刻永嘉叢書,屬予校訂,因得盡窺藏籍,爲校讎目録之學。推衿送抱,聞見益多。琴師適遷楚藩入覲,挈以偕行,由桐城、合肥、六安、壽春泛舟至汴,易車而北。途間多暇,歷舉古今名勝戰争之所及、人物政治之詳。蓋師嘗以永嘉學術提倡後生,使得(怏)〔快〕聆緒論,亦一時盛遇也。

北道春游

汴梁,宋都也。相國寺,故艮岳,尚有花石遺蹤。出北門,即大河,春初水涸,載車而渡,殊不覺險。過衛輝古朝歌,弔殷三仁。西北有百泉山,孫鍾元徵君隱處,大行之南支也。盤谷在其北。湯陰爲岳忠武故里,有廟。相州今安陽,有雪浪石。臨洺、鄗邑皆古戰争之所。邯鄲有吕仙祠,所謂黄粱夢醒即此。渡滹沱,宿真定,古稱常山。蓋驛道由大行東走,至是乃恒山也。

西園秋賞

瞻園,在江甯藩署西,相傳明中山王故宅。池石猶存,花木楚楚有致。丁丑仲秋,乞假攜眷南旋,琴師館予於此。止菴外舅亦在。情話蟬聯,團圞可喜。維時芙蓉將謝,叢桂留人,對月品簫,翦鐙談藝,流連匝月。乃出太平門,至燕子磯乘小輪至黄天蕩,登陸。過瓜步,此爲六朝津要之地。北走棠邑,由滁州清流關可達中州也。

天台觀瀑

天台去家不三百里驛路，屢經忽忽，未嘗游也。戊寅初夏，乃由國清入山，訪得修禪道場碑於大慈廢寺。後有僧重造塔院，乃移立之，並刻方外志，爲作序焉。東抵幽溪，憇高明寺，觀貝葉經，登華頂，宿碧雲菴三夕。西至方廣，閱藏經。石梁觀瀑布，聞銅壺滴漏水簾之奇。縋幽絶嶮，幾墮碉中。出至桐柏，登瓊臺雙闕，經桃源，飲會仙石上，歷護國寺，乃由赤城下山而歸。

烟山采芝

彩烟山，在天姥南，隸新昌縣，廣袤約百餘里。《方輿紀要》云：四面險阻，山上平曠，南接東陽，前設巡檢司於此。楊姓居其大半，文士頗多。予由天台左溪西上，峻嶺巉巖，二十餘里。至則有田有池，有魚有稻，草多芝术，木饒柘桑，寇亂不驚，真樂土也。山有讓王廟，楊雲津明經碑文言隋末之亂，有榮王者避地隱此，蕃衍至今，桃源猶在天壤間哉！

瑣闈玩月

乙酉八月，京闈鄉試，余與分校之役。中秋月色甚佳，同事徐花農太史爲繪《玩月圖》。主試翁叔平尚書題曰："老來正苦筆頭乾，慚愧參詳文字官。畢竟愛君是蘇軾，解言玉宇不勝寒。"予亦有句云："十年清夢繞西湖，此夕聯吟興不孤。同在玉堂天上望，人間風月又如何？"是科得士鹿瀛理、尚其亨等十七人，後登第者過半云。

禁苑瞻雲

御河導玉泉入禁城。北海多梵宇，番僧居之。佛像詭異特甚。臨水有五龍亭，西有橋曰"金鼇玉蝀"，後有瓊花島、承光殿、緑玉甕在焉。西南爲中海，有紫光閣，繪征服各四夷國功臣像。嘗閱騎射，宴藩屬於此。南海則東朝所居，金碧璀璨，臺榭離奇。又南爲懋勤殿，上嘗引見羣臣於此。蓋一水而分爲三橋，東又分一水至萬歲山，統稱西苑海。中夏多芙蕖，中有稻畦，爲觀稼之所。其北有親蠶殿，則爲桑園焉。

嚴陵望雲

先大夫司訓壽昌，在睦州西南百里。不肖侍行，由錢塘溯漸江過富春，登釣臺，沿蘭谿至其地。燹後，學舍榛蕪，眷屬寓葉氏廢園。乃葺窗楹，植花木，蕭然自得。整理屏山書院，及公車，租穀以惠士林。與同僚朱竹卿丈相得甚歡。不肖入都，與朱公子鼎甫同館，亦相契。然時時有望風之思形諸歌詠。袁爽秋嘗云：吾鄉僻小，今乃有德星聚乎。

昆明就日

出平則門，過高粱橋，經暢春園、極樂寺，至昆明湖。隄畔有金牛湖，中有御殿。西爲香山，有碉樓，累石爲之。北爲萬壽山，山上樓閣亭臺，金碧參錯，慈禧所居頤和園也。東爲今上駐蹕之所，亦常引見臣僚於此。直房環之，爲園居。時待漏山下有火車鐵道，湖内有淺水。輪舟夜則然電氣鐙以備游幸，山後即圓明園云。

臺北借箸

癸巳春夏間，臺撫邵小村同年招予與湯蟄仙往游。時楊西園提督廈門，乃先由滬至廈。提署花園皆施靖海侯所建，規制宏遠，幾滿一城。道署民居多在其外。臺地横亘東隅，險要在南，會垣在北雞籠滬。馬尾其門户也，金門、澎湖其犄角也，鷺門、五虎其奥援也。地大物博，民富而隋，兵貧而脆，番悍而愚，夷人誘之。宜亟練兵撫番，清吏治，儲軍實，爲戰守之計。乃中丞量移未幾，即淪異域，惜哉！

范陽訪碑

定興，古范陽也。鹿芝軒相國邀予重修邑志館於所居北海亭，即其先世所葺以留賢者。乃與相國從子及門橋生太史搜訪碑刻，遼金間物爲多。後得北齊《石柱頌》，向來金石家所未知也。柱高丈許，四正四隅皆刻文字。上有斛律羡像。檢史書，與頌文符合，可喜！河陽有觀音鎮《龍泉碑》，研尋文義，是正《畿輔通志》之誤。並搜得張宏範《淮陽集》、王太岳《青虚集》并其先集刻之文獻，爲足徵矣。

槐廳視草

翰林院，在東長安門北御河橋西。中爲玉堂，其後有柯亭劉井，皆名流故蹟。又後有敬一亭，《永樂大典》存庋其中。西爲修書處，乾隆時修《四庫全書》於此。新宣麻者至此上任。東有寶善亭，各省進呈四庫底本藏焉。其前有瀛洲亭，新入館職者登之，以爲佳話。又前爲清祕堂，辦事者居之。撰文之舍、典籍之廳森然成列，今皆不可問津矣。

棘院看華

乙未春闈，禮部試天下士於貢院。院中有垂絲海棠，間以桃杏，絳霞紅雪，煇暎風簾。校藝之餘，嘯歌互答。維時東事方棘，析津戒嚴。睠懷時局，感慨係之。是科得士蕭榮爵、劉嘉琛等十八人，入詞林者七。出則訛傳海嘯，和議已成。同人上疏力争，狂瀾莫挽，鑄成九州一大錯也！

雪夜乘驄

自倭人取韓窺遼，都城戒嚴，士官多挈家去。余承乏南城，奉詔募勇，設團防局，日夕巡緝。嘗乘馬夜出於旅舍，獲間諜七人。訊有端倪，械送西曹。未幾，議成，索之以去。於是浩然有歸志矣。先是，津門獲漢奸管庫私售子藥，皆縱之去。屢見彈章不省，法令不行，尚可爲哉？

星槎浮海

吾鄉帶山襟海，商旅宦游皆必輿轎踰嶺。其後，甬人輪舟往來稱便，而傲慢欺陵，行者蹙頞。予謂，卧榻之旁不容他人鼾睡，門户之外豈可使人操持。乃集佽購艦，以利遄行。甬人百計出阻，歷久始申。又患折閲，爲力持之。未幾，獲利，乃添一艦，分走申江。嗟乎，難與圖始，樂於觀成，人情也。且滔滔者果誰與易耶？

吴門偕隱

昔梁伯鸞與其婦孟光隱於吴市，賃廡以居，至今傳爲美談。其時，漢政不綱，鼎祚將絶，《五噫》所由作也。予以庚子初夏挈眷至吴,知交挽留,流寓逾歲,既不能麻鞋奔赴,乃遂航海旋歸。吴中名勝若虎阜、天平、楓橋、鄧尉諸處,因時事倥偬,皆涉其藩焉爾。

申浦運籌

上海僻在一隅,自外洋互市於斯,航琛輦賮,南北皆取道焉。由台以往,曾不信宿,輪舟利捷,趨走日多。而無一廛之庇,旅人病之。或疾疫時行,栖寄無所,風雨飄摇,尤可唏息。辛丑春,勼合鄉人,謀立邸舍。購地於西門外斜橋左側,創建廳事五楹,東西樓各一座爲丙舍,廓屋周之。前有洋樓,以資養息,規模頗閎遠矣。

范隄訪舊

通泰,斥鹵之區,恃范公堤以扞潮汐,藝禾煑鹽,遂成沃壤。予訪潁川公子於豐利,由申浦附輪入江,躉步登陸,過通州城。城外有紗廠,張季直所手創者,亦屢敗而後成。其西南濱江曰雲台山,台人由閩販木至斯以待賈。自城東買小舟過如臯城及石港,屋多重茆,言勝陶瓦,牢盆之利達於楚湘豫章。歲由河舟運至維揚,於瓜步、真州易大舶出江。利既巨,弊亦叢之,然未罹兵燹,亦云幸矣!

芬川肇新

吾族自南宋始遷,至明而大。舊有祠,且立塾矣,不知廢於何時。祠宇卑隘,僅容几筵。先君嘗改修之。己亥,乃議重建,廓而新之。迄庚子冬,與譜俱成,而科名乃日盛,亦云幸矣!村東西各有一橋,歲久傾圮,里人先修西橋。予作屋於旁,内設小學堂,延師以教子弟。祠前東橋,往甯滬附輪者取道於此,并捐修焉,名曰錦歸。

鴛湖義阡

鴛鴦湖,在嘉興東門外,有烟雨樓,爲浙西名勝。燹後,台人往墾荒者甚多,以無公所,爲人侵欺。歿者亦無丙舍。予既立申江台館義園,同鄉僑户僉邀至禾,勼合籌捐,始設義阡於鴛湖之側,地極清雅。既而杭甬鐵路取道於斯,乃改搆於東門之内,而以城外菜花涇地爲丙舍云。

鑑湖别墅

鑑湖,匯南鄉入海之水,停蓄澄泓,約計千頃。中有數洲,藝桑及稻。四面皆山,蒼翠如畫。與賀監所乞一曲同名,而地僻景幽,游客不至,殆如隱君子然。予既卜壤於馬山,舟行過之,流連竟日,乃約同人築室中洲,雜蒔花木,榜曰寄傲軒。邀能詩者徧爲題詠,俾有聞於時焉。

謹按:先大父五十二歲歸田,優游林下者二十又六年。生平足跡所經有可紀者,自具粉本,倩同里畫士葉君諤軒繢諸屏風,置於座右,以留泥爪,匪供卧游,而自題記於每圖上。今圖亡而記尚存,附刊於此,以矢勿諼云爾。紹翰謹識。

(楊晨輯、楊紹翰重訂《[浙江黄巖]路橋河西楊氏家譜》 民國黄巖友成書局鉛印本)

訪墓集款記

楊圭方

粵稽楊氏，自賜姓以來，代有聞人。清初振揚公諱公麟，始由河莊遷居楊橋，是爲楊橋芝公派始祖。係宋始祖龜山公之二十世孫也。其事蹟詳載墓誌。而墓在許舍洞菴嶺。相傳當前清嘉道間，公欵最厚，祭必宰豚作雍，撤則會飲啖胙。凡在支之嗣，少長咸與。迨夫咸同之間，稍被侵蝕，既乃蕩焉無存。昔稱規模宏遠者，一變而爲祭掃無常。重以粵匪之亂，山向字號譜誌約略，而祖宗邱墓遂茫然不復能識焉。

圭方夙聞斯語，痛切胸懷，慨然有追尋祖墓之志。嘗步行入山，歷訪古墓，往來於窰窩、大浮之間久而不獲。至光緒三十二年，又偕族人慶裕、鴻業重復入山搜訪，事仍渺茫。議者咸以滄桑之説亂其辭。然而圭方之志不移也。迄乎宣統紀元之春，吾三人再往西山，將遍叩居人而問之，不圖事有天幸，遇許舍同族迎喜其人者，歷述所遭，因導往升公墓地。果見喬松四罨，碑誌儼然。叩問山主姓名，則曰族中勢豪某辦粮有年矣。圭方以爲事既得實，交涉有憑，奚餒焉。於是雙方争持者累日，幾至質訊公庭。賴横山族人雲屏出任排解，慶裕又願斥私資補繳山主銀漕，始寢其事。圭方等慶幸之餘，喜不自勝，因邀集本支重行展墓，並植石誌界以去。慶裕猶慮祭費無著，商議集欵，爲經紀久遠之計。適族中寶昌議嗣事興。寶昌本無子女，養義女一，適黄姓，將以婿爲子。族議以寶昌之六世祖仲泰爲振揚公次子，義不當無後，而寶昌執不願，羣情譁然。居間者勸令設杯酒，通殷勤，導欵曲，允焉。於是，卒出洋三十元，將治具矣。慶裕曰："慎毋以金錢買不義，盍移此歸公，作振揚公千秋祭掃計乎?"僉曰："願從。"遂定議。

嗚呼，使當日無慶裕、鴻業肯相與踏遍山原，不嫌跋涉，則兹墓之毀滅久矣，遑論地屬他姓。即不然，當寶昌議嗣之際，而慶裕不爲之仗義執言，一任若輩饜飫口腹，坐耗多金，則迄今祭掃仍無的欵，焉能妥侑先靈，永奠血食，使後世歌功頌德也哉? 迄民國十七年春，本支族人仲清、廷臣、錫榮等邀横山族人子震，向山主購得經糧二分五釐，出洋數十元，當時立有契約。圭方不禁有感於斯事，而爲記其顛末如此。中華民國十七年寅正桃月。

（楊邦藩主修、楊承涑總纂《[江蘇無錫]錫山楊氏宗譜》 1928年道南祠木活字本）

辭友人勸做壽啟

楊其昌

聞之古人生男則懸弧於門之左，生女則設帨於門之右，禮也。而未聞有做壽之説者。且詩書所紀稱壽者亦屢矣，曰介壽，曰上壽，指不勝屈，要皆爲頌禱之辭。如華封人以多壽祝堯，隨時可稱，更未聞限定在生日也。迨至唐開元十七年，以八月五日爲明皇誕期，遂改名千秋節，王公以下獻鏡及承露囊，天下諸州咸令宴樂，休暇三日。由是上行下效，相習成風。昔歸熙甫先生以學問文章名於世，特以集中多贈人壽序，爲湘鄉曾文正所譏。是賀人之壽且不可，況自行做壽者乎? 然而是舉也，果出自爲人子者之意，卻未可厚非，藉酒醴以承歡，或亦爲戲綵娱親之一法也。況諸姑伯姊平時會少離多，今不妨借此良辰，共相聚晤，既敘倫常之樂，又聯親戚之歡。禮不足而情有餘，安見壽之不可做耶? 而僕顧何如乎? 自弱冠授室以還，閲寒暑者又四十載。此四十載中，竟不知所忙何事。若論資格，在孟子書中足當得起一個"獨"字，《孟子》："老而無子曰獨。"在孔子書中卻逃不掉一個"賊"字。《論語》："老而不死是爲賊。"獨則可憫，賊則可誅。縱諸君不以杖叩脛，已爲此身之幸事，又何敢不知迴避，妄以長者自居哉？況乎壽之與夭，相去幾何，皆不祥之名，宜弔而不宜賀者也。詎止一僕，人人皆然，特未之思耳。蓋上壽不過百年，非無窮期也。去日既見其多，來日必見其少，明曰增年，暗實減年，壽不且因愈做而愈促乎？則謂之不祥也，誰曰不宜？更何足賀之有？然而老不足賀，若返老還童則足賀。問何能使返老還童也？曰是不難，只須求道而已。問道何由而可求也？曰是更不難，只須入同善社做功而已。諸君不求則已，求則必得可斷言者。諸君今日與其祝僕之壽，而於僕之壽未必果有所加，孰若從此入社求道，他日道去，往瑤池祝王母之壽，同登壽域之爲愈乎？將見諸君既飛昇於前，僕亦得追隨於後，與天地不朽可矣。豈特返老還童而已哉！此則僕之深望於諸君者也。

時鎮江同善總社派恩職丁吉旋先生到本地分社內勸人入社做功，故末段言及之。丁高資人，在丹徒縣縣議事會內當議員。附記於此。丙寅十二月二十四日自記。

（楊其彬等纂修《［江蘇鎮江］潤州埤城諫壁楊氏支譜》 1935 年木活字本）

浦氏宗譜

己未掃墓日記

浦　武

民國八年，爲文嬸值收壽膳公賬之第一年，託余家代爲經理。值收是項公賬之唯一職務爲辦糧與掃墓二事。乃定于三月十一日放舟。同行者爲奇寶兄（號子仁）、昌寶（號雨生）、少荃二侄。奇兄賦鰥且久旅外，今始在里。詢之，年已六十一矣，同輩之最長者也。渠少時曾往掃墓，距今隔三十餘年。昌侄年四十有四，少時亦曾前去掃墓。民國六年，有章兄主祭時，始偕有章、君陶二兄，君雅、泰豐二弟同去過一次。少荃侄則于七年梯嬸值祭時，初次偕予與陶哥及泰豐弟同去。予少時恍曾隨吾父及雲瞻伯等前去一二次，及長旅學在外，最近數年賦閒家居，是項公賬均予代爲經理，縱有家事，不能不往。蓋于今三次矣。予之所以瑣瑣記此者，因數年前值收公賬者往往不事祭掃，而吾族近有丁衰之嘆，往祭者甚少，記此聊存鴻爪而已。先是，容潛侄自贛歸里，屢詢本年祭掃事，言能同往。潛侄本欲往惠山掃墓，乃先一日行，約定在錫會齊。并有利生侄同去。如是，則同行六人，當不寂寞也。

十一日晨八時半，料理事妥，即放棹。天氣晴和，風勢順利，至九里河掛帆前行。過鴨城橋，午餐，二時半抵錫，停舟。至啟泰棧訪容潛，未遇。逕泊三里橋畔，登岸，購冥資，步行赴后圻振泉公墓、伯朝公墓。此墓尚在還初公静思公之前。唤墓丁。來者初爲婦人，攜一桌。乃虔誠致祭。繼來者一十五六歲人，似亦墓丁之一。蓋（一）此處墓丁子孫甚繁，不能辨别之，彼等亦不以墓丁自認也。詢以建築、馬路情形，彼亦不知究竟。祭畢，將及五時，歸時，于墻壁上見馬路工程局通告，知此路由顧橋北街至吴橋爲一段，由吴橋至惠山爲一段，是爲幹路，所經大約在墓之後，不致波及也。兩墓并列南向，墓前各植碑一，有棵樹七八株。樹前爲桑田，墓丁所植，而田産則屬於墓者也。加之數十年中，主祭者往往不事祭掃，致爲墓丁所輕視侵佔如蠶食，不負看管保護之責，而坐收出産種植之利，且將視墓田爲己産也。墓單當時未領，散失在外。輪值收租者多不將銀漕清納領藏串據，近更有築路之謡，再數十年後，此墓恐將夷爲平地矣。言之痛心，願子孫留意及之。墓後有池，爲方形。池中有墩，當是造墓時所開。池後百餘步爲新築北栅口通惠山之馬路，尚未竣工。據墓丁云，墓前隔河亦將築一馬路，由三里橋通惠山，已丈量矣。祭掃畢，往墓後巡視馬路形勢，風捲塵飛，夕陽若隱若現。歸路中，遥望惠峯模糊，不得真面，知天時將變矣。移舟泊光復門外吉祥橋下，四人同游公園。時海棠盛開，碧桃競放。天陰，游人稍稀，轉覺冷寂，茗于逍遥游樓上。六時出城，至啟泰棧晤容潛、利生，知今日亦往惠麓謁掃子健公墓，恰恰歸來也。六時半，出啟泰棧，予等飲于老公和酒棧，箋約容潛來同飲，甚暢。容潛舟亦泊吉祥橋，言定明晨兩舟同赴光福。在潛舟略坐。潛與張君望春導予訪艷曲巷中。牧之夢醒揚州久矣，彩毫欲秃，霧眼未花，未免有情，能無棖觸耶？目的人隨客出游，大有珊珊來遲之意，而冶葉二三，乍來乍去，侍茗進果，亦殊多趣。不一時許乃出，分宿舟中。

十二日黎明，二舟同啟棹，但聞風聲虎虎，似挾萬馬驟至，雨聲淅瀝相間。予等擁被卧。越南門，舟子以二人負縴，二人鼓棹，奮力逆風前進。縴者棹者之力稍鬆，則舟反退行。千辛萬苦，始達新安。時朝餐已畢，舟人告余曰："力憊矣。風猛不稍殺，不如暫泊于此。"乃下椗以待。未幾，潛舟亦來，同泊焉。予至潛舟，與潛侄、利生及潛之妻作雀戲。蓋潛挈眷來錫，因同往游鄧尉也。午刻返予舟作餐，復啟椗前行。風稍減，雨亦止，然白浪争飛，砰然有聲，進行維艱。下午三時抵望亭。橋有二，其一即族祖子昭公所獨建也。工程頗鉅，其魄力偉大，至堪敬服。六時始抵滸墅關，暫停棹。在得意樓飲茗。至李南山購蓆，蓆爲此間著名産物也。潛舟已來，更同前行。八時至通安橋，上有市，遂停宿。予至潛舟敲棋二局。奇兄、昌侄登岸聽説書。先後睡。

十三日侵曉，啟椗行。風已平，朝曦既出，愁悶俱破。過東玉鎮作朝餐。八時半達光福鎮，與潛議定儘早開飯，爲入山掃墓後游蟠螭石壁之餘地。囑舟子預備祭菜等事。余等同在鄧尉閱報社啜茗以待，至銅觀音寺游覽過，旋返舟。餐畢，十一時入山。余與奇兄、昌侄、少荃侄、利生侄安步先行，舟人肩祭餚後行，潛及妻另僱筍輿接踵而至。越兩嶺，達官山巷。墓丁孫金生不在家，其老母在山中樵柴，聞信隨至，同上山。先謁還初、静思公墓，設桌虔祭。心一公墓在山之巔，循例同時遥祭。次謁容齋公墓。祭畢下山，復祭方宗公墓。旋向孫母索得五六年忙漕版串，與以例金。時已亭午，祭掃事竣，乃作遊計。奇兄、昌侄因足力稍乏，且畏天熱，不願同遊。是日，光福鎮上有草檯戲，先歸看戲去矣。墓地在上官山。自上官山至蟠螭山有兩路：一則自銅井山之東越嶺而南，即爲御道，廣坦易行。余去山遊石壁，即經此路，頗能認識；一則自銅井山之西越嶺而南，亦爲御道。但自西越嶺路較近，而甚崎嶇。輿夫固不畏崎嶇而喜捷徑者，自然必走西路。予等以爲有輿在前爲先導，亦何必舍近而圖遠，乃隨兩輿西行。輿夫足捷如猱，轉瞬不能見。誤入歧途，但聞山腰中有呼唤聲，心慌路亂，且走且望。天時正熱，頰汗欲流，許久，復聞呼聲，則兩輿已在嶺上矣。乃相與作手勢，令乘輿者先行，不必待。予等退而尋路，得一小石橋，始由此上嶺。俯見御道，已識石壁方向，于是緩步進行，然路遠足疲，此行殊艱辛也。抵蟠螭山，入寺，潛等啜茗待久矣。坐定喘息，拭面去汗，重認石壁，屹立依然，翠竹涼陰，令人翛然意遠。和尚松林以本山茶葉餉予等，納之。予與潛在石壁軒中敲棋一局。棋罷，出所攜之酒飲焉。和尚以横幅索題，潛題詩一絶，予題十六字作八分，手忽顫，字跡甚劣。稍坐出寺，時已夕陽斜掛矣。潛與其妻乘輿仍先行，予等緩步歸。均至柏因寺（俗呼司徒寺）賞覽清奇古怪四樹，略啜茗，即出山。抵舟已六時矣。晚餐後解維行，仍泊通安橋宿焉。

十四日晨，天雨，兩舟同赴滸墅關。潛等冒雨乘火車赴申。予等逕歸，抵家在下午四時也。

庚申掃墓隨筆

浦　武

寒食清明都過了，春光明媚，已到十分。年來株守鄉隅，足跡不出十里以外，亦云悶矣。静極思動，人之恒情。對此鶯花歷亂，煙柳迷離，似繡桃紅，如裙草碧，有不游興遄飛者乎？乃藉掃墓之便，作遊春之舉。

本年掃墓計三處。后圻、光福文𡠉值祭，爲此行之主。觀音山則族叔乾九託爲代祭，爲此行之賓。預計此行經蓉湖、鄧尉、靈巖、范墳、楓橋、虎邱諸勝，山水之佳不亞虎林。予夢想西湖久矣，塵事擾擾，迄未成行。祭掃爲吾儕應盡義務，抽數日閒，買槳沽酒，歷攬錫蘇諸名勝，不甚快也！何必舍近圖遠哉。縱飲不可無伴，良游尤不可無伴。此行半爲掃墓，半爲遊山。掃墓宜敬，而遊山宜暢。乃約本支立夫兄、昌侄(字雨生)、怡孫侄、遠支捷三、維周及姻兄王君賦梅同行。立夫有事不果行，餘均同意。推窗帆底，攜屐山中，則此行殊不岑寂也。

夏曆二月二十二日，爲清明節後五日，晴朗無風。上午十時半放棹，十二時過九里橋，午餐。下午四時半抵錫，逕泊三里橋。登岸，購香燭冥資。舟子肩祭菜同赴后圻，虔祭振泉伯朝公墓。墓丁張東官來，瑣瑣詢以墓址界劃及其族中職業情形。伊云，墓前後桑田係各家分管，墓上枯樹一枝，于去冬斫去；墓界東係陶姓地，昔爲菴基，洪楊時所燬；同族大半營小商，亦有業農者；族之最長者名張盤大，設魚灘于半塘；最無賴者名張阿三，現居天四圖，時來糾擾；墓後池北埄上屢被招葬他姓棺木，無法阻止；墓地在天五圖，地保朱虹玉云云。并導予等至埄上巡視一周。祭畢乞賞金，笑與之。時夕陽西下，遥望九龍葱欝似踞虎，墓後即爲新馬路。予等舍舟從馬路步行至通運橋畔，至新世界略憩。八時半，同至大新樓暢飲。錫地紹酒多甘味，數易不得佳者。捷三、怡孫乃自往各酒棧訪覓佳釀，飲之稍可。以求佳釀而徧訪酒家，其事甚趣，然非善飲者不辦也。席間，以電話約族人殿香來。十時半散，由殿香邀至新旅社略坐。捷三有事進城往伊戚家。十二時許，先後返舟寢。

二十三日黎明，放棹南行，七時抵新安，略停。舟中人先後起身朝餐，作舊式最淺之碰和。十二時抵滸墅關停棹。登岸，市紹酒一小罎并下酒物數種。舟行即飲，罄其大半。薄暮，抵光福鎮。同登岸，至光福塔下，眺望太湖。時微雨初霽，步行草間，履盡濕焉。繞至銅觀音寺，入寺游覽。七時半在舟中晚餐。光福無夜市，相與閒談而寢。捷三言論頗多，予等已朦朧合眼，猶相呼不止，至無人應，則閱書以自遣，夜深始睡。

二十四日，晨起，微雨如絲，同人俱悶，因無入山希望也。朝餐後，茗于鄧尉閱報社。八時後，雨止，決計進山。乃雇筍輿，提早開飯。十一時登輿，迤邐達上官山。舟子肩祭菜亦至。喚墓丁，爲孫金山母。虔祭還初、静思公墓，同時遥祭山頂心一公。次容齋公墓，次山下方宗公墓。此墓前疑爲存三公，後因有碑在側，誤指爲退齋公，實則皆非。事畢，六輿同赴蟠螭山，在石壁軒中品茗。和尚松林侍談。于横坡上題同遊人名。軒側旱船爲蟻所侵，已頹破。登寺門石臺眺湖景，胸次爲爽。墓丁孫金山聞信前來，給以例金。下午三時許出石壁，輿經大王廟畔，有草檯演劇，停觀之。所演爲《獻西川》、《鐵籠山》，頗整齊。領班名小象牙者識怡孫，略與之談。四時，赴石樓，登萬峯臺，旋入石樓精舍中。有墨桃一株，異種也。略玩賞，即出寺，登輿同返。五時許，抵柏因寺，茗焉。同人撫玩清奇古怪四柏樹，均詫爲神奇。設鐵欄保古蹟，宜哉！出山，天氣轉晴，夕陽相送，餘興未闌。輿夫競步，捷如奔馬，餘勇亦可賈也。六時抵舟。予等議，游程宜迅速，不宜稽留，乃促舟子乘夜光未上，鼓棹赴木瀆泊。時約九時許，登岸，則夜市將散，略購物，返舟寢。

二十五日，予先起，茗于萬馥樓。遲久，維周、賦梅、捷三、怡孫、雨生先後至，作朝餐。細雨濛濛，遥望山色，模糊不辨。予等遊興不爲阻，囑舟子攜雨具逕登靈巖山，入崇報禪寺茗後，歷覽琹臺、石城、圓光塔、石竈、石鼓、西施洞、蔣園、采香逕(俗呼一箭湖)、卧僧石諸勝。蔣園者，畢公秋帆之别墅，嗣爲南沙後人所購置者也。今已頹廢無存，增遊人滄桑之感而已。山下有再來人墓。再來人者，詩人張永夫也。雍正三年，其同學爲之立碑。予等過而讀之，始悉大概。十一時半，游嚴氏羡園，茗以休憩。池上諸石俱靈秀。有一柳垂絲至地，尤清絶。池側一亭，懸伊墨卿聯。亭午出嚴園，訪購紹酒，于某燭店下舟暢飲。隨放棹赴支硎。下午一時半，泊觀音山浜。先是，族叔乾久因其祖晉庭公墓在觀音山東龍池，年久未往祭掃，知予等好游，囑繞道往祭,可攬范墳勝景,允之。至是,議定先祭後游,乃唤筍輿。輿者大半爲鄉婦,行亦健。淡日微風,山景如畫。墓址在三峰中,形勢幽秀,與乾久叔所藏之墓圖一一符合。墓丁俞姓。設祭畢,由墓丁導予等越嶺至中白雲,歷剪刀峰、一年泉、石關刀、撑腰石、一線天,而至鉢盂泉茗焉。旁有白雲亭、鸚鵡石。旋瞻謁范公祠。山風忽起,浮雲蔽日,遂乘輿出童子門而歸。復往觀音山寺略游,即返舟,時已六時矣。解維赴蘇,七時許過楓橋,泊焉。攜燈叩寒山寺門,良久,門啟,寺僮秉燭,得觀諸碑記及聯。另一招待者爲養病於此之某君,談吐不俗。詢之,則南海康先生曾于今晨游此,現往靈巖去矣。略游一周,登鐘樓,出寺。下舟,逕赴閶門,泊于聚龍橋畔。九時,登岸,暢飲于石路口正興館,旋在鴨蛋橋側散步,聞歌聲,頓觸舊感。十一時返舟,倦極,皆睡去。

二十六日侵曉,移舟泊虎邱短簿祠側。予早起,即登山覽劍池、二仙亭、生公講臺、貞孃墓諸勝。良久,始見擔水者,詢之,則冷香閣茶爐已生火,尚未沸也。登閣,俟茶至,坐而飲。閣爲新建,費君樹蔚所倡募,規復古跡,并供春秋宴飲之資。閣之四周植梅數百株,啟窗四望,附近諸山瞭如指掌。久之,賦梅、怡孫、捷三、維周等相繼來。九時許下山,謁李公祠,白桃海棠競放其間。移舟至半塘,入龍壽山房,展觀元善繼僧血經八十一卷題名焉。經藏石室中,爲康更生先生所募建。怡孫前已來此,親遇康,予等則初至也。題筆琳琅,可稱眼福。出山房,步行至馬路其昌酒棧小飲,并作餐。午後進城,由維周引至拙政園品茗久坐。園幸開放,游屐頗多。嗣往獅子林,適在修葺中,羣石特奇,相傳爲元人倪繼善所繪造,非雲林也。至立妙觀前,茗于吴苑。傍晚出城,同登宴月樓最高處縱飲。笙歌潮沸,電燈如晝。自出游至今,計日凡五,所覽山水園林、亭閣寺院,如入山陰道上,應接不暇,絶無滯留岑寂之苦。游固甚暢,力亦稍疲。明日即當解纜歸里,值此良宵,安可不浮大白以自賀!捷三、怡孫飲皆豪,維周、賦梅素不能飲,亦引杯者屢。暢游之後,以暢飲爲結束,亦千載一時哉!九時半飲畢,賦、捷往觀王麻子演《深恩報》名劇。予與怡、維往聽王某説書,爲《三國志》之《連環計》一段。書場既散,爲時尚早,亦往觀劇。十二時後,同返舟寢。翌晨,放棹歸,掛帆疾駛,抵家大雨,僅午刻也。

掃墓須知 此爲開船之前必需預備之事,特記於後

(一)雇舟 舟須軒敞。舟子須老練於出門者,如是則風雨可行,不生危險。

(二)攜物 如燈籠、拜氊、酒壺、掛籃、綳絡、扁擔、碗盞、杯碟、冥鏹之屬,皆不可缺。

(三)糧食 約帶白米三斗,其餘如油、鹽、醬、油、酒及火柴、草昚、水烟或香烟、洋燭等,略備少許,沿路再購。

(四)玩具 如書籍、棋子等具,長途可破岑寂。

(五)記載 筆墨、賬簿不可缺。

(六)衣服 鋪蓋、衣服、雨具,各人必需帶足。

(七)經費 以四日計,約十二三元,五日則十五六元。

(八)司祭者 預備第一日,須備后圻祭菜一席,及當日火艙。到光福後,亦需先備祭菜,乃可進山。

(九)游覽 長途甚悶,到處應游覽勝跡,以擴胸次。其茶酒之資應由司祭者開支,以不吝嗇、不浮費爲度。

(十)糧串 到光福掃墓,須向墓丁索取銀漕版串。蓋山糧由墓丁代辦也。每年例給墓丁代辦糧之費共計洋四元四角,或由墓丁冬間來領,或到墓給彼。

觀華康伯畫山水

浦　坦

東湖先生高且閒，造化在手開荆關。春風吹林入筆底，樹杪雨歇飛潺湲。江光閃閃爍霞赤，沙鳥離離度溪夕。宛然雞犬喧前村，疑有當年避秦客。水亭春還花正香，漁翁坐釣青絲長。落花一片迴波緑，不礙溪頭白鷗浴。

陳行之風翰亭

浦　鼎

縹亭人似玉堂仙，月肝雲肝瀉峽泉。辭藻引毫歸寶唾，筆花拖夢上鑾箋。墨池暖漲桃花雨，書壁涼飄杮葉煙。氣窄紫鰲清淺水，神游黄鵠泬寥天。紅鵝價博黄庭卷，白雪聲和錦瑟弦。五鳳文章天上待，三都詞賦洛中傳。荷巾未逐秋風老，鐵硯磨雲已半穿。

題秦氏南湖草堂

浦　鼎

頻年魚鳥識風流，家在湖南煙樹頭。隔檻殊雲飛白鳳，漫沙曲水走青虬。浣花茅屋牽蘿補，甫里芝田爲鶴謀。詞客醉看書葉字，小娃歌踏採菱舟。掀髯華月生蓮渚，欹枕寒潮響荻洲。江燕雨吹琴薦濕，鯉魚風颭釣絲柔。詩題彩筆天吴泣，書照青藜太乙遊。夜夜文光貫牛斗，南陽肯作卧龍休。

夏日閑居

浦　瑾

南里橋東一草堂，烏皮隱几竹方床。池萍漲雨青浮岸，鄰樹分陰緑過場。乳燕出時吹麥熟，繭蛾飛後曝絲香。不知何處炎蒸在，日日清風灑葛裳。

高梧樹下足涼風，滿地清陰一畝宫。階戰閑看排陣蟻，簷喧静聽課衙蜂。日斜天外初微雨，雲薄樓西忽斷虹。客至莫談塵世事，年來多病耳還聾。

登泰山作

浦應麒

縹緲碧霞君，千秋秘玉文。高寒晴亦雪，空翠濕爲雲。石勢參天涌，鐘聲遍地聞。兹游攬奇勝，真欲絶塵紛。

次韻强德州

浦應麒

林屋秋清已自涼，山中新酒熟鵝黄。銀絲豈必鱸魚鱠，金粟齊飄桂樹香。泉石最宜微着雨，芙蓉尤好未經霜。臨流不盡歸橈興，隔水漁燈見小航。

社會勉倡一首聊爲先資

浦應麒

向來枉駕逢炎暑，今度修盟屬歲寒。自信温涼曾飽歷，何期賓主罄交權。鷗鳧沙霽仍煙水，鴻鵠天高正羽翰。況是吾倚冰蘗伴，寧需桃李到春盤。

上巳後二日山中喜晴限韻

浦應麒

積雨新晴試袷初，樽開藍尾集軒車。風流未減香山後，勝事真傳曲水餘。花鳥娱人供讌笑，栴檀倒影俯清虚。春申澗畔留題處，醉筆淋漓掃石詩。

姚月子隱蓮華峰

浦象泰

山人何處有逢迎，只共山光坐卧行。木臼夜舂家釀秫，瓦鐺朝煮野藜羹。布袍竹杖開三徑，素月高雲擁百城。募種梅花千百樹，春來香雪壓柴荆。

送張賓鷗先生還吴門

浦象泰

樽酒不及煖，片帆倏已開。悠悠谿上水，短櫂幾時來。

送歸使

浦象泰

送别不能言，但看數行淚。見我老親時，勿言不得意。

採蓮竹枝詞

浦映淥

荷葉田田水滿磯，蕩舟輕濕女兒衣。阿儂今夜渾忘卻，唤取西風送月歸。

半溪流水碧於煙，葉葉低枝綰釣船。歧路忽忘羞借問，且隨蝴蝶過花前。

答雲孫廣陵見寄

浦映淥

天涯誰絆紫騮蹄，幾日停鞭向柳堤。歌吹揚州今更好，家書説在竹窗西。

除　夕

浦映淥

聞昔秦淮醉管弦，今朝行李又徂燕。從今怕聽泥金信，恐住京華又隔年。

題　句

浦映淥

昨宵好夢去如雲，十二闌邊草色醺。閑疊鸞牋無一字，猩紅小印印回文。

呼　婢

浦映淥

銀瓶斜插海棠花，春色朦朧護絳紗。煙裊獸爐香欲燼，隔簾鸚鵡喚琵琶。

譖　鵲

浦映淥

片片飛花點繡帷，强拈裙帶試腰圍。欺人最是簷前鵲，説道當歸又不歸。

初聞下第

浦映淥

衹爲浮名滯遠游，而今可減舊風流。黑貂裘敝知難典，莫擁金釵上酒樓。

北　望

浦映淥

問道嚴寒向北賒，馬蹄晴雪壓黄沙。懷人正在春三月，莫認楊花作雪花。

游仙詩

浦映淥

遥望飛霞散碧霄,星河清影拂銀潮。廣庭仙女嫻歌舞,欲聽霓裳踏桂橋。

歸舟

浦映淥

桃花初醉柳初眠,半嶺斜陽接遠天。春色江南今正好,歸舟初繫緑楊邊。

雨中思

浦映淥

幾度家書寄遠鴻,妾身原不住江東。知郎馬首今何處,儂亦酸風細雨中。

梅花口占

浦映淥

霏霏素影映墙墀,滿院春寒沁玉枝。昨夜夜深金剪寂,江妃應是探花時。

弈棋

浦映淥

初聞碁局畫屏限,半幅瀟湘掛緑苔。莫遣笑聲窗外去,鸚哥初報小姑來。

讀牡丹亭

浦映淥

情生情死亦尋常,最是無端杜麗娘。虧殺臨川點綴好,阿翁古怪壻荒唐。

題園竹

浦映淥

枝枝百尺碧琅玕,舞雨敲風共月寒。階隱鹿門應有待,商量劚取釣魚竿。

游　秦　園

浦映淥

佳勝因山不在山，崎嶇曲徑鳥緜蠻。人工斧鑿通天巧，樹有神通石不頑。

贈雲孫誦金剛經

浦映淥

鹿鹿生涯未有因，大千敲碎作微塵。山河泡影人如夢，認取金剛不(懷)[壞]身。

虎邱覓真孃墓不得

浦映淥

千古風流枉斷腸，虎邱無地覓真孃。有無墳墓真閑事，羞殺三泉錮始皇。

吴門讀會真記

浦映淥

有始無終奈若何，當年悔殺不投梭。只贏傳誦千人在，無日閶門不聽歌。

寄雲孫虎邱客寓

浦映淥

何事吴門逐浪游，緘書猶縫鷫鷞裘。只今鄧尉梅應遍，入學花開盡白頭。

玉　　蘭

浦映淥

青姿孤對小樓東，習習香生度遠空。玉質不堪風影亂，淚痕狼籍月明中。

雲孫初得小福戲贈

浦映淥

小小香蓮淡淡裙，一天好事是新聞。懸知何事迎郎意，手拂蠻箋打篆文。

尤姬鍾玉已爲尼矣聞復欲適人以詩嘲之

浦映淥

塗膍扶錦忒無端，枉殺多才是易安。此後欲參獅子座，如來無髮亦衡冠。

取石師伐琢成玄玉池濡豪噱風月宛河秋月

浦敬敷

乙酉良月之望，顧君蒸民方鳩工繕垣墻，飾闌檻，而比隣以緩急來請，將割其宅之半以償。再三辭，不獲。乃裒錢若干，割其廳事後書堂三楹，及周遭房廊之附離聯屬者數楹，而書堂爲最。既撫而有，盤盤囷囷，坐得勝概，聞風來觀者率留連不能去。因爲敘其緣起，作詩記實，且索同人和焉。

玉露高溥珠樹珠，辟疆園外展新模。斧斤未識般輸巧，輪奐俄聞張老呼。松鼓雲濤聲和雀，梧篩日影鳳將雛。斯干賦後音誰嗣，珍重詞壇爲撚鬚。

秋夜投惠山不二門宿將于質明陪祀家祠

浦淮音

山色偏于夜色佳，況饒秋意滿庭階。室虛生白月當午，香遠益清風入懷。餉列野蔬消茗椀，弈翻新譜落松釵。一宵塵夢袪應盡，好借安禪作散齋。

曉起望南山銷雪

浦淮音

旬日山容詫改觀，朝來略識舊巖巒。褵褷鶴點蒼煙破，斑駁雲浮碧落寒。放脚即堪攜謝屐，呵毫猶自賦齊紈。陰崖莫遣迴風入，留待梅花照暎看。

與諸子登堠山詩

浦士鉞

相攜凌絶頂，一覽散千愁。飛鳥雲邊没，明湖天際浮。山川原不改，戎馬幾時休。空抱誅茆願，斜陽歸路幽。

秋日訪水渠秦逸溪即次贈句

浦秉鈞

鴻雁正來賓，桃源訪逸人。何期終一見，絶似舊相親。恬淡安行素，風流邁等倫。渠中容再過，不復苦迷津。

漫　　興

浦同瑞

河山一統靖烽煙，蠢爾諸夷敢擾邊。屢有羽書傳紫塞，直教飛輓上青天。屯邊自昔推充國，左伯相屯兵哈(蜜)[密]，已歷年所。開市何年致趙全。叛人白彦虎逃入俄羅斯，索之不得。聞説司農憂餉匱，出關競借辦裝錢。

諸戎要約願尤賒，信至中朝衆議譁。持節竟無蘇屬國，崇地山尚書奉使至俄，唯唯而已。上書賸有賈長沙。張香濤侍御疊上馭俄策，爲時傳誦。至尊慎戰防蛇足，諸將談兵盡虎牙。鮑軍門、潘方伯俱奉召到京。國體家聲俱廑念，乘風應早賦皇華。曾襲侯奉使講約，尚逗留天津，不敢徑往。

北　　上

浦同瑞

少年不自奮，曷遂凌雲志？鵬程三千里，振翼從此始。出門趁良辰，匆匆戒行李。叩首辭高堂，高堂語絮絮。仕官非所望，記取平安字。親朋走相送，未語顔色喜。屈指問歸期，籬菊當開否。一笑揮手去，省識言中意。棹撥暮煙開，澄波躍雙鯉。

曉起泛舟游焦山

浦同瑞

理棹撥曉煙，空江日初上。天光接上下，中流擋翠嶂。倒景千芙蓉，與波俱滉漾。篙師抑復旋，石磴徐相傍。歷級入雲中，招提先過訪。山僧迎户外，清泠無俗狀。禪房略小憩，花裡茶煙颺。徧讀壁間詩，名流工酬唱。尋幽復覽勝，迤邐入平曠。同登觀瀾閣，憑欄試遥望。溜急練孤懸，一瀉勢千丈。長風挾浪來，拍岸聲震蕩。耳喧意彌静，目駭神益王。會當臨絶頂，振衣發遐想。結習恐未忘，山靈相誚讓。

題華伯彦緑蕉室詩詞稿并以誌别

浦　武

唐代開詩宗，宋元盛詞曲。絶響今罕彈，跫然空谷足。華子天挺姿，瀟灑軼塵俗。含咀盡英華，咳唾成珠玉。手造五鳳樓，雄才壓朋屬。主意縝且密，似剥蕉心緑。才藻夙所欽，雨窗頻盥讀。桐葉未經秋，别我何忽促。衣帶隔鵝湖，欲溯空躑躅。

都 門 春 感

浦　武

敧斜帽影一鞭絲，又向都門走馬時。萍梗生涯風際燕，杏花消息雨中詩。琴樽四海誰青眼，荆棘中原有赤眉。已熟黄粱猶説夢，春婆畢竟笑人癡。

海市蜃樓結撰空，蟬貂衮衮屬諸公。溝通合詣秘書第，風憲還防御史驄。效命馳驅呼犬馬，紛争得失笑雞蟲。御河橋外花如錦，不減上陽舊日紅。

酒後閲五年前日記感題

浦　武

不堪回首話春明，舊篋重翻歲五更。酒陣歌場今已矣，桑榆此去祇浮生。
緑暗紅稀寂寞天，雙魚望斷故人箋。滄浪舊侣如星散，莫問鶯花與管弦。
早知宦海總茫茫，底事勞人草草忙。博得虚名稱學士，輸他義舞袖偏長。
聚散升沈百感交，江亭籤句費推敲。緑雲深處敝廬在，抱膝年年自解嘲。

（浦大綸等纂修《［江蘇無錫］前澗浦氏宗譜》 1931年追遠堂木活字本）

虞氏宗譜

述祖德

虞　楁

我胄出會稽，迢迢數千祀。其間多顯榮，藐余難悉備。姬周封舜後，閼父實嬀裔。或云出姬允，虞仲周章弟。雙璧膺寵榮，增竈亦奇偉。兼抱經濟才，卻敵康屯世。郁郁漢博士，桓桓一太尉。勵志綴道論，經綸俱世美。李唐永興公，際會良有以。殊恩稱五絶，翰墨罕倫比。由此登瀛洲，文懿乃其謚。趙宋迨中葉，雍國相天子。勳寵一何崇，特賜五室器。堂堂東巖公，巍巍取科第。緝熙四八規，忠誠感懇至。以兹際顯榮，奮振華溪始。餘姚旨齋翁，甘棠陰蔽芾。亹亹播清塵，綿綿誰復繼。仰兹福澤深，烜赫照青史。願言諸後昆，毋忘古遺事。綢繆桑土詩，殷勤加葺理。

丙子賑饑有感

虞國鎮

民自爲天策已疎，況空芻牧孰能蘇。蒼黎闔境皆同室，赤子何知竟餓夫。指(困)〔囷〕不難(輪)〔輸〕玉磬，炊珠寧敢惜青蚨。從此廣貯多陳朽，莫令年饑又集枯。

三洲島置破臺禦海寇

虞國鎮

地控南海峙三山，建瓴制敵此重關，憑高巾壘爲天險，疊石防流即內寰。飛渡何能當大雹，聞聲自可慴驕蠻。敢云有備爲多算，庶藉熊羆靖曲灣。

步黄聿天外甥被旱憂詩一十四首又疊前韻二首

虞守才

讀無書

憑眺東山屋久虚，沉吟往事意何如。摩編敢謂同糠粕，授簡粗知別魯魚。緑護濂溪窻有草，帷披董相案無書。欲搜秘笈窮千古，終擬翻身到石渠。

耕 無 田

南東廣畝未爲虚,佔屬鄰家我莫如。倉鳥催耕兒叱犢,黄雲歛穡罶嗟魚。磽田幾許唯留石,逋税誰何不用書。漫道恒心因有産,歌傳陋室自軒渠。

笥 無 衣

鶉衣百結語非虚,顛倒筐箱竟類如。居室不嫌過湫隘,章身何用甚都魚。青氈可補撚新縷,韋服隨鄉理舊書。世擅豪華紈袴子,翩翩曳婁且由渠。

廚 無 米

何事廚頭爨火虚,蹇遭旱魃卻空如。回天有力舟輸粟,指困無人轍涸魚。饋飯曾知返羈璧,送窮不解續韓書。彼蒼忍使同珠玉,究把坭沙細類渠。

館 無 穀

學能集益總唯虚,共砥西齋亦自如。漫説點金化鈍石,堪誇羣玉躍池魚。誰知赤地偏傷稼,旋使捐簦且廢書。抄歲拾餘虧擔儲,空囊羞澁對清渠。

出 無 情

誰將關鑰動成虚,投足無從得自如。登閣翻嫌開府月,臨濠那羡漆園魚。到門題鳳渾忘字,拂翰籠鵝亦倦書。居不深山等木石,浮雲出岫儼如渠。

入 無 緒

處士何辭四壁虚,獨憐形役更忙如。碧天有志翔鴻鵠,尺渚無波困巨魚。夢裏頭頭都是道,覺時種種不堪書。北門賦客真知者,今古同心先得渠。

鬢 有 斑

歲月如駒過隙間,倏驚兩鬢著銀斑。東風不會吹霜去,秋信偏能帶雪還。皓首若難窮學海,青雲卻似隔層山。相尋憒樂心逾壯,莫照菱花惜晚顔。

眉 有 鎖

殷憂何事著眉間,不展終朝蹙似斑。三斗俗塵翻手撲,兩重關鎖舉頭還。花憎風雨羞人面,琴操拘囚響衆山。吐氣堦前應藉此,幾回探鑰撥愁顔。

腸 有 結

四十年來几席間,恨窺文豹管中斑。百端蠶績千迴斷,九折羊腸一息還。縱遇廣平堅似鐵,難教墨翟冷如山。何時得把愁情割,脱卻書囚見笑顔。

手 有 肘

共列宫牆縫掖間,捉衿獨露肘痕斑。瘞貂不敢請長揖,把袂無由話别還。卻好臨池濡秃筆,還宜憑案寫青山。游行掉臂從吾好,長袖應知有忸顔。

足有踵

熙來穰往道途間,馬跡車痕陌上斑。樂正經傷憑杖履,邯鄲就學蹇迴還。也知跣足須看地,卻少椶鞋可玩山。回想當年藜楮士,逡巡視納踵曾顔。

兒有號

殘息舒棋鍾愛間,啼饑淚灑兩行斑。纔聞嗔嚇興隨阻,乍見杖笞往復還。老大未能樂泌水,孩提何怪泣塗山。牽衣聊與謀朝夕,他日承歡得豫顔。

妻有啼

豈是湘江瀟水間,何緣灑竹淚凝斑。哀踰晉媪臨朝出,悲勝齊姜自野還。欲斷潺湲流似水,須教隘塞聚成山。天工仁愛調風雨,還我偕宜忻對顔。

喜雨行

虞景敬

徒步郊原處處危,徬徨四顧中腸悲。何當旱魃連旬曦,害我稻粱黍稷粢。金粟米珠數粒炊,突新釜覆猶有之。屢豐妻子且啼饑,那堪歲惡值其奇。鼠技既窮鮮所支,屑榆偏拙來人嗤。敝廬獨立嘆空錐,槁木形容面目黧。西舍昂昂果腹垂,東鄰腐積陳陳秠。故人貧病踈貸移,庚秉傷廉指囷誰?蜥蜴籲呼冤小兒,月看離畢鳩屏雌。崇朝南北寸雲施,霑足滂沱高下瀰。天意固知本不私,甘霖注沛適及期。且將種荳落而萁,酒後耳熱歌嗚戲。君不見古人喜雨名亭時,吾今無亭可名只賦詩。

(清虞兆泰等纂修《[浙江義烏]華溪虞氏宗譜》 乾隆四十九年木活字本)

裘氏宗譜

宗祠重建告成

裘日和

入廟無忘報祖功，肯堂雅喜衆心同。由來庭小容旋馬，此日瓴高擬接虹。紀事當書新甲子，循墻勿改舊家風。權將次第先猷事，黼黻年年潤色工。堂寢幽深肅穆將，庭餘廳事兩迴廊。增基我藉羣賢隊，廓緒人欽諸父行。府君樛園公、叔父端如公，實始經其事。事實詳主宗政兩公記。認得先型寧拜郭，相期後代弗攀梁。敦親睦族吾家事，水緑長溪百世香。

重修宗譜成喜賦六十韻

裘日和

尊親歌梓里，秩序協齊民。玉版聲名紀，鑾箋脈絡循。高卑陳品物，甸海燦彝倫。爲識宗盟好，因思國史純。書勤司左右，德懋洽君臣。實録徵推腹，昌言異反唇。史期明黜陟，盟以別疎親。班范輪同斲，歐蘇轍並陳。家知無異國，薄喜可還淳。睦族先收族，居仁不外仁。雲門家世舊，石室鼎彝新。派自堇陽近，流分句水匀。桑麻見作用，絃誦是經綸。代有攀龍客，間充觀國賓。遥遥華世胄，粲粲茂儒紳。數典寧忘祖，存誠欲葆真。臺亭餘古趣，翰墨飽芳辰。掌故防埋草，窮搜務採薪。繕書霜穎禿，舊譜未經刷印。裝釘雪絲頻。呵護懷先達，飄零痛後人。攜來皆斷簡，望去悵殘鱗。指屈朝逢兩，舊譜修自明嘉靖年。心危髮引鈞。火煙千室富，記載一囊貧。余七世祖下均有私譜，各房寥寥。白髮吾何用，青藜燃莫因。低徊殘蠹牘，惆悵舊龍珉。檢甲無當乙，逢庚已失申。禮誠難證宋，書等禍燒秦。之子争雕虎，伊人怕泣麟。新盟慳出篋，故府恨封塵。緑字斑經手，襴衫服稱身。無人謨遠紹，嘆我運同淪。族是東南望，庭無鐘鼓振。爾音終闃寂，吾道苦邅迍。卻喜繩孫起，爰欽乃祖神。璠璵儲國器，琬琰鬱家珍。夙昔銅駝泣，踟躕石馬詢。幾年神慘澹，博採語周諄。惟我勞忘瘁，任人笑與瞋。方陰持雨笠，冒雪事風巾。險豈辭航海，是役博行、紫佩力肩其任，恤行、雨槐實左右之。紫佩曾赴定海一次。平還屢涉津。挑燈多卜夜，聞鵲不知晨。有客稱醇古，其文事雅馴。體制一請命于西鄉柯訥齋先生。精嚴承指畫，細密好縫紉。雁序編成齒，鴻章咀溢斷。顯尊多合轍，拒攀不相隣。桂自當思竇，龍乎豈外荀。祗知敦一本，不恤展孤颦。思遜枚成速，言希董自醇。人方歌郁郁，我亦嘆彬彬。有典都歸則，無花不布茵。墓田編繡壤，廬室繪高輪。墨飭宗無亂，朱絲統特遵。疑仍留夏五，信可答春禋。神聽和平似，枋嚴祝嘏恂。迴泉波澮蕩，蟠木抵輪囷。瑕喜無留璧，價寧細算緍。功成多二阮，雨槐與紫佩叔姪行也。酒獻酌三巡。海渤潮空闊，山横石細粼。貞元慶會合，符瑞自兼臻。吮筆成新句，風光萬載春。

校譜即事

裘保昇

一堂披對仲秋天,纘續前修近百年。聞道校書如掃葉,保無餘瓣落風前。系籍藝文綜一編,繽紛細字兩眸穿。眼珠不到混魚目,心印有虧成馬焉。雨晦風瀟託一椽,公餘閑話假山邊。如今事時翻新樣,誰似吾宗耕讀傳。畢版安排喜付鐫,空思述祖寄新篇。後人若問功成日,宣統朝元第一年。

摸魚兒萍

裘琨鳴

歎浮踪、天涯棲泊,東風幾日吹損。飄零也藉東風力,敢怨東風太忍。還自信、便浪迹、無方終異隨茵溷。知心誰引。有岸柳多情,舒將青眼,前度尚能認。　添新綠,點綴池塘遠近。漫疑生意都盡。頻番入夢同春草,夢醒何人曾問?灰一寸,對逝水、相看領畧韶華迅。韶華轉瞬。莫更放狂飈,忽忽吹散,回首異鄉恨。

南浦記夢

裘琨鳴

無計度芳春,遣春情、賴有花枝照眼。花事最關心,經開謝,又惹閒愁無限。嫣紅零落,紛紛易逐東風散。待到春闌,游興盡,又被嬌鶯喚轉。　愛他一樹垂楊,正眉梢染透,黛痕深淺。弱質怕春歸,青絲裊,倩把春魂重綰。風流占斷,斜陽獨倚何人見?閒裏相看還駐馬,拚得爲伊留戀。

珊步肯頻來,記連番、細把芳心認取。天付可憐生,恁歡笑,都是可憐情緒。凭欄脈脈,泥人偏在無言處。座上衣香,燈後影,消受温柔爾許。　祇應保得團圞,比掌珍護惜,忍教抛去。小字莫輕呼,分離讖,怕似萍踪難住。分離容易,他時能否今時聚?墮向天涯還共(活)〔話〕,願作隨風飛絮。

含笑看燈花,擬朝來、又約花前相見。一見幾回思,相思苦,孅卻等閒識面。芳塵縱隔,纏綿無奈腸千轉。纔下心頭,還眼底,不信者般難遣。　無端醉後迷離,更睡魔引與,枕邊繾綣。夢境若堪憑,由它化,蝴蝶花間棲戀。雞聲唱徹,催將清夢寥寥短。惟有傷心窗外月,照入孤幃相伴。

吹面朔風寒,送殘冬、早又驚心物候。經歲客京華,襟袂上,賸有緇塵三斗。空羣漫説,黄金臺畔幾回首。磊落胸期,腸斷句,且付旗亭杯酒。　相逢如玉容顔,更可人性格,聰明生就。宋玉慣悲來,無聊意,料想惟伊能剖。知音許託,便教遲暮還相守。身世茫茫何足問,只有多情難負。

(裘昌如、裘松堂纂修《[浙江]慈谿横山裘氏宗譜》 1949年敦睦堂木活字本)

褚氏宗譜

問蜀草

褚德培

舟夜飲宋今礎年兄。今礎以假旋里，余亦奉旨護送。桐城舊知倏洽新詩競賞。已而，千林積露，萬波浮金，五斗卓然，四韻各賦，因呼筆草此。入座則有王孟嘉、黄太宇暨兒光鉉也

鴈空秋水夜，秋骨澹於晨。植根無乃宿，性習自所親。出門理方舟，昏旦數比隣。素心適焉洽，意篤交則真。熟君中山酒，酺君盤内鱗。肅舷揖過問，一笑忘主賓。童子解馴客，觥籌豈逡巡。高士依名流，發言何津津。霜月暗邊立，孤緒爲君新。觀聽俱以佳，深見古之人。

汜水山行

野静明山路，輕輿度石陰。澗唇幽咽水，巖腹遠穿林。鷄犬中峯見，桑田孤嶼深。攜將雲壑興，一寄旅臣心。

出都門望西山

赤嶂誰將帝斧成，秋容劍立幻奇兵。雲飛石面千峰合，雨洗苔鬚萬壑鳴。自有兒孫尊王氣，兼之草木拜神京。小臣僅帶看山眼，寄入烟嵐幾送迎。

贈吕豫石先生尊人孝

少受遺書積陸懷，籃輿自稅自歸來。豈緣明主疎才子，固是慈親戀老萊。眼看五朝香社遠，人高一代緣堂開。翁封載錫雲章美，粟帛偕榮簪組才。

贈吕豫石先生太君節

山服簾登鳳羽瞑，秋蕉夢裹涕方熒。非難死讀從夫傳，尤若生傳教子經。石老菱花凝碧月，霜沾褵結淬青萍。恩綸再世祥逾集，栢賦賡投卷若星。

送銓部李老師請沐還里

帝國花升命介臣，羣歌雪藻數家珍。千班玉筍森周典，萬里龍媒下漢津。僊佩軒留寒曙色，高旌水遠覆春雲。洛中莫愛當年社，司馬於今豈越秦。

德州阻雨兼謝盧德水年丈惠酒

風雨憑凌動素秋,官槐棲鳥亂城頭。啼聲未定寒聲急,一片鄉心酒又收。

途次中秋月以雨不至

平野當秋入,秋光不共居。雨輕山霧重,雲密夜星疎。寒影窺裳薄,清歌落夢虚。楓林相對此,孤緒滿征車。

過中牟喜乾輿諸葛年丈以使郯還里,余亦銜命

蜀藩,千里慰勞,一尊細論,因各出近作一律正之。

牟陽秋色挂城陰,驛路懷書彼此心。萬里蘭芳歸帶種,三川桃錦去投金。論文自必勞尊酒,即樹於焉説好音。别後才名應陡健,相思山水以高深。

偃師公署飲二君子

山館暝喧市,嵋輪挂遠岑。亭虚生夜色,竹静老秋心。不欲俱人意,而能入聖林。一樽呼不寐,鄉夢恐猶侵。

洛陽城東白馬寺

荒塗横古寺,蕭瑟洛城痕。松老西來意,圖翻東度言。貝文空白馬,龍象憎王孫。因悟無生理,虚巖坐隱淪。

過澠池雨

出郭問盟壇,所餘舊是非。雲深看鳥没,葉秃聽林稀。盡野添山色,虚風動客衣。何堪披往事,趙瘦與秦肥。

函谷關

奔岸瀠濤紫氣昏,連山西盡隱關門。峽開萬堞攢旗嶂,水拓千峯墮劍痕。螢草自知秦歲月,仙槎見説漢乾坤。流連且帶斜陽去,驅盡天風叫海鷗。

希夷祠

山放晴螺削翠岑,泉分玉乳挂層陰。峯頭丹詔荒唐老,消受白雲不厭深。

又

先生不是睡鄉身,我亦頻年解瘠人。相向白雲成一笑,滿溪松雨墮秋巾。

青柯砰雨

露花吹雨雨初濃,望入青砰氣欲封。幾片溪烟巢翡翠,數宵寒彰濕芙蓉。傾來太液紛凝掌,歸去深雲偶住松。我亦振衣凌絶頂,是山之下禮俱恭。

暮抵青柯砰，片石據飲，山雨妬之

片石可與語，余亦飲試之。松澗寫醉道，不亂是相知。忽來山雨妬，遂使盃斝離。悵然策雲返，落葉紛如泥。所以米公袖，不令風雨疑。

自青柯砰旋，山雨未霽，策輿以行

嵐氣未分曉，連峯欲盡天。山深霧亦雨，樹杪暴曾泉。屐破雲留石，衣吹風度烟。空濛不可問，聊爾寄桃源。

雨過石峽道，中多秦漢戰蹟，古召公分陝處也

山盡天之色，其餘忽有無。有蛇辭漢地，無樹不周圖。疊嶂陰陽斧，盤雲父子舖。可能遺世網，一問古人乎。

灞陵橋

落日灞陵上，灞陵咽寒渚。橋上雙犀危，没苔橋外雙。

峯暮對語

年年柳色度先春，不見攀條送遠人。惟有王孫芳草路，空餘古今送煙塵。

北邙曲

仙仙北邙道，年年青度水。洛川流不盡，還君萬古耳。

咸陽晚渡

孤城一片晚能煙，背郭深深接渭川。岸草自隨漁火渡，戍樓猶帶鴈聲還。三朝劍履空銅馬，一代歌吹託杜鵑。獨立西風青眼盡，霜鐘催月下遥天。

馬嵬坡

漁陽羯鼓下千墉，盡説巫山禍水濃。馬嵬血盡行雲散，不見君王返六龍。

其二

霓裳舞罷宴華清，金屋何人得識名。無那金錢私狡寇，可關紅粉墮長城。

曉發太極官，過紫栢山，雪霽

忽踏山之頂，朝暾雪不圍。亂豁雲餞水，杳嶂樹生衣。峽轉紛天貌，橋垂卧日暉。危砰排鳥上，秘洞納猿歸。竹路澄幽線，松絲響翠微。仙人山作史，行者我無機。持此一心出，寧令萬古違。

馬道驛蕭何追韓信處

漢未得之馬，求賢若捕亡。誰能當一面，不拜士無雙。蛇死於亭長，猴危以戟郎。當時蕭

何國，追此定興王。

過廣元，聞流賊再劫平陽。時賊去邑不二舍，左右欲以兵衛余，笑卻之

秦川落盡見孤城，烽火驚傳匝地明。幾卷圖書非誨盜，一身迴避豈煩兵。固緣戰伐垂遺老，誰許饑寒向客旌。天子於今尊渤海，可令萑子且公行。

閬中次雙柏亭壁間諸公韻

我旅山之楹，庭夕景孔怪。月下見前人，高吟而不對。坐影分古今，若與諸公隊。懷哉此獨深，孤征莫可再。

秋 林 驛

百折蠶叢護碧流，一林風物予清眸。巖花欲散三春錦，澗樹猶深八月秋。洗我奚囊山帶雨，照人驛路水明樓。此行幾欲圖川勝，獨似江峯割遠愁。

過漢州，盡脱蜀道諸險

捫雲踏雪度層關，盡日峯頭不計攀。探去土昉窺水策，經殘月令數花斑。逼人詩債抛雙眼，縱我秋風聽遠山。蜀道上天今始下，細將吟譜對尊删。

内江余年祖祠於鄉賦此

峽水之名隱，鄉先生是羣。經傳庭有雪，劍去斗無雲。在昔尊龍虎，於今愴獻文。我來瞻祀室，俎豆即遺芬。

其 二

歌鳳人輕云，猶龍近不聞。鴻文垂井路，紫紼走巴雲。泉石能幽氣，宫牆自斗芬。執鞭如太史，只在宴平云。

飲内江王園亭，時有紅白梅，一本二色

春社花飛帝子宫，梅圖一樹兩迎風。自應有色先桃李，可是無心作異同。

過杜工部草堂

浣花溪去草堂空，檻外長鳴萬樹松。應是先生呑野哭，白雲散盡起天風。

舟行平羌，登中嵓寺，觀水月樓、喚魚池

平江曉日浴輕舟，花氣晴尊小殿秋。水月一痕多幻泡，乾坤雙眼獨登樓。呼魚則出非關餌，應馬於今若也浮。好向陀岩尋静理，數聲歌棹又高流。

題喚魚池池有小魚隱石罅中。傳云，以小沙彌吹笙拍板即出，驗之果然。

海苦苦無岸，苦海非苦禪。爲喚勞勞子，掉頭若者還。

舟過眉州竈祀卻懷江南云廿四日爲小年。

暮歲猶爲客，小年亦舉醪。江寒梅不蘂，帆静夜生濤。酌祀荒廚盡，鬼神此際勞。賦闌有所望，山影下霜袍。

元日登敘州府山亭，山名翠屏，雙塔相對

江春望眼與亭開，元日初登試客杯。水勢平浮雙塔下，山形高送二屏來。梅花香借天王國，野鳥風吹帝子臺。幾醉屠蘇澆遠思，可禁社里暮煙催。

泊重慶，訪童愚叟年丈，攜酒泛江，尋登塗山吊禹蹟

城閣層煙列齒𡸇，一尊萬里與君同。波分宿樹歸村幕，帆引新雲到檻中。嶽色幾年餘王氣，江流一日變秋風。登高不獨關閒賞，静理簪巾對曉鐘。

武陵風雨

欲問桃源者，其如風雨何？秦人深不見，惟有落花多。

過夔州，尋八陣圖，觀灩澦石，遂登白帝城，謁昭烈孔明祠，盡覽瞿塘諸險

夔府城開落日中，當年漁浦走吴蒙。清江坐斷千人石，白帝哀生萬壑松。舊恨三分如爝火，高懸二表見孤忠。瞿塘不險人情外，目盡青青天外峯。

汴　京

驅車秋原上，汴水不肯醉。其樹色黝深，與風亂寒位。如有所吟焉，則訴汴宫志。當年艮岳排雲裁，胡兔一來孤鬼出。縶而泣者皆南冠，巫咸莫招蒙塵二。冰天馬角發永嘆，石馬銅駝失其寄。甲帳珠簾歌吹歇，金甸銀濤角聲至。惟有城樓月自歸，夜深不與離宫避。

送金天樞、韓麗陽兩年兄册封周藩

螭庭曙曉去旌紛，我送初秋帶驛雲。花氣一帷兼鶴路，星名二子出雞羣。逢人白雪歌中見，知己青尊眼底分。去矣嵩岑攜袖草，江楓籬菊寄云云。

送襟老王光禄

旌干馳復結天襄，邱樹生疎祖醉堂。可令山幢能卧雪，乃占日史自庖霜。鑾傳姓氏妨談笑，國費羹鹽借鼎鐺。況是公階頻作轂，蒼生應逐仗雲望。

寄懷周中馭年兄

燕歌雪月到庭深，佐酒雄談夜不禁。介杖山川多楮葉，眉圖冰玉幾榆林。總于南國人求古，纔對西風憶至今。憑寄雙函猶囑訊，清時不愧有名簪。

寄懷丁墨巖年兄

雨際疏桐傍小籬，伊人江上予尤思。官情共喜通風俗，花譜何當問歲時。萬樹雲酣魚米

國，一簾雪沁鳳簪池。南盟好爲持函去，且視楓庭草正麗。

送胡完一之任隴州

燕嵐自曉上新晴，五馬傳旌去去程。草帶紆隨漳水濶，鴈羣孤語隴雲平。揮尊已謝長安米，退食時添記室籤。君去我留寧默默，餘煙滯柳亦關情。

奉命護何相公旋里

鳳泥香信度中台，南國沙堤從者來。松水有人能拂塵，菲葑如我亦登臺。持竿七里藏星斗，愛屐三山賦草萊。天下安危公莫卧，徵輪又與紫霞開。

重九舟行因次宋年丈不至

平原結爽動高旌，覽候初分煙敘清。水樹依舟行處可，鴈雲分影去何争。笑窮籬菊村村酒，細問蘆汀岸岸程。别意遠天情不減，因君重與念秋聲。

曉過德州，適盧紫芝年丈閉關謝客，詩以訊之

曉入葭楓積露濛，伊人遥映水雲潨。名光欲謝非逃隱，元字惟勤不尚通。坐老蒲團何處覺，幽同鶴骨可曾空。閒心我亦同秋水，醉看黄花送晚風。

寄懷陳金銘都諫。時金銘以晉封旋里。予適以使舟夜過，趨晤未及，悵然賦寄

并門秋盡洗秋顔，朝帶陽和省客還。珥筆定攜新繪草，負萱重舞舊衣斑。天臨象緯元窺斗，閣貯靈荃蹔跌關。别去霜楓誰易度，不堪落雁默沙班。

將至金陵，同陳子限韻，得梅花

霜路寒鳴一葉南，客心常自問虚嵐。影隨江國情偏遠，話入梅花夢亦甘。拚我冰懷誰共白，媚人山意故生藍。孤舟正逐金陵去，看種溪山自在曇。

吕豫石先生太孺人夢月祠

翠華杳忽虬芙蓉，洗衣歸寧舊屏櫳。元珠奕奕來庭中，天地陰隲嗣巨公。異人三日文章宗，脩齡纔四背慈容。凡失淚迸以沖沖，少膺元簡褒章隆。思之不見搆遺宫，渭陽松菊荒且蓬。亢爽落成丹漆工，月嵓繚曲盤層峯。緑堂雖艷莫與同，孝思不匱藩斯螽。千年集祉尊孝忠，婆娑玉侵冰壺風。

嚶生社草

褚德培

孟夏五日恭祀，上賜百官麥餅，和梁眉居年兄韻

花垣麥雨沃彤墀，香散螺甲賜玉炊。黄栗候留金是屑，銀泥蒸裂字爲師。恩非但露歌能

湛，飲欲如冰矢不遺。此日鹽梅席上客，可將萋莑奏鳴岐。

舟寄張澹居司理

霜擁紅林助墅瀾，有懷猶及奏魚械。湯封兩地伊人樹，花府羣歌我里蘭。近斗文章從帝綱，茹霜廉法式賢冠。冰舟不盡楓江思，一路風期上客觀。

送冒嵩少年丈使浙

雪簇冰絲綴錦韉，情深于别固茫然。難傳孤緒惟心口，欲問郵書誰後先。潮水貯胸吞皎月，奇峯入筆寫江煙。曠悰恰共孤山月，片雀翛翛叫欲圓。

清明雨

涼雲齋雨散春茵，帶濕霏微助野匀。花欲窺人紛在欄，煙如藏幙艶于晨。遊情幾試貧先懶，吟緒孤期静後新。坐擁爐香消令節，虚檐疏影淡相親。

送吕巖若年兄桐封衡藩

人間六月峨眉雪，天峯半夜海嶠日。不應置此大塊心眼中，六鰲有待我而七。寸鱗尺霧彌八極，鞭風叱霆無不宜。但恐失身凡馬羣，渥洼一朝没權奇。吁嗟呼，蜀道之難噫！古人馭叱來者誰？忠臣擊檝攬轡心刺促，去日苦多寄醽醁。一圭桐葉下螭庭，玉節爗爗香光擁。紛傳蜃窟走長蜺，坐中辟咡色如鐵。吕郎拂劍髮騰指，赤飈怒吼緝騄駬。星槎域絶何人歟，郊多壘亦士之恥。壯君行，酌君酒，右持鳳泥卮左手。我家東海傍雲門，九嶷九僊豈仲昆。日觀朝朝鵾鷄鳴，巫峽夜啼元猿宅。巴人争識漢相如，三山且勒磨崖石。

送屠愚仙寅丈册陜

鷺路新鳴上苑芳，送君榴眼醮蒲黄。依依仙夢騫星渚，裊裊紅雲散玉潢。五月梅花香入隴，千門楊柳韻生羌。陽關西縱多蘭茝，也應經年愛此觴。

瓶花曉浴

選花晴浴曉煙仍，花意霏霏艶自矜。露粉笑依金是屋，晶魂嬌敵玉爲冰。似嫌蝶蘂鶒香國，若向烏几託錦層。分付司芳花信吏，莫將沙雨妬深燈。

午　憇

濃陰寫影貯亭虚，午憇渾忘暑病餘。情以性空緣澹澹，官從事簡意徐徐。香深石氣浮階静，風遠松鐺落想疏。孤對遥遥成坐隱，清冰不訝水雲居。

暑歌晚飲

暑赤痕山夕照收，枸盤對影醉東疇。窺雲送柳惟巢月，報雨聽松半貯樓。百尺海湖賓漢出，萬竿星火相村流。瘦肥爲問年來轍，匡竹能驅司馬愁。

四月八日，借黄簪伯、梁眉居、胡山公諸年丈集飲高梁橋，分韻得柳字，是日浴佛

燕沙亂捲撲花藪，曉色輕籠矜艷走。曠矚誰標景最賒，瀰漪曲鬭郊西瀏。病餘慣不恣嬉遊，官冷賸有躭奇友。采采浮英澹野天，陰陰拂翠鳴堤柳。離魂捹到國爲香，錦幌聊隨雲作狗。狹路流蘇隔額黄，旃林横棟連虹黝。争傳佛晨浴方八，不教飛光過初九。望入朱門綺繡鋪，聽來上界風旛吼。樅金撾鼓聲相逐，束錦量珠笑爲陡。侯家萬障簇輕茵，小隊千行角點阜。緑橋蔭映水生光，畫閣迷離花覆酒。冶女競粧弄纖指，健兒調槊誇身手。是煙是霧紛而塵，僊耶吏耶都不偶。但令東皇長自縣，會碾西山平如嵴。遊從好句倩遥峯，醉呼椀茗卧北牖。父老告予廿載時，堤橋盛應天上有。賜酺休沐水關栱，棄脂墮粉流澌垢。村翁捹取顔酡頻，街童解數賢臣某。將軍鞚馬是胡兒，卿相垂魚能皓首。轉看墜鳶不復昔，那堪鬭鼠紛相剖。薰風解不醒遊絲，白日酌難留大斗。今夕何夕尚昔朝，可升可眺公間否？

觀　海　篇

褚德墉

東省荒亡苦累，數上書大中丞崑崗夏公祖，深感其虚懷嘉納，禮遇優渥

鴻鴈哀鳴海岱區，使臣望漢啟天樞。衰齊策慟賈生淚，弱魯圖悲鄭俠書。訪落風高光霽月，懷虚榻下量庭湖。遇隆國士乏瓊報，説項逢人動帝居。

北上過兖，晤大中丞夏崑崗公祖時以勦撫將竣，屯此避暑。

休兵泗滸陣雲屯，露布風清噓紫宸。六月興歌驅小醜，萬邦爲憲仰元臣。龍門棨戟軍威壯。虎帳開樽夜月淪。熠熠鴻勳誰嗣響，世徽圖畫在麒麟。

擬晤勦院張完真公祖、陳安寇機宜，因伏枕未面，賦此

萑苻六月笑譚收，虎帳風侵叔子裘。按劍已驚明月耀，扶笻仍藉緇衣休。祕書欲諫籌時策，邸閣日憔爲國憂。排闥舞陽今已矣，鴻門空望悵三秋。

闕里謁分廵兖東李徵一公祖

琅邪繡斧耀洙臺，仰控嶧殘十可哀。壑朽啼鴻驚鬼火，村墟徵吏擾門椳。西江已譽元和使，青郡咸推濟變才，寒谷陽和隨律轉，滄浪橋畔頌三臺。

掛　冠　草

褚德墉

步周匪莪社長旋里來韻

黯然一賦幾愴神，榆社燕山數載真。去國丹心惟望日，采苓血淚有誰親。送君先舉冥鴻

翼，嗟我尚遲老馬身。此後尋盟嵩嶽曉，白雲深處許披襟。

送兖郡守繡翁傅公祖榮任

驛路霞光藻泗流，電轟二十七諸侯。欲陳氶水嗚咽慘，跂望蘇天甘雨優。帝謂股肱勞化理，人賡風月喜平收。魯邦夙有杜公賦，日麗南樓與並休。

宋允麟社長《樹背草》成帙，内有惟優用老及憂論各四篇賜教，因步袁浙嵐韻成詠

問君何事苦多憂，無限哀鳴樹背收。小弁借題君子憤，大才須慰聖主留。龍津飛躍光聯斗，鳳藻輝翔色煥牛。若獻楓宸銘座右，應方無逸襲前休。

古柏賦

磊砢干霄柏，千載茂風霜。氣茹坤貞秀，精啄乾健剛。偃葢兮蟠二儀，菲薇兮拂三光。柯類青銅兮，挐雲擢霧；葉浮碧漢兮，棲鳳鳴凰。煙繞兮陰籠，集鶴而搏翠；風颸兮影舞，游龍而耀鋩。黛色森羅兮欝欝，危稍菱葑兮蒼蒼。嗟賞鑑于工垂兮，爲梁爲棟；搆明堂以朝萬國兮，俾熾俾昌。爾乃料喬槠爽，樾蔭升長。乳杶櫨而懷楔椶，携桂椒而俯栘楊。大谷聲協，罏峯律倡。驚盤紆于四十圍兮，重重車葢；仰霄崿于二千尺兮，節節龍翔。蜿蟬武侯之廟，婆娑岱麓之陽。若夫選勝騷人，或乘涼而醉月；鳴琴仙吏，或流澤而賡棠。漁父或竿垂于蔭幄，山僧或禪定于雲房。繡衣豸冠之紳，集烏標署；敲金戛玉之俊，近體鼓簧。是故茂骫杳藹，則元陽晝晦；輪糾枳鉤，則白露珠瀼。旭光揚輝兮似喜，霪雨横溜兮若傷。風敲側葉之月影兮，金階篩玉；雪壓雲巔之翠柯兮，桂殿捧璋。剛態毅狀兮美無度，勁質蒼顔兮壽未央。非所云衛媛賡汎舟之節，蒙莊羡正氣之良者哉！豈若玉露茜紅楓而易貌，金井飄梧葉而改芳。黄槐夢牽于廣陵，秋光一瞬；緑柳淚泫于征轡，春色靡常。以至西郭浮白之檎，東家金穴之桑。南山以喬梓垂訓，北堂以靈椿著祥。雖皆葱葱欝欝，體聳勢昂，但揆諸霜姿香骨、頌萬年而不朽者，何啻衆草之於蘭芳。況乎葉醫陽火，材修月房。實薦神人以俱馨。皮含霜雪而扶陽。天保颺頌以忠顯，新甫作廟而孝彰。翠芬漢武之臺，呼吸帝座；芳挹商人之社，吞吐霞漿。雲騰五色，貝闕紫宫聯日月；樹映三珠，璽書鴻寶睟陰陽。虬柯羅玉兔于若木，鳳葉喚金烏于扶桑。誠哉，龍虎之姿勁，風雲之會光也。嗚呼，祖龍炎熾，西郊廟亡。湮抑幽谷，夷霏退荒。調調邑邑，慄慄涼涼。根叢荆棘，枝葉萎黄。雹火灼其脂液，颸風摧其霞妝。下則豺狼晝横，上則鴟鴞夜狂。瘣木菸邑，苻婁傴尫。鳥剥蟲穿，心枯皮瘡。猶且榆販碎子和膏，術士斫柯禳祥。牧人折近蔓而傞舞，樵担伐勁楚于遠揚。風雨悽其帶憤，石泉咽而鳴愴。豈天命之偶值，抑人事之靡常。玉花老人聞而嘆曰：崢嶸殷社，祥發明王。何堪蕭槭，槎枒道旁。樹猶如此，人則感傷。

菊花賦

余性喜菊，辛卯秋，市數本植亭砌。每於退食之暇，或對客促膝，或臨風展卷，或啣盃獨酌，或揮筆遣興，不暫離焉。因思茂叔有愛蓮之説，廣平有喜梅之頌。媿余樗櫟材，何敢(忘)〔妄〕擬古人。然亦不可默默，令黄花笑人俗也。故傚顰而勉爲之賦。

購燕市之奇葩兮，茜泠宦之金井。曙蕭蕭之振條兮，悲淡淡之卉影。睠兹菭藹兮，烘白雲

其湛靚。磚無影而亦馨兮，階有雀而漸瘖。維時蓐收作威，封姨掃緅，雲碧葉紅，鷹擊貙劉。山河悽其變色，草木黯然飲愁。爾乃苞香吐緑，落落磊磊。炯若蜀錦之絢庭，爛若隋珠之映甕。剉噫氣而質愈堅，揉青女而姿不改。可謂邀天時之毅性，備物理之辜傾者矣。是故渺牡丹兮不爲富貴移；薄海棠兮擬結蘭臭知。厭梨花之多愁兮，舞金風而委蛇；笑楊柳之輕狂兮，舍玉露而不劖。歎梅兮苦瘦，芍藥兮傷麗。望桃李之妖嬈兮，又纖穠猥俗之可噫。豈若衎我庭芳，允臧而壽，穠淡咸宜，雅俗欣覩。色則紅白紫黄，賞則風雨夜晝。解杖頭之青蚨，酹市帘之醇酎。縱匪至餽於東籬，聊賡杜韻於座右。宛然似婆娑乎臨春，恍然如陶情乎鈞奏。洵秋芳之可珍，又何羨乎春華之近陋哉！

若夫飲酈泉以貞壽，或飡落英以摛騷。或盈袖而裛露，或愈瘋而焚膏。或玩吟而抽金莖紫葉之句，或穎苕而來煙抹雨沐之褒。其殆劉譜之未足以繪其盛，而金玉錢之咏歎形容，不能爲之樹其旄也。誠使銜上苑，藻金谷，凭朱欄，韡鳳牘。振琳瑯以披霞，嵌珊瑚其若縠。嬪嬙試粧而金鈿小，婀娜含笑而玉房霂。元圃奏金石之聲，龍門炫錦袍之郁。何其休哉！

至於海旭升而鵶鵲噪，夕陽下而煙霞盈。粉蜨栩栩以逗彩，羣蜂薨薨以嗎迎。丰標與水月松風而比韻，俊姿偕仙露明珠而共清。

爾其化白鶴以覺瞶，蜚元霜而長鳴。予亦酣五斗而如醉，歌三徑以解醒也。於戲，異哉！物之常情，青帝司令萬彙幖掞。而(傳)〔傅〕延年者，獨乘肅殺而抗艷。及其鏖戰風霜，顔悴神襜，百折而質不砭。以此知芳晚益壯，時窮愈堅。皓皓乎蓮之不染，亭亭乎松柏不彫於歲寒之天耶！前賢品以隱逸，予尚疑其有憾，而未暢厥妍矣。嗚呼，爾特一物，礪志冰霜，猶不隨時芟剃。念兹梯榮附炎而屈，摇尾下風，浩氣銷鬱，罔羞妻妾之悲，爾應鄙之而心艴。

石潭賦

石潭兮山之陽，龜伏兮水中央。盤踞怪狀兮烟虹合體，趺坐數人兮天宇爲房。山列屏兮虎躍，水環帶兮龍驤。左建陵之蜿蜒，右長阜之蒼茫；西湖連雲於襟帶，南山吐秀於霞纕。緑野刺繡，紅原倩裝。鶯聲獻媚以求友，燕翼啣泥而集隍。風清兮吹帽，雲甕兮沾裳。覽勝委蛇兮，怡怡桑苧；携筇笑語兮，嬉嬉高陽。雖乏五斗而倚馬，庶幾八吟以盈囊。於是，酌金罍，滌兕觥，呼盧喝雉，持螯烹魴。或拂石而雲起，或弄花而袂香。或酩吞七椀而解頤，或飲傾一石而興昂。或奪爵横飛，或嗔口辭觴。既僛僛而醉呶，抑栩栩而憂忘。

爾乃日烘莎茵，鸝奏野簧。採金芝於山岫，垂玉綸於河防。勝事摹古兮，倣蘭亭之修禊；乘時行樂兮，傾東坡之斗漿。至於石徑無塵，松花吐秀。牧唱亭驂於臨水，翠挹賞心於荆揚。以及石門之登，華山之傷。山谷紅白踏詠，曾點風浴逞狂。許渾好遊而情勝，太傅携妓而韻長。此皆極勝遊之選、而爲今日興懷不忘者也。猗歟休哉！

若夫羨鶴齡於赤松，嗟蜉羽於黄梁。古今兮旦暮，人世兮滄桑。是以太白宴桃李於春夜，伯倫提壺榼於醉鄉。草頭泣露，秋華隕霜。臨風亭而鶴唳，對月峽而猨惶。今者不樂，逝者其亡。

俄而雲落樵担，月升石塘。山淡淡兮色歛，水沉沉兮聲揚。燕雀倦飛兮而知止，牛羊下括兮而成行。嘉萬物之偕時，樂吾生以徜徉。覺餘興之未盡，猶歸詠而徬徨。

自適篇 四言古

湫隘斗室，甍壁傾顛。階餘草色，徑饒苔鮮。古畫一幅，新刻數編。明牕净几，竹韻琴絃。

榻前書香,罏内茶烟。晝長敲棋,客來對譚。清風入户,飛雲自天。花芬襲座,霞氣撲氈。魚鳥作侶,義命爲田。謝絶人事,割斷塵緣。黄薺淡飯,勝彼綺筵。獨寐寤語,三竿猶眠。科頭散步,瞑目參元。酒常樽滿,吟不拘篇。忘情名利,卧遊山川。囊空灶冷,視爲常然。馬牛任呼,怨尤罔牽。衣不厭惡,器不擇妍。坐無俗客,過無肥韃。風月情性,城市林泉。且以永日,且以忘年。

祝慶篇贈邑侯四言古

夷山碧簡註函關,十二玉樓第一班。爲註圖籙度仙顔,紫氣青牛誰可攀。青牛紫氣凰山藻,花色燦爛即蓬島。歲星不見已多年,梅月誕降金門老。此老瑶池會有時,皎如玉樹美仙姿。尋芳或携黄鸝酒,步月或抽白雲詞。斗酒百篇人所羨,潁川錦繡吴門練。漢文暫屈賈長沙,琴音遠播凌霄殿。殿中擬錫五雲章,恰值金母捧玉漿。雲擁歡聲霏雨露,鳥迎喜氣弄笙簧。雲鳥欣欣幖不朽,詩賡南山又北斗。月下披綃銜錦雯,橋頭獻賦雷驚吼。月下橋頭别樣春,玳瑁筵前酒逡巡。金鑣玉軑靷青鳥,珠曷霞裾佩玉麟。玉麟寵錫占天祐,青鳥啣書韻鸚鵡。八瑯一彈滿座春,霓裳曲奏烟霞吐。冰桃雪藕籠紫雲,璚蘇琬液茜紅曛。庭鶴欣迎金母駕,樑燕傚舞石榴裙。君不見,漢世循良美無度,黄閣聯登霖雨布。又不見,王子舄飛數朝天,瓊宫瑶舘奔月兔。崧嶽穹窿撑斗隈,鶴笙嘹繞五雲開。三樹七棵十洲駕,清波萬頃沃春臺。春臺已度顛連狀,籠開猶將雪衣放。金輪王出知是誰,林下窺牖獨君讓。

送鞏昌李郡丞

策馬佐金城,西郵歌膽驚。斗山符顒望,風月喜分榮。五鎮春烘麗,三關日照明。送君無限慨,何以贈雲旌。

遊子結社閶門

去舸逐桃浪,忽驚桃又芳。青藻縈遠棹,白醴解高堂。春到姑蘇麗,雨過氶水傷。莫戀南國錦,須憶故園篢。

遊子遭驚兼惜《閶門草》

余閶門大社草成帙,工部男復南遊,携付剞劂。北還,湖颶覆舟,版稿歸裝盡置吼沫。主僕僅以救免,因感歎咏此。

如雲標繡虎,寤寐社姑蘇。穎秃萬言草,帙翻千浪鳧。囊空窮賦著,老到夢花無。遊子重生幸,青箱且漫圖。

房海客遷左司寇七言律

荆芒肇闢重祥刑,朝鶴歡騰咏景星。庖寺夙烘冬日戴,憲曹今釋夏霜形。捌成捌議維王道,三宥三風著法經。明允從來誰嗣響,於昭廷尉漢流馨。

江濟之任雲川總戎

耀目劍鋩淬海樓,北城風鶴已驚秋。燕雲此日騰龍友,細柳當年標虎頭。策定一方惟捫虱,動將萬里擬封侯。雲中安堵猶依舊,好向民謡望内籌。

夏日憶釗子從王駕西征

歌興六月靖河東，痾子何堪御小戎。已怖雲封阻碧鴈，但睎露布頌彤弓。雷霆震悚王猷壯，風鶴驚聞淝水朦。軍務紛紜籌汗雨，東山何日賦濛濛。

擢刑曹謝恩歸署

聖德巍巍禮教陶，漫云弼化需百曹。白雲樓聳陽和近，貫索星沉皓月高。法經有六已開網，罪宥惟三豈致撓。螳螂懼切拜恩日，肯負當年淑問豪。

贈督學張黄岳

聖朝雨化饒雲龍，波湛洙源淬大東。金玉聲聞丹陛耀，芝蘭香挹紫陽雄。道振八代光唐運，鳳曳五花薑岱宗。何幸程門飛雪蚤，東山桃李綻春風。

初夏致仕

皇恩浩浩惜鵷鴒，慷慨陳情揄影冥。幸有磽田堪脱粟，雖非麟嗣可傳經。梅花歲晚詩爲侣，芳草春來鳥韻馨。但願年豐多黍稌，三休亭畔老漁舲。

餞戴型遠督學

八月草青九月黄，文龍欣馭錦雯香。白雲樓上壎篪奏，渤海城邊雨化翔。莪艷芬芳慓杏彩，江波鬱秀潋洙光。市臣自愧無鹽陋，唐突西施擬餞章。

春雨駕幸南海子

春霄玉輅駕河濆，旟旐拂天和氣氲。風擁六龍雲外見，雷轟萬騎雨中聞。山山獻翠迎宸幄，樹樹含烟護輦雲。不是彩橋天上架，甘霖寧得洒耕耘。

送大中丞耿青藜公祖榮任

艱巨海邦難借籌，軍中韓范喜鳴騶。一束霓憾舊霖雨，八座雷轟新斗牛。驛路飛花芬戟影，轅門獻頌愧瑶酬。調元久繫蒼生望，擬續凌烟光漢侯。

蘆溝橋晤太史吕蒼忱

廣陽夙譽謫仙人，道左班荆共問津。君駕南天星漢近，余槎東海蜃雲新。蘆溝旭氣烘龍仗，驛路霞芬繞翰臣。滿擬歸囊明月耀，光騰鶯柳萬年春。

少司空劉瀛洲奉欽命祀闕里過謁

杏壇薑艷五雲籠，此地登龍斗望融。鳳曳青霞光碧漢，人占紫氣藻皇風。文明磅礴含元會，曠典輝煌聳秦崧。燕雀何知隆德報，羣傍宫墻喜韻翀。

同社畢四世榮陞濟南守道

祥氛葱鬱太行巔，繡斧參籓光趵源。弼教闢天襄帝運，康功翊世借名賢。兩朝戎馬翻寒谷,六郡山河望律仙。聞道羊頭開粒澤,野人待哺樂餘年。

楚友熊文若試春闈

翹首文星麗楚舷,春風吹動上林妍。驪龍幾載含珠媚,元豹於今起霧眠。藝苑金聲驚墜斗,蓬瀛鶴舞駕飛仙。彤庭預設金蓮炬,光耀凌霄間月娟。

王平子恤楚刑

曦日高擎渤海東,楚天萬里撤幽蒙。磨崖每憶良臣藻,梁父猶存亞聖風。月湧亭前東井麗,鳳棲山下夜烏空。漢朝石憲今誰仰,抗敕依依廷尉公。

出　都

行行不欲馬啼忙,爲出都門無限愴。鳳闕十年親鷺彩,鴻冥一夕遠龍光。長安日近花争艶,草野恩叨飯不忘。幾度拜颺思悵惘,君門咫尺已茫茫。

其　二

白雲樓下奔虹陽,回首搔然倍感傷。愧我駑駘非赤汗,啣君駕馭沐青陽。天閑雲錦羣依舊,月駟霜蹄氣正昂。幾載不鳴隨仗馬,迄今猶憶玉爐香。

山　居

梧葉蕭踈日影涼,迷天風雨黯滄浪。漫言方外無司馬,卻笑雲間有草堂。午夜鴞鳴驚蝶夢,花陰犬吠亂詩腸。披裘把釣尋常事,千載令人仰漢光。

許由泉步吴振凫父母韻

擬渡桃源迷棹舷,漁郎搔首向鳴泉。光流鳳麓千山月,利濟漕艫萬里川。吐玉有花黄鳥喚,拋珠無線紫霞穿。清風鼓動泉聲韻,欲滌濁塵億萬年。

哭母因憶亡荆潘氏

捧檄原圖紫誥封,豈期兩悮恨無窮。二年署冷雲常白,五月訃聞血已紅。腸斷誰聯身上綫,淚揮空憶掌中熊。人生最苦蓼莪痛,杳杳慈顔何處逢。

其　二

卧簀誰承菽水歡,細君色養古爲難。乳餐惟恐雞鳴晚,麥哭常愁日影寒。豫底萱闈稱孝婦,懷舒金馬展忠肝。可憐嘔血身隨殞,隱德何人付史官。

又憶歷年喪荆之苦

陰風幾度掃蘭房,更痛糟糠爲母亡。炊回夢中悲舉案,斷絃聲裡嘆鳴凰。弱齡初遘頻啼血,歷歲回思總斷腸。暫作鰥夫酬義報,徬徨庭掖慘參商。

八 幻 詩

魚骨鶴

無色空中飛躍妍，現形應物任機緣。未聞命乞盧生枕，猶憶詩題神記編。鯘鯁不將祠碧海，縞衣偏愛玩青田。人間幻化總無定，鶴躍魚飛玄又玄。

蟹箝鷄

沙中郭索浴沙摟，色相隨人事矯揉。莫詫門懸秦鬼走，誰憐牕語宋宗休。擎筐擬向桃都日，解甲虞翔絳幘樓。不是横行名有素，敢薾金骹渡江頭。

黄瓜鸚鵡

未及瓜期緱圃春，靈禽忽見隴西雲。崑崙佳種誰爲甸，玉板傳呼痛有因。姹獻渾如西域貢，帛酬不減雪衣珍。曾聞魚變真非假，慧烏妍裝假亦真。

雞骨鴛鴦

雞肋雕鏤奪化工，風流繡采更無同。祇知鐵距摧戎壘，誰識金瓦戲水漭。赤舌無香吹桂海，白頭戢翼慮箕風。傷心剔自從前事，多少合歡受網籠。

茄牛

伴奐桃林釋駕恞，落蘇點綴幾回旰。夏畦未見喘吴月，秦箸曾籌開蜀衢。不貢玉樹調鼎鼐，希驅金輅耀鋙鋙。丈人忘識東園舊，也道南山扣角呼。

繭虎

黄白未抽銜錦籯，扶桑日麗嘯風生。繭絲莫問晉陽障，虓虎曾揚周旅勍。十畝桑閑人意巧，八蚕殼繒獸心驚。新絲二月肉剜早，投杼愁吟猛虎行。

胡桃獅子

嘘嘘出窟顯華陽，不借東風造化妝。甘脆餙成崑(壁)〔璧〕動，柔瓠綴出虎蹄忙。安西靈慧心中印，天竺雄威掌上藏。佳種非關文化遠，使星焉得獲獅王。

蟬退猢孫

方憶鳴榆動素秋，攝山倏爾扮倡優。欣瞻羽化霜衣葉，豈意塵迷冠沐猴。齊女聲湮元竄守，漢官珥兆玉環投。聞琴莫訝中郎返，楚國亡猿有隱憂。

蟋 蟀 集

褚德壎

思 歸

楓落蕭蕭暮雨吹，楚天鴈唳斷腸時。故園夢到三更月，醒後猶吟五柳詞。

擬假歸未果

欲賦歸來苦路岐，池蛙冷落幾鳴戲。或嘲鷄肋情難割，邸淚猶痕蓴菜詩。

楚 遊 草

褚光剑

思 親

大椿勞北望，小草愧南遊。扇枕何能遂，驅蚊漫寄憂。昏晨疎定省，歲月故淹留。滿目江烟暗,緘書倩若投。

宦楚懷家大人

蝸角微名滯水湄,經年徒切故園思。曾參雪阻歸心急,萊子衣成晝錦遲。十二時中腸百轉,三千里外夢難期。訓言勗勉忠君事,愧我先將孝節虧。

遣僕歸省家大人

戒僕東歸代省安,家書片紙話千端。舊愁聊向目前解,新事仍從眉上攢。黼扆一人真是聖,榷關今日倍稱難。祗緣禄養圖酬報,反闕高堂菽水歡。

送子懋澍歸里

鍾情遠送到陽關,穉子堪憐獨往還。驛路加飱宜自愛,乘舟勉學勿遊閒。掛帆此際東西别,回首家鄉南北間。萬水千山增感慨,平安早報慰親顔。

東昌志

問天何事苦東氓,寇未芟除水復行。徧地田禾魚作餌,萬家烟火蜃爲城。樹中積雪湖光遠,月下攢星漁火明。蒿目重興瓠子嘆,愧無長策濟蒼生。

一路苦病快入鄉關

苦吟一路未安牀,且喜經行是故鄉。望眼欲穿歌陟岵,歸心暫愜賦維桑。清風堪共麴生語,明月應看綵袖狂。何事枚君誇七發,山雲片片慰詩腸。

袁籜菴熊文若訂盟

世上相交幾斷金,初濃終淡少真心。鷄壇誓約春花美,牛耳參商秋草岑。榮辱相關同意氣,是非不避共升沉。能期古道契如此,莫負燈花結好音。

四幸山人集

褚懋濬

葡萄行代祝伯父鼎卿

御史臺前有古柏,亭亭鐵幹青天拍。盤根參差長兒孫,如今小柏復千尺。憶昔連鑣醉南宫,大官馳賜餅綾紅。御史肅清輦轂下,我亦追隨青瑣中。君時見我稱父執,儼然張拱向我揖。翩翩裘馬少年傷,倏忽君今年六十。君家兄弟連翩早,挾策謁帝長安道。前年上書不見收,歸來結廬青山老。羡君著書藥滿欄,羡君行誼世所難。門内肅雍鄉曲化,今之元方古幼安。逢此六十初度日,更起上壽諸弟姪。團團葡萄百歲圖,㲀山楊子好作筆。□史昔巡賀蘭荼,帶得葡萄入漢家。致令楊子潑墨時,顆顆葡萄綴丹砂。葡萄卻掛君堂上,臺下古柏遥相望。對此如逢御史初,此中用意識宗匠。祝君兼望繼屈軼,不獨夜光琥珀溢。小柏茁芽列柏成,好與古柏争崒嵂。從此多買吴綾白,再請㲀山虎頭客。葡萄一掃一千張,一年一張歌古柏。

蓮花行代祝邑侯周公

嵯峨匡盧中天起，瀑布前匯濂溪水。濂溪夫子愛蓮花，坐對蓮花擬君子。吾師本自西江來，家世蓮花還自栽。幾年書成太極圖，氣與匡盧争崔巍。我聞翼軫衡廬之間降偉人，於今又見茂叔身。十年踏花長安道，三載河陽花樹春。樞也向逢含沙忌，兄弟耽耽遭虎視。吾師出手雲霄間，遂使投杼平反易。雕蟲小技國士知，時時延見課文字。譬彼負車太行巔，孫陽一顧聲價異。後先兄弟列門庭，籠中小草藥物備。吾師乎，吾師乎，生我復成之。有時更念負郭貧，朝夕無忘饘與糜。我欲擬此德於廬山之高高無極，漢水東流無盡時。今來拜師初度辰，六月蓮花花氣匀。此花花自濂溪花，折作壽籌酒逡巡。蓮花一溪數百本，一年一本酒籌新。更借太華峯頂蓮，開成十丈藕如船。香引薰風鳴琴前，永爲吾師歌大年。

江上懷家仲消息

章華消息可同遊，江上離羣動百憂。失路何堪人北望，無情不奈水東流。天涯誰下陳蕃榻，海内空懷范叔裘。何日布帆湘水下，與君醉殺秣陵秋。

秋望懷家仲消息

徘徊隴首步珊珊，霜老楓林木葉單。無那征鴻雲外别，可堪孤鶩雨中寒。少陵秋賦愁難破，阮籍途窮哭未乾。極目章華何處是，長天遥浦共迷漫。

贈邑侯仲公

喜雨亭成忽有年，滄浪一曲改廉泉。使君績在三科上，父老身遊五鳳前。平反不求金矢例，舞文先摘社狐權。他時山叟追隨後，莫厭慇懃選一錢。

錫功遺草

褚懋浚

麥浪

春風春雨最多情，萬頃洪波陌上生。榆莢飄飄萍葉小，蛛絲蕩漾浪紋輕。野鷗喜見瀠洄意，驅犢疑聞欸乃聲。最喜馮夷來擊鼓，緑波無際聽蛙鳴。

歷下亭寄友人

撮土何妨且當山，況兼流水出林間。欲將苦海翻成樂，放下忙心便是閒。雪竹幾竿留我醉，烟嵐一片待君删。休休寂寞梅花帳，春滿江南客未還。

君山遺草

褚懋源

近作書似廣及大弟

落日閉深院，齋心事事幽。雪梧縈徑色，烟柳帶渠流。隱几春星擁，焚香暗霧留。窺人來野鶴，對爾肅清修。

其　二

結廬非異境，地僻少將迎。竹嶼含雲影，松窻落雨聲。片峯當户出，衆鳥隔林鳴。宴坐幾無念，誰知絶世情。

其　三

樓居非有好，高枕自人閒。夜色樽前月，春陰檻外山。日隨歸鳥盡，心與片雲閒。未遣浮名累，虚稱善閉關。

其　四

空林銷永日，不暑亦無喧。種藥時窺圃，攤書每閉門。雨痕侵柱礎，苔色上松根。此意應誰識，惟偕静者論。

東山詩草

褚廷樞

壬午科，叨蒙首薦，以三場訛字，旋被黜落。然知己之恩何可忘也，賦此謝之

一困青衫何日起，每遇秋風懷落紙。幾回上書不見收，奮翮天衢心未死。昨歲棘圍復一戰，五色初逢高明薦。直欲吹噓送上天，且爲吾邑開生面。暗裏勒紅偏到余，遂如缺月悲團扇。缺月不圓奈若何，由來吾輩坎壈多。吾師執卷空咨嗟，獨惜千金一字訛。一字之訛竟莫補，旋棄青雲置泥土。泥土青雲亦偶爾，好把功名付流水。丈夫有淚不能揮，爲斯涕泣感知己。

爲館陶陳老師作公諱冕，字宜章。丁丑進士，薦元房師，江西人。

劉蕡雖下第，彷彿徙天池。豈有連城璧，叨蒙國士知。驥騰伯樂價，土洗劍光奇。青眼邀真賞，白鷗收主司。魯魚還自悞，三場訛字，被黜外簾。神鬼亦何爲。辨命須由我，書空卻怨誰。升沉原定數，淪落可無悲。千里揚帆好，啣恩一拜師。

謁王主司

日下皇都近，雲間見落暉。兹來瞻鳳閣，未敢説雄飛。白石懷丹禁，青衫叩紫微。圖書今

在此，東壁惹香歸。

謁滿主司

十年國士遇，千里拜京師。白璧投無益，素心報所知。未成鵩鳥賦，徒羨鳳凰池。似有青雲路，圖南未可期。

筆花齋續集小引

褚德壎

前賢筆花生夢，後世豔之。小齋初無是題也，潮友鼎符俞君肄業於斯，爰大書粘壁。予訝其故，俞君曰："凡事與古異，而必附會以衒同者俗；凡事與古同，而必詭悖以立異者矯。昔東坡以喜雨亭且引周公叔孫往懿以示不忘。予負笈闤門，往亦偶有是夢。雖文思亦有愧古人，然而夢境刺刺於心。是用書以誌之，子何詫焉！"予曰："唯唯。"時偕俞君練管城甲士，其於八股藝、古文詞、詩歌雜詠，又以不逮俞君爲愧，更何敢妄擬古人盛事耶？但所撰述唱和，實朝斯夕斯，積久而成帙。因乞俞君額之。俞君怡然曰："筆花齋語，出自筆花人。既爲筆花齋人，又何必拘筆花夢也。"遂題曰《筆花齋集》。是集也，彙自天啟，火於鼎革，能禁愴心乎？然則今非其時，地非其居，人非其友，業非其文，而仍以續集名編者何？亦曰聊以誌不忘云爾。

順治庚寅孟秋望後，蘭陵褚德壎凝禧甫自叙。

問蜀草合梓紀事

褚文敦

甲申三月，詩草合梓之議成。敦與姪成珺協謀讐校善寫付梓。工既訖，因書以記之。

高祖侍御公詩草頗富，兵火之後，散佚殆盡。惟《問蜀》與《嚶生》社草僅存。卷之首，則宋孔諸先輩引言在焉。夫以諸公之驚才絶學，目大如箕，豈其漫爲許可？獨于侍御公詩，亟推轂之。則以質之天下後世，寧有異同哉！況侍御公膺簡命，時道廣元，過漢州，歷劍門之風雨，弔錦水之寒烟。其勤勞王事，乃心皇家之忱，一寄之于詩，迄今讀之，忠孝之情與山水而并壽。爲子孫者何得不欽爲世業，奉爲箴銘，以相示於無窮也。夫桑梓生恭，桮棬誌感，屬在後人，應有同心。兹編既成，真教忠教孝之書，而非吟風嘲月之文。捧讀之下，其何以繼先人之志，垂子孫之範，不至與草木同腐朽乎。則敦與姪珺所欲與諸族人共商之者也。

乾隆二十九年五月五日，元孫文敦沐手拜紀。

問蜀草序

萬壽祺

先生之詩，蜀詩也。以蜀系先生之詩何也？有事於蜀，乃成詩，例得以蜀名也。集中餞送登臨贈遺、山川人物、古戰盟悲歌慷慨之事，於燕十之二，於洛於華於楚十之四，例以蜀名者何也？以先生有事於蜀，從其地而例名之，非蜀者例可蜀也。蜀之古人，如長卿、子雲、眉山父子，文詞爛然，其秀傑嶄巖，俾人望之，而溧溧若墮於不繫之崖。庶幾領蜀之嵋峽形容險怪危峙萬山之精神以出。而先生入蜀，遂能舉長卿、子雲、眉山父子與嵋峽形容險怪危峙萬山之精神，而一旦有之於詩。是蜀也，古人力之所不能通其道，古奸雄之所不能覬以爲有。漢之君相，竭艱難百戰以死争而後定之，隸吾國家職方，然後比於齊魯之出於天性。而一旦有之於先生之詩，譬之子厚居愚溪，暨溪之草木亭谷魚鳥，例不能稱知而辱以愚也。宜乎先生入蜀，而暨蜀有之，蜀不得私其名，以例從先生之詩也。

余好遊，好識天下奇山水，甚者蜀，而以貧且病弗克。則思從賢士大夫之有事於蜀而善詩者，耳目其集，以急與蜀遇。先生之詩成於蜀，而適與余遇。故以蜀系先生之詩。詩例以蜀名，非蜀者例可蜀，而一旦有蜀於詩也。

年家弟萬壽祺書。

問蜀草引

孔聞謤

初見嵩華丈，眉横劍閣之雲，襟帶峨眉之月，意必有跌宕烟嵐、掀翻洞壑者矣。已而知以翦桐之役，汎槎天苴，往凌左擔，來渡懸舩，謂嵩華丈定不肯輕放過一路山水也。索之，得《問蜀草》若干首。彼其列炬玉女之房，遣興賦雪之苑。譚心三雅，感懷千秋。寫津則傾天擬江，吟峯則鬭崖駭岸。靡不有任卷舒於彭澤，標流麗於康樂者焉。譬石鍾山下，水石激盪，噌吰噎嗒，響籟成韻。非嵩華不輕放過山水，抑山水不輕放過嵩華丈也。會好雨新晴，曉星初落，早起焚博山一瓣香，展玩再過。忽白鶴横空，啣歸嵩華齋頭。余惝然驚顧，如夢獲寶珠，覺來空手。又且自笑，輕放過《問蜀》一編矣。借非急付殺青，公之同好，異日好奇之士，見作米生袖中石，就手獵去，而祕之中郎帳中，使海内詩人曾不得托睫而快睹焉。則《問蜀》一編，又不將輕放過問蜀多士也乎。闕里舊寅眷弟孔聞謤元仗父戲題於燕署。

（褚敬鴻等纂修《[山東嶧縣]蘭陵褚氏家乘》 1916年石印本）

詹氏宗譜

詹家庴十六詠

詹光勳

殷浦鬧舟

驚鳧水面逃，兩岸集千艘。鉦鼓中流亂，無風起怒濤。

沱溯鳴榔

漁榔一夜鳴，隱隱答砧聲。敲破幽人夢，西窗月五更。

鑑汀晚煙

不辨家多少，臨波起夕煙。最宜春雨後，幾縷鑑汀懸。

板橋曉霜

居如鴻爪印，行若緑萍浮。試看霜天曉，寒痕一道留。

繞湖寒荻

水愛清潭潔，葭菼復揭揭。漁翁卧月明，白壓一篷雪。

槎亭老樟

乘槎人已去，樟老卧秋波。試向橋邊過，風聲此獨多。

石碶即行春碶飛瀑

雷若走濤頭，飛泉擁雪流。觀潮人試問，一様海門不？

通津行帆

通津舟不絶，紅樹帆明滅。誰助一江風，飛奔如電掣。

東河唤渡

渡口秋風急，纜沈不可拾。輕舟逐浪横，長唤傍灘立。

西坂叱耕

遍野緑成茵，驅牛過古津。叱聲紅杏度，耕破一犁春。

長溠觀魚

何須縱大壑，潭小時潛躍。莊子豈知魚，魚應知自樂。

釣舸紅樹

釣舸深千尺，竹竿淆水碧。剛疑浸落霞，霜染秋林赤。

蔓港緑蘋

蔓港曲如鈎，青蘋逐水流。天因波怯冷，故遺緑衣留。

後館聽蟬

飲露懷清操，居身百尺高。似鳴時不遇，聲氣自雄豪。

箕匯洪濤

箕匯接洪流，濤翻海上秋。黄昏風不定，浪碎月千鈎。

浮橋殘照

戴笠浮橋釣，疎林穿夕照。丹青畫不如，供給詩人料。

（胡德坊纂修《[浙江鄞縣]石馬里詹氏宗譜》 1947 年樹德堂木活字本）

端木氏宗譜

南田移居

宗　慶

括蒼舊隱一年餘，爲愛南田此卜居。野徑鋤雲添小圃，山泉分溜入新渠。衡門僻静堪消夏，空谷幽深自結廬。數片桃花春後水，無端招得武陵魚。

移家宛在白雲巔，寫入吟圖逸似仙。棐几横琴延月榭，春歸買棹載花船。泉香最愛烹茶飲，地僻偏宜選石眠。緑滿空庭經雨後，堦苔處處綴金錢。

松門杉磴翠陰斜，占住名山亦足跨。宿霧初開盤谷樹，春風遥隔鏡湖花。田園冷落淵明宅，池館幽閒小謝家。獨坐竹窗誰破寂，聲聲啼鳥自相譁。

桃花嶺題壁

宗　慶

滿目嵐光撥不開，筍輿扶我上山來。深閨未識烟霞趣，衹解拈毫賦玉臺。

遠宦歸來曲水濱，妝臺才拂鏡中塵。人間亦有鍾陵謫，千重雲山别遠親。

郵亭驛路怕蒙塵，喜見蒼山翠靄新。十里桃源知不遠，阿儂亦是避秦人。

貪睡(了)〔丫〕鬟喚不知，燈前銀燭自題詩。多情惟有天邊月，來照山齋夜静時。

雨窗即景

端木順

草堂連日雨，門巷閉多時。積蘚高延砌，殘花亂入池。春寒鶯語澀，霧重蝶飛遲。一望園中柳，柔條踠碧絲。

落　花

瑞木順

庭花無力漸闌珊，心惜韶華倦倚欄。紅雨一簾春信杳，緑陰半畝鳥聲殘。蛛絲兜粉風難定，燕嘴和泥露未乾。生本同枝偏薄命，教人憶别忍回看。謂大雅兄早卒。

寄静貞姊東甌

瑞木順

一年容易軼寒侵,罷繡時爲獨夜吟。菊怨孤花耐秋老,楓矜病葉帶霜深。詩成只有蛩聲和,書斷空嗟雁影沈。兩地相思隔吴越,天涯無限故園心。

落葉四首和叔總弟録二

瑞木順

春前纔賞影婆娑,轉眼商飈逐雁過。隔岸紅封斜照冷,疎林青露遠山多。馬蹄乾響當溪蹈,烏背殘霞趁晚駝。秃柳枯桐俱入畫,莫愁憔悴漸辭柯。

一望霜林暮靄横,遥空秋色動詩情。分頭鵶隊尋巢易,篆背蟲書墮地輕。帶露光摇簾幙影,隨風寒入剪刀聲。關心太鶴山前路,畫出樓臺分外明。

雪上易堂呈家夫人

瑞木順

鷦鷯棲隱一枝巢,砌疊青苔屋蓋茅。但覺儒官多冷趣。况逢石友訂新交。堂前得一異石,以作清玩。溪山還往休言宦,苜蓿清廉可解嘲。雪上著書多歲月,夢吞丹篆得三爻。

栝州凍緑

瑞木順

山城寒近製衣忙,白地平鋪待早霜。一夜西風吹緑上,可知青女妬紅妝。

(端木彧纂修《[浙江麗水、青田]東魯端木氏小宗家譜》,1923年鉛印本)

管氏宗譜

勤　　儉

管日坤

古語聞應警汝曹，克勤克儉記須牢。慮因善後宜從省，事每當先不憚勞。虀甌常盈銷歲月，利場詎肯挫分毫。惰遊作達人休羨，畢竟輸他一着高。

奢　　華

管日坤

節用由來在昔聞，未聞奢侈保其身。傷財輕視金如土，妄費頻將蠟代薪。去日繁華來日窘，少年揮霍老年貧。人生切莫驕矜慣，質樸何曾是鄙人。

消夏雜詠

管養賢

莫使長繩繫日留，陽烏如火葛如裘。緑章可奏通明殿，欲乞金風早日秋。手揮團扇坐芭蕉，日暮空庭熱未消。借得鄰家舟一葉，三更穿入藕花摇。小樓簾捲散餘香，柔櫓聲中午夢長。笑我身非陶靖節，蕭然高臥北窻凉。不飲寒冰不飲漿，不須去覔水雲鄉。放翁詩句分明在，銀闕瓊樓夜夜凉。

自環南遷鉏金園新居口占示男士傑

管養謙

辛勤作室竟忘年，構我幽棲屋數椽。只恐兒曹荒舊業，須教珍重惜殘編。

家大人追先大父出貢述懷原韻并命謙作

管養謙

力穡勤三代，曾祖東畦公自農部解組後作《三代力耕圖》。明經説兩朝。先大父國省公以前明崇禎辛巳出貢，家大人平宇公以順治癸卯年出貢。難繩惟祖武，翹首望雲霄。

雜　詠

管養素

百年一無爲，丈夫以爲耻。一朝如有爲，君子亦知止。孔明臥隆中，何嘗徵不起。卓絶張子房，往從赤松子。耕田良苦辛，嬉遊亦繄好。風雪倉庾空，心黯西隣飽。鶯遷閒且忙，鳩居拙翻巧。志士欲何如，仰睇烟林杪。我生忤時俗，擬得深山藏。山栖不斂跡，物議徒低昂。胡爲逃名士，每好炫文章。譬之宵遁人，而自隨榮光。

病　甚

管養素

少小兵戈裡，衰殘藥石中。雖存三代直，已覺萬緣空。病臥交生死，窮居保始終。只嗟荒海曲，無地葬山翁。

自　誄

管養素

滄桑歷盡老龍鍾，垂死徒勞憶舊蹤。只恨荒凉三尺墓，更無人識井田農。公自造生壙於寶塔尖。

祖遺古硯

管養志

剥蝕多時性尚全，帝鴻遺製久留傳。漫誇龍尾山常隱，應與猪肝譜細編。墨翠凹徑香幾代，筆耕税不納多年。到今磨得穿還未，祖業休言是石田。

八十自述

管嗣宗

彈指光陰八十春，那堪老境歷頻頻。耳如塞纊聽常誤，眼爲生花看不真。黄卷久荒空走蠹，青雲無路懶攀麟。晨星寥落朋儕少，尊酒論文只數人。筆硯耕耘雪滿頭，家庭瑣事釀新愁。兒孫繞膝愚堪念，戚族關心困孰周。經卷茶爐爲活計，紙窗茅舍好藏修。諸君倘惠南飛曲，可卜頻添海屋籌。

梅　影

管振宗

絶世風流絕世姿，月明林下惹相思。祇因不俗多仙骨，豈爲清臞損玉肌。冷澹翻教桃杏笑，孤高還許竹松知。山村水驛無人賞，時有寒香暗暗吹。

閒居思静

管振宗

人間福地是仙山，瑶草琪花相對閒。洞口深深塵自遠，長教春色住林關。

和兄思静

管令宗

囊底無錢可買山，白雲深處最清閒。老猿野鶴朝來往，不許凡夫漫叩關。

新　筍

管令宗

淇園雨過更精神，一夜牆陰點綴新。羊角及時旋出土，龍孫他日定超塵。休愁當路多遭折，待到凌雲説軼倫。解籜纔知清節操，班聯君子笑相親。

壬戌初冬得十一孫湖入泮消息喜而有作兼勗十五孫潮

管士傑

老覺浮名問已疎，驚傳佳事到蓬廬。貽謀檢點全無物，舊業搜藏僅有書。差喜田荆花並茂，七孫渤、八孫湘已補博士弟子員。何勞薛鳳客虚譽。長男正聲、次男正學、四男正文，皆相繼入泮。頹唐識得吾衰矣，爾輩英年好勗諸。一衿得志且休言，當膝皆穿榻尚存。鵬翮須知程遠大，雞窻切莫負朝昏。森森老栢臨風秀，濯濯新枝帶露繁。芹藻吾家非異事，哄堂怪底語聲喧。

浙西別友

管　紘

數載深情契誼親，匆匆今作別離人。他時縱有相逢日，恐點繁華兩髩新。一貧一富見交情，自度惟予更有卿。莫怪風塵知己少，多緣見棄孔方兄。吐膽傾肝日日親，推心置腹傲雷陳。一朝危極誰還識，縱使相逢一路人。翻手雲兮覆手雨，嗚呼杜老論貧交。時人莫説班荆誼，雖爾綈袍意已拋。

雨霽小飲聽葉軒

管　麟

夕春初下啟松軒，處處青英帶雨痕。緑漲方塘花落檻，翠流深樹月銜門。酡顔醉筆輪張旭，皓首雄才遜許揮。老去風情從分減，但留鶯語送黄昏。

春日寄懷吕秋厓學博

管子仁

去年此際唱驪歌,天遣人離可奈何。料得春江花月夜,吟成佳句錦囊多。一番花草又春回,驛使無人可寄梅。怪底東風情太薄,與公同去不同來。

燕 磯 秋 望

管良祚

大江山屹聳危磯,望去凌空勢欲飛。斜掠輕風衝白浪,微沾細雨濕烏衣。六朝山擁迷秋色,一帶江流送夕暉。天地爲廬真大厦,飄零不似我無歸。

舟 中 雨 霽

管良祚

小艇一帆輕,中流自在行。濕雲天外散,春水眼前生。放浪當年事,沉酣此日情。耳邊風雨過,好是得溪聲。

西 郇 觀 秧

管良禧

暖氣薰人已麥秋,良苗千頃鬱新抽。蔥蘢豈有峯相對,峭蒨惟餘芥苔投。繡壤乍穿泥活活,綺塍齊出水油油。何緣碧色浮郊外,布穀春來唤未休。閒過隴上忽欣然,生意相關萬井傳。分向郇農還負米,賣將紅女欲論錢。何須細入誇無間,預祝羣飛莫刺天。一望青疇誰管得,新絲已熟自成綿。

偶　　題

管大悦

殘書幾卷日摩挲,苦恨光陰疾是梭。欲藻才思何可得,工夫典籍兩無多。滿園花事已全非,恨紫愁紅到處飛。四十日間頻惜别,送春歸去送春歸。那堪簾外雨瀟瀟,病裏維摩太寂寥。被冷香銷眠不得,教人虚度可憐宵。浮沉身世感蜉蝣,往事思量孰解憂。别有深心人不識,怕聽歌吹鬧蠙山。

夏 日 雜 興

管大勳

底須濯足到扶桑,半畆方塘繞舍旁。過眼烟雲驚變幻,逢人情態悟炎凉。水窗小飲匏同繫,花徑耽吟草就荒。苦恨熱腸難洗滌,冰丸未得仲都方。

静遠山房納凉

管大任

驕陽不到竹松間,消受凉陰鎮日閒。幔卷當風波拂拂,軒開面水聽潺潺。何須覓得鳴秋谷,此處居然消夏灣。冰雪心腸難熱熱,朝朝漱飲洗塵顔。

新　　晴

管大有

幸喜天開霽,泠然回望晴。池蓮紅泛沼,岸柳緑遮棚。蝶舞翩翩影,蟬吟嘒嘒聲。斜陽歸路暖,衣葛趁風輕。

雪後梅花盛開

管大經

滿城桃李望東君,破臘紅梅未上春。窗几數枝逾静好,園林一雪倍清新。已無妙語形容汝,不用幽香觸撥人。迨此暇時當舉酒,明朝風雨恐傷神。

荷塘避暑午後凉

管　煒定遠

避暑荷塘午不知,塵襟盡滌守清姿。珠盤錯落風三徑,翠扇飄摇水一池。藕榭長依忘酷日,蓮船小立拂凉颸。香清冉冉波心淨,逸韻遥傳玉笛吹。

遣　　懷

管正聲

養心惟澹泊,恬退正相宜。適意書成帙,和神酒入巵。窻前紅日放,頂上白雲期。老大應如是,當年何所爲。

鉏金園即事

管正聲

踏凍西橋上,披蓁向北原。朔風裁雁足,老樹斷雲根。雪擁寒花濕,陰霾歧路屯。今宵無酒伴,空自負黄昏。

秋夜客海陵席間分韵

管正學

由來文字客,一見便機投。但下雙青眼,休搔半白頭。樽開凉月夜,人醉海天秋。落落存吾輩,乾坤有唱酬。

經 太 湖

管正文

七月吴閶路,凉風起具區。朝光開四野,秋氣滿重湖。葭樹看迴合,烟波蕩有無。揚州稱巨浸,一半在姑蘇。

年暮大雪自先塋别墅遄回

管維驥

朔霰漫空降,西風獵獵鳴。墓門裝寶樹,磴道積璚瑛。去鶴飛無跡,爬沙聽有聲。依依瞻拜畢,束載問歸程。水涸無灣轉,幾回涉小河。窮冬行客少,蔀屋閉門多。六出推輕槖,三人策蹇羸。寒威渾不覺,裘褐儘身馱。廿里行纔半,堤成玉一條。蕭蕭黄葉净,黯黯冷雲遥。曠野雅頻噪,荒塍犬不嘵。奚奴伸凍指,扶上短長橋。雪窖冰天裏,歸遲且劇談。沿溪添酒店,隔樹認茶庵。過此年經四,重來路岔三。還家猶未晚,轉眼望窯南。

邱純軒歸自蘇州以蠟梅相贈詩以答之

管維騏

一枝郵遞寄情深,昨夜江南惠玉音。天地春回彰正色,冰霜寒極見丹心。種傳真蠟花無比,夢入羅浮客未侵。不待園林開紫蔕,早呈蔀蕾是黄金。分貽况自高人手,冷豔旋移俗子襟。古榦從兹横小閣,瘦枝何日出芳林。幾疑蜂蜜房中釀,如共花仙醉裏吟。掩映孤山添雅趣,珊瑚纍纍竹垂陰。

祖母邢太孺人建坊旌表節孝

管紹偃

五十年中事,含悲不忍言。顛危完苦節,操作任衰門。夕景真難駐,長貧竟負恩。闡揚宜急切,端合在兒孫。時抱終天恨,今翻願始伸。管彤傳亮節,巾幗有奇人。紫誥增榮日,青閨集蓼身。聖朝多曠典,棹楔表千春。

秋深閒興

管鵬年

此心兼笑野雲忙，甘得貧閒味甚長。病起乍嘗新橘柚，秋深初换舊衣裳。晴來喜鵲無窮語，雨後寒花特地香。把釣覆棊兼舉白，不離名教可顛狂。

冬夜陳使君見過

管　湘

鈴柝聲聲禁夜行，防奸具見愛民情。空林鵲噪驚霜冷，荒徑人來踏月明。東閣謬承培玉立，北牕笑倚看梅横。更闌莫怪無供給，甕有新（酷）〔醅〕且共傾。

省試歸舟次燕子磯

管　湘

輕裝辭建業，凉風感秋旻。風月自山色，龍魚躍水濱。論文多快友，鼓枻少閒人。却羡持竿叟，磯邊老此身。

柳　花

管　湖

傷春不忍獨登樓，一望河橋滿目愁。映日亂隨芳蝶下，因風閒逐白雲遊。曲江三月飄殘雲，彭澤新年感白頭。游子不來鶯斷絶，夕陽亭畔水東流。

題曹公祠

管　澍

十里城南路，曹公有舊祠。殘碑留戰蹟，遺像繪雄姿。月冷横戈地，風號落葉時。廟隣關壯繆，千載訂相知。

寒　雨

管　渤

寒雨瀟瀟下滿天，啼鴉争逐小樓前。空塘葉積難尋路，野港雲深不辨船。一夜朔風鳴禿樹，半窻殘滴亂愁眠。呼童欲去沽村酒，趙壹囊空却可憐。

偶　成

管　清

老去舒清嘯，歸來臥草堂。耽閒尋自在，養拙見羲皇。澹泊心如水，嗟跎髩已霜。稔得窮達理，何用問行藏。

夏日幽居

管　達

寂寂柴門日正長，柳陰深處倚胡床。蟬聲斷續驚朝夢，行影扶蘇納晚凉。摹帖字分蕉葉色，捲簾風送藕花香。小窻浴罷閑無事，臥讀南華趁夕陽。

早　秋

管　選

流光容易又秋臨，唧唧寒蟲應候吟。桐滿堦前風振起，瀟瀟聲裡助胸襟。

春寒花較遲

管　曜

已是尋芳候，繁花計日看。偏遲高閣望，爲較去年寒。信訝東風阻，人嫌白袷單。節連三月近，算到二分難。雪絮封堤柳，霜芽護谷蘭。綿車歌緩緩，苔徑惜姗姗。羯鼓催誰遍，蜂房蜜漸攢。栽培逢化宇，桃杏總春官。

鉏金園梅花

管　濤

花時一刻一千金，數點分明天地心。荒海生涯流水淡，晚年滋味閉門深。繩床夢醒噪寒雀，紙閣吟酣橫素琴。春意無多兩三樹，幽棲差免俗塵侵。

答友問宦況

管　濤

欲報良書着筆難，小甘村外雨聲寒。燈昏竹屋增新感，酒儉梅天減故歡。瘠土無膏虚種玉，繁霜滿鬢枉燒丹。興來仍擬慳囊啟，不彀何曾半日餐。

月到樓同人夜語

管 樂

爲乘風雲會，幽林擇一枝。嘯歌停舊舘，文字答新知。雨足花開早，牆高月到遲。今朝同促膝，異日此相思。

兩峯招集國清寺同人分韻

管 樂

何當反客先爲主，折簡招呼去就難。愧未疏窻供翦韭，翻勞旅館勸加餐。詞人壯敵風雲陣，蕭寺新開李杜壇。酒興更隨詩興劇，深更露滿菊花團。

棲霞李雲渚留别

管 渭

萍水相逢非偶然，那堪今日共離筵。數常勝理憑君計，事到難圖轉自然。漫向書中談顯達，且從紙上説姻緣。傷心怕聽催歸鳥，一唱驪歌淚欲涓。

窗外寒梅

管 涇

寒風凜冽夜難眠，卻喜窻前月色圓。黄菊丹楓凋落後，紅桃白李未開前。横斜疎影癯於鶴，馥郁清香淡似烟。憶起孤山林處士，更令吟魄自嬋娟。

和天池兄病起見示原韻

管 洄

兄昨臥床笫，氣息僅綿綿。今來視兄病，一旦竟霍然。刀圭究何靈，乃爾獲生全。詢之事殊奇，淚應下銅仙。兄有好孫子，至誠可格天。兄病垂危，賴兄孫能刲股以進，竟勿服藥而愈。吾因感此事，追憶廿年前。太母嬰重疾，伯母陳太夫人。正苦二豎纏。上藥無從乞，兄亦心憂煎。呼天祈身代，天亦鑒其虔。一臠匙初進，無藥病頓痊。孫能繩祖武，輝映相後先。惟孝復生孝，惟賢故象賢。純孝出一門，信知後必傳。兄既獲天佑，兄壽自今延。春草有佳句，承示詩一篇。兄真善比類，吾乃愧惠連。

力疾送姪孫煦赴省試

管 潮

盛典重賓興，恩綸沛疊複。甲寅恩科。多士慶遭逢，咸思抒藴蓄。予苦衰且病，久已甘櫪伏。

是誰説龍頭,定當老成屬。爾才殊不羈,努力着鞭速。莫愁前路貧,行行復躑躅。力疾送爾行,倦予送遠目。爲爾卜飛鳴,屬望唯爾獨。時標姪讀《禮》,榛男又以予疾未赴。家貧望隣富,此語聞自俗。爾氣正方新,吾日已苦促。只恐吾衰頹,不見摩天鵠。

贈家松崖漕督

管　升

吾宗蕃衍説三吴,間氣挺生大丈夫。北闕和羹資化理,公先任光禄寺卿。南邦開府展嘉謨。十年旌旆春風遍,千里江淮愷澤敷。累歲西成歌大有,陶然鼓舞樂征輸。飲冰不讓玉壺清,兼喜文章老更精。故里張牙真晝錦,寒燈讀史等儒生。雲箋下惠工無匹,家乘何緣與有榮。此日鳳毛天際展,兒童渴想冀重迎。令似恬齋曾任如邑二尹。

送碧薌弟赴高州任

管　升

宦轍初經嶺海遊,芳庭序雁暫勾留。遺書坐擁仍南面,薦牘行膺尚黑頭。竊擬濳珠還合浦,曾聞驅鱷徙潮州。尊前相勗多模範,廉惠須爭第一流。

夏夜曉起

管亘恕

夜闌不成寐,閒堦時眺望。涼風來户牖,披襟覺蕭爽。古人占風雨,夜每觀星象。何日雨始來,銀河星朗朗。回視屋角螢,明滅飛三兩。歲旱穀不登,何以慰俯仰。

天池兄八十壽是日適舉曾孫

管亘恕

老父稱觴孫弄璋,一門雙慶喜呈祥。廿年此子重生子,百歲筵開五世堂。

歸自崇川一齋兄招飲夜話

管承基

歸來擬合掩柴荆,杯酒深慙繾綣情。敢説龍頭惟我屬,竟將蝸角讓人争。劉實菴學政招覆案首,旋置第二。貧能作達空豪放,老覺交稀愛弟兄。感謝惟公實知己,坐深霜月到前楹。

爲懷勳姪題浮筠書屋册子

管承基

簾幙坐清陰,招尋喜入林。人真千户等,身在緑雲深。高館秋生枕,晚涼翠染襟。聽來聲戛玉，彷彿鳳雛音。時慎安諸姪孫俱問字於予。

清明北城晚眺

管廷對

清明桃柳門娉婷，晚踏高城醉眼醒。日落戍樓歸海燕，風吹濠水轉春萍。前村有火新烟碧，古塚無人野草青。四顧蒼大雲散盡，幾家茅屋帶疎星。

春晚喜友人見過

管廷對

空齋寂寞掩春愁，着屐來時暮雨收。徑本無花何事掃，井應有轄爲君投。文章到處難青眼，時序催人易白頭。今日樽前拚一醉，莫將戍鼓記更籌。

題家藎臼廣文曲尺軒册子

管　泉

山溪小築不沾塵，風月無邊景物新。窻外芭蕉籬外竹，緑陰深擁著書人。廿年秉鐸歷風塵，桃李咸沾化雨新。講學伊川今避席，門前立雪更何人。

送碧薌兄之高州任

管　泉

霖雨蒼生望使君，不須執手悵離羣。南荒瘴癘消仁政，東粤衰頹振至文。自昔衙官多屈宋，何妨蠻部作參軍。慚余壯歲空蕭索，未得同書竹帛勳。

村塾偶述

管　臣

頻移硯席等飛蓬，往歲西南又轉東。儒俠怕人呼措大，聖功先我養蒙童。文携冰雪甘違俗，詩薄風騷苦未工。攤飯澆書安若素，任他得失較雞蟲。

春日書感

管　樹

世態甚澆漓，顛危孰肯持。紛争同雀角，謡諑妬蛾眉。生計輸人巧，曠懷笑我癡。待沽終有價，吾道豈如斯。説甚超然想，才華枉絶倫。耻呼書種子，甘作墨磨人。鼠輩都持勢，雞羣屈處身。由他塵俗笑，抱樸養天真。

懷勳兄招賞牡丹

管　樹

春殘開到鼠姑花，情洽天倫樂事賒。金盞正酣仙子酒，玉樓高矗錦城霞。穠華在眼詩宜富，雅集當筵量倍加。雜坐飛觴忘主客，琉璃照夜隔窗紗。到來三徑絶塵埃，曲檻高軒面面開。油幕陰遮遲日暖，濃香時拂午風回。雖無絲竹饒幽賞，喜有芝蘭識雋才。我正拈毫詩思澁，偏教刻燭不停催。

廣陵有感

管　楨

廿四橋頭月，評來衹二分。此情誰領取，千古杜司勳。遺此一首，載《蠙山詩鈔》。

秋夜感懷

管　椅

五十年華一瞬中，依人却似九秋蓬。焦桐自分全無用，不道憐才有蔡邕。郡尊張一山夫子拔置前，奬論特甚。霜華滿地一燈青，孤館風來海氣腥。名在千人功在我，遑知兩鬢已星星。遺此首，載《詩鈔》。

讀家乘有感

管　樸

不理殘編久，聊開几上函。墨痕猶宛在，先君天池公曾與纂修。丰度信非凡。曾瞻曾祖偉人公圖像。櫛沐勞風雨，成全賴藉咸。時與琢菴、静菴叔姪議重修宗譜。續圖兼補傳，何日得重鑱。

夜課煦默篤諸兒

管　樸

邇來慙舐犢，生恐誤青年。奇字同相問，精思每共研。三冬真足用，午夜且遲眠。連袂雲衢上，乘時好着鞭。

殘牡丹

管　櫳

滿苑韶光一瞬殘，好花自合半開看。繁華極處招尤速，富貴場中不衰難。後起何妨輪芍藥，惜芳猶及倚欄干。明年但使春重到，依舊東風簇錦團。

架　花

管　櫳

居然一座錦屏風，多少濃英入望中。最好滿園開不斷，斜陽映得粉牆紅。

棠華書屋即席分韻

管　檈

文酒追陪十笏齋，嫩涼天氣月尤佳。庭前芳草饒秋色，座上雄談起壯懷。愛日才人歸海嶠，謂石占梅。披星老境又秦淮。謂薑臼叔。慙余株守時虛擲，幾度桑弧願未諧。尊樓兄約赴北闈，未果。

聞石越三内仲知汝陽縣作此寄之

管　檈

報最河渠薦擢新，銅章旋喜沐恩綸。風清上蔡梟能化，政比中牟雉亦馴。棲枳曾傳香尉號，鳴琴今現宰官身。小民莫惜來何暮，行慶應同有脚春。

集聽葉軒觀菊

管　榛

移來秋色滿疎簾，繞座香清興倍添。只有孤芳能耐冷，生成傲骨不趨炎。會團隱逸林泉好，才繼風騷主客兼。此日開罇同北海，頹然寧獨學陶潛。狂歌痛飲樂頻仍，不覺當空月已升。斷續蛩聲吟四壁，高低花影漾千層。塵中孤潔知誰似，世外幽閒讓獨能。得入蕭齋全晚節，風霜免使久憑陵。

贈别黄海漁參戎

管　爨

驪駒歌罷月初斜，何日重來海上槎。儒將已傳羊叔子，海漁參戎已入《九場志》。雄才空負賈長沙。宦情早醒三春夢，遺累重添兩鬢華。贏得錦囊詩卷富，留題好句擬籠紗。

同人集嘯月山房納凉分韻

管　爨

茂樹陰深積翠重，披襟頓覺豁心胸。烟霞結契尋真樂，風雅扶輪守正宗。桂醑味佳人盡醉，藕花香起露初濃。歸來散步行吟客，已聽城南古寺鐘。

戍婦詞

管 鵬

夫君從軍閱幾秋，封書欲寄轉生愁。白狼河北霜飛早，寧上征衣莫上頭。

雪夜過自怡軒小集分韵

管 棨

漫空朔雪亂飛揚，乘興提壺過草堂。一徑應緣佳客掃，滿林全改舊時裝。詩成冷夜情偏暖，梅放芸窗味共香。歡會須憐人欲去，余吲夫去金沙。莫辭爛醉且流觴。

金鰲玉蝀

管 榔

瀛洲何處不薰風，水色山光見化工。夾岸雲浮千樹緑，中天日照萬花紅。瓊華密邇開仙島，紫閣凌波接梵宫。聖世規模何遠大，嘗將樂意與民同。遲遲午漏日舒長，正值風來水殿香。魚傍蓮花争潑刺，鶴隨鵷侶盡翱翔。烹茶仙井恩沾普，覓句蕉園樂未央。草莽微臣真有幸，得教咫尺沐清光。

贈王盥甫内兄赴銓

管 榔

一帆重向玉京遊，擬趁桃花春水流。捧檄於今酬壯志，家園雖好不勾留。搏風合讓九霄鵬，引領鵷行次第登。試問紫琅騰達者，誰非池舘舊賓朋。君登虎觀我蝸廬，惆悵雲泥忽異途。百里津亭持贈少，寸心真共到天衢。

秋闈報罷感賦

管 亶

泥金帖報杳無聞，空望江南悵夕曛。坦率自甘同宋濟，沉埋人漫比劉蕡。愁來欲檢離騷讀，醉後思將筆硯焚。怪却兒童渾不解，登科記共説紛紛。廣寒望去路微茫，幾陟雲梯幾斷腸。一月充饑憐畫餅，三秋醒夢惜黄(梁)〔粱〕。龍門燒尾無消息，玉尺憑人絜短長。捷惜先登多後輩，槐街空爾逐花忙。

贈王盥甫赴員外郎任

管 亶

五山秀色何嵸巃，大江巨浪排長空。江山令聽鳴靈異，往往偉人生其中。中推君家尤昌熾，廣州逢繫軍民思。廣州而後君稱雄，少小昂藏出頭地。胸羅經史飛龍蛇，膠庠羣詫瑚璉器。昨歲郎位星騰揮，朝籍先登酬素志。報國不屑爲腐儒，獨成一隊樹一幟。銀章粉署棲英才，聲名早播黄金臺。金臺結納勝如雲，瞻依子舍忽歸來。到底雄姿凌八極，區區紫琅嫌逼仄。太液千頃横金鰲，遨遊常繫君王側。裼裘就道看翩翩，豪華不待添行色。鯫生未得共揚鑣，叠唱驪歌揮禿筆。燕山淮水新風光，羨君擊檝還憑軾。

贈内弟徐珠圃運副

管兆藹

浩蕩春如海，與君俱壯年。乾坤留我輩，豈肯受人憐。把臂情深矣，登壇興勃然。官梅開東閣，日日傍花前。北固青山下，扁舟任所之。江天詩一卷，烟月酒千巵。玉樹瓊林質，陽春白雪詞。偕遊共有約，臨別故遲遲。時將游京口。

京邸晚得父書

管兆藹

忘與來人語，呼燈拭目看。却欣封未啟，兩字見平安。細領椿庭意，不知夜月寒。萬金真可抵，頓使客心寬。膝下睽違久，音書一夕通。叮嚀千萬語，最怕是秋風。嚴訓如庭内，承歡只夢中。白雲何處是，南望意無窮。

送　友

管　彤

不記論交日，從兹恨轉長。水寒人影瘦，風起客帆揚。別路何遼闊，斜陽正渺茫。却教憐故我，獨立亦他鄉。

秋夜懷友

管　彤

久別勞魂夢，歡場未有期。那堪凉月夜，重檢故人詩。江闊鷗浮遠，風高雁到遲。不知千里外，曾否動相思。

秋江夜泊

管　華

孤篷秋氣滿，悶坐對殘釭。城遠風傳柝，波明月到窗。鄉人驚落葉，歸夢度寒江。愁聽南山寺，鐘聲斷續撞。

秋日大觀臺望江

管　華

空山長嘯獨登臺，萬里長江一望該。帆影遠隨孤鳥盡，嵐光隱逐暮雲開。蕭蕭落木飛無際，滚滚寒濤去不回。惆悵孤城歸未得，夕陽鐘磬漫相催。

春日書懷

管　恩

文章大塊景烟新，飽蘊芬芳造化春。門滿緑停車問字，法言疇賞解經人。百囀鶯聲唤夢醒，床頭挂拂一絲清。從今莫被鸚偷語，何遠儐縑不實庭。

齋前牡丹既萎復榮作此慶之

管慎安

齋前闢地僅廣丈，花時記得高軒敞。堂上有人笑顔開，賓朋沓至恣讌賞。嬌姿顯得十分紅，唱酬日夕坐春風。主人把杯客把筆，酒興詩興頗豪雄。追陪間亦逢盛會，盛會雖逢筵難再。無端風木恨終天，花開依舊人何在？我亦愛花復愛客，花開不惜重設席。却教對酒不成歡，有時似聞花歎息。那知花亦遭奇厄，驀被雹傷頓傾踣。譬之朱門正繁華，一敗塗地只頃刻。可憐枝葉全無賸，我爲惜花實減興。蓬門冷落客不來，兩年空將闌几凭。感得天意厚栽培，待到時來氣運回。須知本實未曾撥，富貴原自舊根荄。勾萌甲坼越年華，抽條引葉復生芽。去年無花僅有葉，今年有葉復有花。舉杯我却爲花慶，花開更較昔年盛。直是相逢望外來，相思數載説難罄。花原不厭主人貧，壺觴還復集嘉賓。昔年盛事今又續，張燈徹夜呼開樽。當筵藻績紛詞采，千金一刻真難買。須知此日好風光，教人珍惜應加倍。

自題投筆圖

管慎安

予曾選得中山穎，四管一床分數品。文陣幾番任縱横，騷壇每亦憑馳騁。未經策勳身倏老，不覺生花才漸盡。爾何不從司馬卿，題橋柱上風挺挺。爾何不從李謫仙，倚馬千言出俄頃。爾何不從韓昌黎，龍文百斛如扛鼎。凡物遭逢亦有緣，毛錐毛錐良不幸。歲月遷流等虚擲，雕蟲篆刻空畫餅。莫怪班生將爾投，掉頭不屑真羞憤。前事後人原可師，白日苦短常顧影。男兒從戎匪異事，不須磨硯只磨盾。我今亦欲思變計，待旦即辭中宵枕。低徊握管一長嘆，用爾半生棄太忍。衹今何路借風雲，咄咄書空步仍窘。

同静菴兄溪南看菊

管慎恕

尋來不憚路三叉，漁弟樵兄興儘賒。久識性惟甘隱逸，那知秋亦占繁華。霜螯就斷堪供酒，白髮盈頭懶插花。却恨荒齋無隙地，輸他風味野人家。

戊午榜後往含山縣謁房師即席賦謝

管　煦

琴堂直擬作龍門，得失文書許共論。轉眼飛騰期許切，盡心開導語言温。觀民簾裏懸冰鑑，留客花前倒玉樽。衣鉢未傳先拜賜，自慙何以報深恩。縣尊徐雲龍秋波，山東壽光丙辰進士。

追和先高祖遷鉏金園口占韻

管　煦

難忘締造是當年，自先高祖遷居至今百有四十三年。饘粥于今賴短椽。深幸數傳堂構在，子孫依舊守遺編。

甲子仲冬寄謝五河縣沈南春夫子字巡梅，浙江歸安縣人，庚子科進士。

管　煦

望風千里每神馳，品重斗山世共推。頭角生來無骨相，文章自古有心知。卞和有泣當今日，李白揚眉更幾時。慚愧此身還席帽，無才敢説數偏奇。

春日舟中

管　照

宿雨初收盡，輕寒四面生。流雲千嶂動，水漲小橋平。岸草無邊緑，林鶯何處聲。眼前風景好，飽看到江城。

緘齋六弟招飲即次其韻

管　燦

節破落梅後，春當飛柳前。來歸如客子，下榻啟芳筵。酒泛盃中玉，香浮鼎上烟。歡留還卜夜，明燭有金蓮。

西寺玩月

管徵

雲樹封蕭寺,銀蟾海上生。素榆遥見影,寒杵不聞聲。水白疑天曉,霜盡卜晝晴。坐來塵不染,恍似入蓬瀛。

口占答友人書

管默

咿唔鎮日掩紫門,其奈寒氈坐未温。詩酒十年欽友範,功名兩字負師恩。窻凝海氣晴猶晦,目極鹽烟晝亦昏。太息庾公無覓處,登樓見月懶開樽。

橘花

管默

分來南國一枝香,嫋嫋清風入夜凉。十二闌干人倚徧,淺春庭院月如霜。飛飛粉蝶過疎籬,野草閑花自眩奇。惟有淡粧春不老,秋來結得子離離。

問牡丹消息

管篤

露零紅濕海棠絲,富貴於今未有期。清夢不成多鳥處,閑情每在放花時。春風曲檻飛蝴蝶,夜月空庭唤子規。準擬魏姚春色茂,啣盃高唱謫仙詞。

殘秋感懷

吕玉

楓林葉落捲丹霞,太息歡場日易斜。秋亦如人留不住,空將離恨訴黄花。冷落荒齋一載多,而今誰復再高歌。關情最是凌霜雁,也向西風唤奈何。

病起偶作

吕玉

庭前景物半闌珊,病起沉吟步履艱。偶有詩成如我瘦,奈何天不放人閒。四時佳景愁中過,一綫殘魂意外還。此日餘生應自惜,恐教悲苦上親顔。

夜坐書懷

呂　玉

良宵風景入三更,把卷沉吟感慨生。病去却驚身更瘦,愁來偏是夢難成。蒼天困我非無意,皓月休人覺有情。幾處離懷同一照,不知素影與誰明。

輓江片石夫子

呂　玉

太息風流老布衣,孤懷逈與世相違。從今寂寞香山社,冷雁殘雲弔落暉。小草垂青每細論,不堪重展濕啼痕。文通地下修文去,何處能招大雅魂。

秋　感

管　聲

頻年嗟潦倒,况復入凉秋。失恃兒黄口,長貧父白頭。塞鴻經雨斷,林葉墮霜稠。不效窮途哭,其如内顧憂。

自　笑

管　聲

自笑疎生計,飢驅到異鄉。途窮偏我涉,身繫爲人忙。大夢醒如睡,無田稔亦荒。濁醪且獨醉,何必避猖狂。

水國春寒陰後晴

管　頤

水國當春令,餘寒尚未更。才逢陰欲霽,乍見雨初晴。二月中旬至,三吴麗星呈。一番梅雪剩,入望柳烟輕。山色兼濃淡,花枝疊送迎。江南風景好,一掉闔閭城。

丁酉春會朱鹿泉於古沙晴袒樓

管　臧

遯身猶憶過溪橋,不覺羈留一月遥。昨日風和聞鶴唳,徘徊幾欲共沖霄。天香國色滿庭開,羡我嘉賓獨肯來。藉取客鄉金縷酒,爲君聊且拂塵埃。連宵渴叙別離情,解袂紛紛灑淚行。絮語叮嚀無過慮,天邊月缺自能盈。留連晴袒幾三庚,遠眺南陽麥浪生。值此暖風晨氣潤,令人怎不感歸程。

夏日散行見蟬立於樹梢

管　鋐

槁壤陰潛罷轉丸，飄飄便作領中仙。幽叢何處拳枯蜕，别樹還來續斷絃。小院日長春夢覺，空庭人静緑陰圓。無情物化誰能料，觸撥覊懷一慨然。

天香閣牡丹

管　鋐

香濃韻艷自堪誇，難得超羣擅國華。桃李區區博笑耳，春來只發繞花枝。

早起一天雲霧

管相才

遠似烟霏近又空，非明非夜雨朦朧。一天清露洗難退，幾抹曙雲遮不窮。斷角樓台濃淡裏，殘燈院落有無中。蒼茫半逐雞聲散，又被朝陽染作紅。

清如玉壺冰

管相才

良吏清何似，冰壺復玉壺。浮雲揮去净，止水印來符。秋氣高懸久，春光欲買無。心空神是鑑，腹藴知成珠。素履嘗磨玷，丹忱不納汙。一條崇雅望，珍席聘鴻儒。

遠鷗浮水静

管倹增

水影澄澄定，鷗羣隱隱浮。遠神窺隔岸，静寄水中流。夢穩微波面，幾忘古渡頭。數叢沙草接，一片浪花收。客艇知遥去，漁竿任久投。何如鴻遇順，風送到瀛洲。

下筆春蠶食葉聲

管倹坤

直下生花筆，聲如食葉蠶。墨痕流硯北，春意透窻南。抒柚供旋轉，宫商入咀含。吐餘茫作作，嚼得味醰醰。落紙紋成繭，繙書迹走蟫。歐公初試士，妙喻棘圍參。

下筆春蠶食葉聲

管倫垣

信是成春手，聲從筆下酣。生花曾夢蝶，食葉可如蠶。日試言宣萬，晴眠箔憶三。響傳文苑北，陰減硯池南。錦是精心織，音猶繡口含。果能抽妙緒，常覺味醰醰。

秋夜燈涼

管倫均

坐久殊岑寂，相依此夜燈。秋聲聽瑟瑟，涼意入層層。螢火殘猶閃，雞窻敞未能。簾疏紅燄澹，院静碧天澂。客舍無聊甚，兒時有味仍。風來剛酒醒，題句寄良朋。

曉晴猶帶雨餘涼

管倫城

昨夜樓頭雨，涼烟處處生。遥天開嫩曉，大地帶新晴。蝸跡牆腰印，蛛絲屋角縈。雲都歸絶壑，秋似逼高城。花意侵風軟，羅香怯雪輕。無邊朝爽挹，佳氣繞蓬瀛。

暮烟秋雨過楓橋

管賡聲

别離無限思，歸棹過楓橋。暮野烟痕沍，秋天雨意饒。遠籠江澨樹，暗漲夜來潮。漁火昏前渡，鐘聲送去橈。横空雲靄濕，計里水程遥。回首吴中路，溟濛景孰描。

春寒花較遲

管駿捷

花放須春至，誰知尚未看。遲今猶待暖，較昔似增寒。羯鼓抱催急，羊裘袖擁單。蕚生風故靳，萌動雪初殘。消息思前異，繁華計此難。東皇如作力，烟景遍層巒。

八十述懷

管　鑣

壯不如人老枉然，蹉跎八十已今年。抛名逐利還空手，少樂多憂未息肩。有命本來休説薄，無才何必苦争先。那堪細數平生事，笑向人前哭向天。

八十述懷

管 鏕

虛度光陰八十多，埋名没世愧蹉跎。於今未展平生志，歲月如梭奈老何。良田少種種心田，種得心田福自綿。内少無虧仰不愧，窮通得失命由天。百計圖維萬頃田，兒孫不孝枉徒然。長城萬里今猶在，可是秦家到眼前。富貴功名志已休，朝朝戲酒度春風。阿弟叩我胸中意，不願兒孫作馬牛。終朝獨坐悶悠悠，閒覽詩書易解愁。小子不知勤事業，老夫難以快心頭。耳提未能凌霄漢，齒落何須作馬牛。耕讀傳家原已久，而今一旦墜箕裘。

守貧感世

管 鏕

光陰荏苒似穿梭，世態炎凉哭當歌。人到清貧交便少，官居顯貴客偏多。水深只有鷗鳧集，路窄全無車馬過。頓覺浮身皆是夢，莫如幽谷作頭陀。惡念全無亦有災，細思世事便生哀。交成知己心難測，事到求人口怕開。朝暮皆從愁裏過，光陰已向暗中催。自兹只把柴門閉，迴憶椿萱淚滿腮。

哭杞卿二弟病殁

管德樹

憶得髫年上學初，依依聯袂復牽裾。半窻風冷時同被，五更燈殘尚課書。競爽至今情莫慰，偕行此後願終虛。休言四海皆兄弟，痛癢相關總不如。

（叢育才等主修《[江蘇如皋]管氏宗譜》，1926年鉛印本）

蔣氏宗譜

招青年魂

蔣紀方

驕陽過而酷暑退，涼風起而白雲飛。一年又是秋風時候，光陰逝水何其速也。青年學子策馬回鄉，休假補短，此番捲土重來，整頓舊旗鼓，誓奪錦標歸。師生聚首，彬彬一堂。而今而後，攻苦復攻苦，將見今日學子，他年國家主人翁。

飢民歎

蔣志豪

去歲夏秋旱區廣，直北關山草不長。今年霪雨數十日，江南江北水漭漭。枵腹作炊無米糧，掇捋草實餐秕糠。藉此亦足療旦夕，今胡爲者遭凶荒。千村萬落膏腴地，黄榆紫蕨少遺類。蛙生土竈甑生塵，解衣推食誰之賜。可憐老稚苦啼饑，三日絶粒形槁黧。摶土爲饅雜藜藿，鷲趨鳩噎情愴悽。賣妻鬻子一路哭，算來總難給饘粥。安得上天多雨粟，使我含哺而鼓腹。

（蔣漢雲等纂修《[江蘇江陰]澄江南閘蔣氏宗譜》，1922年三徑堂木活字本）

趙氏宗譜

病中筆屬

趙詒翼

余年逾六旬,生死關頭早已勘破。況連年家國變故迭乘,孱憊之軀處此,有何樂趣。徒以老母在堂,不得不願緩須臾,希圖終養。兹既弗克如願,固由命數使然,夫復奚憾。吾死之後,仰事俯育,責汝一身。汝已壯年,諒能照常處置。惟余病中及身後一切,有不能不爲汝預屬者。

病中侍奉以鎮静爲要,勿延醫,精神枯竭,無藥可治,延醫徒多忙碌耳。勿信巫,巫最荒謬,吾家宜永遠屏絶。勿在牀前多走動,多探望,多呼喊,以致擾亂神明。身後措置以簡便爲要,勿燒衣服,下牀褲亦勿燒,有舊衣服分給貧苦之人可也。勿焚錠箑,箱柜及一切紙札俱勿用。勿延僧道,必不得已,姑從俗例,但於眚期做一天,餘俱勿做。薦七尤宜謝絶。報喪僅至戚數家,稍遠者概勿報。棺木衣衾備齊,即日入殮。棺木價以五十元爲度,斂服用便衣。袄褲已備。長褂以二藍箭衣改之。只須添做對襟緞褂一件。元緞小帽,或竟禿頭亦可。尖頭緞靴。衾枕被褥用本國布。堂幔柗帷用青色布。位料用湖色綾。位式寫"清遺民顯考螻盦府君靈位"十一字。或寫仲宣亦可。旛幢銘旌概勿用。勿發訃。五期家祭一天。祭筵用尋常食品,以五六元爲度。糍團戲名俱勿用,吹手炮手俱勿用,親友如有送禮者,除輓詩輓聯外,一概奉璧。畫像照斂服,以禿頭爲合式。靈座滿一週年即撤去。葬期愈速愈妙,遲至百日爲度。鳳字圩墳究竟可葬與否,須汝立定主見,自行裁決,余不强迫也。以上所屬,乃治命,非亂命也,須一一遵照辦理。雖家中上下人等必有以余爲矯枉過正,不近人情者,汝切勿爲他摇惑,總以恪遵余言爲是。汝須知祖母年高,已是風中之燭,萬一不測,飾終之禮,自當從俗從宜,應有盡有,斷不得以余爲例。蓋祖母爲合宅之長,而余則依然幼喪也。汝母年亦六十,將來雖不能照余,亦宜從儉爲主。産業有限,而費用正多,此時若不稍留地步,將來何以支持。余不願拖累親友,亦不願貽累子孫。凡一切無益浮費,總須革除淨盡,勿稍遷就。至要!至要!此紙俟余易簀後,實貼靈前,俾衆周知,人當爲汝原諒也。事畢即照此録入譜中,用備後人鑒戒。此屬。甲寅七月朔日,螻盦氏病中手書。

庚申停柩被焚記

趙詒翼

大夫三月,士踰月,古禮葬期何其迫耶!嗚呼,葬者藏也。死者之骨一日未藏,即生者之憂一日未釋。人不能無死,死者未藏,生者復死;喪愈積則柩愈多,柩愈多則葬愈艱。始而因循,繼漸退縮,終且牽制。事變不可料,猝遇兵火,悔之無及。我家道咸年間,宅内停積十有餘柩,陰氣凝聚。夜有鼾睡聲自柩中出,聞者詫爲不祥,卒以柩多葬艱,姑置之。庚申四月,髮逆下竄。倉卒遷至朱家角祖塋祠屋，以行輩爲序，長居殯舍，幼居墓門。居墓門者四柩，從伯喆甫公、毅甫公，暨毅甫公配沈氏、敬甫公配陶氏也。未幾賊至，縱火，殯舍幸無恙，而墓門被燬，四柩燔焉。時賊勢方張，莫敢過問。越數月，乘間至焚次，撥灰燼拾殘骼，置之甕，埋東傳中段小墳上。久之，陶氏甕忽失所在，徧覓無蹤。光緒乙酉二月，將葬敬甫公之前三日，忽宅後南河埠一甕浮動而來。撈起視之，中有骨灰。家人謂即前所失甕也。納陶氏木主於中，蓋封甕口，與敬甫公合葬焉。嗚呼，是耶，非耶？其誰得而知也耶！雖然，以理揣之，幽明一也。其柩出鼾睡聲者，殆冥冥中逆知浩劫將臨，故作此聲以警告乎？其甕之失而復得，不先不後，適值葬期，殆英靈不泯，必求同穴而後安乎？噫，奇已！慘已！此四柩者皆無後。設有親生子女，在其悲痛爲何如耶？且墓門既燬，設不幸殃及殯舍，則十數柩同歸一炬，爲子孫者萬死莫贖。其悔恨又將何如耶？前車既覆，後車宜鑒。敬告我後人，遇有葬事，即未能恪遵古禮，大約有墳地者，百日爲期，無墳地者二年爲期，汲汲營辦，無因循，無退縮，無牽制風水吉凶、房户盛衰之説。一切屏絶，總期死者之骨早藏一日，生者之憂早釋一日，不至猝遇兵火，貽後悔於無窮斯已耳。光緒甲辰三月詒翼記。

津寓致懿甫五弟書

趙元益

前月廿五日，在滬接誦手函，藉聆一切。廿九日，上輪船即向若汀兄借一僕，船價共規平銀廿七兩。海中風浪迥異平常。行至茶山口，船主知風浪將大，即停船。初一辰刻開行，波濤可駭，雖不能喫飯，尚能眠睡，並未嘔吐。初三午刻到煙台，風平浪静，即能食粥二碗。初四晚抵埠，名紫竹林。上岸寓客棧，每日兩餐，每人二百四十文。地方尚清淨。初五，僱騾車拜客。見鄭玉軒觀察，知西太后之恙已有無錫薛撫屏觀察治之奏效，可無需進京。明日可往見伯相，以慰其想慕之意。即留飯。飯後往吕庭芷觀察寓中叙談。又往行營製造局拜王筱雲觀察，係伯相同鄉，前在上海製造局與兄同譯西書者。筱翁招兄搬至局内暫寓。舊友無庸客氣，即允之。晚間回客棧，初六僱轎上院見伯相，詢問甚詳。兄一一以實言相答。相云："汝以中醫參用西法甚好，可即在此考究西法醫道。"答云："上海譯書之事未了。"相云："尚有多少？"答云："尚有一年之功。"後送出，又問尚要下場否？答云："尚要下場。"後到道署，玉軒丈又留午飯。玉翁云："相意欲留津。"兄云："暫留則可，久留則上海之書不成，前功盡棄，殊可惜也！"吕庭翁請吃晚飯。亥刻回寓。今早王筱翁用本局之船來接，即搬至其局内。如是，房飯金可省，且待十天半月再定行止。津門天氣與南邊略同。街道頗難走，塵沙極多，氣燥而土濕，水味多鹹，蚊蠅亦多。轎車價鉅，動輒十餘里，難於久居。回想上海等處，事事甚便，真得福不知也。吕庭翁現會辦直隸賑務，眷口十餘人，每月薪水八十金，應酬繁多，竟不敷用。俄事周折頗多，政府以赦崇之罪爲媚俄之策，已落下乘。伯相與沈中堂不合。京師言官以伯相不早辦防務，交上彈章。伯相痛罵京官之不識時務，於禦夷之法未能統籌全局，但求速了，豈真能速了耶！兄此次北行，實爲行醫起見，不料爲薛撫屏所遏，時命之不通可知。撫屏診病宫中，並無需索，且能見聖母之容，賜御膳兩次，共三十六品。太醫院官陪商定方，共用藥五味。第一次是黄芪，服一劑即能睡能食。云是肝鬱之症，刻下尚須調理，未能出京。從此名振京師，亦醫林中佳話也。辛巳八月，寓津製造局發。

致懿甫五弟書

趙元益

初九日，二兒回寓，接讀初六日手書，得悉一切。喜事忙碌，有勞汀哥及吾弟奔走費神，殊爲歉仄。兄近患耳鳴，更甚於前，夜間不能酣睡。此等病服藥難效，故未求醫。飲食已復舊矣。趙與魏有姻婭之説，見之於震川先生文。兹令二兒將此篇全文鈔出。兄核其時代，似乎此時趙與魏皆居於正義相近，而魏之居於宅西。見於縣志及《信義志》，更無可疑。只須魏氏有舊譜可查，則是否可定矣。兄又命學兒將亂後所輯家譜先鈔一分，則近支可以備查。明年有友人往山東，意欲託其購《山東通志》一部，則十六世祖諱成，爲山東指揮使，謚靖節，亦當有實據可考矣。十四世祖諱煜，上海邑庠生。惜上海遊庠録始於本朝康熙年間，無可考。而十三世祖諱坦，成化時兩登副車，亦不載於《上海縣志》，此事最奇。然凡事只須誠心求之，自能明白。即如前年欲求陶氏嫂嫂之骨灰甕，在篩穀涇小墳上費半日之工毫無着落，其後骨灰甕忽自泗來，豈非奇事耶？仲季兩賢姪均得子，可喜之至。九月十五日，兄元益拜白。

英倫使館致懿甫五弟書

趙元益

五月十一日、廿五日，疊寄兩函，想已青及。人家子弟讀書最要，吾鄉苦無義塾培植貧窮子弟，兄有志未逮。然此事所關非淺，若早有人集款興辦，不但爲善舉，且大有益於風俗人心。學兒旨趣尚好，然詩文未得法，性急而少涵養之功，恐其無長心耳。今年令其從荔泉先生爲師。此公頗有實學，與兄是優貢同年，素來相好。渠本不收學徒，因兄再四相託，故勉强應允。言明别種學問皆可教授，惟時文不改。兄亦不强人以所難。伯雅姪會試卷場中看得如何？曾否出房？念念。兄前函慫恿請江霄緯教後生算學，開風氣而增智慧。此説能不成畫餅否？兄前與霄緯信中未敢提及，恐家中人無意於此也。外洋培植子弟之法無微不至，有義塾、小書院、大書院，考校獎勵無不周詳。人家有子弟而不令入塾讀書者，罰其父兄，所以農工商賈皆能看書寫字。至於史鑑、地理，爲讀書人必習之學，人人皆知。又國家設藏書院，令人管理其中，古今書籍靡不備載。另有兩室，一藏中國書，一藏日本書，每日有人在院觀鈔，至晚則歸，不准攜出。其官員皆與民心浹洽，每有大事，必集衆會議，至再至三，求不拂於民情而後已。所以，賦歛極重而民不以爲苛，園囿極廣而民不以爲大，貧民雖多，盜賊極少。街上巡捕待我華人格外周到。其未曾到過中國之西人，敬重華人出於至誠。在館同事俱言西人待人之厚道，華人萬不能及，嘖嘖稱羨，自愧弗如。其曾經到過中國者，不免狡滑，且有輕視之心。此其故何哉？看破而已矣！兄自適異國以來，深以不通語言爲憾。尋常之事求助於人，尚且不能曲折如志，其他學問之事，更無論矣！前在製造局尚可借譯書以考西學，今則虛度光陰耳。惜哉！惜哉！星使爲人忠厚，待兄極優，凡有宴會或廣眼界等事，諸同事未必盡有分者，兄必預焉，深以爲慙。秋冬間，星使移駐法京。兄或需隨節至巴黎，多一跋涉，極爲辛苦。英倫天氣無暑熱，日間穿夾衣，有時棉衣，夜間必須棉被。雖有西瓜，可不必喫。湘渠表兄遭大故後，身體康健否？晤時乞爲道念。念喬場後回南，諒已赴陽湖學署。聞常州府於六月廿六日院試取齊，則此時按臨蘇屬矣。西鄉獲雋幾位，便乞示知。庚寅八月朔日海外書。

英倫使館致懿甫五弟書

趙元益

接誦七月二十日手書,藉悉種切。來書言讀書人之苦,況算學,斷難旁及,亦是實情。必不得已,開一會課,亦爲誘掖之一法。兹就兄意想所及者,另紙開列數款,祈詳細酌改示復爲荷。兄在此眠食尚安,閒亦出遊,以擴眼界。外洋人情風俗與中華大有異同。其同者,如父兄之愛子弟,下民之畏官長,養老恤貧,彰善癉惡等是也。其異者:華人以知足知止爲上,西人則得步進步,不肯苟安;華人以秘密獨得爲貴,西人以通知傳佈爲公,藉千萬人之心思才力,推求道莪,進而益上;華人不願除舊更新,如或棄之,則不欲存之,西人則崇尚新奇之物,而先朝之服御,祖宗之遺物,以至斷簡殘編,簣桴土鼓,藏之院中,貯以玻匣,書明源委,任人往觀,可以知古今制度之變遷、俗尚之華樸;華人嗜利,每得不義之財,若欠債涉訟,不以爲奇,西人則精於求利,而不貪意外之財,如欲借錢,必向銀行抵押,定章不能不遵,故錢財涉訟之事絶少;前有隨員沈培莊有銀票一紙藏衣袋中,已忘之矣。將衣,付洗衣者持去。過一日,送還洗淨之衣,另呈銀票一紙,云在衣袋中得之。培莊恍然大悟,以爲失而復得,告諸同人,詫爲奇事。近有楊叔平遺要件於馬車内,車夫自己送來。華人居官爲發財計,西洋官俸足用,不取分外之財,竟有一二著名賠缺,必推舉身家殷實者爲之,當其推舉已定,富人不得諉卸,且有年限,不致無瓜代者;華人識字者少,且多游手好閒之輩,西洋則人皆識字,各有職業,謀生有策,則盜賊自少矣;中國四民絶少開心取樂之事,惟有迎神賽會爲一時之熱鬧,茶坊酒肆煙館圖片刻之歡娱,西人則日間各有職業,夜間物以類聚,喜習武者有溜冰、不過地滑如冰,非真冰也。打彈、放槍、擊劍之會,喜音樂者有彈琴唱曲之會,喜技藝者有照相繪圖之會,喜文學者有做詩習算、講各國方言、論古今文字之會。每會必數十人,或一二百人,戌刻聚集,子初散歸,所費無多,暢懷靡已。以上畧述中西風俗之同異,皆據事直書,非故欲抑中而揚西也。鴉片煙害人,在英國,明理之君子以爲此種貿易喪盡天良,深爲可恥,幾於大聲疾呼,痛哭流涕。無如在印度之總管,以爲中國人喜此一物,所以各省頗多種罌粟處,取漿做土。若印度不發售,中國自種者必更多。又印度經費大半出於煙土,若停此貿易,經費短絀,印度土人必思作亂,亦爲英國之患。因此成爲兩黨,一欲禁煙之黨,一欲保護印度之黨。各數百人,如水火之不相入。此等人俱在議院有官守者,故相持不下也。順直大水成災,薛星使倡捐四百金,合之英法兩館諸同人,共得一千二百金。兄亦捐七十金,實已竭力,故更加撙節,必四五箇月後方能復元也。吾鄉田禾甚茂,近日正在收割之時,惜疫氣過重,病故者多。此因身體虧損之故,不然疫不能侵也。燈下信筆書此,以當面譚。庚寅九月十七,英倫使館發。

法京使館致懿甫五弟書

趙元益

本月廿一日,接誦三月晦日手書,藉悉一切,欣慰無量。二小兒喜事,蒙吾弟撥冗赴申代爲照料,甚感! 甚慰! 兄十餘歲時即見徐雪村先生,如其與平常人不同,心欽敬之。後入製造局,與徐氏喬梓朝夕相叙,叨其指教,相得甚歡,故以長女配仲虎之二令郎。不意此女無福,因瘀而殤。兄因此懊悶不樂。仲虎知兄之意,故以其長女配我二小兒,仍結婚姻。此親事之原委也。現次女令其讀書習字,將來須加别種文藝,決意不纏足,爲親族中開一風氣。亦所以遵聖祖仁皇帝之諭旨也。此間春闈榜信須觀《申報》。明後日,《申報》必到。如伯雅大姪中式,兄擬於洋飯館請在法署諸同人暢敘數杯,以誌吾樂。吾鄉世情日薄,人情日洶。蕩口等處亦然。其故,因缺"富教"二字而國家法令亦有所不及也。兄欲設一義塾,由本家而推及里黨,但刻下力猶未逮,故不敢蹈空言之誚。如能得同志者二三人,則此事尚易爲力。吾弟居鄉爲人排難解紛,亦屬不得已之事。但遇强横無禮者,亦必稍稍懲戒,使其斂戢。此亦小經濟也。否則深居簡出,作避囂計,亦無不可。然恐吾弟勢有不能。近聞今上學習英文,侍讀者沈振之鐸,張遂初德彝。二君同文館出身,自去歲冬間起,已半載餘矣。兄身子觕適,六月中將往英倫小住。陳季同已定監禁之罪,大快人心。壬辰五月,巴黎使館書。

致仲宣二姪書

趙元益

前月杪寄回一函,并闈墨一本,諒已察收。愚近奉局憲之命往京師,與美國公使館參贊衛理君譯《英國史》一部。此書約二十册,前數年在滬已譯十分之七,今欲續成之,故有此舉。倘獲告成,爲吾國人第一等著述,當可留名五百年。昨總辦已下批諭,薪水每月五十金,房車費每月四十金,共合上海規銀九十兩。除留家用每月二十金外,餘爲京師之用,諒可不至告匱。愚久病不愈,脾泄如故,藉此改换水土,或能有益於身。此去以一載爲期,别無遺憾,惟先君明年百歲冥壽,不克親自追薦,至爲可痛。《野古集》近始印訂,兹送上連史紙者六部,毛太紙者十部。又《亭林餘集》十部,統希檢收,以便分贈城鄉親友中之好詩書者。愚約出月初二日,乘新裕輪船北行到京,後擬先住崑新會館,然後遷居内城。譯書之事在内城使館。惟此時會館何人主持、房屋能否居住、歷年租事統費我姪之心,殊抱不安,不知將來若何圖報耳。抵京當即有信,幸勿懸系。壬寅十月三十日,愚叔元益倚裝書。

撩棺代葬序

趙之驤

人爲萬物之靈,以其知有倫類耳。子思子曰:"仁者人也。"親親爲大,誰無父母?誰非人子?人子非父母不始,父母非人子不終。自鞠育顧復,以至養生送死,彼此相繫無時或釋。即使朽骨就枯,而精神血氣隱隱貫通,如滴血之類,彰明較著者也。邇來鄉閒窶貧,謀衣謀食,拮据萬狀,往往親没而無以爲殮,殮而無以爲葬,停棺浮厝,甚有暴露至數十年不復顧問者。此收埋代葬之事所以不得已而舉行也。今夏霪雨連緜,一派汪洋,水災更甚於癸未。兼之風浪大作,停厝之柩,隨風漂蕩,各處皆然。觸目傷心,莫此爲甚!時驤在局,議平糶事。談悉情形,金丈西屏、王君安甫,皆慨然太息,擬稟縣爲收撈計。而西屏長君蘭汀欣然引爲己任,即約同志數輩,僱舟喚役,按日出撈,編立字號,隨處擇高壟暫寄。時正酷暑,遇有新殯之柩,穢臭難親,而蘭汀辦事愈力。斯真激於義舉、不辭勞勩者矣!計方二十里,約撈數百柩。積潦未退,葬事議緩。入秋以來,水漸歸原,擬覓高曠之地。適家兄翼亭來局,慨然以祖遺户下冬區廿七圖鏤段圩高田八畝捐爲義冢。延相風水,擇十月吉日破土,挨次安葬。並捐置骨箱,拾骨以千計。初寄北邑廟澄觀堂,中夜熒熒有燐,且聞歎息之聲焉。孰謂朽骨無靈哉!善哉斯舉,可代凡爲人子者弭一終身大缺陷之端,并代凡爲父母者完一身後大不了之局。生順死安,仁至義盡,實心實力，無過於此。雖局中襄辦多人，而前蘭汀，後翼亭，兩君功德最鉅。至一切經費，各姓捐款，開貼示衆，不贅筆。今因蘭汀之請，爲序原委如此。

己未族弟成九月修譜之舉承先志也往來商酌者數十次予以年老多病又力綿未能勝任慙媿無地然祖若宗之罣念於胸中者日之所思形諸夢寐爰作歌以歷紀其實焉

趙　鈺

北轅釁起劇可憐，又復追隨南渡年。兵火幾經誰聚散，空存玉牒認先賢。康王南渡，其《嗣統畧》云："舉族有北轅之釁，蓋以宋之官族盡遭荼毒，而相隨南渡者聚散失考矣。"

回身覆戰鐵衣輕，到處柔矛雪浪生。驚看塵頭陣陣起，馳師死節意縱橫。靖節公，注見卷四。

峯高兩壁形如削，棧道千盤勢欲摧。忠孝兩全存後祀，行行拭淚首頻回。

真山真水足盤桓，遯蹟那堪血淚看。何日澄清棲海上，朝朝暮暮哭聲寒。柱峯公，注見卷四。

愁對潮痕悵落暉，且耕且讀復誰歸。承先無計還啟後，理亂無知總下幃。羅川公，注見卷四。

自古仁人原有後，兩登龍虎卻堪嗟。誰知恬退非因任，席上常懷氣自華。南棠公，注見卷四。

無那干戈動地來，經年波浪與塵埃。玉山頂上頻翹首，佳氣西偏紅葉堆。白田公，注見卷四。

闢得荒區幾百頃，屢經相度費精神。窮黎遠近思恩澤，卻在躬耕色笑親。弘生公，注見卷四。

仗義施仁天水翁，三人氣誼復誰同。至今盛德民猶念，試聽行歌答問中。敬村、小村、仰村公，注見卷四。

難弟難兄洵德門，怡怡一氣古風存。何當仲氏分枝派，伯叔雲仍總費論。太倉、玉峯俱相傳小村公的派。而敬村、仰村竟無考，唯墓在中潭。清明祭掃，纍纍三穴，如見當年太和氣象，不勝俯仰之感。

佳處可詩復讀書，芳規遥接玉山居。自從入籍登黌序，憶祖思宗有遂初。崑璠公，注見卷四。

思欲榮親效一官，英年早擢慶彈冠。如何未遂生平志，淚灑江村蔓草寒。麗台公，注見卷四。

雄心騎射志無雙，投筆長風氣未降。世事平陂空賫志，長留潔白映清江。貽繩公生當明季，善讀，工騎射，有大志。賫志早歿。妣陳太孺人撫孤守節。詳載《徐與喬庶常傳》。

鼎新應運欲光前，黌序重教雙璧聯。自是節門稱有後，何無紫誥慰幽泉。勿先公、明漢公俱有聲庠序，一時以爲苦節之報。唯以未及請旌爲憾耳。

厪念慈闈課後難，尊師重道寸心殫。懷才未抒生平志，百尺高桐空倚欄。勿先公仰體母意，延師歸。元恭亦得以教子成名。公之舊居有二桐，悉具參天拔地之勢。公每撫然曰："是琴瑟材也。可能爲清廟明堂器乎？"

尚義疏財意態雄，仁聲幾徧鹿城中。到今莫問當年事，蘭桂森森天道公。大父松崖公與伯祖西士公好讀書，俱有聲士林，尋以家計臨身，未得遂志。一生具肝膽，扶危濟困，不惜貲財。迄今故老猶能言其事。

卜宅星谿已四遷，曲隨親志任年年。家聲克振賡留蔭，更覺恩光奕後先。先嚴孝子唯默公，年十九隨父至鎮，在城已歷三遷。松崖公棄世時，兩弟未婚，一妹未嫁。先嚴以一身維持調護，讀書之外，兼及治産。三弟兄俱津津直上。而先嚴歿後，鈺以孝蹟聞於有司，得蒙入告，建坊、設祠，尤覺光前奕後矣。

德薄才庸啟後難，親恩莫報寸心彈。何年類錫殷餘望，白髮祈看雲路寬。鈺中歲喪妻，先君子即棄養，未能督課後人，以遂先君子望孫之願，抱恨良多。至乾隆庚戌萬壽，以先君子孝行上聞。恩予建坊入祠。邑宰王公曰："孝道大難，言孝更難。令先尊去世已久，先生猶明發有懷，不憚周折，以顯親之名，真孝子之後，復有孝子矣。"遂給"爾類永錫"額，"爲孝裔鈺立"云。

己酉大水竹枝詞

趙之驤

蒿目時艱夢寐驚，編氓何計免呼庚。抽毫摹寫饑荒象，泣訴哀鴻待哺情。
脩隄補蒔歷艱辛，希冀良苗槁復新。詎料更番風雨惡，田無高下盡沈淪。
一派汪洋圩岸無，片帆直駛不縈紆。千章夏木水中立，未入秋來葉早枯。
茅舍蘆棚風浪吞，人家零落不成村。欲留雞彘渾無地，漂蕩浮棺卻打門。
種魚蓺竹利循環，水到籬防一例刪。竹漸彫枯魚縱壑，臨流那禁淚潸潸。
男耕婦織兩相資，趕就營生待火炊。抱布哀號誰易粟，歸來兒女正啼飢。
惡歲從無到硯田，今番塾舍水盤旋。寒氊一席都裁撤，苜蓿盤空困暮年。
業經束手歎奇荒，天更因之降癘殃。那有餘貲營殮葬，遺骸徧野劇堪傷。
往年江北到災黎，設法安排慰耄倪。今欲移民就何處，連荒數省總銜悽。
催科剛罷賑捐開，孰是盈餘可散財。反覆哀求難見諾，任勞任怨爲誰來。

勸孝八則

趙元傑

顧復恩勤任拮据，百年罔極信非虛。每驚啼笑憐兒幼，最喜咿唔讀父書。轉眼星期諧靜好，傷心霜鬢歎蕭疏。慈烏反哺猶知孝，可以人而鳥不如？父母

人生不幸歎無兒，式穀惟憑猶子貽。迴憶祖宗原一本，即看姊妹總連枝。豈因積産錙銖競，願效承歡杖履隨。自古禮緣情以制，寢苫枕塊亦相宜。嗣父母

少孤抱恨泣終天，賴有含飴沐愛憐。兩世劬勞延弱息，半生心力竭衰年。陳情應許君恩乞，致敬須兼子職全。況復重闈隨具慶，門庭樂事倍歡然。祖父母

撫育辛勤總一般，猜嫌日積意何安。人言動説偏心待，姑息轉疑冷眼看。莫爲蘆花成匿怨，須知萱草賴承歡。卧冰求鯉千秋仰，恩義相孚本不難。繼母

相安嫡庶息煩言，一室天倫樂事存。敢恃冢君虧大禮，漫矜愛子負深恩。家庭詎可争名分，水木由來共本源。欲慰母心先慰父，至誠感格在晨昏。嫡母庶母

肅肅宵征賦抱衾，小星怨恨百年深。愛憐未識良人意，嫉忌難回大婦心。堂上青衣甘侍側，階前玉樹盼成陰。寄言膝下瞻依者，莫肆侈張冷語侵。生母

門衰户冷涕縱横，有子螟蛉勝所生。只爲蒸嘗縣似續，不辭婚冠費經營。早圖奉養關真性，竟復宗支太薄情。保抱扶持同罔極，何妨下氣并柔聲。恩撫父母

百年仰望在良人，定省相隨昏與晨。洗手羹湯勤力作，關心鞋履待更新。堂前烏養偕承志，花底鶯聲漫弄脣。淑慎温恭循婦道，莫將衣食厚私親。舅姑

懲淫八則

趙元傑

茫茫孽海總堪悲，況是相逢未嫁時。已恐摽梅成積怨，漫將贈芍賦新詩。漸顔强就朱繩

繫,没齒空留白璧疵。枉自才華稱宋玉,多情豔説隔牆窺。處女

無端鏡破復釵分,鸞鳳空懷舊日羣。痛抱孤兒惟飲泣,恩邀聖主總流芬。清脩雅願堅冰雪,殘夢何堪誤雨雲。但使琴心牢繫住,不知世有卓文君。寡婦

陰譴明刑報不誣,傷心何苦效登徒。琵琶暗抱應憐彼,琴瑟歡調盍守吾。怨切藁砧慚面目,慘連鋒刃殞頭顱。相逢邂逅休相問,知否羅敷自有夫。婦人

甘向朱門博一餐,含羞無奈迫饑寒。竟抛稚子心如割,每憶良人淚暗彈。挾勢應憐虧節易,謀生須識避嫌難。盧家老嫗君休笑,杜漸防微夢寐安。僕婦

鬻身只爲困貧窮,豈與牆花路柳同。鞭扑向宜寬責備,句挑況復迫牢籠。玷猶處子心何忍,配以良人計最工。縱使小星原可賦,也應獅吼慮河東。婢女

休將浪迹戀青樓,送舊迎新絮語柔。枉託三生成比翼,徒勞一曲費纏頭。黄金未許真情買,丹藥難期痼疾瘳。莫待蕭條空四壁,始慚兩字誤風流。娼妓

不隨時世鬭妝新,暮鼓晨鐘了此身。翦髮漫云非素志,捫心惟願滌紅塵。如何貝葉翻經地,竟作煙花賣笑人。縱説慈航能濟世,難將苦海渡迷津。尼姑

莫羡狡童貌似花,存心須念玉無瑕。何容視等衾裯抱,忍使羞貽巾幗加。斷袖歡承誠足鄙,偷香報慘亦堪嗟。餘桃固寵終亡國,況在尋常百姓家。俊童

(趙詒翼纂修《[江蘇崑山]趙氏家乘》,1919 年刻本)

鄭氏宗譜

歸葬外王父高秋岩公于常記

鄭　惠

外王父蘭陵高公秋岩，諱均，都統公孫也。援例未仕，遊楚北，没於嘉慶戊寅。無親屬。吾母爲外王父長女，撫衣冠盡禮，厝於鄂渚洪山寺，常泣諭惠等曰："苟家計稍充，當急歸汝外王父柩、汝外王母兩柩。汝從母四姨已自京扶歸，厝常州之某寺。詢汝玉虹舅氏，務求合窆焉。"惠謹誌之不敢忘。道光戊戌，母棄養。惠等扶母柩、外王父柩自楚歸，道出維揚，寄外王父柩於德星菴，奉母柩泝流歸白蒲鎮，以葬期遠，亟反揚州，先葬外王父母，蓋已亥中元後一日也。自白蒲喚船，榜人曰："夜夢一老人雇舟至某處，相遲久矣。"予訝甚，登舟。次日泊曲塘。十八日夜，榜人誤月爲曉，解纜三十里，天始曙。越日，預知壁虎橋被水，遂由攔江灞渡，晚抵江都，喜出望外。廿日，渡鈔關五里許，由德星菴移外王父柩至船，乘風渡如駛。廿二日晨，已至常州。苦無從覓都統公近派訪高氏裔。遇某肆唐源順有高氏，備陳顛末。詢及玉虹母舅，皆不之識。乞導覓親房，人頗難之。繼感予情詞，承遺命來，且告以恐近房力絀，窀穸之資一切備具。高氏凄然曰："吾姓三大支，最盛者南城與北城，都統後或出其中。"亟同訪求，訖無影響。家乘亦杳無所據。予益徬徨。而高氏同然一辭，謂予堅執遺囑，苦不得支派，無已，則別購佳壤妥爲營葬乎？聞之，不禁淚涔涔下。念吾母奉親歸葬之志積二十餘年，未嘗一日釋諸懷，彌留復諄囑至再三。今不獲外王父近房，即不能祔外王父於祖墓，更何以尋兩外王母未殯之柩同歸窆焉。豈惟非外王父之願，又何以慰吾母於九泉耶？悲愴之頃，頓憶吾母曾言，吾姑適江西熊氏。乃請復查家乘，始知外王父爲都統公四子所出，即都統公孫。譜附外祖姑適熊氏，並載吾母適如臯鄭氏壻，始恍然有據。蓋厥初未閱及者，以譜中書外王父諱"均"，而予所述爲"鈞"，行次攸分半字之乖誤耳。有葆珊舅氏，年七十九，嘗幕皖，老而家居，爲王父從子，玉虹其別號也。爲述外王父生平，屈指計外王父年且八十有九。予因請曰："甥奉遺命，外王父幸有塋可葬，兩外王母歿京師，久知從母已奉歸常，乞明示合葬，以妥幽靈。"舅氏詫曰："汝兩外王母櫬實寄都之龍泉寺。脱爲從母移歸，豈無見聞？母誤聽。"予又驚疑甚。此何等事，從母豈忍飾虚詞。且據吾婦備聞吾母與從母之共話，非得自傳聞者比。舅氏詞益峻。予方惶急間，忽憶從母之告吾母也，實嘉慶年事。舅氏之歸自皖也，則道光九年。幕遊數十載，恐家書不及詳，不可不質諸未出遊者。因請謁表兄篤其，請舅氏呼之出，則具述從母扶外王母兩槽歸厝之廟。道光丙戌，從母率表兄營葬於祖墓側，並爲外王父預留壙地。是知從母告吾母之言爲不虚，一時悲喜交集。舅氏善堪輿，諏七月二十四日爲吉。舅氏主葬。及期，舉族至如禮，葬費不肯受。請之堅，既葬，反其餘金。乃分贈表姪輩，約春秋無忘祭掃云。是夕，夢外王父來，衣常服，緩步行，笑容若可掬者。嗟乎，予弱冠奉母、幼弟、病兄、姊妹若而人幕遊於楚，困苦艱難，朝夕相依，惟吾外王父也。千有餘里之夐夐魂骨未安，廿有二載之諄諄殯宫相對，可哀也已。抑竊有私幸者，使吾母葬期迫蹙，即不能先葬外王父；某肆不遇高氏，歸葬何所適從？即憶及熊姓之姑，見葆珊舅氏，而泥外王父有娙玉虹之稱，勢必展轉因循，詎能葬速？矧舅氏力辯歸櫬之誣，則兩外王母將覓諸都門，而合葬詎能如期？旬日之間，若近若遠，若難若易，卒爲吾母合葬外王父母於祖墓。外王父在天之靈可以無憾，而吾母有知，亦庶幾無憾矣。清道光十九年歲次己亥秋七月。

（鄭承霖修、鄭振萬纂《［江蘇］如皋白蒲鄭氏族譜》，1926年鉛印本）

被擄記

鄭　楨

咸豐庚申三月，粵匪陷蘇垣。八月，陷虞城。辛酉二月朔，家燬於土匪一炬焦土。余因寓碧溪徐宅内人家也。同治壬戌十一月，李撫軍鴻章連復青浦、嘉定等縣，軍威大振。踞虞僞將駱國忠薙髮投(城)〔誠〕。十二月中旬，余從碧溪還家。時鄰境賊蹤徧竄，虞城首先返正，孑然無恃。未幾，蘇垣賊首李秀成率衆數萬，水陸進攻，礮聲晝夜不絶。余家距城五十里，城上發火槍火箭，黑夜望之，閃閃如電。時駱國忠守城歷月餘，危而復安。癸亥正月中旬，大兵駐紮福山港西，攻福山城。賊勢屢挫。有僞朝將者將從老龍王廟率賊往援。二月朔，賊始於各鄉鎮大肆擄掠，惟太界安靖，人民紛紛東避。初六初七日，足叔、蟾叔挈眷至横涇。父親意猶豫。余見賊氛甚惡，不避必遭禍，因以避勸。父親曰："避之餓死，不避爲戮，等死耳。"决意不避。初十日，余兄静軒、弟子壽各負被赴横涇，呼余同往。余不忍遺吾親，辭不往。至夜二更，斜月微明，四野聲寂。隨父親出外潛聽消息，既而返廬掩門。父親於門隙見燈光，啟視，則數賊踵門廬。無他户，不及逃。賊執父親，并執余。母親聲淚求放，賊舉刀刺父親肩下，釋之，而不釋余。解衣搜畢，繫辮刀柄，曳之去。至老龍王廟，僞營中宿焉。次日黎明，飯畢，鳴鑼啟行。賊衆以數千計。賊酋舉一旗委余，强從之。緣海城而西。日未午，抵福山，息於海城下墓田中，徧植其旗。賊以旗色分隊，每隊同色，約數十種，行則卷，止則舒，銜接三里餘。余步行不能歷遠，今值急步，半路傷足，痛甚，行緩。賊酋隨後擊以刀背，舉刃相示曰："不疾走，戮汝！"既息，仆地，痛益甚，襪底皆赤。解視之，兩蹠盡裂，血肉麋爛，不能立，作匍匐狀。賊見余無能爲役，舍之去。余倦卧墓田，漸昏黑，膝行就宿農舍，舍無人也。十二日黎明，鑼聲如沸。詢一老婦，知賊往福山西門接仗。詢姓，則歸氏。余竊喜有歸機。向老婦借欖憑之，行半里許，及鄧市，仍宿農舍。農係朱姓一老嫗，與二稚女居焉，食飲同之。老嫗歷舉父母、兄弟、妻室爲詢，余據實以對，言訖淚下。信宿而行。十四日，至花莊。一老嫗憐余欖重，易以輕者。始寸步難移，至是日行二三里。十五日，天雨沙，循鹽鐵塘而東，雞犬無聲。賊隊絡繹往來，竟過，不余顧。暮至陸巷橋，坐石上。羣賊過，詰余，余託詞以對。見余有飢色，出月餅二授余。余將藏之，賊笑曰："汝不食，將爲他毛奪。"又給百餘錢。賊去，分餅與農婦，留其一。次日，老婦食余脱粟薑羹。將行，送余過清墩塘。臨别，詢知爲顧姓。未刻，至盧木墩，男婦共聚。余以被擄告，重貲懇人車送。暮歸碧溪市。嗚呼，我生不辰，蒙此浩劫。己丑，訓蒙牛角尖程宅，偶至碧溪，内人談及往事，因誌其大畧如此。

游勝法寺看古松

鄭　鍾立齋

一寺廿餘徑，一徑八九松。一松千百尺，上有白雲封。一雲一閣起，一閣數僧止。一僧一卷經，盡在松聲裏。人謂寺之勝，不可青山離。無山誠少缺，有松亦足奇。松之狀夭矯，吾亦難窮追。解帶一當風，超絕紅塵宇。既爲弘景聽，復學淵明撫。天地不須春，樓臺一齊古。引我入香積，行與松盤旋。煮飯飽松子，烹茶起松煙。願乞百斛濤，響我書窗前。老僧摇手笑，我亦倦知還。回頭寺已失，惟有松参天。

舟次偶書

鄭　鍾

白鷗如散人，翛然沙岸頭。春山如美人，眉黛煙消愁。愛山兼愛鷗，有客坐於舟。問客胡爲來，無事此獨游。枕書與鷗臥，酌酒與山酹。閑雲巖空際，此意同悠悠。語山山不知，語鷗鷗自由。有情若無情，不可吝去留。桃花片片飛，杳然隨水流。

閒　遣

鄭　鍾

老似兒時味，咿唔斗室間。觀書如大海，閉户即深山。且喜塵蹤絕，翻疑日影閑。不堪凝目想，世事正多艱。

雨夜卧聞鄰院鼓琴

鄭　鍾

巷深逼衙鼓，春短苦霪霖。不耐挑燈坐，聊爲倚枕吟。哀鴻猶慘目，猛虎輒驚心。咫尺琴堂地，偏聞故里音。

與清巖上人行桃源澗

鄭　鍾

山翠未及上，松深緣澗行。鳥飛盤嶺勢，人語亂泉聲。漱玉静逾妙，濯纓寒且清。夕陽并僧坐，石上説無生。

泰伯基

鄭　鍾

虞嶺塚相望，延陵碑尚存。逸民有難弟，君子是賢孫。一洗蠻荒陋，千秋魯叟倫。仁風幸披拂,遥拜古松根。

閉户偶書

鄭 鐘

一篇僮約學王褒,閉户空憐日月慆。偶得奇聞時捧腹,由來薄俗慣吹毛。蓬門到客休題鳳,杏宛看人幾占鰲。釣水樵山非我事,莫因身賤誤稱高。

寒窗自遣

鄭 鐘

掃地焚香鎮下簾,静中物理可微覘。鏡光易暗翻因澈,筆壽難長衹爲尖。無用黠癡參各半,有誰福慧擅相兼。客來若喜閑茶話,試與《南華》妙諦拈。

其二

鄭 鐘

忍凍孤吟笑撚髭,未勾七筆愧蓮池。履冰戰戰懷修士,向火紛紛看乞兒。白醉簷前真樂境,黑甜枕上太初時。紙窗更約寒宵月,來畫梅花影一枝。

晚泊京口

鄭 鐘

楚雲吴雨兩迢迢,襆被秋涼夢寂寥。江樹遠明瓜渡火,風帆高送海門潮。故園晚景寒花發,客路新愁濁酒澆。何日二分明月上,玉簫聲裡到紅橋。

偕友人登金焦二山

鄭 鐘

登高極目豁胸襟,遥憶崑崙萬丈岑。月色斜迎師弟步,濤聲吼亂主賓吟。共談此際金陵古,最恨當初鐵鎖沈。聯袂歸來天已晚,未知衣濕露濃侵。

臘月初三日雪

鄭 鐘

今年村居苦不樂,耳底浪浪雨恒作。邇來街頭米勝珠,天寒閭井尤蕭索。有客窮愁抱蠹編,畏寒蝟縮蓬窗眠。開門忽驚萬樹白,玉龍攪空戰我前。鄰翁蹙額走相告,天公著意欺潦倒。布被多穿水潑床,炊煙欲斷塵生竈。輾然一笑勸勿憂,明年浪翠掀平疇。六花自古農家瑞,救荒先以二麥秋。君不見豪貴家擁貂炙獅箏琵譁,又不見清逸叟策蹇探梅澗溪走。伊余二者病未能,但卜豐稔歡先騰。尖叉禁體無定律,急烘臘酒邀吟朋。會須斷續飛三白,更與田公笑嚇嚇。

乞人嘆

鄭　鐘

淒淒切切愁雲昏，哀鴻呌天天不聞。皇天仁愛育黎首，胡爲流民匍伏來紛紛。飢之溺之寒之切，鳩鵠之狀慘斯絕。吹簫早噤戰齒風，托鉢長衝沒骭雪。嗟來當路又何辭，蹴爾此時遑弗屑。豈無桑梓敦古風，賙卹少助涓埃功。然而朝設一糜夕捨一襖力易窮，博施濟衆聖猶病。坐見縱横餓殍填溝中：溝中人既填，填者不可救。溝中人未填，填者矧多又。活民善政古良多，而乃議蠲議賑法徒守。吁嗟乎，議蠲議賑非良謨，何不急遞銀臺一上流民圖。

游武林湖

鄭　錦挹翠

夢想西湖已數秋，今從湖上泛輕舟。兩隄横束分明鏡，絕閣中開瞰碧流。帝子故宫春樹合，梵王精舍暮鐘浮。欣瞻十景邀宸翰，到處停橈爲少留。

冬夜有感

鄭　錦

長夜無眠百慮生，欲攻難破是愁城。疏櫺月照燈微影，破紙窗虚風作聲。身擁薄衾如縮蝟，心當逆境似懸旌。夢魂欲放華胥去，爲促譙樓快轉更。

偶成二首

鄭孟貴麓香

村僻少喧雜，可以任高眠。竹樹含秀色，清風咽流泉。氣和道始達，味淡神乃全。開卷得真益，探囊無一錢。豈敢學高蹈，勵志期無愆。偶鄙秦俗薄，頗懷范公賢。

其　二

鄭孟貴

周親竟無人，至友更誰在。兀兀守一經，豈能救凍餒。西望青青山，北瞻漫漫海。山海有變遷，我心終不改。時運既不偶，埋沒亦何悔。留此堅貞心，知音待千載。

晚　眺

鄭孟貴

閑步適平疇，斷雲銜落日。愁思眇何依，天外鴻飛一。

雪　霽

鄭孟貴

晚來飛罷雪，雲散月當頭。佳景休辜負，前村有酒不？

菊　影

鄭　蕙蔭堦

金粟如來好悟禪，數株入室作因緣。花離真相才稱淡，人對秋風亦自憐。欲採愁無香落手，未飡訝已蛻爲仙。陶公玩此彌耽愛，他愛琴時不用弦。

其　二

疏籬一角認黄昏，淡露精神瘦露痕。便欲忘形交隱士，渾難按譜識孤根。尊開九日三人共，畫到全身[illegible]色論。却笑風流張子野，秋花未解入詞翻。

瓶　梅

鄭蘭金琴谷

忍寒高處仰娉婷，折取孤芳浸膽瓶。擬報美人青玉案，恍逢高士冷泉亭。一枝遮莫江南寄，數點微聞硯北馨。好伴清吟春滿座，不愁風色透疏櫺。

花　影

鄭蘭金

濃春疏影杏花枝，空色無端自轉移。小院日高風定後，曲欄雲破月來時。畫中葉亂鶯聲寂，緑外香多蝶意癡。錦繡一堆人莫掃，芙蓉鏡裏鬥丰姿。

竹　韻

鄭蘭金

萬箇篔簹護小樓，不風庭院也颼颼。隔花誰戛千竿玉，警夢新添一夜秋。是處繞廊攙漏點，幾回敲月認簾鈎。那須截管柯亭裏，逸響丁丁趣倍幽。

茶　烟

鄭蘭金

竹鑪閑爇柳陰中，煙捲玲瓏半榻風。篆意遠参飛絮白，絲痕輕颺落花紅。湯浮蟹眼香微襲，簾鎖蝦須影細通。幸得小窗無個事，十分清景付詩筒。

夜聞風雨不寐枕上口占

鄭光祖梅軒

攪林風復雨，頻使旅魂驚。頭爲秋聲白，心餘夜氣清。百年空蟻夢，萬感動雞鳴。隱約山城裏，傳籌殺五更。

寓樓坐雨

鄭光祖

吴門停幾日，耳底但淙淙。有約空投簡，無聊獨倚窗。屐聲忙曉市，帆影渺春江。可得占晴喜，花開昨夜釭。

夜涼吟孟襄陽句

鄭光祖

疏雨斷還滴，微雲淡不收。一聲何處笛，遥隔幾家樓。書味漸宜夜，詩情無限秋。長吟浩然句，清妙有誰酬。

春日即事

鄭光祖

芙蓉帳暖麝香烘，淡蕩春光點綴工。芳草馬蹄三月景，落花燕剪一簾風。重重秀色山留翠，樹樹濃陰杏尚紅。此刻槐黄忙舉子，追隨送客大江東。

題寒翠所時窗外有雁來紅與盆梅

鄭光祖

行行飛白又飛花，寫罷《黄庭》寫《法華》。滿地松陰迷鶴夢，隔窗煙雨穩鷗家。逢人但學方三拜，吟事還輸温八叉。一笑雁來紅又老，天涯春色上梅丫。

詠黄雞冠

鄭光祖

爲是當年報曉功，玉皇恩賜一頭紅。如今貴王中央色，頂上金光現化工。

和雅香游仙詩原韻

鄭光祖

一聲長嘯破空來，無數黄花特地開。欲向神仙通一語，寒香啜茗供平臺。

往延陵舅氏適玉堂供菊

鄭光祖

名葩多種別紅黄，讌客安排四座香。莫道花神非富貴，不終籬下過重陽。

菊　影

鄭光祖

主人有酒待黄昏，紙帳情留數百盆。金屋藏嬌秋有夢，銀蟬到圃夜離魂。

訪郟氏玩菊

鄭光祖

購求多種種前場，澆灌秋來日日忙。花到重陽如有約，天教三徑不全荒。

和雅香游仙詩原韻

鄭珅璜少巖

看雲僧去鶴飛來，秦漢桃花萬古開。拍盡洪崖肩上雪，飛身吟過玉清臺。

自　嘲

鄭孔灼訥園

莫笑先生拙，年來計慮長。盆餘供鼠飯，甕蓄養雞糧。夜詠燃枯竹，晨酤括敝囊。閑時拚一醉，穩住水雲鄉。

夜　起

鄭孔灼

酷熱難成寐，行看夜未央。棲梁雙燕穩，點水萬螢忙。有月雲俱好，無風露亦涼。欲尋佳夢去，更與酒商量。

野　步

鄭孔炌

乘輿過橋東，前溪曲徑通。霜濃欺路草，風急捲征篷。雁叫寒雲黑，人驚野燒紅。欲談幽隱趣，來訪鹿皮翁。

誌　夢

鄭孔炌

浪游不在遠，美酒不在多。凡事宜知足，過之將如何。人生世間如輕塵之棲弱草，安能將富貴壽考齊包羅？春寒夜岑寂，積思生睡魔。瑶臺昨夜天風清，乘雲御氣舉身輕。衆真騎鶴引我去，飛躡元闗朝玉京。鈞天樂奏，仙韶齊鳴。天帝乃命素女鼓瑟，子晉吹笙。杳冥恍惚無邊際，龍旗鸞輅相縱横。一聲霹靂蛟龍吼，中心惻惻神魂驚。賜我刀圭藥，食之能長生。忽然夢醒汗如雨，一輪紅日東方明。披衣静坐自嗟駭，莊生蝴蝶非虚假。揮毫率爾作長歌，萬斛源泉忽傾瀉。

消夏雜詠二首

鄭孔炌

閉門疑與世相離，鎮日消閑但賦詩。一院荷香新雨後，半窗山影夕陽時。遶籬竹密秋歸早，隔岸林深月到遲。欲識予懷何處是，白雲深處結心期。

籬落柴門隱士家，賞心隨處總堪嘉。閑看鬬蟻縱横陣，静數游蜂早晚衙。草徑露濃知夜雨，隔墻香好識隣花。當前妙趣添情興，吟罷新詩自煮茶。

消夏雜詠二首

鄭孔炌

遶籬修竹隱浮橋，兩岸蒲蘆入望遥。一榻清風半庭月，夜窗非雨亦蕭蕭。

長日無非詩債償，一甌清茗瀹枯腸。阿儂佳句從何得，半在溪雲半夕陽。

崑山蔡湘濱四十初度并賀添丁之喜

鄭孔炌

我初至君家，廿四方英年。君甫離襁褓，頭角露嶄然。椿萱蔭并茂，棠棣枝相聯。自此雪鴻影，間歲時周旋。刹那卅餘載，歷歷猶目前。流光付逝水，金石交彌堅。君今值強仕，我忽成華顛。衰朽甘牖下，怵哉祖生鞭。況當懸弧辰，適開湯餅筵。充閭有佳氣，朗如玉山巔。未勞佛抱送，紅雲裹來鮮。擘脯更進酒，何必烏爪仙。羣賢爲君集，好春爲君妍。多男復多壽，歡祝駢巴箋。酌君以大斗，醉過花朝天。蔡君誕辰二月十日。

四月二十二日集小瑯嬛仙館飲主人出詩稿見示別後戲柬即書其稿後

鄭孔灼

讀君案上詩,飲君壺中酒。酒味衆人分,詩味一人有。君詩豈我專,人自不領取。君酒亦人同,我又難消受。醉人酒百盃,醉我詩千首。故知詩中味,美出酒之右。即詩當酒飲,心醉不從口。想君下筆時,大酋爲監守。庀遴潔而良,醖釀深且久。其冽澄然清,其醇盎然厚。梨花石凍春,枉笑虛名負。歸來頹玉山,坐忘肩輿走。急欲把詩吟,恍被馫香誘。譬如嗜酒人,未醒杯在手。我固不能飲,此詩酌大斗。博君浮一白,知味許我否?

秋杪飲繡屏風館呈方子漁表兄

鄭孔灼

孟夏到君堂,槐榆滿庭緑。兹行及秋暮,蕭蕭聞落木。榮枯自物理,所嗟歲不熟。憶我去此堂,君旋拜門辱。冒雨送君歸,自此聲如瀑。登樓欲望君,白水空極目。相見終有時,心目殊所觸。前來廿餘里,桑麻色沃沃。今來叢葦菅,寒潦浸頹屋。前來把盞歡,催詩刻紅燭。今來各憫災,詩亦慘難讀。彈指半年無,光景何翻覆。惟幸頑健同,彼此逃魚腹。主人忽粲然,子來僅信宿。不樂復何爲,臨歧徒蹙蹙。爲子肅觴政,今夕談心曲。若犯杞人憂,罰酒依金谷。一笑姑頷之,霜燈淡黄菊。

聞鄰兒書聲感賦

鄭孔灼

午窗静無事,隔水聞書聲。琅琅誦圓美,令我喜悦生。問心何爲喜,結習自少成。恍憶爲兒時,家塾開三楹。緑陰半侵户,永晝當長嬴。羣從四五輩,展讀書縱横。課嚴晚未輟,蛟市雷轟鳴。師命掩書退,雀躍垂涼行。俛仰幾寒暑,頭雪盈千莖。此景渺難再,寂寞依蓬衡。轉喜忽又悲,百感中心攖。不如游華胥,一枕來風清。

初 寒 書 感

鄭孔灼

悲感誠何益,又當蕭瑟辰。自應甘濩落,豈必誤因循。兒女能催老,文章不捄贫。黄金輿隸耀,吾道日酸辛。

苦潦兼酷熱賦此遣懷

鄭孔灼

長嬴時灑雨,小暑驀轟雷。坐甑愁難出,翻盆駭又來。客争薰白芷,農苦倒黄梅。我似驚弓鳥,天心望早回。

重至半野新莊

鄭孔灼

春風吹幾宿，潑眼頓繁華。繞磴蹤猶在，憑欄興倍加。燕輕低掠草，蜨重遠馱花。只恐紅深處，迷人路易差。

歲暮恕醉山房偶成

鄭孔灼

凍日半無色，客懷殊黯然。重雲低薄暮，一雪送殘年。浪迹鴻泥感，勞生馬磨憐。主人意清絶，預約探梅天。

寓齋遣懷

鄭孔灼

此境即空谷，足音無一人。簾深難辨書，裘重始知春。老豈甘諧俗，貧尤貴守真。登樓非作賦，且覽艷陽辰。

净土歌和礪之

鄭孔灼

悲哉世人愚且瞽，不識娑婆爲穢土。有身常被五濁纏，沈溺無邊苦海苦。濟彼沈溺須慈航，慈航不遠瞻西方，一彈指頃便可到。十萬億國無藩墻，其土清净名極樂。莊嚴妙好非虛荒，重重行樹重欄繞。一池周匝圍七寶，蓮花吐艷天花飛。高下色香具微妙，琅琅天樂奏雅音。迦陵頻伽并命鳥，半空樓閣祥雲排。金珠琉璃與瑪瑙，諸佛讚嘆徧十方。不同縹緲三神島，衆生發願願生往。靈臺一點藏丹誠，善根深種善芽長。報緣將盡金仙迎，面睹玉毫親授記。直到阿鞞跋致地，塵塵刹刹諸善人。覺岸同登會一處，光明身相智慧開。壽命無量同如來，不聞三塗更六道。阿僧祇劫離輪迴，極樂之樂樂如此，仙窟天堂俱莫比。如何夢幻泡影身，閻浮提中任生死。一生不斷貪睨癡，未識五戒三皈持。墮入惡道如箭射，及此悔悟嗟已遲。驢胎馬腹及衆畜，猛火寒冰諸地獄。或作餓鬼聚銕圍，咽如鍼孔腹如谷。普度不遇菩薩來，幾生幾劫人身復？人間富貴良有緣，人福報盡功唐捐。天上歡娱縱可羨，天福享滿五衰現。怎如一瓣心香栽，菩提圓果蓮爲胎。横超三千欲色界，穩坐九品金銀臺。此意人人知道好，能締信心者獨少。情絲縈繫愛網牽，世俗塵緣何日了。六時合十禮彌陀，心無彌陀可奈何。我友悲世婆心切，勸人行願無蹉跎。真諦有似宣金口，妙旨無異聞《楞伽》。我詩不工難聳聽，請聽我友吟高歌。

上陽宫鑠詞

鄭孔灼

華清宫中海棠睡，多少如花愁灑淚。美人潛配上陽宫，葳蕤鑠盡蛾眉翠。梅花雪夜夢魂清，獨倚雕欄太瘦生。慰情一斛珍珠好，賦到樓東也怨聲。一曲《霓裳》聽未了，霎時天上餘音杳。宫女娉婷盡白頭，他年謄有談開寶。有情天子李三郎，兒女由來繾綣長。進御儘看充下陳，忍教幽閉到嬪嫱。一自太真來入選，六宫不接君王面。紅顔隊隊又行行，旋去掖庭居别院。上陽宫邃掩重扉，戢翅文鸞盡礙飛。紈扇秋風悲漢女，畫圖何日寫明妃。香銷玉減春無色，零落長門永巷側。緑衣監使守宫來，風動浪當金屈戍。人間隔斷幾重樓，漏洩春光禁得不？紅葉傳情皆恨事，征袍寄怨自風流。驪山宫闕長生殿，轉盼時光陵谷變。緑苔重疊壞垣封，樵蘇來拾遺釵鈿。千秋留落小金魚，何處田家出晚鋤。幾經阿監青蛾手，三字模糊篆籀書。人道上陽基址古，遺事無徵知底許。漫憑五寸一須筒，無端指摘楊家女。當年誦德萬聲同，怨女三千放出宫。一歌七德分明在，不説玄宗説太宗。

過徐市明徐司空故宅見戚少保梁上擲劍痕

鄭孔灼

華堂開讌樺燭紅，座上有客真英雄。把酒談兵豪興發，當筵吐氣如長虹。島夷蹂躪東南土，千里蔓延血戰苦。將軍精練士三千，疾掃鯨波息鞞鼓。人傳犀利日本刀，怎識錦鞘奇鋒韜。離奇密結鴛鴦陣，陣中騰出龍一條。縱横夭矯隨所向，攪碎鮫宫飛赤浪。從此受鉞移薊方，邊境連年清海瘴。數奇祇惜慳封侯，一編紀要遺神謀。世亂七星燭霄漢，時平三尺埋荒丘。不知何年過此地，腰間牢繫干將器。想當海氛未靖時，來就司空策邊議。酒酣耳熱起舞來，不待午夜荒雞催。霜花亂灑電光閃，四座相顧顔如灰。至今斗拱屹未朽，鱗血斑斑塵積久。時移代易樂太平，簷下無人一舉首。

邵蘭風先生遺照閬風屬題先生名廣銓，閬風兄也，客死都中。

鄭孔灼

咄哉才人久落魄，何復戹之死於客。有才無命今古然，此意蒼蒼誰扣得？或云才人多生天，身後名仍隸仙籍。曼卿當主芙蓉城，子建應主遮須國。先生之才不世才，瑶京或者置一席。即無其事生非虚，一領青衫人競識。韓衮王雱寂寂名，千秋不廢劉蕡策。祇嗟堂上有慈親，重山一隔重泉隔。慘累歸期望竟虚，白頭老淚長沾臆。古岑居士閬風自號。孝弟人，每到披圖心惻惻。欲走長安路一條，怕觸親心默不説。我更囑君什襲藏，莫對同堂展此册。

觀高蹺戲

鄭孔灼

己酉上元後二日，曉泊吴閶，金鼓大震。或言楚商高蹺戲，爲江神金龍四大王賽會。予往視之。其技以木丈餘約束雙股間，步走如常，人附從者及百，洵奇觀也。按《列子》，宋有蘭子以技干宋元君，以雙枝長倍其身，屬脛并馳。《楊升庵外集》："趫，音敲。緣木行戲。"則此技由來尚矣。

世人行險出奇技，軀命直與鴻毛比。走索娉婷女子誇，抛堉踴躍兒童喜。翻空梯及上刀山，賭勝紛紛集鄉里。我來吴市偶嬉游，上元春燈值未收。火樹銀花滿街巷，徹宵鉦鼓無時休。忽然鼎沸人人訝，我亦奔趨足飛跨。是何高高木不顛，披髮塗臉更驚怕。手垂碧瓦勢尚懸，頭挫紅樓影相亞。得非東魯狄僑如，還似昆陽巨無霸。股慄旁觀彼豈知，危橋窄徑整以暇。喧傳社賽會金龍，鴂舌楚民半多詐。吾聞蘭子技干人，雙枝屬脛倍長身。此(枝)〔技〕原非自今始，胡弗媚人偏媚神。神也聲靈濯且赫，江邊廟貌盈千百。若將藉此迓神庥，恐類偃師怒遭嚇。湘江歸矣慎風濤，莫向此都惡作劇。

壽許琴南先生七十

鄭孔灼

平生不喜讀壽詩，況乃摇筆自爲之。青瞳緑髮堆滿紙，不論何人皆可施。香山洛杜恣撏撦，儗不於倫尤可嗤。琴南先生今七十，春觴抃祝多陳詞。余曰不然如先生者竟不老，不知紀年良復好。碧天爲侶月爲朋，人間甲子何足道。男兒不必頂上珊瑚紅，亦復不必坐擁銅山雄。打頭屋底有真樂，富貴仰視浮雲空。先生之胸無不有，蕭然高寄如五柳。古今過眼萬卷書，物我忘骸一杯酒。先生之風懷葛民，渾渾噩噩誰其鄰？君不見華封以前無祝嘏，有筆難寫太古春。自吾山城作小住，翹首琴東渺煙樹。閑雲知道往來輕，一瓣心香爲誰炷。揭來問字停溪船，玉卮親捧流霞鮮。郎君綵衣亦起舞，有詩非補南陔篇。惟願丁卯橋頭月長好，寄真閣畔花長妍。迷花醉月年復年，神仙隱逸可以合傳編。立言無體語太傎，先生其然豈其然，掀髯大笑松風前。

送方子華表兄計偕入都三首

鄭孔灼

春觴裁罷餞杯傾，分隔雲泥在此行。冠蓋已交京洛滿，門墻重占甲科榮。夔梅先生以丁丑捷南宫。桃花縣古名終俗，苜蓿槃高味太清。正好東風吹緑草，送君一路到蓬瀛。

自悵荆花折兩枝，多蒙昆季盡心知。方期聽雨連床地，更話看山出塞時。兄前年出居庸關，至赤城諸處。裘馬又輕千里别，壎篪纔合一年吹。古來家食賢人少，雲樹春天媿我思。

軟紅兩載戀京華，畫壁旗亭妙句誇。仙隊霓裳今好詠，壯懷霜髩未須嗟。客裝遠帶新年雪，春色先探上苑花。早晚捷書傳海曲，泥金應照白鷗家。

梅李道中即事書寄子漁

鄭孔灼

臨行忘卻共消魂，帶笑談詩送出門。瞥爾塵囂離市闠，翛然風物愛郊原。焙茶香出紅墻寺，打麥聲來緑樹村。得句肩輿聊寫寄，朱榴花底勸開樽。

正月十二日偕王君寶之周君鴐鄉家侄小岑凡七人探城西諸勝傍晚小飲

鄭孔灼

纔泊東風郭外船，討春已得竹林賢。溪山引我饒清興，裙屐隨人愧少年。尚父湖光摇屋裏，蕭梁臺影落池邊。點衣莫撲梅花雪，陳跡明朝便渺然。

杏　　花限三江，内嵌“水村山郭寒食清明”八字四首。

鄭孔灼

盈盈春色水連江，清卧愁難聽雨降。明出短墻欹白粉，寒消深巷鬧紅腔。部門晴騎探金榜，村店風旗醉玉缸。食指朝來渾欲動，分香調酪話山窗。

清宵聽徹雨飛淙，開遍春林望曉江。郭外馬聲探一一，村前燕影畫雙雙。半紅半白明山塢，輕暖輕寒近水窻。惆悵天涯多旅食，花時歸思定難降。

及第春風艷曲江，清華凡卉盡教降。拂墻明麗枝窺一，簪帽尖寒髩壓雙。水驛山程中酒意，晴村雨郭賣花腔。不堪消息鄉園隔，眠食年來寄客窗。

緑楊城郭泛吴艭，錯認桃花水一江。錦障春憨明艷絶，玉樓人醉薄寒降。山邊雨細耕犁影，村裏風清牧笛腔。最是羈懷朝食罷，粥香餳白憶南邦。

家雨亭叔祖招賞牡丹即席呈子瀟先生三首

鄭孔灼

見公兩度牡丹前，除卻名花不降仙。鷗國煙波雖有伴，龍門聲價豈無緣。難求美艷姚黄種，幸續清平李白篇。從此香山圖畫裏，春風長願拂瓊筵。

玉堂聲價佩珊珊，得共春光倚畫欄。沾丐半生詩卷味，趨陪一夕酒杯懽。若非霞彩連枝耀，未免風流顧影單。香霧正濃人易散，留公更覺比花難。

長健吾家鶴髮翁，林泉歸卧擁千紅。春濃并駐神仙壽，客貴宜游錦繡叢。應共簪花消髩雪，詎云置驛本宗風。持盃願向先生乞，彩筆傳來自夢中。

分詠牡丹

鄭孔灼

姚　黄

羞比秋容鞠傲霜，加袍端合拜真王，招腰自舞金裙艷，映面如流玉瓚香。唐相府中新奏曲，軒皇殿上正垂裳。緑衣莫向春風賦，萬葉扶花不敢藏。

魏　紫

洛陽春海浩生瀾，摇漾花光欲辨難。徽省清華傳彩筆，芝泥思寵錫朱欄。銅臺國色三分據，函谷神仙一氣團。獨得東皇金帶賜，枝頭雨露不曾乾。

火　輪

陸渾山上駕霞車，即是韓郎頃刻花。赤日曈曈消障翳，緑雲睒睒發光華。猶含新火清明景，最稱朱輪富貴家。莫怪燭天奇氣燄，妖紅甘自讓羣葩。

小桃紅

露井芳華忽再逢，嫣然一笑玉堂中。艷濃不爲含巫雨，色好差堪亞國風。移上枝頭如可代，映來人面又相同。劉郎若被沉香召，前度春光宛未空。

水晶球

雕鏤天巧欲生稜，骨重神寒蝶見憎。簾隔玲瓏光不辨，盤隨宛轉舞難勝。渾疑夜月游羣玉，未許春風化老冰。若使脂痕紅一捻，觸屏如有曉霞凝。

緑　苞

花葉分書苦費才，緑陰如水混樓臺。堆宜翠被寒猶怯，梳就雲鬟曉爲催。金谷珠明羣艷失，玉堂衫舞少年來。綺琴彈向春風裏，重譜清平曲一回。

賦得杏花春雨江南三江十二韻

鄭孔灼

花事南朝話未曨，胭脂漲雨送淙淙。十分杏鬧融成海，一派春濃潑到江。小店油款寒食幕，前村醅壓昨宵缸。劇迷楚尾吴頭景，定繞餳簫牧笛腔。觸去詩情鶯囀百，勾來畫本燕飛雙。玉樓消息聽今夜，金粉繁華憶故邦。遮處簾應丁字隔，鬥時錦肯午橋降。瓜州墨擁天低樹，桃渡紅浮水拍艭。不住喧嘩忙蠟屐，那堪惆悵對銀釭。繡圍巷陌紛馳馬，煙鎖郊墟接吠尨。路路酒旗風颭郭，家家歌板霧横窗。先生歸賞芳林在，快向鷗波掛緑篷。

賦得籬菊十五咸三十韻

鄭孔灼

落薔消息幽廬問，掃徑商飈葉似芟。幾度編籬還闢町，頻年種菊爲棲巖。榮傳小正隨鴻遰，信到柴關倩鶴監。重九鵑頭曾掩映，尺三麃眼最空嵌。但晞破曉吹黄霧，便約登高繞翠嵒。鱗次排齊形整整，髾毛簪擬態髟髟。筒因乍灌枝猶泫，鈴想初圓蕊尚緘。瓊朵麗誇甫里筆，碧叢涼倚少陵鑱。再窺東閣嗟懷舊，一笑南山悔落凡。月露風情秋士照，煙霞性格冷卿銜。宅邊摘把陶謀醉，江上餐英屈避讒。瘦沽燈前摹隱逸，甘回枕底辟酸鹹。有時偶指方摇櫓，無數餘芬逐掛帆。石地僧鞋添黯黯，霜天客座話喃喃。玲瓏玉質丰姿俊，莊重金剛色相嚴。劉苑垂絲含杏粉，秦川染墨肖梅黬。韻浮寂寂常飄袖，影寫娟娟半漾衫。十八園香留作殿，百千牌字會須劖。寅丸藥味爭延壽，辛頌花神感至誠。界紙軒窗圍雪帳，剪旗洞户颺風縿。兼糧付與詩翁飽，送酒豈嫌太守饞。蜚語聽殘餘晚蝶，蟹螯持訪勝春蝛。攀援耆德渾身束，評判茆齋任意杴。

久化也如蘭室夏，淡交應許竹林咸。沿畦歷歷蛩相守，覆砌鮮鮮雀詎餡。老不受憐仍枳棘，寒偏宜伴只松杉。補藩更待青鸞長，給俸休憑紫兔毚。擕橘并堪充玳席，賞楓遲復洗銀椷。蕭蕭最合冬心護，采采將歸女手摻。漫道朱門長絕足，例封四品捧琅函。

和前人游仙詩

鄭孔灼

當年移棹洞天來，夾岸桃花爛熳開。寄語漁郎休問渡，人間春色在雲臺。

侄月香昆仲惠洞庭山新茶次日又惠鰣魚走筆賦謝

鄭孔灼

吴山春茗品超羣，浣滌塵煩最策勳。我感清芬誦先世，箬封猶帶洞庭雲。

其　二

纔分碧乳又銀鱗，老我殘牙飽德頻。釣水探山風味別，天教兩美一時新。

和董君竹泉梁溪道中原韻十首

鄭孔灼

吴槳聲中又一鄉，知君逸興未渠央。此來不負名山意，酒冽泉清子細嘗。
芙蓉湖近隱湖遥，手掬秋光月滿瓢。吟筆一枝心萬里，九龍山下試題橋。
花竹空傳罨畫溪，此間緑樹映長堤。小金山外明秋水，無數帆檣夕照西。
自笑當年意更癡，孤帆留戀獨歸遲。幾回倚暢園邊石，鵠立松風讀御詩。
晚涼水閣照驚鴻，紅粉青山掩映中。卻怪詩心秋似洗，煙花不染一襟風。
石銚塼爐碧檻前，飛流噴雪雨餘天。傲君一事君休笑，曾酌中泠第一泉。
高風梅里挹餘清，憑弔應深落日情。回望仲雍山翠小，古懷鄉思一時生。
清秘風流渺翠巒，秋煙誰掃尺縑寬。船窗一抹山平遠，猶作雲林畫意看。
天香飄處掉舟逢，夜半冰輪湧缺峰。吟到清光渾得意，何人爲打五更鐘。
望湖閣下暮帆收，短李尋詩幾泛舟。從此昔游追不了，一般風月古今秋。

歸杏初辟雍硯銘

鄭孔灼

是圓非方，池周其旁。通於墨海，乃流湯湯。濯磨道德，以近天子之光。

鐘硯銘

鄭孔灼

是琢磨之所成，或叩之而不鳴。及其發於文也，淵乎兼金石之聲。

囊硯銘

鄭孔灼

中富有，外墨守。謹爾筆端，无譽无咎。

漢長生未央瓦硯銘

鄭孔灼

三千年漢宫春，七八寸咸陽土。慶汝瓦全，充吾硯譜。茂陵風雨氣猶潤，西京文字色自古。

沈梅卿古銅犧硯滴銘

鄭孔灼

得坤之體腹能受，潤我石田功不朽。被繡而榮，不如鑄金而壽。

沈梅卿太極硯銘

鄭孔灼

元黄未割，孕此秀靈。既雕既琢，亦踐斯形。嗚呼，是理學家之圈兒，脱者用之，勿滴露而點《羲經》。梅卿奉佛，故云。

宋宣和鐵骨汝窑梅花筆洗銘一首蟹青色，背有蟠螭。

鄭孔灼

越山峰翠，趙家火德，是何錚錚者！韜文采而涵古春，濯此江毫五色。

題畫

鄭　熥屺芳

梧竹修以潔，山徑窈且深。幽人捲畫坐，静聽流水音。回看白雲起，靉靉生夕陰。翛然契幽寂，張琴寫我心。

訪菊郟氏齋中

鄭　熥屺芳

訪菊偕同人，入村秋氣肅。霜容逗林表，丹碧攢簇簇。笑余人事疏，戀此清幽筑。柴門對南山，野水護修竹。村翁性素高，受植東籬菊。霜質暨冰姿，羅列在茅屋。見我出門迎，殷勤著冠服。談笑殊率真，童僕亦雍睦。烹茗餐花英，清芬散幽馥。物我兩無繫，坦懷忘碌碌。

九月十五夜玩月

鄭　熥

月出净無雲，村居愛幽境。攜尊到小庭，佳趣獨心領。銀河星斗稀，菊花風露冷。披衣玩物華，徘徊戀清景。秋林颯有聲，虛窗紛竹影。超然遠塵俗，吾心澹彌静。

秋晚泛舟尚湖

鄭　熥

陟磴還臨水，輕舠漾碧流。山光凝遠岫，雲氣散芳洲。波浪浮空静，煙霞向晚收。劇憐無客伴，醉臥蓼溪頭。

游韜光寺

鄭　熥

聞説韜光好，名僧此坐禪。有山皆種竹，無澗不飛泉。寺古穹碑矗，樓高暮靄連。何人空色相，白傅契真詮。

游漪園

鄭　熥

結構傍平汀，尋春屐暫停。水連千澗白，山逼一樓青。鐘梵隔深樹，空明敞畫櫺。策筇游興嫩，小艇泛浮萍。

漁樂圖

鄭　熥

漁舟摇破春江雨，泛宅浮家何處所。晚來移泊柳陰中，釣得鱸魚三尺許。烹鱸魚，酤且酹，讙呼飽及小兒女。君不見一篙水漲春正深，好向桃源尋舊侣。

訪菊郊氏齋中

鄭　熥

偶乘落照步閑郊，寂寂柴門且試敲。我覓寒花如訪舊，人逢老圃合論交。香當入座杯初泛，荄肯分栽譜續鈔。爲戀夕英談笑永，歸來月已掛林梢。

題　　畫

鄭　熥

碧梧翠竹影沉沉，一片閑雲生夕陰。正是山翁吟賞處，滿溪流水映禪心。

夏日口占

鄭　熥

柳陰深鎖水雲鄉，兩岸荷花送晚涼。最是碧筒沈醉後，數聲牧笛弄斜陽。

春暮有感

鄭希曾唯齋

無心鎮日倚簾櫳，風雨江南遍落紅。蝴蝶不知春已去，笑他猶在醉鄉中。

瓶　　菊

鄭兆蘭芳舟

幾朵寒葩瓶内栽，枝枝向佛笑顔開。無根尚傲疑仙骨，有艷非誇破玉胎。採處籬邊原次第，供來几上任徘徊。他年成酒稱觴壽，色色香香豈讓梅。

梨　　花

鄭兆蘭芳舟

素質娉娉領艷陽，春風寒食侍東皇。倚欄忽訝梅添葉，遶屋仍疑雪有香。小蝶宿花雲護粉，雛鶯穿樹月流黄。何須壓帽傳佳話，合具金樽與洗粧。

春日閑居

鄭兆馨稷堂

曲徑碧纖纖，春深柳覆檐。露濃花醉日，風暖蝶穿簾。火活煎茶淡，吟成得韻嚴。琴囊與書籍，贏得一身廉。

夜　坐

鄭兆馨

悵悵欲何之，閑庭静坐時。月懸千里鏡，星布一天碁。風動花先覺，雲歸客未知。舊游看漸貴，誰復寄新詩。

懷　古

鄭兆馨

遠山青似黛，嫩草緑於油。莫問南朝事，長江水自流。

夜　坐

鄭兆馨

葉落風鳴樹，庭空月到窗。夜深清不寐，對影自成雙。

望　月集唐

鄭兆馨

昨夜星辰昨夜風，满階梧葉月明中。同來玩月人何處，水遠山遥處處同。

春暮見行乞有感

鄭國柱樂亭

負手適通衢，一望青葱木。哀哉路上人，百結鶉衣服。形容似蝟團，面目如鬼哭。曳杖走長途，沿門乞錢穀。一見惻然憐，贈以一升粟。問彼住何鄉，何以爲煢獨？答言世爲農，種田西山麓。人多口食艱，家貧無儲蓄。年豐猶拮据，荒歉遭顛覆。自從去年來，淫雨漲溪谷。積水淹禾苗，秋風破茅屋。八口待嗷嗷，飢腸苦轆轆。含淚學齊人，豈復憚羞縮。一家盡漂散，不得顧骨肉。終日走東西，所得不盈匊。野菜雜糟糠，藉作饘與粥。過夕不謀朝，阻饑難望熟。年衰氣力微，一死恐不速。低頭聞此言，中心愈慘蹙。頗存胞與懷，力薄自愧恧。鄉里待仁人，郡邑望賢牧。普賑諸貧窮，同享昇平福。

紅　梅

鄭國柱

孤山香冷粉妝濃，疑是桃花帶露紅。換骨是誰敷絳雪，酡顔定爲醉春風。三分寒艷明霞剪，一片冰心麗日烘。狼籍胭脂君莫怨，歲寒高節總相同。

绿　梅

鄭國柱

姑射仙人本淡粧，早春新試碧雲裳。橫窗祇覺苔無色，映竹仍疑葉有香。青女立風垂翠袖，緑珠待月墜明璫。遥憐雪後孤村路，認作溪邊嫩柳長。

春　日

鄭國柱

書齋景物倍鮮妍，桃破紅腮柳放烟。早起鈎簾春似海，夜吟閉户室如船。月移樹影窺窗隙，風送花香到枕邊。爲愛清閑閑不得，但能心静即神仙。

重修祠堂碑記

鄭士泰

祠堂之設，兩漢多建於墓所。《朱子家禮》亦以將營宫室先立祠堂爲訓。吾族世居洞庭西山之角里，自高祖施宇公始遷於虞，一傳至伊仲公，再傳至敬菴公，敦孝友，好施與。西林鄂相國爾泰父子先後給匾旌善行，里中矜式焉。雍正間，建祠堂以奉神主，旁有亭池，壘石爲山，雜植花木。蓋尊祖敬宗收族之意存焉矣。嘗慨然訓先君子輩曰："家運何常，人事宜盡。吾歿後，汝等春秋展祀，當與諸子姓念世澤綿延，紹承不易，相期無忝祖考，勿徒視爲春秋佳日游目騁懷地也。至勤墉塗塈，固所望於有後弗棄基耳。"先君子既婁躓場屋，退而行善於鄉，於水源木本之意尤切。與叔父謁翠公歲時修葺，不敢懈迨。後泰及省吾公亦敬承祖訓，盡心補苴。自兄捐館舍，泰宦滇六年，歸謁宗祠，則傾圮殊甚。歲丁巳，率諸侄重新之，閲四月而落成。仰瞻榱桷，俯瞰几筵，幸風景之如昔，冀靈爽之式憑。吾祖吾宗庶幾扶杖來游，欣然於敝廬無恙耶。泰不敏，未克光大前業，所願凡吾與祭者世世子孫恪守敬菴公垂裕之心，締造之力，以德載福，以和致祥，庶斯祠得永保勿替也夫。是爲記。

清嘉慶二年仲冬士泰立。

續修祠堂記

鄭兆嘉

《大戴禮》云："君子將營宫室，宗廟爲先。"後世非王侯不得稱廟，故漢諸祠習見於史。至宋，新安朱子亦以營宫室必先建祠爲訓。蓋祠也者，所以奉饗祀而妥先靈者也。不綦重歟！吾族自高祖敬菴公家道寖昌，因時立祠。至嘉慶二年，雨亭公宦歸，鳩工修治，瞻視一新，因述吾祖垂裕之心，與己纘承之力，作記勒石以諭後昆，意至深焉。越六十餘載，經庚申亂，復多毁壞，而繕治之舉因絀費，屢議不行。嗣後崩折傾圮之狀日甚一日。時值丁丑春，謁祠薦新，叔父與吾兄慨然曰：吾祖自遷虞以來，迄今歷二百餘載，族大支繁，衣食所司較敬菴公時有增無減，而宗祏數椽之庇尚難完善，非特春秋祭祀無以聚族於斯，其何以上承建祠立碑之意，下示世世子孫繼承於勿替耶？

爰撰工程議補築,計時日,量土木,命嘉執其事。嘉雖不敏,萬不敢辭。遂於是秋率諸侄暨諸侄孫輩庀材籌款,擇日興工,同力贊襄,閱旬乃畢。凡屋宇、垣墻、門堦、廊户悉由舊章。越明年春,挑濬墓河,於旁隙地補蒔松楸,而功粗告備焉。吁,雖無當於追報之意,而重振前模有基勿壞,俾後之謁吾祖者登堂瞻拜,俯歷堦除,得覩前人遺意所在,則修葺之功誠不可緩。吾祖有知,亦不致怨恫於九京也夫。至工費若干,及各房籌貲名數,另紙開存。後有作者,得所考焉。

清光緒四年杪秋裔孫兆嘉記。

殯 舍 記

佚 名

吾族自遷虞以來,歷有年所。其間如各房之建祖祠,築祖塋,立義莊,置義田,極意經營,無非爲敬宗收族之計。意至良,法至美。而殯舍獨付闕如,非所以安神靈嘉魂魄也。惟以殯舍名古制不可考。按《(擅)〔檀〕弓》云:夏后氏殯於阼階,殷人殯於兩楹之間,周人殯於賓階。殯之云者,亦孝子不忍死其親之意,與今人於親終之後,不忍遽葬其親,停柩於室者意頗吻合。吾族支派日繁,遇有大故,或因房屋淵隘,或因迷信風水,致靈柩無安置之所,亦吾輩之恨事也。爰於今歲春祭時,由麗仁等集族中長幼有建創殯舍之議,而族長亦甚贊同。於是集資若干,卜吉於敬菴公宗祠之北,構屋三楹。於孟夏興工,不逾月而落成。題曰"鄭氏殯舍",以爲停柩之所。庶後之人欲行殯禮者,不致有向隅之嘆也。是爲記。

(清鄭浩文等輯《[江蘇常熟]虞山鄭氏支譜》 1915年木活字本)

永禁外繼議

鄭文蘭

古人繼嗣,大宗無子,則以族人之子續之,取其氣脈相爲感通,以嚴非族之祀。後世理義不明,不肯顯立同宗之子,或潛養異姓以混宗,或纂繼中表以奉祭。《春秋》書莒人滅鄫,言以異姓主祭,滅亡之道;秦以呂絕;晉以牛絕:可不鑒哉!近以女子之子爲後,爲姓異而氣通。不知賈充以外孫韓謐爲後,而太常博士秦秀議其昏亂紀度。世有不幸無後,欲令父祖不至失祀,親派無可入繼,寧擇同族疏屬允之。國立異姓爲後則曰滅,家立異姓爲後則口亡。爲繼子者,庇身他族,忘情本根,惡可爲訓。故於同族嚴外繼之條,不於異姓絕本親之服。其或入爲後之情同於四孤,擇可繼之人危於一綫。則生以爲養,死以爲葬,以奉其先,猶愈於荒塚纍纍,鬼自求食。此四孤之舍己以從人,報恩之深也。與一綫之垂絕而旁繫遭變之正也,準之情理,亦有可通。然而非我族類,其心必異。受恩者别立宫宇而祭之,毋遽呼人作父也。老而無兒者,非擇繼於同宗,則祔食於先祖,無異姓亂宗之懼,而血食不致冥絕焉。此計之善也。吾宗惟餘十七繼内侄鍾之祥、長十四繼仇子陳志千。乾隆六年,蘭父葺譜,已從族議入譜。今以前事無可更革,特立外繼横直二圖,各附譜末,不令入行,不令主祭。俾覽者曉然於異姓奉後,不能統屬之義。而外繼因而止息,是則蘭區區之意也。乃集宗長議,前之外繼不删,以存厚也。後之外繼不入,以保宗也。凡我族人,守兹議無斁。

(清鄭文琪修輯《[浙江會稽]稽南鄭氏宗譜》 嘉慶二十一年德遺堂木活字本)

劉氏宗譜

白蕩橋祖墓公祭始末記

劉兆霖

白蕩橋西有浜焉，名爲大漁池，水勢環抱，形如側立荷花，其蒂余曾祖金聲公阡焉。伯祖定祥公、祖耀章公，相繼附葬，距今蓋七十年餘矣。丁巳春，胞兄鏡堂與堂弟範中、侄耀廷及余議，墳上祭田僅存壹畝捌分，不足供祭掃之費。砂山祖墓有公田七畝餘六八，兩房輪年收執。不如將此田輪年所入租籽併入曾祖墳上，以後四房俱長子、長孫執管，二年一輪，庶幾收入稍裕，以便集腋成裘。異日子孫蕃衍，臨奠之期，增置數席，以次團坐，共饜祭餘，均沾先澤，稍伸水源木本之思，無忘同氣連枝之誼。是即敬宗睦族之微意也。議成，遂以爲例。無何，不數年，粵匪攪亂，飢饉相仍。草創甫就，而余兄鏡堂遽於丙寅冬執手永訣矣。棟折榱崩，余甚慟焉。略識數言，以表兄志，亦以明兹事之所自始云爾。

同治七年歲次戊辰季春月，曾孫兆霖澍三氏謹錄。

乾隆甲子宗祠落成丁亥續譜付梓皆資衆力共擎予得酬素志賦詩誌喜

劉臣鳳

赤伏支傳楚水濱，遠來江上衍麟振。安靈合食宗祠建，收族搜遺譜牒陳。行葦常華聯几席，丹瓜豐芑耀門闌。區區心事渾難已，周恤孤窮莫厭頻。

喜宗祠告成

劉臣虎

卜築經營焕此堂，廿年締造奉蒸嘗。門臨流水知源遠，繼序應思世澤長。

續修宗譜梓成誌喜

劉秉鑑

舊牒經三世，蕃生歲益多。葛藟常衛本，祭祀合先河。編纂兒孫事，搜羅家老過。莫云詳版籍，敦睦願無訛。

續修宗譜告竣紀事

劉晉謽

夏肆殷遺世澤流，椒綿瓞衍布方州。赤符傳派需詳核，藜火分燈在博求。源自楚荆敦具邇，居臨涇水念貽謀。請看富貴浮雲變，沽酒烹羊足獻酬。

宗祠落成

劉桂芳

門外清潭跨彩虹，寢成今日慰幽宫。分支湘水源流遠，合族江皋譜系通。俎豆儼承新手澤，衣冠猶振舊儒風。子孫入廟宜思敬，世世無忘締造功。

康熙丙寅冬先曾祖衡若公增輯宗譜付梓迄乾隆丁亥堂叔祖天策公倡修續譜戊子季春鏤板工竣計前後八十三載幸先傳之不墜喜繼起之有人詩以紀事

劉　濟

祖德傳家乘，孫謀未克振。平聲。仰資宗老力，故牒又重新。源溯留河畔，支分涇水濱。尊卑咸序列，少長不紛陳。法式仍嚴肅，詞章益炳麟。鳩工亥歲晚，成帙子年辰。禮義爲耕耨，詩書作廩囷。儒門珠璧在，垂訓歷千春。

乙巳生男誌喜

劉欽文

三春譜事局初開，報道家中育小孩。寒素門庭無别望，榮宗祈上讀書臺。

戊申纂修宗譜告竣感成二律

劉欽文

經營五載敢辭劬，事未垂成意不愉。爲族忘家無罣碍，任勞泯怨費躊躇。功如填海休云瘁，力等移山儘笑愚。採訪專司頻往返，而今始喜得隋珠。

受兄付託效馳驅，跋涉飢寒敢憚劬。雖異秦灰搜白玉，幾同孔壁得明珠。輕收租稅人間有，豁免丁捐世上無。私喜中年心力壯，尚能詳校手編摹。

久留宗祠雜興四首

劉欽文

祠宇鴻開倚水涯，秋光風景似仙家。桂香飄後人添興，又向籬邊看菊花。

享堂富貴果非誇，匾額高懸等宦銜。孝子慈孫來上壽，三春正發玉蘭花。
我生也愛玉蘭花，好與琴書作一家。相對卧床頻入夢，覺來新試惠泉茶。
宗譜刊成願欲賒，幾將此事作生涯。何時得屆中秋節，連步雲梯折桂花。

續修宗譜告竣感懷

劉增華

譜事梓成在目前，原來計劃已多年。支繁族大非容易，一脈淵源世代傳。
追想戊申四十年，續修宗譜續承先。西馳東走忘勞碌，源遠搜羅費斡旋。

（劉耀璋等纂修《［江蘇江陰］劉氏宗譜》 1946 年樹德堂木活字本）

閩行問族記

劉宏模

人生聚散亦何常之有哉。予年四十有四，才疏志陋，僻處鄉閭，寡交游，鮮外出，甘心緋罍，如醯雞然，老且死是，造化棄物耳。然風晨月夕，不無遠舉之懷；飯糗茹荼，間有牢騷之句。感今思昔，意緒紛然。他若快友談心，數長征之逸興；臨書眉舉，誦懸弧之舊言，未嘗不軒軒而神欲動也。歲丁亥春季，里叔翰良隻影南行，問族音，通舊好也。於出門日，代簡致問閩族啓達公及子奏先，因二十有九年來會於我地，兹往得毋心慰云。行未數月，返步北歸，口述往來形勝，乃爲筆之于册，以詔繼往者云。

自家抵蘇，過浙杭，出杭之正陽門，渡錢塘江，至富陽縣。舟行百二十餘里，即桐廬。水名桐江，行三十餘里，嚴子陵釣臺在焉，遂爲嚴州界。經蘭溪，經龍游，而衢州在望矣。徑至常山，路百餘里，係清河馬頭。束裝奔走約百三十餘里，見康郎山。山有三峰，怪石插天。昔人曾吟句云："康郎三片石，緣何不接天。"吟未成，而以病卒。後人常聞空中吟此二句。一秀士續云："一朝雲霧起，天與石相連。"後遂不復吟。自此去四十餘里，乃爲仙霞嶺。半嶺，有朱文公手書"登天然"三字碑石。過此爲五顯嶺，爲陽巖界，乃屬建省下爲浦城縣。從陽巖界至大陽墩，至峰閣，有烏山寺，劉氏散居焉。會族本立及子長源。長源恒在蘇閶生理，乃晤奏先。時贅居彭姓家焉。自峰閣至大渾二十里，再至九龍岡，連火燒嶺，路甚險。至梅嶺，至翁墩，又有劉氏居焉，係白水公後裔。會聖榮、聖葵及啓達長子俊亮。到五夫里，會觀賜、雲燦、橘仙。里後係祖韐公相府基及屏山書院。院中塑像，朱文公配享。基前有玉帶山。山上有朱文公讀書茅亭遺址。基後有龍涯水、蜈蚣山、紗帽山。基旁有澗，澗中有石，名鯉魚上金盤。又有山名獅子把水口二牛相鬭山，再去四十里，至開善寺。寺係劉氏香火寺，旁係韐公、屏山公墓。墓上碑石字跡模糊。其山名拱宸山。山多佳果，南棗、楊梅、脬兒，其大略也。二祖生前讀書此山下，歿即葬斯。至重六街，係建陽縣界，有異井欄，係鐵成，子午潮，井水溢出，味甘美。亦有劉氏居焉。會學賢、煜甫。至建陽縣中，會伯涵。仲涵俱庠生。離縣城五里，遍産澤瀉。有勒馬山堤，相傳萬曆年間，有野馬出入至此，因名焉。過十八灘，灘名天灘、掛灘、走馬灘、阿彌陀佛灘、雷公灘、鑼鼓灘、鴨母灘、老虎灘，餘俱未過，而險已令人魂怖矣。到邱園，會玉淞及其侄。三十里，至建寧府，劉氏宗祠在焉。有門人朱晦菴書先賢劉屏山祠額匾聯甚富。其一聯云："學有淵源，見韋齋之善爲子計;統承孔孟,徵文公之不負師傅。"又一聯云:"父子承家,倡正學,翼皇猷,海內共稱三不朽;祖孫殉國,振綱常,敦節義,人間誰似五先生。"會天猷、帝寵。轉至建陽縣,往西門,至馬舖,會英奴。五里即考亭,有文公書院。二十里至麻沙。往西即白塔山,險高無比,雲霧俱在山腰,上常朗然。此閩中最高山也。於麻沙會又崔、嗣武,俱武庠。二人係翱公派。再二里,至渡頭,會懋公、采共。二十里,至書坊,係文公藏書之所。有孔聖廟,廟中塑像四賢,亦像諸賢木主。會周侯、慎聞、冀聞。冀聞諱駿,己卯鄉科。自書坊至小園,亦有劉氏居焉。就近有鳳凰山,山頂亦建文公書院。與庠生丹客登焉。歸崇安縣。縣中多名賢祠,胡劉朱蔡爲最。縣南門外武夷山,産名茶。有文公手栽茶樹二本。旁有書院,多石巖。此在閩游觀日也。計到閩,在途二十餘日,居閩族四十餘日。值霪雨水災,山流下溢。建寧府城西北隅陰雨崩壞,族居麻沙橋衝斷。人民溺死者轉相告語,潸然泣下。作别起程,出縣西門,至小漿舖,有崇安關征税焉。至分水關,山頂有奇石,如婦人攜子立嶺,山名望夫石,土名"望郎回"。至車盤,有楊娘子試劍石,石上書"切玉"二字。至石溪,達江西廣信府,龍虎山在望,真人世居,奇峰怪石,一路皆是。至玉山縣,仍至常山,附舟至杭,至蘇,至錫,返棹故鄉,而夏將徂矣。

噫,我祖以宋末避難,徙居江省常郡武邑之芳茂山。歷元明本朝而往建省者,止一中明公,後無嗣往者。及閩族啓達來探,又歷十數年,而我叔始往。豈非間關跋涉,道阻且長,畏勞而苟安歟?旋宗之日,云啓達歿已四載。長子俊良、次子奏先,俱光父業。奏先舌耕自樂。而閩族以丁亥科試游庠者十四人,麻沙、馬舖、五夫盛衰不一。而五夫里居者止三人,又令人生感。且云,宗譜新稿已成,雖未付剞劂,族人倘有好義者捐資往閩,會刻載歸,庶桑梓故里,音問不疏,而世裔昭然,後可恪守。予日望之。

時康熙四十六年歲次丁亥,屏山公二十世孫宏模識。

捐祭記

劉宇和

子孫之於祖考,猶水之有源,木之有本也。無論世家巨族,即小姓寒門,鮮有不創建祠宇,尊崇祀典者。況我始祖屏山公以道德學問爲朱文公師,蒙聖恩,春秋遣官致祭,尤宜盡誠盡敬,增輝俎豆,以不忘其所自始也。遯齋公始居毘陵之新安,樂隱公即構家祠,使後世子孫擴充,朝夕聚首於斯,習禮義以明倫紀,常存僾愾,無匱蒸嘗。後有閩省宗賢守備常州,謁家祠,而請按察使龔公道立撰碑記,雖未能美輪美奂,而先祖之靈已無怨恫矣。嘉慶八年四月,豹彩、逢源等具呈,爲賢祠宜邀祀典,叩恩詳請。由縣府司批,候督撫學三院准,於該縣編祭節省銀內每年春秋兩季撥給銀兩,與各先賢一體委員致祭毋違。嗣後,奉常州府知府每年兩次委員致祭。子孫奔走在廟,肅肅雝雝,誰敢不竭其誠敬者。惟産業漸薄,費用難支,輪值之年不勝竭蹶。爰立捐款,無不踴躍樂從。計捐錢三百餘千,生息以爲春秋祭費。是誠木本水源之意,儼江漢之朝宗於海,葛藟之庇其本根也。是爲記。

道光九年四月　日,屏山公二十四世孫宇和拜撰。

斌公派歸宗志

劉尚質

明歲進士蕤軒公諱斌,性好讀書,寒暑不輟,端莊渾厚,澹泊誠篤。萬曆壬寅,入府泮。癸卯,補廩。天啓丙寅,推爲歲進士,贅於府學前沈宅。遂覓宅府學內而城居焉。元配沈孺人,勤儉持家,相夫教子,可以風世。生三子:長育恩,郡庠生;季育懋,考職經歷;仲育志,習儒醫。祇因舊宅新安,城鄉遥隔,後起音問殊疎,未通聞問者忽忽二百餘載,歷世十葉於兹矣。今嘉慶己未歲,新安公祠邀集族衆興修譜牒。有族賢採訪過余。余不勝忻躍,將公遷城之由,以及歷傳支分,增入新譜而記續之。庶後世子孫開卷瞭然,得悉木本水源,抑尊卑有别矣。是爲志。

嘉慶四年仲冬　遯齋公十四世孫尚質謹識。

陳墅歸宗記

劉尚質

嘉慶四年,歲在己未仲秋之初,會于宗祠續修譜也。有尚德、維皋、乾學等來自陳墅,偕分內价藩、浩汶瞻拜於宗祠階下。謂吾等曰:"家乘其將勒矣,願收而錄之。"獨是修譜所以收族也,而濫取適以亂宗。詢其支派,稱自遯齋公八世孫鐸公、九世孫歡公,挈子相公,於嘉靖初由新安遷居陳墅。吾等因其言之鑿鑿,遂細翻舊譜,果於富三公世系圖內見有載鐸、歡二公者。此下皆未入譜。考其時二百餘年,計其次十有餘世。今遽收錄,猶恐歷年久遠,難以支分而派别也。斯時,尚德等即以近代世系兩本呈出。係邑庠生加脩公所錄,遷祖而後,繼繼繩繩,瞭如指掌,豈非二公在天之靈得于數百年後又有纘而錄之者哉!雖然譜以定名分,以别尊卑,而彼之世系果與吾族之昭穆次序秩然不紊、昭然可信者,終莫敢決。越數日,請仙於祠內。有二世祖樂隱公降乩,瞻拜之下,即以此事問乩。判云:"數百年前門內事,爾曹莫作等閑看。"於是敬奉祖訓,告諸通族,祭奠之下,遂收而勒諸宗譜。爲之後者,庶幾展卷而識祖宗之靈,且勿疑吾等濫收而鮮據也。爰執筆以記之。

通族公記。

(劉坤道等纂修《[江蘇毘陵]新安劉氏宗譜》 1948年佩三堂木活字本)

譜帙落成賦

劉家烈

溯天地之已定,人聚族而爲居。暨水土之既平,君錫爵而賜姓。劉氏始受於陶唐,先澤久傳乎歌詠。然而居處易方,世代迭更,源遠流長,枝繁花盛,莫不賴有家乘,庶幾秉乎宗正。爾乃漢室代興彭城世系,皇明基命播兹湖衡。系已歷十八九世,時幾越四百餘年。覩瓜瓞雲礽之盛,厪木本水源之淵。取歷代之舊説,作一家之新編。或居位後,或居位先。或眉壽而降,或弱齡而前。垂髫戴白,聯班次於一室;大宗小宗,相參錯於几筵。藴大德者必錄,行一義有必傳。生固書其歲月,没亦紀其墓阡。節孝不遺於巾幗,禮數必擯諸老禪。若夫宗盟之誓,異姓爲後;

族黨之誼,以齒爲彰。元老不列於邗晉,五叔得偕於孟唐。繼祖繼禰,辨大與小之異;議遷議毁,秉祧不祧之章。入廟而序昭穆,致祭而叶笙簧。豈禮盛而敬弛,敢厚德而薄償。先門内而申孝悌,統一家而鼓和祥。歲時伏臘,方將遠追南國;郊原設奠,何至誤拜汾陽。於是紀月書年,編字分部,各宜珍存,以資裨補。毋譏淺常,毋訾觀縷。毋爲物殘,毋畀他主。毋舍本而務末,毋數典而忘祖。思往哲之可追,念吾輩之作苦。時披閲以流連,即生平之規矩。當春秋之告虔,按循序以速取。方今聖天子尊祖敬宗之意久徧諭於閭閻,我一家返本窮源之書將遺訓於孫曾。慶子孫之之振振,歌螽斯之繩繩。世業未墜,靈爽式憑。馥郁蘭芽,應向庭前秀發;杖藜太乙,仍燃祿閣輝映。爰綴以詞曰:崧嶽效靈兮,生甫及申。海隅振藻兮,王之藎臣。子姓碁布星羅於宇宙兮,皆搢笏而垂紳。維大明之受命兮,度三湘而卜鄰。迄今四百餘年兮,陳籩豆而薦藻蘋。玆聚族而成譜帙兮,序昭穆而一新。雖枝繁而花簇兮,疇不條晰於等倫。爰編字以各給兮,幸守之而常珍。異日光大門閭兮,是所望於後人。

時咸豐十一年歲次辛酉仲秋月穀旦,十五派嗣孫家烈承武氏敬撰。

譜牒落成詩

劉開照

譜牒未成長欝欝,而今告竣喜悠然。支分派别雙眉列,族睦宗收一縷連。天祿文章光應紹,階前玉樹祚宜延。非耕即讀家聲起,凡我宗人猛着鞭。

又

劉開照

祿閣家聲自昔傳,一支長衍楚南天。詎云仁孝垂千古,纂輯功成世澤延。

又

劉開照

祖澤於玆百世秋,枝繁葉茂總悠悠。好憑纘緒相連屬,萬派江河有匯流。

又

劉開照

亦爲裕後亦光前,事業從來重仔肩。試看率由成鉅典,牙籤檢遍陸瑶篇。

又

劉開照

修成家乘一時新,共潔粢盛用展親。願得藜光輝更烈,盈庭代有鳳池人。

又

劉開照

一片湘江水,迢迢入楚天。搜羅原舊史,纂輯得新篇。萬派朝宗合,千枝共幹連。欣然成(鑽)〔讚〕述,讀罷意蹁躚。

又

劉家烈

譜牒詎云易,上下旁悉治。積誠以編纂,秉筆宜慎之。託冒昔所醜,縟冗今亦嗤。緊我集家乘,法式兼歐蘇。敢言有去取,擇精定其趨。一字務徵實,疑闕辨魯魚。史家有三長,復云有八難。擅長凜其難,鬱爲不可刊。家譜猶國史,慮竭還精殫。首事咸協勷,壽梨稱大觀。寒暑經兩載,告竣堪言歡。舊祠輝式廓,新帙輝琅玕。族睦而宗收,合離以萃涣。祖澤長煌煌,足我平生願。後裔恒森森,遺爾無價瓓。告成求無罪,於道不爲畔。

又

劉家烈

問派尋源花兩開,功成丹桂馥庭階。於今德澤長存也,自昔衣冠安在哉！願得兒孫皆玉樹,相期兄父積蘭臺。編成譜帙倫攸叙,采薦蘋蘩歡又杯。

(劉開照等纂修《[湖南湘潭]劉氏續修族譜》 咸豐十一年敦本堂木活字本)

祠 堂 四 景

劉　俊

按:祠之南北東西,即祠之前後左右,雖非龍蟠虎踞,足耀觀瞻,而前之水,後之山,左之石,右之井,亦天然四美景也。予因不揣固陋,製爲四題,每題五律一首,七律一首,五古一首,七古一首,浪淘沙一首。詞句未必鏗鏘,倫紀頗爲點染。族人士有隨而和之者,是則予之所厚望也夫。

湘流環繞五律

水光飄一帶,宛轉過山溪。緑映莊前墨,青摇閣外藜。求魚淵有鯉,洗筆浪無泥。淼淼通銀漢,凡流莫與齊。

雞山聳拔

朱朱呼不起,鎮日赤光連。勁翮披靈宇,高冠侍祖先。林間朝啄露,籬外夕啣煙。暗吐中和氣,薰蒸豆與籩。

龜石穹窿

怪爾青龜氣，千年導引長。不曾游澤國，偏自守宗坊。墨點朱文灼，藜炊緑字彰。莫言空抱璞，歲歲薦馨香。

井塘澄澈

不識何年代，修成一井塘。水清釀酒醴，泉潔奉蒸嘗。挹處波光静，烹時品味香。佇看雙鯉躍，孝子樂徜徉。

湘流環繞七律

湘源逦迤到祠南，疊浪層波萬象涵。澎湃夜添藜閣雨，瀠洄朝接竹林嵐。佳人采藻摇蘭棹，孝子求魚放釣籃。莫怪荆山關未得，長流不盡白龍潭。

雞山聳拔

連山突起一雞頭，無桀無塒總莫休。高戴雲煙臨寢廟，閑啣雨露潤仙邱。爲牲已觸崇先念，畜母還興養老謀。謾惜五更難唱曉，驚人不在韻悠悠。

龜石穹窿

天生神物最稀奇，宫卦分明不可移。真武昔曾伸赤足，祠東今尚伏青龜。幾行古字堅難削，一點靈光久未隳。聞道能言遥致貢，敢煩相我總修爲。

井塘澄澈

祠西井幹昔年傾，增闢芳塘總一名。竹影頻摇泉瀲洌，藜光遠映水晶瑩。酌歸俎豆羣公格，放入江湖衆派明。過客若還尋出處，源頭活潑自天生。

湘流環繞五古

湘流復湘流，湘流長不休。清清波幾折，繞我花蕚樓。樓前一矯首，水光正悠悠。呼童汲數瓶，和羹答神庥。

雞山聳拔

雞山復雞山，雞山未易攀。崒嵂洗新雨，色映清廟間。足距久不奮，霜翎静且閑。鄰禽貪報曉，空被竹籠關。

龜石穹窿

龜石復龜石，龜石何年闢。不貪卷耳旋，精英自弈弈。爾身伏山麓，爾象登我籍。長年鎮此方，價重連城璧。

井塘澄澈

井塘復井塘，井塘獨異常。瀲灧通溪澮，清流正汪洋。稻田因時浸，玉粒薦馨香。欲到滄溟去,宛轉繞宫墻。

湘流環繞七古

馬嘶芳草鳥啼樹,中有湘波人争渡。持竿釣得雙鯉魚,孝子攜歸供庖具。兩岸垂楊千萬枝,揺出清光照我祠。從此奔騰達滄海,凡流未許共相隨。

雞山聳拔

千山萬山斷復續,擁出雞頭神氣足。不啄蟲蟻不司晨,護我宗堂脱塵俗。高冠隱隱戴青天,幾回噴出香山煙。凡物未曾同作饌,只將佳氣繞華筵。

龜石穹窿

擬是天星流寶液,緑毛青甲豈凡石。離象明明體最堅,氣蔚蕭茅渾無迹。寂然不動寢垣東,間窺霽月與光風。藏頭引氣一仙侣,千秋百世鎮宗宫。

井塘澄澈

獨羡井塘泉竅啓,涓涓不息清澈底。或到長江鼓波濤,或來宗室作酒醴。濯罍濯溉用何窮,掩映光流竹葉中。若還添得廬山雨,了然塵土不相蒙。

湘流環繞　浪淘沙

選勝建宗坊,永奉烝嘗。群山擁翠入華堂。何處灣灣飄玉帶,水繞南方。　衆派會瀟湘,雲樹蒼蒼。鳶飛魚躍盡呈祥。我欲問渠來去跡,源遠流長。

雞山聳拔

祠外柳灣灣,響徹緡蠻。崇高猶羡有雞山。大地作籠天作栅,草木爲關。　無去亦無還,氣静神閑。翰音久不到人間。欲爲奉先來報曉,又被雲環。

龜石穹窿

大匠是阿誰,無事相羈。等閑鑿出赤靈龜。石脊穹窿擎日月,未許推移。　不上緑荷棲,不下江湄。圖書懶付衆人窺。此日盤桓藜閣外,默相隆儀。

井塘澄澈

翹首望江濱,浪滚煙塵。幾回無處訪波臣。愛殺井塘千尺水,澈底粼粼。　酌向案頭陣,可奉宗親。餘光猶照溯源人。欲問清機何自得,氣稟精淳。

祠堂四景

[題]筠　軒

湘流環繞　浪淘沙

報本渺無由，聚族綢繆。千年神宅一時修。湘水有靈來獻瑞，欲去還留。　映我校書樓，潤我青疇。包涵衆派控羣流。若問根基何處是，尋到源頭。

雞山聳拔

何物絕攀躋，勢與雲齊。溯源堂外有仙雞。欲率羣雄觀盛事，卓立林西。　不入桀中栖，不向人嘶。暫憑宗祏養天倪。只待羽毛豐滿候，飛出山谿。

龜石穹窿

真武振威儀，北路清夷。化身飛到楚江湄。何物穹窿居足下，有石如龜。　堅確守祠基，未肯遷移。懶隨魚鱉鬧雲陂。底事神人俱愛惜，緑字紛披。

井塘澄澈

屈指數江湖，浪隱天吴。井塘偏似水晶壺。活水源頭來不息，洗盡塵污。　薦祖滌盤盂，皎潔如珠。繞祠花萼賴涵濡。從此瀰瀰歸大海，朗映雲衢。

祠堂四景

劉泉溪

湘流環繞七律

真源的派注祠南，岸闊淵深萬有涵。色共長天波浸月，聲迴勝地浪摇嵐。曾孫喜泛臨風棹，季女頻提采藻籃。不盡支流何處遠，荆公山外白龍潭。

雞山聳拔

一峰聳拔號雞頭，直上青霄勢未休。不信驅羣曾過峽，翻疑積卵便成邱。啣風啄雨超凡畜，宿月棲雲勝巧謀。若使先靈常愛惜，音登天路自悠悠。

龜石穹窿

怪爾穹窿石更奇，凌空有勢總難移。呈祥豈共高岡鳳，獻瑞凡爲陸地龜。甲伴宫牆形不朽，圖承雨雪字難隳。先靈卜吉千秋永，未許旁人藻棁爲。

井塘澄澈

何處淵泉瑞氣生，宏開洞鑑獨垂名。近涵華屋千年潤，遠接長天一色清。洗爵人翻春浪白,喞魚鳥踏蚌珠明。源頭活水流無盡,不羡瑶池在碧城。

祠堂四景

劉經世

湘流環繞七律

一曲清流出上湘,潺潺聲氣政悠揚。波迴浪轉環天禄,柳暗花明繞墨莊。眷顧有情來北路,優游無意望東洋。常飄玉帶宫門外,遥擬宗庭世澤長。

雞山聳拔

形成一物異尋常,勢接衡星入上蒼。鷲嶺卑微誰得似,鵝山俯伏總難方。雄冠秀出雲煙表,錦翅新添俎豆光。大造鍾靈全五德,還須高唱振文房。

龜石穹窿

四靈獲一喜非常,地不生耆亦有光。錫範當年興夏主,呈庥此日鎮宗坊。苔毛映月苔階外,石骨擎雲石磴旁。倘得詩人頻拂拭,朱文燦爛盡成章。

井塘澄澈

清清謾説水盈湘,淑氣於今在井塘。寶鏡無疵懸勝地,銀盤有色映神墻。垂綸客至魚呈象,洗爵人歸月湧光。混混寒泉流不息,餘波猶得蔭村鄉。

祠堂四景

佚　名

湘流環繞七律

鼎建宗祊大典彰,一灣流水漾清光。西來滚滚淵源遠,東逝悠悠衍派長。春浪有聲鐘鼓葉,秋波如練藻蘋芳。從兹環繞流無息,百代同徵世澤昌。

雞山聳拔

雞頭山聳壓羣嶊,鎮我宗祊萬世基。腷腷入雲飛逸響,昂昂承露握清緌。不争白嶺千名異,何讓陳蒼一石奇。戴得文冠誇物色,廟堂應倍著光儀。

龜石穹窿

何物穹窿壯廟堂,矗然龜石踞平陽。休誇海嶼龍吟月,嘐訝盧山雁帶霜。盾著土精凝氣核,名符甲長映瑶光。盤桓此地春秋古,得得垂眸左顧長。

井塘澄澈

巍峨廟映井塘泉,澈底淵清漾碧天。淡蕩光濡榱桷潤,氤氳氣接棟樑鮮。霞鋪水面丹花簇,月印波心皎鏡圓。不讓潢污清旦潔,年來好用薦宗先。

祠堂四景

劉培家

湘流環繞

湘流蕩漾勢洶洶,四面潺湲繞碧峰。發自崐崙源萬里,來經羣玉嶺千重。瀠洄素抱中和氣,澄潔常存冰雪容。怒湧祇緣多曲處,正宜此地作朝宗。

雞山聳拔

本是星英脱質來,恰於此處鎮崔嵬。獨翻天際浮雲薄,特立空中隱露開。霞作朱冠資點綴,花成繡頂荷栽培。鳴聞三十真能否,長守祠堂弄五材。

龜石穹窿

真武仙人控鶴游,因遺神物在荒邱。奇文恍具呈堯字,怪狀如含獻禹疇。靈氣往來煙霧密,天機隱現雨雲稠。巖巖洵不同頑石,(誤)〔悟〕到禪深亦點頭。

井塘澄澈

源頭活水逝如斯,澈底澄清絕世姿。金鑑有痕風繞處,冰壺無翳月明時。體含混混鍾靈異,色透溶溶毓秀奇。常帶幽香凝翰墨,應留潤澤蔭龍池。

祠堂四景

李　鴻

湘流環繞七律

六畝灘前水一限,千秋世澤共浮來。朝宗欲向東洋去,顧祖還從北陸回。彷彿銀河環俎豆,分明玉帶繞樓臺。白龍潭上頻頻望,源政悠長派政開。

雞山聳拔

放出犧牲久不還,白雲深處化成山。形容已在樊籠外,意氣猶存俎豆間。踏落煙霞臨畫桷,唧來日月照祠闕。休嫌報曉無消息,物到聲希峻莫攀。

龜石穹窿

毛寶當初去學仙,神龜放出在青田。頭擎日月凌榱桷,背負雲霞入豆籩。磊落任憑真武踏,穹窿未許草蛇纏。九江同類如相問,大半精神爲奉先。

井塘澄澈

舊井無禽闢作塘,奉先祠外水汪洋。粼粼倒浸樓臺影,皎皎虛涵日月光。鳥乏銀盤瞻禮樂，人臨玉鏡整冠裳。源頭活潑來無盡，一任隣家挹注忙。

祠堂四景

張瑞蘭

湘流環繞七律

巋然廟貌俯江干，滾滾湘流壯大觀。萬頃西來環檻序，一灣東過繞香壇。濤聲識共家聲遠，水澤還隨祖澤團。寄語白龍休疊漲，神游入極慶安瀾。

雞山聳拔

宗祊山面獨崔巍，五德奇禽名自歸。澄澈龍塘疑飲啄，嵌空龜石想棲依。文冠炫耀風霜古，金趾危峨歲月肥。自古雞豚思逮事，慈孫觸目凜無違。

龜石穹窿

嶔然奇石入煙蘿，都督元依擬若何。真武精英洵爽脫，靈蛇盤踞罔消磨。青蔥豈必占璺兆，蒼勁分明紀壽多。最是祠前誇勝境，朱文緑字任摩挲。

井塘澄澈

極目芳塘一境圓，匪同蛙井亂鳴泉。氣蒸榱桷偏澄澈，波繞堂階羨洞元。荷芰媗妍清有艷，蘋蘩點染緑無邊。最欣左右堪流取，好薦神靈告吉蠲。

祠堂四景

余志成

湘流環繞七律

春秋兩度奉烝嘗，恰匯湘流繞廟堂。西入輕浮龜石静，東馳震動白龍翔。融融自昔源真遠，滾滾方來緒正長。祖澤綿綿知不異，本支百世薦馨香。

雞山聳拔

巍巍祖廟萬年基，後聳雞山數仞奇。峽過龍塘疑尾斷，峰凌榱桷似頭垂。雲浮峻嶺煙浮案，鶴舞崇岡樂舞祠。兩美秉成深庇裔，永依靈爽賦螽斯。

龜石穹窿

巖巖奇石翠參天，雅似靈龜色轉妍。古致分明超四野，朱文彷彿歷千年。何時納錫離江水，此日穹窿近澗田。静伏祠東形磊落，憑依祖澤并流傳。

井塘澄澈

更欣祠外井塘呈，一望波瀾滿鑑清。直鏡天心瑕不點，虛涵廟貌鳥無驚。蘋生曲岸多增色,藻發洄汀自向榮。采取參差懽未遠,惟升俎豆表虔誠。

祠堂四景

周大鰲

湘流環繞七律

勝地巍峨接大荒,一灣湘水正茫茫。南旋黝堊增嚴潔,東過榱題鎮浩洋。源遠恩波知恰合,流長祖德應相當。謫仙曾有騎鯨便,長願先靈樂廟堂。

雞山聳拔

文星萬丈護宗祊,突兀雞山削不成。朝啄龍潭如隱約,晚棲龜石更淒清。何年聲震秦關險,此日形奔越廟榮。豈是先靈勤字養,頻將五德薦粢明。

龜石穹窿

真武何神護廟堂,憑依奇石獨增光。羊成祇羨仙機動,龜鎮宜知祖德昌。俯伏祠邊乘日月,盤桓嶺畔傲風霜。精英吉旦如堪卜,好薦先靈一瓣香。

井塘澄澈

塵心洗盡敬心凝,廟對芳塘最上乘。泉澈恰宜供醴酒,井寒猶可祭堅冰。斜侵榱桷波光疊,倒影堂簾水艷蒸。矧復蘋蘩蘊藻潔,孝孫有賴奉高曾。

(清劉官覲等纂修《[湖南湘潭]下索劉氏五修族譜》 同治四年藜光堂木活字本)

蒙難篇

劉錫圭

我朝開國古無倫,偃武修文二百春。列聖承承相繼久,民到於今被其仁。粵東鼙鼓動地來,粵西塵氛掃不開。先陷平樂後荆楚,南昌竄入金陵災。咸豐辛酉窺我浙,五月十九金華覆。武義蘭溪次第陷,血染浦江大殺戮。那時我兵密雲連,吴公搴旗每争先。城外酣戰數十日,一朝拔隊到諸全。縣主雪門猶固守,一木難支向東走。復回獄中釋囚徒,却當賊矛爲傷首。之江郡縣盡淪没,滿城蓬蒿亂白骨。東南大府號寧紹,霎時蹂躪無遺髮。賊衆分據在東陽,黄菊初開到吾鄉。父母弟兄次第散,霜棲露宿山中央。有時賊來焚吾屋,烽烟烈烈迷人目。有時賊來搬吾糧,倉廩空空斷人腸。有時朝來擄吾物,井竈深深都被掘。有時夜來拿吾人,木索纍纍繫在身。董賊擁兵任暨邑,頭會箕斂任難給。馬賊把卡在璜山,司馬卒長漸作姦。劉賊募兵跨陳宅,叫囂隳突人落魄。李賊争地據航村,造册開丁時擾門。催掛門牌賊師范,嶺後佔居如虎闞。暴戾天物賊首譚,東蔡住札似狼貪。僞法編成苦難志,易日易年更易字。僞官擅設本無由,天安天福及天侯。縱有義士名立森,道術宏通亦被擒。縱有勇士號趙雲,忠膽激烈亦挫軍。天生太白雄浙右,吾人避入二年久。春夏艱苦百般嘗,秋冬風雪和淚受。戎馬再來八月中,賊旗滿山盡飄紅。大小茅蓬千百個，朝搜夜掠爲之空。上天入地恨無路，山有餓莩不勝數。激起義憤三千人，手執農器頭縛布。閏八初五擊鯨鼓，奮臂向前各爲部。誰知賊營堅難攻，却似驅羊以御虎。本爲勦賊奏凱歌，翻爲賊敗盡曳戈。金蔡多死雙溪口，吴人受戮雪山阿。者番閭閻十燒五，沙坂烏巖變焦土。鄭家宗祠兩不留，大壯焚烈同霞隖。五百年來遭此冤，獨余網漏仗南園。峯危路險賊難到，夜夜愁聽吽月猿。勿謂賊餤難撲滅，自有偉人樹功烈。勿謂賊根難斬絶，自有大將探巢穴。君不見，曾公奉命復嚴州，殲盡渠魁付洪流。君不見，左公飛渡到龍游，封盡賊屍如山坵。兩陣相持湯溪地，各冒矢石不肯避。一旦巨酋來降我，羣醜齊把城池棄。金衢台温拱手還，同治癸亥正月間。爲問我軍賀勝曰，狄青夜奪崑崙關。天子聖明能將將，僞王授首懸虎帳。三江依然澈底清，歸馬放牛崇禮讓。

同治二年歲次癸亥杏月吉旦，萊山居士錫圭識。

（劉望中等纂修《［江蘇］暨陽開化劉氏宗譜》 1914 年彝倫堂木活字本）

潘氏宗譜

歙行日記

潘鍾瑞

光緒七年辛巳三月初四日丙寅，鍾瑞奉西圃叔命，有新安祖籍之行。先是，午橋弟晉齡自大阜來書言，舜鄰公支下有歷年未葬各棺。叔因屬小白叔祖世畇按支譜，未載葬地者計有一百二十餘棺，乃命余籌其事。余請於大阜立族墓，復書午橋，屬其覓地。并邀同族人至各厝地履勘。既而購得歙縣三十五都一圖大阜社屋埵山地一區。而徽地所查與蘇人所報相合者凡六十餘棺。以今年清明節破土。叔命余與濟川弟涑齡、拈花弟魁先赴歙舉辦。又徽地累世先塋歷年雖寄祭埽費，而子姓久未往，不足伸誠敬，命先事謁祭，周行展視。余敬承命。是日，在家爲清明祭饗祖先畢，辭別諸兄弟侄，出至平陽館中發行李。濟川來，偕出胥門，與拈花會於萬年橋舟次，夜宿舟中。

初五日丁卯黎明啟行，辰正抵尹山橋。程筠泉先生寶璐一舟先在。筠翁原籍休寧，亦有事於祖墓，叔爲約作伴，至是艤棹以待，遂同行。巳刻，過寶帶橋。午刻過吴江，風益緊，舟不能前。申初，抵八坼，泊。

初六日戊辰，夜闌大雨。侵早，解維舉帆。片時風仍東南，東多可帆，南多不可帆也。巳刻，抵平望，風稍殺。午刻，過王江涇，復舉帆。密雲布雨，垂垂漸濕。過金橋鋪杉青牐。酉刻，抵嘉興，泊北門外。雨甚，天晚遂宿。昨僅七十里，今日約百里。

初七日己巳，夜雨。侵曉行，雨止，風又不利。過蘇公三過題詩處僧院，前惟石柱屹立，其後一亭已新矣。午刻，過皂林，縴行。未刻，過石門灣，市鎮頗鬧。舍縴而帆，帆力緩，旋卸去。申酉間，抵石門縣，由北門繞至南門，泊。是日，行八十里。案，石門與桐鄉宋以前爲崇德縣，元升爲州，明析置二縣，乃改今名。甫暝見月，黄昏又雨。

初八日庚午，五鼓即行，過雙橋十八里至長安壩。壩水甚平。天霽，風日清和。循塘縴行十八里。巳刻，過許邨。又十八里，午刻過臨平。又十八里，未刻過半山。風順，舉帆。一路桃李已謝，惟梨花殘白，掩映嫩緑中。驟暖。申刻，歷北新關，到杭州，進艮山門。自半山至此二十五里。移舟抵闕富三橋泊。前有闕富二橋、闕富一橋，杭俗呼作“豆腐”，誤。燈下作寄西圃叔一號信。

初九日辛未，晴。晨發行李，入王天成行。適筠翁亦至，遂併其行李過塘。筠翁與予先後乘轎出候潮門，至江頭，投曹泰來行。昔曾叔祖三松公到歙展墓，過杭時投姚君綸行，今尚在。不知已更幾世矣！午後，僱得五艙鴛鴦船，其艙兩兩相對，可十人卧。余等四人并兩僕而六，包定艙面。云明日開行。是夕，宿曹行樓上。江干街後面臨河，其右爲海月橋。

初十日壬申，晴。舟人裝貨，半日不了。發西圃叔二號信，附寄松生兄一函。仍在曹行晚飯，乃登舟宿。舟子陳杏春，年六十二，老夫婦一舟，其子殿揚又一舟，子婦孫男女外孫女一家骨肉通力合作。中夜潮來，兩舟相擊不定。

十一日癸酉，黎明放舟。無風，天色晴明，江山空闊，如在畫中。晌午，至毛家堰，“毛”一作“每”。纔三十五里，舟停卡次，報稅。陣雨忽來，雨過天晴。閱三時許，乃得卡上發放。余問陳老前程共有幾卡。陳老曰：六重，三完稅，三驗票。此第一重也。初更泊，問其地，右曰白窰，左曰裏山。是日，僅行五十餘里。

十二日甲戌，天明開行，三十里抵富陽。先見一塔，禿無頂，形如幢。漸近，見山顛廟宇，赭垣緑樹，烟景鮮妍。既至，有樓屹然俯瞰江流，額曰“春江第一樓”。西即縣城，城爲江水所囓，大半傾頽。城中廛舍歷歷可覩。篙翁云，昔城未壞時，亦見城中高屋。蓋墻僅及肩耳。昨過毛家堰，是蕭山縣境，隸紹興府。今過富陽，猶是杭州屬縣。此犬牙相錯之勢。午後，西南風息。未申間，漸轉而東，始張帆。此處江形如之字，所稱“三折瀧江口”也。過程墳，歷窄溪，暫泊卡次，驗票，放行。里許，天欲雨，遂泊。

十三日乙亥，曉，枕聽開船。即張帆。風大，順行三十里，巳初至桐江驛。掠而過，前進即有灘，舟子竭力撑篙而上，上六港灘，過鷺鷥源口。其横港往蘭溪之路。午刻，過釣臺，有東西二臺，甚高，仰視敻絶。嚴先生在千仞之表垂綸而下，何以得魚？殆意釣耶？臺下爲祠堂，屋宇層疊。聞碑記極多，惜不及展謁也。入七里瀧，即冷水鋪。諺云，有風七里，無風七十里。蓋舟行難於牽挽，視風爲遲速。然使風水皆逆，將不止七十里矣。申刻，至東館，即富春驛，泊鼇卡。半時許，前抵嚴州府南門外泊。時纔酉初。登岸閒步，西行里許，有七郎廟，廟門額曰“古建昌殿”。觀聯額，似是水神，或云即前明戚將軍繼光，或未然歟。循途返，至市集，及城門而止。門曰“澄清”。返舟，上燈。是日行一百二十里。杜牧之詩：疊嶂巧分丁字水。蓋自嚴州逕達新安曰直港，自金衢而至新安曰横港，皆從嚴州分路。

十四日丙子，晨發。天陰如墨，行數里遂雨。巳刻，自倒潭插而宗潭，而馬没灘。午後，雨益甚，帆縴篙柁，併力齊施。舟子皆篛笠椶蓑，上灘時，邪許之聲震山谷。諺云，一灘高一灘，徽州在天上。言勞苦也。未刻，至楊溪，又歷一二小灘，過白沙埠，入壽昌縣境。上距茶園二十里泊。地近童埠。凡行七十餘里。夜雨不已。

十五日丁丑，夜闌，雨止。侵曉，有霧。行三里，過猢猻淇。篙翁云，上有賴布衣墓。布衣精堪輿，稱地仙，殁葬此山。巳刻，天霽。過小溪灘，水路漸隘。晌午，過茶園。市鎮頗大，有顯佑王廟，額曰“紹我見休”。又有新安會館，額曰“聖域”。濟川云，昔我族營生於茶園者不少，今寥落矣。七里，至瓦窰埠。三里，至羅山墩。十里，至藻河，俗稱早安舖。十里，過塔行。十里，抵遂安港口泊。通計行程不及昨日。蓋江流湍急也。泊後月出，山頭映波如璧。自嚴州以上，兩岸峭崖，石骨刻露。其下水清可鑑。石子巉巉，爲水衝激，絶無棱角。大者如盌如盎，小者如珠如粒，五色備具。小泊時，濟川、拈花拾之，注以水，逾百數，色澤形模頗有佳者，特不中邊明澈耳。

十六日戊寅，晴。晨發港口。港口之灘曰官灘，逾十里曰賴爵灘。又十里，歷東溪源口，抵淳安，暫泊。縣治無城，於民舍比櫛處闢路作闤門，有似城門，亦顔曰“澄清”。午刻，過交鬚灘。一作羊鬚。同行三舟，合二十人之力，以次而上。五里，至上石渡，即小金山。上有汪氏遠祖漢龍驤將軍墓。去年，汪振民之昌展墓新安，過此，曾謁墓。下十里，至仰郇岡，過一山，相傳方臘墓在兩山之坳，左象獅，右象象。按方臘爲韓蕲王所擒滅，安得有墓？然聞淳安至今尚有方姓也。仰郇岡對岸名響山潭，潭之響兩岸同之，奔流澎湃，飛湍怒起，舟衝之其響愈烈。十里，過慈灘。

又十里，爲老人窗。前人紀程云，然問之舟人不知也。又前曰錫行渡，舟人稱錫灘。過灘而泊。泊處有纍石如沙之積漲者，山澗從其隙數道流出，聲似轟雷，色如滚雪。倚枕聽之，幾不成寐。是日，約行五十里。按遂安、淳安昔皆隸歙州，前明乃改隸浙江。

十七日己卯，晨發。聞雨聲，未曙已雨矣。巳初，過雲頭潭。巳正，過竹節淇。又上一灘，合四舟併力，抵威坪卡，泊。良久，放行。上威坪灘，仍三舟合。申初，過和尚嶺。申正，過常潭。至是山多層疊，水多紆曲。酉初，上滚灘，真有飛花滚雪之觀。其左峭崖直逼，嵐翠森森。下有水碓聲若沸羹。近日所見水碓不一，威坪堡下排列十數具，尤爲聒耳。過滚灘三里，抵王家潭，泊卡邊，候查驗。天將暮，遂停宿。舟子指迎面一山云，此山一面是浙江，一面是安徽，蓋距界口只五里矣。

十八日庚辰，夜有雨。晨開船，四山雲氣猶濃，抵界口霽。入徽第一處便有釐卡，又須等候。濟川云：自此陸行至深渡五十里，可先傳語大阜。遂短衣挈轍，登岸去舟前行。即過一灘，五里，至八郎廟。神爲越國公第八子，廟食於兹。五里，至米灘，岸上爲米邨。或云，即梅花灘，因水中多石離離如梅瓣，故名。或云，梅花灘在界口之上，八郎廟之下。或云，更有木樨灘，亦以石之形似名。余初經此，均未致詳。惟舟中四顧，山外有山，岡巒複沓，幾疑前後都無路者。舟上米灘，進寸退尺，一步一頓，灘聲洶怒。膽怯者，往往就界口陸行，非特欲速也。五里，牽鑽灘。五里，横石灘。相去不遠，而不啻數十里程。又五里，至山茶坪，舟人稱三汊源，灘稍緩，遂泊。計行三十里。

十九日辛巳，早陰，旋霽。舟發，過結隖頭，歷小川、大川、白石灘、白石嶺，水勢漸平。過十里長灘，即達深渡。舟次，作寄西圃叔三號信。又言路中有三喜三驚。喜者：水不患多，未曾坐水，一也；水不嫌少，未曾走灘，二也；晴多雨少，時遇順風，三也。驚者：他舟之梢衝破我艙門，一也；桅竿忽折五六尺，二也；老駕長失足落水，三也。午刻，抵深渡。濟川來接，即同登岸，至華生弟所開永隆店中。昨濟川借宿於此。筠翁話别，上屯溪去，遂發行李進山。余乘輿度梨樹嶺，黑雲磐磐，雷聲虩虩。急行下嶺，雨點如撒菽，霹靂大震。時世僕王賢隨余輿行，引入嶺下人家避雨。其家程姓，堂額曰"敬義"。移時，濟川、拈花亦至，淋浪滿身，互相慰勞。深渡至大阜陸路二十里，過嶺剛半，陣雨旋收，天清日出。復行山中，石路已漸燥。至邨口下輿步入，王賢導至博鄉堂，見午橋弟、心存侄尚志喬梓敘談。濟、拈兩弟繼至，薄暮矣。博鄉堂爲七世祖主政公舊宅，遭髮逆之亂，内屋大半殘破，此堂經午橋逐加修葺，頗完。余欲就後軒下榻。午橋云：從前是耳房，旁有小庭，後通内户。今砌作高垣，周圍黑暗，不可以居。余承西圃叔命宿博鄉堂，自亦以託庇先人敝廬爲樂，況宿以卜夜，妙不受風。日間憩坐堂中，固甚軒敞，遂定。入夜，翦燭快談。濟川歸其家修吉堂。余與拈花聯牀焉。

二十日壬午，枕上又聞雷雨聲。向晨而息起，見堂外墻頭露山，天有霽色，始瞻仰堂中。堂建於國初，崇閎堅實。堂額程之昌書。梁間懸誥命櫝四，前有温親王書額，曰"茂松清泉"。又前曰"母儀人瑞"，爲八世祖妣張太宜人九十壽立。簷前額曰"仁壽"，爲五世叔祖默菴公立。西間之上額曰"掄才鳳闕"，相傳爲六世祖敷九公歲貢立。其下有孝廉方正額，爲翰芬叔紹曾咸豐元年薦舉制科立。東間額曰"閨閣完人"，爲東甫叔祖母方氏旌表孝婦立。余具香楮衣冠，乞午橋爲導，首謁宗祠。祠在博鄉堂左，大門上有"狀元及第"、"探花及第"、"大學士重宴瓊林"諸額，又"七葉衍祥"豎額。入門正廳爲"敦本堂"額。萬曆間，武林湯焕書聯曰："鳳舞鸞翔地，椒蕃瓞衍家。"近年常熟楊沂孫補書。堂後歷階而上，爲祠五楹，有樓，上自始祖，下逮近世。余展拜自下而上。再於樓上歷階而進，爲後祠，亦有樓。奉歷代祖妣，又有歷代遺名祖先總位。一一展拜。蓋祠宇倚山而起，故四層遞高，對面亦山，列翠如屏，正中恰對高巒，樹林葱鬱，氣象極佳。祠經修葺，舊貫可仍，猶見制作之樸茂。樓上有畏堂公書額，曰"恩聯義别"。樓下有理齋公書聯，曰"春露秋霜無忘怵惕，愛存慤著以交神明"。階前有前明陳文莊公祠記、西圃叔重修祠記兩碑。出至堂中，見在祠尊長蔭廷叔祖世楠、步韓叔遵燚、德新叔遵銘、貴甫叔遵啟祠前寬廣，旗竿石排列十餘對。由祠左轉至邨東，師善堂中有文昌閣，上層奉奎星，額曰"萃拔"，爲族中文會之所。閣旁一龕，供文會中損資出力諸公神位。一一拈香畢，乃詣邨口李王廟。神爲南宋中興將諱顯忠。康熙間，七世祖倡建此廟，並鑄大鑪。乾隆中重鑄，今又毁。余就墻陰摩挲其款識，廟旁茶亭已廢，僅留壁上"汔可小休"四字。亭後關帝殿尚在，其僧即領取公費置備茶湯者。亦進拈香，乃返。遂謁邨中諸本家。先到子格叔偉家，得見略談。適小雨，即出。過博鄉堂，其右即修吉堂，至濟川弟家。是六世叔祖舜鄰公宅。坐頃，返。午後，復倩午橋爲導，至邨西，爲元亨堂、德壽堂、詩禮堂、吉安堂，東爲崇本堂、承善堂、賢分堂，得見者誠齋叔祖世修、棣園叔遵烺、步韓叔、華生弟俊英，餘皆留刺而出。歸後，篁齋叔遵海與華生弟來答。雲陰驟合，雨又紛紛。與午橋始議族葬事。

二十一日癸未，夜，大雷雨徹旦。德新叔、元甫叔遵校來答。少時，鋭初叔祖世鏞來。又有誠齋叔祖、步韓叔、華廷叔遵燦先後來，皆一揖即去。午橋偶言"掄才鳳闕"扁署康熙四十四年，與敷九公康熙二十六年歲貢之年不符，"兆"下一字，年久難認，因共認之。眼明者識似"夔"字，是篁洲公諱。又前一行署徽州府知府某公，又與敷九公浙江仁和籍不符。此扁審爲篁洲公立，因此得篁洲公出貢年分，可補支譜之闕。棣園叔、曉軒叔遵旭、蔚堂叔祖世炳皆來。子格叔、仲良第騮孫喬梓同來，談頃去。午後，約華廷叔、午橋弟同至社屋埵新得地，坐小山，後高前低，縱隘，横廣。華叔相度宜立乾山巽向，又宜偏左，以避石脊。因界一中線以志。是時，王賢挑祭品出，偕濟、拈兩弟詣擺隝口，謁十六世祖德輔公暨繼妣汪氏。墓爲金牛脱軛形，與本家三墓毘連，各有封石，字半漫滅矣。迤左稍下爲二十世祖公調公繼妣汪氏墓。返博鄉堂。步韓叔來議族葬事。華廷叔擬立一圖式。午橋言，各柩必須再查確實。期以明日得西圃叔一號信，附來松生兄一函。十三日所發。

二十二日甲申，晴。華廷叔來與濟、拈兩弟出查各處厝棺。余偕午弟詣羅家隝謁十六世祖妣余氏墓，十八世祖以任公暨妣程氏、洪氏，二十世祖公調公暨妣江氏、程氏，皆祔葬其左。亦有毘連並葬者。竊謂當時已有族墓之意。此墓爲蜘蛛結網形，一岡中隆，四圍漸坦，其下阡陌縱横。左顧一望之地，即去冬師善堂所設義墓，土色猶新。次詣苦干源汪家隝謁十九世祖仕源公暨妣程氏墓。墓在山半，坐山恰正照山兩峰，爲龜蛇吐氣形，立明堂平臺，望墓甚高。登臺三層，乃至封穴前展拜。臺甃以甎，且無石灰，亦形家所定。下山過一涼亭，筠友公建。牆繪大士像，加以龕，帷旁聯云："祠宇喜重新，座上蓮花，無邊世界；慈悲存自昔，瓶中楊柳，有脚陽春。"其間山澗濴洄，折爲漩溜，隨之而出。返博鄉堂。心存云，蔭廷叔祖曾來答。少時，鑑堂叔遵鈆來，年七十有九，童顔鶴髮，爲合族齒最高。華叔與濟、拈兩弟返，知已查實二十餘柩。午後同出，詣小阜羊鵝坑謁二十一世祖文瑛公暨妣胡氏墓，細路曲盤，山勢頗峻。中道席地少息，墓前宏遠幽邃，惟見喬木坐山，兩肩圓厚，漸坦至穴，爲梁上掛金鐘形。臺前俯矚山隝，極深。返小阜，至貴甫叔家少憩，出茶點相款。叔年七十一，尚康健，務農。出至社屋坦謁二十二世繼祖妣汪氏墓。筠友公側室倪氏陸氏，及二十五世伯祖漢先公暨配張氏皆祔葬。高叔祖晴臯公、曾叔祖問泉公、叔祖東甫公墓在其背之左，亦詣一拜。又至茂林謁二十三世祖玉溪公暨妣王氏生妣劉氏墓。又至高路山二十一世繼祖妣吴氏墓、二十三世祖側室薛氏祔葬展拜，既畢，本邨諸墓周歷矣。濟、拈兩弟隨同展墓,而於順路歷查厝柩,共得三十有四,皆確實者。又惇甫弟學先一柩在祁門上平里。僉議相去二百餘里,往返須六七日,殊難舉動。余聞郡中只有一人知其厝處,及此不葬,恐後無考,應即倩此人到祁揭骨以來。又小干隖厝屋中有義芝配吴氏一柩,查支譜無號義芝者,惟君素公諱世位,號浥芝,配是吴氏。疑浥義音近之訛。然君素公暨其配葬社屋,坦封石鐫字具在,吴氏之柩不應尚淹厝屋。午橋云:徽俗頗有虚壙先刻封石者,則未合葬亦或有之。余謂同在小干隖厝基之列,必係本支之柩,未便令其向隅。不知世次,權葬族墓餘地可也。傍晚,弁英弟潞齡解館歸,挈守溪弟之子詩庭侄言志來見。子格叔兩日皆來。華生弟亦來共談。是夕,午橋設飲,弁英、濟川、拈花弟暨心存侄同坐,徽州風味,嘗所未嘗,酒邊情話,盡歡而散。

二十三日乙酉,夜風。晨陰。僱輿與午弟展十七世祖思忠公暨妣汪氏墓,在五渡上坑,去郡十里,大路爲深渡往來所必由,轉溪上木橋,乃涉山徑,峰巒回互,中通一澗,澗上山麓皆水田也。里餘,舍輿,登山及墓,衆山環繞,有似來就之狀,名推車進寶形。穴踞高朗地,廣二十餘畝左右,昭穆爲公兄思恭公暨其四子分祔。展謁返,風撲面益緊。在五渡橋少憩,天轉寒。返博鄉堂與弁英、拈花四人同飯。弁英又偕拈花覆查未得實之棺,逐一訪求,又得三四,於是始無遺憾。余擬葬位次序圖樣一紙與衆商之。晚雨,誠齋叔祖、步韓叔、子格叔、篁齋叔、華生弟設飲,招集師善堂偕午弟冒雨赴之。諸公咸在,惟篁齋叔遣其侄誦芬弟培先來。七人談讌間,議族葬開工事,良久散歸。雨甚。

二十四日丙戌,晨午橋邀步韓、華廷兩叔來,先酌量族葬工程。然後出與做工者議做工。皆是本家,大半長輩,雖支分遠近不同,而招集必須周到,乃免煩言。諸人出余作寄西圃叔四號信,仍附寄松生兄一緘。静之叔遵福、觀蓮弟崇士、蘭圃侄恒盛來,皆承善堂隆分也。傍晚,叔陶叔遵鎔來,説蘇州話。蓋自幼在蘇,去年歸鄉,與棣園叔同住。衆議族葬工程有與蘇地不同者:一則山泥質鬆,分立圓塚易致坍卸。徽風,後面厚爲纍土,逐漸坦下。前面甃石,正方中嵌封面字碑,若防若堂,有數棺、十數棺並列者。今族葬合用此式。二則開穴兩旁更開溝而實以炭,蓋恐山水停蓄,溝之則有所歸而不滯。三則上面灰土踏實,再加擣熟之泥,使之融合。又四阯豎立界石,並甃成磡岸,以清畛域。余一一承之,所謂從宜從俗也。

二十五日丁亥,晴。偕濟川、拈花至小干隖看厝基,可作葬地否。路頗紆折,至則地勢卑濕,不可用。返至博鄉堂後看舊時屋基,牆匡階石略見形模,東西兩院亦剩屋無多。至松鱗别墅,有剩屋五楹,斷桷危椽,摇摇欲墮。面南一庭,略存拳石,絶無花竹。其北,其西,頹垣可瞰,已爲菜圃。緬想當年勝境,載於縣志,所稱飛雲廊、須静齋、惜陰書屋諸處,盡歸烏有,可勝浩歎！門外荷塘,葑草塞之,荷葉如錢,不能吐萼。折而東,濟川云:盍往社廟。過鄉約所,心存權乃翁之館。於此入門一觀堂,額曰“樹厥風聲”。心存設塾堂,後堂西有弄,通於宗祠。堂東看守者居之。至社廟,屋僅三楹。神龕横設,一拜而返。拈花謁其五世祖民允公墓,知餘地被人盜賣。訪問,適遇買主忿然來告。余曰:事在粤匪擾亂之時,且多年未曾歸省,以致如此。今亟宜清理,盍倩人與説,備價贖回乎?拈花又云:崧年配汪氏一柩將被義墓收葬,今亦宜葬族墓。德夫弟來,亦能蘇話,少時去。午橋以東甫叔祖世鏞《吟古鏡齋詩集》及翰芬叔紹曾《冰壺秋月齋試帖》付觀,皆印本僅存。又檢出鄉賢公及第殿試策共觀。當時策式,每行只十六字,擡寫處多不到底,字亦間作帖體,惟楷法圓緊渾厚,老成典型,古色古香,實見所未見也。族葬工程論價包做,諸人言語不齊,尚未論定。唤石匠亦未來,殊悶悶。

二十六日戊子,晨又雨。巳刻放晴。午刻陰。未刻猛雨,俄而日杲杲出。申酉間又陰。向夜又雨且長。再約做工人論價,適石匠亦到,均説明日開工,乃講定每棺工作錢三千文,舁棺在内,灰炭石料在外。步韓、華廷兩叔、弁英午橋兩弟之力也。蔚堂叔祖、子格叔亦出一言,衆人所聽。午橋檢出順治八年族祖虎臣公所定宗祠規條,伊已書版,懸於祠壁,此其録稿。余留案頭,擬手鈔一過,帶歸吴門。

二十七日己丑,夜枕聞雨。晨起雨止。出問諸人,可以開工。候做工人早飯,齊集同往社屋堘。弁英、濟川、拈花皆去,余因小雨少留。移時拈花歸,云中間開出一古冢,乃復請華廷叔到彼相度。移時返,云留存古冢,一排尚可葬二十棺,古冢在左邊四棺之間。余云,當立石以志之。步韓叔、華生弟皆來。晌午似霽。留華廷叔同飯。飯後,余亦往。見持畚鍤者四十五人,詢之,賢分二人,昌分七人,隆分五人,亨分一人,貞分六人,清公支十一人,源公支十三人。明後日當增數人,惟五大分中,貴分無人;四大分中,元分無人:皆他徙矣。清源兩支皆我利分,而源公支尤近。適又雨,遂歸。以後雨凡三四陣,愈下愈大。濟、拈兩弟復往各厝棺處編寫號數,以免紊亂。弁英檢出其蔚公喪中祭文稿兩篇:一徽州府知府羅鈐作;一敷九公兄弟之同案方圖、許象亨、江日昇、陳坦如、方祺薦、趙煜、黄鏡先、許瓚、許仁尚、許其燦、趙煒、江之岷、洪遴、黄禮、葉嘉桂、胡正履、許宗岳、許起昆十八人公送之作。因悟羅公即"掄才鳳闕"匾上之徽州府。匾立於康熙四十四年,其蔚公歿於四十五年。匾款黯淡,眼明者依稀認是羅字,證諸此文年分恰合,亦數典中之攷據也。

二十八日庚寅,晨陰。宗祠規條及祭文均鈔竟。往族墓看工,第一層開下二尺餘,底面已平。華廷叔來,將山向規正,即開炭溝。做工有五十餘人,因將厝柩漸次舁至。晌午返。午後欲往,天又雨矣。弁英弟述及其蔚公墓向有祭田,徽人謂之膳塋,已被族中人盜賣。其人蓋累世經理此事,於同治初棄賣净盡,他房從不與聞。不知田之畝數及田之所在,殆已無可查攷。惟墳地完賦實取於此,必須設法。余聞而忿然,即擬作書馳告西圃叔。夜,蔚堂叔祖、華廷叔雨中來談。據聞做工人偶語欲停工。余曰:"皆不來耶?抑有來,有不來耶?"竊料諸人未必齊心。

二十九日辛卯,大雨,達旦不止。墳工果欲停矣。寫對兩副,一爲午橋之表兄吴敦三,亦我表兄也。弁英檢出其蔚公墓圖,詳註得地細數。又册兩本,載筠友公、其蔚公兩墓逐次所得地契,及看守人承攬歷次官給禁約告示底稿。余按松鱗莊支譜墓記,自其蔚公始所載得地年分,與册脗合,而總計畝數不同。細審之,有添置之地,册中未載也。然此非膳塋之田,固斑斑可考。議定往祁門揭骨者兩人:一善揭骨,爲本家鳴鹿;一知厝所,爲曉軒叔處世僕吴華。

四月初一日壬辰,晨,欲詣宗祠聞撞鐘伐鼓聲。即具衣冠往拜,因復瞻仰敦本堂。中有其蔚公五品誥命盤龍扁。又有"五世同堂"豎扁,爲霞城公立。子格叔之曾祖。東間"盛世鴻儒"扁,爲其蔚公立。"學就三餘"扁,康熙二十六年,爲敷九公歲貢立。與博鄉堂篁洲公之扁判然明確矣。又"信安飛將"扁,爲廣東肇慶府參將潘可鵬立。午橋云,隆分二十三世祖也。西間"瀛海仙曹"扁,爲畏堂公翰林立。"績學敦行"扁,爲東甫公立。正中張子青之萬書紙對云:"祥發閬山子孫繁衍,治宣歙阜俎豆馨香。"西圃叔柱聯云:"俎豆焕重新,春露秋霜共仰循良貽世澤;簪纓綿勿替,吴山皖水相期耕讀守家風。"樓上亦有盤龍敕命扁,名潘文有。午橋云:仕清公支下也。樓下中間有"鄉賢"二字扁。東有"揭德振華"扁。西有監察御史扁。出見大門北嚮有"孝義"二字扁,嘉慶十八年,尚書鐵保爲其蔚公追立。兩廊及簷前懸翰林、進士、經魁、文元、貢元等扁,不及一一詳視。坐少時,出至族墓,華廷叔諸人咸在。五世叔祖默菴公配汪宜人歿已一百三十五年,起其棺,底且脱,將揭骨於匣,啟視則赫然一尸完全未腐。乃購棺重歛之。高叔祖皆山公暨配吴宜人皆歿於直隸任所,兩柩本同厝。有一大柩舁出有字,乃吴宜人,而皆山公柩不見。

衆共猜詳，始悟傍有舊厝遺跡，約可三棺地。蓋厝屋坍壞，柩久暴露。去冬師善堂義墓專收暴露，已將皆山公、同齋公暨配胡氏三棺收葬矣。於是，第一層邦、宗、奕三輩二十棺登位，華叔爲之正向。晌午返，申刻又往，看至歇工而歸。余謂做工者曰："此番族葬爲族中公事，諸公勞力，亦是義舉，願共勉之。"皆曰："諾。"

初二日癸巳，晴。作寄西圃叔五號信。上午在族墓看工返，留步韓、華廷兩叔，午、濟、拈三弟六人同飯。飯後至程邨降丁坑源口六世叔祖舜鄰公墓，過蔡隖，憩紅廟，歷程邨，度木橋，可十里許，至墓展拜。步叔爲指示，所謂琵琶形者，坐山爲琵琶之頭，墓前田外曲水圜繞，爲琵琶之腹，墳後程邨口有水碓瑽瑽琤琤，爲琵琶之聲。至蘇地，傳聞有澗水四條，爲琵琶之弦，却是訛傳。惟田外一水環抱，對面高岸亦作環拱勢。甃石本極堅固，年久被漲水衝塌，小修無補，近來齧缺益多，適當正面，有礙風水云。時立水際，呼邨人負以過，則不復度木橋，繞程邨矣。里許，入藤坑源。藤坑，疑即丁坑，土人訛稱而歧其名耳。登山詣十三世祖梅春公墓。公生南宋時，封石爲嘉慶中敦本祠立。展拜，周覽，循原路而下，出坑口即蔡隖。步叔云：今闔邨皆王姓矣。過王氏宗祠及支祠，出邨，有新涼亭，亦王姓所建。少坐，時斜陽隱去，濃霧驟來，將近本邨，雨颯然至，亟行返。夜雨更大。弁英弟設飲，移至博鄉堂，坐中即二十二夜之人，亦良久散。

初三日甲午，霽。族墓第二層開平底面，亦挖炭溝，即接上溝通下。移時，异世、遵兩輩十七棺登位，一一視其排次。華叔正向畢返，同飯。飯後又往看一回。石匠在鄉約所，歸途視之。用小干隖厝棺橫石豎作封面，令匠先剗平之。午橋視其廣狹，書曰第幾世某公。其有兩位或三四位者，則夫婦合於一石云。昨子格叔出示思忠公墓圖，今來談，並述此墓旁地曾有盜賣之事，幸覺察早，立契日即諭止之。又方徽州完糧則例，凡山税一畝折作田四分三釐四毫，地税一畝折作田五分六釐一毫，塘税一畝申作田一畝一分九釐一毫。每田一畝，完税銀一錢二分三釐七毫一絲。此祖籍徽州者所宜知也。

初四日乙未，夜來暴風急雨，但覺林谷動摇，屋瓦欲飛。晨起稍殺，猶汩汩未休。墳工又停矣。驚悉三月初十日，慈安皇太后升遐，僻在山陬，至是始聞。午後霽。同午弟至子格叔家。移時，出至鄉約所看石匠鑿石鐫字。午，弁、濟、拈諸弟或書字，或填色。封面石二十四，志古冢石二，界石十，以次刻之。本家又有兩人來，一曰天保，一曰榮貴，皆我弟行。與之言，簡而質。自云連日農忙，不曾來見。一坐即去，頗有懷葛之風。

初五日丙申，晴。東北鄉兩墓尚未展謁。雨晴不定，逡巡一旬。就邨中僱輿夫，藉口農忙，索費昂甚。至是命人往深度喚去。族墓第一層加甃石畔，中嵌封石，監視排列。少時，午橋導至十世祖成忠公墓。公字彦成，宋紹興間攝桐城縣事，授成忠郎。十一世祖將仕公祔葬。公字篤夫。又至十五世祖叔齡公墓。公諱壽，與兄諱德公並葬，生卒無考。蓋在元時，兩墓皆在後塘源，山路紆迴，有似隔遠。叔齡公墓去年重修，字版猶新。返路再至族墓及石匠處，與步韓叔同至博鄉堂。飯後，又出至七世庶祖妣顧太碩人墓，在方邨道人坦，凡五七里石板大路，過大阜橋，又過北岸橋。兩橋闊大相匹，右皆潘姓，左皆吴姓。北岸橋上建屋十一間，中間龕奉大士，兩旁設長坐以丈計，施茶湯，賣食物，小憩甚佳。過吴邨，即方邨，轉小路數十步至墓，乾山巽向。墓爲八世叔祖公華公仲芳主穴，顧太碩人祔葬於此。紫垣公爲所撫養，封石上稱先慈母，稱奉祀男云。出大路再前，至方氏祠堂。外瞻眺，造其對門錦庭書塾，生徒八九，塾師號志眉，與濟川素識。因略坐談。既出，濟川云："此方君，廩生也。"路口一亭，牆上畫象似吕仙，一手一杖，皆作指引狀，其龕額曰"示我周行"，聯曰："策杖指迷歧途無誤，然燈普照方便時行。"再過吴氏祠堂，其傍屋曰于岸文會。進觀曰倫敘堂，亦宏敞。返至大阜橋，少憩，途遇信局人，得西圃叔廿五日第二號書,附松生兄一緘。返即作覆。傍晚又至族墓一回。燈下寫第六號信。又雨。

初六日丁酉,深渡輿夫昨夜即來。夜大雨,向曙暫止。冀其漸霽,且轎已預定,無可躊躇。遂與弁英、午橋、濟川、拈花及心存六人出郇,坐輿。小雨,過蔡隖、丁坑源,雨漸密,行數里,甫登佛嶺,霹靂數聲,雨傾盆下。輿夫登陟,懍懍然,勉力至嶺頭涼亭避雨。俟雨勢稍緩復行。行復急,至牌頭郇店少歇,以塌果充飢。前不一里擺渡,六轎分兩次以渡。山轎上漏旁穿,都不能蔽,瑟縮其中,惟聞風聲雨聲樹聲澗聲。帘下俯視山徑積潦,輿夫行水中,猶能飛步。午刻至寶池菴,菴倚巖爲屋,樹間石罅,泉流爲澗,匯而成池。其客座僅十笏地。僧短衣草履,一曰金彩,一曰就來。坐定議行止,葉備隖即在對山,或雨止猶可往。然簷溜浪浪,浸及階户。俄而,就來來言,前山路没於水。王賢買物返,亦言水深及膝。午橋、濟川與僧熟識,從前修葉備隖墳曾寓此,遂定止宿計。因瞻仰佛殿,只三楹,東向,三面有廊,無處無佛,殊鮮餘地。菴門南向,正對列岫。其下牡丹數十叢,花時已過,旁吐蘭花一箭。客座壁間,遊人賦牡丹詩甚多。傍晚,雨漸稀。王賢在近郇賃得絮被八條,僧爲設鋪於殿傍之小樓。坐候天暮,煮麵爲餐。移時就睡,樓更卑陋,惟黑甜鄉寬大耳。

初七日戊戌,黎明起。天有霽意。盥沐畢,即詣八世祖筠友公暨妣張太宜人墓。石路已乾,泥路甚濘,則倩輿夫負而前。至墓觀,所謂鳳形者,坐山尖挺爲鳳首,照山一峰微藏爲鳳尾,左右層巒聳列爲兩翅,有翔舞之勢。弁英攜墓圖展開對觀,祭品用整雞魚肉三簋,皆乾腊。餘則筍韭等,及粉製挂紙果,向例用全豬羊兩架,鼓吹四人,今從省。展祭畢,回寶池菴。喫粥,輿夫亦與早飯,乃得飽騰而行。昨雨没之路,今見石者十四五。澗水奔注,萬壑齊飛。或跨之而過,則脚底潺潺,時没脛。四山濃翠渲染鮮新,好鳥弄晴,鳴於深樹。晚春秀野,心目悠然。所過涼亭數處,曰且憩,曰順和,曰三益。有一處石上横鐫"惠風和暢"四字,筆意似摹右軍,此放本蘭亭也。路漸高,爲金鍋嶺,皆舍輿而步。余尚著屐而登,遇行潦汩汩,如修蛇,如舒練,不屐者履皆濕矣。過嶺,山勢仍昂,小石犖确,蓋甃路久而失修。過此爲北鄉,飛布山在望。移時至金盆坦同善亭而止。其傍莊屋看墳人所居。叩門入,一老嫗,爲墳丁許社閔之母。莊屋向係三楹,對照皆樓,兩廂上下相通,亂後外進毁,修葺爲兩廊,俾設爨具置農器焉。七世祖其蔚公暨妣羅太宜人、庶妣沈太孺人墓在屋後山半,躡而登,營建與葉備隖同,惟筑案與羅城相連,若環墳臺,在下大雨之後,積水盈尺。茅草未除,漫漫如蘆塘。王賢與輿夫兩三人持鐮去草,僅於排設祭品處掠盡水漬以祭。余四顧形勢,冢頂之右古松一株,蔭如張蓋。想當初原是兩株相對,猶有松鱗餘蔭云。墓爲風飄羅帶形,蓋飛布山左右兩峰岡巒起伏飛動,穴在中脊之下,兩旁若羅帶之飄然。左近有潘尚書胡侍郎墓穴。尚書諱旦,字希周,婺源人。弘治乙丑進士,官兵部侍郎提督兩廣。卒贈工部尚書。山勢稍轉爲明。閣輔許文穆公墓由潛莊進。路潛莊,郇聚屋宇攢簇可矚。弁弟又出墓圖周視而返。同善亭中巨石刊刻墓地及給墳丁耕種田塘細數。三松,公所立也。許社閔迎來,問以何不早刈茅草?汝家居有室廬,食有田産,而世守之極應勤力,以時埽治。何懶惰至此?又問臺前積水有無溝道可通?對云:向來雨後皆然,並無出水之溝。入坐,其母供粥及雞子,輿夫亦與之飯,而償墳丁以錢,余與諸弟議,每年只春間祭埽一次,何弗省體薦鼓樂爲秋季祭埽費?吴地埽墓,皆春秋兩次,意在展視之勤,不在禮儀之備也。諸弟以爲然。良久起行,溯歸途數里至登第橋,五世叔祖裘英公、律和公墓,默菴公側室汪氏、高叔祖爾容公配吴氏均祔葬。余亦詣拜。將由東而南,阡陌交錯,或水没草長,迷不得路。路窮,越澗而過里許,折回。仍越澗,幸未墜水。乃改途穿城,走至黄荆渡橋,橋凡十一洞,而斷其二。有渡船以濟。河面較牌頭渡尤闊,水尤溜也。過渡,由大路入縣城東門,門曰"德勝"。午橋引余入府城東門,蓋兩城相比附也。半里許，至學院衙門，將舉科試，方事修理。因入瞻仰，大堂額曰“體認天理”，曰“鑑空衡平”，聯曰：“桃李徧新陰，地近三十六峰，多士並鍾黄海秀；宫牆牟闕里，薪傳七百餘歲，幾人能讀紫陽文。”所見于于出入者多試士。詢知婺源童生例於學使將臨時府試，以免往返，故此時咸集出在衙前喫麵。空轎舁至南門等候。余買得《新安景物紀略》兩本。過張文毅公祠，出南門得轎以行。大阜爲南鄉路尚三十里。過望仙橋，爲李太白訪許宣平遺蹟。循紫陽橋，瞻霞山塔，地名七里兜。十里，至稠木嶺。又十里，至瞻淇，歇以待燈。步忠烈祖廟前，汪越國公廟也。六轎各懸一燈於杠，魚貫而行，漸無所見，下帘默坐。每聞人聲，則過一邨落。及本邨下輿，步入返博鄉堂。子格[叔]、華廷叔、陶叔皆來道勞苦。留華叔晚飯去。知族墓第二層封石亦排嵌成矣。

初八日己亥，夜深復雨，雨復竟日。昨得展墓，猶大幸也。是日立夏，徽俗户具湯餅。余得午橋所餉食之。往祁門兩人歸，揭骨事已辦得。

初九日庚子，雨勢漫漫，夜雷助之，霧將山壓。乃復竟日悶坐，作寄西圃叔七號信，又致端卿弟、汪銅士兩函。又代拈花作寄，寄梅叔一信，併交信局。弁英弟冒雨赴館去。

初十日辛丑，晴。族墓停工兩日，至是候石匠鑿石工仍停。偕拈弟至開鑿處，在山腰峭壁間鑿，頗不易。山上赤日如炙。循路下，迎面恰望見族墓也。昨以五尺餘大石刻松鱗潘氏族墓碑一，午後刻成。余欲搨一本。僕胡福生自云能之。遂搨兩紙，一留大阜，一攜歸吴門。碑亦午橋所書，左行曰“乾山巽向”，右行曰“光緒七年四月立”。華廷叔云，須再立，“禁牧牛羊”四字一碑，即選石，屬午弟書之。

十一日壬寅，陰，東風甚大。族墓第三層開平穴場，開炭溝。午後，先字輩四棺登位。又義芝公配吴氏一棺葬餘地高處，一面駁砌磡岸，豎大碑於穴後，倚山處立界石於四隅。余到兩次。

十二日癸卯，晴。華生來談，頃去。族墓於第三層未完外，凡砌畔岸，立字碑，平拜臺，於出路處安小石橋，於正面設祭臺拜石，五十餘人併力，申刻一律告竣。備祭品五簋，一點西刻，具衣冠偕諸弟詣祭，以妥幽靈，並告酹土神。復周視一巡而返。查有已葬未立封石者，乘石匠便爲之補刻，凡四石：一世旒公暨配汪氏、世哲公暨配孫氏、世旒公子遵錫公祔葬墓在，撒網形；一宗磐公、宗吉公、宗遠公，皆律和公子，未成室者同葬高路山；一奕烱公暨配范氏、子世求公暨配姚氏祔葬；一奕燾公配張氏、奕業公配吴氏、世騏公配姚氏蕭氏兩墓皆在。高路山四碑刻竣，匠亦完工。夜以餕餘請諸公便酌。蔚堂叔祖、步韓叔、子格叔皆他出，惟華廷叔來。午、濟、拈三弟同坐。五人而已。社屋坦老墳喬山公繼妣墓。明堂雨後輒積水，地在平陽，晴亦沮洳。知其中有溝道，宜修而通之。前日用十二人先平浮土，竟日猶不了，而溝未動也。余嫌其延誤，停起擬仍修之。

十三日甲辰，晴。華廷叔交來少康款對，又備送人條幅、扇面等，一齊寫就。飯後得西圃叔初三日所發第三號書，即作覆，爲第八號，託午橋交去。濟川核算各賬，逐項開發，通計連地價約洋銀二百四十元。晚，華廷叔來，留飯細談，並薄贈以申酬謝之意。

十四日乙巳，晴曉。軒叔以一對一扇屬書。對爲十月中蔭庭叔祖五十壽用。撰句，並扇揮之。又寫條屏三幅，與昨寫者，酌分以贈諸本家，爲誠齋、銳初、蔚堂三叔祖，子格叔、華生弟五分，即由午弟交去。又另送弁、午兩弟便面、條幅。余行篋所攜書籍、石墨等物，前月已分贈篁齋、子格、華廷叔、弁英、午橋、華生弟諸人，無非半紙人情也。

十五日丙午，晴。謁宗祠返，即束行囊一肩，投進城大路。三十里，至西門外城陽山，借宿如意寺，候筠泉會同，作黄山之遊。另有記。五月一日，乃返大阜。

五月初一日壬戌，雨。由如意寺乘轎返大阜。十里，至稠木嶺一停。又十里，至瞻淇又一停。一帷閉置，不暇放眼，重理舊遊。迨至大阜，雨方大集。步至博鄉堂通，身衣濕矣。弁英、午橋咸在讀西圃叔十六日發六號、十九日發七號、廿九日發八號書。八號今日適到，中附松生兄、銅士表侄寄我兩函，蔭生叔寄我與拈花兩函，寄梅叔、寄拈花一函。以次讀徧。西圃叔爲金盆坦膳塋一事鄭重言之。因與弁、午兩弟商議，並告諸族中尊長。少時，子格叔冒雨來談。夜，蔚堂叔祖、華廷叔來。濟川攜燈引培之叔遵植來。叔自蘇至已十日。午橋云，昨有遠族號宗維名端城者，亦自蘇至家甸子上，特來相訪，不遇，一宿而去。

初二日癸亥，雨定，晴慳。前與筠翁約，伊由屯溪覓船放下，余由大阜挈伴起程，會於深渡，以兩日爲期。余因料理歸裝，作復西圃叔十一號信，並復松生兄一緘，即發。偕弁英諸弟詣利貞廳，是爲兩分支祠，屋毀墻留，於神臺舊址上設一總位。余拈香展拜，周覽地基。適步韓、華廷叔皆至，有重建之議，欲商之，遷吴子姓。余曰："公事公言，請出公函，攜歸籌之。"詣李王廟，量七世祖所助大鑪，腹圍六尺五寸，高二尺五寸，款云康熙乙亥信官潘某敬助，乾隆己卯重鑄，姑蘇梅友三造。自重鑄至今又一百二十餘年。西圃叔又將重鑄也。今廟中借利貞廳一鑪有潘氏支祠字。倘利貞廳重建，鑪應送還。返路，遇子格叔，於册書處借得舊册一本，邀余至其家同閱。見我家納賦户名各房皆有，而不得金盆坦膳塋之坐落畝數，悵然而返。郙中知余將行，又有索書諸件。午後寫四對一扇，偕午橋至培之叔家、華生弟家，各談少時返。細雨濛濛，向晚乃霽。夜，蔚堂叔祖、華廷叔歸自小佛坑梨木嶺，將民允公墳旁餘地二畝六分贖回，二畝已墾作田，即付其人承種，立寫承攬，責其按年還租焉。

初三日甲子，晴。族中諸公多來送行，並贈歙硯、徽墨、葛精、茶葉諸品。午刻，子格叔又招餞飲。午、濟、拈三弟暨心存侄、仲良弟陪坐，一席七人。是城中厨菜，得嘗鮮蝦，良久散。辭行而出，至社屋坦墓看修理工程，至族墓再一周視。返至松鱗别墅，前日所見摇摇欲墮者，竟已委地，益復蕭然。返後，步韓叔來。余叩以膳塋一事，平素有無舊聞，叔亦不知，因託其留心察訪而去。忽得王賢語，知乃賡侄收有舊籍，可以問之，則須回蘇方知矣。

初四日乙丑，晴。晨與濟川、拈花、心存會集四人行李於博鄉堂，僱人啟行。族中送行者爲誠齋、蔚堂兩叔祖，步韓、培之、華廷三叔，弁英、午橋、仲良、誦芬諸弟，詩庭侄等。余既一一行禮辭出，諸人偕至宗祠。余等辭祖畢，諸人復偕出，止之不得，偕至李王廟。余等拈香畢，諸人仍偕出，固止之，仍不得，直送出郙口，再四懇辭，乃别於鎮安橋下。弁、午兩弟又前至涼亭而别。於是四人前行，十里至五渡橋，少坐。山田刈麥者已登倉，插秧者已透水，農時較早於吴中。前度梨樹嶺，嶺不高峻，而路甚長。嶺頭一亭，嶺脊一寺，皆少歇。寺名聚山禪院，殿宇重建，楹聯有"普徧大千世界，重開不二法門"語。又云："欲廣福田須憑心地，誕登彼岸迴判人天。"下嶺之路又過一廟，門閉。其左右額曰"靈鍾梨嶺，秀毓龍潭"。過嶺，到深渡，投華生弟店中。華生在彼，具飯以待，云程筠翁於昨午到此。余遂登舟晤之，云昨屯溪開船三箇時辰即到此，不意若是之速也。心存往岳丈家辭行，遂有兩妻舅來送行，華弟亦來舟話别，即開行。五里，過長灘。五里，過白石嶺。雲陰陡合，山雨欲來。五里，至境口，即大川口。五里，下白石灘，一名洲頭梁，又過小川口，一名姑留口。數里，抵山茶坪，雨澎湃至，略停，復行。自結隖頭横石灘、一名牛灘。天峻灘、即牽鑽灘。美灘即米灘。登科口紗帽石以下，三橋灘水勢甚急，雨勢甚猛。少歇，自八郎廟抵界口，泊卡次。坐雨，雨斷復行，過茗箒嶺二里爲黄家潭。斜陽重吐，晚山明净，而遠岫雲容猶摩蕩也。三里，爲滚灘。三里，爲常灘。二里，抵和尚嶺。嶺高不逾十丈，形似僧帽云。又四里，抵威坪，過卡，過灘而泊。入夜，月出。

初五日丙寅晨，四山雲羃雨意猶多。舟人沽酒市雞豚乃行。五里，過竹節淇。五里，過雲頭潭，即火筒灘。五里，曰青山灣，果然山色送青，遠山雲而近山日矣。五里，曰錫行渡，渡錫灘，宛若行空飛錫。五里，老人窗。五里，梓潼源口。五里，九里灣。五里，仰郙岡。此處有牛欄灘，過響山潭，歷小金山，即上石渡，下羊鬚灘。五里，過淳安縣。三里，東溪源口。二里，古事灘。時將近午，晴日杲杲，峰巒齊出。塔下臨江有磯，形圓而中窪。土人建廟其前，額曰“香爐峰”，形似香爐然，不得謂之峰。下賴爵灘，過紗帽潭、東門坑、沈家壩，抵遂安港口泊。自威坪灘至此，計行七十餘里。時當正午，舟人煮雞與豕首，瀝酒敬神，旋出獻客曰：“請賞端陽。”余等辭不能飲，略取饅頭食之。於是十二人團聚轟飲，拇戰大作。濟川云，徽俗家家敬鍾進士。余曰，舟人所敬當是屈大夫。舟人飲啖畢，復舉櫓，下留難灘，過蔡家埠、塔行、盧墈、倒安里、藻河埠，有灘曰宋家灘。又過亞慈灘、羅山墩、瓦窰埠、合陽堡，有灘曰羅漢灘。過茶園，有灘曰孩兒木犀灘。過百步街，有灘曰石蕩灘。過小溪巖、琴坑口、猢猻淇，抵童埠泊。自遂安港口至此，又六十餘里。時已暮，舟子兩三登岸。駕長爲永康孔姓，所攜之燈曰“千古一家”，自居於聖人之後焉。

初六日丁卯，晴。早開。下試金灘、倉後灘。至白沙埠楊溪上下爲珠地灘。至下衙爲哈喇灘。至黄窰爲牛灘，一名千步灘。又下馬没灘，至宗潭下范家研灘。至倒潭插上下爲塌步灘。前抵嚴州府，暫泊。飯訖，前行五里，即東館，有卡，復泊。酉刻，過釣臺。自大好山水而下，此處别具靈秀，江山明净，蒼蒼泱泱。畫眉聲中，頓忘驟暑。進鸕鷀源，歷青獅港，下六港灘，入鵝潭。過冷水亭上黄堡際晚，不停，殆欲補所不足。過桐廬縣，岸上燈火如布行列，水光盪之，整齊不亂。前過柏鋪，踰柴埠，抵新城港口，乃泊。時已二鼓，新城港對河爲窄溪，即三月十二夜泊處也。計行一百八十里。

初七日戊辰，船開比昨更早。風來更大，日光淡淡，霧氣沈沈，四山都是風色。舟子摇艫不前，改爲拉縴。蓋上水船難於上灘之遲，下水船易於下灘之速，電掣箭飛，數里一瞥。而自嚴州以下波平水闊，不復有此便利。又見來船風帆高掛，了不費力，益形我舟之遲。然順流而下，實不遲也。俗傳，徽河中有名灘三十六，無名灘三十六。今駕長能道其名者不及三十六之數。而徽府志稱，新安江有三百六十灘，數且十倍。蓋上自張公山出練水，下至三折瀧入錢塘江，并言之耳。自横山寺以東爲桐梓關、桐州、鮑家旂、新店灣、程墳、長山隴、湯家埠、鹿山頭，凡六十里。午刻抵富陽縣。船頭眺望，風來甚辣，惟垂帳而坐。濟川弟感冒風熱，濃煎藥茶飲之。又自鶴嘴至大嶺頭、赤松鋪、廟山鋪、大安鋪、周家堡、渡船埠、魚浦口，背縴不輟。已而，路轉風移，偶舉短帆，仍復背縴。日將墜，轉入義橋港近市處泊。午後行五十里。

初八日己巳，侵早移船近岸，發貨上灘。良久起椿，退出港口，放船錢塘江。風稍殺，縴艫齊施，自虎爪山至亭子前，對江即王家埠，過梅家堰卡，知是空船，不復着眼。過團頭，至朱橋，對江即半邊山。歷范邨紅橋，過六和塔，爲進壠浦，抵江干，計五十里。停泊，仍投曹泰來行。筠翁先唤肩輿過塘去，時纔申初，天氣悶熱，恐雨，而濟川抱恙，宜於安静，遂踵筠翁之後。濟弟乘肩輿，余與拈弟、心侄步行。由萬松嶺入鳳山門，投王天成行。筠翁已到，尚未看船。余等先僱定無錫林阿楝船，在萬安橋，用小船運行李，濟弟坐之。餘仍步行登舟。天剛暮，雨點打篷，聲如抛彈，轉以自慰。令舟人煮飯，且與之約，明日倘霽，當一遊西湖，停舟不發。濟川倩筠翁開湯劑數味，舟中煎服。水窗翦燭，頹然欲睡。因思出門時以三月初四日起程，初八日到杭。兹歸途以五月初四日起程，亦以初八日到杭。亭長亭短，不同而同。

初九日庚午，夜枕雨聲達旦，西湖之願未許償也。拈花上岸買物，胡僕隨之。晌午返，市得鰉魚一尾,即具午餐,便令解維。余往返七里瀧,不得拾嚴先生綸竿餘唾;往返杭州,不得窺西子新妝:均屬此行憾事。舟人衝雨背縴,風水皆逆,薄暮纔泊臨平鎮尾。自艮山門至此,不及五十里。

初十日辛未,黎明解維,不聞雨聲,睡過許邨,坐起抵長安壩。細雨綿綿,盤壩而下。晌午,過石門灣。舟人舉艣,摇摇颺颺,引人睡思。日長如年之語,於舟次倍覺其妙。暮泊紅橋頭,距嘉興城十五里。

十一日壬申,船仍早開。起視,已在嘉興城外。自西門盤至北門,暫泊,即行。過水天菴閒門,臨水一僧,躧階而立。循杉青牐,亭榭清幽,軒窗静閉,水外環水,小橋窄徑,繚以雕墻,窺見墻中錦葵盛開。然此處秧田都未蒔插,東塍西陌,頗種罌粟,萬蕊嫣紅,繁於種稻。舉帆前行,横風小引,不甚得力。晌午,大順,馬馳箭激者約三十里。過平望,路轉帆收,循鶯脰湖而過,又負縴行。晚抵吴江,泊垂虹橋下。橋在縣城東門外。橋東爲泮宫,東南一塔爲文筆之秀,登眺其間,斜陽在空,水光入樹,烟景絶佳。橋南有廟曰松陵廟,祀水平王郁使君。使君諱廷佑,齊梁時人,治水有功。余昔遊洞庭山,亦有水平王廟云。過橋稍南轉,入東門,略及百武,即旋踵出。返舟,天暮,有巡鹽礮船十數號,雁行而銜尾,施放火鎗。入夜遞傳更鼓,驚人達曙。

十二日癸酉,五鼓解纜,艣鳴片刻,即聞張帆,風聲水聲,沸於枕畔。蓋隔夜預屬舟子繞道横塘,故由太湖之湄以入石湖也。推窗送目,正遇好風,太湖無際,葭蘆極望。與新安江中兩山相束,一水曲旋正爾相反。見楞伽諸山迎塔以行,旋即收港,復出石湖,達横塘古渡,送濟川弟就萬成店中養病。拈花弟挈行李歸其家,即復來舟,同至胥江。僱一小舟,運心存侄行李,二人坐之進盤門。余就馬頭起行李,步進胥門,返平陽館中。首之侄爲余權館政兩月矣。檢點行裝,先以黄山松及土宜雜物遣僕呈西圃叔,並告歸來。午後歸家,見筱涯兄、桐生弟,話别後事。知前月安葬穎生兄於光福銅井山大墓頭。話刺刺不休,猶未見松生兄也。

十三日甲戌,晴。晨至敏德堂,晤偉如兄,談片刻。即至敏慎堂,謁西圃叔,侍坐於三松堂,述兩月來寄書所未盡未詳之事。玉荀、春疇兩弟,碩庭、熙年兩侄,相與敘話。遂留午飯。叔言,自今以後,吴中子姓,或間一歲,間二歲,必當一赴徽州展墓,以今年爲始。蓋自嘉慶甲子,曾叔祖三松公、紅珊公偕往後,已歷七十餘年矣。上溯乾隆以前,歸省者不絶。我高祖蓼懷公曾侍五世叔祖閑齋公以行,並爲黄海之遊,當在雍乾間,距鍾瑞此行已一百五六十年,我謙益堂子姓亦曷可以疏怠乎?移時辭出,至慶林橋豐備義倉見松生兄,談良久,返。

省墓記

潘奕雋

先高祖主政公之墓在徽州歙縣之飛布山下,名金盆坦,俗所謂汪兒潭者也。配羅宜人,生子九人。長敷九公,諱兆鼎,即奕雋曾祖。次舜鄰公兆臣,次維倩公兆綱,次慎齋公兆縉,次篁洲公兆夔,次紫垣公兆科,次岱封公兆青,次立齋公兆聰,次衛亭公兆垂,皆遷於蘇。舜鄰公生子十人,其長二、三、四、五居於歙。主政公既歿,葬金盆坦,地廣袤,計〇〇畝,又置田〇〇畝,春秋享祀於是取給,名曰膳塋。歲久而弛,或剖分以鬻於人。近年以來,兼有侵及墓傍之地者矣。當剖分之時,舜鄰公之曾孫君良以所分應得者隱於族之人,收其入以供春秋享祀。所僅存者,蓋〇〇畝耳。於是在蘇之子孫相與謀曰:於此而若罔聞,其安用吾子孫?具舟齎糧,於三月十三日啟行,四月初五日至墓下,按册規地,究盜賣之人,而得其名,究盜賣之值,而得其數。舍其不能歸者，贖其可歸者。計丈其地〇畝繪爲圖，又贖田〇〇畝，並君良所存者，計共〇〇畝，捐於祠，令司祠者主之，爲主政公墓祭埽費。請於官，勒石以誌之。夫報本反始，仁人之心；而追遠慎終，孝子之志也。今之人生子而愛之，有欺之者，未有不護之也。今祖先既殁，其墓與田他人未有欺而侵之者，而子孫羣起而剖分之，而延他人以蠶食之，尚可謂之有人理哉！而尚望其所生之子孫孝於爾，護爾之墓，以時享祀哉？而又何面目他日見祖先於地下哉？今清理既竣，呈於當事。彼冥然者，當必有默然愧、憬然悔者矣。至諸叔諸弟侄等能各捐資以成斯舉，皆可嘉尚。而君良於衆人昏昏擾擾之中，獨能由爲保護，使幾廢之業失而復存，是又先人之所陰鑒而默佑者也。既竣事，因記顛末，附於圖後。自今以往，惟願我族人共切報本追遠之衷，念前人經營之非易，各激天良，永永保護。是則區區之忱，所不能無望於來者也。嘉慶甲子四月望日元孫奕雋記。

展墓日記

潘奕雋

三月十三日，偕紅珊弟啟程。同行者，愚村弟，芳九侄。酉刻，抵吴江，晤徐榆村，留飲夢生草堂。

十四日，午刻過烏鎮。

十五日，午刻抵關。肩輿至湖濱，寓陸東昇家。暮雨。

十六日，陰。昭慶方丈思賢禪師，號祖峯，來晤。飯罷，詣昭慶。又晤蔣曾暉、陳槤。午後，偕紅珊謁岳忠武墳。花神廟候馮玉圃，不值。

岳忠武王墓

墓門春水緑沄沄，宰樹寒煙鎖夕曛。五國羈魂歸望帝，深宫遺恨失將軍。郎瑛《七修類藁》：韋太后歸至臨安。問大小眼將軍安在，左右以死獄對，怒欲出家，遂終身道服。騎驢客灑風前淚，薙髮仙啼嶺上雲。來集之《樵書》：大理卿周三畏不肯鞫武穆，棄官去。後有人於葭洲嶺上遇一人，號剪頭仙人者，問及獄事，大哭。問其姓，曰：姓周。須臾不見，自雲中遺一紙曰：周三畏拜謝。猶有餘威應金鼓，墓後爲金鼓洞。怒濤松響震湖濆。

東風陌上又花開，泥馬康王信再來。康王誕夕，韋太后夢一錦袍人曰：還我故土。人以爲錢武肅王也。半壁自甘蒙垢辱，長城可惜壞奸回。牲碑祠宇輝金碧，麥飯攢宫徧草萊。此日忠魂歸鶴表，更無餘恨但銜哀。

十七日，微雨。游玉泉寺觀魚，大者二三尺，小亦尺許。遂游靈隱寺，住持僧德山留麫。登韜光，竹色參天，泉聲震耳。時雨初霽，嵐光撲几。心安上人出示詩册，皆國初人至近人而止，無宋元明人舊蹟。豈方外知珍翰墨者少耶？抑爲人攫去耶？余近年三至西湖，如昭慶、靈隱、净慈、天竺，皆古名刹，惟取當時有勢位之筆墨，懸在方丈，以誇游客。去任，則易新任者懸之。蓋其所重不在筆墨之工，宜乎名蹟留傳者少矣。歸至德生菴，晤華秋槎明府瑞潢，答朱津橋司馬溥，又晤吴孝廉榜汪文燦。

韜光寺贈心安長老心安自靈隱退院居此

頓覺塵氛遠，層岡振策行。戛天惟竹影，洗耳有泉聲。僧老禪心定，吾衰世味輕。何能即脱網，一鉢證無生。

十八日，晨泛舟西湖，抵長橋，過江行家姚君綸。舟子錢星喜愚村自蕭山來。申刻開船，過六和塔,行十里,珠橋泊。

三月中浣八日偕紅珊弟往歙展謁先塋錢塘江登舟作

松楸飛布山名夢迢迢,又促輕裝趁早潮。木本水源應共切,風餐露宿敢辭遥?二橋嵐影横蒼黛,七里波光翦翠綃。陳迹卅年重著脚,自憐青鬢雪蕭蕭。

十九日,微雨。順風揚帆,未刻過富陽城,夜宿浦叉。是日行一百六十里。

二十日,晨過桐廬,大雨,夜宿七里瀧。半夜大風,長水丈餘。

廿一日,微雨。行十餘里,水溜不能行,住七里瀧中,地名胥口。舟人謂之坐水。

廿二日,晴。發胥口,水溜,加縴。午抵嚴州,水驟高數丈,城外居民屋宇損壞。申刻,水減岸出矣。

廿三日,晴。順風行百里,晚泊小溪。夜雷雨。

廿四日,晨過茶園,行二十里,至藻河。水漲不能行。

廿五日,晴。水漲不能行。

廿六日,雷雨。行三十餘里,宿瀨河灘。

廿七日,晴。曉,順風行十里,過淳安縣,夜宿威坪。

廿八日,晴。夜雨。

廿九日,微雨。晨至深渡,肩輿至村李王廟行香。

四月初一日,晴。晨謁祠。夜大雨。

初二日,陰。

初三日,晴。由蔡塢十五里至佛嶺,過排口,一路泉聲山色。至大程村,展五世祖谷馨公墓,得詩一首。過準提閣。閣有屋三楹,爲高祖其蔚公所建,題曰"本無"。

大程村謁五世祖塋地名鳳形

佛嶺迢遥地脈長,由大阜村至大程村,路經佛嶺,山勢蜿蜒,重疊最爲高秀。鳳形翔舞指層岡。一千里外來陳俎,百十年前仰若堂。雨露松楸懷永慕,簪纓子姓集嘉祥。苔階瞻拜重回首,光景奔輪卅載强。奕雋壬午舉於鄉,來拜墓下,屈指於今四十二年矣。

初四日,晴。

初五日,至飛布山,謁先高祖墓。遂入城拜程易田,留麪。余與紅珊、愚村訂,至問政山喫筍麪。易田曰:"近日問政山和尚麪甚劣。以城隍廟後古松菴者爲佳。"易田所留即是也。食之果佳。夜宿傍溪寺。

潛莊拜先高祖墓

村頭晴溜響笙竽,林外遥岑擁畫圖。已痛種松來觸鹿,時因墓傍山田盜賣,歸里清理。可能助祭下馴烏。陳牲奉醴嗟容渺,剔蘚看題感歲徂。好飭雲礽勤守護,根培枝茂語非誣。

初六日,晴。晤珠顯廷太守莽伊、孟瀛洲邑令毓圖、潘鯨滸經歷承煒、張光廷。拜程音田不值。

初七日,課族人於宗祠題"孝弟也者"二句。賦得首夏猶清和。得宜字五言八韻。晚雨。

初八日,雨。閱卷畢。一名應秀,字實夫,芑田弟次子也。小山弟光燿招飲。又赴静山弟廣祚夜飯。

初九日,雨。

初十日,晴。入城,夜宿傍溪寺。晤顯廷太守、鯨滸參軍。吴白菴贈畫竹。夜雨。

十一日,微雨。至巖市,夜仍宿傍溪寺。

巖市訪方藝蘭侍御不值翌日枉答又復相左奉柬寄懷

燕臺猶記昔分襟,尺素頻年訂盍簪。誰料良緣阻故里,漫勞旅夢繞遥岑。銜杯翦燭思前事,落月停雲感昔唫。莫更臨風期後會,飛騰暮景最驚心。

傍溪寺

僧寮依雉堞,岑寂似山家。嵐氣六時變,溪光一道斜。未移梁下棹,重喫趙州茶。欲采黄精去,蓮峰路正賒。

河西橋間眺

河西聊散步,徙倚到斜曛。灘淺纔通筏,山深慣出雲。人煙當隝聚,禽語隔溪聞。何處茅堪結,吾將收放紛。

十二日,晴。飯於潘經歷官署。歸至村,爲同齋弟奕甲寫蘭一幅。鵬年侄招飲。即自東胞叔子運扶、孫肄臣侍。

十三日,晴。寄白菴詩一部,又直隸王君一部。王在珠太守幕,乞詩,故贈之。申刻,過燦華家,赴松谷叔正和夜飯。

十四日,至擺塢口、羅家塢、苦干源、羊鶩坑、茂林等處,謁德輔公、以任公、仕源公、公調公、文瑛公、喬山公、玉溪公墓。歸飲射江叔家,子廷枚、汝虞侍。

十五日,晴。李王廟行香,謁祠齋。

十六日,飲澹菴家。程振甲來。

十七日,至五渡謁思忠公墓。即登舟,夜泊深渡。

擺塢口羅家塢五渡上坑苦干源羊鶩坑茂林徧謁祖塋敬賦

村居能聚族,守墓古風敦。窆自宋元日,拜經來耳孫。山阿體永託,哀慕意猶存。作息安耕鑿,相期同保根。

將歸吴門由五渡經林樹嶺道中作

一路灘聲送我行,擔夫莫訝客裝輕。渡頭雲密猶含雨,嶺脚林開漸放晴。地是故鄉餘眷戀,路因重過記分明。來朝解纜淳安去,萬疊蒼山翠靄横。

十八日,泊深渡,紅珊愚村至舟。晴。

十九日,晴。晨發深渡,夜宿藻河,行二百里。

二十日,晴。晨過茶園,夜宿七里瀧乳香巖下。

乳香巖

積翠如畫屏,扁舟入暝色。懸崖呈異境,可望不可即。云有玉乳垂,服之生羽翼。香風發幽竇,欲上徑阻絶。藴靈世共傳,賞異忘嚬逼。巖前宿霧重,壁字人莫識。仙蹤寄想像,幽意緘冥默。何當遲佺喬,築舍雲峰側。

廿一日,雨,午後晴。過富陽,夜宿大栅口。微雨。

廿二日,微雨。晨抵江口,泊。

江口夜泊

桂棹移前月,輕帆卸此宵。雲飄浙東雨,風送海門潮。鐙火明龍口,雷聲過二橋。鄰舟吹玉笛,不管客魂銷。

廿三日,晴。由萬松嶺泛舟西湖。至浄慈寺,晤主雲和尚。游小有天園。放船下蘇州。夜雨。

同愚村登萬松嶺

夜泊錢塘江,晨指萬松嶺。初陽靄空濛,宿霧羃松頂。泠泠石流泉,脩脩竹横影。有弟奉板輿,安穩娱暮景。吾行與之偕,首塗發深省。嗟哉鮮民生,羡兹春暉永。人生無窮達,真樂只此境。游目散鬱陶,含情默悽耿。日午循沙隄,更泛西湖艇。

廿四日,晨過塘栖。

廿五日,晴。順風行。申刻抵家。

重修鳳形五世祖塋丙舍記

潘奕雋

康熙庚辰,我高祖葬五世祖於歙縣大程村鳳形山之隅。於塋前僧舍凖提閣建屋三楹,爲春秋上冢憩息之所。歷年既久,漸形傾廢。乾隆二十七年壬午夏,支下子孫修之。郡人吴觀察煒題額誌之。迄今嘉慶甲子,又四十二年矣。四月初吉,奕雋歸里省墓,周覽松楸,小憩禪宇,見榱桷之就頹,牆垣之將圮,商諸在蘇諸叔弟侄等,捐青蚨七十千,命僧竹坪重加葺治。守墓人程平社董其成,庀材鳩工,頓還舊觀。爰識顛末,用告來者,使毋忘焉。嘉慶甲子夏日,奕雋敬識於博鄉堂。

(《[江蘇蘇州]大阜潘氏支譜》 1927年鉛印本)

潘氏宗譜告成記

黄鸝彤

今夫事功之成,非成於告成之日,必有所由始。潘氏宗譜去冬集議重修,族人俱踴躍樂從。今夏設局,各司厥職,或勸捐,或採訪,隨赴各房起草,陸續敘稿繕謄,并有自書送局。至中元後,延余整理譜牒,統觀二十四卷祠規、家訓、祭儀、祝文,並提卷首,使子孫先覩爲快,早識遵循。宗祠圖移置祖像之前,庶先人靈爽式憑,精魂攸托。東分思茂公後裔繁多,分作三房,另立圖表,易於查閱。前次各支世表改用小字雙行,其中父名每列其子名字下,此次擬議通商將父名升提子名上,眉目較清,以明上下,以别尊卑。中秋吉日開盤,編成二十六卷,閱三月告竣。洵乎經費省而成功速,亦由主政精而勷理勤也。彤何力之有焉。蓋修譜稽遲都緣理論嗣産起釁,抑知祧嗣自有定例。邇因匪變傷殘,各族均多乏嗣,不得已而偶爾通融,後即援以爲例。今潘氏兼祧頗多,間有推嗣愛嗣,所遺産業田房概由自族裁奪,並未越俎代庖。其餘仍照舊章,詳略悉依。來稿設有亥豕魯魚,尚希後賢更正是幸。

光緒歲次丙午仲冬吉日,梧塍黄鸝彤肇封氏謹識。

潘氏續修宗譜告成記

潘鳳岐

癸未新春,族長景珩等倡議修譜,同族諸人未經歷練,有難色。然族弟志剛、翰臣、培先、侄柏森等不嫌余爲老邁無能,轉以余爲老馬識途,羅致局中,藉爲指導。余不能辭,畧就所知,掬誠相告。奈余老態龍鍾,志與願違。幸諸族秀一經指示,胸有成竹,各告奮勇,晨夕繕謄,僅三月而已脱稿矣。端節後,擇吉開盤,敦請黄養和先生蒞局主稿。先生悉遵舊例纂修,並不踵事增華。其間争嗣奪産，皆由族中調處。繕稿收捐，則柏森、坤森、雄飛、翰臣、志剛也。佈置局務，採辦紙料，編輯重責，則柏森也。總司出納，則景珩、金培、翰臣也。鑒盤校對，則志剛、坤森、翰臣也。筆札傳序，則養和先生也。請給佈告，料理外務，則培先也。應酬庶務，接洽各支，則柏森也。各盡所長，不辭勞瘁，自春徂冬，無間寒暑，未一載而告成，可謂黽勉從公矣。然局勢顛危，經濟拮据，幾致束手無策。幸有青暘支族秀蓀君助洋二千元，蔣君仝侄鑫祖助洋一千元，佩荘助洋二千元，聯法、聯森助洋八千元，翼周助洋八千元，江陰南門支家瑞助洋二千元，家增助洋一千元。倘無諸君慷慨解囊，急公好義，其不至於中輟者幾希矣。而翰臣、志剛、念宗，尤能雍容鎮定，維持危局，任怨任勞，始終不怠。俾族人踴躍樂從，同心協力，有財者助財，有力者助力。而大功克成，豈不美哉！惟靖江學前觀音寺巷及九十七圩埭共五支，以道遠路阻，往返未易。柏森、坤森等不避險阻，渡江採訪，歷盡艱辛，始與靖江西外鷄市橋族人仲英面洽。時值戒嚴，竟不能越雷池一步。仲英面允，一俟可以通行，即赴各支擔任拖稿送局。厥後屢次函催，且專足渡江，亦俱無效。最後得仲英覆函，謂道路阻梗，款項無着，自願放棄，以待將來云云。局中以宗族關係，不忍聽其脱修，祇將始末情形并仲英覆函載於學前世表之後，下次修譜有所徵信，不失親親之誼，是所望於後啟也。刻下裝訂成牒，散譜有期，余雖衰邁，樂觀其成，亦叨驥尾之榮矣。爰叙其始末而爲之記。

民國三十二年歲次癸未小春宗鳳岐謹識。

（潘景珩纂修《[江蘇江陰]潘氏宗譜》 1943年積厚堂木活字本）

談氏宗譜

談氏始祖壽齋公祠堂記

談廷諧、談彙吉

夫水有源，木有本。人而可忘源本乎？恒擬擇一公地爲始祖建祠，以重吾族之源本。茲有祖傳玄帝大士祠二所：一初創于嘉靖丁巳之歲，一沿襲于七世祖母之家，規制猶然湫隘。後因守祠道尼輩相繼募葺而擴大之，焕然成二望祠焉。萬曆戊申，吾先人迎祏主于中。久之，有乘醉突入，撤去毁滅者。時先人年高，未遑究理。今不肖仰承先志，特于兩祠夾界之室另爲闢門葺宇，復立始祖位，以永祖祀云。

天啟壬戌清和朔旦，裔孫廷諧恭鐫座石。

始祖壽齋公，諱信，汴梁人，宋翰林院博士。從宋高宗南渡，家於無錫。錫之有談，自公始也。後即族之舊居建公專祠，在邑城小婁巷中，歲久傾圮。迨嘉慶初年，幾於不蔽風雨。族祖躍齋公、先大父文輝公倡率族人重加修葺。復置秦氏舊屋六間，益而新之。自門屋而享堂，堂僅二間；堂之東爲廳事，三間。猶以規模麤具，未盡愜心。大父没，先伯父焕昭公、先父焕揚公遵大父遺命，屢加修葺。道光乙酉，伯父逝世。丙戌秋，先父復率族人鳩工庀材，黝之堊之，更廊焉以繞之，移門屋於廳事之前。由是歷門升階，焕然一新。設始祖位於廳事之中。配享者爲願學公、味淡公、秋雲公、敬義公、鶴林公、十山公。其兩旁祔祭亦諸先公之賢而貴者。羣議以此祠之復，文輝公力居多，因亦祔祏於堂之西隅。其同祔者爲天成公、德斯公、文炳公，皆同時志切報本、恢復此祠者。鄉貢進士王公莎村顔其額曰"汴梁源遠"，聯曰："經術儒宗世傳隱德，勛華政績代有偉人。"道光丙午，先父逝世，易簀時猶諄諄然以此祠爲念。戊午冬，譜事告竣。思先父遺命，曷勝悚懼，將謀之族人，恢大前業而尚未果。不意巨寇突來，片瓦無存。回思先父之遺命，列祖之創垂，能不悚懼恐惶，時縈寤寐也哉！乙丑，始覩承平，爰告族人，謀所以恢復祖祠。幸吾族之有同志也，越朞年而門户立，越數年而享堂建。嚮之享堂東北素缺一隅，今與秦氏更而正之，可無缺陷之憾矣。第規模粗具，而餘基尚多，力難驟建，未知何日可以繩祖武也。願後之人無忘始事之艱難，而幹前之蠱，庶幾堂構相承，光前而裕後也。茲又欲緝家乘，用敢敘其顛末，以驗來者。

同治十有三年歲次甲戌孟冬，十九世孫彙吉謹識。

（清談鼎銘等纂修《[江蘇無錫]談氏宗譜》　清光緒五年木活字本）

諸氏宗譜

宗祠記

諸　洛

青州諸城縣西南三十里有故諸城，世爲魯邑。《春秋傳》所謂“城諸及防”、“城諸及鄆”者也。《國語》有越大夫諸稽郢。《風俗通》：葛嬰爲陳涉將，有功。漢孝文帝封其後諸縣侯，因爲氏。《姓譜》：葛氏，瑯琊諸縣人，徙陽都。本其先世所居謂爲諸葛。以洛考之，諸爲魯城，當日必有公族餘子、庶姓大夫因食采于諸而得氏者。在稽郢葛嬰之先，而《左氏傳》無述焉。則吾宗以邑爲氏，而“諸”與“諸葛”無二别也。諸葛氏顯於西漢、三國、東晉。諸氏自稽郢後，見史傳者絶少。前明時，始遷祖仲賓公居常州武進歐陽里。武進後析爲陽湖里，有諸氏宗祠，不知建自何時。中有奉主之室，享餕之堂。旁爲最樂園，園有池，池有丘，砌以石，嘉葩美樹，映帶淪漣。時里中俱力田爲業。仲賓公至六世祖，鄉飲大賓，諱旦，字少陽，遷無錫。生高祖，諱士蘭，字芬吾，與高伯祖諱士翹，字楚於，先後登萬曆戊午乙卯賢書。高祖有子三人：長諱保容，字茂先，洛曾祖也；次諱保宥，字六在；次諱豫，字震坤。兄弟同登我朝康熙乙丑進士。震坤入翰林。楚於第三子諱人玉，字玉相。生族叔祖，諱安遠，字東侯；諱定遠，字西侯。東侯爲封君。西侯登康熙甲辰進士，入翰林數十年間，家門鼎盛。時諸公先後宦遊。吾曾祖以世家名德，每春秋享祀，率吾祖諱永鎡，字子田，與鄉之父老子弟合祭於祠，餕畢，憩息園中。當是時，咸穆然思祖功宗德之不可忘，吾宗稱盛焉，祠故無田，諸公相繼没，爲子孫者且無以庇，而爲生祠。以毁廢。乞人窟穴其中，爗主爲薪。間有存者，悉委棄塵埃墟莽。洛每過祠下，悽愴悲懷，嘆仲賓公不祀，自傷卑賤，抱恨於無可如何也。再從兄培元、族兄英若，時時與先君子商略祠事，經營十餘年，欲次弟新之，將成復廢。族孫明山，少而有才，奉尊人儒選命，偕諸兄弟及宗人要會於祠，有田計畝出錢，無田力助，奔走偕來，無敢或後。明山先出貲鳩工聚材，諏日從事，因舊址徹而新之。凡得屋前後若干楹。起乾隆甲午秋，至丙申冬落成。費白金千三百餘兩。洛歸自中州，來告祠成，且願有述。因肅拜祠下，敬告諸宗人曰：吾氏自仲賓公居是鄉，積於今十六世矣。其遷於錫與居於鄉者，皆一人之覆露，如水木有本源也。昔家方隆盛時，能以詩書之澤成業顯名，號稱名族。今宗祊陵替，後起無人。洛以投老殘年，爲羈終世，於祖宗祠宇未襄片瓦寸椽。諸君子力穡服田，皆能敬宗尊祖，真可謂知所本者。然出而負耒，入則橫經，古人往往以本業起家。誠能擇子弟之秀異者，俾敦行于孝弟，沐浴于詩書，則濟濟蹌蹌，安知不再見昔日衣冠之盛？洛最爲長年，故疏得姓之始與吾宗之盛及祠之廢而復成者，勗我家宗人。至祠必有田而後久，明山輩當必謀以永之，無俟多言也。

時乾隆四十有二年歲在丁酉四月初吉，十一世裔孫洛拜書。

（清諸暄寶纂修《［江蘇常州］諸氏宗譜》　清光緒二十六年木活字本）

黎氏宗譜

附黎氏家祠記

黎庶昌

古者，别子爲祖，繼别爲宗，繼禰者爲小宗，大宗百世不遷，小宗五世則遷。此常法也。然小宗有繼禰、繼祖、繼曾祖、繼高祖之殊，而廟制復有三廟、二廟、一廟之别。先儒泥《小記》庶子不祭祖禰之文，遂謂大夫、士祭不及高曾。不知其果得祭與否，皆當視宗法而定，不因廟制爲損益也。魏、晉而降，制度疏濶，廟祀代數，大率準官品爲差。宋文潞公欲營家廟，得唐杜岐公一堂四室之式，始有所依循。禮制之不修若此。司馬文正公實記之，而其撰《書儀》亦祇上祭曾祖，不敢主高祖之議。唯獨伊川程子以謂，高祖有服無貴賤，皆當祭及高祖。朱子從之。後遂垂爲定制。蓋其言深原禮意，協乎人心，天屬之至安而無以易也。我朝儒者萬氏斯大、秦氏蕙田益稽經傳，以證古大夫士禮，確然得祭高曾祖禰甚明。然後又知四親之祭，爲三代所通行。無一廟祭禰，二廟祭祖，三廟祭曾祖之異。後世失之，乃不能詳也。黎氏自遷遵義以來，累代耕讀爲業，未嘗顯聞。至嘉慶中，王考静圃府君始起家仕山東長山縣知縣，世父雪樓府君繼仕雲南巧家廳同知，俱封爲奉政大夫。先考雨耕府君亦仕開州訓導，封修職佐郎。而從兄兆勳由訓導仕至湖北隨州州判，兆銓仕雲南姚州知州。小子非才又以二品頂戴記名道員，充出使日本國欽差大臣，重荷國恩，日益昌顯。於法當古大夫士，皆得立廟。咸豐之際，雪樓府君自滇中歸里，即規拓基緒，構建家祠於正寢之東，遭亂未成，燔毁於火，齎志以没。歲月變於上，人事遷於下，今又二十餘年，而祠仍未舉，廟祔之典闕如，爲子孫者不能無疚。光緒十年夏，從兄兆祺書抵日本，以祠堂爲謀，擬醵金若干，合建一祠。即於祠後附置家塾，以從簡易，所以修雪樓府君之志，而亦庶昌之素願然也，因籌千金爲祠費。未幾，從兄即世，議既不諧，費亦旋爲子弟輩耗去。庶昌雖歉於心，而力不逮矣。遲之又久，乃始就居室正寢中樓櫳備四龕之制，以待異時擴充。凡祭式、祠規諸大端，比傅前哲成模酌擬，使後有所守。又懼其不能持久也，一皆從儉，僅免貽數典之譏，存餼羊之禮而已。若夫祖遷於上，宗易於下。異時禰位之主既祧，則宗莫能統，必當另立支祠，改易規制。是又望於後之賢子孫，而非今日所能計及矣。光緒十三年正月庶昌記。

（清黎庶昌等纂修《［遵義沙灘］黎氏家譜》 清光緒十五年刻本）

盧氏宗譜

述祖德詩

盧友焜

咸豐辛酉，館族兄佐才家。時方以聚珍板印刷譜牒，友焜預於校讐之役。適架上庋有《尤西堂集》，閲集中述祖德詩，爰仿其體，勉爲學步。事蹟則據碑銘志傳，一二遺聞軼事，亦附著於篇。甫脱稿，即經兵燹，以攜入行篋獲全。忽忽三十年，故老彫謝，鮮能詳家世淵源。友焜齒長學荒，迴憶弱齡時，不勝今昔之感。因不揣固陋而釐存焉。

惟我受氏，分派自姜。敬仲食采，源遠流長。世有著姓，史籍輝煌。東陽卜遷，爰啓金塘。數傳入鄞，瓜瓞永昌。姜姓後，齊公子高孫敬仲傒食采於盧，後因以爲氏。苗裔居浙之東陽，遷昌國金塘山，數傳入鄞，居小江里。小江爲祖，厥惟鄮峰。挈家避倭，徒步甬東。靈橋息跡，隘巷棲蹤。蒲囊錫瑞，天誘其衷。德星闢址，鐵沙崇封。蟠龍用九，獨乘一龍。烝嘗俎豆，奕禩庥蒙。始遷祖鄮峰公，諱家錦。明嘉靖間避倭難至鄞，欲居靈橋門，尚無定所。一日，徘徊隘巷，忽得蒲包，内儲飯。喟然曰："天殆將賜食於此。"遂卜居砌街，名堂曰"德星"。殁，葬江北鐵沙匯，江北地多墩，稱九十九龍，公墓其一也。繼起三昆，東蓮雅度。和順中裕，忠誠外布。裘駱張王，强豪却步。寬厚家風，八龍延祚。始祖生三子：東蓮、德明、西泉。東蓮公諱傳玫，忠誠和順，有雅度。時同里裘、駱、張、王稱豪族，難與言。公以羈旅單寒，一接之以誠，久而人咸敬服。生八子，讀書敦行，有荀家之目。練達西泉，止理日廣。樸愿貽謀，後嗣克享。幹濟望東，馳驅鞅掌。先緒力纘，規模宏敞。太息仰蓮，慨當以慷。殖産三分，義形宗黨。亦有從孫，披榛闢莽。分派東郊，耕田擊壤。四老勤家，肇基攸仰。西泉公以練達稱，後嗣皆世業農桑。望東公諱應龍，以幹濟稱，少客象山，規模廓然。仰蓮公諱應鵬，起家勤苦，絲毫不入己橐。時議分爨，析爲三房，皆謂新業十倍於舊。悉公所手殖，中分其半，不爲過。公力持不可，卒三分之。慕先公諱德新，始祖侄孫，避倭同徙内地，倚之如左右手。今其後居東鄉戚隘橋。誠吾紹承，善裘善箕。庭闈無閒，囊橐不私。卜兆分葬，宏開福基。古樟合抱，惜供舟師。君育奮跡，魚腹埋尸。戒珠節烈，誦梵披緇。誠吾公，諱學信。忠誠和順，一如東蓮公。勤勞不私，一如仰蓮公。内外無間，里鄰稱之。殁葬鐵沙匯。公與繼配潘孺人合葬。相去半里許，則爲元配蔡孺人分葬穴，皆極中堪輿相法。公墓後有大樟合抱，乾嘉間，海盜棘採供戰艦。君育公，諱文英。海上當五月有諺云：二十分龍廿一雨。公於廿一渡海往象山，遇颶而殁，僅拾一履歸葬。孺人汪氏，長齋繡佛，與李儀部閫女文玉同居戒珠庵。儒林挺生，蜚聲黌序。英俊聯盟，忠義自處。灑淚河山，餉軍海嶼。匿跡銷聲，一樓寒暑。忠介忠烈，寸心深許。史局用登，闡幽令舉。素先公諱卧龍。明季諸生。江上軍起，公親攝衣給餉。鼎革後，不復就試，獨居一樓，足不履地數十年。以孫官國朝，勑贈儒林郎。太學封翁，詞成鏮鍔。治己治人，寧寬寧嗃。歲臘袖金，鄰少閉閣。弱不勝衣，爲善最樂。天壽平格，金紫交錯。封州司馬紫霞公，諱章。太學生。公遺文有《贈錢畹友序》。"内何以修已，外何以處世"、"居家寧嗃無嘻，待下寧寬無苛"等語，字字皆格言。公當歲臘，輒袖金量給貧苦，不告姓名。與物無競，鄰少揶揄，至推擠於地。公諸子問故，公笑，佯言無之。後其人聞，至感愧不出。平居恂恂如不勝衣，與人交，惟恐不及，而樂善好施之名著國中，咸知公後必大云。司馬清才，藥爐文史。手澤猶存，高山仰止。西平偉人，邱園素履。興寄琴書，花栽桃李。曉村《中庸》,引精吸髓。旁習岐黄,澤周戚里。二昆早世,亦未抱子。節行桓嫠,崇祠享祀。考授州司馬德周公,諱兆昌。工文藝,善病,遺有批點《本草》全卷。明經西平公,諱兆晟。體質偉然,望而生敬。中年不利進取,遂購書植花木以自娱。明經曉村公,諱兆暹。精《中庸》,博引諸家而能折衷。習醫,遇邀請,必徒步往。既愈,不受謝。太學萬周公,諱兆智。明州公,諱兆昱。皆早卒。孺人胡氏、俞氏俱以節孝旌,入祠建坊。徵仕書法,洛陽片紙。端木遺風,陶朱餘技。擁貲甲鄉,散金贍里。内行聿修,循循孝弟。廧翣百年,卜兆成禮。宿露披星,躬親綜理。匪富是榮,惟德之紀。贈徵仕郎明村公,諱兆晨。書法圓勁可愛。善治生,起家鉅富。捐金賑饑,全活甚衆。性孝友,内行純篤,封植先數世墓,露宿郊外,目不交睫者十晝夜,遂改葬竣事。文林長者,德音孔昭。尊聞力踐,適意簞瓢。東周閔損,後漢薛包。杯酒聚首,敬愛同胞。堂名"天友",登仕逍遥。東西白髮,仲郢風標。贈文林郎春亭公,諱培。從陳編修介眉、仇少宰滄柱遊,獲聞蕺山梨洲之緒言。生平之躬行實踐爲學,居止困約而意度泊如。事後母以孝聞。與諸弟析産,推多就寡。公年八十,諸弟髪皆垂白,杯酒過從,敬愛如賓。登仕郎式亭公,諱均,春亭公同母弟。一住東頭,一住西頭,相從五十餘年無間,因名堂曰"天友",紀實也。奉直下筆,光燄逼人。燕趙游歷,千里清塵。齋廚苜蓿,名蹟家珍。講學多士,著譽同寅。累牘解綬,乞假養親。圖書左右,卉木冬春。贈奉直大夫敬亭公,諱垣。爲文光燄逼人。北遊數年,所交皆知名士。任温州訓導。時偕彭侍郎芝庭爲雁宕遊,口陳名蹟,如數家珍。訪求永嘉先正遺書,爲闡明淵源流派,與諸生相切劘。唐方伯將以卓異薦,公堅乞終養歸。歸而闢書室,雜蒔卉木,論文史以娱親志。明府勵志,學優年少。儀表魁梧,詞翰敏妙。流涕功名,寄情吟嘯。同學論文,手舞足蹈。解紛一言,君歿更悼。揀選知縣儀亭公,諱訪。儀表豐偉,吐音如洪鐘。發憤摹古,爲文獨超高妙,中副車。時賀者傾座,公獨泫然感先嚴之永違。乾隆乙酉,始登賢書。每同學論文,聽者皆手舞足蹈,得緒言,悉成佳搆。作詩不多,而感慨低徊,音在絃外。善排難解紛。公歿後,里社有大疑難,輒追思不置。中翰築樓,巍然宅東。牙籤玉軸,天一媲隆。令史侍側,著作自雄。文獻成集,賅博宏通。脩然栗里,詩律是宗。藥餌全活,薄藝兼工。裙釵嫁女,惠洽孤窮。承學職志,故家流風。中書科中書青匡公,諱址。建抱經樓於宅東,藏書十萬餘卷,幾出天一閣上。公晚年病目,置令史,日誦書於側,據觚聽之。著有《四明文獻集》百四十卷,《和陶詩》四卷。兼通醫學,有求治,無貴賤必往。嘗雪夜見道旁棄女,抱歸乳養,及笄嫁之。蓋自公聚書建樓至今,承學之士無不望爲職志焉。明經修飭,匪競門閥。壓紈綺叢,入理道窟。結客盈座,好施傾篋。破家紓難,類古義俠。明經耐軒公,諱登瀛。家世華腴。公獨喜修飭。蛟川謝毓川贈聯語云:"見地直入理道窟,氣岸壓倒紈綺叢。"紀實也。好交游,座上客常滿,以緩急相告,雖傾囊倒篋勿吝。平陽奇穎,緣鬢才名。執贄雙韭,三變大成。涵今茹古,倒屣公卿。雌黄口謝,浩然氣盈。非惟魑魅,譬於震霆。八年薄宦,教誘循循。荒陋丕變,講道傳經。告哀蓼莪,戚戚傷神。息轍故里,廣育羣英。力任文獻,考證詳明。濬喉修志,竭慮殫精。河汾高弟,著作門庭。不事收拾,簡册飄零。詩窺一斑,天馬絶塵。書畫蒼秀,拱璧同珍。餘膏賸馥,沾溉後人。斗山望重,東浙儀型。至今枌社,俎豆薦馨。平陽教諭月船公,諱鎬。少奇穎絶人,爲謝山全太史高弟。從師取友,學凡三變,而卒底於大成。乾隆癸酉登賢書。至都,公卿間藉公名,咸倒屣迎,争欲羅致。公峻拒之。平居浩浩落落,口不雌黄人物。嘗夏夜乘月,至君子營演武場。其地素有祟,如臨洮所見大人。公遇而厲聲叱之,化爲血,祟遂絶。在平陽,士多荒陋。公導以經史之學,習爲之變。丁外艱歸,問學者益衆,户外屨滿。時修邑乘,公訂訛補亡,不遺餘力。復據舊聞,濬三喉故跡,復城中水道。所著古文辭,以不事收拾,皆散佚。有詩稿四卷行世。書法秀勁。畫則秃筆焦墨,必在醉後燈下作之。公任斯文絶學,爲浙東人士所推重。至今學者祀全太史,首以公配食。咸豐間,鄉老書公事蹟,籲請從祀鄉賢,以逆氛見阻。光緒四年,崇祀月湖書院景賢堂。翩翩太學,隱約好奇。一樹一石,位置品題。酒酣耳熱,洞悟元機。光溪終老,詩筒釣絲。半人卓犖,犀玉丰姿。吴江粤嶠,名滿當時。篾舫小隱,作畫填詞。太學定齋公,諱登榮。姿性脱洒,風雅自賞,醉中愛談禪,自謂深入元理。晚買山光溪,賦詩垂釣以適志。諸生芑塘公,諱灃,晚號半人。天姿卓犖,犀顱玉面。游歷粤東、江南,假名勝自娱。歸居湖東,築黄篾舫數椽,賣詩書以取給。丹陽吏治,江左赫奕。保障弭寇,萑苻斂迹。虔祀樞星,文昌宫闕。無媿宅相,不忘世澤。哲弟樂迂,儒將表式。轉粟宣勞,耽經成癖。丹陽知縣春圃公,諱雲路,有政聲。當丞元和時,地多盗。公密計擒其魁,盗風遂息。建文星堂於里中,爲子弟誦讀之所。置田贍外祖父母祀,且以應得敕命貤贈。

修輯宗牒，增遷鄞祖祭田，同族賴之。南昌守備梧門公，諱雲林。乾隆壬子武舉人。曾任領運千總。每公事暇，手經書一卷不釋，因自號樂迂。翰墨蓬廬，雄文古意。名勝帆檣，賢俊車騎。局促轅駒，壯心何寄。三十八章，簡要明備。啓佑後人，典型薈萃。拔本塞源，厥緒荒墜。諸生蓬廬公，諱雲鶩。少雄於文。遊江南北，探名勝，訪賢俊，以自豪。嘗謂，登臨嘯傲，不至局促如轅下駒。著有《詩草》六卷。纂家乘，譔《紀畧》三十八章，多載先世懿範遺訓，曲折詳盡，以爲忘本源者戒。簪山卓爾，英才壯志。騎射精敏，文章奇肆。投筆流亞，惜乎早逝。梅溪繼序，香名弱歲。刲股賢妻，靈修不惠。贈之洞房，柏舟遽誓。孝親撫孤，節行交至。諸生簪山公，諱淮。爲文奇肆，精騎射，思自效，甫壯而歿。諸生梅溪公，諱雲泗。少聰慧，嘖嘖士林。遘疾，孺人邱氏嘗刲股和藥以進，卒不起。贈之公，諱怡雲。結褵甫經月而歿。孺人陳氏，孝養舅姑，撫伯氏子爲嗣，克有成立。邱氏、陳氏，道光間皆以節孝旌。吾家寶鑑，和讓懋德。積厚流光，書香三百。後進寂寥，率由誰克。力學敦行，有典有則。明陸侍御貞，吾始祖外孫也，爲吾家撰分書序，述先五世同心一德起家根源甚悉。三百年來書香世澤，蓋悉基於此。嗟予王考，潛德咸欽。重闈養絜，作室謀深。日讀一卷，古史沈吟。昭垂彝訓，亢宗亢身。刑于化洽，筐筥徽音。徧爲爾德，損己利人。吾聞君子，顯揚爲心。先芬陸誦，遺烈謝陳。無忝爾祖，以榮其親。小子作歌，敢云勝任？附登譜牒，用示來今。贈光禄寺署正竹坪公，諱沂。幼侍重闈，能得歡心。訓子弟嚴，少有過，督責無貸。愛古史，日誦一卷。臨歿，舉先賢學喫虧語以訓安人范氏。治家整肅，無疾言遽色。中年備極艱苦，而喜周卹，常分升斗以與戚里，一粥一飯未嘗獨飽也。

十二世孫友焜謹述錢塘訓導袁震拜填諱。

（盧宗侃等纂修《[浙江鄞縣]甬上盧氏敬睦堂宗譜》 1947年木活字本）

蕭氏宗譜

己巳歸梓重修家乘留別

一

蕭士𢈪

曾記車鄰到梓時，成蹊桃李笑迎之。連朝苦雨驅長道，一旦家園敘素思。父老相逢咸問字，鯉庭趨對未能詩。歸來何處摸情緒，雲夢瀟湘憶舊祠。

二

蕭　至

幾回猛省昔年時，有意還鄉道阻之。派衍支流深我慕，絲聯繩貫望君思。今朝族誼敦千古，此後離愁寄七詩。剞劂家乘曾告竣，聊將蘋藻薦先祠。

三

蕭　益

千載宗親聚一時，同堂共話樂何之。三春烟景臨吴地，首夏清和動客思。濠水多情縈別恨，鄉山有意促歸詩。羣賢畢至勞樽酒，繾綣心懷戀祖祠。

四

蕭而親

端因會面恨無時，客主相逢問所之。南越有緣舒積愫，東風奚奈惹離思。三旬款洽情難語，萬種殷勤謝以詩。臨別更勞重賜宴，車聲促駕暫違祠。

次原韻贈別

一

蕭安成

停盃且問復來時，我意如醇緩酌之。桃李芳園期再宴，天倫樂事擬長思。臨岐羞灑龜蒙淚，折柳殊慙摩詰詩。楚水瀟江清且澈，舟聳欸乃到湘祠。

二

蕭國霖

夜話連床未幾時，幸君千里遠從之。故鄉翻作離鄉客，一地愁成兩地思。寄語羣賢休葉梓，還期家學早傳詩。蘭陵風度望湘振，衣錦歸來煥古祠。

三

蕭斯章

往來春夏幾何時，言邁何妨暫駐之。滿目雲山空仰望，一腔心緒搆離思。攀轅未久歡成淚，遮道於今韻載詩。分袂醉中神浩渺，天倫樂事叙宗祠。

四

蕭日煥

譜牒功成告退時，浹辰賓主遠離之。吴山叠叠增君悵，楚水悠悠繫我思。此際放懷惟酌酒，幾回拈韻不成詩。來朝夙駕言旋去，借問何年謁古祠。

贈族叔景廉歸家詩

蕭士然

引曰：元季，叔和公之十四世孫諱嘉慶，徙居湖南長沙府湘陰縣。明季，族叔祖諱以訓，任四川都司，便道湘邑。其時大祖有諱淮、諱泮並登鄉舉，家居城内，進謁清敍，因云兄弟倘登金榜，决於歸籍。後淮公任知縣，泮公任御史，故未得遂。康熙戊子仲春，忽安成族叔弭昌、景廉不憚千里儼然下訪，數百年間闊，一旦聚首，相驚相喜。雖源遠流長有不啻同胞者，獨惜科甲久湮，家聲匪舊，不免式微之嘆耳。兩叔答曰："吾濠源亦然。然盛衰常理，但守孝友遺風，以俟氣數之轉旋而已。"兩叔言貌恂恂，去後益切思念。初冬，景叔偕侄班紹復至，授然等字聯詩箋。所書則步柳文，偕諸叔之筆也。聞聲仰止，自愧貧病交甚，既乏贈財之力，更無贈言之才，徒辱門闌，過蒙遠教，悵恨何之。居無幾，景叔有曰歸之賦，萬種離愁，杯酒話别，偶成一律以贈。

同源分派幾忘年，忽喜清流會下川。始聆家風仍古道，再親標彩益新緑。一杯重敍三生幸，千里懸思兩地牽。遥望故垢何日到，聊將俚句問諸賢。

和　韻

蕭安成

濠溪别去幾何年，一脈源流貫百川。科第競傳先代業，詩書繼起後人緣。安成湘邑散還聚，楚水吴山斷復牽。祖廟重新思舊約，故廬净掃待高賢。

乾隆戊子上元節贈别湘陰族文次暨侄嗣孫鄉容次圭捧譜歸梓詩

蕭世美

溪頭梅柳破春烟,玉立庭階羡族賢。念我重遊尋脈絡,喜君一到焕松梃。謁宗返旆難留駕,賫譜送行强贈鞭。寄語貴支雲樹望,皤然此老尚如前。

又

蕭謨烈

瓜瓞從來念土沮,修重譜牒論生初。駕臨披閲承宗重,話及本源仰德輿。春苑飛花牽返旆,故園折柳贈回車。莫言吴楚雲山渺,常望寄音雙鯉魚。

頌譜祠調寄醉太平

蕭道傳

溯源流

系源微仲,金根啟宋。酇侯梁武玉葉頌,選文昭明太子統。 俾江郎共用,蘭陵八代相接踵,來濠水,典郡公。甲第簪纓輩相從,越教人争重。

頌譜牒

騰蛟起鳳,風吟月弄。昔年先祖多科貢,宦成把譜頌。 文從字順花生夢,圖世系,銘詩綜。美善傳與後人奉,再續時集衆。

述修譜

丁未彙草,酉年成稿。校勘字畫悉精巧,諸孫功不小。 世系文翰添多少,恢先緒,人稱好。非我本根即芟廌,我還有要道。

勉後來

嘉兆嘉兆,纘承繼紹。心齊力並無諠鬧,印成各分標。 愛同琬琰無輕藐,心與口,切莫矯。若是見金即鬻了,雖同宗如表。

勵族屬

字青紙皎,披圖便曉。閒時暇日宜詳眺,但無亂翻攪。 勤思祖緒振宗祧,攀月桂,奪錦標。節孝忠廉事非渺,勿徒言温飽。

時雍正七年歲次己酉季春月吉旦二十七世孫國學道傳謹識。

頌濠溪蕭氏族譜賦

劉之豹

攬勝挹秀，柳好戀岡。推世考系，蘇重江鄉。朱門率龍蟠而虎踞，珂里實源遠而流長。吾劉來自天保，時際最盛。滄桑佑啟三十六系，代處神背山莊間。嘗問隣右之宦籍，昭列伊誰與。方今訪舊兮而來濠溪，欣值修譜而願觀厥詳。蓋祖同高辛明德，而支分自元鳥生商。六七之賢聖迭起，微仲之衍蕭皇皇。至酇侯，相漢胙土；閱武帝，金陵啟疆。昭明文選，沾溉詞房。蘭陵相業，八葉流光。遥遥華胄，非漫誇揚。宛同吾宗，直接天潢。其來安成而著籍者，雍熙進士郡守諱芳。遞傳七世，穎宰耒陽。起家甲第，轉漕給糧。關中之莞鑰同推，蕭母之頌聲最洋。子肅聿隶，啟父青箱。聯袂金殿，龍榜名彰。治譜相承，世德不忘。由宋而元，籍義傲霜。晦迹邱園，垂綸方塘。逮明都燕，食禄成行。有勤王事，不愧持粱。有格猛虎，石埭無倀。環與文烈，各摘桂香。輻暨世運，共垂令望。或夢花生而貢南畿，或執金吾而捍明堂。夫固有文經國而武定辟，亦多婦慕貞而男效良。相國金閨嬌女，作室名閥姬姜。其始也，玉簫雅奏，笙叶鳳凰；其繼也，鸞去衾冷，燕孤淒涼；其終也，柏勁熊苦，訓子稱孀。六十兮鳳詔頒來，旌節建坊；有子兮鶴書催駕，都閫騰驤。居濠溪者，金根玉葉世繁昌；而分派他境者，爲城南鐵冶之巷。而遠至乎三楚之湘。亦有應天上之宿，亦有魁廷試之郎。予觀世系不離手，罣然企慕其輝煌。主人握手邀予飲，且告予以邊氏夫人之北邱。遥指江背象鶩，佳城鬱鬱蒼蒼。其下有漕運第，爲穎公致政之粉廊。故址遺基，宏廠非常。出門遥瞻，諸山如隍。東有日嶺，正照高閬。西有月阜，側映居傍。轟轟雷峯，聳峙如牆，峥峥帽嶺，環衛若廂。水口處建閣，閣外羅星圓似眶；席帽外筆架，架右蛾眉麗若妝。爰問當年定多貴嫜。屈指數之，但無嬪嬙。女膺封誥，某某冠裳，既觀譜而知厥宗之亢，亦攬勝而羨人傑之當。竚看眉睫鳳舞鸞翔，如翬斯飛，如木斯量。小亦爲櫛，大則成葉。桂既攀而杏聯紅，聲滋大而濬發祥。興來作賦，雖無柳州之錦繡、蘇公之琳瑯，灑墨展紙，夫豈其盈幅而荒唐。

時雍正龍集己酉夾鐘月壬寅日吉。

（蕭恭錫纂修《[湖南]湘陰蕭氏族譜》 1948年蘭陵堂木活字本）

錢氏宗譜

白雲山省祖廟

錢克翺

我先曾寓白雲山，南宋時，余先雲庵先生曾寓於台州。此日來尋松竹間。唐賜券書今尚在，與台州宗人錢林至海航宗人錢文銓家拜觀。宋頒府第杳難攀。余家駙馬都尉尚大長公主。宋高宗賜第於台之崇和門。東湖宛在山城古，余家太守公暄初守台州，議築城。乏土，開東湖取土以成之。賢宇誰將佛舍還。貲善堂舊址今爲佛宇。爲訪梓人鐫族譜，翺爲修家譜，訪聚珍板工過台。幸過祠下扣金環。

奉贈錢君澄軒賀句并叙

方曾宸

歲丙寅，余曾監印《錢氏宗譜》，日與澄翁歡晤。見其談論風生，真商戰中一斯文主將也，喜有足賀，因率成拙句以贈。

定國經邦賴有臣，孫慈子孝亦堪親。圭田永保蒸嘗在，祠宇宏開氣象新。留讀書香千載頌，會盟宗牒萬家春。英才不讓前賢輩，舉族争推柱石人。推爲族中總柱。

經商巨擘盡推崇，更見儒生氣概融。洒掃庭除朱子訓，珍藏書畫米家風。供唯老母鷄常在，宴有嘉賓酒不空。爲善必昌天厚報，堦前蘭桂秀添叢。

丙寅夏月同監印錢氏宗譜于祠内拜誦稿文感詠

方曾宸

蓬萊山館夏日涼，蓬萊山溪源流長。司寇祠堂高千古，棟宇焕然雲錦張。派衍天潢溯厥本，武肅威聲振自唐。將軍出師勇無敵，剪除漢宏平董昌。怒發横江萬鏃箭，平定洪濤鎮錢塘。鑿引湖水通溝渠，灌溉田禾富浙杭。韓文驅鱷除醜類，耿恭拜井感穹蒼。歷歷功勳表史册，恩寵三世並五王。保境安民撫吴越，忠懿納土守綱常。勿貪富貴順天命，誓保山河固金湯。金陵王氣屬明王，白石山人從發祥。大廷召對稱意旨，顯擢秋官入部堂。曼倩季南爲廷尉，天公六月不飛霜。追尊孔祀還尊孟，祖腹留書氣堂皇。敕配孟廟並專祠，瞻仰道貌尤軒昂。冬蒸秋嘗永勿替，千秋祀典何煌煌。嘆息年久風和雨，殿宇傾圮堦庭荒。賢哉祠裔間世出，前賢後進力相當。先由心溪前輩大修宗譜，後裔澄軒續成之。嘉慶譜纂大著作，文存詩存俱焕彰。復回手卷仍完璧，永與鐵券同寶藏。洎乎民國重振起，大興土木增輝光。續修宗牒光於前，乞假椽筆翰墨香。鑒定：前知事李侯佩秋。總纂：本城史君翰章。宸也不才濫充竽，媿非嘉賓偕鼓簧。幸托喬松蔦蘿繫，愴我舅氏賦渭陽。不棄鯫生樗櫟材，試作弄斧班門旁。搜覽卷帙二十部，校讐文字千萬行。展卷不厭百回讀，炳炳珠玉和琳瑯。王君同力勤且慎，與王君丹峯同事。容我驥附參翱翔。分編支譜十六卷，有光巨族傳縹緗。告厥成功敬贊祝，願與金書玉册千古並流芳。

丙寅八月錢氏宗譜輯成即詠用方少庵先生原韻

史翰章

荷沼風來秋氣凉，竹窗人静日猶長。敝廬庭前有荷池一曲，池邊有修竹數竿。輯成譜稿付手民，金書玉册重鋪張。憶昔武肅奮袂起，剪除亂賊保殘唐。吴越一家民被澤，流貽後嗣百世昌。鐵弩射退胥濤涌，一帶築成捍海塘。從此國内慶安瀾，下連閩越上蘇杭。文穆忠獻同保境，撫我蒸民安蒼蒼。趙宋繼興真主出，上表納土忠懿王。免得生靈遭塗炭，如兹功德實非常。孔孟之前傳道統，堯舜文武與禹湯。白石先生能衛道，抗疏力諫犯青霜。通祀不罷配享復，鄒魯氣運呈吉祥。父謫壽州子同往，不愧肯構與肯堂。明社既屋有清繼，滿人登極爲新皇。拔擢陶雲任提學，書生氣概真軒昂。于沛總兵鎮潮州，軍門列戟何輝煌。君用好施公伏勇，庸庵義士賑饑荒。更有宗翔爲海神，聰明正直理應當。孝子節婦間世出，譜載事蹟均昭彰。前人修福後人享，後既裕兮前有光。一朝祠宇重修建，百年俎豆永馨香。二王手澤更神異，劫火不焚歸故藏。武肅、忠懿二王手澤由裔孫沃臣於台州拾獲，在家寶藏，後被族人私押與東陳陳氏一齋家。曾逢大火，房屋器具書畫古物悉成灰燼，獨此手卷於瓦礫中復得之。異哉！今由族衆出資贖歸，珍藏於柱首錢澄軒家。蓬萊山下柳陰路，蛙鳴如鼓鶯囀簧。拜瞻神主並遺像，巍峩廟貌面向陽。而今譜事雖告竣，不能袖手觀其旁。校正核對大有人，印譜時，另聘方先生少菴王君丹峯爲校對。我亦曾爲閲幾行。印成卷帙共六十，牙籤錦軸富琳瑯。族人相聚觀厥成，衆心歡悦樂翱翔。不願我名永不朽，愿此譜牒傳縹緗。譜長存兮名亦存，千秋萬載並留芳。

（史翰章總纂《[浙江象山]吴越錢氏象派宗譜》 1926 年蓬萊山家祠木活字本）

應氏宗譜

書僧格林沁軼事

應啓墀

咸同間，忠親王僧格林沁以善戰著稱，孔武多力，昭代懿親中實罕其匹。性尤喜接士，輦轂之下，凡有挾藝至者，罔不以禮羅致。所居邸臨通衢，其西爲市集，自晨至夕，肩販擔負往還，至雜沓。有販羊肉者，其人爲回子，藍精高鼻，狀至弗類。門者每晨起，必見此販者輦其羊肉獨輪之小車，自邸前躑躅西，日夕則返，率以爲常。一日，販夫返自市，過邸門日尚未晡，憩焉。門前舊有石狻猊二，高五尺，左右蹲。販夫即肩狻猊以立，徐徐出其腰帶間所插之短竹管，實菸滿其斗，燃木燧吸之，且吸且自狻猊口中撩其所啣丸，續續弄之。丸受弄，鹿盧轉，聲鏜鎝不已。半晌，顧謂門者曰："聞人言王爺嗜武藝，門下力士如鯽，今居府中者凡幾人？其藝又何若？"門者鄙其人，置弗答。販夫數數言。門者厭之，走入。有頃，門者出，則販夫已去，而門右之石狻猊忽易而裏向。大怪，睨視左右，亦如之。心知販夫弄己，懼爲王見，且獲戾，乃急召健者六七人反之。顧邪許之聲達於堂奥，而所舉曾不以寸。六七人者力且索，乃相顧，益大嘩，交口奇販夫。正喧聒間，王自外呵導回，見狀問故。門者囁嚅以告。王曰："其人今安在？"曰："去已久矣。明當復來。"王曰："來即止以聞。"明日，販夫果至。門者走白王。王獨身出，中門立，面販夫，即指左右石狻猊，謂曰："是爾所爲耶？"販夫惶恐伏地謝。王曰："無畏。而果多力者，更爲我復之，吾不汝罪也。"販夫起，乃揎其垂破之衣袖，趨而之門右，側身薄狻猊，屈其右足，令身少蹲，徐乃自狻猊腹下插右臂，入肩以起，旋之令如舊所向，始稍稍安諸地。畢則更趨而左，不半晌，左者亦安置如前。王頷首稱善，既而見販夫車上纍纍載羊肉，因顧語門者，爲市二斤。其時京師肉價低，羊肉斤不過錢三十而足。門者支錢出。王自門者手中索得之，積錢累二寸許，撐以二指，伸手以授販夫。販夫直前取，觸錢，錢矗立如小銅柱，指下上抵，兀然不得動摇；乃駢四指握而撼之，弗勝；則拔以兩手；最後乃脱其挽車之靷，貫而負之以肩，爲狀殆如縴夫之曳巨筏。顧縴夫雖俯其躬至地，而筏仍勿進。但見王略一振臂，手背藍筋條條露，兩指益弩張，中空似半月。此數十枚之青銅錢，不勝拇指之壓迫，乃自指間格格作響。販夫所負之車靷年久垂朽，用力過猛，亦時時有裂聲出於腦後。販夫流汗被額，不自知其靷之將絶，仍彎其腰悉力前曳。王懼傾仆，勢且破，乃疾呼止之。販夫既止，旁立牛喘。王笑其而與之錢。販夫承以掌，則錢十丸齏粉，乃大駭服，匍匐王前，不敢起。王出布二端、錢十貫賜之，販夫拜謝去。此同治初年事也。吾友胡君誨生長京師，謂幼時聞其父執某稱述如此。余喜其奇，輒拾而書之。

創建女祠記

戴廷祐

女祠之設，所以崇母儀以媲祖廟者也。《爾雅・釋親》："父爲考，母爲妣。"鄭註："妣之爲言媲也。媲於考也。"《儀禮》：配食，妣配考同位，不别設位，似男女不必異祠而特設女祠者。則本男正位乎外、女正位乎内之意，而於尊卑固不紊焉。先王以孝治天下，公卿士庶皆得立祠以祀其所自出。而女祠之設亦復各視其族屬所繫，有以展孝思而隆肸蠁，意至厚矣。夫自古母儀莫盛於周，赫赫姜嫄，是生后稷。厥後太王有周姜，王季有太任，文王有太姒。《關雎》、《麟趾》，實開王化之原。至如邑姜治内，武王受命；姜后脱簪，宣王中興。男秉乾剛，女配坤順。嗣厥徽音，世世勿替。用能昭示來兹，以崇婦道。

吾邑同善區應氏系出汝南周武王子，封爲應侯，以應爲氏。至於始遷鄞東之祖，詳載宗譜，兹不贅述。第追溯淵源爲武之穆，由來既久，不特世守簪纓，光耀史册，即婦德之可風者，亦代不乏人，亦以見應氏之流澤長也。應氏聚族於兹，生齒之繁，不下千餘家。士農工商，各安其業，素推鄞東望族。舊有宗祠，明季既遭焚燬，曾於清初改建。今歷百數十寒暑，復遭傾壞。公議修葺，族子崇椿君不吝鉅貲，慨然獨任。其命弟雲僊君以監其工，而於女祠則闕如焉。祠之後有民房數所，悉屬公産，建築女祠甚爲合宜，詢謀僉同。其族子佐卿、鋆孫、善馥、芝庭諸君，各出鉅貲，餘亦樂助有差。是年春，宗長鍾紹君命弟仁才、族侄魚卿、族孫美益諸君鳩工庀材，大興土木，落成於孟冬之月。正室五楹，兩廂樓房各三，與宗嗣前後相輝映。俾後之子孫登是堂者，遐思夫璇閨著美，曰孝曰賢，彤管揚休，可敬可慕，垂兹閫範，堪與祖功宗德而俱彰，豈不懿歟！復命族孫喬年繪男女二祠全圖，刊於譜。喬年之父道生君係余舊交，偕其族弟月波君乞余爲記。奚敢以不文辭。余念其宗人克盡孝思，新建女祠，有貲者助貲，有力者助力。噫！洵堪爲他族之模範也！若夫春秋祭祀，與祖廟同其增置圭田，及修葺之費續行籌畫，以期久遠而垂無窮。爰略述其緣起如此云。中華民國十二年夏正癸亥歲陽月吉旦，里人戴廷祐謹撰。

鄞東湖下應氏旅滬同宗會記

佚　名

鄞東湖下應氏爲吾邑望族，耕讀相傳，子姓蕃衍，高風亮節，代有偉人。其在海上經商者亦無慮數百人，馳騁商場類多一時俊彦。民二十四年，有月波、佐卿、鋆孫、升甫四君子建議組織應氏旅滬同宗會。其時因局於環境，未能實現。閱三年，東夷犯順，八一三事變發生，遂告停頓。荏苒者幾及十年。乙酉初秋，和平突現，戰事告終。而鋆孫君已歸道山。乃由月波、佐卿兩君積極籌備，並得錦濤、繼品兩君之贊助，着手進行。得於本年二月十七日宣告成立。假定會所，釐訂會章，聯繫族誼，脩明倫序，患難相扶，持職業相介紹；行有餘力，推而及之鄉里之公益、慈善。規模畢具，氣象光昌。懿歟盛哉！知祖德宗功之深遠，長發其祥；念水源木本之由來，克昌厥後。異日者發揚而光大之，如有宋范文正之義田贍族，安見今人之不及古人耶？是會之成，子弟中如喬年、久香、詩錩、書玉、信森、彭年等諸君皆多所匡襄，例得附書，用彰勞績，兼示後來。余於應氏世好也，覯兹盛舉，故樂爲之記。

中華民國三十五年歲在丙戌二月中浣吉旦。

鄞東湖下應氏旅滬同宗會序

應書玉

《書稱》:"克明俊德,以親九族。"又曰:"肇修人紀,彝倫攸叙。"古之賢哲言修齊治平之道者,何嘗不親親敦本爲之基緒哉!自世本亡佚,宗法陵替,而騖功利者往往沉湎異鄉,忘其本支。嘗觀通都大邑冠蓋薦紳,叩其家世,多不知所出。益以世風丕變,用夷變夏。人情厚勢利而薄周親,法制右財産而左宗祧。都市爲逐利之藪,入之者溺於奢惰,視鄉土勤樸以爲鄙惡,依戀忘返。宗族曠疏,習俗移性,執爲固然。有以敬宗睦族、展親疏附相陳勉者,則詖辭曲説,誚爲違時。嗚呼,《白虎通》宗族之義通(干)[于]有無,"恩愛相流",已無以語於今日。宗親之替,人欲之横,固不自今始。舉孝廉,父别居,賈生嘗痛言之。而今侈言維新者,率以封殖自離相尚。揚朱爲我而不利天下,君子猶鄙夷之。今廣楊朱之道及於懿親,此非昌黎所謂君子之棄而小人之歸者歟?然近賢籌國本者,亦嘗崇言民族矣。積氏族以爲民族,民族之最真也,九族既睦,平章百姓。今賢之教,猶古聖之教也。曾謂敬宗睦族,有非國本所需也乎?

吾宗在鄞東爲大族,鄞滬道便,業於滬者夥矣。利於業,舉室以僑徙者有矣。久旅而生聚累葉者有矣。要皆敦本思源,累生計而無以贍鄉睦族爲慮:族人之散處滬地者無以會聚,而親之族有緩急之需、興革之宜,又無以成羣力以應之。於是有旅滬同宗會之議。言宗祧,則有支祠遥祀之遺意;言嘉會,則有友助扶持之美德。他如爲家鄉建樹之後勁,宗族緩急之籌,皆所以睦族展親,利物和義。《莊子》有言曰:"去國數日,見其所知而喜。及(其)[期]年也,見似人者而喜矣。"吾族人離鄉背井、就口食於滬者衆,而或久際此正義道喪、秉彝淪胥,亭林先生所謂眼中之人益不似也。而吾族旅滬諸君子猶能嘉會以敦本睦族,將不謂之可喜矣乎!夫風俗厚薄,自乎一二人心之所嚮。同宗會創始諸君子既爲宗哲,在都市亦足以風尚羣從。寖假紀修敘倫以會之盛德懋績,模楷當時,而默收化洽之效,則其裨益固不僅吾宗宗已也。會之時用大矣哉!恢閎廣大,其共勉旃。

(應濬元等纂修《[浙江鄞縣]甬東湖下應氏宗譜》 1947年叙倫堂木活字本)

戴氏宗譜

段峨孫孝廉壬寅計偕北上，賦詩留别，謹步元韻奉酬

戴汝霖

桑田滄海陡推遷，搘柱相公笑力綿。指李合肥。白挺敢教同殺賊，黄巾何術可回天。文成原道風雲啞，人言拳匪之神勇，余曾力駁之。劫换神京草木年。自古興亡留史筆，莫將禍水挽狂泉。雲屯粤地貨開場，狙詐白人慣飲羊。謫史憤難紓屈子，指林文忠公。謀臣今尚憶周郎。種來罌粟千家餓，兵起篝燈萬國王。拳匪肇釁，而八國稱兵。北地干戈南地税，紛紛和款又深創。西巡痛定憶雲臺，故轍難尋濟世才。國學三升蛟欲起，聖祠一炬鳳將衰。書經漢帝收殘重，狂又耶穌奪席來。爝火何能争日月，悠悠百世待誰開。

奮袂蓬萊舊徑尋，千絲楊柳曉光侵。棘闈春暖三條燭，槐道風和一片心。文士還當徵漢宋，奇才不許老山林。科名六載真遲我，佇聽泥金報好音。

哭四兒新魯

戴汝霖

事難愜意萬叢焦，又惹東風助寂寥。蚌孕明珠徵噩夢，伊母受孕，夢不甚祥。鳳調雛乳憶深宵。三年懷抱方離手，一病蓬鬆最短髫。知汝阿娘鍾愛甚，黄泉也應哭嬌嬌。

汝生春在衆花先，汝死春殘花不妍。憔悴從增玉樹恨，迴環儘被情根纏。始知兒女方爲債，未識之無便作仙。百二雲山遥隔斷，參苓曾否誤沖年。

遥傳患疹便心憂，羣季些須爾獨稠。雛鶴曾知非壽相，卜龜不幸中箕疇。算命亦言此子不壽。

姑憐呵護皆授手，巧解啼哭慣掉頭。魚縱深潭入海去，竟留好景憶濠游。

不三日開冬蟬小侄女繼殤復作詩痛之

戴汝霖

方哭四兒眼未乾，又憐弱蕙被風殘。駒過輕迅驚三日，花落繽紛淚一團。迢遠人歸知契闊，偎依意解訊平安。同來同去應同約，别却傷心兩玉棺。

劉海珊以所眷妓小像求題率賦二絶歸之

戴汝霖

窄袖長衫細縠裁,丰姿絶世玉仙才。瓊花有色應知遜,怕向枝頭鬥艷開。

幾家絲管聽紅樓,結送同心慰遠游。手握名姝人入定,此鄉樂甚是温柔。

江北唐令卸篆賦詩贈别有序

戴汝霖

唐公蔭庭,壬寅冬來治吾邑,政惠民和。下走謬蒙知遇,恩禮渥加,尤深感紉。今者卸篆他調,愧未能攀轅卧轍,驪歌在門,不盡依依。而德政清嚴,未敢束殘加璧,效僖負羈之餽晉文。不揣譾陋,謹呈七律三章,以誌去思。或者野人獻曝,不足當大雅一噱也。

慈雲一朵降渝州,惠政霑濡湛露秋。四野(析)[柝]鳴宵氣静,三冬律暖鳥聲稠。虎逃佛怖飛鶚影,捉榼案層見迭出,唐公下車,大辟三巨盜,而刁風遂熄。鴻哺精難蓄鶴留。捐廉千兩,拯濟災黎。最是小民歌鼓腹,耕田鑿井歲優游。

緑雲遍野望秋嘗,河伯猖狂旱魃殃。癸卯年水旱。懸解千家忘疾苦,花開一縣飲清香。豈容奸宄憑城社,畢竟循良冠漢唐。請命租糧蠲兩歲,使君活我惠無疆。

勤民六事費經營,局敞鯉魚雲外擎。百里雷霆兼雨露,兩行機抒韻簧笙。歌廉方識黔黎樂,借寇難忘父母情。官柳拂轅猶戀戀,受知何況是鯫生。

丙吉問牛喘賦以"時人以爲知大體"爲韻

戴汝霖

漢丞相博陽侯者,官崇衮職,任重臺司。三光歸其調理,百物賴以扶持。偶到郊原,有牽牛而過者,細觀情形,爰好問以察之。當兹甫動陽和,詎必炎蒸之可畏。念爾不勝困憊,竊恐陰陽之失時。稽繼高平而執政,由御史以秉鈞。革澆風於案吏,寛小過於污茵。舊時阿保之恩何堪掛齒,此時知侯之貴竟得榮身。則即驅車道路,命駕郊闉。意必訓俗型方,因仁而愛物;豈其置大恤小,反貴畜而賤人。爾乃馬足所經,鼠牙方起,爲虎鬥以相傷,逐蝸争而未已。去矣不顧,弗問鷸蚌之情;視若罔聞,不問觸蠻之指。誠謂守兹押兕,果是誰之過歟?胡爲肇牽車牛反,欲視其所以。則見且行且住,載驟載馳。有牛至此,其喘殊奇。非牽到齊廷,宛釁鐘之有懼;非驅從燕壘,幾燒尾之難支。情倉皇而不静,氣竭蹶以堪疑。看其執靷而來,無所事事;豈徒勞形至此,莫之爲爲。一番審視,幾度嗟咨。念春光之正好,詎暑氣之潛滋。或者遠道難辭,有類征人之太苦;不然微陽未壯,胡同暍者之在兹。子細問來,誠恐歲時既易;辛勤問處,豈慚稼穡不知。是蓋職在承乾,心存和兑。揆物理以參天時,調歲功而持元會。牛兮焉用,要皆二氣所關;問者有心,直出羣情之外。詰爾奸,禁爾暴,彼固典守者有人;明乎陰,洞乎陽,此其挾持者甚大。方今玉燭祥呈,金甌治啓。對時永矢精勤,育物咸昭愷悌。臣凜鹽梅之任,道協和羹;朝登麯蘗之材,歡言酌醴。所由五行布序,有麟遊鳳至之休風;百度維貞,恢大法小廉之治體也。

春江花月夜賦以題爲韻

戴汝霖

春歸遠浦，夜静前津。月澄皓魄，花點絳唇。江水茫茫，别具一番風景；江流浩浩，遥連萬丈冰輪。湧波面而輕圓，果爾乾坤不夜；夾浪頭而嫵媚，居然草木皆春。爾其春波疊疊，春水淙淙。夜静而歌傳桃渡，春深而人賦蘭茳。一刻春宵，人穿柳巷；二分春色，燈明蓬窗。春風而一浦波皺，且泛桃花之舫；夜雨而三篙浪漲，還摇蘭木之艭。盎盎春臺，樂事傳鴉青之嶼；沉沉夜色，煙光滿鴨緑之江。况夫花開錦繡，花傲雲霞。花因江麗，江以花遮。整整斜斜，當夜而樹移暗影；疎疎密密，臨春而蕋吐奇葩。試看繡幕重重，江疑濯錦；指點繁英處處，江類浣花。月弄銀河，月飛瑶闕。綺雲被天，疏星蔭樾。釣艇繫而酒艇開，菱唱來而漁唱歇。邀嫦娥而對飲，月照前汀；召幽客以閒遊，月穿靈窟。願祝封神十八，常護持世界鶯花；長教仙子三千，時管領人間風月。於是江繞花臺，春深月榭。明似水晶，香同深麝。匪遊桂窟，客浮八月之槎；似入桃源，舟遺漁人之駕。良夜之銀蟾乃爾，莫虚一夕清光；陽春之煙景如斯，不惜千金重價。今夕何夕，月盈杜若之舟；長橋短橋，花放海棠之夜。蓋以境必極其繁華，人斯樂其意趣。彼夫春扇和風，江浮薄霧。花戲蜻蜓，月驚浴鷺。夜值三更春將一度，綺麗無雙清華有數。倘值春留上苑，玩月傳霓裳之歌；定教春滿瑶池，探花作遊園之賦。

李太白春夜宴桃李園賦以“陽春召我以煙景”爲韻

戴汝霖

林亭嘯傲，詩酒徜徉。關心歲月，放眼物光。當名園之夜永，正大地之春忙。桃蔚紅霞，現出十分國色；李堆白雪，襲來一片清香。趁輕暖輕寒之宵，直欲樂而忘返；序難兄難弟之雅，那無飲以養陽。昔唐有李太白者，風流邁衆，瀟灑出塵。念荆花之美，懷棣蕚之親。恰逢挑菜之時，鶯花未老；算到賣餳之節，甲子初新。倘教燕語空唱，誰管領六橋烟柳；若許馬蹄歸去，又蹉跎二月芳春。爾乃春思特濃，春情尤妙。乘夜月之光明，照夜燈而焜耀。最愛酣眠楊柳，傍門而碧蔭初濃；却憐睡穩海棠，燒燭而紅粧試照。春宵一刻，價抵千金。春色二分，買争一笑。謂卜晝還須卜夜，儘堪佳句聯吟。想宜春最是宜人，况有明月相召。時則李燦枝枝，桃開朵朵。園認苔封，園憑竹鎖。夜色微茫，春光嫋娜。宴開而案列珍饈，宴設而盤堆瓜果。繡口錦心之士齊來，月下觴飛；揚眉吐氣之儒共向，花間露坐。桃夭欲笑，漫疑富貴驕人；李淡無言，祇恐朵頤觀我。花不寂寥，身皆紅紫。或肆之筵，或授之几。領略春風之概，于時語而于時言；如斯夜飲之歡，物其多而物其旨。還酌一杯白玉，夜襲香桃；正當三月緑楊，春歸穠李。喜乘興而至，豈是徒然；知秉燭之遊，良爲有以。蓋以韶光荏苒，時序换遷。芳春難再，良夜不眠。驢背歸來，地類桃源之入；鳩筇攜去，人疑李耳之仙。愁消萬古之思，首搔碧落；酒助百篇之詠，望重青蓮。因思李奠桃樤，莫遣東皇之折；祇恐春殘夜盡，難留北舍之妍。曾疑魄濯冰壺，飄零花影；偶爾身披錦幛，縹渺夕烟。迄今讀鴻篇，羨彪炳。風送桃香，雲浮李影。此日錦袍獨著，坐小艇以徘徊；昔年紅杏頻探，歷玉京之麗景。

訂　婚　書四兄續聘王氏嫂時作。由父出名致嫂之二兄紹虞。

戴汝霖

伏以碧玉花新，梅放同心之蕊；黄金芽嫩，柳舒連理之枝。泰運將開，姻盟正締。恭維某某仁兄台前，姬家貴族，原郡名流。譜衍蘭亭，荐蘋蘩於仕室；經藏《周易》，永瓜瓞於書香。羨臺端文追滕閣，仰宏麗兮一家；詩唱旗亭，誦清新兮七絶。品似瑶林瓊樹，書如鐵畫銀鈎。賦雁則奇驚縣令，集鸞則祥兆泮池。他年頌上金門，聖主賢臣之遇；此日才稱珠樹，桃兄李弟之良。佇看身列龍圖，文章典册；還許直呼鵲擊，冠冕朝廊。若僕譙郡微裔，子姓餘支。名場莫遂，徒慕彤廷累席之榮；利市頻占，空懷玉殿傳臚之寵。惟欣紛解雀争，鄉消戾氣；猶幸篇存燕禮，家有藏書。忽來月老，訂海誓於家豚；借重冰言，通山盟於彩鳳。但小兒負王奂立功之歲，才愧請纓；進蘇洵稽古之年，情慙鼓篋。崔湜之秉鈞何早，推求兮只覺餘三；子瞻之登第不遲，考核兮居然寡二。而令妹柳絮吟工，芝蘭質秀。教凜乎三從四德，詩詠夫覃葛夭桃。承占鳳卜，永諾玉音。不揣蟬吟，爰修金帖。雪舟泛棹，用攀王謝高門；霜葉題箋，豈類戴良奇議。記前番花看荆庭，丁餘一鶴；願此度香尋槐舍，子兆羣螽。從兹絃續鴛鴦，百年偕老；共慶巢居鳩鵲，五世增榮。敬陳微幣，藉貫俱呈。

乙未冬赴潾水九龍致學友宋吉亭王幹卿等書

戴汝霖

弟於某日辭椿萱，别桑梓。唱驪歌，赴龍市。慘淡驛程，江山減色；蕭條官道，風雨無人。弟以一介儒生，隻身旅館。偶歷斯境，默爾傷神。其過壩而上磄也，地稀林木，無異童山；店乏酒茶，誰堪曠野。但覺如熊石立，勢欲攖人；那堪似雁雪行，泥偏滑我。及夫一日三餐，豆花兩盞，寒菜一盂。食無兼味，飲只獨斟。薪桂米珠，客路之囊橐幾窘；天荒地老，僻鄉之草木無情。次日之抵九龍也，同心有幾，刎頸無交。眉將愁鎖，心只怨藏。酒不飲醇，漫説盡歡十日；人皆好武，誰言暫讓三分。此所以王粲有登樓之感，子山有去國之悲也。亦有蓬征羈客，燭翦良朋。茶經共訂，酒戰方興。非不逸興高飛，非不幽情暢敍。然而杜鵑頻唤，不忘故國之安；鸚鵡能言，詎戀他鄉之樂。物猶如此，人何以堪！顧或謂門設桑弧，男子原四方有志；蹤憐萍梗，旅人或數載無書。此不過偶爾離鄉，旋將返里。詎知天台暫住，劉晨尚憶還家；沛邑堪思，高祖依然戀舊。况其地非都會，鄉屬窮居。而謂弟能不懷故友，則深愁似海；計歸期，則度日如年哉！嗟乎，年華非遠，漫將行李遲歸；歲月頻催，佇見班荆道故。

杜鵑枝上月三更得枝字

戴汝霖

聽罷鵑飛唱，花開第幾枝。三更銅漏冷，一片月光遲。香國愁誰訴，茅亭影漸移。血疑千朵染，明定二分宜。玉兔能先得，銀蟾似俯窺。秦峯留妙種，蜀魄怨天涯。今夕回寅斗，前身託子規。有時歸閬苑，栽向白雲湄。

庭草春深綬帶長得庭字

戴汝霖

草報科名早，春深茁户庭。綬看他日紫，帶覺此日青。柳線搓方好，秧針刺不停。仙禽殊吐茹，水荇共瓏玲。徑浥侵晨露，堂留永夜星。袍争紅杏麗，衣襯碧荷馨。玩賞乘三月，芊綿滿一廳。拔茅知可慶，黼黻傍龍廷。

禫　祭　文先考錫三公除服時作

戴汝霖

孝信正源等維日香焚瑞木，花獻時新。燈照三途，水澄八德。果供龍眼，茶斟雀舌。食呈玉饌，實托金盆。珠捧奇珍，衣披錦繡。十供謹陳，一心皈命。紫氣騰騰天上聖，祥雲靄靄地中祇。名山叠叠陽祀典，緑水滔滔閬苑仙。願舒慧目，共鑒葵心。稽首奏聞，拜干聖聽：伏以地臘重周，值大祥之已届；天中再易，疑夏涼而無從。當此童舞蒼梧，笛吹梅花。國士弔忠臣之秋，佳節增人子之痛。於是法鼓叮咚，聊申寸草；佛號廣演，難忘春暉。竊維我父，少年失怙。家運迍邅，含辛茹苦。幾二十年。斯時也，上奉重闈，能得其歡心；下事孀嫂，亦安其素志。於是天憐志士，鬼送寒貧。持籌握算，風送鴻毛；累寸積銖，日蒸蛾術。夏屋於以連雲，良田遂以成陌矣。此蓋自壯而老，經四十寒暑，始大振家聲焉。其間之籌畫，不知費幾許心血矣。乃於商賈之餘閒，精農圃之學問。瘠磽變爲肥壤，菜蔬美於瓊漿。養蠶栽百畝之桑，豢豕探三農之秘。不特此也，其善於飲食，亦有可紀者。酒釀桂花，能埒葡萄之美；醬成豆麥，不數蜀蒟之良。易牙無知味之書，係由心悟而得；隨園有食單之著，亦未手執其編。然此皆心思之巧搆，實游藝之緒餘。復以好學性成，能識六經大義；穎悟獨絶，能吸百氏精華。譾陋寒酸，瞠目而視；淵雅宿學，握手相親。敦敬宗收族之誼，待而舉火者數十家；篤恭兄友弟之倫，外而禦侮者若干事。祖塋修砌，無問旁親正親；幽室安寧，兼逮妻族母族。其於友朋也，一飯之恩不惜報以千金；其於鄉里也，萬間之庇盡開顔於衆士。强須抑而弱須扶，豪俠本夫天性；孤可矜而寡可恤，布施豈釣美譽。故平日施瘋犬丸、瘧疾散，所以承先志也。冬季施寒衣，荒年發平糶，所以貽後裔也。今際禫祭，愧無繼承；追念遺箴，愈深悲惻。雖設大會於無遮，徒深恩之負負；闡如來之真諦，廣先德於冥冥。玆特延羽士，請緇流。經翻貝葉，座擁蓮花。結十二因緣，吉羊遠庇；敞三千世界，磨蠍潛消。

（戴正誠纂修《［四川巴縣］江北樂碛戴氏宗譜》 1939 年鉛印本）

重興墓祭記

戴孫琥

竊見祖墳乃人本源之地，爲人者，可不思其祖之所在而忘報本耶？吾與兄弟琨瑭珂輩有感於此，嘉靖九年，遂興湖陽掃墓之禮。其墓坐落湖頭小新橋西南隅者，乃鼻祖體仁諱壽、再傳祖考子能諱克、三傳祖考蘭畹諱得中、四傳祖考懋基諱彬、五傳祖考伯常諱庸、伯服諱膺，俱考妣合葬焉。又有叔考妣祔之。於是族衆共議，爲湖陽之子孫凡已冠者，每丁每年出銀五分，輪流祭掃。備辦祭儀外，剩餘銀兩交付墳頭，每年營息加四，欲積買田供祭，傳爲子孫無疆之美。誰知行不及遠，於嘉靖二十二年，輪該墳頭匿銀廢祭。至嘉靖二十八年，侄錦、昇、冕等來言曰："人皆有祖宗，何我家獨無祖宗?"人皆能祭掃，何我家獨不能祭掃?"余應之曰："此通族事也，汝等能獨興乎?"彼又曰："此義事也，何爲而不可?"於是遂率諸侄，告諸衆人，而衆人亦遂起其怵惕不忍之心，皆忻然樂從。仍照前行事，銀之所積，不得獨付該年墳頭，恐其擔重復蹈前轍。自此復興。傳至嘉靖三十四年，會計其積買田一十三畝三分有奇，約其田租之入亦足以供祭掃之費。至四十二年，有弟某不遵規約，欲割田分祭。聽其析，雖不忍，欲挽之，又難也。思當年買田之貲，乃各人每年祭餘之積。但會計其丁之多寡，田之幾何，憑彼之欲析者照數分焉。現丁三十六人，現田收租者一十三畝三分有奇。彼之欲去者九人，不去而仍留者二十七人。其去者不過四分之一，其不去者還有四分之三。遂將其田四分之一析與彼九人去之。其四分之三存者二十七人共之，仍舊祭宴。此雖有彼此之分，庶幾不傷乎和氣，而祭猶夫前之不替也。時有族人名鶴者，前因貧而未及與，今見紛更竟出銀一兩，登名與祭。此非知義者能之乎？吾等緣此感激，只要子孫衆多，自後上丁不必照前例，年至十六即隨班祭餕，出丁銀一錢。族侄喇是等一十六人亦感激，各出丁銀一錢，登名與祭。前與彼合不過三十六人，今與析後，到有三十九人，豈不有勝於前乎？由是觀之，凡事以禮義爲尚者，則人心易以從；以私利爲先者，其人心難以合。自今而後，族人已登名坟籍及後之漸次續進者，務必以祖宗爲念，而誠敬之是先，禮義存心，而規矩之是蹈，則幸甚！

嘉靖四十二年春三月族長孫琥記。

祠宗墳記

戴慶曾

蓋積累之際難言之矣。莫爲之先，無以開其端；莫爲之繼，無以承其緒。故當前人締造之餘而賴其承先、後人昌明之會而賴其啟後者，則此際之爲功豈小補哉！惟我薇垣公賦性長厚，誼篤倫常。其行事大都植本厚源，嚴立規式，以上承竹菴公仁厚之德，下裕子孫繁衍之基。由是而公之嗣有五房，亦既庶且繁矣，而尤通詩書、登仕籍，何莫非公之力也，亦何莫非公之報也。公因嚴君盛德，欲後人不可散棄，爲放銀收息，百計經營，立爲祀宗墳。此竹菴公專享之所自來也。嗣是而心湖公、企鳳公皆克勤厥事，以成先志，墳亦稍盛。不料至康熙四十九年，不肖輩出，不念前人立墳之心計，而妄希析墳以肥家。孫等力爲維持，止分去大四房子孫，而凡屬我公之後者，誼本一體，皆不忍分散背去，致祖宗百餘年之血食自我而斬，則自今以往，祭有專主，派無雜出。且我子孫祭享勿替，其亦於公立墳之心無所傷。而公之承前啟後之殊功，亦不至於廢棄而無專祀也哉。凡我子孫，共當勉焉，勿忘祖德而已。

康熙五十二年歲次癸巳孟冬孫慶曾謹述。

繼録祀宗墳籍記

戴雲溪

祖宗創業，俾子孫世世守之、而相傳勿替者，曷恃乎？恃此籍而已矣。此籍之録，恃乎勤，亦恃乎謹。不勤，則契紙散失，或登諸籍，或不登諸籍，日復一日，遺忘漸多，遲之久遠而不可考。不謹，則田産變更，或畧而不註，或註而不明，訛以傳訛，背謬錯出，示之後人，而何所遵。然則勤與謹二者兼之，其總管之大綱乎？祀宗墳籍，自映荷公手録於康熙五十二年，恪守遺業，重整規條，越百有餘年，而始重録於予瀚堂氏之手。其間世遠年湮，有塗者乙者，有贖回而不註者，有不贖回而已勾去者，有一事重出而不删者，有紛紛註釋憑臆説而不可解者，有顛倒糊塗而猝不及檢者。祇以前此紀録之家，或勤而不謹，或謹而不勤，遂至遺忘日多，背謬錯出。予於此不能無遺憾焉，因於課徒之暇，翻閲舊籍，而亟亟手録之，欲以上承我祖薇垣公締造之深心，仰體伯祖映荷公守成之厚意，而下開四分子孫日新月盛之宏規。惜乎前人紀載之貽我以疑團者層見叠出，試以租簿校對，而字號畝數之兩不相合者，又不可枚舉。欲問其事，而遺老盡矣。不得已於康熙、雍正之遠而難徵者姑闕其所疑，於乾隆、嘉慶之近而可稽者，則存其所信。事以類聚，人以房分，務使後之人開卷瞭然，無復滋其疑案。更爲新列數條，以附於後，大都是補偏救弊之方耳。伏願後之接踵而起有志奮興者，無忽視祖宗之丕基，無玩棄田産之契紙。無偷安於一息，以致遺悔於將來；無任意於一時，以致傳訛於後世。持之以勤，申之以謹，使此一脉相延之籍傳之久遠而勿替焉，庶不負予今日之苦心也夫。十六世孫雲溪謹述。

（清周志瀓主修《[江蘇]宜興天生里戴氏族譜》 宣統二年追遠堂木活字本）

自儀曹歸謁先塋

戴應和

祖父當年愛子孫，顯揚曾望改于門。一官未了平生事，寸草難酬罔極恩。步觸雨苔偏惹恨，情關風木暗消魂。九泉涓滴何能到，空酹馨香酒一罇。

歲戊子予會族遐富孟冬念七日因謁先塋過前山寺殘碑古蹟多先世名誌偶得一詩用書寺壁時同遊者宗人鳳鴻鵑玉嘉禾公派後裔世居遐富暨子嘉謨侄孫永賢永資永稜若干人賢資稜俱嘉禾公派後裔

戴應和

軋軋肩輿下嶺灣，箇中風景異塵寰。浮雲過眼閒舒卷，幽鳥忘機自往還。幾片殘碑僧恁主，千年古木寺依山。老來轉覺無官好，欲借禪堂宿半間。

（清戴鴻儒纂修《[安徽]績谿縣東關戴氏宗譜》 光緒十五年崇禮堂木活字本）

繆氏宗譜

與少初弟

繆樹本

嘉平上浣，兩接手書。知已安抵都門，引見事畢，年内準可出京，遠念稍釋，兄渭南之擬傳説許久，仲秋望後，忽而變更。此席聲名過大，案牘亦繁，公私易於招尤，不得，焉知非福，兄固怡然毫不在意也。兹因盩厔董大令與紳士不洽，幾釀巨案。上游擬以兄調署長安。白親家謂二缺相等，動不如静，代爲求免，未荷允准。兄於十二月初二日早，始知其事。而是日申刻委牌即已到來，只得趕緊料理。初九日卸武功篆，初十日抵盩厔接印。正值人情洶洶，錢糧則立碑裁耗矣，差務則封閉局門矣，委員則府州縣數位住滿署屋矣。所好者，大憲鎮静，飭辦並不嚴切，故紳民亦未明露不法重情。兄内則應酬委員，外則開導紳民，察其悔念已萌，衆心已解，始於十五日毁碑，十六日開局，而衆紳民遂即聯名呈悔，方得將就完結其事。是役也，兄幸蒙天佑，假如事竟鬧成，不特自己炊熟之飯讓他人食，且反將代人受過。值乎不值，在各憲知遇之恩固覺可感，而就有事時論之，實不啻舍康莊而入荆棘矣。現在闔縣紳民頗覺感服，而各憲亦尚喜悦。聞有兄與董公對調之議，緣董君係洛陽人，乃郎現居臺諫，固不至遽行罷黜也。此缺進款與武相等，而應酬一切爲二等之列。捐款雖多武數百，而武功有爲前故任每年攤賠一千數百兩相比較，尚少數百。兼之武功差使一切每年多用兩竿之譜，如此算來，不甚喫虧。況衝途易於招怨，不若僻居爲安。尤可喜者，衙署極爲寬敞，鄉村頗有南方風景，未始非異日以官爲家之地步也。吾弟如出差陝洛，何妨來盩一看，藉以盤桓。吾弟是否聽鼓會垣，抑擬分府出省？眷口接進省否？書來詳以告我。八叔晉陽需次總云入不敷出，一身且難瞻顧，家口累重者當復如何？兄處共有四馬一騾，此間嫌多。吾弟如需用，可分贈馬一二匹。庚申歲除夕。

又

繆樹本

仲春廿日，由郵筒接手書，悉一切。兄於正月底曾寄一緘，不知何以尚未遞到。兹專致者，八叔在臨晉差次，忽於正月望後染患氣臌病症。兄於月杪接金成稟知，當即遣丁往視。詎於二月十四日得臨晉黄大令信，驚悉八叔竟於十一日因病去世，傷感之至。去冬，八叔哭欲接眷，誠不可解。兄不忍重違其意，代爲派人前往。嬸妹無人伴送，吾弟處諒不少一小婢，乃因此耽擱半月，以致嬸妹抵晉，已在八叔捐館之後。親丁三口，未能一見，豈非數耶！八叔邇年光景頗知世路艱難，宦場亦漸次熟習，正擬爲辦花樣以期安頓。著實不意一病遽爾不起，身後淒涼情狀可知。傷哉！悲哉！現聞定於月之廿四日就近浮厝，從緩再籌安葬。孀妹俟厝後起程來陝。兄擬在署外代看一宅，暫住月餘。俟滿七，再請進署。緣署内房屋無多，尚須設法。兼之孀妹新喪在身，難免朝夕啼哭，諸多未便耳。弟防勦出力，屢次擬保未果，殊爲浩歎。豫省官場自有能員，原非在公事之認真與否，兄之改省早見及於此矣。吾弟能退一步想，真安樂境也。兄謬蒙撫憲格外青垂，保舉直牧花翎，已奉恩旨。此事轉禍爲福，誠有萬幸。然軍需所用之七千餘金，彌補亦大不易。刁民已懲，錢糧可望起色。然亦順年穀順成，百姓方有所出。近年苦於多旱，現又望澤孔殷矣。我家宗支愈覺零丁，數千里外，僅我弟兄兩人，公餘之暇，務囑多寄安音爲要。二月廿四日。

又

繆樹本

久不通問，正切懷思。仲冬七日，接展手書，知八月所寄兩緘均已收覽。就稔安旋衛郡，屢著勤勞，惟薪水無多，代庖匪易，與兄覃懷聽鼓清況相同，殊爲眉縐。眷口仍接往同居，用度自可節省。孀妹既已偕往，則來陝更覺遠矣。前議迎至關中，祇可緩商。兄調任新豐，倏將五月。重陽節間，以拏獲前任滋事匪犯，詎匪首聚衆千餘，直撲縣城。幸已預有防備，不致被其闌入。當經請兵彈壓，蒙中丞以臨民刁惡已極，必得大加懲創，隨飭本府帶兵前來。該匪公然迎敵，兄隨有兵五百人，一日之間連接四仗，始將匪黨擊散。陸續斬擒首要匪犯數十名，民刁方知畏懼。現在地方肅清，完糧亦頗踴躍。此舉實賴大府卓見不惑，方克成功。乃關係全陝之安危也。兄適逢其會，尚爲不幸中之幸。然而兵勇二千餘人兩旬餘之費用已逾七竿，既不可以動帑，而外攤亦無成議。如歸兄一人捐辦，雖近得羨餘稍多，仍是入不敷出；但退一步想，又覺欣然，只好得過且過耳。雲卿本家擬助廿金，由懷慶徐新合號匯寄。温縣蓬山本家處轉交另寄五十金，稍佐吾弟年事之需。俟嘉平月畔赴温守取，當不致誤。然不可太早，恐匯信未到，徒勞往返。望收到後兑出六金，送與八孀手收，以爲零用之需。公餘有暇，時作數行，以免懸懸。

又

繆樹本

五六月，兩接手書，聆悉種種。七月初五日，自臨署泐致一緘，遞寄衛郡，差次探投，不知浮沈於何處也。兹於桂月廿六日由省算交盤還臨，接閲初六日寄信，欣悉公寓大梁，吉占利見。此次剿匪勞績業已上達九重，想來不至如從前之畫餅矣。惟近聞餘匪復熾，汜鞏失守。衛郡僅隔一河，必定又籌防剿。不審此股終能殲除否。何觀察遽返道山，殊深惋惜。厲太守曾任汝州，吾棣乃其舊屬。當今多事之秋，正是用人之際，如吾棣之實心任事，太守亦定然見重。惟軍旅之事非吾棣所長，諸宜謹慎，切勿自輕，免兄懸念於遠地也。兄係六月廿一日接臨潼篆，家眷俟七月初五日交出盩厔印方起程前來。此缺爲秦中第一難治之區，接連五任，非參即撤。公事之疲弊，民情之刁蠻，固無出其右者。今夏署事之周君，夙稱能幹，因查拏抗糧人犯，竟至三百數十村莊聚衆抗拒。迨聞大憲欲動兵查辦，愈聚愈多，勢如燎原。各憲不得已，始議調兄署理，藉爲安撫之計。時兄目疾方劇，信檄頻催，勉强就道。到省後，即促令履新。所以交卸盩篆轉遲半月之期也。所幸抵臨潼之日，適值甘露大沛，民心大快。兼之盩武虚名，百姓皆知。各憲同寅以及省城紳士商民皆謂兄先聲可以奪人。不意天緣湊合，而衆遂解散。現在完糧已漸有起色，皆因兩月之間三次透雨，不特秋成豐稔爲數年所未有，而二麥播種亦較往歲得時。看來今年征收可望進步，但連歲拖欠過多，積重難返，操之太急，恐其故態復萌，不得不寬以濟猛。要之兩月經營，費盡心力，鬚白數莖矣。瑛憲極爲青目。兄由盩到省，蒙諭：望君如歲，臨潼非調劑缺，爲地方計，不得不借重云云。奏調考語："才識明敏，勤幹有爲。"憲恩可感。奈此缺萬難久居，前任無不虧累。周君在任年半，竟虧至兩萬有奇，豈不可怕！所最慮者，兵差絡繹，而回民之獷悍，訟獄之繁多，尚在不計也。如在此留連，定難討好下場，擬於來年設法抽身。倘各憲不允，别爲位置，只可引退耳。八嬸及弟婦等來秦所以遲遲，職是之故。惟寶豐當汝宛之間，亦非樂土。吾棣離彼日久，交情漸疏。且聞後任索房甚急，似宜另覓寄居之地。而衛郡當河北之衝，四面受敵，挈眷赴彼，似亦非宜。兄再四籌思，不如往陝州暫居。乃吾叔侄弟兄三處適中之地。彼此均可照料，日後往來亦便。吾弟尚有故交，何不函託覓一安宅。如謂無人搬接，弟可親自一行，即可順道來臨潼一叙。否則，兄處家人頗多，可以派往照料。至於家常用度，弟能顧及最妙；即或不能，兄處猶可暫時接濟。酌奪寄復，勿遲爲囑。八月廿七日。

上勝宫保書

繆萼聯

敬稟者：竊前月二十四日，捻匪竄擾禹境，卑縣北鄉坌河寺、高皇廟、大石橋三團，在郏境謁主溝、青楊廟、鳳凰嶺等處分頭堵禦，扼賊南竄之路。三十日，另有大股捻匪由葉縣竄入卑縣。東鄉滍陽鎮團勇在吉村河口遇賊接仗，擊斃悍賊二十餘名。嗣賊愈聚愈多，衆寡不敵，以致團長六品軍功武生宋廷掄、隊長王孟杰、趙書林、高松團勇郭法等三十餘名，力戰陣亡。北鄉各團聞警，於初一日撤回，各在本里防守。卑職以南路緊急，城闕空虚，乘夜下鄉，親赴各團，曲加開導。幸各團長深明大義，連夜拔營而南。初二日，坌河寺團勇在趙嶺地方突遇馬賊二十餘名。團長丁敬午、丁諒等奮勇争先，殺賊九名。高皇廟、大石橋兩團行至楊莊嶺上，突有馬賊五六十名自莊馳出。團長丁元德、秦硯田等鏖勇直前，殺賊十餘名，内有長髮六名。餘匪奔散。初三日辰刻，卑職親督各團，在魯境漫柳與賊接仗。賊馬五六百匹突來衝擊。當令各勇分兩翼而前，施放連環鎗炮，擊斃執紅旗賊目一名、馬賊十餘名。隊長劉子容、張杰首先衝入，連刺馬賊數名。各勇一擁而前，追殺二十餘里，沿途刀砍矛刺，不計其數，並生擒長髮老捻八名，均經就地正法。餘賊回魯山。初三日黎明，有馬賊四十餘名突至成邊放火，馬步賊隊數千在後策應。即經各團分頭迎擊。卑職復派在城壯勇縋城而下，併力夾攻。該匪折向東南，奔逃至徐窪左近。又經滍陽鎮團長宋獻徵帶勇截住，殺傷馬賊二十餘名。匪衆奪路狂奔。追趕三十餘里，至香山寺坡後，該匪正在造飯，適我軍趕到，掩殺二十餘名，奪其旗幟刀矛騾馬輜重無數，救出被裹男婦二千餘口。團長劉朗、隊長李從周，奮勇跟追，被賊砍傷落馬，幸後隊趕到遇救得生。時郏縣豐南保團勇亦到，前後夾擊，開放大炮。該匪不敢停留，直向東南葉境竄去。查此次各團勇屢獲勝仗，奮勇殺賊，保衛地方，實係異常出力，似未便没其微勞。而宋廷掄等力戰捐軀，尤堪憫惻。卑縣印官均未上報，恐不足以激勵人心。至前次賊竄滍陽，印官並未出城，從何接仗。初四夜四更時候，該匪已由東大營竄過葉境汝墳橋，距寶幾及百里，實無攻城一事。乃印官原禀並不聲明打仗之實功，而粉飾守城之虚事，以致輿情不洽，嘖有煩言。卑職本不敢冒昧瀆陳，然目擊情形，殊難坐視。合無仰懇大人俯賜查明，酌核辦理，既可策勳於既往，兼令觀感於將來。感戴鴻慈,曷其有極。肅此具稟,恭請勛安。

(清繆楷等纂修《[江蘇江陰]東興繆氏宗譜》 宣統元年衍澤堂木活字本)

漢武帝重見李夫人

惠淑貞

淒絶香空説返魂,坐寒緜褥憶温存。月如有恨光疑澹,燭豈無心影半昏。宮錦不堪新別緒,羅衫怕見舊啼痕。姍姍蓮步娟娟態,環佩聲虛度禁門。

野　寺

惠淑貞

古寺深山裏,孤僧擊曉鐘。静聽風動竹,遠望兩三峰。

春　草

桑淑人

記得深秋後,平原草色枯。廿番風乍遞,滿地又青蕪。

示子昌期

夏淑人

六經根柢學,充實自輝光。俟命須居易,持身貴守常。識機知用舍,論道有行藏。大禹分陰惜,吾儕敢或忘。

硯　匣

繆大姑

珍奇古硯列文房,愛護煩將寶匣裝。木採香檀精篆刻,玉搜美石餙琳瑯。平分上下司開闔,密慎關防謹蓋藏。品羡端溪須韞匵,安排穩置筆筒旁。

春日即目

徐佩蘭

二月江南景,偏宜雨後看。山容明秀黛,花影漾清瀾。春意遍平野,晴光愛遠巒。夕陽無限好,返照夕林斑。

支譜稿告成書後

繆朝選

《記》曰："尊祖故敬宗，敬宗故收族。"禮也，義也。此古人親親之道也。抑又聞之：譜者，普也。又曰：實也。此古人作譜之意也。若夫世遠代湮，旁引而誇張其世族；支分派別，攀賢而隱認其同宗。非徒悖禮失義，亦且喪恥忘廉。固於親親之道無所統，而於作譜之意又安在哉！

我繆氏之家江南者初無二系。宋時有諱瑜者，以詩名家，爲晉賢令。明時有諱宣者，嘉靖戊戌科進士，相傳本同支派。今子姓未得其詳，皆不敢妄述。惟據今之所可考而知者，尊之爲始祖，從其實也。系其子孫於始祖之下，明所自也。譜自子玉公六傳爲全一公，由湖橋徙東興里，爲東興著姓。全一公九傳至文貞公，以觸璫死。精忠大節，至今稱之。公之曾孫爲志遠公，幕遊潤州，愛三山之勝而占籍焉。此潤譜之所由來也。《大傳》曰："别子爲祖，繼别爲宗。"譜所載，尊子玉公爲始祖，重大宗也。尊志遠公爲遷潤祖，尊占籍也。其他不書，據所知也。

是舉也，余秉筆總輯之，命男應麟編次，啟麟彙修，孫之鈺、之鎔參訂襄成之。閱歲十稔，始觀成。古人云，莫爲之先，厥美弗彰；莫爲之後，厥盛弗傳。其斯舉之謂歟！眉山氏曰：觀吾譜者，孝弟之心油然而生。譜之爲用大矣哉！凡我子孫當咸知締造之維艱，用以善守慎持，由是而尊祖，由是而睦族，乃不失爲孝子慈孫也。謹書之以報成事。

潤州派第五世朝選謹誌。

繆氏啟迪録序

繆啟麟

繆氏先世出於蘭陵。《史記》蘭陵繆生是也。凡我同宗皆其後裔，漢以來爲關中望族。豫公遠祖，孝友齊家。見《漢書·獨行傳》。子孫世守家法，罔敢或渝。迨宋靖康時，子玉公扈駕南遷，居杭州。其他散處江右兩浙淮揚間。我潤派出江陰東興里，江陰從虞山來，虞山出杭州。自始祖至啟麟，歷二十有二世，世系相承，聞人代出。其間若文貞公孝事兩親，名聞鄉里，通籍後，以忠死璫難，輝煌《明史》。至今過東興者，猶仰而敬之曰：此忠孝里也。文貞公之子若孫，皆能克繩厥武。間有奇偉之士，識者曰忠臣之哲裔也。啟麟不敏，謹按譜牒所載，採史册所記，及羣書所見者，就東興一派，上自文貞公之始祖，下逮文貞公之嫡支，統爲薈萃，分類編次，曰《繆氏啟迪録》。使我子孫獲覩先人孝德忠節，而思有以纘承前緒，克振家聲者。是則啟麟之所厚望云爾。

同治甲戌歲仲春月上旬之吉日，潤州派第六世啟麟自序。

辛亥重修支譜告成記

繆之錕

予天資素本愚魯，幼時從學芸窗近二十餘載，惟勤學好問以補拙耳。嗣因赭寇之亂，家道中落，遂橐筆遠遊，藉謀生計，由是文學已久抛荒矣。前同治甲戌重修潤派支譜，及光緒戊申修東興大宗譜，彙抄譜稿，皆鍊卿兄主筆。我族支譜自甲戌重修後，迄今近四十載，子姓漸繁，闔族公議重修。但創議者雖不乏人，而樂於從事者少，或爲名，或謀利，均汲汲然各有所圖，無暇及此。惜鍊卿兄目力失明，予亦自知不能勝任，然事關闔族，又何能置之旁觀。於是總要提綱，仍請鍊卿兄主政，而搜羅抄録惟予獨任其勞，無間寒暑，星紀將近兩週，方規模粗備。適時孫姪由京都因公回南，遂將譜稿與其校正。延留兩旬日有餘，又復束裝北上。是雖云天然湊合，亦莫非我祖宗感格之靈耶？前甲戌修譜，梓人乃丹陽華傳經先生。今譜稿既成，遂至丹陽訪其人，仍在焉。即將譜稿付梓，以資熟諳，但亦必親勞監督，豈可以苟安而忽之乎？奈現值時事多艱，族中既無捐項，而予及鍊卿兄均已老年，其事又何能再緩，故盡心籌畫變通之法，擇其必須更補者彙録而重刊之。此亦限於財力則然耳。或謂我族譜此次重修後，再訂續修之日杳無年期。嗟乎，我族子姓如此繁多，豈竟無有志於此者乎？須知木本水源不可忘也。今幸此舉已告厥成功，然予仍不敢自信其是。設恐有遺闕率略之處，統待後世之賢能者續修斯譜而補正之。

潤派七世之錕撰。

懷暨陽故宅兼柬舊友

繆瞻屺

江色潮來白，歸帆日欲夕。偶然愛三山，久作南徐客。暨陽是家鄉，烏衣有故宅。往來一水通，相望不相及。靄靄君山雲，氣接海門澤。惆悵空傷情，延陵有古蹟。何必戀焦巖，漫説晉銘石。美人天一方，予懷徒脈脈。折柬代以詩，藉此消塵積。

族譜告成紀感

繆朝選

遥望忠臣里，君山矗入雲。至今流派别，支向潤州分。譜系千秋事，縈懷一本殷。承先思啟後，從野有遺文。

旌表節婦二嫂嚴宜人哀辭七世之鎔鍊卿

繆朝選

兄殁廿餘歲，諸凡不憚勞。情同孤雁寂，節邁古松高。旌表千秋著，倫常一婦操。從來甘淡泊，視死等鴻毛。

哭先祖考

繆時孫

不堪回首含飴日，繞膝依依十數年。曲譜後庭常侍讌，花看小院幾憑肩。望孫駒齒功勤進，道我龍鍾眼欲穿。待得雲程鵬翼展，墓門華表已寒烟。

哭先祖妣

繆时孫

一紙家書欲斷魂,回思往事未酬恩。昊天罔極竟終古,風燭彌留尚憶孫。只爲微名成永訣,那堪寒食又黄昏。半簾花雨三更月,如許淒涼淚暗吞。

送外赴永興軍

李敬持

一肩行李去,相送意何深。莫問謀家計,惟存報國心。芙蓉皆别思,風雨滿江潯。他日功成後,凌烟畫像臨。

侍海門叔父遊招隱寺

鮑之芳

遠望秋山净,丹黄葉不同。半空寒翠列,十里晚烟籠。林下逢樵客,灘邊有釣翁。幾竿修竹外,坐對夕陽紅。

勉男之鎔勵學

佘夫人

爾與詩書恰有緣,自生愛好是天然。尚嫌意氣猶浮躁,須學沈潛志乃專。
由來科第本尋常,惟在男兒當自强。爾欲相求須耐學,他年振翮上雲翔。

哭夫子

嚴宜人

痛君一病肺先傷,侍病年餘藥必嘗。惟冀醫方能續命,詎知難覓永年方。
本欲從君地下遊,端因姑老且存留。晨昏定省爲君補,矢志靡他守柏舟。

答外

戴孺人

婦職求無愧,全憑氣節清。治家惟耐苦,憂世見深情。立志何妨大,居心恰要平。思危在逸樂,保泰貴持盈。

同子槃弟遊鶴林寺

繆之蓉

鶴林古寺隔紅塵,烟雨層巒别有春。行過萬松清磬響,松間啼鳥唤行人。

哭栢亭夫子

蔣玉如

秋闈未試病歸時,症入膏肓痛已遲。求術回生無妙手,君今逝矣我依誰?
同胞兄弟爾俱無,今日何堪棄半途。我欲從君歸地下,何人堂上事孀姑。
計我于歸及四年,凝神回想自凄然。掌珠一現空成幻,命也如斯欲問天。
初度年華念二春,一朝頓作未亡人。從今矢凛冰霜節,代爾晨昏孝養親。

寄劍華叔祖

繆若光

憶隨座右教書時,課讀餘閒學賦詩。每值月明花媚候,拈毫覓句細沈思。
遠離杖履已多年,窗下修函擘錦箋。惟問起居康健否,老來珍重最爲先。

節婦二十叔母蔣玉如

繆若光

廿歲方增二,傷哉叔父亡。持身甘淡泊,立志守冰霜。爲嗣神勞盡,隨姑苦慣嘗。他年請旌表,寄語莫遺忘。

(清繆之錕主修《[江蘇鎮江]繆氏宗譜》 宣統三年世慶堂木活字本)

謝氏宗譜

答陳師可先生禱疾書

謝應芳

趙生來辱書，謂古之君子莫言陰陽鬼神而敬信之。今有病而禱於神者，亦敬信之心所由發也。吾友何力抵其非耶？是不然，平居日用，暗室屋漏，曾不知天地鬼神之足畏。迨其有疾，惟巫是聽，必曰某鬼某神禍之，祈禳百端，焫楮鑼如内賂然，甚者破家蕩産，且乞諸鄰里親戚而爲之助。幸而愈，則欣欣然歸德於巫；如其不幸，則曰禱之或遲也，祠之之禮或未至也，鬼神怒而奪之也。於乎，愚哉！人之死生命於初其有疾疢，由於氣之乖戾，猶陰陽戾而兩間之災咎見焉。苟以人之有疾，禍由鬼神，則兩間之災咎又孰禍夫？天耶？理固灼然，人莫之信。如應芳者，賴以經訓之力，頗明是理，不爲巫覡所惑。故鄉俗有秀才不信陰陽鬼神之謗，惟先生督之。先生儒林老成，人所敬服，遇有謗者賜一言曉之，吾道幸甚，風俗幸甚。

與王氏諸子論齋醮書

謝應芳

敬惟賢昆仲居喪三年，祥禫有日，將欲命羽士設醮以助君子冥福，計以粟費幾四百石。是亦出乎孝敬之心，循乎世俗之禮也。然冥福之實果何有哉！愚意不若以三日醮筵之費賑一鄉人户之飢，當此凶年，使數百千人得餔其粟，而免爲溝中之瘠，其歡欣贊頌，奚止百倍黄冠師哉！更欲致追遠之誠，則盛設一祭，亦庶乎終喪之禮矣。但今人於親没之後，凡言做好事者，非佛氏之齋，即老氏之醮。二端之外，餘無用情。雖祭祀亦苟焉而已，此蓋汩於習俗，不自知其非也。愚請引古證今，以二端無足信者爲諸友詳言之。佛氏以釋迦爲師，其書無設齋之説也。至梁武帝信惑因果，俾僧流爲之，厥後亡滅宗國，餓死臺城。因果無足徵矣！道家以老子爲師，書亦未嘗有設醮之論也。至宋徽宗妄意求福，命羽流爲之，未(嘗)[幾]傾危宗社，流落金虜。所求之福絶何有哉！二君昏迷，不明物理，特以此爲緇黄衣食之計焉耳。前代名賢，當今豪傑，卓然有見而不惑者，固常有之。惟閭閻小人，惑者什九。諸友無足效也。諸友皆明達之士，平居高論，(逥)[迥]出人表，豈至是亦淪胥陋俗而不能踐其言乎？僕與先君子心交幾三十年，忠告之語多蒙聽從。前所陳者，吾友但從而行之，其必含笑冥冥中矣。餘懷未盡，旦夕面言，諸親或有以俗論沮之者，請以吾言折之。

太傅東山賦

謝年瀚

一屐羲皇,半墩喜起。朝市無關,煙霞自縻。等富貴於浮雲,共簪纓於敝屣。朝彈對客之棋,暮挾遊仙之妓。兩袖清風,一襟秋水。何慮何思,於彼於此。客有識者曰:“此東晉之名臣,而實東山高卧之士也。”昔者中原鼎沸,王室夷淪。銅駝埋棘,石馬揚塵。漢趙之師蟻聚,燕秦之旅蜂屯。鬬蠶叢而争險,據蝸角以求伸。石墜星隕,天荆地蓁。王景略之雄才,徒知佐賊;桓司馬之大略,莫能稱臣。蓋國勢全憑名世,而天心實屬文人。維時有謝太傅者,謀略夙嫻,經綸素鬱。静鎮多方,笑談無屈。管樂依稀,孫吴髣髴。方謂叱咤風霆,飛騰黼黻。鵬擊鵾翔,雷轟電欻。掃近海光,反神京物。一代天人,萬家生佛。捧出寰瀛日月,金甌從民望而全;驅來掌握風雲,玉鏡自天心而乞。時乎,此其爾思,豈不胡爲乎?情耽斗室,人依林密。巖壑踪潛,邱園跡窒。老鷹揚虎奮之才,學放鶴騎驢之逸。人自思尊,我惟樂橘。露汲煙餐,風巾雨櫛。捐北府之雄猷,卷西州之將律。舊雨不聯,仁風少述。蓋未嘗不悵望東山,而弔高人之不出。且夫志林泉而忘君國者,非公輔之所出也;懷偉抱而昧先幾者,非明哲之所居也。慨自王戎籌握,殷浩空書。稱江東之名士,實晉室之籧篨。遂使中州逐鹿,百姓其魚。而公也,負三公之望,承屢辟之餘。使早出身翦刈,爲國驅除,揚威仗鉞,奏績登車,則英物傾神,皇輿孰犯?可兒服志,宗社誰墟?何至權黨登貳負之階,神采毅若;名士下新亭之榻,泣涕漣如。然而仕嚴即鹿,動戒括囊。淡往者有得,急起者多僵。虎之騰而先伏,龍之見而先藏。苟沉幾之未素,奚大業之能臧。是以南陽有隱居之宅,西蜀有草元之堂。鳳吞五夜,龍卧一岡。若乃優游山阜,放浪江鄉。泥爪留鴻飛之跡,沙眠聯鷺宿之行。莫不胸羅星宿,眼閱風霜。贏來滿腹精神,龍韜豹略;占得半生清净,露白葭蒼。厥後建節長征,奇功必成。銀刀隊肅,鐵騎聲鳴。談笑渺投鞭之衆,賓筵摧入幕之英。詞鋒獨闢,智膽誰櫕?昔年丘壑,此日旗旌。鴻猷資坐鎮而成綦枰臘屐,虎視自兒曹而滅鶴唳風聲。彼山中之木石,亦不解公之平生。迄今緬會稽之故蹟,訪高士之重阿。煙蘿滿徑,石磴横坡。人不見其著屐,客莫共乎籠鵝。徒使登山者景餘風而寄慨,感賢相而與歌。歌曰:龍蟠蠖屈此孤窠,朝局安危感慨多。山客自昔傳河雒,人面千秋竟若何?

書摺扇以示兒

謝光鈺

兒何爲乞余書耶?對曰:“今日午節,客有某氏者率其子弟往河間觀龍舟訪弔屈原故事,我將去之。同學少年握手而揚仁風者皆有書,或正或草,甚不足觀,故特有所請也。”余曰:“嘻,兒何好勝耶!當自求勝人處,毋假手于人,則幸甚!”渠侍立不敢對。書以勖之。

(謝基潘、謝基函等纂修《[湖南]長沙白泉謝氏家譜》 1935 年寶樹堂鉛印本)

送同學李遠樾歸序

謝基崇

道光末年，唐羅數君子講學沅湘間，所交友皆一時豪傑士。粤匪起，蹂躪徧東南行省。諸君子出，相與督兵破賊，安危利賴至今。當是時，天下歌頌其功，遺其學知其學者，唯湘潭王黄李郭諸君子，淵源繼起。今諸君子往矣，其流風稍泯，綿延不絶如縷，得我師李先生出而肩之，斯道爲之一振。吾友李君蔭宏常往來其門，得聞緒論一二。庚子冬，館吾兄樹修家，一見如故，論學幾一年，常徹夜不倦而有合也。因以所聞李先生者望於吾。吾聞之心蘧然喜，遂棄舊業，相與從事《小學》、《近思録》諸先儒書。蔭宏又言甯君决詳曾事李先生者，因延館吾兄吉修家，往來講論歷二載，未有得也。癸卯冬，吾兄吉修家塾成，因聘李先生主講。决詳他適，獨吾兄弟與蔭宏及諸子師事之。一年中，道德之講論，山水之遊玩，風月之弄吟，靡不與共。是蓋蔭宏平生以不得及門爲恨，而不意今日得之者也。明年，塾中局變，仍請李先生主講，而蔭宏以有故不得留，今將歸矣。昔聖門顔淵、子路之别也，各有言以贈。予不敏，何能言？予惟今日海禁大開，西夷凌轢，言之痛心。顧執政者欲倣西法圖自强，設立學堂，集子弟講肄其中。恐學者昧其指，遂力排中學，衆口鑠金，欲舉綱常名教一旦隳之。則今日之息羣言，崇正學，李先生大聲疾呼，固甚賴一二人起而應之。蔭宏素有此志者也，予欲以昔所望於吾者，轉以相望，而終身矢之勿忘也。因爲之序。

與鄭家溉書

謝基崇

從雲足下：别後匆匆，已逾半載。足下與叔三進道之速，當一日千里。未審近日所至奚若？基崇與蔭宏諸友嘗繫念不置焉。夫以足下天姿高邁，慨然欲屏棄俗學，勵志孔孟程朱之道，而又虚懷集益不自滿假。雖以基崇愚不肖，麤得性理皮毛之學，亦承下問及之。且基崇與足下素無謀面之識，即叔三平生亦未嘗相期聖賢之同歸，猥以一旦耳得之聲聞，毫不疑慮，欣然枉駕，偕來撥其向善之心，可謂誠矣。此亦當世所駭聞而僅見者也。而又能不諱言己過，樂受人之盡言，若是誠擴而充之，以求所謂孔孟程朱之道將無難，而絶學之繼，太平之開，非足下又誰屬哉！當此之時，基崇竊欣喜獲足下，吾道當日不孤，特基崇無似，不副所聞，爲有識嗤笑，孤足下勝心，用歉然耳。基崇近者疾欲屏去名利欲雜之念，埋頭牖下，讀《小學》以立其本，《近思録》以進其知焉。至於經史諸書，且皆放下。蓋《小學》爲《近思録》階梯，《近思録》爲"四書"階梯，"四書"爲"五經"之階梯。學有等級，功有次序，不可紊亂。二書熟讀體驗有得，以下諸書迎刃而解，此不易之道也。基崇欲與二三諸友恪守朱子讀書法，從新讀書十年，當别有一番氣象，與今不同。但目下省察克治工夫尚不嚴密，以致過尤蝟集，欲寡未能。雖得蔭宏諸友時相勸規，尤以爲未得足下之言爲未足也。願足下不惜引而教之。凡見基崇有不是處，詳言之；不省，痛斥之；猶不改，大聲詈責之，羣起而攻之。以拔其偷惰、因循諸病根，振其勇往直前之志氣焉。則幸甚，幸甚！吾輩讀書當以攻過爲第一義。蓋朋友改過，即是勸善之方，慎勿以基崇爲虚飾不衷之言，而情面有所不能破除也。試期伊邇，諸友不日咸集，當一聚論，以暢厥懷。基崇白。

與族兄基丕書

謝基崇

挹欽兄左右:别後奉到二月二十三日一書,展誦之下,若有不能已於言者。旋以事繁少暇,郵寄鮮便,久未作覆。請遂言之。曩者基崇實見兄有過人之姿、載道之質,不甘與草木泯滅,煖衣飽食,爲世巨蠹之檗,故説以講求義理之學,共從事于《小學》、《近思録》二書。則基崇所以厚望于吾兄者,豈惟是文字之工、誦記之富,以博科名、盜虚聲,爲宗族交遊光寵已哉!必將屏俗流之見,勵聖賢之志,嚴克治之功,踐躬行之實,爲士林倡明正學,爲吾道嚴立藩籬,爲斯世作中流砥柱焉。而又非可一驟幾也,必有以立其本而後不爲異説所撓,有以進其知而後不致以空疏爲世所詬病。本曷以立?曰主敬。知曷以進?曰窮理。主敬之方莫如《小學》,窮理之要莫如《近思録》。蓋朱子一生教人,舍主敬窮理别無他事,亦舍《小學》、《近思録》别無入門之書。其言曰:修身大法,《小學》書備矣;義理精微,《近思録》詳之。此可以覘二書之藴奧矣!學者誠於是書真知實踐,然後循序而進,以求所謂"四書""五經"之指,直不煩言而解。以是二書固讀經之階梯也。吾兄果有志於道焉,又豈可舍是而外求哉?然此未易一二與俗儒言也。春間啓行,未審果購二書與否?來書並未言及,實深繫念。至於有無相通,車裘與共,古人於朋友且相習以爲固然。顧吾兄蔑然視之,初不必有德之意,則又高出俗流一輩矣。秋風、容易所讀何書?如何心得?詳示爲幸。伏維珍重,不宣。

覆同學諸生甯决詳書

謝基崇

决詳兄足下:四月二十七日李師至自人倫古莊,出足下芹儀之惠。崇去歲於鄉里致情,概辭未受。以崇固非寒素比也,謹惠璧,希諒。復得足下手書,循誦再四,覺足下近日讀書多得,無復尋常泛言。欣羡欣羡,箴意如所評,但作時本謂誠意行之,始不可容易放過。故箴以自警,未計單提誠意。作箴不從致知説起,不見下手處也。須如足下所云,意乃備耳。至於省察慎獨,似賅之,何如更名甚警惕,正足下對病之藥。作説不可草索,更俟異日。商學大致自是,然立言尚有宜斟酌者,請待質言之。有曰:"道毁則乾坤毁。"乾坤,當指天地。夫陰陽闔闢,貞則復元。而主宰之太極,初無少損,理不隨形氣爲消息也。孔子之道,即天地之道。天地庸有毁時,道固終無毁時。道不隨天地爲成毁,又豈隨世俗爲輕重哉?有曰:"理(雖)具於心。"夫理無形,因物而形,所謂體物不遺者也。物萬理萬,故須即物窮理,但謂其於心,不可也。有曰:"藉聖經賢傳以去吾之私,明吾之道,盡吾之是。"夫經傳雖有去私、明道、盡是之方,然紙上語全靠不得。蓋"去、明、盡"莫非一己,己不足恃而恃聖經賢傳,未見其可也。有曰:"參觀列國情形,以斟酌撫禦之方。"夫撫禦之方在相機行事,非可豫定。於斯時雖有斟酌,亦臨時斟酌耳。既非吾人今日要務,又非如兵算輿地可作一件工夫。如此參觀,甚無謂也。且其書浩繁無當,有妨正學。有曰:"功名身外物。"夫事成功立,實至名歸,但效驗處耳,不可以爲身外物也。有曰:"富貴功名榮於生前,何如仁義道德榮於身後。"夫吾人處世,但論當爲與不當爲而已。無所爲而爲者,公也,義也;有所爲而爲者,私也,利也。必仁義道德榮於身後,而始從事於斯,則是其心所重者身後之榮,而非真有取於仁義道德之爲也。其爲失匪淺鮮矣!且科舉之弛張不足爲吾人勤惰，身後之榮否又豈足爲吾人勤惰乎哉？藉曰爲下一等人説法，然自貶其説，已不能興起其好善之心，實足長其好名之見而已。以上數條，雖是吹毛求疵，然不可不點檢，惟足下加詳察焉。往復爲幸。

覆同學李文蓀書

謝基崇

前因足下力學苦痛，偶進其千慮之見。又會事倉卒，懷未盡適。接手書，仰見容納，更殷勤勉以用世之務。雖然，崇固非絶世離俗、高舉遠引、置理亂於不聞知者也。間嘗再四思維，以爲治天下得其道，天下可作一身觀。治一身得其道，一身亦可作天下觀也。然治天下之天下易，治一身之天下難。何則？一身者，天下治亂之所從出也。《大學》一書，孔門所奉爲學規者。綱言"明明德"，即曰"新民"。目言"誠正修"，即曰"齊治平"。本末兼賅，體用俱備，内聖外王之學胥具於是，後雖有聖人復起，不能易其則者也。而又恐人昧輕重之宜，紊緩急之序也，重言之曰：壹是皆以修身爲本。學者於此亦可恍然用功之所在矣！如足下來言，則曾子釋齊治平當推求法度文爲之。所當用力者，乃細繹其旨不過欲人極好惡之公而不偏。此以見體者用之所從出。體如忠，用如恕。體立而後用行，而非徒輿地兵法之謂也。即以輿地兵法論，輿地固用兵者所當知，而兵者，又聖人處變不得已而用之之具，非聖人處常所必需者也。所貴學者，爲能得聖人所以處常者而已。得其所以處常，而處變之道亦不外是矣。且吾人今日爲學不必果見用；果見用不必果治兵；果治兵，徒恃此區區孫吴之法戰勝於野，而無以戰勝於朝廷，不必果成功。即功成矣，戰必勝矣，而孟子曰："善戰者服上刑。"則是學者所重在彼，不在此，亦灼可知矣！崇以爲成己而後成物，有體而後有用。輿地兵法雖邊事，究非吾之所謂用。吾之所謂用，即具於體之中。但身心性命之學毫無遺憾，舉而錯之天下，自形其裕如。雖曰致知格物，無所不致，無所不格，然自有其重者，急者。猶有餘力，亦當博觀諸經世之書。今則自反，歉然不暇，爲此體之未立，遽窮年汲汲專心致志，求所謂輿地兵法，是正所謂泉不濬其源而欲其流之清、燈不沃其膏而欲其光之曄，庸其幸乎！舍本狥末，即小有得，亦不償所失者也。願足下今且放下求所謂體用一原者，俟有用兵之時，竭月餘心力爲之不難也。愚見如此，不知有當萬一否？幸詳察之，有不合，更往復。

記再從兄嫂劉氏守節

謝基崇

予從父叔子卿之冢子澤生早死。妻，劉義集之子也，年二十餘，有子三，皆幼，家故貧。咸勸改適。氏以問予先父。適兄吉修在座，大言曰："凡下堂者義與廟絶，三子且不得母之矣。"氏瞿然曰："噫，改醮之不得爲人至是耶！"遂甘窮苦，撫其三子，至於成立，以死謝。基崇曰："予嘗謂忠孝節義，固出於天性，然亦有百折不回之志而後能幾於有成。世固有不讀詩書，不聞正人君子之論議，猥以貧苦之故，而衆口鑠金，靡所折衷，一朝失足憾遺終身者矣。如氏者出自寒微，豈知節孝爲何物，而一言之入，遂以堅其志，而全其操。當其天良激發，一日百年，此豈飢餓艱苦之境所能遏阻，人言之所能移易者哉？顔子曰，有爲者亦若是。其信然已！"予以謂古來忠臣、孝子、義夫、節婦，必其平日見之果、慮之熟，如此得爲人而愛之、慕之。不如此，則不得爲人，而賤之、惡之。一旦身當其境，不假思慮，坦之就之而無疑。何則？素定故也。苟稍有一毫顧慮，游移於其間，即欲爲之，而理念且退處無權，亦終莫之勝也已！如氏者，度人咸以子幼家貧惕之，而節孝其所難圖，無有以是勉之者；而氏終於其心有未安焉，故且以爲問也。不然，彼庸婦者豈一言之所能回哉?!

王子社會曾智圓捐田屋記

谢基崇

社穀，古常平法也。介壽團舊有昭惠倉儲焉。清光緒丁未歲，大水，倉圮而儲分。王子廟分得穀陸拾石，均貸各户時不給，急公者增捐穀三十石，而後廟之人無舊没新未升之虞，然倉未建也。日者，曾君智圓號于衆曰："余年且老，有長坡田四畝，屋數間，余奚用是爲哉？願盡歸廟衆。受半值，爲晚年衣食資。余屋可爲祭社儲穀之所。歲田所入足供祭祀費。余雖無嗣，但令身後主，方社之日，分我一杯羹，于願足矣！諸君何如?"於是廟衆雅不欲拂曾君意，同然一辭，敬諾受之。因其屋爲社稷神祠，且建倉焉，額曰"王子社會"，而屬基崇爲之記。噫嘻！若曾君者，可謂博觀其通，而享祀之永行，愈於有子者矣！異日者，廟之人春祈秋報，因以曾君身後主附祀其間，以酬其義。暨夫儲穀收貸之日，父老子弟宴飲中庭，稱引曾君今日故事，相與崇論閎議，以爲事雖創舉，然見實高卓，既有功於社主，又有裨於大衆，終不使己無所依歸而致敗餒，而雖更十數百年，廟之人尚有曾君其人儼然在心目中也。彼以田業遺子孫，不再傳而湮没以盡者，其相去甚遠哉！甚遠哉！民國二年月日謝基崇謹記。

舜誅四凶説

謝基崇

或問："堯曷不誅四凶？不知四凶耶？堯爲不知人。知且用之，是播其惡於民也。"曰："堯材四凶，用盡其才。四凶懷德，樂爲用，罔敢肆其惡。"曰："舜即位誅之，德遜堯乎?"曰："否。堯、舜類也。丹朱、四凶亦類也。堯聖舜，故讓位舜。四凶賢丹朱，以爲繼堯有天下。一旦堯舉禪舜，宜不無蠢蠢思動之幾。舜見，誅之，非德不及堯，四凶自蹈罪戾也。""然則舜見四凶意戴丹朱，誅之非私乎?"曰："否。堯雖以天下讓舜，果丹朱可輔，舜必不有其天下。而是四人者果賢，舜亦宜不去之。今輔丹朱者四凶是實成丹朱惡，將陷丹朱不義也。舜不難棄天下，而豈堯讓舜意耶？堯託舜天下，丹朱不與耶？故舜誅四凶，正所以體堯意，而安天下，全丹朱。天下亦知堯與舜至公無私，故四罪咸服也。"

誠意箴

謝基崇

好惡之心，人皆有之。惡則決去，善則決爲。實用其力，豈其遠而。所謂"誠意"，喫緊在兹。如築室然，以植其基。透得此關，進步可期。一有未誠，萬事皆隳。善惡途分，人鬼路歧。嗟彼小人，揜著何裨。欺人人見，欺天天知。明知明昧，是惟自欺。我有鑑此，反躬自思。意不懇切，殆蔽於私。示我周行，賴有明師。慎獨審幾，其在斯時。生雖不敏，請事於斯。

重遊靈峯寺二首

謝光鈺

載酒囊詩續舊遊，菊花開徧一籬秋。林間楓葉經霜老，檻外香泉出石流。古木號風人耐冷，好山如畫客常留。荒菴別有新裝點，破壁吟箋貼上頭。遊山如我太疏狂，儘領風光貯滿囊。林缺平分修竹影，秋深開過桂花香。偶因訪舊來禪地，特爲呈詩上佛堂。忽聽晚鐘聲斷處，百年事業感滄桑。

遊三角寺四首

謝光鈺

特叩禪關過六橋，春光如許畫難描。談深方丈塵應滌，身歷危樓病亦消。遊興不拘朋輩少，詩思先等佛香飄。關心飯後鐘初響，爲囑山僧莫漫敲。風廊月榭水簾斜，老樹參差半面遮。坐久頓消塵世味，來遲開過牡丹花。東山蠟屐憐芳草，南海慈雲擁絳紗。隄外綠楊春意好，黄鸝啼上樹椏杈。名流姓字幾人存，取次同升不二門。赤手描成新畫本，碧紗籠上舊題痕。蒲團打坐陪清話，寶鴨焚香禮世尊。恰有憐才青眼客，雲仙幻夢怕重論。笑指南樓躡石梯，柳絲濃壓夕陽低。座間香氣清如許，階下苔痕綠正齊。結伴徧尋名士跡，隔山遥聽杜鵑啼。新詩呈上如來佛，還怕遊人踵後題。

留別江西諸友

謝光鈺

欲作明朝別，同君話一宵。蟲聲吟唧唧，木葉下蕭蕭。把酒和詩餞，圍燈帶淚(桃)[挑]。老天如有意，疏雨滴芭蕉。

最是關情處，來朝分袂時。人登歸櫂穩，風送去帆遲。別緒憑誰訴，離懷搆我思。何當重聚首，相與話襟期。

過鄱陽舟中作

謝光鈺

欲覽饒州勝，鄱陽秋水寒。江豚迎浪湧，征雁逐風摶。帆飽離桅遠，舟輕轉脚難。暮雲如潑墨，含雨出層巒。

極目望無際，新開兜率天。奔濤頻送響，匡卧不成眠。客久舟如屋，愁多日似年。夕陽風漸減，湖上起寒烟。

赤　壁

謝光鈺

山川相繆鬱蒼蒼，此地曾傳古戰場。漢土三分成鼎足，東風千載識周郎。久無烏鵲啼明月，剩有漁歌唱夕陽。今日歸舟憑眺望，金陵回首亦茫茫。

晨起過洞庭

謝光鈺

八百湖天快壯遊，蒲帆高掛木蘭舟。半灣殘月影初落，萬點亂鴉飛欲愁。水勢入秋平絶岸，脚跟容我立中流。新詞一曲剛成誦，説已乘風過岳州。

寄熊岫門

謝光鈺

詞壇樹幟古潭州，久擬携詩續舊遊。萬里名山搔白首，一枝老筆壓千秋。平生踪跡疑仙佛，曠代才華敵應劉。悵我相思竟如渴，敢憑良友説從頭。

九日偕豫章諸友登滕王閣

謝光鈺

高閣臨江望渺茫，客中吟眺值重陽。别來旅雁遲鄉信，携得詩人更酒狂。秋水碧摇千尺浪，晚楓紅染一林霜。遥知故里登高客，怕到層巒頂上望。

漢口雜詠

謝光鈺

停舟此地客心灰，手把蓬窗兩扇開。最喜一人雙蕩槳，隔江摇過酒船來。清風凄冷奈愁何，有客呼儂去上坡。茶社不知誰氏子，笛聲吹出鳳陽歌。何堪翹首玉樓前，有女真如謫降仙。手鼓琵琶横跂足，任人來看小金蓮。樓頭一帶夕陽亭，細細爐香出畫欞。何事遊人行且止，門首聽讀《女兒經》。

抵長沙

謝光鈺

路計二千里，舟居四十天。收帆消客思，開篋檢吟箋。雨霽雲歸岫，風迴浪拍船。三生一回首，節序幾推遷。

除　夕

謝光鈺

守歲歲偏去，吟詩詩不成。窗凝梅蕊白，風弄竹聲清。臘酒娱親老，春聯賀聖明。東方開曙色，從俗出天行。

村前晚眺

謝運炳

村前薄暮望，景物亦非俗。樵子擔平肩，農人傴洗足。夕暉山谷紅，楊柳溪邊緑。恰好牧童歌，陽春借此曲。

擣衣碪

謝運炳

窮邊有客戍秋深，欲擣寒衣當此碪。拂拭慣勞思婦手，推敲頻碎旅人心。澂波蕩漾三更月，落木蕭條幾處岑。寄語嫖姚休黷武，免教搥出斷腸音。

秋　扇

謝運炳

幾日涼飈入畫欄，送將秋信到齊紈。曾教掌上揮殘暑，誰向風前訊合歡。笥篋欲歸霜皎皎，丹青仍焕月團團。班姬指棄何須怨，再見君王也不難。

己巳季冬見雪花亂墜乘興占七律一章

謝運炳

偶捲疏簾白雪多，水隈鋪遍又山阿。寒塘柳外飛新絮，東閣梅妝著素羅。把釣幾人江上去，尋春有客隴頭過。昇平預兆來年瑞，穩卜豐登萬國和。

訪　友

謝振鏞

爲尋良友對棋枰，躡屐摳衣冒冷行。一直到門偏不叩，隔窗偷聽讀書聲。

戲題道旁柳

謝振鏞

柔條鎮日舞輕風，多費天公長養功。寄語行人休浪折，等他飛絮上晴空。

次從叔瀛樵韻

謝振鏞

鏞以形體疲弱多病如長卿，乃自號曰“石壽健夫”。謬承摯愛，賀以鴻詞兩幅。花箋擷宋艷，班香而抒藻。數行淡墨，合選聲鍊色以同工。捧讀之餘，益深心賞，簡言以謝，率任手揮，聊志鄙情，謹依原韻。

文章久已著隆名，那識騷壇擅綺情。諷詠夙深風雅頌，鏗鏘不道宋元明。響傳曠野白雲遏，葉落空山清磬聲。料得昨宵抒寫處，碧紗窗外鬼神驚。鴻篇讀罷醇醪醉，信是風人第一流。兩字清明思慧質，半窗燈火想純修。漫嫌白傳知音少，定有崔君旨喻優。他日才名追李杜，浮煙漲墨一齊收。

中秋步從叔瀛樵韻

謝振鏞

黄葉山頭緑尚稠，者番佳節是中秋。清風入户人俱爽，皓月凌空色倍幽。話到探花争折桂，吟殘賭酒各持籌。長卿莫作欷歔態，定見槎隨日月浮。

星沙望嶽麓古松口占

謝振鏞

長沙對面有高峯，絶頂横撑幾樹松。翠黛全收孤寺繞，枝柯疑帶六朝容。鐘清向晚時驚鶴，鱗老含煙欲化龍。好并甘棠同護惜，棟樑爲處即遭逢。

夏日作

謝振鏞

世路非平亦匪頗，此間遊歷待如何？置身坦處天懷暢，立脚差時煩惱多。翦去荆榛留瑞草，芟將秕稗長嘉禾。誰知樂善真君子，一點靈臺釀太和。漲墨浮煙易著身，一齊消盡莫逡巡。凌霄緑竹能超俗，出水新荷不染塵。兩字委蛇防誤我，一生門户敢依人。乾坤浩蕩大如許，幾輩翹然軼等倫。

觀　弈

謝基崇

醉飲一樽醁，閑觀走碁局。碁局局局新，迷離看不足。一人技通神，著著幾先燭。一人支孤壘，憤氣相抵觸。兵車既相接，勝負難預囑。勝者毋驕人，負者何局促。從古雌雄爭，得失拂人欲。殘枰且勿休，此局屢堪續。

城南書院改建師範學堂省垣激變毁於火賦此感懷

謝基崇

昔賢留勝蹟，多上講堂開。風月宜今古，山河任去來。維新災土木，變亂燼塵灰。天未斯文喪，狂瀾待挽回。

秋郊晚眺

謝基崇

白日漸西下，羣陰起暮天。寒蟬抱樹咽，征雁帶雲旋。波蕩一泓水，村橫幾段煙。晚風三弄後，月上萬峯巔。

夜　起

謝基崇

一夢覺頗適，起視窗前白。皎月懸中天，清光照幽宅。

詠　雪

謝基崇

幾日吟哦意轉加，于今百卉始萌芽。天工欲起詩人興，昨夜飛來樹樹花。

題賀節婦

謝基崇

塞北雙棺返楚城，舟車遠涉萬千程。崎嶇泣斷關山月，孤苦愁聽江漢聲。絶域羈魂誰慰藉，幽冥誼託感精誠。閨門自此傳奇節，憑想英風尚若生。

次兄基極四十書懷韻

謝基崇

恥作聰明遽學愚，世人那得笑拘迂。經綸漫效東山隱，統緒遥宗洛水儒。萬卷圖書探活潑，一園花草翦繁蕪。子輿不動心何似，莫負昂藏七尺軀。

重遊伏龍山

謝基崇

伏龍山聳碧參天，中藴精英殊浩淵。去年探取半未盡，今年興發無高堅。師前弟前振衣起，遥覩山頭氣萬千。遠猶依稀近更著，物物似解争媸妍。紅稀緑暗開笑顔，蟲聲鳥語如管弦。使我離奇炫心目，一物一狀天機玄。窮形盡態方未已，誰肯遽上昆侖顛。山下行行屢回首，面目認取是耶否。步移形换看更難，山前繞出山之後。清泉一縷響潺潺，循流直溯泉源走。捷足先躋最上頭，眼底湖湘吞八九。始知神妙歸天工，精麤隱顯根樞紐。欲把此身立向千紅萬紫間，一般生趣看誰厚。大風突起西北方，塵氛波瀾争飛揚。蟲鳥喞喞都失聲，花木黯淡天無光。世人舉止半失措，蹶或不振隨顛狂。我輩昂頭千仞外，穩步轗軻如康莊。怡怡漸入深林中，不知世態幾炎涼。歸來方沼饒山水，領取移時意興長。

題抱樹園

謝基崇

移一步，從賊生，哀哉强暴污清貞。步不移，抱樹死，懔然節烈光青史。清貞之污海水不可濯，一死身名重山嶽。可憐被逼女伴下山知何終？惟有張氏倉卒之間所見最高卓。

（謝基潘、謝基函等纂修《[湖南]長沙白泉謝氏家譜》 1935年寶樹堂鉛印本）

述家世詩

謝應芳

東謝莊，西謝莊，奔牛東北十里强。世譜二編外編亡，能言其略亡其詳。高曾本貫開封府，紹興之先亂離苦。隨龍渡江寓兹土，以謝名莊似韋杜。自後一支居烈塘，華屋高邱乃吾祖。季父咸淳中甲科，封胡羯末皆簪組。我祖佳城梓木拱，家族玉樹遭斤斧。宋曆已矣元曆新，竟作遺珠沉合浦。我祖我伯我父兄，青塚纍纍續遷祔。轉頭滄海又揚塵，十年逃難歸洪武。烏鴉滿樹雀無枝，結巢乃在横山塢。三子六孫中子殂，長孫又殞黔陽簿。黄芽嶺畔作哀邱，(照)[昭]穆按圖無牴牾。年年寒食掃墓忙，横山烈塘連謝莊。一盂麥飯一壺酒，老淚觸處俱淋浪。嗚呼，豹獺猶能致烝嘗，何況人爲物靈知義方。我今諄諄語兩郎，爾子爾孫宜勿忘。

後謁龜巢墓記

王　忱

存齋翁經理龜巢先生之墓有年矣。以其興替無常，圖所以永久者，非有墓田不可，乃謀于松石顧子，募義得助，買田横山，將請之官給符蠲其雜役，歲收其入以備修祠。今年庚寅，翁與顧子欲履其疆畝，以授龜巢嫡孫祖儒主之。胥命以四月十一日庚午，要余偕行。凌晨入城，翁已買舟矣。余舟從焉。至東關，顧子至。舟行而疏雨擊蓬有聲，不數里，雨益猛，風益逆。啜茗清談，晡後始達戚墅。分舟止宿，雨聲徹夜。明發漸微，船首看山，濃若潑黛，遠目增明。辰刻，抵岸。翁飯余王氏山莊。食已，即往謁墓。泥塗甚滑，不百步許，石門西面，題曰"龜巢謝子蘭墓"。附石門之東爲門房，設扃鑰以時啟閉。直東而行，墓表巋然，而亭廢矣。後爲祠堂廢址。翁曰："是將復建也。"又後而墓。墓旁古木如輪，蔽翳雲日。時冒雨而來，蔓草沾濕，衣服不備，不敢展拜，相與長揖，瞻仰而已。墓後地勢漸高，子獨進而登，四望石垣，前約後博，縈紆迴繞。松之徑咫尺者不能數，木拱把皆千計而贏焉。墓據山水之陽，真文明之地也。周覽而降，翁與顧子猶在墓下。予俯視墓前短碣額篆龜巢老人墓銘，其文土花半蝕，不可卒辨。蓋爲龜巢自撰。既出，翁欲同訪王弦齋墓。弦齋昔與翁首事修葺。乃度嶺而東，曲折逶迤，松柏夾道，左右流泉。重門綽楔，規制甚備。翁曰："此弦齋仲子京兆君所經畫也。"登堂致敬。既而祖儒來迓，且相勞苦。從墓垣之右拾級而登，扁曰"昔賢祠"。蓋京兆治墓時得斷碣有文，知爲宋郡守李公餘慶誌，因以義起立祠，而并祠晉散騎常侍曹將軍横禮也。但既設木主，又爲二像，曹則兜鍪而鎧。夫衣冠之制代有不同。晉之武冠平上黑幘，散騎常侍則貂璫插右。將軍自是兼官，非武階也。如王羲之爲右將軍、會稽内史是已。且像設非古，止存木主可也。祖儒導，由舊道登嶺，坦然數弓，黄石四布，可憩可望。遠見天際濕雲曳地，碧樹連村。時正麥秋，青黄相錯，蔚然成章。但積雨之餘，田多墊溺，潮漫瀰瀰，左顧特甚。下至山莊，翁題二詩于壁。遂登舟而北，至觀橋。祖儒告曰："田不遠矣。"霧雨冥濛，翁三人策蓋徒行。余以履敝，弗能從，凝望以俟往返，不翅千步泥淖涅衣不恤也。其田二段，凡十畝云。四人舟中小酌，過土龍橋，祖儒告别。僉約以必録墓碣來，以備參考。便風送帆，頃刻出戚墅港。翁與顧子假寐。余和題壁八韻以呈。逮入東關，顧子去，而燈火滿城矣。至顧塘橋，翁曰："我三十年之經營，賴子之信而勇以成我。必爲記之，俾後人知其不易也。"子對曰："昔有分謗，翁乃分功，得無貽因人成事之誚乎？"一笑而别。是夜宿舟中，抵家未浹旬，翁復遺書來促後記。

惟斯行也，裁兩日耳，逆順不同，陰晴迥異，感今懷古，悲樂之情擾擾萬變，而況廢興成毁，相尋于無窮，不可恃爲久遠者哉！緬思墓于兹山者何限，然數世之後欲求彷彿之蹟亦不可見，而我龜巢之墓愈久不忘，學士大夫不徒俎豆而尸祝之，封殖而擁護之，又求所以維持之，蓋有足持以爲久遠者存也。惟昔縉紳經始之行，舸艦迷津，輿臺載路，視今日之孤舟落落，衝風冒雨，而躑躅泥塗者大相徑庭。然所以成諸公經始之功則無負矣。若夫龜巢行實之詳、存齋綜理之密、縉紳左右之力，迭見名公大筆，不敢復贅，謾述一時聞見，以爲謁墓後記云。

後謁登詩

一

葉　夔

戚墅風波履險時，雨航夜泊欲何之。老年扶病還來此，宿約如君肯負期。謝墓有田差可久，南菑無主實堪悲。傷弦齋之謝世。景賢不燭存遺録，心事禽魚草木知。

心事禽魚草木知，知音誰復似東溪。開樽話舊情何限，冒雨登程眼欲迷。松石山前盟亦固，古今天下事難齊。整襟再謁巢翁墓，回首青山日未西。

二

王　忱

訂盟已久不違時，謁墓看山兩得之。廿載經營勞夢寐，一宵情話共襟期。買田已了生平念，感事還爲世道悲。從此松楸欣有託，巢翁精爽諒應知。

巢翁精爽諒應知，道脈相承海接溪。景行思賢同一揆，龜巢拜鄒忠公墓，作《思賢録》。今存齋謁龜巢墓，作《景賢録》。表章辯惑破羣迷。龜巢著《辯惑編》，而存齋表章之。從來人定天猶勝，孰有謀同事不齊。贏得品題高興在，長風吹送片帆西。

三

顧　堅

晚風疏雨弄晴時，小艇輕帆信所之。清話不妨連夜坐，幽尋敢負隔年期。一時良會聊成勝，百世儀型豈繫悲。辦却芒鞵遲明發，登山不遣野人知。

登山不遣野人知，繫艇前村傍柳溪。倦足强支苔蘚滑，冥心忘却路途迷。門懸高榜羣情愜，坦護長松萬樹齊。了却墓田歸興發，解維漫記觀橋西。

四

秦　全

墓田新買達觀時，細雨孤帆任所之。録誦思賢欽節概，編留辨惑見襟期。江湖蹟斷巖廊夢，一瓣香生萬古悲。試問摳衣瞻拜後，山中樵牧幾人知。

宰木蕭蕭宿草凄，幾人蘋藻薦芳溪。衝風畫舫宵還泊，踏雨芒鞵晝不迷。力距異端尊孔孟，志甘窮谷慕夷齊。茫茫吾道今如綫，惆悵停雲落日西。

五

錢　黼

今人罕見古人時，落落百年還有之。弔古只行賢者事，趨行不與衆人期。文章垂世乾坤麗，草木知名狐兔悲。助祭有田碑有頌，一坏黄土有人知。

一坏黄土有人知，道脉詩脾浸一溪。盛德大名吴下滿，殘碑斷碣望中迷。思賢録爲先儒著，辯惑編宜闢佛齊。卻嘆古今陳迹易，兩丸來往自東西。

六

趙宗彝

先生老際聖明時，禮樂文章兩擅之。養氣直教山嶽並，立心自與聖賢期。身窮道在寧爲病，世遠名存豈足悲。不有一編能辨惑，世途邪正有誰知。

世途邪正有誰知，天遣先生住鶴溪。一脈正宗如日麗，百家邪説破塵迷。年深短碣蒼苔蝕，春老空山碧草齊。弔古有懷何最切，青山回首夕陽西。

七

毛　憲

平生高尚待明時，衛道全身兩得之。白首孤山欣有託，清名千古本無期。雨侵古碣苔應滿，風撼長垣木亦悲。天地精靈原不泯，斯文應屬後相知。

後知誰不仰前知，到此興懷俯碧溪。斥去淫辭崇正學，辨明厲鬼曉愚迷。學宗孟氏驅楊墨，志效宣尼變魯齊。百世忝嘗知有託，墓田應在墓垣西。

八

姚　儒

先主抱道嘆非時，大節行藏自得之。勵世漫推名教重，操心直與聖賢期。百年往事遺書在，半隴荒雲過客悲。石闕從今增祀典，姓名樵牧亦相知。

隱君高誼我應知，白日青天湛碧溪。抗節力辭當道薦，著書能指世人迷。生前心跡林泉杳，死後聲名斗岳齊。十畝墓田供祀處，年年香火觀村西。

九

周　金

聖主初開宇宙時，蜚熊無夢獨安之。延陵花燭空相待，笠澤煙波漫有期。兵甲未銷歸計拙，風塵猶在壯心悲。暮年卜築横山下，四壁遺經弟子知。

隱君幽意羲皇上，早結龜巢向鶴溪。風颯檉梧三徑晚，雨昏巖谷萬方迷。銛錐未試羞居趙，雅瑟雖工耻向齊。千古乾坤逢再造，白頭吟望晉陵西。

十

吕　律

才堪經濟不逢時，遁跡江湖莫識之。一里恨無承面淑，百年誰復共襟期。鶴歸華表風聲遠，猿入空山夜月悲。沚藻澗蘋今日事，英靈千古諒應知。

十一

陳端甫

雨舟展謁在當時，十載風塵恒念之。王猷更發剡溪興，文侯不失虞人期。東溪忽高興存齋松石，不以雨阻一時情致。最憐桼盛有攸賴，莫歌荆棘能生悲。巢翁九泉寧復作，乾坤意氣還相知。

泉下巢翁知不知，蕩漾扁舟風雨溪。九河砥柱尚屹立，七聖襄城應不迷。巢翁議論著在天地間，人人皆知，趨向風雨，豈能迷諸君子所之耶？文章昭揭白日並，松楸縹緲青雲齊。荒所有人時下馬，回頭豐草埋征西。

十二

曹 鎡

人才每恨不同時，幾向遺編想像之。百世欲存羣聖業，一身端作萬年期。崇墉潔宇神如在，亂草荒苔事可悲。汀藻澗蘋他日薦，購田原不爲求知。

購田原不爲求知，芳茂新祠俯碧溪。額榜故因賢者揭，藤蘿無復路人迷。家聲遺響來河洛，心學真傳自魯齊。絜酒瓣香誠未已，時時極目板橋西。

十三

陳端甫

叔世狂瀾既倒時，先生雄力獨迴之。名存宇宙應難朽，瑞應文明信有期。曠世已登道南祀，新祠今慰鄉人悲。瓣香有意南豐薦，迢遞横山路未知。

迢遞横山路未知，買舟何日度山溪。已除邱隴荒蕪没，昔憚煙波老眼迷。更有文章師孔孟，獨留清介比夷齊。幾番獨上東城望，惆悵閒雲落日西。

十四

徐 問

儒脈淵源濬有時，迴流千折盡東之。著書信可袪前惑，修墓何緣與後期。碣石漫憑吾道立，松風若爲世人悲。存翁好善應難繼，豈事閒勞博得知。

古墓寒藤崇四尺，懷賢應似過濂溪。村連宿雨人猶至，里有先生路不迷。龍井潤知元氣合，横山高與人名齊。當年藉草吾同拜，恍惚原林春日西。

十五

吴 仲

里閈同生愧後時，每於高塚一瞻之。典型常有遺編在，意氣寧無曠世期。身後浮名非所託，生前大義實堪悲。兩朝出處艱難處，只有先生自得知。

只有先生自得知，欲探吾道問前溪。源泉淵達清如許，岐路分明了不迷。佛骨表中悲孔孟，首陽山下泣夷齊。可憐後世渾多事，辨得東來又惑西。

十六

顧天祐

滿船風雨夜吟時，遥指横山縱所之。正學百年增意氣，斯文一脈共襟期。麒麟久向秋風卧，杜宇何煩午夜悲。極目川原皆勝概，九泉精爽豈無知。

九泉精爽豈無知，鬱鬱佳城枕碧溪。狐兔遁藏山月白，松楸葱蒨野煙迷。景賢新録誰能並，辨惑遺編合與齊。野老稔知修墓事，斜陽指點説東西。

十七

鄭 溱

聖主蒐羅俊傑時，乾坤一老獨遺之。不于版築徵清夢，自與溪山有宿期。遺澤弗忘端可羡，生人如死實堪悲。請看吾道南來後，多賴先生覺後知。

干戈擾擾蒼龍郡，弦誦洋洋白鶴溪。墓田秋黍歲堪薦，石磴雲杉路不迷。秉筆衡門正華夏，採薇空谷見夷齊。商歌再叠危冠帶，白日常懸峻嶺西。

十八

龔安國

每悼巢公不遇時，世塗坎坷竟何之。生前事業于今定，没後尊崇詎可期。信道思賢原有録，興衰弔古自增悲。荒墳一旦重修廢，諸老原非是故知。

諸老原非是故知，買舟特地過山溪。冠裳濟楚誠何竭，雲樹蒼茫思欲迷。德學擬于徵士並，祠當合與子陵齊。瓣香敬爲先生祝，回首踟蹰日已西。

十九

朱 憲

子蘭夫子生不時，赤手能障川東之。方擬龜巢抗高節，幸逢虎變開昌期。百年有墓衆争謁，幾度無緣吾獨悲。祠下曾從薦芳芷，春風回首只天知。

春風回首只天知，花滿村莊柳滿溪。信是聖賢心不死，絶憐山斗望中迷。葉龍顧虎能經畫，龜巢祠墓尤賴葉存齋、顧松石二人之力，故稱葉龍顧虎。舊墓新祠得整齊。吾道從來幾明晦，太陽東上夕陽西。

二十

王 稷

生逢衰亂獨違時，避迹山林任所之。著述自應留澤遠，勳勞無復與心期。成身欲繼周程統，衛道深爲朱翟悲。最是芳名渾不泯，乾坤今古有人知。

遯世囂囂不願知，横山夜月落寒溪。斷碑卧地蒼苔濕，高塚生雲碧草迷。憂世依然師孔孟，清風凜爾説夷齊。後人思葺先賢祼，帶雨來耕隴畝西。

二十一

陶 澤

好古吾生已後時，多君盛事獨先之。買田何日百金費，式墓便爲千載期。華表鶴歸真是幻，蓮巢龜老亦堪悲。不辭滑滑泥中去，世上悠悠那得知。

誰將高舉挈先知，一棹夷猷度小溪。此日不堪風雨惡，長年猶自路途迷。神交已分心先許，義重寧憂事不齊。安得豐碑書十字，任他南北與東西。

二十二

薛應旂

萬古人心總一時，南來吾道更何之。茫茫世事休相信，落落乾坤若有期。青草路岐人漫度，白雲山徑獨增悲。生芻聊寫懷賢意，敢謂先生知不知？

敢謂先生知不知？黄鸝班竹自前溪。謝家寶樹忻猶在，孟氏芳鄰恨已迷。先世居芳茂山之南。三尺短碑苔蘚没，百年高行斗山齊。元超顯道光家乘，惆悵公言落日西。公嘗有詩貽吾五世祖，有"蕪陋愧予非顯道，風流羡子步元超"之句。

二十三

鄒　禄

卓哉龜巢翁，著作心獨若。山林養浩然，高名振千古。

力障狂瀾斥異端，生憎胡運履爲冠。竭言復我先公墓，翁墓今修我亦安。

二十四

蔣　盥

謝老文章在，人皆寶愛之。信哉天爵貴，人爵亦奚爲。

高風千古真回薄，文焰空中現樓閣。讀殘高士傳一篇，驚見星辰光碧落。

二十五

鄒　軿

景仰龜巢翁，敬讀中丞傳。衛道有餘功，指迷曾力辨。

正氣堂堂一代師，春秋直筆明華夷。翻思修我先公祠，展卷令人重感思。

二十六

白惟忱

胡元混中原，乾坤有此老。耿耿忠義心，闢邪崇正道。

杭石横山看白雲，殘書數卷樂隱淪。中丞作傳發幽滯，讀罷吁嗟思古人。

二十七

周　誥

天地蜉蝣外，清風獨鶴鳴。生平勤著述，辨惑近誠明。

假饒聖祖龍興早，安得山林卧中老。豐碑十尺表祠堂，名垂後世惟公道。

二十八

陳　琅

昔觀辨惑編，今謁先生墓。長坦亘山椒，穹碑矗當路。

瓣香展敬致歆慕，扃鑰深嚴斷狐兔。竚立祠前志却歸，灑灑高風尚如故。

二十九

陳　玠

一室比原憲，三樂同啟期。生憎聃竺徒，著論極詆之。
平生更慕柴桑節，有親不捧安陽檄。胡塵漫天弗染衣，萬古乾坤有佳客。

三十

徐　機

昔登芳茂山，瞻仰巢翁名。今讀景賢録，祠墓知厥成。
正氣文章起後生，存齋端合古人情。朝來泊舟弭使節，絜酒生芻竭此誠。

三十一

吴　李

抱德轉西東，不食狂胡禄。投老居横山，養息龜藏六。
百年墓在山之麓，零落松楸山鬼哭。墓田有記官有符，維持弗替真良圖。

三十二

劉　昶

元人污華夏，此翁獨高風。直道距詖行，萬古人心同。
鑿鑿文章示標的，摘藁于今多散逸。數篇繡梓弗泐磨，丹砂空青不在多。

三十三

吴　悌

我官遜讓里，肅謁先賢祠。中有龜巢翁，正氣同昌黎。
櫝珍不售純陰世，啟運已當年老時。贏得祝尸稱處士，絶勝墓道表征西。

三十四

沈文冕

養齋作翁傳，景賢何切心。一編久大典，珍重逾南金。
信是狂瀾力可任，布衣曾不慚朝簪。我來典教懷哲人，高山企仰情何深。

三十五

高　祐

我登道南祠，得拜龜巢翁。載讀中丞傳，眉宇生清風。
竭來泛舟謁翁墓，雲濤捲翠生高松。文星終古光不泯，夜夜暗横芳茂虹。

三十六

潘　球

江南有淳儒，生于蒙古世。大明日月開，冉冉老將至。

海樵山釣終餘年，冷覷羣公取高位。清風自可追延陵，只欠豐碑書十時。

三十七

王　弈

我愛龜巢翁，正氣邁今古。堂堂辨惑編，吾道良有補。
十年奔走風塵中，歸來正首横山武。墓前有祠祠有田，安用生前被簪組。

三十八

詹　鈿

先生生胡元，高節邁綺角。不登天子堂，著書老窮谷。
連篇累牘非空言，欲俾人心返淳樸。闢邪崇正聖賢徒，好把遺書再三讀。

三十九

劉天民

延陵生此翁，一代文章伯。時窮道益尊，高風振今昔。
芳茂山前多墓田，曾幾何時皆變遷。後人衛墓乃衛道，更有遺編鋟梓傳。

四十

陳　原

昔慕龜巢名，今讀龜巢傳。正氣何瀰漫，終始能不變。
烝嘗有祠墓有田，毘陵自古稱多賢。豐碑直筆賴如舊，直與天地相周旋。

四十一

爲訪松石君，閉户輯景賢。示我巢翁傳，讀之思愴然。
便欲操舟謁墓前，遥瞻紫霧起題阡。文章百世應難泯，信是狐狸不敢眠。

肇基先生與予素相過從兹以其倡修宗譜賦二律贈之

沈大坤

別墅遺風未杳冥，高人芳躅寄江汀。到門流水一灣緑，繞宅修篁百尺青。時迓劉伶賡酒頌，每邀陸羽證茶經。我來愧乏詩千首，暢寫幽情勒畫屏。

曾羡幽居超俗韻，更看高行越塵寰。橋門大樂遥傾聽，邱壑清風邈欲攀。遐遡根荄歸寶樹，直探星宿拱稽山。前人詩頌歐蘇志，非卧林泉一味閒。

（謝富金主修、謝淩纂修《[江蘇江陰]澄江青暘謝氏宗譜》
1947年寶樹堂木活字本）

謁四十四世祖卯生公像

謝 蕙

事關君父最堪傷，劍佩翩然似子房。每出奇謀真莫測，生來浩劫本非常。人言小邑違天命，我爲衰朝哭國殤。幸荷聖皇重忠義，不登青史亦名揚。

十月朔日寶樹兄同諸弟暨子侄輩至馬鞍山掃先君墓

謝 蕙

楓林蕭瑟日光寒，石路盤盤至馬鞍。兩世兒孫同拜掃，千秋碑碣傍巖巒。清霜乍降心逾感，禫服雖除淚未乾。慚愧親恩無以報，此身徒自戴儒冠。

乙巳歲重修家譜有作

謝 蕙

收族惟憑譜，刊修倍凜然。藍田原有種，烏巷本多賢。簪笏摹遺像，碑銘補舊編。家聲擅江左，似續已千年。

夢歸寄舍弟七百三十字

謝 綸

入夜夢飛馳，悄惚還鄉里。俱亡慟老親，久離憐愛弟。昔别記汝年，十一身還矮。今日吾歸來，汝當長成矣。何乃猶如昔，誠莫測所以。心疑夢寐中，覺來果然是。枕側細追尋，歷歷記終始。夢汝初見吾，相抱泣流涕。鄰里來相勸，吾淚乃先止。汝聞亦止悲，相與生歡喜。見汝攜壺去，沽酒赴街市。須臾沽酒來，斟酌歡無比。飲畢偕出門，郭外看山水。隨我盡興遊，顔色不形怠。攜手同入門，同卧還同起。起來牽我衣，言欲訪吾姊。見姊心中悲，相視各歔唏。姊問頗有言，汝志昔年矢。何乃翩然歸，吾心費猜解。我聞口忽緘，赧然中有悔。良久乃相告，弟竊慕禄仕。馳驅五載餘，無如運遭否。邇緣念家切，暫歸一相視。逡巡仍北趨，姊言誠爾爾。姊乃慰我言，便促治行李。此行須努力，慎莫思家裏。菜食與鶉衣，困貧奚足恥。投筆與登壇，丈夫當如此。吾乃再拜辭，攜弟淚如洗。我弟泣且言，兄去誰依倚。號慟撫其背，汝自有叔在。予北來時，弟爲堂叔兆騄先生收養。相攜見吾叔，見叔乃長跪。流涕嗚咽言，望叔成吾美。弱弟尚愚懦，願叔養如子。叔言吾老年，若何堪久恃。養侄本吾願，其奈繁齒指。已矣汝且去，姑增一人米。吾將拜辭出，叔乃附吾耳。汝莫左吾言，吾言自有理。言使家人聽，鉗彼衆人齒。汝父爲我兄，兄弟本一體。有侄吾不養，豈得爲良士。將使讀詩書，微獨免凍餒。雖然如此言，吾壽其有幾。吾在盡我心，吾死則亦已。汝去期有成，招譽莫招毁。當思地下親，望汝心不死。吾乃拜辭叔，出門路迤邐。須臾至親墓，拜畢焚帛紙。號慟偕弟歸，同牀卧姜被。來朝與弟離，離愁浩如海。海水何湯湯，山色何蒼蒼。揮手兩相擲，傷心摧我腸。相離未遽遠，回首還相望。相望淚如瀉，何日重歸鄉。區區如爾我，乃復成參商。收淚向北行，道里何悠長。踰山復渡水，馬上心淒涼。勒馬心自疑,吾本在帝邦。緣何忽遽返,思之心渺茫。此事倘非夢,此心殊恐惶。行行遇山阻,策馬登山岡。馬驚驀深澗,墜馬身下撞。呼號忽驚醒,汗出流枕旁。回思夢中事,脉脉心惻傷。矍然推枕起,落月在屋梁。猶疑顔色在,拭目淚盈眶。挑鐙成獨坐,揮毫記端詳。淚滴硯池内,磨來墨自香。詩成付誰寄,北雁方南翔。我弟接我詩,悲淚應浪浪。我自客帝都,汝自居澄江。兩下結相思,相思永不忘。

甲寅九月族中輯譜與幼陶從弟同宿祠中賦此

謝文翰

弟弟兄兄聚首時,持螯斗酒夜談詩。横行宇宙難容爾,潦倒功名怪底誰。酌納捐輸宗族怨,維持譜系鬼神知。同懷曾否能同志,秋水蒼葭繫我思。

自　負

謝文翰

不受牢籠氣概雄,長成傲骨本天公。蛟龍出水精神壯,鷹隼騰霄眼界空。藍玉羨稱佳子弟,烏衣思振舊門風。他年若慰蒼生望,絲竹東山志趣同。

自　嘲

謝文翰

依人作嫁自頻年,没世名稱也枉然。偶得微衿仍白地,難攜警句問青天。欲賒美酒無長物,縱典春衣不值錢。慚愧好眠兼懶讀,五經邊笥腹便便。

自　愛

謝文翰

不爲功名且讀書,蹉跎日月賦閒居。清高坐對園中竹,活潑時觀沼上魚。公事未嘗趨偃室,私心竊欲造匡廬。簞瓢陋巷貧堪樂,來往從無俗客車。

長至節後輯譜未竟幼陶有閩中之行持此以贈

謝文翰

雞窗疇昔硯頻磨,壯志應從日月過。萬里長風看破浪,九仙山畔故人多。
九仙山畔故人多,苦計攀留没奈何。譜帙一宗未蕆事,獨行踽踽手頻搓。

自城西梅宅還回青山里故居漫賦

謝鼎鎔

一角青山裹,先人有敝廬。且尋康樂里,漫卜屈平居。遊釣兒時憶,藏修祖德餘。數椽無恙在,風雨護儲胥。

送葉紅漁同門遊學日本

謝鼎鎔

欲從海外事長征,詩酒南皮話舊盟。一代熱腸推爾我,幾人風骨傲公卿。龍蛇大陸資騰躍,虎豹中原起戰争。無恙頭顱將半老,莫教孤負此平生。

寄懷夏艇齋表兄隨使歐西

謝鼎鎔

浩氣不隨江海盡,長歌能滌古今愁。拚將際地蟠天志,竟作乘風破浪遊。濁世秕糠容掃盪,小儒吐屬自啁啾。願憑江上團團月,移照歐西百尺樓。

以譜事至峒岐宗祠口占

謝鼎鎔

此是桐溪里,吾家舊發祥。蔭凋雙柏翠,水抱一溪長。陳迹迷鴻爪,予遊庠時,祭祠來此。遥天辨雁行。我來思祖德,瞻拜薦馨香。

眉樣描來未入時,頻年孤憤祗攻詩。秋風蒓菜偏憐我,春草池塘欲夢誰。時方與悼嘆子壓從弟不置。身世榮枯雙鬢覺,俗情冷暖寸心知。不才自分終樗散,招隱無煩詠左思。

紱雲書來備述荔亭意招予遊閩
予以譜事未竣擬暫緩赴口占得此

謝鼎鎔

海外鱗鴻取次催,挑鐙如見故人來。殷勤原是申蘭契,鄭重偏言借楚材。附驥欣覘家有史,入閩敢笑吏無才。觀成指日談何易,懶向青雲倦眼開。

(謝七寶主修、謝鼎鎔纂修《[江蘇江陰]峒岐謝氏宗譜》 1914年毓芝堂木活字本)

水 災 遺 墨

謝守禮、謝元壽

道光廿九年,歲在己酉夏閏四月十九日,入霉以來,連日霪雨,晝夜不停。河水上岸,田畈行船，以致四處難民俱用舟楫聚衆强討，各鎮鄉村被擾不堪。城中雖有官府約束，而饑民亦難處治。迨至五月底，始得晴霽。我四門一鎮事在燃眉，無奈，邀集殷富在大祠堂會同相商，暫行救急，庶免吵擾受累。即于五月廿七日在大祠堂散糧起，大口給錢廿文，小口減半，給至中伏止，共計十五天，用費壹千壹百千。議作十股，分派後塘河兩股半，榆標抱攃。後街中宅一股半，大街南萬安橋西三股，黼平、履方各股半。橋東亦派三股。星齋、吉堂、敬一、節之均派。是年，早禾遭災，尚有六七分收成，低田盡被淹没。木棉更甚，全無收成。及至冬季，米價昂貴，飢寒尤甚，難民益衆。幸荷邑主何公詳憲，請帑賑卹，即于年内念五夜分起，大口給錢八文，小口減半。此乃府縣定規章程。一面挨家勸捐，稽查田地，上百畝者捐錢廿千，或增或減，均倣此。款捐寫登簿。至三拾年庚戌春正月望日，大口給錢十文，小口給錢五文，給至三月廿六日立夏止。總事謝履方，同辦豫泰、棧仁、泰莊。廠設大宗祠，分立人和兩字號，限定十日一給。斯時穀價每觔念四文，給至大麥登場，共計九十天，用錢四千壹百餘十千。場主領來帑錢七百千亦在内。是年五月間，天雨太多，禾棉受淹。六月中，三伏少雨，河水乾涸。至七月底，始得通港。早禾還可租收八分。至八月中秋，連日大雨，又直百官江秋潮甚大，更兼上港出蜃，對江兩岸塘倒十餘處，以致山、會、蕭、嵊、餘、上六縣俱遭水災。我家中堂水上椅面，登樓煮飯，遊廊撑船，晚禾秋作顆粒無收，草房土牆無處不倒。窮民遭災，顛連更甚。我四門鎮自十六日早晨水上堦沿，至辰時驟漲半尺，及夜水高二尺有餘。自後漸退，直至八月底始得退落。幸喜三冬雨暘時若，米價不貴，穀價十五文一斤。是年花租議收一分至三分上落不等。惟糯穀稀少，每觔廿三四文。守禮識

光緒十五年己丑七月，自廿二三至廿八九，連日大雨傾盆。姚邑各山發蛟數百所，或山頂，或山半，中開一坑，劈溜而下。古塚浮厝，隨勢翻騰。間有泥晒瓦瓶衝出，山際鄉人得之，或以爲古，不知所詳。時木棉方華，半被摧折。晚禾宜水，無甚害。八月初始晴霽。廿五又雨，直至九月下旬，連緜一月。上河連村遍野水勢滔天，遲花晚禾浸没無收。晚租全豁；地租湖地念伍觔，沙地念觔；稍地每叁百文。方雨之十日，農民扶老攜幼赴殷富家勒索錢米。有舟行者，有陸行者，聚集多人，氣勢兇甚。弗與，則敲窗毁户；與則慾壑難饜。指名唾駡，兇惡萬狀。始殷富家給以米以升計，不足，幾用强。乃聯稟於邑主。何公兆愷出示諭禁，稍散。何公乃立各保各村之約，照會各鄉籌辦捐賑。余四門始事賑董五人，以余一人終其事。所有散給條規，先行編查户口。四門以大村抱小村，南自謝家窠沙堰起，北至海濱，共計二十三村，均係抱辦。查得大口柒百八十一名，每日每名各給制錢拾伍文，小口玖百念七名，每日每名各給制錢拾文。五日一次，共給制錢壹百四千玖百二十五文。十一月初一日開賑，至次年元旦，共計十二次，統共放過制錢壹千串二百伍十九千壹百文。此冬賑截止之分總錢數。春賑改作十日一次，大口酌減十文，小口六文。大小人口並無增減，每次散放制錢乙百三十三千七百念文。至三月十四日截止，放過春賑八次，共給制錢壹千串陸十九千七百六十文。兩次共散錢二千串叁百念捌千捌百陸拾文。内由余出具領狀，領到石堰場梁下倉備荒銀二百兩，兑洋二百玖拾肆元。分交廊廈臨山倪家路各賑董各洋肆拾元。因地方遼闊，户口繁劇，不能遍給，稟明場主歸伊三村春賑自行帶放。本鎮淨領洋壹百七十肆元，兑錢壹百七拾捌千叁百五拾文。除過實收民捐錢二千串壹百五拾千五百拾文，所有分辦司事、雇工查户、散賑工食、船隻紙張油燭等經費，二百叁拾陸千肆百文，由余獨自資付，不列捐項賑款之内。又有梁上倉銀二百兩，承領之下，將紋銀二百兩兑見玖玖串大錢叁百千肆百陸拾捌文，當着幹妥數人，先往梁上倉縱横肆拾壹村挨查極貧户口叁百柒拾捌名，至二月十五日，親往督賑。查大口二百五拾陸名，每名給錢壹千文。小口壹百二十二名，每名給錢柒百文。共計錢叁百肆拾壹千肆百文，業經逾額。無奈白頭黄口，鵠面鳩形，

隨行哀乞，實有不忍，另給大口每人二百文，小口壹百文，共大小口捌拾壹名，計錢拾叁千二百文。此次梁上倉地方統共賑錢叁百五十肆千陸百文，另加雇工分查、散放、伙食、船隻等錢十九千八百文。除收兑公項外，應虧錢柒拾叁千玖百叁拾貳文，余自行賠補。又三月初三日，領到皇帑銀洋伍拾壹元貳角五分，兑八制錢伍拾貳千貳百陸拾肆文。三月念三日，專期散放。此己丑年被災辦賑之細底情形，録之以備考證。元壽識。

水荒子歌

謝秀嵐

水荒子，敝衣垢面乞城市。沿街叩户呼不譍，道旁匍伏淚如水。日暮空瓢宿古祠，吞飢飲泣聲酸悲。依稀入夢見使者，下車顧問愁雙眉。乃言家住東海邊，連村比屋相參差。晨烟百里遠相接，煖衣飽食人熙熙。今年甲辰秋七月，天吴一怒鯨波飛。凌空蹴起數千尺，倏忽大陸迷津涯。室廬駕水若舟駛，墳塋穿抉無留遺。可憐浮骸疊成浪，啞啞日夕哪鳶鴟。湖頭溪尾洄漩處，白骨撑拄高山崖。一家八口竟漂没，屍叢誰辨妻與兒。孑然此身幸出水，微存殘喘懸秋絲。榆皮剥盡蕨淹死，飢腸轆轆鳴如雷。四望郊墟更蕭索，駢肩接踵號殘黎。崎嶇城市冀一飽，大户亦覺炊烟稀。去年亢旱河腹坼，禾苗稿死民已疲。入春荳麥方薄熟，長官追迫窮膏脂。性命幾何復大水，孽潮酷吏原因依。昨傳官倉許放糶，略與估值分昂低。鄰翁有女换五斗，嗟我鰥獨空奔馳。憶昔庚午江水漲，李侯捐賑蘇瘡痍。于今循吏不可作，遺民那得無流離。君不見，怨氣四塞陰霧迷，白晝黯黯無光曦。奸徒乘釁思竊發，兵荒洊至安逃災。不如早死葬魚腹，妻子還得魂相隨。水荒子，情孔哀，言畢大哭夢已回。繡衣使者更何在，但見佛燈一點光琉璃。

海溢同汪津夫作

謝秀嵐

甲辰七月旬有七，一夕颶風起飈欻。鐵騎雷硠拔海飛，鯨濤倒瀉萬弩疾。石隄囓斷直中奔，天吴叫嘯滄桑渾。猛勢洪河決瓠子，宏聲峽水喧夔門。乘時惡雨復旁突，抉屋壞廬纔倏忽。生靈盡化魚鼈遊，大陸翻作黿鼉窟。浮屍濈濈聚流萍，可憐人命鴻毛輕。縱横枕藉數十萬，慘毒詎止長平阬。出水殘黎餘幾箇，緣木巢居血流踝。孑身幸爾脱災凶，活命還教怨寒餓。我亦全家慶獨存，仰天淚落如傾盆。五行妖沴果何爲，白晝黯淡陰雲屯。海防廢弛日已久，瘝職召災誰引咎？哀哀赤子空號呼，州縣有官非父母。昨夜狂瀾縱不收，潮頭又過新塘口。

催租謡

謝秀嵐

戊申開汝仇湖。庚戌夏，邑令下鄉督租，兩年限五日完，縲繫者十室而七。作《催租謡》。

開湖開湖，父耕子鉏。四月秧未插，五月官催租。一解。官催租，何太促。符尾朱批紅肅肅，租千斛，五日足。二解。大吏下，面如虎。瓶倒粟，機翦布。大吏寬言權過午，方言，飯也。汝無租，官與訴。三解。無粟兒哭，無布妻哭。妻兒哭尚可，大吏官前打殺我。四解。

苦旱

謝秀嵐

酷日當空燒，炎威劇烟瘴。朝霞復暮霞，四野黄塵漲。舊葛輕五銖，著體如挾纊。未敢怨天公，私占冀得當。陰陽先鬱蒸，雨雲出醖釀。甘霖倘滂沱，熱炙亦忻暢。朝隮頃有徵，蔚薈南山上。但恐化雌蜺，意外仍觖望。

一旱竟踰月，爞爞夏秋交。早禾幸少穫，晚禾方含苞。耳邊桔槔聲，久斷東西郊。清翠減竹枝，瘦影披藤梢。矧兹良苗新，非比蒲蘆茭。陰膏既絶潤，堪此赤日燒。高田漸焦卷，低田亦黄淆。嗟哉翦雲穎，倏若零霜茅。及時尚有救，誰爲呼潛蛟？

大雩傳古訓，末俗重祈禳。補救要有道，縱閉分陰陽。禁屠豈先務，建醮尤乖方。官府寧爾愚，榜示循故常。蚩蚩集羣氓，供帳迎龍王。七日神未應，怒欲焚巫尪。受役亦何罪，竊笑豬與羊。弭災直兒戲，豈復懷悚惶。乃知感召由，不盡關彼蒼。烈焰幾時熄，俯仰徒傍徨。

我姚僻海壖，水利乏資蓄。河渠盆盎如，飲鼠僅果腹。不雨纔兼旬，老農額斯蹙。是賴大吏賢，疏濬有專督。俾兹斥鹵鄉，一朝易肥沃。淮黄試借觀，艱易迴陵谷。且無掣肘虞，曷弗援手速。旱澇歲頻仍，乾暵居五六。土著將焉逃，惻惻亂心曲。安得挽天河，一注慶霑足。

七月十九日大雨浙河瀕海一帶潮乘雨入東風障之連晝夜不退水高丈餘禾棉盡壞而人特少淹没者避之速也余諸從耕于龕山聞信驚惶書此誌慨

謝秀嵐

江潮挾秋雨，直欲縱横流。乘風拔鯨浪，飛上龕赭頭。沙潭萬居民，幾泅魚鼈游。禾棉盡淹死，室廬少完留。吾家從昆季，鶴浦營荒疇。老稚百十指，務本安耝耰。前春病霪潦，豆麥俱歉收。枵腹供力作，嗷嗷望今秋。乃令罹此厄，憫懷果何尤。翻疑信未確，鹿鹿胷如抭。令昆素勤敏，出險當豫籌。波濤雖幸脱，朝夕將安謀？更慮公私税，量減當末由。責輸急星火，得免兒女售。閒隔三百里，如聞聲噢咻。高高尚有天，蒼蒼豈無眸。窮黎抱空皮，餘生寄浮漚。災(青)〔眚〕迭降割，能復堪此否。誰謂上帝仁，偏與斯民仇。閶闔遠莫叩，惻惻費詳求。

越俗三月村氓糾合數萬人分社立號徧謁泰嶽祠號曰禮拜兼旬乃止辛酉春阻雨稍懈景秋崖作長歌以諷因次和之

謝秀嵐

岱宗曾傳職死生，召攝魂魄該九京。琳瑯玉策貯金匱，劉轍封禪輸其誠。荒唐謬説何足據，顓愚乞福争趨營。歲當三月月初吉，江舟陸騎舉國傾。羊腸九曲盤十八，磴道高下揚霓旌。鼓聲洶洶闐不絶，碣石震動陽侯驚。禮重柴望逮黎庶，吁嗟淫祀真無名。萬人蟻聚浹旬日，白蓮往事誰懲羮。泰安弊俗渾未革，波染我越還虔迎。玉皇山椒敞殿閣，丹漆照耀飛朱甍。堂開長筵奠琮璧，爐煙穗結雲花輕。周行巫風煽尤熾，麟社高揭東西并。土豪乘機肆奸宄，立號分部要私盟。宰官文告累數紙，但一布讀希施行。碧霞香火走千里，特設筦榷同輸征。錙銖規利假神號，禍胎所伏幾先萌。惡耗乍傳自吴會，杞憂得不心如酲。景子大呼口嘎啨，警世何異鐘鏗轟。彼哉尸素竟填耳，蚩氓焉用紛仇争。昨宵相對坐東白，隔林烏烏啼三更。軒然大風捲地起，黑霧霾月蟾偏盲。詰朝涷雨倏傾注，四檐飛瀑當牕縈。游人颷忽各奔逸，捷若瓦解雲頹崩。天公遊戲固善謔，淫祠養亂知非情。曷不怒霆疾横擊，電火烈焰阿房明。神焦鬼爛化灰燼，收取尺土歸鋤耕。積弊霍去快抉瘻，靡費亦且多留贏。窮搜根柢要有在，海宇豈易昭澄清。齊臺漢寢縱破燬，不過號令張虚聲。巖巖氣象壓龜嶧，横受附會供譏評。豪吟一爲洗垢涴，晚霞淡沱開新晴。

哭　　母

謝元壽

失恃經年賦命孤，慈闈定省總難圖。欲知稍慰椿庭意，淚滴衣襟且説無。
提攜顧復十餘春，回憶當年倍愴神。縱欲問安兼視膳，入幃無復見慈親。

東山展墓敬賦

謝元壽

謹因展墓溯吾宗，仰止東山景象崇。松柏如傳絲竹籟，薔薇猶挹洞花紅。白雲閣並滄桑换，明月堂遭劫火空。莫笑登臨還折屐，放懷攜妓羡高風。

除夕懸先母遺像誌感

謝元壽

披圖瞻像夜將闌，拜手焚香自淚潸。對母不曾忘淑訓，見兒能否悦慈顔。登堂宛似生存候，陟屺徒勞夢想閒。一榼茗香空敬奉，椿庭今已鬢毛斑。

有夢先慈敬述

謝元壽

此會真難得，仍依膝下親。宛如生在日，恍晤遠歸人。兒髮將添雪，慈顔不改春。問孫今幾許，猶費九京神。

見内子愛三兒有感

謝元壽

自來爲父母，靡不愛其兒。寒暑與飲食，顧復心孜孜。人生類如此，當憶孩提時。子或有疾病，二人無計施。服藥請醫士，茹素禱神祇。生死在旦夕，願將身代之。積憂忘寢食，精力不勝疲。父心渾似醉，母意更如癡。盡日不梳洗，依牀淚暗垂。從朝而至夜，形影不相離。未幾病將愈,猶恐力不支。身健幸如昨,始得展兩眉。今見妻憐子,中心轉輾思。憶我年少日,我母亦如斯。萱堂成永别,迴首益堪悲。古來真孝子,生前念母慈。毛義喜讀檄,伯俞痛泣笞。皆能全子道,愧我職有虧。

四門十景

謝元壽

筆峰春色

矗立三峰筆勢奇,描摹春色入尖宜。濡將墨跡晴雲化,潤到林端曉露垂。何處飛來高插漢,當前横絶倒臨池。生花不羡江郎管,争似峻嶒此幾枝。

硯池秋波

小池如硯水盈渦,秋到纖塵不染波。山有尖峰涵影倒,田無惡歲潤痕多。香浮花片文加點,濕染雲光墨許磨。如此空明誰洗拭,臨流揮寫字如何。

霓橋朝市

横卧澄江影一條,市聲喧鬧在崇朝。晴霞映浦人停棹,旭日臨街客上橋。屐印霜痕留雁齒,擔迎煙景聚虹腰。魚蝦賣處腥風滿,踏徧紅塵迹未銷。

鶴柱晚漁

古蹟寥寥鶴柱傳,河干晚泊釣魚船。歌聲斷續涼風岸,竿影參差夕照天。誰作令威來一至,空留華表白千年。臨流尚有先人墓,但見蒼松鎖冷烟。

廬山烟樹

小小廬山近古園,微茫樹色映空門。孤峰自聳煙中影,破廟常留雨後痕。秋雁有時啣欲去,暮鴉無數集猶喧。風流太傅今何在,遺迹争傳謝氏墩。

汝水晴瀾

汝水晴天碧滿湖,澄清徹底點塵無。瀾光潋灧波涵鏡,倒影分明月點珠。魚戲明漪穿緑藻,鴨隨新漲入青蒲。扁舟依舊堪閒泛,風景何曾與世殊。

烟墩望海

屹立煙墩舊日堆,横塘登眺興悠哉。紅浮日影孤輪上,白湧潮頭一綫來。風挾鯨波衝島嶼,雲連蜃氣結樓臺。從今海内干戈息,埽净塵氛景色開。

石洞看雲

收納山光洞口青,數重危石疊瓏玲。巖空泉滴清幽韻,岫複雲生黯淡形。乍化獸容迷古穴,旋排螺翠作新屏。此中疑有仙人住,爲覓真栖屐幾經。

蜈橋殘雪

變换蜈橋卧玉龍，汝湖雪景屬嚴冬。烏衣巷路堆三尺，紅板塵痕化幾重。驢背冷吟梅乍放，虹腰閒步絮猶封。何須灞岸尋風趣，踏遍長堤興尚濃。

龍舌落霞

境名龍舌認依稀，泉作流涎是也非。横卧雲形疑活現，亂蒸霞彩欲齊飛。勢凌層漢偕孤鶩，光映前山趁晚暉。看取此中靈氣滿，化霖噓澤有神機。

閒中課兒誦讀

謝元壽

傳家世業此青箱，少小年華課莫荒。顯達未償嚴父願，繼承深望後人良。存心有本家能慶，處世無才美不彰。分付兒曹各努力，芸窗誦讀要精詳。

家嚴五十生辰詩以誌愧

謝元壽

卅一年光迅逝波，幸逢堂上介眉歌。椿榮默祝萱先謝，蔭處深添庇更多。寸進功名難慰藉，半生事業易蹉跎。蘧賢閱盡知非境，今想親心似共過。

欲奮青雲志未酬，棘闈敗興四回秋。傳將舞鶴徒虚譽，聽到慈烏未免愁。業紹箕裘毋失也，教承詩禮敢忘不。願親長此精神健，再祝年華半百週。

少時養志慕前徽，無奈年來與願違。才淺難持毛義檄，病多曾舞老萊衣。相輝棣蕚同根庇，並茁桐枝繞膝依。共慶大椿添美蔭，一家和睦一家肥。

芸窗攻苦勵終身，認取廬山面目真。兼誦金經開一卷，敢言寸草報三春。期恢世業心常切，思創門楣志未伸。禮尚艾年欣設帨，分箋許我乞詩新。

誌　痛

謝元壽

養兒成立爲承先，往事回思益泫然。縱得明經分禄米，肯教慈母見生前。

與友人論交

謝元壽

相交貴相益，相與貴相知。此言深信然，世上殊難之。要覓他山石，請歌伐木詩。我年近四十，求之非一時。今不得所求，求其無所私。無私豈易求，求其不我欺。昔聞柳子云，市交多變移。孟嘗三千客，中識馮驩誰。世無晏大夫，交久敬益衰。談言出肺腑，背面棄如遺。其人若輕信，古道大有虧。適逢三人行，善惡皆吾師。

癸未七月二十二日風伯肆虐東北瀕海處受災更重口占八絶録五

謝元壽

回溯余生庚戌年，瀕江茅舍付長川。而今水患仍如此，多少流民哭海邊。
經旬秋雨助江潮，平地滔滔水勢遥。一夜空中聞海嘯，風聲狂復挾波驕。
風潮撼地壞田廬，傍海編民失所居。禾黍木棉漂蕩盡，小船爲屋泣靈胥。
水浸蝸廬數十間，居民無計上前山。浮嵐不見炊煙繞，老幼嗁饑淚共潸。
異鄉遷徙住江頭，鹽户生涯藉此謀。衣食盡隨洪水去，拚將性命付中流。

祭忠臺追和族祖遯菴公韻

謝元壽

陸沈無路扣黄扉，當日淒然血濺衣。忠節重爲天下惜，英魂遥向朔方歸。士農痛哭聲俱咽，猨鶴悲鳴翅欲飛。悵望松陰臺畔冷，臨風憑弔獨歔欷。

乙酉秋闈留别内子

謝元壽

秋闈六次未成名，話别難禁淚暗傾。奉父倚卿爲健婦，教兒替我作先生。聊存良藥治微病，莫對寒燈念遠情。試畢買舟歸有日，菊花時節笑相迎。

觀盂蘭會感賦

謝元壽

盂蘭作會本無因，故事相沿幻亦真。普濟幽魂思獲福，空憐餒鬼好行仁。九原猶得消愁苦，四海誰能救困貧。移此婆心歸實理，解囊須及眼前人。

（清謝元壽纂修《［浙江餘姚］四門謝氏大房譜》 光緒二十一年承仁堂木活字本）

聶氏宗譜

入譜局覽校對原簽泣匯川弟

聶肇堂

粘簽校對尚依然，譜局精神溢舊編。冀北羣空懷此日，河東篋富憶當年。每於疑處真情揭，遥寄知音意念傳。歎昔人琴今已矣，牙生鼓罷竟摧絃。

譜局續修適族兄顯宗身逝賦四絶以輓

聶肇堂

我入荆林歎會佚，隔離手足不勝愁。秋初又是兄仙去，舊淚未乾新淚流。聞説樸誠具達識，力行孝友良難得。一家無間族孚言，訓子義方垂典則。譜局續修博覽詳，知兄後裔獲榮揚。慶緣善積非睎望，成子相夫内助良。百歲壽齡兄居半，五旬福澤誰爲冠。堦前有子具奇英，遥望三山魂夢斷。

蒙清江邑侯鄭東軒先生清理小齋公墓碑界賦謝

聶肇奎

五載江潰化澤深，舟輿三度謁庭陰。漫將文字承揮郢，敢把詩辭等獻琛。蹇策兒童探桂蕚，鳩扶父老慰荆林。更憐祖兆蒙親眷，感激恩餘淚滿襟。

楚吴壤接路分歧，悵望先疇雨露滋。花發瀟江秋更爽，雲開閣皁景初移。古稱下季嬴秦令，今見中郎有道碑。識得栽培生物意，白雲黄葉寫謳思。

賦謝清江沅静瀾少府惠駕賁臨祠墓

聶肇奎

巉巖閣皁與雲齊，澗遶荆林别有蹊。乍盼鶴舟維渚北，還欣鳧舄駐林西。亭亭麗日秋兼爽，灑灑清飈望弗迷。片石先型垂拂拭，兩朝舊隴荷標題。

一簾花影贑江隈，庭砌哦松長碧苔。數載往還成習徑，幾番酬對慕丰裁。絶無俗艷参蘭若，别有深衷闢草萊。惆悵分歧歌厚德，棠陰千里沐滋培。

南宋移家五百年，荆林舊詠紀青編。緒分楚澤淵源遠，情藹吴江樹木連。未奉詔來錢氏覩，最關心事柳公阡。他時京雒重傾蓋，世譜知交蔚後賢。

賦謝邶東河先生清墓界立碑

聶肇奎

寶樹家聲蓋代文,褒符出守莅江東。山凌闔阜高標峙,水浥瀟灘惠澤分。閒聽頌歌盈梓里,更欽楷範式人羣。秋澄爽氣冰衙静,坐對荷花兩岸芬。

南楚移家未百年,幾番歸省意肫然。最憐雨化零枌社,閒把風流謝輞川。荆樹敷榮經廿葉,桂華噴蕚得三傳。何當齒頰承嘉譽,手挈兒曹近講氊。

經濟文章具有由,政成循吏布優優。早覘粤嶺規模遠,還信吴江事業遒。片石邀題吴季子,藏書不減李繁侯。春風一月龍門客,願效珊瑚鐵網收。

自都歸荆林故里與諸族長聚晤

聶鎬敏

浪遊京雒逐緇塵,返棹封溪一問津。五百年來喬木地,四千里外轉蓬身。贏膝蕭瑟慚今我,斷碣摩挲憶昔人。剩有老成遺範在,聚設晨夕緫情親。

斜陽斷處送青來,闔阜雲屏迤邐開。世事幾番變陵谷,山光終古抱樓臺。人如懷葛比鄰洽,話到農桑至樂該。吴楚壤分神不隔,爲尋先澤重徘徊。

隨家大人偕銑敏弟暨諸族姪拜十世祖小齋公墓十首

聶鎬敏

曾有荆花繞敝廬,植根南宋徙家初。而今留得清芬在,珍重嘉名擅里閭。

十葉孫枝勢鬱蟠,小齋處士舊盤桓。土人盡識前朝墓,終古青山屬一官。一官,山譜名。

三尺孤墳一脈傳,子孫移住楚雲邊。當年曾與宗支約,留取清明祭墓田。

速訟無端起鼠牙,坂山全逞族豪奢。占來塚地誰售汝,詭託南昌姓聶家。

荆棘叢叢未易删,六年訟案積如山。空林蹴踏煩官吏,指點棠陰夕照閒。邑侯鄭公勘定。

二百餘年剩老碑,土花苔葉半迷離。摩挲認取荆林字,謬語荒唐更諉誰。

英靈呵護歷冬春,片石遺文迹尚新。礪角牛羊銷未得,傷心殘毁到斯人。

郎官墓碣塝山存,密邇公塋有阿昆。争忍鴒原多急難,年年風雨泣雙魂。山右爲小齋公兄郎官墓。

寸地滋培總在心,眼中豪族日銷沉。惟留一老猶争訟,愧殺青青弟子衿。

先人遺澤被衡湘,桂蕊聯攀到雁行。麥飯紙錢親告奠,不堪流涕對斜陽。家大人壬子鄉薦後,凡三度祇謁清理。

甲辰隨父讀書雯峯書院有懷先大父環溪公

聶鎬敏

衡山鬱靈秀,勝概據書院。當年郭邑侯,曾此羅英彦。侯來邑人夢,魁星迎入縣。侯果振文教,愛士心不倦。單騎入講堂,命題督鏖戰。吾祖特鍼芥,寶貴誇薛卞。章成七襄錦,字重三匹絹。棃棗鐫獨富,膾炙傳已徧。朝廷重制科,吾祖遞登薦。秋歌苹野詩,春醉杏園宴。出宰古商於,百里仁風扇。實殫慈母心,名晦循吏傳。至今秦父老,述德淚注面。神祠感依依,政碑起戀戀。餘事擁皋比,教術多且善。經師與人師,造就逮狂狷。巋然文昌樓,其下安几硯。郭侯一瓣香,金石心不變。爾來及吾父,斆學承後先。拳拳提命詞,風矩無錯偭。我生質譾劣,愧少功研鍊。文淵待溯洄,道岸敢畔援。繞窗雲萬重,當庭月一片。詠烈誦清芬,悄然對殘卷。

紫溪叔祖即事

聶鏡敏

侵晨策肩輿,言循板橋路。江流漲野塘,溪雲幕村樹。銜泥入山徑,松翠滋朝露。農家炊烟起,晴曦明薄霧。牽衣躡高堂,春暉生杖履。重闈百歲公,精神實完固。几席快追隨,殷勤申孺慕。諮詢遍往事,刺刺情自注。深維竊禄位,差幸無貽悞。十載隸儀曹,五番扈鑾輅。珥筆侍螭坳,奔馳鮮朝暮。屢躓京兆試,墮甑不復顧。公餘事典學,編輯崇掌故。敬慎常自持,君恩感知遇。聆之頗色喜,光陰匪虛度。我祖與我宗,一經宜保護。作德心益休,令名胥垂裕。含飴遞芬膳,分甘同飲澍。頻行重撫摩,温霽宛韶煦。欽兹彝訓諄,書紳飭跬步。

元日拜環溪草堂墓時五弟叩辭入都

聶鏡敏

草堂結構緬前賢,遺址徒教感慨牽。地脈鍾靈綿甲第,文章應運兆丁年。勉思勵行承先志,非敢荒時着後鞭。衹以向平初了願,新秋振翮五雲邊。

戊寅清明拜溪環先人墓

聶鏡敏

寒食清明節,家家拜墓門。頻年嗟旅邸,此日駐鄉園。率典承先志,傳經忝孝孫。松楸新雨後,鬱鬱羃陰繁。

髫齡隨杖履,今昔更神愴。一滴九泉隔,中年百慮長。惓懷惟手澤,過隙重駒光。莫問功名事,辛艱我備嘗。

拜小齋公墓書感五首

聶銑敏

十代先人墓,佳城溯自明。胡爲彭氏族,竟掃聶家塋。譜尚鐫三號,碑曾誌里名。相傳爲一脈,坐視詎忘情。

昔年曾到此,碑碣簇塋旁。去後遭磨滅,來時苦遯藏。高曾支派近,吴楚道途長。一自貪圖甚,翻令夢不忘。

卻笑膠庠士,難除祖父愆。但將骸骨瘞,不顧墓塋遷。竊葬凡三姓,鳴官近六年。不須謀秀穴,陰地本憑天。

詭託南昌聶,當年賣者誰。迎官勘古塚,隨處立新碑。他族傳多失,吾門澤未衰。爾塋經百載,侵占孰扶持。

先塋還左右,詎忍棄荒菅。近指郎官墓,前臨大埇山。磨碑心切恨,釃酒淚重潸。日暮不能去,輿夫催我還。

出荆林話別

聶銑敏

拜罷宗祠始出鄉,全家相送話斜陽。重來不覺高年少,歸去翻嫌夢境長。一月光風依闔阜,幾回夜雨到瀟湘。楚吴迢遞心難隔,祖澤先塋兩不忘。

留別荆林諸族人

聶銑敏

小住金蘭又浹旬,一家氣誼久彌親。詩吟湖嶺無窮興,酒飲瓶塘不盡春。紅藕風中驚宿鳥,緑槐日裏憩遊人。陶然讌集渾忘暑,握别今朝亦愴神。

河東厚澤幾經年,楚水吴山共播遷。翰院家聲容我續,禮圖世業倩誰傳。膝前毛羽皆如鳳,眼底鬢眉半似仙。稔卜門閭光閥閱,天留餘慶正無邊。

(《[湖南]荆林聶氏衡山族譜》 光緒九年迪光堂木活字本)

嚴氏宗譜

瑜軒訓子録序

嚴元燮

昔北齊顔氏及有宋藍田吕氏、涑水司馬氏，皆各有家訓。朱子采入《小學》，以迪蒙士。蓋言之至而理之切者，雖出於一家之言，而實可爲萬世法戒也。

吾兄瑜軒少遭閔凶，中歷顛沛，晚致素封。其於人情世故，從憂患中磨折歷鍊而來，所以動心忍性者，非伊朝夕。故其平居對親族朋友，傾肝吐膽，莫非本其身之所經、目之所遇，以形爲箴規藥石之言也。至其家居訓子，尤詳明委曲，切骨刺心，本燭照龜卜之明，垂爲金科玉律之義。

余曩與兄家居時所習聞而佩服者，蓋未易一二端述也。自余赴任池陽，與兄契濶者五年於兹矣。遥想丰裁，遐思謦欬，江雲海樹，顔色如親。今己卯四月，兄以其所著《訓子録》一編計三十則分上下卷郵筒寄示。余披覽之下，見其條分縷析，綱舉目張，自立心忠孝之大，以及居家接物、飲食衣服之細，内而閨門衽席之化，外而江湖市易之交，莫不詳且備焉。信爲裕後之嘉謨，傳家之至寶也。雖其詞語樸質，不矜文采，而援引旁通，指示清切，可令童孫幼婦無不傾耳動心。即在文人學士，亦不必易一詞以蹈虚車之誚。此豈但爲一家之訓已乎！雖古之顔、吕、司馬垂爲訓約者，亦未有如是之懇切而深至也。其子聲書、聲九、聰四、巨源，性皆醇謹，平日趨承嚴範，固不待此訓而後稱賢。然得此訓而寶以存之，永以傳之，益可以念釋在兹，等於書紳之佩而無忘創業之艱者，更兢兢於守成之不易也。然余於此更有感焉。吾兄少歷艱辛，經營數十年，至老而果得素封。余亦久困場屋，潦倒十餘試，而始博一第。其事正有相類者。但余雖裒集詩文以志一生心血，然摛華掞藻，究歸無益，轉不若吾兄此書布帛菽粟之言爲切要也已。

乾隆二十四年歲次己卯孟夏之吉，弟元燮頓首拜譔。

親親一覽圖後序

嚴元燮

竊以宗族之事莫大於建祠報祀。輯譜合宗，以敦水源木本之思，而衍支茂流長之慶。《記》所謂自義率祖，自仁率親。上治祖考，旁治昆弟，下治子孫者也。潤之有嚴氏由來遠矣。然彼有自遼左而來者，有自荆楚而來者，姓雖同而族别，其淵源不可得而考合矣。若吾夢溪嚴氏，則自有宋中葉心傳公自汴而南，其後或城居而在坊，或鄉居而在里者，舊譜所志彰彰可考也。蓋自鄉城分派，而後地隔而丁蕃，祠之分建而譜之分修者屢矣。在城之譜因海氛而燬於兵燹。前哲虚中、冶狂二公，據所聞而急急以志其畧。其時未取在鄉者而合參之也。今睹其敘，蓋不勝殘缺之憾,以望後人之補正焉。歲戊辰,元燮以舌耕在城,與族弟芳百文會之暇,每念此而心切。因先取善濟二坊及向善里兩處支派合繪一圖,名曰《親親一覽》,所以便於朝夕展閲,俾時廑夫追遠之思而謀所以裕後之道也。夫宗族典禮,非有志者不興,非有力者不成,非有學識者不能斟酌參考,以合於義而正其失。余與芳百雖不得爲有力,不敢云有學,而區區之志則不敢以不切焉。故爲是圖以告族人及後世之有同志者。嗟乎,吾閲是圖而重有感焉。自心傳公之始遷也,今歷四朝六百餘年矣。雖耕讀相承,無玷厥祖,而世宦寥寥,科目尤尠。惟心傳公之祖通判潁州,心傳公之孫總戎建業,皆在初世耳。入有明以來,僅有儀公出宰弋陽,綱公作牧冀州,鼇公振鐸臨江,其餘游庠入監者,亦不過數十人。則所以振興而作起者,豈不在今日歟!

顧余爲諸生,碌碌數十年,今且鬢髮蒼蒼。而芳百屢躓場屋,亦復二毛。初見生平之志未知果遂否也。則啟翼後人以爲宗族光而上報先人於冥冥者,豈不賴族之有志而兼有力者哉!庶幾披覽是圖,而動其油然慨然之意可也。

乾隆戊辰秋七月,兄元燮拜譔。

修譜記

樊汝翊

《書》曰:"以親九族,九族既睦。"《禮》曰:"親親故尊祖,尊祖故敬宗,敬宗故收族。"宗有大小,支分派别。後漸推漸遠,勢固不得不然。而所以敦一本之歡、聯百世之支者,莫大於譜。夫譜與祠相表裏,而譜爲尤要。祠或就居址以奉蘋蘩,譜則統千百世水源木本之誼以崇先爲裕後,而昭穆雲礽瞭如指掌。故《周禮·司士》疏云:"周隋貴氏族。"鄭夾漈作《通志》,首《氏族畧》,論者不解其何謂。不知即本周貴同姓之義,名異實符也。帝高陽之苗裔有嚴氏,桐江成都,高風渺矣。歷漢唐宋以迄今,綿綿延延,代有賢喆,而宗支繁衍,譜牒荒殘。蓋閲世生人,閲人成世,里居遷徙,兵燹淪亡後,即有念上治旁治下治之道者,將何所據以爲述。

鶴莊世伯先生承古潤夢溪之緒,毅然起而自任,曰:"是誠當務之責哉!"爰彙爲《親親一覽》圖,而析分之,自城居以迄鄉里,由鼻祖以逮耳孫。纂之青簡,字作蠅頭,畫以朱絲,系分麟趾。兩支並衍,不似瑯琊太原之殊;一氣所通,依然伯塤仲篪之雅。縱或阮分南北,陸隔東西,而耕讀世傳,尊卑秩序,一展卷如見其爲人。善乎哉!先生之承先啟後有深衷,而精神亦用瘁矣。倘不亟付剞劂,以光不朽,如敦睦何?嗟乎,先生往矣,杖履不春矣。回憶垂髫時,先生與先大人爲道義交,且與業師楊冰衡夫子友善。蓬廬書塾,文旆時臨,因得竊聞言論詩章而私淑之。曾日月之幾何,而執紼東郊,空歌楚些也。適令嗣雋先世弟囑筆爲記,不禁覽其手澤,愴念人琴,且深嘆先生從根本用心,即此一事,有合於張仲孝友,司徒睦親,而他行之醇篤可知,固不徒以竹受齋著也。噫,九原可作,微斯人其誰與歸?

乾隆歲次己亥三月穀雨後一日,眷世姪樊汝翊拜譔。

燹餘手澤檢存記

嚴文彬

予猶子名密,號瑟堂,故弟霞觴子也。壬子正月暇日,呈出袁簡齋先生枚所題先祖鏡湖公《還金圖》詩幅,及王夢樓先生文治所書先父秋根公便面,均已損缺剥蝕。蓋皆爲道光廿二年夷亂後,於灰燼中覓得者也。按,是時蚤爲李氏秦郵質庫夥,聞夷氛逼潤城,密請歸省。董事者怵以歸則不許復來。密對曰:"家有老母,别無兄弟,不急親之難,而顧戔戔者,於心何安?"即日摒擋南下。至揚州,招堂弟涖之,徒步出瓜洲。無舟可渡,輾轉兩日,始得達里門。至則母孺人姚氏已偕諸婦孺買舟丹陽界内媪嫗家矣。密於是亟檢取先代遺像,飛步前,至則姚孺人尚未到也。乃再循河岸,冒暑烈日中返踪跡得之。母子相依爲命,鄉居者一月有餘。嗣聞夷亂稍定,密先歸,糞除故廬,將迎母以歸。見滿地皆敗絮故紙,細意搜檢,爰得袁王兩先生墨蹟,皆先父素所珍藏手澤存焉者也。時姚孺人在鄉寢疾,賴蚤迎歸,閲日即故,得以考終内寢,喪葬如禮。嗚乎,當風鶴交警之時,延戀不去者有之,畏葸不前者有之。至於瓦礫中零星筆墨,誰復過而問耶? 以視密之所爲,誠堪嘉尚。時予羈館安東,未克旋返,意謂先人遺物都付劫灰。今得覩此,如見先人,皆我所當爲而密乃代爲之,愧甚! 幸甚! 不可以不記。將俟密子日烜成人之日,讀此記而知所寶也。

咸豐二年人日放鶴文彬記,竹樓墀書於有斐齋。

頌三公修譜感懷詩

嚴文彬

七十光陰欠一年,星家自詡得真詮。余屢談命,皆云壽到古稀欠一年,不期七旬已過,又近八旬。人非能達焉知命,我本無求只聽天。何幸七旬曾介壽,行看八秩又開筵。彼蒼可否韶華駐,待取籌添海屋前。

一領羊裘一釣竿,桐廬家世本清寒。秤薪數米勞誰代,嫁女婚男事已完。老婦閒來恒伴讀,童孫課罷解承歡。每逢月夕花晨候,慣把壺觴獨醉看。

門墻濟濟士如林,文字年來有賞音。采擷藻芹争入泮,東臺從遊甚衆,入泮者已二十餘人。栽培桃李盡成陰。青氊坐老酬知少,鐵硯磨穿抱恨深。惟幸兒曹能繼志,讀書尚不負初心。

四十餘年住海東,卜居端爲避兵戎。詎知粤地干戈戢,又是夷邦舸舶通。故國江山都改色,近時將相尚論功。此生久欲還鄉井,安得烟塵一掃空。

片帆掛自艷陽晨,譜牒修成又入春。記載爲傳先代德,記載傳贊余手定居多。繼承還望後來人。墓田檢點丹青繪,重刊墳圖。屋宇經營黝堊新。更新内外大門。况是旌揚昭國典,光增泉壤荷恩綸。建立忠孝節義坊。

悵望吾廬墮劫灰,余家舊住宗祠旁屋。荒涼一片盡蒿萊。甲兵净洗横鯨息,丁令歸來化鶴猜。鄴架詩書都付燼,庾園瓦礫尚成堆。館題香雪今何在,獨立河干首怕回。

畢竟江南是故鄉,夢溪小住費思量。韋家會幸依花樹,杜老資誰贈草堂。欲仿先人當日制,不知虚願幾時償。范橋别已經年久,恨與東流水共長。

從來景物故園嘉,此日旋歸感歲華。譜竣後,天寒路遠,不回東臺,命笛樓移家來鎮。爲問瞻烏止誰屋,轉同飛燕入他家。租房居住。兒曹休道離居遠,孫輩依然笑語嘩。柘湖、掬波以分居不能奉養,請余仍住東臺,余弗許。更幸親朋常話舊,江樓閒試一甌茶。

讀譜感懷詩

嚴宗倫

吁嗟人生天地間,立功立言非等閒。不爲名師不爲相,布衣矯矯難乎難。我愧昂藏七尺軀,鮮所樹立光門閭。憶昔兵革痛離亂,不禁拋棄詩與書。伯通廡下寄萍梗,勞人草草利是趨。近年失業遠世故,閉門静誦閑居賦。嘉慶宗譜偶披讀,根源歷歷追千古。百五年來存此編,須識前人用心苦。道光癸巳復續修,卅載一世應登補。嗟嗟兵燹劫紅羊,孫子遷移適異鄉。六十餘年荒譜政,支丁散失費籌商。昔日黄童今白叟,不堪寥落晨星芒。此事汲汲詎容緩,白駒過隙如流光。君不見三世無譜丁淪落,溯源追本如邱索。年湮代異時變遷,後人難述前人作。我雖有志欲效颦,空虚懷抱慚才薄。人皆畏葸難措手,集資未得多金有。我道此事易爲功,前人矩矱傾心久。遺制何妨學冶狂,諄諶草創奚無偶。欲付剞劂待資豐,臣書不掣臣之肘。願得羣公一引手,我可振作精神俾斯垂不朽。紀年紀事逢丁酉,廿八世孫宗倫九頓首。

歲癸巳,族長頌三叔等援古人族正族約例,舉佑之叔爲族正,雲階、慎卿兄與翰及星閣弟爲族約。稟縣立案給示,僉以修譜爲急務。未幾雲階、星閣、慎卿相繼歿,翰亦遠出,涉洞庭彭蠡。理之兄因慨然作是詩,有獨任其勞之志。惜甫經草創,而理之又歿。翰感雲階、慎卿、星閣之逝,而更有感於理之之逝,均不克見斯譜之告成也。爰存是詩,以誌其肇端於此云。光緒癸卯冬良翰跋。

(嚴汝純等纂修《[江蘇鎮江]夢溪嚴氏宗譜》 1921年錫類堂木活字本)

羅 氏 宗 譜

羅　江　歌

佚　名

慈谿分五鄉,鄉鄉有佳景,聽我歌羅江。羅江開闢誰是主?勅賜羅侯善居處。荒蕪田野漸芟除,人物林生而總聚。羅侯宅,分東西。東羅橋側西羅橋,東羅浦會西羅浦。羅侯宅,分南北。南宅路平,北宅衕曲。宅後有浦通兩潮,宅前有田登五穀。羅侯廟,西又東,嘉德兩處題宣封。東廟樂奏西廟響,西廟樂奏聲連東。有孫拜宗正,廟額人多敬。匾曰"忠孝祠",配食同宣聖。有孫拜制丞,致仕風月情。橋號曰"月朗",樓匾爲"風情"。有孫拜推府,歸官恣歌舞。洗馬橋下泉,躍馬橋邊路。有孫字叔晟,兄弟俱蜚英。橋匾曰"雙雁",耿耿流芳名。勸學開義學,禮樂家家聽木鐸。下莊設義莊,飽煖處處生春光。義塚堆竹澤,里社無人棄溝壑。義泉蓄净池,轆轤有聲喧里閭。羅家渡,羅侯設,一葉扁舟人不絶。更堪夜半潮漲時,滿舡空自載明月。羅江市,羅侯遊,杏花深處開酒樓。過往何妨買一醉,解衣不惜千金裘。竹林庵,蘆山寺,對立羅江分八字。萬年功績建羅侯,世與羅侯奉宗祀。羅江佳景真奇絶,自古地靈人多傑。八詠清風應不殊,八景瀟湘亦何别?羅江景物真罕稀,羅侯子孫皆詩書。水若生珠散餘彩,山若藴玉增光輝。不須遊赤壁,赤壁何所益?月浸寒潭吞夜光,水動睛波漾秋色。不須遊天台,天台何足愛。鳥啼不見一人跡,水流放出桃花來。羅江景物既無伍,羅江風俗非小補。我來見此忠孝祠,感歎令人發心腑。羅江景物難形容,羅侯風俗無與同。我來遊訪謁義學,一旦使我開愚蒙。羅侯有孫爲學録,慇懃索我歌一曲。醉磨濃墨三兩斛,紙短歌長寫不足。情趣多羅江,景物皆稱羅。羅侯子孫善繼述,千古萬古名不磨。

羅江八詠圖記

翁友諒

稽古勾餘界於勾章兩縣間。吾邑慈溪實勾章所封内,自李唐爲明州屬邑,趙宋因之。邑有石臺鄉,江曰羅江,相傳即勾餘之地。自今觀之,自餘姚江東流二十里八慈溪界,又二十里爲丈亭江。分而爲二:一向東南流七十餘里,入於海者爲鄞江;一向東北流二十五里,爲羅江。江有二浦:曰東羅浦、西羅浦。有二橋:曰東羅橋、西羅橋。浦以通潮汐,橋以通陸行也。東羅橋距西羅橋之通衢曰羅江市。東羅浦之東有津曰羅家渡。市以通貿易,渡以濟往來也。夫江浦市橋與渡皆以羅姓而得名者何?莫而非羅氏世居然耶?西羅浦去不半里,有竹林浦。浦之東嘉德廟,所以祀羅之始祖順惠侯府君。東羅浦之西,羅江市之中,有先賢祠堂,所以祀宋宗正少卿慈溪縣開國男羅公與唐和州刺史張孝子,而春秋合祀之。祭儀皆出自羅氏子孫,而張不與焉。

嘉德廟右有竹林精舍，東羅浦東去半里有白蘆浦，浦南有蘆山普光禪寺，皆羅氏厚施捨之而建，特立祠堂以奉祀其先，碑記可考。至於南墅，厥土惟泥塗，厥田惟中中，厥賦惟中上。羅氏宗黨鄉鄰得以深耕易耨於其間，而豐歛稔穫，家給人足矣。然田與山與地爲羅氏子孫業者十之七。義塾則有堂以容衆，有租以充廪。鄉間子弟於兹習禮樂，誦詩書，而進德修業者有其所矣。又有貯蓄義莊二所：一歲用穀若干石以周鄰里鄉族者，曰厚德莊；一永撥田八百畝，以捨郡之天甯寺，爲子孫往府居食之資者，曰天甯莊。至於月朗、躍馬二橋，亦由羅氏建，而爲人所欣稱者。其土宜樹藝五穀。然所謂羅江白者，乃順惠侯耕稼得此種，遂以侯所居之地名之。收之可以供粢盛。樹桑柘而蠶，鑽槐柳而火。果蔬則有柑橘，有菱茨，有蓮藕，有芰芋，暨芻豢海錯之實，皆以奉祭祀、養親享賓者也。故有此土者，利用、正德、厚生三事，惟和歌之以八詠。所謂侯祠樂章、義塾書燈、蘆山樵唱、竹林梵鐘、東浦潮痕、西橋柳色、南墅耕雲、後江釣月，其《清風八詠》之遺意與？然古今人物何如哉！按羅氏家乘，其先順惠侯朱梁時由睦遷於慈，化行俗美，鄉人懷念不忘，立祠享報，神多靈蹟。是以宋錫廟額，元加封謚，國家報功之禮宜爾也。其後，宣義公顯於宋之宣和間。由是其子若孫尚文學、登仕版者，接武而出。或由賢良，或由鄉薦，或由進士，而香浮桂籍；或位列卿，或權閫帥，而名垂竹簡。輝聯赫奕，蔚爲一鄉望族。故其孝順之澤，閥閱相輝，以東西南北新舊别其居。白蘆嶴之墓，松柳垂陰，子孫曾元仍附於葬。猗歟，羅氏者其盛矣哉！在先世以文藝自奮、明經被薦者，羅氏也。迨皇明，以上舍明經擢爲州佐縣令者；有握瑾懷瑜用於道側者，亦惟羅氏也。將見羅氏復其始乎？友諒嘗從名公鉅儒操舟過羅氏址，相與覽其南北兩山環若城郭，前後二江相爲襟帶。先賢遺風，故家盛事，藹然在人耳目，誠一鄉之鄒魯也。宗正卿八世孫尤好古博學，尊祖敬宗，近謂余曰："昔天台伯衡胡世佐先生所撰《羅江圖記》已湮没矣。子盍爲我補之?"且爲圖以示余。友諒不利於秋闈，歸主其兄文通家塾，以授其子弟經故，不獲辭，而次第記其説如此。若夫闡揚休美，以俟大筆。

永樂六年歲次戊子陽月初吉，仝邑太平翁友諒謹記。

羅江八詠

佚　名

侯祠樂章

澤被斯民不計年，靈祠香火至今傳。酬功勿訝犧牲富，養命須知稼穡先。楚楚金聲宗大夏，琅琅玉譜出鈞天。清時禮樂隆三代，歌詠昇平播管絃。

義塾書燈

陶成子弟效心良，詩禮傳家教義方。緑野别開裴氏墅，藍田新築吕家莊。書聲朗朗雜秋雨，燈影煌煌繼曙光。佇看他年功業就，筆端文彩爛成章。

蘆山樵唱

一抹斜陽界遠岑，樵夫荷擔出深林。含青咀白多真趣，激羽揚宫無泛音。來往隨風諧鳥語，疾徐中節叶蟬吟。歸來不覺江天晚，三十六山空翠沉。

竹林梵鐘

樓臺隱約白雲鄉,百八鐘聲識上方。客動鄉思驚旅夢,僧傳梵唄禮空王。催殘湘浦五更月,凍破寒山半夜霜。只道蒲牢常怒吼,蘆江潮激水中央。

東浦潮痕

海門潮起浪翻空,渡入桃花浦口通。十里影涵秋月白,一痕光漾曉霞紅。江楓已暗漁家火,客棹何憂妒婦風。曲港小橋人不到,拍堤春水任西東。

西橋柳色

畫板橋邊垂柳絲,軟風摇曳不勝吹。情傷送别行人淚,悔覓封侯少婦思。影卧緑波宜入畫,花飛香雪好題詩。長條不許輕攀折,爲念去年憔悴時。

南墅耕雲

三陽之日事耕犂,漠漠平疇布穀啼。鋤削携鴉新雨後,鞭揚叱犢小橋西。秧歌遠借微風度,笠影斜隨落日低。稌黍豐登官賦薄,人安不愧舊家遺。

後江釣月

寒江獨釣謝塵侵,明月年年照此心。竿曳半鈎絲破練,舟横一葉浪摇金。渡頭潮急魚鱗集,水底雲行兔魄沈。鼓枻歸來應自適,不勞澤畔問行唫。

赴慈餘稽考源流記

羅寶鏞、羅寶堃

《禮》:王者既立始祖之廟,又推始祖所自出之帝,祀之於始祖之廟。蓋所以崇本而追源也。士庶之禮雖不同,而崇本追源之心則一。故作譜者必親歷夫始祖所自出之地,推本於自出之始祖,而後本可崇,源可追。苟非親至其地而切究之,鮮有不失之誣者矣。我羅氏始祖元善公遷居於虞已歷七百餘年,據先世所説,始祖之自出,或祖畸公,或祖隱公,議論紛紛,各無定見。至十世祖公總公、瑞登公續譜序云:"我始祖系出慈谿羅江順惠侯八府君也。"其説鑿鑿,似無容擬議。然前世祇有草譜,今欲爲姑刊之舉則必證以羅江之譜,而其説始確。乃於丁卯冬十月十八日,稟明族叔曦亭,邀族兄味園、族弟柳江、族侄夢山五人同往羅江,先訪餘姚各處羅氏。至南城羅立本家問其世系,則曰:"由羅江分居石門,由石門分居燕窠,由燕窠分居城中。"則亦順惠侯之後也。惜譜在燕窠,不及檢。次日抵匡堰,至羅守誠家閲其譜。以萬九公爲遷姚始祖,自會稽雲門來,祖文弼公,而不祖羅江順惠侯。則與虞之羅異派矣。即日放棹至埋馬村往東四灶九齡叔祖家,詢及宗譜。即檢出《埋馬明德堂印譜》一帙,又檢出《慈谿嘉德堂印譜》一帙。遂一併携至舟中,息心細考。先查埋《馬印譜》,係順惠侯九世孫萬八公爲始祖,而我祖一支不載也。又考《慈邑嘉德堂印譜》,逐支細查,則我元始祖果係順惠侯八世孫行百十,徙居上虞,與公總公、瑞登公兩序若合符節,而説始確矣。次日抵慈邑羅江,至族董伯瑜家,詢其印譜,無存,祇有草譜。展視之,與《嘉德堂印譜》無異,則説益確矣。遂至西羅橋嘉德廟謁順惠侯像,五人各具衣冠，拈香參拜，其左二世祖昌功伯伏公，其右三世祖金吾將軍仁紹公。依次焚香拜畢，然後詣祠堂謁祖。隨詣市中二賢祠謁仲舒公、張孝子像，復至伯瑜家中細排世次，伊亞予等兩輩查考已明，淵源已悉。至晚，放棹而歸，抵家已歷五六日矣。由是而知與虞異派者，惟匡堰之羅。此外如羅江、石門、燕窠、姚城、慈城等支，皆侯之裔，與我族同祖好勇公也。埋馬一支尤較近，與我族同祖立恥公也。嗟乎，數百年之疑案一旦頓消，數十世之源流一朝盡悉。向非躬歷其地，目覩其譜，焉能如此確哉！故將慈谿嘉德堂譜系依樣謄抄十世冠於譜首，以明始祖之出有自。不過欲窮本追源，盡子孫之孝思，猶導河積石之意耳。故特據實書之。

遷虞二十世孫寶鏞、堃謹識。

赴上江查訪源流記

羅寶煦

余始祖元善公自出，業於丁卯冬五人親赴羅江查攷已確，前記載之詳矣。而族弟致堂謂我鼻祖順惠侯由睦之桐廬，遷居慈谿羅江，其來脈根由猶未洞悉。苟僅溯羅江，而不溯羅江之自出，是(由)[猶]導河積石而不探源於星宿海也。且前此所查僅在虞之東偏，而虞西一帶，如上江、杭越等處羅之星羅而棋布者，何可勝數。其間同異若何？昭穆若何？遷徙若何？往桐廬以溯其源，訪杭越以別其流，使各處羅氏之脈絡瞭如指掌，不更善耶？乃委族侄孫夢山與余偕赴上江，兼訪杭越。於端月十九日由局起程，至二十四日始到桐廬之舊縣，躭擱聚成行中，與主人聚談，知是同宗，名蛟，字際雲，號子龍。余問其族。曰："曩昔頗盛，兵燹後所存者衹此一家耳。"復詢其支。子龍檢出印譜一帙，陳几上。展玩之，其始祖係文弼公，不書官爵里居時代。傳至千三宣議，徙居新城之銅坑。子萬一由銅坑遷桐廬之浪里，是爲閬苑始祖。至七世仲甯贅居桐廬之舊縣，是爲舊縣始祖。余乃同夢山細查，並不載羅江一支，又無順惠侯名號。是桐廬之羅，顯然與羅江異派，非復唐時本支。而順惠侯之源未能窮也。但始祖文弼公究係何時、何地、何官？據彥溫公譜序云："文弼公值五季之亂，不入仕版。"是與隱公同時。查桐廬之羅由新城分出，則欲攷文弼公之源委，必須更查新城之譜。乃告別於子龍，偕夢山同往。至二十八日，始到新城。訪得西城人姓羅，字子晦，名蕙生，邑庠生。余即詣其家請譜。子晦引余至伊宗號希曾者，亦邑庠生。取譜閱之，以隱公十二世孫六一節幹爲西城始祖，不載文弼公名號。余囑夢山録其系圖、記序。又詢其各處支派，子晦曰："新城之羅，俱屬隱公本支。東門外清里村是其舊宅。隱公之遺蹟猶在，觀其譜可知也。"余乃與夢山之清里謁隱公祠，焚香下拜。次謁族中長老，請譜閱之，係隱公之曾祖僊公，爲遷新始祖。祖曰知微，父曰修古，亦不載文弼公名號。夢山乃仍録其系圖、記序。復考銅坑等支，俱從清里遷出，譜内註明，無庸往查。據此則新城之羅不但與羅江異派，并與桐廬異派，而順惠侯之源愈不可窮矣。惟越中各處羅氏尚未確查，因憶前明吾宗白水公曾與傖塘羅文懿公通譜，其語詳載白水公壽序，并文懿公孫元賓公所作譜序内。乃偕夢山渡江訪浙東各處羅氏。於初四日至徐山，時訏庭先生在京邸，伊弟錫芝羅氏之經董也。踵門謁之，問其譜，衹有草譜。細觀之，以仲廿二公爲始祖。至十六世，由傖塘遷居徐山，而杜浦、破蕩畈等處，均一派也。核其世系，亦不甚確。返舟抵紹城，欲向雲門往訪。雲門經兵燹後，零落不堪，譜無存焉。不果往，相傳爲文弼公後云。乃於初五日早晨往傖塘謁祠拜祖，詢其族，衹數十家，均業農，譜亦不存。查其牌位，亦以仲廿二公爲始祖。觀所撰聯額，則由吉水遷羅村，由羅村遷傖塘。祠堂祭產俱由文懿公萬化置。據此，則越中羅氏俱係仲廿二公之後，與慈邑之羅同耶異耶，俱未可知。而順惠侯之源終不可窮矣。而偕夢山泛舟而歸,至初六日抵局,事歷半月,尋源不獲,不敢效張騫誑説,謹以夢山所録各處世系呈致堂,并詳道其事。致堂以爲羅氏之散處者雖未徧歷,而羅之聚族者無不確查。順惠侯之來源雖不能窮,而順惠侯尋源之心已盡。且某處係某公之支,某處係某公之派,某處之譜如此,某處之譜如彼,一一採録昭示來許,使後世有所考證,亦未始非此行冒風雨、費跋涉、不憚勞、不辭遠、實心查考之功也。當作記以著之。余迺備述顛末,而爲之記。

遷虞二十世孫賓煦謹誌。

(羅賢贊、羅瑞書纂修《[浙江慈谿]羅氏宗譜》 1923年嘉德堂木活字本)

鼓磉洲大樟記并詩

羅汝懷

鼓磉洲頭大樟,壽莫知其紀也。前明敕贈承德郎五世祖諱瑶,藏形洲上樹,在墓後稍左。墓隆然居洲顛,樹亦亭亭圓如繖蓋,若爲擁護。湖湘千里閒風帆上下如織,峯迴路轉,輒先見樹。往往遠青撲人,經時移晷,始出樹下。樹不見於他説,惟乾隆十九年修墓記有云,洲舊存大樟。其時已云"舊云",大信爲前朝物。或謂當與墓並興,歷歲四百。若或前,於墓則益古已。樹於道光中忽槁,枝葉黄隕,人以爲遂萎矣。三年復生,彌見茂密,人又以爲神也。咸豐元年十月,江涸沙輭,步達樹所,以絲度其本,圍約丈有三尺,高不過三四丈,而横枝糾結,布陰甚廣。居人楊甲從觀云,其心益空。甲年七十餘,蓋習見之。雖然枯可復菀,即可復實也。乃記之而繫以詩。

清湘浩千里,川原鬱奇麗。洲迴絶傍依,樹亦插空際。水净沙明閒,落落盤遠勢。巍然一方表,濃青入遥睇。夏來炎暑盛,林下自陰翳。半空風雨聲,林外卻生霽。斜陽過鳥集,夜月飛仙憩。苕蕘高墳古,四序煩護蔽。豈獨木從章,並著祝融裔。伊昔始有植,聊作十年計。寧知根柢蟠,緜歷無窮歲。緬懷明中葉,爾已斯土隸。川流無停機,滄桑眼曾遞。爾來年二百,孫枝益繩繼。王槐竇氏桂,無此久維繫。願言固苞桑,樹立永無替。

展拜先墓詩并序

羅健亨

健亨先世聚居醴陵淥口,田園人烟,甲於湘右。明崇禎丁丑,羣盜益熾。時先曾祖近湘公奉上管站聚族堡禦,一境賴以苟延。癸未大旱,獻贼至,憤擊不屈,力盡殉焉。幸祖父美還公存掇拾遺骸,凛凛生氣,合葬公于曾祖母黄孺人之墓,餘坿葬淥口祖山。嗚呼,童稚荷竿,衰老擊柝,洵無異空拳搏虎,乃區區抱確,自令若是,視夫望風倒拜、忘累世拊循之恩者,爲何如哉?健亨衹承先澤百年一綫,既幸先人邱壟不遽没於荒煙蔓草間,又懼我子孫之不勤拜掃,遂至失厥巔末也,用於展禮之餘,敬成三詩以誌哀痛云。

拜先代祖墓墓在淥口洞庭廟左。

兩岸田園盛,先人世所居。半街分淥口,吾宗在淥口,人呼羅半街。千舫佃河漁。高祖金貫公納淥口及空洲霞石埠幾處漁課。獻踵臨藍至,臨武、藍山二寇先獻賊擾掠三載。家隨月日除。滄桑多少恨(下闕)

拜高祖墓墓在淥口南岸蛇山。高祖及先代邱隴俱在。先祖坿葬殉難族衆於此。

鼎革河山舊,春秋冷墓田。英雄争殺賊,小大不知年。蛇動風行草,龍吟石咽泉。地名龍頸灣。墓碑慚未誌，椿淚感重鐫。雍正丙午，先君子雅公重立墓碑。

拜曾祖墓墓在霞石埠，先祖近湘公葬此。　英氣森華表，壺樽掛紙錢。我生三代後，人述百年前。白鶴銜書至，有白鶴銜書形。青龍抱水眠。山下即湘潭河。當轅舒一臂，敢死激烽煙。

坿寄酬宋賓門明府兼謝陳潭嶼大鴻臚暨蕭胡諸公賜章

青鳥銜送雲錦帛，鳥去異香轉飄忽。開緘一笑故人書，書與新詩帶雞舌。記前旗亭分袂時，北風吹雁木落葉。鸞鳳文章託致詞，搔首踟躕恐不獲。昔者濤壑亂恬鱗，大江已枯海已竭。臨藍小醜犯南湖，臨武、藍山二賊，崇禎末造剽掠湖湘。千村萬村白骨疊。一區苟免藉三年，狡黠驍勁遭獻逆。火光巨艦泝湖湘，浮胔蔽江水流赤。崇禎癸未，賊連巨舟，載婦女焚之，湖光如晝。遂逼長沙，九月省城陷。帝子宵奔撫臣潛，各鳥獸散褫厥魄。巡撫劉熙祚奉吉王走衡州。總兵尹先民降。望風獻賂姑緩屠，布衣感憤司理節。謂蔡江門先生。螳臂拉虎非不知，飄泊干戈豈獨拙。挺身裂眥怒寇仇，手無寸鐵頸有血。日月忽墮天運移，一門罹害非夭折。爲草必爲蕙爲蘭，爲木必爲松爲柏。蘭蕙風來生馨香，松柏凌寒支勁骨。太平辜負聖朝恩，身爲人後空遺孑。過庭口授青囊編，過墓指點青松宅。公精醫，著述悉遭兵燹。《約徑》一編，亨得聞大略，賴先祖曾口授先君。無毛飛骨上青天，子規夜啼喉舌咽。感君古道照人心，幾度思君意真切。別我兩載三賜書，乞來詩歌瑤島客。希聲妙畫兩不朽，縱橫矯矯雷霆掣。黄河萬里落天泉，穿齦透爪煩寃泄。七族湛矣善要離，枯草同歸笑三窟。覆盆雖不見三光，杜陵有詩徵史策。七祖超昇不在丹，雲之君兮舒手接。年年淥口心悲傷，血化青山兩岸碧。

（羅德澧纂修《［湖南］湘潭鼓磉州羅氏九修族譜》 1947 年明德堂木活字本）

婚禮男家傳庚文

佚　名

乾坤德合，秦晉姻聯。天上赤繩，早注因緣之册；溝中紅葉，竟成作合之詩。書傳兩幅，鸞箋待占節合；修出數行，雁字吉叶恒貞。今某之子某擇某姓之女爲配，射雀屏於曩日，中目有緣；傳鳳簡於今時，同心永訂。敬陳蘋藻，敢告英靈。仰荷祖宗俯垂，福庇山盟海誓。俾締好於百年，璧合珠聯，自揚輝於禩世。

女家傳庚文

佚　名

坤柔配厥乾，剛泰交叶吉。震男匹乎巽女，比偶徵祥，今勝額禱，不盡心期。謹告。

男家迎喜神文

佚　名

天開黄道，疊現祥符。花燦紫微，頻舒並蒂。今以某之子擇配某之女爲室。星期恰屆，早伸雁奠之儀；雲輦高翔，起聽鸞聲之噦。仗吉神之擁護，車旆無驚；仰福曜兮輝煌，鎔旗遠映。謹遵聖教，大闡文光。備牲醴以犒勞，對門闌而鎮煞。惟冀諸神默鑒，統祈列（崇）［祟］潛藏。澤庇青旌，俾祥鸞而對舞；花開紅燭，映彩鳳以文輝。

婚禮告祖文

佚　名

男室女家，人之大倫。自古迄今，擇配爲重。兹以某子擇某姓女爲室，卜以是日親迎。敢告祖先，伏冀宗靈默垂庇佑，用衍宜家之福，以開昌後之祥。

又曰：《詩》首《關雎》，禮重親迎。某之幾子年已長成，理當受室。卜以今日之吉，親迎某姓女爲婦。敢告祖先，仰祈庇佑，錫福無疆，俾新婦迪吉，鸞輿康莊。謹以酒殽，用伸祭告。

又曰：詩歌迨吉，禮重初昏。奠鴈修文，無庸七香。送上牽羊，成禮行將，百輛迎來。今爲某男擇配某姓女爲室。謹卜良辰，禮行親迎。彩輿將遣，昭告爲寅。伏乞祖靈，默爲佑護，直使魚軒所蒞，道不礙乎羊腸；宛如牛女相親，橋實同乎鵲駕。

告輿神文

佚　名

日吉時良，天地開張。敬遣親迎，轎幅堅强。新婦登輦，鳳翥鸞翔。跋山涉水，坦行康莊。吉神擁護，惡曜遠藏。

出閣文

佚　名

合好徵諸婦德，詩詠樂爾之詞；敬戎出于姆儀，禮重無違之訓。今某之女擇某姓男爲室，適届于歸之期，敬行出閣之禮。伏乞祖先默垂庇佑。香車已駕，特申奠雁之文；秘鑰將封，會返乘龍之客。惟冀酒食是議，思免厥愆。從貽父母以令名，時乃大訓。

其　二

《易》詳貞字，必待十年之期；《詩》詠夭桃，預卜宜家之慶。今以某女擇配於某爲百年好。今日於歸，敢辭祖先，仰冀鑒照，俯垂福庇。俾昌俾熾，無非無儀。謹以酒殽，用伸虔告。

攔輿文

佚　名

詩歌親迎，禮重大昏。值三星之在户，慶百輛之盈門。維吉神兮降鑑，驅邪(祟)〔祟〕兮以遠奔。室家攸宜，永締百年之好；門欄靄瑞，欣開萬户之原。

其　二

禮載親迎，詩詠于歸。男以女室，女以男家，古之制也。今以某子親迎某女爲室。六禮既成，二美將合。伏望諸神騰彩雲而返駕，俾新婦結花燭以同偕。寅具酒果，代伸祭告。

廟見文

佚　名

男室女家，萬古綱常。六禮既告，謁見宜良。今某之子娶某女爲室。以今日婚畢，敬引新婦謁見祖先。仰冀顧歆，俯垂默佑。俾之宜家宜室，而熾而昌。

其　二

一陰一陽，爲天地之道；匹夫匹婦，乃人倫之綱。故天地開萬物之先，而昏姻爲百世之始。兹迓某女，德配某男。象以兩儀，不靳其儀之九十；成乎六禮，實分乎禮之三千。下以啓後人，宣男有慶；上以承先緒，列祖是憑。伏願二姓聯姻，永結朱陳之好；百年偕老，常調琴瑟之歡。宜其室，宜其家，載咏桃花灼灼；夢以熊，夢以羆，欣歌瓜瓞緜緜。

其　三

禮重婚姻，夫婦爲人倫之始；書傳釐降，閨門開王化之原。今以某男擇某女爲偶。三生之緣已結，百年之好初諧。仗月老以傳言，屏欣中目；卜星期而叶吉，案願齊眉。聊獻菲儀，敬行廟見。俯祈祖德燕翼孫謀，啓瓜瓞之緜緜，昌逾五世；肇螽斯之蟄蟄，慶衍千秋。

子婦廟見文

佚　名

乾坤位定，五倫以夫婦爲先；琴瑟音諧，萬化自閨門而起。締因緣於月老，鳳卜天成；誇仙會於雲英，乘龍日近。今某之幾子配某之幾女爲室。珊瑚筆運，會題紅葉之詞；翡翠屏開，恍擬藍橋之玉。桃有花而並灼，《詩》詠宜家；蘋佐祭以薦馨，禮隆廟見。伏願宗功洞鑑，祖澤覃敷。羡雅花兮流行，慶良緣兮聚集。從此和諧魚水，共稱君子好逑。稔知吉叶，熊羆上應，長庚瑞兆。

幼娶親文

佚　名

桃夭叶詠，垂髫成結髮之緣；梅標堪賡，總角束同心之帶。今某之幾子配某之幾女。值此童年，用成佳偶。敬行廟見，聊備菲儀。伏願駿惠宏敷，鴻恩廣被。偕鴛鴦於弱稚，高飛待羽毛之豐；鼓琴瑟於幼冲，同調聽宫商之奏。如兄如弟，宜室宜家。

中年娶妻告祖文

佚　名

家室咸宜，男女原期正位；年華鼎盛，婚姻何待愆期。今某德配某女爲室。當此合巹之期，敬行謁祖之禮。統祈藻鑒，敢竭微忱。伏願祖德維持，宗功默佑。標梅致詠，過時實天假之緣；

東楚興歌，此志乃少年之願。從此克昌厥後裔，麟趾呈祥；庶幾恢緒□先人，鳳毛濟美。曷勝感激，毋任虔誠。謹告。

其　二

家室良謀，男女原期以正。歲時强盛，婚姻何礙衍期。今某得配某人爲室。合卺禮成，敬行廟見。伏乞祖先默垂庇佑。標梅迨吉，過時實天假之緣；金屋貯嬌，此志乃重時之願。從此克昌厥後，麟趾呈祥；庶乎丕振家聲，螽斯衍慶。

親迎告天地文

佚　名

體翕陰陽，具鼓舞羣倫之妙；道彰健順，擅陶鎔萬物之權。今某之幾男聘某之幾女爲室。叨元穹之眷顧，婚姻以時；沐后土之栽培，匹偶相配。良緣頻邀，月老佳偶，恰届星期。酬答難志，用伸辰告。嗣源所繫，敢竭寅衷。伏願聖澤旁流，神恩廣被。燭開並蒂，香篆同心。看此時，魚水和諧，歡訂百年之好；卜他日，熊羆叶兆，欣開萬代之源。

其　二

昊天於穆，后土無疆。男女德符健順，夫婦理協陰陽。敬告天地，並禮三光。受生成之大德，叨昏配以悠長。伏願宜家宜室，俾熾俾昌。

續娶告祖文

佚　名

内外各正位，以備而無虧；夫婦有恒絃，雖斷而必續。嗣源攸繫，典禮維虔。今某之幾子續配某之幾女爲室。藉月老以傳來，雀屏中目；占星期之協吉，鴻案齊眉。合卺禮成，敬行廟見。仰祈祖澤，俯冀孫貽。幸鸞鏡之重圓，俾琴調兮瑟鼓；卜麟趾之有慶，庶椒衍而瓜綿。宜家宜室，俾熾俾昌。

其　二

德順陰陽，絃雖斷而必續；光聯日月，輪即缺而仍圓。故禮典維虔，而嗣源攸繫。愧殘昨度誤吟蔓草兩章，幸得今朝欣誦葛覃一什。前盟原非淑偶，理應中離；者番詩詠好逑，昏宜再醮。敢偕繼室，敬謁祖先。伏願恩垂靡既，福賜無疆。百年式好，樂鸞鏡之重圓；一世相偕，冀熊羆之早兆。既宜家而宜室，亦俾熾而俾昌。

娶妾文

佚　名

家凝福履，曾聞樛木之垂；分肅宵征，載咏小星之嘒。惟情殷乎似續，用寵納於庶姬。今某將届幾旬，尚艱子媳。爰擇某氏之女，出自名門，列於副室。謹涓吉旦，敢告先人。菱鏡花團，喜見文鸞對舞；彤樑彩耀，欣看紫燕雙棲。仰祈鑒臨，俯垂默佑。閨門肅穆，既瑟鼓而琴調；嫡庶和諧，誠珠聯而璧合。載生載育，聿占熊夢之祥；俾熾俾昌，永叶麟振之慶。謹告。

其　二

葛藟縈而綏福履，樛木興歌；衾裯抱而肅宵征，小星載詠。蓋下陳兮備選，實後嗣之攸關。某也采荇曾賡，秀莫茁謝庭之樹；徵蘭預兆，寵還納某氏之門。謹具微儀，用伸敬告。伏乞靈昭日鑑，音協雲和。菱鏡光團，喜見文鸞對舞；雕梁彩焕，欣看紫燕雙棲。既瑟鼓而琴調，樂偕魚水；更瓜綿而椒衍，夢叶熊羆。謹告。

男家入贅文

佚　名

《詩歌》親迎，閨門爲王化之原；《易》紀乾坤，夫婦本人倫之始。今某之幾子，訂某之幾女爲配。三生之緣已結，百年之偶誠佳。兹届星期，未便親迎於爾室；特占吉旦，命男就贅於女家。寅具微儀，申其洞鑒。伏願英靈護佑，默裹栽培。幸鳳卜之有緣，喜乘龍而得選。從此蘿依絲附，禮洽壬林。佇看椒衍瓜綿，澤流子姓。

其　二

親迎奠雁，固秉大經；諏吉就婚，亦沿俗典。今某幾子憑媒議定，聘某姓女爲室。兹以親迎未便，特擇良辰。命男就贅女氏，以成婚配。寅具酒殽，稟告宗親。仰冀祖靈，俯垂庇佑。

女家贅婿文

佚　名

竊惟懿氏擇配，早占文鳳之賓；元淑求賢，喜得乘龍之客。故寶窻選婿，自古攸傳；貳室館甥，於今爲烈。兹以某之女擇配某之子，于歸未便，迎壻就婚。合巹之禮既成，謁祖之典宜肅。用伸辰告，敢竭寅衷。伏願祖德覃敷，宗功默佑。羨此日屏開孔雀，羣誇中目之才；待他時曲奏歸凰，永錫齊眉之樂。

其　二

于歸宜家，詩歌載詠。東床選壻，古道攸存。今某之幾女，憑媒議許某姓某之子爲配。兹以遣嫁未便，特擇良辰，迎婿就贅於家。寅具酒殽，敬告先宗。惟冀宗靈俯垂默佑。

贅壻廟見告祖文

佚　名

竊維伊耆擇配，特延二室之賓；元淑求賢，喜得乘龍之客。誼既隆於甥館，禮必謁乎宗先。今某之幾女，原訂某姓某之幾子爲室。兹以吉日迎壻就昏，合巹之禮既成，廟見之典宜肅。特率新壻，敬謁祖先。惟冀宗靈俯垂福庇。琴瑟在御，必如友而如賓；室家咸宜，亦有恩而有義。

此日情同半子，他時永耀門楣。

女家贅壻轉帳文

佚　名

夫倡婦隨，先後叶剛柔之義；男昏女嫁，配合繇似續之祥。《書》首嬀汭以觀型，《詩》詠河洲而起化。今以某之幾女許配某之幾子爲室。既鸞翔之久定，復雁奠之及時。曾邀坦腹東床，竊比館甥貳室。歷數年之久，琴瑟音諧；陳百輛之儀，旌旗載道。無違申戒，道合從夫。敬竭寅衷，禮隆告廟。伏願鴻恩廣被，駿惠旁流。之子于歸，車堪共挽乎鹿；宜其家室，案且遠邁夫鴻。五世其昌，百年共慶。

男家贅壻轉帳文

佚　名

釐降傳於帝子，于歸咏自王朝。當年路入天台，結契欣逢仙子；此日光騰畫閣，同盟吉叶長庚。今以某之幾男，獲贅某姓某之幾女。緣逢中雀，已爲入慕之賓；會返乘龍，懶作寶窗之客。以今吉日，敬告祖先。俯願默裏栽培，陰中庇佑。贏得文鸞對舞，毛羽翻新；卜他玉燕投懷，門闌衍慶。

其　二

釐降傳於帝子，于歸咏自王朝。繡幙牽絲，自應偕歸金屋；銀河赴會，何妨攜返藍田。今以某男獲贅某門淑女。緣逢中目，已爲入幕之賓；喜近乘龍，久作寶窗之客。迎以吉日，敬謁祖先。伏冀宜室以宜家，更期正内而正外。永協絲桐之好，長庚瓜瓞之繇。

喪禮大歛入棺文

佚　名

魂升於天，魄降於地。憑尸僻踊，心肝俱碎。謹以吉辰，迎尸入棺。目覩心傷，思慕無既。

成　服　文

佚　名

痛維某親，倏忽仙徂。千秋永訣，實某多辜。兹届大歛，遵制成服。綵衣變爲斬衰，母曰齊衰。甘旨化爲荼毒。父母耶，天地耶，奚忍至此，肝腸寸裂，號泣悲呼。

其　二

痛惟某親，紅塵乍别。笑語猶聞，肝腸寸裂。望飛雲而灑泣，未展烏情；瞻落日兮生悲，空啼鵑血。我服既成，居喪履潔。白粲化爲黄粱，彩衣變爲衰絰。丹旐飛霜，麻衣如雪。欲酬别後之殊恩，尚憶生前之偉烈。念大德兮難忘，祈洞鑒兮倍切。

蓋棺夕奠文

佚　名

痛惟某親，遐棄奄忽。方冀齡長，胡爲算促。吉時蓋棺，曷勝號哭。杳杳泉府，儀容莫覩。恭奠靈筵，山殽野簌。靈其鑒之，安居穆穆。

梈　柩　文

佚　名

嗚呼我親，幽明間隔。身辭塵世之緣，駕作仙鄉之客。就吉殮封，爰藏魂魄。難忘明發之懷，未報劬勞之澤。棺停室堂，山待採擇。爰具菲儀，尚祈降格。

七七奠文

佚　名

痛惟某親，奄忽棄世。神遊閬苑，爰届幾七。嗟音容而日遠，垂涕泣以何及。謹以酒殽，恭呈靈几。伏冀鑑歆，安於寢息。候佳城之既卜，方迎棺而就窀穸。

百日奠文

佚　名

泣血執喪孝罔替，日月不居，百日忽至。徒悲逝者如斯，莫報昊天罔極。寅具酒殽，哀薦靈几。嗚呼，終身之慕無窮，風木之悲何已。

停柩設奠文

佚　名

痛惟某親，奄忽化窮。遵制成服，朝夕薦陳。扶柩停左，未卜佳城、靈牀告徹，重主既成。敬收魂帛，哭奠尊靈。伏冀鎮定，勿怖勿驚。

其　二

痛惟某親，奄忽棄逝世。日月未卜，莫遂佳城。停柩堂側，暫爲安寧。家人相赴，依然猶生。大小震動，勿怖勿驚。正氣常存，邪氣掃清。酒醴祭奠，來格來歆。

已梈安柩文

佚　名

痛惟某親，奄忽捐塵。未卜葬所，遷柩停存。靈几既設，印子已成。惟冀鎮定，勿怖勿驚。

遷柩設奠文

佚　名

痛惟某親，捐塵幾月。今得吉瘞，用起淺存。夾朝發引，移柩中庭。伏惟尊霛，勿怖勿驚。

其　二

痛惟吾父母，奄忽辭塵。迄今幾載，啣痛誰伸？昊天罔極，莫報恩情。兹卜是日，移柩中庭。佳城在即，歸土爲塋。今夕祖餞，弔客盈門。來朝執紼，道左恢宏。特釃酒醴，敬告尊霛。吾父母有知，尚其鑑歆。

開　奠　文

佚　名

痛惟吾父母，奄忽辭世。撫棺長痛，淚添奚溢。歸土爲塋，千秋永息。明晨發引，酒醴祭奠。靈其有知，鑒此今夕。

題　主　文

佚　名

形將歸窆，神留室堂。木主既成，伏維尊靈，舍舊從新，是憑是依。佑啟後嗣，世代榮盛。永奉明禋，蒸嘗勿替。

父附母主文

佚　名

鞠育時勤，厚德符乎丕冒；生成早篤，深恩配夫坤輿。念慈幃之色笑難追，既先父而成主；痛嚴君之音容莫覩，竊附母以同行。偕老自娶生前，合穆自聯没後。在母也，方虚其位以相待；即父也，若勗其時以相臨。神固共居室堂，主亦咸坐座右。伏冀尊靈，舍舊從新，是憑是依。

母附父主文

佚　名

覆幬者天，乾父廣生成之德；載持者地，坤母繇鞠育之恩。憶嚴君之音容莫覩，久奉木主爲依；念慈幃之(磬謦)[謦欬]如存，敢附先神以妥。生前既在居室，没後亦猶唱隨。列左者大父，已登昭南之行，側父者大母，奉歸穆北之班。詎云舍舊，惟冀從新。伏願式依式憑，庶幾同享同祀。

神主入祠文

佚　名

兹當神主，來至祠中。祔於祖側，昭穆從同。自兹香火祀事，攸崇佑啟；厥後慶衍斯螽，俾臧俾富，奕禩興隆。

孝子點主文

佚　名

形將歸壙，神尚棲庭。魄帛就瘞，神主告成。伏惟尊靈，吮膚濆血。此句點血主用。默像傳真。精神貫注，氣脈流通。靄爽不昧，式依式憑。佑啟後嗣，百世昌榮。

起柩文

佚　名

痛惟吾某，謝世幾年。儀型宛在，泣涕徒漣。音容渺渺，飲憾綿綿。棺停堂左，曷勝愴然。兹卜吉壤，用伸告虔。移櫬中寢，陳設奠筵。幸無驚怒，尚其鑑旃。

成主文

佚　名

痛惟吾某，倏爾捐塵。帛靈就化，木主告成。傳真繪像，式依式憑。千秋俎豆，祀事孔明。佑啟後裔，桂馥蘭馨。

賓題主文

佚　名

鳴騶寵轡，文旆騰光。瑞靄人寰，過蓬門而增色；春回筆下，兆花艷以生輝。當木主以告成，用珠花而藉重。掃門迎上客，仰仗鴻題；設几就中堂，爰憑駿發。精填片字，龍丹流玉液之漿；澤沛千秋，鳳誥待彤廷之賜。以妥以侑，式依式憑。

祭水府文

佚　名

其　一

澤沛汪洋，九有咸沾，澤潤恩流。浩蕩萬民，共沐恩波。今某之某歸窆於山之陽，假道於江之浦。冀橋梁之鞏固，履平而反側無驚。仰河海兮澄清，就淺深而風波頓息。統祈藻鑒，聊備葵忱。伏願功被生民，澤流潤物。俾扁舟以無恙，没存均沾。庶利濟以爲名，靈源永奠。謹告。

其　二

惟神浩蕩，澤沛江源。羣生賴以共濟，輀車藉以遠遷。今某之親歸窆某山之陽，舟渡兹江之浦，代伸祭告，用涉大川。伏望水伯澄清，俾扁舟以無恙；江波不作，載靄輀以安然。

祀后土文

佚　名

天位宅中，德宏載物；地維立極，道著資生。今某之某厝葬該山。馬鬣將封，惟防土木之震動；牛眠已卜，尚恐地脈之驚惶。寅具菲儀，申其昭告。伏願洪恩廣被，厚德旁敷。

賀主文

佚　名

某人之精，生則爲英，没則爲靈。神題木偶，舍舊從新。精爽不昧，與世長春。秀啟後嗣，百世昌榮。某忝至好，拜賀維寅。

設奠文

佚　名

於乎父母兮，竟棄兒曹。恨百身之莫贖，悲一往以云遥。寂寞椿庭萱幃，空灑思親之淚；淒涼梓舍，轉傷小子之遭。從前之問，視多疏何堪記憶；此後之悲，思徒切莫報劬勞。不見不聞，彌篤哀號於詰旦；在旁在上，聊伸孝享於今宵。緬笑語之無聞，曷勝戚戚；(帳)〔悵〕音容兮宛在，不禁嘵嘵。某兮有知，默歆微悃。靈其不昧，尚鑒家殽。

發引奠文

佚　名

昨日何日兮，靈襯尚奠於中堂；今時何時兮，輀車將駕於道旁。痛幽明之永隔兮，恒兀兀以斷腸；悵存亡之異路兮，竟渺渺以無方。奉晨昏於寢門兮，對神主而悽愴；進雞豚於几筵兮，爰餞駕以酒漿。倘英靈其不昧兮，尚其來格而來嘗。

發引祭輿神文

佚　名

其　一

今爲某親之柩，既載於車，戒行道路。惟神佑之，車紼其牢，駕牛其固。體帛自若，無驚無怖。

其　二

連騎結駟，自古常昭。按轡停驂，於今維烈。今某之某親，歸藏福地，柩載大輿。仰吉曜兮護持，車牛鞏固；仗福星之庇佑，紼索堅牢。敢竭寅衷，曷勝神告。伏願恩高岳峻，澤沛湘流。庶反側以無驚，共履蕩平之路；俾山谿而不滯，同登名勝之區。謹告。

祀后土文

佚　名

其　一

伏惟尊神，永鎮兹山。草木荷其生成，亡人藉以安吉。今爲某之親，窆兹幽宅，形藏其間。神其保佑，俾無後艱。代伸祭告，敢竭寸丹。令生者榮昌後裔，庶死者玉錮銖函。

其　二

維天毓秀，維地發祥。今某之親，塋建宅兆，兹山維良。神其保佑，勿驚勿惶。棺骸堅固，永錫平康。

築墳畢醮土文

佚　名

惟神靈耀，坐鎮一方。嫉邪秉正，除惡安良。兹以某之某，夢促黄粱。厝葬斯山，跡斂形藏。從前塋畢，恐或生殃。神其保佑，顯錫平康。猪牛遠逐，勿令墳傷。荷蒙眷顧，載德難忘。

冬至祭祖文

佚　名

伏以蟋蟀在堂，迺積迺倉。一之日觱發，懷允不忘。念昔先人，長發其祥。詒厥孫謀，休有烈光。蒸畀祖妣，德音孔彰。子子孫孫，有飶其香。奕奕寢廟，濟濟蹌蹌。以孝以享，或肆或將。儀禮既備，萬舞洋洋。儐爾籩豆，與我犧羊。雖無旨酒，稱彼兕觥。雖無嘉殽，白牡騂剛。酌言獻之，先祖是皇。樂具入奏，吹笙鼓簧。陟降庭止，來格來嘗。神保聿歸，受福無疆。自天降康，豐年穰穰。俾爾熾而昌，俾爾壽而臧。於萬斯年，保俾豫章。

祭始祖㫬公文

佚　名

伏以一陽來復，七日見天地之心；半子初臨，萬彙啟乾坤之橐。物原所始，水木念切本源；人反所生，見聞感深愾僾。恭維位下，豫章發跡，唐代開基。顯鴻列于戩村，里名折桂；貽燕謀于戲下，鄉曰化龍。子孫流萬於衡南，十八支之瓜緜勿替；宗廟建修於城北，數千載之俎豆維馨。茲届仲冬，聿修烝祀。特羅子姓，爰備辛盤。聊抒獺祭之忱，敢效駿奔之典。三鼎五鼎，設於堂上，近祖與遠祖俱歆；二簋四簋，列於席前，七穆偕三昭並享。伏冀宗靈默相，祖澤栽培。枝更分支，根之深者葉自茂；派中分派，源已遠兮流必長。理學傳家，篤生門前之瑞菊；文章報國，品重湘中之琳瑯。曷勝寅虔，希垂丙鑒。謹告。

祭宗福公宰牲文

佚　名

伏以物原其始，水木念及本源；人反所生，見聞感深愾僾。嗣孫等仰承先緒，緬想宗功。謹卜來朝，肅修烝祀。敢於今夕，潔備牲儀。苾苾芬芬，聊報祖先之德；蹌蹌躋躋，頗云孝子之綏。伏乞式依式憑，精英不昧。來歆來格，鴻謀貽有穀之庥；是享是宜，駿惠篤無疆之祜。謹告。

（羅宏先、羅振一纂修《[江西衡陽]羅氏小閣塘房五修族譜》1932年豫章堂木活字本）

譚氏宗譜

賑孤文

譚俊人

爾有魂而名曰孤。孤者，窮而無告，没則無歸者也。約畧計之，飢寒慘於交迫，未必甘心；拆副苦於先生，誰爲飲血。或抱恨而懸梁，或含羞而刎頸。或從王事而没於干戈，或懷晏安而死於鴆毒。或酗酒行兇，斷送少年之鋭；或他鄉作客，卒爲遊子之魂。甚至巖牆之下，命等鴻毛；桎梏之中，冤因雀角。水火無情，曾見蹈而死者；豺狼當道，不及趨而避之。爲此之流，未易悉數。誰實使之，正堪憐耳。嗟嗟，半途斯折，恨無血脈之傳；一綫不延，痛切肝腸之斷。無從序其昭穆，有誰薦於春秋？既類若敖之族，應嘆餒而；縱思晏嬰之豚，終無主者。行行止止於燔間，倒倒顛顛於道左。流離失所，飄蕩無依。不列於祠，豈容以廟。是則可悲也，何以處此哉？兹當中元祀祖之時，行賑本境孤魂之禮。香煙靄靄，冲開頂上愁雲；燭焰煌煌，照澈眼前歧路。我無簡慢，爾弗遲疑。可率種類以偕行，應感儀文而悉至。開筵酌酒，暢飲三杯；滿地輪錢，平分幾个。謹化荷衣，短短長長，皆有用；隨投稻飯，多多少少，不須争。嗟嗟，河山依舊，歲月常更。花開兮又謝，春去兮旋來。淹没無聞，既經多日；轉移向化，亦自有時。上帝好生，豈令爾長此寂寂；元公制禮，惟教我哀此惸惸。情深文明，可以返矣；昨非今是，尚其知之。

立　　志

譚鴻翰

寄人籬下總庸流，立脚須争最上頭。會得孔顔真樂處，春風沂水足千秋。

取　　友

譚鴻翰

朋儕真僞有何常，結納全憑决擇詳。室入芝蘭徵福慧，性情品學共流芳。

（譚顯節纂修《［江西攸縣］譚氏家譜》 1924 年敦倫堂木活字本）

龐氏宗譜

庚申避難記

龐宗高

避難記者何記乎？蓋記吾家遭咸豐庚申粤匪之難，迄於甲子蘇城克復，骨肉團聚，未有一人受傷害，先塋完好，未有一處遭踐踏。尤難者，予與二兄陷匪窟數年，卒能脱險歸來。若非祖宗遺澤餘蔭之所被，焉能有此一日。予老矣，自愧不文雅，不願以此事實遺軼無聞，爰述大概，命姪兒興詩筆之，俾後世子孫知焉。

吾家元邑閶門外下津橋下塘毛家衖口，蓋先大父東明公自山左謝職歸來卜居之宅也。庚申粤匪之難，蘇城於四月十三日失守。先是，匪隊改裝至蘇，詭稱援兵過境，官民且開城迎犒。其時承平日久，民不知兵，且玩習於咸豐三年之虚驚，毫無設備。迨四月初四夜，匪縱火焚閶胥沿城一帶房屋，光燭霄漢。居民從夢中驚覺，始知前所稱援兵者實匪也。一時扶老携幼，呼號哭泣，相率逃避，途爲之塞。吾家母嫂兄妹共六人。先父萃亭公先於己未秋棄養。時惟大先兄小亭公學業上海，二先兄躍門公、三先兄柳卿公、先大嫂朱氏暨予與六妹均侍先母在家。二兄見亂象已成，當晚即奉先母率同弟妹等，隨其館東葉清齋眷屬，至上塘上方山下郁張家橋葉氏坟丁薛姓家，爲暫避計。三兄願任看家之責，時年十九。先母堅不許，謂區區身外物，寧值以性命相搏？兄曰："諒不過如三年分之故事耳。如真有急，當奔赴母親處，不勞倚望也。"乃約隣家守者爲伴，閉户蟄居其中。時聞金鐵鏘鳴聲，時聞老王老李叫囂聲，時聞搗門聲、喊殺聲、哀泣聲、呼救聲，忽遠忽近，心胆爲落。而隣居守者一出不回，逃與，虜與，被害與？不得而知。因思出必遇險，不如姑安。乃於柴屋穿一洞溝通鄰屋，以灰柴雜物等堵蔽其口，爲急來避竄計。飢嚼生米，渴飲井泉，自分無生理矣。而匪數至，竟以是獲免。兄云每遇危急，隱約有人翼護其前。神靈耶？祖宗耶？自後，門户洞闢，什物蕩然，匪亦置不顧，轉得安居其中。大兄在滬聞耗，趕即回蘇，道已梗塞，航路繞越，行十二日，始抵蘇城。到家逡巡，至柴屋，方轉身外出，有聲瑟索起。自牆隅試呼之，則三兄也。蓋當大兄入門，三兄誤爲匪而避去。及大兄尋至，三兄已隱窺之，故急自竇而出也。相晤後，思同至張家橋尋親。無如上下塘雖一水之隔，沿河匪蹤密布，橋樑防守尤嚴，船隻早斷，竟無法過渡。不得已，商由小徑取道蕩口鎮，姑先回滬，再作計較。予家之住張家橋也，始尚相安。城陷後，無日無匪，到鄉擄掠。至十六日，予與二兄及葉清齋一同被虜。時予年方十四，先母哀求釋放，不允；乞留其一，亦不允。而先母被匪以刀背擊傷脊骨，額破血流，哭送出村，生離之慘，至今言之酸鼻。先母晚年背形傴僂，即由於此。予等虜去後，予與二兄閉置閶門内崇真宫橋下塘賊館。葉則不知拘往何所。由是張家橋亦不得安居。先母等又同葉眷避居横涇，擬由漸達滬。此時予與二兄被虜，大兄、三兄未知也。迨秋間，始得家住横涇及兩人陷賊中信。大兄急赴迎接，歷盡艱辛，幸獲安抵上海。時滬城亦風鶴頻驚，乃至浦東高橋鎮居焉。予與二兄幽禁賊館，日惟一餐，時爲其押赴街頭扛抬什物。至五月間，被挾至嘉興。一日匪首見二兄，忽問向操何業？答言讀書。匪曰：“吾亦讀書人。”時適天雨，以《昨晴今雨》爲題，命作七絶一首。兄詩云：“晴光四望夕陽時，到晚陡然雨滴珠。天上風雲原不測，茫茫世事亦如斯。”匪讀之，首肯者再，稱曰“先生”。命予兄弟同住一處，因得優待，不致如前之拘束。兄嘗謂，驚恐之中焉有好句，且“時、珠、斯”支虞異部，音相似而韻實非，如此劣詩，不知該匪何所見而合意。然予等之得以定策脱離賊巢，實基於是，豈冥冥中有默相者乎？至冬間，予出外購物，迷歸路，被别館匪挾之去。兄久待不回，大驚，不卜存亡，且惴惴焉，慮匪之疑爲縱逃，而加害焉。幸匪尚明白，得以無事。然從此鶺鴒分飛，兩地相思，又增一番痛苦矣。逮辛酉春，始獲逸出，重復尋至兄處。由兄向賊説明緣因，賊亦諒解。雖在賊巢，散而復聚，爲之一歡。屢籌脱身之計，終以人地生疎，欲行輒止。至七月間，匪整備大隊攻湖州。兵事緊急，防閑鬆懈。乃乘間脱逃，探詢至毛橋鎮，始是官兵駐界。毛橋距嘉興計程約七十里，飢餓餘生，且前且却，盤旋四晝夜不得達。時予兩人形容憔悴，髮種種短長不一，有謂爲乞丐者，有謂類似奸細者，有謂係好人家子弟落難者，聽憑猜測，付諸天命。幸經界經橋遇一寺僧，留宿一宵，並指點小路，繞出匪境，趨抵毛橋。初見官兵，轉懼於匪，而兵之凶暴亦過之。訪問該地有一團防營，爲本地紳士所辦。兄弟相商，與其爲彼盤詰，不若先自投陳。團總姓謝，號馥堂，問兄來歷甚詳，曰試賦五律一首，題爲“吏部文章日月光”。詩成，呈閲，頗蒙讚許。云此間到滬尚有二百里之遥，前去盡是曾營，盤查極嚴，且言語不通，恐生危險。不如在此小住，遇便帶汝等到滬。兄弟叩謝而退。既而風聲漸緊，將有戰事。謝公曰：“此處不便寄居，當爲汝等籌之。”營中有徐君者，忘其名，向在撫標當差。有同標友張杏亭者，蘇人也，在松江提標管帶炮艇，駐扎豆腐港。承其介往，暫圖棲身，其時尚不知先母等存亡流離於何所也。每念及此，輒悽惻難任，相對泣下，曰：“吾兩人雖依居在此，而一家星散，不得音耗，死不瞑目。此間離滬不遠，盍先訪大兄，再探母親等消息。”計已决，乃辭别張公，訪明路徑。天從人願，抵達滬江時，滬城戒備緊嚴，出入臂上打印爲識。兩人預約，如同能進城最好，不則一人入城，一人在外守候。至門説明尋兄而來，及地址店號。予獲放入，而兄被拒。予訪至天官坊源茂布莊，獲見大兄，知母妹等俱在，且皆平安。惟大嫂已於上年去世。三兄亦已來滬，在舊校場某氏教讀。乃同訪三兄，相偕出城，一時手足團聚，喜極欲狂。即附船渡浦，抵家已暮。母子抱持，哭失聲。先母曰：“汝兩人虜去後，二兒年歲差長，或有歸來之望，如汝年幼，料難生還。不意今日猶得見汝等面也？真耶？夢耶？”説罷，復放聲大哭。蓋悲歡離合之間往往有此景象。今者回溯前塵，恍如隔世。光陰迅邁，忽忽五十餘年。先母見背，亦已三十餘年。三兄先後即世，惟予與六妹僅存，而年逾周甲，犬馬齒索，知復幾何。惟望汝輩處此夷順之境，毋忘吾等蒙難之時，惜福以紹前規，積德而貽後嗣，繩繩繼繼，世守家風。是則予之志也夫。

大清宣統三年，歲次辛亥夏四月，宗高記，時年六十有五。

（龐興詩纂修《［江蘇］蘇州龐氏家譜》 1942年遺安堂鉛印本）

饒氏宗譜

塘下栗樹下二村八景詩

佚　名

祠坐特起

族出平陽門第高，構成華宇氣雄豪。龍頭高聳垂光澤，鳳尾尖峯屬後曹。負耒横經無别業，澗蘋沼藻有焄蒿。羡君饒氏風流遠，瓜瓞綿綿奪錦袍。

東西對峙

坐對兩山誰與同，挺然高峙西還東。浮嵐暖翠峯峯秀，螺髻修娥色色工。指點樵歌蒼靄外，依稀牧笛夕陽中。吾家本是雙峯後，勸勉端期慕素風。

塘下古亭

自宋流傳有此亭，欄干窻外采浮萍。山環水繞新詩料，路轉峯回古畫屏。三聖澤垂三峽水，一橋高照一潭星。方知塘下人烟密，雨細風和護佑靈。

夾岸桃柳

深處白雲兩岸通，濃桃争放柳陰中。一枝點破溪頭碧，萬樹斜連夕照紅。柳線難穿風動灑，花心易許雨朦朧。相邀結伴義興有，且買清樽對惠風。

義路仙橋

義路由來百世標，清風明月映仙橋。欲懷古迹萬年遠，自有新遷馬渡招。三峽倒流迎雨密，九嶷聳翠看雲遥。知從桃柳堤邊過，碧水長流沃富饒。

北水南流

遍歷河洲又一洲，花堤柳岸興悠悠。潭清倒影魚争唼，渚淺流香蝶自投。北水洋洋連漢水，南流活活映星流。暮歸尚肯留詩稿，四野雲鋪萬象幽。

路腸百折

出自東門百折穿，詩腸宛與路腸連。水源遥接饒州遠，地道中灣旌德懸。轉眼花堤羞在後，迎身柳岸笑當前。白雲過處人烟密，轉峯回翠接□天。

梓山下臂

飽看旌陽處處山，胡然又駐此山顔。凫峯聳翠上邊曲，梓岫鍾靈下首灣。清夜月明藏水隊，寒溪日暖鎖雲關。怡然下臂壯觀大，卻喜年年桂可攀。

樵竹村八景詩

佚　名

龍　陽　峯

千仞龍陽峯，高高出雲表。巍然一柱尊，下俯兒孫小。

玉　屏　山

地有林泉勝，遥山列玉屏。卧遊如畫裡，雲物四時青。

荷　花　塘

半畝方塘水，荷花映夕曛。風來香自遠，終日對南薰。

永　龍　泉

石罅出林泉，泠泠清且冽。勿謂一勺多，千家取不竭。

萬　年　松

空山尋往蹟，傳有萬年松。歲月風霜古，何時化作龍？

金　斗　米

十畝樂閒閒，足可耕而食。誰家種玉田，産此珍珠粒？

象　鼻　形

緑野亘青山，曲卷如象鼻。須知造化工，一顯天然致。

獅　子　形

象峯峙其前，獅峯踞其後。風雨空山中，如聞聲夜吼。

梅二村八景詩

佚　名

罕　鐘　形

岡巒突聳似鐘形，總爲人文效地靈。夜半無聲驚客夢，更殘肯教隔林聽。陶鎔不假人功力，撞擊何須命魯伶。瑶草琪花榮矗隙，秀鍾吾族定康寧。

跳仙橋

望望芳洲隔岸賒，輿梁勝處步仙艖。烟横百尺通魚浦，雲捲長虹接玉砂。題柱曾邀司馬轍，問津何必武陵花。危礄半映西湖上，風景依稀石甑霞。

鳳凰崗

高崗何自錫嘉名，勢似靈禽特此榮。未許竹林欣對舞，那堪桐上奏簫笙。來儀阿閣知祥瑞，數集郊郡識世清。在昔池臺曾借譽，伴廬擁秀應光亨。

燕鐵殿

峩峩廟貌色尤鮮，古蹟于今數萬年。偉烈並昭光史册，馨香同享世相延。羣黎被德洵無極，四海沾恩若戴天。勝地每多靈氣鬱，其間遠近有高賢。

萬年松

鬱鬱蒼松復綿延，好似玲瓏塔湧前。幾歷風霜沿此日，未知栽植是何年？頂高元氣層層秀，標出浮雲面面鮮。喬木濃蔭家世舊，芳姿獨異歲寒天。

瑞柳山

柳山山勢何崔巍，不厭孤峯看百回。秀似芙蓉臨碧漢，奇標靉靆接仙臺。雄菴壯麗霞光徹，塔影浮空景色恢。佳氣迎來烟雨散，彩華天就對顔開。

卧龍潭

溶溶潭水實瀠洄，潛隱羣龍待日開。序至錦江桃吐艷，暖呈滄溟浪旋迴。養成鱗甲升騰去，俟候乾穹震響雷。一躍雲間神變化，甘霖從此遍天來。

玉屏峯

人文仰止憶藍田，朗朗壺山照碧川。榜列芙蓉青嶂叠，屏開玉樹錦雲聯。遥占太史書名日，且讀維垣作翰篇。莫教林巒虚拱秀，簪纓世出更綿綿。

（清饒士麟等纂修《[湖南旌德]旌陽饒氏宗譜》　嘉慶十二年刻本）

顧氏宗譜

題世譜

張起巘

聿觀先牒起遐思，南北家乘續舊支。一脉祖宗無異姓，千年昭穆似同時。烝嘗共守唐臣廟，金石猶存宋誥辭。惟願族人崇孝敬，莫將身世負君師。

翰林學士知制誥張起巘拜贈。

祖塋多葬之敝

顧應陽

古語有云：山川能語。葬師食無所，則葬之難，人所共知也。故法眼識形勢，道眼識理氣。一切精微之術，吾不暇論。最顯而易明者，切忌多葬。江南地淺氣薄，雖得上地，其氣易盡。況今人所辨者，止知平鈐窩突，起伏向背，粗粗迎合耳。一遇越山過脉，隔水飛沙，形似斷而實連，勢似顯而實隱，或離本另裁，或翻身逆結，或氣聚而外局漫衍，或局正而内神削弱者，便如盲人騎瞎馬，莫知所適從。有能尋龍選脈，識正氣之所在乎？且千里來龍，搆精於片席之間，正氣能有幾何？每置一地，或三四世共之，或父子、祖孫、兄弟數十人共之。一壙多則五六柩，少亦不下三四柩，開穴二三丈許。凡此者，毋論氣不能乘，即能乘而亦變爲散氣、邪氣、敗氣、絶氣矣。絶主滅没，敗主横災，邪主淫蕩，散主衰弱。葬書所載甚明，可一覽而知也。嗚呼，以此而葬，是與棄其親者等也，謂親能安耶？親不安，子心能自安耶？吾家香山祖塋既已多葬，紊亂之極矣。閶邱復犯此病。葬書又云：開生墳易，葬祖墳難。謂百年乘氣之墳，而一旦開之，不必計後日之吉凶，而已先洩氣也。況不論理，不論氣，而聽信庸師，胡亂罔葬者歟？閶邱之役，勢必至決裂大壞。陽故附記于此，惟二三兄弟同志者早共裁之。

（清顧道永纂修《［江蘇吴縣］武陵宗譜》　乾隆三十九年文遠齋刻本）

龔氏宗譜

續譜告成二首

龔有度

其　一

家乘編摩舊族同，歐蘇遺法藉前踪。循遵已見規條謹，增飾還看嗣續功。行第魚鱗沿世世，宗支瓜瓞衍芃芃。百年遺缺今重補，倫序無愆和睦風。

其　二

歷世滋蕃幾革殊，四朝占籍紫巖區。松門孤客遷喬始，蘭邑淳風擇里模。南北一溪追薦邇，讀耕屢代士農俱。寸長必録慈孫意，光大門閭屬後儒。

書續譜後一首

龔　鍵

譜系殘荒又百年，家規敢墜勉承前。歐蘇遺法銀臺舊，似續中聯處士傳。七代存亡今燦附，四支昭穆舉森編。莫令世遠難稽討，此事留心囑後賢。

譜事告竣有感

龔　煦

其　一

宗功祖澤懲悠遠，食德如何數典忘。推累雁行周粟志，卜居烏邑孟鄰陽。循良牧吏黄居二，靖難忠臣方共行。更有一般奇烈事，威番雄飭動龍光。

其　二

武陵咸祖松門古，皂洞偏鍾龔氏隆。給事薪傳通政使，湘鄉憲法日池公。干城奕禩烏傷跡，藩幕蜚聲鳳里風。祠閣燦然雲動處，文光上達紫宸宮。

（《［浙江蘭谿］鳳林龔氏宗譜》　清受福堂木活字本）